추천사

스와틀리는 역사와 신학 뿐만 아니라 윤리학, 제자도, 예배, 설교, 선교, 그리고 화평에 대해 요한복음이 함축하고 있는 것들을 추적하고 있다. 그는 제자들이 환영받지 못할 수도 있는 세상, 그리고 그리스도인들이 정중히 대화해야만 하는 세상 속에서 예수를 믿고 따르는 것이 지닌 어려움들을 요한복음과 연결하고 있다.

- 데이빗 렌스버거, *Johannine Faith and Liberating Community*의 저자

이 주석은 해석학적 책임 때문에 주목할 가치가 있다. 오늘날 교회의 생활 속에서 일어나는 많은 중요한 이슈들과 요한복음의 관련성을 설명하고 있으며, '유대인들'에 대한 요한복음의 독 오른 공격과 같은 문제에 맞서고 있는 것이다.

- 리처드 보캄, St. Andrew University의 신약학 명예교수, 『예수와 목격자들』의 저자

윌라드 스와틀리는 요한복음에 대해 균형잡히면서도 굉장히 재미있는 연구를 제시하고 있으며, 폭넓은 해석적 전통들과 방법들에 기대고 있다. 초점은 목회적이지만, 본문과 참고 문헌의 주해들로 가득한 풍성한 논의가 있어서, 독자에게 대안적인 시각들과 본문의 복잡성이 있음을 알려준다.

- 메리 L. 클로에, Australian Catholic University의 신약학 부교수

이 주석은 요한의 수수께끼들을 통찰력있게 언급하면서, 전문가들과 초보자들이 요한복음의 본문을 생기있게 읽도록 돕고 있다. 이런 특징은 신자들의교회성서주석시리즈들을 오늘날 다른 좋은 책들과 구별시킨다.

- 폴 N. 앤더슨, George Fox University의 성서와퀘이커 연구교수

BELIEVERS CHURCH BIBLE COMMENTARY

Old Testament

Genesis, by Eugene F. Roop, 1987
Exodus, by Waldemar Janzen, 2000
Joshua, by Gordon H. Matties, 2012
Judges, by Terry L. Brensinger, 1999
Ruth, Jonah, Esther, by Eugene F. Roop, 2002
Psalms, by James H. Waltner, 2006
Proverbs, by John W. Miller, 2004
Ecclesiastes, by Douglas B. Miller, 2010
Isaiah, by Ivan D. Friesen, 2009
Jeremiah, by Elmer A. Martens, 1986
Ezekiel, by Millard C. Lind, 1996
Daniel, by Paul M. Lederach, 1994
Hosea, Amos, by Allen R. Guenther, 1998

New Testament

Matthew, by Richard B. Gardner, 1991
Mark, by Timothy J. Geddert, 2001
John, by Willard Swartley, 2013
Acts, by Chalmer E. Faw, 1993
Romans, by John E. Toews, 2004
2 Corinthians, by V. George Shillington, 1998
Ephesians, by Thomas R. Yoder Neufeld, 2002
Colossians, Philemon, by Ernest D. Martin, 1993
1–2 Thessalonians, by Jacob W. Elias, 1995
1–2 Timothy, Titus, by Paul M. Zehr, 2010
1–2 Peter, Jude, by Erland Waltner and J. Daryl Charles, 1999
1, 2, 3 John, by J. E. McDermond, 2011
Revelation, by John R. Yeatts, 2003

Old Testament Editors

New Testament Editors

Editorial Council

회중교회 사역자,

교회학교 교사,

선교단체의 리더,

그룹성경공부 구성원,

학생,

목회자,

연구자.

이 읽기 쉬운 주석 시리즈는

성서의 원래 메시지와 그 의미를

오늘날 더 온전히 이해하려는

모든 이들을 위한 것이다.

신자들의 교회 성서주석
요한복음

지은이	윌라드 스와틀리 Willard M. Swartley
옮긴이	이영훈

초판발행	2016년 8월 25일
펴낸이	배용하
책임편집	배용하
등록	제364-2008-000013호
펴낸곳	도서출판 대장간
등록한곳	www.daejanggan.org
편집부	대전광역시 동구 우암로 75-21 (삼성동)
영업부	전화 (042) 673-7424
분류	전화 (042) 673-7424 전송 (042) 623-1424
ISBN	주석 | 신약 | 요한복음
	978-89-7071-388-5
	978-89-7071-386-1 (세트 04230)

 값 28,000원

신자들의 교회 성서주석

요한복음

윌라드 스와틀리

이영훈 옮김

약어표

*	see TBC
+	see TLC
//	parallel reference
=	parallel to, equal
ANE	Ancient Near East
Ant.	*Jewish Antiquities, by Josephus*
[Chiasm]	Sample reference to essay in the back of the commentary
b.	Babylonian Talmud, with its tractates
ca.	circa, around
CD	*Damascus Document*
cf.	compare
ch./chs.	chapter(s)
DSS	Dead Sea Scrolls
ed(s)	editor(s), edition
e.g.	for example
Ep.	epistle
esp.	especially
ET	English translation
FC	Fathers of the Church [series] Washington, DC, 1947–
Gk.	Greek
Heb.	Hebrew
Hist. eccl.	*Ecclesiastical History, by Eusebius*
i.e.	*id est*, that is
LXX	Septuagint (Greek translation of the Hebrew Bible)
m.	*Mishnah, with its tractates*
MM	Martyrs Mirror. See Braght in the bibliography.
MS(S)	manuscript(s)
MT	Masoretic Text (Heb.) of the Old Testament
n	note
NT	New Testament
OT	Old Testament
p^{75}	sample reference to a papyrus
par.	parallel(s)
pl.	plural

1QH	*Thanksgiving Hymns, DSS*
1QS	*Rule of the Community, DSS*
sg.	singular
Sir	Sirach 집회서(Latin: Ecclesiasticus), the Wisdom of Jesus Son of Sirach
TBC	Text in Biblical Context, after comments on a unit
TLC	Text in the Life of the Church, after comments on a unit trans.
	translation, translator/s, translated by
v./vv.	verse/verses
Wis	Wisdom of Solomon
w1, 2, 3	Markers (in the Essays only) pointing to further discussion
	online at: www.heraldpress.com/bcbc/john
y.	Jerusalem Talmud (tractates)
x	times, such as a term appearing 2x (2 times)

영어성경버전

AT	author's translation or paraphrase
CEB	Common English Bible
CEV	Contemporary English Version
JB	Jerusalem Bible
KJV	King James Version (= Authorized Version)
LB	Living Bible
NAB	New American Bible
NASB	New American Standard Bible
NEB	New English Bible
NIRV	New International Reader's Version
NIV	New International Version (1984)
NJB	New Jerusalem Bible
NKJV	New King James Version
NLT	New Living Translation
NRSV	New Revised Standard Version
REB	Revised English Bible
RSV	Revised Standard Version
TEV	Today's English Version (= Good News Bible)
TNIV	Today's New International Version

차례

약어표 ……………………………………………………………………… 8

시리즈 서문 ……………………………………………………………… 21

저자 서문 ………………………………………………………………… 23

서론

주제와 목적 ……………………………………………………………… 28

요한복음의 배경과 시기: 기록연대와 저자 ……………………………… 32

요한서신 및 요한계시록과 요한복음의 관계 …………………………… 35

공관복음서와의 관계 …………………………………………………… 37

요한복음의 역사와 신학 ………………………………………………… 39

구약과 요한복음 ………………………………………………………… 40

절기 구조 ………………………………………………………………… 42

기록역사와 문학적 특징들 ……………………………………………… 42

구성과 등장인물들 ……………………………………………………… 44

요한복음의 윤리학 ……………………………………………………… 44

정치적 관점 ……………………………………………………………… 47

요한복음의 상징주의와 영성 …………………………………………… 48

요한복음 1:1–18 – 요한복음서 서곡

사전검토 ………………………………………………………………… 51

개요 ……………………………………………………………………… 53

주석적 해설 ……………………………………………………………… 53

서문과 요한복음서 서사의 통일성 ……………………………………… 53

선재하는 말씀, 창조의 대리자 1:1–5 …………………………………… 55

요한: 빛을 증거하는 사람 1:6–8 ………………………………………… 63

참빛 1:9–11 ……………………………………………………………… 64

로고스를 받아들이는 사람들에게 주시는 하나님의 선물 1:12–13 ……… 66

말씀이 육신이 되어, 영광 속에서 찬란하게 빛남 1:14 ………………… 67

말씀이 육신이 되었음을 증언함 1:15–17 ……………………………… 69

성육신된 말씀, ··71

성서적 맥락 속의 본문

창세기 1장과 서문 ·· 72

말씀, 예수 그리스도, 창조의 대리자 ···················· 73

영광스러운 성서의 드라마···································74

교회생활에서의 본문

창조: 생명과 빛 ··· 76

상징, 노래, 그리고 예술 속의 영성의 원천················· 76

영송적 신학이 되는 서문 ··································· 78

1 부 • 영접과 거부: 첫 번째 유월절

요한복음 1:19–2:12 – 새 창조의 한 주2

사전검토 ··· 82

개요 ·· 83

주석적 해설··· 83

이 부분의 구조와 기독론 ······························· 83

예수와 관련된 요한의 역할 1:19–28 ·····················85

예수의 정체성과 사역에 대한 요한의 증언 1:29–34 ······· 87

요한의 제자들이 하나님의 어린양, 예수를 따르다 1:35–42···················91

예수가 더 많은 제자들을 찾다. 1:43–51 ·················· 94

예수가 가나에서 물을 포도주로 만들다 2:1–12 ·········· 97

성서적 맥락에서의 본문 ·······························104

제자들을 모음 ··· 104

하나님의 새 시대가 도래하다 ··························· 105

교회생활에서의 본문 ································· 106

어린양, 우리의 죄, 그리고 신랑 ························· 106

"와서 보라" 그리고 거하라 ····························· 108

설교를 시작하는 사람들····························· 109

요한복음 2:13~4:3 – 옛 것에서 새 것으로: 갈등 속의 공동체들

사전검토 ·· 111

개요 ··· 113

주석적 해설 ·· 113

  예수가 성전을 정화하다 2:13–22 ··· 113

  예수는 인간의 반응에 스스로를 맡기지 않는다 2:23–25 ······················ 120

  니고데모와 예수의 만남 3:1–12 ··· 121

  예수가 대화의 중요성을 확장시키다 3:13–21 ····································· 123

  증언자 요한이 서사 속으로 다시 등장하다: 요한과 예수의 침례 3:22–4:3 ·········· 126

성서적 맥락에서의 본문 ·· 131

  예수의 아버지 집인 성전 ··· 131

  요한복음의 영생 ··· 133

  신랑, 예수 ·· 134

교회의 생활에서의 본문 ··· 135

  새로운 탄생 ·· 135

  복음전도(와 철학) 속의 요한복음 3:16 ·· 137

요한복음 4:4–54 – 예수의 평화사역: 세상의 구원자

사전검토 ·· 138

개요 ··· 140

주석적 해설 ·· 140

  예수와 사마리아 여인 4:4–26 ··· 140

  삼위일체의 선교 4:27–42 ·· 150

  지리적 이동: 갈릴리 가나로 돌아가다 4:43–45 ·································· 152

  예수가 로마 관리의 아들을 치유하다 4:46–54 ·································· 153

성서적 맥락에서의 본문 ·· 154

  예수와 선조들 ·· 154

  예수와 사마리아인들 ··· 155

  생수 ··· 157

교회생활에서의 본문 ··· 159

  이 본문을 보는 고대와 현대의 시각들 ··· 159

  선교와 화평 ·· 161

  설교를 시작하는 사람들 ·· 162

2부 • 거부와 수용: 두 번째 유월절

요한복음 5장 – 예수가 하나님의 일을 하다; "재판"이 시작되다

사전검토 ·· 164

개요 ··· 166

주석적 해설

예수가 안식일에 치유하다 5:1–15 ····································· 167

그들이 예수를 없애기로 하다 5:16–18 ······························· 171

예수가 재판을 받다 5:19–47 ·· 174

성서적 맥락에서의 본문 ·· 179

건강을 회복함 ··· 179

하나님께 영광과 영예를 드리다–예수에게도? ·········· 180

교회생활에서의 본문 ··· 181

고소와 그리고/혹은 박해 ··· 181

예수와 아버지의 관계 ·· 183

설교를 시작하는 이들 ·· 185

요한복음 6장 – 예수는 생명의 빵이다

미리보기 ·· 187

개요 ·· 189

주석적 해설 ··· 189

예수가 오천 명을 먹이다 6:1–13 ·· 189

사람들이 반응하다 6:14–15 ·· 192

'나는 ~이다' 라는 자기계시와 함께 예수가 바다 위를 걷다, 6:16–21 ············ 193

예수가 이적의 의미를 계시하다: 나는 생명의 빵이다 6:22–40 ················· 194

유대인들이 수군대며 예수의 주장에 도전하다:더 많은 자기계시 6:41–59 ············ 198

예수가 제자들을 시험하다; 몇몇은 떠나고 12명은 충성을 맹세하다 6:60–71 ········· 206

성서적 맥락에서의 본문 ··· 208

구약성서에 터를 잡은 요한복음 6장 ································· 208

성만찬과 성례로서의 요한복음 6장? ·································· 210

교회생활에서의 본문 ·· 212

예수의 살을 먹음 ··· 212

신의 주권과 인간의 자유 ··· 214

나는 생명의 빵이며 마지막 날에 너희를 살릴 것이다 ················· 214

요한복음 7장 – 예수: 초막절의 생명수

사전검토 ··· 216

개요 ··· 218

주석적 해설 ··· 218

예수의 딜레마: 절기에 갈 것인가 말 것인가 7:1–10 ···················· 218

예루살렘의 상황 7:11–13 ··· 222

절기 중간에서 행한 예수의 설교와 반응들 7:14–36 ······················ 222

절기의 마지막 날 예수의 설교와 반응들 :37–52 ·························· 227

성서적 맥락에서의 본문 ··· 233

하나님의 뜻과 영광을 이루고자 함 ·· 233

목마른 자는 내게 오라 ··· 234

교회생활에서의 본문 ·· 235

순종과 지식 ·· 235

물과 성령 ··· 237

요한복음 8장 – 재판에 회부된 진리: 예수, 바리새인들, 그리고 유대인들

사전검토 ···238

개요 ··239

주석적 해설 ···240

예수와 간음현장에서 붙잡혀 온 여인 7:53–8:11 ························· 240

예수와 바리새인들 사이의 대립이 심화되다 8:12–30 ···················· 241

예수와 '유대인들' 의 대립이 심화되다 8:31–59···························· 245

성서적 맥락에서의 본문 ··254

빛이신 예수 ·· 254

예수, 재판 중의 진리 ·· 255

교회생활에서의 본문 ··257

유대인과 기독교인의 관계···257

유산이 빛과 진리를 보지 못할 때 ··· 258

요한복음 9장 – 눈멈과 봄: 예수는 누구인가?

사전검토 ···260

개요 ··262

주석적 해설 ···262

예수와 제자들이 그 남자가 왜 눈이 멀었는지에 대해 말하다 9:1–5························ 262

예수가 눈먼 이를 고치다 9:6–7 ··· 264

이웃들과 바리새인들이 눈먼 이에게 묻다 9:8–17 ························· 265

유대인들이 맹인의 부모를 심문하다 9:18–23································· 267

"그들이" 두 번째로 맹인을 다그치다: "죄인" 예수? 9:24–34 ·············· 269

요한복음 9장에 나타난 대조되는 반응들 ······················· 270

예수가 그 맹인을 기독론적 시각으로 보게 하다 9:35–39 ·············· 272

예수와 눈먼 바리새인들: "너희 죄가 여전히 있다." 9:40–41 ············· 274

성서적 맥락에서의 본문 ·································275

극장 상영용 드라마, 요한복음 ···························· 275

교회 예식 속에서의 요한복음 9장 ························· 276

성서 속의 죄 ·· 277

교회생활에서의 본문 ····································278

죄가 되는 것이 무엇이든? ·································· 278

회중 속에서의 치유 이야기들 ······························ 278

요한복음 10장 – 목자들: 참이냐 거짓이냐

사전검토 ···280

개요 ··· 281

주석적 해설 ··282

예수의 설교적 비유: 문, 목자, 그리고 낯선 이들 10:1–6 ·········· 282

예수: 문이자 목자 10:7–10 ······························· 284

예수, 선한 목자 10:11–15 ································ 285

더 많은 양, 한 무리, 한 목자, 한 아버지 10:16–18 ············· 289

유대인들의 반응 10:19–21 ······························ 291

담론의 시기와 장소:성전봉헌절 10:22–23 ················· 291

유대인들의 핵심 질문:예수의 대답 10:24–30 ··············· 293

신체적이고 언어적 격론을 벌이는 유대인들과 예수 10:31–39 ········· 296

예수가 물러나다; 다시 요한의 증언을 듣다 10:40–42 ············· 299

성서적 맥락에서의 본문 ································· 300

성서 속의 목자와 양 이미지 ····························· 300

요한복음의 기독론: 아버지 하나님과 하나되는 예수 ··············· 301

교회생활에서의 본문 ···································302

풍성한 삶 ··· 303

진정한 목자 ··· 303

요한복음 11–12장 – 예수의 공생애 사역의 절정

사전검토 ···304

주제와 모티브 ·· 305

예수가 믿음으로 부름···306

요 11:1–12:11 – 예수의 절정의 이적:나사로의 죽음, 다시 살리심, 그리고 이후의 일들

사전검토 ···307
개요 ···309
주석적 해설 ···309
　나사로의 죽음, 문제 11:1–16 ·· 309
　예수의 기적, 대답 11:17–44·· 312
　유대인들의 반응 11:45–46 ··· 319
　공회가 음모를 꾸밀 때 가야바의 역할 11:47–57··························· 319
　마리아가 베다니에서 예수에게 기름을 붓다 12:1–8 ····················· 325
　나사로가 살아난 결과 12:9–11 ·· 327
성서적 맥락에서의 본문···327
　나사로 이야기의 유사성: 요한과 누가································· 327
　복음서의 마리아와 마르다·· 328
　한 명이 나라 혹은 백성을 위해 죽다 ·· 329
교회생활에서의 본문 ··330
　나는 부활이고 생명이다·· 330
　마리아의 기름부음: 수난을 예비함 ··· 331
　예수의 눈물, 마리아의 눈물, 그리고 우리의 눈물·························· 332

요한복음 12:12–50 – 예수의 공생애 사역 마지막 장면

사전검토 ···333
개요 ···334
주석적해설 ··335
　예수의 개선입성 12:12–19 ·· 335
　헬라인들이 예수를 보러 오다 12:20–22 ·· 337
　예수가 대답하다: "때가 왔다." **12:23–26** ································· **338**
　예수의 때가 지닌 의미가 드러나다 12:27–36a ······························ 339
　요한이 예수의 사역에 대한 유대인들의 반응을 설명하다 12:36b–43 ·············· 342
　예수의 마지막 호소 12:44–50 ··· 344
성서적 맥락에서의 본문··345
　헬라인들이 예수를 보러 오다 ·· 345
　영화롭게 되는 십자가 ··· 347
　내가 들려 올라갈 때 ·· 347

교회생활에서의 본문 ······························348

이방인들이 문을 두드리고 있다 ···················· 348

예수의 공생애 사역의 극적인 마감 ·················· 348

이 본문에 대한 아나뱁티스트의 호소 ··············· 349

3부 • 대단원: 마지막 유월절, 고난, 그리고 부활

요한복음 13장 – 예수가 작별을 고하다

사전검토 ·······································352

개요 ··354

주석적 해설 ····································355

예수가 제자들의 발을 씻기다 13:1–17 ············· 355

예수가 유다의 행동을 예견하다 13:18–30 ··········· 362

예수의 영화, 사랑의 명령, 그리고 베드로의 부인 13:31–38 ···· 365

성서적 맥락에서의 본문 ··························368

요한복음과 신약성서 속의 유다 ·················· 368

요 13장과 (새) 언약 ···························· 369

교회생활에서의 본문 ···························· 371

서로 사랑하라 ······························· 371

오늘날 발을 씻기는 것을 실천하기 ················ 373

세상에 대한 증인으로서 서로를 사랑하다 ··········· 373

요한복음 14–17장 – 예수의 고별담화와 기도

사전검토 ·······································375

떠남, 거함, 그리고 보혜사 ······················ 375

예수의 고별 설교 속에 있는 신학적 강조점들 ··············· 377

요한복음 14장 – 예수의 사랑; 길이요 진리요 생명

사전검토 ·······································379

개요 ··380

주석적 해설 ····································381

예수가 처소를 예비하고 그 길을 보여주다 14:1–11 ·············· 381

예수와 아버지가 미래를 보증하다 14:12–24 ············ 384

예수가 자신의 떠남을 고려하여 제자들을 위로하다 14:25–31 ···· 389

성서적 맥락에서의 본문 ··························394

"내 아버지 집"과 새 성전 ······················· 394

　　교회생활에서의 본문 ···395
　　　길이요, 진리요, 생명인 예수 ··· 395

요한복음 15:1–16:4 – 예수와 제자들이 서로 안에 거함: 거함과 사랑, 증오를 마주함

　　사전검토 ··397
　　개요 ···399
　　주석적 해설 ···399
　　　참 포도나무, 예수 안에 거하다–가지를 치고 과실을 맺다 15:1–11 ······· 399
　　　예수의 계명 15:12–17 ·· 406
　　　세상의 미움에 직면하다 15:17–25 ································· 408
　　　변호자와 너희가 예수를 증언하다 15:26–27 ················· 410
　　　회당에서의 축출을 맞이함 16:1–4 ································· 410
　　성서적 맥락에서의 본문 ··· 412
　　　포도나무 이미지 ·· 412
　　　요한복음의 계명들 ·· 413
　　교회생활에서의 본문 ··· 415
　　　계명들을 지킴 ··· 415
　　　변호자 성령 ··· 415
　　　포도나무에서의 생명: 사랑을 살아내다 ························· 416

요한복음 16:5–33 – 보혜사의 사역, 예수가 떠남, 그리고 위로: 기쁨과 평화

　　사전검토 ··418
　　개요 ···419
　　주석적 해설 ···419
　　　보혜사의 사역 16:5–15 ··· 419
　　　떠남에 대한 마지막 대화와 그 파문 16:16–33 ················· 424
　　성서적 맥락에서의 본문 ··· 430
　　　보혜사 혹은 성령 ··· 430
　　　진리의 영 ··· 432
　　　성령 ··· 433
　　　예수가 주는 평화의 선물 ··· 434
　　교회생활에서의 본문 ··· 435
　　　교회생활 속의 성령 ·· 435
　　　평화를 설교하고 가르침 ··· 437

요한복음17장 – 예수가 아버지께 기도하다

사전검토 ·· 438

개요 ·· 440

주석적 해설 ··· 440

예수가 자신을 위해 아버지게 기도하다 17:1–8 ······································ 440

예수가 제자들을 위해 거룩한 아버지에게 기도한다 17:9–19 ··················· 443

예수가 믿음을 가지게 될 모든 이를 위해 아버지께 기도하다 17:20–24 ········ 448

예수가 자신이 오는 목적과 영향을 요약하다 17:25–26 ··························· 451

성서적 맥락에서의 본문 ··· 451

예수와 기도 ··· 451

사악한 자에게서 보호를 받음 ··· 453

예수 그리스도 안에서 교회가 하나됨 ·· 455

교회생활에서의 본문 ·· 456

세상을 위한 하나님의 소망이 무엇인가? ·· 457

오늘날의 연합에 대한 예수의 비전 ·· 458

에큐메니칼 운동 ·· 460

요한복음 18–19장 – 예수가 넘겨져 십자가에 못박히다

사전검토 ·· 462

개요 ··· 462

베드로와 빌라도 ··· 463

극적인 역설 ··· 463

요한복음 18:1–27 – 예수의 체포, 유대인들의 재판, 그리고 베드로의 부인

사전검토 ·· 465

개요 ··· 467

주석적 해설 ·· 467

예수가 유다와 베드로와 함께 자신의 체포를 이룬다 18:1–11 ··················· 467

예수와 베드로가 재판에 회부되다 18:12–27 ·· 469

요한복음 18:28–19:16a – 빌라도 앞에서 예수가 재판을 받다

사전검토 ·· 474

개요 ··· 475

주석적 해설 ·· 476

고소: 빌라도와 유대인들, 18:28–32 ·· 476

증언: 빌라도와 왕위의 예수 18:33–38a ·· 477

평결: 빌라도가 예수가 무죄라고 선언하다 18:38b–40 ····························· 479

　　왕을 채찍질하고 희롱함 19:1-3 ································· 479

　　평결: 빌라도가 예수의 무죄를 선언하다 19:4-8 ················ 481

　　증언: 빌라도와 권위있는 예수 19:9-12 ······················ 482

　　선고: 빌라도와 유대인들과 예수 19:13-16a ·················· 484

요한복음 19:16b-42 – 예수가 십자가에 못박히고 장사되다

사전검토 ··· 487

개요 ··· 488

주석적 해설 ·· 489

　예수가 십자가에 못박히다 19:16b-25a ······················· 489

　십자가에서 예수의 마지막 말 19:25b-30 ····················· 491

　십자가에서 예수의 몸 19:31-37 ······························· 494

　예수의 장사 19:38-42 ··· 497

성서적 맥락에서의 본문 ·· 498

　영광을 받음 ··· 498

　요한복음의 고난 보도 ··· 499

교회생활에서의 본문 ··· 502

　요한복음에서 예수의 죽음이 갖는 의미 ························ 502

　예수의 정치학 ··· 503

요한복음 20장 – 부활한 예수가 선교와 새로운 공동체를 시작하다

사전검토 ··· 505

개요 ··· 506

주석적 해설 ··· 507

　열린 무덤의 충격 20:1-10 ····································· 507

　막달라 마리아가 예수와 만나다 20:11-18 ····················· 508

　예수가 나타나서 제자들에게 성령으로 숨을 내어 뿜다 20:19-23 ········· 511

　도마가 진정한 믿음에 이르다 20:24-29 ······················ 516

　결론: 정점과 목적 20:30-31 ··································· 520

성서적 맥락에서의 본문 ·· 521

　요한복음과 신약성서의 평화와 선교: 요 20:19-23과 요 4:1-42 ····· 521

　신약성서의 폭넓은 증언 ··· 523

　부활 ··· 523

교회생활에서의 본문 ··· 525

　소망, 기쁨, 믿음, 평화, 그리고 권세 ·························· 525

　부활: 기독교 윤리를 위한 초점의 렌즈 ························ 527

요한복음 21장 – 새 지평과 운명

사전검토 ·· 530

개요 ·· 531

주석적 해설 ··· 532

시간, 지역, 그리고 이 이야기의 등장인물들 21:1-3 ············ 532

많은 고개를 잡는 것이 지닌 신비한 기적 21:4-14 ············· 535

예수가 시몬 베드로를 회복시키고 위임하다 21:15-19 ·········· 538

예수와 애제자 21:20-23 ································· 543

애제자의 증언과 선택 21: 24-25 ························· 544

성서적 맥락에서의 본문 ····································· 547

교회생활에서의 본문 ·· 552

요한복음의 개요 ··· 554

에세이 ·· 560

저자 ·· 560

신앙/불신앙 ··· 562

애제자 ·· 565

교차대구법 ·· 566

기독론과 기독론 칭호들 ···································· 567

요한복음과 공관복음서의 연대기 ··························· 569

제자들과 제자도 ·· 570

요한복음 속의 드라마 ······································ 572

이원론이 아닌 이원성 ······································ 572

에큐메니컬 관계 ··· 573

종말론 ·· 574

영생 ·· 575

아버지와 아들 ·· 577

절기 ·· 579

육체와 영광 ··· 579

영광과 영광되게 하다 ······································ 580

영지주의 ·· 582

"나는~이다." ··· 583

유대인들 ·· 585

요한복음의 율법 ·· 592

빛과 어둠 ·· 594

요한복음의 사랑의 윤리 ··· 594

요한복음의 숫자 ··· 596

성찬 ·· 597

이적들과 일들 ·· 597

소피아와 로고스 ··· 600

본문상의 차이점 ··· 602

불확실한 문제들 ··· 604

증인과 증언하다 ··· 604

요한복음의 여인들 ·· 607

세상 ·· 609

신약시대 팔레스틴 지도 ·· 611

Bibliography ··· 612

Selected Resources ·· 639

자료색인 ·· 642

시리즈 서문

신자들의 교회 성서주석시리즈는 기본적인 성서공부를 위한 새로운 도구를 사용할 수 있게 한다. 이 시리즈는 성서의 원래 메시지와 그 의미를 오늘날 더욱 풍부하게 이해하고자 하는 모든 사람들—주일학교 교사들, 성경공부그룹, 학생, 목회자 등—을 위해 발간되었다. 이 시리즈는 하나님께서 여전히 듣고자 하는 모든 이들에게 말씀하시며, 성령께서는 하나님의 뜻을 알고 행하고자 하는 모든 이들을 위해 말씀으로 권위 있는 산 지침을 삼으신다는 신념에 기초하고 있다.

저자들은 가능한 넓은 층의 독자들을 도우려는 열망으로 참여를 결정했다. 성서본문을 선택함에 있어 어떤 제한도 없으므로, 독자들은 가장 익숙한 번역을 계속 사용할 수도 있다. 이 시리즈의 저자들은 비교를 위한 기준으로 NRSV역과 NIV역을 사용한다. 이들은 어떤 본문을 가장 가까이 따르고 있는지, 그리고 자신들만의 번역을 하는 부분이 어디인지를 보여준다. 저자들은 혼자서 연구한 것이 아니라, 정선된 조언가들, 시리즈의 편집자들, 그리고 편집위원회와 협의했다.

각권은 성서를 조명하여 필요한 신학적, 사회학적, 그리고 윤리적 의미들을 제공해주며, 일반적으로 "고르지 않은 땅을 매끄럽게" 해주고 있다. 비평적 이슈들을 피하지 않되, 그것을 학자들 간의 논쟁이 일어나는 전면에 두지도 않았다. 각각의 섹션들은 주를 달아, 이후에 "성서적 맥락에서의 본문"과 "교회생활에서의 본문"이라는 집중된 글들이 따라오게 했다. 이 주석은 해석적 과정에 도움을 주지만 모이는 교회 속에서 분별되는 말씀과 성령의 권위를 넘어서려 하지는 않는다.

신자들의 교회라는 용어는 교회의 역사 속에서 자주 사용되어 왔다. 16세기 이후로, 이 용어는 흔히 아나뱁티스트들에게 적용이 되었으며 후에는 메노나이트 및 형제교회를 비롯해 유사한 다른 그룹들에게도 적용되었다. 서술적인 용어로, 신자들의 교회는 메노나이트와 형제교회 이상의 것을 포함하고 있다. 신자들의 교회는 이제 특수한 신학적 이해들을 나타내고 있는데, 예를 들면 신자의 침례, 마태복음 18:15-20에 나타나는 교회 회원이 되기 위해 필수적인 그리스도의 통치에 헌신하는 것, 모든 관계들 속에서 사랑의 힘을 믿는 것, 그리고 자발적으로 십자가의 길로 그리스도를 따라가고자 하는 의지이다. 저자들은 이런 전통 속에 이 시리즈가 설 수 있도록 선정되었다.

신자들의 교회 사람들은 항상 성서의 단순한 의미에 순종하는 것을 강조한다고 알려져 있다. 이 때문에 그들은 깊이 있는 역사비평적 성서학문의 역사가 길지 않다. 이 시리즈는 고고학과 현재 진행되는 성서연구를 진지하게 취하면서 성서에 충실하고자 한다. 이런 작업의 의미는 다른 많은 좋은 주석들에서 발견될 수 있는 해석들과 저자들의 해석이 질적으로 크게 다르지 않다는 뜻이다. 그러면서도 이 저자들은 그리스도, 교회와 선교, 하나님과 역사, 인간의 본성, 그리스도인의 삶, 다른 교리들에 대한 기본적인 신념을 공유한다. 이런 가정들이 저자의 성서해석을 이루고 있다. 따라서 이 시리즈는, 다른 많은 주석처럼, 하나의 구체적인 역사적 교회의 전통 속에 서 있는 것이다.

이러한 교회의 흐름 속에서 많은 사람은 성경공부에 도움될만한 주석의 필요를 역설해왔다. 이 필요에 대한 응답이 신자들의 교회성서주석을 소개하는 데 충분한 정당성이 될 것이다. 그럼에도, 성령께서는 어떤 전통에도 묶이지 않으신다. 이 시리즈가 전 세계 그리스도인들 사이의 벽을 허물며 말씀의 완전한 이해를 통한 순종 속에서 새로운 기쁨을 가져다주기를 바라는 바이다.

〈BCBC 편집위원회〉

저자 서문

    요한복음과 함께한 나의 여정은 이스턴 메노나이트 컬리지Eastern Mennonite college에서 도로시 켐러Dorothy Kemrer가 가르쳤던 8학점짜리 헬라어 기초수업에서 비롯되었다. 나중에 연합 메노나이트 성서신학교Associated Mennonite Biblical Seminary, 지금의 Anabaptist Biblical Seminary에서 하워드 찰스Howard Charles 교수와 함께한 귀납적 요한복음1-12장 연구 덕분에 이 여정은 풍요로워졌다. 10년 후에는 프린스턴 신학교Princeton Theological Seminary에서 게르트너 교수와 함께 요한복음으로 박사학위에 도전했다. 요한복음의 풍성함과 수수께끼들, 그리고 난해함은 나를 사로잡았다.

    1975-76년 동안 콘라드 그레벨 대학Conrad Grebel College에서 요한복음을 가르치며 주요 본문으로 마시Marsh를 사용하여 난 많은 것을 배웠다. 1992년에는 AMBS에서 요한복음을 강의하기 시작했는데, 마를린 밀러Marlin Miller와 한 학기동안 함께 가르칠 특권을 누렸다. 밀러는 요한복음으로 신자의 교회 성서주석을 집필하는데 관심을 가졌다. AMBS에서 요한복음을 여섯 차례 강의한 경험으로 요한복음의 풍부한 주제들, 기교적인 구성, 그리고 풀 수 없는 난제들에 대한 내 관심과 찬사는 깊어질 수 있었다. 이런 이유로 BCBC 편집위원회가 나에게 요한복음 주석을 집필해달라고 요청해왔을 때 나는 수락했다. 요한복음은 가르침과 설교를 위한 풍부한 자료들로 빛나고 있다.

    이 주석을 쓰는 것이 해석학적 공동체의 도움 없이는 불가능했을 것이다. 다섯 명이 원고를 전부 혹은 부분적으로 읽어 주었으며 큰 도움을 주었다. 문학적 소양이 있는 수 스타이너Sue Steiner 목사는 내 원고를 모두 읽고 도움이 되는 말을 해 주었다. 요한복음에 관한 각각의 주석과 학위논문을 쓴 동료 독자인 웨스 하워드브룩Wes Howard-Brook과 제리 트루에Jerry Truex는 선정된 부분에 대한 비판적이고 분명한 언급과 더불어 자료에 대한 좋은 제안을 해 주었다. 필 요더Phil Yoder, Elkhart, Indiana는 유용한 목회의 통찰력을 전해주었다. 네케이샤 알렉시스-베이커Nekeisha Alexis-Baker는 세심하고 훌륭한 제안을 줌으로써 앞부분의 문체를 개선해 주었다.

AMBS^{2004-2006년}에서의 요한복음 강의를 들은 학생들은 내 해석학적 공동체에 있어 전략을 가졌다. 각각의 학생들은 요한복음을 한 부분씩 맡아 BCBC 형식에 맞게 연구보고서를 작성했다. 이런 보고서들과 "본문 연구들" 아울러 이전 강의에서 나온 일부의 것들이 2006-2012년에 이르는 주석집필에 영감을 주었다. 여기서 나는 다음과 같은 기여들에 찬사를 돌리는 바이다.

서문	Leonard Beechy, Pam Short
3장	"영생": Jewel Gingerich Longenecker; 요한복음에 관한 Marlin Miller의 주석
4장	Juanita Laverty, Lois Siemens; Adam Tice음악 가사
5장	Pam Short
6장	Margaret Shaw
7장	Jim Longley
7:53-	Betty Lou green, Jim Longley, Paula
8:11	Snyder Belousek
8:31-59	Rachel Siemens
9장	Gunnar Carlson
10장	Homare Miyazaki참고문헌을 보라 Marlin Miller요한복음에 관한 주석
11장	Lois Siemens; Adam Tice음악 가사
12장	Rachel Epp Miller
13장	Anne Mitchell
14장	Marlin Miller의 요한복음 주석과 원고본문

15장	Margaret Shaw, Lane Miller
17장	Leonard Beechy, Amy Kratzer, Lois Siemens, Pam Short
18:28-19:16a	Wanda Stopher
20장	Jim Longley, Rachel Ringenberg, Wanda Stopher
21장	Leonard Beechy, Gunnar Carlson, Wanda Stopher

Susan Kennel Harrison요한복음서 구조와 주제에 관한 초기 개요

몇몇 에세이에 기여를 해줬던 사람들예를 들면 [영광과 영광되게 하다, 580쪽] Pam Short

Homare Miyazaki교차대구분석으로 본 요한복음의 연회구조, MA 과정 논문

도움을 준 그 외의 다른 사람으로는 진 허Gene Herr, 존 랩John A. Lapp, 윌버트 쉥크 Wilbert Shenk, 그리고 윌러드 로스Willard Roth가 있다. 제랄드 스토버Gerald Stover는 모든 이들이 하나 되게 하소서라는 제목으로 예수의 기도에 대한 방대한 자료를 제공했다.요 17:21, 23 참고문헌은 해석하는 공동체를 요한복음서에 대한 학자들의 3세대에 걸친 전 세계적 관점으로 확장시킨다. 요한복음에 대한 문헌은 끝이 없다; 고려해볼 가치가 있는 수많은 자료들을 건너뛰어야만 한다.

통찰력이 있는 시각으로, 아내 메리 스와틀리Mary Swartley는 수도 없는 실수와 문제들을 분명하고 일관되게 잡아내어 온전한 원고가 되도록 해주었다. 크리스 벤다Chris Benda 역시 실수들을 잡아 주었다. 원고의 많은 부분을 읽어주고 온라인 부록을 마련해주어 그에게 고마움을 전한다. 헤럴드출판사 편집자들인 에이미 깅거리치Amy Gingerich, 데이 빗 가버David Garber 및 바이런 렘펠-버크홀더Byron Rempel-Burkholder와 더불어 신약 편 집자인 로렌 존스Loren Johns와 BCBC 편집위원회도 많은 도움을 주었다. 요한복음의 핵 심 모티브인 이런 "사랑의 수고"를 해주었던 모든 이들에게 감사를 드린다. 나는 이 해석 하는 공동체에 빚을 졌으며 이제는 독자들로 하여금 이런 "공동체"로 들어오라고 초청 하고 있다.

책의 분량문제로 인해 들어가지 못하는 부분들을 잃고 싶지는 않았겠지만, 편집위원회는 초고가 너무 길다고 판단하여 거의 1/3을 줄여달라고 요청했다. 그들의 제안을 받아들여 책에 실리지 못했던 초고의 좋은 부분들은 이제 따로 파일로 만들어져 온라인 부록으로 볼 수 있다. 이런 부록은 다양한 학적 시각들을 끌어안고 요한복음을 해석함에 있어서 불거져 나오는 어려운 문제들을 위한 깊은 토론을 마련하고 있다. 독자들은 이 주석서의 일부 부제들 다음에 나오는 어깨글w을 볼 수 있을 것이다. 이것은 온라인 부록을 가리키는 것이다. 어깨글에 덧붙여진 숫자 1,2,3 등의 부호는 관련된 보충논의를 온라인 부록에서 찾을 때, 해당 글의 도입부분에 나타난다. 이런 온라인 자료는 www.heraldpress.com/bcbc/john에서 볼 수 있다.

원래 주석의 일부는 이제 『살아있는 선물: 묵상과 시, 예술과 노래 속에 있는 요한의 예수』*Living Gift: John's Jesus in Meditation and Poetry, Art and Song*라는 책으로 출간되었다. 이 책은 2004년과 2006년 요한복음 강의를 들은 AMBS 학생들의 묵상과 시적 기여와 책제목의 주제에 관한 부가적인 자료들을 담고 있다. 이 책은 방대하게 목차화되어 영성 개발에 도움을 주고 있으며, 예배인도자들, 찬양인도자들, 목사들 및 시와 노래, 예술 속의 진리와 아름다움을 알아보는 모든 이들을 위한 자료를 제공한다. 다음의 웹사이트에서 볼 수 있다: www.evangelpublishing.com.

서론

신약성서 가운데 요한복음보다 명료한 책은 없다. 어떤 측면에서 보면, 모든 것이 분명하고 이해하기 쉽다. 다른 측면으로 보자면, 독자는 이중의 의미와 상징적인 깊이, 깊은 주제들에 대한 긴 담론과 더불어 빠른 서사의 전환과 함께 빠르게 진행되는 대화들로 인해 어리둥절해진다.

만화경과 같고 재기 넘치면서도 곤혹스러운 것이 요한복음이다. 전반부에서는 빛과 생명으로 가득 차 있으며, 후반부에서 요한복음은 풍성한 사랑과 값비싼 제자도로 숨을 쉰다. 아주 독특하며 아주 참신하다! 그렇지만 요한복음은 몇몇 결정적인 부분에서 독자를 불쾌하게 만들기도 한다. 치아 사이로 씹히는 계란껍질이 들어있는 감미로운 케이크와 같다. 요한의 목소리는 마가, 마태, 누가의 것과는 빈번하게 다르다. 요한복음을 읽는 것은 새로운 복음의 영역에 발을 들여놓는 여행이다. 요한복음에 대한 어떤 주석도 본문의 문학적 탁월함과 극적인 힘 앞에서 무색해진다.[요한복음 속의 드라마, 572쪽] 따라서 난 이 주석을 사용하는 사람들이 본문에 대한 주석을 읽기 전에 각각의 성서단원을 크게 읽으라고 권하고 싶다.예를 들면 서문부분, 요 6:35-40; 15:1-11; 17장 각각의 단원 성서본문이 주석을 필요로 하는 것 이상으로 주석은 성서본문을 필요로 한다.

요한복음은 창세기 1:1-2:4a를 떠올리게 하는 창조로 시작하며 주요 주제들 속에서 새 창조를 이야기한다. "평화의 존재론"은 양쪽의 서사들 곳곳에 스며들어 있다.Neville: 176, 180; Ollenburger, 2013 참조 경탄할 만한 서문이 지나고, 요한은 "새 창조의 7일" 1:19-2:11이라는 일주일짜리 구조 속에서 증언자 요한과 예수를 드러낸다. 시간단위로 제어되는 서사구성은 예수가 영광을 받기 위해 십자가에 매달리고 부활과 암시된 승천, 그리고 성령강림의 절정으로 오르기 위해 가차 없이 치닫고 있으며, 평화, 선교, 그리고 죄를 용서하고 그대로 둘 권위로 연출된다. 서로 관련된 두 명의 인물인 베드로와 애제자는 서사적 풍경을 여기저기 흩어놓으며 예수의 가르침사랑-그것이 어떤 비용을 치러야 하며 그것이 무엇인지를을 개인화시킨다. 요한복음은 이 두 등장인물이 각광을 받는 것으로 끝이 난다.

요한복음은 신약성서 신학의 최고점으로, 그 이유는 바울의 "십자가 신학"을 새로운 수준으로 확장시키면서도 예수의 역사적 시공간 속에 자리하고 있기 때문이다. 하나님과의 완전한 연합 속에서 아버지와 함께 하는 아들, 예수는 십자가를 통해, 통치권, 사랑, 그리고 자유 속의 신성한 공동적 영광에 참여하고 있다. 요한복음에서 예수는 하나님의 대리자, 창조와 구원의 도구일 뿐만 아니라 누구든지 그러고자 하는 자들을 위한 구원의 선물을 드러내는 그들의 사랑-연합 속에서 하나님의 정수이자 완전한 현현이기도 하다. 다음을 보라. Schnell 2009: 660, 749-50

주제와 목적 W

요한의 주요 주제와 요한복음의 목적은 불가분의 관계다. 요한은 복음서의 목적을 20:31에서 다음과 같이 밝히고 있다: 이런 이적들을 기록한 것은 여러분들로 하여금 예수가 메시아, 하나님의 아들임을 믿게 하고 그분의 이름을 믿음으로 생명을 얻게 하기 위함이다.AT 요한의 기독론은 예수를 선이 굵은 계시자로 그리고 있으며, 사람들을 신앙으로 이끌기 위한 의도와/혹은 신자들로 하여금 하나님의 아들, 메시아 예수에 대한 그들의 신앙을 지켜나가도록 독려하려는 의도를 지니고 있다. 성자와 성부 사이의 친밀한 관계와, 예수와 그를 따르는 자들 사이의 친밀한 관계는 신자들의 영생에 대한 확신을 강화시켜 준다.17:3

가이사보다 위대한Greater than Caesar이라는 책의 서론에서, 대처Thatcher는 요한복음이 갖고 있는 본질적인 주제의 핵심이 그리스도론이라며 다음과 같이 올바르게 주장하고 있다: "복음서저자 요한은 예수가 누구였는지, 그리고 우리가 왜 '그의 이름 안에서 살거나' 전혀 그렇지 않거나에 대한 적절한 이해로 독자들을 이끌려는 열정에 사로잡혔다." Thatcher 2009: 4-5 실제로 "요한복음이 그리는 예수상은 하나님 안에 있는 그들의 진정한 본성을 사람들이 놓치거나 발견하는 이유의 역학에 대한 탐구이자 설명이다. 다른 말로 하면, '세상으로부터' 그리고 '하나님으로부터' 나온 존재의 개별적 역학인 것이다." Moberly: 248

수많은 주제들이 요한복음 곳곳에서, 주로 이중 혹은 삼중으로 서로 걸쳐져 있다. 기독론과 계시는 서로 연결된 불가분의 핵심 주제다. 하나님은 스스로를 성자를 통해 계시하신다. 서문에서 로고스는 하나님을 계시하기 위해 인간이 되었다. 요한복음의 서사 속에서 예수는 "나는 ~이다."라는 정체성을 말한다. 예수의 자기계시는 많은 기독론적 칭호를 통해서 나온다. 복음서들 가운데서 오직 요한만이 예수의 선재를 강조한다.[기독론, 567쪽]

요한복음의 주요 주제들

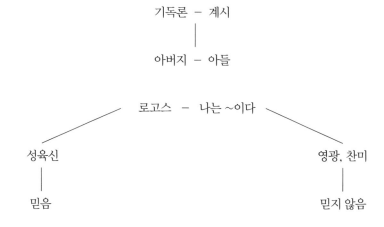

아버지-아들 관계는 복음의 맥박이다. "예수와 아버지가 하나라는 고백은 요한의 기독론적 축약이다." Appold: 280 아들은 아버지를 영화롭게 하며 아버지는 아들을 영화롭게 한다.[육체와 영광, 579쪽] 영화롭게하다와 짝을 이루는 주제는 나의 때로서, 아버지가 아들을 영화롭게 하는 때를 위한 구성을 이곳저곳에 흩어 놓았다.2:4; 12:20-23; 27-28; 13:1, 31; 17:1 십자가에 들린 예수는 공동의 영광에서 절정을 맞는다.17:12 이렇게 함으로써 아들예수는 모든 백성을 자신에게, 그리고 아버지 하나님에게로 이끈다.12:32

믿음과 믿지 않음에 대한 강조 또한 요한복음에 녹아있는 주제로, 특별히 초반부에 잘 나타나 있다.2-12장 요한복음 12장은 예수의 공생애를 불신앙의 딜레마에 지속적으로 주의를 기울임으로 절정을 맞고 있는데, 이것은 이사야에 예언적으로 기초한 것이다. 불신앙은 그 서사 속에서 종종 신앙을 이기는 것으로 나타난다. 그렇지만 어둠이 빛을 이기지 못하는 것처럼1:5, 믿지 않음도 믿음을 이겨내지 못한다. 믿음은 영생을 약속하지만 믿지 않음은 심판예수가 말한 심판-12:47-49; 3:18-21을 약속하고 있다. 십자가는 부활과 성령강림으로 승리하게 된다. 다른 두 가지 용어, 보는 것과 아는 것은 모두 빈번하게 사용되고 있으며 믿는 것과 아주 관련이 깊다. 보는 것과 믿는 것 사이의 핵심적인 관련성은 요한복음의 머릿돌 구절인 20:29에서 간결하게 언급되고 있다.

이런 주제들이 흘러나오고 있는 것은 빛, 생명, 그리고 사랑에 대한 도덕적/윤리적 강조이다. 빛과 어둠은 서문에서2:4b-5,9에서 나타나며, 두 가지 거대한 빛의 축제초막절과 봉헌절인 7-10장 속에 나타나는 예수의 담론에서 두드러지고 있다. 예수는 나는 세상의 빛이다라고 선언한다.8:12 9장에서 빛은 핵심 비유5절로 이어지고 있다. 보는 것은 눈이 머는 것과 대조된다. 하늘에서 나오는 소리를 듣는 무리를 향한 예수의 마지막 간청은 사람들에게 "빛 속에서 걸으라"는 것이다.12:29, 34-36

생명명사이나 살다동사라는 단어 및 복합어생명을 주다는 요한복음에서 54회, 주로 서사의 전반부에 등장하고 있다.예를 들면 1:3-4; 3:15,16,36; 종종 5-6, 10-11 17:3; 20:31 그리고 6:40에서 예수가 생명을 주는 것은 세상 속으로 그가 오시는 목적이다. 예수는 세상에 생명을 주기위해 스스로를 내어 준다.6:51 [영생, 575쪽]

사랑이라는 용어는 요한복음의 전반부에서 나타난다.특히 3:16이며 5:42에서의 사용과는 대조된다 그렇지만 사랑은 요한복음의 후반부에서 빈번하게 등장한다. 사랑은명사와 동사 모두 요한복음에서 57회 나타나고 있다. 이것은 예수의 제자들의 정체성을 표시하는 것이다.13:14-35; 14:23-24 서로를 사랑하는 것은 요한이 가진 기본적인 윤리적 명령이다. 사랑은 제자됨에 있어서 리트머스 시험지와 같다. 사랑은 심지어 예수를 3번 부인한 베드로를 회복시킨다.21:15-17 사랑은 세상을 향해 공동적으로 자기를 내어주심 속에서, 그리고 서로의 관계 속에서 아들과 아버지를 묶고 있으며15:9-10, 12-13, 세상의 기초가 놓이기 전부터 존재했다.17:24d, 26 사랑은 또한 애제자로 알려진 수수께끼 같은 인물이 지닌 독특한 성품이기도 했다.[애제자, 565쪽]

요한복음 속의 또 다른 연결주제들도 분명히 나타나고 있다:

· 시험/증인과 연결된 진실
· 선교와 연결된 보냄/보내짐 및 양쪽이 하나됨: 그들이 다 하나가 되게 하여 주시옵소서17:21,23
· 평화/화해의 보혜사/성령
· 예수를 따르는 제자들 혹은 제자도

이들 짝 혹은 삼중어는 요한복음에 있는 독특한 강조점들을 파악하기 위한 렌즈를 마련해 준다. 요한복음 5-12장과 18-19장은 "재판을 받는 진리"라고 볼 수 있다.Lincoln 2000 이 서사가 예수 및/혹은 그의 적들이 재판 가운데 있는 것으로 묘사하기 때문에, 재판을 받는 증인의 역할은 서사적 등장인물 속에서 핵심적이며 예수를 심문하는 빌라도에게서 절정에 이른다: 진리가 무엇이냐? 18:38 증인과 증언하다에 대한 보캄Bauckham의 연구는 2006: 358-411, 472-508; 2007: 82-91 요한복음의 증인의 역할 및 '증인과 증언하다'에 대한 주제상의 강조를 이해하는데 필수적인 것이다.[증인, 605쪽]

요한복음 1-10장에서 증언자 요한공관복음서에는 "침례자"은 예수의 공생애 사역의 양쪽 끝을 받치는 역할로, 최초 1:6-8에서 등장하며 10:40-41에서 마지막으로 언급되고 있다. 요한복음에서 이 증언자는 단순히 "요한"으로만 명명된다. 바로 이어지는 10:40-41에서 우리는 예수가 사랑했던 나사로를 만나게 된다.11:3-5 요한복음의 나머지 부분에서 예수가 사랑했던 이 제자는 예수의 예루살렘 사역에 대한 목격자라는 중요한 역할을 한다.19:35; 21:24 그는 결코 "요한"이란 이름으로 불리지 않는다. 나아가 저자가 누구인가 하는 문제와 애제자의 정체성 문제는 혼란스럽다.[애제자, 565쪽]

선교는 보냄을 받음이나 보냄과 연관된 중요한 주제로 널리 지지를 받고 있다.Oyer: 446 요한복음의 위대한 위임은 평화와 사역과 관련되지만, 요한의 주제인 평화는 주석서나 논문에서 경시되는 경우가 많다.Swartley 2006a: 304-23; TLC for John 20

제자도와 따름은 요한복음에서 독특한 방식으로 나타난다. 처음에 요한이 도움을 주어, 우정의 연결을 통해서 제자들 대부분이 예수에게로 온다. 예수는 분명 오직 두 명의 제자들에게만 나를 따르라고 부른다. 시작은 빌립이었고1:43 마지막은 베드로였다.21:19, 22 제자란 단어는 38회 등장한다. 21:1-2에서 일곱 제자들이 모였으나 오직 세 명의 이름만이 밝혀져 있다. 예수의 가르침 대부분은 직접적으로 예수를 따르는 것이 무엇인지에 대해 초점을 맞추고 있다. 제자도에 관한 가장 분명하고 중요한 본문은 13:34-35로서, 서로 사랑하는 것이 예수의 제자들이 가지는 정체성 표시라는 부분이다.[제자들과 제자도, 570쪽]

요한복음에서의 또 한 가지 빈번한 모티브는 세상이다. 서로 다른 컨텍스트들 속에는 각기 다른 함축들이 있다. 1:10-11에 관한 언급들과 다음의 글[세상, 609쪽]을 보라. 요한복음이 특별하게 관심을 갖는 다른 주제들은 다음과 같다.

- · 요한복음의 하나님Thompson 2001a
- · 기독론: 예수는 여러 가지 칭호들과 동일시된다.[기독론, 567쪽]
- · 요한복음의 유대인들. 요한복음은 빈번하게 유대인들을 71차례나 언급하는데, 그 가운데 38차례는 부정적이다.[유대인들, 585쪽] 모든 유대인들이 부정적으로 나타나는 것은 아니다. "퍼즐"은 "유대인들"이 예수를 죽이고자 했다는 것을 발견하는 것으로, 예수를 포함한 모든 주요 등장인물들이 유대인이라는 것을 명심하라.
- · 요한복음의 정치학과 정치적 측면. 요한복음서의 윤리학Ethics of the Gospel 38쪽을 보라.

· 요한복음의 여성들. 여성의 긍정적인 역할은 요한복음의 중요한 특징 가운데 하나이다.[요한복음의 여인들, 607쪽]
· 요한복음은 구약성서를 확장시켜서 사용했고, 유대교 절기들에 대해 많은 언급을 했으며 요한복음을 그 절기들 전후로 구성해 놓았다.[절기, 579쪽]
· 신부 그리고/혹은 새 성전으로의 예수. 2:4; 14:1-3의 언급들을 보라.
· 요한복음의 우주론. 여기서 "위"와 "아래" 사이의 복음의 광대한 이원성이 중요하다.[이원론이 아닌 이원성, 572쪽]
· 모든 신자들의 연합을 간구하는 예수: "그들이 하나 되게 하소서"17:21, 23 17장의 언급들과 에세이를 보라.[에큐메니컬 관계, 573쪽]

요한복음의 배경과 시기: 기록연대와 저자[w]

초기 가설들은주로 1840년에서 1920년 요한복음이 2세기 중반의 신학을 반영한다는 입장을 고수했다. 튀빙엔 학자인 바우어F. C. Baur는 수많은 영지주의 복음서들이 기록되고 다른 정경복음서들이 하나씩 기록된 훨씬 이후에, 요한복음이 대략 150-70년에 기록되었다고 주장했다. 다른 극단적인 주장으로는, 영국학자인 로빈슨J. A. T. Robinson이 예수 살렘의 멸망 이전인 서기 60년대 어느 날이었을 것이라고 추정했다.1976, 1985 그의 주장은 주목을 받았으며 충분히 논박되지 못하고 있다.[저자, 560쪽]

외적인 증거는 이제 저작 시기를 후기로 추정하는 것이 틀렸음을 입증하고 있다. 파피아탄소측정연대 130년는 요한복음의 기원을 에베소에 위치시킨다. 1920년에 발견되고 1934년에 다시 발견된 P52 요한복음 18:31-33 및 37-38이 적힌 MS 단편을 포함하고 있다는 탄소측정연대가 125년이다. 로마의 히폴리투스에서 인용되고 있는 바실리데스Basilides, 탄소측정연대 130-135년는 요한복음 1:9를 인용한다.모든 이단들에 대한 반박 7.10 대부분의 학자들은 이제 요한복음의 기록연대를 대략 AD 90년으로 잡고 있다.

파피아는 두 명의 요한을 언급한다. 하나는 사도이며 다른 하나는 장로이다. 요한2서와 요한3서에 나오는 증언을 토대로각각 1절 고려해 보면, 장로 요한 그리고/혹은 그가 나타내고 있는 요한 공동체는 필시 그들의 저자일 것이다. 170년의 폴리크레이트Polycrates에서 볼 수 있는 증거에 따르면, 요한복음을 증언하는 제자는 예루살렘 출신이며, 제사장에 소속되어 있었다.요한복음 18:15 참고

3세기 이후로 줄곧, 전통은 요한복음의 저자가 사도 요한이라고 보고 있다. 몇몇 학자들은 요한복음 11:3-5가 예수가 사랑했던 제자를 나타내고 있기 때문에[애제자, 565

쪽], 요한복음을 입증하는 증인인 19:34-35; 21:24 애제자가 나사로라는 내적인 증거가 있다고 주장한다. 나사로가 살아난 이후12:13-18 종교 지도자들이 나사로를 제거하려는 결정과 요한복음의 마지막 부분에 애제자의 죽음에 대한 수수께끼21:19-21는 나사로를 최소한 예루살렘 지향적인 전통을 따르는 후보자로 지명한다. 21:24b에서는 저자가 요한복음서의 핵심 증언자, 애제자라고 단언하고 있다. 저자에 대한 다른 의견으로는, 크게 지지를 받지는 못하지만, 요한복음 20장에서 두드러진 역할을 했다는 이유로 도마Charlesworth 혹은 막달라 마리아Schneiders 2003; Maccini라는 주장이 있다.

따라서 주요 후보자들은 다음과 같다: 제사장 소속 배경을 가진 예루살렘을 기반을 둔 제자아마도 나사로; 장로 요한; 사도 요한; 또는 단순히 많은 학자들이 옹호하고 있는 요한 공동체이다. 바클레이Barclay, xxxv-xl는 이 문제로 씨름을 하면서, 요한이 스스로를 애제자로 부른다는 것이 그로서는 주제넘은 행동이라고 지적한다. 그는 나사로를 염두에 두긴 하지만, 장로 요한이 저자라고 결론을 내린다.[저자, 560] 만일 스스로를 가리키는 것이 나중에 첨가된 것이 아니라면, 목격자나 애제자가 저자라고 여겨질 때마다 똑같이 오만한 가정이 적용되는 것이다. 이런 논쟁은 양쪽을 구분하라고 주장하고, 그리하여 최종 저자나 편집자가 요한 공동체의 목소리가 되며, 목격자/애제자의 진실성을 증명하고 있다. 아마도 우리는 요한복음의 저자의 이름을 밝히지 말아야 할지도 모른다. 램지 마이클스Ramsey Michaels는 다음과 같이 말하고 있다. "저자가 누구이든-우리는 알 수 없다-그는 자신의 이야기를 자유로이 풀어내고 있다…[그렇지만] 자신의 사적인 권리privacy를 누리는데, 이런 사적인 권리는 가장 호기심 많은 주석자라 할지라도 존중하는 것이 옳다."24

"회당 축출"에 대한 요한의 언급들은 9:22; 12:42; 16:2 공관복음서의 동일한 언급들 보다 후대임을 보여준다. 마틴J. Louis Martyn이 이런 시각에 힘을 싣고 있다.1978: 90-121; 아울러 2003년 서문에서 인용되고 있는 그의 초판[1968]과 2판[1979]을 보라 그는 그런 축출이 있음직한 배경을 구성했다. 마틴은 이런 강조를 18개 축도들에 추가된 12번째 축도에 연결시키고 있는데, 18개 축도는 예루살렘 멸망 이후 몇 년 후 야브네얌니아에서 발생했던 것을 이론화시킨 것이다. 이 축도는 회당에서 이단들을 축출시키는 것을 말하고 있다: "배교자들에게 희망을 주지 마라….나사렛파들[그리스도인들]과 미님[이단들]을 … 생명책에서 지워지도록 하라" Martyn 1979: 58; 2003: 62 마틴은 그리하여 요한복음의 "두 단계 읽기"를 제안하고 있다: 한 단계는 예수의 시대를 반영하며 다른 하나의 단계는 요한복음이 기록될 당시 회당축출의 시대를 반영한다. 비록 메시아적 신자들에 대한 유대인들의 박해의 원인이 된 12번째 축도가 심각하게 도전을 받아오고 있다고 하더라도, 마틴의 이론은 4 반세기 동안1968년에서 1990년대 초반까지 인기를 얻었으며 계속하여 요한복음의 사회종교 적 컨텍스트의 재건을 위해 가치 있는 것으로 평가를 받았다.Smith 2003

요한복음의 기원에 대한 다른 제안들도 나타났다. 코스텐버거Kostenberger 2005: 205- 12는 예루살렘의 멸망과 성전파괴를 요한복음의 시기와 신학적 강조로 여긴다. 요한복 음은 성전파괴에 대한 유대인-그리스도인 신앙의 새로운 이해를 보여준다.Kostenberger 2005; Hill; Suderman; 새로운 성전 주제를 발전시킨 Kerr 2002와 Coloe 2001를 참조 코스텐버거는 예 수의 종말론적인 담론에 담겨 있는 경고들에 비추어 보면, 예루살렘이 여전히 있을 때 공 관복음서가 기록되었을 것으로 본다. 그렇지만 요한복음은 성전이 파괴된 이후에 기록 되어 메시아적 신자들을 위한 극심한 신학적 파문들을 진술하고 있다.2005: 207, 216 이런 점들을 고려해 볼 때, 요한복음의 최종적 형태에 대한 가장 설득력 있는 시기는 AD 90 년대이다.

요한복음의 기원을 이렇게 이해하는 것은 왜 요한이 성전 정화 사건을 예수의 사역의 시작으로 전환시켰는지를 설명해 준다. 성전의 파괴는 요한복음을 읽을 수 있는 렌즈를 제공해 준다. 요한복음은 이스라엘의 신앙 전통들의 의미를 변화시킨다. 이스라엘의 축 제들에 대한 예수의 담론은 요한복음의 전반부의 구조를 마련한다. 12-19장은 유월절 에 맞춰져 있다.

성전이 더 이상 존재하지 않으므로, 하나님의 현현Shekinah의 영광은 우리 가운데 있 다. 이 성전을 파괴하라 … 2:19는 예수의 죽음을 표시한다. 진정한 예배는 예루살렘 성전 에 있는 것도 아니며 그리심 산상에 있는 것도 아니다.4:2-24 예수의 작별담화는 예수가 우리를 위해 준비하는 장소와 14:1-3 예수 안에 거하거나 남아있음, 그리고 예수의 이름 으로 기도하는 것에 초점을 맞추고 있다. 오실 보혜사를 예수가 약속하는 것은 공관복음 의 묵시적 담론을 대체한다. 예수의 부활은 일으켜진 성전이며, 도마가 한 절정의 고백은 진정한 예배이다: 나의 주님, 나의 하나님! 20:28 하나님의 백성들 가운데 하나님께서 계 시는 것은 서사에 마침표를 찍는다.TBC 4:3에 대한 언급 이후에 나오는 "성전"을 보라

오데이O'Day는 "제4복음서의 독특한 특징 가운데 하나는 떼어놓을 수 없는 이야기의 결합과 예수 이야기를 말하는 신학적 해석"임을 상기시키고 있다.1955: 661 그녀는 우리 가 요한복음을 마틴의 두 가지 역사적 단계들예수 당시의 시대와 회당에서 축출당하는 요한 공동체 의 시대만으로- 혹은 성전의 파괴가 가져다 주는 영향으로- 읽어낼 것이 아니라, 설교의 관점에서 "두 가지 단계"를 보아야 한다고 제시하고 있다. 요한복음의 담론들은 요한공

동체에게, 요한공동체에 의해, 요한공동체 안에서 예수의 훈계로 설교되었다—아울러 보캄1996b과 클링크Klink가 주장한 것처럼 모든 기독교 신자들에게 설교된다. 이런 설교적 담론들은 예수와 후대 신자들이라는 두 개의 단계로 재현되어 "독자들을 그들의 눈앞에서 상연되는 드라마 속의 경험을 보도록 초대하고 있다." O'Day 1995: 662

요한서신 및 요한계시록과 요한복음의 관계

대부분의 학자들이 요한복음이 먼저 기록되고 요한서신이 나중에 기록되었다고 보고 있다. 요한서신은 분열이 일어나는 교회들 속의 문제들을 언급한다. 그렇지만 탈버트Talbert는 요한서신이 시기적으로 앞서고 있다고 주장하며3-4, 56-57 요한복음은 요한서신 속에서 일어나는 문제들을 거론하기 위해 쓰였음을 역설한다. 그의 근거는 설득력이 없다. 그는 또한 요한서신이 요한복음과 동시에 기록되었을 수 있다고 주장한다. 요한서신이 재구성된 요한복음 두 번째 판과 세 번째 판 사이에 기록되었다는 폰 월더Von Wahlde의 시각은 장점이 있다.2010: 1.376-85; 3.12 요한복음과 요한서신을 가르치면서, 나는 요한복음 13-17장과 나란히 요한서신을 다루고 있다. 그 이유는 서로를 사랑하라는 것과 진정한 신자들의 정체성을 시험하기 위해 예수의 가르침을 따르는 것을 그들이 공통적으로 가르치고 있기 때문이다.

"요한복음의 신학"을 뛰어나게 다루고 있는 슈넬Schnelle 2009: 661, 732-33은 요한복음과 요한서신을 한데 엮어, 다양한 주제들에 대한 고유한 통일성을 보여 준다: "하나님의 작은 아이들tekna/teknia"이나 "하나님에게서 난" 존재를 공통적으로 사용하고 있으며요한복음 1:12, 13; 3:3; 7; 11:52; 13:33; 요한일서 2:1, 12, 28, 29; 3:1, 2, 7, 9, 10, 18; 4:4, 7; 5:21; 요한2서 1, 4, 13; 요한3서 4 사랑과 서로 사랑함이 모두 신학적 핵심으로서 강조되고 있다.요한복음 13-17장 여러 군데; 21: 15-17; 그리고 요한1서 먼저 요한은 빛과 사랑이라는 주제를 서로 엮어서 행동으로 구체화시키기 위한 사랑의 윤리에 적용시키고 있다: 어떻게 도움이 필요한 형제와 자매들을 대할 것인가?733 서로 사랑하는 것은 구원을 받은 사람임을 증명하는 것이며 하나님으로부터 나온 사람임을 보여준다.

요한복음과 요한서신은 같은 시기에 등장한 듯하다: 폰 월더2010: 1.52-53에게 있어 요한서신은 요한복음의 두 번째 판과 세 번째 판 사이에 기록된 것이다.65-70? 그는 요한복음 최종판이 왜 요한일서 이후의 시기였는지에 대해 8가지 이유를 제시하고 있다.1.376-85 폰 월더는 요한복음의 세 번째최종 판은 "아마도 AD 85-90년, 확실하게는 AD 100년 이전에 완성되었다."고 결론짓고 있다.1.390

결정적인 차이점들도 주목할 만하다. 양쪽 모두 세상이 하나님으로부터 난 자들을 대항하며 신자들을 미워한다고 언급하고 있지만,요한 15:18-25 요한복음에서 두드러지게 나타나는 유대인들이 요한서신에서는 등장하지 않는다. 요한서신 속의 적대자들은 윤리와 신학을 구분한다. 그들은 신자가 되어야 하며 하나님을 알아야 한다고 역설하지만 그것을 삶으로 나타내지는 않고 있다.McDermond: 곳곳에 등장함 나아가 그들은 예수가 육체로 온 것을 부인하면서 예수의 인성을 비하하고 있다.요한1서 4:1-6; 요한2서 7 이런 결함 있는 믿음은 "적그리스도의 영이다." 요한1서 4:3; 2:18, 22를 참조 아마도 이런 신앙을 가진 그룹이 요한 공동체로부터 탈퇴하여 젊은 신자들을 자신들의 편에 두려고 설득하려 했을 가능성이 크다.2:18-29; 요한2-3서; 이 구절에 대해서는 McDermond를 보라

요한계시록이 동일한 저자 요한으로부터 나왔는지 아니면 신자들의 신학적 "모임"으로부터 나왔는지의 여부는 논란의 여지가 있다. 초대교회의 회의론을 반영하는 압도적인 견해는 Culpepper 2000:14-15 요한계시록과 요한복음의 저자를 구분하고 있다. 그렇지만 몇 가지 중요한 유사점들이 양쪽 사이에 신학적 연결성이 있음을 시사한다. 요한계시록 1:1, 4, 9에서 요한의 이름이 드러나고 있으며 이후부터는 1장에서 "내"가 반복되고 있다. "인자"의 출현1:13은 요한복음에 나오는 인자를 반향하고 있다. 19:13에서 Yeatts: 357-58을 참조 흰 말을 타고 있는 사람의 이름은 "하나님의 말씀"ho Logos tou Theou으로, 요한복음 1:1과 일치하고 있다. 요한복음의 신학은 "성전이 없는" 유대인 기독교를 반영하고 있으며, 미래에 대한 요한계시록의 비전도 그렇다.21:22 어린양은 양쪽 모두에 있어서 빛이다. 성령은 요한복음에서는 신자들을 위해 가르치시고 옹호하시며14-16장; Smalley 1998: 289-300 계시록에서는 예언에 영감을 부여하신다.1:10; 19:10 보는 것은 계시록과 요한복음 모두에게 있어 공통된 모티브이지만 다른 것들을 내포한다. 계시록의 구조 속에서 기독론적인 형상1장과 22장, 1:13 및 22:17은 요한복음의 형상을 반향하며 심지어 신부의 형상을 나타내기도 한다.요한복음 2:112; 3:29; 4:4-26 계시록 21:6과 22:17은 요한복음 7:37-39 속의 생명의 물과 일치한다. 유사한 반향이 요한의 말뭉치들에 스며들어 있다.Swartley 2006a: 276-89; Culpepper 2000:9-27 참조: 적대적인 세상 속에서 신자들의 대립적인 도덕적, 교회적, 그리고 정치적 입장.

그러나 차이점들 역시 중요하다. 계시록의 장르는 다르며—완전히 묵시적인—계시록의 확장된 환상은 요한복음과는 상응하지 않는다. 요한은 계시록에서 어린양을 28x arnion 이라고 언급하는데, 이것은 순교 전통과 맞아 떨어진다. 요한복음 1:29, 36에 나오는 amnos가 아니다. 이것은 구원및 희생적 주제를 반향하고 있다. 이들의 우주적인 이원성도

다르다. 요한복음에서 위에서와 아래에서는 대립적인 것이다. 계시록에서 교차적인 하늘과 이 땅의 장면들은 보완적이다. 믿다라는 동사pisteud는 요한복음에서 100회 등장하지만 계시록에서는 나타나지 않는다. 나아가, 형용사/명사pistos는 오직 요한복음에서만 20:27에서 마지막으로 한 차례 등장하고 있지만 계시록에서는 어린양을 따르는 "신실한 자들"을 표시하기 위해 8차례 등장한다.

이런 관찰들은 알려는 주되, 저자의 문제를 해결하지는 못한다. 컬페퍼는 계시록이 요한복음의 저자로부터 나왔다고 보지 않고, 요한 "학파"의 사상에서 온 것이라고 본다. 그는 계시록과 요한2서 및 요한3서가 저자와 사도적 연결성에 관한 의심을 받아서 늦게 정경으로 받아들여졌다고 언급한다.2000:15-16

공관복음서와의 관계요한복음의 독자 W

요한복음은 공관복음서들과 내용에 있어서 약 90퍼센트 가량 다르다. 공관복음서에서는 예수의 비유, 귀신축출, 그리고 탄생 이야기가 연대기적으로 기록되었으나 마태와 누가 요한복음에서는 그렇지 않다. 요한복음은 예수의 광야시험을 언급하지 않는다. 요한복음에서는 겟세마네의 고통 이야기 자체가 없지만 11:33; 12:27; 13:21에서 예수의 삼중적 고통-혼란 [tarrasso] 경험을 기술하고 있다. 수많은 요한/공관복음서의 병행적 사건들이 유사해 보이지만 자세하게 들여다보면 동일하지 않다:

- 예수의 성전정화 사건은 요한복음에서 예수 사역의 초기에 위치하고 있다.
- 예수는 5천명을 먹이고6:1-14 이후 바다에서 풍랑을 만나 물 위를 걷는 장면이 뒤따르지만 6:16-21 세부적으로는 다르다; 6:15는 요한복음에서 독특하다.
- 예수는 눈먼 자를 고치지만 요한의 이야기에서는 9장 갈릴리에서가 아니라 예루살렘에서 진행된다. 이것은 다른 에피소드다.
- 마리아는 예수의 장례를 위해 예수에게 향유를 부으며12:1-8 예수는 의기양양하게 예루살렘에 입성하지만 12:12-15 다시금 세부적으로는 다르다.
- 요한복음 18-19는 공관복음서의 고난이야기와 유사하지만 요한의 강조점은 다르다.

요한복음은 공관복음서에 나오는 예수의 핵심적인 간결한 언급들 가운데 일부를 더 정교하게 서술한다. 이런 관계는 예수의 공관복음적인 이야기들과 관련하여 요한복음이 다른 본문을 반영하는 것metatext으로 이해할 수 있다. 예를 들면, 요한복음에 2:1-10 나오는 예수의 새 포도주 이적은 마가복음에서 나오는 "새 포도주" 2:22에 관한 예수의 이야기를 요한이 반영하고 있는 것이다. 생동감 있는 문체로 카이저Kysar 1976: 3-21는 요한복음과 공관복음서 사이의 유사성을 더 전폭적으로 나타내고 있다.

요한복음의 독특성의 근본에는 Dunn 1991, "요한복음을 요한복음으로 두라" 공관복음서에서는 언급되지 않고 있는, 예루살렘에서 예수가 한 사역 가운데 수많은 사건들이 있다. 공관복음서의 처음 2/3 부분은 갈릴리에서의 사건들을 알리고 있다. 따라서 요한복음과 공관복음서는 예수의 사역에 대한 두 가지 다른 장소로부터 나온 전승들을 표시하고 있다. 수많은 학자들이 공관복음에서는 나타나지 않는, 요한의 3년 공생애 여정이 더 역사적으로 신뢰할 수 있는 것으로 믿고 있다.

차이의 문제들을 풀고자, 2세기 파피아Papias는 공관복음서가 침례 요한이 잡힌 이후 마지막 1년만을 다루고 있는데 반해, 요한복음은 예수 사역의 처음 2년간의 많은 사건들을 보고하고 있다고 제시했다.Eusebius, Hist. Eccl. 2.24 비록 요한이 정말로 공관복음서의 1년 여정 대신 3년 여정으로 예수의 사역을 나타내고 있다고 해도, 파피아와 유세비우스의 해결방식은 그다지 만족스럽지 못하다. 요한복음의 독특한 내용은 마지막 15장 7-21장에서 대부분 일어나고 있는데, 이것은 예수 사역의 마지막 반년을 말하고 있다! 마가와 마태와 누가의 자료가 되므로 공관복음 요한복음은 이중적 복음이야기로 보는 것이 낫다.Anderson 2007: 127-84; 2011: 125-29

알렉산드리아의 클레멘트는 188-210년에 기록 요한복음을 "영적인" 복음으로 묘사하지만,유세비우스는 그렇게 알리고 있다. Hist. Eccl. 6.14.6 이것은 너무 부족한 언급이자 너무 지나친 언급이다. 부족한 언급인 이유는 오늘날 서방세계 속에서 영적이라는 것은 종종 사상과 교육을 위한 효과 빠른 비타민촉진제를 의미하기 때문이다. 요한복음은 더욱 깊이 들어가서 독자들로 하여금 명상과 예배로 오도록 부르고 있다. 너무 지나친 언급인 이유는 어떤 면에서 영적이라는 의미는 도덕과 정치를 무시하는 것이기 때문이다. 요한복음의 영성은 정치적이면서도 윤리적이다. 요한복음의 영성은 삶을 지탱하는 힘과 격려를 위해 그리스도를 마음껏 즐기는 한편, 핍박 속의 삶을 무릅쓰라고 신자들을 부르고 있다.

제4복음서의 정경상의 순서는 헬라어, 라틴어 및 시리아어 사본들 마다 다르다. 일부에서는 요한복음이 먼저이며 다른 곳에서는 두 번째이다. 몇몇 사본들에서는 세 번째로 등장한다. 자신의 정경목록에서 유세비우스와 제롬Jerome은 우리가 알고 있는 순서를 대중화시켰다.Metzger 1987:296-97

요한복음의 역사와 신학혹은 철학 W

각각의 공관복음서는 이스라엘의 신앙전통의 급진적인 변화를 포함하고 있는 예수의 전승에 대한 신학적 해석을 드러낸다.Swartley 1994 마찬가지로 요한복음도 예수의 역사적 전승들 및 독립 전승들을 구약에서의 이스라엘 신앙 전통들과 함께 하나로 묶고 있으며, 공관복음서의 내용과는 크게 다르게 예수 그리스도의 눈부신 복음을 시작하고 있다. SBL의 "예수, 요한, 그리고 역사" 그룹의 연구가 지난 9년간 논증한 것처럼다음의 글을 보라. Anderson, *Just, and Thatcher* 2008, 2009, in the multivolume work John, *Jesus, and History*, 요한은 참으로 핵심에 있어서 역사적이다. 요한의 우선순위The Priority of John, 1985를 쓴 로빈슨의 사례와 웬햄Wenham의 『요한복음의 역사적 시각*Historical View of John's Gospel*』 1998 사례는 요한복음 기록시기를 초기라고 주장하는데70년 이전, 이것은 결국 요한복음의 역사성에 관련되어 있다. 요한복음이 말하는 지역명은 역사적으로 신뢰할 수 있음을 보여주고 있다. 공관복음서와 15개가 공유되는데,

> 굉장한 숫자들이 요한복음에 있어서 특유하다: 가나, 디베랴, 수가, 요셉의 들판, 야곱의 우물, 그리심 산, 살림 근처의 애논, 요르단 건너편 베다니, 마리아의 집, 마르다, 나사로, 예수가 마르다를 만난 곳, 나사로의 무덤, 에브라임, 베데스다 연못, 실로암 연못, 솔로몬의 낭실, 와디 기드론, 예수가 잡힌 동산, 대제사장의 뜰의 문, 돌바닥/가바다, 예수의 무덤이 있던 동산. Robinson 1985: 52. 다음을 인용함. Scobie: 84

제4복음서는 또한 어떤 세 가지 측면에서 분명히 나타나는 논쟁적 관심과 목적들로 어우러진다. 먼저, 요한복음은 증언자 요한의 제자들과의 논쟁을 반영한다.가장 날카롭게 대립하는 곳은 3:22-36 증언자 요한은 예수를 메시아로 보아야 할지, 아니면 계속 다른 이를 기다려야 할지를 물었다. 예수의 공생애 사역의 많은 부분은 요한이라는 인물과 역할로 구성되어 있다.1:19-10:42 이런 논쟁에서는, 1세기 유대교 무리 속의 예수의 메시아적 중요성에 강조점이 쏠려 있다: 증언자 요한이 아니라 예수이다!

두 번째로, 요한복음은 유대인들과의 논쟁으로 어우러져 있지만 그 용어는 규정되어 있다.[유대인들, 585쪽]

세 번째로 더욱 미묘한 논쟁이 베드로와 애제자의 관계로부터 나오고 있다. 이것은 복음서 문헌 다른 곳에서 베드로가 제도적인 지도자로 보이고 있기 때문에, 교회 리더십 속

에서 계급적 권력에 도전하는 것으로 이해될 수도 있다. 예수가 베드로에게 던진 세 번의 질문, 네가 나를 사랑하느냐?는 신자들로 이루어진 요한공동체 속에서 리더십을 위한 사랑의 카리스마를 기본으로 하고 있다.13:31-35; 21:15-19-지위가 아니라 사랑이 [Kragerud의 논문] 베드로의 권위의 기본이 되는 곳

우리가 요한복음을 이해하려 할 때, 다섯 가지의 시간-단계time-level가 종종 동시적으로 우리의 주의를 끌고 있다. 먼저 우리는 예수를 본문-역사 속에서 만난다: 그 당시의 예수는 가르치고 이적과 사역을 행했다. 두 번째로 복음서저자 요한의 동시대는 역사로서의 본문을 통해 빛을 발하고 있는데, 이곳에서 예수-역사는 요한의 신앙공동체 속에서 예언적으로 문제들과 상호작용을 한다. 세 번째로, 초기 그리스도인들은 그들의 성서인 구약의 조명 아래 예수를 이해했기 때문에, 이스라엘 신앙전통의 초기 본문-역사는 또한 요한의 서사 속에서 뛰놀고 있다. 네 번째로, 독자들의 삶의 정황과 지식의 시대는 그때부터 그들의 시대에 이르기까지 본문과 그 역사와 상호작용한다. 요한복음은 새로운 의미를 가지며 매 세대마다 새롭게 읽힌다. 요한복음에게 있어 이것은 *krisis*결정/심판의 시간으로, 독자의 영혼-세계 속으로 뚫고 들어오는 빛과 만날 때의 결정의 순간이다. 이런 *krisis*-순간은 구원이나 심판으로 이끈다. 다섯 번째, *perichoresis*삼위일체의 세 위격-성부, 성자, 그리고 성령-이 어떻게 서로 존재하고 있는지를 지칭하는 기술적 용어와 함께 영광스러운 연합을 만끽하는 영원한 시간이 존재하는데, 말씀/예수/아들의 선재 및 영원으로 가는 시간인 것이다. 이런 5번째 시간은 영생에 의한 *krisis* 순간과 연결되어 있으며, 요한복음에서 자주 사용된다.[영생, 575쪽]

역사, 신학, 그리고 영성은 요한복음 속에서 서로 엮여져 있다. 도로시 리Dorothy Lee 2010가 지적한 대로, 요한복음은 굉장히 감각적이다. 다른 복음서들 어느 것보다, 보는 것과 듣는 것은 풍요롭게 서사를 맺고 있다. 만짐, 맛과 냄새 역시 존재한다.11-12장에서 예수의 발에 기름을 붓는 마리아의 아낌없는 사랑의 냄새와 더불어 나사로의 무덤의 악취를 참조 이런 감각적인 측면은 예수의 인성을 증명하고 있으며, 예수의 인성은 요한복음에서 소중한 것이다.

구약과 요한복음W

다른 신약성서는 구약의 사상, 형상, 그리고 절기의 전통들이 그리 퍼져있지 않다. 비슬리-머레이Beasley-Murray가 다음과 같이 이것을 잘 말해주고 있다. "[요한복음은] 신약성서의 다른 글들이 따라올 수 없을 정도로 구약 속에 푹 잠겨 있는 정신의 산물이다."

1999: lxix 공관복음서가 이스라엘의 신앙 이야기의 핵심 사건들이나 시대로 이루어져 있다면, 요한복음은 이스라엘의 절기로 이루어져 있다. 양쪽의 경우 모두 복음전승의 천재성이 신앙유산을 존중하고 그것을 변형시킨다. 예수는 구약신앙을 신학적으로나 윤리적으로 심오하고 완전하게 한다. "복음서의 윤리학" 38쪽을 보라 요한복음 속의 18가지 구약인용을 확인해보면구약을 시사 하고 있는 것은 더욱 많다. 몇몇은 두 개의 구약성서 본문과 연결되어 있으며 하나는 세 개의 구약성서 본문과 연결되고 있는데Culpepper 2000: 19-20; 다음을 참조. von Whalde 2010: 3.295-323. 이것은 요한복음의 구약의존성 가운데 한 가지 측면일 뿐이다. 몇몇 본문들은 요한의 문학적 목적 하에 기독론적인 주제들을 위해서 맞춰지고 차용된다. 요한의 구약인용은 예수의 공생애 사역의 마지막 부분12장과 수난이야기의 거의 끝부분에 증가하고 있다. 19:24-37 다드C. H. Dodd가 신약성서의 신학적 이해를 형성함에 있어 영향력 있는 것으로 여기고 있는 구약성서 본문 15개 가운데 1952: 31-62 요한복음에 나타난 것은 6개이며 요한일서에서는 한 개가 나타난다:

시편 2:7	요한복음 1:49
이사야 6:9-10	요한복음 12:40
이사야 53:1	요한복음 12:38
이사야 40:3-5	요한복음 1:23
스가랴 9:9	요한복음 12:15
신명기 18:15, 19	요한복음 1:21, 45; 5:46; 6:14; 7:40
[예레미야 31:31-34	요한일서 2:27]

요한복음에 나타난 여섯 개 구절 속에서, 믹스Meeks의 획기적인 연구에서처럼1967, 신명기 16장에서 기다리던 예언자는 중요한 역할을 한다. 그렇지만 요한의 구약인용은 인용된 본문들보다 훨씬 더 위대한 것으로, 요한복음의 사상세계는 로고스 신학과 기독론의 배후 혹은 그 속에 놓인 지혜전통과 같은 구약 신학적 비유들에 의지하며, 또한 회당예배의 Memra 복음에도 참여하고 있다.Boyarin 2001; Memra는 말씀에 해당하는 아람어로서 "주님"을 대체할 때 종종 사용되었다.1:1-2에 대한 언급을 보라. 47쪽

창세기 1장의 창조이야기는 요한복음 1:1-5와 요한복음이 가지는 많은 새-창조의 특징들을 위한 전본문foretext이다. 비유적 형상을 이용하면서 서술형용사가 따라 붙으며 예수가 "나는~이다"I AM를 절대적으로 사용하는 것과 "나는~이다"라는 예수의 선언은 또한 구약의 모티브들을 기반으로 하고 있다: 생명의 빵요한복음 6장은 모세의 만나전승에

의존하고 있다; "참된 목자"에 대한 요한복음 10장의 가르침은 에스겔 34장과 37장 및 다른 구약의 목자에 관한 본문들의 흐름과 연결되어 있다.요한복음 6장과 10장의 언급을 보라 요한복음 속의 인자 기독론의 핵심은 이스라엘의 신앙전통에 깊이 뿌리박혀 있다.다니엘, 에녹1서, 그리고 아마도 에스겔 요한복음이 보혜사를 강조하는 것은 존스톤Johnston의 연구가 논증하듯이 구약성서전통에 의존하고 있다.w

절기 구조w

구약이 요한복음을 덮고 있다는 또 다른 증거의 흐름은 요한복음이 이스라엘의 절기들에 초점을 두고 서사의 구조를 꾸려나가는 복음서라는 것이다. 이는 요한복음의 역사와 신학과의 관계에 대한 문제를 제기한다. 절기구조가 예수가 하는 사역의 뼈대이기 때문에, 요한복음은 예수의 사역에 대한 독특한 역사적 관점–혹은 신학적 관점?–에 기여한다. 2세기 교회 지도자들은 요한복음의 연대기와 지리학에 호의를 보였는데, 그 이유는 요한복음의 지리학이 주로 예루살렘의 절기들과 관련이 있기 때문이었다.그렇지만 6:4 는 갈릴리에서의 유월절 축제 배경을 가리키고 있다

요한복음에 나오는 수많은 식사와 축제들 및 풍부한 문학적 특징들로 인해, 요한복음은 서사예술에 있어서 풍부하고 맛있는 축제이다.

기록역사와 문학적 특징들w

현재의 본문 배후에 놓인 개연성 있는 자료들이나 본문 속의 어긋남에 대해서 많은 연구가 행해졌다. 요한복음의 최종 형태 배후의 초기 자료에 대한 다양한 이론들이 제시되었는데, 아마도 포트나Fortna의 '이적sign' 자료1970와 레이몬드 브라운Raymond Brown의 요한복음 전승에 대한 다단계적 발전이 가장 알려져 있다.1979: 166-69 최근에 2,156쪽에 이르는 폰 왈데von Wahlde의 두꺼운 책은 2010 요한서신들을 포함하고 있으며 요한복음의 세 번째와 마지막 판에 선행하는 요한의 두 번째 판의 내용을 제시하고 발표한다. 이 거대한 작품 속에서, 폰 왈데는 요한공동체 속에서 요한복음의 기록에 대한 개념적–역사적 발전 윤곽을 서술한다. 그는 어느 부분이 첫 번째 판에 속하는지55-65? 1.50을 보라, 두 번째 판에 속하는지60-65? 1.51-52를 보라, 그리고 세 번째 판에 속하는지 389-390, 1.385-89을 결정하기 위한 기준을 밝히고 있다. 그의 자세한 분석은 명백한 어긋남들, 수많은 *aporia*혼란스러운 난제들 및 왜 예수의 대적자들이 한번은 "바리새인, 대제사장, 그리고 통치자들"이었다가 첫 번째 판 다른 곳에서는 모든 유대인이 아니라 적대적인 유대인들

이었는지를 두 번째 판 설명하고 있다. 그의 연구는 수많은 찬사를 받았으나 그럼에도 가설에 머물러 있다.평가에 대해서는 Swartley 2012b를 보라

그러나 지난 20년 동안 요한복음에 대한 지배적인 연구방법은 요한복음의 현재 형태에 대한 서사적 분석이다. 이 주석은 서사적 방법을 사용하여 정경형태의 요한복음을 이해하고자 한다. 여러 부분들을 추정되는 어긋남들을 "바로 잡기" 또는 하나나 여러 개의 강조상의 흐름—제4복음서의 학적인 해석들에 뒤따르는 불분명한 역사의 일환—들을 찾아내면서 요한복음을 다중의 자료들로 단편적으로 조각냄으로써가 아니라 요한복음은 하나의 통합된 전체로 이해하고자 할 때 진가를 가장 잘 살릴 수 있다. 루스 에드워즈 Ruth Edwards는 요한복음을 문학적 완전체로 보면서 다음과 같이 잘 지적하고 있다:

> 요한복음을 "바느질자국 없는 예복"으로 묘사한 사람은 알프레드 로이시Alfred Loisy였다. 요한복음은 참으로 모든 복음서들 가운데 가장 통합적인 복음서다: 역사적 서사, 상상력이 풍부한 재건, 기독론, 신학과 윤리학이 로고스 "찬양"에 나타나는 신비한 서두로부터 예수의 부활과 제자들의 위임에 있어 영광스러운 결론에 이르기까지 독자들을 감동시키는 지속적인 이야기로 한데 엮여져 있다.
> 1997: 101

이 주석에서는 요한복음의 최종 형태가 지닌 문학적 예술성을 가치 있게 여긴다. 요한복음은 역설, 비유, 상징, 오해, 그리고 이중 의미들로 가득하다. 이런 특징들에 대한 기본적인 정의는 다음과 같다:

역설: 그 배경 속에서 한쪽 편의 의미를 주로 비꼬는 말하는 것과 행동하는 것은 예수의 왕되심을 인식하고 단언하는 독자들에게 있어서 다른 의미를 갖는다.예를 들면 자주색 옷을 입히며 예수를 조롱하는 것

비유: 다른 렌즈를 통해 한 쪽의 실재를 파악하는 것.Webster: 7 독자는 의미가 지니는 여러 차원들 사이의 관련성을 이해하고자 한다.예를 들면 선한 목자 무디 스미스Moody Smith 는 다음과 같이 지적하고 있다. "본문은 일관된 비유 혹은 관련된 비유들의 배열이다." 1999: 282 비유들은 다중적 의미들을 이끌어낸다.

오해: 어떤 말이나 사건은 예수의 제자들이나 대적자들에 의한 한 가지 방식으로 이해된다. 그렇지만 화자는 그것을 다른 방식으로 이해하는 법을 독자들에게 알려준다.

이중적 어구: 주어진 말이나 구절은 두 가지 이상의 의미들을 갖는다. 예를 들면 요한

복음 3장에서의 *anothen*: 위로부터 난 자, 거듭남, 다시 태어남.

상징주의: 단어, 이미지 혹은 이야기는 심층적인 의미를 전달한다. 요한복음은 굉장히 상징적인데, 요한복음 2장혼인과 성전과 4장사마리아 여인이 그 예이다.

요한의 문체는 "드라마와 같은 기나긴 장면들을 만들어 내기 위해 서사, 대화, 그리고 담화를 한데 엮어 내고 있다. 예를 들면 4:4-42; 6:1-69; 9:1-10:21; 11:1-44... 이야기와 신학적 해석은 요한에게 있어서 서로 떼어 놓을 수 없이 한데 얽혀 있다." O'Day 1995: 494

요한은 인위적으로 교차대구법을 사용하며[교차대구법, 566쪽], 숫자를 애호한다: 7개의 이적, 7개의 "나는 ~이다." 본문; 주격 술어predicate nominatives가 따르는 7개의 "나는 ~이다." 선언, 요한과 예수의 사역의 시작을 7일 구조로 표시함, 예수-빌라도의 재판 이야기 속에 나타난 7개의 장면, 애제자의 7가지 장면-이들 각각은 적절한 시기에, 주로 후반부의 에세이에서 면밀히 검토할 것이다.[요한복음의 숫자, 596쪽]

복음서저자 요한은 공관복음서를 통해 우리가 알고 있는 것과는 종종 다른 제자들과 등장인물들을 가지고 새로운 상징적 세계를 만들어 낸다. 이런 모든 수수께끼의 불협화음을 통해서 예수는 진리를 말한다: 위로부터 태어남, 믿음 혹은 죽음.

구성과 등장인물들W

구성과 등장인물들은 요한의 예술적 기교 속에 한데 엮여있다. 예수는 하나님의 신실한 아들을 통한 구원이 인간에게 필요하다는 것을 보여주고 십자가에 달리어 하나님의 사역을 행함으로, 하나님의 말씀을 이야기함으로, 그리고 하나님의 목적을 이룸으로써 하나님의 영광을 드러내기 위해 하나님께서 선택하신 대리인이다. 예수는 보혜사를 약속하며14-16장 복음의 증언을 통해 예수의 말씀과 사역을 지속할 제자들에게 20:19-23 성령을 내리신다.

제자들안드레, 나다나엘, 베드로, 빌립, 그리고 도마과 예수를 죽이려 한 예루살렘 성전의 권력자들은 처형 이야기 속의 핵심 등장인물이다.[유대인들, 585쪽] 증언자 요한과 날 때부터 눈먼 자는 중요한 역할을 한다. 여성 등장인물들도 예수의 정체성을 밝히는데 있어 중요한 역할을 수행한다: 예수의 어머니 마리아, 사마리아 여인; 베다니의 마르다와 마리아; 그리고 막달라 마리아. 유다와 빌라도 역시 중요한 역할을 수행하고 있다.

요한복음의 윤리학[W]

카나가라즈Kanagaraj 2005와 반더 와트van der Watt 2006가 인용하는 것처럼, 요한복음에서 윤리학은 미미하거나 요한에 대한 마지막 세기 문헌 속에서는 빠져 있다. 『신약성서의 윤리학』The Ethics of the New Testament이라는 책에서 슈레이지Schrage는 다음과 같은 유명한 말을 했다. "우리는 요한의 저작들 가운데 어떤 장이 신약성서의 윤리학에 관한 어떤 책 속에 속해 있는지를 물을 수 있다." 297 믹스Meeks는 요한복음 속의 윤리학을 미미한 것으로 만든다: "유일한 법칙은 '서로를 사랑하라'이며 이것은 적용하기에 애매하고 좁게 제한되어 있다." 1996: 318 "이와 같이 하라"는 예수의 명령이 윤리적 명령이 되는, 유사한 겸손한 섬김을 요구함에도 불구하고319, 믹스는 제자들의 발을 씻김으로 예수가 마련해 놓은 사례를 일축한다. 그가 말하길, 요한복음의 정신은—사랑/미움의 강조, 세상에서 물러남, 그리고 유대인들을 낙인찍기와 더불어—기독교 윤리학을 위한 규범이 될 수는 없다.317 그는 다음과 같이 되풀이한다. "요한복음은 도덕적 가르침을 제공하지 않으며, … 요한복음이 가진 이야기도 본받아야 할 모델이 되는 등장인물도 직접적으로 제시하고 있지 않다."322

6년 후 무디 스미스Moody Smith, 2002: 112는 이 주제에 뛰어들어 먼저 믹스의 기여를 요약한다. 그러나 그는 다른 요소들이 분명하거나 내포적인 윤리적 수용을 가지고 있다고 밝히고 있다. 요한복음이나 요한서신서 어디에서든 요한은 원수에 맞선 폭력을 옹호하고 있지 않다. 예수의 명령들복수을 누군가 따르는 것은 예수에 대한 그의 사랑을 증명하는 것이며14:15, 23, 세고비아Segovia도 몇 년 앞서 이 점을 분명히 하고 있다.1981: 263 세고비아는 예수를 사랑하는 것은 7차례 나타나고 있으며 항상 apagao라는 동사를 사용함 예수의 명령entolai이나 말씀logos/logoi을 지키는 것tereo 혹은 echo과 연결되어 있음을 보여준다. 그는 14:15, 21a, 23a, 24a 속에 agapao가 네 번 등장하는 것과 더불어, 13:31–14:31에 주목하고 있다.262 본 월드Von Whalde 1990 역시 요한이 명령들복수과 명령단수을 사용하고 있음을 짚고 있다.

인도 학자인 카나가라즈Kanagaraj는 요한복음에 있는 윤리적 고려점들의 분야를 확장시키는 새로운 길을 내었다. 그 주제를 유감스럽게도 미미한 것으로 만든 것을 언급하면서, 그는 요한복음에서 "함축된 윤리학"을 말하며 십계명Decalogue 하나하나가 요한복음 속에서 구속력이 있거나 분명히 강조된 것으로 추정하는 설득력 있는 사례를 제시하고 있다.2005 반 더 바트Van der Watt 2006: 153–55 역시 요한복음이 함축된 윤리로서 "탐욕을 부리지 말라"는 10번째 계명을 반영하고 있는지에 대해서는 이의를 제기하고는 있지만,

동일하게 단언하고 있다.154

반 더 바트는 요한복음의 정신ethos과 윤리를 구분한다. 정신은 어떻게 "계명들이 해석되고 이해되는지에 관한 통찰력"을 주면서, 요한복음의 등장인물들이 어떻게 스스로 행동하는지를 포함하고 있다.153 정신은 공유되는 사회적 행동과 공유되는 가치체계를 포함한다. 바리새인들이 예수를 신성모독이라고 기소했을 때10:33, 그들은 십계명 가운데 1계명과 3계명에 호소하고 있다.4:23-24; 17:3을 참조 예수는 그런 기소에 맞서며 자신이 하나님과 함께, 그리고 하나님에 의해서 행한다고 주장한다. "유대인들"은 하나님의 영광이 아니라 인간의 영광을 추구하며, 그런 계명들에 대한 그들의 순종을 위태롭게 한다. 율법에 대한 논란들은 계명의 적절한 이해에 달려 있다.156-57

하나님의 일을 행해야 한다는 예수의 반복적인 주장은 순종이 신앙으로, 불순종은 심판으로 이어진다는 점을 이끌어 낸다.157-59 서로 사랑하라는 새 계명은단수 상호간의 실천을 수반하고 있다; 그것은 "결속을 위한 사무치는 울음"이다.다음을 인용함, Hays 1996: 147 이런 사랑은 행동으로 보이는 것이며, 발을 씻김으로 보여주고 있다; 이것은 공동체 속에 있는 다른 사람들에 대한 책임을 수반한다.요한1서 3:14-18 나아가, 이런 사랑의 계명은 아버지-아들-제자의 관계 속에서 연결되며 신자들의 사랑은 "가족의 사랑 속으로 연결된다. 그들은 그의 명령들을 따름으로 예수를 사랑한다."Van der watt 2006: 162-3 반 더 와트166-71는 이런 사랑의 표현이 되는 사회적 실천으로 되돌아간다: 식사를 나눔, 발을 씻김, 그리고 예수의 사역을 지속함.

카나가라즈와 반 더 바트는 새로운 통찰력에 기여했다. 요한복음 속의 사역과 화평 사이의 관계는 다른 차원을 추가한다.20장에 대한 TBC의 요약을 보라 예수가 자신의 사역을 수행하기 위해 제자들을 보내는 것은 평화가 너희와 함께 있다는 그의 말과 연결된다. 그것은 위임을 요한 연구에 있어서 도외시되던 주제인 윤리적 명령으로 바꾸는 것이다. 요한이 아무데서도 폭력을 용인하고 있지 않다는 스미스Smith의 요점-그리고 신약성서 전체에 대한 헤이스Hays의 강조점-은 확대될 수 있다: 예수는 모든 제자들을 대표하는 베드로에게 칼을 집에 꽂으라고 명령한다.18:11 18:36에서 예수는 그 명령에 대한 근거를 이렇게 든다: 내 나라는 이 세상에서 온 것이 아니다. 만일 내 나라가 이 세상으로부터 온 것이라면, 나를 따르는 이들이 나를 유대인들에게 넘기지 못하도록 싸웠을 것이다.

요한복음의 윤리학에 들어가려는 이런 시도는, 컬페퍼1996와 브루스P. Bruce가 요한의 윤리적 기여를 다루면서 언급했던 것처럼, 윤리적으로 불쾌한 강조들과 나란히 놓여야 한다. 따라서 아래와 같은 주제들이 이 주석에서 논의될 것이다:

· 요한복음과 유대인들
· 요한복음과 배타주의

정치적 관점

요한복음 속에 있는 윤리학의 다른 측면은 바로 요한복음의 정치적 관점으로서, 요한복음에 대한 최근의 수많은 연구들 속에 강조되고 있다. 대처는 요한복음의 기독론에 대한 하나의 중요한 요소로서 정치적 측면을 강조하고 있다. "요한복음의 기독론은 로마에 대한 자신의 응답이다."2009: 5 요한복음이 예수를 나타냄에 있어, 이 주제는 유대인의 역할로부터 유다, 대제사장 가야바, 그리고 가이사의 팔레스타인 통치대리자 빌라도의 역할에 이르기까지 서사 곳곳에 스며들어 있다. 문화와 정치—유대인들, 성전, 그리고 예수를 믿는 자들이 로마제국에 계속하여 복종시킬 요구—와 함께 로마는 서사의 거시적 광경을 제공한다. 예수는 마침내 로마의 손에 유대인의 왕으로 들어간다! 이런 시각으로 요한복음을 보는 것은 영적인 특성과 서사의 복음적인 성향을 함께 두고 가늠되어야만 한다. 요한복음은 무지개 속에서 다양한 색채를 띠고 있다. 본 주석은 다른 것들을 함께 섞어서 각각의 색채가 빛나도록 하고자 한다.

요한복음에서 예수에게 부여된 명칭들은 로마제국이 스스로를 칭한 명칭으로, 신적인 지위를 갖는 경우가 빈번하다. 사마리아인들의 고백에서, 예수가 세상의 구원자라는 것은 제국의 지위와 기능을 암시하는 묘사이다. 율리우스 시저가 스스로를 "구원자"라고 칭송한 최초의 지도자였다면, 이후 황제들은 똑같이 주장했거나 여기에 더해진 "과찬의 수식어들로 … 묘사되었다: 아우구스투스, 티베리우스, 클라우디우스, 네로, 베스파시안, 티투스, 트라얀, 그리고 하드리안 황제" Cassidy 1992: 13; 본격적인 논의는 다음의 책에서 일어나고 있다. Carter 2008: 176–203 동로마 지역에서 네로는 이런 명칭으로 존경을 받았다.

이와 유사하게, 몇몇 황제들, 특히 네로가 주님이라는 명칭을 채용했다. 이집트 파피루스는 "신이자 주님인 황제" 아우구스투스에게 봉헌한다는 언급을 통해 이미 어거스틴의 시대에 주님이라는 단어가 사용되었다는 증거를 보여주고 있다. 시 단편들은 베스파시안과 도미티안을 위해 주님을 사용했다는 것을 증명하고 있으며, 트라얀과 하드리안에게도 사용되었다는 증거도 있다.Cassidy: 1–14 세 번째 명칭, "주님이자 하나님"은 그리 널리 사용되지는 않지만, "오직 한 명의 황제인 도미티안의 통치 아래에서로 좁혀진다." 그는 분명 백성들이 자신을 그렇게 부르도록 요구했다.Cassidy: 14 도마의 기독론적 절정의 고백, 나의 주이시며 나의 하나님은 도미티안이 아니라 예수를 참된 주이자 하나님으로 삼고 있다. 요한복음이 도미티안의 통치 하에 쓰였을 것이라는 점을 주목하라.

예수에 대한 충성과 경배는 황제숭배와 만나고 있다. 대제사장의 고백, 우리에게 황제 외에는 왕이 없다.19:15는 도마의 고백인 나의 주이시자 나의 하나님과 대조되고 있다.20:28 요한복음의 기독론에 대한 이런 시각으로 보면, 예수를 메시아이자 하나님의 아들—정치적 직함—로 믿는 것은 개인적 구원 이상의 것을 의미한다. 그것은 개인적 신앙에 공동적 충성의 역학을 더하는 것이다: 황제에 대한 충성과 숭배에 순응하는 대신 예수 공동체의 결속에 굳게 서는 것이다. 이런 시각에서 요한복음은 신학적으로는 요한계시록과 부합되고 있다.

요한복음 18-19장과 요한복음서 전체의 재판이야기에서 예수의 통치권은 또한 정치적 중요성을 갖는다. 신성한 예수가 결코 세상과 관련되지 않았다는 케제만Kasemann의 그림은 예수의 통치권을 황제권력과 스스로 신성화하는 것 혹은 대중적인 환호에 의한 신성화에 맞서는 정치적 입장으로 해석하는데 실패한 것으로 드러났다. 이것은 "영광의 주"와 십자가—골칫덩어리들을 처리하는 로마의 방식—에 이르기까지 자신을 죽음으로 몰아간 하나님의 사역을 행하고자 따랐던 성육신의 인간 가운데 하나를 강제로 선택하는 것이 아니다. 세월을 거쳐 가면서 예수의 1차 독자들에 있어서, 그리고 예수를 따르는 자들에 있어서 예수의 죽음과 부활은 새롭고 적절한 빛으로 표현된다. 렌스버거Rensberger의 두 개의 장 "예수의 재판과 요한복음의 정치학The Trial of Jesus and the Politics of John"과 "요한복음과 해방The Gospel of John and Liberation"은 정치학과 윤리학이 어떻게 요한복음의 도덕적 비전에 있어 본질적인가를 통찰력 있게 설명하고 있다.1988; 그의 1984년 소논문을 참조 카터의 기여는 요한복음의 정치적인 관점에 대한 초기 논의를 확대시킨다.특히 "영원한 로마와 영생Eternal Rome and Eternal Life"2008: 204-34 [영생, 575쪽] 그리고 "요한의 아버지와 조국의 아버지로서의 황제John's Father and the Emperor as Father of the Fatherland" 235-55 요한복음을 윤리적으로 축소시키는 것은 예수를 따르는 이들을 빛, 생명, 사랑, 그리고 평화의 대안적 공동체가 되라고 부르시는 예수를 길들이는 것이다. 요한복음 곳곳에서, 증인들이 예수를 증명하고 있다. 재판에 회부된 것은 예수인가 그의 대적자들인가? 아니면 진정으로 요한복음의 독자들인가[증인, 605쪽]?

요한복음의 상징주의와 영성W

요한복음은 풍부한 상징주의를 가지고 있으며, 이는 역사적 가치를 부정하는 것이 아니다. 웹스터Webster는 요한복음의 8가지 "먹고 마심"의 상징적 서사들이 요한복음의 구원론을 향상시키고 있다고 제시한다: "'믿음'에 대한 중요한 비유는 예수를 먹는 것이라는 비유로서", 6:40과 6:54 사이의 상응구절 속에서 분명히 드러나고 있다. 이 구절들은 말씀이 육신[sarx]이 되었다.3절는 강력한 1:14의 선언을 떠올리고 있다. 세 살배기 내 아이에게 "네 아버지 뭐하시는 분이니?"라고 묻는다면 이 녀석은 한참 생각하고는 "먹어요"라고 대답할 것이다.1) 예수를 먹는 것은 우리가 영생을 위해 믿고 먹음으로 산다는 것을 상기시킨다.

요한복음은 사람들을 모을 힘을 지닌다. 아델라 야브로 콜린스Adela Yarbro Collins는 우리에게 "우리가 사용하는 상징들은 강력한 영향력을 가진다."는 것을 일깨워 준다. 이런 힘은 개인적인 영적인 성찰뿐만 아니라 공동체적인 교회를 위해서도 유용하다. "그런 비전이 영향력을 갖는 것이 허용된 곳에서는, 역할과 지위, 계급을 강조하는 구조화된 제도로부터 떠나서 평등적인 방식으로 상호관계성이라는 특징을 가지면서 함께 일하는 사람들의 모임을 향하는 것을 선호할 것이다."1982: 51

제이 카나가라즈는 요한복음의 독특한 영성을 인도의 종교적 사상과 문화, 특히 힌두교와 시크Sikh 신앙에 비교하고 있다. 요한의 로고스를 논의함에 있어, 카나가라즈는 브라만 계급에 도달하기 위한 노력들인 옴Om이 설교/가르침의 연결이라고 제시한다. 하나님이 먼저 말씀하신'옴은 인간들로 하여금 서로와 스스로를 알게 해 준다.40 요한복음은 잘 알려진 개념인 로고스를 사용하며, 로고스를 요한복음의 목적을 이루기 위해 사용한다. 따라서 옴은 진정한 한 분 하나님을 지칭하며 "성육신으로 한 분 하나님의 자기계시를 선포"하는데 사용될 수 있다.40 오늘날 다중적인 세상에서 카나가라즈는 요한복음의 신학, 영성, 그리고 도덕적 비전이 인도의 종교와 문화 속의 근본적인 이해들과 어떻게 연결되며 또 다른지를 보여주는 선물을 준다. 깨우침요한복음 1:5, 9은 불교의 사상에 있어 핵심적인 것이다. 덕행을 함에 있어서 8가지 수행법과 더불어, 그것은 "사람의 의식 속에 있는 변화"를 가능케 한다.48 요한복음은 풍부한 상징주의를 가진 채, 이적들과 풍부한 "나는~이다." 비유들을 통해 새로운 상징적인 세상을 만들고자 하며 우리를 예수와 하나님과 연합시킨다.["나는~이다." 584쪽] 이것은 특별한 종류의 신비주의이며Dumm; Sanford, 우리의 노력이 아니라 그의 독생자 속에 있는 하나님의 성육신을 통해서 얻어지는 것으로, 그리하여 우리는 영생을 받을 수 있다.[영생, 575쪽] 요한의 영적인 정신ethos은 거듭남, 예수의 정체성을 고백하는 것, 그리고 내가 니희를 사랑한 것같이 서로 사랑

---

1) 영어표현을 직역한다면, "네 아버지는 살기 위해 무엇을 하시니?"가 된다, 역자 주.

하라는 명령으로 이루어져 있다. 이런 정신은 하나님만을 섬기는 정치학과 혼합되어 있다.

요한의 영성과 기독론은 속죄에 대한 독특한 강조에 영향을 주고 있다. 자신의 양을 위하여10:11, 15; 참고로 11:51-52 세상에게 그리고 세상을 위한 생명을 주시는 성부의 아낌없는 사랑과 성자의 인자한 선물은 신성한 폭력의 행위가 아니었고 지금도 아니며, 측량할 수 없는 선물이다. 십자가라는 폭력은 인간의 죄로 인해 불가피한 것이다: "하나님이 그의 아들의 모습으로 세상에 오실 때는 오직 두 가지 가능성만이 존재한다: 세상이 죽게 되거나 하나님이 그의 아들 속에서 죽게 될 것이다."엘륄『굴욕당한 말』 후자의 사건이 일어났다: 아버지/아들의 속죄하시는 선물은 다양한 비유로 묘사된다—"하나님의 어린양"요 1:29, 36과 자신의 목숨을 내어 놓는 목자요 10:17-18 이런 신성한 자비하심은 신성한 형상을 반영하기 위해 인간을 새롭게 만드신다.엡 4:24; 벧후 1:4 예수의 삶, 죽음, 그리고 부활은 하나님의 구원의 수단과 종말을 드러내며 풍성한 생명 속으로요 10:10b, 예수 안에 거하도록요 15 신자들을 초청하고 있으며, 성부-성자가 함께하는 친밀함 속으로요 17:21, 23; 바울의 "그리스도 안에서"를 참조 영원한 "나는 ~이다"의 빛, 생명, 그리고 사랑을 살도록 초청하고 있다.

W : 제목 다음에 어깨글자 w가 나타나면, 추가자료를 위해 이 주석의 온라인부록을 참고하라. 다음에서 확인할 수 있다. www.heraldpress.com/bcbc/john.

요한복음서 서곡

주의 영광이 나타날 것이니,
모든 사람이 그것을 함께 볼 것이다.
이것은 주께서 친히 약속하신 것이다
– 이사야 40:5 (헨델의 메시아와 함께)

신비한 독수리의 소리가 … [우리의] 귀에 들린다.
우리의 감각이 지나가는 그 소리를 잡아챈다;
우리의 정신이 거기에 담긴 의미를 꿰뚫게 하라.
– 에리우게나(Eriugena), 860년경 요한복음 서문을 소개하며
(역: O'Meara, via Bordie: 133)

사전검토

어둠? 그래 어둠이다! 33명의 학생들이 물이 찬 히스기야의 터널을 통해 몇몇 군인들에게 다가가고 있으며 산소부족으로 횃불은 꺼져가고 있다. 과연 이 무리가 살아남을 수 있을 것인가? 지도자는 "마개" 지점그 길을 지나온 2/3 지점을 통해 움직이는 것은 안전하지 않다는 판단을 내렸다. 이 지점은 천장이 발 높이로 떨어져서 물과 돌 사이에 겨우 6인치의 공간만이 남아 있을 뿐이었다. 지도자는 무리에게 되돌아서 입구로 빠져나오라고 지시한다. 모든 이들이 물길을 지금 막고 있으며, 물은 계속해서 올라오고 있다. 횃불은 하

나씩 꺼져가고 있으며, 그리고 … 어둠이 찾아 온 것이다.

지혜로운 학생 하나가 구원의 말을 뱉는다: 물이 지나가도록 샛길을 따라 걷자는 것이다. 그 조언으로 무리는 가까스로 살아남을 수 있었고 빛 속으로 모습을 나타낸다.

말씀을 통한 하나님의 창조 속에서는 빛이 어둠을 이긴다. 이 그룹이 눈부신 태양 아래 서서 몸을 말리고 있을 때, 한 줄기 하나님의 영광이, 아들을 비유하는 태양으로 빛을 내며 그의 영광은 우리의 상상을 터뜨린다. 이것은 요한복음의 서문을 표시하는 창조, 구원, 그리고 영광 속으로 들어가는 자그마한 창문이다. 아들은 하나님의 구원이야기를 말한다. "요한복음 1:1-18에서 제4복음서 저자는 예수 안에서 하나님의 자기계시라는 신학적인 지침을 복음서 독자에게 주고 있다. 요한복음 1:1-18은 독자들로 하여금 그 계시로부터 스스로 거리를 두라고 하는 것이 아니라 독자를 그 본문의 신학적 주장 속으로 이끌고 있다."O'Day 1995: 524

웅장히 치솟는 독수리는 초대교회에서 요한복음을 상징하고 있다. 요한복음의 서문은 시간과 역사를 넘어선 비행을 시작하여 지상으로 내려와 말씀이 우리 가운데 살아 있게 한다. 말씀-로고스는 서문을 탄탄하게 하지만, 오직 1절과 14절에서만 주제의 역할을 맡고 있다.

서문은 예술작품이다! 서문은 말씀의 신재로 시작하는데, 창조에 함께 참여하시는 대리자이며 생명과 빛을 낳고, 증언자 요한에게 가져다준다. 말씀은 어둠 속에서 빛을 비추며, 세상 속으로 들어와 인간을 일깨운다. 세상 속에 들어오는 말씀은 부정적이고 긍정적인 반응을 이끌어 낸다. 말씀은 성육신을 통해 인간들과 함께 산다. 성육신된 말씀의 찬란한 영광은 아버지의 "하나밖에 없는" 아들을 위임한다. 그의 가득한 영광은, 증언자 요한에 의해 빛으로 높여져, 모세가 준 율법 속에서 하나님이 이전에 주셨던 은혜의 선물로 확대되고 있다-그리하여, 은혜위의 은혜1:16 하나님의 독생자의 현현이 말씀으로 나타나는 것은 "하나님의 이야기"를 말하고 있다.Moloney 1998: 47 "예수의 이야기는 궁극적으로는 예수에 대한 이야기가 아니다; 사실상 그것은 하나님의 이야기인 것이다." O'Day 1995: 524

개요

A 선재하시는 말씀, 창조의 대리자,　1:1-5

  B 요한: 빛을 증언하는 이, 1:6-8

    C 참된 빛, 1:9-11

      D 로고스를 받는 사람들에게 주는 하나님의 선물,　1:12-13

    C' 말씀이 육신이 됨, 영광으로 빛난다, 1:14

  B' 말씀이 육신이 됨을 증언함, 1:15-17

    요한의 증언, 1:15

    충만함, 은혜 위의 은혜, 1:16-17

A' 성육된 된 말씀, 하나님을 드러냄, 1:18

주석적 해설

서문에서 요한 부분이 일관성 있고 구분된 서론이며 교훈적인 찬양 부분 역시 일관성 있는 구성단위라고 해도, 아마도 이들은 실제로 병렬side-by-side 요소들로 만들어졌으며, 요한복음 저자가 통합했을 것이다.서론과 에세이들에 나오는 '저자문제'를 보라

서문과 요한복음서 서사의 통일성 ^W

서문은 하나님과 함께 선재한 로고스가 하나님을 계시하는 성육신의 하나님의 아들을 향해 가는 이야기를 펼치는 역할을 한다. 서문은 요한복음서 서사의 주요 주제들에 대한 서곡이 된다. 이 주석에서는 서문을 요한복음에 있어 핵심적인 것으로 본다.

주요 주제들은 서문과 요한복음 전체에 나타나고 있다:

· 서문에서 로고스의 신성과 수많은 "신성한" 기독론적 명칭들나는~이다를 참조

· 영원한 생명의 근원이 되는 예수 3; 5-6; 11을 참조

· 세상에 빛을 가져다주는 예수8:12-9:41을 참조

· 신앙과 불신앙여러 곳

· 영광과 찬미여러 곳

· 은혜와 진리, 주로 진리에 관해서8; 14; 19장을 참조

· 유대인의 법은 하나님의 계시하는 예수에 종속됨

· 언제나 증인으로만 나타나는 요한의 역할과 관련된 논란1장; 3장; 5장을 참조

· 요한복음의 광경에 이곳저곳에 있는 예수의 선언에 대한 많은 증인들

· 세상kosmos으로 온 예수와 그를 거부하는 세상

요한복음에 나타나는 주제들의 목록을 위해서는 Valentine 293-303; Barrett 1978: 126을 참조.

서문은 복음서 서사에서 세 가지 중요한 주제들을 소개하고 있다. 먼저는, 기독론과 제자도가 서로 얽혀 있다. 시작하는 절들은 창조의 대리자로서 성부와 예수의 본질적인 연합을 강조한다. 하나님과 말씀의 하나됨은 존재와 행위 모두를 포함하고 있다.요한복음 서사 속의 사역과 이적 이런 독특한 기독론은 요한복음을 통틀어 되풀이되고 있다. 동시에, 교차대구법의 구조의 중심은이 장의 개요 속의 D에 해당되는 부분 하나님의 자녀가 되는 권세혹은 권위를 받는 신자들을 묘사하고 있다. 이것은 말씀에 긍정적으로 반응하는 제자들의 새로운 정체성이다. 그들의 신앙은 요한복음의 독특한 기독론에 긍정적인 대답을 한다.20:30-31에서 요한복음의 목적에 대한 언급을 보라

두 번째로, 구원이 주어졌음에도 구원은 거부된다. 그의 백성들은 … 그를 영접하지 않았다.1:11 이것은 요한복음에서 나타나는 불신앙이라는 뚜렷한 주제를 예측하고 있다. 요약된 응답은 서사를 통틀어 불신앙을 강조하고 있다.신앙이 예리하게, 혹은 더욱 예리하게 강조되는 것처럼 예수의 공적 사역을 결론짓는 장은 특별한 설명이 필요한 사안이 되는 불신앙에 초점을 맞춘다.12:37-50

세 번째로, 모든 주석가들은 말씀18절의 아들/하나님이 곧 요한복음의 서사 속에서 성육신된 하나님의 계시자인 예수를 강조한다. 아들은 아버지의 주석가이다.1:18 AT 주석가들의 의견은 이런 계시가 십자가에 높이 들린 예수를 통해서 드러나고 있는지, 아니면 예수의 영광을 통해서, 예수가 승리하시는 하나님을 계시함에 의해 드러나고 있는지로 나뉘고 있다. 라슨Larsson 84은 수사학적으로 다음과 같이 묻는다. "높이 들린 계시자는 빛나는 호버크래프트hovercraft 같이 이 땅 위를 항해하고 있는가, 혹은 처형되었기 때문에 높이 들렸는가? 아울러 그는 십자가에 달렸음에도 영광을 받는가 아니면 십자가에 달렸기 때문에 영광을 받는가?" 라슨84-88은 초대교회 교부들을 통해, 종교개혁자들을 통해, 그리고 현재 요한복음의 해설자들을 통해 드러나는 이 같은 두 개의 강조점들을 기록한다.

요한복음서 곳곳에서 떠오르는 모티브와 이런 주제들과 소통하는 모티브는 증인 혹은

증언하다이다. 6-8과 15절에서 공관복음서에서는 "침례자" 요한으로 알려진 요한은 예수를 증언하는 사람으로 소개된다. 이것은-또한 오직 이것은- 요한복음서에 나타난 그의 역할이다. 그러므로 이 주석은 그를 증언자 요한이라고 밝힌다. 그는 예수를 증언한다. 요한복음에서 계속적으로 요한을 반복할 때, 그는 항상 증언자이다. 다른 증인들도 요한복음 서사에 삽입되고 있는데, 요한복음을 꿰뚫고 있는 주요 주제들을 발전시키고 있다.

선재하는 말씀, 창조의 대리자 1:1-5

1:1-2 영원한 선재

네 복음서 각각은 자신만의 독특한 서문을 갖는다. 마가는 메시아적 기대를 수태한 구약의 예언적 본문들을 이루시는 예수로 시작한다. 마태는 아브라함과 다윗 계약의 약속에 예수를 연결시키는 족보로 시작한다. 누가는 예수에 대해 쓰는 서사의 역사적 증인임을 증명한다. 요한은 자신이 기록하는 이를 영원한 말씀으로서, 창조의 동반자로서, 그리고 생명을 주시는 자로서, 빛을 주시는 자로서 하나님과 함께 위치시킴으로 시작한다. 오직 요한복음에서만 예수의 선재로 시작한다.

시작하는 구절은 말씀을 시간적으로, 공간적으로, 그리고 존재론적으로 놓고 있다. 말씀은 태초에 계셨으며, 하나님과 함께 계셨고, 하나님이었다. 요한복음의 서문은 기독교 신학의 역사적 발전에 굉장한 영향력을 미쳤으며, 1:1은 1:14와 18절과 더불어 그런 영향에 있어서 중요한 역할을 수행하고 있다.

서문은 결코 예수를 말하고 있지 않다. 오히려 강조점은 하나님-로고스가 창조한 세상 속으로 오시는 로고스-말씀에 있다. 말씀이라는 단어는 다면적인 의미를 가진다. 헬라적 사고에서 말씀/로고스는 은하의 본체, 중력, 계절, 시공간, 그리고 종種이 서로 관련된 것처럼, 우주의 합리성과 구조, 그리고 우주에 질서를 부여하는 체계를 말하고 있는 철학적 용어이다. 요한의 서문은 사색적인 독자들을 로고스/말씀이라는 주제와 더불어 형이상학적, 보편적, 우주론적 영역으로 이끈다! 요한의 서문은 헬라 철학적이고 히브리 예언적 전통 모두와 연결되어 있다.

히브리 전통의 의미는 과대평가되어서는 안 된다. 시작하는 구절, 태초에*en arche*는 창세기 1:1LXX의 첫 단어를 정확하게 반향하고 있다. 요한은 자신의 로고스-창조 이야기를 창세기 1장을 반영하도록 만들고 있으며, 이런 시작 구절과 로고스/다바르*Dabar*, 히브리어로 말씀를 선택하는 것은 모두 태초에 계셨던, 하나님과 함께 하셨던, 하나님이셨던 창조의 대리자를 지칭한다.

요한복음은 언제, 어디서, 그리고 어떻게 하나님이 시작하시는 지로 출발한다. 더 알고자 하는 것은 하나님의 하나님되심을 부인하는 것이다. 말씀/로고스에서도 마찬가지다. 인간은 이런 시작부분의 주장이 지니는 깊이를 헤아리지 못한다. 말씀/로고스는 중요한 히브리 단어 *dabar*말하다와 연결된다. 이 단어*dabar*는 사건과 행동, 가시적인 세계를 존재 속으로 데려온다. 로고스는 말씀의 역동적이고 창조적인 힘을 가리키는데, 하나님은 말씀으로 창세기 1:1-2:3에서LXX 세상을 창조하고 있으며 모든 것이 그 안에 있다. 창세기 1장은 제의적으로 배열되어 있으며, 말씀/명령, 하나님의 말씀에 의해 존재 속으로 들어오는 창조를 그리고 있다. 하나님은 "빛이 있으라"고 하셨으며 빛이 존재하게 되었다. 하나님의 창조하시는 힘과 행위의 7일간의 드라마가 그렇게 진행된다. 나아가, 6일째의 마지막에는 "하나님이 그가 만드신 모든 것을 보았으며, … 그것이 매우 좋았다."창 1:31a 창세기 1장은 말씀, 하나님의 말씀의 성취로 창조를 서술한다. 이것 또한 시편 저자의 시각으로서, "주님은 말씀으로 하늘이 지으시고, 입김으로 보는 별을 만드셨다."시편 33:6, 강조가 추가됨 이런 말씀/로고스 서사 속에서, 하나님은 인간을 위해 빛이 부서지고 어둠을 극복하는 평화로운 집을 만드신다. 요한복음은 생명, 빛, 그리고 사랑의 복음이다!

두 번째로, 하나님은 약속의 백성을 부르시고 모세에게 신성한 이름 YHWH를 드러내신다.출 3:13-15 담화/말씀은 하나님이 부르시는 아브라함과 모세의 존재로 백성을 데려온다. 하나님의 특별한 이름출 6:2-3은 자기 백성을 구속으로부터 구원하실 힘을 가지며, 그렇게 아브라함에게 하신 약속을 이루신다. 이런 동일한 말씀/힘은 예언적 전통 속에서도 지속되는데, 이곳에서 모세의 전통 속에 있는 예언자들은 하나님의 마우스피스가 된다. 유사하게, 이사야 55:10-11은 하나님의 말씀이 하라고 보낸 일을 성취하도록 입에서 나가고 있다고 선언한다. 예언 문헌에서는 "주님의 말씀"은 예언자의 부르심과 사명을 시작하게 한다.예1:4; 사9:8; 겔 1:3; 호1:1; 암3:1; 2:12 이후 TBC 속에 있는 "제자들을 모으기" 마지막 부분을 보라 하나님이 하신 말씀은 창조를 한다; 예언자는 하나님의 마우스피스이다.

히브리 전통 속에서 로고스를 이해하는 세 번째 무대는 하나님이 주신 토라이다. 토라는 출 24장과 34장이 드러내듯이, 하나님의 백성의 삶을 지시하고 유지시키고 북돋아주는 하나님의 말씀이었다. 수많은 시편기자들이 토라를 하나님의 말씀으로 찬양하고 있다. 사실상 시편 119편의 모든 구절들176절은 히브리 알파벳의 순서대로 이루어져 있다이 하나님의 토라, 상像, 명령, 율법, 계율, 심판 혹은 말씀을 인정하고 찬양한다. "주의 말씀은 영원히 살아 있으며, 하늘에 굳건히 자리 잡고 있습니다."89절

히브리 전통 속에서 로고스를 이해하는 네 번째와 다섯 번째의 컨텍스트는 하나님의 자기 계시 속에 드러난 말씀의 두 짝, 영광과 지혜이다.Lee의 세 가지 것과 더불어 이 다섯 가지 주제를 참조, 2002: 30-32 이들은 dabar-담화 전통에 있어서의 짝들이다. 영광에 대해서는 1:14의 언급을 보라.[육체와 영광, 579쪽] 위경 본문인 지혜서 9:1-2는 말씀과 지혜를 유사병행구로 놓고 있다:

> [당신께서는] 만물을 당신의 말씀으로 만드시고
> 인간을 당신의 지혜로 빚으시었습니다. 1b-2a

요한복음 서문에서 많이 언급되는 말씀은 구약에서 지혜로 언급되는 것과 유사하다. 집회서와 지혜서를 포함 집회서 24:1-3에 따르면, 지혜는 자신을 찬미한다. 이후 랍비문헌들 또한 말씀, 지혜, 그리고 영광을 결부시키고 있다.Gen Rab. 1:1에서는 하나님이 율법과 상의하고 지혜를 창조한다 요한복음은 빈번하게 영광을 말하지만 결코 지혜sophia를 언급하지 않는데, 이것은 요한복음의 미스터리 가운데 하나이다. 하나님의 영광의 현현은 극적으로 요한복음 1:14절의 말씀과 연결되고 있다:

> 말씀이 육신이 되어…
> 우리는 그의 영광을 보았다.RSV

하나님의 이름을 지칭하는 단어와 영광이 서로 연결되고 있는 구약성서의 본문들 가운데 일부는 출애굽기 33:17-23 19절에 나오는 YHWH라는 이름을 주목하라 그리고 이사야의 소명에 해당하는 6:1-8이다. 만군의 주YHWH Sebaot는 영광에 대한 유사병행구 속에 있다:

> 거룩하시다, 거룩하시다, 거룩하시다 만군의 주님;
> 온 땅에 그의 영광이 가득하시다.사 6:3

헬라적이고 히브리적 컨텍스트 외에도, 또 다른 언어-신학적 측면이 요한이 사용하는

로고스/말씀을 이해하기 위해 고려되어야만 한다. 1세기 팔레스타인의 공통어였던 아람어는 회당의 언어였다. 회당에서 사용된 경전들은 에스라 시대에 유대인들의 문화적 언어였던 아람어로 써진 구약본문, 탈굼Targum이었다. 로고스/말씀에 해당하는 아람어는 *Memra*이다. 보야린Boyarin 2001은 요한복음의 로고스신학은 유대교 회당의 *Memra* 신학으로부터 직접적으로 파생된 것이라는 설득력 있는 주장을 폈다. 그는 수많은 본문들 속에서 창조의 행위자가 되시는 신성한 분을 지칭하는 YHWH를 *Memra*로 사용하는 많은 아람어 율법서들을 인용한다. 모세가 출애굽기 3:13-15에서 바로 앞에서 수행할 자신의 임무를 위한 신성한 자격을 하나님께 간청하였을 때, Targum Neofiti 1장은 "나, 나의 *Memra*는 너와 함께 할 것이다."라고 말한다. 다른 탈굼들은 *Memra*를 도움과 동일시한다: "그가 말하기를: 나의 *Memra*가 너를 도울 것이다."Boyarin 2001: 258 창조와 계시함 속에서 *Memra*가 수행하는 역할은 수많은 본문 속에서도 나타난다.창 1:3; 18:1; 19:24; 출 17:5-6; 신 32:39 보야린은 다음과 같이 결론을 내린다. "*Memra*는, 모든 역할은 아닐지라도, 기독교 로고스 신학의 기능들 가운데 많은 역할을 하고 있다."256-57 *Memra*/로고스/말씀은 YHWH가 연계된 신성한 존재를 가리키고 있다. 보야린은 요한의 "고등 로고스 기독론"은 유대인들과 초대 기독교가 연대함에 있어 문제가 되는 것은 아니었다고 언급한다. 슈나켄버그Schnackenburg 1.486-87는 *Memra*의 연합이 지닌 중요성을 거부하고 그 대신 필로의 로고스와 요한복음의 로고스 사이의 차이점을 강조했다. 그렇지만 그 차이는 보야린의 요점을 부정하지는 않는다.

보야린은 유대교의 *Memra* 신학으로부터 요한이 벗어난 것은 14절이라고 주장하는데, 여기서 로고스가 육신이 되고 있다. "그 본문이 14절에서 '말씀이 육신이 되었다' 고 선언할 때는, 그런 선언은 유대인 코이네[예를 들면 공통적인 유대교 신학]로부터 기독교 서사가 갈라져 나오기 시작하고 기독교만의 발생적 케리그마를 형성하는 순간을 나타내는 상징적 표현이다."2001: 261 보야린은 진정한 하나님으로서의 로고스는 완전히 유대교적인 것이라고 주장한다.Nicaea, 325 유대교와의 작별은 진정한 인간인 로고스로부터 나온다!

주석가들의 입장은 요한의 서문이 합리적 헬레니즘의 정신과 연결되느냐 아니면 우주를 창조하고 유지하는 힘인 하나님의 말씀에 대한 히브리적 이해와 연결되느냐로 갈리고 있다. 예수의 동시대 유대교 철학자이며 신학자인 필로는 스토아철학 속에서 구약의 말씀/*dabar* 전통과 로고스를 결합함으로 유대교과 헬라 사상을 통합시켰다. 그는 우주의 기원과 지속되는 통치에 있어서 우주에 합리적이고 질서를 부여하는 것으로 로고스를 보는 유대-헬라적 철학을 옹호했다. 필로의 융합에 비추어 보면, 윌리엄 템플William Temple 1939: 8은 히브리와 헬라가 서로 맞서고 있다고 보는 것보다 더한 오해는 없다고 언급한다. 보야린2001은 이에 동의하며, 요점을 짚기 위해 필로의 몇 가지 본문들을 인용한다. 그는 다음과 같이 결론 내린다. "로고스는 하나님의 일부이며 또한 구별된 존재이기도 하며, 하나님이 다른 모든 것들을 창조하기 위해 태초에 만드신 말씀이다: 말씀은 하나님이자, 고로 하나님과 함께 하시는 것이다." 2001: 250 보야린은 "만일 필로가 이곳 다메섹으로 가는 길에 있지 않다면, 분명코 니케아[Nicaea]와 삼위일체의 두 번째 위격에 대한 논쟁들로 가는 길에 있었을 것이다."251고 인정하고 있다.

요한복음의 히브리/헬라적 컨텍스트에 대한 또 다른 시각은 요한복음이 유대교 정경 속에 발을 담고 있고 유대교 축제들에 의해 구성이 되어 있으며, 모든 주요 등장인물들이 유대인이라는 것을 인정한다. 그렇지만 비유대인들 또한 그 구성의 일부이다: 요한복음 4장에 나오는 두 명의 핵심 인물들, 11:52에 나오는 이방인들에 대한 언급, 12:21-22에 등장하는 예수를 보고자 하는 헬라인의 결정적인 역할. 예수의 제자들 가운데 두 명, 안드레와 빌립은 헬라 이름을 갖고 있다. 헬라인들이 예수에 대해 물을 때 예수의 시간이 순조롭게 오는 것은 헬라인 그리스도인들과 잠재적 이방인 그리스도인들은 요한복음의 중요한 청중들이라는 것을 보여 준다. 로고스는 요한복음에서 처음으로 이중적 의미를 사용한 것이다.

마가의 서사구성이 메시아 비밀과 보조를 맞춘다면, 요한복음의 구성은 신성함을 주장하는 충격으로 터져 나오고 있다. 요한복음 1:1은 진실로 하나님이셨고 하나님이신, 태초로부터 하나님과 함께 하던 분인 로고스로 독자들을 요동케 한다. 요한복음 1:14는 이 신성한 존재가 육신을 입으셨으며 인간들과 함께 계신다고 선언한다—이것은 또 다른 충격이자 이해할 수 없는 것이다! 모로니Moloney는 1:1c를 "하나님이셨던 말씀이었다."라고 잘 번역했다.1998: 42, NEB에서처럼

2절은 이러한 점을 굳건히 하고 있다: 그 말씀은 태초에 하나님과 함께 계셨다. 이것은 그 말씀아들의 선재를 선언하는 것이자 언제 그 말씀이 시작되었는지에 대한 짐작을 차단하는 것이다. 그 말씀은 항상 존재했다! 요한복음 서문이 갖는 이런 독특한 기여는 말씀의 영원성을 단언하는 것이며 앞선 창조에서의 활동과 더불어 말씀의 성육신의 연속성을 제시하는 것이다. 창조의 힘과 성육신이라는 겸손으로서, 로고스는 예수를 소개하는 독특한 방식인 것이다.

1:3-4a 창조에 계심, 생명을 주심

1-2절에서는 동사 하나, '~이셨다' *en*가 네 차례 사용되었다. 3절에서 ~이다 혹은 ~ 이 되었다에 해당되는 헬라어 동사*ginomai*는 세 차례 나타난다. 이들 동사는 서문 곳곳에서 번갈아 등장한다. *ginomai*라는 동사는 다면적인 의미를 갖는다. 이 동사는 ~이 되었다, 창조했다, 나타나다 혹은 생성하다라고 번역할 수 있다. *ginomai*의 형태는 6, 10, 12, 13, 14a, 15 및 17절에서 나타난다. 이 동사는 6절을 이끌고 있으며 14절 첫줄에 등장한다. 서문에서의 10회 사용 가운데 몇 번은 ~이 되었다 혹은 ~가 된다라고 번역되며 존재가 된다는 의미이다. 그렇지만 3절에서 *ginomai*는 '창조하다' 예를 들면 탄생의 원인이 되다로 번역된다. 과거시제*aorist* 부정사에서, 이것은 하나님의 자녀가 됨으로 로고스를 받는 이들을 묘사한다.12절 분명하게 *ginomai*는 다양한 의미를 가지고 있으며 대부분의 의미는 새로움의 출현을 가리키고 있다. 쇼네벨드*Schoneveld*는 이를 나타나다로 번역하는데, 새로운 것이 시공간 속으로 나옴을 가리키고 있다.

3절은 심오한 신비로 우리에게 나타난다: 세상과 그 속에 있는 모든 것들이 어떻게 말씀-로고스를 통해 탄생되었는지. 이것은 또한 본문상의 문제를 우리에게 보이기도 한다: 마지막 헬라어 두 단어*ho gegonen*가 3절의 사고의 단위에 속해있는가, 아니면 4절에 속해 있는가? 3절로 놓는다면, 우리는 3b를 다음과 같이 번역할 수 있다. "그리고 지음을 받은 것 가운데 그분 없이는 어떤 것도 지어진 것이 없다."RSV 및 KJV, NIV, NKJV, 그리고 대부분의 교부들 만일 4절로 놓는다면, 우리는 다음과 같이 번역할 수 있다. "그리고 그분 없이는 어떤 것도 지어지지 않았다. 그분 속에서 태어난 것은 생명이었다.…" NRSV, NEB 메처*Metzger* 1994: 167-68와 수많은 주석가들은 한 줄의 끝이 다음 줄의 시작이 되는 "계단식" 시적 대구법을 기반으로 NRSV가 강조하고 있는 것에 대한 논쟁을 벌이고 있다.

말씀-로고스가 대리자였고, 모든 것의 창조에 하나님과 함께 참여했다는 것을 선언하는 것은 무엇을 뜻하는가? 이런 창조는 무로부터*ex nihilo*의 창조인가? 예이면서도 아니오이다. 로고스를 통해, 혹은 로고스에 의한 하나님의 창조가, 이전에는 있지 않았던 존재를 불러왔다는 점에서 대답은 '예'이다.롬 4:17과 히 11:3을 참조 만일 그 당시-구약과 신약-의 다른 창조신화와 비교한다면, 창세기 이야기 속의 창조는 신들끼리의 싸움이나 악한 물질영지주의 속에 나타나는 *hyle*로 세상을 만드는 열등한 신들 사이의 싸움의 결과가 아니라는 점에서 대답은 '예'이다. 그런 세상 속에서 인간은 특별한 *gnosis*, 즉 지식을 통해서 인간이 벗어나야만 한다. 나아가, 하나님이 창조한 세상은 좋았으며 좋다는 점에서 그 대답은 '예'이다. 윤리적이고 미학적인 의미에서, 세상의 물질적인 본질은 선하다.

많은 구약본문들은 창조 속의, 그리고 창조를 통한 하나님의 주권을 강조하고 있다. 창조의 언어는 "존재와 비존재에 관한 것이 아니라 절대적인 힘과 그런 힘의 부재를 계시하는 것"이다. 구약성서는 그런 "대조를 하나님의 전지하심을 드러내기 위해 사용한다."이사야 40:17과 렘 23-26, Dyrness: 66 무로부터의 창조는 피조물이 다른 근원이 아니라 하나님으로부터 나온 것을 의미한다: "피조물은 하나님을 통해서 존재하는 것이지 다른 것을 통해서가 아니다. 그러므로 그것은 하나님 자신이거나 하나님의 유출이 아니다. 그것은 스스로를 낳는 것도 아니며 그러므로 하나님으로부터 독립된 것도 아니다."Barth: 155 요한이 로고스를 강조하는 것은 똑같은 점을 말하고 있다: 로고스는 창조의 근원이다.

그렇지만 이런 질문에 대해서 '아니오'라는 답도 들어야만 한다. 서문에서는 창조설 대 진화론 논쟁이 없다. 그런 사고와 개념은 성서 기자의 사상 속에 있는 것이 아니다. 요한은 *ginomai*라는 동사를 사용하는데, 그 동사는 "존재하게 된다."는 것을 뜻한다. 그것은 행동과 과정이라는 개념이다―그러므로 *ginomai*의 다양한 사용법 가운데에서 출현이라고 위에서 제시하는 번역이 가능해 진다. 창조는 동이 틀 무렵에 일어났으며, 이것은 "창조된 세상의 절대적인 시작"을 표시하고 있다.Eichrodt: 72 그렇지만 엘리스Ellis가 지적하듯, 창조의 과정은 창세기 1장의 언어가 가리키는 것처럼 창조사건에 붙박이된 것이라고 인식되어야 한다: 하나님은 다음과 같이 말씀하셨다.

· 땅은 식물을 돋아나게 하여라
· 물은 생명을 번성하게 하여라
· 땅은 생물을 내어라

하나님은 번성하고 땅을 돌보도록 인간에게 축복과 힘을 내려 주시는 창조자―능력자이다. "창조 이야기는 신성한 말로 유도되는 권능이 부여된 이야기이다."Ellis: 80 동시에, "초월적인 하나님의 자율적 명령만이 창조의 형태를 결정지었다. 그러므로 무로부터의 창조가 그 그림으로 들어간다는 것은 불가항력적이다."Eichrodt: 72 이것은 우리가 주장하는 과학이론이 빅뱅이든양자의 반동이 있거나 없거나 진화적 단계이든, 혹은 지적설계이든 그 무엇이든 간에, 우리가 과학으로부터 성서를 분리시키거나 혹은 그 반대의 것을 하지 않는다면, 창조 사건 속에서 창조자로서 하나님의 개시자의 역할을 인정해야만 한다.

하나님의 창조행위는 시간과 자연을 통해 지속되고 있다. 구약성서는 하나님의 창조가 지닌 다양성과 놀라움을 찬양한다. 무수한 시편본문들이 하나님의 창조행위를 시작이 있으며 지속되는 행위로 보고 있다.시편 8; 19:1-6; 89:5-14; 104; 105:1-5; 136:1-9; 147; 148:1-10 몇몇 종은 사라져 가고 있으며 다른 종들은 생명이 진화하는 형태의 체제를 통해 시작되는-생명 자체가 시작된다는 것이 아니라 창조와 함께 시작되는-등, 이렇게 종이 변화하는 형태는 "생물학적 다양성을 존재하게 하는" 하나님의 양식으로 보일 수도 있다. 창세기도 요한복음도 이런 체제를 묘사하지는 않는다. 오히려, 이들은 "생물학적 다양성을 포함하여, 전 우주와 하나님의 내재하시는 진행적 창조의 관계"를 선언한다.Alexander 및 White: 98 성서가 의도하는 바는 과학적 방식으로 어떻게라는 문제에 대한 답을 주는 것이 아니라, 하나님의 말씀의 힘을 강조하고 이런 로고스-말씀이 성육신이 되고 있는 것을 드러내는 것이다. 이것은 목적을 가진 채로 나타난다: 바로 하나님의 영광을 세상에 비추기 위해서[세상, 609쪽] 그리고 메시아와 성자이신 예수를 믿게 하기 위함인 것이다.

요한복음은 비슬리-머레이Beasley-Murray의 책 제목처럼, 생명의 복음이라고 불릴만하다.1991 요한복음의 첫 번째 부분에서, 예수의 공생애 사역1-12, 생명의 말씀은 50회 등장하고 있다.

1:4b-5 생명은 모든 이들을 위한 빛이며, 어둠 속에서 빛나고 있다

창조에 있어서 로고스의 도구성instrumentality은 생명과 빛이 모두 말씀의 창조사역과 연결되고 있다는 점에서 지속되고 있으며, 창세기의 서사를 반향하고 있다. 하나님이 "빛이 있으라"고 말씀하실 때,1:3 생명이 존재가 되었다. 하나님은 말씀으로 땅에게 식물을 내라고 명령하신다.11-12 하늘과 땅에 있는 살아 있는 모든 종류의 피조물들은1:20, 24 창조되었다. 제4복음서 저자는 생명을 먼저 말한 후에, 생명이 인간의 빛이 된다고 한다. 이런 빛은 어둠을 비춘다.아마도 창세기 1:2의 "공허함과 흑암"의 반향일 것이다 그렇지만 요한복음에 있어서 빛과 어두움은 우주론적 실재를 묘사할 뿐만 아니라, 도덕적 측면, 즉 로고스-창조자에 대한 인간의 응답으로 이뤄져 있다.3:18-21; 9장

5장의 마지막 절에 나오는 동사에 대한 해석은 다음과 같이 다르다: 어둠이 그 빛을 이기지 못했다RSV, NRSV, NIV 2011이거나 어둠이 빛을 깨닫지 못했다.NSAB 1999; NIV 1984 KJV 역시 후자의 의미를 따르고 있다: 어둠이 빛을 헤아릴 수 없었다.NASB 온라인판을 참조 헬라어 동사 katelaben은 양쪽 모두를 의미할 수 있다. 같은 동사가 12:35에서 등장하는데, RSV와 NRSV 모두 이 동사를 능가하다overtake로 번역한다. 만약 우주론적 환

경이 가장 중요하다면, 이기다overcome 혹은 능가하다overtake가 더 나은 번역일 것이다. 만약 도덕-믿음의 측면에서 본다면, 이해하다 혹은 헤아리다가 더 나을 것이다. 요한복음이 펼치고 있는 서사 속에 있는 현 시점에는 우주론적 측면이 우위성을 갖는다. 그렇지만 만일 우리가 신앙/불신앙을 주요 주제로 삼고 요한복음 서사의 서두를 전체로 돌아본다면, 이해하다 혹은 헤아리다가 맥락에 맞을 것이다.고전적인 사례로 9장을 참조

그렇지만 서문에서 이제까지, 우리는 로고스의 성육신이라고 하는 역사적인 측면에 아직 다가서지 않았다. 그러므로 우리가 이 시점에서 바라보는 초상은 생명을 시작하고 우주론적 어둠에 빛을 비추는 로고스-창조자이다. 어둠은 빛을 이기거나 능가할 수 없지만 빛은 항상 빛난다. 말씀-로고스는 계속하여 어둠을 꿰뚫고 물리친다: 빛을 비춘다shine는 놀랍게도 현재 시제로 나타나고 있는데, 요한복음서에 등장하는 첫 번째 현재 시제로서 지속적인 행위를 표현하고 있다. 이기다는 과거시제 속의 어떤 행위이지만, 지속적이고 완료되는 결과를 내포하기도 하는데, 여기서 그렇게 적용이 되고 있다. 빛은 영원히 비추고 있다.[빛과 어둠, 594쪽]

요한: 빛을 증거하는 사람 1:6-8

요한복음 서문은 지금 초월적이고 형이상학적인 실재와 역사적인 실재를 연결시키고 있으며, 서사적 무대 위에 빛을 증거하는 사람을 세우고 있다.Hooker: 357-58 우주론적이고 도덕적인 의미에서, 요한은 빛을 증거하는 사람으로 새로이 나타나고egeneto, gino-mai 동사 형태 가운데 하나임 있다. 이 이야기에서는 증언martyria/martyreo에 해당되는 명사 하나와 동사 두 개가 등장한다.[증인과 증언하다, 604쪽] 요한은 증언자이며 빛에 대해서 증언할 뿐이다. 1:28, 31; 31; 3:23; 10:40에서 요한은 침례자의 역할을 하고 있다고 묘사되지만, 요한복음에서는 결코 "침례자"로 불리지 않는다.막 1:4, 6:14; 마 3:11를 참조 요한복음이 요한의 복음으로, 이 증언자가 요한으로 알려졌기 때문에, 우리는 두 명의 요한을 구분해야만 한다. 이 주석에서 "증언자 요한"은 이 요한을 지칭한다. 증언자로 요한을 지칭하는 것 외에는, 여기서 요한이 한 말이나 그의 식사 혹은 의복에 대한 묘사는 찾아볼 수 없다. 이것은 공관복음에서의 기록과는 아주 다른 점이다.막 1:4-8에 나오는 침례 요한에 대한 병행구절을 참조! 요한이 증언하는 목적이 언급되어 있다: 그리하여 모든 이들이 그를 통해 믿게 하려는 것이다. 여기에서 요한복음의 목적을 최초로 듣는다.20:30-31

참빛 1:9-11

1:9 세상으로 오다.w

TNIV^{NRSV}와 대조하여는 9절을 10-11절과 함께 잘 위치시키고 있다. 요한복음에서 세상이라는 단어는 지금 처음 사용되었으며, 10절에서는 3회 더 등장한다. 그 다음에는 29절에서도 등장하고 있다: 증언자 요한은 예수를 세상 죄를 지고 가는 하나님의 어린양과 동일시한다![세상, 609쪽]

세 가지 중요한 주장들이 어떻게 함께 어우러지고 있는지가 분명하지 않으므로 9절은 어렵다. 헬라어 단어 순서를 따라 다음과 같이 읽을 수 있다: 그는 참빛, 모든 이들에게 빛을 비추는 사람으로, 세상으로 오셨다. 세상으로 오신다는 것은 빛을 수식하는가 아니면 사람들을 수식하는가? 문법적으로 이것은 양쪽 모두를 수식할 수 있다. 대부분의 번역들은 그것을 참빛과 연결시키며, 따라서 참빛은 세상으로 오셨다. 그렇지 않다면, 세상으로 오신다는 것이 모든 백성을 수식하는가? KJV와 어거스틴Beasley-Murray 1999: 6, 12는 세상으로 오는 모든 백성들을 비추신다는 해석을 택한다. 이것은 훌륭한 퀘이커 신학이며 옳을 수도 있다. 비슬리-머레이12는 다음과 같이 언급하면서 이 점을 확고하게 다지고 있다. "'세상에 오는 모든 이들' 은 모든 이들을 지칭하는 유대인들의 흔한 표현이었다."

빛이 오다로 번역하는 것은 4b-5절의 생각을 확대시키며, 이것이 말이 된다. 빛은 계속해서, 항상 모든 곳을 비추고 있다. 따라서 빛은 14절을 내다보지만 우주론적 차원에 남아있게 되는데, 이 점이 니드Need가 열정적으로 주장한 부분이다. 로고스가 육신이 되어 역사 속으로 들어가는 14절에 앞서, 그는 이런 서사의 시적인 부분들을 역사 속으로 이동시키는 성향에 당혹감을 감추지 못했다. "참 빛"에 대한 보겐Borgen의 글을 따라 1983, 보야린2001: 267은 요한복음 1:1-5가 미드라시, 즉 창세기 1:1-5을 "탈굼"식으로 바꿔 말한 것이라고 주장하며, "서문의 나머지 부분은 이런 바꿔 말하기 부분을 3부작으로 확장시킨 것으로, 로고스의 미드라시가 예수 그리스도의 모습에 적용되는 것을 분명히 하고 있다."고 주장한다. 니드의 글 이전에 쓴 보야린2001의 글도 요한복음 서문은 14절이 나오기까지 우주론적이고 보편적인 수준에 남아있다는 점에 의견을 같이 하고 있다.

세상으로 오는 모든 [백성]을 밝히는 로고스라는 번역을 선택하는 것은, 보편적 구원이 모든 이들에게 열려있음에도Volf 2008 요한복음이 분명히 말하고 있는 것처럼3:19-21; 8:12; 9:1-4; 11:10; 12:26 모든 사람들이 구원을 받는다는 의미는 아니다.[이원성, 511쪽] 몇

몇은 그 빛에 긍정적이지만, 다른 사람들은 부정적으로 반응한다.12:36-46[신앙/불신앙, 562쪽]

1:10-11 두 개의 거부: 세상과 그의 백성 W

*ginomai*되다, 생기게 하다의 형태는 3절에 3차례 등장한다. 증언*martyria*은 7-8절에서 3차례 등장하며, 세상*kosmos*은 10절에 3차례 나타난다. 세상은 요한복음에서 총 78회 등장하지만 그것이 내포하는 것은 다르다: 긍정적3:16, 중립적8:26, 그리고 가장 많은 숫자가 사용된 적대적.Burge 2000: 57을 참조 이 절은 총 세 가지를 내포하고 있는데, 세상에 대해 말하고 암시하는 방식에 의해 결정이 된다. 먼저는 중립적인 것으로, 그는 이 세상에 있었다. 두 번째는 긍정적인 것이며, 세상이 그를 통해 생겼다. 그리고 세 번째로는 부정적인 것으로, 세상은 그를 알지 못했다. 부정적인 의미에서 세상은 예수를 대적한다.[세상, 609쪽]

10절이 그의 백성들에 대한 암묵적으로 가리키는 우주론적, 창조된 세상을 말하고 있을 때, 세상이 그를 알지 못했다는 것은 로마서 1:18-20에 나타나는 바울의 선언과 유사하게 하나님을 알지 못하는 모든 백성을 지칭하고 있는가? 아니면 그것이 요한복음 1:11에서 더욱 구체적이고 분명해 지는가? 그가 자신의 백성에게 왔으나 그들은 그를 받아들이지 않았다.AT NRSV와 대부분의 현대 번역들은 그 단어의 의미가 백성, 하나님의 선민인 이스라엘을 향하고 있다는 점을 지지한다. 오데이O'Day는 10절이 "세상 속에 있는 말씀의 운명"을 가리키며, 11절은 그 말씀이 "자신의 백성"에게 갈 때 말씀의 운명을 가리킨다고 언급한다. "자신의 백성은 이스라엘과 유대백성, 혹은 더 넓게는 말씀으로 태어난 인간이지만 그럼에도 '그를 받아들이지 않았다'"1995: 521

몇몇 주석가들은 더욱 넓게 인류를 그의 백성과 결합시킨다.예를 들면 O'Day 1995와 Burge 200: 58 11절에 나오는 자신의 것은 자신의 집이나 자신의 백성을 의미할 수 있다. 니드는 그 의미가 자신의 집이라고 주장하는데, 그가 이룬 창조가 그 컨텍스트가 된다. 그는 14절의 성육신을 말씀이 세상으로 들어오는 핵심적인 전환으로 여기고 있다: "비록 이곳에서는 모호한 요소가 있을지라도, 10절과 11절은 이스라엘로 가는 예수 자신을 지칭할 수 없다고 본다."402 그렇지만 이후 요한복음의 서사 속에서는 그의 것이 구체적이 되는데, 바로 하나님이 선택한 백성이다. 12:38-40에서 인용되는 구약은 예수의 사역에 대한 백성의 반응을 정리하고 있으며, 이런 관점을 입증하고 있는데, 이 관점은 바울을 비롯하여 넓은 신약의 강조점들과 합치되고 있다.롬 9-11을 참조

로고스를 받아들이는 사람들에게 주시는 하나님의 선물 1:12-13

1:12 하나님의 자녀가 되다

영원한 하나님-로고스, 창조자, 어둠을 밝히는 빛은 자신의 백성his own이 영접하기를 기다리신다. 이것은 하나님의 넓으심-하나님이 주시는-이지만 하나님은 또한 우리가 그 신성한 선물을 받아들이기를 기다리신다: 그를 영접하는 모든 이, 그 이름을 믿는 모든 이. 우리는 한 사람을 믿으며 한 이름을 받았다. 우리는 하나님의 자녀가 된다. 컬페퍼 Culpepper는 하나님의 구약 컨텍스트가 이스라엘을 사랑받는 아들/자녀로 만드는 것이라고 본다.예를 들면 호세아 11:1

> 그 관계는 주로 육적인 것이라기보다는 법적이고 도덕적으로 이해되며, 아브라함, 모세, 그리고 다윗과 하신 언약의 구속과 약속이라 명명되고 그 구속과 약속을 수반한다. 이스라엘은 사생아처럼 하나님의 가르침을 받고 그의 자애심을 누리도록 하나님께 예속되어야 했다. 하나님의 자녀tekna theou라고 칭하면서 요한공동체는 자신들을 그렇게 인식했다 …[이 전통 속에 서 있는 것처럼] 2001: 78, 음역됨

이런 새로운 정체성은 하나님-로고스로부터 나온 것으로, 하나님-로고스는 하나님의 자녀가 되는 힘과 권세를 부여하신다. 하나님의 자녀들이 되는 것은 제자도, 공동의 제자도로 요한복음이 부르고 있음을 요약하는데, 하나님의 자녀가 될 권세가 그들에게 주어졌기 때문이다.HowardBrook 1994: 55-56을 참조 1차독자의 컨텍스트 속에서, 이것은 요한공동체의 정체성 부여하기, 즉 하나님의 자녀가 되고 자녀로서 사는 분명한 의미이다. 요한1서에 스며들어 있는 그 주제 역시 신자들의 정체성을 지칭하고 있으며3:1-2; 5:2, 마귀의 자녀가 지닌 정체성과 대조되고 있다.3:10

이 구절이 요한1서에서 설명하고 있는 제자도의 관점에서 본다면, 이런 힘과 권세가 필요한 이유가 분명해 진다: 육이나 어둠의 일들을 추구하지 않으며 성령의 생명을 나타내는 일들을 추구하는, 새로운 창조로서의 세상 속에서 사는 것이다.요한복음 3:18-21을 참조

1:13 사람의 뜻이 아니라 하나님의 뜻으로 나심

13절은 이러한 새로운 정체성의 기원에 대한 날카로운 대비를 보이고 있다: 피나 육체의 의지 혹은 사람의 뜻이 아니라 하나님의 뜻으로 태어남.

여기서 소유격 복수인 피*haimaton*는 인간의 창설적이고 되풀이 되는 학살을 반향하고 있는데[R. Brown 1966: 12; HowardBrook 1994: 56; 다음의 예를 보라. 이사야 5:7d; 미가 3:10; 하박국 2:12; 호세아 4:2; 열왕기상 2:5, 33; 열왕기하 9:7, 26, 이것은 이기심, 질투 및 탐욕에 기반하고 있다. 가인이 아벨을 죽인 것은 누가복음 11:49-51/ 마태복음 23:34-35에서 예수가 말하고 있는 초석적 살해이다.Girard와 대조됨, Swartley 2000을 참조

요한복음 다른 곳에서처럼, 육은 성령이 주시는 천상의 자기희생적 힘과 대조되는 지상의 조건이다.3:8-12; 6:63 [육체와 영광, 579쪽] 사람의 뜻은*anthropos* 대신 여기서는 *aner*가 사용됨 처녀 잉태를 암시할 수도 있다.8:41을 참조 그렇지만 주어 역할을 하는 명사가 서문에서는 예수가 아니라 세상이므로, 그것은 인간의 영역을 가리키는 것이며, 요한이 인간의 영광과 신성한 영광을 자주 대조하고 있는 것과 맞물린다. 하나님에게서 난 것은 그들이 "독생자 하나님의 아들과의 협력적 친자관계 속에서" 태어난 것을 의미한다.Eriugena, Bamford: 108을 통해 하나님의 은혜와 사랑에 의해서, 하나님께서 보내신 그를 믿음을 통해 이런 유산의 선물을 받는 것이다. 이런 선물은 예수의 말씀에 귀를 기울임을 통하여 예수의 제자들을 육신이 바라는 것에서 성령이 바라는 것으로 변화시킨다.6:63을 참조

말씀이 육신이 되어, 영광 속에서 찬란하게 빛남 1:14

1:14a 말씀이 육신이 되었다

14절은 요한복음의 신학적 선언에 있어 핵심이 된다: 말씀이 육신이 되어 우리 가운데 거하셨다. "여기서 육신은 … 신성한 로고스가 상정하고 있는 완전한 인성을 [가리키고 있으며], 체화되고 영화된 것이다."Lee 2002:34 14절에서 육신을 입은*ginomai* 말씀-로고스는 미묘하게 13절의 육신과 대조되고 있다. 양쪽 모두 인간의 영역을 가리키고 있지만, 첫 번째 나오는 육신은 하나님의 자녀가 될 권세를 생성시키는 힘을 가지는 육신을 배제시킨다. 14절에서 두 번째로 사용되는 육신은 예수가 완전한 인간의 상태로 내려왔다는 것을 가리킨다. 우리와 함께 거한다는 용어*skenoo*는, 성막*skene*에서 신성하게 임재하심으로 사람들 가운데 거하시는 구약의 하나님 경험을 반영하고 있다.

"그리고 말씀이 육신이 되었다." 하나님은 "자신의 성막을 치셨다." 헬라어의 자음은 하나님의 임재와 영광을 가리키는 히브리 단어*shekinah*의 자음이다. "만남의 성막"은 하나님이 자신의 백성과 함께 거하셨던 곳이며 그의 영광이 보였던

자리이다.출 40:34-38 동일한 영광이 솔로몬의 성전을 가득 채웠다.열왕기상 8:10f

에스겔 11:22-23; 스가랴 2:10; 마태복음 17:4; 누가복음 9:33과 비교해 보라.

14b 영광, 은혜와 진리의 충만w

성서의 상징주의에 관한 연구에서, 콜러Coloe 2001: 135-36는 하나님의 영광의 구름이 성전을 가득 채웠다.열왕기상 8:4-11고 지적한다. 그렇지만 모든 이들을 위한 창조의 생명이자 빛이신 로고스는 이제 "성막화된" 임재, 즉 백성들 가운데 거하시는 하나님의 *Shekinah*가 된다.요 1:14

하나님의 영광이 성막 속에 있는 하나님의 진정한 임재를 나타내고 있는 것처럼, 육신이 된 로고스도 하나님의 영광, 우리 가운데 거하시는 하나님의 진정한 임재를 드러낸다.D. M. Smith 2002: 121 그리스도 안에 있는 하나님의 영광은 계시자이신 하나님 자신이다. 하지만 그런 충격적인 선언은 이런 신성한 영광doxa이 육신sarx 속에 계시되었다는 것이다. 본문은 로고스가 인간anthropos이 되었다고도, 남자aner가 되었다고도 말하지 않고, 육신이 되었다고 말하고 있다. 리Lee는 이 역설을 잡기 위해 어거스틴을 인용한다. "태어났으면서도 아직 나지 않았고, 육신을 입었으면서도 영적이며, 약하지만 강하고, 죽어가지만 살아 계신다." 2002: 34 하나님의 영광은 육신 속에서 계시되며 육신 가운데 거한다—이 얼마나 역설이란 말인가! 바레트C. K. Barrett는 다음과 같이 주장한다. "모순은 … 요한복음서 전체에 가득하다: 영광doxa은 육신sarx과 나란히 보일 수 있는 것은 아니며, 창문을 통해서 보듯 육신sarx을 통해서 볼 수도 없다." 1978: 165; 창 1:26-27 및 단 7:13-14를 참조 이것은 예수의 완전한 인성을 급진적으로 주장하는 것이다.Thompson 1988 서문에 대한 설교에서, 에리유지나Eriugena는 은혜의 충만이 "신성과 인간으로서의 성화의 충만함을 가리킨다."고 적었다. 진리 안에서 예수는 율법의 진리와 구약성서의 상징을 완성하였고, 그리하여 예수와 함께 신약은 그 중심에서 완전히 그런 진리를 계시한다.in Bamford: 113

요한복음 전체의 서사는 하나님의 영광을 드러낸다.17:22: "예수의 삶, 가르침, 그리고 이적들은 하나님의 영광의 계시가 되고 있다 … 영광doxa은, 성부가 성자에게 내려준 사랑으로, … 예수가 신자들에게 주는 영광doxa 속에 있는 인간의 역사에서 나타난다." Moloney 1998: 474 13:1-3과 17:1-5에서 분명히 말하고 있듯이, 하나님의 영광은 십자가에

68 · **요한복음** | 신자들의 교회 성서주석

서 "그의 때에" 완전히 드러났다. 그것은 부활로 입증된, 십자가의 영광인 것이다.Motyer 2001: 92를 참조

독자를 영광과 연결시키고 있는 동사는 요한복음이 사용하는 다섯 개의 보다seeing 단어들 가운데 하나이다.*theaomai* 극적이고 상징적인 요소들이 *theaomai* 속에 나타나는데, *theaomai* 는 보이고 있는 영광/*doxa*를 예비한다. 우리가 그의 영광을 본다는 것은 모세가 간구하는 이야기, "당신의 영광을 보이소서"를 상정하고 있다.kabod, 출 33: 18

아버지의 유일한 아들의 영광이라는 구절은 *monogenes*라는 용어를 소개하고 있는데, KJV에서는 독생자로 번역하고 있으며3:16, RSV는 아버지로부터 온 독생자NRSV는 아버지의 독생자로 번역한다. 여기서 최초로 하나님−말씀이 아버지−아들이 되고 있으며, 요한복음 곳곳에서 가장 많이 등장하는 지칭이다. 독생자는 이삭의 이야기창 22를 반향하고 있고 예수의 죽음 속에 있는 분명한 영광을 미리 암시하고 있다.17:1−5를 참조 1:1에서는 말씀이 하나님이었다: 아버지와 아들의 구별은 남아있으며, 또한 ~처럼hos이라는 단어는 우리가 아버지의 영광을 직접적으로 볼 수는 없지만 아들 속에 있는 아버지의 영광은 볼 수 있다는 것을 보여주고 있다.Moloney 1998: 39 [육체와 영광, 579쪽]

마지막 구절, 은혜와 진리의 충만은 분명 출애굽기 34:6의 반향으로, '하나님의 변함없는 사랑' *hesed*, 70인역에서는 보통 *charis*/진리로 번역됨과 '성실하심' *emet*, 진리로 번역될 수 있음을 지칭한다. 이렇게 변함없는 사랑*hesed*과 성실함' *emet*/ *emunah*를 짝짓는 것은 구약에서 흔히 볼 수 있다.예를 들면 시편 85:10; 89:14 많은 해석가들이 출애굽기 34:6을 요한복음 1:14에 나타나는 이 구절의 기원으로 보고 있다.Evans 1993a: 81−2 하나님의 자애심과 성실하심은 하나님이 자신의 언약의 약속들에 여전히 진실하시며 지금과 영원히 언약의 백성들을 지키신다는 것을 확신하고 있다. 이제 로고스의 영광이 육신이 된다는 것은 이런 하나님의 기본적인 성품이 성육신되는 것이다. 독생자 속에서 우리는 하나님의 그치지 않는 사랑*hesed*−grace과 신실하신 진리*emunah*를 안다.

말씀이 육신이 되었음을 증언함 1:15−17ᵂ

1:15 요한의 증언

요한은 요한복음의 서사 속으로 들어가, 증언자로서 자신의 역할을 확장시키면서, 앞선 7−8절에서 세 번, 그리고 이제 다시 15절에서 명시되고 있다. 게다가 그는 다음과 같이 엄숙히 선언하거나 또는 외치고 있다.*krazo* "이분이 내가 말씀드린 바로 그분입니다. 내 뒤에 오시는 분을 나보다 앞선 분이라고 말씀드린 것은, 이분을 두고 말한 것입니다.

그분은 나보다 먼저 계신 분이기 때문입니다." 제4복음서 저자가 그리는 요한은 침례자라는 지칭도 없을뿐더러, 마태복음 3장과 누가복음 3장에서 우리가 보게 되는 침례자의 종말론적 심판도 누락시키고 있다. 오히려, 요한복음은 요한의 역할이 증언자일 뿐이라고 강조한다. 증언하는 것은 예수의 정체성을 고백하는1:20 신앙으로 백성을 이끄는 것과 예수의 인성과 사역에 대해 예수가 주장하는 것을 증명하는 것이다. 해리스Harris 39-48는 그 목소리의 범위를 보여줌으로 요한이 사용하고 있는 증언의 의미를 확대시킨다.

- 요한1:7-8, 15, 19, 32-34; 3:26, 32-33; 5:32, 36
- 사마리아 여인4:39
- 성서5:29
- 예수의 사역10:25
- 무리12:17
- 예수 자신3:11; 4:44; 7:7; 8:14, 18; 13:21; 18:37
- 예수와 관련된 하나님5:36-37; 8:18
- 예수와 관련된 성령15:26
- 제자들15:27
- 애제자19:35; 21:24

동사로서 증언은 33회, 명사로는 14회 등장한다.Harris: 39; 요한서신에서는 각각 10회와 7회 등장한다 이 용어는 요한복음에 있어 법정의 성격을 나타낸다.Lincoln 2000

증언함은 정체를 말함이나 정체를 확인함을 넘어서는 것이다. 그것은 이적semeion과 유사한 기능을 하며, 지상을 넘어서 천상으로 향하고 있다. 요한복음은 "예수의 천상적 성격과 기원, 그의 행동과 말들이 서로 소통함에 의해, 그리고 소통함을 통해 어떤 행동을 '증언함'으로써 독자들이 이해하도록" 의도하고 있다.Harris: 48

1:16-17 충만: 은혜 가운데 은혜

이 두 구절은 명백하게 모세를 말씀—구원의 드라마 속으로 소개하고 있다. **충만**은 성육신된 아들 속에 있는 하나님의 은혜와 진리의 충만을 뜻한다. 은혜 가운데 은혜라는 구절은charin anti chari-tos 말씀—아들 속에 나타난 하나님의 은혜를 지칭하고 있는 듯하며, 율법 속에 주어진 하나님의 은혜 위에 한 층으로 쌓여있다. 즉, 17절의 두 구절은 대조가 되는 것이 아니라 계단식으로 병행되어 있는 것이다. 헬라어로 ~위에upon, ~에 맞서anti라는 단어는 어원상 "얼굴과 얼굴을 맞대고" 즉, 다른 층 위에 다른 층이 있다는 의미이다. 이것은 또한 신약성서가 많이 사용하고 있는 ~대신에라는 의미도 된다. 속죄의 언어에서, *anti*는 결코 구원자와 구원을 받는 양쪽의 관계성을 훼손하고 있지 않다.막 10:45 율법이 모세를 통해 주어졌다는 것은 신성한 선물의 한 층이다: 예수 그리스도를 통해서 나오는 은혜와 진리는 초기의 계시 위에 포개져 있다. 만일 우리가 두 구절을 상반된 것으로 본다면, 예수가 자신을 증언하는 모세에게 호소하고 있다는 점이 약화된다.5:46

성육신된 말씀,

하나님을 계시하다 1:18w

1:1절과 14절을 이으면서, 요한복음 1:18은 요한의 단호하고 재기 넘치는 기독론과 신성한 계시로서의 요한복음을 선언하고 있다. 이런 웅장한 선언은 우리가 헬라어 본문에 도전하도록 하는데, 그 이유는 사본들마다 차이가 있기 때문이다. 두 번째 구절에서, 형용사 오직*monogenes*은 무엇에 연결되고 있는가? 번역판마다 아래와 같이 다르다:

- 독생자the only begotten Son, KJV
- 독자the only Son, RSV, NRSV 일부
- 유일하신 하나님the only God, 몇몇 신뢰할만한 초기 사본에서 나온 RSV 일부
- 독자이신 하나님God the only Son, NRSV
- 독자, 하나님an only Son, God, NRSV 일부
- 유일하신 한 분 하나님God the one and only, NIV 1984
- 유일하신 한 분 아들이며 하나님이신 분the one and only Son, who is himself God, TNIV, NIV 2011

다른 형태에 대한 사본상의 증거는 유일하신*monogenes*에 선호되는 번역과 하나님*theos*으로 기울어 있다.[본문상의 차이점, 603쪽] 탈버트Talbert, 77와 버지Burge 2000: 60-61 모두 하나님*/theos*을 "계시자가 *theos*/신성이시므로vv. 1, 18, 그는 성부를 알린다."가 원문일 것으로 받아들인다.Talbert "그리스도의 신성을 분명히 단언하는 것이 아마도 원문일 것이다."Burge 2000 타협안은 두 개를 결합하는 것이다.

아무도 하나님을 본 적이 없다는 절이 최초로 선언하는 것은 분명히 출애굽기 33:20[23]절을 참조, "너희는 내 얼굴을 볼 수 없다. 나를 본 사람은 아무도 살 수 없기 때문이다."Evans 1993a: 80에 나오는 번역를 반향한다. 에반스Evans 81는 요한이 성부의 품 속하나님의 "정면"에 예수를 위치시키는 것과 영원 속에 계신 하나님과 함께 거하신다.1:1고 말하는 것은 "모세가 하나님의 '뒷모습'을 흘낏 보았던 것"과 대조되고 있다. 큰 은혜와 진리출 34:6을 반향하는 독특하게 인간에게 하나님을 계시할 수 있고 계시하는 하나님-아들로부터 나온다. 이 하나님-아들 외에는, 아무도 "하나님을 볼 수 없으며 그분을 속속들이 알수 없다."5:37; 6:46; Rosse: 37을 참조 오직 이 사람만 하나님이 가진 신성의 충만함 속에서 하나님을 계시할 수 있다.

유일하신 하나님말씀-하나님은 비유적으로 아버지의 품속에 위치되어 있는데RSV, 아버지의 마음NRSV이나 성부와 가장 가까운 관계TNIV라고 표현된다. 품kolpos이란 용어는 요한복음 다른 곳에서 오직 한 번 등장하는데, 최후의 만찬13:23에서 예수의 품kolpos에 기대어 있는 애제자를 보여준다. 품 앞에 놓인 전치사는 헬라어 eis로서, en장소나 위치를 내포함이라기보다는 "움직임의 방향"을 가리킨다. 이 구절은 성자께서 성부의 품으로 향하셨다고 번역할 수 있다. 따라서 말씀은 영원히 성부를 향해 움직인다.Rosse: 12n2 이런 강조는 아버지가 행하시고 말씀하시는 것과 예수가 행하고 말하는 것이 조화를 이루고 있는 요한복음에서 예수의 거듭되는 주장을 예비하고 있다. 나아가, 이런 뉘앙스는 예수의 고별담화를 예비하는데, 여기에서 예수는 자신의 아버지에게로 간다고 말하고 있으며14:1-2, 예수가 영으로 아버지의 임재 속으로 간다는 기도에서 절정을 이루고 있다. 서문과 기도는 아버지와 아들의 친밀함에 있어서 양쪽의 끝으로 볼 수 있다.

마지막 구절의 주어는 '그 사람'that one이며 여기에 단어 하나가 따라 오는데, 선언되었다declared, 계시되었다revealed 혹은 주해되었다exegeted는 뜻을 가진 동사이다.헬라어 exegeomai에서 영어 단어 exegesis가 나왔다 이 동사에는 목적어가 없지만, 아마도 다음과 같이 추론되었을 것이다: 따라야 할 이야기. 하나님-아들이 됨으로, 예수는 그가 누구이며 그가 하는 행동으로 아버지를 드러낸다. "그 자신이 됨으로, 예수는 아버지를 드러낸다." Rosse: 25 예수는 하나님을 주해하거나 계시한다. 몰로니Moloney 1998: 47는 이것을 "그가 하나님의 이야기를 전하고 있다."라고 표현한다.

성서적 맥락 속의 본문

창세기 1장과 서문 ʷ

이 장을 설명하는 부분에서는 창세기 1장과 서문 사이의 여러 가지 연관성을 언급했다. 크레이그 에반스Craig Evans 1993: 78는 창세기의 70인역에 근거하여, 수많은 병행구들을 도표형식으로 나란히 배열한다.

이 두 본문의 병행구절들은 뚜렷하다. 확실히 제4복음서 기자는 어떻게 새 창조 이야기기 시작되는지 알려주고자 한다: 하나님이 말씀을 세상 속으로 보내심으로. 바울 역시 예수 그리스도의 사역을 "새 창조"라고 말한다.고후 5:17 『구원사』Salvation History라는 책에서, 에드 밀러Ed Miller는 큰 구약의 구원이야기와 요한복음 1:3-4가 근본적이고 신학적으로 연결된다고 보았다. 생명이자 빛인 로고스는 양쪽에 스며든다.E. Miller: 8-11, 17-22, 84, 86, 109

말씀, 예수 그리스도, 창조의 대리자ʷ

요한복음 1:3-4는 예수 그리스도가 창조의 대리인이라고 말하는 유일한 신약의 본문은 아니다. 다른 본문들도골로새서 1:15-17; 히브리서 1:2-3a 똑같이 선언하고 있다. 골로새서 찬양의 첫 번째 시구는 서열에서나 시간적으로나, 그리스도가 모든 창조 위에 으뜸이라고 단언하는데, 그 이유는 그리스도가 "모든 창조 가운데 첫째"이시기 때문이며15절, "모든 것들 보다 앞선" 분이기 때문이다.17절 나아가, 그리스도 안에서는 모든 것들이 서로 연합되어 있다. 신학적인 핵심을 찌르기 위해 과학적 물리학으로부터 나온 용어를 사용하면서, 그리스도는 모든 만물이 연합되어 있는 궁극적인 "힘의 영역"이다.

히브리서의 본문은 세 가지 점에서 시선을 사로잡는다. 먼저는, "세상을 창조한" 하나님의 대리자인 그리스도가 하나님의 "영광"의 반영으로서, 우리가 그의 영광을 보았다.RSV는 1:14과 어우러진다. 두 번째로, "하나님이라는 존재가 그대로 각인된 것"이라는 구절은 말씀이 하나님이셨다는 1:1과 유사하다. 세 번째로, 아들-창조자는 "자신의 강력한 말씀으로 모든 것들을 유지시킨다." 말씀은 창조의 새벽인 태초에서나 창조와 구원을 지속시키는 행위에 있어서나 창조적인 힘이다.

게다가, 예수 그리스도에게 창조자라는 신성한 정체성을 부여하는 것은 명백하게 요한복음 1:18에서 하나님-아들과 동일시되는, 말씀의 선재를 선언하는 것이다. 앞서 인용된 두 개의 본문을 포함하여, 요한복음 1장과 유사한 주장을 하는 신약성서 본문은 3

개가 더 있다: 고린도전서 8:6; 히브리서 1:10-12; 요한계시록 3:14여기 나오는 "신실하고 참되신 증인"은 창조의 기원이다 먼저 고린도전서 8:6은 예수 그리스도를 분명하게 명명하는 유일한 본문으로, 창조자 하나님과 창조자 예수를 신중하게 병행하고 있어 특히 인상적이다:

> 우리에게는 아버지이신 한분 하나님이 계시며,
> 모든 만물이 그분에게서 났고 우리도 그 안에 있다;
> 그리고 한 분 주님이신 예수 그리스도가 계시며,
> 만물이 그분에게서 났으며 우리고 그로 인해 존재한다.KJV

"모든 만물이 그로부터 그리고 그를 통해 그리고 그를 위해 있다."는 롬 11:36과 비교해 보라

이 본문은 이스라엘의 쉐마sema를 반향하고 있다: "들으라, 오 이스라엘아: 주님이신 우리 하나님은 한 분이시다."신 6:4 보캄Bauckham은 바울이 하나님 아버지와 주 예수 그리스도가 한 분이라는 것을 선언하기 위해 동의어들을 병행하는 방식으로 이 단어들을 나열하고 있다고 주장한다. 바울은 예수 그리스도를 세상이 창조되기 이전, 태초의 YHWH주님 즉 한분 하나님과 크게 동일시하고 있다.1998a: 37-38 유대인으로서예수가 유대인이었던 것처럼, 바울은 쉐마를 적어도 매일 두 번 암송했다.

쉐마와 유일신론을 하나님의 신성을 가진 예수 그리스도의 정체성과 맞물리게 하는 것은 예수가 하나님과 함께 하신 분이며, 하나님-예수가 하나이심을 보여준다. 예수의 신적인 정체성은 어떤 식으로든 굳건한 유일신론과 상충되지 않는다. 예수를 창조자이신 하나님의 정체성과 연결시킴으로, 예수는 우주를 만드시고 유지시키는 자로서 우주를 통치하는 신성함 속에 포함된다. 이처럼 신성한 창조자의 정체성 속에 예수를 포함시키는 것은 예수 그리스도의 선재를 명백히 선언하는 것이다.

영광스러운 성서의 드라마

이사야 40:5는 하나님의 영광이 드러나기를 바라는 이스라엘의 종말론적 소망을 표현하고 있다. "주의 영광이 나타날 것이니, 모든 사람이 그것을 함께 볼 것이다. 이것은 주께서 친히 약속하신 것이다." 주의 영광은 이제 로고스이자, 아버지의 독생자이신 예수 그리스도를 통해 계시된다. 이런 모티브는 다른 곳에서도 나타난다. "바다에 물이 가득

하듯이, 주의 영광을 아는 지식이 땅 위에 가득할 것이다."하박국 2:14; 이사야 11:9를 참조 잘 알려진 본문인 이사야 6:1–8은 하나님의 영광의 현현에 달려있으며, 하나님의 거룩하심과 영광 앞에서 그의 무가치함을 고백하도록 만든다. 하나님의 하나님되심과 이렇게 신비하게 대면하는 것은, 하나님을 거부하고 완고한 백성을 향한 하나님의 사역을 위해 그를 부르시고, 보내시며 그에게 힘을 주시는 것이다.6:9–11 출애굽기와 이사야 모두 시편이 그런 것처럼 빈번하게 하나님의 영광을 이야기한다. 영광은 다음의 세 가지 유형의 경험과 관련하여 구약성서에서 뚜렷하게 등장하고 있다:

- 하나님께서 이스라엘을 구속에서 건져내심출 14:4; 16:6–12; 24:15–18; 33:17–23; 29:42–43; 40:34–38
- 예언서 본문에서는, 선지자를 부르시고사 6:1–8; 겔 1–3 종말론적 소망을 신탁하심사 40:5; 42: 8; 12; 60:1, 19
- 창조의 힘과 왕으로 통치하시는 하나님의 주권적 위대하심을 찬양하는 시편시 8; 24; 29; 72[시편2권의 끝]; 96[예배]; 104:31; 148:13

이들 시편 가운데 내가 가장 좋아하는 장엄한 기쁨의 시편이 있다. "하나님, 하늘 높이 높임을 받으시고, 주님의 영광이 온 땅에서 높임을 받으소서."시 57: 5, 11 시편 108:4–5는 다음과 같이 덧붙인다. "주님의 한결같은 그 사랑, 하늘보다 높고, 주님의 그 미쁘심, 구름에까지 닿습니다." 하나님의 변치 않는 사랑*hesed*과 신실하심*emet*은 요한복음 1:14의 모티브로서, 다음과 같은 선언을 이끌어 낸다. "높임을 받으소서, 오 하나님 … 주님의 영광이 온 땅에서 높임을 받으십시오."

영광*doxa*은 하나님의 존엄, 거룩하심, 그리고 힘을 시각적으로 표현한 것이다. 레이먼드 브라운Raymond Brown은 다양한 성서관련 저서에서 영광의 빈번도를 보여준다.1966: 503 [육체와 영광, 579쪽] 고린도후서 3:7–13은 영광과 사역을 연결시키고 있다. 3:8은, 요한복음 1:14와 나란히 놓고 보면, 육신을 입은 예수의 사역의 모델을 묘사하는 것이다. "성령의 직분에는, 더욱더 영광이 넘치지 않겠습니까?" 두 개의 강조점이 지니는 연관성은 1:14c, 우리가 그의 영광을 본다에 나타나고 있으며, 정확히는 그의 육신적인, 그렇지만 성령이 권능을 부여하시는 사역 속에서 나타난다. 이것은 우리의 사역 속에서 우리를 위한 패턴이라는 인상을 준다: 육신과 영광의 양쪽 끝이 함께 거하는 것이다! 고린도후서 3장의 마지막 절은 영광이라는 이미지를 가지고 영적인 성장을 우리의 목표로 삼

게 한다: "우리는 모두 너울을 벗어 버리고, 주님의 영광을 바라봅니다. 이렇게 해서, 우리는 주님과 같은 모습으로 변화하여, 점점 더 큰 영광에 이르게 됩니다. 이것은 영이신 주께서 하시는 일입니다." 3:18

에베소서 3:20-21에 나오는 바울의 축도는 교회를 "[하나님의] 영광을 찬미하는" 목소리로 보고 있으며, 1:12와 14절에서 되풀이됨으로 절정에 이른다. "우리 가운데서 역사하시는 능력을 따라, 우리가 구하거나 생각하는 것 이상으로 더욱 넘치게 주실 수 있는 분에게, 교회 안에서와 그리스도 예수 안에서, 영광이 영원무궁 하도록 있기를 빕니다. 아멘." 요한계시록의 합창은 찬양을 계속하고 있다. 5:11-13; 7:9-12; 19:1-2, 6-7을 참조 그 영광을 받은 "죽임 당하신 어린양"은 요한복음에서 말씀이 육신이 되신 것이며, 예수 그리스도, 하나님의 아들에 대한 믿음을 통해 모든 백성을 이끌도록/구원하도록 높이 들리신다.

교회생활에서의 본문

창조: 생명과 빛W

요한의 서문에 대한 대부분의 논의는 말씀에 초점을 두고 있으며 마땅히 그래야 한다. 그렇지만 생명과 빛의 생성과 함께 하는 창조라는 주제 역시 중요하다. "빛과 생명은 신앙이라는 이 위대한 노래 속에서 요한이 사용하고 있는 열쇠이다. 이들은 경탄할 만한 초상화의 주된 색깔이다."Card: 4 영광과 충만함은 창조, 생명, 그리고 빛과 병행된다. 주님의 영광이 빛나는 곳에, 생명은 풍성하다. "제4복음서에 따르면, 종말론적 목표, 구원의 본질은 … 영원한 생명이다."D. M. Smith 1995: 149 영광은 하나님의 창조인 빛을 보완하고 있다. 빛은 하나님에서 비롯되었으며, 보시기에 좋았다. 창 1:3-4 실제로 서문은 삼위일체로 기울고 있다. 온라인 부록에서 논의되고 있다

상징, 노래, 그리고 예술 속의 영성의 원천

희망은 항상 아름다움에서 영혼을 얻되
저 너머에 있어도 볼 수 있으며,
언제나 감추어진 것에 대한 열망에 불을 붙인다
지속적으로 인식되는 것을 통하여
그리하여 아름다움을 열렬히 사랑하는 자는,

자신이 원하는 것의 이미지로 항상 보이는 것을 받아들임에도,

바로 그 전형의 각인으로 채워지기를 간절히 바라고 있다.

– 니사의 그레고리 Nes: 표지 안쪽

"요한복음의 신학을 묻는 것은 교향곡의 의미를 묻는 것과 같다. 그 의미란, 베토벤이 말하고자 하듯, 그것을 말하는 것이 아니라 들음에 있는 것이다. 요한복음의 경우에는, 그 의미는 그것을 살아냄 속에 있으며" 예수 그리스도를 통해 하나님과 편안한 연합을 경험하는 것이다.Brodie: 55 빛과 어두움, 육신과 영광을 말하고 있는 서문의 신비는 상상력을 자극하여 명상과 사색으로 이끈다. 요한복음의 상징주의는 시대에 걸쳐 자기계발을 하는 모든 연령대의 사람들과 연결된다. 그것은 여성들과 남성들이 영적인 여정 속에 있음을 반영하기 위한 자원을 마련해 준다. 그것은 모든 사람들로 하여금 말씀의 생명 속에 참여하도록 이끄는데, 이 말씀은 우리 가운데 거하시고 있다.

빛은 예술에서 아주 중요한 역할을 하며, 어떻게 묘사하면 빛이 되는 그리스도를 통해 하나님께로 가는 길이다. 동방정교회의 도해는 하나님의 총애를 받고 있는 예수의 머리 주위에 있는 후광에 나타나는 빛을 아주 의도적으로 강조한다. 이것은 많은 경우 말구유crèches를 밝히는 조명으로 나타난다. 그런 광경 가운데 하나는 말구유의 옆면을 따라 쓰인 "말씀이 육신이 되어 우리 가운데 계셨다."는 문구이다.Nes: 31 야로슬라프 펠리칸 Jaroslav Pelikan의 선집, 『수세기 동안 그려진 예수』*The Illustrated Jesus Through the Centuries* 에서는, 빛이 반영되지 않은 예술작품 하나를 찾기가 어려울 정도다. 만일 빛이 예수의 머리를 직접적으로 둘러싸지 않는다면, 경우에 따라 얼굴에서 빛이 나오거나 조금 더 미묘한 노출로 창을 통해 빛을 받고 있다.130 렘브란트Rembrandt가 빛과 어두움을 극적으로 사용하고 있는 것은 예수를 어둠 속에서 빛이 나게 하여, 캔바스 속에서 유일한 대상이 되게 하는 것이다.

그런 상징주의를 통해, 고등 기독론을 통해, 그리고 인간을 위한 희망을 통해, 서문은 예배 음악을 위한 풍성한 자료로 사용되어왔다. 『성가: 예배서』*Hymnal: A Worship Book*에 서는 이 본문을 기초로 한 13개의 성가들을 나열하고 있다. "오라, 너희 모든 신실한 이들아"를 만든 이는 분명히 이 본문들 "탄생이야기"로 보고 있는데, 그가 베들레헴을 "참신 가운데 참 하나님이자 영원한 빛 중의 빛이요, … 아버지의 말씀 …"과 결합시키기 때문이다. 마틴 루터Martin Luther는 예수가 "하나님의 말씀이 육신, 순전하고 새로운 여자의 후손이 되셨다."고 선언하며 우리에게 "열방의 구원자여, 오시옵소서!"라는 재림의 찬

송을 마련해 주었다.HWB: 212, 173, 882 [목차]

서문이 상호 텍스트적으로 창세기 1장과 관련되어 있으므로, 제임스 웰든 존슨James Weldon Johnson이 쓴 가슴 뭉클한 서사 "창조"는 요한복음의 서문 속에서 창조와 새 창조의 하나님-로고스-말씀의 힘을 일깨운다.

영송적 신학이 되는 서문ᵂ

요한복음의 서문은 영감 받은 예술이자 시, 그리고 음악을 지니고 있다. 서문이 시적이기에, 자연스럽게 풍부한 비유들이 가미되어 있다. 증언자 요한이 나오는 부분조차 이런 장르에 기여를 하고 있는데, 그는 증언자의 역할을 하면서, 오셔서 세상 속으로 들어오시는 말씀을 영송적으로 증언하기 때문이다. 그의 영광doxa을 봄에서 나오는 증언은 명상이라는 행위이다.Lindars 1957: 26 은혜와 진리의 충만이라는 것은 명상적인 봄theaomai, 1:14이라는 선물이다. 요한복음의 마음속으로 들어가고자 하면서 린다스1957: 23는 다음과 같이 말하고 있다. "나는 그리스도라는 인물이 항상 그의 상상 속에 있었으며, 고정적이지만 생명이 가득한 채, 요한복음 전체에 그 자신을 담고 있다는 것에 깊은 인상을 받았다." 요한복음은 로고스, 나는 ~이다라는 자기선언, 생명수, 생명의 빵, 문, 포도주, 애제자와 같은 풍부한 상징주의를 보고 있다. 요한복음의 언어는 비유적이다. 서문은 말씀이 어떻게 모든 만물을 창조했는지에 대한 과학적인 기술을 우리에게 전하고 있지 않다. 오히려, 서문은 우리로 하여금 시편저자가 우주의 광대함 속에 있는 인간의 자리를 사색하는 방식으로 창조자이신 말씀을 사색하도록 초대하고 있다. "사람이 무엇이기에 주께서 이렇게까지 생각하여 주시며, 사람의 아들이 무엇이기에 주께서 이렇게까지 돌보아 주십니까? 주께서는 사람을 하나님[혹은 천사들]보다 조금 못하게 지으시고, 그에게 영광과 존귀의 왕관을 씌워 주셨습니다." 시편 8:4-5

창조는, 그것이 놀라운 만큼, 예배의 대상은 아니다. 오히려 창조자, 말씀은 예배할 가치가 있는 분이다. 말씀이 하나님이셨고 육신이 되셨으며 독특하게 하나님을 계시하고 있음을 상고해 볼 때, 우리는 사색적으로 보는 요한복음의 세계의 영광, 은혜, 그리고 진리를 어렴풋이 알게 된다. 이런 봄seeing은 이 땅과 그 안에 있는 만물을 돌보는 청지기인 인간을 창조된 질서와 올바른 관계를 맺게 하시는 하나님의 지식이다. 이것은 우리가 이 땅의 아름다움에 감사하게 하며 이 땅을 가치 있게 하고, 이 땅을 착취하는 것이 아니라, 생명의 생태망 속에서 종, 크기, 모양, 소리, 그리고 역할에 있어서 무한한 다양성을 가진 살아 있는 모든 피조물들을 귀하게 여기도록 한다.

이것은 또한 우리의 은하수 속에 있는 2백억 개의 별들과 우리 우주 너머에 있는 광대한 다른 우주 공간 속의 백억 개 이상의 은하계에 대한 과학적 지식의 중요성을 이해하는 장을 마련해 주고 있다.Gingerich: 27 인간은 믿을 수 없을 만큼의 복잡성을 가진 DNA 코드와 두뇌가 있는, 경이로움 중에서도 경이로운 존재이다. "인간의 두뇌 하나 속에서 서로 연결되어 있는 신경접합부의 숫자는 우리의 은하 속에 있는 별들의 숫자를 넘어선다: 10^{15} 개의 신경접합부 vs 10^{11} 개의 별들."Gingerich: 30

모든 경이로움 가운데 경이로운 것은 만물을 지으신 하나님의 대리자이신 말씀이 하나님을 계시하시기 위해 성육신이 되셨다. 그 하나님은 지금껏 누구도 본 사람이 없었고 1:18, 아버지-아들의 "공동적 거주하심"과 신자들의 영혼의 연대성을 회복시키신다.요 17:20-24 서문은 창조자와 피조물 사이의 거대한 간격을 건너뛴다. 서문은 놀라움과 예배 속에서 요한복음을 듣도록 우리를 부르고 있으며, 제의적인 찬양의 합창이 있는 요한계시록과 닮아 있다. 요한복음에서 아들은 아버지와 함께 영원히 공존하시며, 항상 아버지께로 향하고, 요한복음의 이야기를 보기 위한 최고의 렌즈가 된다. 신자들은 하나님의 자녀가 되어, 성령으로 말미암아 태어나 아들과 아버지의 연합 속에 거한다. 그러므로 예수의 정체성을 아는 것이야 말로 예수를 기뻐하는 것이고, 믿음으로 예수의 말과 이적 속에 거하시는 하나님을 보는 것이다.

W : 제목 다음에 어깨글자 w가 나타나면, 추가자료를 위해 이 주석의 온라인부록을 참고하라. 다음에서 확인할 수 있다. www.heraldpress.com/bcbc/john.

1부

영접과 거부: 첫 번째 유월절

"너희는 나의 증인이며, 내가 택한 나의 종이다.

이렇게 한 것은, 너희가 나를 알고 믿게 하려는 것이고,

내가 그[나는~이다]임을 깨달아 알게 하려는 것이다."

– 이사야 43:10, 강조가 첨가됨

요한복음 1:19-2:12

새 창조의 한 주

사전검토

　사람들이 어떻게 믿음을 갖게 되는가? 내 형제인 헨리Henry는 네 개의 교회를 개척하기 시작했고—그 용어가 사용되기 훨씬 이전부터—자신만의 독특한 노하우가 있었다. 어떤 사람과 처음으로 우연히 만난 후에, 그는 사람들을 자신의 집으로 불러서 보드게임을 가져온다. 그리고는 그들이 시간이 괜찮으면 게임을 해도 좋을지 묻고 대화를 시작한다. 대부분 그렇게 그들은 서로 친구가 되고 교회의 일부가 됨으로 우정을 이어간다. 예수를 둘러싸고 모인 제자들에 대해 말하는 요한복음의 이야기는 주로 그들의 친구들에게 친구들이 증언하는 것을 통해서 이루어지는데, 공관복음에서 예수가 제자들을 부르며 "나를 따르라"는 것과는 아주 다르다.

　요한복음 1:19-51은 제자들을 모으는 예수에 초점을 맞추고 있다. 왜 가나의 혼인잔치가 포함되어 있는가? 가나의 혼인은 새로운 주제, 새로운 단위의 한 부분으로 나타난다. 그렇지만 요한복음의 이 부분의 시간구성은 가나의 혼인잔치를 하나의 전체로 다루라고 주장한다. 이 서사에서는 7일, 일주일 구조가 되는 그 다음 날, 그리고 사흘째 되는 날을 세 번 사용하고 있다. 혼인잔치는 예수의 사역의 첫 주로 끝이 나는데, 이것은 마치 창조 이야기의 안식일과 같다.창 1:1-2:4 요한복음 1:19-28은 첫째 날이다. 그 다음날은

29절에서 소개되며, 또 다른 날은 35절, 그리고 다른 날은 43절로서, 이들이 두 번째 날 ~네 번째 날을 이루고 있다. 그리하여 혼인은 1장에서 4일이 지난 후 사흘째 되는 날2:1 에 열린다. 그러므로 난 이런 단위를 "새 창조의 한 주"로 이름 짓고 있다.

이 새 창조의 부주제들은 아래와 같다:

· 요한은 예수를 증언하는 자이다.
· 예수는 굉장히 넓은 범위의 기독론적 칭호들로 묘사되고 있다.
· 예수는 제자들을 모은다. 새로운 공동체의 형성.
· 예수는 인간들 사이에서 하나님의 영광, 은혜, 그리고 진리를 "발표하는" 1:18에 나오는 *exegeomai*를 참조 "새로운 거주지" 혹은 "만남의 장소"이다.
· 예수는 물을 맛있는 포도주로 만드는 혼인잔치의 손님이 된다.

이 첫 부분은 메시아적이고 신성하기도 한, 예수의 풍부한 기독론적 정체성을 드러낸다. 이 부분은 또한 예수를 만나는 것이 무엇인지 혹은 예수로 인해 마주치게 되는 것이 무엇인지를 그린다. 첫 제자들은 그가 누구인지를 알고 보게 되며, 이후에 그를 따른다. 이 단원의 클라이맥스는 혼인잔치의 포도주로서, 예수의 영광을 드러내고 그의 제자들이 그를 믿게 하는 첫 번째 이적2:11이다.

개요

예수와 관련된 요한의 역할. 첫째 날 1:19-28
예수의 정체와 사역에 대한 요한의 증언. 둘째 날, 1:29-34
요한의 제자들이 예수, 하나님의 어린양을 따르다. 셋째 날 1:35-42
예수가 더 많은 제자들을 찾다. 넷째 날 1:43-51
예수가 가나에서 물을 포도주로 만들다. 일곱째 날 2:1-12

주석적 해설

이 부분의 구조와 기독론 ʷ

여기서 나는 예수가 제자들을 모으는 것과 그들의 기독론적 고백들을 묶을 것이다:

A 예수를 증언하는 침례자1:19-39: 보라, 하나님의 어린양이시다.

　　B 안드레가 시몬을 찾다.1:40-41: 우리가 메시아를 찾았다

　　　　C 예수가 시몬의 이름을 베드로로 바꾸다.1:42

　　B' 빌립이 나다나엘을 찾다.1:43-45: 모세와 선지자들을 완성하다;

　　요셉의 아들

A' 예수를 증언하는 나다나엘1:46-51: 당신은 하나님의 아들이시며, …

이스라엘의 왕이십니다!

　　　　C' 예수가 물을 포도주로 바꾸다: 혼인잔치7일째

　　이런 교차의 핵심과 가나에서의 이적은 예수와 더불어 변화가 찾아온다는 선언이다. 이 단원은 예수를 창조에서의 하나님의 대리자로 재조명한다: 예수는 제자의 무리를 만들고 물을 포도주로 바꾼다. 새로움, 새로움, 새로움은 요한복음의 시작을—그리고 요한복음의 대부분을— 표시한다. 예수가 시몬의 이름을 베드로반석로 바꾸는 것과 물을 포도주로 바꾸는 것은 그의 말을 통해서 이루어지고 있으며, 그리하여 말씀—로고스로서의 예수의 사역이 계속된다. 창조에 대한 창세기의 주제는 성육신된 분, 인간들 사이에 육으로 오셔서 새로운 생명을 주시는 분으로서 예수가 하는 활동의 첫 번째 주에 지속되고 있다.

　　1장 부분은 제자도와 기독론을 결합하고 있다. 예수에 대한 기독론적 담화들은 제자도의 강조들만큼이나 분명하다. 이 단원의 핵심이 여기에 있다: 드러나는 예수의 정체성은 제자도와 서로 떼어 놓을 수 없을 정도로 맞물려 있다. 이 단원에서 예수의 첫 번째 제자들의 고백적인 반응을 통해 예수의 정체를 드러내는 것을 보는 것은 중요하다.Brodie: 146-47을 참조 기독론적 고백과 예수를 보는 것, 아는 것, 그리고 따르는 것을 연결시키는 것도 중요하다. 다른 곳에서 강조되는 것처럼, 기독론과 제자도는 복음의 계시에 있어서 전부이다.Swartley 1981/1999: 137-57; 2006a: 100-112

　　이 단원 속에 있는 기독론적 호칭들의 범위는 버지2000가 지적한 것처럼80, 신약성서 전체 중에서 다른 장이 따라오지 못할 정도이다. 이 호칭들은 메시아20, 41절, 선지자21절, 하나님의 어린양29, 36절, 하나님이 선택한 아들34절, 랍비/선생38, 49절 그리스도/기름부음을 받은 자41절, 나사렛 사람45절 하나님의 아들49절, 이스라엘의 왕49절, 그리고 인자51절이다.[기독론, 567쪽]

　　예수와 만나는 사람들로부터 나오는 다수의 호칭들과 더불어, 증언은 이 부분에 있어

서 전략적이다. 가나의 이적은 그런 증언을 확장시킨다. 그 서사 속에서는 그의 어머니조차도 예수의 기적을 일으키는 힘을 증언하는 역할을 한다. 그 서사를 무대 위에 있다고 본다면, 우리는 증언들을 계속해서 보게 된다ㅡ사람들, 연설, 사역, 그리고 이적들! 서사 전체가 예수의 영광과 그의 기독론적 정체성에 대해 증언을 하는 것이다.

수많은 학자들이 요한복음 초반에서 다른 구조적 패턴을 본다. 몇몇 학자들은 이 단원을 성전정화에 포함시킨다. 다른 학자는 그것을 확대시켜 요한복음 3장에 넣고, 어떤 학자는 4장에 넣기도 한다. 이런 다양한 인식들에 비추어 보면, 최소한 하나 혹은 그 이상의 측면에서 모든 것이 수긍되며, 요한복음은 많은 기쁨을 주는 예술적 서사를 만들어 내는 모티브들과 문학적 가닥들을 한데 엮어 기가 막힌 문학적 기법을 보여주고 있다고 결론을 내려야 할 것이다.

예수와 관련된 요한의 역할첫째 날 1:19-28

1:19-23 요한의 정체

요한복음 전체를 설명하는 1:19에는 다음의 세 가지 강조점들이 있다: 증언martyria, 예루살렘의 유대인들, 그리고 당신은 누구입니까? 이어지는 단락에서 요한은 요한복음의 첫 번째 증인으로 예수를 증언한다. 이 단락은 다른 두 가지 모티브에 초점을 맞춘다. 제사장들과 레위인들을 보내어 예수의 정체를 물었던 유대인들은 요한이 스스로를 어떻게 이해하고 있는지 알고자 한다.[유대인들, 585쪽] 질문을 하는 시각은 메시아에 관한 호기심을 나타내고 있는데, 아마도 역사의 기가 막힌 *kairos*시간의 성취가 이제 온다는 것을 두려워하기 때문일 것이다. 요한은 단순히 나는 메시아가 아니다라고 말한다. 그리고 나서 사람들이 기대하는 메시아의 전조에 대한 질문이 따라온다. 당신은 엘리야인가? 다시금 요한의 대답은 아니다이다. 그리고 그들은, 당신은 선지자인가?라고 묻는데, 여기서의 선지자는 메시아가 오는 것을 선포하는 인물이다. 요한의 대답은? 세 번째 아니다! 그러자 그들은 묻는다. 당신은 누구인가?

세 번에 걸쳐 부정적인 대답을 한 이후, 요한은 자신의 역할을 주님의 길을 바르게 하는 메시지를 가지고 광야에서 외치는 자의 소리라고 정의한다. 두 가지가 중요하다. 요한은 자신의 역할을 축소시키고 있으며, 자신의 목소리가 선포하는 분을 확대시킨다. 그는 지도자들에게 오실 분을 받아들이라고 청한다. 두 번째로, 요한복음이 기록될 당시, 증언자 요한의 제자들로 구성된 커다란 무리가 요한을 메시아로 간주했다. 요한복음은 그런 주장을 일축시키고, 여기서 그리고 매 순간마다 증언자 요한이 재등장한다.

자신이 엘리야도 아니고말 4:5 선지자신명기 18:15-19 참고도 아니라—메시아가 오기 전 마지막 때에 일어나는 연속된 사건 속에서 나타날 것이라고 사람들이 기대하는 인물들—는 요한의 부인은 공관복음서와는 상충되는 것으로 나타난다. 마태복음 11:14에서 예수는 요한이 오기로 되어 있는 엘리야라고 말한다. 비록 선지자가 그 선지자는 아니지만, 누가복음 7:26에서 예수는 요한을 선지자와 동일시하고 있으며 심지어는 선지자보다 나은 사람이라고 한다. 주석가들은 이런 딜레마를 다양한 방식으로 풀고 있다:

· 예수는 요한보다 더 요한의 실제적 역할을 잘 알았거나, 혹은 복음서 저자들은 단순히 요한의 역할에 대해 서로 다른 관점을 가졌다.Marsh: 122 이들 가운데 어떤 주장도 완전히 만족스럽지는 않다.

· "요한이 엘리야의 선구자적 역할을 수행하고 있었다."누가복음 1:17에서는 "엘리야의 심령과 능력을 가진"는 이해야 말로 이런 차이점을 가장 잘 설명하고 있다. 그렇지만 "그가 지상으로 돌아온 엘리야라는 것은 부인한다." Burge 2000: 72

· 요한의 증언의 정확성이 중요하다: 그가 고백하고 부인하지 않으며, 고백했다는 것은 "메시아에 대한 올바른 고백이 침례 요한과 예수의 정체성을 바르게 이해함에 있어 중요할 것이라는 것을 보여준다." Moloney 1998: 52 게다가 사람들이 기대하는 선도자라는 인물이 아니라고 그가 강하게 부인하는 나는 아니다.ouk eimi, 21절는 예수가 이후에 나는 ~이다라고 주장하는—오직 예수에게만 합당한—방식을 예비하고 있다.4:26 외; Moloney 1998: 52; Freed 1979: 288-89 [나는 ~이다, 583쪽]

버지의 시각은 이런 모순을 해소시키지만, 제4복음서 저자가 요한의 제자들의 지위를 박탈하는 것처럼, 몰로니는 왜 모순이 나타나는 것처럼 보이는지를 설명한다. 1:35-40이 증언하듯이, 그들은 요한을 떠나 예수를 좇아야 한다. 마시Marsh는 요한의 제자들의 문제를 고려하지 않는다.

요한이 자기정체성을 긍정적으로 언급하는 것은 공관복음서들과 완전히 일치하고 있다. 나는 주의 길을 바르게 하라고 광야에서 외치는 자의 소리다.막 1:3; 마 3:3; 눅 3:4를 참조 그러므로 요한은 스스로를 주님의 길을 예배하기 위해 이사야 선지자의 종말론적 부르심을 이루는 자라고 보고 있다! 마지막 때의 계획 속에서 자신을 낮추면서, 그는 메시아적 희망과 주의 길을 연결시킴으로 오실 이의 사역을 강조한다. 이것은 중요한 메시아적 폭로이다. 이사야의 "길" 예언은 또한 1QS 8.14 속에서 쿰란의 메시아적 마지막 때의 희망을 형성했다. 요한복음에서 그 구절은 또한 주님이라는 칭호와 예수를 동일시하거나 메시아 예수 속에 주님으로 오시는 하나님을 명시하고 있다. 아니면 둘 다이다!

1:24-28 요한이 주는 침례와 이유

본문은 이제 바리새인들이 질문하기 위한 사절단을 보냈다고 말하고 있지만, 19절에서 그것은 유대인들이었다. 7:32, 35, 40 [그들은 35절의 유대인들을 가리키며 또한 32절의 바리새인들을 지칭하는 듯하다], 45; 9:13-18 [유대인들, 585쪽] 증언자가 사람들이 고대하던 마지막 때의 메시아적 선구자들 가운데 어떤 이와도 동일시됨을 거부하자, 제사장들과 레위인들 1:19은 그렇다면 당신은 왜 침례를 주고 있는가?라는 질문을 던진다. 요한의 대답은 여러분 가운데 여러분이 알지 못하는 이가 한 분 서 계시다며 그의 지위를 대조시키는데AT, 여기서 안다는 동사는 이중적 의미를 가진다. 요한복음에서 아는 것은 믿는 것과 병행을 이루는 역할을 하고 있으며, 따라서 여기서는 단순히 인식적인 의식 이상의 것을 나타낸다. 그것은 믿음에 이르게 하는 지식을 가리킨다. 요한은 자신은 물로 침례를 주지만, 앞으로 오실 이의 신을 풀 자격조차 없다고 말하면서 노예보다 못한 자신의 위치를 넌지시 알리고 있다.

요한복음은 요한의 침례 활동을 요르단동쪽을 넘어선 베다니에 위치시킨다. 28절; 3:26; 10:40을 참조 이런 상세한 내용은 다른 세 복음서에서는 찾아 볼 수 없다. 이 베다니의 위치가 확실하진 않지만 전통적으로 사해의 북동쪽으로 약 5마일 정도 떨어져 있는 곳으로 여겨지고 있다. von Wahlde 2010: 2.39를 참조

예수의 정체성과 사역에 대한 요한의 증언2일째 1:29-34

1:29 세상 죄를 지고 가는 하나님의 어린양w

2일째에 우리는 오직 요한과 예수만을 보고 듣는다. 요한은 깜짝 놀랄 만하게 예수의 신분을 밝히고 있다. 요한이 독특하게 예수의 인성과 사역을 묘사하는 것은 요한복음의 주요 등장인물을 뚜렷이 부각시키는 것이다. 요한은 먼저 29절에서 예수를 소개한다. 예수라는 이름은 서문에 등장하지 않는다 요한은 하나님의 어린양으로 칭송하면서 예수를 소개한다.

예수를 하나님의 어린양과 동일시하는 것은 다음의 세 전승들 가운데 어느 하나 속에

예수를 위치시키는 것일 수 있다.Talbert: 81: 출애굽기의 유월절 양12:1-11, 세상에서 악을
정복하는 계시록의 죽임당한 양5:9; 7:17; 17:14, 혹은 희생양사 53:7-12; 창 22:8 참고 그렇지
만 요한이 밝히는 예수는 더욱 정확하다. 세상 죄를 지고 가는 하나님의 어린양! 요한이
예수를 칭송하는 것이 유월절 양을 반향하는 것임을 밝히는 것은 용어상으로 맞지 않는
다: 요한이 양이라는 단어로 쓰는 *amnos*는 전통적으로 유월절 양이라고 사용한 *pascha*
와 들어맞지 않는다.고전 5:7을 참조 계시록에서의 양arnion은 순교전통을 의미한다.Johns:
140-204

그렇지만 요한의 칭송은 죄에 대한 희생이 아니라 구원과 자유의 상징으로 유월절 양
출 12:1-3을 가리키는 것일 수 있다.예를 들면 O'Day와 Hylen: 30 29절의 죄는 복수형이 아니
라 단수형으로, 후기 기독교 성만찬 의식 때에서와 같다. 단수는 "하나님으로부터 세상
이 집단적으로 소외된 것"을 가리킨다.30 인간의 죄들을 위한 희생들복수형은 염소, 양, 혹
은 황소를 필요로 하지레위기 4-5, 어린양을 필요로 하지 않는다. 어린양은 이집트의 노예
신분으로부터 이스라엘의 해방을 기념했다. 그리하여 예수는 세상의 소외, 즉 죄로부터
세상을 되찾기 위해 빛과 생명으로 오신다. 이것은 증언자 요한이 예수를, 하나님으로부
터 오셔서 세상을 하나님에게로 회복시키는 구원자이며 구속자와 동일시하는 것을 뜻한
다.

만일 요한복음 1:29, 36에 나오는 *amnos* 와 헬라어 70인역 속 선행 사건들 사이의 연
결성을 찾고자 한다면, 가장 맞아 떨어지는 본문은 이사야 53장으로, 이사야 53:7b에서
는 양과 병행되고 있는 어린양lamb으로 *amnos*란 단어를 사용하고 있다: "죽임을 당하는
어린양처럼, 그리고 양털을 깎는 자 앞에서 조용한 양처럼, 그는 입을 열지 않았다." 70인
역은 어린양과 양을 뒤바꾸고 있지만 NRSV는 히브리성서를 따르고 있다 나아가 더 큰 본문이 되는 이
사야 53:4-12에서는, 죄들복수형, *hamartias*이 일곱 차례 나타난다.4, 5, 6, 10, 11, 12절 [2차례]
이사야 53장에서 그리는 어린양에서는, 강조점이 죄에 대한 희생적 속죄로 하나님께서
어린양을 받아들이신다는 것에 분명히 쏠려 있다.요한1서 2:2; 4:10을 참고 예수는 죄인들을
위해 자신의 생명을 내어주시는 어린양amnos이며, 따라서 "자신을 죽음에 이르기까지"
내어 놓고 "수많은 사람들의 죄를" 짊어지신다.사 53:12 그렇게 함으로 예수는 세상 죄를
지고 가시는 하나님의 어린양이다. 요한은 이사야 53장과 출애굽기 12장의 전승을 모두
가져온 듯한데, 요한복음 19:14, 31이 유월절 어린양의 죽음과 예수의 죽음을 연결시키
고 있기 때문이다.Lincoln 2005: 113; 요한복음 19:33, 36 또한 예수의 다리가 꺾이지 않았다고 말하면서
출애굽기 12:46 속에 있는 유월절 어린양의 조항을 반향하고 있다 이렇게 예수의 정체확인을 일찌감

치 하고 있는 것은 요한복음 3:16-17로 잘 알려져 있는 구원을 부여하심을 내다보는 것이다. 예수는 하나님께서 세상에게 주시는 구원의 선물이다.요 6:51c를 참조

1:30-33 요한의 증언: 성령이 그에게 빛을 비추시는 것을 보았다; 그는 성령으로 침례를 줄 것이다

요한이 예수를 죄로부터 구원하시는 어린양으로 증언하는 것은, 이제 서문의 선재하시는 말씀과 연결되는 것으로 확대된다: [그는] 나보다 먼저 계시기에, 나보다 앞서신 분이다.30b 게다가 요한은 계시 외에는 그를 알지 못한다. 나는 그를 몰랐다는 반복된 진술 31, 33에서, 요한은 하나님의 표시로 예수에게 성령이 내리신다고 지적한다. 따라서 요한은 예수를 알아볼 수 있는 특별한 지식을 갖지 못했다. 오히려, 성령이 그에게 내리시는 것은 성령으로 침례를 주실 분이 이분이라는 것을 요한에게 알리고 있다.

요점은 이중적이다. 요한은 죄의 회개를 위해 물로 침례를 주지만 예수는 성령으로 침례를 준다. 이 침례는 사람들의 속에 새로운 마음과 새로운 영을 두게 될 것으로, 오실 메시아의 선물에 관한 에스겔의 종말론적 희망의 언어로 되어 있다. "축복의 소나기"라는 비유 속에 있는 36:26-27; 37:14 그리고 34:26 유사한 메시아적 기대는 다른 곳에서도 들린다.사 32:15와 시 104:30의 일반적인 의미의 새로움 먼저는, 요한과 예수의 침례의 범주를 구별하는 것이다. 두 번째로, 요한은 예수에게 침례를 주는 이유를 말하고 있는데, 그를 이스라엘에게 알리기 위해서이다.1:31c 이런 이유는 마태와는 다르다. 마태는 모든 의를 이루기 위해서라고 언급한다.마 3:15c 각각의 목적은 예수의 침례가 나타내고 있는 측면을 드러내고 있으면서, 복음서 저자 각각의 강조로 나아가고 있다: 요한은 예수를 신성한 계시자로 보며, 마태는 예수를 하나님의 의의 성취로 보는 것이다.마 5:17

1:32에서 요한은 하늘로부터 성령이 내려와 그의예수 위에 머무르는 것을 보았다고 증언한다. "나는 성령이 비둘기같이 하늘에서 내려오는 것을 보았습니다. 성령은 이분 위에 머물렀습니다. 나도 이분을 몰랐습니다. 그러나 물로 침례를 주라고 나를 보내신 분이 나에게 말씀하시기를 '성령이 어떤 사람 위에 내려와서 머무르는 것을 보거든, 그가 바로 성령으로 침례를 주시는 분임을 알아라' 하셨습니다." 이것이 예수에게 기름 부으시는 성령을 요한이 증거하는 것이다. 이 장면은 요한이 예수에게 침례를 주는 공관복음서의 단락과는 어긋난다. 요한복음은 그런 부분이 없으며 따라서 요한이 예수보다 우월하다고 믿는 요한의 제자들의 믿음을 약화시킨다. 대신, 요한은 성령이 예수에게로 내려와 그 위에 머무름으로 하나님께서 예수에게 기름을 부으셨다고 증언한다. 머물렀다는

단어는 *meno*이며, 15장에 등장하는데, 거하다abide로 번역되었다. 33절은 32절의 내려오심과 거하심*meno*을 반복하면서, 성령으로 침례를 주시는 하나님의 아들이라는 정체를 밝히는 결정적인 부분이 된다.1:34 머무르다 혹은 거하다를 일찍 사용하는 것은 요한복음의 핵심적인 모티브가 되고 있으며, 아버지와 아들의 독특한 "함께 거하심"을 예고하고 있는 것이다.Coloe 2001; Thompson 2001: 230-40을 참조

　성령이 예수 위로 내려오심을 말하고 있는 요한복음의 단락은 공관복음과는 다르다. 증언자 요한은 예수에게 침례를 주고 있지 않은데, 이것은 제4복음서 저자가 요한에게 부여하고 있는 복종적인 역할과 상충되는 것이다. 오히려 요한복음은 성령이 예수 위로 내려오심을 과거 사건을 기술하는 것처럼 이야기를 풀고 있어, 지금은 그가 증언자가 된 것이다. 마가복음에서 성령이 예수에게로 내려 온 사건은 침례 장면의 한 부분으로 있는 그대로 서술되어, 예수가 하나님께서 기뻐하시는 하나님의 아들이라고 선포되는 목소리를 예수가 듣는다. 마가복음에서 침례는 선언된 아들의 사역으로 예수를 부르고 있다. 요한복음에서는 요한의 목소리가 성령으로 하나님의 기름부음을 받는 예수를 증거한다.

1:34 하나님의 아들

　제4복음서에서 요한은 증언자의 입장에서 이야기를 한다. 나는 보았으며 증언하였습니다.RSV 요한은 역사가 인정하는 신학적 진리를 선언한다: 예수는 하나님의 아들이다. 마가복음 1:11에서는 하나님의 음성이 그의 이런 진리를 선포하며, 15:39까지는 이 서사 속에 있는 어떤 사람도 이 진리를 선언하지 않는다. 15:39에서 백부장이 다음과 같이 고백한다. "참으로 이분은 하나님의 아들이셨다."〈KJV; 여기서 그the는 바로 그very라는 의미를 내포하고 있다. 왜냐하면 그 본문에는 관사가 없기 때문에, 요한복음 1:1에서처럼 하나님이셨다.[a God이 아니라 very 혹은 truly God]라고 본질을 말하기 보다는, "a Son of God"이라는 의미일 수 있다.〉 기독론적으로 요한복음은 마가복음이 끝나는 곳에서 시작한다. 예수는 하나님의 아들로 완전히 세상 속에 나타나셔서 자신의 사역을 시작하실 뿐만 아니라, 태초로부터 하나님과 함께 하셨던 말씀이기도 했다.요 1:1-5

　만일 요한복음의 첫째 날을 제시하고 있는 목적이 예수와 관련하여 요한의 예비하는 역할에 대한 기록을 바로 세우는 것이라면, 둘째 날은 요한의 역할이 하나님의 성령으로 능력을 받고 하나님의 아들로 선언되어, 이제는 세상에서 하나님의 사역을 수행하시게 될 예수에 의해 빛이 바램을 분명히 하고 있다. 이 사역은 계시와 구원이 될 것이며, 성령의 능력과 아들의 권위에 자리하고 있다. 성령으로 침례를 받는 것은 낡은 것이 새 것이

되는–사람과 실천에 있어서–새로운 메시아적 시대를 열 것이다.

요한의 제자들이 하나님의 어린양, 예수를 따르다.셋째 날 1:35-42

1:35-37 요한이 자신의 제자들에게 예수를 가리키다[w]

셋째 날을 여는 장면에서 요한은, 행동을 기다리며 등장한 두 명의 제자들과 함께 서 있다.시제는 과거완료의 지속적 행동이다 다음과 같은 일이 벌어진다. 예수가 지나가자, 요한은 다음과 같이 외친다. 하나님의 어린 양이다! 마치 미리 짠 듯, 제자들은 이 이야기를 듣자 요한을 따르다가 바꾸어 이제는 예수를 따른다. 요한의 주요 역할이 예수를 증언하는 것도 있지만, 또한 요한은 요한복음에서 그의 제자들이 예수를 따르는 것을 인가하기도 한다. 이 점은 1세기 초에 있어서는 중요한데, 오늘날조차 남부 이라크, 이란, 시리아 및 요르단에서 살고 있는 사람들처럼 요한의증언자 제자들은 계속하여 무리를 이루고 있었기 때문이다.

하나님의 어린양이라는 외침을 그들이 듣고 두 제자가 예수를 따를 때 요한과 함께 서 있는 것은 이제 끝이 난다. 제자도에 있어 요한복음의 첫 번째 교리문답이 이것이다. 서 있는 것은 끝나고, 행동이 시작된다. 따르는 행동과 더불어 배움도 시작된다. 요한복음에서 전형적으로 나타나는 믿음과 행함이 연결된다. 일단 예수를 따르면, 이 여는 장면에 서처럼 믿는 것은 곧 따름이 된다.

1:38-40 두 제자가 예수를 따르며 예수와 함께 하다

예수의 방향도 바뀐다. 자신의 뒤에 그들이 있음을 알아채며, 혹은 심지어 알며–요한복음에 있어 핵심적인 모티브–예수는 돌아서서 두 제자가 따르는 것을 본다. 그리고 예수는 그들에게 다음과 같이 묻는데, 요한복음에서 예수가 처음으로 입을 여는 부분이다. 너희는 무엇을 찾고 있느냐? 제자들은 예수를 존경받는 종교 교사라는 의미로 랍비라고 부르며, 어디에 묵고 계십니까? 혹은 문자 그대로하면, "어디에 거하십니까 혹은 사십니까[meno]?"라고 묻는다. 예수의 대답은 와서 보라는 것이다. 그들은 기뻐서 그렇게 하는데, 여기서 잠재적으로 관습적인 랍비–제자의 관계를 시작할 수 있기 때문이다–실제로 그렇게 나타나고 있다. 랍비–제자 관계란 "함께 살고" "그렇게 배우는" 영적인 형성의 모델이다. 그들은 예수가 머물고 있던 곳을 보았으며 그날에 예수와 함께 지냈다. 지냈다meno는 의미는 38절, 당신은 어디서 사십니까[머무십니까 혹은 거하십니까]의 마지막 단어와 일치한다. 이것은 이 단원에서 이 단어가 이중적 의미로 사용된 두 번째 경우이다.32, 33절을 보라 그것은 요한복음의 영적인 모티브 가운데 하나를 우리에게 일러주고 있으며, 신성한 말씀이 우리 가운데 거하러 오신다는 1:14와 연결되고 있다.

헬라어로 그날의 열 번째 시간은오후 4시 혼란스럽다. 유대인들에게 있어 새 날은 해가 지는 것으로 시작되므로, 탈버트Talbert가 말하는 것처럼82, 두 제자가 네 번째 날에 예수와 함께 거했으며 1:43은 다섯째 날일 수 있다. 이것은 가나에서의 기적을 일곱째 날이 아니라 여덟째 날로 놓을 수 있다.다른 시리아 본문은 41절의 시작에 이른 아침에를 삽입함으로 이런 시각을 반영하고 있다 나의 윤곽은 7일의 구조를 따르고 있다.

헬라어로 머물다meno라는 단어가 요한복음 15장에서는 가지가 포도나무에 거하는 것으로 사용되었기 때문에, 이 간결한 문장 속에 많은 것들이 들어가 있다. 요한복음의 제자도를 처음으로 흘낏 보게 되면, 따름은 포도나무와 가지처럼 제자-신자들이 예수와 연결되어 있는 독특한 요한복음의 연합을 의미한다.

요한을 떠나 예수에게 합류한 이들 두 제자 가운데, 안드레는 이름이 밝혀졌지만 다른 제자는 이름이 없다. 안드레는 시몬 베드로의 형제로 소개된다. 이름 없는 제자는 나중에 요한복음에서 우리가 보게 될 다른 제자일 수도 있고 아닐 수도 있으며18:15; 20:2; 21:2d를 참고, 이 다른 제자는 바로 20:2에서 애제자로 연결되고 있는, 예수가 사랑했던 제자이다.

1:41-42 시몬 베드로가 예수를 따르다; 예수가 그의 이름을 바꾸다

다음 장면에서, 요한은 더 이상 이야기 속에 등장하지 않는다. 안드레는 그의 형제 시몬을 찾아 놀라운 발견을 선언한다: 우리가 메시아를 찾았소. 안드레와 그의 파트너는 예수에게, 어디에 거하고 계십니까라고 물었다. 거함1:14; 14:2에 대한 요한복음의 신학을 고려해볼 때, 이것은 중요하다. 유사하게, 예수를 보고 알기 위해 그와 함께 거하는 것은 또한 요한복음의 핵심 모티브이다.

새로이 예수의 제자들로 선언된 자들이 예수와 대화를 나눈다. 서술자는 안드레를 예수를 증언하는 사람으로 그린다. 안드레는 요한복음의 첫 번째 선교사이다. 여기서 그는 자신이 나중에 하게 될 것을 하고 있다. 바로 사람들을 예수에게로 데려 오는 것이다.6:8-9; 12:22 우리가 찾았다는 것은 얼마동안 예수와 함께 거하면서 안드레가 발견한 것을 열심히 증언하는 것이다. 이제 놀라운 순간이 찾아왔다: 오랫동안 기다려온 메시아, 하나님이 기름 부으신 분께서 우리에게 오셔서 이제 우리의 눈으로 볼 수 있고 우리의 손으로 만질 수 있게 된 것이다.요일 1:1

안드레는 자신의 형제를 예수에게 데려온다. 예수는 의도적으로 이 새로운 질문자를 보고 곧바로 그에게 새로운 정체성을 부여한다. 네가 요한의 아들 시몬이지만, 이제는 게바*Cephas*라고 불릴 것이다. 게바는 바위라는 뜻의 헬라어 *petra*에 상응하는 아람어*kepha*이다. 자신의 복음서 의역에서, 클래런스 조던Clarence Jordan은 베드로를 락존슨RockJohnson이라고 적었다! 요한복음에서 베드로의 역할은 공관복음서의 것과는 다르기 때문에, 요한복음에서는 베드로의 역할에 대한 모순이 분명히 나타난다. 요한복음은 가장 분명히 시몬에서 베드로로 예수가 이름을 바꾸고 있음을 서술하고 있는데, 이렇게 이름을 바꾸는 것은 예수의 사역에 있어서 베드로가 주도적 역할을 하게 될 것을 표시한다. 베드로가 요한복음을 통틀어 지도적인 제자이지만, 베드로는 비록 고유한 이름은 나오지 않지만 13-21장에서 제자의 모델이 되는 애제자에게 속한다. 시몬이 이제 베드로, 반석임에도, 그는 예수를 따름에 있어 반석이 될 것인가? 베드로는 진정한 베드로가 될 것인가? 6:68에 나오는 시몬 베드로의 고백은 예외로 하고, 반석으로서의 베드로의 서사적 역할은 타협이 된다. 베드로의 새 이름이 갖는 중요성은 예수와 베드로가 처음 만났던 순간으로 되돌아가서 예수가 다시 그를 시몬으로 부르게 되는 21:15-17에 이르기까지 보류된다. 베드로가 21:18-19에서 회복되고 나서야 베드로는 진정한 반석이 될 것임이 분명해 진다.

누군가를 이름 짓거나 새로운 이름을 주는 것은 구약의 이야기가 빈번하게 보여주듯이 성서에 있어서 큰 중요성을 갖는다: 하나님은 야곱그가 형제의 발목을 잡는다는 의미; Burge 2000: 76을 이스라엘로 바꾸신다.창 32:28 호세아와 이사야는 이스라엘을 향한 선지자의 메시지를 의미하도록 자녀의 이름을 짓는다.호 1:4-6; 사 8:3; 7:3을 참조 자녀의 이름은 임박한 사건들의 의미를 드러낸다. 예수가 시몬을 베드로로 바꾸는 것은 베드로의 실패에도 불구하고 예수의 사역 속에서 그의 역할을 나타내기 위함이다.

세 번째 날에, 새로운 공동체가 자석처럼 예수에게로 나온다. 안드레가 자신의 형제인 시몬을 예수에게로 데려오는 중요한 역할을 하고, 베드로는 반석으로 이름이 바뀌지만, 이름없는 제자에 대해서는 우리가 아무것도 알 수 없다. 요한복음은 그의 정체와 역할을 신비로 가린다. 왜 서술자는 이런 무명의 인물로 인해 우리가 애태우게 하는가? 이 제자가 이름이 없는 것은 이야기 속에서 중요한 역할을 하지 않기 때문인가, 아니면 요한복음에서 나중에 펼쳐지는 긴장감을 자아내기 위한 의도적인 공백인가? 이것은 숨기면서 동시에 드러내는 마가복음의 비밀과 비견되는 요한복음의 기법인가? 우리가 그 대답을 안다고 생각하지만, 그 대답은 꼭 우리가 생각하는 것이 아닐 수도 있다! 여기서 요한복음의 퍼즐 가운데 하나가 시작된다.

예수가 더 많은 제자들을 찾다.넷째 날 1:43-51

1:43-45 예수가 빌립을 부르다: 예수가 나다나엘을 찾다

둘째 날과 셋째 날이 지리적으로 위치된 것이 아니지만, 넷째 날은 지리적으로 위치된다. 예수는 가기로 한 갈릴리는 이 단원의 나머지 부분이 일어난 장소이다. 예수는 더 많은 제자들을 찾기 위한 계획을 세운다. 그는 안드레와 베드로의 고향인 베세다44a에서 온 빌립을 찾는다. 그렇지만 빌립을 찾은 후 나를 따르라고 간결하게 부른 사람은 안드레가 아니라 예수이다. 예수는 "나를 따르라"는 일반적인 스승-제자의 부름으로 빌립만을 부르고 있다. 빌립은 따랐으며 곧바로 또 다른 사람, 나다나엘을 찾는다. 빌립은 그에게 "모세가 율법책에 기록하였고, 또 예언자들이 기록한 그분을 우리가 만났습니다. 그분은 나사렛 출신으로, 요셉의 아들 예수입니다"라고 담대하게 말한다. 이 서사는 세 명에서 다섯 명의 제자로 전환되며, 그 가운데 빌립은 예수가 스스로 유일하게 부른 사람이다. 나머지 네 명은 요한과 안드레, 그리고 빌립의 증언이 낳은 열매다. 성서의 이 부분이 예수를 따르라고 친구들과 이웃을 초청할 사람들에게 동기를 부여하기 위해 흔히 사용되고 있으며, 마땅히 그렇게 사용되어야 한다는 것은 놀랄 일이 아니다!

1:45에서 빌립은 요한복음에서 지상에서 가장 완벽한 예수의 신임장을 기술한다. 우리는 예수가 나사렛출신이라는 것을 안다. 그리고 우리는 예수가 요셉의 아들이라는 것을 안다. 이런 정보는 7:27과 41에 나오는 서사적 언급을 위해 독자를 준비시킨다. 빌립의 선언은 이 땅에서 예수가 머무는 것을 증명하는 것으로, 신성으로나 인성으로나 요한복음이 그리는 예수를 가늠하기 위한 요지인 것이다.Thompson 1988; Kasemann: 44-45와 대조 그렇지만 예수의 친아버지, 고향, 그리고 갈릴리의 사역에 대한 정보는 마태와 누가의 것과 비교하면 빈약하다. 오히려 예수의 기원이 위로부터 나온 것-예수와 유대인들의 논쟁 가운데 다툼의 이슈가 되고 있다-이라고 이해하는 것은 요한복음의 예수를 아는 것이다. 빌립은 요한복음에서 나중에 결정적인 역할을 하는 것으로 재등장한다: 5천 명의 무리를 먹일만한 음식이 충분한지에 대한 근심을 표현하며6:5-7, 예수를 보고자 하는 헬라인들을 받아들이며12:21-22, 아울러 예수의 고별설교 와중에 다음과 같은 언급을 한다. "주님, 우리에게 아버지를 보여 주십시오, 그러면 좋겠습니다."

1:46-48 예수와 나다나엘이 서로 옥신각신하다

빌립에 대한 나다나엘의 반응은 미심쩍은 추론을 가진 채 절제되어 있다. 나사렛에서 무슨 선한 것이 나올 수 있겠소? 빌립의 반응은 요한의 제자들이 보낸 첫 질문자들에게 예수가 했던 말을 되풀이 한다. 와서 보라. 개인적인 만남, 관계적인 측면은 랍비-제자 연대에 있어서 모두 중요하다. 예수는 나다나엘에 대하여, 나다나엘이 예수에게 다가왔을 때 모두가 분명히 들을 수 있도록 언급하였는데, 완전히 나다나엘의 회의주의를 무력하게 만들었다. 예수의 말은 놀라운 것이었다. 저 사람이야말로 참으로 이스라엘 사람이다. 그에게는 거짓[속임수, KJV]이 없다! 구약의 야곱 이야기를 분명하게 암시하면서51절, 이 만남이 펼쳐지고 절정에 다다를 때, 등장인물에 대한 묘사는 깊이와 박진감을 갖게 된다. 만일 야곱이 자신의 아버지, 형제, 그리고 삼촌과의 관계에 있어서 간교한 속임수와 기만을 대표한다면, 나다나엘의 성품은 그것과는 날카롭게 대조된다.

깜짝 놀라며 나다나엘은 묻는다. 어떻게 나를 아십니까? 예수는 대답한다. 빌립이 너를 부르기 전에 네가 무화과나무 아래에 있는 것을 내가 보았다. "그래서 어쩌란 거요?" 우리 현대인들은 이렇게 물을 것이다. 무화과나무 아래는 아마도 나다나엘의 성품을 기술하는 것일 수 있는데, 그의 이름인 "하나님의 선물"을 진정으로 의미한다. 유대교에서 무화과나무의 이미지는 샬롬을 내포하고 있는데, 율법을 묵상하고 지키며 악을 멀리하고 선을 행하는 것이다.왕상 4:25; 미가 4:4; 스가랴 3:10 그러므로 예수가 무화과나무 아래서 나다나엘을 본 것은 신앙적인 성품의 특징, 하나님을 보고자하며 하나님의 뜻을 행하는 진정한 이스라엘 사람의 모범을 내포하는 것이다.

1:49 나다나엘이 예수를 알게 되다.랍비, 하나님의 아들, 이스라엘의 왕

나다나엘은 그 도전에 잘 대처하면서 예수가 랍비일 뿐만 아니라 하나님의 아들, 이스라엘의 왕이라고 고백한다.[기독론, 567쪽] 몰로니1998: 56처럼, 우리는 이것이 표준적인 유대교의 메시아 기대가 요한이 예수에게 하는 기독론적인 선언과는 한참 떨어져 못 미치는 것일 뿐이라고 주장할 수 있겠지만, 이런 판단은 잘못된 것이다. 우리는 이들 제자들이 서문의 기독론이나 예수가 하나님의 어린양이라고 하는 요한의 선언을 고백한다고 기대할 수는 없다. 그런 기대는 이 단락을 완전히 인위적으로 만들어서 역사적 신뢰성을 결여하게 한다.

1:50–51 예수가 인자 위에서 하늘이 열리는 것을 나다나엘이 볼 것이라고 한다

나다나엘의 고백은 진정한 것이며, 예수의 신적인 정체성을 더욱 드러내기 위한 길을 열고 있다. 만일 당신이 무화과나무 아래 있을 때에, 내가 너를 보았다고 해서 믿는다면 당신은 이것보다 더 큰 일을 볼 것이다. 예수는 그리고 나서 자신의 정체에 대한 하늘의 시각을 드러내며, 확증하는 말로 자신의 선언을 시작하고 있다. 진정으로[RSV] 진정으로[Amen,amen] … 너희는 하늘이 열리고 하나님의 천사들이 인자 위에 오르락 내리락 하는 것을 보게 될 것이다.

보는 것은 47-48절과 50-51절 사이의 변화 속에서 중요한 연결점이 된다. 이것은 여섯 번째 축복, "마음이 깨끗한 사람은 복이 있다. 그들이 하나님을 볼 것이다."마 5:8를 말하는 요한복음의 방식이다. 나다나엘은 거짓이나 속임수가 없다. 그는 속이 깨끗한 사람이다. 그는 진정한 이스라엘 사람이다. 랍비 저자들은 이스라엘이라는 단어의 의미를 "사람이 하나님을 본다."is ra'eh'el,O'Neill: 374n1라고 보았다. 따라서 나다나엘, 진정한 이스라엘 사람은 예수가 계시하는 바로 그 하나님을 본다.1:18 아울러 중요한 것은, 보다 *horao*라는 동사는 복수 주어를 필요로 한다는 것이다. 그러므로 나다나엘에게 말한 것이라 해도, 이 말은 그 중요성에 있어서, 여기서의 대화를 초월하고 있다. 이전과 마찬가지로, 이것은 신앙과 행동에 있어서 나다나엘을 모방하는 모든 이들에게 천국의 문을 여는 것이다. 인자 위에서 천사들이 오르내리는 사다리는 예수를 천국, 즉 하나님께로 가는 길로 표시한다.

사다리의 이미지와 그 중요성을 이해하기 위해서는, 창세기 28:12, 16-19a에 나오는 야곱의 이야기를 읽도록 하라. 예수가 나다나엘에게 한 말은, 야곱이 집을 떠나 아브라함이 떠났던 그 땅 우르로 갈 때 하나님과 만났던 장면 위에 세워진 것이다. 이 맥락에서, 돌을 베게삼아 베고 자던 야곱은 꿈을 꾸고 땅에서부터 하늘에 닿은 사다리와 그 위에서 오르락 내리락 하는 하나님의 천사들을 본다. 그렇지만 요한복음 1:51에서는 신자들을 대표하는 나다나엘이 인자 위에서 오르내리는 하나님의 천사들을 보게 될 것이다. 이것이 창세기 28:12에서 가리키는 것은 무엇인가? 사다리인가? 그렇다면, 다음과 같이 말한 바렛Barrett이 맞다. "요한복음은 사다리를 인자로 대체한다."1978: 187 그렇지만 창세기 28:12에 대한 랍비적 반영은 히브리서 야곱을 가리키기 위한 남성대명사어미를 취하고 있으며70인역의 *ep'autes*가 여성형임에도, 천사들은 야곱 위에 오르내리고 있는 것이다. 요한복음이 이 본문을 사용하는 것은 이러한 인자, 즉 예수가 하늘과 땅을 오가고 있다는 것을 암시한다.1:14의 the Shekinah 영광; R. Brown 1966: 90 참조

다른 수많은 전승들은 땅과 하늘을 연결하는 이런 사다리와 연관되어 있는데, 신자들의 기도를 가져다 하나님께 전달하는 천사들이 올라가는 것과 대부분 관련시키고 있다.

천사들이 내려오는 것은, 광야에 있는 이스라엘을 위한 음식과 광야에서 시험을 받는 동안 – 아울러 천사가 체포당하기 전 동산에 있던 예수에게 힘을 주었을 때눅 22:43– 예수를 연명하게 하던 음식인 하늘의 만나를 가져 오는 것이다.막 1:13; 마 4:11 돌이후에 제단이 됨에서 하늘까지 올라가는 사다리의 이미지를 기반으로, 오닐O' Neill은 다음과 같이 잘 언급하고 있다.

> 요한복음 1:51은 인자가 제단과 제단 위의 희생제물[그러나 요한복음은 희생제물이라고는 말하지 않는다; 요한복음 17장에서 추후에 논의될 것이다]로 여겨질 것이라고 가르치는 고대 유대교 전승을 보존하고 있다. 이 전승에서는, 그런 희생에 참여할 때 사람들이 와서 천사들이 그들의 기도를 가지고 하늘로 가는 것과 그들의 간구에 대한 자애로운 응답을 가지고 되돌아오는 것을 보게 된다. 379

예수가 가나에서 물을 포도주로 만들다.7일째 2:1–12

2:1–2 결혼잔치의 시간과 장소

이 이야기는 사흘째 되는 날이라는 시간탐지기로 시작한다. 아마 이것은 1장에서 기술된 사건이 있은 뒤 사흘이 지난 후를 의미할 것이다. 그렇지만 예수의 부활을 예고하는 공관복음서의 반복과 유사하게, 이것은 문학적–신학적 모티브로 이해될 수도 있다. 요한복음의 서사 속에서 누적된 7일은 창세기의 창조이야기를 반향한다. 그러므로 7일째의 결혼잔치는 하나님이 창조사역을 이루시고 쉬셨을 때창 2:1–3의 하나님의 안식에 상응하는 것이다. 7일째와 8일째 되는 날은 모두 만일 그런 연대기를 선호한다면 초대 교회의 신학적 반영 속에서 새로운 생명의 질서를 나타낸다. 예수의 새로운 포도주는 새로운 생명이 이제 오는 것을 선언하고 있다!

장소는 가나이며, 나사렛에서 북쪽으로 9마일 떨어진 곳이다. 모로니1998: v–vi, 63–65는 가나가 구조적인 표시이며, 그리하여 이 서사 부분이 가나에서 나와 가나로 간다고 주장한다.2–4장 그 이유는 4장의 마지막 일화가 '그가 갈릴리에 있는 가나로 되돌아갔다'4:46이기 때문이다. 갈릴리에서 유대인들이 수군대기 때문에요 6:41, 52, 공관복음서에서처럼Swartley 1994: 39–43 요한복음이 갈릴리를 "영접의 땅"이라고 보았는지는 논란의 여지가 있다.[유대인들, 585쪽]

본문은 예수의 어머니와 제자들이 모두 초대를 받아 혼인잔치에 갔다는 것을 보여준다. 가족이나 공동체와 관련되었다는 표시는 없다. 그렇지만 그들은 혼인잔치 사건에서 아주 중요한 손님으로 등장한다.

2:3-5 문제: 포도주가 떨어지다; 어머니의 발언과 아들의 반응

3-5절은 예수의 어머니와 아들 예수 사이의 대화로 이루어져 있다. 이 혼인에 있어서 중요한 특징은 포도주가 떨어졌다는 것이다. 눈여겨 볼 것은, 예수의 어머니가 담당하고 있다는 것이다. 그녀는 이 단원의 시작과 끝에서 말하고 있는데, 이런 교차는 아래와 같다:

> A 어머니가 말하기를 그들에게 포도주가 없다.
>> B 예수가 말하기를, 여인이여, 나와 당신에게 무슨 상관입니까?AT
>> B' 내 시간이 아직 오지 않았습니다.
> A' 어머니가 종들에게 이르기를, 그가 너희에게 말하는 대로 하라.

예수는 왜 어머니에게 이렇듯 인간미 없이 이야기를 하는가? 뷸렘뱃Matand Bulembat 67, 69은 예수가 말하는 여인이 콩고의 시각에서 보면 정중한 표현이라고 지적하며, 서구의 독자들을 위해 번역하자면 "Madam"이나 "Lady"가 되어야 한다고 제시한다. 예수는 다시금 어머니를 19:26c에서 여인으로 언급한다. 여인이여gynai이라는 호격은 요한복음 다른 곳에서 사용되었으며4:21; 8:10; 20:13, 15 신약성서 다른 곳에서는 예수가 사용하고 있다.마 15:28; 눅 22:57 이것은 비하하는 것이 아니라, 괴로워하고 체념하거나 혹은 위로와 사기를 북돋아주는 것을 필요로 하는 사람에게 애정어리고 공감적인 반응을 하는 것이다. 2:4를 4:21과 20:15와 함께 보면, 예수가 부르는 여인이여라는 말이 자신의 정체성을 극적으로 드러내는 표시가 된다.Reinhartz 2003: 19

예수가 처음으로 반응한 말은 무엇을 의미하는가? 문자적으로 그것은 나와 당신에게 무슨 상관입니까 인가? 레이몬드 브라운Raymond Brown 1966: 99은 이 구절이 다른 곳에서 사용된 것을 통해 볼 때 다음의 두 가지 의미가 가능하다고 제시한다:

1. 한쪽이 다른 한쪽을 부당하게 괴롭힐 때, 피해를 입은 쪽에서는 "내가 당신에게 무엇을 했길래 당신이 나에게 이런 짓을 하는가?" 라고 물을 수 있다.삿 11:12; 대하 35:21; 왕상 17:18

2. 누군가가 어떤 사건에 참여하라고 요청을 받았는데 그 사건이 그들의 일이 아

니라고 생각하면, 이 사람은 청하는 사람에게 "그것은 당신의 일이다; 내가 어떻게 관여할 수 있겠는가?"라고 말할 수 있다.왕하 3:13; 호세아 14:8

브라운은 1의 의미는 적대감을 의미하지만막 1:24; 5:7 및 마 8:29; 눅 8:28 참조, 2의 경우에는 단순히 참여하지 않음을 나타낸다고 언급한다.

따라서 예수의 반응은 "당신은 사람들 앞에서 왜 이런 식으로 나를 대하고 있습니까? 제 뒤로 물러 서세요" 혹은 "내가 관여할 바가 아닙니다. 나를 성가시게 하지 말아 주세요"라는 의미가 될 수 있다. 그 질문은 다음과 같은 의미를 갖는다. 하나님께서 주신 내 삶의 목적과 어울리는 것을 하라고 나에게 이야기하는 것이 어떻겠습니까Talbert: 85 참조? 문자적으로, 그것은 이 사건에 하나님의 영광을 비추는 우회적인 방식이며, 그것을 신학적이고 선교적으로 기념하고 있다. 이런 방식으로 강조되어, 예수는 포도주에 따른 문제를 해결하면서 어머니가 상상했던 이상의 것을 행한다. 그의 기적은 요한복음에서 핵심적인 용어가 되는 이적을 나타낸다.[이적과 일들, 597쪽] 공생애 사역에서 예수의 마지막 이적은 나사로를 살리신 것이다. 따라서 혼인잔치2:1-11와 살리심11장은 예수 사역의 양쪽 끝이다! 공관복음서의 비유들처럼, 요한복음에서의 이적들은 믿음을 이끌어 내거나 믿지 않음을 유발시킨다.

그렇지만, 예수의 두 번째 언급, 내 때가 아직 오지 않았습니다는 긴장을 자아낸다. 왜일까? 그의 사역이 이 시점에서는 완전히 드러날 수가 없으므로, 예수는 아직-아니not-yet라는 모티브를 선언하고 있다. 내 때가 아직 오지 않았습니다는 요한복음에서 서사적인 긴장감을 만들어 내고 있는 반복적인 수사법이다. 그 의미는 지금은 밝힐 수 없지만, 이후에 이 서사 속에서 예수가 자기를 계시하는 기교적인 발표가 있을 때까지 기다려야만 한다. 이런 서사적 긴장감은 마가복음에서 두드러지게 나타나고 있는 비밀이라는 주제와 유사하다.Swartley 1981/1999: 60-73, 112-30, 198-99

비록 예수의 반응은 우리를 혼란스럽게 하지만, 예수의 어머니가 이 상황을 떠안고 있으며 아들이 그 문제를 해결할 것이라고 믿고 있다는 점은 분명하다. 예수의 당혹스러운 대답이 B"에서 있은 후 예수는 순응한다. 이 시나리오에서는, 혼인사건과 "주인공들"이 상징적 중요성을 갖는다. 이것이 누구의 혼인인지는 우리에게 알려지지 않았지만, 포도주가 모자라는 것을 알려주고 있다. 그리하여 어머니와 아들은 이제 좋은 포도주가 가득하게 하여 이 혼인을 잘 치러내기 위한 책임을 맡는다. 일반적으로 그런 일들을 맡는 수석웨이터는 새 포도주를 맛보지만 무슨 일이 일어났는지에 대해서는 어안이 벙벙할 뿐이다. 교차대구적 분석을 통해 뷸렘벳63은 어머니의 역할을 일반적으로 그런 일들을 처리하는 일을 맡은 수석웨이터의 역할과 대조시키고 있다. 예수의 어머니가 그 일을 맡고, 종들이 그녀가 시키는 일을 한다. "그들은 오직 예수의 어머니와 예수에게만 순종했다." 뷸렘벳68은 다음과 같이 결론을 내린다. "한편으로는 예수의 어머니와 수석웨이터 사이에, 다른 한 편으로는 예수와 신랑 사이에 존재하고 있는 유사하고 상반되는 병행은, 예수의 어머니가 한 행동이 능숙한 수석웨이터의 역할이었으며, 예수의 행동은 진정한 신랑의 것이었다고 밝히고 있다." 3:29 참조

예수의 어머니가 요한복음의 서사 속에서 다시 언급하지는 않지만, 2:12는 예수가 어머니와 형제들, 그리고 제자들과 함께 가버나움으로 가서 며칠간 머물렀다는 것을 보여준다. 자신의 흥미로운 글에서 겐치Gench 10-12는 예수의 어머니가 요한복음의 몇몇 장면에서 나타나고 있지만 공관복음서에서는 유사한 이야기가 없다고 지적한다. 이것은 "입구" 2:1-12와 "출구" 19:26-30 지점이다. 그녀는 다른 익명의 인물들과 마찬가지로, 경외심, 신뢰감, 그리고 가족애를 가진 어떤 모델의 역할을 수행하는 것을 보여주는 이름으로 신원이 드러나지도 않는다. 그럼에도 그녀의 역할은 신비로 감춰져 있다: 혼인잔치를 담당하며 십자가 아래서 예수가 자신에게 한 말을 듣는다. 예수는 어머니에게 자신이 사랑했던 제자를 돌봐달라고 부탁하며 애제자에게는 자신의 어머니를 보살펴 달라고 부탁한다. 따라서 아들이었던 예수의 역할을 가늠해 볼 수 있다. 어머니와 애제자 사이의 이런 유대가 확정된 이후, 서사는 예수의 마지막 말, "다 이루었다"를 향해 빠르게 움직인다. 이 두 가지 사이에 삽입된 것은 내가 목마르다라는 예수의 말이다. 게다가, 요한복음에서는 히솝풀 가지 위에 포도주가 적셔진 해면이신 포도주 한 병 예수에게 전달되고 있다. 그 포도주를 받았을 때, 예수는 "다 이루었다."라고 말했다. 예수는 좋은 혼인포도주를 만들었지만 십자가에서는 신 포도주를 마신다.

만화경 같은 이미지와 의미들이 예수의 어머니가 예수의 사역과 관련되고 있는 이런 입구와 출구 장면을 반영하면서 우리의 마음을 가득 채우고 있다. 만일 우리가 이 입구 장면 속에서 예수가 어머니에게 했던 반응이 성가신 것이라고 알고 있다면, 출구 장면에서 요한복음이 어머니를 그리고 있는 것은 다른 관점을 보여준다. 예수가 죽을 때, 우리는 예수가 어머니에 대한 깊은 사랑을 표현하고 있음을 보고 듣는다. 이 한 쌍—어머니와 애제자—의 상징주의 속에서 신자의 사랑공동체는 혼인이 나타내고 있는 것에서 공동체의 미래를 갖게 된다: 사랑의 관계에 기초한 새로운 역사적 실재인 것이다. 십자가에서 새로운 예수-가족이 탄생하는데, 상징적으로는 애제자와 예수의 어머니가 예수-가족을

낳으며, 그녀의 아들을 세상의 구세주로 준다.4:42 예수의 지상 사역은 이런 예수와 어머니의 두 가지 장면으로 뼈대를 갖추고 있다. 혼인에서의 포도주는 기념하는 포도주의 프리즘을 통해서 굴절되고 있다.

2:6-10 예수가 물을 포도주, 그것도 아주 좋은 포도주로 바꾸다

약 560리터를 담을 수 있는 돌로 된 여섯 개의 물 항아리가, 이미 소모된 포도주로 채워져 있었는지 아닌지 우리는 모른다. 만약 그렇다면, 아주 성대한 혼인잔치였을 것이다. 오히려 강조점은 물을 담는 이들 항아리들의 사용에 있다. 바로 유대교의 정결예법을 위한 것이다. 물 항아리의 이런 기능은 거의 모든 주석가들이 인정하고 있는 것을 보여준다. 이제 일어나는 일은 상징적인 의미를 갖는다. 예수는 하인들에게 물로 항아리를 가득 채우라고 명한다. 그 다음 예수는 하인들에게 포도주를 떠서 잔치를 맡은 이에게 갖다 주라고 한다. 잔치를 맡은 이는 포도주로 바뀐 그 물을 맛본다.

하인들은 알았지만 그는 포도주가 어디서 왔는지 몰랐기 때문에 당황했으며, 신랑을 불러 그에게 이렇게 말한다. 누구든지 좋은 포도주를 먼저 내놓고, 손님들이 취한 뒤에 덜 좋은 것을 내놓는데, 그대는 이렇게 좋은 포도주를 지금까지 남겨 두었구려. 본문은 신랑의 반응을 말하고 있지 않아 독자를 혼란스럽게 한다. 신랑은 누구인가? 왜 아무런 반응이 없는가?

요한복음 3장이 2장을 주제상으로 잇고 있다는 콜로에Coloe 2007: 53-66의 인식은 이런 미스터리에 빛을 비추고 있다. 핵심적인 구절들이 이 서사 속에서3:22-30 증언자 요한의 다음번 등장 속에 나타나고 있는데, 이 구절 속에서 다음 두 가지 주제가 혼인잔치의 기적과 연결된다: 정결에 대한 논쟁3:25, 2:6을 반향하고 있음과 메시아와 관련된 증언자 요한의 역할을 조금 더 공개하는 것이다.3:28-30 증언자 요한은 다음과 같이 말하고 있다.

내가 말한 바,
"메시아가 아니지만 그보다 앞서 보냄을 받은 사람이다."
신부를 차지하는 사람이 신랑이다.
신랑의 친구는 신랑이 오는 소리를 들으려고 서 있다가
신랑의 음성을 들으면 크게 기뻐한다.
이런 이유로 나의 기쁨은 이루어진다.
그는 흥하여야 하고, 나는 쇠하여야 한다.

이 수수께끼의 설명은 다음 단원이 올 때까지 기다려야 하겠지만, 증언자 요한이 스스로를 신랑의 친구라고 밝히는 것은 다음과 같은 질문을 조명하고 있다: 2:9d에서는 누가 신랑인가? 이 이야기는 몇 가지 차원의 역할을 한다: 역사적 차원은 예수와 어머니가 손님으로 초대를 받은 혼인사건을 보고하고 있으며, 상징적 차원은 그 서사의 형태가—무엇을 말하고 있으며 무엇을 말하고 있지 않은지— 영적이고 상징적 의미의 방향으로 독자의 애를 태운다. 물론 역사적 차원에서는 신랑이 예수는 아니다. 그렇지만 상징적으로, 3:29과의 관계에서, 예수는 신랑이 되어Matand Bulembat: 68-71; Marsh: 142; Schneiders 1999: 35, 135; McWhirter: 56, 79, 처음의 포도주가 다 떨어졌을 때 잔치를 위해 더 좋은 포도주를 만들어 내고, 잔치의 손님들이 축하할 수 있게 하고 있다—많은 사람들을 위한 많은 양의 포도주인 것이다!

이 본문들 속에서 우리는 유대교의 정결예법2:6; 3:25이 하나님의 백성이라는 새로운 실재로 말미암아 퇴색되고 있음을 간과해서는 안 된다. 이것은 요한복음 5장과 9장의 이적들 속에서 확장되고 있는 부분이다. 물은 예수의 새로운 언약의 포도주가 되는 것이다.Chennattu를 참조

2:11 예수의 첫 번째 이적이 그의 영광을 드러내다: 그의 제자들이 예수를 믿다

공생애 사역의 첫 번째 행동이 되는 예수의 첫 번째 이적은 새로운 실재를 선언하고 있다. 그의 사역은 혼인으로 시작한다. 그는 그런 혼인을 위해 포도주를 만들어 낸다. 그리고 이것은 이적이다. 무슨 이적일까? 11절은 대답한다: 그의 영광을 드러내는 이적이다. 우리가 그의 영광을 보았다는 1:14의 반향 게다가 그의 제자들은 그를 믿었다. 그들은 자신들의 미래를 그에게 걸었다.

몇몇 초기 학자들은 믿음을 탄생시킴에 있어 이적들을 모호하고, 심지어는 부정적인 것으로 받아들였다. 그렇지만 최근의 많은 서사적 연구와 더불어 큰 전환이 발생했다. 이적은 요한복음에 있어서 긍정적으로 작용한다는 것이다. 이적semeion이라는 용어는 17회 등장한다. 자주 반복되고 있는 보완적 용어인 일ergon은 더 넓은 의미를 갖는다. 양쪽 용어 모두 긍정적인 역할을 하며 스스로와 하나님에 대한 예수의 주장을 증언하고 있다. 요한복음에서의 이적은 실패한 믿음이나 비뚤어진 욕망을 가리키니 않는다.마가복음 8:11-13에서처럼 요한복음에서 이적들은 요한복음의 증언이라는 무대에서 긍정적이고 결정적인 역할을 한다. 20:30-31에 나오는 요한복음의 목적에 대한 언급이 보여주듯이, 이적들의 기능은 사람을 설득하고 신앙에 이르게 하는 것이다.

요한복음의 이적들에 대한 문헌은 방대하다. 죤스Johns와 밀러Miller 1994는 앞서 취했던 입장의 약점을 보여주고 있다:

- 이전의 "이적 자료"는 이적들을 긍정적으로 보았으나 요한복음의 최후편집자는 이적들을 부정적으로 보거나[이것은 von Wahlde의 시각으로[2010], 요한복음의 처음과 두 번째 판 사이의 핵심적인 차이가 된다], 혹은
- 서술자는 이적들을 문학적 구성의 일부로 단언하고 비평한다; 긴장은 해소되지 않는다.

세 번째 시각은 죤스와 밀러가 설득력 있게 주장하는 것으로, 요한복음에서의 이적들을 일관되게 긍정적인 역할을 하는 것으로 보는 것이다.521, 533 이적들은 예수의 사역과 정체성을 증언하며 요한복음에서의 다른 증언들을 확증하면서, 예수를 메시아와 하나님의 아들로 믿도록 유도하고 있다.[이적과 일들, 597쪽]

예수의 제자들은 예수를 믿는다. 예수의 공생애 사역을 위해서 이런 놀라운 혼인의 시작과 더불어, 요한복음의 드라마는 우리의 주목을 끌면서 우리의 상상력과 마음을 붙잡고 있다. 우리는 예수를 둘러싼 다가오는 공동체에 참여할 것인가? 예수가 나다나엘에게 했던 말로 한다면 "이것보다 더 큰 일을 보게 될 것이다… 하늘이 열리고 하나님의 천사들이 인자 위에 오르락 내리락 하는 것을 보게 될 것인가?" 우리는 혼인잔치가 나타내고 있는 새로운 창조, 즉 하나님께서 우리 가운데 예수 속에서 하시는 새로운 일을 맞아들일 것인가?

2:12 가버나움에서의 휴식

사건들로 가득한 극적인 주가 휴식으로 끝이 난다. 이것은 안식일의 쉼을 말한다: 예수는 가버나움에서 며칠을 보냈으며 갈릴리 바다 옆에 있는 마을에서 작지만 성대한 낚시를 한다. 예수의 무리는 어머니, 형제들, 그리고 그의 제자들로 이루어져 있다—아마도 10명에서 12명 정도가 될 것이다. 그들은 어디에서 지냈을까? 전승은 베드로의 집에서였을 것이라고 말한다.마가복음 1:29-31

이 단원은 갈릴리에서 끝이 난다. 다음 단원은 예루살렘에 자리 잡는다. 2:12와 7장 사이에는 갈릴리와 예수살렘 사이에서 3가지의 전환이 발생하고 있다. 이들은 요한복음의 구조적 디자인에 전략적인 역할을 한다.

성서적 맥락에서의 본문

제자들을 모음

나를 따르라1:43며 예수가 빌립을 부르는 것은 마가복음1:16-20과 마태복음4:18-22; 누가는 다르다. 베드로와 다른 이들을 부르는 것은 5:1-10을, 아울러 그들이 예수를 따르는 것은 5:11을 보라에서 처음 네 제자들을 예수가 부르는 것과 아주 흡사하다. 빌립은 처음 부른 네 명의 제자들 속에 있지는 않았다. 예수가 자신의 첫 제자들을 모으는 것에 대한 요한복음의 보도는 제자들이 예수와 점차적으로 연결되는 대화체의 만남으로 나타난다. 증언자 요한의 제자들이 예수를 따르기로 한 것은 요한복음만의 독특함이다. 요한은 예수가 자신의 첫 제자들을 모으기 위해 베다니에 있는 요단강 건너편에 예수를 위치시킨다.

첫 제자들 가운데 나다나엘이 포함된 것은 또 다른 특징이다. 나다나엘은 제자들을 열거하는 공관복음서나막 3:16-17; 마 10:2-4; 눅 6:12-16 사도행전 1:13에 등장하지 않는다. 몇몇 학자들은 이 수수께끼를 나다나엘과 바돌로매를 동일인물로 삼아 풀고자 하지만 증거는 빈약하다. 더 나아가, 바돌로매는 공관복음의 서사 속에서 어떤 구체적인 역할도 하지 않지만, 나다나엘은 그렇지 않다—여기서, 그리고 요한복음 21:2에 다시 등장한다. 그는 시몬 베드로와 도마와 더불어 이름이 밝혀지는데, 이 두 명은 요한복음에서 굉장히 핵심적인 역할을 한다. 이런 차이점을 가지고 보면 요한복음이 복음서전승의 자료를 다르게 사용했다는 것이 분명해 보인다. 공관복음에서는, 예수의 가이사랴 빌립보 이전의 공생애 사역은 대부분 갈릴리에서 일어나고 있으나 마태와 누가의 출생 이야기는 예외가 된다. 그렇지만 요한복음에서 예수의 사역은 대부분 예루살렘에 자리 잡고 있다. 요한복음은 예루살렘 복음으로 알려져 있다.

네 복음서가 조금씩 다른 강조점을 가지고 예수가 제자들을 부르는 것을 나타내고 있지만, 네 복음서 모두 종교지도자나 철학스승이 제자들을 모으는 그레꼬-로만 세계 속에서 흔히 일어나는 두 가지 주요 패턴과 일치하고 있다.Talbert: 83-84 이들 두 패턴은 부름과 응답이며공관복음서에서는 두드러진다, 다른 이들의 증언을 통해 스승에게 오거나 스승을 둘러싸고 모인다.요한복음에서 뚜렷이 나타나는 모델이다 구약에서는 위대한 지도자들이 소명의 이야기들을 통해 소개되고 있다.예를 들면 아브라함과 사라, 모세, 이사야 그리고 예레미야 마튼스Martens 1986: 36는 이런 다양한 부르심이 가지고 있는 수많은 핵심적인 특징들을 표식화했다: 신적인 만남, 정체에 대한 말, 위임, 거절, 확신, 그리고 이적. 권위의 문제는 선지자가 부르심을 받아들이는데 있어 불가피한 것이다.Lind: 38-39 린드39-40는 또한 교회역사를 통해 주요 지도자들을 부르시는 하나님의 연속성을 문서화했다.

복음서는 구약의 소명패턴과 부분적으로만 부합하고 있다. 그렇지만 네 복음서 가운데 그 사건의 본질적인 중심은 하나님이나 예수와의 만남이다. 사도행전에서, 누가는 바울의 소명이 예수 그리스도와의 극적인 만남으로 기술한다.9장: 22; 26 이런 부르심 속에서 예수를 보는 바울의 시각은 완전히 달라졌다: 바울은 예수를 메시아와 구세주로 인식했으며 이방인들에게 복음을 전하라는 그의 위임을 받아들였다.엡 3:1-13을 참조

하나님의 새 시대가 도래하다

풍부한 포도주가 공급되는 가나의 기적을 반영하면서, 이 이야기의 의미가 지니는 상징적인 차원은 메시아적 희망의 성취를 환기시킨다:

> 그들에게 예수 안에 있는 하나님의 임재-"영광의 임재"-를 드러낸 이런 특정한 이적은 어떤 것인가? 비록 그 이야기가 우리에게 그것을 자세히 설명하고 있지는 않지만, 구약성서의 약속들을 마음속에 두고 있던 사람들은 그 의미가 진정으로 분명하다는 것을 알게 될 것이다: 풍부한 포도주는 메시아의 "마지막 날들"과 하나님의 새 시대의 도래에 대한 일관된 구약성서의 이미지들 가운데 하나였다.아모스 9:13-14; 요엘 3:18; 렘 31:12; 사 25:6-10 요한복음은, 가나에서의 풍성한 포도주를 제공했던 사람 속에서 약속된 날이 도래했으며 하나님의 풍부한 축복이 신자들에게 부어졌다는 것을 확신하고 있다.Gench: 12

예고된 "풍성한 잔치"RSV가 있는 이사야 본문은 풍성함을 환기시키며, 이것은 분명 넘쳐나는 포도주가 있는 가나의 혼인잔치가 주는 의도이다. 또 다른 구약의 본문 호세아 2:14-21은, 하나님께서 이스라엘과의 언약을 새롭게 하실 때, 광야에서의 혼인을 상상하고 있다. 공관복음서에서는, 특히 누가복음에서, 예수는 빈번하게 사람들-모든 종류의 사람들-과 함께 먹었으며 만찬의 주재자들은 이방인들이 그 잔치에 오는 것을 환영하고 있다. 이런 강조들은 하나님 나라의 복음을 선언하는 데에 있어 중심이 된다.Moessner: 3-4, 174-76, 211, 273; Swartley 1994: 133-34 요한복음은 예수의 사역을 혼인잔치로 시작하며, 요한복음의 "먹는 예수" 비유를 위한 무대를 마련하고 있다.Webster

예수가 제자들을 모으는 것을 정리하고 하나님의 언약 약속을 완성하면서, 켈리와 몰로니70는 다음과 같이 간결하게 표현하고 있다. "예수의 새로운 가족은 곧 다가올 때에

비추어 탄생하고 있다. 말씀의 힘으로, 구약의 정결한 물2:6은 새로운 언약의 포도주로 변화될 것이다." 요한복음은 빈번하게 이적들이나 공관복음서의 담화 언급들을 상술하고 있다. 예를 들면, 혼인은 마가복음 2:22를 반향하고 있는 것이다. "새 포도주를 낡은 가죽 부대에 담는 사람은 없다; 그렇게 하면 포도주가 가죽 부대를 터뜨려서 포도주도 가죽 부대도 버리게 된다; 새 포도주는 새 가죽 부대에 담아아 한다."

교회생활에서의 본문

어린양, 우리의 죄, 그리고 신랑

예수의 정체성과 사역에 대한 구약의 기원을 어린양으로 삼으려는 시도는 시대가 지나면서 주석으로 남았다. 그렇지만 우리가 어린양이 나타내고 있는 것을 찾으려는 구별성은 현대의 것이다. 초대 교회의 주석가들은 수많은 통찰력을 주는 데 기여했다. 그들은 다른 것으로부터 일련의 의미들을 구별하지 않고 오히려 그들을 친절하게도 함께 엮었다. 우리는 요한복음이 예비한 방식인 "흠 없는 제물"을 강조한다.알렉산드리아의 시릴 다른 사람은 어린양을 숫양, 양 혹은 희생에 사용되는 어떤 동물과 대조하지만, 이것 역시도 어린양이 장년기에 있으며 사람들의 죄를 위한 끊임없는 번제로 선호되고 있다는 것을 강조하고 있다.오리겐 유세비우스는 예수를 이사야 53장의 어린양에 나오는 어린양과 동일시하며, 비드Bede는 그 어린양이 "죄와 죽음의 사자"를 죽이고 있다고 언급한다. 어거스틴은 어린양을 아브라함이 이삭을 제물로 마치려고 할 때처럼 덤불 속에 갇힌 숫양-그리하여 가시면류관을 갖춘-과 연결시키고 있다. 사르디스의 멜리토는 그 이미지를 "자신의 피흘림을 통해 이집트에서의 속박으로부터 백성을 이끌어내심 속에 있는 유월절 어린양의 예시"와 연관시킨다. 암브로스는 예수를 창세기에 나오는 어린양과 연결시키고 있는데, 이 어린양은 아벨의 예물이다. 로마누스 메로두스는 어린양 예수를 희생양의 자리에 있는 것으로 보고 있으며Elowsky: 67, 70-71, 바나바서신 7장도 마찬가지이다.

죄들이냐 죄냐의 구분은 우리 현대인들의 시각에서는 중요하지 않을 수도 있다. 죄들은 단순히 죄의 복수형이다. 그렇지만 성서의 시각에서 죄들은 행위를 가리키고 있는 반면, 죄는 인간의 본성이나 성향을 묘사하고 있다. 바울에게 있어 죄는 흔들리는 인간을 붙들고 있는 힘이다.인격화된 힘으로서의 죄에 대해서는 Towes: 409-11, 387-413을 보라 초기 기독교 예식은 죄에 다른 의미를 부여하기 위해서가 아니라, 인간의 죄들의 방대함을 강조하고 포함하기 위해서 "세상의 죄들"을 사용하기 시작했다. 레위기의 속죄제는 백성들의 모든 죄들을 위한 것이다. 마찬가지로, 세상 죄를 지고 가는 어린양으로서의 예수는 "우리의 죄를 그의 몸에 지시고 나무에 달리셔서 우리가 죄에 죽게 하시려는 것이다." 벧전 2:24a, RSV; NRSV는 나무가 아니라 십자가로, 그리고 죄에 죽다를 죄들로부터 벗어나다로 번역하고 있다.[헬라어로는 복수형인 *hamartias*가 쓰임]

죄와 죄들 사이의 유동성은 다른 언급들과 함께, 요한복음 1:29나 36이 참고본문으로 명시되고 있는 풍부한 이미지들 및 아나뱁티스트들의 저서들 속에서도 나타나고 있다. 더크 필립스Dirk Philips는 이것을 다음과 같이 언급하고 있다. "그리스도 예수는 의의 옷이다. 그렇다, 믿고 침례를 받은 모든 그리스도인이 입는, 순결하고 흠 없는 하나님의 어린양이다." 76-77; "그는 자신의 죽음으로 인해 온 세상의 죄악들을 지고 가시는 분이다." 91 필립스는 말을 잇는다: 예수는 중재자, 화해자, 화평케 하는 자이다. "그는 세상의 죄악들을 지고 가는 하나님의 어린양이다." 102 "그는 십자가 나무 위에서 세상의 죄악들을 몸소 진다." 335 찬양의 글에서 필립스는 다음과 같이 선언한다. "그는 우리를 순전한 사랑으로 건져낸다." 9643 어린양을 죽음과 죄로 연결시키는 것은 수십 번 반복되고 있으며, 요한복음 1:29나 36를 인용한다.664

순교자들의 거울Martyrs Mirror 서문에서 편집자 브라트van Braght는 요한복음 1:29를 8차례 인용하고 있다. "그의 오심으로 그는 타락한 인류를 죄sin, 범죄guilt, 그리고 불의로부터 구하시고 해방시키시고 일으킬 것이다." 39 요한복음 1:29는 7차례 더 순교자 증인의 목록 속에서 인용되거나 참조되고 있다.70, 380, 458, 685, 787, 829, 1041 어떤 본문은 "하나님의 어린양"을 "교회의 신랑"과 연합시킨다.70 이것은 바로 이 단원의 양쪽 끝이다! 또 다른 곳에서는 1:29가 파멸로부터의 구원과 영원한 구원을 회복하는 것을 뒷받침하기 위해 사용된다.458 또 로마서 5:18의 인용을 뒷받침하기 위해 사용되기도 한다.685 어린양 본문이 인용되고 있는 모든 경우에서, 죄들로 나타나는 한 곳을 제외하고, 죄가 나타난다.829 존 마이클 탈보트John Michael Talbot의 뮤지컬 영원한 빛Light Eternal은 세상의 죄들을 지고 가는 하나님의 어린양에 대한 기가 막힌 단편을 포함하고 있는데, 대부분이 이 본문에 초점을 맞추고 있는 예배와 묵상에 도움을 준다.

분명히 초대 교회의 주석가들은 혼인사건 속에서 앞서 제시된 암시들을 인식하고 있었다. 알렉산드리아의 시릴은 예수를 "하늘에서 온 신랑"으로 보며요한복음주석 2.1, 어거스틴은 "혼인집으로 왔던 그가 혼인을 위해 이 세상으로 온 것이 이상하지 않은가"라고 말했다.요한복음에 관한 논문 8.4.1-3; Elowsky: 88-89 "베데Bede에게 있어 3일째는 은혜의 시대를 여는 것을 나타내고 있는데, 이 은혜의 시대는 가부장과 율법의 시대를 뛰어 넘는다." M. Edwards: 36

요한복음의 서사가 지니고 있는 상징적인 풍요로움은 대대로 그 영적인 의미로 인해, 영혼뿐만 아니라 정신을 고양시키면서 가치를 인정받아왔다. 몇몇 무리들 속에서 요한복음의 지위는 보잘 것 없었지만, 초대 교회 지도자들은 요한복음을 높이 평가했다. 영지주의자들 역시 요한복음을 가치 있게 여겼다.Pagels 1989 후대에 신비주의 저자들은 요한복음을 소중히 여기면서 그 상징들을 하나님께로 가는 밝은 길로 보았다.Eriugena, in Bamford 솟구치는 독수리로 상징되면서, 요한복음은 독자들의 시선을 천사들의 오름처럼 드높이고 있다.

"와서 보라" 그리고 거하라

요한복음에서 지배적으로 나타나는 양식은, 자석처럼 사람을 끌 듯 예수를 증언함으로 인해 사람들이 제자가 된다는 것이다: 와서 보라1:39, 46; 4:29 참조 예수의 첫 언급, 너희는 무엇을 찾고 있느냐!:38 이후의 이런 초대는 우리의 복음증거의 모델이다. 예수의 이런 두 단어를 우리 생각에서 핵심으로 두는 것은 우리의 증언의 의미를 활기 있게 할 것이다. 여러분의 집회를 "와서 보라" 교회라고 이름 짓는 것은 무엇을 의미하고 있는가?

요한복음에 있어서 독특한 점은 예수의 정체를 드러냄과 동시에 제자들을 모으는 것이다. 광범위한 기독론적 칭호가 1:19-51에 나타나고 있다.[기독론, 567쪽] 요한복음에서, 빌립은 부르시고 응답하는 양식을 설명하는 유일한 사례이다. 이런 특징들은 사람들이 어떻게 오늘날 예수의 제자가 되기 위해 오는지를 반영하도록 우리에게 알려주고 있다. 양쪽의 패턴들증언과 부르심은 오늘날 분명하다. 때때로 사람들은 부르심을 들었기 때문에, 하나님이나 예수에 대한 깊은 내적인 감각이 그들을 부르기 때문에 예수에게로 온다. 어거스틴과 웨슬리도 이것을 설명한다. 우리가 복음설교에 대한 응답으로 예수를 영접할 때, 유력한 선교 방식부르심과 응답이 일어난다.

양쪽 양식에서는 사람들이 예수를 따름에 있어서 어떻게 "예"라고 말하는지를 묻는 것이 중요하다. 사람들은 예수가 누구이며 어떻게 관계가예수 안에 거함 시작되고 잘 자라는지에 대해 어떻게 배우고 있는가? 전통적으로 교회는 인식적인 지식을 전해주는 교리문답적 지침을 사용했지만, 그 이상의 것, 즉 경험적 지식 속의 성장이 필요하다. 조언하는 모델이 이런 경험적 측면을 발전시킬 수 있다—더욱 성숙한 그리스도인은 의도적으로 신앙에 있어서 초심자와 연결된다. 이것은 "와서 보라"의 확장이 될 수 있고, 젊은 신자들을 예수와 함께 거하도록 이끈다.

다른 사람들이 다른 방식으로 복음과 교회로 다가온다. 예수는 안드레를 초청했으며 "다른 제자"가 오도록, 빌립이 따르도록, 나다나엘이 보도록, 그리고 시몬이 다른 이름이 되도록 초청한다. 이것은 접근과 반응에 있어서 다양성을 설명해 준다. 예수는 수석교사이다. 예수로부터 우리는 어떻게 연결시키고, 초청하고, 성장을 조성하는지를 아는 지혜를 얻는다.

"추구자들"이 예수에게로 올 때 다양한 패턴의 가입과 교리문답이 고려될 수 있다. 초대 교회는 그것을 본질적으로 생각해서 이교에서 오는 사람들이 확장된 초대나 침례를 준비하는 교리문답시기를 가졌다.Webber: 35–37, 82; Kreider 2006L 17–20; E. Ferguson: 229–68 그리스도인이 되는 것은 그리스도인의 성장 속에 있는 과정이다.Shenk 2007

이런 성서단원은 다음의 세 가지 사건들 속에 있는 거함이나 머무름을 강조하고 있다: 성령이 예수 위에 거하거나 머무르고 있는 예수의 침례1:32, 33, 예수와 함께 하루를 지낸 제자들1:38–39, 그리고 예수와 예수의 내부 그룹이 가버나움에서 머물거나 거함.2:12 대조적으로, 우리의 사회적 네트워크의 문화는 사람을 부호로 전 세계에 있는 모든 사람들과 즉시 연결시킨다. TV 광고는 몇 초마다 이미지를 바꾸고 있으며 영화는 우주 속의, 그리고 우주를 넘어선 어느 곳이든 우리를 데려다 주는 이야기를 만들고 있지만, 결코 "거하는" 장소와 함께 하는 법이 없다. 이와는 반대로, 요한복음은 거함을 강조한다. 이들 본문들은 15장을 예고한다: 내가 너희 안에 거하는 것처럼 내 안에 거하라. 거한다는 것은 제자도에 있어 본질적인 것이다. 그것은 교회의 평화적 증언에 기초를 마련해 주며, 상황과 필요에 언제, 어떻게 반응해야 하는지에 대해 우리를 안내해 준다. 예수와 함께 거하고, 살고 혹은 머물도록 하자. 천사들이 오르락내리락하는 것을 보자. 그리고 새로운 포도주를 마시자! 우리가 화평케 하는 노력 속에서 예수 안에 거하는 것은 우리의 평화적 행동주의를 단련시키고 보완하며 비판한다.

설교를 시작하는 사람들

"너희는 무엇을 찾느냐?"는 사람들의 관심을 모으고 그들의 욕망을 일깨운다. 이것은 요한복음이 제자도를 강조하는 것과 연결된다. 우리는 진정으로 예수를 알고자 하는가? 예수가 누구인지를 충분히 알기 위해 우리가 예수를 따르거나 그와 함께 거하기 위해서 버려야 할 것은 무엇인가? 오늘날 우리에게 "와서 보라"와 "거함"이라는 정신을 의식적으로 발전시키는 것은 무엇을 의미하고 있는가? 우리는 더 많이 찾아가되 "본문"은 덜 보아야 하는가? 우리는 함께 먹고 더 오래 같이 있음이 우리 교회의 생명을 강화시키고 있다는 것을 새로이 발견하고자 하는가?

만일 가나에서의 혼인이 설교의 초점이라면, "예수가 당신의 파티에혹은 혼인잔치에 나타났다면 어떻게 할 것인가?"에 대해 설교할 수도 있을 것이다. 그렇지 않다면, 시각을 당신이 예수를 혼인잔치에 초대할 것인지로 바꿀 수 있다. 이런 시각에서는 설교가 또한 제자도와 연결될 수 있을 것이다.

또 다른 초점은 "넘쳐나는 기쁨과 관대함: 포도주, 포도주, 그리고 더 많은 포도주"에 관한 것이 될 수도 있다. 기독교적 세기 속에 있는 이 혼인에 대한 성구적 주석에서 우리는 다음을 읽을 수 있다:

예수는 율법을 위한 중요한 차량을 가져와서 그 차량에 포도주를—그것도 수십 갤런을—채운다. 사람들은 흔히 이 이야기를 예수가 어떤 이를 불쾌하게 한 것이 아니라고들 한다. 그것은 기쁨, 관용, 풍족함에 관한 것이다. 나아가서 아마 이런 것들은 때때로 불쾌한 것일 수도 있다. 과잉: 과도한 관용, 과도한 풍요로움, 과도한 어떤 것은 종종 기분을 상하게 한다. 어떤 것이 기대했던 깃의 선을 넘이 터져 나온다—달콤한 것: 넘쳐나는 생명과 사랑이다. Blue: 18

옛 것에서 새 것으로: 성전, 출생, 침례; 갈등 속의 공동체들

사전검토

성전에서 보여준 예수의 비폭력적 저항은 충격적이다. 환전상들의 상을 뒤엎고 상인들을 쫓아낸 것이다. 왜일까? 예수는 환전상들에게 분노했는데, 그들은 가난한 순례자들의 주머니를 털었다. 테드Ted와 컴패니Company는 돈에 대해서 "저승길에 돈을 가지고 갈 순 없지*You Can't Take It with You*"*1936년의 희극작품:역자 주라는 놀라울 만한 그림을 제시하며, 이 사건을 환전이 얼마나 어이없는 것인지를 보여주기 위해 사용한다. 순례자들이 가져온 로마의 동전은 희생제물을 사기 위해 유대 동전들로 환전해야만 했다. 환전이 있을 때마다 "환전수수료"를 부과함으로 순례자들의 주머니를 털었기에 이런 과정은 말도 안 되는 일이었다. 환전수수료는 유대 돈으로 지불되어야 했는데, 유대돈은 또 다른 수수료를 내고 환전을 해야만 했기에 이 과정은 결코 끝나지 않았던 것이다! 예배자가 되려는 사람들은 꼼수를 당해 가진 돈을 털린 나머지 비둘기 한 마리 살 돈도 남아 있지 않게 된다. 예수가 환전상들에게 격노한 것은 놀랄 일이 아니다! 잘했구려, 테드와 컴패니여! 우리는 예수의 진노를 이해한다. 예수는 가난한 사람들의 압제를 중단하기 위해 상을 뒤엎고 동전은 여기저기 흩어지고 만다. 예수의 말은 아주 엄격하게 심판을 내리고 있다!

예수의 성전정화는 종종 가나의 혼인과 짝지어지기도 한다. 양쪽 모두 상징적으로 새로운 질서를 시작하기 때문이다. 양쪽 모두 유대교의 정결예법과 성전규례를 비판하고 있다. 두 사건의 연합은 성만찬적 차원으로 이해될 수도 있다: 예수의 피가 되는 포도주 2:1-11와 무너진 성전-몸,2:19, 21 예수는 자신의 몸자신의 죽음의 성전을 말했으며 제자들은 이 말을 예수가 죽은 자들 가운데에서 부활한 후에 기억해 내는데2:22-23, 두 사건은 성만찬을 기념하고 있다. 이것은 왜 요한복음이 예수의 사역에서 성전정화 사건을 그리 일찍 위치시켰는지를 푸는데 도움을 준다. 혼인잔치의 포도주와 성전-몸은 요한복음의 신학적인 주안점이다.

새로 조정된 예루살렘과 유월절2:13은 이 서사 속에서 전환을 표시하고 있으며, 2:23-25는 예수와 니고데모의 만남 및 이어지는 담화로 넘어가고 있다. 3:14-16에서 예수는 자신을 믿는 사람들을 구원하기 위해 자신의 생명을 내어 줄 것이며 그들은 영생을 얻게 될 것이라고 말한다. 예수와 니고데모의 대화를 보면, 우리는 물과 성령으로 침례를 통한 거듭남의 필요성을 배운다. 니고데모는 예수가 세상에 가져온 빛이 아니라, 밤에 찾아온다. 대화는 두 가지 차원에서 진행된다. 예수는 한쪽 차원에서 이야기 하며, 니고데모는 다른 쪽 차원으로 듣는다.말한다 그것은 실로 밤이었다! 우리는 믿지 않는 유대인들 2:14-22과 믿음을 가진 많은 유대인들2:23 모두를 만나지만 예수는 그들을 믿지 않는다. 양쪽 모두 *pisteuo*라는 동사로 사용되있다

니고데모와의 대화 속에서 침례가 언급되고 있으므로, 요한이 그 서사 속으로 재등장 하는 것을 예상할 수 있다. 앞선 요한의 증언은 자신의 침례와 오실 이의 침례를 비교하는데 초점을 둔 것이다. 이런 비교와 대조는 이어진다. 요한은 자신의 역할이 예수에게 종속되었음을 반복한다. 예수와 요한 모두에 대한 구체적인 언급들은 서로의 관계 속에 있는 두 가지 운동을 규정한다.

본문은 예수와 요한의 공동체 사이의 경쟁을 반영하고 있다. 요한복음 저자는 증언자 요한을 높이고 있지만 또한 그의 제자들이 예수와 요한이 증언하는 예수의 우월성을 인정하지 않고 있음을 시사하기도 한다. 그런 거부는 엄중한 심판을 불러 오는 것이다.하나님의 진노, 3:36

이 단원은 독자들로 하여금 예수의 자기선언과의 연관 속에 스스로를 위치시키도록 초대한다: 그의 몸이 되는 새 성전; 거듭남; 예수를 믿음을 통한 구원; 요한이 증언하는 이; 영생의 근원. 예수는 모든 이들을 물과 성령의 침례를 통해 거듭나도록혹은 위로부터 나도록, 어둠에서 나오고 사악한 행동을 용서하며 빛으로 나오도록 부르고 있으며, 그리하여 자기의 행위가 하나님 안에서 이루어졌음을 드러내려는 것이다.3:21b [따라서] 아들을

믿는 자는 영생을 얻는다.36a절

개요

예수가 성전을 정화하다, 2:13-22

예수는 스스로를 인간의 응답에 맡기지 않는다, 2:23-25

니고데모와 예수의 만남, 3:1-12

예수는 대화의 의미를 확장시킨다, 3:13-21

증언자 요한이 서사 속에 다시 등장한다: 요한과 예수의 침례, 3:22-4:3

주석적 해설

이 단원은 유월절 가까이에서 예루살렘에서의 예수의 첫 번째 순회사역을 묘사하고 있다.

예수가 성전을 정화하다 2:13-22

공관복음에서의 예수의 초기 활동과 비교해 보면, 네 가지 두드러진 차이가 있다:

· 예수는 사역 초기에 예루살렘으로 간다.

· 예수의 사역은 세 번의 유월절에 걸쳐 있다.2:13; 6:4; 11:55

· 예수가 성전에서 설명한 것은 서사의 초반부에 일어난다.

· 성전에서 예수가 한 행동은 공관복음서에서의 것과는 다르게 해석된다.

요한복음이 자신의 서사 속에 성전에서 예수의 예언적 대치를 위치시킨 것은 성전의 멸망이 요한복음의 구성에 동기를 부여했기 때문일 것이다. 만약 그렇다면, 요한복음의 신학은 신자들이 어떻게 예수가 새로운 성전이 되고 있는가에 비추어 유대교의 종교적 관례들을 이해할 것인지를 강조하는 것이다.Kerr; Coloe 2001; Hill; Draper 요한은 이스라엘의 신앙의 중심적 제도인 성전의 멸망이 가져오는 재앙적인 결과에 응답하고 있는 것이다.Kostenberger 2005: 207, 216 요한복음은 기독교적 관점에서 이런 상실이 주는 신학적 암시를 말하고 있는 것이다. '이 성전을 헐라'는 예수의 말은 요한복음을 읽는 렌즈를 제공하고 있다. 이 명령형은 유대인이나 로마인들에 대한 명령일 수 있지만, 그보다는 그의 몸 예언으로 이어지는 예언적 선언에 가깝다.2:19c, 21 요한복음은 "성취—변화"의 신학을 가지고 있다. 예수는 이스라엘의 성전의 기능과 절기의 기능 모두를 완성하고 변화시키고 있다. 따라서 우리는 아래와 같이 알 수 있다.

· 절기들은 요한복음의 구조를 제공하고 있다. 하나님의 현현Shekinah의 영광은 우리와 함께 거하고 있다.
· 진정한 예배가 일어나는 곳은 예루살렘의 성전도 아니며 그리심의 성전도 아니다.4:20-24
· 예수의 고별담화와 기도14-17장는 종말론적 담론을 대체한다.
· 하나님께서 예수를 통해서 자신의 백성 가운데 거하시는 것은 이 서사 완성하고 있다.
· 예수의 부활은 회복된 성전이다.2:19-22
· 도마가 한 절정의 고백, 나의 주시며 나의 하나님이십니다!는 진정한 예배이다.20:28

2:13 유월절이 다가오다 w

유월절들은 요한복음에 나타나는 예수의 사역의 연대기를 형성하고 있다. 오직 요한복음에서만 우리는 예수의 사역이 3년에 걸쳐 있다는 연대기를 얻을 수 있는데, 예수는 세 번의 유월절 기간에 예루살렘에 갔기 때문이다.2:13; 5:1을 참조할 것 [이름 없는 축제 유월절?]; 6:4; 11:55 수많은 학자들이 절기들의 중요성을 발전시킨다.Daise; Miyazaki; Suderman; Yee 예수는 스스로 그들이 의미하는 것을 말한다.

유월절은 출애굽기 12장에서 나오는 것처럼 이집트로부터 이스라엘이 해방되는 사건에서 유래했으며 그것을 기념하는 것이다. 이스라엘이 구속으로부터 벗어난 것은 하나님의 선택된 백성, 이스라엘에 대한 한결같은 사랑을 하나님께서 지속하신다는 것을 보여주고 있다. 낮에는 구름으로, 밤에는 불과 함께 하나님의 현현하는 영광이 머무르고 있는 이동식 천막 속에서 하나님은 그들과 함께 계신다. 이것은 언약과 율법으로 하나님께 묶여 있던 하나님의 언약백성들의 여정을 인도하고 있다. 다윗과 솔로몬의 시대에 성막은 성전이 된다. 각 지파에게 정해진 매년의 희생제사와 더불어, 유월절은 이스라엘의 구원을 기념하며 천막과 성전에서 그들 가운데 거하시는 하나님의 현현을 기념하는 것이다.

예수의 시대에 예루살렘의 인구는 대략 5만 명 정도였지만, 유월절에는 18만 명에 이르렀다.Jeremias: 75-84 정결규례, 환전, 동물구매, 그리고 모든 희생적 피흘림과 같은 절기의 예식에 혼잡과 압박감이 있었다는 것을 우리는 제대로 이해하지 못할 것이다.

2:14-17 성전에서 예수가 한 행동

이 에피소드는 마치 종려주일이 지난 다음날에 다른 복음서들이 보도하는 것과 같은 사건인 듯하다.마 21:12-13; 막 11:15-17; 눅 19:45-46 몇몇 학자들은 정화사건이 두 번 있었음을 주장하기도 한다.Morris: 166-69, 그는 자신의 주석에서 플러머, 베일리, 머레이, 그리고 태스커를 지지하며 인용한다 그렇지만 그런 사건이 어떻게 예수의 사역의 초반에 일어났을 수 있는가를 상상하기란 어려운 일이다. 그 이유는 공관복음서에서 그러는 것처럼, 그것이 예수의 체포를 촉발시킬 수 있기 때문이다. 요한복음은 자신의 서사적 목적을 위한 신학적인 이유 때문에 아마도 그 사건을 사역의 초기로 옮겼을 공산이 크다.Burge 2000: 94-95를 참조 가나에서의 혼인잔치와 함께, 이런 두 가지 사건은 예수를 유대교의 관례들을 변화시키는 것으로 예수를 보여주고 있다. 거대한 변화가 예수와 함께 일어나고 있다. 이런 사건들은 하나님 나라를 선언하는 공관복음서의 주안점과 병행하고 있다.막 1:14-15; 마 4:12-17; 눅 4:16-21 이 사건들이 일어나자마자 요한복음은 '어떻게 하나님의 나라에 들어가는지'를 설명하고 있다.3:3, 5

요한복음에서 예수는 동물들을 몰아내고 환전상들의 상을 뒤엎는다. 예수가 항거하고 있는 잘못은 유월절 순례자들에게 필수적이었던 환전행위들이 성전의 뜰을 사용하고 있다는 것인데, 왜냐하면 오직 유대 동전들만이 동물들을 사는데 사용될 수 있었기 때문이다. 예언자적 열심을 가지고 예수는 "만군의 주의 성전에 있는 상인들"에게 맞선다.슥 14:21 예수의 행동은 성전에서의 경제적 신성모독에 대항한 비폭력적 항거이다. 환전상들과 희생동물을 판매하는 사람들은 억압적이었다. 그들의 이익이 그리 크지 않다고 한들, 가난한 자들은 그 값을 지불할 수 없었을 것이다. 예수는 가난한 사람들과 동질감을 갖는다.Bredin 2003: 49-50

요한이 공관복음서와 다른 점은 다음의 네 가지 점에서이다: (1) 황소와 양, 비둘기와 같은 동물의 이름을 붙임 (2) 예수가 채찍으로 동물들을 몰아냄 (3) 예수는 비둘기들을 파는 사람들에게 말을 함 (4) 예수는 제자들이 나중에 기억할 것이라는 최후의 말을 함. 공관복음서에서 예수는 이사야 56:7과 예레미야 7:11을 인용하고 있다.여기에 대한 설명은 다음을 보라. Geddert: 266-68; Gardner: 313-15 그렇지만 요한복음 2:17에서 예수는 시편 69:9를 인용하고 있다. "당신의 집에 대한 열심히 나를 삼키고 있습니다."68:10 70인역 16절은 스가랴 14:21을 암시하는 듯하다. "그 날이 오면, 만군의 주의 성전 안에 다시는 상인들이 없을 것이다." 예수의 열심은 돈을 버는 상인들을 몰아낸다. 예수의 말씀은 뼈아픈 것이다: 성전이 파괴될 것이다! 실로, 예수가 성전의 그릇된 사용에 맞서는 것은 성전의 임박한 종말을 선언하는 상징적인 예언자적 행동이다.Meier 2001:3,501; E. P. Sanders 1985: 69-76 참조

황소와 양은 죄를 사하기 위한 희생과 화목제를언약을 재확인함 말하고 있는 레위기 1장과 3장의 희생에서 사용되었다. 예수가 비둘기파는 자들에게 말하고 있다는 사실은 비둘기들을 채찍으로 몰아내지 않았다는 것을-그랬다면 우스운 광경이었을 것이다-의미한다. 왜냐하면 비둘기들은 가난한 자들의 제사였기 때문이었다. 오히려 예수는 상인들에게 주님의 뜰에서 이런 환전체계를 가지고 나가라고 명령한다. 예수는 폭력적으로 이런 극적인 행동을 하고 있는 것인가? 예수는 채찍을 사람들에게 사용했는가? 본문은 다음과 같이 말하고 있다. 노끈으로 채찍을 만드셔서, 양과 소와 함께 그들을 모두 [pantas exebalen] 성전에서 내쫓으셨다. pantas모두는 누구를 혹은 무엇을 지칭하는가? pantas는 남성복수형이다. 남성은 중성 probata양과 부합되지 않지만 남성형 boas황소/소와는 숫자, 격, 그리고 성별과 맞아 떨어진다. 더욱 중요하게는, 헬라어에서 특정한 양쪽 모두both-and 구조는 예수가 양과 소에게 채찍을 휘둘렀지 사람들에게는 그러지 않았다는 것을 보여준다.NRSV, NIV, GNB에서 자세히 명시되어 있다 이런 주해와 번역은 양과 소 모두에게 라는 구절을 예수가 채찍을 휘둘렀던 모두pantas를 설명하는데 사용하고 있다. 16절은 모든 것을 몰아낸 이후, 예수가 비둘기를 파는 상인들에게 말하고 있다는 점에서 이런 해석을 지지하고 있다. 맥그레거Macgregor 1954: 17-18와 퍼거슨J. Ferguson 28-30은 만일 예수가 사람들에게 채찍을 휘둘렀다면 아마 분명히 곧바로 말썽이 생겼을 것이라고 지적하고 있다. 그러므로 우리는 예수가 사람이 아니라 양과 소에게만 채찍을 휘둘렀던 것으로 요한복음이 그리고 있다고 결론지을 수 있다. 이것은 예언적 행동이지 사람들을 향한 폭력적 사고는 아니었다. 본문은 다른 사람들에 대한 전쟁이나 폭력을 정당화하고 있지 않다.

초대 교회 첫 3세기 동안의 해석자들은 이 사건을 비폭력적 행위로 간주했다. 어거스틴에 이르러 이것은 전환을 가져오기 시작하여 본문이 폭력의 사용을 승인하는데 사용되었다. 본문을 이렇게 보는 시각은 중세의 주석가들에게 널리 퍼져있었으며 이단에 맞

선 폭력과 적들에게 대항하는 국가적 방어를 정당화하는데 사용되었다. 현재 학자들은 이 문제에 의견차를 보이고 있다. 많은 주석가들이 예수의 행동을 폭력적으로, 어떤 이들은 비폭력적이라고 보고 있는 것이다. 이 본문이 어떻게 수세기를 거치면서 본문의 적절한 주석을 통해 해석되어 왔는지에 대해 더 알고 싶다면 연구가 잘 되어있는 알렉시스 베이커Alexis-Baker의 통찰력 있는 소논문을 보라.

요한복음은 자신의 백성들에게 찔림을 받게 될 고난 받는 인물로 예수를 그리기 위해 스가랴에 의지하고 있다.슥 12:10b 이 고난은 억누르는 자들에게 그들이 행했던 것을 일깨워준다. 예수의 죽음은 세상의 폭력을 드러내고 있는데, 이 세상은 하나님께서 사랑하시며 구원하시기 위해 예수를 보내신 그 세상이다.요 3:14-17 예수의 몸, 세워질 그 성전은21-22절 구원을 선포한다. 예수는 세상에 생명을 가져다주기 위해 자신을 내어 준다.6:35-51 그는 자신을 못 박은 폭력을 극복할 길을 연다. 요한복음에서 예수의 위임은, 제자들에게 죄들을 용서할 권한을 위임하는 것으로, 성전의 희생적 기능을 더 이상 쓸모가 없는 것으로 만들게 될 것이다.

네 복음서에서 모두 몰아 내다로 사용된 동사는 *ekhallo*로서요한복음 2:15에서처럼, 복음서 속의 귀신축출에 사용된 용어이다.요 12:31을 참조 이 행동은 하워드 브룩Howard-Brook이 주장하듯1994: 83 이런 범주에 들어가는 것인가? 귀신축출의 요소들은 다음과 같이 존재하고 있다: 예수는 부패한 규례들을 내어 쫓는다. 성전의 "정화"와 더불어 단 한번, 그리고 모두를 위한 희생이 되는 예수의 죽음은히 9:23-10:10 동물의 제사를 끝낼 것이며 그것을 지탱하고 있는 압제적인 조세징수도 끝내게 될 것이다. 유대교 랍비 전통에서 성전은 아브라함이 이삭을 묶은 곳 위에 지어졌다. 희생의 체계를 심판하면서, 예수는 새로운 이삭이 됨으로 이삭전통을 변화시킨다.Bredin: 46 예수의 죽음은 성전정화와 본질적으로 연결되어 있다.2:19, 21 이삭처럼 나중에 예수는 스스로를 희생시킬 나무를 나르고 있다.요 19:17; 다음을 참조. R. Brown 1966: 226

예수의 죽음을 고려해 보면, 이 에피소드는 예수가 세상 죄를 지고 가는 하나님의 어린양으로 소개되고 있는 1:29, 36로 거슬러 올라간다. 이사야 52:13-53:12의 고난 받는 종을 반향하고 있는 어린양은 스스로 자신의 생명을 내려놓는다.10:18; Bredin: 45-46 마가와 마찬가지로Swartley 1981/1999: 187-89 요한에서도, 예수는 자신의 죽음과 부활을 통한 새로운 성전, 나무와 돌로 지어진 것이 아니라 "손으로 만들어지지 않은" 성전인 것이다.막 14:58, 그릇된 증언으로 모순되게 말하고 있는 진실 예수는 성전의 희생적 체계가 무용하다는 것을 보여주는 새로운 신성한 거주 장소이다. 더 이상 희생을 할 필요가 없기에, 성전이 필요할 이유도 없다. 예수가 희생에 사용될 짐승들을 성전 밖으로 내어 쫓는 것은 "적어도 상징되고 있는 공격이며, 그러한 '공격'이 '파괴'와 멀지 않다는 것을 주목하고 있다." E. P. Sanders: 70-71 요한복음이나 마가복음 어디에서도 성전이 다시 지어져야 한다는 것을 시사한 곳은 없다. 오히려, 예수가 새로운 성전인 것이다.Hoskins: 202 참조 땅을 다시 얻는 것이나 성전을 다시 짓는 것은 복음서들이 말하는 복음이 아니다.

이 요한복음의 단락이 독특하게 가지고 있는 핵심은 16절에 나타나는 예수의 명령으로, 비둘기들을 판 사람들에게 했던 말이다. "이것들을 가지고 여기서 나가라! 내 아버지의 집을 시장으로 만들지 말라!" 이 권위 있는 말 속에는 두 가지 핵심적인 요점들이 있다. 먼저, 이 같은 희생제사의 장사가 끝나야만 한다. 둘째로, 예수는 성전을 아버지의 집이라고 말하고 있다.누가복음 2:49를 참조. 그렇지만 요한복음에서는 나타나지 않는 사건이다 이것은 가증스러운 이런 매매희생에 쓰일 동물을 사며 우상과 같은 로마 동전을 다른 동전과 교환하는 것을 예수가 종결한다는 것을 확증한다. 여기서 예수는 거룩하고, 이스라엘을 용서하시는 하나님과 자신의 특별한 관계를 드러내고 있기 때문에 이 주장은 본질적으로 기독론적이다. 콜로에Coloe는 내 아버지의 집이 요한복음 1:19-4:54의 교차대구적인 중심이라고 올바르게 제시하고 있다.2007: 36 예수가 성전을 자신의 아버지의 집으로 되찾는 것은 요한복음이 가지고 있는 아버지-아들 초상과 어우러지는, 요한복음의 특색있는 기독론이다. 예수의 성전 주장은 예수와 유대인들 사이의 충돌을 야기했으며, 이후부터 요한복음에서 빈번하게 되풀이되고 있다.[유대인들, 585쪽]

요한의 단락이 지니는 또 다른 독특한 특징은 회상되는 예수의 제자들로 각각의 부분을 맺음으로써, 이중의 판으로 된 두 폭 제단화diptych로 된 서사적 구성이다. 첫 번째 판에서는17절 그들이 "당신의 집을 향한 열심히 나를 삼킬 것입니다."라고 기록된 것을 기억한다. 이것은 무슨 의미인가? 시편 119는 다음과 같이 말한다. "내 원수들이 주의 말씀을 잊어버리니, 내 열정이 나를 불사릅니다." 시편 저자는 괄시를 받지만 여전히 하나님의 말씀을 사랑한다.139, 141절 하나님의 메신저인말 3:1 예수는 높이 올린 손과 함께 성전에 들어간다.사 26:11 이런 열심은 예수의 예언적 말과 행동이 격렬함을 설명하고 있으며 또한 그의 죽음을 시사하고 있다—이런 열심히 예수를 삼키게 될 것이다.Coloe 2001: 74

제자들이 기억하는 것 역시도 성령이 예수가 말했던 것들을 기억하게 해 주시게 될 이후가 되는 나중의 때, 즉 예수의 죽음과 떠남을 가리킨다.14:26 요한복음 다른 곳에서 기억함은 또한 예수의 죽음을 가리킨다.2:22; 12:16; 15:20; 16:4; Coloe 2001:75 커Kerr는 이런 이적을 양면으로 해석한다.3장 구원과 심판으로서 성전정화는 종말론적 예언을 성취하는 것이다. "그 날이 오면, 만군의 주의 성전 안에 다시는 상인들이 없을 것이다."스가랴 14:21 이것은 나중에 요한복음에서의 성전과 거함에 대한 예수의 가르침에 대한 실마리를 던져 준다. 이것은 요한복음의 궁극적인 기여를 예비하고 있다: 하나님과 예수의 공동적인 거하심이 신자들의 합체가 되며−따라서 예수의 새 몸과 성전이 되는 것이다.2:21; 다음을 참조. 4:24; 14:1−3, 요한복음의 성전이라는 주제가 더욱 발전되는 본문들이다. Coloe 2001, 2007 서문의 서곡, 즉 우리 가운데 거하시는 말씀이라는 성막1:14이 이제 강하게 연주되는 것이다.

부활은 예수의 말씀을 기억나도록 한다. 따라서hote oun, 22a 예수가 죽은 자 가운데서 부활할 때, 그의 제자들은 예언을 상기하면서 예수가 말했던 것을 기억한다. 언급하기를, "그들은 성서와 예수께서 하신 말씀을 믿었다." 헤이스Hays, 2003: 221는 이것을 다음과 같이 듣고 있다. "독자를 향한 저자의 해설…[요한복음은] 자신의 독자들에게 읽는 법을 가르쳐주고 있다. 문자적 의미를 뛰어넘어 보라, 그가 속삭이고 있으며, 비유적 표현으로 읽으라." 성전의 미래에 대한 예수의 비유적 말씀은 자신의 부활로 성취된다. 예수가 인용하는 다른 유사한 본문들은 막 12:18−27; 눅 24:13−35 부활 이후 제자들이 "종말론적 희망"에 비추어 깨우치게 된다.Hays 2003: 224−34

2:18−22 예수가 자신의 행동을 해석하다 w

이 부분은 유대인들이 물었던 질문, 이런 일을 하다니, 무슨 이적을 우리에게 보여줄 수 있습니까?로 시작한다. 예수의 대답은 놀랍다. "이 성전을 헐라, 내가 사흘 만에 다시 세우겠다." 유대인들은 노려보며 말한다: 얼마나 어리석은가! 헤롯의 거대한 건설계획 하에서 이 성전을 짓는데 46년이나 걸렸는데 사흘 만에 다시 세우겠다는 것인가?! 유대인들은 예수를 오해한다.요한복음에서는 자주 그렇다 예수는 어떤 것을 의미하고 있지만, 유대인들은 다른 것으로 이해한다. 실제로 헤롯과 계승자들은 이미 그 성전을 짓는데 46년을 소모했다.BC 20년에 시작되었으나 AD 64년까지 완성되지 못하고 있다가 70년에 파괴되었다. 만 8천명이 하루 종일 일을 했다; Burge: 96 예수는 자신이 성전의 건물을 새로 지을 것이라는 것을 뜻한 것이 아니었다. 성전을 가리키는 헬라어 naos를 사용하면서, 예수는 제단을 가리키고 있는데, 이 곳은 신과 인간이 만나는 곳이다. 그렇지만 유대인들은 뜰이 있는 물질적 성전 건물, hieron이라고 생각한다.2:14, 15; 5:14; 7:14, 28; 8:2, 20, 59; 10:23; 11:56; 18:20; 참고로 이 용어들은 마가복음에서 사용됨; Swartley 1981/1999: 188−89

성전에 맞서는 예수의 말씀은 나중에 신성모독의 혐의로 이어진다.Truex: 227−50 예수의 재판에서 그릇되이 말하다라는 용어18:23는 "비방하다." 혹은 어떤 이나 어떤 것을 저주한다는 구약의 신성모독 혐의에 해당한다.Truex: 240 유대법에 있어서 이런 혐의는 백성들로부터 누군가를 고립, 즉 "회당에서의 축출"을 위한 기초이자/혹은 죽임을 위한 기초가 된다. 그 사건은 또한 나중에 복음서에서 강조하는 부분을 예상하고 해석한다: 예수는 "새 성전"이다.Coloe 2001; Hoskins: 108-81 그 주제는 예수가 신자들을 위한 하나님의 거하심이 되고 있는 4:19-24 및 14:1-2 속의 예배에 대한 예수의 말씀 가운데 다시 등장한다.

예수가 자신의 죽음과 부활을 통해 짓는 새로운 성전은 2:21-22a 예수 안에 있는 신자들로 이루어지는데, 이 예수는 생명4:46-54; 5:26; 11:1-44과 영원한 거하심을 주신다.14:2 콜로에2007: 56가 설득력 있게 말하듯, "십자가로부터 나사렛의 성전 건축자는 아버지의 집을 하나님의 제자들/자녀들의 가정 속에서 일으키신다." 1:46에서 "나사렛에서 무슨 선한 것이 나올 수 있는가?"라는 나다나엘의 질문이 가지는 역설을 가리키며 그녀는 요한복음에는 "모든 것이 나사렛으로부터 나온다."고 단언한다. "나사렛 예수는 세상의 구원을 위한 하나님의 궁극적인 선물*Nathana-el*이다.3:16" 아름답고 고귀하도다! 주님을 찬양하라!

다시금, 이 판은 기억함으로 맺고 있다. 22절은 이 부분을 이중적 기억으로 덮고 있다: 예수는 성전에 대해 말했으며 그들은 예수가 말했던 성서를 믿었다.시편 69:9의 열심이 삼키는 본문 이런 방식으로 훌륭한 서술자는 자신의 중요한 이야기, 예수의 사역의 영향을 예견하는 사건을 잘 마무리 짓고 있다. 새것이 옛것을 바꿀 것이다.Coloe 2001, 2007; Hoskins: 147-93; Kostenberger 2005: 228-42; Suderman: 82-90 참조

예수는 인간의 반응에 스스로를 맡기지 않는다 2:23-25

놀랍게도, 많은 사람들이 그가 행하고 있던 표적들을 보았으므로 그의 이름을 믿었다! 성전 에피소드는 구체적으로 표적이라고 불리지는 않지만, 이 언급은 명절 기간 중에 예루살렘에서 일어났던 다른 행위들과 더불어 그것은 표적이라는 것을 암시하고 있다. 그러나 예수는 더 깊은 것을 본다. 예수는 모든 백성들을 안다. 그는 모든 사람 속에 있던 것을 알았다. 그는 스스로를 그들에게 위임하지 않았다. 그가 그들을 알았으므로, 예수는 누군가를 시험하기 위해 아무도 필요로 하지 않았다. 동일한 헬라어*pisteuo*는 믿었던 많은 사람들과 그들의 반응을 믿지 않은 예수를 함께 묘사하고 있다.

이것은 당혹스러운 단락이며 이후의 이야기와 관련을 시켜야만 이해가 되는 것이다.

많은 이들이 믿는다고 해도, 그들의 믿음은 완전히 신뢰될 수는 없었다.[신앙/불신앙, 560쪽][이적과 일들, 597쪽] 왜일까? 이 단락은 밤에 찾아온 바리새인, 니고데모의 이어지는 이야기를 소개한다.

니고데모와 예수의 만남 3:1-12

예수과 니고데모의 대화가 어디서 끝나는지를 아는 것은 쉽지 않다. 12절이 내가 너희에게 말한다로 표시되어 있는 마지막 직접적 언급이기 때문에, 어떤 이들은 그것을 대화의 끝으로 여긴다. 여기서 너희you는 복수형이지만, 이미 7절 후반부에서부터 복수형이었다: 너희는 반드시 거듭나야만 한다.NIV 단수형과 복수형 you 사이의 대안은 니고데모가 어떤 그룹을 대표한다고 제시하는 것이다. 다시 태어남/위로부터 남을 이해하기 위한 이유가 15절을 통하여 계속되고 있으므로, 대화는 거기에서 끝난 것일 수도 있다. 이것은 가끔씩 어디에서 하나가 끝이 나고 다른 하나가 시작되는지 분명하게 표시하지 않고 있는, 만남이나 표적으로부터 담화로 움직이는 요한복음의 문학적 기법이다.

니고데모와의 대화가 가지는 맥락에서 '거듭나야 한다.'3절 NIV는 예수의 잘 알려진 요청을 추상화하는 것은 이 본문을 잘못 인용하는 것이다. 세 개 혹은 네 개의 이중적 의미와 더불어, 이 서사는 쉽게 이해하기 어렵게 한다.O'Day 2002: 16-28 참조

유대교 공동체 속에서 니고데모의 종교적 지위는 강조되고 있다: 그는 바리새파 사람이며, … 유대인의 통치자이다.RSV 그렇지만 그림자가 뒤따른다. 니고데모는 밤에 예수에게 찾아온다. 이것은 2:25를 떠올리게 하며 몸을 숨기는 것을 말하고 있다: 여기서는 모든 것이 빛이 아니다. 왜 그는 비밀리에 예수에게 왔을까? 이 서사는 니고데모와 그가 대표하는 바리새파 사이의 긴장, 혹은 아마도 니고데모와 예수의 긴장을 자세히 소개하고 있을 수 있다.O'Day 2002: 19 니고데모의 모티브는 모호하다. 그는 진정으로 예수를 알고 이해하고자 했던 것일까, 아니면 비판적인 동료들에게 고자질을 하려고 예수의 화를 돋우고 있는 것일까?

니고데모는 질문을 하지 않지만 예수에게 단언혹은 아첨?하고 있는 것으로 보인다. 만일 예수가 하나님이 보내신 랍비가 아니었다면 이런 이적을 행할 수 없었으리라는 것을 니고데모는 알고 있었다. 그렇지만 이런 질문의 말조차 날이 서 있다. 예수의 대답은 그의 권위의 근원을 단언도 부인도 하지 않는다. "진정으로[RSV], 진정으로 너희에게 말하노니, 위로부터의 거듭남이 없이는 누구도 하나님의 나라를 보지 못할 것이다." 니고데모의 질문에 이것은 어떤 종류의 대답인가? 예수는 커브볼을 던지고 있다: "너희는 내 권위

를 의심한다—그것이 하나님으로부터 온 것인지에 대해—너희가 거듭남anōthen에 대해서 생각할 준비가 되어 있지 않다면 하나님의 나라를 보지 못할 것이라는 것을 확실하게 일러둔다." 니고데모는 예수의 말씀을 부추기면서, 그것들을 이해하고자 하며 이중 고리의 그릇된 면, 즉 anōthen의 육체적 거듭이라는 면을 물고는 마땅히 다음과 같이 말하고 있다. "내 어머니의 뱃속에 다시 들어갔다가 나오는 것은 불가능합니다!"

예수는 anōthen의 영적인 측면, 즉 위로부터 거듭남을 진행한다. 그것은 물론 다시 태어나는 것이지만 다른 형태의 것이다. anōthen은 다음의 세 가지 의미 가운데 하나일 수 있다: 다시again KJV, NIV, 새롭게anew RSV, 혹은 위로부터from above NRSV 예수는 니고데모를 새로운 생각의 범주로 끌어들임으로써 나아간다: 물과 성령으로 거듭남, 육으로 남을 성령으로 난 것과 대조시키며 성령—바람을 가리킨다: 바람은 불고 싶은 대로 분다.5-8절 이것을 강조하면서, 예수는 다시금 선언하고 있다. 너희는 반드시 위로부터, 새롭게, 거듭나야 한다.7b 이것은 불고자 하는 대로 부는 바람처럼 신비스러운 것이다. 우리는 바람이 어디서 오는지, 혹은 어디로 가는지 알지 못한다.[8c] 마찬가지로 성령으로 난 자도 그렇다.[8d] anōthen이 이중적인 의미를 갖는 것처럼, pneuma도 바람이나 영/성령을 의미한다.

니고데모가 바리새인과 통치자로서의 신임을 가졌음에도 불구하고 "그들의 세계에서 벗어나" 혼란을 느꼈다는 것이 좀 이상하지 않은가? 그는 깜짝 놀라서 다음과 같이 말한다. 어떻게 이런 일들이 있을 수 있습니까?9절 사실상 "예수의 세상은 그에게 있어 이해하기 힘들어 보였다." Meeks 1972: 54 예수의 대답은 혼란스러워 하는 그에게 동정적인 것이 아니었다: 당신은 이스라엘의 선생이면서도 이런 것들을 알지 못한단 말입니까? 유대법으로 잘 훈육이 되었다고 할지라도 7:51에서 니고데모가 모세의 법이 아니라 우리의 법이라는 단어를 사용하고 있다는 점에 주목하라 니고데모는 위로부터 난 것, 즉 육으로 난 것과 대조되고 있는 성령의 영역의 의미를 붙잡지 못하고 지상에 묶인 생각을 드러내고 있는 것이다.

이 이야기에서 니고데모는 고정된 배역이다. 그는 유대교 공동체 속에 자리를 잡고 있지만 "빛으로부터 벗어나 있는" 사람들을 대표하고 있다.Meeks 1972: 54-55; Rensberger 1988: 38-41 그게 아니라면 니고데모는 아마도 루이스 마틴Louis Martyn 2003: 88과 레이먼드 브라운Raymond Brown 1979: 71-73이 주장한 것처럼, 유대교 속에 있는 "숨어있는 신자들"을 나타내고 있을 수도 있다. 이것은 분명하지 않다. 신자로서의 그의 신분에 대한 역사적인 문제는 명확하게 답변될 수 없다. 예수가 십자가에 못을 박히고 나면, 아마도 그는 완전히 변화된다.19:38-39를 보라 2세기의 자료에서 끄집어 낸 5세기의 니고데모 복음서는 그를 이런 방식으로 본다.

다른 차원, 즉 요한복음 독자들의 차원에서 이 서사는 니고데모를 통해 그리고 그를 뚫고 넘어서 독자들에게 직접적으로 다가간다. 2장의 드라마라는 맥락 속에서 우리는 더 이상 구경꾼이 될 수 없다. 우리는 예수와 대면하도록 이끌리게 된다: 내가 니고데모와 함께 있는가? 아니면 다른 세상, 성령의 영역이자 위로부터의 어려운 탄생으로 들어갈 이해와 의지를 가지고 예수와 함께 있는가? 인간에게 오직 진정한 하나님을 알게 하시기 위해 위로부터 지상으로 내려오시는 자인 예수를 영접하고 하나님 나라에 들어가기 위해 나는 성령으로부터 난 것에 예라고 말하는가?

3:11−15에서 예수가 계속하여 그에게 말하고 있는 것처럼 나타나고 있지만, 대화라는 장르는 이제 담론으로 바뀌면서 니고데모는 더 이상 말하지 않는다. 11절에서 예수는 또한 어떤 공동체−믿는 자들의 공동체−를 대표하는 것으로 나타나고 있다. 왜냐하면 그는 다음과 같이 말하고 있기 때문이다. "진정으로 진정으로, … 우리는, 우리가 아는 것을 말하고, 우리가 본 것을 증언하는데, 너희복수는 우리의 증언을 받아들이지 않는다." 이때의 우리가 아는은 2절에서 니고데모의 우리가 아는의 한쪽 끝을 이루고 있다; 예수와 니고데모는 예수가 해석하는 하나님에 대한 응답으로 하나님에 대한 그들의 지식 속에 있는 다른 개인적이고 공동체적인 입장을 보이고 있다.1:18

예수는 이제 다른 사고방식들 속을 더 깊이 파고든다. 12절은 하늘의 것과 지상의 것을 대조한다. 만일 니고데모가 지상의 것들을 이해할 수 없다면, 어떻게 천상의 것들을 이해하고자 할 수 있단 말인가? 이제 예수는 직접적으로 자신의 정체성의 문제를 거론하는데, 이것은 니고데모가 시작에서부터 캐물었던 것이다. 그렇지만 예수의 대답은 그의 초반의 수수께끼만큼이나 분명하지는 않다.

예수가 대화의 중요성을 확장시키다 3:13−21[w]

13절과 14절 모두 인자라는 호칭을 포함하고 있는데, 1:51에서 나다나엘에게 한 예수의 말을 반향하면서 비슷한 수수께끼를 지니고 있다. 그 이유는 양쪽의 경우 모두에 있어서 그것이 오르고 내리는 형상과 부합되어 있기 때문이다. 강조점은 인자의 내려옴에 있는데, 하나님과 함께 하는 그의 천상의 지위를 암시하고 있다−올라감은 내려옴의 전제 조건이긴 하지만13 그의 내려옴에서 인자는 하나님의 백성을 구원하기 위한 모세의 행동으로부터 나온 구원의 유형론을 성취한다. 모세가 광야에서 뱀을 높이 든 것처럼, [또한] 인자도 반드시 [헬라어는 *dei*로서, 공관복음서의 수난과 부활 예고 속에서 등장한다.

예를 들면 막 8:31] 높게 들려야 하리라.[hypsoo] 이것은 적어도 이런 교환의 세 번째 이중의 미double entendre이다. 요한복음에서의 Hypsoo는 나무 위의 뱀을 비유하는 것처럼 십자가에서 예수의 높이 들리심 및 영광 속으로 높이 들리신 예수를 의미하고 있다. 예리하게 보면 높이 들리는 것은 영광스럽게 되는 것이다.8:28; 12:23, 28, 32, 34 참조 Hypsoo라는 단어 하나로 요한복음은 빌립보서 2:6-11에서 나오는 모욕과 승격이라는 2단계의 기독론적 찬미를 묘사한다.

그리고 예수는 정점을 찍는다: 누구든 [이것을] 믿는 자들은 그 안에서 영생을 얻을 것이다.AT 우리가 흔히 하는 이해는 16절의 eis auton처럼, 그 안에서in him라는 구절을 믿는다.believe라는 동사의 서술 보어로 보는 것이다. 사실상 요한은 빈번하게 그예수를 믿음believing in him에 대해 말하고 있지만, 그럴 경우에는 규칙적으로 eis auton을 사용한다. 그러나 여기 3:15에서는, 오직 여기서만 그는 en auto를 사용하는데, 이것은 처소의 여격이어야 가장 잘된 번역이 된다: 누구든지 믿는 자들은 그 안에 있는 영생을 얻게 될 것이다. 수많은 본문상의 차이점들이 이 문제를 해결하기 위한 필경사들의 노력을 증언하고 있다. 흔히 선호되고 있는 힘든 더 어려운 이해는 요한복음이 습관적으로 사용하고 있는 그에 대해 믿음believe in[to] him과 맞아 떨어지지 않는다. 많은 주석가들이 추천하고 있듯이 이렇게 처소의 의미로 번역해야 문제를 해결할 수 있다. 그 안에 있는in him 영생 15절은 그를 향한 믿음believing in[to] him을 통해서 가능해진다.16절 영생은 요한복음에 있어 주요 주제이다. 그것은 다가 올 시대와 예수 안에서 동이 크고 있는 지금 모두를 가리키고 있다.17:3을 참조: 영생이라는 하나님의 선물은 예수 안에서의 지금과 미래세 우리를 위한 것이다. 영생은 그리하여 윤리적이면서눅 10:25-37 종말론적이다.[영생, 575쪽]

3:16-21 예수가 대화의 중요성을 확장하다

예수는 더 나아가 그 대화를 설명하면서 계속하여 하나님을 계시한다. 요한복음 3:16은 마땅히 성서의 "황금본문"이라고 불려 왔다. 그것은 본질적인 복음서의 요소들을 요약하고 있는 보석이다. 이 본문에서 네 가지 기본적인 신학적 단언들이 뿜어져 나온다. 먼저, 하나님은 세상을 사랑하신다. 이 사랑은 성육신의 신성한 계시, 복음의 내용, 그리고 하나님의 선물의 일부로서 복음서들 자체를 이끌어간다. 그물을 더 멀리 던지면, 하나님의 사랑은 창조와 언약을 포함하여 성서의 계시 전체의 원동력이 된다.시편 136에서 반복되는 후렴을 보라 하나님은 사랑으로 인간과의 관계 속으로 들어오신다. 이스라엘이 하나님과 함께 하는 특별한 위치는 그들의 숫자나 중요성 때문이 아니라 하나님께서 그들을 사랑하시기 때문이며신 7:7-9 우리도 사랑하신다!

둘째로, 하나님은 인간을 구원으로 이끌도록 그의 독생자를 주신다. 이런 내어 주심은 급진적이고, 거리낌 없으며 위험하면서도 고통스러운 것이다. 이것은 우리가 잘 아는 이야기이지만 다음과 같은 숭대하고도 단순한 진리가 우리를 움직이지 못하는 경우가 많다: 하나님은 사랑이 많으셔서 그가 가장 소중히 여기시는 독생자를 주신다. 빌립보서 2:5-11에 나오는 바울의 위대한 찬미는 아들의 측면에서 그 이야기를 전함으로 이런 진리를 보완하고 있다. 아들은 기꺼이, 심지어 죽기까지, 우리의 구원을 위해서 십자가 위에서 죽기까지 스스로를 내어 주신다. 이것으로 하나님은 아버지의 영광과 아들을 높이심을 통해요한복음에서 예수를 높이고 있다. 구원은 17절의 관점으로 보면 선물이다. 나아가, 그것은 모든 이들을 위한 것이다: 누구든지라는 용어는 잠재적인 보편적 응답을 가리키고 있다.

셋째로, 이 복음을 듣는 모든 사람들과 구원의 선물을 받아들이는 모든 이들은 멸망하지 않을 것이며, 예수를 통해 그리고 예수에 의해 이루어진 하나님과 인간의 새로운 관계 속에서 이제 살게 된다. 그 초대는 모든 사람들로 하여금 예수 속으로 믿어 들어가는 것 believe into [eis] Jesus AT으로서, 이것이 의미하는 바는 구원이라는 그의 선물에 우리의 삶을 걸어 예수에게 예라고 하면서 아버지와 아들의 신성한 사랑 속에 푹 빠지게 되는 것이다.상호적인 사랑에 대해서는 요한복음 17장을 보라 하나님의 아들 속의 믿음을 통해, 그들과 우리는 가장 위대한 선물을 받는다.

넷째로, 믿음으로 받는 선물은 영생이다. 그것은 모든 이들에게 가능한 선물이다: 누구나에게 열려있는 선물이다. 영생의 선물은 이제 시작되어 영원토록 지속된다.[영생, 575쪽] 말씀-아들이 세상 속으로 들어옴을 통해서 하나님은 자신의 선물을 받는 모든 이들을 구원하신다.

17절은 세상을 심판krino하는 것이 아니라 세상kosmos을 구원sozo하기 위해 자신의 독생자를 보내시는 하나님의 목적을 되풀이하고 다시 언급한다. 강조점은 세상을 위한 하나님의 계획과 사랑에 있다. 우리는 아들이 반항한다거나 아버지가 세상의 죄들을 위해 아들에게 벌을 내리신다는 개념을 발견할 실마리를 찾을 수 없다. 오히려, 아버지와 아들은 항상 요한복음 속에서 하나이며, 구원이라는 선물은 하나님-예수의 자기를 내어주심이다.

비슬리-머레이Beasley-Murray는 요한복음에 관한 자신의 책들 가운데 하나에 생명의 복음서Gospel of Life 1991라는 적절한 제목을 붙였다. 생명은 1-12장 사이에서 47회 등장하고 13-17에서는 6회, 그리고 18-21에서는 한 차례만 나타나고 있다.20:31 대조적으로, 사랑은 1-12장에서는 겨우 6회, 이후 13-17장에서는 31회, 그리고 20-21장에서는 20회 등장한다. 요한은 생명과 사랑의 복음서로서, 다음과 같은 순서로 순차적인 강조를 하고 있다: 전반부는 생명을 누구에게나 제공한다. 사랑에 대한 집중은 자신의 제자들에 대한 예수의 담론 속에서 나타난다. 빛 또한 요한복음의 전반부에 자주 등장하는데, 특히 서문에서는 지배적이다. 그러므로 빛, 생명, 그리고 사랑은 하나님의 행진하는, 바람과 같이 세상으로 오심을 말씀, 그 아들로 표시한다. 예수, 그 아들 속으로 믿으라는 부름은 또한 아버지, 하나님 속으로 믿으라는 부름이다. 요한에서 우리는 "시간의 구분"을 발견할 수 없다. 하나님과 말씀, 아버지와 아들은 예수의 삶과 죽음 속에서, 영광과 부활 속에서 항상 하나이다. 이것이 하나님이 주시는 구원이라는 선물이다.

반대로, 심판과 선고는 예수를 믿지 않는 자들, 아버지와 아들로부터 시작된 빛에 이르는 것을 거부하는 자들을 위한 것이다. 아들은 자신의 일을 하지 않는다. 아버지로부터 그리고 아들을 통해 시작된 말씀은, 구원하고 거듭남위로부터, 다시을 발생시키는 것처럼 심판하고 선고한다. 하나님의 사랑과 빛은 세상에 위기와 결정적인 순간을 가져온다.Billy Graham의 "결단의 시간/*Hour of Decision* 참조."

이런 "이둠의 세상"은 3:19의 심판을 설명한다: 빛이 세상에 들어왔지만, 사람들이, 자기들의 행위가 악하므로, 빛보다 어둠을 더 좋아하였다. 다음의 절들은 논리를 확장시킨다. 자신들의 어둠의 장소를 사랑하는 자들은 그들의 행위가 드러날까 빛에 다가오지 않을 것이다. 진리를 행하는 사람들은 빛으로 나아가지만, 그들은 오히려 빛을 싫어한다.21a 나아가, 이것은 빛으로 오는 사람들은 하나님-빛 장소 속에서 행한다.21b 빛과 어두움의 대립은 예수 이전의 유대교 문헌들쿰란에서는 "빛의 아들들과 어둠의 아들들"을 대조한다.[1QS 1.9-11, 16-24]과 요한복음이 기록되기 전 기독교 공동체 속에서 예를 들면 로마서 13:11-14에 대해서는 Towes: 327-31을 보라; 엡 5:3-14에 대해서는 Yoder Neufeld 2002: 228-36, 245-46을 보라 나타나고 있다. 요한일서 2:9-11 역시 빛과 어두움을 말하고 있다; 여기서 형제자매에 대한 사랑은 빛 속에서 사는 증거가 되며, 누군가의 형제나 자매를 미워하는 것은 어둠 속에서 산다는 증거이다.요일 1:5-7을 참조 [빛 527쪽]

증언자 요한이 서사 속으로 다시 등장하다: 요한과 예수의 침례 3:22-4:3

예수와 제자들은 다음에 따라오는 일들을 위한 배경이 되는 유대 지방으로 되돌아간다.

3:22-26 요한과 예수에게 침례를 받는 많은 이들에게 경고함

예수는 얼마동안 유대 지방에서 지냈으며 침례를 준다.하지만 4:2를 보라 본문은 얼마나 긴 시간인지에 대한 실마리를 주지는 않고 있다. 그 기간은 몇 주, 혹은 몇 달인가? 이런 침례의 사역이 어떻게 그리고 왜 일어나는가에 대해서도 아무런 기술을 하지 않는다. 그 것은 서사적 컨텍스트에 비추어보면 있음직한 결론인 "새로운 출생"을 의미하고 있는 가? 그것은 성령 침례를 포함하는 물의 침례인가도서 3:5-6을 참조? 예수와/혹은 그의 제자들의 침례에 대한 다른 부가적인 언급도 이 단원의 끝을 표시하는 4:1-2까지는 나타나고 있지 않다.

본문이 살림 근처의 애논에서 요한이 침례를 주는 것으로 전환할 때요한이 앞서 제자들 가운데 일부를 예수에게로 인계하였음에도[3:25], 놀랍게도 요한은 여전히 자신의 제자들을 거느리고 있는 것으로 나타난다!, 복음서기자의 관심은 다른 곳에 놓여 있다. 사람들이 침례를 받기 위해 계속해서 요한에게 오고 있다는 것은 그의 특별한 사역이 지속되고 있다는 것을 보여주는 데오늘날에도 계속해서 이라크의 만디아교에서는 침례 요한의 추종자들이 있다, 이것은 "더 크신 이"가 이제 오기 때문에 변칙으로 보일 수도 있다.1:29-30을 참조; 행 19:1-7은 예수의 죽음과 부활 이후에 요한을 따르는 일이 지속되었음을 보여준다 24절은 공관복음서에서 우리가 알 수 있는 사건 막 6:14-29//마 14:1-12//눅 9:7-9, 요한의 투옥에 대해 언급한다는 점에서 기이하다. 이것은 요한복음서의 저자 요한이 공관복음서를 알고 있었으며, 의도적으로 자신의 시간적용을 그들의 시간적용과 연결시키고 있는 것인가? 아마도 그럴 것이다.

요한은 어떤 유대인p75, Codex Vaticanus 혹은 유대인들p66, Codex Sinaiticus 외에게 정결함에 대한 질문을 받는다—아마도 다음을 함축하고 있을 것이다: 이 침례가 씻음과 목욕에 대한 율법의례를 무효화시키고 대신하고 있는가? 다양한 이해 가운데에서, 더 읽기 어렵기 때문에 단수형이 아마도 맞을 것이다. 또한, 복수형인 유대인들the Jews은 요한복음에서 흔하게 사용되었기 때문에 어떤 유대인a Jew은 필경에 있어서 서기할 때의 변화나 의도치 않은 실수가 덜 발생할 수 있다.

질문자가 서사에서 중도하차하고, 요한의 제자들이 이제 요한에게 묻는다. 그렇지만, 정결은 이슈가 아니다. 오히려, 우리는 당신이 이전에 시험을 했던 그 사람이 지금 침례를 주고 있다—그리고 모든 이들이 그에게 가고 있다—는 것을 당신에게 알리고자 한다. 그 유대인들이 이것을 말하면서 그들에게 질문했나? 4:1의 끝에 있는 언급이 아마도 그가 했던 것을 암시하고 있을 수 있다. 많은 이들에게 예수와 그의 제자들이4:2 침례를 준다는 것에 대한 이런 새로운 정보는 두 가지 역할을 한다: 그것은 아마도, 암시적으로,

요한은 그들이 침례를 그만두어야 하는지에 대해서 의문을 품고 있었다는 것을 제시한다. 왜냐하면 "진정한 이"가 이제 와서 인수하고 있기 때문이다. 두 번째로, 그것은 서술자가 요한이 중요한 연설요한복음에서 그의 마지막 주요 언급을 하도록 사회자의 역할을 분명히 하고 있다. 네 복음서 속에서 요한의 초기 연설 속에 몇몇 절들이 발견되고 있긴 하지만, 이런 언급은 공관복음서와는 유사점이 없다. 이 연설의 목적은 다시금 요한이 예수에 종속되는 역할을 한다는 것을 강조하거나 혹은 그 반대로, 요한과 요한의 사역 위에 예수의 우위성을 놓기 위함이다.

3:27-30 요한의 역할은 예수에 종속적이다: 신랑의 친구

침례를 줌에 있어서 예수와 제자들이 더 큰 성공을 거둔 것은 요한의 연설에 있어서 네 가지를 고려하도록 한다.Talbert: 106 첫 번째는 하늘에서 온 하나님의 선물을 역설한다: 우리는 하나님이 주시는 것을 받는다.27절 이 경우 하나님은 예수에게 더 우월한 부름과 사역을 내리신다; 따라서 침례에 있어서 그의 사역은 더 큰 성공을 거둔다. 그렇지만 요점은 진정으로 하나님의 구원의 섭리 속에서 예수가 "더 큰 성공" 혹은 "더 큰 입지"를 가졌다는 것인가?

두 번째로, 요한이 증언하는 것은 반복되며1:15, 27, 30 참고 재천명된다: 너희야말로 내가 말한 바 "나는 그리스도가 아니고, 그분보다 앞서 보내심을 받은 사람이다." 한 말을 증언할 사람들이다.28절 요한복음 기자는 요한의 역할이 오직 메시아를 예비하는 것이라는 것을 보여주기 위한 자신의 목적을 요약하고 강조한다. 이것은 부정적으로 여전히 요한을 따르는 자들을 비판한다—짐작건대 요한복음 기자가 기록할 당시일 것이다.

세 번째로, 신랑의 친구가 되는 요한의 역할은 새로운 핵심이다. 요한이 이런 이미지로 자신의 역할을 묘사하는 것이 제일 중요한 것이다. 2:1-10의 혼인을 반향하면서, 그것은 예수를 신랑과 동일시하는데, 이것은 마가복음에서 예수 자신이 했던 주장이다.2:19-20//마 9:15-16//눅 5:34-35 그 비유는 하나님의 언약 백성들과 하나님의 결혼 이미지가 가지는 긴 역사를 기반으로 한다. 요한과 예수의 관계에 대해 말하고 있는 다른 모든 기술들과 비교해 보면, 이것은 신학적으로 심오한 것이다. 그것은 하나님의 구원역사와 목적 속에 있는 예수의 우월성을 증언하고 있다. 요한의 제자들이 던졌던 질문이 이 주장을 촉진시켰다는 것은 요한의 제자들에게 요한을 따르지 말고 이제는 하나님의 백성을 이끄는 예수를 따르라는 부르심을 강화시킨다. 요한을 신랑의 친구와 동일시하며 요한복음은 요한과 예수 사이의 어떠한 경쟁도 억누르고 있다.

유대의 관습에서 신랑의 친구는 신부를 신랑에게 데려왔다. 그리고 그는 신방을 지키고 서지만 결코 함께 첫날밤을 치루는 신랑과 신부의 행복한 사랑을 방해하지 않는다.Talbert: 106 게다가 요한이 자신의 두 제자를 예수에게 넘길 때1:36-38, 그는 신랑의 친구로서 약혼과 결혼식으로 신부를 데려다 주었던 것이다.Coloe 2007:33 "행복한 사랑"에 대한 탈버트의 강조는 29절에 나오는 마지막 두 구절에 본문적인 기반을 갖는다: 신랑의 친구는 신랑이 오는 소리를 들으려고 서 있다가, 신랑의 음성을 들으면 크게 기뻐한다. 나는 이런 기쁨으로 가득 차 있다.

우리가 증언자 요한을 생각할 때는 흔히 털옷을 입은 채 회개하라고 사람들을 부르고 심판과 멸망을 읊조리는 금욕적인 광야의 사람을 그린다. 그렇지만 요한복음에서는 기쁨에 넘치는 대조를 이루고 있다: 요한은 예수의 혼인에서 신랑의 옆에 선 예수의 친구이며, 그요한는 기쁨에 가득 차 있다! 만일 누군가 설교를 하려고 이 부분에서 요한복음과 누가의 증언을 혼합한다면, 증언자 요한이 갖는 끝자락bookend의 초상은 그를 기쁨이 넘치는 등장인물로 그리는 것이다! 누가복음 1:44b는 그 아기가 엘리사벳의 태 안에서 임신한 마리아를 맞는 소리를 듣고 "기쁨으로 뛰었다."고 한다. 증언자 요한은 예수로 인하여 기쁨으로 가득하다—그가 태어나기도 전에 그리고 요한복음에서 그의 마지막 발언 속에서 말이다! 우리가 "세상에 기쁨이 있으라, 주님이 오신다!"라고 노래할 때 요한은 기뻐한다.

네 번째로, 그는 흥해야 하고 나는 쇠해야 한다. 만일 예수가 신랑이고 요한이 신랑의 친구라면 사실상 그렇다. 하나님의 구원강림 속에 있는 예수의 위치가 우월하다는 것은 분명하다. 따라서, 요한의 제자들에게, 그리고 모든 이들에게 이런 결론적인 지시는 나팔과 같은 선언이다: 예수 안에서 당신은 하나님께로 가는 길을 찾는데, 이 하나님은 자신의 백성들과 함께 오랜 기간의 여정을 하셨으며, 불멸의 사랑을 가진 채 신부인 그들에게 구애하신다.

3:31-36 위로부터 오신 이: 생명과 죽음의 의미 ^w

이 단원의 목적은 핵심을 강조하고 니고데모와 예수의 대화의 결과를 반복하는 것이다. 따라서 다음과 같이 시작한다. 위에서 오시는 이는 모든 것 위에 계신다. 요한복음 저자는 예수를 다른 인간들 보다 더 위로 자리매김한다.Meeks 1972: 56 32절은 정확하게 11절과 병행을 이루고 있지만 3인칭단수이다. 게다가 33-36절은 11-21절을 더 분명하게 하고 더 예리하게 만든다: 그 메시지를 들음에 있어서, 사람이 그것을 받아들이고 그 메신저를 영접하는가? 요한복음 뒷부분에서, 예수의 증언을 믿는 것은 지극히 중요한 문제가 된다.5:31-41; 9:12-20; 18:37 이 절들과 니고데모에게 한 예수의 말은 신앙의 결단 *krisis*을 역설한다: 듣는 자들은 예수를 하나님이 보내신, 사랑하는 아들로 인정할 것인가 Meeks 1972: 56-57?

33-34절은 세 가지 중요한 주장을 한다. 먼저 예수가 하나님의 말씀을 전하는 이유는 하나님께서 그를 보내셨기 때문이다. 그의 말씀은 아버지의 말씀이다. 두 번째로, 아들 예수는 아버지로부터 성령을 아낌없이 받았다. 그러므로 그의 말씀은 가장 높은 순서, 선지자들의 순서보다 높은 증언이 될 것이다. 그의 말씀은 성령과 생명이며6:63 NIV 2011, 그들은 생명을 준다.5:26을 참조 따라서, 아버지가 아들을 사랑하시기 때문에, 모든 만물을 아들의 손에 두신다. RSV에 따르면, 모든 만물을 아들의 손에 맡기신다. 이 점은 뒤따라 올 서사, 특히 5:27-30을 예고하고 있다. 사랑은 예수의 권위에 있어서 주된 원동력이다. 이런 사랑으로, 하나님은 아들에 대한 믿음을 통해서, 그리고 영생의 선물을 받음을 통해서 세상을 구원하고자 하신다.36절

31-36절이 선행하는 담화를 요한복음의 저자가 요약한 것인지 아니면 증언자 요한의 언급이 계속되고 있는지는 여전히 논란의 여지가 있다. 3:31-36을 요한의 계속되는 언급으로 보는 사람들이 옳을 수 있다.Wilson; Rensberger 1988: 54-61 그 이유는 요한이 말하는 것은 3:13-21에서 예수가 자신에 대하여 언급하는 것을 강화시키기 때문이다. 양쪽 부분 모두의 상식적 특징은 윌슨Wilson 37이 보여주듯이 이런 시각을 뒷받침하고 있다. 신실한 증언자인 요한은 예수의 말씀을 이해하지 못하는 것으로 나타나는 니고데모와는 대조적이다.

4:1-2 바리새인들이 궐기하다: 누가 침례를 주는지를 분명하게 하기

바리새인들이 들었던 것을 예수가 누구에게 들었는지는 확실하지 않다: 예수는 요한보다 더 많은 제자들을 모았고 침례를 주고 있었다. 아마도 어떤 유대인으로부터 들은 요한의 제자들이 결국 예수의 제자들에게 알렸고, 예수의 제자들이 예수에게 알렸을 것이다.3:35 그렇지만 두 제자 그룹의 침례 행위는 판이하게 다른 장소에서 일어났다.3:22-23 그럼에도 불구하고 요한복음의 저자는 예수와 그의 성장하는 운동이 각광을 받았다고 독자들에게 전한다. 예수의 안전과 그의 사역을 완전히 이루기 위해서는 장소를 옮길 때가 되었다. 그렇게 4:3로 이어진다

그렇지만 중요한 설명이 있어야만 한다. 예수 자신은 침례를 주지 않았다.3:22b는 예수

가 그랬다고 하고 있지만 오히려 그의 제자들이 침례를 주고 있다. 우리가 이유는 잘 모르지만, 이것은 중요한 구분이다. 분명히 그 언급은 물로만 침례를 준다는 것이지만, 예수의 사역은 요한이 앞서 말한 것과 같이 성령으로 침례를 주는 것이다.1:33c 이 서사 속에서 나중에 성령 침례를 등장시키기 위해 예수의 침례에 대한 인정을 서사적으로 잠시 붙잡아 둔 것인가?7:37-39와 20:19-23의 논의를 보라 링컨Lincoln은 요한의 침례사역과 관련하여 예수에 대해서 이런 방식으로 말하는 것은 예수의 이름으로 하는 침례와 요한의 침례를 관련시켜 명료성을 찾는 요한공동체의 신자들에게는 이중적인 기능을 가진 것이라고 주장한다: "있는 그대로, 4:2의 삽입구 언급은 기독교 침례가 요한의 침례와 같은 시기로 거슬러 올라간다는 주장을 여전히 유지하고 있지만, 예수와 그의 제자들을 구분함으로써 단순히 예수가 스스로 요한의 침례를 이어가는 것으로 보일 수 있는 시각을 피하고 있다."2005: 166 정리하면, 기독교의 침례는 요한의 침례를 계승하고 있다는 일부 시각이 있다고 할지라도, 요한의 침례와는 질적으로 다른 것이다. 그 이유는 예수의 침례에서 물은 거듭남을 의미하기 때문이다.요 3:4-7 요 7:37-39와 20:22-23는 이런 구별을 분명히 한다: 예수는 제자들에게 성령을 내리신다. 그렇지만 본문 어디에서도 요한을 폄하하지 않고 오히려 요한을 예수에 대한 신실한 증언자로 그린다.Rensberger 1988: 57, 61

4:3 예수가 다시 갈릴리로 돌아가다

갈릴리로 돌아가는 것은 여기서와 2:1-12에서 유대에서 있었던 예수의 사역이 강도가 줄었다는 것인가? 비록 흐름이 갈릴리로 전환되고는 있지만, 적어도 5천명을 먹이는 6장에서는 최소한 어느 정도 그렇게 보일 수 있다. 그렇지만 여정이 드러남에 따라, 다른 우선순위가 곧 나타나게 된다―그것은 바로 사마리아로 가는 사역이다!

성서적 맥락에서의 본문

예수의 아버지 집인 성전 W

눅 2:46와 요 2:16에서 모두 예수는 성전을 내 아버지의 집이라고 부른다. 이것이 중요한 것에는 몇 가지 이유가 있다. 예루살렘 성전의 파괴 이후, 아마도 요한복음의 역사적 배경이 서사 속에서 성전 정화를 다시 위치시키는 수수께끼에 영향을 주었을 것이다. 유대인 그리스도인들의 신앙 규례에 있어 성전의 파괴가 주는 영향이 예수가 예루살렘에 입성할 때 성전에 대한 예수의 예언적 재건을 논리적인 첫 번째 행동으로 만들었던 것이다. 예수의 성전정화를 말하는 누가의 보도는 굉장히 짧다.19:45-46 만일 요한복음이 누가만을 알았다면, 그렇게 다루는 것은 "정화"를 먼저 놓고 그 신학적 의미를 극대화시키는 결정을 내렸을 것이며, 그는 분명히 그렇게 하고 있다. 나아가, 12세 때 성전에서 말하는 예수에 대한 누가복음의 보도는 또한 아버지의 집이라고 부르는 예수의 성전 재건을 촉진시키는데눅 2:49를 참조, 거기에서 예수는 다음과 같이 말한다. "제가 아버지의 집에 있어야 한다는 것을 모르셨습니까?"

내 아버지의 집이라는 예수의 선언은요 2:16c 기독론과 종말론에 있어서 광범위한 암시들을 갖는다. 메시아인 예수가 시대를 바꾼다는 것은 강력한 주장이다. 메시아의 도래와 성전의 회복은 메시아적 희망이 갖는 두 개의 특징이다. 어떤 선지자의 부류는 메시아의 도래가 이방인들을 하나님의 백성으로 포함시키는 시대를 열 것이라고 강조하고 있다.사 2:1-4; 56:6-7; 믹 4:1-7; 겔 40-48; 스가랴 6:15; 솔로몬의 시편 17; McKelvey: 9-24 누가와 요한이 이방인의 포함을 그리고 있는 독특한 방식이 논리적으로 이어진다: 예수의 나사렛 설교 25-30절 이후 누가복음은 4장에서 이방인들을 언급하고, 요한복음 4장은 사마리아인들과 로마의 관리를 받아들이는 것을 강조한다.

누가복음에게 있어 "내 아버지의 집"은 하나님의 아들 예수 및 십자가에서 한 예수의 두 가지 기도를 강하게 강조한다. 십자가에서 그는 하나님을 "아버지"로 부른다.눅 23:34, 46 요한복음에 있어서 그것은 17장에 나오는 예수의 기도 속에서 절정을 이루는 아버지와 아들이 함께 하는 관계를 위한 무대를 여는 것이다: 아버지17:1, 거룩한 아버지11절, 의로우신 아버지25절, 그리고 예수의 마지막 위임 "아버지가 나를 보내신 것처럼 나도 너희를 보낸다."20:21

내 아버지의 집은 다윗이 아니라 그의 아들이 성전을 짓게 될 것이라고 다윗에게 하신 하나님의 약속을 상기시킨다. 그렇지만 주님은 다윗에게 다음과 같이 약속한다. "나는 그에게 아버지가 될 것이며 그는 나에게 아들이 될 것이다." 삼하 7:14 모든 유대인들은, 누가나 요한복음에서 "내 아버지의 집"이라는 말을 들을 때 고대의 약속이 새롭게 울리고 있으며 지금 여기에서 거하고 있다는 것을 알았을 것이다! 하나님이 다윗의 혈통에 영원히 왕권을 약속하신 것은 이제 예수 안에서 초점이 맞춰진다. 예수는 스가랴가 그런 것처럼, 누가복음에서 모든 의롭고 독실한 유대인들이 놀라고 있는 메시아적인 왕권의 소망을 이룬다. 누가복음은 성전에서 시작하는데, 이곳이 바로 나중에 예수가 내 아버지의 집이라고 부르는 곳이다.

콜로에가 자신의 책 두 권에서 훌륭하게 보여주었듯이2001, 2007; 또한 Kerr; Hoskins, 요한복음에서 성전과 신성한 거하심은 그 서사 속에 스며들어 있다. 1:14, 51절에서 시작된 성전이라는 주제는 요한에서 자라나고 있다: 2, 3, 4, 7, 10, 14, 18-19장. 성전의 이미지는 신약성서 다른 곳에서도 나타난다.고전 3:16-17; 6:19; 엡 2:19-22 각각의 사용은 조금씩 다르다. 고린도전서 본문에서는 신자들이 하나님의 성전이며 연합된 공동체 속에서 함께 성령이 거하신다. 바울이 신자들에게 성매매를 금하고 있는 두 번째 본문에서는, 신자들의 몸이 그 안에 성령이 거하시는 하나님의 성전이다. 세 번째 본문에서는, 이전에는 소외되었으나 이제는 그리스도의 평화로 연합된 유대인 신자들과 이방인 신자들은 "서로 연결되어서 … 주님 안에서 거룩하신 성전으로 자란다." 2:21 "하나님의 성전, 하나님의 거하심은 이제 지금까지는 원수였던 사람들이 서로에게, 그리고 그리스도 안에서 하나님과 더불어 평화롭게 이루어진다." Yoder Neufeld 2002: 124-33, 특히 128

요한복음의 영생W

생명이 신약과 구약을 관통하고 있지만, 영생은 요한복음의 주요 모티브이며, 신약의 다른 곳에서도 등장하고 있다.막 10:29-30; 마 25:46; 롬 2:7-8; 갈 6:8; 디도서 1:2; 3:7; 유다서 21 누가복음 10:25에서 율법교사는 예수에게 묻는다. "내가 무엇을 해야 영생을 얻겠습니까?" 예수는 선한 사마리아인 이야기로 대답한다. 예수는 만일 네가 사마리아인이 했던 것처럼 자비를 베풀면, 너는 "살 것이다."라고 한다. 이 용어는 후대의 구약성서들과 다른 유대교 문헌 속에서도 등장한다. 영생은 히브리 용어 *lehayyey 'olam*을단 12:2 뛰어넘고 있으며 "도래할 시대"에 대한 소망과 연결되어 있다. 이 시대는 예수의 도래로 시작하며 지속될 것인데, 그 이유는 영생은 현재이자 미래의 약속이기 때문이다.요 5:24-25, 29 [영생, 531쪽]

공관복음서 및 바울과 비교했을 때, 요한복음에서의 영생은 요한복음의 핵심이 되는 구원의 모티브 가운데 하나를 지칭하고 있는 것으로 보인다. 그것은 공관복음서에 나오는 "하나님의 나라" 그리고 바울에 나타나는 "하나님의 의"와 유사하다. 요한은 하나님의 나라를 니고데모와 예수의 만남 속에서 여러 번 사용하고 있다. 공관복음서에서처럼, 요한복음의 예수는 어떻게 사람이 하나님의 나라를 볼 수/들어갈 수 있을지에 대해 말한다.3:3, 5 그렇지만 그것은 영생과 비교되는 반복적인 모티브는 아니다.3:15, 16, 36; 4:14; 5:24; 6:40, 47, 54, 68; 등 요한복음 10:10은 생명을 … 풍성하게 얻음을 소개한다. 예수는 생명을 가져다주기 위해 온다. 실제로 이것은 요한복음의 주요 모티브들 가운데 하나이다.

신랑, 예수

요한복음의 저자가 요한을 신랑의 친구로 부르며, "혼인잔치의 손님들은 신랑과 함께 있는 동안에는 금식하지 않지 않는가?" 2:19a라는 마가의 수수께끼는 모두 눈길을 끄는 병행구절이다. 마가는 "신랑"을 다음의 두 가지 선언 속에서 사용한다: "신랑을 자기들 곁에 두고 있는 동안에는 금식할 수 없다. 그러나 신랑을 빼앗길 날이 올 터인데, 그 날에는 그들이 금식할 것이다." 2:19-20b 마가와마 9:15; 눅 5:34-35의 병행구절과 더불어 요한복음의 유사성은 인상적이다. 양쪽 모두, 요한의 제자들의 행동이 신랑의 언급들을 촉진시키고 있다! 그렇지만 가장 큰 차이점은 화자이다. 마태복음에서는, 예수가 금식에 대한 요한의 제자들의 질문에 대답한다. 마가와 누가에서는 묻는 이가 "사람들" 혹은 "그들"이다. 제4복음서에서는, 증언자 요한이 예수의 침례에 대한 자신의 제자들의 경고에 응답한다. 요한의 제자들은 선택된 메시아인 예수의 의미에 대한 논의를 촉발하고 있다. 그들은 기다려 온 분의 "표식들"이라는 실마리를 찾고 있다. 이런 시각에 비추어, 신부를 갖는 이라는 요한복음의 구절은 예수의 침례를 암시한다—그런 방식으로 그의 신부를 모으는 것이다. 증언자 요한은 신랑의 친구이다!

하나님이 선택한 백성, 이스라엘과 하나님의 관계를 묘사함에 있어 혼인의 이미지가 신약과 구약 모두에 가미되어 있다. 호 2:19-21; 렘 2:2-3; 사 54:5-6; 62:4-5; 겔 16:1-14 신약성서에서는 교회와 하나님의 관계가 역시 혼인의 이미지로 묘사된다. 고후 11:2; 엡 5:25-27; 계 21:2 하나님은 이스라엘이 우상숭배를 되풀이함을—바알과 다른 신들을 섬김으로—상기시킴으로 이스라엘이 이런 혼인 관계 속에서 신실하지 못했음을 추궁하신다. 주 하나님은 이스라엘이 한쪽으로는 우상을 섬겼으며 다른 한쪽으로는 전쟁의 힘과 재물에 의존했음을 비난하신다. 사 2:5-8, 18-20 이스라엘의 신실하지 못함은 매춘부와 같다. 겔 23; Lind: 193-98 호세아1-3장; 6:4-6는 다른 파트너들에게 구애하며 다른 신들의 환심을 사려고 한 이스라엘에 대한 하나님의 연민과 상처와 분노를 묘사한다. 그렇지만 하나님은 언약하신 사랑과 약속을 저버릴 수 없다. 하나님은 이스라엘을 꾀어서 광야로 데리고 가실 것이다.2:14 백성들의 마음은 변할 것이며 그들은 바알을 내칠 것이다.2:16 "내가 너를 영원히 아내로 맞아들이고, 너에게 정의와 공평으로 대하고, 너에게 변함없는 사랑과 긍휼을 보여 줄 것이다." 2:19; Guenther: 38-73 엡 5:25-27에서, 그리스도는 교회를 신부로 맞아들인다. 여기서 그리스도는 "교회를 물로 씻고, 말씀으로 깨끗하게 하고 계시"는데, 아마도 침례를 언급하는 것 같다.Yoder Neufeld 2002: 262 에베소서의 이런 이미지를 놓고 볼 때, 제4복음서 저자가 많은 이들에게 침례를 주는 예수에 대해서 증언자 요한의 제자들로부터 질문을 받고 나서야 예수를 신랑의 이미지로 자리 잡게 하고 있다는 것이 중요하다. 나중에 4:2에 나오는 표기로 단서를 단다 침례와 신부는 변함없이 함께 가는 것이다!

교회의 생활에서의 본문

새로운 탄생 ᵂ

초대 교회 저자들은 빈번하게 새로운 탄생을 말한다. 도나투스에게 보내는 첫 번째 편지 3-4에서 키프리언3세기은 요 3:3, 5에 관한 주석에서, "거듭남"의 언어로 자신의 개종을 적고 있다. "내가 여전히 어둠 속에 있을 때, … 진리와 빛으로부터 떨어져 있는 동안, 나는 사람이 다시 태어나며 … 이전의 그를 벗어버리는 것이 어려운 것이라고 생각했었다."Talbert: 99

사람이 "거듭날 수 있"고 어떻게 "거듭나는지"에 대한 문제는 기독교 역사에서 계속된다. "막시무스 콘페소Maximus Confessor 580-662는 하나님으로부터 거듭나는 것에는 두 가지 방식이 있는데, 그 중 하나는 여전히 죄를 저지를 수 있는 잠재력과 가능성을 가진 채로 하나님의 자녀가 되는 것이며, 다른 하나는 사람이 성령에 절대적으로 복종함으로 완전히 진정으로 변화되는 것이다."Malatesta: 249 이것은 기독교 윤리에서의 두 가지 단계를 가진 로마 가톨릭의 신학을 반영한다: 첫 번째 단계는 평신도의 윤리이며, 두 번째는 오직 수도사들과 수녀들만이 이룰 수 있는 윤리이다.

메노 시몬스Menno Simons는 1537년경에 새로운 탄생에 대한 논문을 썼다. 메노의 저서들 가운데 확대되고 교정된 웽거판Wenger edition에서 메노92는 회개가 새로운 탄생으로 가는 첫 번째 걸음이라고 강조한다. 그런 회개조차도 "성령을 통해 신앙으로 마음속에서 올바로 가르침을 받고 올바로 이해되어 받아들인 주님의 말씀"에서 비롯된다. 새로운 탄생에 대한 메노의 훈육은 도덕적인 삶 속에서 새로운 탄생을 보여주기 위해 그러한 거듭남을 촉구한다. 요한1서에 스며들어 있는 강조점 만일 그들이 그리스도에 대한 순종 속에서 살지 않는다면, 메노는 그들이 새롭게 태어났다는 주장을 강하게 거부한다. 아이처럼 침례를 받으면서, 그들은 사악한 행위를 저지른다. 그의 묘사들은 길며 생생하다. 그는 "통치자들과 지배자들"의 죄악 가득한 기쁨들을 열거한다. 그런 다음 그는 뇌물을 받는 것을 비롯하여 "무고한 피를 흘리는 것," "섭정자와 심판자들"의 비뚤어진 죄를 나열한다. 이후에 그는 "성직자, 설교자, 신부들 혹은 수도사들"의 죄를 호되게 꾸짖는다: 육욕, 그릇된 성서해석, 증오, 거짓 등등. 마지막으로 메노는 일반 사람들의 더욱 부도적한 죄악들을 열거한

다: "거짓, 부정, 저주, 도박, 음주 그리고 다툼."98-99 그런 삶은 새로운 탄생을 나타내지 못하는데, 거듭남을 받은 이들은 증오와 보복에 대해 아무것도 모르며, 오히려 자신들을 미워하는 사람들에 대한 사랑을 입증한다.

메노는 그런 거듭남의 표시를 상세히 밝히고 있다—그들의 삶이 어떻게 그리스도의 가르침을 반영하고 있는지를. 그는 모든 종류의 죄와 사악함으로 그들을 비난하면서 그런 사회를 정죄하는데 몇 쪽을 할애한다. 메노는 회개가 반드시 거듭남에 선행해야 한다고 되풀이한다. 그렇지만 만일 거듭났다고 주장하는 사람이 계속 죄를 짓는다면, 변화는 나타난 것이 아니다. 그의 마지막 호소는 유아세례의 타당성을 무효화시키는 것으로, 유아세례는 삶을 회생시키는 것이 아니라 삶을 악화시키는 것으로 이어지기 때문이다.96-97

20세기 후반에, 기이한 현상이 미국 언론을 휩쓸었다. 정치인들과 할리우드 명사들은 "거듭남"을 시험했다. "거듭남"은 개인적인 명성을 뒷받침했다. 이따금 거듭남은 삶의 급격한 변화를 만들어 내었고, 그 증언은 진실하다는 증거가 된다. 수년 동안 그리스도인의 고백을 하고 진지하게 살아 온 그리스도인들은 그런 새로 만들어진 "거듭난 사람들"을 격려하는 것에 주저했다. 메노로부터 가르침을 받은 메노나이트들은 그런 주장을 시험하기 위해서 변화되고 거룩한 삶을 기대한다.

일반직인 시각은 거듭남을 천국으로 가는 편도행 열차표를 보장하는 하나님과의 개인적인 경험으로 너무도 자주 축소시키고 있지만, 선한 도덕적 인격은 낳지 못하고 있다. 따라서 쾌락주의적 삶의 양식이 지속되는 것이다.

요한복음의 시각에서 보면, 거듭남은 빛 속에서 사는 것을 의미하며, 하나님과 하나님의 말씀에 순종하는 것이다. 그것은 또한 지금 시작된 영생을 약속한다. 거듭남은 죄를 짓는 행위들을 그만두는 것을 의미한다.요일 3:9 귀신축출에서 엑스타시까지, 침례에 대한 8가지 고백적 이해를 제시하면서, 러셀 하이츠Russell Haitsch는 신자들의 침례를 묘사하기 위해 "새로운 인간으로 들어가는 침례"라는 소제목으로 요더John Howard Yoder의 저작들을 사용한다.23-45 침례는 한 인간의 특정한 역사, 인종적 정체성 및 특별한 은사들이 억제되지 않고 존중되는 새로운 창조와 공동체 속으로 들어가는 것을 의미하지만, 또한 새 공동체의 연합된 삶의 우위성으로 인해 상대화되기도 한다. 하나님으로부터 소외된 삶을 회개하고 침례를 받은 모든 사람들은 "동료 신자들과 연합되고 동등해 지도록 초대된다." 침례는 단순히 인간 혹은 사회의 새로운 시작이 아니다. 오히려, 침례는 예수 그리스도의 새로운 체제 속에서 사는 것을 시작하는 것이다: 예수는 "인간, 사회 그리고 정치적 관계들의 새로운 가능성을 가져오는 사람이다. 그의 침례는 취임식이며 그의 십자가는 예수의 제자들이 나누도록 부름을 받은 새로운 체제의 절정인 것이다."Haitch: 37; J. H. Yoder 1994: 52

복음전도와 철학 속의 요한복음 3:16 W

요 3:16은 흔히 복음전도에 사용된다. 그 구절이 지닌 복음적 힘, 즉 요한복음의 대헌장은 맥스 루카도Max Lucado의 반영으로 촉진되었는데, 여기서는 다음과 같이 내가 수정하여 예시로 삼고자 한다:

하나님께서 사랑하신다.

하나님께서 당신을 그대로 두지 않으실 것이다; 하나님은 당신을 원하신다.

하나님께서 주셨다.[고전 15:3; 갈 1:4; 3:13을 참조]

믿으라요14:6; 행4:12

믿으면, 우리는 영생을 얻는다.

우리는 산다.벧전 1:3; 딤후 1:10; 롬 14:8b

"살든지 … 혹은 죽든지, 우리는 주의 것이다."

요한복음 4:4-54

예수의 평화사역: 세상의 구원자

사전검토

팔레스타인 사람들은 이스라엘이 자신들에게 부과한 현재의 인종차별정책에 대항하기 위해 버스를 타고 유대 인근지역으로 들어간다. 로사 파크스Rosa Parks는 뒷자리에 앉으라는 말을 들었음에도 인종적 차별에 항의하기 위해 앞자리에 앉아 있다. 백인 미국인들은 만연한 사회적 경계선들을 위반하는 것을 알면서도 "유색인" 친구들을 방문하기 위해 1982년 남아프리카에 있는 "흑인거주구역township"으로 차를 몰고 들어간다. 예수는 자신이 돌에 맞아 죽을 수도 있다는 것을 알면서도 사마리아를 통해서 가는 위험을 감수한다.

요한복음 4장은 예수의 사역에 있어서 중요한 전환을 표시한다. 예수는 갈릴리로 가는 길에 사마리아를 지나가야 하는 "신성한 필요성"4절의 dei을 느끼고 있다. 사마리아 여인과 예수의 만남은 예수의 의도적인 사역으로서, 사역과 화평에 있어 의미 있는 일이었다. 적의 땅을 거쳐 통과하는 것이 갖는 파문들은 무엇이었을까?

사마리아 여인은 소외된 사람으로서, 명망 있는 종교 지도자인 니고데모와 대비된다. 요한복음 3장에서 4장으로 넘어가면서, 서사는 유대인들과 사마리아인들 사이의 적대감에도 불구하고, 바리새인 지도자가 예수를 공공연하게 믿지 못하는 장면에서 예수를 믿는 사마리아 여인의 대화로 옮겨간다. 만일 니고데모가 예수를 이해하지 못했다면, 이 사마리아 여인은 어떻게 그럴 수 있는가? 물의 이미지와 믿음의 주제는 기가 막히게 두 이야기를 연결시킨다. 이런 사실로 니고데모의 반응이 기껏해야 비밀스러운 믿음이라면, 사마리아 여인의 반응은 공공연한 증언이다. 그녀는 많은 마을 사람들의 회심을 이끌었던 증언을 한 요한복음의 첫 번째이자 유일한 신자이다. 양쪽 등장인물은 예수를 개인적으로 만난다: 먼저 니고데모는 예수를 찾는 주도권을 쥐고 있다. 두 번째로, 예수는 사마리아 여인을 찾는다. 두 명의 등장인물은 계시자이면서 구원자인 예수에 대한 백성들의 반응을 대표하는 역할을 하고 있다.

예수와 사마리아 여인의 이야기는 여러 가지 측면의 의미로 읽힌다: 문학적, 역사적, 그리고 형상적인 측면이다. 이 서사는 고대의 환대 풍습으로 이해해야 하는가Alterbury 아니면 구약의 전형적인 이야기들을창 24: 29 반영하고 있는 약혼을 함축하는 것으로 이해해야 하는가? 만일 후자라면, 증언자 요한이 예수를 신랑으로 말하고 있는 3:29는 무엇을 의미하는가?

역사적 인종의 정황 속에서 예수의 사역은 무엇을 의미하는가? 유대교 율법에 어울리지 않는 이런 만남은 예수의 신성한 정체성을 드러내기 위한 사례가 된다−이 여성에게 … 공공연하게! 요한복음에서 예수를 세상의 구원자로 받아들이고 선언하는 최초의 그리고 유일인 사람들인 사마리아인들의 포함을 강조하는 것은 4:42 교회적인, 1세기 청중을 제외시키지 않고, 요한복음이 기록되었던 공동체 속에서 사마리아인들이 가졌던 역할에 대한 역사적 반영을 자아낸 것이다. 이 이야기는 선교와 화평이 아름답게 어우러지고 있는, 신학적이고 윤리적인 의미를 물씬 풍기고 있으며, 이 이야기를 오늘날의 교회의 삶과 관련시켰을 때 결코 작지 않은 의미를 갖는다.

이 서사 속에서 제자들의 역할은 아주 흥미롭다. 그들이 예수와 함께 있음은 그 여인이 있음을 그린다: 제자들은 음식을 사러 갔고8절 예수와 여인은 만남이라는 무대에 있어서 유일한 등장인물이 된다. 제자들이 돌아왔을 때27절 그들은 예수가 여인과 이야기 하고 있음에 놀랐다. 그들이 왔을 때는 여인은 우물에 물항아리를 두고 떠나서 사람들에게 중대한 소식을 전하러 집으로 향한다. 동시에, 예수는 제자들에게 선교라는 일을 맡긴다. 예수가 선교를 시작하고 사마리아 여인이 선교를 완성한다면, 제자들은 선교의 위임을 받는다.4:35-38

다른 선교 이야기가 다음으로 이어진다. 또 다른 형태의 "적," 로마의 관리의 요청을 받아, 예수는 죽어가는 소년을 치유한다. 이방인 관리는 역시 예수를 믿는 원형이 된다.

그는 당신의 아들이 살 것입니다라는 예수의 말씀을 믿으면서 집에 갔을 뿐 아니라, 예수가 말했던 바로 그 순간에 그의 아들이 치료된 것을 보고는, 그와 그의 모든 가족이 믿었다.RSV 이것은 갈릴리에서 예수가 행한 두 번째 표적이다.

이 두 이야기들은, 선교와 화평을 함께 엮으면서, 믿기 어려운 영웅들과 함께, 요한복음의 신학적 의도를 드러내고 있다.

개요

예수와 사마리아 여인, 4:4-26

삼위일체의 선교, 4:27-42

지리적 이동: 가나에서 갈릴리로 돌아옴, 4:43-45

예수가 로마 관리의 아들을 치유하다, 4:46-54

주석적 해설

예수와 사마리아 여인 4:4-26 w

주석가들은 흔히 요한복음 4:4-42를, 그 중심에 예배에 관한 19-24절을 두고 있는 교차대구법으로 본다. 그렇지만 대부분의 주석가들은 예수의 나는 ~이다 라는 자기 계시를 25-26절에 나오는 사마리아 여인과 관련해서는 도외시하고 있다. 이런 교차대구는 진정한 예배와 예수의 진정한 정체성, 나는 ~이다 사이의 C와 C' 상호연결 속에서 그리고 있다:

A 예수와 사마리아 여인이 우물가에서 만남4:5-9

　B 생명의 물에 대해서 여인과 대화4:10-15

　　C 진정한 예배에 대한 대화4:16-24

　　C' 예수가 나는~이다 정체성을 드러낸다.4:25-26

　B' 진정한 음식에 대해 제자들과 대화4:27-28

A' 사마리아인들과 예수의 만남4:39-42

이런 교차대구는 다양한 주제들을 하나의 매끄러운 전체로 나타낸다. 우물과 생명수는, 둘 다 정혼의 상징으로, 남편들에게로 이어지며, 이어 예수의 기독론적 공표를 포함하고 있는 진정한 예배로 이어진 후에, 마지막으로 선교의 음식으로 이어지며 숫자가 증가한다.4:35-38 사마리아 여인은 대표 역할을 한다. 리Lee 1993: 38-39; 2002: 72는 한 이미지에 각각 중심이 되고 있는 세 가지 장면을 보여 준다: 생명수hydor zon, 4:10, 신성한 장소topos, 4:20, 그리고 양식/추수.brosis/broma/therismos, 4:32/34/35 이런 물질적 이미지들은 영적인 실재를 드러내는데, 어떤 이미지들은 신성한 것으로 인식된다: 물/포도주와 빵.M. Collins: 3-4

4:4-6 배경: 사마리아의 수가

예수가 사마리아를 통해서 움직여야만 한다는 것이 가장 중요하다. "그렇게 해야만 했다."dei라고 번역된 용어는 여기서 이전에 네 번 사용되었던 것에 대한 클라이맥스로 등장한다.나중에 4:20과 24에서도 등장함:

- 위로부터 나야만 한다.3:7
- 인자가 들려야 한다.3:14
- 예수가 흥해야만 한다.3:30
- 예수가 사마리아를 거쳐 가야 한다.4:4

후자는 지리적이고 신학적인 필연성을 갖는다. 이런 네 가지 사용은 각각 구원, 고난, 그리고 영광, 기독론과 선교를 말하고 있다. 이 모든 것이 요한복음의 목적을 위한 것으로, 20:31에서 언급되고 있다: 너희가 예수가 메시아, 하나님의 아들임을 믿게 하려 함이며 믿음을 통하여 너희가 그의 이름으로 생명을 얻게 함이다.AT 레이몬드 콜린스Raymond Collins는 요한복음에 나오는 등장인물의 전형적인 특징들을 주장하면서, 이 이야기들이 가르침과 설교 속에서 선언됨에 따라7-8 니고데모, 사마리아 여인, 그리고 다른 이들이 신자들 속에서 신앙을 쌓고 있다고 주장한다. 그들은 또한 신앙으로 이어진다. 이런 만남들은 예수가 자신의 선교를 이루기 위해서, 그리고 요한복음서가 목적을 달성하기 위해 필수적이다.

예수는 수가에 있는 역사적인 야곱의 우물에서 사마리아 여인을 만난다. 많은 주석가들이 수가와 현대의 아스카르Askar를 동일시 하지만, 두 개의 고대 시리아 사본은 세겜Shechem으로 적고 있는데, 이곳은 요한 힐카누스John Hyrcanus 하에 파괴된 도시였다. 야

곱의 우물은 현재의 아스카르보다는 세겜과 더 가깝다.D. M. Smith 1999: 110-111

예수는 한낮의 더위 속에서 피곤하고 목이 말라 정오 무렵 우물에 도착했다. 그 여인은 다른 여성들이 오는 이른 아침 대신 정오에 물을 길러 온다. 아마도 그녀는 다른 여성들의 입방아에 오르내리기 때문에 그 시간에 왔을 것이다. 그렇지만 그것은 우물가에서의 옛날 혼인 이야기를 비유한 것일 수 있다: 바로 야곱과 라헬의 만남이며창 29:7, 독자들에게 이 서사를 어떻게 읽어야 할지 실마리를 제공하고 있는 것이다.

예수가 사마리아를 거쳐 가야했다는 것은 요한복음이 본질적으로 선교적이고 화평케하는 것임을 의미한다. 유대인들과 사마리아인들 사이의 적대감은 오래되고 깊은 것이었다. 이런 적대감은 커져서 수세기를 지나는 동안 걷잡을 수 없을 만큼 소용돌이 쳤다. 북왕국의 포로기 시절에서 비롯된721 BC 이런 증오심은 에스라와 느헤미야의 포로기 이후 시대에 커졌다.약 464-438 BC 바벨론에서 돌아온 유대인들은 이스라엘에 남아있던 사람들과 이교를 숭배했던 지역주민들과 혼인관계를 맺었던 사람들과 대조하면서, 스스로를 "거룩한 씨앗"에스라 9:2 혹은 신실한 "남은 자"로 여겼다. 따라서 그들은 "그 땅의 민족들의 오염과 가증스러움으로 인해 부정"하게 되었다.에스라 9:11

페르시아 통치자인 산발랏Sanballat 하에서 사마리아인들은 되돌아온 유배자들이 성전을 재건하는 것을 가장 먼저 도왔지만, "참 이스라엘사람들"은—스스로 그렇게 생각했다—그들을 쫓아 보냈다.에스라 4:1-3 그리하여 사마리아 사람들은 느헤미야가 예루살렘을 둘러싼 벽을 재건하는 것을 방해했다.느 6:1-14 포로기 이후 유대인들은 이방인들과의 결혼을 막음으로 이런 "오염"으로부터 스스로를 열심히 보호하고자 했다. 예루살렘을 둘러싼 벽은 단순히 물리적이 아니라 종교적이고 민족적인 보호였으며, 사마리아인들에 대한 혐오감을 상징하고 있었다. 포로기 시대와 수 세기를 거치면서, 유대인들 사이에서는 두 가지 경쟁적인 이데올로기가 퍼져 있었다. 하나는 외부인들로부터 스스로를 더욱 지키려는 것이고신 23:1-8; 나훔, 다른 하나는 외부인들을 적극적으로 포함시키려는 것이었다.사 40-55; 56:1-8; 요나, 룻

알렉산더 대왕의 정복과 프톨로미의 통치는 두 민족들 사이의 긴장을 악화시켰다. 요세푸스에 따르면Ant. 18.4.1-2, §§85-89, 알렉산더가 사마리아인들에게 그리심 산 위에 그들만의 성전을 짓도록 허락했을 때 최후의 분립이 일어나게 되었다—그렇지만 고고학적 증거는 발견되지 않았다. 요세푸스는 그 성전이 하세모니안의 지도자 요한 힐카누스의 통치 하에 불살라졌다고 적는다.Donahue: 154n21; Mor: 16 집회서 본문은 약 120 BC 사마리아에 대한 유대인들의 반감의 깊이를 보여준다. 그들은 사마리아인들을 반이교도로 보

앉다: "나 자신이 혐오하는 민족이 둘 있고, 셋째 것은 민족이라고 할 수도 없다. 그들은 세이르 산에 사는 자들과 필리스티아인블레셋들 그리고 스켐에 거주하는 어리석은 백성들이다."50:25-26 70인역은 마지막 부분을 이렇게 표현한다. "사마리아 산에 거하는 이들."

4:7-18 생명수: 예수가 우물에서 사마리아 여인과 대화하다w

예수와 사마리아 여인 사이의 대화는 복음서 다른 곳에서 기록된 곳보다 길다. 예수는 제자들, 고소인들, 가족 혹은 치유를 구하는 사람들을 포함한 다른 누구보다도 그녀와 길게 이야기를 나눈다.

이 여인은 어떤 유대인 남자가 우물가에 있음을 보고 어리둥절해 하면서, 이 이름 모를 유대인이 물을 달라며 자신에게 말을 거는 것에 의아해 한다. 예수가 결코 마르지 않는 생명수를 약속하자 그녀는 호기심이 생긴다. 그리고 그녀는 흥미로워한다—아마도 예수가 그녀의 남편을 데려오라며 마음을 누그러뜨리는 개인적인 요청을 하자 그녀는 가슴이 철렁했을 것이다. 결국 그녀는 이 유대인, 예수를 통해서 하나님의 계시에 마음을 열었으며 예수가 누구인지를 알게 되자 경탄해 마지 않았다.

유대인들과 사마리아인들 사이에 길게 자리한 반감에 비추어 보면, 독자들은 공동체를 분열하게 한 문제들에 대한 이런 직접적이고 신학적인 대화로 인해 충격을 받을 것이다. 그것은 기독론적이 되며, 그 여인은 요한복음의 이상적인 선교자가 된다. 그녀의 백성들은 예수의 메시아적 정체성을 고백한다. 세상의 구원자이시다!

이 만남은 다른 문화적 금기 역시 깨고 있다. 유대교와 사마리아 사회에서는, 여성들은 공적으로 남성들과 이야기를 나눌 수 없게 되어 있었다. 만일 어떤 여성이 그렇게 한다면, 이런 행동은 그녀의 품행에 부정적으로 작용하여 사람들은 그녀를 문란하고 비도덕적인 여성으로 여기게 된다. 탈버트Talbert 112는 남성이 공적으로 여성과 대화를 해선 안되며 여성에게 인사하는 것을 금지하는 두 개의 랍비 본문을 인용한다.m. 'Abot 1:5; b. Qiddusim 70a: "여성을 맞는 것은 금지되어 있다." 9절은 예수의 행동이 갖는 이중적인 사회적 범행을 설명하고 있다:

여성: 어떻게 [남자] 유대인이 사마리아 여인인 나에게 물을 달라 하십니까?
서술자: 유대인들은 사마리아사람들과 상종하지 않기 때문이다.RSV

이런 만남의 충격은 서술자의 기술로 인해 강화되고 있다. 제자들은 예수를 떠났다; 이 두 사람만 이 대화 속에 있으며 대화를 이어간다. 종교적이고 사회적인 경계의 위반은, 문화적으로 그리도 깊은 나머지, 실제로는 상상할 수도 없다.

이 대화에 있어 핵심 모티브는 물이다. 예수는 목이 말라 물을 달라고 한다. 여성은 충격을 받는데, 예수가 그녀에게 말을 했기 때문만이 아니라 이 남자가 그녀의 물통에서 물을 먹으려고 했기 때문이기도 했다. 9b에 나오는 헬라어 동사*synchraomai*는 "함께 사용하다."를 뜻하는데, 마치 같은 도구를 사용하는 것과 같다. 물통을 공유하는 것은 유대법을 위반한 것이다. 예수가 갈증을 풀려고 물을 요구했지만, 본문은 여성이 예수에게 주었다고는 말하지 않는다. 오히려, 예수가 다시는 목마르지 않을 것을 약속하며 그녀에게 생명수를 제공함으로 대화를 전환하고 있다.

이런 교환 속에서 야곱의 우물물은*phrear*, 11, 12절, 생명수와 대조되고 있는 깊은 통로를 통해 접근할 수 있는데10d, 생명수란 영생을 쏟아내는 샘물[샘]이다.14 여성은 물을 길으러 이 우물*phrear*에 올 필요가 없도록 이 물을 달라고 간절히 구한다. 예수는 생명수 *hydor zon*를 말하고 있는데, 이 어구는 "흐르는 물"을 의미하기도 하며, 그녀의 오해를 보여주는 이중적 의미를 갖는다. 그렇지만 예수는 자연의 흐르는 물이 아니라 생명의 물을 의미한다. 여성은 아직 이것을 모르고 있다.D. M. Smith 1999: 13

예수가 사마리아 여인에게 생명수를 제공할 때–그녀로서는 혼란스럽지만 흥미로운– 그녀는 자신의 입장을 바꾸어, 비록 서술자가 여기서 이중의 의미를 의도했을 수 있지만 공손한 어조로, 예수를 고백적인 칭호가 아닌, 주님/선생님*kyrie*이라고 말한다: "이 단어를 갑작스럽게 사용하는 것은 그 여인이 어떤 형태의 존경도 보이지 않는 첫 대화와 크게 대조된다."Botha: 124 이 여성은 9절에서는 더욱 조심스러운 어조가 된다. 호격 호칭주님은 이 여성이 영생이 솟아나는 생명수를 간절히 구하는 15절에 다시 등장한다.14절 RSV 호격 호칭은 예수가 영적으로 자신을 캐는 것에 여성이 위협을 느끼는 17절에 사라지지만, 예수를 선지자로 인식하게 되는 19절에 다시 등장한다. 이 유대인 남자의 거슬리는 주도권에도 불구하고, 여성은 이제 보통 유대인을 대하는 것 이상으로 예수를 대하는 것을 보여준다.

네 가지 특징 혹은 모티브들이 이 서사와 요한복음 3장, 심지어는 2:11와 연결되고 있다. 먼저, 생명수를 줌에 있어, 예수는 한 가지 차원의 의미를 말하지만 그 여성은 다른 차원으로 듣는다. 이것은 니고데모가 *anothen*거듭남, 새로워짐 혹은 위로부터 남을 잘못 이해하는 것과 유사하다. 두 번째로, 예수가 주는 생명수의 문학적 정황은 물로 주는 침례이다.3:23-4:2 세 번째로, 증언자 요한은 예수를 신랑으로, 자신은 신랑의 친구와 동일시하며3:29, 요한복음 4장의 이야기는 결혼을 내포하고 있다. 네 번째로, 물과 신랑이라는 모티브는—여성, 우물, 그리고 물항아리를 비롯하여—이 본문을 2:1-11에 나오는 가나의 혼인과 연결한다. 이 서사 속에서 이런 형상과 결합하는 것은 우리로 하여금 더 깊은 형상적 차원, 실로 예술작품을 보도록 하고 있다.Trudinger: 10

신랑의 이미지는 아주 중요하며, 하나님이 언약의 백성들과 혼인관계에 있는 것으로 그려지는 구약의 본문들을 반향한다. 맥허터McWhirter 1-78는 수많은 구약의 배경들을 논의한다.렘 33:10-11; 창 29:1-20; 전 1:12; 3:1-4; 시 45편 결혼의 이미지는 중요할 뿐만 아니라 예수와 사마리아 여인의 만남을 이해하는데 있어서 결정적인 메시아적 의의를 가지고 있다. 예수가 우물에서 여인을 만나기 위해 사마리아를 통해서 가야 한다는 필수성 dei, 열린 대화, 그리고 그녀가 집으로 돌아갔다—모두 혼인을 내포한다: 아브라함의 종이 이삭의 아내를 찾는 중에 우물가에서 리브가를 만난 이야기와창 24:10-27 야곱이 라헬을 우물에서 만난 이야기창 29:4-12, 그리고 모세가 십보라를 우물에서 만난 이야기출 2:15-22를 보라.

요한복음 3장에서처럼, 예수의 대화상대는 영적인 실재를 인식하는데 어려움을 겪는다. 사마리아 여인은 간격을 뛰어넘지만 니고데모는 그러지 못한다. 예수가 영생을 주는 것은 양쪽의 서사 모두를 통합시킨다.3:15-16을 참조 4:14에서 예수가 영생을 선물하는 것, 생명수를 받는 것은 예수가 제자들에게 선교를 위임하는 4:36에서 영생을 예고하고 있다. 많은 사마리아인들이 이 선물을 믿고 받는다.42절 리Lee 1993; 38; 2002: 71을 참조는 다음의 다섯 가지 통합의 모티브들을 인용한다: 물, 침례, 성령, 세상, 그리고 증언.3:5-8, 16, 22-30 여섯 번째 모티브는 생명/삶이다.

예수의 목소리와 사마리아 여인의 목소리가 지닌 어조와 억양을 잡아내는 것은 어려운 일이다. 파즈단Pazdan 1974: 146이 제시한 것처럼, 예수가 물을 달라는 말은 요구였는가, 아니면 내가 더 현실적이라고 보는 의견인, 불확실한 상황에서 조심스럽게 요청한 것이었나? 예수는 물 양동이가 없었으나 사마리아 여인은 자기의 지역에 있으면서 그 우물에 대해 알고 있었고 물을 길을 수 있었으므로, 그 여성의 목소리는 우월한 교사의 목소리였는가? 그녀는 요셉의 아들 에브라임창 48:22에게 특별한 땅히브리어로 sekem, 그 마을의 이름은 Shechem을 할당해 주었던 야곱의 중요성을 알았다. 아울러 그녀는 그녀의 신앙 역사와 정체성 속에 있는 또 다른 기둥, 그리심 산을 알았다.Pazdan: 147 나는 그녀의 목소리, 특히 어디서pothen 당신이 그 생수를 얻겠습니까11절라고 묻는 질문에서 낯선 우월함을 기대한다. 그녀는 우물을 사용할 수 있다는 것을 알았다: "분명 이 남자는 이 지역에 대해 우리 거주민들보다 한 수 아래일 것이다!"라고 그녀는 추측한다. 오데이O'Day 1986b: 66는 *pothen*이 역설적이라고 주장한다: 독자들은 그 여성이 모른다는 것을 안다. 그녀는 예수의 선물과 정체를 무시한다.

그러자 예수는 그 여성을 경악시키고, 대화의 화제를 돌린다. 형상적인 차원에서 읽지 않는다면 그녀의 남편을 불러 오라고 했을 때16절, 이어지는 대화가 드러내듯이 그녀는 나에게는 남편이 없습니다라고 역설적으로 축소해서17절를 말하고 있다. 그녀의 어조는 바뀌었는데, 왜냐하면 이제 그녀는 예수가 그녀의 삶을 꿰뚫고 있다는 것을 알았기 때문이다. 그는 선지자임에 틀림없다!

자신의 선지자적 인식으로, 예수는 다른 것을 선언한다: 당신에게는 다섯 명의 남편이 있었고 지금 함께 하는 이도 당신의 남편이 아니므로 "나에게는 남편이 없다."고 말하는 것이 맞습니다. 당신이 말한 내용은 진실입니다! 예수가 이 여성의 진실성을 담고 있는 이중적 진술로 자신의 대답을 하고 있는 것이 갖는 의미는 무엇인가? 그것은 역설적인가? 오데이O'Day는 그렇게 본다. "예수가 그 여성의 언급의 진실성에 두고 있는 … 강조점은 그것이 신랄한 풍자 위에 접하고 있는 공공연한 역설이다." 1986b: 67 예수를 선지자라고 신인하면서 이 여성은 대화를 다른 주제로 전환한다. 그렇지만 형상적 차원에서는 역시나 동일한 주제이다 그 주제는 어느 장소가 예배에 더 적절한 것인지에 대해 유대인들과 사마리아인들이 오랫동안 벌여온 논쟁이다. "만일 그가 진정으로 선지자라면, 대답을 해야만 할 것이다!"

문자적으로 읽으면 이 여성이 도덕적인 낙인을 짊어지고 있음에도, 본문은 그런 점에 머물러 있지 않다―남편이 아니면서 이 여성과 지금 함께 살고 있는 그 남자에게조차. 유대교의 문화에서는―아마도 사마리아 역시 마찬가지로―오직 남성들만이 학대와 같은 예외적인 경우를 제외하고 이혼을 시작할 수 있었다.E. de Boer: 113 법적으로 더욱 용인될 수 있음에도 랍비들은 세 번의 이혼까지 승인해 주었다.Barrett 1978: 235 그렇지만 이 여인은 이혼한 것이 아니라 다섯 번에 걸친 형사취수제의 배우자였을 수도 있다.막 12:18-23; 신 24:1-4 참조 왜냐하면 예수는 그녀의 행위가 비도덕적이라는 것에 얽매이고 있지 않기 때문이다. 예수는 그녀와 신학적으로 예배를 위한 적절한 장소가 어디인지에 관해 이야기하는데, 바로 이것이 인종적 반감 속에 있는 핵심이다. 예수는 그녀가 생수로 오도록 "구원"의 대화를―공개적으로―계속하고 있다. 예수는 그녀와 그녀의 이웃 사마리아인들이, 비록 유대인들이 그들을 거부하고는 있지만, 자신을 세상의 구원자로서 알게 하기

위해 대화를 이어간다.42절

사마리아에서 예수가 한 선교는 종교, 정치, 성별규정, 그리고 결혼풍습의 범주를 산산이 부숴버린다. 오늘날 무슬림의 문화적 풍습은 성별, 이혼, 그리고 재혼에 관한 우리 서구의 개념보다 1세기의 팔레스타인의 가정에 가깝다. 예수가 사마리아로 간 것은 문화적으로 체제 전복적이다. 본문상의 흐름은 경계를 폭로함에서부터 구원의 생수를 소외되고 억눌린 여성에게로 확장시켜 궁극적으로는 소외된 사마리아인들—그 여성만이 아니라—을 메시아적 구원의 연대 속으로 맞이하여 그 경계들을 부수고 넘어서고 있다. 이 이야기는 공연을 하고 있다; 그 서사는 변화를 보이고 변화에 영향을 끼친다. 이 이야기는 소외된 민족들의 경쟁을 치유한다.H. Boers: 200

이 서사는 본문을 문자적−역사적 차용으로부터 상징적 의미에 대한 여러 가지 차원에 이르기까지 다양한 방식으로 해석되어 왔다. 수많은 주석가들은 사마리아 여인을 형상적으로, 예배에 있어서 사마리아인의 부정함을 드러내는 것으로 간주했는데, 그 이유는 사마리아인들은 다섯 개의 우상을 가지고 있었기 때문이다.왕하 17:29−31; 요세푸스, Ant 9.14.3 어떤 주석가들은 형상적인우화적인? 해석들에 맞서 싸우며Beasley−Murray 1999: 61; Bultmann: 188; Michaels: 247; Morris: 235 열왕기하의 본문은 다섯 개가 아니라 일곱 개의 신들을 언급한다고 지적한다. 그렇지만 형상적인 해석에서는 이 대화의 주제가 분리된 것이 아니라 논리적으로 물, 남편들, 예배로 진행된다. 몇몇 형상의 요소들은 설득력이 있다. 만일 어떤 사람이 형상적인 차원에서 그 본문을 설교하거나 가르친다면, 그 설교는 그리스도인들이 어떻게 다른 신앙을 가진 사람들과 힌두교의 증인들, 그리고 수많은 신들을 섬기는 다른 다신교도들과 연결하고 있는지를 말할 것이다. 아버지를 신령과 진정으로 예배하라는 24절의 가르침은 종교적 다원성을 지닌 우리 사회에 새로운 깊이와 타당성을 가져다준다.

이 서사를 그는 흥해야 한다.3:30를 성취하는 것으로 해석하는 맥훠터McWhirter 58−59는 다음과 같이 말한다. "성서에 나오는 혼인 이야기들을 연상케 하는 장면에서, 신랑−메시아는 많은 사마리아 신자들과 함께 그가 흥할 것임을 덧붙이고 있다." 이런 서사는 초대교회가 사마리아인들에게 하는 선교를 위한 대헌장Magna Carta이 된다.행 1:8; 8:4−24 를 참조

역사적인 것과 상징적인 것 사이에서 하나를 선택해야만 한다는 개념은 거부되어야 한다.Leon−Dufour 신령과 진정으로 예배하는 것과 관련된 나는~이다라는 예수의 자기공개는 의도된 서사자의 강조점이다. 이 점을 강조하는 해석적인 관점은 이 이야기를 사용

하는 우리 속에 있는 우선순위를 받아들여야 한다.25-26절에 대한 언급을 보라, 129쪽

그녀에게 많은 남편들이 있었다는 상황에도 불구하고, 이 서사는 사마리아 여성을 자신의 과거로 인해 짓눌린 희생자가 아니라, 예수를 선지자와 메시아로 여기는 기특한 증언자로 그리고 있다. 예수가 그녀를 만남에 있어서, 그녀는 예수가 소중하게 여기는 존엄성을 가진 최초이자 마지막 인간이며, 신뢰받은 청자이자 예수의 구원 소식을 전하는 자이다. 그녀는 생수를 받으며 이후에는 생수를 마을사람들과 나눈다. 그녀는 와서 나에게 말한 사람을 보라 …고 말한다.29절, 1:39에서 예수가 와서 보라라고 한 말과 1:46c에서 빌립이 했던 말을 반향한다 1차 독자와 이어지는 독자들에게-우리에게도-예수는 생명수를 제공하고 우리의 삶에 하나님의 은혜를 가리고 있는 우리의 종교적 지역주의로부터 자유롭게 해주며, 예수 안에 있는 하나님의 계시를 볼 수 있도록 우리의 눈을 열게 한다.

요한복음에서 이 서사가 풀어내고 있는 풍부함으로, 예수는 계시를 중재할 뿐만 아니라 계시이기도 하다. 이 서사는 예수를 계시자로 보고할 뿐만 아니라 "독자로 하여금 각각 예수의 계시를 경험하도록 한다." Gail O' Day 1986a; 668; 1986b; 91를 참조 그것이 가져오는 계시와 변화는 예수의 구원, 바스러지는 구조와 칸막이하는 편견들, 소외 그리고 적대감이다.

4:19-24 진정한 예배

이 문단은 전체 대화의 핵심으로서 제대로 이해되고 있다. 예배하다라는 동사는 8차례 등장하는데, 이 이야기 속의 중요성을 강조하고 있다.Cahill: 44 여기서 이 여인은 신학자로 돌변하여 대화를 시작하고 이끈다. 그녀는 26절에서 그 정점에 이를 때까지 대화를 밀고 나간다. 이제 선지자라고 여기는 유대 남자와 이야기하면서19절, 그녀는 사마리아인들과 유대인들로 편을 나누고 있는 가장 민감한 문제로 다가 간다: 예배를 위한 올바른 장소는 예루살렘인가, 그리심 산인가.

이 문단을 그대로 보면, 너희는 너희가 알지 못하는 것을 예배하고, 우리는 우리가 아는 분을 예배한다. 구원은 유대 사람에게서 나기 때문이다.22절라고 예수가 얘기할 때, 예수가 사마리아인들의 예배를-장소가 아니라 진정성으로 인해-심판하고 있어 경쟁적인 주장은 완강한 것으로 나타난다. 예수가 말하는 우리는 최후의 구원의 주장처럼, 자신을 유대인들과 동일시한다. 그렇지만 예수의 단어가 예수의 자기공개의 맥락 속에 놓였을 때는, 어떠한 잠재적 승리주의도 심판되며 초월되고 있다. 24절은 하나님을 영으로 규정하며 장소라는 주장을 약화시킨다. 중요한 점은 우리가 [하나님을] 신령과 진정으로

예배한다는 것이다. 진정한 예배란, 사마리아인이든 유대인이든, 장소로 규정되거나 제한되지 않고, 마음과 양의 진실함으로 하는 것이며, 희생에 대한 구약의 선지자적 비판들을 반향하고 있다. 시 40:6-8; 50:7-23; 51:16-17; 미가 6:1-8

예배에 관한 예수의 말은 때가 오고 있으며 지금이 바로 그 때23절로 시작한다. 이런 용어는 종말론적 완성을 표시한다. 미래의 희망은 이제 인간의 경험으로 들어온다. 비록 예수의 대화상대가 그것을 모르고 있을지라도, 독자들은 이때가 예수의 죽음과 영광의 때라는 것을 안다.2:4; 12:23; 13:1; 17:1 요한복음의 독자들에게는, 이런 어구가 멈추라, 들으라, 이해하라를 의미한다! 제자들이 음식을 사러 간 동안에, "당신, 사마리아 여인이여, 이제 그들이 아직 이해하지 못한 것을 깨달으라." 24절은 모든 것을 재규정한다: 성전과 거룩한 장소의 필요, 신령과 진정. 예수는 그 여성과 독자들을 지상과 하늘 사이의 "좁은 공간"으로 이끄는데, 그 곳은 놀라운 은혜가 안정화시키는 일반적인 범주들을 대체하는 곳이다. 거룩은 인간에게로 온다; 신령과 진정으로 예배하는 것은 경쟁과 적대감이 작용하지 않는 것을 표시한다. 인간들 사이의 거룩은 요한복음의 더 커다란 역설을 뿜어 낸다: 하나님-말씀은 육신이 된다; 인간은 신성한 영광을 지켜본다.Lee 2002; Evans 1993a

4:25-26 예수의 메시아적 자기공개

요한복음 4:25에서 그 여성은 사마리아아인이라기 보다는 유대인에 더 가까운 것으로 보인다: 나는, 그리스도라고 하는 메시아가 오실 것을 압니다. 그가 오시면, 우리에게 모든 것을 알려 주실 것입니다.RSV 예수는 너에게 말하고 있는 내가 그 사람이다라고 답한다. 일반적인 해석은 예수가 여기서 자신을 메시아라고 드러낸다는 것이다. 그렇지만 사마리아인들은 메시아가 아니라 *Taheb*회복자, 신명기 18:18에 기초한다을 기대했다. 이런 불협화음은 제4복음서가 기록될 당시에 사마리아인들은 이미 유대인 그리스도인 공동체에 통합되었으며 유대인들의 메시아적 희망을 수용했다는 것을 보여준다. 예수의 목소리는 분명하다: 구원은 유대인들에게서 나온다.22c

예수의 대답은 회복자/메시아의 구분을 뛰어넘고 있다. 헬라어 *ego eimi*나는 ~이다는 요한복음이 빈번하게 사용하는 예수의 나는 ~이다 선언을 시작한다. 너에게 말하는 이는 10c절을 되풀이하고 있으며 예수와 나는 ~이다 정체성 사이의 연결을 확립시키고 있다.Moloney: 130 ["나는 ~이다." 518쪽] 그런 공개는 사마리아인이 가지고 있는 회복자/유대인 메시아의 양극성을 뛰어넘으며 하나님이 모세에게 스스로를 드러내시는 영원한 나는 ~이다를 상기시킨다. 출 3:14-15 사마리아인들과토라만을 성서로 인정했던 유대인들 모두에 있어서, 하나님에 대한 이러한 지식은 기초적인 것이었다. 이런 측면에서, 예수의 자기공개는, 요한복음 1:1, 18절과 조화를 이루면서, 회복자신 18:15, 18에 기초와 메시아선 지자들에 기초에 대한 양쪽 모두의 기대를 비판한다. 예수는 양쪽 모두 보다 위대하다. "그 여인의 전통 속에 있는 어떤 것도 그녀가 예수의 자기계시가 갖는 급진적인 힘 앞에 속수 무책이었다." O'Day 2002: 53 이런 이유로, 진정한 예배는 예루살렘이나 그리심 중에 하나로 제한될 수 없다. 진정한 예배는 신령과 진정으로, 양쪽을 영원히 초월하여, 생명수와 같이 뿜어져 나온다. "하나님과 신자들의 예배적인 상호관계는 하나님의 임재에 대한 배타적인 주장을 하는 어떤 전통의 주장보다 더욱 본질적이다." O'Day 2002: 51

예수의 '나는 ~이다' 라는 계시는 남편들과 예배에 대한 이런 토론에서 절정을 이루며 사마리아인들이 그들의 예배 속에 혼합해버린 다섯 가지 우상들을 심판한다. 그의 정체성의 렌즈로서, "나는 나다." 출 3:14라고 모세에게 나타낸 하나님의 계시에 대한 예수의 호소는 형상적 해석을 가장 설득력 있게 만든다. 아울러 남편들로부터 예배로 흘러가는 매끄러운 기독론적 계시로, 예수의 자기계시는 유일신교 속에 자신의 정체성의 닻을 내린다: 모세에게 계시된 주 하나님은 홀로 예배 받으신다.

삼위일체의 선교 4:27-42

4:27-30 제자들이 돌아오다; 사마리아 여인이 선포하러 가다

이 문단과 이어지는 문단은 분할된 화면으로 행동을 표시한다. 한쪽 화면에서는 우리가 제자들이 음식을 가지고 돌아오는 것을 본다. 다른 화면에서 우리는 사마리아 여인이 물동이를 놓은 채 마을로 돌아가서 주민들에게 증언하는 것을 본다. 한편, 우리는 제자들이 예수에게 식사하실 것을 권고하는 것을 보고 듣는다; 그리고 예수는 제자들에게 위로부터 온 음식에 대해 가르치는데, 이 음식-선교의 음식-은 추수할 곡식과 혼합되어 있다.

제자들이 돌아왔을 때, 그들은 예수가 공개적으로 이 사마리아 여인과 이야기하는 것을 본다. 그들은 그녀나 예수에게 어떤 것도 묻지 않는다-아마 그들은 백주대낮에 문화적 관습을 거스르는 그런 광경을 보고 아연실색한 것일 수도 있다. 그 여인 역시 평소답지 않게 말이 없다. 그녀는 자신이 발견한 것을 이야기하고 싶은 마음에 단순히 "불쑥 일어서서 떠났다." 그녀는 집으로 가서 하는 선교의 사명을 띤 것이다! 그녀의 물은 포도주가 되었다! 그녀는 예수로 취했다!

그녀의 선교적인 방식은 칭찬할만하다. 그녀는 마을주민들에게 와서 보라고 초대하고 있으며, 자신이 새로 얻은 친구를 내가 했던 모든 것을 나에게 말한 이라고 소개하고 있다. 그리고 나서 그녀는 암시적인 부정이 점점 긍정적으로 바뀌는 질문을 한다: 그는 메시아가 아닐까요? 그 질문 속의 부정어 *me*는 부정적인 반응을 예상한 것으로, 이런 것을 암시한다. "알아, 절대 그렇지 않지." 그렇지만 그 공동체 속에서 그녀의 평판이 어떻든 간에, 그녀는 군중들의 질문에 충분히 문을 열 정도로 말한다. 사람들은 예수를 만나기 위해, 그들 스스로 예수를 보기 위해 도시를 떠나서 나왔다.

이 여인은 지금 예수가 자신의 제자들에게 하라고 가르친 것을 하고 있는 것이다.

4:31-38 진정한 음식; 예수가 제자들에게 위임하다w

한편, 제자들은 예수에게 다가와 그들이 가져온 음식을 드시라고 권한다. 그렇지만 예수는 나에게는 너희가 모르는 음식이 있다며 가져온 음식을 먹지 않아 제자들을 놀라게 한다. 제자들이 이 말을 듣고 어리둥절해 있는 동안, 예수는 다음과 같이 설명한다. 나의 음식은 나를 보내신 분의 뜻을 행하는 것이며 그분의 일을 완수하는 것이다. 예수의 언급은 성서적 모티브를 반향한다.사탄에게 시험을 받을 때 예수는 마 4:4와 눅 4:4에서 신 8:3을 인용한다 두 가지 요한의 특별한 강조점이 나타난다. 예수는 그를 보내신 이의 뜻을 행하며5:36을 참조; 10:37-38; 17:4, 보냄을 받았다고 분명히 밝힌다.여기서는 *pempo*의 형태로 나타나지만 요한복음 다른 곳에서는 *apostello*로 나타난다 린다 오이어Linda Oyer 1997: 446는 이 동사가 요한복음에서 60회 등장하는 것을 도표화한다.

추수는 일반적으로 씨를 뿌린 후 4개월이 지난 후 일어나는데35a, 유월절 직후인 봄에 첫 소출을 얻는다.2:13 그렇지만 제자들에게 부여한 선교에서는, 예수가 밭이 이미 추수를 기다리고 있다고 선언하며 아무런 간격도 허용하지 않고 있다.35c; Barrett 1978: 241 공관복음서에서는 추수의 이미지가 담긴 예수의 가르침이 빈번하게 종말론적 미래를 가리키지만, 여기서의 추수는 가까이에 있어, 요한복음의 실현된 종말론을 반영하고 있다.5:25-29에서처럼 미래적 종말론을 부인하지는 않는다 [종말론, 574쪽] 여기서 다른 쪽의 화면에서 일어나고 있는 것과의 연결은 절대로 놓쳐서는 안 된다. 지금조차도, 예수가 말할 때, 사마리아인들은 생수와 영생을 주기 위해 이 세상에 새롭게 오시는 하나님의 나는~이다로서 예수의 복음을 듣고 있는 것이다: 추수꾼들은 이미 삯을 받고 있으며 영생을 위한 열매를 거둬들이고 있다. 그러므로 씨 뿌리는 자와 거두는 자는 함께 기뻐하는 것이다.36절 이 비유는 예수가 씨 뿌리는 자이며 사마리아 여인이 추수하는 사람이라는 것인가? 추수는 아마도 예수가 곧 제자들에게 말하는 것을 가리키고 있다. 격언을 인용하면서 예수는 되풀이한다: 나는 너희가 심지 않은 것을 거두기 위해 너희를 보냈다.*apesteila* 제자들은 다른 이들의 수고 속으로 들어간다.38절 이것은 요한복음에 앞서 사마리아인들에게 초기의 선교가 있었던 것을 말해주는가행 6:5; 8:14-15 참조? 만일 그렇다면, 이 절 속에 있는 시기는 예수의 시대보다는 요한복음서의 시대를 반영한다.

4:39-42 사마리아인들이 믿다: 예수는 세상의 구원자이다

이 놀라운 이야기의 절정은 사마리아 마을사람들이 보이는 두 가지 신앙의 응답이다. 먼저, 어떤 사람들은 여성의 증언을 통해 믿었다.39절 두 번째로, 더 많은 이들이 예수의 말씀으로 인해 믿게 되었다.41절 예수가 사마리아인들과 함께 머물렀던15장의 거하다/ *meno* 이틀 동안 가르친 것40c 그들의 믿음의 고백, 세상의 구세주42절는 회복자와 메시아 전통을 초월한다. 특정성은 보편성으로 넘어 간다: 나는 ~이다.26절는 세상의 구세주이다. 요한복음이 가진 가장 심오한 기독론적 주장과 선교적 비전이 여기에 있다. 얼버무림도 없고 기독론적 환원주의도 없으며 다원적인 고백의 찌꺼도 없다. 이 여성은 자신의 이웃들과 요한복음의 모든 독자들에게 가장 웅장한 계시를 운반하는 사람으로 이 서사에 등장한다: 모든 사람들에게, 그리고 모든 사람들을 위해 예수가 하나님을 계시한다!

사마리아 공동체가 하는 이 특별한 고백은 11:47-52와 특별히 재판 이야기가 그러한 것처럼, 정치적인 의미를 가지고 있다. 다양한 형태의 "세상의 구세주"는 율리우스 시저에서 하드리안에 이르기까지 로마의 통치자들이 지닌 칭호였다. 이 정확한 표현*soter tou kosmou*은 아우구스투스와 하드리안을 위해 사용된 것이었다. 크레이그 쾨스터Craig Koester 1990: 667, 680는 이 본문이 독자에게 제국적인 연계를 상기시키며, 사마리아인의 고백을 "우상숭배로 더럽혀진 예배 형태를 넘어서는 진정한 하나님의 예배에 위치를 시키며, 식민지의 권력으로 제한된 국가적 정체성을 넘어서 진정한 하나님의 백성이 되는 것"을 보여준다고 주장한다. 리처드 캐시디Richard Cassidy 1992: 87-85는 정치적 해석은 다른 점, 즉 예수의 고별설교 속에 뚜렷이 나타나며 요한복음에 나오는 박해의 주제를 강조하고 있다고 단언한다. 이 사마리아의 고백을 통해서 그리고 예수의 가르침을 통해서 요한복음은 내내 "독자들을 스스로를 구원자들이라고 명명한 로마의 화제들의 과장된 주장들로 흔들리거나 겁을 먹지 않도록 격려를 주고자" 했다.

지리적 이동: 갈릴리 가나로 돌아가다 4:43-45

이 문단은 예수가 갈릴리로 돌아가는 이유를 밝히고 있다: "선지자가 자신의 고향에서 환영받지 못한다는 예수 자신의 고백.'막 6:4; 눅 4:23 참조 요한복음 속에 나오는 예루살렘이 예수의 지역이라는 추론이다. 실제로 요한복음에서는 예수가 자신의 공생애 사역의 대부분을 예루살렘에서, 명절들, 특히 유월절과 연관되어 보내고 있다. 공관복음과는 아주 다른 이런 모습은 요한복음이 어떻게 공관복음서들과 관계되고 있는가 하는 어려운 문제를 야기한다. 마가와 요한은 예수의 사역을 눈으로 목격한 두 가지 다른 줄기를 보존하고 있었는가─마태와 누가는 마가에 기초했는가? 보캄Bauckham 2007: 36–37의 대답은 그렇다이다. 핵심적인 증인은 요한복음의 애제자사도 요한이 아니라 예루살렘 제자인 요한이다. 몇몇 주석가들은 합당한 이유를 가지고, 요한복음을 "예루살렘 복음"이라고 부른다.

갈릴리 사람들은 그들이 예수가 예루살렘에서 한 것을 보고 들은 것을 기초로 하여 예수를 환대한다. 예수에 대한 소식은 의심할 여지없이 예수보다 앞질러 갈릴리로 도착했을 것이다. 갈릴리 사람들이 예수를 환영했다는 4:45의 언급은, 공관복음서와는 달리 사마리아를 포함하여 예루살렘과 갈릴리 사이의 신앙적인 반응의 형태가 양쪽 끝에 있었음을 보여주는 듯하다.Freyne: 271–72; Swartley 1994: 39–43, 269–77

이런 유형론은 예수 자신도, 그의 제자들도, 그리고 그의 특별한 친구들도11장 모두 유대인임에도서라 곳곳에 많은 유대인들이 믿었다 요한복음이 왜 유대인들을 예수에 부정적으로 그리고 있는가 하는 성가신 문제를 해명할 수 있을 것으로 보인다. 그렇지만 우리는 이런 유형론을 아주 주의 깊고 비판적으로 보아야 할 것이다. 왜냐하면 요한복음 6장은 갈릴리에 자리하고 있기 때문이다. 유대인들은 역시 그곳에 살고 있었으며, 예수를 시험하고 반대했다. 따라서 공관복음서에서 통했던 것이 요한복음에서는 통하지 않는다.[유대인들, 585쪽]

예수가 로마 관리의 아들을 치유하다 4:46-54

이 기적은 예수가 사마리아/유대로부터 그곳에 도착할 때54절 일어난다, 이 가나의 기적은 예수가 물을 포도주로 바꿀 때 그곳에서 앞서 일어났던 기억을 상기시킨다. 이 점은 끝나는 구절, 유대에서 갈릴리로 온 후에 예수가 했던 두 번째 표적과 묶여져 있는데, 가나의 두 표적은 이들 세 개의 장들의 양끝을 형성한다는 뜻이다. 이런 이유로 어떤 학자들은Coloe 2007: 36; Moloney 1998: 63 요한복음 2–4장이 하나의 단위라고 주장하기도 한다: 가나2:1에서 가나4:46에 이르기까지.

그런데 치유를 받은 로마 관리의 아들은 가버나움에 있다. 그러므로 이 이야기는 공관복음서의 것과 유사하다.마 8:5-13; 눅 7:1-10 실제로, 이 이야기는 같은 사건을 요한복음의 방식으로 본 것일 수 있다. 마태와 누가는 이 이야기를 갈릴리의 신앙을 증언하면서 예수의 공생애 치유사역을 위한 앞부분에 둔다. 요한복음에서 이것은 갈릴리에서 있었던 예수의 유일한 치유 이야기이다. 또한 이 이야기는 이방인의 주목할 만한 신앙을 증언한다.그렇지만 본문은 인종적 정체성에 대해 분명하지는 않다 왕실의 관리헬라어로 basilikos는 갈릴리의 분봉왕 헤롯 안티파스의 법정에서 일했던 로마인일 것이다.D. M. Smith 1999: 125

이 관리는 예수를 찾아와 아들을 치유하기 위해 자신의 집으로 가달라고 간구하지만, 그 순간에 아들은 죽어 있다.47c 예수는 너희가 표적이나 기이한 일들을 보지 않고서는 믿으려 하지 않는다고 응수한다. 많은 이들이 예수의 반응을 정이 없는 분노의 표현으로 받아들인다. 그렇게 읽으면 요한복음보다는 마가복음8:11-12에 더 적합한 것으로, 요한복음에서 이적들은 긍정적인 기능을 하고 있기 때문이다.2:11; 20:30-31; Johns and Miller 1994; Motyer 1997: 64-67 [이적과 일들, 597쪽] 존스Johns와 밀러Miller가 그렇게 보듯, 이것은 분노의 표현이 아니라 긍정적인 역할을 수행하고 있는 근엄한 선언이다-이 관리뿐만 아니라 예수를 믿는 모든 이들을 위한 것. 이 이야기의 끝부분에서, 이적은 실제로 그 아버지와 그의 전 가족들을 믿음에 이르게 한다.53b-54절 만일 예수의 언급을 이적이라는 단어에 대한 부정적인 뉘앙스로 적용한다면, 이것은 설명하기 어려울 것이다.

그 관리가 계속 간구했을 때, 예수는 가라고 말한다; "너의 아들이 살 것이다." 그 관리는 믿고 집으로 간다. 그렇지만 그가 가고 있을 때, 그의 종들이 길에서 그를 만나 그의 아들이 회복되었다는 소식을 전한다. 그는 산 것이다! 그 관리가 예수에게 간구했을 때 이 일이 일어난다. 종들은 다음과 같이 말한다. "어제 오후 한 시에 열기가 떨어졌습니다." 그 아버지는-관리로 지칭되다가 이제는 흥미롭게 바뀐다-예수가 치유의 말을 했던 바로 그 순간이라는 것을 안다. 그 결과, 그와 그의 가족들이 함께 예수를 믿는다.

앞선 이야기와는 달리, 그 관리에게는 기독론적 고백은 없다. 그의 신앙은 그 이야기의 절정이다. 그 치유는 이적이다. 그것은 예수에 대한 신앙으로 이끈다.

성서적 맥락에서의 본문

예수와 선조들ᵂ

서양인들인 우리는 이 이야기에 선조들의 주제라는 의미가 있다는 것을 아마도 생각하지 못할 것이다.4:20 그렇지만 세계 곳곳에 있는 다문화적 독자들을 포함한 확장된 연구는 그렇지 않다고 주장한다. 나이지리아 그룹은 다음과 같이 말한다. "그 사마리아 여인은 행위나 자선에 있어서 기억할만한 조상들에 대한 사마리아인들의 신앙을 예수에게 나타남에 있어서 완곡하게 말을 하지 않는다: '당신은 우리에게 이 우물을 준 우리의 아버지, 조상인 야곱보다 큽니까?'" 나중에는 우리 조상들이 이 산에서 예배했다는 그녀의 언급은 조상을 공경하는 사례들을 보여준다. 그 연구그룹에서 여성들은 이 사마리아 여인을 "선조들의 사도"라고 보았다.Jonker: 323, 324 in de Wit

예수와 사마리아인들

이 이야기에는 요한복음의 윤리적 기여를 이해함에 있어 주목할 만한 암시들이 있다. 요한복음 어디에도 적을 사랑하라는 명령이 없으며, 대신 오직 서로를 무리 안에서 사랑하라고 한다는 점에서 요한은 다른 신약성서의 목소리들마태, 누가 및 바울과는 다르다. 이런 시각은 요한이 분파주의자로서, 오직 공동체 내부의 관계, 신자들이 어떻게 서로와 관계를 맺는지에만 관심을 가지고, 세상에 대해서는 부정적인 입장을 취한다는 관념을 낳는다. 이 평가에 따르면, 공동체의 사랑은 그 경계에서 멈추어 버리는데, 이 경계는 요한의 서신들에도 적용이 된다.

요한복음 4장은 이 개념을 깨뜨리며 요한복음이 가지는 이런 지배적인 고정관념을 다시 생각할 것을 요구한다. 요한복음을 제대로 읽으려면 반드시 이 이야기의 영향을 고려해야 하며, 그 이야기에 뒤따르는 것을 요한의 윤리가 지닌 본질에 대해 고려해야 한다. 누가복음에는 사마리아인들을 증오하는 유대인들에 도전하는 예수로 그리고 있는 세 가지 이야기가 있음에도9:51-55; 10:29-37; 17:11-19, "예수와 사마리아 여인"만큼이나 기독론적으로 결정적인 것은 없다. 이 이야기는 예수가 자신의 사역에 사마리아인들을 포함하고자 했다는 것과 사마리아인들은 예수의 기독론적 정체성을 인식하고 고백했다는 것을 분명하게 한다. 사마리아 마을 전체가 예수를 세상의 구세주라고 고백한다. 장벽은 부서지고, 하나님의 사랑, 예수의 사랑이 미움 받는 적을 끌어안는다. 적들은 독실한 유대인, 니고데모가 보거나 이해할 수 없었던 그 나라에서 추기경의 자리에 앉는다.

이 이야기에 초점을 맞추어 보면, 누가복음의 사마리아 이야기들은 힘과 의미를 얻는다. 처음에눅 9:51-56, 사마리아 마을사람들은 예수가 예루살렘을 향해 남쪽으로 향할 때 그를 환영하지 않는다. 두 그룹들 사이에 놓인 원한은 "왜냐하면"이라는 단어에 들어가 있다.9:53b: "왜냐하면" 그는 예루살렘으로 가고 있었기에, 사마리아인들은 예수 및 그의 떠돌이 무리와는 엮이고 싶지 않았다. 모든 마을주민들에게 있어서 그들은 자신들의 나라를 침략하는 테러리스트의 무리일 수도 있었다. 그래서 그들은 예수를 몰아냈다. 예수의 제자들은 당연히 앙갚음하고 싶어 했다. 야고보와 요한, 즉 "우레의 아들들"막 3:17은 막강한 힘을 지닌 예수더러 하늘에서 불을 내려 그들을 삼켜버리게 해달라고 요청한다. 사마리아인들에게 응징을 하려하는 이런 "우레의 요한"이 과연 진정한 제자의 정체성의 특징이 되는 사랑으로 요한복음 전통을 널리 알리고 있는 그 요한이 될 수 있겠는가 13:35? 만약 그렇다면, 얼마나 놀라운 변화란 말인가! 예수는 이 "천둥새들"을 꾸짖으며 강한 헬라어 단어 "다음 마을로 가자"고 한다. 확실히 제자들이 꾸중을 듣고 마음의 불을 끄려고 노력했지만, 제자들은 코웃음을 치고 있다. 누가복음에서 사마리아인들과 처음 만나는 장면에서, 예수는 인종적 증오와 대면한다.

예수의 선한 사마리아인 이야기를 위한 얼마나 기가 막힌 정황인가눅 10:25-37! 이 이야기에서 예수는 감히 사마리아인들을 도덕적 모방을 위한 모델로 삼고 있다. 이 잘 알려진 이야기는 "내가 무엇을 해야 영생을 얻을 수 있습니까?"10:25라고 예수에게 물었던 율법교사의 질문 속에 있는 영생의 모티브로 틀이 잡혀 있다. 그 율법교사는 계명들을 알았으며 그들을 두 개의 사랑의 계명으로 멋지게 요약한다: 하나님을 사랑하고 너의 이웃을 사랑하라. 예수는 말한다. "네 대답이 옳다. 그대로 행하여라. 그러면 살 것이다." 상황 종료!

그렇지만 아니다. 율법교사는 "마귀는 세부적인 것에 있다."라는 것을 알았으며, 그리하여 배제의 방침을 알고자 한다. 확실히 모든 이들이 내 이웃은 아니다! 이런 법적인 실랑이는 예수의 다이너마이트을 위한 문을 연다. 예수는 길가에서 부상당한 사람과 지나가는 세 명의 반응을 이야기한다: 제사장, 레위인, 그리고 사마리아인. 오직 사마리아인만이 가던 길을 멈추고 도왔으며, 그리고 예수는 나사를 꽉 조인다: "너희 생각에는 이세 명 가운데 누가 도적을 만나 쓰러진 사람의 이웃이었다고 생각하느냐?" 율법교사는 올바르게 대답한다. "그에게 자비를 보였던 사람입니다." 예수는 대답하기를 "가서 그대로 하라." 이것으로 상황이 종료된다: 이것은 영생으로 가는 길이다!

연달아 이 두 이야기들은 원수를 사랑하는 것의 예가 된다. 첫 번째는 보복하지 않음을 설명하는데 이것은 신약의 일관된 가르침이다.Swartley, ed. 1992 아울러 두 번째는 원수 이데올로기의 전복이다: 사마리아인들의 도덕적 반응은 신실한 유대인의 반응을 능가하고 있다. 세 번째로 사건에서, 사마리아인은 다시금 본받아야 할 도덕적 모델이 된다.17:11-19 예수는 10명의 한센병자들을 치유하지만 오직 한 명—사마리아인—만이 감사하러 돌아온다. 누가의 긴 "여정" 서사 속에서는 9:51-19:44 예수가 사마리아 사람을 만나거나 언급한 것이 세 번이다; 이 사실은 제자들에게는 유감스럽지만 예수가 유대와 갈릴리 사이의 여정 가운데 사마리아를 통해서 가는 것으로 제자들을 훈련시켰을 수 있다는 것을 보여준다. 이 모든 사마리아인들의 이야기들은 원수의 신화를 전복시킨다. 요한복음 4장처럼, 그들은 화평과 선교 모두를 심오하게 암시하고 있다. 누가복음에서 이 여정들은 예수의 사역의 후반부에 등장한다면, 요한복음에서 사마리아 여정은 첫 번째 유월절2:13과 5:1에 나타난 알 수 없는 명절 사이로서, 요한복음의 연대기 가운데 초반부에 위치하고 있다.

누가와 요한과는 대조적으로, 마가복음은 사마리아인들을 언급하지 않는다. 마태복음에서, 예수는 제자들을 복음전도를 위해 보낼 때 사마리아로 들어가는 것을 막는다: "이방 사람의 길로도 가지 말고, 또 사마리아 사람의 도시에도 들어가지 말고" 10:5b 그렇지만 이것은, 먼저 이방인들을 복음의 수혜자로 승인하는 구약의 본문들을 아낌없이 인용함으로17:17-21, 그리고 15:21-31에서 논증함으로8:5-13을 참조, 마지막으로 예수가 제자들에게 "모든 민족을 제자로 삼아서, 침례를 주고 … 너희에게 명한 모든 것을 가르쳐 지키게 하라"는 지상대명령을 줌으로써28:19-20 파기되고 대체된다. 분명히 이것은 사마리아인들을 포함한다.논의 전체 내용을 보려면 다음을 보라. Swartley 2006a: 62 그리고 62n34

그럼에도 누가와 요한은 사마리아인들에 관련된 마태의 지상대명령을 완성하는 그들의 묘사에 있어 독특하며마 10:5와 대조됨, 원수들과의 반목을 뒤엎는다. 요한복음에서 예수는 먼저 자신의 정체, 나는 ~이다를 사마리아 여인에게 밝힌다. 화평, 선교, 예배와 귀중한 기독론이 사마리아의 흙 속에 섞여있다—여인에게 그것도 공개적으로! 이 사마리아 여인을 그녀의 마을 사람들을 위한 사도적 증인으로 삼는, 이 얼마나 원수를 사랑하는 대담한 윤리인가!

생수[w]

요한복음 3장과 4장은 물로 연결되어 있다. 요한복음 3장에서 니고데모는 위로부터의 태어남을 이해하지 못한다—물과 성령으로 침례를 줌. 그가 이스라엘의 선생이기에, 예수는 그가 이해하지 못하는 것을 보고 한탄한다. 요한복음 4장에서 사마리아 여인은, 영적인 문제들을 이해할 수 있을 것 같지 않지만, 영생으로 쏟아져 나오는 생수에 대한 예수의 말씀을 믿게 된다. 여기에 역설이 있다. 내부자는 외부자가 되고, 외부자가 내부자가 된다. 생명을 상징하는 물은—세상을 들어 올리는 아르키메데스의 지렛대와 같이—방해물과 구원 모두를 야기한다. 왕하 5장에서 물에 일곱 차례 담그는 것은 시력을 가져오고 나아만을 치유한다.요한복음 9장에 나오는 실로암에서 눈먼 이가 씻는 것을 참조 요한복음 3장의 마지막과 4장의 시작에서, 물 모티브는 또한 침례의 논의, 정확히는 요한의 침례와 예수의 침례 사이의 차별화에 대한 논의를 보여준다. 그 본문이 먼저는 예수가 3:22b, 3:26 및 4:1b에서 침례를 받았다고 말하고 있지만, 서술자는 의도적으로 이렇게 수정하고 있다: 아니, 예수는 침례를 주지 않았으며 그의 제자들이 주었다.4:2 아마도 이 점은, 요한복음에서 중요하며, 훨씬 훌륭한 다른 역할을 예수에게 부여하고 있다. 예수는 물로 주는 침례 이상의 것을 약속하고 준다. 그는 거듭남과 영생을 생성하는 생수를 준다.

흐르는 물은 빈번하게 성서에서 생명의 상징으로 등장한다.사 55:1; 겔 47:1-8; 슥 14:8 예레미야의 예언적 말을 들어 보자. "나의 백성이 두 가지 악을 저질렀다. 하나는, 그들이 생수의 근원인 나를 버린 것이고, 또 하나는, 그들이 전혀 물이 고이지 않는, 물이 새는 웅덩이를 파서, 그들의 샘으로 삼은 것이다." 2:13 카마이클Carmichael은 물, 혼인, 그리고 출생 사이의 내재된 연결에 대한 성서적 전경을 마련해 주는 넓은 구약의 물에 대한 언급들을 인용하고 있는데, 따라서 사마리아 여인의 이야기는 자손—믿는 사라미아인들—을 낳는 혼인뿐만이 아니라 물—출생 이미지로 요한복음 3장과 연결되어 있는 것이다. 요한복음 7:37에서, 예수는 명절의 마지막 날에 부르짖는다. 목마른 사람은 다 내게로 오라, 나를 믿는 자는 마셔라. 서술자는 이 단어를 알려지지 않은 자료에서 나온 인용으로 연결시킨다. 그의 마음에서 생수가 강처럼 흘러 나올 것이다.38절 그리고 나서 독자에게 알린다: 아직 아니다! 이제 그는 그를 믿는 자들이 받게 되는 성령에 대해 말했다. 예수가 아직 영광을 받지 못했기 때문에 성령이 아직 오시지 않았다. 19:34에서 증언자로 증언을 하는 이는 그가 예수로부터 피와 물이 나오는 것을 보았다고 말한다. 무어Moore는 이 후반부의 두 본문을 함께 묶는다: 첫 번째는 두 번째를 예시하고 있다.1994: 57-59 생명의 물은 십자가에 못 박히신 이로부터 나오며, 그 이후에 성령이 신자들신부에게 내려, 생명의 선물로 낙심한 제자들에게 생기를 준다. 예수가 주는 생명수는4:10 성령을 나타내는데1:32-33을 참조, 성령은 예수를 영화롭게 하며16:14 그를 증언한다.15:26

성서의 구원드라마는 새로운 도시로 절정을 맞는데, 이곳에서부터 한쪽에서 생명나무가 있는 강이 흘러가며, 그 나뭇잎은 "민족들을 치료하기 위한 것"이다.계 22:1-2 계시록에서 마지막으로 구원으로 부르는 것은 이사야 55:1a를 반향하는 것으로, "목이 마른 사람도 오십시오. 생명의 물을 원하는 사람은 거저 마시십시오," 계 22:17c-d "성령과 신부"는 믿는 사마리아인들을 포함하여 영생으로 솟구쳐 나오는 생명수를 받기 위해 신랑이 우물에서 그 여인을 초대하는 것을 말하고 있다.

교회생활에서의 본문

이 본문을 보는 고대와 현대의 시각들[w]

초대교회 지도자들과 현대 주석가들은 예수가 사마리아 여인을 만나는 것이 형상적으로 상징적으로 이해해야 할지 혹은 더욱 문자적으로 이해해야 할지의 문제에서 시각이 갈리고 있다. 오리겐은 약 185-254년, 이 본문에 대한 긴 주석을 쓴 최초의 사람 이 이야기를 창세기 24장과 29장에 나오는 구약의 신부 이야기와 연결시키면서 다음과 같이 언급한다. "저기, 누군가가 신부들을 찾을 수 있는 곳 우물과 물에게로 온다: 그리고 교회는 물이 가득한 욕조에서 그리스도와 연합된다." Homilies on Genesis 10.5, McWhirter: 1에서 인용됨 오리겐은 다섯 남편들을 다섯 가지 감각으로 간주하며, 여섯 번째가 여전히 부족한, 불건전한 가르침으로 위협받고 있는 영적인 인식을 나타낸다고 보았다.Day: 11-12 어거스틴은 여섯 번째 관계를 남성과의 불법적인 동거로 해석했지만 우화적으로 다섯 남편들을 다섯 명의 육감과 연결시켜 오리겐과 유사한 입장을 보였다.Day: 13 "어거스틴은 그 대화나 눔의 목적은 그리스도를 진정한 영혼의 배우자로 드러내는데 있다고 생각한다." Homily 15.19, M. Edwards: 56에서 인용됨 중세 주석가들은 이 여인이 자신의 물동이를 남겨 두고 간 것과 남자 제자들이 물고기 그물을 두고 떠난 것을 비교한다. 토마스 아퀴나스는 "그 여인에게 '사도의 역할을 부여' 하는데 … [그 이유는] 사도들이 그리스도를 따르라고 부름을 받았을 때 자신의 일을 두고 떠난 것처럼 그녀도 자신이 하던 일물동이를 두고 복음을 전하러 떠났기 때문이다." Day: 17

동방교회에서는 그 사마이아 여인이 개종과 구원의 모델로 등장한다. 그레고리우스 Gregory of Nazianzus는 그녀를 두고 다음과 같이 말했다. "예수가 물을 달라고 했던 그녀는 복되도다. 예수가 사마리아 여인에게 그랬던 것처럼, 영생으로 샘솟는 우물을 주신다." Day: 12 동방정교회는 그녀를 성자로 추앙하여 그녀에게 성 포테이네Saint Photeine라는 이름을 부여하였으며, 기원자를 위해 그리스도에게 구원을 간구해달라고 그녀에게 호소하는 아름다운 기도문을 지었다. 모교회들서방과 동방의 유산은 이 여인에게 찬양과 영광을 부여한다.Day: 17-18

종교개혁자 루터와 칼빈은 그녀에 대한 찬양을 지속하긴 하지만, 그녀를 그리스도와의 만남을 통해 변화된 어두운 인물로 말하고 있다. 칼빈은 그녀에게 다섯 남편이 있다는 것을 비난하면서 그녀에게 냉혹한 말을 쏟아 낸다. 예수의 비난은 그녀에게 복종과 새로운 성품을 가져다 준다. 그의 주석에서 이 점을 짚고 난 후, 칼빈은 그녀를 온화하

게 언급한다: 예수를 따르고 자신의 마을 주민들에게 가르치는 선교를 하기 위해 물동이를 포기한 제자의 사례란 것이다.Day: 19-23 초대교회로부터 중세를 지나 종교개혁에 이르기까지, 주석가들은 "사마리아 여인을 이교에서 기독교로 개종한 모델"이라고 간주했다.Day: 23 메노 시몬스는 하나님은 영이시고 진정한 예배는 신령과 진정으로 하는 것이라는 점을 강조하고자 주로 요한복음 4:24절을 역설하고 있다.254, 340, 491, 862

역사, 예술, 그리고 문헌 속에 등장하는 이 사마리아 여인의 독특하고 당당한 초상을 언급하고 나서, 데이Day는 이 서사에 대한 그녀만의 이해를 상대적으로 짧은 장으로 풀어낸다. 그녀는 초대교회의 우화적이거나 현대의 형상적 해석과 함께 두지는 않지만, 그 여성을 삶의 정황 때문에 억눌린 자로 여긴다. 그녀는 남편들 중 몇몇 보다 더 오래 살았을 수도 있으며, 다른 이들은 그녀의 잘못도 아니었는데 그녀와 이혼했을 수 있다:

> 그녀의 삶은 특히 어려웠으며, [이런 결혼들은] 아마도 그녀가 동정이나 조롱의 대상, 혹은 양쪽 모두였다는 것을 의미했을 것이다. 분명히 명예와 수치라는 가치를 지향했던 문화 속에서는 명예가 그녀에게 부여되지 않았다. 그녀가 지금 남편이 아닌 남자와 살고 있다는 사실은 그녀가 선택한 문제가 아닐 수 있지만, 남자의 보호와 살 곳을 얻기 위한 필요의 문제이다.170

데이Day의 시각은 쇼트로프Schottroff의 시각과 닮아 있지만, 그녀는 그 여인의 억눌림을 형사취수법으로 제한하지 않는다. 그녀의 상황은 아마도 더욱 좋지 않았을 것이다. 왜냐하면 형사취수 관행은 그 여성이 감당하기에 힘들지라도 사회적으로 용납되었기 때문이다. 데이는 역사적 현실의 창을 넓힌다: "이혼으로 인해 다섯 번이나 거부당한, 혹은 사별을 통해 버려진 여인은 많은 경우에서 인간의 삶에서 가장 가슴 아픈 고난들을 경험한다. 만일 우리가 이런 가능성을 고려한다면, 이 전체 서사에 완전히 새로운 빛이 비춰진다."172 데이는 또한 이 사마리아 여인의 첫 번째 질문들을 희롱이나 거만한 어조로 읽지 않는다. 나중에16-18절 그녀는 스스로를 방어할 노력을 하지 않는다. 데이는 그녀를 "예수와 만나기 전에 자신의 능력과 이해의 한계 속에 있는 하나님의 신실한 아이"라고 본다.174 그녀는 "신실한 개종자이며 사도적인 증인의 예"이자 종교적 헌신과 선한 성품을 가진 여인이다. 하나님은 "그녀에게 독특한 계시를 줌으로 보상을 하신다. 요한복음의 서문에서 약속한 그대로, 하나님은 그녀에게 영적인 빛을 보내서 예수 그리스도를 믿는 그녀의 신앙을 통해 하나님의 일깨워진 자녀가 되도록 하셨다."175

선교와 화평 ʷ

요한복음의 선교에 대한 문헌은 마틴 어드만Martin Erdmann 207-8, 요한복음 4:1-42에 대한 테레사 오큐어Teresa Okure의 논문, 그리고 요한복음의 선교파송 본문 사례에 대한 린아 오이어Linda Oyer의 졸업논문처럼 광범위하다. 이 이야기는 비교문화적cross-cultural 의사소통을 위한 모델이다. 만나는 장소는 우물로서, 우물은 일반적으로 인간의 필요가 있는 곳으로, 자연스러운 만남의 장소, 이 경우에는 발견의 장소가 된다. 이 여인은 예수가 누구인지를 발견한다; 예수는 사마리아인의 수용성을 발견한다. 위더링튼Witherington 1995: 124은 선교와 비교문화적 경계를 매끄럽게 연결시키며 글을 쓰면서, "사회경제적, 민족적, 인종적 경계들"을 뛰어 넘지 못하고 "그리스도인들이 그렇게 해나가도록 격려하는" 교회성장 운동 속의 "목표관객target-audience" 전략을 비판한다. 그렇지만 위더링튼은 사마리아인들과 유대인들 사이의 적대감-역사적이고 인종적인-의 정도를 논의하지 않는다.

그렇지만 주디스 건드리-볼프Judith Gundry-Volf는 화평/화해적 측면을 지적한다. 그녀는 요한복음 4장에 나오는 이 사마리아 여인의 서사를 마가복음 7:24-30에 나오는 수로보니게 여인의 서사와 짝을 지으면서, 이들 서사들을 기독교의 선교와 화평을 위한 패러다임으로 밝힌다:

> 예수와 사마리아 여인요 4:1-42 및 수로보니게 여인막 7:24-30; 마 15:21-28의 만남을 적고 있는 복음서의 이야기들은 인종적, 종교적, 사회적, 성별적 타자성으로 형성된 경계들을 넘으며 새롭고도 포괄적인 구원의 공동체를 가져다주는, "다른 이"를 포함하는 이야기로 읽을 수 있다. 배제는 두 가지 이야기 속에서 급진적으로 다르게 극복되지만 우리가 사는 세상에서 시급하고 복잡한 문제를 다루는 보완적인 모델이 된다. 요한복음 4장에서, 성령이라는 신성한 선물은 민족들간의 장벽을 허물고 화해와 교제로 이끈다. 마가복음 7장과 마태복음 15장에서, 인간은 신의 자비를 간구하는데, 이것은 맹목적인 자비이며, 극적으로 배제의 패턴을 뒤바꾸는 것이다.1995: 508

따라서 건드리-볼프는 요한복음의 사회윤리적 측면들을 강조한다. 요한복음 4장에 나오는 선교와 화평은 필수적으로 연결되어 있다. 우리가 빈번하게 여기서 이중적 실체로 이해하고 있는 것은, 다른 본문들눅 2; 행 10; 엡 2이 명백히 보여주는 것처럼 성서에서는 존재론적으로 하나이다. 그의 회심 속에 기초하고 있는 바울의 부르심은 원수와 화평하며 이방인들에게 예수 그리스도의 평화를 전하는 것이다.

설교를 시작하는 사람들

오늘날 많은 사람들은 예배를 위한 "올바른 장소"를 찾으며 이 교회에서 저 교회로 옮겨 다닌다. 예수는 장소가 더 결정적으로 중요하다는 이 여인의 가정을 바꾼다: 올바른 방식의 예배, 신령과 진정으로 드리는 마음으로부터의 예배.

또 다른 초점은 하나님과/혹은 예수를, 내포된 의미를 가진 사마리아와 같은 예상 밖의 장소에서에서 발견한다는 놀라움일 수 있으며 그리심이나 예루살렘이냐와 같은 지정된 장소가 아니라는 점이다. 하나님을 신령과 진정으로 만난다는 것은 무슨 뜻인가? 예수는 그런 조우 속에서 어떤 역할을 맡는가? 당신은 아마도 독자들의 극장에서 그 본문을 보여주고자 할 것이다.그 본문의 처리방식에 대해서는 다음을 보라. Swartley, 2013

세 번째 접근방식은 사마리아를 통해 가야한다는 예수의 필요성으로 시작해서 다시 되돌아간다. 이것은 그 장이 기여하는 핵심부분인, 선교와 화평의 필수적인 관계에 대한 설교에 초점을 맞추는 것이다.

2부

거부와 수용: 두 번째 유월절

태초부터 내가 바로 하나님이다.
내 손에서 빠져 나갈[빼앗을] 자가 없다;
내가 하는 일을 누가 막을 수 있겠느냐?
– 이사야 43:13, 강조부분이 추가되었음

요한복음 5장

예수가 하나님의 일을 하다; "재판"이 시작되다

사전검토

여느 때와 다름없는 이른 가을 아침, 우리 지역신문에 놀라운 이야기가 실렸다. 신문은 인디아나 주 브리스톨의 마을 인근에 사는 사지가 마비된 사람이 신비롭고 기적처럼 치유 받은 사건을 보도하고 있다. 1991년에 척추근육위축증 진단을 받고, 신경체계의 퇴행성 장애로 인해 5년 동안이나 고통을 받은 로라 나우만Laura Nauman이 1995년 9월 2일에 일어나 말을 한 것이다. 에크하르트 트루스the Elkhart Truth지는 10월 1일에 로라의 전례 없는 치유를 보도하면서, 그녀의 의사 앨런 비얼레인Alan H. Bierlein과 제일침례교회 목사 존 블로젯John Blodgett의 놀라운 반응을 인용했다. 이들은 모두 토요일에 그녀의 집으로 가서, 새로운 아침을 맞은 로라를 보고 9시간동안 그녀가 이야기하고, 4륜차를 운전하며 컨버터블 차에 타는 것을 보았다. 트루스 지는 다음날 일요일 아침에 목사가 그녀의 이름을 언급할 때 교인들의 반응에 대해서도 관련기사를 내보냈다. 어떤 사람은 "이런, 그녀가 세상을 떠났나보네"라고 생각했지만 로라는 휠체어에서 벗어나서 강단을 넘어 뛰어올랐다—청중들은 놀라고 박수를 치며 주님을 찬양했다. 그 치유는 설명할 수 없는 것이었다. 로라나 교회 사람들이 기적의 치유를 기도했었는지는 보도되지 않았다. 예수의 복음서 기적이 그러하듯, 기적은 하나님의 풍성한 사랑과 관대한 은혜의 선물이었다.

요한복음 5장에서 요한복음의 분위기는 바뀐다. 지금까지는 이야기가 희망으로 뛰고 있다. 갈등이 임박했음을 암시하고 있지만1:10-11; 2:24; 3:12, 20, 36, 희망이 울려 퍼지고 있다:

> · 서문은 전반적으로 긍정적인 어조를 보여준다.
> · 증언자 요한은 오실 이를 강하게 선언하고 있다.
> · 제자들요한으로부터 온 두 명은 강한 기독론적 고백과 함께 예수에게 합류한다.
> · 예수는 혼인을 기뻐하는 새 시대를 시작하고 정결한 새 성전에 대한 희망을 불러 일으킨다.
> · 예수는 니고데모에게 거듭남과 영생을 부여한다.
> · 예수는 생수로 사마리아인들을 맞이한다.
> · 예수는 이방인 관리의 아들을 치유한다.

이들 사건은 멀티미디어적 초상으로 메시아적 완성의 희망을 떠올리고 있다.

요한복음 5장은 비슷하게 시작한다. 예수는 38년이나 치유되기를 기다리던 마비환자를 예루살렘에서 치유한다. 치유사건에 먹구름이 끼게 하는 것은 타이밍이다: 예수는 안식일에 병을 고친 것이다. 치유자 예수가 그에게 명하자, 치유 받은 사람은 그의 침상을 가지고 걸어간다. 예수는 안식일의 규례 가운데 하나를 어긴다. 여기서 종교 지도자들인 유대인들은 즉각 행동을 취하여, 안식법을 위반했다며 예수를 고발한다.[유대인들, 585쪽]

예수의 첫 번째 방어는 자신이 한 일을 하나님의 일과 동일시하는 것으로, 하나님은 안식일에도 선한 일을 그치지 않으시기 때문이다. 복음서 저자는 독자에게 그 갈등이 아주 심각함을 전해준다: 그들은 더욱더 예수를 죽이려고 하고 있다.5:18a 유대인들은 그리하여 예수가 스스로를 하나님과 동등한 위치에 놓았다고 고발한다.18c

이 장의 나머지 부분은 재판의 표시들이 있으며, 예수가 자신의 행위를 변호하며 자신의 사역과 주장을 지지하는 증인을 부르는 것으로 이루어진다. 핵심은 아버지와 아들의 단일성과 상관성이지, 동등성유대인들이 기소한 것처럼이나 종속됨우리가 쉽게 대안으로 생각하는에만 있는 것이 아니다. 아들로서 예수가 자신이 말하는 것과 행하는 것 모두에 있어서 아버지로부터 독립되었다고 주장하듯, 예수는 하나님에 대해 자신의 상호의존성을 말하고 있다. 요한복음은 일관적으로 아들과 아버지의 단일성과 하나됨을 강조한다. 유대인들은 예수가 하나님과 동등하다고 주장했다는 혐의를 부여했지만, 예수는 아버지가 일을 하시니 자신도 그러하다고 주장함으로 그 혐의를 뒤엎었다. 유대인들은 그를 믿는 것은커녕 이것을 헤아릴 수도 없었다.[유대인들, 585쪽]

요한복음 5장이 예수와 유대교 지도자들 사이의 갈등 속에서 새로운 단계를 표시했다면, 예수의 주장을 "시험하는 것" 혹은 거부하는 것은, 1:10-11, 19-34 그리고 다시 3:11-21, 31-36에서처럼 처음을 상기시킨다.

개요

예수가 안식일에 치유하다, 5:1-15
그들이 기소하기로 하다, 5:16-18
예수가 재판에 회부되다, 5:19-47

주석적 해설[w]

5-10장에서, 요한복음은 예수의 사역을 유대교 절기 즈음에 놓고 있다. "유대교 절기의 축제는 *zikkdron*이라고 부르며[히브리어로 '기억하다' 라는 *zdkar*에서 나온 명사], 과거에 유대 백성들에게 나타나신 하나님의 역동적인 현존을 떠올리며 절기의 축제 속에서 현재를 표현하고 있다." Moloney 1998: 164-65 절기들은 하나님의 구원의 역사를 기억한다. 5-10장은 구원 역사 속에 예수의 자리를 특징으로 삼고 있다. 몰로니는 요한복음이 기록될 당시에, 요한뿐만이 아니라 유대교 전체가 후기 성전 시대의 절기들에 대한 새로운 이해를 찾고 있었다는 것을 상기시켜 준다. 요한복음의 거의 모든 교차대구법 분석에서 미야자키[Miyazaki]는 이 여섯 장을 "절기 서사"로 밝히고 있다: 안식일5장, 유월절6장, 초막절7장, 성전봉헌절.10장 요한복음은 예수를 "이런 절기의 핵심적 상징들의 완성"으로 나타내고 있다.18-20 [절기, 579쪽] [교차대구법, 566쪽]

요한복음에서 또 다른 양식도 나타난다: 예수의 행동은 규칙적으로 논쟁적인 담론을 뒤따르고 있다. 2장에서 예수의 이적들은 유대교 제도들을 지향하고 있다: 유월절은 성전 속에 있는 예수의 예언적 행위를 위한 정황이 되는 것이다.2:12

예수가 안식일에 치유하다 5:1-15

5:1-9 예수가 안식일에 마비환자를 치유하다

복음서들 가운데 대부분의 치유에서는, 예수가 자신에게 치유를 요청하는 이에게 반응을 한다. 그렇지만 이 이야기에서는, 예수가 이름 모를 절기를 기념하기 위해 예루살렘으로 갈 때, 양문에 있는 베세다 연못에서 불구가 된 사람을 보고 대화를 시작한다. 헬라어 사본들에서는 이 아람어 용어의 다른 형태들이 나타나서 이 연못의 이름은 번역에 따라 다르다.[본문상의 차이점, 602쪽]

양문헬라어로 *probatikos*은 예루살렘 성벽 북동쪽에 위치하고 있다. 심지어 오늘날까지 양을 사고파는 시장이 이 문에 근접해 있다. 1세기에는, 절기 순례자들이 희생을 위해 예루살렘 성에 들어와 여기서 양을 샀다. 요한복음 저자가 명명하는 이 문의 이름은 희생을 암시하고 있기에요 2:14-15; 사 53:7; 시 43:23 LXX [44:22ET]; Suggit: 68 참조, 따라서 여기서 예수의 행동은 자신의 희생적인 죽음을 행동으로 옮기게 될 것이다.18절!

최근의 고고학적 발견은 다른 차원의 의미를 보여주고 있다. 벳사다Bethzatha와 실로암 연못은9장 아주 커서, 두 개의 75피트 길이의 도시 인접지역보다 넓고 사다리꼴 모양으로 되어 있다. 북쪽 연못인 벳사다는 북쪽으로 164피트, 동서로 131피트, 남쪽으로 174피트로 측정된다.Reich와 Shukron 이 연못은 성전의 바로 북쪽에 위치하고 있다. 양쪽의 연못들에 관한 고고학적 발견으로, 우리는 이제 이 연못들이 명절을 지키기 위해 예루살렘으로 들어오는 많은 순례자들을 위한 정결의 연못*mikva' ot* [miqwa' ot]의 역할을 위해 건설되었음을하스모니안 시기의 벳사다 안다. von Wahlde 2009: 155-74; Gibson 2005, 2009; Burge 2009: 2-3 이 증거는 요한복음의 역사성에 있어 중요하다: 그는 이들 연못들과 기능을 알고 있었다. 유세비우스도 자신의 책 *Onomasticon*4세기 초에서 "두 개의 연못"이 있는 벳사다Bethzatha가 다섯 개의 포르티코기둥으로 받쳐져 있는 현관지붕, 역자 주를 가지고 있으며 양의 연못으로 알려져 있다는 것을 언급하고 있다는 것을 봐서는 그 역시 이들 연못을 알고 있었다. 유세비우스는 또한 그 연못이 불그스름한 색을 띠었다고 말하고 있는데, 그 물이 희생당한 양의 피로 물들었다는 것을 나타내고 있다. 요한복음 5:2는 지금까지 그 연못과 다섯 개의 주랑들에 대해 정확한 지형적 묘사들 가운데 하나로서 현재 시제로 묘사되어 있는데, 이것이 예루살렘의 몰락 이전, 요한의 초기 시대에 대해 일부 학자들의 논의를 이끌어 내고 있다.Wallace: Robinson 1976 많은 학자들이 여기서 그 동사를*estin* 역사적 현재로 보고 있지만, 4세기에서 6세기의 많은 자료들은 그 주랑들을 과거 시제로 묘사하고 있다.Wallace: 188-90

요한복음은 예수를 유대교 정결규례들과 완전히 연관된 것으로 나타낸다. 요 2:6; 3:25 를 기억할 것 저자가 예수와 유대교 제도들 성전, 희생, 안식일과 절기들의 관계에 추가하는 새로운 층은 정결함이다. 예수가 유대교의 정결 규례들과의 관계 속에서 무엇을 하고 있는가? 나아가, 연못에 위치하고 있는 이런 두 이야기들이 어떻게 요한복음의 물 주제와 상징주의에 기여하고 있는가? 어떤 경우에 "선동적인" 정결의 연못의 물과 요한복음 4장에서 사마리아인에게 예수가 약속한, 그치지 않는 생수 사이의 미묘한 대조가 여기에 있는가?

예수는 그 남자가 오랫동안 그곳에 있었던 것을 알았으며, 서술자는 구체적으로 38년이라고 말하고 있다. 5-6절 어떤 관점에서 이 이야기는 사마리아 여인의 이야기와 닮아 있다: 예수는 양쪽을 다 찾아 나선다. 그렇지만 양쪽 서사가 예수의 사역의 중요한 관점을 진행시킨다 해도, 두 서사의 결과는 극명하게 다르다. 사마리아 여인의 신앙의 응답은 많은 사마리아인들이 예수를 세상의 구원자로 고백하도록 이끈다. 치유를 받은 마비환자는 유대인들에게 예수가 자신을 치유했다고 말한다. 안식일에 이 일이 일어났기 때문에 논란이 뒤따랐으며, 예수의 기독론적 정체성은 드러나고 사람들을 불쾌하게 하며 불화를 가져온다─요한복음 9장에서 일어난 일과 유사하다. 안식일에 나타난 기적은, 예수를 핍박하고 처형시키려고 마음먹은 "유대인들"에게 예수가 자신의 기독론적 도전을 제시하기 위하여 발생한 것으로 드러난다. 이 서사는 명백하게 필수적인 dei 사건으로 이해될 것이 아니라 사마리아를 통한 예수의 여정에서처럼, 서사가 지닌 인과관계가 갈등에 대한 피할 수 없는 필수성을 암시하는 것으로 보인다.

예수는 병약한 남자에게 낫고 싶으냐고 물음으로 대화를 시작한다. 그 환자는 왜 자신이 벌써 치유를 받지 못했는지에 대한 변명과 직접적인 대답을 회피하는 긴 대답으로 응답한다. 7절 예수는 더 묻지 않고 그에게 일어나서 네 자리를 걷어 가지고 걸어가라고 명한다. 그 남자는 치유를 받아 걷기 시작한다. 서술자는 폭탄선언을 한다: 그 날은 안식일이었다. 9절 이제는 반대세력의 폭풍이 몰아치고 불길한 구름이 예수의 미래를 위협한다.

5:10-13 유대인들이 그 남자를 심문하다

유대인들─그들이 누구든─은 즉시 그 사건에 달려들었다. [유대인들, 585쪽] 그들은 그 남자가 자신의 침상을 들고 감으로 안식일을 위반했다고 기소한다. 그들은 그가 현명했어야 했다고 넌지시 말한다: 그것은 안식일에 엄격히 금지된 것이었다. 실제로 그 남자의 대답은 다음과 같다. "어떤 유대인 남자가 나더러 하라고 한 것을 했습니다. 치유를 38년이나 기다렸는데, 안식일이든 아니든 위험을 감수하지 못할 이유가 무엇입니까?" 유대인들은 그 사건을 추적하여 그 남자에게 침상을 들고 가라고 한 사람이 누구인지 알고자 했다. 예수가 거기 있을 때 군중들 속에서 사라졌으므로, 치유 받은 남자는 예수의 이름을 몰랐다.

5:14-15 예수가 자신이 치유 받았다고 공개적으로 선언한 그 남자를 찾아 가르치다.[w]

예수는 그 남자를 성전에서 발견한다. 다시 예수는 주도권을 쥔다. 치유자의 이름이 예수라고 그 남자가 보고했으므로, 예수가 그 남자에게 자신이 누구였는지를 말했거나, 혹은 다른 이가 그에게 말했음이 틀림없다. 예수는 그 남자를 찾아 경고한다: 이제 네가 말끔히 나았다. 다시는 죄를 짓지 말아라. 그렇지 않으면 더 심한 병으로 고생할지도 모른다. 그러고 나서, 이유가 무엇이든–본문은 아무런 힌트도 주지 않는다–그 남자는 유대인들에게 가서 그들에게 그를 치유한 자가 예수였음을 말한다.

우리는 이 남자를 어떻게 생각해야 할까? 유대인들에게 말하는 것은 예수를 배반하는 것인가? 예수가 "죄를 짓지 말라"고 했을 때 그를 꾸짖는 것이었나? 많은 주석가들이예를 들면, R. Brown 1966; Brodie; Schneiders 2002: 191, 200 이 남자의 성품과 예수에 대한 반응을 부정적으로 평가한다. 이 남자는 긴 병을 치루는 것에 대해 예수에게 변명을 늘어놓았고 예수에게 도움을 요청한 적도 없으며, 9장에서 소경으로 난 이가 그러했듯 어떤 기독론적 고백도 하지 않는다; 그리고 그가 치유자의 이름을 들었을 때 유대교 관계자들에게 말을 한다. 더 심한 병이 생기지 않도록 더 이상 죄를 짓지 말라고 예수가 내린 명령은14절 소경으로 난 사람과 대조되도록 개인적인 과실을 제시하고 있다.9:2-3

이런 부정적인 평가가 지지될 수 있는가? 패트리카 브루스Patrica Bruce는 그렇게 보지 않는다. 이전에는 부정적인 평가를 내렸지만, 그녀는 생각을 바꿔서 그 이유들을 열거한다. 그녀45는 그 남자가 예수의 권위를 안식일에 침상을 들어 옮기지 말라는 *halakic*율법에 유대교의 살을 붙이는 것 보다 위에 두었다는 린다스Lindars 1972: 216의 의견에 동의한다. 예수의 명령을 따르고자 하는 그 남자의 의지는9절 그 남자가 위험을 감수하고 예수의 안식일 위반 명령을 따르는 것을 의미한다. 그 남자가 유대인들에게 예수의 정체를 밝히는 것은 어떤 위험이라도 감수하고 증인이 되고자 하는 열망이다; 그는 배신자가 아니다.P. Bruce: 45; Staley: 60, 63; R. Brown 1966: 209 등과 대조됨 브루스는 그 남자가 15절에서 선언하고 있다*anangello*고 주장하는데, 이 단어는 항상 요한복음에 있어서는 긍정적인 암시를 담고 있다.4:25; 16:13, 14, 15; 다음을 참조. 25절에서 관련된 용어 *apangello*가 요한복음에서 오직 여기

서만 사용되었음; 아울러 *anangello*는 본문적 이형으로, 요한복음의 특성과 부합하고 있다

이 점을 계속 따라가다 보면, *anangello*와 가장 가까운 본문상의 사용은 4:25에서 일어난다. 분명 사마리아 여인은 그 단어를 메시아가 왔을 때 할 일을 묘사하는데 사용하고 있다: 우리에게 모든 것을 알려 주실 것이다. 요한복음 16장에서 세혹은 네 번의 사용은 성령이 오실 때 하실 일을 묘사하고 있다: 예수가 가르치신 것을 너희에게 알려 주실 것이다. 기본적으로 같은 의미를 지닌 또 다른 동사 *angello*는 요한복음에서 두 차례 나타난다. 4:51 및 더 중요하게는 20:18에서 *lego*의 본문상의 차이 그 단어는 4:51에서 그 관리의 아들이 죽음에 이르려는 순간에 예수의 명령을 따라 살았다는 좋은 소식을 종들에게 전하도록 대부분의 번역은 tell/told이다할 때에 사용된다. 20:18에서 마리아 막달레나가 그 단어를 쓴 것은 주목할 만하다: 그녀는 제자들에게 내가 주님을 보았다고 전한다.

그 사본의 전승이 20:18에서 *angello*와 *apangello*로 나뉜다는 사실에 비추어 이 문제는 더욱 심각해진다. 몇몇 사본은 *anangello*를 지지한다 더 영향력 있는 사본은 *anagello*를 지지한다. 현재의 Nestle-Aland's 27판 따라서 *angello*의 형태는 마리아 막달레나의 기쁨에 찬 선언20장와 그 남자의 선언을 연결시킨다.5장 슈나이더스Schneiders가 마리아 막달레나의 외침 "내가 주님을 보았다."를 칭찬하고는 있지만, 학자들은 이런 유사성을 간과해 왔다. 2003: 222-23, 238, 243, 254

브루스는 신약의 다른 곳에서 *anangello*가 9회 등장하고 있다고 언급한다: 이 단어들은 항상 긍정적이다. 사도행전 19:18의 예외를 참조 이 사건이 요한복음에서 예수의 일곱 개의 이적 가운데 하나이므로, 이것은 믿음의 반응을 이끌어 내기 위한 것이다.P. Bruce: 45-46 왜 저자들은 수신자들을 부정적으로 만드는 이적을 포함시켜 20:30-31에서 언급되는 요한복음의 목적을 위태롭게 하고 있는가?

슈나이더스2003: 163와 다른 학자들이 한 것처럼, 요한복음 9장에서 긍정적으로 표현하는 눈먼 남자와 이 절름발이 남자를 부정적으로 비교함에도 불구하고, 이 기적을 긍정적으로 보는 사례는 더욱 눈을 뗄 수 없게 한다. 이런 치유의 목적은 그 남자의 성격을 심리학적으로 분석하기 위한 것이 아니라 이 이야기를 듣고/혹은 읽는 자들이 예수를 신앙하도록 만드는 이적으로 예수의 기적을 보기 위함이다. 요한복음 저자의 핵심적인 관심에 기여하면서, 이것은 예수의 정체성을 하나님으로 선언하고 있다: 예수는 안식일에도 하나님의 일을 한다.

브루스P. Bruce와 렌스버거Rensberger, 38는 이 남자와 눈먼 자—둘 다 이름을 알 수 없다—가 요한 공동체와 이상적 독자들에게 있어 긍정적인 의미를 주고 있다고 결론짓는

다. 눈먼 자는 마비된 자에게는 없는 신임을 갖는다. 이 남자의 장애와 거지라는 신분과 비교해 보면, 눈먼 자는 부모와 이웃이 있으며, 비록 쫓겨 나왔지만 회당에도 속해 있다. 그렇지만 절름발이 남자는 자신을 돌볼 사람이 아무도 없다. 그는 다른 유형의 범주에 들어맞으며 그의 상황은 소외되고 가난하고 희망이 없는 사람들을 예수가 대하는 방식을 그려낸다—바로 요한복음의 독자들에게 있어 중요한 점이다. 카리스Karris. 44는 여기서 병을 가리키는 요한의 단어astheneia 5:5가 70인역에서는 "가난"을 의미하는 것으로 적어도 4차례 이해되고 있다는 점을 지적한다. 예수가 그 이름 없는 남자단순히 5, 7, 9, 15절에서는 anthropos를 치유하는 것은 그의 역경을 강조하고 있다. 그는 가족, 그룹, 그리고 공동체가 없는 사람이다.Pilch 2000: 130 이 남자를 치유6c와 9a에서는 hygies하려는 예수의 열망은 예수가 그의 선교를 어떻게 보고 있는가를 표시하고 있다: 그 절름발이5장와 소경9장에게 전인성과 건강을 가져다주고 예수의 메시아적 사역의 이적사 35:5-6; 공관복음서와 눅 4:18-19에 나오는 기적들을 참조 안식일에 일어난 이 사건은 이 서사를 예수가 가장 결정적인 선언을 하도록 열어 놓는다: 내 아버지께서 일하시니 나도 일한다.17절! 이것이 신성한 안식일의 사역이다.Divine Sabbath Work, Burer의 책제목

그들이 예수를 없애기로 하다 5:16-18

5:16 첫 번째 기소: 예수가 안식일법을 어기다

예수가 안식일법을 어겼다는 이 기소는 복음서들 곳곳에 나타난다. 막 2:1-12에서 예수가 마비된 자를 고치는 것은 안식일을 어겼다는 것에 대한 전형적인 이야기가 지닌 특징이다. 예수의 제자들이 안식일에 곡식을 뽑고 예수가 손마른 어떤 남자를 치유했을 때, 막 2:23-3:6에서 그 기소가 이어진다. 복음서 각각에 나타나는 이런 계속되는 기소는 안식일에 해야 할 적절한 행위에 대해 예수와 유대교 종교 지도자들 사이의 근본적인 충돌을 보여준다. 예수의 시각은 신명기 5:12-15에 기초해 있는데, 그 구절은 안식일을 지키는 것은 속박에서의 자유와 공동체를 세우기 위한 사회적 평등을 선언한다. 안식일에 치유를 행하는 것은 양쪽 모두와 맞아 떨어진다. 원론적으로는 유대교가 의견일치를 보았지만, 율법에 대한 바리새적 울타리는613, b. Makkot 23b에 따르면 안식일의 신성모독으로부터 지키도록 만들어져서 율법 그 자체와 융합이 되었다. 그리하여 안식일의 금지사항은 확대되었다. 예수는 차이점을 보며 생명을 주는 역할을 하는 안식일을 해체시키는 "보호의 울타리"를 거역한다. 안식일을 어긴다는 혐의는 빈번하게 더 깊은 이슈들과 혼합되어 나타나는데, 여기서 이 사례가 바로 그것이다.

5:17 예수의 변호: 내 아버지가 여전히 일하신다

고소에 대한 예수의 반응은, 일어나서 네 침상을 가지고 걸으라며 치유하고 명령하는 가운데 예수가 했던 것에 대해 단순하게 싸움을 벌이는 것보다 더 깊게 들어간다. 예수는 하나님의 사역 속에 자신의 사역을 고정시킨다. 유대교 랍비들은 하나님이 안식일에도 생명을 구하시는 일을 계속하신다는 것을 받아들였다: 아기들이 태어나고, 비가 내리고, 자연스러운 치유가 계속된다. 안식일에 하나님의 심판사역도 역시 지속된다.Newbigin: 65 예수가 하나님의 안식일 사역, 생명을 주며 심판하는 일 모두에 참여하고 있다는 사실은 안식일을 범했다는 혐의가 있다는 것 이상으로 유대인들을 화나게 한다. 게다가, 하나님의 일과 자신의 일을 연결시킴으로, 예수는 하늘과 지상의 한분 하나님과 특별한 관계라고 주장한다: 내 아버지가 일하시므로 나도 일한다. 예수의 주장이 지닌 힘을 가늠하기 위해, 아버지 하나님과 인간의 관계를 말하는 구약의 예를 떠올려 보라: 하나님이 다윗에게 하신 약속은 "내가 너에게 아버지가 될 것이다."를 포함한다.삼하 7:13–14//역대기상 17:13–14; 시 89:26; 신실한 종, 남은 이스라엘이 하나님을 "우리 아버지"라 부른다.사 63:16; 64:8 유대인들은 예수가 스스로 신성한 특권을 가진 것처럼 거만하게 군다고 결론을 내린다!

5:18 두 번째 혐의: 예수가 하나님과 동등하다고 주장하다

유대인들이 예수의 반응을 쉐마 신앙고백을 위협하는 것으로 보았기에 예수의 반응은 그들을 불쾌하게 했다: "들으라, 오 이스라엘아: 주 우리 하나님, 주님은 한 분이시다," 그리고 첫 번째 계명, "너는 내 앞에 다른 신들을 두지 말라" 신 6:4 NIV; 5:6; 출 20:3; Newbigin: 65 유대인들은 격분했으며 더욱더 예수를 죽이려고 하였다. 그것은, 예수께서 안식일을 범하였을 뿐만 아니라, 하나님을 자기 아버지라고 불러서, 자기를 하나님과 동등한 위치에 두었기 때문이다.

유대인들은 예수가 하나님과 동등한 것으로 주장했다고 고소했지만, 그것은 예수가 한 주장이 아니다.[유대인들, 585쪽] 10:30에 비추어 보면 그 기소는 어느 정도는 역설적으로 사실이지만, 예수가 신성한 지위를 찬탈하고 있다는 의미는 아니다.빌 2:5–6; McGrath 참조 같은 유형의 기소가 요한복음에서 나중에 최소한 두 차례 발생한다: 10:33에서는 유대인들이 신성모독을 이유로 예수에게 돌을 던지려고 한다; 19:7에서는 예수가 스스로를 하나님의 아들이라고 주장했으므로 예수의 죽음이 정당화된다.Meeks 1990: 310 안식일에도 아버지 하나님의 일을 행한다는 예수의 주장은 신실한 아들로서 "사랑과 순종"에서 나온다.Newbigin: 66 예수는 실제로 하나님과의 독특한 친밀함을 말하고 있다: 하나님과 그의 관계는 연합이다.

유대교 잠언에서 "거역하는 아들은 스스로를 자신의 아버지와 동등하게 두려는 자이다."라고 말하지만, 이 잠언은 예수가 어떤 사람인지에 대한 것이 아니다. 오히려 그는 그 반대로 자신의 아버지에게 완전히 순종한 아들이다. 동등함에 대한 자기선언은 독립성을 나타내며, 이 경우에는 신으로서의 경쟁적 지위로 이어지고 있다.Newbigin: 67; 사 14:14를 참조 뉴비긴Newbigin은 예수가 동등성을 선언한다고 하는 이런 잘못된 이해가 2세기의 기독론적 논쟁으로 이어졌으며 유대인들과 이교도들이 그리스도인들은 두 신을 섬긴다는 혐의를 갖도록 했다.

예수가 아버지의 정체성에 포함된다는 것을 이해하지 못한 이 혐의는Bauckahm 1998a 나중에 플라톤의 사상과 결합되어 "두 개의 본성" 신성과 인성 논쟁이 일어나게 된다. 네스토리안 그리스도인들은 자신도 모르게 유대인들의 혐의와 함께 하여, 요한의 기독론이 진정으로 주장하는 것을 붙잡지 못한다. 요한의 기독론은 예수가 하나님과 함께 하신 분이며 태초로부터 하나님과 함께 계셨고, 진정으로 하나님이었다는 것이다. 뉴비긴은 예수의 주장을 여기서 요한복음의 저자가 1:18아들이 아버지를 계시한다과 5:30아들 예수가 자신의 영광이 아니라 아버지의 영광을 구한다에서 그리고 있는 예수의 정체성과 연결시키고 있다.

또 다른 시각은 유대인들의 혐의 속에 있는 역설을 본다: 유대인들은 자신들이 이해할 수 없는 진리를 말하지만 이것은 요한복음의 저자가 의도한 것이다. 예수의 제자들은 자신들이 말하는 진리를 알지만 그들은 동등성을 다르게 이해한다. 카슨Carson은 이렇게 해석한다:

> 이어지는 구절들은 예수가 하나님과 동등하다고 우리가 올바르게 이해하게 하는 몇몇 한도들을 설정한다. 빌 2:6에 나오는 *isos*에 대해서는 바울의 언급을 참조 예수는 또 다른 하나님이거나 경쟁하는 하나님으로서 하나님과 동등하지 않다: 아들이 아버지에게 기능적으로 종속된 것, 아버지에 대한 아들의 완전한 독립이 설명된다.250

따라서 카슨Carson은 그 혐의를 역설로 본다: "유대인들은 신성에 대한 예수의 분명한 주장에 불쾌해 한다."Truex: 192–200을 참조 그렇지만 그들의 이해는 그릇된 것이며, "유대인들이 그렇지 않듯이, 그리스도인들도 이신론이나 삼신론을 받아들이지 않기 때문이다."Carson: 250 그리스도인들도 일신론을 지지한다.

예수의 담론 속에서 기독론의 두 가지 줄기들이 나란히 발생한다.Meeks 1990: 예수는 자신의 아버지 하나님에 종속된 것으로 나타나고 있으며 예수는 자신의 아버지 하나님과 함께 하는 이로 나타난다.이위일체론적 시각 한편으로 예수는 자신이 임의로 하는 것이 아니라 오직 아버지가 하시는 것을 본 것만 한다고 주장한다; 예수는 자신을 보내신 이의 뜻만을 행한다.4:34 참조 이것은 종속적 기독론이다. 그렇지만 다른 한편으로 예수는 하나님만이 하시는 것을 하는 권리가 있다고 말한다: 죽은 자를 살리고 심판하는 것이다. 게다가, 그는 본질적으로 생명을 갖는다.Meeks 1990: 311 몇몇 주석가들은 전자를 따르고 다른 이들은 후자를 더 따른다. 탈버트Talbert, 125는 두 가지를 긴장 속에 있는 것으로 본다: "아버지와 아들의 연합에 대한 어떤 말도5:17-18; 10:30: '나와 아버지는 하나다' 아들이 아버지에게 종속된다는 영원한 모티브로 좌우된다." 탈버트는 또한 사랑의 모티브 및 그들이 아버지를 영화롭게 한 것처럼 모든 이들이 아들을 영화롭게 한다.5:23는 목적을 가지고, 아버지가 아들에게 권위를 이전한다고 강조한다. 실제로 연합과 종속-혹은 계급적 세계관을 피하기 위해서는 항복-은 모두 정통 기독교에 있어 본질적인 것이다.

예수가 재판을 받다 5:19-47

이 장에서 재판 모티브가 분명하게 시작된다. 링컨Lincoln 2000: 57-138은 요한복음 5장을 "재판에 관한 진실"의 세 번째 장으로 보는데, 이 속에서는 고소 모티브가 요한복음 서사에 스며들어 있다. 몰로니Moloney는 16절을 "핍박받고 기소된"으로 해석한다. 재판 모티브는 구약 예언서들, 그 중에서도 이사야 40:55에서 빈번하게 등장하고 있는 기소 장르임을 상기시킨다.Lincoln 2000 하나님은 기소되어 무혐의를 받았으며, 그리고 하나님은 이스라엘을 기소한다. 이사야와 요한복음 모두에 나는~이다가 반복되고 있다.[나는 ~이다, 584쪽] 여기에서 이런 재판의 말에 나오는 핵심 용어는 '심판하다' krino, 5:22, 30절, 심판krisis, 22, 24, 27, 29, 30절에서 다섯 차례 등장함, 동사 '증언하다' martyred, 31, 32[2회], 33, 36, 37, 39절, 그리고 명사 증언.martyria, 31, 32, 34, 36절의 4회; Lincoln 2000: 73을 참조 예수는 먼저 피고이지만, 41-47절에서는 검사이다. 링컨이 잘 언급한 대로, "우주적 기소의 중심에는 증인과 심판으로서 예수의 죽음이 있다."2011 "재판"은 예수의 공생애 사역12장의 끝까지 계속되며 18-19장에서 재개된다.

5:19-30 예수가 자신의 "범행"을 기술하다

예수는 자신의 아버지와 함께 하는 이라고 주장한다. 하나님과 예수의 하나됨은 예수가 생명을 줄 권리와 권위가 있으며21, 26–27a 심판할22–24, 27b, 30 권리와 권위27절의 *exousia*가 있음을 의미한다. 27b절이 주장하듯, 예수에게 심판의 권위가 있는 이유는 그가 인자이기 때문이며, 인자란 예수를 이 땅에서 하나님의 총독으로 만드는 호칭으로, 단 7:13–14와 에녹1 서의 유사성에서 유래하고 있다.Truex: 202–14, 222–24 아버지는 아들에게 권위를 주시는데, 이것이 18절에서 예수가 스스로를 하나님과 동등하게 여기고 있다는 혐의를 반박하고 있다. 서문에서의 로고스와 유사하게, 인자인 예수는 존재론적이고 기능론적으로 하나님과 함께 하는 분이기 때문에 하나님의 일을 한다. 요한복음 8:15–16은 이 점을 뒤집는다: 예수는 아무도 심판하지 않는다; 오히려 아버지가 심판하신다. 따라서 상호관계가 성립이 된다: 아들이 아버지가 하시는 일을 한다.

이 갈등의 핵심은 예수 자신으로, 많은 이들이 빛 보다는 어둠을 사랑하지만1:4–5, 14; 3:19–21 예수는 세상 속으로 빛을 가져오는 신성한 로고스와 동일시된다. 요한복음에서는 대립 혹은 이원성의 네 가지 측면이 서로 엮여져 있다: 기독론적, 교회론적신자들 대 세상, 도덕적, 그리고 정치적Swartley 2006a: 278–89 기독론적 이원성, 즉 아들과 아버지의 대립이 주된 것이다. 나머지 세 개는 파생적으로 이런 주된 이원성과 함께 엮여 있다. 예수는 두 번째 이원성, 세상에 대한 신자들의 자세의 원형이 된다.예를 들면 15:18–25에서 기독론적 갈등은 교회론적으로 엮여 있다. 사람들이 아들, 예수에 반응하는 것은 아버지에게 하는 것과 동일한데, 그 이유는 예수가 말한 것처럼, 아버지와 나는 하나이기 때문이다.10:30; 8:26b–29; 5:17–18, 30 참조 [이원론이 아닌 이원성, 572쪽]

아들에 대립하는 것은 곧 아버지에게 대립하는 것이다. 아버지와 아들 사이를 이간시킬 수 없다: 그들은 조화롭게 일하고, 생명을 주며 심판한다.[아버지와 아들, 577쪽] 톰슨Thompson은 아들과 아버지의 연합을 요약하면서, 하나님의 행동을 아버지가 "아들 예수를 통해, 그리고 향해 뚜렷하고 독특하게 집중되어 있다." 그리고 "아들과 관련된 하나님의 행동은 모든 것을 아우르고 있으며 … 하나님의 생명을 주시는 힘과 활동이 과거, 현재, 그리고 미래 속에 표현되고 있다."고 설명한다. 실제로,

> 아버지는 … 아들을 사랑하신다.5:20; 10:17; 15:9; 17:23, 26; 아들은 그가 하시는 것을 본다.5:20; 죽은 자를 일으키고 생명을 준다.5:21; 아들에게 생명을 주고5:26 심판을 행하실 권한을 주신다.5:27; 아들에게 자신의 일을 주신다.5:36; 아들을 보내셨다.5:37, 38; 6:29, 39, 57; 8:16, 18, 26; 11:42; 예수를 증언하신다.5:37; 8:18; 인자에게

날인하신다.6:27; 하늘에서 온 진정한 빵을 주신다.6:32; "모든 것"을 아들에게 주

신다.6:37; 13:3; 17:2, 7; 사람들을 그에게 "이끄시고" 그들을 가르치신다.6:44-45, 65;

심판하신다.8:16; 예수를 가르치신다.8:28; 예수와 함께 하신다.8:29; 예수의 영광

을 구하신다.8:50, 54; 아들을 아신다.10:15; 아들을 축성하셨다.10:36; 아들을 들으

신다.11:41; 예수를 섬기는 이들을 영화롭게 하신다.12:26; 그의 이름을 영광스럽

게 하신다.12:28; 오실 것이며 신자들과 함께 "집을 삼으신다."14:23; 성령을 보내

실 것이다.14:26; 포도나무 가지를 치신다.15:2; 제자들을 사랑하신다.16:27; 17:23;

예수를 영화롭게 하신다.17:1, 15; 아들에게 주어진 이들을 "지키신다." 17:11, 15;

진리로 신자들을 신성하게 하신다.17:17Thompson 2001a: 69

공생애 사역을 맺으면서, 예수는 다음과 같이 말한다. 나를 배척하고 나의 말을 받아들이지 않는 사람을 심판하시는 분은 따로 계신다. 내가 말한 바로 이 말이, 마지막 날에 그를 심판할 것이다. 나는 내 마음대로 말한 것이 아니다. 나를 보내신 아버지께서, 내가 무엇을 말해야 하고 또 무엇을 이야기해야 하는가를, 친히 나에게 명령해 주셨다. 나는 그 명령이 영생을 준다는 것을 안다. 그러므로 나는 무엇이든지 아버지께서 내게 말씀해 주신 대로 말할 뿐이다.12:48-50; 5:42-43; 8:42-43 참조 아들인 예수는 생명을 주는 바로 그의 권위 속에서 아버지와 하나이다.5:26; Thompson 2000: 135, 141-48, 152-54 이런 연합은 또한 대제사장적 기도라 불리는 것의 기초이다: '영생은 오직 한 분이신 참 하나님을 알고 또 아버지께서 보내신 예수 그리스도를 아는 것입니다.'17:3 예수를 통한 하나님의 선물은 그들[제자들]의 말을 통해서 나를 믿게 될 모든 자들에게 확대된다.17:20

5:31-38 예수가 증인들을 소환하다

주석가들은 예수가 자신의 주장을 옹호하고자 인용하는 증인들의 숫자에 대해 의견이 분분하다. 확실한 것은 적어도 세 명이 있었다는 것이다: 증언자 요한5:33-35, 아버지37-38절, 그리고 성서.39절 성서를 그 자리에 두는 대신, 키너Keener는 모세를 세 번째 증인으로 밝힌다.1.659-60 5:36이 예수가 하는 일들을 그의 말을 믿는 것에 대한 증거로 밝히고 있으므로, 다섯 가지 증인들이라고 할 수 있다. 예수가 호소하는 성서들은, 분명히 예언서들로서, 4번째 증인의 역할을 하며, 모세가 5번째이다. 32절이 누구를 가리키는지 분명하지는 않다. 이 절은 33절요한을 내다보고 있는가, 아니면 다른 사람이 나를 보내신 이30절, 즉 아버지 하나님을 가리키고 있는가? 여기서의 대답은 분명하지 않으므로, 우리

는 다섯으로 숫자를 한정하도록 하자: 요한, 예수의 일들, 아버지, 성서, 모세. 예수의 변호는 설득력이 있으며 굉장한 걸작이다. 예수는 스스로를 잘 변호하면서, 기소자들의 태도를 드러내고 있다: 너희는 그의 음성을 들은 일도 없고, 그의 모습을 본 일도 없다. 또 그의 말씀이 너희 속에 머물러 있지도 않다. 그것은 너희가, 그분이 보내신 이를 믿지 않기 때문이다.37b-38 예수의 맞고소가 다음의 단락으로 이어진다.

5:39-42 예수가 자신의 대적자들을 기소하다

39절은 요한복음의 보석들 가운데 하나이다: '너희가 성경을 연구하는 것은, 영원한 생명이 그 안에 있다고 생각하기 때문이다. 성경은 나를 증언하고 있다.' 눅 24:44-45와 유사하게, 이 절은 구약성서가 예수의 메시아적 정체성으로 예수를 가리키고 있다는 신약의 가장 뚜렷한 표현들 가운데 하나이다. 첫 번째 절은 직설법이거나NRSV, RSV, NIV, NEB, REB 명령법일 수 있다.KJV, CEB, Rheims NT, 및 다른 번역들 어떤 경우에든 예수는 자신의 대적자들이 성서를 구하며 성서가 영생을 주는 것으로 믿는다고 한다.시 119 참조 그렇지만 40절에서 예수는 그들의 구함을 비난하는데, 그들이 구하는 것이 예수를 받아들이고 생명을 얻는 것으로 이어지지 않기 때문이다. 예수가 대적자들이 핵심을 놓치고 있다고 비난하는 그 순간에, 이것은 성서가 예수를 증언하는 것이라고 노련하게 인증하고 있다.

대적자들에 대한 예수의 기소는 계속된다: 너희 안에 하나님을 사랑하는 것이 없음을 나는 안다-만일 그랬다면, 너희는 성서가 증언하는 이를 믿었을 것이다. 교차대구적 구조에서, 이 단락과 다음 단락은 하나의 단원이다.다음에서 차용함. Keener: 1,658:

>   A 그들이 "보냄을 받은 이"히브리어로 *shaliach* 예수 안에 있는 하나님의 말씀을 거부하다.5:38
>
>   B 성서가 예수를 증언하다.5:39-40, 성서 속에 있는 영생[5:39], 그리스도 안에 있는 영생 [5:40]
>
>   C 예수는 사람들로부터 영광을 받지 않는다.5:41
>
>   D 예수는 그들을 안다.5:42a
>
>   E 그들은 하나님을 사랑하지 않는다.5:42b
>
>   E' 예수는 아버지의 이름을 위해 온다.5:43a
>
>   D' 그들은 예수를 영접하지 않는다.5:43b

C' 그들은 하나님이 아니라 서로 영광을 주고 받는다. 5:44

B' 모세가 예수를 증언한다.5:45-46 [모세가 고소한다.5:45, 그리스도를 말하다.5:46]

A' 그들이 그들의 *shaliach* 모세 속에 있는 하나님의 말씀을 거부하다. 5:47

이런 분석에서는 보냄을 받은 이에 해당하는 히브리 단어*shaliach*가 중요하다: 만일 너희가 일찍 하나님께서 보내신 이를 거부했다면, 너희가 다시 같은 일을 할 것이라는 것이 놀랍지 않다는 기초 위에서 첫 번째 논쟁이 진행된다. 사실, 보내다/보냄을 받았다.*pempo* 혹은 *apostello*는 요한복음의 핵심단어이다.Oyer: 446 이 용어는 그가아들 아버지의 일을 행한다는 예수의 말과 관련하여 5:23, 24, 30, 36, 37, 38절에서 나타난다. 그 일들은 죽은 자를 살리며21, 24, 25, 28, 29절, 생명을 주며21, 24, 25, 26, 29, 40절, 심판하며22, 24, 27, 30절, 진술testifying하거나 증언witnessing하는 것으로31, 32, 33, 34, 36, 27, 39절—믿음24, 37, 44, 46, 47절을 이끌어내기 위한 모든 것들이다. 이런 행동들은 아버지와 아들의 상호 내재하심으로부터 비롯된다. 유대인들의 기소를 유발하였던 예수가 하는 일들*erga*은 이런 아버지-아들의 관계 속에 뿌리박혀 있다.20c, 36b, 36c절

5:43-47 예수가 그들이 놓친 것을 밝히며 사건이 종결되다

두 번째로, 너희는 하나님의 영광을 구하지 않고 서로 영광을 주고 받는다.43절 세 번째로, 너희의 고소자는 모세이다.45b 만일 너희가 그가 기록한 것을 믿지 않는다면, 어떻게 내가 말한 것을 믿을 수 있겠느냐?47절 모세가 율법을 주었기 때문에, 이런 언급은 율법에 대한 긍정적인 시각을 반영하면서, 1:17에 대한 내 해석과 일관성을 갖는다. 율법은 올바르게 해석될 때 긍정적으로 드러난다.Pancaro; Motyer 1997: 42-43; Lincoln 2000: 54

이들 혐의 가운데 세 가지 모두에서38-47절 AT, 예수는 반대를 말하거나 암시한다: 나는 하나님을 사랑한다. 나는 인간의 영광을 구하지 않고 오직 하나님의 영광을 구한다. 나는 모세가 기록한 것을 믿는다—그리고, 분명히, 그것은 나를 증언하고 있다.특히 46절 예수의 변호와 맞고소는 예리하며 16a의 맥락 속에서 보아야 한다: 유대인들은 예수가 안식일에 치유를 하였기 때문에 그를 박해하였다.16b 안식일에 한 행동에 대한 예수의 변호는 자신의 일을 아버지의 일로 연결시키면서17b; 26-27을 참조 예수와 유대인들의 첨예한 대립을 더욱 확대시킨다. 그들은 스스로를 하나님과 동등하게 여긴다는 예수의 말을 신성모독에 버금가는 것으로 여기며, 이로 인해 예수를 죽이려고 결심한다.18절 트러

우Truex, 225는 예수가 안식법을 어기거나 풀어준 것이 그가 자신을 하나님과 동등하게 여긴다는 혐의를 촉발시켰다고 설명한다. 법정 변호를 하면서 "하나님의 창조적인 힘"이 스라엘과 하나님의 언약 속에서 안식일이 상징하고 있는 것과 심판하는 인자의 힘을 말함으로, 예수는 스스로를 "고의로 죄를 지은" 민수기 15:30-36 혐의를 받게 했으며, 따라서 신성모독을 한 것이다.

성서적 맥락에서의 본문

건강을 회복함[w]

예수가 절름발이 남자를 치유한 것은 자신의 사역에서 치유의 우선순위를 보여준 것이다. 네 복음서들 가운데서 서사의 약 1/5이 치유의 이야기들을 담고 있다.마귀로부터 풀려난 것을 포함하여 대개 아픈 사람들은 치유를 받기 위해 예수에게 오지만, 예수는 마비환자를 치유하기 위해 베데스다 연못으로 간다. 공관복음서에서 치유는 예수의 선교와 사역을 시작하는 핵심적인 언급이나 행위마 4:23-25; 9:35; 막 1:21-34; 눅 4:18-19 속에서, 혹은 하나님 나라의 도래마 10:5-8; 막 6:13; 눅 9:1-2; 10:1-9를 선언하기 위한 예수의 제자들의 선교, 그들의 훈련기간마 10:1-4; 막 3:13-19 속에서 뚜렷한 역할을 하고 있다. 감옥에 있는 요한이 보낸 사람들이 예수가 진정으로 오실 분인지를 물었을 때, 예수는 자신의 치유가 메시아적 위임 가운데 하나라고 명시하고 있다. 마 11:2-5; 눅 7:18-22 헤롯왕은 예수와 제자들의 치유를 들었을 때 너무 놀란 나머지 자신이 감옥에 넣었던 침례 요한이 살아 돌아온 것으로 생각했다.막 6:14 행 10:38에서 베드로는 예수의 사역을 다음과 같이 요약한다: "그는 마귀에게 억눌린 모든 사람들에게 선한 일을 행하고 치유했다."

절름발이 남자와 병을 앓고 장애를 가진 사람들에게 예수가 보였던 반응은 구약의 정서들을 반향하고 있다.P. Bruce: 50 욥은 스스로를 "맹인의 눈이자 다리 저는 이의 발"이라고 묘사한다.29:15 하나님은 이스라엘에게 귀가 들리지 않는 사람을 저주하지 말고 맹인이 넘어지지 않도록 하며, 대신 하나님을 두려워하라고 명령한다.레 19:14 하나님은 이스라엘 지도자들이 약한 자들에게 힘을 주지 않고 아픈 이들을 치유하지 않으며 다친 이들을 싸매주지 않는다고 질책하신다. 진정한 목자이신 하나님은 그들을 돌보실 것이며 양떼를 먹이기 위하여 "한 명의 목자, 나의 종 다윗"을 세우실 것이다.에스겔 34:4, 15-16, 23 예레미야는 파멸하는 목자들을 대신할 다른 목자들을 일으키실 것이라고 말한다.23:1-4 망명생활에서 돌아오는 것은 양쪽의 약속들에 대한 정황이다. 포로기 이후 이스라엘의 미래는 이동에 장애가 있는 사람들을 집으로 데려 오는 것을 포함한다.예레미야31:8 절름발이와 맹인은 다가 올 메시아의 시대에 치유받을 것이다.사35:5-6 게다가, 예수는 절름발이와 맹인을 성전에 들어오지 못하게 하는 구약의 규정들을 뒤집는다.삼하5:8 대신, 예루살렘으로 입성하는 종료주일에 그는 성전에서 그에게 오는 절름발이와 맹인을 치유한다.마21:14 예수는 절름발이와 맹인에 대한 증오를 샬롬의 나라와 관계로 변화시킨다.Swartley 1994: 174n58

하나님께 영광과 영예를 드리다—예수에게도?

예수가 대화 상대들을 꾸짖은 이유는 그들이 서로에게 영광을 주고 받지, 하나님에게서 오는 영광을 구하지 않기 때문이다.44절 앞서, 41절에서 예수는 다음과 같이 말한다. '나는 사람에게서 오는 영광을 받지 않는다.' 이런 구절들은 요한복음을 통해 퍼져있는 기독론적 이슈의 또 다른 측면을 드러낸다. 예수는 어떤 방식으로 하나님이며1:1, 18 어떤 방식으로 하나님과 구별되는가? 요한복음 곳곳에서 예수는 그의 일과 선교가 하나님께 영광을 드리기 위한 것이라고 한다. 하나님과 동일시되고 하나님으로 밝혀지지만, 그럼에도 예수는 하나님의 대리자가 된다. 그는 아버지를 영화롭게 하기 위해 산다.17장 그는 아들이고 하나님은 아버지다.

유대인들은 예수가 하나님을 아버지라고 부르는 것에 공격적이다. 그렇지만 솔로몬의 지혜서 2:12-22에는 이미 유사한 주제가 등장하여 의로운 사람의 부당한 취급을 묘사하고 있다. 의인들을 기소하는 것에 공격적인 행동과 말들 가운데 하나는 "하나님이 자신의 아버지라고 자랑하는 것"이다.지혜서 2:16d 초대교회 교부들은 이 지혜서 본문을, 이사야 52:13-53:12처럼, 예수가 거부되고 수치스러운 죽음을 가질 것이라는 예언으로 보았다. 요한복음 5:39에서 예수는 성서가 자신을 증언한다고 말한다. 예수와 요한복음이 규칙적으로 성서—특히 이사야와 시편, 예수와 제자들, 그리고 시대가 지나는 동안 교회의 예배서가 됨—에 호소하기 때문에, 요한복음 전체는 이 진리를 설명한다. 그리스도인들과 유대인들 사이의 대화는 선택된 구약의 본문들에 공통적으로 초점을 맞추는 것으로 시작할 수 있으며, 유대교와 기독교적 정황 속에서 그들을 이해하는 것을 추구하고 있다.

아버지 하나님과 아들 예수의 관계로 인하여, 아들을 거부하는 자는 아버지를 거부하는 것이라는 논리가 된다. 파생적으로, 만일 유대인들이 서로에게서 영광을 구한다면, 그들은 모든 영광을 하나님께 드리는 아들을 거부하는 것이다. 만일 그들이 모세를 믿기를 거부한다면45-46절, 또한 그들은 하나님이 보내신 예수를 믿는 것을 거부하는 것이다.47절 그들은 하나님이 인정하시고 하늘 가장 높이 올리시는 이와 더불어 하나님께 영광을 돌리지 못한다.빌 2:9-11 성서의 다른 곳에서, 하나님과 예수 그리스도는 영광 받기에 합당하다: "영원하신 왕 곧 썩지 아니하고 보이지 아니하고 홀로 하나이신 하나님께 존귀와 영광이 영원무궁하도록 있을지어다, 아멘딤전 1:17"; 그리고 6:15에서 주 예수 그리스도는 "복되시고 유일하신 주권자이시며 만왕의 왕이시며 만주의 주이시다." 예수 그리스도는 최후의 심판으로 나타나고, 구세주의 역할과 연결된다.딤후 1:10; 디도서 1:3; 딤전 6:13-16을 참조 요한계시록에서, 하나님은 "영광과 영예를 받으신다."4:11; 마찬가지로 죽임 당하신 어린양도 "능력과 부와 지혜와 힘과 존귀와 영광과 찬송"을 받는다.5:12; Talbert: 126; Swartley 2006a: 252

예수에 대한 이런 신격의 호칭들은 목회서신들에서도 기독론적일뿐만 아니라 정치적 중요성도 가진다. 이런 호칭들 및 유사한 호칭들은 1세기에 이런 신격 호칭들을 주장했던 다섯 명의 황제들의 호칭들에 비견된다; 동쪽에서는 심지어 더한 칭송을 받았다.Swartley 2006a: 85, 252 요한복음은 예수의 왕위와 가이사의 것과 맞부딪히는 빌라도 앞에서의 재판 속에서 절정을 맞는다. 빌라도의 능숙한 책략으로 궁지에 몰린 유대인들조차 가이사를 자신들의 왕으로 선택하고신성모독! 예수가 유대인의 왕이란 것을 거부했다.19:14-15, 19-22; 요한복음 19장의 언급들을 보라

교회생활에서의 본문

고소와 그리고/혹은 박해

요한복음 5:16-18이 보여주듯, 유대인들은 예수를 박해하기 시작하고 심지어 죽이려 한다. 몇몇 주석가들은Moloney 1998: 169-70; Lincoln 2005: 61-64, 198-200 유대인들이 고소도 하고 핍박도 했다고 주장한다. 그것은 갈등을 보는 관점에 따라 다르다. 유대교 지도자들은 그것을 정당한 고소라고 보는데, 그 이유는 그들의 시각에서 볼 때 예수가 자신을 따르는 사람들이 한 분 하나님만을 믿는다는 유대교의 기본적인 믿음을 저버리게 하는 이단적인 믿음을 저질렀기 때문이었다. 하나님이라고 주장하는 사람은 기소되어야만 한다. 그런 믿음이 정치적인 결과를 가져오기 때문이다. 그것은 공동체의 정체성이 갖는 기본 교리들을 약화시키고 혼란과 갈등을 유발하며 공동체의 평화와 질서를 뒤집는 영향을 끼친다.

그렇지만, 만일 예수와 제자들의 시각에서 그 상황을 본다면, 유대교 지도자들의 반응은 요한복음이 묘사하는 것처럼 박해가 된다. 그러나 예수는 스스로를 고소—자신에 대한 고소들—로부터 방어할 뿐만 아니라 그들의 박해가 무엇을 내포하고 있는지를 드러낸다. 그들의 불신앙은 비난을 받을 것인데, 왜냐하면 핵심 증인들이 예수의 주장을 입증해주기 때문이다. 예수의 말은 유대교 지도자들의 기소거리가 되어 법정에 선다. 예수는 자신의 사건을 아버지에게 맡긴다. 그는 유대교 지도자들과 싸우기 위해 무력을 동원하지 않는다. 그는 한분, 최후의 심판자의 결정에 따른다.

5장은, 이어지는 7–8장과 더불어 이어지는 세기들의 종교적 박해, 죽임, 그리고 순교를 이해하고 평가할 원형이다. 처음 3세기 동안 그리스도인들은 로마제국에 의해 박해를 받았다. 그 이유는 그리스도인들이 로마의 신들, 특히 1세기의 다섯 로마 황제—그리고 이후에 등장하는 많은 로마황제들—를 하나님이나 하나님의 아들로 받아들이지 않아 "무신론자들"로 오해를 받았기 때문이다. 그리스도인들은 이것을 박해로 여겼으며, 빈번하게 순교로 이어졌다. 그렇지만 황제 입장에서는 이런 해충과 같은 그리스도인들을 죽이는 것이 제국의 질서와 평화를 유지하는데 있어 필수적이라고 여겼다.

로마 황제가 회심하였을 때조차도 박해와 기소는 멈추지 않았다. 트립 요크Trip York 71–83는 이것을 생생하게 묘사하고 있다: 카르타고의 가톨릭 지도자들은 이단으로 여겼던 도나투스파를 박해하고 죽였다. 이단들의 신앙을 강압적으로 포기하도록 고문하고, 그러지 않았을 경우에는 그들을 죽이는 것을 "정당화한" 최초의 영향력 있는 인물은 어거스틴이었다. 그는 범죄자들을 사형시키는 것에 반대하긴 했지만 도나투스파들을 죽이는 것은 승인했다. 시간이 흘러 도나투스파가 북아프리카에서 힘을 얻게 되자 유사한 이유로 그들은 급진적이고 집시같은 도나투스파의 분파였던 막시미안과 그의 추종자들을 핍박하고 죽였다. 그들이 그렇게 할 수 있었던 것은 그릇된 믿음이 이단들의 영혼을 저주받게 하고 더욱 많은 이들을 방황하게 하고 저주받게 만들기 때문에 교회가 이단들을 박해해야만 한다는 이유에서였다. 그러므로 수세기 동안 종교전쟁은 크게 늘었는데, 가장 잘 알려진 것은 16세기의 프로테스탄트와 급진적 종교개혁가들이었다. 가톨릭은 프로테스탄트를 죽였고 프로테스탄트는 가톨릭을 죽였으며, 양쪽은 아나뱁티스트들을 죽였다—이교도 황제들이 초기 그리스도인들을 죽인 이유와 비슷하다. 그릇된 믿음은 사회에서 체제를 뒤엎는 영향을 끼치고 있어서 오직 불과 칼만이 그것을 멈출 수 있다는 것이다—사람들은 그렇게 생각했다. 새 예루살렘을 시작하기 위해 칼을 들고 싸운 뮌스터의 잔 라이덴Jan Leyden의 아나뱁스트들을 제외하고는, 대부분의 아나뱁티스트들에게는 방어할 영역도 없었으며 원칙상 칼을 드는 것을 거부했다. 그들은 화평케 하고 비폭력과 원수를 사랑하는 것에 전념했다.

기소는 사회정치적이고 종교적 힘을 유지하고자 한다; 박해는 기소의 희생자들이 경험하는 것이다. 하나님의 이름으로 자행되는 폭력을 멈추기 위해서는 무엇을 해야 하나? 예수가 중재자이다. 그의 비보복과 세상의 정치권력의 포기와 더불어 진리를 말하고 용서하는 사랑을 보이는 것은 새로운 길을 연다. 사회질서를 수호하고 깨끗하게 하기 위해서는 칼이나 학살이 필요하지 않다. 예수는 보복을 거부함으로 폭력의 소용돌이를 부숴버렸다.요 18-19 신실한 자들이 그의 길을 따른다. 실제로 터튤리안이 말한 것처럼, "순교자들의 피는 교회의 씨앗이다."Apology 50 기소하는 이들이 이교도 로마제국일 경우에는 말이 된다. 그렇지만 박해자들이 그들이 이단이라고 생각하는 것을 없애기 위해 다른 그리스도인들을 죽이는 그리스도인들일 때, 힘을 가진 이들이 이기는 것으로 나타난다. 그러나 요한복음 5장은 누가 진정으로 승리하였으며 누가 진정으로 하나님께 심판을 받았는지 재평가할 것을 우리에게 요구한다. 16세기 국가교회의 컨텍스트에서는 종교와 정치적 요소들이 서로 얽혀 있다. 20세기와 21세기에서는 두 가지 요소들이 서로 합쳐져 있다. 요크York은 자신의 책의 부제를 순교의 정치학*The Politics of Martyrdom*이라고 잘 지었다.

요한복음 5장에서 유대인들은 모든 유대인들이 아니다. 왜냐하면 마리아, 마르다, 그리고 나사로를 포함하여 예수와 친하게 지내고 있는 모든 제자들과 핵심 등장인물들이 유대인이기 때문이다.[유대인들, 585쪽] 요한복음의 서사 속에서 유대인들은 제도화된 종교를 나타낸다. 또한 "그들은 우리를 나타낸다. 만일 십자가가 모든 이의 죄를 떠안는 것이라면 …, 그리고 유대인들만의 죄가 아니라면; 만일 '그들이 주님을 십자가에 못 박을 때 당신은 그곳에 있었는가?' 라는 질문이 모든 인간의 영혼에 의해 경이롭게 속삭이는 '예'로 대답해야만 할 때, 그렇다면–동등하게–예수의 이 말씀은 유대인들만이 아니라 모든 이들에게 하고 있는 것이다." Newbigin: 62

예수와 아버지의 관계

평등이 요한복음에서 예수와 아버지의 관계를 설명하는데 가장 좋은 단어는 아니므로, 주석가들은 그 관계를 어떻게 이해하고 설명할지에 대해 다른 관점을 제시하고 있다. 암시하고 있는 것들이 기독론을 발생시키고, 아마도 파생적으로, 남녀의 관계를 발생시키므로, 이 문제는 가르침과 설교에 있어 필수적인 것이다. 탈버트Talbert는 그것을

"양쪽 모두"로 본다: 아들과 아버지 사이의 하나됨, 혹은 연합 그리고 아들이 스스로 아버지에게 복종하시는 것이다. 후자는 예수가 아버지께서 이끄시는 대로 말하고 행한다는 예수의 반복된 주장에서 나온다. 그렇지만 이런 복종은 덜한 가치, 지위 혹은 역할이 덜하다는 것을 의미하지 않는다-그리고 이런 강조는 요한의 기독론과 남녀의 관계 모두에게 있어 긴요한 것이다. 내가 선호하는 요한의 기독론은 상호의존, 연합, 그리고 함께 거함으로서, 이것은 요한복음 전체가 드러내고 강조하고 있는 것이다.1:1, 18; 17장; 14:7-12. 특히 9b, '나를 본 자는 아버지를 본 것이다'

남녀관계가 아버지와 아들의 관계로부터 비유적으로 이해되어야 하는 것인지는 오늘날 몇몇 계파들 속에서 가장 논란이 되고 있는 문제이다.예를 들면 a journal of Christians for Biblical Equality의 PriscillaPapers에서 잘 논의되고 있는 기사들 요한복음에서, 아들은 아버지 하나님의 내적인 생명 속에 참여하고 있다. 1:18에서 아들은 아버지의 품을 "향한다." 아들은 아버지를 계시하는 이이다. "아들은 아버지로부터 그의 존재를 얻으며, 아버지로부터가 아니면 아무 것도 소유하지 않는다." Rosse: 22 아들은 영원으로부터 아버지와 독특한 관계를 맺는다. 아들의 일은 아버지의 일이다. 요한은 연합을 강조한다: "예수의 증언이 미더운 이유는, 그의 증언이 영원히 아버지의 품을 향하고 있는 예수의 존재에 기초하고 있기 때문이다." Rosse: 13 그럼에도, 나중에 예수가 빌립에게 나를 본 자는 아버지를 본 것이다.14:9c라고 말했다 해도, 아버지-아들이라는 지칭은 구별을 내포한다. 신비하기까지 한 아버지-아들의 구분과 완벽한 연합, 하나됨이라는 역설은 유지되어야 한다. 요한복음에서 아버지와 아들 사이의 이런 독특한 관계를 놓고 보면, 이것을 결혼에서의 남녀관계를 위한 모델로 사용할 때 최고의 결혼이라 해도 겨우 비슷할 뿐이다. 아들이 아버지의 생각을 아는 것처럼 자신의 배우자의 생각을 아는 것이 가능할까? 어려울 것이다.

그렇지만 우리 시대에, 제법 알려져 쏟아져 나오는 "역사적 예수" 탐구예를 들면, 정경들에 대한 현대의 역사적 연구로 예수의 역사성을 입증하기 위한 수많은 시도들와 더불어, 예수를 하나님과 동일시하는 개념 혹은 "하나님의 아들"이라는 교리적 의미와 동일시하는 개념은 버지Burge가 인식하고 한탄하는 것처럼, 저항을 맞는다. 이런 저항은 현대의 다원적 문화와 포스트모던적 입장으로부터 나온 것으로, 양쪽 다 "종교적 진리에 대한 절대적 주장"에 반대하고 있다.2000: 184-86 동시에 예수를 위대한 윤리교사이며, "중개 없는 하나님의 나라"를 선포하는 "농민봉기"이자Burge 2000: 184, Crossan을 반영하며, 방랑하는 카리스마적 혹은 평화운동의 발기인으로 간주하는 것은 충분히 수용할 만하다. 이런 대부분의 "역사적 예수" 학자들은 요한복음과 예수의 신성에 대한 주장을 무시한다. "역사적 예수"에 대한 탐구에 있어서는, 많은 학자들이 그런 주장을 역사적 예수에 대한 그들의 개념들에 교회의 신학을 "덧씌운 것"으로 보고 있다. 지난 170년이 넘도록 진행되고 있는 이런 방법론적으로 정확한 탐구로 나온 예수들의 다양성이 보여주고 있듯이, 그런 역사적 탐구들이 갖는 위험들은 많다.Schweitzer; Johnson 1996, 1999; Evans 2006; Dunn 2005

버지Burge 2000는 여기에서 루이스C. S. Lewis를 인용한다:

> 이 사람이 하나님의 아들이었든was 하나님의 아들이든is: 혹은 다른 광인이거나 더 좋지 않은 무엇이든, 여러분은 그를 바보처럼 입을 닫게 할 수 있으며 그에게 침을 뱉고 그를 마귀처럼 죽일 수 있다; 아니면 여러분은 그의 발 앞에 엎드려 그를 주님과 하나님으로 부를 수도 있다. 그렇지만 그가 위대한 인간 스승이 되는 것에 대해 어떤 거들먹거리는 허튼소리도 뒤따르게 하지 않도록 하자. 185, C. S. 루이스, 『순전한 기독교』

정경적으로, 요한복음의 기독론은 따로 떨어져 있지 않다. 특히, 예수는 마태, 누가, 요한, 바울, 그리고 요한계시록에서 예배를 받는다.Swartley 2007: 213-37 후타도Hurtado 2003, 2005는 이것을 상세히 설명하면서, 이것이 헬레니즘 기독교의 마지막 강조점이 아니라Bousset이 주장하듯 초기 기독론적 이해로부터 나온 것이라고 적절히 짚고 있다.1913년의 Wilhelm Bousett의 어조에 맞서면서 보캄Bauckham 1998a은 예수의 "정체성"이 신약성서의 여러 가지 저작들에서 하나님의 신성과 일치되고 있다고 올바르게 지적하고 있는데, 이 부분은 내가 더욱 발전시켰다.2007: 230-35; 사실상 "그리스도는 우리의 평화"와 "평화의 하나님"이라는 독특한 호칭이 일치가 된다는 점을 주목할 것 오늘날 학자들의 세계에서 이것을 설교하고 가르치는 것은 대중적이지 않을 수 있지만, 교사들로서 우리가 대중적인 정서보다는 하나님에 대한 우리의 책임을 가지는 것처럼, 우리는 그 도전을 계속하며 복음의 진리를 선언할 것이다.

설교를 시작하는 이들

1. "오늘날 병자를 치유하기." 병자를 치유하는 것에 대한 우리의 태도와 실천들은 무엇인가? 우리에게는 금지하는 안식법이 없을 수 있지만 미국의 건강보험회사들이 배제 정책을 펴는 것과기존의 질병을 포함하여 보험이나 메디케이드/메디케어저소득층과 노인들을 위한 미국정부의 의료제도가 없는 환자들을 거부하는 것은 어떤가? 건강보험 서비스와 연결되

어 있는 모든 관료주의red tape는 어떤가? 이들은 안식법의 금지사항들보다 덜한가? 우리는 이 본문에서 유대인들보다 죄가 없는가? 우리는 어떻게 신앙의 공동체 속에서 생명에 소외된 자들을 회복할 것인가?Swartley 2012a: 6장과 10장을 보라

2. "누가 재판에 회부되었는가?" 31–47절에 열거되어 있는 "증인들"을 대표하는 다양한 목소리들에 5:19–47의 "재판" 특성을 전달하도록 여러분들의 설교를 조정하라. 먼저 계획을 세우라. 각각의 증인이 스스로를 밝히며 증인의 목소리로 그 말을 바꾼다: 예를 들면, "나는 성경이다. 나는 …라고 증언한다." 요한복음 5:39–40 나라는 단어는 예수로 전환된다.

요한복음 6장

예수는 생명의 빵이다

미리보기

인디아나 주 엘크하르트에 있는 우리 집에서는, 매일 우편으로 주린 이들을 먹일 모금을 해달라는 두세 개의 요청을 받는 것이 흔한 일이다. 매년 그런 단체들이 하는 총 요청 숫자는 백 개가 넘도록 급상승하고 있다. 물론 우리는 엘크하르트에 있는 교회공동체서비스Church Community Service와 고센에 있는 윈도우The Window와 같은, 주린 자들을 위한 지역적 노력에 먼저 응답하고 있다. 그렇지만 이런 모든 노력으로 우리는 고작 겉핥기에 머물 뿐이다. UN의 밀레니얼 발전목표The Millennial Development Goals, MDGs는 2015년까지 세상의 굶주림을 없애는 것을 포함하고 있다. 리차드 스티언스Richard Stearn의 책, 『우리 복음 속의 구멍』*The Hole in Our Gospel* Nashville: Nelson, 2009에서 영감을 받은 벨몬트 메노나이트 교회주일학교는 이 목표에 다가가기 위해 매주 일인당 50센트씩을 모금하고 있다: 만일 모든 미국인들이 하루에 7센트씩 기부한다면, 세계의 굶주림은 2015년까지 사라지게 된다. 예수가 그랬던 것처럼, 만일 우리가 그렇게 할 수 있었으면, 좋았을 것이다: 빵 다섯 개와 물고기 두 마리로 오천 명의 남자들과 여성 및 어린이들을 먹인 것. 그렇지만 우리는 할 수 없다. 오히려, 우리가 약속할 수 있는 것은 굶주리는 자들을 돕는 것뿐만 아니라 예수가 인류에게 생명과 구원을 위해 주었던 물과 음식이 그들에게 가도록 하는 것이다. 우리는 작은 첫걸음을 시작할 수 있으며, 하나님의 도우심으로 더 큰 걸음을 감수할 수 있다.

요한복음 5장처럼, 6장에서는 이어지는 담화가 계속되며 예수가 놀라운 일이적을 하는 것으로 시작한다. 이 담화는 더 폭넓은 청중을 가진다. 요한복음 5장에서의 대화 상대들은 유대인들이다. 요한복음 6장에서 대화상대는 먼저 제자들이었다가, 이후에 군중이 떠들 두 그룹이 양쪽의 장면에서 섞여 있음에도, 이후 유대인들이고, 마지막으로 다시 제자들이 된다.

예수의 기적-이적과 담화가 이루어지는 장소는 갈릴리, 바다 건너편에서다. 유월절 절기가 가까워지고 있다. 이 유월절은 예수 사역의 2번째 해의 시작을 나타낸다. 요한복음 6장은 또한 신성한 계시자인 예수를 나타내고, 더 나아가서 나는 ~이다 정체성을 드러내고자 하는 복음서의 목적에서 중요한 진전을 표시하기도 한다.[나는~이다, 584쪽] 예수가 오천 명을 먹이고 생명의 빵에 대해 담론을 펼침에서, 예수는 스스로를 인간의 굶주림과 영생의 근원을 위한 진정한 양식으로 이야기한다. 이 개요는 예수에 대한 광범위한 갈채로부터-수천 명을 먹인 기적 이후, 군중은 그를 왕으로 삼고자 한다.6:14-15-예수의 제자들에게로 옮겨가는 과정을 보여준다.

예수의 확장된 담론은 모세를 통한 하나님의 만나와 자신의 먹이는 이적을 연결시키고 있다. 이 담론은 두 가지 폭풍으로 짜여 있다-하나는 바다에서, 다른 하나는 예수의 주장을 시험하는 유대인들에게서. 두 가지 방식의 화평이 나타난다: 하나는 예수가 물 위를 걸었던 바다이며, 다른 하나는 세상의 생명을 위해 자신의 몸과 피를 예수가 스스로 내어주는 것이다. 실로, 예수는 자신의 제자들에게 생명, 영생을 얻기 위해 그의 살과 피를 먹어야 한다고 말한다. 53-58절 이것이 의미하는 것은 주석가들과 복음서를 읽는 자들을 어리둥절하게 했다. 요한복음이 주의 만찬제도를 말하는 방식인가?

제자들의 무리 가운데 많은 이들이 그 말씀에 마음이 상하여 그를 떠났다.60절에서 logos, 6:63b 및 68b에서 rhemata 예수의 말씀들은 걸림돌이며, 몇몇 제자들은 중도 포기하지만 61, 66절, 공관복음에서는 결코 말하고 있지 않는 부분이다. 12명의 제자들조차 만일 그들이 예수와 함께 남을 것이라면 결정을 해야만 했다. 그들의 화자로 행동하는 베드로와 더불어, 그들은 예라고 대답한다: 선생님께는 영원한 생명의 말씀이 있습니다…그리고 …선생님은 하나님의 거룩한 분이십니다.6:68-69 그렇지만 이런 고백과 따르겠다는 약속과 함께 그림자가 드리워진다: 그들 가운데 하나가 예수를 권위자들에게 넘겨줄 것이며, 예수는 이미 누가 이런 일을 행할지 알고 있다.70-71절 이 장은 계시를 나타내고 있다! 생명의 빵인 예수는 중심에 있지만, 그를 둘러싼 소용돌이는 신앙과 불신앙으로 이끌려진 사람들의 무리와 제자들이었다.

개요

예수가 오천 명을 먹이다, 6:1-13

사람들이 반응하다, 6:14-15

나는~이다라는 자기 계시와 함께 예수가 바다 위를 걷다, 6:16-21

예수가 그 이적의 의미를 밝히다: "나는 생명의 빵이다," 6:22-40

유대인들이 웅성거리며 예수의 주장에 도전하다: 더 많은 자기계시, 6:41-59

예수가 제자들을 시험하다; 어떤 이들은 떠나고 12명은 충성을 고백한다, 6:60-71

주석적 해설

6장의 주요한 요점들은 교차대구의 형식으로 나타낼 수 있다:

    A 예수가 제자들을 시험하며 오천 명을 먹이다.6:1-14

        B 예수가 스스로를 나는~이다라고 계시하다.6:15-25

            C 예수가 나는 생명의 빵이다라고 드러내다.6:25-40

        B' 예수가 나는 하늘에서 온 살아 있는 빵이라고 계시하다.6:41-59

    A' 제자들이 불신앙과 신앙을 표시하다.6:60-71

C와 B' 가 지닌 긴 부분은 C에서 예수의 영생 약속이 시작과27절 끝40절에서 발생하고 있는 것처럼, 더욱 교차대구적 특징들을 보여준다. 동일한 주제들이 역시 47b와 54b 속에서 B' 안에서 이어난다.[교차대구법, 566쪽]

예수가 오천 명을 먹이다 6:1-13[w]

6:1-4 배경과 시기

세 개의 지역에서 벌어진 이적들이 6장을 이끈다:

· 갈릴리 바다 건너편은 여기서 디베료의 바다로도 표기된다.

· 예수가 그 산으로 올라가 제자들과 더불어 거기 앉다.

· 유월절, 유대인들의 절기가 가까워 오다.

예루살렘5장에서 갈릴리로6장 갑작스럽게 전환되어 자료와 위치전환dislocation에 대해 다양한 학자들의 이론들이 나타났다. 4장이 갈릴리로 끝나므로, 6장은 4장을 뒤따라야만 하는 것으로 보인다. 그리고 5장은 7장에 바로 앞서고 있고, 5장과 7장 모두 예루살렘에 위치하고 있다. 따라서 몇몇 학자들은 5장과 6장이 바뀌었다고 제시한다. 위치전환 이론을 싫어했던 윌리엄 템플William Temple조차 요한복음은 5장 이전에 6장을 두어야 더 자연스럽게 읽을 수 있으며, 7:15-24이 5장의 끝과 이어져 7장을 시작해야 한다고 인정한다.1940: xxxiii

요한복음의 발전에 있어서 더 초기 시대를 가정하고 있는 이런 재배치에 대한 수많은 제안들에도 불구하고, 최근에 더 많은 학자들은 지금의 순서 속에서 서사적 통일성을 보고 있다. 순서를 뒤바꾸는 것은 다른 문제들을 야기시킨다: 예수가 5장의 끝에 이미 예루살렘에 있으므로 각 장의 절기들의 구분을 모호하게 하며 7:1-13이 말이 안 되게 된다. 또한 예수의 자기계시의 점진적인 드러냄은 바뀐 장에서 침묵된다. 현재의 정경 순서에서, 6장은 4-5장에서 나타나는 예수의 자기계시가 진행되며, 7장은 6장 이후에서 잘 이어진다.

몇몇 학자들이 6장은 모세를 통해 이스라엘에게 만나를 주시는 것에 대한 미드라시를 확장한 것이라고 지적한다.예를 들면 Borgen 1965: 20-27, 3346, 61-98, 147-92; 1983: 23-31; Suggit: 70 6장은 구약이, 특히 모세와 율법이 자신을 증언하는 것이라고 하는 예수의 주장을 계속하며 5장의 그 점을 강화하고 있다: "6장은 그러므로 5:21-47의 주장의 좋은 실례를 제공한다."Suggit: 70; Borgen의 확대된 연구 속의 핵심 5장에서 모세와 율법에 대한 예수의 말씀은 모세 같은 행동으로 이어지는데, 군중을 먹이고 그 의미를 풀어주며 따라서 예수를 모세를 통해 하나님이 주시는 광야의 만나를 성취하는 것으로 그리고 있다.

두 번째 방향지시등은 예수가 제자들과 함께 산에 오르는 것이다. 이것은 중요하다: 몰로니는 산에 정관사가 있으므로eis to oros 이 서사는 이미 율법을 받기 위해 산으로 올라간 모세를 반향하고 있다고 주장한다.1998: 195-96 그 바다의 건너편이 어디인지는 위치상으로 불확실하지만, 아마도 벳새다에 가까운 듯하다.눅 9:10을 참조 그렇지만 전통적으로, 오천 명을 먹인 사건은 가버나움 근처에 있는 갈릴리 바다의 북서쪽에서였다고 여

겨지고 있는데, 요한복음에서는 무리를 먹인 이후에 그들이 도착한 곳으로 나온다.6:16, 22

6장이 임시적으로 유월절에 위치하고 있는 것은 가장 중요하다. 왜냐하면 빵을 지향하고 있는 6장 전체를 이해하는, 절기의 배경을 제시하고 있기 때문이다.

6:5-13 예수의 이적이 제자들을 시험하다

빌립에게 한 예수의 질문은 그를 시험하는 것이다.peirazo; 5b-6a 이것은 광야에서 하나님이 이스라엘을 시험한 것과 관련이 있다. 하나님은 이스라엘에게 "너희를 단련시키고 시험하셔서, 나중에 너희가 잘 되게 하시기" 위해 만나를 주신다.신 8:16 출 16:4 역시 하나님의 만나를 시험과 연결시켜, 이스라엘이 그것을 모아서 먹으라는 지시에 따르는지를 보기 위한 것으로 말하고 있다.시 66:10 참조 다른 본문들은 이스라엘이 광야에서 완고하고 불순종함을 통해 하나님을 "시험하는" 것으로 말하고 있다: "그들이 원하는 음식을 요구함으로 그들의 마음으로 하나님을 시험하였다." 시 78:18, 41, 56; 95:9; 106:14; 출 17:1-17; 신 9:8 이스라엘의 광야 경험은 하나님이 그들을 시험하고 그들이 불평하고 하나님을 시험하는 것을 강조한다.Coats: 요한복음 6장과 민수기 11장 사이의 병행에 대해서는 다음을 보라. R. Brown 1966: 233; Burge 2000: 193 이것은 요한복음 6장에 대한 실마리를 던져준다. 예수는 제자들을 시험한다; 이스라엘이 했던 것과 비슷하게, 유대인들은 예수의 이적 혹은 이적이 부족하다고 불평하고 불만을 갖는다. 역설적으로, 만나 전통은 선물이자 시험이다!

빌립의 반응7절과 안드레의 희망적이지만 절망적인 언급들8-9절은 신앙의 결여를 보여준다—예수는 이 문제를 해결할 수 있었으며 군중들을 위한 음식을 마련할 수 있었다. 그렇지만 예수는 동요하지 않았다. 예수는 제자들에게 약 오천 명에 이르는 무리를 풀밭에 앉게 하라고 명했다.10절 풀밭 위에 앉는 것은 잘 알려진 시편 23:2를 떠올리게 한다. "그가 나를 푸른 초장에 누이시며"Moloney 1998: 198 그리고 나서 예수는 주의 만찬을 만들었을 때 한 것처럼 빵을 다루고 있다: 예수는 다섯 덩이의 빵을 가지시고 축사한 후에 그 빵을 앉은 이들에게 나누어 주었다. 그는 물고기도 그렇게 나누었다. 오천 명의 사람들은 그들이 원하는 만큼 먹는다. 공관복음서에서 사람들을 먹이는 이적은 예수의 말씀과 구체적인 숫자에 있어서 유사성이 있다.

예수는 그 이적이 충분하지 못한 것인 양 예수는 제자들에게 다섯 개의 보리빵 조각들을 모으라고 지시한다. 제자들은 남은 조각으로 12 광주리를 가득 채웠다.13절 이 숫자는 보리 빵을 구체화할 뿐만 아니라 의미가 있다. 보리는, 유월절 시기와 맞아 떨어지며,

따라서 이 사건의 유월절의 의미를 강조한다. 그렇지만 보리는 또한 가난한 자들의 빵으로, 오늘날의 피타빵pita bread, 빵 한가운데 다른 재료를 넣어 먹을 수 있게 한 납작한 빵, 역자 주과 유사하다.Burge 2000: 194 엘리사는 보리 빵 스무 덩이로 백 명을 먹이고도 "남았다." 왕하 4:42-44 이것은 예수가 모세와 엘리사의 예언적 유산을 기반으로 하고 있으며 그 유산을 성취하고 있음을 제시한다. 12 광주리가 남은 것에 대해 수기트Suggit 72는 그 본문의 주요 절이라고 언급하고 있으며, 다우베Daube 38는 "최고의 기적"이라고 부르는데, 이 12 광주리는 모든 공동체에게 충분하다는 것을 보여 주며, 12 지파 혹은 기독교 교회가 된다. 다섯 개의 빵은, 5:2에 나오는 다섯 개의 주랑현관처럼, 토라 다섯 권을 암시할 수도 있다. 마가복음에서 그 숫자는 중요하다: 처음 사람들을 먹일 때에는 다섯 개와 12개이며 두 번째 먹일 때에는 4개와 7개이다. 예수는 배에 타고 있을 동안에 제자들에게 그 숫자에 대해 묻는다.막 8:18-21; 다음을 보라. Swartley 1981/1999: 115-30

주석가들은 일반적으로 이 이적을 예수가 모세를 통해 하나님의 만나를 성취하고 있는 것으로 그리는 것이라고 본다. 많은 이들이 그 이적을 어떤 의미에서 성만찬으로 간주한다.51-58절의 언급을 보라 6장이 진행될수록, 성만찬적인 잠재성이 커져간다. 이 서사가 네 복음서 모두에 등장하고 있다는 것은 그것에 초기 기독교 교회 속에서의 중요성과 교회에 있어서의 중요성을 증언하고 있다.

사람들이 반응하다 6:14-15

6:14 예수는 기다려온 선지자이다

이 이적에 대한 반응은 대부분 긍정적이다. 사람들은 기쁘게 음식을 받았으며, 예수가 참으로 세상으로 오실 선지자라고 선언한다. 이것은 신명기 18:15-19를 완성하는 것으로, 여기서 하나님은 모세와 같은 선지자를 일으키실 것이라고 약속한다. 예수 이전의 유대교 문헌들은 모세의 만나가 재개될 것을 기대했다: "그 날에 만나의 보고가 높은 곳으로부터 다시 내려올 것이고, 그 때 그들이 그것을 먹을 것이다. 그들이 만나를 먹는다는 사실은 그들이 그 시대의 완성에 이르렀음을 보여 준다." 바룩2서 29:8, 1세기 혹은 2세기 후반의 저서; 이 언급은 예수 이전의 초기 본문과 유사하다; *Sibylline Oracles* 단편 3:46-49를 참조 혹은, 유대교 미드라시로 다시 돌아 간다: "첫번째 구원자가 만나를 내리게 했듯이, … 나중의 구원자도 만나를 내리게 할 것이다."Eccl. Rabbah 1.9 쿰란의 서약자들 역시 자신들의 메시아적 희망의 부분으로 오실 모세 같은 예언적 인물을 기대하고 있었다.1QS 9.10-11; Testimonia [4Q175] 5-8 예수의 담론은 기대하던 선지자에 관하여 이 이적의 중요성을 강조하고 있다.Meeks 1967 예수는 메시아 시대의 기대된 이적들이었던 만나의 소망을 성취하고 있다. 버지Burge 2000:198는 예수의 행위와 말씀의 중요성을 다음과 같이 정리한다. "천재적인 솜씨로, 예수는 요한복음 통틀어 그가 행했던 것들을 정확하게 이루어 내고 있다: 예수는 유대교의 신앙과 의식들이 갖는 몇몇 특징들을 사용하여 그것을 자신을 가리키는 것으로 재해석한다. 그는 이스라엘이 기다리고 있던 하나님의 보고에서 온 만나이다."

6:15 예수가 자신을 왕으로 삼고자 하는 시도를 묵살한다[w]

예수는 그 사람들이 자신에게로 와서 강제로 왕으로 삼고자 한다는 것을 알았다. 여기서 사용된 헬라어 용어는*harpazo* 마태복음 11:12에서 사용된 것과 같다. 마태복음에서 예수는 하나님 나라에 폭력적으로, 강압적으로 들어간다고 말하고 있다.Gardner: 187-88 참조 양쪽 본문 모두 마카비가 2세기 전에 했던 것처럼, 무력으로 하나님의 통치를 가져와서 이스라엘에 대한 로마의 점령을 끝내려고 했던 열심당 같은 노력들을 반영한 것일 수 있다. 그들은 로마의 통치를 끝내게 해 줄 정치적 메시아를 원했다. 그들은 나다나엘이 앞서 주장했던요 1:49 예수의 하나님께서 허락하시는 왕권을 붙잡을 수 없었다.

5장에서 예수가 인간의 영광을 구하는 것과 하나님의 영광을 구하는 것 사이의 구분을 한 것에 비추어, 오데이O'Day 1995는 다음과 같이 언급한다. "그 순간 [예수의] 영광이 드러났는데, 왜냐하면 진정한 영광은 세상의 영광과는 아무 관련이 없기 때문이다." 예수가 나중에 말한 것처럼, 내 나라는 이 세상에 속한 것이 아니다.18:36a 예수는 원수를 부숴버림으로 군림하는 인간의 영광과 정치적 선택을 거부한다. 예수가 왕으로 가는 길은 십자가를 통하여 하나님의 영광으로 가는 것이다!

그러므로 예수는 산 위에서 혼자 있기 위해 도망을 치며6:15b, *eis to oros*가 되풀이 된다. 예수가 어떻게 메시아적 소망을 완성하느냐 하는 것은 예수의 아버지 하나님과의 교감에 달려있다. 예수는 열심당의 무력과는 다른 길을 걸을 것이다. 그렇지만 예수의 후퇴는 잠깐일 것이다. 그 이유는 예수가 놀라운 모습과 믿기 어려운 말과 함께 다시금 제자들 앞에 모습을 드러낼 것이기 때문이다.

나는 ~이다라는 자기계시와 함께 예수가 바다 위를 걷다, 6:16-21

물위를 걷는 예수에 대한 요한의 보도는 공관복음서의 보도와는 다르다.막 6:47-52; 마 14:22-33 예수가 성난 바다를 진정시키고 제자들이 이해하지 못하는 것을 강조마가복음하는 대신, 혹은 그들이 예배로 반응하는 대신마태복음에, 요한은 예수가 그들을 목적지로 안내하는 것을 강조하고 있다. 이 이야기는 예수가 어떻게 바다의 폭풍에서 그들을 건지는가 라기 보다는 어떻게 제자들을 바다 건너 목적지로 인도하는가를 설명하고 있다.Talbert: 133; Giblin 요한의 보도는 바다를 통해 이스라엘을 안전하게 건너편으로 인도하시는 것을 반향하고 있다.출 13-15 77:11-20과 107:25-32를 비롯한 수많은 시편들이 이스라엘의 구원을 근본적인 사건으로 기념한다.Burge 2000: 195-96 시편 107:30은 요한의 강조점을 예시하고 있다: "사방이 조용해지니 모두들 기뻐하고, 주님은 그들이 바라는 항구로 그들을 인도하여 주신다." 요한복음 6:21과 비교해 보라: 그들은 기뻐서 예수를 배 안으로 모셔 들였다. 배는 곧 그들이 가려던 땅에 이르렀다.RSV

그렇지만 주목할 만한 핵심 구절은 예수가 바다 위를 걸었다거나 건너편으로 그들을 안전하게 이끌었다는 것이 아니라, 예수가 제자들에게 한 말이다. 그렇다, 제자들은 물 위에서 그들에게 가까이 오는 귀신같은 형상을 보고 두려워했지만-누군들 그렇지 않겠나?-예수가 놀라운 말을 한다: '나다, 두려워하지 말아라.'20절 영어권 독자들은 깨닫지 못할 수도 있겠으나 나다라는 선언은 출애굽기 3:13-15에서 모세에게 하신 하나님의 자기계시를 반향하고 있다: "나다." 20b절의 헬라어는 *ego eimi*로서, 70인역 출애굽기 3:14를 반향한다. "나는 나다.I AM who I AM." 제2이사야40-55장에서 동일한 신적인 자기 정체성이 30차례나 반복되는데, 하나님의 주권과 보편성을 강조하고 있다.Harner[1970]와 Ball의 주요 연구들을 보라. 특히 Ball: 33-45 제자들은 예수를 억지로 왕으로 만들고자 했을 때 뒤에 남겨졌던 군중들이 깨달을 수 없었던 것을 얻는다. 군중들은 빵을 얻지만, 제자들은 능력과 구원과 인도와 더불어 예수의 나는~이다라는 임재를 받게 된다. 몰로니는 이 차이를 강조한다: "이 재회는 예수가 주님으로 제자들에게 오심으로 표시되는데, 예수는 스스로를 나는~이다로 계시하고 있으며 그들은 영접한다. 이것 가운데에서 어떤 것도 빵과 물고기의 기적의 자리에 남아있던 군중들에게 일어나지 않는다. 군중이 가지는 그릇된 메시아적 소망은 예수의 자기계시로 말미암아 수정되며, 제자들은 그런 계시를 기꺼이 받고자 하고 있다."1998: 203 [나는 ~이다, 584쪽]

요한복음에서 두 번째로 예수는 스스로를 나는~이다로 계시한다.처음은 4:26 이제 예수는 만나가 주는 기적의 의미로 전환한다.

예수가 이적의 의미를 계시하다: 나는 생명의 빵이다 6:22-40

6:22-24 사람들은 예수가 빵을 주었기 때문에 예수를 찾는다

6:1-4의 방향지시등을 이어가면서, 요한복음 서술자는 이제 그 시간, 이튿날을 말하

고 있으며, 그 후에 언제, 어디서, 그리고 누가 거기에 있었는지를 이야기한다. 제자들은 그들의 운명에 이르렀지만21절, 군중은 바다 건너편에서 제자들이 배로 떠나는 것을 보았다. 그들은 예수가 그들 가운데 있지 않다는 것도 보았다. 그렇다면 예수는 어디에 있는가? 디베랴에서 온 배 몇 척이 주께서 감사를 드리고 무리에게 빵을 먹이시던 곳에 가까이 닿은 후에, 군중들은 예수와 제자들을 찾아 이 배를 타고 가버나움으로 떠난다. 그들 속에 있는 감각이 예수와 제자들을 어디에서 찾을 수 있는지 알려주고 있다.

이런 시간적이고 지리적인 정보가 서사의 흐름에 있어 필수적이지만, 가장 시선을 끄는 부분은 앞서 이탤릭체로 된 곳이다. 이 서사는 기적-이적과 뒤따르는 담론 사이의 연속성을 밝혀주고 있다. 게다가, 그들이 빵을 먹던 곳은 성만찬의 모티브인 '주께서 감사를 드린 후에'를 포함하고 있다. 이것은 두 가지 차원으로 읽어야 한다. 한 가지 차원은 군중들이 기억하는 것을 강조한다: 빵을 먹었다. 두 번째 차원은 요한복음의 저자가 독자들이 기억하기를 바라는 것을 내포한다: 주께서 빵으로 인해 감사하셨다. 깊은 의미가 이제 곧 드러날 것이다.

6:25-34 군중이 빵을 원하다; 예수는 그들이 이적을 이해하기를 바라다

군중이 예수를 찾을 때 그들은 첫 번째 호기심을 표현한다: '랍비여, 언제 여기로 오셨습니까?' 이것은 서술자의 대사다. 예수는 대답하지 않고 대신 참되고 진실 Amen, *amen* 말을 한다. 예수는 그들의 진정한 동기를 폭로한다: '너희가 나를 찾는 것은 이적을 보았기 때문이 아니라[이것은 좋은 동기가 될 수 있다], 빵을 먹었기 때문이다.' 예수는 폐부를 찌른다. 그는 없어질 양식과 영원한 생명에 이르게 하는 양식을 계속하여 구분하고 있다.27절 예수는 군중에게 사람들을 먹이는 이적에 대해 처음으로 통찰력을 주며, 사라지지 않을 양식을 위해 일하라 그들을 격려한다. 이후 예수는 자신의 제안을 기독론적으로 "싣고 있다": 영원한 양식은 인자인 그가 줄 것이다. 그 제안은 보증된다: 그것은 아버지 하나님께서 인자를 인정하셨기 때문이다.27d 이런 언급은 실마리를 제공한다: 그 기적을 이적으로 이해하는 것은 그것이 가진 기독론적 중요성을 붙잡는 것이다. 이적이 드러난다! 그것이 가진 신앙적인 의미는 예수가 누구인가를 가리킨다. 그는 인자이며, 아버지께서 보내시고 인정하신, 보증된 사람이다.마가복음에서 무리를 먹이시는 계시적 기독론을 참조; Swartley 1981/1999: 112-23

이에 반응하며 군중은 묻는다. "하나님의 일을 하기 위해서 우리가 무엇을 해야 합니까?" 그들은 이해하지 못한다. 예수는 일에 대해서 콕 집어 대답한다. "하나님께서 보내신 이를 믿는 것이 하나님의 일이다.” 다시금 예수의 말씀은 그들을 자신의 정체를 인식하도록 부르고 있다: 하나님께서 보내신 이, 하나님의 일을 하는 것. 하나님의 일을 하는 것은 그를 믿는 것이며 하나님이 보내신 이를 믿는 것이다. 그렇지만 다시금 군중들은 다른 끼니를 원한다! 그리하여 그들은 분명하게 힌트를 준다. “우리 조상들이 광야에서 만나를 먹었다고 기록된 것처럼, “그가 하늘에서 온 먹을 빵을 주었습니다.”

이어지는 두 절들은 군중이 인용한 그 본문에 대한 예수의 미드라시로 시작한다. 미드라시는 성서, 주로 토라에 대한 랍비식의 반영을 가리키는 것으로, 현시대의 생활에 영감을 주고 훈계를 하고 안내를 하기 위해 성서로부터 의미를 가져온다. 미드라시는 미묘한 언어유희와 “~이 아니라 ~”not ~ but 배열을 포함하고 있으며, 그 본문의 표면 아래 있는 의미를 드러낸다. 보겐Borgen이 설명하듯이, 32-48절은 성서본문의 첫 번째 부분, 그가 하늘로부터 온 빵을 주셨다에 대한 미드라시 주석을 하고 있다. 그리고 49-58절은 그 주제를 이어가되, 그 인용 속에 있는 마지막 단어esthio, 먹다에 초점을 맞추고 있다. 먹다라는 동사는 예수의 첫 번째 해설 속에는 등장하지 않고32-48절 나중에 나타난다. 그 전체는 그 본문에 대한 미드라시이다.Borgen 1965: 28-57; 1983: 24 퀘스터Koester 2003: 95는 그 담론이 세 가지 무대에서 볼 수 있다고 지적하는데, 첫 번째는 그가 주셨다를 주해하는 32-34절이라고 본다. 보르겐은 그 담론이 필로에서 발견되는 미드라시적 패턴을 따른다는 것을 보여준다:

진정으로, 진정으로, 너희에게 이르노니,
하늘에서 내려온 빵을 너희에게 준 이는 모세가 아니라[ou];
[모든 이의] 내 아버지께서 하늘에서 온 진정한 빵을 너희에게 주신다.
왜냐하면[gar] 하나님의 빵은 하늘로부터 내려와 세상에 생명을 주기 때문이다.

보겐Borgen은 성서에 대한 유대교 랍비 미드라시 본문과 필로 속에 있는 ~이 아니라 ~이며 왜냐하면not-but-for이라는 패턴을 인용한다.1983: 24-25 이런 요한복음 6장의 주석에서, 빵은 그 자체를 뛰어넘어 아버지, 하나님을 가리키며, 따라서 다시금 예수가 무리를 먹이신 것에 대한 기독론적 중요성을 제시하고 있다.

만나에 대한 예수의 해석은 랍비의 계보를 그대로 잇고 있다. 먼저, 만나의 진정한 근원은 모세가 아니라 하나님이었다. 빵을 주신 이는 하나님이다. 나아가, 만나 이야기는 단순한 빵을 넘어선다: 만나는 하나님께서 어떻게 자신의 말씀으로 먹이시는지를 보여

주기 위한 영적인 은유이다. 신명기 8:3은 예수의 논쟁 속으로 잘 들어온다. "[하나님께서] 너희를 낮추시고 굶기시다가, 너희도 알지 못하고 너희의 조상도 알지 못하는 만나를 먹이셨는데, 이것은, 사람이 먹는 것으로만 사는 것이 아니라, 주의 입에서 나오는 모든 말씀으로 산다는 것을, 너희에게 알려 주시려는 것이었다." TNIV; Burge 2000: 198

예수는 하늘로부터 내린 그 빵의 근원을 분명히 한다: 그 빵은 하나님께로부터 온 것이다. 하늘에서 온 진정한 빵은 예수다. 하늘에서 온 빵이 주는 것은 세상을 위한 생명이다: "주는 이와 선물이 동일하다는 것은 예수 자신을 영접하지 않고서는 예수로부터 무엇인가를 받을 수 없다는 것을 의미한다." Talbert: 136

중요한 대조가 이 서사 속에 나타난다. 그들의 조상들이 하늘로부터 하나님께서 보내신 만나를 먹었지만, 예수가 주려고 하는 진정한 빵을 먹는 이들은 영원히 살 것이다.6:31 은 출애굽기 16:4, 15 및 시 78:23을 반향한다; Burroughs: 81

6:35-40 예수가 스스로를 생명의 빵으로 계시하다[w]

예수는 이 담론 속에서 자신의 구체적인 첫 번째 나는~이다 선언을 하고 있다: 나는 생명의 빵이다.35절 이것은 서술 주격으로 된 일곱 개의혹은 더 되는 '나는~이다' 묘사들 가운데 첫 번째이다. 예수는 그 빵을 받아들이는 자들을 영원히 먹일 생명의 빵이다.

이 단원의 마지막 두 절들은 다음과 같은 예수의 약속을 강조하고 있다. "내게 주신 사람을 내가 하나도 잃어버리지 않고, 마지막 날에 모두 살리는 일이다.'39절 아버지의 뜻은 아들을 보고 그를 믿는 사람이면 누구나 영원한 생명을 얻게 하시는 것이 내 아버지의 뜻이다. "나는 마지막 날에 그들을 다시 살릴 것이다." 반복되고 있는 구문 마지막 날에 살리다는 44절과 54절에서 3번 등장한다. 영생의 선물이 현재와 미래인 반면, '살리다' 라는 동사anistemi는 각각의 경우에 미래이다. 이중의 후렴구가 이 절들 속에 흐르고 있다: 하늘로부터 오다.33, 38, 41, 42, 51, 58와 내가 마지막 날에 그것을/그들을/그 사람을 살릴 것이다.39, 40, 44, 54 하늘로부터 오신 이는 신자들을 영생으로 살리실 그 이다.Temple 1939: 88-89 참조

또 다른 주제가 이 미드라쉬를 통해 흐르고 있다: 나에게 오는 자들은 아버지에게 달려 있는데, 그는 주시고37절, 이끄시거나44a 혹은 그들이 예수에게 오도록 허락하신다.65절 강조점은 예수가 모든 이들을 반갑게 맞이하는데 있는 것이 아니라, 오히려 "아버지께서 계속 돌보시는 이들"에 있다.Burge 2000: 200 그렇지만 동시에, 신앙과 불신앙의 미스터리가 하나님의 주권과 불가사의를 애태우게 하지만, 예수의 바람은 모든 이들이 자신

에게 오는 것이다. 가롯 유다는 이 점을 보여준다. 그렇기는 하지만, 아버지의 주권과 아들이 힘을 갖는 것을 이야기하는 것은 여전히 예외를 예상하고 있다.6:70-71

요한복음 6장과 요한복음 속의 다른 본문들은 10:29를 주목할 것 영원을 보증하는 교리를 뒷받침하기 위해 사용되어 왔으며, 선택, 예정, 그리고 예지의 교리와 연결되어 있다. 롬 8:29-30을 참조 여기 로마서 6장에 기초하든, 로마서 8장이든, 영원을 보장하는 교리는 편파적이다. 아버지의 뜻은 6장에 반복적으로 나오는 누구든지whoever뿐만 아니라 요한복음 3:16KJV의 누구든지whosoever 속에도 분명히 표현되어 있으며, 특히 6:47의 *Amen, amen* 언급에서 그러하다: "믿는 자들은 누구든지 영생을 얻는다." 누구든지와 아버지가 허락하시는 것, 이 두 가지 요점은 17:2-3이 영원한 생명과 사람들이 예수에게 오는 것을 말하는 것을 가리키는 것처럼, 반드시 긴장 속에 있어야 한다. 아버지의 뜻은 6:40에 분명하게 표현되고 있다: "또한 아들을 보고 그를 믿는 사람이면 누구나 영원한 생명을 얻게 하시는 것이 내 아버지의 뜻이다. 나는 마지막 날에 그들을 다시 살릴 것이다." 아버지는 예수를 보는 모든 자들 혹은 그 메시지를 듣는 모든 자들이20:29 영생을 믿고 받는 것이다.[신앙/불신앙, 562쪽][영생, 575쪽]

유대인들이 수군대며 예수의 주장에 도전하다;더 많은 자기계시 6:41-59

41-58절은 예수를 하늘에서 내려온 빵으로 선언하고 있다. 핵심에 있는 51절, 나는 살아 있는 빵이다는 교차대구법으로 나타낼 수 있다:

> A 나는 하늘에서 내려온 살아 있는 빵이다.51a
>> B 이 빵을 먹는 이는 누구나 영원히 살 것이다.51b
> A' 내가 세상의 생명을 위해 주는 빵은 내 살이다.51c

6:41-48 수군거림; 예수, 하늘에서 온 빵은 영생을 준다

6:31에서 인용하는 예수의 미드라쉬적 주석을 요한복음의 저자가 나타내면서, 이 부분은 하늘에서 온 것에 초점을 맞춘다. 41절과 42절에서 반복되는 구문은 또한 담론의 절정을 맺는 52절과 58절에 있는 다음 단원 속에서도 반복되고 있다. "하늘에서" 역시 나를 보내신 아버지 속에 함축되어 있다.44절

41-42절에서 유대인들은 예수가 요셉의 아들이라는 것을 알기에 자신이 하늘에서 왔다는 예수의 주장에 불만을 터뜨리기 시작한다. 그런데 이 사람이 어떻게 "나는 하늘에

서 내려왔다."고 하는가? 그들은 예수가 거짓말을 하고 있다고 생각한다. 혹은 그들은 혼란에 빠졌을 수 있다. 예수는 불만을 갖는 이들을 타이른다: 이윽고 그는 마지막 날에 영생과 부활로 이어질 선물을 주는 자신과 아버지의 역할을 설명하면서 그 문제를 복잡하게 한다. 여기서 니고데모와 함께 요한복음 3장에서 나타나는 위로부터와 아래로부터 사이의 불쾌한 도랑이 재등장한다. 이것은 요한복음 속에서 기본적이고 반복적인 대조이다.Meeks 1972 이것은 유대인들의 말과 반복되는 오해들이 쉽사리 갖고 있는 두 가지 차원을 가져온다. 그들은 예수를 이해할 수 없다: 나를 보내신 아버지께서 이끌어 주지 않으시면, 아무도 내게 올 수 없다. 나는 그 사람들을 마지막 날에 살릴 것이다.44절 예수의 선지자들로부터 오는 후속 인용은 애를 태운다: 하나님께서 그들 모두를 가르치실 것이다.이사야 54:13; 예레미야 31:33-34를 참조 그 약속이 그들을 포함할 것이기에 모든 이들이 불만을 가진 자들에게 소망을 줄 것이다. 그러나 예수는 곧, "아버지로부터 듣고 배운 모든 사람이 내게로 온다"고 덧붙인다. 예수를 고소한 사람들이 반발한 것이 바로 이것이므로, 이것은 논쟁을 멈춰 세운다.

이것은 자격, 초대를 나타내고 있으며 예수의 주장을 되풀이 한다:

· 자격: 하나님께로부터 온 사람 외에는 아무도 아버지를 본 사람이 없다; 그는 아버지를 보았다.46절 이것은 서문의 마지막 절을 되풀이한다: 일찍이 하나님을 본 사람이 없다. 아버지의 마음에 가까운 독생자이신 하나님이 그분을 나타내 보이신다.1:18

· 초대: *Amen, amen* 형식과 함께, 예수는 신앙으로 초대한다: 너희에게 말한다. 믿는 사람에게는 영생이 있다.47절

· 기본적인 주장이 반복된다: 나는 생명의 빵이다.48절

이것은 35절의 주장을 반복한다: 나는 생명의 빵이다. 이것은 담론의 이 부분을 끝맺고 있다. 다음 부분은 그 주장의 미스터리와 의미 속으로 크게 한 걸음 들어간다.

6:49-58 빵을 먹다; 유대인들의 논박; 예수의 살을 먹고 그의 피를 마시는 것ʷ

6:31b에서 인용하는 마지막 단어인 먹다는 이 담론의 마지막 부분의 반복적 주제)eit-motif로 시작한다. 49-58절은 먹음을 강조하는데, 먼저는 빵을, 나중에는 예수의 살을 먹는다. 예수는 대화상대자들에게 '너희 조상들은 광야에서 만나를 먹었다.49절' 는 것을 상기시킨다. 이것은 그들 역시 빵을 먹어야 한다는 예수의 초대를 예비하는 것이다. 그

렇지만 이 초대에는 두 개의 전환이 뒤따른다. 너희의 조상은 광야에서 만나를 먹었어도 "죽었지만" 내가 주는 빵을 먹는 다면 너희는 영원히 살 것이다. "나는 하늘에서 내려온 살아 있는 빵이기 때문이다. ~ 생명을 준다". 이 빵을 먹는 사람은 누구나 영원히 살 것이다. 내가 줄 빵은 나의 살이다. 그것은 세상에 생명을 준다.51-52절 군중은 빵을 먹고자 한다. 그렇지만 예수는 말하기를, 결국, 그 빵은 조상들이 먹었던 곳이며, … 그들은 죽었다! 그렇지만 만일 너희가 이제 하늘에서 내려온, 내가 주는 빵을 먹는다면50a "너희는 먹고 죽지 않을 것이다.'50b 그 다음의 단어가 비위를 상하게 한다: "내가 세상의 생명을 위해 줄 빵은 내 살이다."

이 말에 유대인들이 자기들끼리 논쟁한다: 예수가 의미했던 것은 무엇인가? 이 사람이 어떻게 자신의 살을 먹으라고 줄 수 있단 말인가?52a 예수는 또 다른 난해한 *Amen, amen* 선언으로 대답한다: "내가 진정으로 진정으로 너희에게 말한다. 너희가 인자의 살을 먹지 않고, 또 인자의 피를 마시지 않으면, 너희 속에는 생명이 없다. 내 살을 먹고 내 피를 마시는 사람에게는 영생이 있을 것이요, 마지막 날에 내가 그를 살릴 것이다. 내 살은 참된 양식이요, 내 피는 참된 음료다."53b-55 유대인들뿐만 아니라 대부분의 그리스도인 신자들도 이 말에 경악한다. 가톨릭과 영국성공회 전통 밖에 있는, 서구 그리스도인들은 이 말들을 무시하고 가볍게 받아들이거나 아니면 영적으로 해석한다. 버지Burge 2000: 202가 언급하듯, "예수가 다음 걸음을 내딛음에 따라 이제 그들은 아연실색한다. 지상의 빵-천상의 빵-빵으로서의 예수-먹는 빵인 예수-희생으로서의 예수. 이 말은 너무 심하여 그들의 불평은 논쟁으로 바뀐다.6:52 합리성을 넘어서 신비 혹은 성찬식으로 가는 큰 신앙의 발걸음을 떼도록, 예수는 의도적으로 도발하는 것인가?

56절은 두 가지 핵심적인 구문, "내 살을 먹고 내 피를 마셔라"를 세 번 반복하며 이들을 예수그리스도와의 연합으로 연결시킨다: "그들은 내 안에 거하고, 나는 그들 안에 거한다."15장을 예비함 57-58절은 먹다를 나와 이 빵이라는 목적어와 함께 두 차례 반복한다. 58b에서 예수는 그들의 조상들은 먹고 죽었다고 단언하고 있다. 예수는 다음과 같이 말함으로 이 담론을 끝맺고 있다. [하늘로부터 내려온] 이 빵을 먹는 사람은 영원히 살 것이다.58c 원형 구조 속에서 이 절들은 6:50-51의 언어와 강조점으로 되돌아온다.

예수의 살을 먹는 것은, 만일 그것이 식인풍습으로 인해 이미 불쾌하지 않다면, 54절과 56절에 있는 헬라어 동사로 인해 더욱 난해해 진다. 분사 먹음*trogd*은 씹음 혹은 씹어 먹음을 의미한다. 이 동사는 현재 시제이며, 지속적인 씹음이나 씹어 먹음을 나타내고 있다. 사람들을 먹이는 기적에 대한 이 주석으로 예수가 말하고 있는 것은 무엇인가? 이것은 요한복음이 제도화한 주의 만찬인가? 버지2000: 202는 이런 수수께끼들을 빠르게 진행시키며, 이것이 마치 "종교적 식인행위 같으며, 지상의 상징들은 영적인 진리로 전환되어야만 한다."고 말한다.

"영적인 진리들이라?" 글쎄, 좋기는 하지만 이들 영적인 진리들은 무엇인가? 그들이 지닌 성만찬적 은유, 심지어 의미를 부인하는 것은 사실상 불가능하다. 이 이미지는 분명히 유월절을 넘어서는 것이다; 사람의 살을 먹고 피를 마시는 것은 유대적인 사고에 반하는 것이다. 유대법은 피를 마시는 것을 금하고 있으며레 17:10-14 유대인 그리스도인들은 그런 금지들을 이방인 신자들에게조차 지속시켰다.행 15:20d, 29b 요한복음 속에 있는 이런 단어들을 문자적으로 받아들일 수 있는가? 그렇지만 유대교 관습과 연결되는 점은 죄를 짓는 인간과 하나님 사이의 언약관계를 회복시키는 제물을 먹음에 있다. 그렇지만 사고에 있어서의 도약은 빵을 먹거나 구운 짐승의 고기를 먹는 것에서 인간의 살을 먹는 것으로 움직인다. 예수가 희생되어 십자가에 들려졌을 때, 예수는 세상의 생명을 위해 스스로를 바친다. 실제로, 그 빵, 그의 살-성육신을 통해 주어진-은 세상의 생명을 위한 것이다.

51c-58절에 대해서 요한복음 학자들은 반론을 제기한다.52절을 반향하며 이 절들 속에 있는 희생과 성만찬적 의미를 어렵지 않게 볼 수 있으므로, 몇몇 이름 있는 학자들은 이 절들이 저자의 것이 아니라 나중에 요한의 본문 속으로 삽입된 것으로 보고, 신학적인 편안함을 위해 우리가 이 절들을 잘라내고 다음으로 넘어갈 수 있다는 것을 암시하기도 한다! 앤더슨Anderson 1996은 "후대 삽입" 이론에 반박하고 기독론적 통일성을 지지한다. 렌스버거Rensberger 1988: 77-81는 이 논쟁을 연구하고 또한 본문의 통일성으로 가닥을 잡는다. 이 본문이 지닌 성만찬적 의미는 요한복음의 신자들의 사회적 경험에 대한 요한복음의 커다란 이해와 들어맞는다. 계속적으로 "예수 안에 거함"15장; 또한 17:18, 23; 20:21 및 영적인 자양분으로서14:19b-20 예수에게서 생명을 얻는 것은 요한의 공동체와 그 공동체의 신학과 삶의 특징들이다.

많은 주석가들이 성만찬적 의미의 몇몇 형태를 받아들인다.R. Brown 1966: 284-85; Burge 2000: 202-3; Carson: 259-99; Rensberger 1988: 72-80; Moloney 1998: 223; Suggit: 71-72 수기트Suggit는 성만찬이 그 배경 속에 있지만-아마도 그 언어의 근원-여기서의 강조점은 예수라는 인간, 그의 정체성, 그리고 하나님의 일로서 그의 일에 있다는 것에 동의한다.76; Borgen 1965: 61-97, 147-91에 동조함 예수가 군중을 먹이고 이어지는 성만찬으로서의 담론에 대한 핵심적인 논의는, 요한복음은 공관복음서에서 등장하고 있는 요한복음 13

장에서의 주의 만찬이라는 제도를 갖지 않는다는 것이다. 적어도 초대 교회에서 실행된 성만찬 전통은 이 사건을 말하는 것에 영향을 준다.Ellis: 101 엘리스Ellis와 수기트Suggit는 6장이 예수의 정체성과 일에 초점을 맞추고 있다는 점에서는 옳았지만 이것은 성만찬을 배제하지 않고 있다!

그렇지만 살을 먹고 피를 마시라는 예수의 말은 다른 곳에서 사용되는 경우 부정적이고 적대적 의미를 갖는다.시 27:2; 슥 11:9 등 그들이 여기서 "호의적인 의미"를 가지려면, "반드시 성만찬을 언급해야만 한다는 것이다." 그렇지 않으면 그들은 "그의 계시를 긍정적으로 받아들이는 계시가 될 수 없다." R. Brown 1966: 284-85 게다가, 성만찬은 *Logos* 계시로부터 분리되는 것이 아니라 그 계시의 정점을 표시한다: 성만찬에서 예수는 세상의 생명을 위해 자신의 살을 내어 준다. 믿는 자들과 그로인해 사는 자들은 예수가 누구인지에 대한 완전한 계시를 받는다.

비성만찬적 시각에도 역시 지지자들이 있다. 모리스Morris 333는 주의 만찬을 제도화하는 모든 언급들은 살sarx을 먹는 것이 아니라 몸soma을 먹는 것이므로, 성만찬으로 보아선 안 된다는 시각에 동의한다. "그것[성만찬]을 가리키는 다른 모든 신약의 구절들에 있어서, 사용된 단어는 '이것은 너희를 위해 부서지는 내 몸soma이다.' 와 같이 '몸' 이다 … 따라서 그리스도의 살과 피를 먹고 마시는 예수의 언어는, 사람들이 그리스도를 그들의 마음 속 깊이 있는 존재로 받아들여야만 한다고 생생한 이야기의 방식이다." 335 나아가, 먹고 마심이라는 동사들은 과거의 행위를 알려주고 있으며aorist 따라서 예수의 죽음을 나타내고 있다. 모리스Morris 335n133는 6:51을 말하고 있는 다드C. H. Dodd를 인용한다: 예수가 세상의 생명을 위해 주는 빵이 내 살이며 내 피를 마시라는 이미지는53, 54, 56절 모두 개별적으로 폭력적인 죽음을 나타낸다. 그러므로 브랜트Brant 2004는 모리스의 생각에 동의할 수도 있는데, 그 이유는 예수의 말씀을 극적으로 듣는 것이 죽음으로 향하는 그의 불변의 행진과 잘 들어맞기 때문이다. 그렇지만 모리스는 성만찬적이고/혹은 성례적인 시각은 거부하고 있다. 오히려, 예수는 자신의 다가오는 죽음을 가리키고 있다. 54, 56, 57, 58절에 나타나는 지속되는 먹음trogo의 현재형은 성만찬을 나타내는 것이 아니라 "그리스도를 영접함"을 말하고 있다.336 이런 시각에서조차도 몇몇 성만찬적 신학의 의미가 담겨있다: 예수의 몸요한복음에서의 살과 피는 계속해서 신자에게 영양분을 준다.

어떤 비유들이 비성만찬적 해석을 뒷받침하고 있나? 마츠나가Matsunaga의 대답은 요한복음이 성례를 제시하는 수많은 상징들을 가지고 있지만, 요한복음은 의도적으로 침례와 주의 만찬에 영성을 부여하고 있다는 것이다. 요한복음은 예수의 침례나 성만찬 제도에 대한 말씀을 기술하고 있지 않다. 요한복음은 성례들을 알고 있지만 "고등 기독론을 고백하는 요한의 케뤼그마를 중심으로 삼기 위해, 그리고 사랑으로 하나님-예수-제자들이 연합되는 진정한 제자도에 대한 새로운 자격들을 주기 위해 성례들을 피하고 있다."523 발을 씻김은 이런 사랑을 설명하고 있다.

이것이 창조적인 설명이긴 하지만 만족스럽지는 않다. 왜냐하면 이 설명은 '내 살을 먹고 내 피를 마시라'는 예수의 불쾌한 명령을 말하고 있지 않기 때문이다. 요한복음의 전체적인 신학의 관점에서 보면, 그 본문이 가진 두 가지 특징들은 왜 요한이 공관복음서와 바울에서 사용하고 있는 '그 잔을 마시라 대신 내 피를 마시라'고 하는지 뿐만 아니라 '몸을 먹으라' 대신에 왜 '살을 먹으라'고 하는지를 설명할 수 있다. 먼저, 요한복음의 신학은 성육신적이다. 말씀*Logos*는 육신*sarx*이 되며, 이것은 그런 명령들을 필요로 한다. 이 단어들은 요한복음에서 성육신을 강조하기 위해 등장하며 예수의 고난과 죽음에 대한 가현설의 거부를 마련한다.[가현설Docetism] 맥그레거1962: 117는 저스틴First Apology 66과 이그나티우스To the Smyrnaeans 7.1가 성만찬을 예수의 살*sarx*을 먹는 것으로 이야기하며 성만찬은 그리스도의 죽음을 기념하기 보다는 "영생의 선물"의 부여하심을 기념하는 의식이라고 말한 것을 상기시킨다.

두 번째 고려할 점은 56b*내 안에 있고, 나도 그 사람 안에 있다*가 어떻게 그 본문을 요한복음 15장과 연결시키고 있느냐 하는 것이다: 예수는 참 포도나무이며 신자들은 가지들이다. 맥그레거Macgregor 1962: 112는 "포도나무는 요한복음이 기록될 당시에 성만찬적 상징으로 여겨졌다."는 것을 우리에게 알리고 있으며, 『디다케』*Didache* 9.2를 인용하고 있다. "우리는 당신의 종 다윗의 거룩한 포도나무로 인하여 당신, 우리 아버지에게 감사드립니다." 이것이 내 피를 마시라는 구문의 충격을 언급하지는 않지만, 요한복음 6장의 성만찬적 언어를 상호 거함에 대한 더 커다란 요한의 강조와 연결시키고 있다. 여기서 피는 생명의 상징이다: 생명은 피 속에 있다. 그러므로 이 요한복음 6장의 본문 속에 있는 세 가지 뚜렷한 요한의 모티브들-살, 영생, 내 안에 거함-은 요한이 성만찬적 모티브들을 더 큰 자신의 신학 속에 맞추었다는 것을 보여준다. 54절을 *내 안에 거함*15장과 연결시키는 것은 그 절을 영적으로 취해야 한다는 것을 보여준다; 그것은 이것을 성만찬적인 언어 성례로 만드는 것에 대해 경고하고 있다. 오히려, 예수의 말씀을 통해 생명을 주는 이는 성령이시다: "주된 강조점은 예수 그 자신에 있다 … 영생의 근원과 자양분[으로서]" Dunn 1971: 337 "성만찬적 용어가 있다고 해서 꼭 제도적 성례주의의 옹호를 암시하는 것

은 아니다."Andeson 1996: 130

이 문제를 따라가며 우리는 다음과 같이 묻는다: 요한은 정말로 여기서 성만찬을 이야기하고 있는가? 결국, *gnaw* 혹은 *munch*54-58절에서 4차례 사용된 *trogo*가 지속적 현재형이라는 것은 일이 있을 때마다 기념되는 의식이 아니라, 생명을 주는 예수를 지속적으로 먹는 것을 말하고 있다.Dunn이 단언한 것처럼 유사하게, 문자적으로 받아들여 '내 피를 마심'은 초대 기독교의 도덕적 인가를 어기는 것이다. 만일 우리가 이것을 성례적으로 생각한다면, 우리는 성례의 의미를 다시 생각할 필요가 있다. 성례에 대한 요한복음의 시각은 의식이나 예식 제도가 아니었다. 외적인 의식은 서로 사랑하라는 예수의 명령, 예수로부터 나오는 새로운 공동체의 정체성 표시에 속하는 것이다.요 15:10-13를 참조 맥그레거Mac-Gregor 1962: 118는 요한복음 6장과 13장을 성례로 간주한다: 예수가 '이미 목욕한 사람은 씻을 필요가 없다.'13:10a고 말하면서 침례를 암시하고 있다는 점에서 발을 씻김은 비유적인 성례이다. 발을 씻김 자체는, 주의 만찬의 자리에서, 침례 이전의 죄를 씻는 것일 뿐만 아니라 "서로 서로와 예수와의 친교로 그들을 연합하고 그들의 제자도의 배지가 될 사랑과 섬김의 영"을 가리키고 있다. 맥그레거는 '너희도 서로 남의 발을 씻어 주어야 한다. 내가 너희에게 한 것과 같이 너희도 이렇게 하라고, 내가 본을 보여 준 것이다.'13:14-15는 예수의 말씀을 성만찬에 대한 책임으로 간주한다. "'너희가 마실 때마다 이것을 행하여 나를 기억하여라.' 그러므로 여러분이 이 빵을 먹고 이 잔을 마실 때마다, 주님의 죽으심을 그가 오실 때까지 선포하는 것입니다."고전 11:25b-26

이 어려운 본문에 대한 이런 다양한 시각들을 놓고 봤을 때, 우리는 아래와 같은 선택들을 할 수 있다:

- 본문은 성만찬적은 아니지만, 본문이 성례적인 효과를 위한 성만찬적 언어를 사용하는 것에 대해 경고하고 있다는 면에서, 예수의 죽음 안에서 그리스도와 함께 거하는 연합을 가리키고 있다. 본문은 오히려 "성령을 통하여 그를 믿는 신자들과 함께 하늘로 오른 예수와의 연합"을 촉구하고 있다.Morris; 19세기의 Westcott and Godet; Matsunaga; 아울러 Dunn 1974: 335-337
- 성례가 예수의 문자적 살과 피가 섭취되는 제도적 의식을 가리킨다는 의미에서 본문은 성만찬적이지만 성례적인 것은 아니다.
- 본문은 성만찬적eucharistic이면서 성례적sacramental이다.
- 본문은 성만찬도 성례도 아니다.

· 본문은 성례적이지만, 꼭 성만찬적이지는 않다. 본문은 모든 생명, 사랑과 섬김
   으로 그리스도와 함께 연합하는 삶을 성례적으로 만든다.
· 본문은 두 개 혹은 위에서 언급된 것 가운데 그 이상의 결합이다.

이 마지막 시각의 사례는 던이 옹호하는 것이다: "성만찬은 요한복음 6장의 주제라는
것은 분명하다." 114 요한은 여기서 성만찬을 3:1-4:3에 나오는 침례와 가깝게 두고 있
다. 침례와 성만찬은 영적인 자양분이다. 예수가 이 양식을 제공하는 이유는 "아버지 하
나님께서 그에게 인을 치셨기 때문이다." 6:27

> 궁극적으로, 예수가 제공하는 양식은 그의 온전한 삶이 헌신되어 온 진리, 즉 첫
> 번째로 우리를 위한 아버지의 무조건적 사랑의 계시이며, 두 번째로는 되도록 다
> 른 이들에게 똑같은 무조건적인 사랑과 함께 우리가 드리는 의무와 기회의 계시
> 이다… 이것이 성만찬의 진정한 의미로서, 성만찬은 우리를 위한 하나님의 사랑
> 과 다른 이들을 위한 우리의 사랑에 대한 모든 것이다. 그와 같이, 성만찬은 예수
> 의 생애와 가르침이 갖는 의미의 본보기가 된다.Dunn: 117

요한복음 6:52-58의 해석을 어렵게 하는 것은 그저 그 본문이 주는 충격적인 이미지
뿐이 아니라 오늘날 그리스도인의 몸속에서 조성되는 성만찬과 성례에 대한 다른 이해
들 때문이다. 이 문제가 다양한 종교적 전통들 속에 있는 이해의 다양성과 밀접하게 연관
이 되어 있으므로, 그 문제를 해결하는 것은 이런 "해석적 주석" 너머에 있다. 성례라는
용어가 어떻게 정의될 것인가에 수많은 것이 달려 있다.이 책의 TLC 부분을 보라

6:59 가버나움의 회당
이 간략한 절은 무리가 예수를 찾다가22-24절 그를 갈릴리 바다 북서쪽 바다에 있는
도시 가버나움에서 그를 찾는 것24-25절으로 시작된 담화를 끝맺고 있다. 나아가, 이 절
은 담화를 가버나움의 회당에 위치시키고 있는데, 이것은 아마도 예수가 안식일에 이 말
씀을 하셨다는 것을 제시하는 것일 수 있다. 이절은 예수와 제자들을 유대교의 종교적인
삶 속에 통합된 것으로 그리고 있다. 이스라엘 곳곳에서 회당은 가르침과 배움의 장소였
으며 예루살렘에 있는 성전과 동일시된다.누가복음 2:41-51을 참조 이런 상세한 내용은 요
한복음 9:22와 16:2를 이해하고자 할 때 중요한 것이다.

예수가 제자들을 시험하다; 몇몇은 떠나고 12명은 충성을 맹세하다 6:60-71

6:60-65 예수의 주장이 심기를 상하게 하다; 예수가 추가로 설명하다

자신의 죽음을 가리키는 예수의 이 어려운 말씀은 많은 제자들의 심기를 상하게 한다. 그들은 그 말씀에 불평을 하면서 수사적으로 다음과 같이 말한다. "도대체 누가 그것을 받아들일 수 있겠는가?" NEB는 기억에 남도록 말하고 있다: 이것은 우리가 참을 수 있는 한계를 넘어선다! 우리가 왜 그런 말을 듣는단 말인가? 예수는 그들의 심기가 상한 것을 알고 있으며 더욱 많은 것을 가르칠 기회로 삼지만, 불에 기름을 끼얹을 뿐이다: 많은 제자들이 돌아서서 더 이상 예수를 따르지 않는다.66절 예수를 따르는 것제자도이 계속적으로 예수의 살과 피를 먹는 것이라는 개념을 받아들이는 것은 마가복음 8:27-38에 나오는 베드로의 고백에 예수가 반응하는 것에 비유될 수 있다. 양쪽 모두 값비싼 제자도를 나타내고 있다!

결과적으로 예수는 다음과 같이 말한다. "만일 내 살을 먹고 내 피를 마신다고 얘기한 것이 너희를 거슬리게 한다면, 이 말을 받으라: 만일 너희가 인자가 이전에 있던 곳으로 올라가는 것을 본다면 어찌하겠는가? 생명을 주는 것은 영이다; 육은 쓸모가 없다. 너희에게 말한 것이 영이며 생명이다. 그렇지만 너희 가운데 몇몇은 믿지 않는다." 이 다섯 말씀 각각은 듣는 이들을 이끈다기 보다는 거리를 두는 것이다. 첫 번째와 세 번째 말육은 쓸모없다은 이해하기 어려운데, 특히 말씀이 육신이 되었다는 1:14의 시각과 내 살을 먹으라는 예수의 명령이 더욱 그러하다. 윌리엄 템플의 이해가 여기서 도움이 될 것이다. 그는 두 말씀이 내포하는 것에 있어서 크게 다르다고 본다: 내 살을 먹으라는 것은 죽음을 의미한다; 내 피를 마시라는 것은 삶을 의미한다. 육은 죽을 것이나 피는 생명이다.구약의 희생제사에서 조차 "생명은 피 속에 있다." [레 17:11]-따라서 그것이 짐승이었기 때문에, 언약의 백성들은 그 피를 마실 수 없었고, 그 피는 그들을 위해 뿌려졌다 그렇지만 예수의 피는 비유적으로 말한다면 마셔져야만 하며, 그리하여 너희는 본질적으로 생명을 가질 것이다. 요한복음 6:63b의 내가 너희에게 한 그 말은 영이요, 생명이다는 살이 영이며 피가 생명이라는 의미는 아니다. 오히려 그것은 살과 피가 영과 생명임을 의미한다.

그렇다면 왜 처음부터 영으로 시작하지 않는가? 여기 좋은 이유가 있다: 육이 죽은 곳, 십자가를 항상 기억하기 위해; 부서진 몸과 뿌려진 피를 무시하는 어떤 일반적인 영적 신비주의를 피하기 위해; 그리고 외부 행동이 그 자체로 효과적이지 못하다는 것을, 그렇지만 항상 인자의 죽음, 부활, 그리고 승천-살과 피-에 달려 있다는 것을 우리가 잊지 않도록 하기 위해서이다.Temple 1939: 94, 97-99

인자가 원래 있던 곳으로 오른다는 예수의 말씀은 예수가 니고데모에게 했던 말3:3, 5처럼 듣는 자들을 어리둥절하게 한다.62절 지금까지 이 서사 속에서는 오직 나다나엘만이 이런 오르고 내리는 언어의 의미를 이해한다. 이 단계에서는 예수가 하나님을 계시하는 것과 하나님과 예수가 함께 하는 것, 그리고 하나님 안에 그가 거하는 것에 대한 그 의미는 마치 다른 제자들을 피하는 듯하다. 예수가 하늘로 올려지는 것을 처음으로 말하는 3:14에도 불구하고, 제자들은 아직 예수의 죽음이 그의 영광이자 승격이라는 것을 이해하지 못한다.

예수는 많은 제자들이6:66 이해할 것도, 그와 함께 할 것이라는 것도 기대하지 않는다.막 4:11-12 참조 전지적 서술자는 모든 것을 아는 예수의 마음을 드러낸다. 예수는 처음부터 누가 믿을 것인지를 알았으며2:24 참조 또한 누가 자신을 배신할 것인지도 알았다.6:71 다시금, 예수는 사람들이 예수로 오는 "문"을 주관하시는 주권자 아버지께 호소한다. 그에게 오는 사람들은 아버지께서 허락하신 자들이다.65절; TLC에 있는 "신성한 주권과 인간의 자유 Divine Sovereignty and Human Freedom"를 보라.

6:66-69 예수가 12제자를 시험하다; 시몬 베드로가 응답하다

이제는 제자들 사이에서 길을 달리하는 장면이 나온다. 많은 이들이 예수를 따르는 것에서 돌아선다.66절 그리하여 예수는 12제자들에게 무엇을 하고자 하는지 물으며, 선택할 자유를 준다: 너희도 가고자 하느냐? 베드로는 공관복음서에서 기억할 만한 고백과 유사한 방식으로 대답한다.막 8:29 요한복음의 처리방식은 자포자기의 어조로 들린다: "주여, 우리가 누구에게로 갈 수 있겠습니까? 당신에게는 영생의 말씀이 있습니다. 우리는 당신이 하나님의 거룩한 분이심을 믿고 알게 되었습니다." 베드로가 어떻게 이 고백에서 예수의 이름을 말하고 있는지에 대해 사본들은 다르게 말하고 있다. NRSV/NIV의 두 가지 표현은 그리스도, 살아 계신 하나님의 아들 혹은 그리스도, 하나님의 거룩한 이이다. 이 두 가지 표현 각각은 몇 개의 초기 사본들로부터 뒷받침을 받고 있긴 하지만, 하나님의 거룩한 이라는 표현은 단연코 가장 강한 뒷받침을 받는다. 사본들 간의 차이점은 공관복음서에서 메시아/그리스도 명칭의 표현을 더한다. 요한복음에서 예수는 이미 메시아/그리스도로 칭송을 받는다.1:41; 4:25

하나님의 거룩한 이는 공관복음서에서 예수로 인해 두려워 떠는 마귀들의 입으로 등장한다.막 1:24; 눅 4:34 유사한 표현 "이스라엘의 거룩한 이"도 이사야에서 빈번하게 나타난다.41:14, 20; 43:14-15; 45:11; 47:4; 48:17; 49:7 아버지의 주권적 목적과 예수에게로 오든 이들을 허락하심을 강조하는 요한복음의 시각에서, 이것은 서사와 맞아 떨어진다. 베드로의 고백과 요한복음 저자의 목적은 예수를 거룩하고 주권자이신 하나님과 연결시킨다. 이것은 마지막 발언의 정황을 이루고 있다.

6:70-71 누군가가 자신을 권세자들에게 넘길 것이라고 예수가 말하다

예수의 반응은 12제자의 선택을 선언하는 것으로서, 짐작컨대 그의 아버지가 허락하신 것으로 보인다. 그렇지만 예수는 다음과 같이 말함으로 그들의 미래를 어둡게 하고 있다: 그러나 너희 가운데 한 명은 마귀이다─아주 잔인한 말이다! 공관복음서에서 마귀들이 예수를 드러내는 말로 베드로가 금방 예수의 신한 정체성을 고백했으므로막 1:24: 눅 4:34, 예수가 베드로에게 말한 것으로 생각할 수도 있다.막 8:33을 참조, "사탄아 내 뒤로 물러가라!" 그렇지만 서사자는 그런 추측을 막는다. 미래가 그렇게 펼쳐질 자로서, 서술자는 시몬 가룟의 아들 유다의 이름을 거론한다.

예수는 아무도 아버지의 손으로부터 그것을 낚아 챌 수 없다.10:29는 자신의 선언에 예외가 있음을 거론한다. 아니면 그것은 하나의 예외인가? 그것은 유다가 혼자 결정한 것인가? 그것도 아니라면 유다는 만일 자신이 예수를 권세자들에게 넘겨준다면NIRV 6:71을 참조, 하나님 나라의 도래를 앞당길 수 있을 것이라고 생각했던가? 이런 문제들은 어렵다. 분명한 것은 예수는 유다가 이 일을 하리라는 것을 알았다는 것이다. 이것은 예수의 사역의 절정을 촉진시킨다: 십자가에 "들리고" "영광을 받음". 요한복음에 나타난 예수의 말씀은 고통스러운 문제를 야기 시키며 요한복음은 우리가 바라는 모든 해답을 가져다 주지 않는다.Burge 2000: 207

성서적 맥락에서의 본문

구약성서에 터를 잡은 요한복음 6장W

요한복음은 빈번하게 구약을 암시하고 인용한다. 요한복음 6장의 수많은 절들은 앞장에서 보여주었듯이 시편 18:24Borgen 1965나 출 16장에 대한 미드라쉬이다. 그렇지만 예수의 네 번째 이적, 만나 기적도 다른 구약성서의 먹이는 기적들을 암시하며 예수를 예언적 엘리야─엘리사 전통 속으로 위치시킨다.

예수가 신명기 18:15, "주 너희의 하나님은 너희의 동족 가운데서 나[모세]와 같은 예언자 하나를 일으켜 세워 주실 것이니, 너희는 그의 말을 들어야 한다."를 성취하며 만나와 같은 기적의 빵을 먹은 후에 군중이 예수를 선지자로 추앙한 것은 놀랄 일이 아니다. 예수가 그 선지자인지의 여부를 판별하기 위해 사람들은 또 다른 이적을 요구한다.6:30-31 모세는 수많은 이적들과 놀라운 일들을 행함으로 알려져 있었다. 요한복음서 기자는 예수를 모세의 전통 속에서 나타내지만 역시 예수의 청중들이 만나 이적이 가리키는 것을 깨닫기를 바라고 있다: 기독론, 메시아로서의 예수.McGrath: 172-73

군중들은 그를 자신들의 메시아-왕으로 삼고자 했는데, 왜냐하면 그들은 고대하던 메시아가 하늘의 문을 열고 만나를 비처럼 내릴 것이라는 전승을 알고 있었기 때문이다.이 번 장의 주석적 해설부분을 참조; 갈증을 푸는 것에 대해서는 다음을 참조, 사 48:20-21; 미 7:15; 요 6:35c 요한복음 6:63b의 예수의 말씀, "내가 너희에게 한 그 말은 영이요, 생명이다."는 만나 기적과 결합하며 신명기 8:3 "사람이 먹는 것으로만 사는 것이 아니라, 주의 입에서 나오는 모든 말씀으로 산다."를 반향하고 있다.지혜서 16:20, 26을 참조 사람들이 예수를 선지자-왕으로 삼고자하지만, 예수는 그들의 시각을 넓히고 그들의 행위에 찬물을 끼얹는다. 예수의 주장-나는~이다와 인자는 그가 있던 곳으로 올라간다.6:55-58의 맥락에서 1:1과 6:62를 참조; McGrath: 177-81-은 정치적 사고를 억누르고 불쾌하게 만든다. 사람들은 이해할 수 없다.Pazdan 1991; Pamment 1985; Moloney 1976

예수가 물위를 걷는 것도 역시 구약의 전승을 반향하고 있다. 예수의 나는~이다 자기계시6:20는 모세와 야웨를 혼합시킨다. 하늘에서 온 빵은 영생을 준다는 것을 약속하면서, 예수는 다시금 모세와 야웨를 결합한다. 그렇지만 예수는 분명히 모세를 넘어서 이 만나를 주셨던 하나님, 나의 아버지를 가리킨다.6:32 예수의 일은 그의 아버지와 함께 하는 것이며, 따라서 예수와 아버지는 마지막 날에 부활의 약속과 함께 모든 믿는 자들에게 영생을 준다. 요한복음 6:41-44는 또한 구약을 시사하고 있다: 유대인들의 불평6:41, 43 RSV; 6:61은 58c에 나오는 예수의 주장을 반영한다 이스라엘의 불평을 반향하고 있다.RSV; 출 15:24; 16:2, 7-9, 12; 17:3; 민수기 14:2, 27-32, 35-36; 17:5 그들이 불평하는 이유는 예수가 스스로를 인자이자 하늘로부터 온 살아 있는 빵이라고 주장하기 때문이다. 이 빵은 광야에서 그들의 조상들이 먹었던 빵과 대비되지만민수기 14:35, 이 빵을 먹음으로 영원히 살 것이다. 모세의 만나는 생명을 줄 수 없었다.Burroughs: 83-90를 참조 게다가 예수가 아버지께서 자신에게 주신 이들에게 다가가는 것은 구약을 반향하고 있다.렘 38:3 LXX[31:3 ET], elkyo; Dennis: 192-93을 보라; Freed 1965: 20; Keener: 1,685

요한복음 6:45-47은 예수의 가르침을 이사야 54:13에 나오는 "하나님의 가르치심"을 성취하는 것으로 그린다.렘 31:33을 참조 '아버지께 듣고 배운 사람은 다 내게로 온다'

는 45c의 예수의 언급은 하나님의 회복의 날이 이제는 메시아 예수의 말과 행위를 통해서 온다는 것을 의미한다. 빵조각 12 바구니를 모으는 것은 이스라엘의 회복을 내포한다. 회복의 모티브는 요한복음 11:52, 흩어져 있는 하나님의 자녀를 한데 모아서 에서 다시 등장하고 있다.Dennis: 193-94 하나님을 유일하게 본 예수는 그들을 가르치고 회복한다. 믿는 자들은 영생을 얻는다.

그의 살을 먹고 피를 마신다는 예수의 깜짝 놀랄 말씀은 하나님으로부터 온, 그리고 하나님의 말씀으로 살도록 자신을 마음껏 먹으라고 사람들을 부른다: "말씀은 하나님과 함께 있었으며 하나님이었고1:1 육신이 되었다."1:14

성만찬과 성례로서의 요한복음 6장?

요한복음 6:52-58은 주의 만찬, 성례를 제도화하려는 요한의 방식으로 보아야 하는가? 공관복음서에 있는또한 고전 11장의 바울 주의 만찬에 유사성과 차이점들이 모두 있는 것은 자명하다. 공관복음서에 있는 "제도"의 언급은 예수가 5천명을 먹이는 요한복음의 보도와 유사한 단어들을 포함하고 있다. 게다가 요한복음 6장의 시작과 끝에 있는 강조점들은 공관복음서가 주의 만찬 보도들을 구조화하는 것과 맞아 떨어진다. 시작: 유대교 유월절 절기가 가까워 온다; 끝: 제자들이 걸러지고 이탈한다. 그렇지만 6장은 갈릴리에 자리하며 한 해 이른 유월절이다!

그럼에도, 언어의 유사성은 요한이 예수가 5천명을 먹인 사건을 주의 만찬공관복음서의 보도의 독특한 "제도"가 되도록 의도하고 있으며, "의례"를 강조하는 것에서 발을 씻김 속에 있는 죄와 겸손한 섬김에 대한 강조로 전환시키고 있다.13장 이 모든 본문들 속에서는 빵에 축복하거나 축사하심이 있다. 그렇지만 공관복음에서 사람들을 먹이시는 기적들이 지닌 두 가지 특징들은 요한복음에서는 찾아 볼 수 없다: 예수는 빵을 축복하고 떼기 전에 하늘을 우러러 보며, 빵을 제자들에게 주어 배분토록 한다. 요한복음에서는 예수가 직접 군중에게 빵을 나누어 준다.

몇 가지 결정적인 단어들나의, 마시라, 피이 등장하고 있긴 하지만, "제도" 본문들 속에 있는 다음에 따라오는 절들은 요한복음과는 완전히 다르다. 공관복음서의 "제도" 본문들은 수많은 부가적인 단어들이 있지만 요한에는 없다:

- "몸, 컵, 많은 이들을 위해 쏟음 혹은 너희를 위해 준"
  - "언약" 누가와 바울에 있는 "새로운"

· 마태와 마가에 있는 아버지의 하나님 나라
· "죄의 용서" 마태에만 있음

몇 개의 중요한 단어가 동일하지만, 결정적인 차이점들이 나타난다:

· 요한복음의 먹는다는 *trogo*라는 단어로서, 마태에서 보이는 더 흔한 단어 *esthio* 가 아니다
· 다른 네 보도들이 피를 "새 언약"과 연결시키고 있는 반면, 요한은 마신다와 피를 연결시킨다.
· 다른 모든 보도들이 "내 몸[*soma*]"을 말하고 있는 반면누가와 바울에서는 너희를 위해 내어 준, 요한은 내 살sarx을 먹으라고 말한다.

이런 차이들은 결정적이다: 따라서 해석하는 사람은 요한복음 6:52-58이 성례적인 것이 아니라고 주장할 수 있다. 그렇지만 유사점들 역시 중요하다: 따라서 해석하는 이는 요한복음 6장이 성례적이라고 주장할 수 있다. 이 논쟁은 쉽게 풀릴만한 것이 아니며, 특히 요한의 신학적 독특성들의 시각에서 보면 그러하다. 성만찬이 성례냐 비성례냐―이 용어는 다른 기독교 신앙 전통에 따라 달리 이해된다―로 달리 이해하는 것은 논쟁을 흐린다.

내 견해는 그 본문이 성만찬적이고 성례적이지만, "제도"라는 의미 속에 있는 것은 아니라는 것이다. 요한복음의 독특성은 그 본문이 공관복음서와 바울을 반영하는 것에 대해 우리에게 경고하고 있다. 신자들의 정체성을 보여주는 특징으로서 내 안에 거하라와 서로 사랑하라에 들어 있는 요한복음의 독특함에 비추어 보면, 요한복음 6장은 성례적 삶, 사랑과 섬김 속에서 그리스도와 연합하도록 우리를 부른다.Anderson의 시각과 비슷하며, 1996: 130, Dunn과는 상반된다 1974: 235-38 즉, 요한복음에 있어 성례로서의 성만찬은 윤리와는 떨어질 수 없는 것이다. 그것은 성만찬을 살아 내는 것이자 성례를 살아 내는 것이며, 포도나무에서 가지가 나오듯15:1-11 예수로부터 나오는 은혜를 받고1:14, 16, 17 힘을 부여받는 것이다. 요한복음에서의 영생이 현재이자 미래이기 때문에, 6:54의 약속은 우리가 예수 안에 거하고 그가 사랑했듯 사랑함으로, 지금 영생의 선물을 사는 것을 의미한다. 실제로 17장에서 신자들은 예수―아버지의 하나됨, 바로 하나님의 삶과 사랑 속에 참여한다.[성찬, 597쪽]

윌리엄 템플은 유사하게 이해한다. 성례에 대한 시각은 나와 다르다. 그는 "그것이 성찬식 communion이라면 목적으로서, 그렇지만 그것이 성례전이라면 목적에 이르는 수단으로서" 먹고 마심 속에 있는 예수와의 교제communion라고 우선순위를 바르게 매기고 있다. 그는 요한복음 15장의 포도나무의 이미지를 컵에 담긴 포도주를 연상시키는 것으로 간주한다. 요2:1-10을 반향한다. 따라서 요 15장은 더욱 요 6장보다 더 분명하게 성만찬적이다—초대 교회 지도자들은 그 잔을 포도나무의 열매와 연결시켰다. 게다가, 내 살을 먹고 내 피를 마시라는 분명히 비유적이다. 핵심은 생명을 섭취하고자 예수를 먹고 있는 것이다. 1939: 95 이그나티우스Ignatius, To the Trallians 8.1의 "신앙과 사랑으로 너희 스스로를 새롭게 하라, 그것은 주님의 살이며, 그리스도의 피이다."를 인용하는 템플은 자신의 시각을 정리한다.[81] 요한의 언어는 세 가지 목적을 가진다:

- 효과적으로 그리스도에 대한 영적인 의존을 가리키기 위해;
- "물질주의와 성만찬을 사용할 때 마술적인 것으로부터 지키기 위해"
- "우리의 감각이 그리스도를 의존하는 것은 그의 구속적인 희생과 떨어질 수 없이 연합되어 있다는 것을 확실히 하기 위해" – 6:51Temple 1939: 99

이것이 내가 단언하는 것이다.

교회생활에서의 본문

예수의 살을 먹음[w]

메노 시몬스는 요 1:1과 1:14 사이의 상호관계를 길게 다루면서, 육신을 포함하여 예수가 자신의 총체를 세상에 생명을 주기 위하여 내어주었다는 것을 강조하고자 요한복음 6장특히 51절에 있는 많은 절들과 구들을 이야기함으로 이 상호관계를 굳건히 다진다. 반복되는 구문 "하늘로부터 온 살아 있는 빵"은 역시 굉장히 중요하다. 메노는 마리아 속에서 말씀이신 예수가 육신이 되었다는 것에 수백 쪽을 할애하고 있다. "우리 주님의 성육신"과 "미크론에 답하며," Menno: 794-913 그렇지만 육신은 마리아로부터 온 것이 아니다. 만일 마리아로부터 왔다면 예수는 절반은 아담의 형태인 육신이 되었을 것이다. 그렇지만 예수는 그렇지 않다고 메노는 주장한다. 나아가, 그는 동시에 두 아들의 특성을 갖는다: 마리아로부터의 특성모든 인간이 그러하듯 타락하고 죄성을 가짐과 하나님에게서 온 특성.순전하고 거룩함 메노는 이것을 불합리한 것으로 여긴다. 메노는 즈빙글리파의 개혁가들인 존 라스코John a Lasco 787-92와 미크론Micron 835-913외 다른 이들과 논쟁하면서, 말씀이신 예수가 하늘로부터 왔음을 단언한다. 말씀은 하늘로부터 왔으며 마리아 속에서 육신이 되었다. 메노는 육신이 하늘의 것이지 인간의 기원을 가진 것이 아니라는 점을 강조한다.

몇몇 아나뱁티스트 역사가들은 메노의 "하늘의 혹은 천상의 육신" 교리의 정통성에 의문을 제기한다. 그렇지만 요한에게 있어서 육신의 기원을 하늘에 두고 있다고 주장하는 것은 중요한 것이다. 왜냐하면 그것이 곳곳에 강조되고 있는 요한복음의 위에서아래에서가 아닌와 서로 연결되기 때문이다. 또한 이것은 내 살을 먹고 내 피를 마시라는 예수의 명령에 새로운 의미를 가져다 준다.메노가 반대한 시각에 대해서는 829쪽 "두 번째" 요점을 보라 메노는 빈번하게 하늘의 것과 지상의 것 사이에 반복되는 요한의 대조에 호소하고 있으며요 3:12-13; 6:62; 엡 4:9-10을 참조, 이것을 첫 아담과 하늘에서 내려와 다시 하늘로 갈 둘째 아담, 그리스도에 대한 바울의 구분과 연관시키고 있다. 메노는 그리스도의 완전한 인성을 주장한다: 그는 육신이 되었으며 마리아 안에 거했다. 제랄드 매스트Gerald Mast 177-78가 킨니Keeney와 스주카Sjouka의 메노 연구에 의지한 자신의 뛰어난 논문에서 말하는 것처럼, 메노는 예수가 마리아로부터가 아니라 마리아의 밖에서out of 온 것이라고 주장한다. 그렇지만 메노는 마리아의 외부에서 온 육신은 "타락 이전에 아담의 본성의 것과 동일한 물질로부터 나왔으므로" 예수가 온전한 인간이었다고 주장한다.178

그런데 메노가 6:63과 6:54을 해설할 때, "거룩한 만찬"에서 그들이 "실제 살"을 먹고 그리스도의 "진짜 피"를 마신다고 생각하는 사람들에게 핏대를 세운다.153 메노는 다음과 같이 말한다. "문자적으로 예수의 살을 먹고 그의 피를 마시는 것은 소용없는 것이다. 예수가 자신이 있었던 곳으로 돌아가기 때문에 그것은 가능하지도 않다." 153 6:54를 문자적으로 받아들이는 사람들은 "불쌍하고" "맹목적이다": 하늘에 오르는 이를 "씹을 수도 없거니와 소화기관으로 국한시킬 수도 없고, 우리가 보는 것처럼 가시적인 빵과 포도주의 경우와 같이 시간, 불 혹은 벌레 때문에 사라지지도 않는다." 153 곧이어 그는 이 단어들이 가지는 "영적인" 의미를 말한다: "내가 너희에게 한 말들은 영이며 생명이다." 메노의 "천상의 육신" 시각에 건설적일 수 있는 부분을 메노가 간과하는 곳이 여기에 있다. 왜냐하면 "예수의 살을 먹는 것"은 주의 만찬에서 재생regeneration으로서, 신자들이 하늘로부터 온 것으로 산다는 것을 선언하고 있기 때문이다.

기독론의 맥락에서 후브마이어Hubmaier, 마르펙Marpeck 및 필립스philips 같은 아나뱁티스트들이 어떻게 주의 만찬을 이해하고 있는지에 대한 광범위한 연구에서, 존 렘펠

John Rempel 225-26은 세 가지 중요한 요점을 지적한다. 먼저는, 이들 저자들이 "주의 만찬을 인간의 기념행위로 축소시킬 때" 대륙의 종교개혁 속에 있는 아나뱁티스들과 다른 이들이 나타냈던 오해를 교정한다. 둘째로, 아나뱁티스트들은 "원리들"화체설 혹은 공존설 속에서 일어나고 있는 것에 주로 집중하고 있지 않으며 주의 만찬의 의미에 영성을 부여하지도 않는다. 역동적인 삼위일체설 속에서, "아버지는 성령과 같이 내적으로 일하시며 아들은 외적으로 일한다… 그들은 그리하여 예수의 몸과 피 속에 참여하는, 그리스도와 교회의 연합의 수단이 된다." 세 번째로, 아나뱁티스트 신학은 주의 만찬을 지키면서 "신앙, 화해, 공동체, 그리고 선교"를 강조한다. "아나뱁티즘은 성찬이 그리스도인과 하나님, 그리고 서로와의 화해에 대한 빼어난 표현이라고 가르치고 있다."226

신의 주권과 인간의 자유

요한복음에 나타난 "신학적 변증법"에 관한 바레트C. K. Barrett의 논문은 수많은 주제들에 적용되고 있다. 예를 들면 영생의 현재와 미래 여기에는 인간의 자유와 신적인 주권 사이의 변증법도 포함된다. 본문은 사람들이 예수에게로 오는 것으로 그리거나6:15, 24 혹은 예수가 그들을 오라고 초청하는 것으로 묘사한다.6:35, 37 동시에 그들은 오직 "아버지의 구현을 통해서" 온다.1972: 64 이 변증법은 베드로와 예수의 대화 속에서 나타난다. '너희도 떠나고자 하느냐?'6:67는 예수의 질문에 대답하면서, 베드로는 예수의 독특한 정체성을 고백하며 그가그리고 열 두 제자 남을 것임을 암시한다. 그렇지만 예수는 자신이 12명을 택했으며70절, 베드로의 결정을 자신의 주권적 선택과의 긴장 속에 둔다. 65절에서 예수는 다음과 같이 선언한다. 아버지께서 허락하여 주신 사람이 아니고는, 아무도 나에게로 올 수 없다.

이런 변증법 속에서는 진리의 네 가지 측면이 결합되어야 한다:

- 신적인 주권을 지니신 하나님은 구원을 시작하시고 예정하신다.6:37, 44, 65
- 인간은 어떻게 하나님의 주도권에 반응할지 선택한다.37, 45b, 64
- 신적인 목적은 모든 이들이 영생을 얻는 것이다.39-40, 45
- 예수는 신적인 주권과 인간의 자유가 만나는 초점이다. 요한복음 곳곳; 엡 1:4를 참조-하나님께서 우리를 예수 그리스도 안에서 그리고 예수 그리스도를 통하여 양자로 삼으신다

나는 생명의 빵이며 마지막 날에 너희를 살릴 것이다

성서의 다른 어떤 본문보다도 요한복음 6장은 예수가 현재 우리의 영적인 배고픔을 채우실 것이며 마지막 날에 우리를 살리실 것이라고 약속하고 있다. 양쪽 모두는 예수가 선물하는 영생이다: 현재와 미래. 예수는 지금 하나님에 대한 우리의 갈급함을 채우고 있으며, 최후이자 미래적 축복—우리의 죽음을 넘어선 부활을 약속한다. '마지막 날에 살리는 것'을 시각적으로 표현하기는 어렵더라도, 이런 신앙과 희망 속에 자리 잡고 있는 것은 하나님께서 보내신 자인 예수를 믿는 사람들을 옹호해 주시리라는 것이다. 이 사람은 생명의 빵으로서 위에서 오며, 세상의 생명을 위해 자신의 생명을 주고 우리를 위한 장소를 예비하기 위해 아버지께로 돌아간다.14:1-3 예수는 죄와 죽음을 이겨낸다.

요한복음 7장

예수: 초막절의 생명수

사전검토

어떤 결정들은 내리기가 극도로 어렵다. 1982년 1월에 메노나이트 중앙위원회MCC는 남부 아프리카, 주로 남아프리카에 있는 교회들로부터 지도자들을 선출하고 인종차별 문화 속에서 함께 하며, 예수의 화평을 위한 증언을 배우기 위해 스와질랜드에서 열린 화평세미나를 후원했다. 세 명의 책임자들이 초대되었다. 남아프리카에서 온 한 명은 참석을 거부했다; 또 다른 한 명은 독일에서 왔는데IFOR 석연치 않게 그의 비자가 사라지는 바람에 공항에서 멈췄다. 세 번째 사람은 나였는데, 아내와 내가 크리스마스 전에 일찍 갔기 때문에 가능했다. 나중에 지역 MCC 리더십은 레소토남아프리카에서 오긴 하지만에서 누군가를 데리고 2주 일정의 세미나로 오도록 할 수 있었다. 그렇지만 그가 오는 것이 스와지Swazi 경찰에게 알려져 무슨 일이 일어나고 있는지를 조사를 받았는데, 공개적으로 어떤 정치적인 것을 논하는 것은 불법이었기 때문이다. 이전이 이미 안전을 위협받던 30명의 참석자들은—몇몇은 투옥된 적이 있었다—결정을 내리는데 어려움이 있었다. 그들은 경찰의 감시 하에 세미나를 계속할 것인가, 아니면 그만두기로 하고 중단할 것인가? 몇 시간의 고초 끝에 내린 결정은 계속하는 것이었고, 처벌을 감수하고 있었다. 5일 동안 경찰은 화평에 대한 성서의 가르침을 감시했다. 요한복음 7장과 이 사건의 유사성을 들어 보라.

7장은 예수와 제자들이 계속 갈릴리에 있는 것으로 시작하는데, '이것은 유대인들이 예수를 죽일 기회를 엿보고 있었으므로 그가 유대 지방에서 다니려 하지 않았다'는 것을 말해준다.1절 그의 형제들2:12에서 마지막으로 언급됨이 이제 서사 속으로 들어온다. 그들은 예수가 장막절이 가까워져서 함께 자신들과 갈 것이라고 생각한다.2절 직설적으로 드러낸 그들의 이유는 경건하면서도 어리석은 것이다: "형님의 제자들도 형님이 하는 일을 보게 하십시오. 기왕 형님이 이런 일을 하는 바에는, 스스로를 세상에 드러내십시오!"4절 독자의 편에 서서, 서술자는 예수의 형제들조차도 예수를 믿지 않는다는 것을 보여준다.5절 예수는 절기 때문에 예루살렘으로 올라가지 않겠다고 말하면서 형제들만 올라가라고 말한다. 예수가 그러는 이유는 무엇인가? 왜냐하면 "내 때가 아직 오지 않았으며… [그리고] 세상이 나를 미워하기 때문이다.'6-8절 그렇지만 형제들이 간 후에 예수도 올라간다.

그러므로 대부분 예루살렘에서 이루어지는 7장은 갈릴리에서 이루어지는 6장을 보완한다. 비슷한 주제가 등장하며―진정한 빵과 생수―군중들과 유대인들의 오해가 커져간다. 예수가 아직 갈릴리에 있을 때조차, 서사자는 독자에게 유대인들이 명절에서 그를 찾고 있다는 것을 알린다. 따라서 그는 비밀리에 예루살렘으로 올라간다. 게다가, 군중들속에서 불평이gongysmos, 12절 AT; 32절을 참조 계속되는데, 예수에 대한 그들의 태도는 둘로 나뉜다. 어떤 사람들은 그를 좋은 사람으로 보고 어떤 이들은 그가 무리를 미혹하고 있다고 말한다.

예수가 절기를 위해 예루살렘에 도착한 후, 그는 두 번 말하고 있다: 처음은 명절의 중간점으로, 예수의 메시지와 권위의 근원에 대해서이다. 이것은 다양한 반응들을 이끌어 내었으며 바리새인들은 예수를 체포하기 위해 경비병들을 보낸다.7:14-36 명절의 마지막 날, 예수는 다시 말하면서 가르치고 그 사람들 가운데 몇몇 사람의 반응을 받아넘긴다.25, 40절 참조 권력자들은 경비병들이 빈손으로 돌아오자 어리중절하면서도 실망한다.7:37-52

두 개의 담론에서도 사람들 사이에 편이 갈라진다.25-31절, 40-44절 한 쪽에서는 무리가 예수가 마귀들렸다고 기소했는데, 그 이유는 '너희는 왜 나를 죽일 기회를 노리느냐?'고 예수가 단도직입적으로 묻기 때문이다.19c, 1, 25절 참조 그렇지만 군중들 다수가 예수를 믿었다. 왜냐하면 만일 예수가 장차 오실 이라면, 고대하던 메시아는 예수가 하는 것 보다 더 많은 이적들을 행할 것이라고 생각하지 않았기 때문이다.

37-39절에 나오는 절기의 마지막 날에 했던 예수의 언급은 훌륭하다. 대제사장과 바

리새인들이 예수를 죽이고자 하는 성급한 충동을 지연시키면서, 니고데모는 그들의 음모를 반박하며 율법은 심판에 앞서 경청을 해야 한다는 적법절차를 필요로 한다고 탄원한다. 다른 이들은 니고데모의 발언을 비웃으면서, "당신도 역시 그자들과 한패임에 틀림없다."며 니고데모 역시 갈릴리파일 것이라고 단언한다. 그들은 마지막으로 만일 당신이 성서를 살펴본다면 갈릴리에서는 선지자가 나오지 않는다는 것을 볼 것이라고 치부한다. 그리하여 갈릴리는 이 장의 처음과 마지막에 등장한다. 갈릴리안전와 예루살렘위험 사이의 대립이 나타난다. 그렇지만 예루살렘의 바리새인들은 갈릴리를 비하한다.52절

이 장의 중심은 장막절의 중요성과 예수와의 관계에 달려있다. 예수는 스스로를 명절이 주는 의미의 완성이라고 주장한다.

개요

예수의 딜레마: 절기에 가느냐 마느냐, 7:1-10
예루살렘의 상황, 7:11-13
절기의 한가운데에 행한 예수의 발언과 반응들, 7:14-36
절기의 마지막 날에 행한 예수의 발언과 반응들, 7:37-52

주석적 해설

예수의 딜레마: 절기에 갈 것인가 말 것인가 7:1-10

7:1-2a 예수의 딜레마의 이유[w]

갈릴리는 예수에게 안전을 제공한다. 그곳에 머무는 것은 희미하게 보이는 위기를 연기한다. 예수를 죽이고자 하는 연합군들의 본부는 갈릴리가 아니라 예루살렘에 있다. 예수는 예루살렘에 가는 것이 자신의 사역에 종지부를 찍을, 그의 체포의 카운트다운이 시작되는 것임을 알고 있다. 이것은 예수의 남쪽에서의 마지막 여정이다; 요한복음에 따르면, 예수는 갈릴리로 돌아오지 않는다. 바리새인, 유대인, 그리고 대제사장 연합은 이 이적을 일으키는 자이자 혁명적이고 위험한 선생의 땅을 없애고자 마음먹는다. 이 사람의 인기는 로마가 예루살렘을 공격할 위험을 가져온다.11:48 그들은 반드시 봉기를 막아야 한다.6:15

유대교 신학적 관점에서, 예수는 자칭 메시아이다.6:15 더 심하게는, 예수는 아버지되

는 하나님과 특별한 관계가 있으며 아버지의 일을 하기 위해 보냄을 받았다고 주장한다. 이것은 유대인들의 귀에 신성모독이다; 따라서 유대인들은 예수를 죽이고자 한다.7:19c 그렇지만 예수의 사역을 끝맺을 아버지의 타이밍이 지금인가? 지금은 예수의 종교적이고 정치적 정체성의 결과에 직면할 시간이자 예수를 그들이 어찌하든 결과에 직면할 시간인가? 더 많은 것들이 남아있으므로 아직은 그렇지 않다.

초막절Tabernacles 혹은 수장절Ingathering로 알려진 장막절the Feast of Booths이 다가오고 있다. 성인 남자로서 예수가 그 절기에 가는 것은 일반적이자 예상되는 것이었다.따라서 유대인들도 그를 찾고 있다.11절 유월절처럼 이 명절은 어마어마한 무리들을 예루살렘으로 오게 하며, 혁명적인 봉기가 일어날 기회이기도 하다. 로마의 경비는 삼엄하다.요세푸스, 유대 전쟁 2.12.1을 참조 예수의 분별은 아마도 이 명절이 자신의 선교와 연결되는 이스라엘의 명절 관행을 상징하느냐에 초점을 맞춘다. 자신의 아버지는 이 사건에 대해 어떤 언급을 할 것인가?

세 군데의 구약 성서본문이 이 명절을 재가하고 있다.출 23:16b; 레 23:33-43; 신 16:13-15 이 명절은 유대력 1월Tishri 15-22일, 7일간 지속되며 마지막 날제8일의 거룩한 집회가 따른다.레 23:36; 민 29:35; 다음을 참조. www.hebrew4christians.com/Holidays/Fall Holidays/Sukkot/sukkot.html 15일째가 되는 날이 안식일에 저물면 또 다른 안식일과 합쳐지는데, 이것이 요한복음 7장의 경우일 수 있다. 항상, 첫 번째와 마지막 날들은 휴식의 날이며레 23:39c-d, 사람들은 완전히 기쁨에 넘친다. 이 명절은 "기쁨의 시간"레 23:40; 신 16:14이다. 모든 이들이 참여해야 한다: 아들, 딸, 남녀하인들, 레위인, 체류자들, 아버지가 없는 사람들 및 남편이 없는 사람들. 이 시기는 사회를 평등하게 하고 공동체의 연대를 결속시킨다. 이 명절은 하나님께서 그들을 이집트의 속박에서 구원해 주심과 광야에서 거할 때 그들이 살 수 있도록 초막을 제공해 주심을 기억한다. 사람들은 초막에서 살아야 하며, 뜰과 도시의 광장에 초막지붕을 마련한다.레 23:42

이 명절은 하나님께서 은혜로이 마련해 주신 가을우리의 시기로 하면 9월 중순에 수확된 열매와 곡식을 축하하는 것이다. 그렇지만 이 명절은 또한 휴고 조릴라Hugo Zorrilla가 자신의 1985년 논문을 요약한 요 7-10장에 대한 박사논문에서 강조한 것처럼, 구원과 자유함을 축하하는 것이기도 하다. 모든 사람들이 텐트에서 거함으로 사회적 평등은 하나님의 정의와 문화적 계급과 사회적 억압을 일으키는 인종의 벽으로부터의 자유를 강조한다.

예수가 명절에 올라가기로 했으므로, 우리는 예수의 말씀이 어떻게 이 명절의 신학, 특히 물과 빛이라는 두 가지 주요 명절의 상징과 상호 연관되는지를 듣고자 우리의 귀를 조율해야 한다. 물은, 모세와 같은 메시아적 이적으로 기대되어 "토라의 우물이 주는 선물"을 상징한다. "'주의 성전에서 샘물이 흘러 나와, 싯딤 골짜기에 물을 대어 줄 것이다' 요엘 3:18라고 기록된 것처럼, 이전의 구원자가 우물에서 물이 솟게 했다면, 나중의 구원자는 물을 일으킬 것이다."Eccl. Rabbah 1.8; Moloney 1998: 234-35 요한복음 6장의 만나 빵과 7장의 장막절의 물을 드리는 것은 이런 메시아적 소망을 보완하는 것이다.

물의 의식은 이 추수 축제에서 풍부한 곡식을 위해 비를 내리시는 하나님의 선물에 대한 백성들의 감사를 반영하며, 또한 물을 주는 사람인 모세를 상기시킨다. 게다가 물의 의식은 생명을 주는 우물인 토라를 재연하는 것이다. 그러므로 축제의 물의 의식은 종말론적 의미를 갖는다.사 44:3; 58:11; 겔 47; 슥 14: TBC의 "목마른 자는 나에게 오라"를 볼 것 빛을 축하하는 것은 물의 상징을 보완하며, "레위인들이 시편 120-134를 노래할 때 경건하고 선한 일을 하는 사람은 … 빛 아래에서 춤을 추었다. 이런 축하는 7일의 시간 동안 매일 매일 대부분의 밤에 계속되었다."Moloney 1998: 235 네 개의 촛대가 여인의 뜰을 밝힌다: "예루살렘에 있는 모든 뜰이 물을 긷는 집the House of Water Drawing의 빛을 반사했다." m. Sukkah 5:3; 슥 14:7-8을 참조 '물을 긷는 집'이라는 문구는 이런 축제에서 성전의 역할을 강조하는 랍비적 자료에서 나온다.Yee: 75-76 '랍비 자료'는 물을 드리는 의식m. Sukkah 4:9-10과 빛의 의식5:1-4을 모두 묘사한다.

7:37-38과 8:12에 나오는 예수의 핵심적 선언들은 자신이 물과 빛이라는 외침으로, 그의 메시아적 의미를 표시하는 것이다. 눈먼 사람을 치유하는 서사요 9는 그가 빛을 보는 것에서 절정을 맞는다.

7:2b-4 그의 형제들이 속마음을 이야기하다

가나에서 있었던 물을 포도주로 만들고2:1-11 로마관리의 아들을 치유한4:46-54 예수의 이적을 알고 있는 예수의 형제들은 예루살렘에서 있을 다가오는 기념 축제가 예수의 능력을 보이고 세상에서 그가 하는 일을 알릴 좋은 기회라고 생각한다—디아스포라 유대인들과 이방인 하나님 경외자들이 세계 곳곳에서 오기 때문이다. 그들의 발언은 예수가 널리 알려지기를 원하고 있다.4a; 마 4장과 눅 4장에서 예수의 힘을 보여주기 위해 성전 꼭대기에서 뛰어 내리라는 예수의 시험을 참조는 것을 시사한다. 만일 그들의 형제 예수가 갈릴리에서 했던 이적을 예루살렘에서도 행한다면, 예수가 전국적인 유명인이 되고 가족에게 명예를 선사할 기회가 될 것이다.

7:5 서술자의 실마리

서술자는 우리에게 예수의 형제들조차 그를 믿지 않았다고 말한다. 다수의 무리들처럼, 그들은 인간의 시각에서 그 이적들에 반응한다. 그들은 인기를 원한다. 그들은 예수의 이적*semeia*, 7:31과 일*erga*, 3, 21절이 갖는 영적이고 메시아적 측면을 깨닫지 못한다. 서술자는 아주 가혹한 판단을 내린다. 요한복음의 신앙적 역동성이 갖는 이편이냐 저편이냐의 구분으로 보면 예수의 형제들은 불신앙, 즉 믿음이 아닌 쪽에 있다.

7:6-8 예수가 자기의 마음을 터놓다

형제들에게 대답하면서, 예수는 두 가지 시간, '내 때와 당신들의 때'를 구분한다. 여기서 요한복음 저자는 시간에 해당되는 단어로 반복되고 있는 *hora*가 아니라2:4; 4:23; 12:23 *kairos*라는 단어를 사용하는데, 이 단어는 특별한 순간을 나타낸다—바로 그 순간. 이 단어는 8b절에서 반복되고 있으며, 특히 이 축제와 연결되어 있다. 몰로니1998: 238가 지적한 대로, 이것은 *kairos* 순간이 축제와의 관련 속에서 올 것임을 암시하고 있으며 실제로 그렇다. 그 이유는 예수가 십자가에 못 박히거나 희생된 것은 바로 유월절 양들이 압제로부터의 구원을 기념하면서 유월절 제물로서 살육당하는 그 시간이기 때문이다. 시기는 예수에게 있어 중요한 것이며, 이것은 세상의 증오를 직면하는 순간이 아니다.7절 예수의 형제들에 대해 말하자면, 세상이 그들을 미워하지 않기 때문에 예수는 그들에게 지금 예루살렘에 올라가라고 말한다. 이것은 왜 그런 것일까? 세상이 미워하는 예수를 그들은 믿지 않기 때문이다.5절 예수는 그 미움의 이유를 제시한다: 세상이 나를 미워하는 것은 내가 세상을 보고서, 그 하는 일들이 악하다고 증언하기 때문이다.7b 요한복음에서 예수는 세상의 불신앙과 자신에 대한 증오를 언제나 알고 있다. 자신의 신적인 주장이 세상의 미움과 충돌하기 때문에, 예수에게는 하나님의 시간과 올바른 축제의 순서장막절-유월절를 분별하기 위해 시간이 더 필요하다. 그렇지만 그의 형제들은 아무 때나 갈 수 있다. 너희는 명절을 지키러 올라가라.8a

7:9-10 예수가 먼저 갈릴리에 머물지만 이후에 올라가다

형제들이 떠난 후에, 예수는 갈릴리에 남지만 본문은 얼마나 오래 머무는지에 대해서는 언급하지 않는다. 10절은 형제들의 의견이 더 이상 예수를 압박하지 못한다는 것을 말하는 방식으로 구성이 되어 있어, 예수가 가는 것에는 문제가 없었다. 그렇지만 예수는 그의 형제들이 희망하는 대로 공개적이 아니라 비밀리에 간다. 이것은 예수가 이 축제를 통해서 시간을 벌 것임을 제시한다. 예수는 그 축제와 관련하여 스스로에 대해 아버지의 계시를 알릴 것이지만, 미리 이슈들을 절정으로 가져가지는 않을 것이다. 카이로스 *kairos*는 아직 오지 않았다.

예루살렘의 상황 7:11-13

세 개의 주어가 기술되어 있다: 유대인들, 군중, 그리고 아무도. 유대인들은 그를 찾고 있으며5:18을 상기시킨다; 7:1, 25를 참조, 안식일에 마비된 사람을 치유하는 위법을 행한 이후 모든 이들이 예수를 죽이고자 한다. 그들은 그 축제를 예수를 잡을 기회로 여긴다.7:32 예루살렘의 군중은 예수에 대해 불평하면서앞서 불평하는 형식으로 둘로 의견이 나뉜다: 예수는 선한 사람이거나, 아니면 무리를 미혹하고 있다. 컬페퍼Culpepper 1983: 92가 적었듯이, "두 가지 방향으로 동시적인 운동이 일어난다: 군중으로부터 심지어 제자들에게까지 불신앙이 퍼져가며, 믿으려는 사람들도 유대인들을 무서워하여 고백하지 않는다." 따라서 "유대인들을 무서워한 나머지 아무도 예수에 대해 드러내놓고 말을 하지 않으려 한다." 아무도 공개적으로 예수에 대한 충성을 표현하지 않을 것이라는 의미가 숨어 있다. 그들은 예수를 좋은 사람으로 생각하지만 공개적으로 믿음을 고백하지 않는다.

절기 중간에서 행한 예수의 설교와 반응들 7:14-36

7:14-18 예수의 첫 선언

명절의 한가운데에서14절, RSV, 아마도 네 번째 날 아침에, 예수는 성전에 들어가 가르치기 시작한다. 그의 가르침은 불만을 늘어놓던 유대인들을 어리중절하게 만들었는데, 이들은 예수의 가르침에 경탄하거나RSV 깜짝 놀랐다.NRSV 그들은 '예수가 한 번도 교육을 받은 적이 없었으면서' 어떻게 자신이 말하는 것을 아는지 이해하지 못한다. 이 구문은 문자적으로는 글자를 모른다는 것으로, 몇몇 주석가들의 시각에서는 예수가 문맹임을 암시한다. 그렇지만 대부분의 주석가들은 분명히 그렇지는 않을 것으로 보는데, 눅 4:16은 예수가 율법을 읽기 때문이다—아울러 예수는 아마도 가끔가다 율법을 읽었을 것이다. 이것의 의미는 예수가 바울이 그랬던 것처럼 가말리엘 아래서 랍비로서 한 번도 교육을 받은 적이 없었다는 것이다. 예수는 자신의 가르침과 권위를 설명하면서, 자신의 가르침을 그를 보내신 그의 스승, 하나님에게 돌린다.7:16-17

예수는 자신의 대답을 심오한 차원, 즉 인식론적 통찰과 이해로 전환시킨다. 인식론은 앎의 학문이다. 예수는 독특한 말을 한다. 자신의 가르침이 하나님으로부터 온 것인지 아니면 단순히 예수의 성숙한 대담성에서 온 것인지를 아는 것은 그 뜻의 성격에 달려있다. 예수가 말하기를, 이해는 적절한 랍비적 훈련에서 나오는 것이 아니라, 우리 시대에로 따지자면 다양한 수준의 비평적 연구를 통한 성서적 해석의 원칙을 앎에서 나오는 것이 아니라, 하나님의 뜻을 행하고자 하는 마음에서 나오는 것이다. 어거스틴과 토마스는 "이해를 구하는 신앙"이라는 격언으로 알려졌지만, 예수의 말은 또 다른 관점을 더한다: 하나님의 뜻을 알고 행하고자 하는 열망이 이해하도록 마음의 문을 연다는 것이다. 하나님의 뜻을 행하는 것을 다짐하는 것은 신앙에 선행한다. 순종하고자 하는 마음은 듣고 이해하도록 마음을 열어 마침내 믿게 된다. 이것은 결과적으로 영생에 이르는 진리8:32를 아는 것을 가능하게 한다.17:3

요한복음 7:17에 나오는 예수의 말씀은 공관복음서에서 비유로 가르치는 이유와 병행을 이룬다. 이것은 마가의 신비를 설명하는데 도움을 준다: 듣는 사람들은 믿을 것이지만 많은 이들이 "보기는 하되 깨닫지는 못할 것이고, … 듣지만 이해할 수 없을 것이다." 4:10-12 RSV, 마가복음 4-10장에 퍼져있는 주제이다 7:17에서 예수는 이해할 수 없는 신비를 설명한다. 아는 것은 의지가 있느냐에 달려있다.TBC와 TLC의 "순종과 지식"을 볼 것

모벌리Moberly가 자신의 훌륭한 논문에서 썼듯이, 이 말은 요한복음 속의 큰 모티브를 반영하는데,

> "하나님으로부터," "위로부터," "하늘로부터," "성령으로부터," "이 세상에서 온 것이 아님" 그리고 "세상/지상으로부터," "육으로부터," "자신으로부터" 사이의 양극성이다. 이런 양극성은 … 주된 구조적 중요성이다.예를 들면, 1:12-13; 3:1-8; 31-33; 8:23, 28; 18:36-37 따라서 이 본문의 관심은 요한복음 속의 변방이 아니라 핵심이다.Moberly: 248

18절은 또 다른 양극성을 지닌 부분을 만들어 낸다: 자신의 의지로 말하는 사람들은 자신의 영광을 구한다; 그렇지만 그를 보내신 이의 영광을 구하는 이는 참되며, 그에게는 어떠한 그릇됨도 없다. 이런 간결한 선언의 중심에는 두 가지 영광doxa이 사용되고 있다: "인간의 자존감 혹은 하나님의 계시."Moloney 1998: 243 후자는 1:14-18을 상기시키는데, 말씀이나중에 예수 하나님의 영광을 계시하다는 곳이다. 세 가지 양상이 대립되어 나타난다:

자신에 대해 말하다 ↔ 보내신 이로서 말하다

자신의 영광을 구하다 ↔ 나를 보내신 이의 영광을 구하다

거짓 ↔ 진실

포스트모던적 해석은 "해체"를 말한다. 예수는 종교 지도자들의 사상체계를 허물면서 그들의 전제를 무너뜨리고, "벌거벗은 황제"의 전통적인 이미지로 그들을 발가벗긴 채 내버려 둔다.

7:19-24 예수의 후속 조사

예수는 율법이라는 결정적인 주제에 적용되는 자신의 해체를 이어간다. 이 주제는 예수의 대적자들이 좋아했던 것이자 안식일에 병을 고쳤기 때문에 앞서 예수를 꾸짖었던 것에 관한 것이다.21절은 예수가 안식일에 마비환자를 고친 5장을 떠올린다 예수는 그들을 놀라게 한 일을 했기 때문에 그들이 자신을 죽이려 한다는 것을 알고 있다. 놀라게하다 혹은 경탄하다*thaumazo*, 21절; 다음을 참조. 3:7; 4:27; 5:20, 28; 7:15, 21는 여기서 부정적인 의미를 갖는다. 예수는 율법을 준 모세의 권위를 인정하고 있는 율법으로 그들과 당당하게 맞선다. 그렇지만 예수는 그들 앞에서 율법을 거울로 삼고 있으며 그들이 율법을 지키지 않는다고 선언한다. 그렇다면 "왜 너희는 나를 죽일 기회를 찾고 있느냐?"

군중은 예수를 죽이고자 하는 어떤 의도가 없다고 대답한다. 우리는 주어가 바뀌고 있음을 주목한다: 1, 11, 25절에서 예수를 죽이고자 하는 이들은 유대인들이지만, 여기서 군중은 그런 의도를 부인한다. 물론 유대인들은 군중 속에 있으며, 예수의 반격은 그들을 겨냥한 것이다. 따라서 이 서사 속의 이 부분에서는 군중의 기소를 이해하기가 어렵다: "당신은 귀신이 들렸소!" 43-44절에 이르러서야 유대인들과 함께 하는 군중의 몇몇 사람이 예수를 체포하고자 한다. 하워드 브룩Howard Brook, 1994:179은 도저히 이해할 수 없는 예수의 주장에 대한 반응으로, 군중이 예수가 "귀신들리고 편집증적이며 과대망상에 휩싸였다"고막3:22-27 참조 기소한 것을 설명한다. 그들은 예수를 죽일 음모에 대해서는 모르고 있다. 따라서 예수의 반응은 군중 그 자체를 겨냥한 것이 아니라 군중 속에 있는 공모자들을 향한 것이다. 많은 부분에서, 군중은-43-44절에 이르러 의견이 나뉠 때까지-완충제 역할을 하면서 예수를 제포하려는 성전 경비병들을 위협한다.12[2회], 20, 31, 32, 40, 43, 49절 권세자들과 바리새인들은 마침내 군중을 비하하며 그들이 저주받았다는 말을 한다.49절

먼저 예수는 그들이 할례에 자부심을 느끼는 것을 캐면서, 그 기원은 모세에서가 아니라 가부장에서 나온 것이라고 한다.창 17:9-14 예수는 일관성의 문제를 납득시킨다: "만일 너희가 안식일에 할례를 행한다면, 왜 안식일에도 치유를 허락하고 기뻐하지 않는가?" 마지막 절은 영어번역이 담아내는 것 보다 깊은 의미에 다가선다. 겉모양은 앞서 인간의 영광을 구하는 것과 연결된다.18절; 공정한dikaios 재판은24절 하나님의 영광과 연결된다. 하워드-브룩Howard-Brook, 1994: 178-79은 이 단원을 18b로 시작하며, 요한복음의 오직 이곳에서만 사용되는 adikia를 거짓 대신 불공정으로 번역한다. 그의 교차대구법에서 이것은 24절에 나오는 정의가 살아있는 재판과 맞아 떨어진다. 자신의 영광을 구하는 자들이 부당하게예를 들면 그릇되게 재판을 하면서 그들의 이익을 보호한다면, 예수는 하나님의 영광을 구하면서18절, 공정하고 진정으로 재판을 한다. 나아가, 23절에서 분노했다는 단어는cholao 신약에서는 오직 이곳에서만 나타나는데, 본능적으로 부정하고 불순한 생각이라는 뉘앙스를 갖는다.180

예수는 이제 그들 스스로 전문가라고 자부하고 있던 율법에 대한 그들의 이해를 해체시킨다. 예수는 조금도 율법을 무효화시키지 않는다. 오히려 예수는 율법을 하나님을 영화롭게 하는 것과 조화를 이루게 하며 올바른 율법을 영예롭게 한다.dikaios-의로운 유대인들을 가리키는 중요한 단어이자 가치 팬캐로Pancaro가 요한복음의 율법에 대한 방대한 연구 속에서 말했듯이, "유대인들이 예수에 대한 믿음을 율법에 대한 배신으로 생각하지만, [요한복음은] 율법의 기원으로 거슬러 올라가며 율법과 예수에 대한 믿음 사이의 대립을 제거하고 있다." 379 요한복음은 예수를 율법의 성취이자, 특히 6장에서의 유월절19장 참고과 여기에서의 장막절, 이스라엘의 종교적 절기들의 성취로 나타내고 있다. 앞선 장들은 성전에 대하여2장, 정결규례에 대하여2-3장, 예배에 대하여4장, 그리고 안식일에 대하여5장; 또한 9장 유사한 지적을 했다.

7:25-31 반응: 파란 속의 군중

아마도 이 문단은 "혼란"이라는 이름이 가장 잘 어울릴 듯하다. 유대인들이 예수를 죽이려 해도, 여기서 예수는 공공연하게 말을 하고 있으며 이런 예수를 어떻게 할 뾰족한 수가 없었다는 것에 몇몇 예루살렘 사람들은 놀라거나 낙담을 했다. 권세자들이hoi archontes 예수가 이런 일을 계속하도록 방치해두는 것에 이 사람들은 충격을 받았다. 그런 결과로 그들은 예수가 메시아이며 따라서 예수에 맞서는 행동을 감히 취할 수 없다는 것을 알고 있는 것이라고 생각한다. 26b는 다음과 같이 번역할 수 있다: "그 권세자들이 예수가 메시아라는 것을 알게 된다는 것이 가능하단 말인가?' 그 질문을 이끄는 단어 *mepote*는 약간 부정적인 대답을 내포한다. ~인지 아닌지/아마도 그것이 내포하고 있는 의미는 '예수가 메시아일리가 없지 않은가?' 이다. 만일 그것이 그들이 하려고 하는 일이라면 왜 그들은 예수를 체포해서 죽이지 않는가? 그들은 지역/기원의 사안으로 그들의 문의에 대답하고 있다: 우리는 이 남자가 어느 지역 출신인지 알고 있지만, 모세가 왔을 때는 아무도 그의 기원을 알지 못할 것이다.AT 여기에 전통적인 요한의 역설이 있다. 요한복음에 흐르고 있는 사안은 예수가 어디에서 왔는가의 문제이다.pothen, 2:9에서는 포도나무, 3:8에는 바람/영, 4:11에서는 물, 그리고 6:5에서는 빵과 관련되어 나타난다 군중은 알고자 몸부림친다.27, 31절 예수는 반복적으로 그가 위에서, 아버지로부터, 하늘로부터 왔다고 말한다. 그렇지만 군중은, 그들이 안다고 생각함에도, 독자가 아는 것과 요한공동체가 아는 것을 모른다.

7:28-29에 나타나는 예수의 반응은, 그가 성전에서 공개적으로 가르치고 있을 때, 이 역설을 붙잡고 있으며, 그가 요한복음 초반부에서 말했던 것을 되풀이 한다. 예수는 선언하기를, 너희는 나를 알고 너희는 내가 어디서 왔는지 알고 있다. 예수는 그들이 이해할 수 없는 말을 한다; 예수는 자신을 보내신 이로부터 왔다고 주장한다. 30절은 또 다른 수수께끼를 보여준다: 이후 그들은 예수를 체포하고자 했으나 아무도 그를 손볼 생각을 하지 않았는데, 그 이유는 예수의 때가 아직 오지 않았기 때문이다. 여기서 때hora로 흔히 쓰이는 단어가 등장하는데, 요한복음을 통틀어 예수의 선교를 일시적으로 통제하는 단어이다.2:4; 7:30; 8:20; 12:23, 27; 13:1; 유사한 개념이 여차여차한 일이 일어났을 때로 표현된다: 3:14; 8:28; 12:32; 13:31 분명히 인간의 의도는 신성한 타이밍과 목적에 의해 제한을 받는다. 이런 난제의 결과로서, 군중 가운데 많은 이들이 그를 믿었는데, 왜냐하면 그들은 예수가 이미 행했던 이적들이 메시아적 정체성을 입증하고 있다고 확신하기 때문이다.31절 신앙이라는 반응이 일어날 때, 이적들semeia, 복수형이 31b에서처럼 사용된다.

7:32-36 권세자들이 예수를 체포하고자 경비병들을 보내다; 예수의 대답; "유대인들" 이 당혹해하다

이 단원 또한 서로 관련되어 세 개의 등장인물 그룹들을 묘사하고 있다:

1. 바리새인들은 제사장들과 결탁하는데, 이들은 군중들이 앞서 불평을 토대로 행동을 한다.

2. 성전 경비병은 예수를 체포하기 위해 이런 권세자들 연합이 보낸 사람들이다.

3. 유대인들은 당혹해한다.

예수의 말씀33-34절은 세 그룹 모두를 당혹하게 한다. 결국에는, 유대인들이 예수의 언급에 대해 묻는다. 유대인에게 있어 중대한 의미를 갖는 경비병의 보고는, 예수가 간략한 담론을 펼치는 7:45까지 중단된다.

첫 번째 말씀은 분명하게 명절의 활동이 한창일 때에 계속되고 있다.7:14 예수가 관리들이 다가오는 것을 볼 때에, 예수는 우리가 요한복음의 전체 서사 이야기를 알 때 납득이 가는 것을 말하고 있다. 그렇지만 이 점에서 예수의 말씀은 난해하다: "나는 잠시 동안 너희와 함께 있다가, 나를 보내신 분께로 간다. 그러면 너희가 나를 찾아도 만나지 못할 것이요, 내가 있는 곳에 너희가 올 수도 없을 것이다." 유대인들은 당혹감에 빠졌으며 혼란스럽다. 예수가 가고자 하는 곳이 이 세상의 어느 곳이란 말인가? 만일 우리가 예수를 찾지 못하거나 그가 가는 곳으로 갈 수 없다면, 예수는 흩어져 있는diaspora 유대인들에게 가는 것임에 틀림이 없다. 아마도 예수는 헬라인들을 가르칠 것이다! 서술자는 유대인들이 예수의 말씀을 반복하게 하는 효과를 노린다.36절 그들은 가장 당혹스러워 한다. 혼란스러운 충격이 들어있는 이런 간략한 교환은 서사적 중단-이어지는 사흘 동안 무슨 일이 있었는지에 대한 침묵-으로 이어진다.

절기의 마지막 날 예수의 설교와 반응들 7:37-52

7:37-39 예수의 생명수와 성령 설교: 명절의 진리ʷ

예수는 명절의 가장 중요한, 마지막 날에 다시 나타나서 깜짝 놀랄 말을 한다: "목마른 사람은 다 내게로 오라, 나를 믿는 사람은 마셔라, 혹은, 누구든지 목마르면, 나에게 와서 마시도록 하라.'ᴿˢⱽ 물의 이미지는 일곱째 날의 정성스러운 물의 의식과 완벽하게 맞아 떨어지는데, 실제적으로 계속해서 물을 붓는 것일곱 번과 제단에 포도주를 따르는 것으로서, 물은 성전이 있는 곳으로부터 흘러 나간다. 그렇지만 마지막 날이 안식의 날이어야 한다면레 23:39c-d, 예수의 말씀은 중단된 것을 지속시키는 효과를 갖는다. 그 이유는 물과 빛의 의식은 일곱째 날에 막을 내리기 때문이다. 예수는 끊임없이 흐르는 물을 주는데, 이것은 사마리아 여인에게 한 약속을 반향하고 있다: 영생에 이르도록 뽑어져 나오는 샘물.4:14

안식일은 휴식으로 표시되고 있으며, 명절의 이해가 계속되고 있다. 콜로에2001: 129는 여덟째 날이라고 주장하는데, 그 이유는 그날이 마지막 날이기 때문이다: 이 날은 "예수가 주는 물과 빛8장이 더 예리하게 평가를 받을 수 있는 공백을 줄 수 있다." 만일 예수가 안식일에 관한 이런 가슴 뭉클한 초대를 부여했다면, 그것은 의심의 여지없이 예수를 죽이고자 하는 자들의 불에 기름을 끼얹은 격이다.

"마지막날, 위대한 날"이 7일째이든 8일째이든, 예수는 스스로를 목마른 모든 이들에게 물의 근원이라고 스스로를 밝히고 있다. 물을 봉헌하는 것은 이 땅에 비를 보내고 영적인 목마름을 해소해주는 하나님의 신실하심을 상징하고 있다. 이 단어들은 사 55:1a를 반향한다: "너희 모든 목마른 사람들아, 어서 물로 나오너라." 이사야의 초대는 장막절의 마지막 날에 하신 예수의 말씀과 일치한다:

· 돈으로 살 수 없는 물과 포도주를 봉헌함
· 하나님의 백성이 열방들에게 빛이 됨
· 사악한 길을 버리고 주님께로 돌아오라는 부름
· 인간과 신의 생각 사이에 있는 범주적 차이점
· 계절의 신실함, 하나님의 말씀이 그 목적을 이루기 위해
· 모든 창조의 기쁘고 풍요로운 반응들—주님을 기억함 및 결코 그치지 않을 하나님의 신실하심에 대한 영원한 이적

수많은 의미와 감정의 줄기들이 그 안에 모인다: "목이 마른가? 나에게 오라!" "매일의 정화의식, 실로암의 연못으로부터 나오는 물을 금색의 물동이에 매일 담아내는 것이 더 이상 필요하지 않다. 예수는 그를 믿는 모든 이들을 위한 생명수의 근원이다… 예수는 유대교의 명절을 넘어선다." Moloney 1998: 252 그가 주는 것은 금보다 값진 것이다. 청중들이 예수의 위대한 초대를 구하고자 한다면, 예수는 자신의 주장을 위한 성서적 보증을 단언하고 있다: 성서에 기록되었듯이, "믿는 자들의 마음으로부터 생명수의 강이 흐를 것이다."

여기서 우리는 세 가지 해석적인 도전을 마주하게 된다. 문제를 붙잡기 위해서는, 헬라어로 된 독립구문dangling phrase을 시작하는 37b-38절을 문자적으로 번역하는 것을 고려하라.복수형 그들을 사용함:

누구든지 목마르면, [나에게] 와서 마시라.

나를 믿는 자는,

성서에 이른 바와 같이, "그의 [*autou*] 배에서 생수가 강처럼 흘러나올 것이다."

여기서의 문제가 몇 가지 있다. (1) 적절한 구두점이 무엇인가? 중간의 선이 선행하는 것에 딸려오는가 아니면 이후의 것에 딸려오는가? NRSV와 RSV는 다르게 번역한다. 2 마지막 줄에서의 그(*autou*)는 누구를 가리키는가? 누구의 배에서 생명수가 흘러나오는가? 예수의 배인가 아니면 신자의 배인가? 아울러 (3) 38절에서 예수가 가리키는 것은 성서 어디인가?

첫 번째 도전. 초기 헬라어 본문에 구두점이 없다보니 번역자들은 어디서, 그리고 어떻게 구두점을 찍어야 하는지 결정해야만 했다. 그 사람은 앞서 나오는, 나를 믿는 자는 마시라NRSV와 함께 하는 종속구로 두는가? 아니면 이후에 나오는, 나를 믿는 자는 성서에 이른 것처럼…과 함께 하는 구로 두는가RSV? RSV또한 TEV, NIV, NAB 및 Nestle-Aland 27 판은 마시라 이후에 마침표를 두어 인용된 성서와 함께 믿는 자와 연결시킨다. 그의*autou* 는 신자를 가리킨다. 줄은 P66와 P75에서 갈렸고 수많은 초대교회 교부들은 이 구두점을 지지한다.

두 번째 도전. '그의 배에서 생수의 강이 흐를 것이다.'38c KJV 이 영어번역이 '나에게 와서 마시라'RSV 이후에 마침표를 찍을 때, 이것은 그의*autou*가 신자를 가리킨다는 것을 제시한다. 왜냐하면 '나를 믿는 자' 는 "성서에 이른 바와 같이…"와 연결되기 때문이다. 그렇지만 NRSV, JB, 및 NEB는 '나를 믿는 자' 를 '마시라' 에 포함시키며아울러 Kilpatrick; R. Brown 1966: 320; Kerr: 231; 등등, 첫 번째 줄과 두 번째 줄을 병행으로 놓고 있다:

누구든지 목마르거든, [나에게] 오라;

나를 믿는 자는 마시라.

성서에 이른 바와 같이:

"그의 배에서 생명의 강이 흐를 것이다."

4번째 줄의 소유격 대명사 '그의' 는 예수를 가리키며, 따라서 첫 번째 줄과 두 번째 줄의 나에게로 돌아간다. 이런 기독론적 해석은, 그의*autou*를 예수를 지칭하는 것으로 보고 있으며, 널리 알려진 주장이다. 그렇지만 나에게*pros eme*는 몇몇 초기 사본들 속에는 나타나지 않는다.[본문상의 차이점, 602쪽]

수많은 논쟁들을 고려하면서, 커Kerr 237는 *autou*가 예수를 가리키는 것이라고 결론 내린다: 생수의 강은 예수로부터 흘러나온다. 이런 시각은 요한복음서의 기독론적 주장 과 맞아 떨어진다: 예수는 성령의 근원이다. 양쪽의 해석이 모두 근거가 있고 매력이 있 다. 만F. Mann, 287-91은 양쪽의 의미를 모두 주장한다. 요한복음은 이중적 의미와 오해 들로 가득하다.서론에 나오는 "구성역사와 문학적 특징들"을 보라 요한은 신자와 예수를 결합시키 기 위해 이런 문장들을 만들어내었을 수 있으며15:111; 17:20-24를 참조, 이로써 물은 예수 로부터 흘러나와 신자 속의 생명수의 샘이 뿜겨져 나오게 된다. 신자들이 예수와 연합함 으로, 생명을 주는 물은 예수로부터 비롯하여 신자들에게서 흘러나온다. 이런 이중적 지 시는 예수가 신자들에게 성령을 내리시는 것과 들어맞는다.39절 그의*autou*는 따라서 예 수와 신자 양쪽 모두를 가리킨다. 명절의 봉헌에서, 물은 구약사 44:3; 요엘 2:28 속에서, 그 리고 더욱 분명하게는 예루살렘 탈무드Sukkah 5:1; Talbert: 149; Gen. Rabbah 70:1; Moloney 1998: 253속에서의 성령과 연결된다.

세 번째 도전. 예수는 어느 성서를 인용하고 있는가? 구약의 출처는 알려져 있지 않다. 린다스Lindars 1972: 301는 이사야 12:3을 제안한다. "너희가 구원의 우물에서 기쁨으로 물을 길을 것이다." "구원의 우물에서 물"을 긷는 것은 장막절의 "긷는 집"과 연결된다. 에스겔 47:1-12과 스가랴 14:8은 성전으로부터 나오는 물을 말하고 있다. 이 두 본문은 이미 메시아적 예언과 연결되어 있으며Moloney 1998: 256; Hoskins: 164-65 따라서 그것이 지시하는 것에 대한 징조이다. 예수의 말씀은 이 땅에 영양을 주고 백성에게 생명을 주는 성전으로부터 흘러나오는 물과 함께, 종말론적 희망을 일깨운다. 비록 "성서가*graphe* 언 급했듯이"에서 단수형이 특정한 성서본문을 연상시키고는 있지만, 이 본문들이 아마도 그 출처일 것이다.Kerr: 239-40 또 다른 선택은 시 46:445:5 LXX; 46:5 MT로서, "강 하나 가, 그 강의 줄기들이, 하나님의 성을 즐겁게 하며, 가장 높으신 분의 거룩한 처소를 즐겁 게 하는구나" Jim Longley가 이메일로 나에게 제안한 것 이 견해를 지지하면서, 시 46:4는 즐겁 게 함을 말하고 있는데, 장막절의 축제를 기뻐하는 것과 들어맞는다. 기뻐하다.*euphraino*; 사 12:3에서도 명사형으로 나타남라는 동사와 동일한 70인역 시 46:4의 단어는 명절을 축하하 기 위한 구약의 규정들 속에서 나타난다.레 23:40; 신 16:14a, 15c!

제시된 자료들은 많다. 몇몇은 사 58:11, "너는 마치 물 댄 동산처럼 되고, 물이 끊어지 지 않는 샘처럼 될 것이다."를 인용한다. 커Kerr, 239n98는 모세가 쪼갠 바위로부터 솟구 치는 물을 주장하는 수많은 학자들을 인용한다.민수기 20:11; 사 48:21 참조 그 이미지는 종 말론적이다: "그리스도는 그런 형태의 바위의 성취이다." Hanson: 110 이사야의 물이 나오는 본문들은 출애굽 전승들을 활용하며 따라서 쪼개진 바위를 성전으로부터 흘러나오는 종말론적인 물과 연결시킨다.

3:5와 4:14와 함께에 나오는 물의 이미지를 더 일찍 사용한 것은 요 19에 나오는 예수의 죽음의 전조가 된다. 성령을 말하면서 요 7:39는 20:19-23를 예견하고 있는데, 이 본문은 예수가 자신의 제자들에게 성령을 숨으로 내쉬는 곳이다. 3:15-17과 7:38 모두 예수를 믿음으로 예수에게 오라는 초대를 내포한다. 첫 번째 본문은 영생을 약속하고 있다; 두 번째 본문은 성령을 약속한다. 7:39의 마지막 줄, "예수가 아직 영광을 받지 못했기 때문에"는 예수가 성령을 내리시기 위한 전제조건으로서 예수의 못박힘과 부활을 가리킨다.

예수의 가르침이 장막절 축제의 마지막, 중요한 날에 이루어졌고 성령이라는 선물을 예견함으로 결론을 맺고 있으므로, 예수와 성령은 하나님께서 인간을 만나시고 그들 가운데, 그리고 그들 속에 거하시는1:14를 떠올리게 한다; Coloe: 1001, 2007 진정한 장막이다.Kerr: 245 따라서 예수와 그의 선물, 성령은 의식과 신학에 있어서 장막절 축제 속에서 중요하게 나타난다.

7:40-44 반응: 다시, 파란 속의 군중

예수의 놀라운 가르침에 대한 군중의 반응은 다양하다. 어떤 이들은 예수를 선지자로 여긴다; 다른 이들은 메시아로 단언한다.사마리아 여인을 반향하고 있다 그렇지만 어떤 이들은 메시아는 갈릴리에서 오지 않기 때문에 이 의견에 딴죽을 건다. 미가 5:2는 베들레헴과 다윗의 혈통으로 명시하고 있다.삼하 7:14; 시 89:3-4, 19-37, 사 11:1, 10 몰로니는 여기서 역설을 본다:

> 기독교 독자는 예수가 베들레헴에서 왔으며, 갈릴리는 예수가 자신의 나라를 떠나기 위해 방문한 장소라는 것을 안다.4:42 참고, 원문대로 [4:43-44] 그렇지만 역설은 더 깊이 들어가, 예수가 "갈릴리에서" 온 것이 아니라 "하나님으로부터" 온다. 예수가 누구이며 예수는 유대교의 메시아적 범주로는 풀 수 없는 일을 하고 있다는 독특성이 있다. 이런 독특성과 직면하여, 백성들은 혼란에 빠질 뿐이다.1998: 254

몰로니1998: 254는 예수의 메시아적 초상을 가늠하기 위해 백성이 예수에게 부여한 범주를 요약하고 있다:

- 숨겨진 메시아예루살렘 사람들, 26–27절
- 기적을 일으키는 메시아사람들 다수, 31절
- 생명수를 주는 메시아몇몇 사람들, 37–41a
- 다윗의 메시아몇몇 사람들, 41b–42

사람들 혹은 군중은 나뉜다: 몇몇은 그를 체포하고자 하나 아무도 그에게 손을 뻗는 이가 없다. 그 때가 아직 아니기 때문이다: 예수를 체포하기 위해 보내진 사람들은 저지당한다.

7:45–52 경비병들이 돌아오다; 고통스럽게 동요하는 권세자들

예수를 체포하고자 하나 군중 속에서 그들처럼 무력한 성전 경비병들은 빈손으로 제사장들과 바리새인들에게 돌아온다. 권세자들은 그들을 추궁한다: 왜 그를 체포하지 않았는가? 경비병들이 대답하기를, 그렇게 말하는 사람은 지금까지 아무도 없었습니다! 경비병들의 대답은 예수의 독특성을 증언하는 것이다! 그들은 아마도 만일 그들이 예수를 체포했다면 군중이 저항하며 폭동이 발생할 수 있었다는 것을 알았을 것이다.

바리새인들의 반응은 앞서 일어난 재판을 반향한다12d: 분명 너희도 미혹된 것이 아니냐?47절 바리새인들은 자신들의 권위를 경비병들을 부리는 데 사용하며, 인신공격성의 논쟁을 한다: 권세자들 가운데는 아무도 예수를 믿는 자들이 없는데, 너희는 믿는 것이 아니냐?AT 이런 반박은 경비병들의 진실성을 훼손하고 있다. 바리새인들은 군중이 거만하고 저주받았다고 판단한다.49절 그들은 협박을 한다. 48절은 예수와 그의 가르침에 대해 연민을 품는 사람들이 권세자들 사이에 있으면 겁을 먹게 하기 위한 바리새인들의 노력으로 볼 수도 있다. 그것은 그저 이런 효과만 있을 뿐인데, 50절에서 니고데모는 목소리를 내어 예수를 섣불리 처치하려는 것을 막기 때문이다. 니고데모는 정상적인 재판절차에 대한 의문을 제기하는 모양새로 동료들을 다음과 같이 환기시킨다. "우리의 율법으로는, 먼저 그 사람의 말을 들어 보거나 그가 하는 일을 알아보지도 않고 사람을 판결할 수는 없지 않소?" 니고데모의 동료들은 발끈하여 공개적으로 그를 비하한다: "당신도 분명히 갈릴리 사람이 아니오? 성경을 살펴보시오. 그러면 갈릴리에서 예언자가 나오지 못하리라는 것을 알 것이오." 이 질문들은 모두 부정문의 me로 시작하며 따라서 부정적인 반응을 예상한다. 회의에서 이루어진 두 가지 선고들심문과 질책 사이에 나오는 단어 '어리석다' 는 이 어조를 전달하는데 도움을 줄 것이다.

이것은 7장에서 두 번째로 율법이 언급되고 있는 곳이다. 예수는 모세가 준 율법을 지키지 않았다고 그들을 고소했을 때 그 율법에 호소한다.19절; 5:45-46를 참조 예수는 이어서 율법에 대한 그들의 비일관적 호소를 노출시킨다.23절 바리새인들은 기소를 위해 율법에 호소하지만 인간의 평안을 위해 생명을 지시하는 율법으로 보지는 못했다. 니고데모는 예수의 사건을 돕고자 율법에 호소한다. 이들 율법의 권세자들은, 니고데모를 제외하고, 예수를 없애기 위해 율법을 회피하고자 한다. 이런 비정상적인 절차를 막고자, 니고데모는 예수를 위한 적법절차를 구하기 위해 자신의 명성을 위태롭게 하고 있다. 그는 역시 밤에 예수와의 만남으로 인해 예수가 위로부터 왔으며 그의 이적들은 하나님의 힘으로 이루어진 것이라고 주장하는 것을 알고 있다. 니고데모는 비록 비밀스럽기는 하지만 신앙을 막 가지기 직전이다.

성서적 맥락에서의 본문

하나님의 뜻과 영광을 이루고자 함

17-18절은 기독교 헌신의 핵심을 설명하고 있다. 이것은 요한의 제자도이다.막 8:27-10:52를 참조; Swartley 1981/1999: 135-63 ELLCEnglish Language Liturgical Consultation, 1988는 시 119:36을 이 점에서 잘 번역하고 있다:

내 마음이 당신의 의지에 따르게 하시며
이욕에 따르지 않게 하소서[요한복음의 인간의 영광]

이어지는 구절은시 119:37 요 7:18; 8:31-32에 나타나는 정서와 부합한다:

내 눈을 그릇된 것에서 떨어져 있게 하시고
당신의 말씀으로 생명을 주소서.

모벌리Moberly는 요한복음의 이곳에 나오는 예수의 가르침을 이스라엘의 경전들 속에 자주 등장하는 "하나님을 경외함" 모티브와 연결시키며시 111:10; 잠 1:7; 9:10; 15:33; 욥 28:28 다음과 같이 언급한다. "'하나님을 경외함'은 하나님에 대한 인간의 적절한 반응을 표시하기 위한 구약성서의 주요 용어이며, 신약성서와 기독교적 어법 속의 '신앙'과 어느 정도 비견되는 역할을 구약성서 속에서 수행하고 있다." 2003: 256 "주님을 경외함"은 하나님에 대한 인간의 응답을 묘사한다. 그것은 "하나님의 지식"을 위한 기초가 된다.시 111:10; 잠 1:7, 29; 2:5; 3:7-9 참조 그것은 하나님께 열려있는 것이며, 하나님을 의지하는 것이자, 하나님을 향해 마음으로 따르는 것이다. 시 86:11은 이 정서를 잘 표현하고 있다:

> 오 주님, 당신의 길을 가르치소서
> 내가 당신의 진리 속에서 걷게 하소서;
> 당신의 이름을 경배하기 위해 나눠지지 않은 마음을 주소서.

자신의 논문에서, 노만 포서스Norman Porteous, 152는 유사한 정서를 표현한다. 그는 "하나님의 지식"은 하나님과의 친밀한 언약적 관계 속에서 공동체의 형성과 관련한 상호의존이며 하나님께 순종하고자 하는 것이라고 제시한다. 사도 바울은 "하나님의 지혜"는 인간의 지혜그 맥락에서는 헬라철학로서는 어리석은 것이라고 단언한다. 하나님의 지혜는 "십자가에 못박힌 그리스도"를 선언한다.고전 1:18-2:16 일찍이, 바울은 요한이 7:17-18에서 표현하고 있는 인간의 말과 신의 말씀 사이의 동일한 양극성을 말하고 있다: "우리가 하나님께 끊임없이 감사하는 것은, 여러분이 우리에게서 하나님의 말씀을 받을 때에, 사람의 말로 받아들이지 않고, 실제 그대로, 하나님의 말씀으로 받아들였기 때문입니다." 살전 2:13

목마른 자는 내게 오라

물은 생명에 있어 필수적인 것이다. 수천 년의 시간 동안 성서는 에덴창 2:10-14으로부터 갈라져 나오는 네 개의 이름 없는 강비손, 기혼, 티그리스, 유프라테스으로부터 요한계시록의 마지막 장에 이르기까지 물의 이미지로 가득하다: "목마른 사람에게는 내가 생명수 샘물을 거저 마시게 하겠다."계 21:6b는 요 7:37을 반향하고 있다. 다시금, "목이 마른 사람도 오십시오. 생명의 물을 원하는 사람은 거저 마시십시오" 계 22:17b 이런 초대가 신실한 신자들에게 하는 성령과 신부의 목소리이기 때문에, 이것은 요 7:37-39 전체와 연결된다. 성령과 신부는 목마른 자들에게도 똑같이 초대를 확대하고 있다!

교회생활에서의 본문

순종과 지식 ʷ

Homily 29장에서 어거스틴은 요한복음 7:16-18을 상술하면서 두 가지 중요한 요점을 짚어 낸다. 먼저, 예수가 '나의 가르침은 나의 것이 아니라 나를 보내신 이의 것이다'라고 할 때는, "내 마음대로 말하고 있지 않다"라고 말하고 있는 것이며, 요 1:14를 반향하고 있다. 예수는 아버지의 사람이자 아버지로부터 온 사람이다. 이것은 결국 어거스틴의 삼위일체론적 강조에 기여한다. 두 번째로, 그는 신앙이 이해를 이끈다는 자신의 격언을 뒷받침하기 위해 17절을 취한다. 여기서 그는 사 7:9b를 인용하는데, 70인역에서는 다음과 같이 읽을 수 있다. "만일 너희가 믿지 않는다면, 이해할 수 없을 것이다." *ean me pisteusete, oude me synete*-"만일 너희 믿음이 굳건하지 못하다면, 너희가 안전할 수 없으리라"AT로 표현하고 있는 히브리어와는 의미가 다르다. 히브리어로 굳건히 서다.*te' amenu*는 헬라어로 이해하다가 되는데, 이 점은 어거스틴을 잘 뒷받침하고 있다.Moberly: 243-44 양쪽은 모두 요한의 신학과 부합한다. 모벌리245는 어거스틴에 동의하고는 있지만 어거스틴은 이 절들 속에 나타나는 예수의 가르침의 핵심을 붙잡지는 못했다고 말한다.

1814년 옥스퍼드에서의 뱀튼Bampton 강의에서, 19세기 초반의 옥스퍼드 교수 윌리엄 밴 밀더트William Van Mildert는 이 본문을 자신의 두 번째 강의에서의 핵심으로 삼았다. 그의 접근 시각은 종교적 오류의 기원을 말하고 있다. 그의 주된 요점은 인간의 의지는 진리로부터의 출발을 설명하고 있다는 것이다. 밀더트는 진리를 아는 것은 하나님의 뜻을 행하고자 하는 의지로부터 나온다고 주장한다: "신성한 진리를 연구함에 있어 가장 먼저 필요한 것은 … 진정한 일편단심으로서, 이것은 모든 연구들 가운데 한 가지의 주요 대상을 가지며, 하나님의 뜻을 알고 따르는 것이다." Moberly의 인용: 246 모벌리254-55는 밀더트의 강조를 지지하고 시각을 더 확장하도록 기여하고 있다. 그는 18절에 나오는 인간의 영광과 하나님의 영광 사이의 양극성은 사람이 세상을 위해 사느냐 하나님을 위해 사느냐를 결정한다고 제시한다. 부당함에 해당하는 헬라어 단어*adikia*가 거짓과 연관되고 있다: 이것은 진리와 반대되는 것이다. 예수의 가르침의 진리를 선언하는 것은 오직 믿음이 "어떤 형태의 자기버림"으로 나타날 때만 가능해 진다. 이것이 구약에 나오는 "주님을 경외하는 것"이 의미하는 것이다.

몇 세기 이전에, 아나뱁티스의 해석은 밀더트와 모벌리와 유사한 시각을 언급한 적이 있다. 모벌리의 "자기버림"이 아나뱁티스트의 내맡김*Gelassenheit*을 효과적으로 표현하고 있는데, 이런 내맡김은 하나님과 공동체를 향한 태도상의 입장이다. 이런 성향은 순종을 가정하고 있으며 죽음까지의 순종도 포함할 수 있다. 고난은, 적어도 한스 덴크Hans Denck와 한스 후트Hans Hut에게는, 내맡김에 있어 필수적인 것이었다.Ollenburger: 55 잘 알려진 한스 덴크의 격언은 핵심을 표현하고 있다: "삶으로 그를 따르지 않고서는 아무도 그리스도를 진실로 알 수 없다."

순종은 제자도에 있어 핵심적인 모티브이며 진리를 아는 것에 있어 필수적인 것이다. 메노는 이 점을 지적했는데, 헨리 포잇커Henry Hoettcker는 다음과 같이 정리하고 있다:

이해함의 전제조건은 성서로 다가가는 사람들의 태도 속에 놓여 있는 것으로 보인다. 아주 간략하게 이런 태도는 순종으로 나타나야만 하는데기꺼이 십자가를 따르고자 하는 의지, 이것은 성령과 형제들에 의해 [문자 그대로] 전수된 의지이며, 그들이 일상생활에 적용할 때 진리들을 보는 것을 개인적으로 적용하는 것이다.65

어빈 호스트Irvin Horst는, 아나뱁티즘과 영국의 종교개혁에 대한 자신의 논문심사를 위한 첨언에서 인식론적인 점을 짚고 있다:

아나뱁티스틀 사이에서 제자도Nachfolge Christi의 개념은, 그리고 마틴 부서Martin Bucer와 스트라스부르크 개혁가들 가운데 어느 정도까지, 진정한 신학과 연결된 인식론적 중요성을 가지며, 그리하여 신앙과 윤리의 문제 이상의 것이다. Proposition V

다이크C. J. Dyke 1984: 37는 이런 인식론을 다음과 같이 기술한다: "아는 것과 행하는 것은 이해와 순종, 순종과 이해라는 상호적인 경험이 되었다… 그리스도에 대한 사랑과 그의 뜻을 행하고자 함이 없이는 성서와 살아계신 말씀을 이해하는 것이 불가능하다." 요더J. H. Yoder 1984: 27는 알기 쉽게 다음과 같이 말한다. "오직 … 순종의 방향에 헌신하는 [자만이] 하나님의 목적에 따라 그것을 해석하기 위하여 진리를 읽을 수 있다. '만일 … [누군가가] 내 아버지의 뜻을 행하고자 한다면, [그 사람은] 진리를 알게 될 것이다.'"

『아나뱁티스트 방식으로 알기』Anabaptist Ways of Knowing라는 책에서, 사라 쉥크Sara Wenger Shenk는 이런 동일한 관점들을 강조한다.46, 114, 136-39 쉥크는 "사랑함과 행함"이 앎에 기여한다고 올바르게 언급한다. 요한복음에서, 이런 강조들은 명령이며, 예수의 가르침에 대한 순종에 있어 필수적이다. 요한복음은 이런 아나뱁티스트적 인식론의 이해를 지지하고 있다.

미국의 21세기에서, 순종은 어려운 해석이다. 순종은 세계의 인구와 관련하여 상대적으로 부함에 대해 어떤 의미인가? 우리는 어떻게 기하급수적으로 폭력적이 되어 가는 세상 속에서 안전을 평가할 수 있는가? 기독교가 환대를 실천하고 서로 돕는 것은 이런 양쪽의 문제들을 말하고 있다. 아나뱁티스트들은 양쪽 모두를 실천하고 있다. 정부 관리들은 이런 일들을 행했던 사람들을 관찰함으로 아나뱁티스트들을 찾아냈다. 따라서 이런 실천들은 체포, "재판들," 그리고 죽음을 위한 "시험들"이 되었다.

물과 성령

더크 필립스Dirk Philips는 그의 배에서 생명수의 강이 흘러넘칠 것이다.요 7:38 KJV를 모세가 지팡이로 바위를 쳤을 때 거기에서 물이 솟구친 것과 같이 그리스도와 신자들 모두를 지칭하는 것으로 이해했다.

> 영적인 마심은, 다시 말하여 모세가 지팡이로 쳐서[출 17:6], 바위에서 흘러나와 이스라엘이 마신 물 [고전 10:4]은 영적인 바위로부터 솟구쳐 나오는 성령의 생명수다. 이 물은 지극히 높으신 힘을 통한 그리스도 예수이며, 목마른 모든 영혼들을 시원하게 하고 활기차게 하도록 흐르고 있다. 이로 인해 이 목마른 영혼들은 신앙이 새롭게 되며 영생에 이르게 되는 것이다. 요 4:10l 7:37[–38] Philips: 97

물과 성령의 중요성에 대한 더 많은 연구는 다음을 보라. McDermond: 242, 245–46

재판에 회부된 진리: 예수, 바리새인들, 그리고 유대인들

사전검토

요 3:16과 요일 4:7-16을 역설하면서, 롭 벨Rob Bell처럼 주장할 수도 있다: "사랑이 이긴다." 궁극적인 의미에서는 맞다. 그렇지만 요한복음 8장 및 예수와 유대인들 간의 논쟁모욕이 오고감은 어떻게 다루어야 할까? 이들 특정 유대인들은 누구인가? 이것이 요한복음의 수수께끼 가운데 하나이다. 재판은 이 본문에 스며들어 있다. 누가 재판관인가? 그리고 왜 재판이 있는가? 재판은 사랑이 승리하는 것과 어떻게 관련되는가?

요한복음 8장에서 예수와 바리새인들, 그리고 예수와 유대인들 사이의 긴장이 거세진다.[유대인들, 585쪽] 8장은 그리스도인들 사이의 반유대주의anti-judaism와 심지어 반셈족주의anti-semitism를 발생시켰다. 8장은 어떤 형태의 교회-회당 균열을 반영하는 것으로 보인다.9:22; 12:42; 16:2 요한복음이 예루살렘의 복음이므로, 8장은 예수와 유대교 성전 권세자들 간의 갈등을 극대화 시키도록 확대하고 있으며, 또한 공관복음서에서도 이 점을 증언하고 있다. 7:52-8:11에서의 12절, "예수와 간음 현장에서 잡힌 여인"은 본문상의 문제를 보여주고 있는데, 그 이유는 대부분의 초기 사본들에는 이 부분이 빠져 있으며 몇몇 사본들은 이 이야기를 다른 곳에 위치시키고 있기 때문이다.[본문상의 차이점, 602쪽]

남아 있는 장의 전반부12-30절에서 예수는 듣고자 하는 자에게 가르친다. 이런 담론은 7:1에서 7:39까지 계속되고 있는데, 주된 청중은 바리새인들이다. 장막절에 영감을 받아, 예수는 새로운 정체성을 주장한다: "나는 세상의 빛이다." 물과 같이, 빛은 이 절기를 장식하고 있다.

비록 6b에 사용되었던 고소하다라는 단어*kategoreo*가 이 부분에서는 등장하고 있지는 않지만, 이 장의 후반부31-59절는 유대인들과 예수 간의 고소와 맞고소로 이루어져 있다. 아이들이 옥신각신할 때처럼 우리는 다음과 같이 묻곤 한다. "누가 먼저 시작했니?" 아이들은 좀처럼 동의하지 않는다; 요한복음의 이 장면에서도 그렇다. 유대인들은 예수가 시작했다고 말할 것이다; 예수는 유대인들이 시작했다고 할 것이다. 세 번째 선택은 복음서 저자 요한이 시작했다는 것이다. 네 번째 선택은 회당과의 갈등이 고조됨과 함께 초대교회가 시작했다는 것이다. 아니면 다섯 번째로, 회당이 메시아 예수를 믿는 이들을 핍박함으로 시작했는데, 이것이 몇몇 지역의 회당으로부터 그 신자들의 산발적인 축출로 이어졌다. 여섯 번째의 설명은 1세기의 랍비 유대교와 정통기독교의 쌍생이 형제간의 경쟁으로 이어졌다는 것이다.Boyarin 1999: 6, 15 이런 선택들이 공동적으로 독점이 되는 것은 아니므로, 그런 갈등은 아마도 위의 요인들 가운데 여러 가지가 반영되었을 것이다. 8장은 예수와 "유대인들" 사이의 첨예한 갈등을 보여주고 있다.

대부분의 학자들은 적어도 몇몇 지리상의 지역들에서 유대인과 그리스도인들의 관계가 뜨거워 졌을 때인 1세기의 끝에 요한이 기록했다고 주장한다.Robinson은 동의하지 않으며, 요한복음이 60년대에 쓰였다고 주장한다 공관복음서에서 예수와 바리새인들의 심각한 갈등은 예수의 사역 초기에서 벌어진다.막 2:1-3:6 그런 갈등의 주제는 예수의 시대를 요한복음의 후대 시기와 결합시킨다.

요 13장과 17장이 사랑을 특징으로 하여 예수의 도덕적 가르침의 정점을 찍는다면, 8:13-59는 요한복음의 도덕적 모범의 최저점이다. 그렇지만 8:31b-32는 보석이다: 너희가 나의 말에 머무르면, 참으로 나의 제자가 되고, 진리를 알게 될 것이요, 진리가 너희를 자유롭게 할 것이다. 그러나 이 단어는 쓰디쓴 논쟁을 유발시킨다.

개요

[예수와 간음 현장에서 붙잡혀 온 여인, 7:53-8:11]
예수와 바리새인들 간의 대립이 심화되다, 8:12-30

예수와 "유대인들" 사이의 대립이 극렬해 지다, 8:31-59

주석적 해설

예수와 간음현장에서 붙잡혀 온 여인 7:53-8:11 W

이 이야기가 일부 사본들에서는 이곳에 위치되어 있지만, 다른 신약 사본들에서는 다른 곳에서 나타난다. 이 이야기가 없으면, 7:52-8:12까지 매끄럽게 흘러 간다: 바리새인들은 이 이야기 이전과 이후의 대화상대자들이다.7:47; 8:13 이 서사는 성전 속이라는 배경에서8:2-하나님의 죄 용서를 담당하는 기관-서기관들과 바리새인들이 간음 현장에서 붙잡아 온 여인이 있는 뜻밖의 장소로 이동한다.8:3 이들 종교 지도자들은 예수를 재판관으로서 시험하고 있다.8:4-6a 이 사건을 예수에게 가져오면서, 지도자들은 율법에 관해 예수의 권위를 무심코 시험하고 있다. 이 이야기는 7:51에 나오는 니고데모의 간청을 재연한다: 듣지도 않고 판단하지 말라.

기소에 대응하면서, 예수는 허리를 굽히고 앉아 "땅에-흙에", 로완 윌리엄스Rowan Williams의 구문을 사용하면서 글을 쓴다.8:6b 예수가 일어섰을 때, 시험을 하는 자들은 재차 질문을 던지며 압박한다.7a 이윽고 예수는 군중에게 말하면서, 율법에 따라 법적인 증인들을 요구한다-그렇지만 오직 죄가 없는 자들만이다. 따라서 그들만이 처음 돌을 던질 자격을 갖춘다.7b 이것은 아마도 간접적으로 예수의 기독론적 주장을 가리킬 수 있으며, 예수만이 자격을 가졌다는 것을 암시한다. 그렇지만 이 서사는 그리로 가지 않는다. 예수는 보복적 재판을 실행하지 않는다. 오히려, 예수는 군중들이 흩어지고 여자와 예수만이 남을 때까지 다시금 구부려 앉아서 땅에 글을 쓴다.8:8-9 곧이어 예수는 일어서서 여인에게 처음으로 말을 하는데, 그녀를 정죄하지 않고 가서 다시는 죄를 짓지 말라며 그녀를 풀어준다.8:11 KJV

예수가 무엇을 썼는지에 대해서는 수많은 가정들이 있다. 어떤 이들은 십계명일 수 있다고 생각한다. 혹은 "주님에게서 떠나간 사람마다 생수의 근원이신 주님을 버리고 떠나간 것이므로, 그들은 땅바닥에 쓴 이름처럼 지워지고 맙니다."REB; 요 7:38을 반향하며라는 예레미야 17:13일 수도 있다. 혹은 '어떤 사람에 대한 혐의는 증인들에 의해 뒷받침되어야 한다' 고 명시되어 있는 신명기 17:6-7일 수도 있을까? 어느 누구도 모르지만, 내가 가르치는 한국인 학생들 가운데 한 명이 동양의 문화적 감성으로 아주 그럴듯한 설명을 해 주었다. 땅에 글을 씀으로 예수는 고소자들의 수치스러운 시선을 여성으로부터 자신에게로 돌리는데, 그녀의 존엄성을 존중하는 행동이라는 것이다. 그리하여 예수는 비난의 시선을 자신이 떠안음으로 그녀와의 연대성을 마련한다. 예수가 땅에 글을 쓰는 것은 고소자들이 진정될 시간을 벌어 주고, 자신들의 죄로 인한 죄책감을 느끼게 하며 예수의 진실됨과 사랑 앞에 녹아내리는 것이다. 결국, 간음에서는 어떤 남자도 연루되어 있으며, 분명히 예수의 말씀에 반한 이들은 그것을 생각했을 것이다!

그 여인에 대한 예수의 반응은 혐의가 있는 죄의 심각성을 축소시키지도, 율법을 약화시키지도 않는다. 그것은 그 여인을 죄로부터 구하고 새로운 삶을 가능하게 하고 더 이상 죄를 짓지 않도록 한다. 용서가 언급되지는 않았지만 암시는 되어 있다. 예수는 하나님의 자비를 그 여인과 군중에게로 확장시킨다. 이 이야기는 실제로는 그 여인에 대한 것이 아니다: 이 이야기는 예수를 함정에 빠뜨리려는 고소자들의 사악한 의도를 폭로하는 것이다. 그것은 고소자들과 피고소인들 모두를 위한 미래를 열고 있다.

예수와 바리새인들 사이의 대립이 심화되다 8:12-30

8:12 예수의 정체성 선언: "나는 세상의 빛이다"

계속해서 예수는 빛의 명절장막절에 가르친다. 예수의 새로운 선언, 나는 세상의 빛이다는 7:37-39를 보충하면서 빛이라는 축제의 이미지를 끌어온다. 명절의 첫날 저녁에, 성전 여인들의 뜰에는 네 개의 커다란 촛대가 밝혀지며 기쁨을 주는 빛 속에서 참석자들이 춤을 춘다.m. Sukkah 5:2-3 빛은 성전 전체에 고루 퍼진다. 이런 정체성 선언 속에서 예수는 실로 "자신이 스스로를 세상의 빛으로 선언할 때는 진정한 장막절 기쁨의 완성"인 것이다.O'Day 1995: 632 빛이 이 유대 명절을 축하한다면, 예수는 모든 세상을 위한 상징을 보편화한다.

8:13-20 예수의 증언: 재판 가운데의 진리[w]

링컨이 쓴 재판 중의 진리2000는 요한복음의 이런 특징을 강조하고 있는데, 예수가 자신을 이기려는 바리새인들의 수고에 대해 반응할 때, 32절까지 8장의 이 부분에서 두드러지게 중요하게 나타난다. 미야자키Homare Miyazaki는 이 주제가 5-10장에서 바리새인들 혹은 유대인들과 예수의 갈등의 중심에 서 있는지를 구조적으로 보여준다. 요 5-6장뿐만 아니라, 10:30과 38을 포함시킴으로 그는 이 6장짜리 명절 서사가 몇 가지 명절들에 걸쳐 있다는 것을 보여 준다: 5:1에 나오는 명시되지 않은 명절, 6장에 나오는 유월절, 7:1-10:21에 나오는 장막절과 10:22-39에 나오는 성전봉헌절.

세 개의 모티브들은 명절 서사의 본문을 통해 흐르고 있다: 예수의 "재판," 출애굽, 아버지와 아들의 연합.214쪽의 도표를 보라 재판 논란들과 명절의 모티브들은 효과적으로 하나님과 예수의 하나됨을 증언하고 있다.

예수의 나는~이다 선언들은 이 부분에 등장하며 15장에 이르기까지 요한복음 곳곳에 나타나고 있고, 그의 나는~이다 자기 선언절대형은 18:5, 6, 8에서 절정에 이른다.[나는~이다, 584쪽]

애덤 타이스AMBS 학생논문가 쓴 8:13-59에 대한 또 다른 유용한 분석은 8장을 세 개의 단원으로 윤곽을 잡는 것이다.13-20절, 21-30절, 31-59절 각각의 단원은 시작하는 말, 고소유대인들, 응답과 맞고소예수, 고소유대인들, 맞고소예수, 31-57절의 항의유대인들, 그리고 각 부문을 맺는 평결예수로 되어 있다.

5장	6-8장	9-10장
벳세다 연못 사건		실로암 연못 사건
흐름 1: 재판 모티브		
예수를 기소함(5:16-18) 예수가 재판을 받음	재판에서의 대화 (5, 7, 8장) 증인: 예수, 아버지, 일, 증언자 요한, 성서, 모세, 아브라함	세상을 심판함(9:39-41) 나는 이 세상을 심판하기 위해 왔다.(39절), 세상은 악하다: 너희 죄가 그대로 남아 있다.(41절)
흐름 2: 모세의 증언으로서의 출애굽 모티브		
모세가 예수에 대해 쓰다.(5:46-47) 너희를 기소한 이는 모세다 … 만일 너희가 그가 기록한 것을 믿지 않거든(5:45, 47)	유월절, 바다를 통해 가다, 만나-생명의 빵 모세의 법, 생명수 세상의 빛, 장막절	우리는 모세의 제자들이다.(9:28) 하나님은 모세에게 말씀하신다.(29절)
흐름 3: 아버지와 아들의 하나 됨		
혐의 예수가 스스로를 하나님과 동등한 자로 삼고 있다.(5:18)	나는~이다 (8:24, 28, 58)	절기 서사의 결론 아버지와 예수는 하나다.(10:30) 서로 안에 거함 (10:38)

NRSV의 단어 '타당하다' valid는 8:13, 14, 16, 17절에서 나타나며, '참된'이라는 헬라어 형용사를 번역한 것이다.*alethes*; 16절, *alethinos* 관련된 용어 진실로truly와 진리truth는 31-32절의 예수의 주옥같은 단어로 나타난다. 5장에서처럼, 예수의 증언은 이 논쟁의

절정이다. 이 문제는 8:12b에 나타나는 예수의 도발적인 언급에 달려 있다: "나를 따르는 사람은 어둠 속에 다니지 않고, 생명의 빛을 얻을 것이다." 따라서 예수를 따르지 않는 바리새인들은 그릇된 증언이나 증인의 혐의로 세상의 빛이라는 예수의 주장과 맞선다.*martyria*, 13절 예수는 응답하며, 자신의 권위의 근원을 되풀이 한다:

> 비록 내가 나 자신에 대하여 증언할지라도, 나의 증언은 참되다. 나는 내가 어디에서 와서 어디로 가는지를 알고 있기 때문이다. 그러나 너희는, 내가 어디에서 왔는지도 모르고, 어디로 가는지도 모른다. 너희는 사람이 정한 기준을 따라 판단한다. 나는 아무도 판단하지 않는다. 그러나 내가 무슨 판단을 한다 하더라도, 나의 판단은 참되다. 그것은, 나 혼자서 판단하는 것이 아니라, 나를 보내신 아버지께서 나와 함께 판단하시기 때문이다. 너희의 율법에도 기록하기를 '두 사람이 증언하면 참되다' 하였다. 내가 나 자신에 대하여 증언하고, 나를 보내신 아버지께서도 내게 대하여 증언하여 주신다.8:14-18

예수가 나온 곳과 인간의 기준으로 하는 그들의 심판에 호소하는 이런 변호는 3:11–13; 5:30, 37; 그리고 7:17을 반향하고 있는데, 진정한 증언이 또한 재판 가운데 있는 곳이다. 이윽고 예수는 너희의 법!에 호소하는데, 타당한 증언이 되기 위해서는 2명의 증인을 필요로 한다.8:17 예수가 인용하는 두 명의 증인은 바로 예수 자신과 그를 보내신 아버지이며, 예수는 스스로 판단하지 않지만 나와 나를 보내신 아버지가 함께 판단한다고 주장한다.8:18, 5:27, 30을 반향한다 이것은 바리새인들의 항의가 이어지는 다음 단계로 이어진다: 당신의 아버지가 어디에 있는가? 예수는 대답하기를, "너희는 나도 모르고, 나의 아버지도 모른다. 너희가 나를 알았더라면, 나의 아버지도 알았을 것이다."19절 격렬하게 발전되는 싸움을 위해 주사위는 던져졌으며, 이 주사위는 정체성의 위임을 입증하는 핵심 용어 아버지에 달려 있다.

다음 절8:20은 이 상황의 상태를 묘사하고 있다: 예수는 여전히 성전에서 가르치고 있으며, 아무도 그를 체포하지 않는다! 왜일까? 그의 때가 아직 이르지 않았기 때문이다.7:6을 참조; 성전에서의 가르침, 7:14–31; 그리고 이루어지지 못한 체포, 7:32, 45–46 이런 타이밍 모티브는 이미 2:4와 이 서사 곳곳에서 반복되고 있으며, 예수의 때가 결국 와서 십자가에 들리어 죽임을 당하고 영광을 얻었을 때 줄거리의 대단원을 예견하는 종을 울린다.

8:21-30 신비의 예수: 떠남, 나는~이다, 들리어짐

예수는 계속해서 청중들을 가르친다. 예수는 자신의 임박한 떠남과 '너희가 죄 가운데 죽으리라. 내가 가는 곳에 너희는 올 수 없다' 는 선언들을 다시금 언급하면서 그들을 혼란스럽게 한다.7:33-34를 반향하고 있다 그렇지만 유대인들은 이제 새로운 추측으로 반응한다. 7장에서 그들은 예수가 그들을 떠날 것이며 헬라 사람 사이에 흩어져 사는 유대인들을 가르칠 것이라고 추측한다.7:35 이제 그들은 예수가 스스로 죽고자 하는지를 궁금해한다.22절

이어지는 두 절에서 예수는 앞서 암시된 점을 더욱 날카롭게 함으로 그들을 더욱 혼란스럽게 한다.3:31; 5:37-38; 7:28-29: "너희는 아래에서 왔고, 나는 위에서 왔다. 너희는 이 세상에 속하여 있지만, 나는 이 세상에 속하여 있지 않다."8:23 직설적으로 말한다면 예수와 유대인들은 다른 세계를 지향한다: 예수는 위로부터, 유대인들은 아래로부터이며 따라서 그들은 이렇게 세속적인 사고방식을 갖는다. 이런 이원론은 우주론적 고리를 가지며, 도덕적 지향성이 다름을 보여준다.[이원론이 아닌 이원성, 572쪽] 믹스Meeks, 1972가 설득력 있게 보여준 것처럼, 이런 이원론은 요한복음의 중심에 놓여 있다. 이런 관점은 예수와 바리새인들 및 유대인들의 모든 논쟁을 거론하고 있다. 그것은 그들의 심기를 건드렸으며, 예수는 다시금 너희가 내가 그라는 것을 믿지 않는 이상 죄 가운데에서 죽을 것이라24절. AT는 선언을 함으로 그런 불쾌함을 증폭시킨다.

유대인들은 날카롭게 "당신은 누구인가?" 라고 묻는다. 예수는 다음과 같이 대답한다. "도대체 왜 내가 너희에게 말해야 하느냐? 내가 너희에 대하여 말하고 또 판단할 것은 많이 있다. 그러나 나를 보내신 분은 참되시며, 나는 그분에게서 들은 대로 세상에 말하는 것이다."25b-26; 예수가 반응하는 첫 번째 줄을 옮기는 RSV를 참조: '내가 처음부터 너희에게 말하지 않았느냐?' 다시금, 아버지는 요한복음 8장이 전환을 하는 결정적인 축이 된다. 예수의 기원과 권위-그의 정체성을 비롯하여-는 논란 가운데 있으며, 곧 31-59절에서 더욱 더 첨예하게 된다.

다음의 두 절28-29은 이전의 두 가지 모티브들과 연관되고 있다: "인자가 높이 들림과 너희는 나를 알게 될 것." 이런 두 개의 선언들 모두 요한복음에서 앞서 등장했지만 이제는 예수가 유대인들에게 말함으로 처음으로 연결되고 있다. 너희가 나를 십자가에 들어 올리는 것이 나의 진정한 정체를 드러낼 것이다.28절 이것이 요한복음의 최고의 신학이다: 예수의 정체성은 십자가에서 동시적으로 일어나는 죽음과 영광을 통해서 완전히 그리고 분명히 드러난다. 그렇지만 유대인들은 그것을 깨닫는가? 아마도 아닐 것이다. 요

18-19장에서 유대인들은 예수의 정체를 고백하지 않고 있기 때문이다. 나중에, 20:31 속에 언급되고 있는 목적으로 유대인들이 요한복음을 읽는다면, 어떤 이들은 아마도 이런 진리를 단언할 수 있을 것이다.Motyer 1997의 논문

그리고 예수는 5:18 및 10:30에서처럼 아버지와 자신의 연합을 말한다: "나는 항상 나를 보내신 이를 기쁘게 할 일을 한다. 그 분은 나를 혼자 버려 두시지 않는다!" 8:29, 표현을 다르게 함 놀랍게도, 이 문단은 많은 이들[예수의 말을 들은 자들]이 예수를 믿었다는 것을 보여줌으로 끝을 맺는다.30절 이것이 수수께끼인 이유는 다음에 벌어질 논쟁이 그들의 신앙과는 어울리지 않는 것으로 나타나기 때문이다!

예수와 '유대인들'의 대립이 심화되다 8:31-59

8:31-38 진리와 자유

30절과 31절 사이의 연결은 믿는 유대인들이지만 헬라어 시제는 다르다. 30절은 단순 과거이지만 31절은 완료분사를 사용한다.대과거의 의미를 담고 있다: "그를 믿었던 유대인들." 그리피스Griffith는 서로 다른 두 그룹의 유대인들을 상정하는 것으로 제시한다: 새로운 신자들은 30절의 그룹이다; 그를 믿었던 사람들은 31절의 그룹이다. 이것은 6:66에서 예수를 따르는 것에서 돌아선 그룹을 상기시키고 있다.예를 들면 배교자가 되었던 자들

이런 구분은 37절에서의 날카로운 언쟁과 8장을 통해서 따라가고 있는 격정적인 수사법을 위해 독자를 준비시킨다는 점에서 도움이 된다. 정리하면, 이것은 예수가 모든 믿는 유대인들이 아니라 오직 그를 믿었다가 그에게서 돌아선 자들에게 비난을 퍼부었다는 것을 의미한다.Griffith: 185-88 다른 유대인들은 신실한 신자들로 남는다. 오데이1995: 637 역시 30절과 31절 사이의 연속성에 의문을 품는다. 7-8장에서 예수와 유대인들 사이의 언쟁은 예수와 믿지 않는 유대인들 사이의 급등하는 적대감을 묘사하고 있다.그리고 잠재적으로 초래하고 있다. 2:23-24에서의 서술자의 언급을 참조: 예수는 … 그들을 의지하지 않았다

8:31b-32가 믿는 유대인들을 신앙의 성장에 이르도록 촉구한다면, 다음에 따라오는 절들은 고소와 반소로서, 그리하여 37절의 유대인들은 예수가 말하는 것이 무엇이든 항의를 하고 있다. 이 유대인 그룹은 자신들이 혈통적 아브라함의 자녀라고 주장하면서 스스로를 정당화한다. 그렇지만 예수는 아브라함과의 영적인 연속성을 자신에 대한 신앙의 응답으로 말미암아 판단되는 것으로 말한다. 아브라함을 부르신 하나님과 많은 자손들에게 약속하셨던 하나님은 이제 나예수를 통해서 말하고 계신다. 그리피스의 설명은 예수의 기소가 주는 파장을 해결하는데 도움을 준다: 너희는 나를 죽일 기회를 엿보고 있

다.37b 예수는 그들이 하고 있는 아브라함의 주장을 그릇된 것으로 판단한다. 따라서 예수는 이후의 절들에서 진리를 역설한다.40, 44-46 예수와 특정한 유대인 그룹 간의 이런 분란은 신자들을 회당으로 축출한 유대인들에 대해 요한복음 저자가 후에 묘사한 것과 들어맞는다.9:22; 12:42; 16:2 [유대인들, 585쪽]

진리와 자유는 이 시점에서의 논쟁이 갖는 주요 모티브이다. 분명 예수와 유대인들은 예수의 다음과 같은 선언에 대한 의미를 이해하는데 있어서 서로 다른 주파수를 가지고 있다: "너희가 나의 말에 머무르면, 참으로 나의 제자가 되고, 진리를 알게 될 것이요, 진리가 너희를 자유롭게 할 것이다."32절 전반부는 진정한 제자가 되는 것이 무엇을 의미하는지를 구체적으로 밝히고 있으며 아마도 그들이 예수를 믿는 것이 탄탄한 것은 아니라는 것을 암시하고 있다. 그들은 여전히 예수의 말에 머무를meno 필요가 있다.예를 들면 예수의 가르침 속의 거하다; 15:4, 7, 10을 참조

그렇지만 유대인들은 예수의 진리가 주는 자유에 반발한다. 대신 그들은 이미 자유하다고 주장한다. 그들의 주장은 그들이 예수가 영적인 자유를 말하고 있는 것으로-로마의 통치로부터의 자유가 아니라- 이해하고 있음을 보여준다. 그들은 자신들의 주장을 그들의 유전 속에 둔다: 우리는 아브라함의 자손들이다.33절 따라서 그들은 이제 더 이상 자유롭기 위한 진리를 필요로 하지 않는다. 여기에 예수는 죄를 짓는 모든 이들이 죄의 노예라고 대답한다.34절 예수는 곧이어 종의 지위와 아들의 지위를 구분하고 있다: 종은 언제까지나 집에 머물러 있지 못하지만, 아들은 언제까지나 머물러 있다.35절 종은 안정된 지위가 없으며 언제든 쫓겨날 수 있다.

아들이라는 지위를 세우면서, 예수는 다음과 같이 선언한다: "그러므로 아들이 너희를 자유롭게 하면, 너희는 참으로 자유롭게 될 것이다."36절 아들은 자유롭게 할 권세가 있다. 예수는 진리를 계시하고 이 진리는 사람들을 죄의 노예상태로부터 자유롭게 할 힘을 가진다. 예수가 말씀하시는 것은 예수의 적대자들이 하나님의 자비로 안심하고 있는 것을 위협한다. 잘못된 인간의 행위는 하나님의 집에 있는 사람들을 종으로 만들며, 종은 퇴출될 수 있다.Barclay: 2.28 예수는 유대인들이 아브라함의 혈통적 자손들이라는 것에는 수긍하지만, 그들은 진정한 자손들은 아니다. 다음에 따라오는 예수의 선언, 너희는 아브라함의 자손이지만, "너희는 …나를 죽이[고자 한다]"는 이 논쟁의 다음 구문을 위한 기초가 된다.37절 예수는 나중에 자신이 분명히 언급하는 것을 암시하고 있다: 유대인들이 하는 행위는 아브라함의 진정한 자손과는 맞지 않다. 예수는 자신의 행위와 그들의 행위를 대립시킨다: "나는 아버지 앞에서 본 것을 말한다."38절 예수는 아버지의 말씀

을 들었다; 예수를 고소한 이들은 똑같이 하라고 권고를 받는다38b: 아버지의 말씀을 들으라, 아들의 가르침에 주의를 기울이라, 그리고 그를 죽이려고 하는 것을 그만두라.

요한복음의 주요 주제들 가운데 하나는 진리이다. 진리는 31–47절 사이에 7회 나타난다. 예수의 말씀 속에 머무는 것과 진리를 아는 것은 상호의존적이다. 진리는 자유의 기초이다. 연결된 주제들이 8:31–39의 더 큰 문학적 단원 속의 하부단원과 연결된다. 유대인들은 하나님으로부터 오지 않았으므로 진리를 듣지 않는다. 예수는 그들이 이해할 수 없으므로 하나님으로부터 온 것이 아니라고 한다. 만일 그들이 진정으로 아들이 보았던 아버지의 말씀을 들었다면 그들은 아버지가 원하시는 것을 행했을 것이다.38절

자유는 예수의 진리로부터 온다: 예수는 죄를 알려주는 빛이다. 유대인들이 자신들의 죄와 죄에 자신들이 묶여있음을 인식하지 못하므로 예수는 이것을 쉬운 글자따라쓰기 verbal path로 만든다. 그들은 자신들이 자유롭다고 믿는다. 그들이 죄의 종이 되었다는 것을 인식한 후에야 그들은 자유로워질 것이다. 예수는 자유롭게 해 줄 죄들에 대한 진리로 그들과 우리를 안내한다. 이렇게 죄의 종이 되는 것은 "인간이 진리를 피하는 경향이 있으며 그들 속에, 그리고 다른 사람들의 속에서 자유롭고자 하는 인간을 죽이는 경향이 있는 방식을 표현하고 있다." Brodie: 330

8:39–47 정체성의 위기: 예수와 유대인들

논쟁담화는 계속적으로 진리를 시험하고 예수의 말씀이 진리를 드러내고 있는 다음 단계로 진행이 된다. 오데이O'Day가 지적하고 있듯이1995: 637 31–32절에서 핵심이 되고 있는 말씀logos은 세 번에 걸쳐 나타나는 *Amen, amen*진실로 진실로 너희에게 말하노니; 34, 51, 58절 RSV 및 예수의 말에 대한 반복되는 언급38, 43, 45–46, 55절 뿐만 아니라 이 논쟁의 모든 구문을 통해 지속되고 있다.37, 43, 51–52, 55절

이 논쟁에 있어서, 유대인들은 두 가지의 반대되는 주장을 뽐내고 있다. 첫 번째로 그들은 아브라함을 자신들의 아버지라고 주장한다.39a 예수는 날카롭게 반박한다: 너희가 아브라함의 자손이라면, 아브라함이 한 대로 하였을 것이다. 그러나 지금 너희는 하나님에게서 들은 진리를 너희에게 말해 준 사람인 나를 죽이려고 한다. 아브라함은 이런 일을 하지 않았다. "너희는 너희의 아버지가 한 일을 하고 있다."39b–41 이 대답 이후에 유대인들은 또 다른 주장으로 맞선다: 우리는 사생아가 아니며 한 분 아버지, 하나님만 계시다.41b 첫 번째의 우리는 단호하다; 그들의 반박은 따라서 예수는 사생아로서 자신들과는 다르다는 것을 암시할 수도 있다. 유대인들은 예수를 비하시킴으로 자신들의 주장을

강화하며 자신들에 대한 예수의 판단을 무효화시킨다. 이것이 이 문단에서 유대인이 한 마지막 말이다.

말로는, 예수가 공격 중에 있고 유대인들이 방어를 하고 있다. 그렇지만 행동으로는 유대인들이 예수를 죽이려고 공격 중에 있다.37b. 40b 예수는 하나님이 그들의 아버지라는 그들의 주장을 시험하는 기준을 제시한다.42-43절:

· 하나님이 너희의 아버지라면, 너희가 나를 사랑할 것이다. 그것은 내가 하나님 께로부터 나서 세상에 와 있기 때문이다.
· 너희는 또한 내가 내 마음대로 온 것이 아니라, 그가[아버지] 나를 보내신 것도 믿었을 것이다.
· 너희는 [내가 말하는 것을] 깨닫지 못한다…그것은 너희가 내 말을 받아들일 수 없기 때문이다.

첫 번째 시험의 논리는 아버지가 아들을 사랑하셨으므로5:20, 아버지가 진정으로 너희의 아버지였다면 너희는 아들도 사랑했을 것이라는 것이다. 두 번째 기준은 앞서 지적했던 점을 반복한다. 세 번째는 유대인들의 현재 반응과 곤경을 묘사하고 있다. 너희가 이 시험을 통과하지 못했으므로, 예수는 다음과 같이 말한다. 너희는 너희의 아버지인 악마에게서 났고, 또 그 아버지의 욕망대로 하려고 한다.44절 악마는 처음부터 살인자였음을 주장함으로 예수는 이런 가혹한 판단을 입증하고 있다. 이것은 너희가 나를 죽이고자 하는 욕망을 설명해 주고 있다! 마귀에게는 진리가 없기에 진리 안에 서지 못한다. 마귀의 본성은 거짓말하는 것이다. 예수는 계속 말을 이어 나간다. "내가 진리를 말하기 때문에, 너희는 나를 믿지 않는다. 너희 가운데서 누가 나에게 죄가 있다고 단정하느냐? 내가 진리를 말하는데, 어찌하여 나를 믿지 않느냐? 하나님께로부터 난 사람은 하나님의 말씀을 듣는다. 그러므로 너희가 듣지 않는 것은, 너희가 하나님께로부터 나지 않았기 때문이다."45-47절

다른 말로 하면, 예수의 기소는 이것이다. "너희 '유대인들'은 내가 말하는 진리를 받아들일 수 없다. 그 이유는 너희는 나를 믿지 않기 때문이다. 너희 아버지는 나를 보내신 하나님 아버지가 아니라 마귀로서, 거짓말하고 살인을 선동하는 자이다."요일 3:10 참조 마귀를 거짓의 아버지로 선언하면서 예수는 "진리의 아버지로서의 하나님과 거짓의 아버지로서의 마귀를 분명하게 대조시킨다."O'Day 1995: 643 예수의 수사적 질문, "너희 중에

누가 나에게 죄가 있다고 단정하느냐?"는 앞서 간음한 여인과 함께 성전에서의 장면을 연상시킨다. 죄가 없는 사람은 없으며 따라서 아무도 그녀를 죄가 있다고 처벌할 수 없다. 이제 예수는 유사한 지적을 한다. 유대인들을 향한 이런 기소에 있어서 예수의 결론은 이것이다: 내가 말하는 하나님의 말씀을 너희가 듣지 않는 이유는 너희가 하나님으로부터 오지 않았기 때문이다.

이 문단은 가혹하고도 사람잡는 말이다. 다시금, 여기서의 유대인들은 모든 유대인들을 대표하는 것이 아니라는 점을 언급해야겠다. 날 때부터 보지 못하는 자와 그의 부모를 비롯하여 요한복음에서 이름이 알려진 모든 등장인물들은 유대인들이다. 요한복음에서 진정한 신자들은 유대인들이다. 유대인들은 예수가 유대인들, 사마리아인들, 그리고 이방인들로부터 진정한 믿음을 불러일으키는 것에 맞서 그것을 돋보이는 역할을 하는 것으로 나타난다.Motyer 1997을 보라 많은 시도가 있어 왔지만, 그 유대인들이 역사적으로 누구인지를 밝히는 것은 매우 어려운 일이다.Lowe; Howard-Brook 1994; D. M. Smith 2005, 2008; Boyarin 2007 [유대인들, 585쪽] 이런 가혹한 비난은 예수를 믿는 사람들과 일부 회당들 사이에서 벌어지는 최근의 분열 혹은 예고된 분열을 반영하고 있다.

그렇지만 예수가 유대교의 율법주의적 실천들에 대해 극렬하게 비판한 것은 공관복음서에서도 분명한 일이다. 예수의 사역에서 나온 근원적인 역사적 요소는 이런 혹독한 말을 기반으로 한다. 그러나 이들 두 개의 차원이 구분되며, 오늘날 기독교 신자들이 유대인들에 대한 요한의 긍정적인 초상을 붙잡고 있다는 점이 중요하다. 이 문구가 의미하는 것이 누구이든 혹은 무엇이든, 예수가 유대인들에게 말하는 것에 대해서보다는 이런 긍정적인 유대적 초상들예수, 제자들, 그리고 베다니의 친구들을 오늘날 유대인들과의 관계를 맺는 기반으로 삼고 있는 것이다.[유대인들, 585쪽]

신학적인 측면 역시 존재하고 있으며 이런 측면은 역사적 설명을 초월한다. 요한복음과 요한일서에서 "세상"과 "마귀"는 예수가 의인화하고 가르치는 사랑과 진리를 죽이고자 하는 도전적인 정치적 권세와 맞물려 있다. 그런 차원에서 유대인들은 구체적 역사를 초월하며 아버지 하나님의 계시로서의 예수를 반대하는 사람들과 결탁한 모든 인간들을 대표하고 있다. 유대인들의 불신앙은 "단순히 그들의 결심의 결과가 아니다; 그것은 궁극적인 악의 힘, 마귀에게로 거슬러 올라가는 것이다."8:44a; Schnelle 2009: 662-63 따라서 예수는 자신을 십자가에 못박은 빌라도를 포함하여, 권세자들이나 권력가들 속에서 궁극적으로 벌어지고 있는 것을 폭로한다. 이것은 타락하고 소외되며 교만한 세상 속으로 들어오는 빛과 진리의 계시로서, 요한복음은 이 용어를 아래로부터 오는 불신앙의 영역이라고 지칭한다.

8:48-49 불화: 논쟁 속의 마지막 세 라운드[W]

과열된 논쟁이 이제 가파르게 상승하고 있다. 유대교 신자들이 예수의 말에 화가 난 것은 납득할만하다. 앞서 유대인들이 말로서 방어를 하고 있었다면, 이제 그들은 공격적으로 나서며O'Day 1995: 644 예수를 사마리아인이며 마귀가 들린 사람으로 고소한다. 그들의 아버지는 마귀라고 했던 예수의 기소가 되돌아 오고 있다! 예수는 자신이 사마리아 사람이라는 혐의에 반응하지 않았는데, 아마도 예수와 요한의 공동체는 사마리아인들을 환영한 것을 보여주고 있을 수도 있다. 예수는 다음과 같이 말함으로 "마귀" 혐의를 반박한다. "나는 귀신이 들린 것이 아니라, 나의 아버지를 높이고 있다. 그런데도 너희는 나를 멸시한다."49절; 5:23을 참조 방어를 이뤄내기 위해 예수는 자신의 영광을 구하지 않는다는 주장을 다시 언급한다8:50; 다음을 참조. 5:41; 7:18; 대신, "나에게 영광을 구하여 주시며, 심판을 하여 주시는 분이 따로 계신다."8:50b; 8:14-18을 참조 더 나아가 예수는 다음과 같이 말하며 앞선 가르침들을 반향한다. "내가 진정으로 진정으로 너희에게 말한다. 나의 말을 지키는 사람은 영원히 죽음을 겪지 않을 것이다."51절 그렇지만 유대인들은 이러 생명의 제안을 들으려고도, 받아들이려고도 하지 않는다.

'죽음을 보지 않는다'는 것은 불에 기름을 끼얹는 꼴이 되었다. 유대인들은 이제 예수가 마귀에 들렸음을 확신하고 있으며 그 기소를 반복한다. 전세가 역전된다. 유대인들은 예수의 기소가 우리가 아브라함에 대해 알고 있는 것에 위배된다고 주장한다: 그는 죽었으며 선지자들도 죽었다. 그들은 '결코 죽음을 맛보지 않으리라'를 반복하는 예수의 약속을 꾸짖는다.52c 냉소적으로 그들은 묻는다. "당신은 이미 죽은 우리 조상 아브라함보다 더 위대하다는 말이오? 또 예언자들도 다 죽었소. 당신은 누구라고 주장하는 것이오?53절 당신은 스스로를 누구라고 생각하시오?"AT

이제 예수는 자신을 변호하기 위해 아브라함과 자신의 관계를 사용한다―이전의 하부단원으로부터의 반전이다.O'Day 1995: 646 유대인들은 메시아의 도래를 비롯하여 하나님께서 모든 역사 속에서 보여주셨다고 믿었다. 따라서 예수는 다음과 같이 말한다. "너희의 조상 아브라함은 나의 날을 보게 될 것을 즐거워하였고, 마침내 보고서 기뻐하였다."56절 따라서 예수는 유대교의 메시아적 소망이 자신 안에서 이뤄졌다고 주장한다. 그는 또한 유대인들과 그들의 유전으로부터 스스로 거리를 두고 있으며 너희 조상이라고 말한다. 이 사람들은 더 이상 그의 백성이 아닌 것이다! 유대인들은 더 이상 그가 성취하는 성서를 받아들이지 않는다. 이것은 아주 중요한 문제를 일으킨다: 요한복음의 예수는 스스로 유대교의 정체성과 거리를 두는 것인가, 아니면 너희라는 단어는 듣는 자들이 하나님을 모른다는 것을 강조하고 있는가? 너희의 법과 너희 조상은 진정한 법과 진정한 아브라함이 아니란 것인가?

이런 주장을 폄하하기 위해 유대인들은 예수의 발언의 모순에 초점을 맞추며 그가 50살도 안되었다는 것을 지적하며 냉소적으로 다음과 같이 묻는다. "당신이 아브라함을 보았단 말이오?"57절; 이것은 그들의 세 번째 공격적 응수이다 이런 반박은 유대인들이 영적으로 눈이 멀고 듣지 못함을 확대시키는 것으로, 요한복음에서 아주 두드러지는 것이다. 예수는 '아브라함이 있기 전에 내가 있었다' 며 깜짝 놀랄만한 말을 한다. 이것은 "8장 전체의 절정"이다.Burge 2000: 263 예수, 태초에 하나님과 함께 있었던1:2 서문의 로고스는 자신의 백성에게 왔으며, 그의 백성은 그를 받아들이지 않았다.1:11 RSV를 참조

예수의 정체성은 제4복음서 저자에게 있어서는 아주 중대한 것으로, 8장을 지배하고 있다. 예수는 나는~이다라는 중요한 선언을 하고 있다: 나는 세상의 빛이다.8:12; 나는 위로부터 왔다.23절; 나는 이 세상에 속하지 않았다.23절; 나는, 인자이다.28절 이런 선언들은 58절에서 점점 커진다: "진정으로 진정으로, 너희에게 말하노니, 아브라함이 있기 전에 내가 있다." 8장은 반복적인 모티브를 분명하게 말하고 있다: 유대인들은 하나님께 속하지 않는다.263-64

트루에Truex 263-64는 이점을 짚고 있는 언어적 공격을 나열하고 있는데, 8:47에서 가장 잘 드러난다:

· 너희는 선생이지만 깨닫지 못한다.3:10
· 너희는 결코 하나님을 듣지 않는다.5:37
· 너희는 하나님의 사랑을 가지지 못했다.5:42
· 너희는 너희 영광을 구한다.5:44a
· 너희는 하나님의 영광을 구하지 않는다.5:44b
· 너희의 고소자는 모세이다.5:45
· 너희는 모세를 믿지 않는다.5:46
· 너희는 토라를 지키지 않는다.7:19
· 너희 아버지는 마귀다.8:44
· 너희는 하나님으로부터 오지 않았다.8:47

- 너희는 눈이 멀었고 어둠 속에서 산다.9:39-41
- 너희는 우상숭배자들이다.19:15
- 너희는 예수를 죽이고자 한다.5:18; 7:1; 8:59; 10:31, 39; 11:8; 18:12

요한의 기소들은 발끈하는 것이라 해도 지나치지 않지만, 그것이 유대인들이 다른 유대인들을 말하는 관심과 열정을 반영하고 있다는 언어란 것이 분명하다. 그럼에도 유대교 권세자들의 관점에서 볼 때, 그런 공격은 이스라엘의 지도자들과 하나님을 신성모독하는 것으로 받아들여졌다.

이 계시와 함께 논쟁은 끝이 난다. 트루에는 왜 그리고 어떻게 이 논쟁이 신성모독으로 이해될 수 있는지를, 구약의 수많은 서사들에 비추어 설명하고 있으며, 따라서 예수와 제자들이 회당으로부터 축출될 만한 적당한 이유였는지 설명하고 있다.264-65; Lincoln 200:49를 참조 "예수는 하나님과 함께 하는 분이므로 아브라함보다 위대하다." O'Day 1995: 646 예수는 아들이자 메시아이다. 그는 하나님이 스스로를 모세에게 묘사했던 언어를 사용한다. 이런 계시는 유대인들이 받아들일 수 있는 것을 넘어섰으며, 그들은 예수에게 돌을 던진다.59절, 8:5; 5:18을 반향한다; 10:31을 참조 유대인의 정신과 마음속에, 예수의 말은 이단이었다: 그는 스스로를 하나님과 견주고 있으며 메시아이자 종말론적 인자라고 주장한다. 신성모독의 죄는 죽음으로 처벌되어야 한다.

기소의 모티브*rib*는 링컨2000이 보여준 것처럼, 요한복음 곳곳에 퍼져 있다. 요한복음에서는, 예수가 인간의 얼굴을 지닌 하나님이므로, 유대인들은 하나님을 재판에 회부시켰다.욥과 사 40-55에 대한 Lincoln [2000: 36-56]의 글을 참조 이 본문을 기독교적 관점에서 읽는다면, 유대인의 입장에서 논쟁을 보는 것이 우리로서는 어려운 일이다. 왜 유대인들은 예수를 죽이고자 할까? 그들은 자신들이 하나님과 유일신론을 지키고 있다고 믿는다. 그들은 "[예수가] 신성모독을 하고 있으므로… 돌을 던지는 것은 법적인 반응이다." Burge 2000: 263 요한복음의 저자는 예수의 신성을 시험하기 위해 이런 기소 서사 속에서 증인들을 사용한다.5:31-47 그렇지만 8장에서, 예수의 주장 나는~이다는 예수를 재판을 받는 하나님으로 드러낸다.

적대적인 행동이 임박해 오자, 예수는 돌에 맞아 죽는 것을 피해 몸을 숨긴다. 요한복음은 따라서 예수의 인성, 말씀이 육신이 되었다는 것을 독자들에게 상기시키고 있다.

8:31-59 하나의 문학적 단위

정체성에 대한 이런 싸움은 누가 진정한 하나님의 자녀인지에 초점을 맞추고 있다. 유대인들과 예수는 모두 하나님과의 특별한 관계를 주장한다. 유대인들은 아브라함을 자신들의 정체성으로 삼는다; 예수는 "내 아버지 하나님"을 자신의 정체성으로 삼는다. 이런 논쟁은 이 본문이 가지고 있는 모든 세 가지 하부단원들을 다루고 있다. 시멘스Rachel Siemens가 만든 이 도표는 격렬해지는 논쟁의 열기를 묘사하고 있다:

	유대인들	예수
8:31		믿는 자들은 성전에서 예수와 함께 모였다. 그들 사이에는 물리적 친밀감이 있다.
31-38절	우리는 아브라함의 자손들이다. 이것은 이스라엘의 백성들이 가지고 있는 정체성이다. 앞서 언급한 것처럼, 아브라함과는 약간의 거리가 있다.	나는 아버지의 앞에서 내가 본 것을 말한다 … 내가 아버지로부터 들은 것이다. 예수는 아버지와 가까우며 그의 임재 앞에 있다. "아버지"는 예수와 유대인의 아버지이므로, 유대인들과도 가깝다.
39-47절	아브라함은 우리의 아버지다. 유대인들은 종교적 가부장제에 더 가깝게 다가선다. 우리는 사생아가 아니다… 우리에게는 한분 하나님만 계신다, 가능한 한 하나님께 가까이 다가감으로, 그들은 하나님을 그들의 아버지라고 주장한다.	예수는 이것에 동의하지 않는다. 만일 그들이 아브라함의 자손이었다면 그들의 행동은 달랐을 것이다. 나는 하나님께로부터 왔다 … 너희는 너희 아버지 마귀로부터 왔다. 예수는 자신/하나님과 유대인들 사이의 거리를 만들고 있다.
48~58절	당신은 사마리아 사람이며 귀신이 들렸다. 유대인들은 형세를 역전시키어 예수를 하나님과 그들로부터 분리하고 있다.	…그렇지만 나는 아버지를 높인다. 나를 영화롭게 하시는 분은 내 아버지이다 … 너희 조상 아브라함. 예수는 자신/하나님과 유대인들 사이의 거리를 두고 있다. "내아버지"는 이부분에서 두차례 등장한다(49절, 54절).
59절	그러자 그들이 그에게 던지기위해 돌을 들었지만 예수는 몸을 숨겨 성전 밖으로 나왔다.	이제는 그들 사이에 물리적 구분이 있다.

이런 정체성 논쟁 속에서, 각각은 자신들의 주장을 입증하기 위해 아브라함에 호소한다. 유대인들은 그들의 물리적이고 종교적 유산을 들먹인다. 그렇지만 예수는 다르게 말한다: 신앙과 행위가 구원을 결정한다. "혈통은 영적인 혈통을 보증하지 않는다." Burge 2000: 259 하나님께서 보내신 이에 대한 우리의 행동과 응답이 우리의 진정한 정체성을 드러낸다. 아브라함은 하나님을 들었지만 그의 진정한 유산의 표시 유대인들은 하나님께서 보내신 이를 듣지 않았다. 우리는 어떻게 누가 하나님께로부터 왔는지 알 수 있는가요한일서의 주요 이슈; McDermond를 보라? 하나님을 아는 자는 하나님의 말씀을 지킨다.8:31, 37-38, 39, 42, 47, 51, 55 하나님을 아는 것은 죄와 죽음으로부터 자유로워지며 영생을 준다. 우리는 구원에 대한 종교적 유산에 의존하지 않는다. 모든 세대는 새로이 하나님의 말씀을 배우고 따라야만 한다.

성서적 맥락에서의 본문

빛이신 예수

요한의 서문에서, 빛은 하나님의 창조의 시작으로 나타난다.창 1:3-4 빛은 하나님의 자기 현현을 감싸고 있다.창 15:17; 출 19:18; 시 27:1; 36:9; 43:3; 104:2; 사 2:5; 10:17; 60:1; 겔 1:4 지혜 전통에서, 빛은 율법, 하나님의 말씀을 상징한다.시 119:105; 잠 6:23; 지혜서 18:4O' Day 1995: 632 장막절의 빛은 광야를 통해서 이스라엘을 인도했던 "불기둥" 속에 나타난 하나님의 빛의 기적을 상기시킨다.출 13:21 광야를 통해 자신들을 인도하신 하나님을 이스라엘은 나중에 하나님의 특별한 빛이라고 언급한다: "낮에는 구름으로, 밤에는 불빛으로 인도하셨다."시 78:14 또 다른 시편은 "불로 밤길을 밝혀 주셨다."고 언급한다.105:39; 지혜서 18:3을 참조 영광의 구름 속에 나타난 신의 임재는Shekinah; 서문을 보라 하나님의 빛을 모세, 장막, 그리고 성전에 초점을 맞춘다. 진정한 예배는 "열방 중에서 하나님의 영광을 선포한다." 대상 16:24; 시 96:3 영광은 요한복음에서의 주요 모티브이다.[육체와 영광, 579쪽]

구약에서, 빛은 또한 메시아적 희망의 이미지로도 기능한다. 이사야는 "어둠 가운데 앉은 이들이 위대한 빛을 보게 될 것이다."사 9:2라고 예언하고 있는데, 이 본문은 예수의 사역에 주안점을 두기 위해 마태4:16와 스가랴에 의해 인용되어 예수의 오심과 사역을 선언하고 있다.눅 1:79 마태는 예수를 따르는 이들을 "세상의 빛"과 동일시한다.5:14, 16; 6:23; 눅 8:16-17을 참조 요한의 서문은 말씀을 빛과 동일시하고 있다.1:4, 5, 7, 8, 9 이 주제는 요 3:19-21; 5:35; 8:12; 9:15; 11:9-10에서 계속된다. 12:35-36, 46에서, 빛은 예수의 공생애 사역을 위한 절정의 모티브가 된다.

요한의 말뭉치 속에서, 빛은 요한일서를 통해 흐르고 있으며 계시록에서 절정에 달하는 역할을 한다. 요한일서에서 빛은 1:51 7; 2:8-10에서 윤리적 함축을 담고 있지만 2:8은 예수를 "이미 빛나고 있는 … 진정한 빛"으로 지칭하고 있다. 이런 윤리적 함축 속에서는, 어둠 속에서 걷는 것은 빛 속에서 걷는 것의 반대어이다. 계시록에서 빛은 어린양의 종들이 살고 있는 새로운 성을 채울 것이다. "주 하나님께서 그들의 빛이 되실 것이다." 22:5; 21:23을 참조. "[세상의] 열방들 까지도 [이] 빛으로 걷게 될 것이다." 21:24

바울서신들도 역시 빛의 이미지로 풍성하다. 복음은 그리스도의 영광 속에서 빛나는 빛이다. 빛은 하나님께서 "어둠 가운데 빛이 있으라"고 하실 때 나타났으며, 이제는 "우리의 마음 속을 비추셔서, 예수 그리스도의 얼굴에 나타난 하나님의 영광을 아는 지식의 빛을 우리에게 주셨습니다." 고후 4:4-6; 또한 3:17-18 아그립바 왕 앞에서 바울이 증언하는 변호는 복음을 받는 사람들을 어둠에서 빛으로 돌아온 것으로 묘사하고 있다. 주목할 만한 분명한 메시지는 "빛의 갑옷을 입으라"는 것롬 13:12; 엡 5:14-15을 참조과 빛 가운데 걸으라엡 5:8; 골 1:12; 살전 5:5; 딤전 6:16는 것이다.

빛의 이미지는 말 그대로 수많은 함축들을 더하고 있으며, 정경의 양쪽 끝을 이루고 있다.창 1:3-4; 계 22:5 빛의 이미지는 신성한 계시, 인도, 현존, 희망, 그리고 정결을 나타낸다. 이것은 어둠에 맞서고 어둠을 물리치며 육신의 죄악을 대체하고 있다.엡 5:3-14 이것은 예수 그리스도의 복음의 힘을 상징한다: 회심은 어둠에서 빛으로 돌아서는 것이다.골 1:12-13; 행 26:18-19 요한복음 8장에서 나는 세상의 빛이라는 예수의 선언은 구약의 이미지를 확장시키고 있다. 예수는 빛이며 자신을 따르는 자들에게 빛 속에서 걸으라고 청한다.요일 1:7 장막절의 여덟째 날에디아스포라에서는 아홉 번째 날 이스라엘은 하나님의 율법 중심을 축하했다. Simchat Torah; 다음을 참조. www.hebrew4christians.com/Holidays/Fall Holidays/Sukkot/sukkot.html 빛으로서, 예수는 죄로부터 구원한다; 율법을 성취하면서 예수는 자신을 따르는 자들을 가르치고 인도한다. "비추소서, 예수여, 비추소서!"

예수, 재판 중의 진리

요한복음 8장은 소송이라는 장르를 이어간다. 예수의 마지막 나는~이다는 자신의 변론을 마친다. 그렇지만 10장에서 재판은 계속되어 요한의 재판 서사 속에서 절정을 맞는다.18-19장 요한복음 8장은 다음의 주요한 요한의 주제들과 소송의 형식이 맞물려 있다:

기독론나는~이다, 8:24, 28, 58, 빛8:12, 생명8:12; 10:10을 참조; 17:3 진리8:32, 40, 44, 45, 영광50, 54절, 그리고 심판15-16절, 26a, 54Lincoln 2000: 193-201을 보라 ["나는~이다," 518쪽[빛, 527쪽][영생, 575쪽][육체와 영광, 579쪽] 빛/영광과 진리/심판이 정경에 걸쳐져 있다. 사 40-55장 역시 소송rib의 형식으로, 하나님의 언약의 백성에 맞서는 예수의 법정 사례를 예표하고 있다.Lincoln 2000; 38-51

진리는 언약의 백성을 위한 하나님의 도덕적 삶을 묘사한다: "주의 빛과 주의 신실하심을 나에게 보내 주시어, 나를 인도하는 길잡이가 되게 하시고, 주의 거룩한 산, 주님이 계시는 그 곳으로, 나를 데려가게 해주십시오"시 43:3 여기에서 빛과 진리가 연합한다. 진리에 해당되는 성서의 두 단어는 ʾemet히브리어와 aletheia헬라어이다. 히브리 단어는 사실적인 진리의 개념만을 담고 있는 것이 아니라왕상 10:6; 사 43:9에서처럼, 더욱 빈번하게는 신뢰성과 관계적 신실성을 담고 있다. 따라서 시 89:14는 "하나님의 보좌의 기초"를 "의와 정의, ⋯ 끝없는 사랑과 신실함"으로 묘사한다.ʾemet 진리와 신실함은 하나님의 성품을 특징으로 한다. 유도적으로, 하나님의 의로운 법령들은 참되는데, 진리는 하나님의 말씀 속에 있기 때문이다.시편 119:160; 42-43, 142, 151을 참조; 잠 30:5; 느 9:13 하나님의 백성은 진리를 행해야 하며 진리와 함께 의롭게 살아야 한다.신 16:20; 사 48:1; 59:14; 렘 4:2; 5:1; 스 7:9 시 86:11은 나의 종교적 중심들 가운데 하나이다: "주님, 주의 길을 가르쳐 주십시오. 주의 진리 안에서 걷겠습니다. 나뉘지 않은 마음을 주사 당신의 이름을 경외하게 하소서."강조부분이 첨가됨

진리는 요한복음에서 24차례 등장한다: 요한1, 2 그리고 3서에서도 20차례 등장한다: 바울의 서신들 속에서는 38회 나타난다. 요한에게는, 진리가 예수자신이며 그의 증언이다. 증언들은 진리를 증언하고 있다. 예수의 대제사장적인 기도는 진리를 하나님의 거룩함과 일하심과 연결시키고 있다: 진리로 그들을 거룩하게 하소서; 당신의 말씀은 진리입니다.17:17, 또한 19절 예수는 진리이다: 나는 길이요 진리요 생명이다.14:6 마지막 재판에서, 예수는 빌라도를 진리와 대면시킨다: 예수는 진리가 무엇이냐는 빌라도의 질문에 단순히 그곳에 서 있음으로 대답하고 있다—그의 얼굴에 진리가 있다.18:37-38 진리는 요한복음에서 "재판 가운데" 있으며, 이미 1:14, 17절에 예고되었지만 5-8장과 18-19장에 가장 두드러지게 나타난다.Lincoln 2000 요한복음 8장에서 진리는 예수의 사역과 말씀 속에서 계시되었으며, 불신앙을 제압한다. 모세에게 계시한 하나님의 이름출 3:13-15; 6:3, 나는~이다라는 예수의 정체성은 성육신한 진리이다.["나는~이다."; "나는 ~이다."의 아홉 개의 단독용법을 보라]

바울은 자신의 사도직을 폄하하는 사람들고후 11:10; 12:6; 13:8; 복음을 왜곡하고 복음에서 벗어난 사람들갈 2:5, 14; 3:1; 그리고 창조자보다 피조물을 섬기면서 신앙심없고 사악한 관습으로 진리를 억누르는 자들롬 1:18, 25에 맞서 자신의 진실성을 옹호하기 위해 진리에 호소한다. 다른 컨텍스트에서는, 바울이 진리를 그리스도와 동일시한다.엡 4:21; 롬 9:1 목회서신에서는 "진리"14회 사용는 그릇된 믿음을 막는다. 진리는 말씀을 묘사하며고후 6:6; 엡 4:15 빌립보서 4:8에서 기독교인의 덕목들 가운데 첫머리가 된다.엡 4:15, 25 참고; stassen과 Gushee: 50; Swartley 2006a: 412-13

교회생활에서의 본문

유대인과 기독교인의 관계[w]

관련된 글 [유대인들, 585쪽]을 이 논의와 더불어 읽어야 한다. 유대인들이 요한복음에서 버려졌다는 부정적인 시각은 유대교 사람들에게는 투영될 수는 없다. "유대인들"에 대한 예수의 날카로운 비난은, 그들이 누구이든, 누구를 대표하든, 예수를 적대시 했다는 것, 즉 세상의 진정한 빛인 예수를 알고자 하지 않았다는 것과 그들의 보지 못함을 조건으로 한다.요한 9장 본문은 우리가 더 이상 완전히 이해할 수 없는 상황의 구체성을 반영하고 있다. 그들은 예수가 율법과 선지자들을 가치 있게 하고, 완성하고 변화시킨다고 볼 수 없었다. 그들은 하나님이 그들에게 구원을 주시기 위하여 예수를 보냈다고 믿지 않았다. 예수는 반anti유대주의자가 아니었다. 예수 자신도 유대인, 복음 전승의 전달자였다.[애제자, 565쪽] 요한복음이 모호하게 유대인들이라는 단어를 사용한 것은 진리의 적들은 우리와 같은 부류일 수 있고, 우리와 가까운 이들일 수 있으며 우리의 족속과 문화일 수 있다는 사실-하나님의 일이나 말씀을 받아들이지 않는 이-에 주의를 환기시키고 있는 것이다. 예수를 반유대주의자로 만들기 보다는, 이 논쟁적인 장은 몇몇 유대인들이 진리와 구원을 거부하고 있음에 예수가 마음 아파하는 것으로 이해하는 것이 더 낫다.Motyer, 1997의 주장을 참조

기독교가 지닌 반유대주의의 끔찍한 역사는 끝나야 한다. 모타이어Motyer 1997: 386-87는 존 크리소스톰과 마틴 루터1543와 같은 기독교 저술가들 속에서 아주 끔찍한 표현들을 묘사하고 있다. 루터는 회당을 가리켜 "마귀의 소굴들 뿐이다."며 "회당과 학교에 불을 지르고 … 유대인의 집들을 부수며 그들의 모든 종교서적들을 몰수하는 '날카로운 자비'를 수행해야 할 것을" 그리스도인에게 촉구했다.Motyer 1997: 2-3 그런 증오의 표

현들은 또한 마귀의 것으로, 아우슈비츠나 유사한 집단 처형장의 형용할 수 없는 공포로 극에 달한다. 모타이어는 그런 태도가 요한복음의 사랑의 윤리와 맞지 않는다는 것을 보여줌으로Williamson과 Allen, 기독교 신자들에게 요한복음의 권위를 생각하게 함으로, 혹은 그런 태도를 예수에 대한 세상의 적대감이라는 수사적 상징으로 봄으로Dunn 이런 저주의 태도로부터 유대교를 벗어나게 하려는 다양한 저술가들Rosemary Radford Ruether, Clark Williamson과 Ronald Allen, 그리고 James Dunn의 노력을 보도한다. 나는 후자의 두 접근을 선호하며 1세기 유대교의 컨텍스트 속에서 그 갈등에 대한 다른 이해들에 문을 열어준 유대교 학자 아델라 레인하르츠Adela Reinhartz와 다니엘 보야린Daniel Boyarin에게 빚을 지고 있다.[유대인들, 585쪽] 로마서 9-11장에서 예수를 자신의 구세주로 생각한 바울은 1세기에 발전하는 기독교 속에서 유대인들을 더 잘 이해하도록 우리를 돕고 있다. "성서와 이스라엘The Bible and Israel"Swartley 2007: 155-82에서 나는 기독교와 유대교의 관계에 대한 이런 성서의 영향을 논의했다.

유산이 빛과 진리를 보지 못할 때[w]

만일 우리가 오직 유대인들에게만, 8장이 역사적으로 제기하는 문제들에만, 그리고 수년간의 반유대주의 속에 있는 그 영향에만 초점을 맞춘다면, 우리는 핵심을 놓치게 될 것이다. 그것은 실제로 세상의 빛이라는 예수의 주장에 대한 우리의 응답을 시험하도록 우리를 부르고 있다. 진리가 우리를 자유롭게 하는가? 아니면 우리는 우리의 전통, 우리의 귀중한 유산, 혹은 단순히 선한 사람들이 되는 것으로 인해 눈이 멀게 되었는가? 믿지 않는 자들은 복음의 선물을 경험할 수 없다: 예수가 그리스도, 하나님의 아들이라는 믿음을 통해, 그들은 그의 이름 속에 있는 삶을 누릴 수 있다.20:31 예수가 유대인들에게 말한 것은 오늘날 우리에게도 적용된다. 우리는 구원을 위해 우리의 유산에 의존할 수 없다. 오히려, 우리는 예수가 주는 빛, 진리, 자유 그리고 생명이라는 하나님의 선물을 받아들일 필요가 있다.

선교적인 교회가 되기 어려운 이유, 우리의 회중들 속으로 새로 온 이들을 환영하는 것이 어려운 한 가지 이유는 많든 적든 일을 하는 우리의 방식이 굳어져 있을 뿐만 아니라, 우리는 우리 교회의 유산으로부터 떨어져 있는 자들에게 정을 주지 못하고 있기 때문이다. 만일 우리가 선교적이라면, 우리는 그런 관계들을 추구하지 않고 오히려 열정적으로 새로 온 사람들을 환영하고 사귈 것이다. 그들은 교회의 친교를 생기 있게 하며 종종 회중에서 가장 복음적인 사람들이 되기도 한다. 우리는 반드시 인종-이름의 중독으로부터 벗어나야 한다. 선교적인 회중 속에서 우리는 다른 일들을 이야기 하며 대화를 더 넓힐 수 있다.

요한복음의 유대인들은 예수에 대한 사랑, 복음의 선교적인 힘, 그리고 기쁨으로 "사마리아인들"을 맞이하는 데 방해를 하는 우리의 그런 면을 상기시켜 준다. 요 3:16을 우리를 위한 하나님의 사랑에 감사하면서 읽자. 우리의 선교를 실천하는데 다른 이들을 사랑하는 것으로 확대시키자. 제자로 부르는 예수의 목소리를 듣고 그것이 수반하는 것들을 탐색해 보자:

1. 예수의 말씀 속에서 거하면서, 우리는 죄의 속박으로부터 우리를 벗어나게 하는 진리를 알게 될 것이다. 그리고 우리는 올바르게 하나님의 집으로 인정되는 자격을 얻는다. 요 8:31–36.

2. 하나님으로부터 온 자는 하나님의 말씀을 듣는다. 요 8:31–36

3. 우리는 우리의 영광을 구하는 것이 아니라 하나님을 영화롭게 하기 위해 살고 일한다. 54절

4. 예수의 말씀을 지킴으로, 우리는 죽음을 보지 않으리라는 것을 확신하는데51절 그 이유는 예수의 말씀이 우리에게 생명을 주시기 때문이다.

"나는 세상의 빛이다."라는 예수의 주장은 눈멀음/봄에 초점을 맞추는 9장으로 이어진다.

요한복음 9장

눈멈과 봄: 예수는 누구인가?

사전검토

우리 대부분은 근육의 퇴보나 교정 수술을 하던 중에 의료사고로 인해 종종 시력을 잃은 친구나 친척을 알 것이다. 그런 일들이 있음에도, 우리 가운데 몇몇 사람은 예수 그리스도와 성령의 힘을 통해 보지 못함으로부터 기적적으로 치유된 사람들의 이야기들을 알고 있다.Pfeiffer: 49-53에 나오는 크리스탈의 이야기를 보라 우리 중에 많은 사람들은 신체적으로는 보지 못하지만 영적으로는 보는 켄 메데마Ken Medema를 알고 있다. 즉석에서 작곡을 하고 훌륭하게 피아노를 연주하며 감동적으로 노래를 부르는 그의 능력은 많은 이들에게 축복이 되어 왔다. 우리는 여러 가지 형태의 기적크리스탈과 메데마들을 축하하는 세상 속에 살지만, 또한 온전한 가운데 오는 하나님의 나라 속에 있는 완전한 치유를 보고 탄성을 지르기도 한다.Swartley 2012a: 36, 75-76

요한복음 9장에서 예수는 눈먼 사람을 치유한다. 이것은 요한복음 속의 전략적 이야기이다. 치유를 받은 눈먼 이는 성숙한 신앙과 진정으로 보는 것을 상징한다. 니고데모가 비밀의 신자였다면19:38-39, 시력을 기적적으로 얻은 그 눈먼 이는 모델이 되는 신자로서, 공개적으로 그리고 용감하게 진리를 증언한다. 그를 고쳐 준 예수에 대한 그의 열심은 바리새인들과 유대인들의 심문을 완전히 바꾸어 놓았으며, 심문자들을 조롱하고 모세와 예수에 대한 그들의 불신앙을 폭로하고 있다.[유대인들, 585쪽] 게다가, 예수를 인자라고 믿는 눈먼 이의 신앙은 스스로를 예수를 예배하도록 이끌고 예수와 하나님을 연결시킨다.

9장은 바리새인들이 예수를 심판하는 것으로 절정을 이룬다. 예수는 그들을 눈이 멀었다고 선언한다: "너희가 볼 수 없으므로 눈이 멀어 있다!" 눈이 먼 것은 신체적인 병뿐만이 아니다; 그것은 영적인 상태, 즉 예수에 대한 신앙을 거부하는 결과를 상징한다. "요한복음 9장에서 보는 것과 눈이 먼 것은, 신체적으로 영적으로, 대단히 중요한 역설 속에서 미묘하게 그리고 복합적으로 서로서로 싸움을 한다."Schneiders 2003: 156

이 눈먼 사람의 이야기는 이 영롱한 복음서에 있어 해석적인 암호이다:

- 다른 어떤 것들보다도, 이 이야기는 요한복음의 이중초점을 공개하고 있다: 예수의 시간과 요한 공동체의 시간은 회당과의 연속성을 잃고 그에 따른 유대교 지도자들로부터의 적대감으로 위협받고 있다
- 요한복음 9장은 "부활 이전의 예수, 부활 이후의 요한 공동체, 그리고 요한복음의 독자들이라는 지평들을 융합하고 있다." Schneider 2003: 154
- 이 "이야기는 아주 명료하고 간결한 방식으로 제4복음서 저자가 자신의 공동체와 예수의 관계, 회당 권위자들과의 관계, 그리고 비밀 신자들과의 관계에 대해 말해야 했던 것을 요약하고 있다." Rensberger: 41
- 비밀 그리스도인들일 수 있는 부모들을 유대인들이 심문하는 것은R. Brown 1979: 71-73 "예수를 '하나님으로부터' 오신 이로 고백함으로 인해 회당으로부터 축출되는 위협을 받은 요한공동체의 삶을 반영하고 있다." Schneiders 2003: 154. Martyn 1968/1979/2003에 동의를 하고 있다; R. Brown 1979:66-69, 166; Rensberger
- 실로암보냄을 받았다는 뜻 연못에서 그 눈먼 이가 씻는 것은 침례를 설교하기에 유용하며, 보냄을 받은 이, 예수를 따르는 요한공동체의 댓가 속에 있는 "모든 그리스도인"을 상기시킨다.Schneiders 2003: 149-50, 157
- "이 남자의 증언은 철저히 진리에 대한 요한복음의 증언이다." 18-19장에서 빌라도와 만난 예수를 반영하고 있다; Schneiders 2003: 158

요한복음 9장의 주목할 만한 특징은 역설을 아주 많이 사용한다는 것으로, 16a, 24, 17b, 39, 41절에 가장 두드러지고 있다. 요한복음의 저자 혹은 화자는 풍자가였으며, 바

리새인들은 그 역설의 희생자이다.Ito의 광대한 논의를 보라

수많은 주석가들이 9장을 7개 장면의 교차대구법으로 정렬한다. 나 역시 7개로 보지만 그들과는 다르다.

개요w

A 예수와 제자들이 왜 이 사람이 눈이 멀었는지에 대해 말한다:
"누구의 죄인가?" 9:1-5
　　B 예수가 그 눈먼 남자를 치유한다, 9:6-7
　　　　C 이웃들과 바리새인들은 그 눈먼 이에게 묻는다, 9:8-17
　　　　　　D 유대인들이 눈먼 이의 부모를 심문한다, 9:18-23
　　　　C' "그들은" 두 번째로 그 눈먼 이를 다그친다: 예수가 "죄인?" 9:24-34
　　B' 예수가 그 눈먼 이를 기독론적 시각으로 이끈다, 9:35-39
A' 눈이 먼 것에 대해 예수와 바리새인들: "너희 죄가 그대로 있다." 9:40-41

오데이1995: 651처럼, 우리는 이 서사 단원에서 10:1-21을 포함하는 것이 나을 것이다. 왜냐하면 10:21은 예수가 그 눈먼 이를 치유하는 것을 가리키고 있기 때문이다. 몰로니1998: 232, 306는 7:1-10:21을 한 단위로 간주하며, 장막절을 지향하고 있다.9월: 10:22는 12월의 성전봉헌절로 전환한다 그렇지만 탈버트는 7-9장이 한 단위이며 물과 빛의 이미지로 연합되어 있다는 것에 동의한다. 이들 사이에서 어떤 결론도 나지 않았으므로, 나는 7-10장에 있는 연합의 다양한 실마리를 인식하면서 각각의 장을 따로 다룰 것이다.[정해지지 않은 일들, 534쪽]

주석적 해설

예수와 제자들이 그 남자가 왜 눈이 멀었는지에 대해 말하다: "누구의 죄인가?" 9:1-5

앞선 두 개의 장이 가진 예루살렘 장소를 이어가면서, 그렇다고 더 이상 성전 안은 아니지만, 예수는 제자들과 걸을 때에 눈먼 사람을 보게 된다. 구체적인 명시를 위한 관사 그ho나 어떤tis이 빠져있는 것이 중요하다. 그 눈먼 이는 모든 사람을 나타내는 것이

다.Painter 1986: 42 이것은 "구체성을 덜 강조하며 요한에게 있어 모든 인간은 날 때부터 소경이라는 것을 암시하고 있는" 효과를 갖는다.Duke: 118 실제로, "우리 모두는 길 가에서 인성anthropon이라는 조건을 공유하고 있다." Howard-brook 1994: 215 우리는 이 드라마를 지켜보는 이들이 아니다: 대신, 우리는 나는 누구와 동일시될 수 있는가?라고 제대로 질문을 던지는 참여자로 뛰어든다.

6장 이후 처음으로 이 서사 속에 나타나는 예수의 제자들은 예수에게 이 남자가 앞을 보지 못하는 연유를 묻는다. 그들은 누군가가 죄를 지었다고 추측한다.시 41:3-12을 참조 "사람들에게 일어나는 악한 일이 하나님 탓이 아니라는 성서의 원리에 입각하여출 20:5; 민 14:18; 신 5:9; 토빗서 3:3-4를 참조 제자들은 논리적인 질문을 하고 있는 것이다." Moloney 1998: 291 이 사람이 눈이 먼 것은 누구의 죄인가, 자신의 죄인가 아니면 부모의 죄인가? 제자들은 눈먼 이가 치유를 받아야 한다는 것은 생각하지 못하고 오로지 누구를 비난할지를 묻고 있다. 예수는 그런 비난의 놀이에 참여하지 않는다: 그가 눈이 먼 것은 그의 죄도 아니며 부모의 죄도 아니다. 제자들이 훈계하는 동안 예수는 고통을 덜어주고자 행동을 취했으며 그리하여 하나님의 일을 드러낸다.Rensberger 1988: 44를 참조; 눅 4:18-19; 막 8:22-26 참조 로완 윌리엄스Rowan Williams 75-76는 다음과 같이 잘 언급하고 있다. "그리스도인들은 사건들을 증명하려고 고통을 사용하고 있는 어떤 체계에 대해 아니오라고 말할 이유가 있다: … 죄인으로서 벌을 받거나 … 순교자로서 죄가 없거나." 오히려 이 남자의 상태는 "하나님으로부터의 의사소통이 일어나는" 장소를 열고 있다.

고대 세계에서는, 죄와 고통이 원인과 결과로 인식되었다.욥의 친구들의 증언 그렇지만 요한복음 9장에서는 하나님의 일이 그에게서 드러나기 위해서 날 때부터 소경이 된 것이다. 9:3b의 절은 전형적인 헬라어 hina절로서, '~하기 위하여'가 가장 자연스러운 번역이다 … '~하기 위하여'의 강조는 9:4, "우리는 나를 보내신 분의 일을 낮 동안에 해야 한다."의 컨텍스트이다. '~하기 위하여' 절은 그 자신을 영광스럽게 하기 위해 하나님께서 이 남자 안에 고통을 심어 두었다는, 문제가 있는 신학적 암시를 피하게 한다.Burge 2000: 272-73 문제가 되는 측면은 또한 원인과 목적을 구분함으로 대답을 할 수 있다. 이 남자는 하나님의 영광이 드러나게 하기 위하여 소경이 되었던 것이 아니라, 그가 눈이 멀었다는 것에 직면하여, 예수의 행동이 가진 목적은 하나님의 영광을 드러내는 것이었다.11:4, 40을 참조 이 상황은 예수의 계시적인 선물에 기여하고 있다.

이 치유에서, 예수는 하나님의 일을 행한다: 그는 그런 목적을 위해 보냄을 받았다.Burner, *Divine Sabbath Work*을 보라 따라서, 지금은 나를 보내신 이의 일을 우리가 행할 때이다. 여기서 4장의 마지막에 등장하는 신성의 *dei*가 나온다.4, 20, 24; 참고로 막 8:31; 10:32-34에서는 예수의 수난과 부활을 예고하는 장면에서 등장한다 복수형 우리를 사용하는 것은 드물다. *dei*를 사용하는 것은 보통 예수의 부르심과 선교와 관련하여 나타나지만, 여기서 예수는 자신의 선교에서 제자들을 포함시킨다.Howard-Brook 1994: 216 밤이 오면 아무도 일을 할 수 없으므로 낮에는 이런 선교를 할 때이다4절; 이런 선교는 지금 빛이 있는 동안에 이루어진다. 이것은 예수의 기독론적 주장을 유도하고 있다: 내가 이 세상에 있는 한, "나는 세상의 빛이다."5절; 12:35-36을 참조 9장은 "나는 세상의 빛이다."8:12라는 예수의 주장과 함께 8장을 계속 진행하고 있다. 요한복음 9장의 마지막에는 유대인들18-34절과 일부 바리새인들13-17절, 40-41절의 소경됨을 폭로하고 있다.

날은 하나님의 구원의 시간으로, 보내심을 받은 예수가 하나님의 구원하시는 일을 볼 눈이 있는 자들과 믿을 마음이 있는 자들에게 계시하는 때이다. 그렇지만 밤이 오고 있어, 예수는 계속해서 제자들에게 경고한다: 자신의 떠남을 말하면서 14-16장을 참조 너희는 나를 찾을 것이나 나를 발견하지 못할 것이다.7:36b; 8:21 예수가 성령을 약속하는 것 20:19-23 역시 자신의 떠남을 위해 그들을 준비시키는 것이다. 예수의 나는~이다 정체성 선언, 세상의 빛은 요한복음의 최고의 것이다.1:5, 9; 8:12; 12:46을 참조

커튼이 내려와 1막이 끝난다.

예수가 눈먼 이를 고치다 9:6-7ʷ

예수는 계속해서 주인공으로 등장하지만, 눈먼 이는 무대에 남아 있다. 치유 자체는 굉장히 간결하게 서술된다. 먼저 예수는 땅에 침을 뱉어서 자신의 침을 흙과 섞는다. 그리고 예수는 그 남자의 눈에 침을 바른다. 버지2000는 "고대에는 유명한 사람의 침을 둘러싼 거대한 미신이 있었다. 아스클레피우스Asclepius, 의술의 신, 역자 주의 헬라적 치유의식과 유대교의 대중적인 신앙은 침에 마술적인 힘을 부여했다."273n3 그렇지만 예수가 침을 사용하는 것은 마술적인 것이 아니라 자신의 정체성이 인간임을 증언하는 것이다. 만지는 것은 중요한 것으로, "공동체의 안녕을 위해 필수적이며, 사랑의 친밀함을 표현하는 것이다." 리Lee 2010: 124는 예수가 다르게 사용하는 만짐을 이야기한다. 이것은 요한복음에서 오감이 얼마나 중요한지를 보여준다.또한 막 7:33에서 귀가 들리지 않는 사람을 예수가 치유한 것과 막 8:23에서 베데스다에서 눈먼 이를 치유한 것을 참조 아마도 예수의 행동은 사 64:8-1170인역에서는 7-11을 반향 했을 것이다: "오, 주님, 당신은 우리의 아버지입니다; 우리는 흙[pelos]입니다; 우리는 모두 당신의 손의 작품입니다." *pelos*라는 단어는 하나님이 흙

으로 인간을 만드신 창 2:7을 상기시킨다. 초대 교회에서는 치유를 재창조re-creation로 여겼다.R. Brown 1966: 380-81 빛을 상징하는 것으로서5절, 치유는 또한 요한의 서문에 있는 창조 모티브와 연결되고 있다.창세기 1장의 첫째 날

한센인 나아만을 엘리사가 치유한 것을 반향하며왕하 5:10-14 예수는 그에게 가서 실로암보냄을 받았다는 의미 연못에서 씻으라고 한다. 이것은 아마도 보내심을 받은 예수의 주제를 말하는 것이다.치유와 보냄이라는 주제들은 요한복음에서 상징적인 차원으로 서로 들어맞는다 제4복음서의 저자는 이 연못과 기능을 알고 있다. 성전이 있는 산의 북쪽에 위치하고 있는 5장의 베드자다 연못과 유사하게, 실로암은 성전 산의 남쪽에 있으며, 또한 명절에 예루살렘에 오는 많은 순례자들을 수용하기 위한 정결의 연못, *mikveh*miqweh이기도 하다. 예수 시대의 실로암 연못은 다섯 개의 계단이 세 개가 있었으며, 각 계단은 오르내리기 위한 대기 장소들이 있는 넓은 층계로 구분되었다. 이들 계단 가운데 몇 개는 1898년에 발견되었지만, 발굴은 중단되었다. 2004년에서야 연못의 정확한 규모와 기능이 밝혀졌다.Reich와 Shukron 2005 이 연못은 오늘날 관광객들이 보는 훨씬 작은 "실로암 연못"과는 동일시될 수 없다.91-96

알렉산서 야나우스Alexander Jannaeus 102-76 BC의 동전이 그곳에서 발견된 것으로 보아 연못 건설의 원래 단계는 하스모니안Hasmonea 시기에 시작된 것으로 보인다. 그렇지만 그 계단의 석회석 부분은 헤롯의 방대한 건설기획의 일부였던 두 번째 단계임을 증명하고 있다. 그 연못은 로마인들에게 예루살렘이 멸망을 당하면서 AD 70년에 파괴되었다.

예수는 그 남자에게 가서 이 정결의 연못mikveh에서 씻으라고 말하는데, 그는 돌아오자 눈이 보이게 되었다! 이 이야기는 막 1:44에서 예수가 치유 받은 한센병자에게 가서 제사장에게 보이라고 하는 것과 유사하므로, 예수는 정결을 중요하게 생각했던 것일까? 아니면 이것은 증인의 확인인가? 어떤 경우에서든, 치유한 사람은 예수이며, 제사장과 정결의 물은 치유를 입증하고 있다. 일은 벌어졌다: 그 남자는 이제 보게 되었다. 그렇지만 더 많은 심문실제로는 "재판"이 이어져야 하며, 치유자에 대해 볼 것이 더 많이 남아 있다!

커튼이 내려온다. 2막이 끝난다.

이웃들과 바리새인들이 눈먼 이에게 묻다 9:8-17

8절에서 우리는 이 눈먼 사람이 거지였으며, 치유를 받기 전에는 그 남자와 세부적으

로 지속성을 가졌다는 것을 알았다. 그렇지만 이제 그는 더 이상 거지가 아니다: 이제 그는 증인이 된다. 이웃은 세 가지의 질문을 던진다:

· 저 사람은 앉아서 구걸하던 이가 아닌가?8절
· 그런데 어떻게 당신의 눈이 보이게 되었소?10절
· 그는 어디 있소?–당신을 치유해 준 이가 바로 이 예수요?12절

첫 번째 질문에 대한 이웃들의 대답은 나뉜다. 그 시제과거의 지속적인 행위는 이전에 눈이 먼 사람의 반응이 그렇듯 이들 세 개의 질문이 여러 번에 걸쳐 반복되고 있음을 보여준다. 몇몇 사람은 "예, 그 사람이 맞습니다."라고 말하고 있다–그 사람이 맞습니다, 확실합니다! 다른 사람들은 아니오, 그 사람과 비슷하지만 다른 사람입니다.9절라고 한다. 그 남자 자신은 계속 말하고 있다. 내가 그 사람입니다. 그 남자가 그의 정체성을 반복하듯 이웃들도 계속 묻고 있다. 그가 이 일을 어떻게 했는가?AT 그 남자가 자신의 이야기를 반복하듯, 그 단어는 다른 사람들에게 넘어가고 있으며, 이웃의 무리들은 늘어난다. 그 남자는 예수를 증언한다: 예수라고 불리는 그 남자가 흙을 가지고 내 눈에 바르고는 나에게 말하기를 "실로암에 가서 씻으라"고 했습니다. 그리고 난 가서 씻었고 시력을 얻었습니다.11절 그 남자는 예수의 명령에 귀를 기울였고 고침을 받았으며 제자의 모델이 되었다.[제자들과 제자도, 570쪽]

맹인 거지를 치유한 이 사람이 누구인지를 보기 위해, 이웃들은 세 번째 질문을 던진다: 그가 어디 있는가? 그 남자는 단순히 "나는 모릅니다"라고 대답한다.

13절을 시작하는 그들은 그 이웃들을 가리킨다. 아마도 그들은 그 맹인이 자신을 치유한 사람이 어디에 있는지 모른다고 생각했을 것이다. 종교 지도자들로서 바리새인들은 알아야만 한다. 혹은, 그 치유가 안식일에 일어났다는 사실14절을 이웃들이 바리새인들에게 보고했을 수 있는데, 그 이유는 그 치유가 안식법을 위반했기 때문이다. 따라서 예수께서 진흙을 개어 그의 눈을 뜨게 하신 날이 안식일이었다는 14절은 "공격의 돌"을 확인해 주고 있다. 침을 뱉는 것을 포함하여, 반죽하는 것은 "안식일에서 분명히 금지하고 있는 39개 조항 가운데 하나였던 것이다."m. Sabbat 7:2; O' Day 1995: 654, 656 따라서 안식일에 치유를 행하며, 예수는 도발하고 있는 것이다.치유를 받은 사람이 안식일에 침상을 들고 간 5:9을 참조 양쪽의 사례에서 안식일의 계명에 울타리를 치는 바리새인들의 법은 안식일에

만성적인 질환을 치유하는 것을 금하고 있으며, 다음 날이 될 때까지 기다려야 했다.m. Sabbat 14:3; m. Yoma 8:6 예수의 행동은 아마도 미쉬나 자료의 배후에 있는 유대교 율법에 대한 바리새인들의 구전해석들에 도전한 것이었다.

바리새인들은 어떻게 볼 수 있게 되었는지 그 남자에게 물음으로 그들의 "재판"을 시작한다. 그 남자는 간략한 설명을 한다: 그가 내 눈에 흙을 바른 후 씻었으며, 이제 난 보게 되었다. 실로암 연못이 지정된 것은 아니었지만, 예수에게 죄를 씌우려고 말하는 것은 충분했다. 바리새인들 가운데 몇몇 사람은, 심지어 예수의 이름조차 말하려 하지 않으며!, 다음과 같이 선언한다. 이 남자는 안식일을 지키지 않았으므로 하나님으로부터 온 것이 아니다. 그들의 응답은 상황적인 갈등을 밝히고 있다–잠재적인 역설의 한 차원이다. 그들이 말이 암시하는 것은 어떤 면에서 이 기적 수행자는 하나님으로부터 왔다는 것이다. 그렇지만 그들은 이 사실을 받아들일 수 없었으므로, 그들은 예수의 안식일 위반을 인용함으로 예수의 치유를 깎아내린다. 이 언급은 바리새인들을 자기배신의 상황에 처하게 하고 있다: 그들은 자신들이 두려워하는 진리를 붙잡을 수 없다. 복음서저자는 풍자작가ironist이며 바리새인들은 희생자이며 독자들은 즐기는 사람들이다.Ito: 324

다른 바리새인들은16c-e 예수에게 조금은 더 긍정적으로 반응하면서 다음과 같이 묻는다. "죄인이라면 어떻게 그런 이적들을 행할 수 있단 말이오?" 죄인이라는 단어는 이제 수사적으로 그 대립을 비판하기 위해 예수에게 사용되며, 9:2-3의 모티브를 이어나가고 날 때부터 맹인이었다가 이제 보는 사람의 입술로 다시 등장하게 될 것이다.31절 제자들, 예수, 바리새인들, 그리고 치유 받은 남자는 모두 같은 용어, '죄인'을 사용한다. 24c, 25, 34, 41절은 죄의 주제를 절정으로 가져와서, 누가 죄인이며 무엇을 죄로 여기는지를 판가름한다. 바리새인들 사이에서 이렇게 나뉘게 된 것은 아마도 "니고데모-스타일의 비밀 신자들이 권세자들 사이에서 있었다."는 것을 나타내고 있을 수 있다.Rensberger: 43

"재판"은 이제 또 다른 심문의 단계, 즉 예수의 정체성으로 진행된다. 이것은 서사 속에서의 극적인 전환이다. 바리새인들은 맹인의 목소리를 통해 예수의 정체성을 드러내기 시작한 그 질문17절을 마련한다. 서사의 초반부에서, 치유된 사람은 예수가 선지자라고 고백한다.

막이 내려와 3막이 끝난다.

유대인들이 맹인의 부모를 심문하다 9:18-23

새로운 막에서 등장인물들은 바뀐다. 유대인들과 맹인의 부모가 무대에 선다. 일부 주석가들은 '유대인들'과 '바리새인들'은 서로 맞바꾸어 쓸 수 있는 단어라고 주장한다.예를 들면 Rensberger: 42; O'Day도 같은 것을 암시한다. 1995: 658 그렇지만 다른 문제도 고려되어야 한다.[유대인들, 585쪽] 다음 장면, 24-34절은 그들이라는 주어로 시작하는데, 그 남자를 심문하는 자들로서, 그들이 처음 심문한 13-17절을 떠올리게 한다.

이 장면18-23절은 그 남자의 증언을 믿는 것을 거부하는 유대인들의 인정으로 시작하지만, 그들이 남자의 부모를 소환하여 심문한 이후를 암시하는 단어 '~까지'로 표현하고 있다. 그들은 그 남자의 증언을 믿었을 수도 있다. 그의 부모는 그렇소, 그가 날 때부터 맹인이었으며 그가 자신들의 아들이라고 말한다. 그렇지만 더욱 확실성을 기하기 위해 그들은 아들에게 물어야 한다. 시력을 얻은 남자의 부모라는 구문18d은 부모가 그를 확인했다는 것을 보완한다20절: "우리는 그가 우리 아들이고 그가 태어날 때부터 맹인이었다는 것을 압니다." 여기서 그의 치유 이전과 이후가 뚜렷이 두드러져 보인다. 그것은 중간 단계, 연결점이거나 이들 언급들이 어떻게 유대인들의 입증을 괴롭 그의 부모는 법정에 서지 않을 것이므로 그들은 계속 해서 증언하기를 거부하면서 다음과 같이 말한다. "그런데 우리는 그가 지금 어떻게 보게 되었는지는 모르고, 또 누가 눈을 뜨게 하였는지도 모릅니다. 다 큰 사람이니, 그에게 물어 보십시오. 그가 자기 얘기를 할 것입니다." 그 부모는 아들을 회심 이전의 사울처럼, 죄가 남아 있음으로 인해 잘 보인다고 생각하지만 눈이 먼 심문자들에게 넘겨준다.39-41절; 에녹1서 90:6-8을 참조

이 본문은 그들이 솔직담백하지 못하는 이유를 말하고 있는데, 이것이 요한복음의 서사가 이중적으로 가리키는 것을 푸는 열쇠가 된다: 예수의 때와 핍박받는 요한 공동체의 때. 서술자는 그 이유를 노골적으로 밝힌다: 그 부모는 유대 사람들이 무서워서 이렇게 대답한 것이다. 예수를 그리스도라고 고백하는 사람은 누구든지 회당에서 내쫓기로, 유대 사람들이 이미 결의해 놓았기 때문이다.22절 그 부모는 남들 앞에서 예수를 밝히는 위험을 무릅쓰지 않을 것이다. 그들은 자신의 아들에게 그 부담을 지운다. 그 남자의 부모는 비밀 그리스도인의 모델로서, "니고데모보다도 더 부정적인 이미지를 나타내고 있다."Rensberger 1988: 48

22절에는 많은 이야기가 들어가 있다. 예수를 그리스도라고 고백하는 사람은 누구든지 회당에서 내쫓기로, 유대 사람들이 이미 결의해 놓았기 때문이다. 그리고 제4복음서를 이해함에 있어서 이 사실은 중요하다.16:2를 참조 마틴J. Louis Martyn의 논문 1968/1979/2003은 레이몬드 브라운Raymond Brown 1979과 렌스버거1988에 의해 수용되고

수정되어, 이 절이 요한공동체의 1세기 후반의 종교적 정황을 반영하고 있다고 주장한다. 예수를 메시아로 믿는 사람들은 회당에서 축출되었다. 요한복음을 연구하는 많은 학자들은 이제 이런 시각을 미미한 것으로 여긴다.[유대인들, 585쪽] 트루에의 신성모독 연구는 이런 상황으로 이어지는 요소들을 더 견고하게 이해하도록 한다.

9:28에서 바리새인들은 예수를 증언하는 이 새로운 증언자를 매도하고 [예수의] 제자들을 더 구체적으로는 그 맹인을 모세의 제자들바리새인들과 대립시킨다. 버지2000: 275는 다음과 같이 설명한다. "이런 단어들은 단순히 예수의 청중 속의 분열만을 가리키는 것이 아니라 다가오는 세기에 회당과 교회 사이에 터져 나오게 될 후대의 가혹한 분열 [또한] 가리키고 있다." 그러므로 버지는 예수 당시의 한참 후에 요한복음이 기록되는 시기 사이의 어떤 연속성을 암시하고 있다. 내가 제안하는 연결성은 예수 당시에 논쟁과 긴장으로부터 복음서 기록 시기까지의 공동적인 구분으로 움직이는 것으로, 적어도 일부 지리적 지역에서 벌어졌던 것이다. 그 본질이 무엇이든, 요한공동체는 이 분열을 보여주고 있다. 동시에 유대교 학자들adela Reinhartz 1998: 121–38; 2001a: 42–53; 2001b: 222–27; 그리고 Daniel Boyarin 2002과 그 외의 학자들은 요한복음에 나타난 많은 서사들이 유대인들과 예수의 제자들, 즉 예수의 일차적인 제자들뿐만 아니라 특히 마리아, 마르다, 나사로와 같은 이들 사이의 결속을 반영하고 있다고 지적한다. 그러므로 이 어렵고 복잡한 문제를 이해를 추구하는 것이 계속된다.[유대인들, 585쪽]

이 장면은 서술자가 그 맹인의 부모의 마지막 말을 반복하며 자신의 생각을 담아냄 voice-over으로 결론을 맺는데, 이로써 논쟁과 위험으로부터 거리를 두려고 하는 것을 강조하고 있다: 그 부모는 다음과 같이 말한다. "그는 다 컸습니다; 그에게 물어보시오."23절

커튼이 내려와 4막이 끝난다.

"그들이" 두 번째로 맹인을 다그치다: "죄인" 예수? 9:24–34ʷ

두 번째로와 결합된 24절의 주어 그들은 13절에 맹인의 "재판"을 시작했던 바리새인들을 지칭한다. 앞에서 언급한 것처럼, 그들 속에 18절의 유대인들이 포함되어 있느냐 하는 것은 논란의 여지가 있다. 제작의 단계에서, 이 문제는 동일한 심문자 "등장인물들"이 13-17, 24-37절에서처럼 18-23절에서 등장하고 있는가로 압축된다. 요한복음 속의 유대인들의 정체성을 풀어나감에 있어서 일부가 바리새인들과 겹쳐지는 경우가 있다고 해도, 아마도 18-23절에서는 다른 배경일 것이다.

바리새인들은 치유 받은 남자를 타이른다: "하나님께 영광을 돌리시오!" 이 무슨 역설인가! 예수의 선교 전체가 하나님을 영화롭게 하는 것이지만 이들 종교 지도자들은 받아들일 수 없다. 그들은 이런 치유로 인해 예수를 인정하는 것을 신성모독이라고 생각한다; 대신, 하나님께 영광을 돌려라.Truex: 222-24 바리새인들은 자신들이 하나님께만 제한시키는 말과 행동으로 자신들과 맞서는 예수를 제거하고자 한다.막 2:7-10 대신, 그들은 예수를 처음부터 죄인의 딱지를 붙인다-재판이 시작되기 전부터! 이 무슨 역설인가! 지금까지 독자들은 바리새인들이 아는 것보다 예수에 대해 더 많이 알기 때문에, 독자들과 바리새인들 간의 지식의 차이는 또 다른 형태의 역설을 낳는다: "극적 역설."Ito: 376 이 본문의 문맥더 큰 범위의 서사은 이미 예수가 누군지를 독자들에게 알렸다. 바리새인들은 하나님께서 그 눈이 먼 사람을 치유하실 수 있다고 이론적으로 믿는 데는 어려움이 없다. 그렇지만 기적을 행하는 이가 일으킨 그런 증언은 그들이 이해하거나, 악에서 선을 가려내고 인간에게서 신성함을 가려내는 그들의 제도가 허락하는 범위를 벗어나는 것이다. 그들의 전제가 그들의 결론을 결정한다.요 9:34 예수는 그들의 기준에 들어맞지 않는다-결코, 절대로! 그리고 이 일은 몹시 화가 나는 것이다. 오늘날의 종교 지도자들처럼, 우리 역시도 좋은 의미에서 선한 바리새인일 수도 있지만, 인간의 경험의 한계를 깨는 이런 예수와 마주하며 그것 때문에 우리는 당혹스러워한다.

고조되는 긴장은 이제 한계에 다다른다.이중적 의미! 컬페퍼는 성격을 대조시키면서 발전하는 대립을 다음과 같이 배치하고 있다.1998: 177:

요한복음 9장에 나타난 대조되는 반응들

맹인	바리새인들
나는 모른다.(12절)	이 남자는 하나님으로부터 온 것이 아니다.(16절)
나는 그가 죄인인지 모른다.(25절)	우리는 이 남자가 죄인임을 안다.(24절)
내가 아는 것은 내가 맹인이었지만,이제는 본다는 것이다.(25절)	하나님께서 모세에게 말씀하신 것을 우리가 알지만, 이 사람에 대해서는 그가 어디서 왔는지 우리는 모른다.(29절)

유대인들과 이제는 보게 된 그 남자 사이의 급락하는 대화 속에서, 다음의 무대는 문학적인 천재성에 있어, 기독론적인 예리함에 있어, 그리고 불신앙의 탐욕에 있어서 탁월하다. 이 무대는 스스로 그런 매개체 역할을 잘 하므로, 여기서는 이 무대를 제작과정

production form의 형태로 보도록 하자요한복음 속의 긴 담화들과 대조하며:

맹인 거지(냉소적으로: 왜 또 그것내 이야기을 듣고 싶어 하는 거요? 당신들도 그의
제자가 되고 싶습니까?27절

바리새인들매도하는 어조로: 너는 그의 제자이지만 우리는 모세의 제자들이다. 우
리는 하나님께서 모세에게 말씀하신 것을 알지만, 이 남자예수에 대해서는 그가
어디서 왔는지 모른다.28-29절

치유된 남자비웃듯이 기가 막혀 하다가 열정적이고 단언하는 목소리로: 여기 아주 놀라운
일이 있소! 당신들은 그가 어디에서 왔는지 모르지만 그는 내 눈을 뜨게 했소. 우
리는 하나님께서 죄인들을 듣지 않으신다는 것을 알지만 예수는 하나님을 예배
하고 그의 뜻을 따르는 자를 듣소. 유사 이래 한 번도 날 때부터 맹인이었던 사람
이 눈을 떴다는 이야기는 들어보지도 못했소. 만일 이 사람이 하나님으로부터 온
것이 아니라면, 그는 아무 것도 할 수 없었을 것이오30-33절

바리새인들(비난조로-경멸에 찬 인신공격을 하며: 온전히 죄 속에서 태어난 네가 우리
를 가르치려 드느냐?34절

그 남자가 공동체에서 내쳐졌다고 서술하면서 반격은 끝이 난다: 그리고 그들이 그를
바깥으로 내쫓았다.34절

27b절은 향긋한 역설이다. 불트만Bultmann, 336이 말한 것처럼, "그는 가장 위대한 역
설로 그들이 하고 있는 심문의 위선을 대하고 있다." 공동체 속에서 이 치유 받은 맹인의
낮은 지위는 높은 자리를 차지하는 권세자들에게 도전한다.Ito: 378 이 남자는 또한 제자
도의 모델을 제시하고 있는데, 바로 슈나켄부르크Schnackenburg가 대담하게 역설로 본 것
이다.1980: 1.251

죄/죄인이라는 주제는 이 문단을 관통하고 있다: 24d, 25, 31, 34절. 치유 받은 남자는
종교 지도자들의 기소에 맞서 항변한다.25-31절 기소하는 말은 처음에는 예수에게 죄인
이라는 딱지를 붙이더니24d 끝에 가서는 이 남자가 예수를 증언하는 것을 온전히 죄 속
에서 난 자라며 폄하하고 있다.34절 그들이 생각하기에 이 남자 눈이 먼 것은 그를 죄인

으로 표시하고 있는 것이며, 역시나 처음 부분에 제자들이 했던 사고였다.2-3절 그렇지만 그들의 질문에 응수하면서, 치유된 맹인은 방어에서 공격으로 전환한다.

부모가 회피하고 나서22절 이 남자의 열정과 말솜씨에 진저리가 난 권세자들은 회당에서 그를 쫓아냄으로 "재판"을 중단시켰다.34절 현재 학자들은 그 남자를 쫓아낸 것을 영구적인 축출로는 보지 않는다. 그렇지만 버지는2000: 275 다음과 같이 말하면서 그럴 가능성도 염두에 둔다. "그 징계가 며칠, 한 달에 이르거나 혹은 영구적인 것인지 본문은 말하고 있지 않다. 후자는 아닐 것 같지만 각각의 경우가 가능할 수도 있다." 이런 선택들에 대한 답이 무엇이든, 우리가 들은 것은 권세자들의 목소리이며, 우리가 본 것은 치유 받고 다시 태어난 사람을 무대 밖으로—실제로는 공동체 밖으로—퇴장시키는 손짓이다.

커튼이 내려오고 5막이 끝난다.

예수가 그 맹인을 기독론적 시각으로 보게 하다 9:35-39

11절 이후 예수는 처음으로 서사에 다시 등장한다. 그는 9장의 41절 가운데 25개의 절에서는 나타나지 않는다. 이 긴 시간 동안, 치유 받은 남자가 자신의 공동체로부터 추방당할 때, 우리는 예수가 무엇을 하고 있었는지 추측만 할 뿐이다. 예수는 몰래 보고 있었는가, 아니면 안전을 위해서 몸을 숨겼는가? 어떤 경우이든, 예수는 그들이 그 맹인을 쫓아내었다는 것을 들었다. 그 남자의 경험에서는, 지금이 새로운 일이 파악되고 이해되며 선언될 수 있는 적절한 시간이다. 예수가 성전 지도자들이 영적으로 눈이 멀었다고 심판하는 동안, 그 남자는 영적인 시력을 얻었다. 이 문단은 9:1의 끝이다: 날 때부터 맹인이었던 사람이 보게 되어 이제는 영적으로 보는 것을 향하여 나아간다.

예수의 첫 번째 질문은 놀랍다: "네가 인자를 믿느냐?" "그 남자는 그가 누구입니까?"라고 묻고는 믿게 된다. 유대교의 사상에서 인자는 두 가지를 함축하고 있다: 하늘로부터 온 이"구름 가운데," 단 7:13-14와 종말론적 심판으로 오는 이.에녹1서 49:4; 61:9; 69:27 예수의 언급요 9:39은 그 종말론적 심판이 자신 속에서 온다는 것을 보여주고 있다.3:18-21을 참조 사마리아 여인에게 했던 자신의 말을 반향하면서4:26, 예수는 스스로를 인자와 동일시하고 있다: "너는 이미 그를 보았다. 너와 말하고 있는 사람이 바로 그이다." 9:37 헬라어에서는 더욱 뉘앙스가 강하다: 그 사람이 그다. 이 남자의 반응은 즉각적이다: "주여, 내가 믿습니다." 에녹이나 다니엘의 "인자" 전통이 얼마나 요한의 개념들에 영향을 미쳤는가그 맹인은 확실히 모르고 있었다는 평가하기 어렵다.Boccaccini 2007[기독론, 567쪽]

'주님'38절이라는 단어로 의사소통을 하고자 한 것인지는 불분명하다. 적어도 그것은

존경의 호칭이다: "선생님."Sir 그렇지만, 그 호칭은 그 이상을 가리킬 수도 있다: 예수의 신성한 권위를 인식함에 따른 주님. 요한복음의 저자는 신성한 이름을 가리키는 아람어 'Memra'로 로고스가 의미하는 것과 그것을 연결시키려 했을 수 있는데, 그 이름과 *Memra-Logos*와의 연결성을 마련하고 있는 것이다.Boyarin 2001: 서문 그 남자의 반응이 그것을 입증한다: 그는 예수를 경배한다.겔 1:28; 단 8:1; 계 1:17을 참조

일부 신뢰할 만한 사본들P75 W에서는 38절이 빠져있지만, 초기의 신뢰할 만한 사본들을 포함하여 대부분의 사본에서는 38절을 포함하고 있다.[본문상의 차이점, 602쪽] 빛을 보고 예수를 경배하는 것은 요한복음의 신학과 맞아 떨어지는 것이다. "예수를 경배함"에 대해서는 Swartley 2007: 213–37을 보라

39절은 역설적인 클라이맥스다. 일반적인 생각으로는 예수가 이미 보는 사람을 더 선명하게 볼 수 있게 해 주었으며 보지 못하는 사람을 더 맹인이 되도록 만들고 있다.막 4:10–12를 참조 이 역설은 반사실적 명제의 대립counterfactual propositional opposition에서 나온다: 요 9:41은 일반적인 사고의 방식들을 뒤집고 있다.Ito: 379, 381 독자들은 그 진리를 볼 수 있으나 그 권세자들은 볼 수 없다.

9장은 예수의 기독론적 정체성을 펼쳐 내고 있다. 마가복음에서 베드로의 고백이 중추적이듯, 여기서 이 맹인의 고백은9:35-38 결정적으로, 제자들, 종교 지도자들, 그리고 일반 사람들부모와 이웃들에게 예수의 정체성을 드러내고 있는 것이다. 인자인 예수이미 1:51에 등장한다는 천상과 지상을 연결한다. 그는 위에서 왔으며 성육신한 인간이 되어 하나님을 계시한다. 버지2000: 278는 나는 세상의 빛이다에서 일어나고 있는, 예수의 나는~이다라는 자기 선언37절에서 절정을 맞고 있는 이 서사의 커져 가는 기독론을 다음과 같이 요약한다: "랍비9:2, 예수9:3, 세상의 빛9:5, 보냄을 받음9:7, 하나님으로부터 9:16, 선지자9:17, 그리스도9:22[RSV], 인자9:35, 주님9:38" 유사하게 예수의 정체성을 점진적으로 이해하는 사마리아 여인을 참조 치유된 이 남자는 예수를 인간의 형상을 입은 신성한 자로 경배한다. 이 남자는 그가 언제 치유되었으며 예수가 누구인지에 대해서는 즉각적으로 제대로 인식하지 못했으나 권세자들의 저항과 뒤따르는 기독론적 갈등이 마침내 그로 하여금 예수를 제대로 보게 한다.

예수가 세상으로 오심은 관습적인 심판을 뒤엎는 심판을 가져온다. 예수의 심판은 거꾸로 된 나라The Upside-Down Kingdom의 예가 된다.Kraybill 예수는 보지 못하는 사람을 보게 하고 보는 사람들 보지 못하게 하려고 온다.9:39 이 구문은 또 다른 '~하려고' 절로서, 여기서는 그리 많은 목적이 아니라 예수의 오심이 갖는 잠재적인 결과를 가리킨다.

독자들이 이 역설과 극적인 서사를 즐길 때, 또한 재판 가운데 있음을 깨닫게 된다: 나는 진정으로 보고 있는가, 아니면 맹인으로 남아 있는가?

커튼이 내려오고 6막이 끝난다.

예수와 눈먼 바리새인들: "너희 죄가 여전히 있다." 9:40-41

이 마지막 장면에서는 청중이 더 제한되어 있다: 바리새인들 가운데 일부. 이 바리새인들을 그 옆에문자적으로는 그와 함께 있는 사람들과 동일시하는 것이 어떤 의미가 있는가? 우리는 이전에 이 그룹에 대해 듣지 못했다. 하워드 브룩이 주장한 것처럼1994: 229-30, 아마도 그들은 예수를 메시아로 믿어서 회당에서 축출당한 신자들과는 구분되어야 할 것이다. 예수의 말씀을 들으며39절, 그들은 희망을 가지고 다음과 같이 묻는다. "우리는 분명 맹인이 아니지 않은가?" 만일 그들이 다른 그룹이라면, 그 맹인을 박해한 사람들보다는 낫다고 생각하는 그들의 희망은 완전히 부서지고 만다. 예수의 대답은 인정사정이 없다. 그들은 잘못된 방향으로 가고 있으면서 스스로 본다고 주장하지만 예수는 그들이 눈이 멀었다고 말한다. 그렇지만 만일 그들이 자신들의 보지 못함을 인정한다면, 보게 되는 예수의 선물을 받게 될 후보자들이 될 수 있을 것이다. 유사한 주제가 요한1서 2:8-11에서 나타나는데, 이 본문에서는 누구든지 "다른 신자들을 미워하는 사람" 그리하여 "어둠 속에서 걸으며 어디로 갈지 모르게 되는데, 그 이유는 어둠은 보지 못함을 가져오기 때문"이라고 결론내리고 있다.McDermond: 99

9:41에서 예수는 재판의 판결을 역설로 이야기한다: 종교 권력자들이 일반적으로 생각한 것은 반박되고 있다. 다시 말하지만, 요한복음의 저자는 역설가이다. 종교 권력자들은 희생자이다. 그리고 독자들은 즐긴다. 이런 역설은 브란트Brant 2004의 논문을 지지하는데, 그 이유는 이 역설 자체가 극적인 무대 제작에 적합하기 때문이다.[드라마, 510쪽]

그렇지만 이 서사는 10:19-21에서 계속되고 있기 때문에, 이 절은 종교 지도자들을 위한 선택으로 열어 두고 있을 수 있다. 여기서 유대인들은 예수에 어떻게 반응하느냐로 갈라진다. 어떤 사람들은 호의적으로, 다른 이들은 부정적으로 반응하며 예수를 마귀들과 결탁한 자로 여기고 있다.

그렇지만 진정한 "재판"의 평결에 잊혀 지지 않을 마지막 저자의 생각을 담은 채, 대화의 드라마는 여기서 끝이 난다.9:41:

너희가 눈이 먼 사람들이라면, 도리어 죄가 없었을 것이다.

그러나 너희가 지금 본다고 말하니, 너희의 죄가 그대로 남아 있다.

커튼이 내려와 7막이 끝난다.

성서적 맥락에서의 본문

극장 상영용 드라마, 요한복음ʷ

많은 주석가들이 요한복음에서 훌륭하게 사용되는 역설이나 다른 문학적 기법과 같은 극적인 특징들을 인식하고 있다.Culpepper 1983 그런데 조안 브란트Jo-Ann Brant가 기여한 점은 여기서 더 나아간다.2004 브란트는 요한복음을 일반적인 의미에서 극으로서 뿐만 아니라 극장상영용으로 쓰인 극으로 이해할 수도 있다고 주장한다. 다른 복음서들보다 요한복음에서 더 분명히 나타나는 문학적 기법은 지시적인deictic 언어를 지배적으로 사용한다는 것으로, 예를 들면 오다와 가다—저것[ekeinos]과 이것[houtos]과 같이, 나타내거나 지시하는 단어들—를 비롯하여 강조대명사intensive pronoun를 빈번하게 사용하는 것이다: 나ego, 우리hymeis, 그리고 너sy, hymeis 이것은 연극 작품stage production과 들어맞는다.

이적 담화의 구조는 논쟁flyting을 극대화시켜서 사용하고 있는데, 이것이 그리스의 비극들과 요한복음 속에 나오는 담화들의 기술적 특징이다.[드라마, 510쪽] 논쟁에서는 적대자들이 결투를 하며 다른 사람의 지위와 논증을 이겨낸다. 요한복음 5, 6, 8장과 10장의 담화들은 예수와 "유대인들" 사이의 논쟁을 그리고 있다. 그리스의 비극에서는 빈번하게 언어적 논쟁의 결투에서 이긴 사람이 싸움에서는 지는 것으로 끝이 난다. 그 이유는 그의 적들이 치명적인 폭력을 행사하기 때문이며, 같은 일이 예수에게도 일어나게 된다. 브란트Brant 2004는 이런 시각으로 유대인들이 예수를 비난한 것을 이해하고 있다. 연극을 상연할 때, 어떤 그룹을 대표하는 사람은 연극작품 속에서 줄거리의 역동성을 만들어내기 위한 적대자의 역할을 한다. 등장인물들은 연극을 보여주지만 실제 삶 속의 역할은 본문에서 묘사하고 있는 것과는 크게 다르다. 따라서 유대인들을 향한 예수의 가혹한 말들과 예수에 대한 유대인들의 적대감은 실제 생활에서의 관계를 꼭 반영하는 것은 아니다.[유대인들, 585쪽]

요한복음에서, 9장은 브랜트의 논문2004에 특히 적합하다. 9장에 있는 7개의 장면은 요한복음에서 반드시 보아야만 하는 것이다. 9장은 이중적 의미를 가지는 부분을 보여 준다. 다른 신약문헌은 유사하게 보일 수 있는데, 특히 마가복음과 계시록이 그렇다. 이런 성서들은 구전작품들에 적합하지만, 이런 특징이 있다고 해서 실제로 극장에서 상연된다는 것을 의미하지는 않는다. 다른 요소들이 고려되어야 하는데, 특히 초대교회의 수용의 문제와 그레꼬-로만 문화 속의 극장과의 관계와 같은 문제들이다. 극장과 극적인 장르를 포함하여 일반적인 문화적 기풍ethos이 어느 정도까지 의사소통의 목적으로 복음서 기록에 영향을 주었는지는 아직 해결되지 않은 문제다.

교회 예식 속에서의 요한복음 9장

요한복음 9장의 드라마적인 특징은 요한복음을 아름답고도 강한 여운이 남는 이야기로 만들어 준다. 날 때부터 맹인이었던 이 남자가 치유를 받은 것은 수많은 차원에서 믿음에 이르게 하는 경험과 연결되고 있다. 맹인들이 치유를 받는 다른 곳에서도 유사한 의미가 전달된다: 막 8:22-26은 치유가 제자들이 신앙에 이르게 되고 예수를 따르는 상징이다; 마 9:27-31; 20:29-34 및 눅 18:35-43에서 예수는 맹인을 치유한다. 마가의 유명한 "노상에서" 부분의 처음과 끝에 맹인을 치유한 사건이 위치하고 있는 것은8:22; 10:52 분명히 제자도가 예수가 누구인지를 보는 것을 의미한다는 것을 나타내고 있다. 맹인 바디매오를 치유한 것은10:46-52 예수를 따르는 "노상에서" 이루어지는데, 따라서 이 치유는 예수를 보는 것과 따르는 것에 연결되고 있다.Swartley 1981/1999: 158

요한복음 9장에 대한 슈나이더의 논문은 9장이 "교회에 가입하는 관례 속에서 4장과 11장과 연결되어 있다.사마리아 여인과 나사로의 부활"는 것을 지적하고 있으며 오늘날 로마가톨릭의 교회력에 따른 성서목록lectionary이 4장, 9장, 11장을 3분기Cycle A에 따라 정해놓고 있다는 것을 보여준다. "침례를 준비하기 위한 교리문답을 숙지하면서 … 사순절의 … 세 번째, 네 번째, 그리고 다섯 번째 일요일" 2003: 149; Hoskyns: 363-65는 초대 기독교의 교회력 성서목록에서 4, 9, 11장의 사용을 기술하고 있다 9장은 침례의 씻음을 통한 "계몽"의 구실을 한다. 예수가 나사로를 살린 것은-죽음에서 새로운 생명- 또한 침례를 준비하고 있다. 슈나이더는2003: 150; 아울러 그녀의 2002년 논문을 참조 "'침례적' 시각은 요한복음의 영성의 영역으로 들어가는 해석적 입구를 마련해 주고 있다."고 적고 있다. 위에서 남/거듭남이 있는 3장은 유사한 기능을 한다.행 2:32-39; 롬 6:1-14; 벧전 1:3-9, 22를 참조 이 모든 것들은 예수를 보기 위한 눈이 떠지도록 하는 침례를 위한 가르침이다.

초기 카타콤catacomb의 예술작품은 사마리아 여인요 4, 마비된 자의 치유5장, 그리고 맹인9장의 이야기를 회심과 침례를 예시하기 위해 그리고 있다. 물은 거듭남의 중개이다. 적어도 3세기에서는, 요 9장이 침례를 준비하는 대상자들을 검토하기 위한 세 번째 시험으로써, 주로 부활절을 축하하면서 크게 읽혀졌다.Burge 2000: 279 "낭독은 내가 믿습니다"9:38라는 강조로 절정에 이른다. 후보자들의 고백은 기독교 신앙을 증언한다.

성서 속의 죄[w]

요한1서에서 죄는 요한복음 9장과는 다른 기능을 한다. 9장에서 죄는 불신앙이자 예수의 나는~이다라는 선언을 믿지 않는 것, 그리고 세상의 죄를 지고 가는 하나님의 어린 양으로 예수를 인식하지 않는 것이다.1:29, 36 요한1서에서의 죄는 빛과 함께 걷지 않는 것이다: "하나님께서 빛 가운데 계신 것과 같이, 우리가 빛 가운데서 살면, … 그분의 아들 예수의 피가 우리를 모든 죄로부터 깨끗하게 해주십니다." 1:7 그렇지만 죄는 또한 하나님의 도덕적 법에 순종하지 않는 것이다: "우리가 죄가 없다고 말하면, 우리는 스스로를 속이는 것이요, 진리가 우리 안에 없는 것입니다. 우리가 우리의 죄를 자백하면, 하나님은 미더우시고 의로우셔서, 우리의 죄를 용서해 주시고, 모든 불의에서 우리를 깨끗하게 해주실 것입니다. 우리가 죄를 지은 일이 없다고 말하면, 우리는 하나님을 거짓말쟁이로 만드는 것이며, 하나님의 말씀이 우리 안에 있지 않습니다." 1:8-10; McDermond를 보라 이 구절들은 죄가 없는 사람은 없다고 선언하지만, 이어지는 절은 이 편지가 너희에게 쓰인 것은 "너희가 죄를 짓지 않도록"이라고 언급한다.2:1a 나중에 이 저자는 죄를 "불법"이라고 정의한다.3:4 이 문제를 더 복잡하게 하자면, 빛 속에서 걷는 사람은 이제 죄가 없는 것으로 보이고 있다.3:6, 9; 5:18을 참조 요한1서는 죄에 대한 신호를 상충시키는 것으로 보인다.McDermond: 65, 74-81, 311-12를 보라 사랑 안에서 사는 것요일 4-5은 해결책이다.

눅 15장과 마 18장도 죄에 관한 신약성서의 가르침과 관련이 있다. 바울에서는, 죄에 대한 하나님의 대답이 은혜이다. 바울의 서신들 속에 고루 퍼져있으면서, 죄는 64회 등장하며 로마서에서만 48회 등장하고 있다."로마서의 죄," Toews: 409-11 토스Toews가 말한 것처럼, "죄와 죽음의 지배는 은혜, 의, 그리고 생명의 지배로 대체된다." 411

구약에서 죄는 무엇이든 하나님과 인간의 언약관계를 깨는 것으로, 인간과 하나님을 분리시킨다.사 59:2 수많은 용어들 가운데 세 가지가 가장 빈번하게 사용되며, 각각의 용어는 자신만이 내포한 의미가 있다: *hatta'at*; 표시를 빗나감 혹은 길을 벗어남, *ma'al*; 신실하지 않음, *pesa*; 하나님을 대적함.Jacob: 281 이런 구약의 관점은 요한복음에 나타나는 죄를 이해하는데 있어 도움을 준다. 예수가 이스라엘과 하나님의 언약을 새롭게 하려고 왔으므로, 예수와 그의 말씀을 거부하는 것은 모두 세 가지 구약의 의미에서 죄가 된다.

교회생활에서의 본문

죄가 되는 것이 무엇이든?

몇 년 전 칼 메닝거Karl Menninger는 *Chiding Liberal Christian Preaching for Ignoring Sin*죄를 무시하는 진보적 기독교의 설교를 책망하며라는 제목으로 책을 썼다. 그의 관심은 정서적 건강이 원인이 되는 것이다. 정신적인 병을 다루는 전문가로서, 그는 캔자스주 토피카Topeka에 있는 정신건강센터인 메닝거 병원을 이끌기 시작했으며, 그 병원은 지금 텍사스 주 휴스턴에 있다. 요한복음 9장은 죄에 대한 것이며 아마도 이런 문제를 이야기할 좋은 본문이 될 수 있다. 이것은 우리에게 사람들을 "죄인"으로 낙인찍지 말라고 경고한다.

메닝거의 관심을 말하자면, 다른 성서들을 설교와 가르침 속에서 고려해야 할 필요가 있다는 것이다. 구약의 관점에서 나온 한 가지 중요한 강조점은 관계에 있어서 신실하지 못하는 것으로서, 첫 번째는 하나님께 그리고 다음에는 다른 사람들에게이다. 요한1서의 관점은 사랑하지 않음을 정죄하고 있으며 요한복음에서도 유사하게, 빛 속에서 살지 못함을 정죄하고 있다. 로마서는 "모든 사람이 죄를 지었으며 하나님의 영광에 이르지 못했다."3:23는 점을 우리에게 상기시킨다. 그렇다, 모든 "불법"은 죄이다.요일 3:4; 선한 법은 다른 사람들의 안녕을 수호한다. 그런 법들을 위반하는 것은 자신에게나 다른 사람에게나 큰 슬픔과 가슴 아픔을 가져온다.예를 들면 음주운전과 같은 다양한 형태의 성적인 도착도 또한 죄다. 우리 시대에서는 비즈니스에서의 탐욕, 거짓말, 부를 뽐냄, 모든 형태의 기만, 그리고 정부의 부패−이 모든 것들이 죄의 범주에 들어간다. 성서는 분칠한 죄가 아니라−선지자들을 들으라−용서, 정결, 그리고 새롭게 됨을 위하여 예수 그리스도신약 안에서 하나님께 오라고구약 우리를 부르고 있다. 예수는 죄에서의 구원자를 의미한다.마 1:21 예수를 죄에서의 구원자로 이해하는 것은 설교와 가르침에 있어서 필수적인 것이다.

회중 속에서의 치유 이야기들

장애를 가진 사람들의 마음을 다치지 않게 하면서 어떻게 회중 속에서 이 이야기나 다른 치유의 이야기들을 가르치고/각색할 수 있을까? 이렇게 하려면 세심함을 필요로 한다. 회중 속에는 성서 본문이 묘사하고 있는 장애를 가진 사람이 있을 것이다. 한 가지 지침은 어떻게 예수가 그들을 완전하게 했는지를 증언하기 위해 장애를 가진 사람들을 초청하여서, 그들의 장애가 자신들을 저주된 것으로 여기는 것이 아니라 그리스도를 증언하기 위한 수단이 될 수 있다고 증언하는 것이다.

기적 같은 치유가 일어나는가? 당연히 그러하며, 이 점은 규정될 수는 없지만 회피되어서는 안 되는 것이다.다음을 보라. Pfeiffer; Swartley 2012a: 14, 34-36; 그리고 Burge 2000: 280에서 나열하는 자료들 우리는 치유를 위해 기도하며, 만일 치유가 찾아온다면 그것을 예수 그리스도 안에 있는 하나님의 은혜의 선물로 받아들인다. 동시에 기도를 통해 우리는 영적으로 치유될 수 있으며 장애나 질병에 대한 우리의 사고방식도 바뀔 수 있다. 왜냐하면 우리 모두는 결국에는 우리의 썩어질 몸의 완전한 치유가 부활을 기다리는 것이기 때문이다.롬 8:21-26

목자들: 참이냐 거짓이냐

사전검토

어린이 도서는 어린이들이 좋아하고 신뢰하는 등장인물을 소개하지만, 반면 다른 등장인물들악당들은 미덥지 않으며 이야기의 주인공에 맞서 싸운다. 악명 높은 해리 포터 시리즈가 이 범주에 들어가지만 불행히도 어린이들의 마음을 마법과 마술의 세계로 들어오게 한다. 이것은 경우에 따라 십대들과 성인들에 부정적인 영향을 미칠 수 있다. 요한복음 10장에서 우리는 참된 목자를 만나지만 아울러 거짓 목자들도 볼 수 있는데, 오늘날 우리가 사는 세상 속에서 종교이든, 사업이든 혹은 스포츠든 우리가 직면하는 것과 다르지 않다. 이런 도전은 참된 목자와 거짓 목자들을 구분할 수 있도록 배우는 것이다.

10장에서 예수는 선한 목자이다. 9장의 맥락에서 이런 이미지는 날카롭게 종교 지도자들을 비판한다; 9장은 참된 목자와 거짓 목자들을 정죄한다. 예수의 정죄는 이스라엘의 종교 지도자들에 대한 구약의 예언적 비판을 떠올리게 한다.예를 들면 겔 34장 9장은 일부 바리새인들과 유대인들을 눈먼 지도자들로 그린다; 10장은 이 주제를 이어간다.

9장의 끝에서, 유대교 지도자들은 예수가 치유한 맹인을 쫓아냄으로 선한 리더십의 시험을 통과하지 못한다. 10:1-21은 장막절 절기에 이루어진 예수의 담론을 계속하고 있다.7-9장 21절은 9장을 다시 언급함으로 끝을 맺고 있는데, 여기서는 일부 유대인들이 예수에게 마귀가 씌었다는 사람들에게 동의하지 않으며, 마귀가 맹인의 눈을 뜨게 할 수 있는가?라고 주장한다. 양의 이미지는 다시 10:27-29에서 나타나고 있으며, 구조적 연속성을 암시한다.

새로운 서사적 표식이 10:22에 나타나는데, 여기서 우리는 새로운 명절과 한해의 시작을 본다. 7:1-10:21이 가을철 장막절에서 일어난 사건이라면, 10:22-42은 겨울의 성전봉헌절, *Hanukkah*에 연결되고 있다. 버지2000: 286는 요한복음 10장을 모두 *Hanukkah* 명절에 두고 있는데, 그 이유는 양쪽의 부분이 목자와 양의 이미지를 포함하고 있기 때문이다. 그렇지만 거짓 목자들은 9장에 나타나는 유대인들의 눈먼 반응들을 반영하고 있고 청중이 동일하므로, 10장은 9장에 연결되어 있다.Moloney 1998: 312 따라서 10:1-21은 주제에 있어서 양쪽의 절기들과 관련되어 있다: 장막절과 성전봉헌절/*Hanukkah* [해결되지 않은 문제 534쪽]

10장은 기독론적 담론과 주장을 이어가며11, 14-15, 24, 36-38절, 맹인이 예수를 인자로 고백하는 것과9:35-38 8:58에서 예수가 담대하게 나는~이다라고 선언하는 것을 확장시킨다. 마지막 세 개의 절10:40-42은 앞선 증인의 증언으로 끝이 난다. 예수가 요단강을 건너 이전에 요한이 침례를 주었던 곳으로 물러났으므로, 제4복음서의 저자는 증언자 요한을 마지막으로 언급한다. 그는 예수의 이적을 요한의 사역과 대조시키고 있는데, 요한의 사역에는 이적이 없었으며 오직 예수의 "더 큰" 역할을 선언하는 증언뿐이었다. 요한이 예수에 대해 말한 모든 것이 사실이었다! 그 결과로서, 많은 이들이 예수의 사역을 긍정적으로 본다: 많은 이들이 그곳에서 예수를 믿었다.

개요^w

예수의 설교 비유들: 문, 목자, 그리고 낯선 이들, 10:1-6

예수: 문이자 목자, 10:7-10

예수, 선한 목자, 10:11-15

양은 많으나 한 무리, 한 목자, 그리고 한 아버지, 10:16-18

유대인들의 반응, 10:19-21

담론의 시기와 장소: 성전봉헌절, 10:22-23

유대인들의 핵심 질문: 예수의 대답, 10:24-30

신체적이고 언어적 격론 속에 있는 유대인들과 예수, 10:31-39

예수가 물러나다; 다시 요한의 증언을 들으라, 10:40-42

주석적 해설

10:22-23의 새로운 명절로 전환되면서, 10장은 두 부분으로 이루어져 있다.Miyazaki

본문	칭호	이슈
1부	예수: 선한 목자	
10:1-6	문과 목자의 비유	· 진정한 리더십: 10:1-21과 성전봉헌절 사이의 주제적 연결
10:7-14	예수, 문이자 목자	· 문과 목자로서의 예수의 자기계시 · 생명을 주시는 이의 본성 · 양과 목자, 아버지와 아들의 관계
10:16	요한공동체의 복음적 성격	· 공동체, 경계 · 사회적 배경: 회당으로부터 축출(앞서 맹인이 쫓겨남) · 복음적 성격
10:17-21	아버지의 사랑계명	· 예수가 기꺼이 생명을 주심 · 십자가와 부활이 생명을 주는 힘 · 아버지의 사랑계명
2부	아버지와 나는 하나	
10:22-30	아버지와 나는 하나이다	· 봉헌절: 메시아적 구원자에 대한 기대 · 아버지와 아들, 양과 목자의 연합
10:31-39	예수, 성별된 자	· 성별된 자 예수가 성별된 명절을 대체하다 · 신성모독 · 성전 모티브
10:40-42	요한의 증언	· 요한의 증언들을 포함(1-3장) · 구조상의 문제

예수의 설교적 비유: 문, 목자, 그리고 낯선 이들 10:1-6

10장은 청중이나 시간, 혹은 장소가 전환되는 표시가 없이 시작한다. 예수의 담론은 자신의 Amen 서명, '진실로 너희에게 이르노니' 1절로 계속되며 요한복음에서 15번째로 등장하고 있다. 이 담론은 다음과 같이 소리친다: "주목하라! 이것은 중요한 것이다!" 예수의 효과적인 격언에 비추어 보면9:39, 41, 예수의 담론이 종교 지도자들이 믿음에 이르지 못한 것을 어떤 점에서 강조하거나 설명하리라고 기대할 수도 있다.그들이 눈이 멀었으며 그들의 죄가 여전히 남아 있다고 정죄된 것을 회상한다.도둑과 강도는 기만적으로 양들을 통제하려는 사람들을 반영한다. 선한 목자와는 달리11, 14절, 이들은 문으로 들어가지 않는다.

이런 "비유"의 이미지에서, 문과 목자는 2절과 3a에서 겹쳐진다. 초기의 번역은 door라고 했지만, 새로운 번역은 제대로 양우리로 들어가는 입구인 gate라는 단어를 선택하고 있다. 문gate은 비유적으로 목자와 동일시된다.1b, 1c, 2절: 목자는 문을 통해 들어간다.2절 목자들은 협곡이나 골짜기의 끝에 양을 보호하기 위해 벽을 세운다. 그들은 안전을 위해 벽에다 가시덤불을 놓아서 도둑이 벽에 오르지 못하도록 한다.Burge 2000: 289 문은 양이 안전하게 들락거리는 유일한 입구이며 진정한 목자들이 들어오는 곳이다.

목자의 이미지는 이스라엘의 신앙전통에 깊이 뿌리박혀 있다. 구약은 목자의 비유를 세 가지 방식으로 사용한다:

· 목자로서의 하나님창 49:24; 시 23; 78:52-23; 80:1; 사 40:10-11;
· 목자 하나님의 언약백성들의 지도자들사 56:9-12; 렘 23:1-4; 25:32-38, 겔 34; 슥 11;
· 거짓 목자 불의한 지도자들왕상 22:17; 렘 10:21; 23:1-2 다음을 보라. R. Brown 1966: 397; Burge 2000: 288

예수의 중요한 구문, 양은 그의 목소리를 듣는다.3절은 10장에서 빈번하게 반복된다.3, 4, 5, 16, 27; 14, 15절도 참조 목자들은 양을 인도하기 위해서 특별한 소리나 짧은 피리의 소리를 사용한다.Burge 2000: 288 3b-4절에 대한 미야자키의 수정된 교차대구법은 양과 목자의 친밀한 관계를 보여준다. 반복된 구문들이 관계를 강조하고 있다:

A 양은 그의 목소리를 듣는다.3b, 목소리, 듣다

　B 그는 자신[헬. idia]의 양을 부른다.3c, 자신의, 속함

　　C 그는 그들을 이끈다.3c, 인도

　B' 그가 자신[헬. idia]의 모든 양을 불러 모을 때4b, 자신의, 속함

　　C' 그는 양들 앞에서 가며 양들은 그를 따른다.4b, 인도, 따름

A' 양들은 그의 목소리를 알기 때문이다.4c, 목소리, 알다

그 목소리의 화자와 청자 사이의 관계는 그 말씀의 화자와 청자 사이의 관계와 병행되고 있다. 마치 목자의 목소리가 그에게 속하고10:3-4, 그의 목소리를 알고10:4 따르고10:3-4 먹이고10:9, 생명을 얻는10:10 양들을 부르는 것처럼, 예수의 말씀은 사람들을 속하게 하고8:31, 알게 하고8:43, 따르게 하며8:47, 생명을 얻도록 한다.8:51

들는 이들9:40에 나오는 바리새인들 중 일부와 아마도 다른 이들은9:40에 나오는 청중들 예수가 말하는 것을 이해하지 못한다. 이해하지 못하는 것은 10:1-5에서의 예수의 말씀과 9:39에서 요한복음의 저자가 유대인 및 9:41의 일부 바리새인들의 성격묘사와 연결되고 있다.Busse: 8 오해, 이중 의미, 그리고 역설은 요한복음에 있어서 반복되는 수사적 기법들이다. 복음서 저자는 예수의 이야기를 오해와 불신앙으로부터 독자들을 경고하게 위해 이런 방법을 보여주는데, 그리하여 독자로 하여금 요한복음의 목적의 완성 속에서 신앙을 지속하라고 독자들을 촉구하고 있다.20:31; Motyer[1997]은 요한복음이 유대인들로 하여금 다시 생각하여 믿으라고 설득하기 위해 기록되었다고 주장한다 [유대인들, 585쪽]

예수: 문이자 목자 10:7-10

문과 목자의 비유를 말하면서1-6절 예수는 이런 비유들을 7-18절에서 자신에게 적용한다. '나는~이다' ego eimi 구문을 사용하며 예수는 문이자 목자라고 주장한다. 그러므로 참된 리더십과 거짓의 리더십이라는 주제는 이 구절로 확대된다. 네 번의 "나는~이다" 구문은 네 개의 짧은 단원들을 소개한다.7c, 9a, 11a, 14a [나는~이다, 584쪽]

요한복음의 저자는 7-14절을 병렬과 잘 구성된 절들과 함께 구성하고 있다. 각각의 단원은 대조되는 병렬을 가지고 있다: 문/목자와 도둑/삯꾼. 이런 대조적 병렬은 자기보존을 찾고자 하는 자들로부터 생명을 주시는 이예수의 특징을 강조하고 있다.Burge 2000: 291 대조적 병렬은 단원 1에서 단원 3으로, 절정을 향해 움직인다. 핵심적 내용을 담고 있는 Miyazaki의 표는 다음과 같이 보여주고 있다:

	나는 ~이다.(예수)	도둑들, 강도들, 삯꾼	주제
단원 1	구원으로 가는 문	도둑들과 강도들	나(예수) vs 그들
단원 2	나는 그들이 생명을 얻고 풍성히 얻도록 하러 왔다.(10절)	도둑은 훔치고 죽이고 파괴하기 위해 올 뿐이다.(10절)	생명을 주는자(나) vs 살인자(그들) (10절)

단원 3	나는 선한 목자다.(11절) 선한 목자는 양을 위해 자신의 목숨을 버린다.(11절)	삯꾼은 목자가 아니며 양도 자기의 것이 아니다.. 양들을 버려두고 도망친다―늑대가 양들을 낚아채어 양떼를 흩어버린다.(12절)	자신을 내어주는 목자 vs 자신만을 생각하는 삯꾼

단원1에서, 문이 되는 예수는 구원에 이르는 길이다. 9절은 분명하게 말하고 있다: "나는 문이다. 누구든지 이 문으로 들어오면 구원을 받고, 들어오고 나가면서 꼴을 얻을 것이다." 이 이미지는 아마도 시 118:20-21을 반영했을 것이다: "이것이 주의 문이다. 의인들이 그리로 들어갈 것이다. 주께서 나에게 응답하시고, 나에게 구원을 베푸셨으니, 내가 주님께 감사를 드립니다." 이것은 또한 요 14:6과도 조화를 이룬다. "내가 곧 길이요 진리요 생명이다." 문은 14:6의 길과 병행을 이룬다: 내가 온 것은 양들이 생명을 얻고 더 풍성히 얻게 하려 함이다.10:10는 14:6의 생명과 병행을 이룬다. 생명이라는 예수의 선물은 요한복음을 통해 흐르고 있다.1:3-4; 3:16, 36; 4:14; 5:24-29; 6:47, 53, 68; 12:50; 17:3; 그리고 요한복음의 목적 진술, 20:31 10:10b에서는, 생명실제로는 더욱 풍성한 생명은 목자 예수의 선물이다. 이것은 훔치고 죽이고 해하러 오는 도둑과 대조된다.10a 풍성한 생명을 주겠다는 예수의 약속은 불행하게도 다른 모든 종류의 목적을 이루기 위해 허비된다.TLC의 *Abundant Life 풍성한 삶*을 보라 그렇지만 생명을 주는 예수의 선물은 양-목자의 관계 속에 뿌리박혀 있으며 신뢰, 앎, 그리고 사랑으로 표시된 개인적인 관계를 통하지 않고는 알 수 없다. 이것이 요한의 제자도이다.13:31-35

예수, 선한 목자 10:11-15

10:11 예수의 "나는~이다." 선언

도표에서 단원 1의 왼쪽부분은 대조적 비유로서 문예수과 도둑들을 소개하고 있다. 단원 2는 예수를 생명을 주는 자로 묘사하지만, 거짓 지도자들은 훔치고 죽이고 해를 끼치는 도둑들이다. 단원 3은 11절로 시작하는데, 단원 2를 발전시키며 예수가 생명을 주는 방법을 설명하고 있다: 나는 선한 목자다. 선한 목자는 양을 위해 자신의 생명을 버린다.11절 선하다는 용어kalos는 고결한Burge 2000: 291 혹은 모델R. Brown 1966: 395로 번역될 수도 있다. 마를린 밀러Marlin Miller는 모델을 선호한다. 슈나켄부르크Schnackenburg 2.294는 특히 삯꾼에 대한 대비로서12-13절 이 단어 속에서 진리alenthinos; 6:32; 15:1 참고라는 울림을 듣는다. 그렇지만 그 역시 이런 강조는 목자가 자신의 생명을 내어놓음이 선함과 더 잘 어울리고 있는 11b와 15b가 지닌 힘을 약화시킨다고 언급하고 있다. 자신의 양을 "위하여"에서 헬라어 *hyper*는 희생적인 강조를 나타낸다.Burge 2000: 291. 그는 *hyper*가 요한복음에서 독점적으로 희생적이라고 말한다

예수에 대한 요한복음 10장의 목자 이미지를 위한 가장 중요한 구약의 본문은 민수기 27:16-18로서, 이 본문에서 하나님은 모세에게 아바림*Abarim*을 보면서 죽을 것이라고 예언한다. 그러자 모세는 이스라엘을 인도할 목자를 달라고 하나님께 간구한다:

> "모든 사람에게 영을 주시는 주 하나님, 이 회중 위에 한 사람을 임명하여 주시기를 바랍니다. 그가 백성 앞에서 나가기도 하고, 백성 앞에서 들어오기도 할 것입니다. 백성을 데리고 나가기도 하고, 데리고 들어오기도 할 것입니다. 주의 회중이 목자 없는 양 떼처럼 되지 않도록 하여 주십시오." 주께서 모세에게 말씀하셨다. "너는 눈의 아들 여호수아를 데리고 오너라. 그는 영감을 받은 사람이다. 너는 그에게 손을 얹어라."

아마도 이것은 하나님 대신에 인간이 하나님의 백성의 목자로 부름을 받은 최초의 구약 본문일 것이다.그렇지만 이사야는 모세를 목자라고 지칭한다. 63:11 히브리어로 여호수아는 헬라어로 예수이다. 두 단어 모두 구원자를 의미하고 있으며, 맥락으로 보면 백성의 구세주이다.마 1:21을 참고 이런 구약 본문들은 요한복음 10장에서 예수가 상기시키고 있는 메시아적 예언으로 볼 수도 있다.

절기의 서사 속에 있는 많은 비유들이5-10장 출애굽기를 기반으로 하고 있다.[절기, 579쪽] 장막절은 이스라엘이 광야에서 떠도는 것과 그들이 천막에서 살았던 것을 기념하고 있다. 주님은 그들을 인도하시는 목자이다. 민수기 27:17에서 백성들을 이끄는 목자의 임무는 이미 이곳에서 사용된 네 가지 동사들로 묘사된다: 이끌어 내어[*exago*]요 10:3; 10:16의 ago를 참조 이끌고 들어가서[*eisago*] 10:16의 ago를 참조 [하나님의 백성들로 하여금] 나가고[*exerchomai*] 10:9 들어오도록 [*eiserchomai*] 10:9에서 두 번 등장한다 목자들을 가리키는 수많은 구약의 언급들 가운데, 예수에게 적용되는 명칭에 있어서 두 가지가 주목할 만하다. 구약에서 하나님께 적용되듯, 이 비유는 "자신의 백성들을 이끌고 보호하며 함께 모으고, 그들을 열심히 그리고 사랑스럽게 돌보는" 사람을 가리킨다.Schnackenburg: 2.295 구약에서 이 용어는 다양한 정치적이고 군사적 지도자들에게, 심지어 바빌론의 왕 고레스에게도 적용이 되었다.사 44:28, 45:1; 이스라엘의 고대 근동 문화들 속에

서의 목자–양의 사용에 대해서는 Lind: 274를 보라 슈나켄부르크2.295는 이것이 이스라엘을 통치한 군주들 가운데 하나에게 적용된 것이 아니라, 오직 미래의 다윗의 메시아–왕에만 적용되었다고 언급한다.예를 들면 겔 34:23-24 그렇지만 삼하 5:2b는 다르게 말한다: "주님께서 너[다윗]에게 말씀하셨다: 내 백성 이스라엘의 목자가 될 사람은 너이며, 너는 이스라엘의 통치자가 될 것이다." 다른 본문들 역시 다윗을 목자라고 말한다.시 78:71-72, 삼하 24:7에서도 암시됨 삼하 7:7에 나오는 부족의 지도자들은 목자들이라고 언급되지만, 그들은 그처럼 이스라엘의 군주들은 아니었다. 실제로, 다윗 목자는 예언적 미래와 그의 역사적 역할에 있어서 충성을 의미하고 있다.

두 번째로, 구약본문들 가운데 어떤 것도 목자가 자발적으로 자신의 생명을 양을 위해 내어 준다고 하지 않는다.R. Brown 1966: 398 이것은 예수에게 있어 독특한 것으로, 선하거나 모델이 되는, 심지어 아름다운*kalos*에 대한 가장 흔한 단어 목자인 것이다. 그렇지만 스가랴는 "죽음에 이르는 하나님의 목자와 그의 죽음이 전환점을 가져오는 것"에 대해 말하고 있다.13:7-9 슈나켄부르크2.295는 이 본문을 메시아적인 것으로 보고 있으며, 이 본문을 "백성들이 애도하는 신비스러운 '찔린 자'"슥 12:10와 연결시키는데, 요한복음은 19:37에서 스가랴 본문을 인용하고 있다. 따라서 양쪽 모두 예수의 죽음을 가리키고 있다.막 14:27을 참조

10:12-13 삯꾼의 행동

삯꾼의 초상은 선한 목자와 여러 가지 면에서 대비된다. 그는 늑대가 오면 양을 버린다. 그는 나약한 양이 늑대에게 잡혀가도록 내버려 둔 채 도망친다. 왜일까? 삯꾼은 양을 신경 쓰지 않기 때문이다. 이런 이미지는 이스라엘 역사에서 거짓되고 사악한 목자들과 연결된다. 에스겔은 양을 신경 쓰지 않는 종교지도자들과 통치자들을 비난하며, 오로지 양들을 여러 가지 방법으로 착취하는 목자들의 역할만을 사용한다.34:2-8 거짓 목자들은 빈번하게 이스라엘의 리더십을 표시한다.왕상 22:17; 예레미야 10:21; 23:1-3 그러므로 하나님께서는 그런 목자들을 심판하실 것이며겔 34:9-10, 진정한 다윗의 목자–왕을 세우실 것이고겔 34:11-16, 23-24; 마태복음 2:6에서 인용된 사 40:9-11; 미 5:2를 참조, 들짐승들을 내어 쫓아 자신의 백성들과 평화의 언약을 세워서 그들에게 축복을 부어주실 것이다.겔 34:25-26 이스라엘 역사에서 더 최근에는, "고용된 일꾼"이라는 이미지가 제사장의 지도권과 일치되는데, 이것은 셀레우코스Seleucid의 통치자들로부터 자신들의 지도권을 샀던 하스모니아 제사장들의 기억을 떠올리고 있다.야손이 자신의 형제인 오니아스 3세로부터 지도권을 빼앗는다

Boccaccini 2002: 52–56, 114–17, 131–33을 참조

10:14-15 자신의 양과 아버지와 예수의 관계

A 나는 선한 목자다.
   B 나는 나의 양을 알고
      C 나의 양도 나를 안다
      C' 아버지가 나를 아시고
   B' 내가 아버지를 아는 것처럼.
A' 나는 양들을 위해 내 생명을 버린다.

이 절들은 요 10:7-15에서 절정에 이른다; 이들은 또한 1-13절에 있는 핵심 메시지를 재현하고 있다. 여기서 14b와 15a는 이중적 병행을 내포하고 있다. NRSV, NJB, 그리고 NIB는 이 구문들을 각각 교차대구로 번역하고 있다: "나는 내 양을 알고 내 양도 나를 안다.14b 아버지는 나를 아시고 나도 아버지를 안다.15b" 이 두 개의 교차대구법은 서로 평행을 이루고 있다. 게다가 이들 이중적 병행은 주요한 주제를 언급한다: 나는 선한 목자다. 선한 목자는 양들을 위해 자신의 목숨을 버린다.11, 14a, 15b 이런

> 수미상관(inclusio은 … 고용된 사람과 대조되는 목자의 본질적인 선함을 마련해주며, 양을 위한 목자의 배려를 보여주고 있다. 목자가 되는 것은 그의 양을 위한 지속적인 삶을 수반한다. 목자로서의 예수의 지위는 목자가 … 자신의 생명psyche을 희생으로 드리는 것을 나타내어 그로 하여금 … 진정한 생명zoe이라는 선물을 자신의 양에게 [부여하도록 한다] Schnackenburg: 2.294-295

10장에서 이 부분은 걸작으로서, 예수 그리스도의 복음의 풍성함을 묘사하고 있다. 여기서 생명으로 사용된 두 가지 다른 단어들은 첫 번째는 자신의 생명을 주는 사람의 생명이며"생령," 창 2:7 KJV, 두 번째는 요한의 영원한 생명으로, 지금과 앞으로 올 예수가 주시는 생명을 말하고 있다.[영생, 575쪽]

마지막으로 이 문단에서 예수는 아버지와 자신의 관계를 분명히 하고 있으면서15a 17-18절에서 아주 정교히 말한다. 예수가 자신의 양을 알고 양이 그를 알 듯, 아버지도

예수를 알며 예수도 아버지를 안다. 안다라는 동사*ginosko*, 14–15절는 관계적인 앎을 의미하고 있으며 사랑의 상호관계성 속에 기초하고 있다.17–18절

더 많은 양, 한 무리, 한 목자, 한 아버지 10:16–18

10:16 예수가 다른 양에 대해 말하지만, 한 무리, 한 목자

이 절은 교차대구법으로 표시될 수 있다:

A 나에게는 이 우리에 속하지 않는 다른 양이 있다.두 그룹의 양

    B 나는 그들을 데려올 것이며 그들은 내 목소리를 들을 것이다.선교 위임

A' 한 무리, 한 목자가 있을 것이다.무리의 연합

1–6절에서 가져 온 16절은 양우리, 양떼, 그리고 목소리를 듣는 것을 강조한다. 1–6절과 16절은 요한공동체 속의 경계들을 비유적으로 다루는 것으로 나타난다. 1–6절16절의 교차대구법의 A은 내집단과 외집단을 묘사하고 있으며, 공동체의 경계를 나타낸다. 그렇지만 예수의 목소리나 말씀을 받아들이고 따름을 통해서16b의 교차대구법의 B, 외부인들은 공동체의 일부가 된다.A' 1–6절은 종파적 경계를 함축하고 있지만 16절은 포괄적인 선교를 강조한다. 이런 포괄적인 강조를 11:52, 흩어져 있는 하나님의 자녀를 한데 모아서와 비교해 보라. 양쪽 본문은 경계를 비판하는 선교를 강조한다. 예수는 우리뿐만 아니라 다른 사람들을 위한 분이다.

반드시*dei*, 16절라는 용어는 예수에게 있어 우리 밖에 있는 사람들을 포함해야 할 필요성을 기술하고 있다. 같은 용어가 사마리아 여인의 이야기에서 사용되었지만, 그[예수]는 사마리아를 통해서 가야 했다.[*dei*]4:4 이런 필요성은 지리적인 필요뿐만이 아니라 사마리아인들을 신앙으로 이끌 예수의 소명적 필요인 것이다.O'Day 1995: 36 동일한 방식으로, 제4복음서의 저자는 다른 양에게로 가는 선교를 요한공동체에 있어서 중요한 것으로 묘사한다.

버지2000: 292는 다른 양이 이방인을 가리킨다고 주장한다.12:20 참조 그렇지만 예수 자신이 이방인들에 대한 선교를 꿈꾸었을까? 혹은 이것이 후기 교회의 신념인 것일까행 8; 10–11: 13? 레이몬드 브라운Raymond Brown은 선교의 몇 가지 요소들이 예수의 사역 속에 분명히 나타나고 있다고 주장한다.1966: 396 요한복음에서 다른 양은 4장에 나오는 사마리아인들을 떠올릴 수 있거나 11:52에 나오는 하나님의 흩어진 자녀들을 상기시킬 수 있

다. 그렇지만 이후의 책에서1979: 81–91, 특히 90, 169 브라운은 다른 양이 다른 사도적인 교회를 가리킨다고 본다. 일반적으로 베드로의 영향 하에서이지만 요한복음에서는 애제자가 베드로 위에 있는 것으로 나타난! 요한복음의 서사 속에서 다른 양은 12:20에서 예수를 볼 이방인하나님–경외자들?들의 도래를 내다보고 있다. 예수의 고별기도 17:20–21에서 그들의 말을 통해 나를 믿을 자들을 위한 예수의 간구를 참조 11:52에 나오는 흩어진 유대인 그리스도인들을 가리키는 것으로 여겨지는 언급을 배제할 수 없다.

10:16의 마지막 문장은 연합에 대한 요한복음의 열정을 인상적으로 요약하고 있다: 한 무리, 한 목자. 무리에 대한 예수의 이미지는 공동적인, 신앙의 공동체이다. 폴 미니어 Paul Minear가 신약성서에 나오는 교회의 이미지1960라는 책에서 설명했듯이, 신약성서에는 "교회"에 해당하는 이미지가 69개 들어있다. 사실상 그들 모두가 공동적이다: 신자는 공동체 안에 있다. 이것은 교회에 대한 요한의 개념에 있어 중요한 것이다. 그렇지만 그는 그 용어를 사용하지 않는다 요한복음은 "그의 계시를 받아들이는 누구에게도 개인적인 영성을 제공하지 않는다." Rosse: 44, 54–57 포도나무와 가지의 이미지요 15장와 연합을 위한 예수의 기도17장은 신자들을 개인적으로 그리고 공동적으로 예수와 하나님의 관계 속에 있는 것으로 본다. 무리가 하나인 것처럼 목자도 하나다: 말씀, 예수 그리스도, 인자, 그리고 하나님의 아들, 하나님의 어린양, 나의 주님이지 나의 하나님 20:28

10:17–18 자신의 양을 위해 예수가 죽고 다시 살아남, 아버지의 명령

미야자키는 10:17–18에 대한 교차대구적 구조를 보여준다. 짝지은 강조들은 짝지은 표현을 보여주고 있다:

A 이런 이유로 아버지께서는 나를 사랑하신다. 17a,

　　B 왜냐하면 내가 목숨을 다시 얻으려고 내 **목숨을 버리기** 때문이다. 17b

　　　　C 아무도 내게서 내 목숨을 빼앗아 가지 못하지만 내가 스스로

　　　　　내 목숨을 버린다. 18a

　　B' 나는 목숨을 버릴 권세도 있고 다시 얻을 권세도 있다. 18b–c

A' 이것은 내가 아버지께로부터 받은 명령이다. 18d

양을 위해서 자신의 목숨을 버린다고 말할 때, 예수는 자신의 죽음이 강요에 의한 것이 아니라 자발적으로 원하는 것임을 밝힌다. 17b–18b 예수는 음모의 희생자나 핍박의 희

생양으로 죽는 것이 아니다; 오히려, 그는 자신을 주는 행위로 죽는다.R. Brown 1966: 398 이 단원은 예수의 죽음이 부활을 목적으로 하고 있다고 분명히 언급하지만, 많은 주석가들은 이 개념을 약화시키고 있다. 그렇지만 브라운1966: 399은 17절과 18절에 있는 부활을 약화시키는 것에 대해 경고한다: "이것은 신약의 사상에서 부활이 예수의 죽음을 뒤따르는 상황이 아니라 예수의 죽음의 본질적인 완성이라는 것을 이해하지 못하는 것이다… 따라서 부활은 진정으로 예수가 죽는 목적이다."

몇몇 해석자들은 예수가 아버지의 계명에 순종함으로 하나님의 총애17a를 받았다고 주장한다.18c; Burge 2000: 292 "순종은 명예의 표현이 될 수 있으므로, 누군가의 아버지를 명예롭게 하는 것은 그가 원하는 것을 행하는 것을 의미한다." Koester 2008: 50 실제로 예수는 아버지가 명령하신 것을 한다. 그렇지만 예수는 이미 아버지와의 독특한 친밀관계 속에 있기 때문에 아버지의 사랑을 얻을 필요는 없다: 아버지께서 나를 사랑하시듯 [agapao] 나도 너희를 사랑한다.[agapao]; 나의 사랑[agape] 안에 거하라. 내가 아버지의 계명들[entole]을 지키며 그의 사랑[agape] 안에 거하는 것처럼, 너희도 내 계명들 [entole]을 지킨다면 내 사랑[agape] 안에 거하게 될 것이다.15:9–10, 13:34–35, 15:12–17 참조 브라운1966: 399은 10:17–18을 아버지의 "사랑을 얻는 것" 보다는 "사랑의 유대관계"로 잘 묘사하고 있다.

유대인들의 반응 10:19–21

유대인들은 다시금 예수의 메시지를 인정하지 못하며 분란이 일어난다. 몇몇 사람은 예수에게 마귀가 들렸다고 한다.20절 이런 기소는 앞서서 나타난 것이다.7:20, 8:48 이런 언급들은 예수의 죽음과 유대교의 음모를 넌지시 비치고 있다.7:19; 8:44

성서 시대의 사람들은 마귀가 자살행위를 일으키는 것이라고 생각했다. 공관복음서에서 마귀는 귀신들린 사람을 불과 물속으로 끌고 갔다.마 17:15 그렇지만 예수의 자발적인 죽음은 자살과는 확연하게 다른 것이다. 그의 죽음은 부활의 목적으로17–18절 하나님의 뜻으로18절, 사랑의 구현으로17절 다른 사람들을 위해 생명을 주는 행위이다.요 10:10

담론의 시기와 장소:성전봉헌절 10:22–23

이 절들은 시기와 장소에 있어서 변화를 알려주고 있지만, 이어지는 절들은 양–목자의 주제를 지속하고 있으며 이제는 유대인들에 의한 예수의 기독론적 질문들에 집중하고 있다. 재판은 계속된다. 새로운 계절은 겨울12월로서, 하누카 명절의 때이다. 예수는 다시금 성전에서 ··· 솔로몬의 주량현관portico 속에서 걷고 있다.

성전봉헌절, 하누카Hanukkah는 이 기나긴 명절 서사 단원 속에 있는 네 번째의 명절이다.5-10장 이 명절은 BC 164년에 비롯되었다. 알렉산더 대왕의 정복과 함께BC 332년 팔레스타인, 그리스의 영향이 빠르게 유대인들 사이에서 퍼져갔다.Burge 2000: 28 알렌산더의 계승자 가운데 하나인 안디오쿠스 IV 에피파네스Antiochus IV Epiphanes가 BC 2세기에 시리아에서 권력을 장악했을 때, 자신의 권위와 통치를 확장하여 팔레스타인에 영향을 주었다.Mololey 1998: 313 하시딤Hasidim과 같은 몇몇 유대인들은 그리스의 영향에 저항했다. 야손과 메넬라오스Menelaus와 같은 사람들은 제단에 돼지를 제물로 바쳐 유대교 성전을 더럽히고 이교도 신들의 형상을 세우는 그리스 병사들에 협조했다. 몇 번의 시도 끝에 마카비는 안티오쿠스Antiochus의 지배로부터 성전을 탈취하는데 성공했다.

하누카 명절은 그리스의 점령으로 더렵혀진 성전을 다시 봉헌하는 것을 기념하고 있으며, 하나님의 백성들에게 타락한 외부의 영향에 빠지지 않도록 경고를 하고 있다. 봉헌절은 유다스 마카비Judas Maccabeus가 주전 164년에 시리아로부터 성전을 해방하는데 성공한 후에 성전의 정결과 재봉헌을 기념하고 있다.마카베오기상 4 완전한 정치적 독립은 주전 142년에 이룩되었다.마카베오기상 13:41 이 명절은 또한 영웅적인 유다 마카비를 찬미하고 있다.Burge 2000: 286-88

겨울에는요 10:22 차가운 동풍이 자주 분다. 솔로몬의 돌기둥colonnade, 23절은 바람과 열기로부터 보호해 준다. 유다가 주전 164년에 성전의 지배권을 가져왔을 때, 사람들은 솔로몬의 주량현관을 비롯하여 성전의 뜰 곳곳에서 수많은 빛으로 승리를 기념했다.기원의 역사에 대해서는 Keener: 1,823을 볼 것 따라서 이 명절의 빛 상징은 초기 장막절과 연결되어 있다; 7-10장 속에 있는 구별 표시들이 분명하긴 하지만, 7-10장은 하나의 긴 단원으로서 일관성이 있다.

이 명절은 성서 외의 절기이지 순례적인 절기가 아니기 때문에, 일부 학자들은 이 명절을 요한복음에 나타난 다른 명절들 보다 덜 중요한 것으로 간주하고 있다.Keener: 1,832 그렇지만 유월절과 장막절Sukkoth과 같이, 이 절기는 7일로 늘어났는데, 예수의 사역에 있어서 의미 있는 시기이다. 이 절기에 예수는 자신의 정체성 선언을 더욱 완전하게 드러낸다: "나와 아버지는 하나이다.30절 NIV, RSV" 이 본문은 이런 기독론적 선언을 성전 속에 위치시키고 있으며, 이 성전은 마카비 시대에 유대교에 있어서 가장 중요한 것이었다. 유대인들의 정체성은, 적어도 한 가지 차원에서는, "성전 지킴이들"이다. 요 10장에서 예수는 성전 지도자들을 거짓 목자들이라고 기소하고 있다. 따라서 하누카는 요한복음에 있어서 아주 중요한 역할을 하고 있다. 구조적인 표시들과 구획분리에 관한 어떤 시각을 받아들이든, 이 서사는 장막절을 성전봉헌절과 혼합하여 묘사하고 있고[미해결된 문제들, 534쪽], 이 두 명절 모두 하나님의 백성들을 위한 하나님의 자애로운 예비하심을 기념하고 있다.

유대인들의 핵심 질문:예수의 대답 10:24-30

10:24 유대인들: 당신이 메시아인가?

유대인들은 예수에게 그리스도인지 아닌지를 물었다. 브라운1966: 406은 이 질문을 유다 마카비를 나라의 구원자로 칭송하는 하누카에 담겨있는 메시아적 기대의 반영으로 보고 있다. 다윗이라는 인물을 목자–지도자로 엮고 있는 겔 34장과 다른 구약의 본문들은 아마도 이런 개념을 뒷받침할 것이다. 그렇지만 겔 34:24는 다윗의 메시아를 가리키는 것이 아니라 그들 가운데 왕자가 되는 내 종 다윗을 가리키고 있다. 요한복음은 예수를 왕으로 선언하고 있지는 않더라도, 예수의 독특한 아들됨을 메시아적 "다윗의 자손" 전통과 연결시키지는 않는 것으로 드러나고 있다.Howard–Brook 1994: 92 그렇지만 "다윗의 자손"이라고 10:36이 선언하듯이, 이것으로는 충분하지 않다.

10:25 예수의 반응: 나의 일들이 나를 증언하고 있지만 너희는 믿지 않는다

여기서 예수는 앞서 5:38, 40, 46에서 언급했던 것을 되풀이한다. 5:37b에서 예수는 다음과 같이 말한다. "너희는 그의 목소리를 절대 듣지 않는다: 양은 목자의 목소리를 알고 그를 따른다.10:4b" 5장에서 예수가 자신이 하는 일로 믿으라고 호소 했으나 그들이 그 일들을 믿지 않았던 것처럼, 여기서도 다시 그들은 믿지 않는다. 그 이유는 이것이다!

10:26 너희는 내 양이 아니다; 그래서 너희는 믿지 않는 것이다

앞서 10:5에서 예수는 자신의 양들이 낯선 이들을 따르지 않는 이유가 양들이 그들의 목소리를 모르기 때문이라고 했다. 본질상 동전의 뒷면은 "내 양우리에 속하지 않는 너희들은 내가 선한 양이라는 선언, 혹은 내가 했던 다른 '나는~이다' 란 선언들을 믿을 수 없다." 여기서 속함은 믿는 것에 선행하는 것이다. 이것은 우리가 예상했던 것을 뒤엎는다.요한복음 3장에서 믿는 것은 들어감에 있어 필수적인 것으로 보인다 속함은 요한공동체의 필수적인 경계들의 의미를 반영하며, 아마도 왜 그들의 신앙의 대적자들이 믿음에 이르지 못하는지에 대한 이유를 제시하는 것일 수 있다. 즉, 대적자들은 스스로를 이 공동체의 회원으로 여기지만, 심지어 죽음에 이를 수도 있는, 그들의 목숨에 닥칠 위험을 감수하지 않으려 하는 것이다. 이것은 또한 7:17의 진리를 반영한다. 하나님의 뜻을 행하려 하는 자는 그 가르침이 하나님으로부터 온 것인지 아니면 내가 내 말을 하는 것인지를 알 것이다. 요한복음에서, 아는 것과 믿는 것은, 자주 동의어로 사용되며, 양쪽 모두 헌신과 순종에 달린 것이다. 예수의 양우리와 동일시하는 것은 보고 믿는 눈을 뜨게 한다.9장!

10:27-29 예수와 그의 양: 그들은 듣고 안다; 그들의 선물과 보호

27-29절의 처음과 마지막 문구, "내 양들은 내 목소리를 들으며 … 아무도 그들을 내 손에서 빼앗아 가지 못할 것이다"는 시편 95:7[70인역에서는 94:7]를 반향하고 있다. 요한복음의 첫 번째 문구는 7절의 끝, "오늘, 너희는 그의 음성을 들어 보아라!"와 그것에 앞선 문구, "그의 손의 양들"을 반향하고 있다.Keener: 1.825 요 10:1, 8, 10은 양을 잡을 기회를 엿보는 "도둑들과 강도들"을 말하고 있다.RSV; 12절의 "늑대"를 참조 따라서 양들의 안전은 전략적이다. 예수와 아버지는 예수의 양우리에 속한 양들의 안전을 보증한다.28-29절 이것은 속하지 않은 자들과 대조된다. 27절은 다음과 같이 단언한다. 내 양은 내 목소리를 듣는다. 나는 그들을 알며, 그들은 나를 따른다. 27절의 첫 번째와 세 번째 문구는 들음과 따름을 묘사하는데, 2-5절에 나오는 강조를 개괄하고 있다. 중간의 문구는 14b를 반복한다.

미야자키는 28-29절에 나타나는 사상의 흐름을 아래와 같이 도표화한다:

A 나는 그들에게 영생을 주며 그들은 결코 멸망하지 않으리라.28a

　　B 아무도 그들을 내 손에서 빼앗아 가지 못하리라.28b

A' 아버지께서 내게 맡겨 주신 것은 다른 무엇보다도 소중하다..29a 1)

　　B' 아무도 그것을 아버지의 손에서 빼앗을 수 없으리라.29b

A와 A'는 예수가 양들에게 주는 것과 아버지께서 예수에게 주시는 것을 명시하고 있다. 네 가지 본문상의 차이점에 대해서는 다음을 보라. Schnackenburg: 2.307-08 B와 B'의 유사성은

---

1) 이 구절의 번역은 다음과 같다. 그들을 주신 내 아버지는 만물보다 크시매 (개역개정)/ 그들을 나에게 주신 내 아버지께서는 만유보다도 위대하시고 (표준새번역)/ 아버지께서 내게 맡겨 주신 것은 무엇보다도 소중하다.(공동번역) 저자는 What my Father has given me is greater than all else를 사용하였기에 그대로 번역함을 일러둠. 역자 주.

먼저 아무도 예수의 손에서 양들을 빼앗을 수 없음을, 두 번째로는 아무도 아버지의 손에서 양들을 빼앗을 수 없음을 명시하고 있다. 이런 병렬은 "예수와 하나님이 같은 일을 하신다는 사실을 강조한다: 어떤 이의 일이 참되다면 다른 이의 일도 참되다." O'Day 1995: 676-77; Burer 따라서 10:30에서 절정을 이루는 선언은 이것이다: 예수와 아버지의 하나됨. 아버지처럼, 예수도 그의 손에서 양떼 무리를 지킨다.계 1:16을 참조

이 구절들은 영원한 보증의 교리를 강화하는데 사용되었지만, 이것은 이 본문의 의도가 아니며, 적어도 가르침이 이해되는 방식에 있어서도 아니다. 예수를 믿는 자들이자 따르는 자들로서, 우리는 그의 손에서 영원히 안전을 누린다.요한1서 3:18-24 만일 우리가 진정으로 그 무리에 속한다면, 우리는 안전할 것이다.요일 2:19-20 그렇지만 요한1서는 양떼에 있다가 떠난 사람이 있다는 것을 알려주며2:19 다음과 같이 말한다. "그들은 우리에게 속하지 않았다." McDermond: 146-49를 볼 것 야고보서 5:19-20은 진리에서 벗어나고 무리를 떠날 수도 있지만 죄의 고백을 통해 역시 양떼로 회복될 수도 있다는 것을 보여준다. 모든 것을 감안할 때, 우리는 예수와 아버지의 보호하시는 힘을 의심해서도 안 되며, 우리를 떼어놓는 세상의 유혹을 과소평가해서도 안 된다. 우리가 진리로부터 벗어나고 우리가 무리에 속하는 것을 위기에 빠뜨리지 않도록, 우리는 이런 보증을 이용해서도 안 되며 아무도 예외가 될 수 없는 죄의 심각성을 낮게 평가해서도 안 된다.

어떻게 유다가 예수와 아버지의 이런 강력한 힘과 관련하여 이해되어야 할지는 분명하지 않다. 요한복음은 유다의 슬픈 결말을 미리 예정된 것으로 보는 듯하지만6:70-71, 예수는 그와 더불어 빵과 잔을 나누었다.13:26-30 기이하게도, 요한복음의 저자가 예수를 권세자들에게 넘겨주는 유다의 행위를 말하고 있는 18:2-9에서는, 다음과 같이 인용하고 있다. 나는 당신께서 내게 주신 이들 가운데 하나도 잃어버리지 않았습니다. 이것은 10:28-29를 암시하고 있다. 이런 인용은 예수가 스스로 병사들에게 넘겨지고 자신을 따르는 이들을 풀어줄 것을 촉구한 후 11명의 제자들에게 적용되었다. 양떼의 안전과 유다의 상태에 대한 이런 이중적인 강조들에 대해서는 쉬운 해결책은 없다. 요한복음 9장과 10장 사이의 주석에서, 슈나켄부르크2.260-74는 신성한 예정과 개인적인 선택의 관계에 대해 긴 여담을 남기는데, 요한복음에서의 이런 이중적 강조가 야기한 어려움들을 반영하고 있다.또한 Kysar 2005: 45-52를 보라. 52쪽에는 요약차트가 있다

10:30 아버지와 나는 하나다

아무도 나의 [혹은] 아버지의 손에서 그들을 빼앗지 못하리라/빼앗을 수 없다라고 단

언하는 위의 B와 B' 속의 언급들에서 흘러나오는 예수의 주장은, 여기서 먼저 모든 역할에 있어서의 연합을 강조하고 있다.37절 참조 예수와 아버지의 보호하시는 힘은 하나다. 나와 아버지는 하나라는 주장은 나중에 성부, 성자, 성령의 연합/하나됨을 강조하는 삼위일체 신학을 다지는데 사용되었다. 이것은 또한 유일신적인 유대교의 쉐마 고백을 선언한다.Keener: 1.826 "내 양은 내 목소리를 듣는다"27절에 대한 강조는 서사 속에 빈번하게 반복되고 있으며10:3, 4, 5, 16, 27; 14, 15를 참조, "들으라 오, 이스라엘아"신 6:4에 부합한다. 9장에서는 "보는 것"이, 10장에서는 "듣는 것"이 배어들어 있다. 사 6:9에서 나오는 이런 이중적 강조들은 신약성서에서 자주 등장하고 있다.요 12장에 대해서는 TBC를 보라

쉐마의 핵심적 고백은 하나님의 단일성으로, "들으라, 오 이스라엘아: 주 너의 하나님은 한 분이시다." 신 6:4 NIV, RSV 하누카는 이스라엘의 하나님에게 성전을 다시 봉헌하는 것이며, 주 하나님을 위해 성전을 정결하게 하고 축성하는 것이다. 10:30의 나는 ~이다.ego eimi 선언에 나오는 동사는 복수형이다: 나와 아버지는 하나이다.[ego kai ho pater hen esmen] 예수는 자신이 나는~이다의 의미라고 말한다: 나와 아버지는 하나이다.NIV, RSV 이 말씀은 예수의 자기정체성에 대한 가장 분명한 언급이다.5:18에 나오는 유대인들의 고소를 역설적으로 확인하는 듯하다 키너Keener는 하나라는 단어가 중성이므로, 그 의미는 아마도 "사람의 정체성 보다는 목적의 정체성"이라고 지적하고 있다.1.826: 키너는 Borchert: 341을 인용하고 있다 게다가 이 구문은 요한복음의 첫 번째 문장, 태초에 말씀이 계셨고 그 말씀은 하나님과 함께 하셨으며, 그 말씀은 하나님이었다.1:1를 떠올리게 한다. 요한복음에서는 목적과 사람이 혼합된다. 이런 선언을 듣고 유대인들이 돌을 던지려 한 것은 놀랄 일도 아니다!10:31; TBC를 보라; "Trinity in John 요한복음의 삼위일체" W

게다가, "한 무리, 한 목자16절와 아버지와 나는 하나이다.30절"라는 구문의 병치는, 26-30절의 병렬에서 보여준 것처럼 중요하다.브라운 1966, 407-8 아버지와 아들은 사람들을 스스로 하나로 묶는다고 말한다: 예수는 아버지에게 그들이[예수를 따르는 자들] 우리가 하나이듯 하나가 되게 해달라고 기도했다.17:11, 22b 실제로 아버지와 나는 하나이다라는 선언은 여러 가지 심오한 의미의 층을 가진다. 원래 나는~이다라는 자기정체성의 문구는 주님에게 사용되었던 것이다.출 3:14; 사 42:8; 43-46장 예수의 나는~이다.서술어라는 주장과 자신의 절대적인 나는~이다 선언들은나는 각각을 7~9개로 센다 구약에 사용된 주님에 예수의 정체성을 연결시키는 것이다.[나는~이다, 584쪽]

신체적이고 언어적 격론을 벌이는 유대인들과 예수 10:31-39

10:31-33 유대인들이 예수에게 돌을 던지려 하다

유대인들이 예수에게 돌을 던지려 한 것은 두 번째이다.8:59 이 사건은 예수와 아버지를 연합하는 자신의 일을 통해서 자신의 정체에 대해 펄쩍 뛸 만한 선언을 한 이후에 따라온다. 예수의 반응은 잠시라도 시간을 끌어 그들이 생각하게 만들기 위해 계산된 것이다. 그는 다시금 자신의 일들을 짚으며 '어떤 점 때문에 나에게 돌을 던지려 하느냐?' 고 묻는다. 유대인들은 대응할 준비가 되었다. 그들은 예수가 한 일에서 예수의 말로 "범죄"를 전환하여, 예수를 신성모독으로 고소하고 있다. 왜일까? 이유는 인간에 불과한 당신이 스스로를 신으로 만들고자 하는 것이냐고 그들이 말한다. 이것은 5:17-18를 반복하며 또한 8:57-58에 암시되어 있다. 이제는 분명하게 언급되는데, 예수가 지은 죄는 신성모독이다.막 14:58-64를 참조

10:34-36 예수가 자신의 아들됨과 신성과 관련하여 성서에 호소하다

예수는 성서를 잘 안다. 하워드-브룩은 다음과 같이 적절하게 짚고 있다. "그 순간이 한창진행 될 때에, 예수는 태연히 어떤 바리새파 랍비만큼이나 현명하게 그들에게 해석적인 도전을 하고 있다." 1994: 216 시 82편은 잘 알려져 있지 않다. 6절은 하나님께서 열방의 신들을 심판하시는 맥락 속에 위치하고 있는데, 그 이유는 그 신들이 불공평한 재판을 하며 약한 이들, 고아, 낮은 이들과 가난한 이들을 올바로 대하지 않기 때문이다. 하워드-부룩은 통찰력 있게 언급하고 있다:

> 이 시편은 예수가 악한 목자들을 심판 하듯이 이스라엘의 악한 재판관들[그들의 신들]에게 동일한 비난을 하고 있으며, 이 이미지는 요한의 세계관 속에 잘 들어 맞는다. 하나님의 율법의 힘을 행사하는 자들은 신들처럼 행동하고 있지만 그들은 "여느 인간들처럼 죽을" 것이다. 여느 인간을 뛰어 넘는다고 분명히 주장함으로 죽음의 위협을 받았던 순간에, 예수는 죽을 수밖에 없는 운명을 가진 판관들을 떠올리게 하는 시편을 말하고 있는 것이다!1994: 246

이런 해석은 이 시편이 그들의 법적인 결정들을 함에 있어 신들처럼 행동하는 이스라엘의 재판관들이스라엘을 대표함에게 말하고 있다는 것을 가정하고 있다. 그렇지만 82:1a와 8절이 담고 있는 "신성한 회의"의 시각에서 볼 때, 이 시편은 열방들의 신들을 이야기하는 것이며, 주요 선지자들이 직접적으로 열방들에게 신탁을 하는 방식과 유사하다. 이

방 국가들 속에서는, 지배 군주들이 빈번하게 신성하다고 여겨졌다. 그렇지만 이런 신들에 대한 하나님의 말씀은 그들이 여느 인간들처럼 죽으리라는 것이다. 이방의 신들과 예수를 기소한 자들을 연결시키는 것은 그들의 도덕적인 상태를 진단하고 있다: "그들은 분별력도 없고 깨닫지도 못하여 어둠 속을 헤매고만 있다." 시 82:5a-b; 사 44장을 참조 요 10:6을 기억하라: 그들은 깨닫지 못했다. 그들은 눈이 멀었다. 요 9:39, 41

예수의 반응10:34-37은 아래와 같이 면밀히 논의하고 있다:

> 너희의 율법에 '내가 너희를 신들이라고 하였다' 하는 말이 기록되어 있지 않으냐? 하나님께서 하나님의 말씀을 받은 사람을 신이라고 하셨다. 또 성경은 폐하지 못한다. 그런데 아버지께서 거룩하게 하시어 세상에 보내신 사람이, 자기를 하나님의 아들이라고 한 말을 가지고, 어찌하여 하나님을 모독한다고 하느냐? 내가 내 아버지의 일을 하지 않거든, 나를 믿지 말아라.

예수는 자신을 변호하며 세 가지 줄기를 합친다: 열방의 지도자들이 '신들'이라고 불리는 불가침의 성서주된 주장; 하나님과 예수의 특별한 관계와 하나님으로부터의 위임이라는 사실-그리하여 예수의 주장의 기초는 하나님의 아들이라는 것이다.예수의 지위로서는 축소된 선언; 이 길고 열띤 재판 속에서 예수를 고소한 자들과 벌였던 앞선 논쟁 속에 예수가 긍정적으로 언급했던 것을 부정적으로 이야기하는 고소자들에 대한 "지연": "너희가 내 일들이 내 아버지의 것이 아니라고 정죄한다면, 나를 믿지 말라. 하지만 결정을 내리기 전에, 시편 속에서 신들에 대한 하나님의 심판을 기억하라." 예수의 응답은 자신의 논거를 말할 더 많은 시간을 갖기에 충분한 것이다.

10:38 예수의 일들과 아버지와의 연합에 대한 더 깊은 설교

이제 예수는 자신을 옹호하는 논쟁으로 전환하며, 지금 어안이 벙벙해 있는 그들이 예수의 사역이 아버지의 일이라는 통고를 받아들일 수도 있다는 것을 가정하고 있다. 만일 그렇게 된다면, 너희는 내가 누군지에 대한 선언들을 믿을 필요가 없다-"그냥 그 일들을 믿어서 내 아버지께서 내 안에 계시고 내가 아버지 안에 있다는 것을 알고 깨달으라." 다른 시각에서 보면, 예수는 그들의 신앙에 간청하고 자신의 주장을 심화시키는 것이다. 내 안에 아버지가, 아버지 안에 내가 있는 공동성은 아버지와 아들의 차이와 구분할 수 없는 연합을 말하고 있다. 이것은 아버지와 아들의 상호 거함이라는 요한복음의 기독론

과 영성의 정수이다.요 15, 17

10:39 그들이 예수를 체포하려 하다

여기서 말하는 그들은 아마도 "유대인들"일 것이다.[유대인들, 585쪽] 예수를 잡으려는 그들의 시도는 예수가 그들의 손으로부터 빠져나가면서 실패했다. 독자는 지금 세 번째로 예수가 이것을 왜, 그리고 어떻게 다루고 있는지를 궁금해 한다.7:32–46; 8:59를 보라 그 대답은 내 때가 아직 이르지 않았다는 것이다.2:4

예수가 물러나다; 다시 요한의 증언을 듣다 10:40–42ᵂ

요한복음의 저자는 의도적으로 이 마지막 단원을 증언자 요한의 초기 사역과 연결시키고 있다.1:19–36; 3:22–30; Burge 2000: 298을 참조 요한이 이전에 침례를 주었던 곳은 독자로 하여금 이 이야기가 시작했던 곳으로 되돌아가게 한다. 1:28과 3:26의 요단 강 건너편이라는 문구는 다시 여기 등장한다.1:28은 또한 베다니로 명시된다 그러므로 요단 강 건너편은 유대교 의례와 절기와 관련된 긴 서사를 요약하고 있는 수미상관inclusio이 된다.2:11–10:39 그렇지만 또 다른 유월절이 오고 있다.12–19장 11장은 예수의 부활20장을 내다보는 독립적이고, 절정의 신호이다.

그가 거기에 남았다는 것에서 무엇이 중요한가? 그것은 11장에 나오는 전략적인 이적이 있기 전에 시간의 공백을 가리킨다. 이런 이유는 유대인들로부터 벗어나기 위함일 뿐만 아니라 예수의 다음 행보인 나사로를 살리기 위한 시간을 벌기 위함이다.

미야자키는 이 간략한 문단을 교차대구로 윤곽을 그린다:

A 많은 이들이 예수에게 와서 말하고 있다.많은 이들이 왔다, 10:41

　　B "요한은 이적을 행하지 않지만요한의 행동, 41b

　　　B' 요한이 이 사람에 대해 말했던 모든 것은 사실이었다."요한의 증언, 41c–d

A' 많은 이들이 그곳에서 그를 믿었다.많은 이들이 믿었다, 42절

B와 B'는 평행적 비교가 된다: 요한의 "행동"와 요한의 "증언." 이런 비교는 요한의 중요성을 강조하고 있다. 사람들이 요한의 증언 때문에 믿었다는 교차대구적인 강조는 서문에서 요한의 역할을 기술하는 것과 맞아 떨어진다: 그는 증인으로 왔으며, 그 빛에 대해서 증언하고, 모든 이들이 그를 통해서 믿게 되었다.1:7 AT 예수의 공생애 사역이 끝

날 때 예수에 대한 요한의 증언을 반복하는 것은 요한의 목소리와 증언이 진실로 들린다는 것을 말하고 있다. 요한은 진정으로 중대한 증인이지만, 오직 증인으로서만 남는다. 그러므로 아버지로부터 오신 진정한 계시자이며 아들인 예수를 믿으라.

성서적 맥락에서의 본문

성서 속의 목자와 양 이미지[W]

목자와 양의 이미지에 관한 구약성서의 많은 연결점 가운데, 에스겔 34장이 가장 확장적이다. 린드Lind가 에스겔서를 훌륭하게 다루고 있는 책, 에스겔273-87, 그의 TBC 논문 "에스겔 34장과 요한복음 10장" 및 TLC 논문 "목자의 리더십A Shepherd Leadership"을 보라. 이스라엘에서 목자의 리더십은 "폭력적인 힘의 정치학"에 기초한 것이 아니다.279

다른 본문들 역시 언급할 가치가 있다. 이스라엘의 주된 예배서, 시편은 빈번하게 목자-양의 이미지를 차용하고 있다. 아름다운 시 23편은 하나님을 그의 백성, 양을 자애롭고도 풍요롭게 돌보시는 선한 목자의 모델로 그린다. 하나님은 양들이 목자를 따를 때 양들을 위해 푸른 초원과 신선한 물을 공급하신다.James Waltner의 이 시편에 대한 BCBC 주석을 보라[127-33] 특히 그의 TBC/TLC 부분 "만연한 목자 비유," 129-30을 보라 다른 시편 본문들 역시 영감을 준다. 종종 예배로의 부름으로 사용되는 시 95:6-7aKJV는 다음과 같이 말한다. "오너라, 우리가 엎드려 경배하자. 우리를 지으신 주님 앞에 무릎을 꿇자. 그는 우리의 하나님이시요, 우리는 그가 기르시는 백성이며, 그가 손수 이끄시는 양 떼다." 시 28:9는, 일상의 기도책의 아침 기도에서 하나님께 다음과 같이 간구한다. "오, 당신의 백성을 구하시고 그들의 유산에 복을 내려 주십시오; 영원토록 그들의 목자가 되시어, 그들을 보살펴 주십시오"여기서는 NRSV

목자로서의 하나님은, 아버지인 하나님과 양인 백성과 더불어, 마 2:6; 9:36: 10:6, 16; 15:24; 18:12-14; 25:32에서 중요한 모티브 역할을 한다.14:14 참조; Swartley 2006a: 79-84; Yokota: 170-203 요한복음 10장에서 이 두 이미지의 연합, 목자로서의 예수와 내 아버지로서의 하나님은 매우 중요하며 요한복음과 마태복음 사이의 신학적인 유사성을 제시하고 있다.Swartley 2006a: 84에 나오는 마태복음에 대한 도표를 볼 것 내 양을 먹이라고 예수로부터 위임을 받은 베드로는요 21:15-19 베드로전서 2:25에서 목자와 양의 이미지를 사용한다. "전에는 여러분이 잃은 양과 같았으나, 이제는 여러분의 영혼이, 목자이시며 감독이신 그에게로 돌아왔습니다." 다시 5:2-4에서, 베드로는 장로들을 "여러분 가운데 있는 하나님의 양떼를 돌볼 것"과 "여러분 가운데 맡겨진 사람들을 지배하려 하지 말고 양떼의 모범이 되어" "목자장이 나타나실 때에 변하지 않는 영광의 면류관을 얻을 것"이라고 훈계한다.E. Waltner의 BCBC 주석: 158을 볼 것

히브리서 13:20-21에 자주 사용되는 축도 역시 "평화의 하나님"을 "양떼의 위대한 목자"로 지칭하면서 요 10장과 같이 그것을 희생적 언어인 "영원한 언약의 피로"와 연결시킨다. 히브리서의 이 본문은 "평화의 하나님," "양떼의 위대한 목자,"그리고 "영원한 언약"과 함께 묶고 있는데, 이는 "한 목자, 나의 종 다윗"을 백성들에게 "평화의 언약"으로 맺은 하나님의 약속과 연결하고 있는 에스겔 34장을 떠올리게 한다.23-25절 에스겔 34장은 다음과 같이 결론을 맺는다. "너희는 내 양 떼요, 내 목장의 양 떼다. 너희는 사람이요, 나는 너희의 하나님이다. 나 주 하나님의 말이다." 계시록 7:17은 "보좌의 한 가운데 있는 어린양"을 "그들의 목자"라고 밝히고 있는데, 그는 "생명수의 샘에 그들을 이끄실 것이며 하나님께서 그들의 눈에서 흐르는 모든 눈물을 씻어 주실 것이다."

요한복음 10장에 나오는 문지기의 이미지는 마가복음 13:34/누가복음 12:39에서 신앙공동체가 항상 깨어서 기다리라는 경계와 경고의 상징으로 차용되고 있다.R. Brown 1966: 392 신약에서 관련되는 다른 본문들행 20:17, 28-29; 눅 15:4-7; 19:10에 암시됨과 교회 속의 리더십을 묘사하기 위한 목자의 이미지 사용에 대해서는 월트너E. Waltner의 TBC 논문 "목양으로서의 교회 리더십"166-67을 보라.

요한복음의 기독론: 아버지 하나님과 하나되는 예수

이 주제에 대해서는 5:18의 주석과 같은 장의 TLC 부분, "예수와 아버지의 관계Jesus' Relationship to the Father"를 보라. 요한복음은 로고스, 하나님의 아들, 인자, 주님, 그리고 나는~이다와 같은 풍성한 호칭들의 나열로 가득하다.[기록론, 568쪽]

요한복음의 기독론이 많은 칭호들로 가득하지만, "다윗의 아들"이 없다는 것이 눈에 띈다. 웨인 믹스Wayne Meeks의 책, 예언자-왕1967은 구약의 모세와 예언적 전통을 다윗이 아니라 왕권에 대한 요한의 시각과 연결시킨다. 여러 가지 칭호들을 논함에 있어, 밀랜드Mealand는 이들 칭호들을 구성상의 발전 속에서 인식하고 있는데, 이런 호칭들은 요한복음에 있어서 독특하고 의미가 있는 것이다: 인자고난과 영광과 연결됨; 하나님의 아들, 아들왕족을 함축하고 있음; 아버지 하나님과 아들 예수; 하나님과 함께 하셨고 … 하나님이었던 로고스.1:18의 하나님은 아들됨과 독특성을 암시하고 있다 457-64 밀랜드464-65는 예수의 나는~이다 선언을 출애굽기와 이사야에 나오는 하나님의 빈번한 선언들과 연결시킨다:

"나는 주다." 이것은 요한복음의 중요한 기독론적 특징이다.

우리는 왜 요한복음이 공관복음서에 비교해 볼 때 자신만의 기독론을 그림에 있어서 그리도 독특했는지 물을 수 있다. 하나 이상의 요소들이 여기에 대한 답을 하고 있다. 먼저, 요한공동체의 경험은 1세기 후반의 시기로부터 시작된다: 요한공동체는 유대교 속에서 독특한 정체성을 마련했으며 따라서 아마도 유대교로부터는 분리되었을 것이다. 두 번째 요소는 신자들이 예수를 그들의 구세주, 왕, 하나님의 아들, 주님으로 알게 할 필요가 있었는데, 이는 동일한 칭호를 주장했던 황제들과는 다르고 대조가 되는 것이다. 위대한 나는~이다로서의 예수는 황제들이 약속하지만 폭력적인 통치라는 대가를 치러야 했던 기본적인 인간의 필요빵, 물, 생명, 진리에 응답한다.

이런 사회종교적이고 정치적 요소들에 더해지는 것은 예배의 중요성이다-황제를 예배하는 것이 아니라 그들의 구세주, 주님, 그리고 하나님을 예배하는 것이다. 오스카 쿨만Oscar Cullmann 1953은 예배에 대한 요한의 시각을 인식하면서 적절하게 이런 접근방식을 제시하고 있다.또한 다음을 보라. Swartley 2007: 227-28, 230-35 이런 면에서 요한복음은 계시록과 공통된 특성을 공유하고 있다.Swartley 2006a: 339-55, 특히 341n57; 2007: 239-62 마리아의 사도적 선언, 내가 주님을 보았다.20:18과 도마의 고백적인 선언, 나의 주이시며 나의 하나님이십니다!20:28도 그런 것이다.

교회생활에서의 본문

목자와 양

2세기 저술가들 몇 명은 목자의 비유를 차용한다. 폴리캅의 순교Martyrdom of Polycarp에서, 저자는모든 신자들에게 쓰는 스미르나의 교회 스미르나의 주교, 순교한 폴리캅은 이제 주님을 "교회의 … 목자"로 축복하고 있다고 선언한다.19.2 자신의 긴 책 목자The Shepherd에서, 헤르마스Hermas는 예수를 목자로 특징짓고 있다.

아나뱁티스트들은 자신의 정체성을 말할 때 『순교자의 거울』Martyrs Mirror에서 요 10:27-28을 자주 인용한다: 내 양은 내 목소리를 듣는다. 나는 그들을 알며 그들은 나를 따른다. 그들은 보호하는 목자의 팔에서 안전하게 있을 수 있다는 보증을 얻으며, 아무도 그들을 빼앗을 수 없다.van Braght: 37, 422, 453, 513, 537, 604, 648, 820/475, 689, 743, 822

아나뱁티즘 속에서 목자와 양의 이미지를 이렇게 자주 사용하는 것은 제자도에 대한 그들의 이해와 밀접하게 관련되어 있다. 제자도의 요소들은 10:1-5와 7-10장에 대한 하워드–브룩의 교차대구법 속에 나타난다. 각각의 핵심 주제는 "열고, 듣고, 부르고, 인도해 내라"는 것으로3절 내가 그 문이며 나를 통해 들어오는 자는 구원을 얻을 것이다.9절 AT 각각의 교차대구법의 핵심은 주의를 기울여 목자에게 헌신하는 것이며 목자의 인도 아래 나가고자 하는 의지이다. 9절과 연결된 "나감"은 선교를 수반하는데, 다른 이들이 그 문을 통해 들어오도록 초대를 받고 예수가 신정한 목자이기 때문이다. 이후의 절들이 보여주듯, 이 목자는 자신의 생명을 양을 위해 내어 준다. 참된 목자를 따라가는 것은 제자도의 비유로서, 목자의 목소리와 그의 부름을 듣고 이 양 우리로 들어오는 다른 이들을 환영하러 나가는 것이다.10:16 제자도는 목자와의 관련성과 그에 대한 순종에 기초하고 있으며 그 목자의 위임에 뿌리박혀 있는 것으로, 따라가는 양들을 안내한다.

풍성한 삶

풍성한 삶 혹은 삶의 풍성함을 구글에서 찾으면 수많은 검색어들이 나타난다. 아마존 Amazon.com에서 유사한 검색을 해도 수천 권의 도서명이 등장한다. 분명히 이런 매력적이고 초청하는 문구는 우리 문화의 상업적인 묘기로부터 벗어나지 못하고 있다. 아마존의 검색결과 가운데 예수나 요 10:10과 연결되는 것은 거의 없다. 풍성한 삶은 그 안에 있는 깊은 동경, 우리 문화 속에서 놓치고 있는 어떤 것과 연결되고 있다. 광고인들은 이것을 알고 있기에 깊은 인간의 욕망과 필요들과 영합하고 있다. 책의 제목들은 페미니스트 신학적 관심에서 부유함, 전기, 홈스쿨링에 이르기까지 분야가 넓다. 이런 책제목들은 우리 문화의 배고픔과 목마름이라는 입맛에 맞춘다 … 그렇지만 그들은 잘못된 방향을 가리키고 있다. 나는 목사들이 얼마나 자주 이 본문을 설교하고 풍성한 삶의 진정한 근원으로서 예수를 가리키는지 모르겠다. 목사여, 이것이 당신의 도전이다.

진정한 목자

교회음악은 목자 비유로 가득하다. 찬송가: 예배서Hymnal: A Worship Book 가운데 가장 오래된 찬송 중의 하나는 2세기 후반의 알렉산드리아의 클레멘트에서 온 것이다. "참 목자 우리 주Shepherd of Tender Youth #480"로 이름 붙은 찬송은 다음과 같이 시작한다. "다정한 목자는 사랑과 진리로, 우리가 모르는 방식을 통해 인도하신다."

육아의 기도는 "사랑하시는 목자" Sing the story, #152이다. 또한 "내가 조용한 가운데 너에게 오리라"Sing the Story, #49는 요 10:2/사 43:1을 반향하고 있다: "내가 너희 각각의 이름을 부르노니."

요한복음 11-12장

예수의 공생애 사역의 절정

사전검토[W]

이 두 개의 장은 이적과 말씀을 통해 예수가 자신의 인성을 주장하는 것으로 끝이 난다: 이 장들은 또한 미래를 내다보고 있다. 운명에 맡기는 듯한 도마의 말11:16은 앞으로 일어날 여정을 표시하는 모티브가 된다. 예수가 사랑하는베다니의 세 명 자들과 예수의 우정은 그의 고별설교의 친밀함을 예기하는 것이다. 죽은 나사로를 되살리는 것을 예견하면서, 예수는 마르다에게 "나는~이다"라는 절정의 선언, 곧 "나는 부활이고 생명이다.11:25"를 얘기한다. 예수가 나사로를 살리면서 이루어진 이런 놀라운 선언은 제사장들과 바리새인들로 하여금 예수를 죽이고자 하는 음모를 꾸미기 위한 특별한 회의산헤드린를 주선하게 한다. 11:1-12:11의 나사로 이야기는 "죽음을 통해 생명으로"라는 유월절의 주제를 반영하고 있다. 11장의 담화와 이적은 유월절을 극적으로 만든다.

예수의 위대한 이적은 종교 지도자들이 예수를 국가의 정치적 안보에 위협으로 여기는 부분에 대한 대중적인 반응을 발생시킨다.11:48 예수가 중단하지 않는다면, 대중들은 예수를 왕으로 받아들이게 될 것이다. 이것은 메시아적 봉기를 유발시키고 로마 군대는 자신들의 입장에서 이 봉기를 정치적 반역으로 생각하여 부숴버리게 될 것이다. 로마 군대가 쳐들어오면 유대교의 국가적 삶이자 허약한 자유를 상징하는 우리의 성전을 파괴할 것이다. 우리의 거룩한 장소와 우리의 나라. 48절; 2:19-22를 반향하고 있음 따라서 지도자들은 "한 사람이 백성을 대신하여 죽어서, 민족 전체가 망하지 않는 것이 당신들에게 유익하다"는 가야바의 조언에 귀를 기울이고 있다. 11:50 요한복음의 저자는 이 말을 하나님의 목적과 부합시켜 해석한다: 예수가 "민족을 위하여 죽으실 것이니, 민족을 위할 뿐만 아니라 흩어져 있는 하나님의 자녀를 한데 모아서 하나가 되도록 함이다." 11:51c-52 지도자들은 예수를 죽이려고 모의한다. 11:51-53, 55-57; 12:10-11

12장은 다섯 부분으로 되어 있으며, 각각의 부분은 절정을 표시하고 있다. 첫 번째로, 마리아는 예수의 장사를 예고하면서 예수의 발에 기름을 붓고 있으며 11장의 서사를 계속하고 있다. 등장인물은 똑같다: 마르다, 마리아, 그리고 나사로. 다음의 단원들이 12장에서 나타난다:

- 마리아가 예수의 장사를 예고하며 예수의 발에 기름을 붓는다. 12:1-8
- 제사장들이 나사로에 맞서 음모를 꾀한다. 12:9-11
- 종려주일에 사람들이 예수의 왕권을 찬양한다. 12:12-19
- 헬라인들이 예수를 보러 오고, 그 때의 도래를 촉진시킨다: 내 때가 이르렀다. 12:20-26
- 예수가 임박한 자신의 죽음을 직면하면서 잠시 갈등을 겪는다. 12:27-36a
- 예수와 저자-서술자가 예수의 공생애 사역과 백성들의 반응에 대한 마지막 해석을 내린다. 12:36b-50

주제와 모티브

두 장은 모두 앞선 서사들의 주제와 모티브를 반향하고 있다. 11:9-11에서 예수는 다시 '세상의 빛'이며, 8장과 9장을 떠올리고 있다. 11:37에서 유대인들 가운데 몇몇은 예수가 맹인을 치유한 것을 회상하면서 다음과 같이 묻는다. "눈이 먼 사람의 눈을 뜨게 하신 분이, 이 사람을 죽지 않게 하실 수 없었단 말이오?" 유사하게 12:9에서 이 서사는 나사로를 살리는 것을 다시 언급하고 있다. 그리하여 제사장들은 나사로를 죽일 음모를 꾸민다. 12:10 그 이유는 무엇인가? 예수가 살린 나사로는 많은 유대인들로 하여금 예수를 믿도록 만들었기 때문이다. 12:11

마리아가 예수에게 기름을 부은 것과 유다의 반응은12:5-6 수난이 시작되었음을 알린다. 예수가 예루살렘으로 입성하는 것은 왕권의 모든 함정으로 표시된다. 종려나무가지는 예수의 왕적인 데뷔를 맞이할 길 위에 뿌려진다. 메시아적 시편인 118편에서 오는 외침은 예수를 이스라엘의 왕이라고 선언한다! 아울러 예수는 스가랴 9:9의 완성으로 어린 나귀를 선택한다. 스가랴 9:9는 전쟁을 종식하고 열방에 평화를 명령하고 있는 맥락이다.

가장 놀라운, 헬라인들이 예수를 보러 온 것은 예수의 깜짝 놀랄 반응을 촉진시킨다. "인자가 영광을 받을 때가 왔다.12:23 지금은 이 세상의 심판의 때이며, 이 세상의 통치자가 쫓겨날 것이다.12:31, RSV"는 예수의 선언은 실제로 절정에 이른다. 심판은 예수가 심판을 할 권세가 있다는 주장을 절정에 이르게 한다.5:27; 8:16; 3:19, 36 참조 "내가 땅에서 들려 올라갈 때에, 나는 모든 사람을 나에게로 끌어올 것이다라"는 예수의 선언12:32은 3-10장을 통해 흐르고 있는 몇 가지 주제들을 반향하고 있다: 들려 올라감과 영광을 받음. 8:12의 예수의 말씀이 울려 퍼지고 있다: "아직 얼마 동안은 빛이 너희 가운데 있을 것이다. 빛이 있는 동안에 다녀라. 어둠이 너희를 이기지 못하게 하여라. 어둠 속을 다니는 사람은, 자기가 어디로 가는지를 모른다. 너희는 빛이 있는 동안에 그 빛을 믿어서, 빛의 자녀가 되어라."12:35-36 NIV 1984

예수가 믿음으로 부름

12:38-41에서 요한이 두 개의 이사야 본문들을 인용한 것은 계시, 눈이 멈, 봄, 그리고 치유구원을 강조하고 있다. 예수의 마지막 말씀은 믿음으로 부르심을 반복하고 있다. 예수는 세상에 빛으로 온다-심판이 아니라 구원하러 오심. 예수는 영생을 주시며 그의 모든 말씀과 일들은 아버지께서 명하신 것들과 부합되고 있다.12:44-50

11장에서 예수의 마지막 이적으로, 이 기나긴 믿음의 반응들2:11, 23; 4:39, 41, 50, 53; 6:69; 8:30; 9:38; 10:42과 불신의 반응들2:24-25; 5:41; 6:64; 7:33, 45; 8:45, 48; 10:19은 무르익고 있다.11:45; 12:11은 11:55와 대조된다; 12:42는 12:37-39와 대조된다 많은 이들이 믿었다거나 믿지 않았다는 더 이상의 언급은 없다. 이적들은 행해졌고 주사위는 던져졌다. 인자는 곧 들려질 것이다. 아래에서의 "권세들"과 위에서 오는 힘에 의해!

예수의 절정의 이적:나사로의 죽음, 다시 살리심, 그리고 이후의 일들

사전검토

1957년 쉐난도 골짜기Shenandoah Valley에서 어떤 사역자가 버지니아 주의 해리슨버그Harrisonburg에 가까이 다가갔을 때, 그는 어떤 환상을 보았으며 어느 때에 자신의 교회 교인 가운데 하나가 부활하리라고 믿게 되었다. 기적이 일어나게 될 것이라는 소식은 지역 언론으로 보도되었으며, 많은 신자들이 선포된 날 아침 시간에 기적을 보기 위해 찾아왔다. 그렇지만 세상에나, 부활은 일어나지 않았으며 그 사역자와 추종자들은 완전히 풀이 죽었다. 요 11장에서 마리아는 만일 예수가 일찍 왔었더라면 아픈 나사로가 죽지 않았을 것이라고 한다. 그렇지만 그녀도, 마르다도, 예수를 제외한 어느 누구도 죽은 지 이미 4일이나 지난 사람이 살아 돌아올 것이라는 것은 예상하지 못했다. 그런데 예수와 함께라면, 보라! 기적은 일어난다.

요한복음에서 예수가 나사로를 살리신 사건은 이적의 최고점이다. 그것은 요한복음의 위기krisis를 절정에 이르게 한다. 이적들은 어떤 종류의 반응을 끌어낸다—신앙이냐 불신앙이냐. 예수가 죽은 나사로를 요한복음 11장에서 다시 살린 기적은 자신의 미래를 예표하고 있다: 죽음과 부활. 10:40에서의 새로운 베다니 배경에서요단강 건너편의 베다니; 1:28을 떠올리게 한다. 예수는 유대인들과는 더 이상 소통하지 않지만 유대인 신자들과는 소통을 한다. 예수는 자신의 제자들과 마르다와 대화를 나누며 그 이적을 선행하고 있다. 이들의 대화는 그 이적을 해석한다. 예수는 대개 사람들과 소통하지 않고−그들이 있었다고 되어 있음에도−자신의 그룹 내부의 사람들, 즉 베다니 가족예루살렘으로부터 2마일 떨어진 베다니과 그의 제자들과 소통하고 있다.12:12−50의 미리보기를 볼 것

  두 개의 에피소드가 예수의 위대한 기적에 선행하고 있고 두 개가 뒤를 따른다. 나사로의 병을 묘사한 후에, 예수는 제자들과 이야기한 후 이어서 마르다와 이야기한다. 예수가 마리아를 만나고자 했지만−그녀는 예수에게 말을 하지 않고 운다−그녀에게 말을 걸지 않는다. 오히려 그는 그녀와 그녀를 위로하러 온 유대인들과 함께 운다.

  기적이 있은 후 이 서사는 이 기적이 권세자들에게 제기한 문제로 전환한다. 많은 유대인들이 믿었지만45절 몇몇 사람들은 권세자들에게 알린다.46절 예수의 기적은 유대인들 가운데 공포심을 불러일으켰으며, 자신의 십자가 운명을 확정짓게 된다.[유대인들, 585쪽] 우리는 이 드라마에서 누구의 편에 설 것인가? 11:37에서 몇몇 유대인들은 다음과 같이 묻는다. 맹인의 눈을 뜨게 한 그가 이 사람은 죽지 않게 할 수 없었단 말인가? 예수의 이적은 그런 대립을 힘을 불어 넣는다. 권세자들은 자신들이 예수를 죽일 음모를 꾀해야 할 것을 알고 있다.46−48절 그리하여 이 서사는 어떻게 그들의 "거룩한 장소"를 파멸로부터 구할 것인지에 대해 권세자들의 공모에 대한 확장된 묘사로 전환하고 있다. 그들은 기적을 일으키는 예수의 힘이 예수를 메시아라고 주장하는 대중적인 지지를 로마인들이 강력히 탄압하게 되는 결과를 가져오는 것을 두려워한다.

  이 단원의 마지막 사건은 다시 살아난 나사로와 마르다, 그리고 마리아의 집에서 벌어지고 있다. 이 장면vignette에서 마리아는 주요 등장인물로서, 예수의 발에 그녀의 위대한 봉헌을 쏟아 붓는다. 유다가 부정적으로 반응한 것은 세 가지의 감정적으로 움직이는 상호교환들 사이에 껴 있다: 마리아와 예수; 예수와 유다; 그리고 예수와 마리아; 예수의 마지막 말씀은 임박한 자신의 죽음을 예언하고 있다. 마지막으로, 12:9−11에서 예수는 나사로가 되살아 난 것에 대해 권세자들에게 해명할 책임과 마주한다!

  이 베다니 서사 속에서 몇 개의 중요한 질문이 나온다. "주여, 당신이 사랑하는 그가 병에 걸렸습니다."3절 사랑이라는 단어는 2장 이후에 처음 등장하게 되는 인물, 예수가 사랑했던 제자를 예견하고 있다.13:23 애제자가 요한복음의 저자와 연결되어 있으므로19:35; 21:24 나사로는 요한복음의 저자와 관련이 있는가? 이런 질문은 미궁에 빠진다.[애제자, 205쪽]

마르다에게 한 예수의 자기계시11:25-26, "나는 부활이며 생명이다"는 다음과 같은 그녀의 고백에 뒤따르는 것이다. "주님, 당신은 메시아, 하나님의 아들, 이 세상에 오시는 이인 줄을 내가 믿습니다."27절 이 고백은 예수가 자신의 신성한 인성 및 힘에 대한 자기계시에 있어서나 예수의 기독론적 정체성의 인간 이해 속에서나 계시의 정점에 이르고 있다. 마르다의 고백은 요한복음에서 언급하고 있는 목적을 표현한다.20:31; 그녀의 고백 속에서 그녀가 증언하는 신앙은 가장 중요한 것이다. 앞서 사마리아 여인의 고백에 이제는 마리아의 고백이 보완되고 확대되어 요한복음이 펼치고 있는 기독론의 최고점에 이르는 것이다. 놀랍게도 이 두 고백 모두 예수의 정체성을 깨닫는 것은 여성들이다. 이것은 흥미로운 질문을 제기한다. 여성들은 공동체에서 어떤 위치에 있었는가? 이 공동체는 여성의 리더십을 가지고 있었는가, 아니면 요한복음은 이런 현실을 뒷받침하기 위한 본보기인가? 혹은 이것은 단순히 예수의 사역에 대한 역사적 현실을 반영하고 있는가?[요한복음의 여인들, 607쪽]

이런 절정의 이적서사는 앞선 주제들을 잇고 있다. 나사로가 병들었다는 것을 예수가 들었을 때, 그는 다음과 같이 말한다. 그 병은 죽을병이 아니다. 그것은 오히려 하나님의 영광을 드러낼 병이다. 이 일로 말미암아 하나님의 아들이 영광을 받게 될 것이다.11:4 유대인들은 예수에게 돌을 던지려 하는데8절, 이것은 8:59와 10:31을 반향하고 있다. 그리고 11:9-11에서 예수는 다시금 세상의 빛이며, 8-9장의 강조점들을 진척시킨다.

개요

나사로의 죽음, 문제, 11:1-16

예수의 기적, 대답, 11:17-44

유대인들의 반응, 11:45-46

공의회의 음모전략에서 가야바의 역할, 11:47-57

마리아가 베다니에서 예수에게 기름을 붓다, 12:1-8

나사로가 살아 난 결과, 12:9-11

주석적 해설

나사로의 죽음, 문제 11:1-16

11:1-6 배경과 등장인물

장소와 배경은 베다니이다—요단 강 건너편에 있는 베레사에 있는 곳이 아니라, 베다니는 불과 예루살렘 외곽에서 2마일 남짓 떨어져 있다.1절 예수가 사랑하는 세 명의 친구—마리아, 그녀의 누이 마르다, 그리고 나사로가 그곳에 살고 있다. 2절에서 서술자는 12:1-8에서 일어난 일을 미리 시사하고 있는데, 과거 시제aorist 분사인 '기름붓다'와 '닦았다'를 사용하고 있다.Moloney 1998: 325 이런 예기적proleptic 기법은 앞에서도 나타났는데, 바로 이 서사가 예수가 베드로로 명명한 시몬을 소개하기 전에 안드레가 시몬의 형제로 소개된 부분이다.1:40-42 이것은 이 사람들의 이름이 주의 날의 모임에서 구전 전승과 가르침, 설교를 통해 1세기 독자들에게 잘 알려져 있었다는 것을 보여준다.O'Day 1995: 685 2절 이후에 마르다는 11장에서, 마리아는 12:1-8에서 중요한 역할을 수행하고 있다. 이 자매는 나사로가 병에 걸려 도움이 필요하다는 소식을 전한다: "주님, 당신이 사랑하시는 그가 병들었습니다."3절 그들은 예수가 오리라 기대한다.

4절에서 예수의 반응은 목회적인 위로가 아니었다. 오히려, 예수의 반응은 비극을 승리를 위한 기회로 바꾸는 것이다. 그 병이 죽음에 이르지는 않는다고 말하면서, 예수는 자신의 제자들에게 잠시 희망을 준다. 예수는 그들에게 나사로가 잠이 든 것이라고 선언한다.11절 잠은 죽음을 문학적으로 혹은 완곡하게 표현한 것일 수 있으므로, 오해가 생긴다. 그러자 예수는 예언적으로, 나사로의-자신의-죽음의 의미를 말하고 있다: "이 병은 … 하나님의 영광을 위한 것으로, 하나님의 아들이 이 병으로 영광을 받을 것이다."4절 RSV 예수가 하나님의 신성에 참여한다는 이 기독론적 선언은 놀라운 것이다: 하나님을 영화롭게 하는 것은 또한 하나님의 아들을 영화롭게 하는 것이다.4d 서문1:14과 가나에서의 첫 번째 이적2:11에 나오는 영광doxa이라는 주제는 이제 서사적 초점 속으로 다시 움직인다. 하나님의 영광은 예수의 가르침과 행위 속에서 빛나고 있다.5:41, 44; 7:17-18; 8:50, 54 뉴비긴Newbigin, 140은 다음과 같이 언급한다. "이제부터 영광이라는 주제는 더욱 더 중요한 위치로 들어가게 된다.예를 들면 12:16, 23, 28, 41"

짧지만 달콤한 5절은 예수와 이 가족들과의 사랑의 관계를 말해주고 있다. 헬라어 phileo가 3절에서 나사로에게 쓰였다면, 헬라어 agapao는 5절에서 세 가족들에게 사용되는데, 의미상의 차이점 때문에 논쟁의 여지가 있다. 오데이1998: 686는 차이가 있다고 보지 않지만 21:15-19에 대한 언급을 보라.

예수가 이 가족에 애정을 가지고 있었다는 것에 비추어 보면, 예수가 즉시 갔을 것이라고 생각할 수 있겠지만 그는 이틀을 더 지연한다.6절 이것은 사흘째 되던 날에 하나님께서 부활하게 하실 것을 기다리며 무덤에서의 예수가 보낸 시간을 예시한 것인가? 나중에 우리는 나사로가 4일 동안 무덤에 있었다는 것을 알게 된다.17절 예수의 지연은 아마도 나사로가 실제로 죽었는지에 대한 어떤 의문의 여지도 종식시키고자 하는 것일 수 있다. 예수는 믿지 않으려는 사람들을 위해 순조롭게 가는 것을 원하지 않는다. 예수는 예루살렘에 가는 것이—특히 그가 사랑하는 친구를 되살린 이후에는—예루살렘의 권력자들과 치명적인 충돌로 이어질 것이라는 것을 안다. 예수는 대가를 치른다. 아버지가 그에게 정해주신 때가 예수의 행동을 결정한다.

11:7-16 예수와 제자들 사이의 대화

이틀을 지연하고 나서, 예수는 베다니로 가기로 결정하고 요단강을 건너 철수한다.10:40 제자들은 당황하고 화가 난다: 그들은 예수가 자신의 생명에 대해 솔직하게 말하고 있다는 것을 안다. 그들은 예수가 과거에 권력자들과 갈등을 일으켜서 예수에게 돌을 던지려 했던 것을 안다.8:59; 10:31 예수를 랍비로 부르며 제자들은 직설적으로 말한다. "당신은 유대인들이 하려고 했던 일을 알고 있습니다! 그런데도 가서 죽으려 하십니까?" 8절 AT 예수는 시간의 용어로 응답을 하면서 낮과 밤을 가리키는데, 이것은 나중에 자신의 선교를 나타내는 것이다. 낮은, 넘어지게 하고 믿음이 없는 밤과 대조되는데9-10절, 이것은 아마도 예레미야 13:16을 암시하는 것일 수 있다. "하나님께서 어둠을 불러오시기전에, 너희의 발이 걸려 넘어지게 전에 주 너의 하나님께 영광을 돌려라." 요한복음의 서사 속에서 그것은 요 8:12에 나오는 그의 주장을 가져온다. 나는 세상의 빛이다. 누구든지 나를 따르는 자는 어둠 속에서 걸을 것이고 생명의 빛을 얻을 것이다.

다음 절들에서는11-15절, 예수가 가고자 하는 다짐을 반복하며 나사로가 잠이 들었다고 말한다.11절; 헬라어 *koimao*는 살전 4:13-14에서처럼 잠이 들었거나 죽었다는 것을 의미할 수도 있다. KJV와 NRSV를 참조 제자들은 *koimao*의 이중적인 의미를 잘못 이해한 나머지, 나사로가 잠을 자서 회복하게 될 것이라 생각하여 그가 회복할 것입니다라고 말을 한다.12절 RSV 예수는 그것을 단도직입적으로 말한다: "나사로가 죽었다."14b 예수는 그제야 목적을 밝히고 자신이 시간을 끌었던 이유를 설명한다: 내가 거기에 있지 않은 것은 너희에게 도리어 잘된 일이므로, 기쁘게 생각한다. 이 일로 말미암아, 너희가 믿게 될 것이다. 그에게로 가자15절 충격적인 것이 이 절에 들어 있다. 예수는 나사로가 죽은 것이 너희에게는 잘된 일이므로 기쁘게요한이 자주 사용하는 단어 *chairo*, 기뻐하다 생각한다고 말한다. 너희에게는 잘된 일이라는 구문이 예수가 기뻐하는 것을 수식하는데, 다음과 같이 말하는 것과 같다.

"그가 죽은 것은 내가 너희에게 무엇인가 기적적인 일을 보여주기 위한 것이며, 그런 이유로 나는 기쁘다!"AT 제자들은 당혹스러워 한다. 그들은 예수가 나사로를 사랑하는 것을 안다. 그렇다면 왜 예수는 나사로의 죽음에 이토록 차갑게 반응하는 것인가?

쌍둥이라는아람어로는 *Didymus* 도마는 체념하듯이 다음과 같이 말한다. "우리도 같이 가서 그와 함께 죽자"16절 도마의 반응은 역설적이다. 그 이유는 모르는 것처럼 말하기 때문이다. 그렇지만 그는 자신이 생각하는 것 이상으로 알고 있다. 듀크Duke 59는 다음과 같이 묻는다. "이렇게 이전에는 볼 수 없던 등장인물은 제자도의 부름을 깊게 이해하는가, 아니면 그가 그저 '영광을 이해하지는 못하고 암울한 사실들만을 보는 사람'인가?" 이 서사는 이런 당황스러운 말에 대한 설명을 주고 있지 않다. 우리는 다음에는 무슨 일이 일어날 것인가에 대해 긴장감, 어리둥절함, 그리고 호기심을 가진 채 남겨졌다. 도마의 우울한 언급은 가야바의 "해결"을 우리에게 예비해 주고 있다!50절

교회의 전통-특히 동방-에서는 도마가 예수와 쌍둥이였다는 얘기가 돌았다. 아마도 순교의 운명 속에 있던 그들이 교회 속에서 이런 신념에 기여했을 것이다. 하워드-브룩 1994: 259은 우리가 나사로의 이야기를 순교적 관점에서 읽어야 한다고 주장하는데, 그 이유는 10:40-12:11에 대한 자신의 교차대구적 분석에 기초하여, 이 단원의 마지막 절들인 12:9-10 속에서 "되살아난 나사로는 … 예수의 경우처럼 똑같이 살인 음모의 대상"이기 때문이다.

예수의 기적, 대답 11:17-44

11:17-27 예수와 마르다[w]

놀랄만한 임박한 기적이 서사상의 예견을 품고 있다. 무덤17절은 앞서 5:28-29a에서 사용된 복수형 단어로서 무덤들로 번역된다: "이것을 놀랍게 여기지 말라; 무덤 속에 있는 모두가 그의 음성을 듣고 나올 것이다." 게다가, 예수가 마르다에게 가르치는 것은 또한 예루살렘에서 앞서 행해졌던 대중 설교보다 앞선 것이다: "진실로 진실로 너희에게 이르노니 죽은 자들이 하나님의 아들의 음성을 들을 때가 오나니 곧 이 때라 듣는 자는 살아나리라. 아버지께서 자기 속에 생명이 있음 같이 아들에게도 생명을 주어 그 속에 있게 하셨다."5:25-26 독자는 이런 가장 위대한 이적을 준비하고 있는 것이다.

마르다가 예수를 맞으러 밖으로 나가 있는 동안 마리아는 집에 머문다.18절 마리아와 예수의 대화는 28-33a로 추론된다. 마르다의 역할과 반응과 더불어, 그녀의 담대한 주도성은 주석가들 사이에서 다양한 개념들이 나오게 했다. 어떤 사람들은 마르다의 신앙

적 반응이 진정한 요한복음의 신앙이라 단언하는 것을 얼버무리거나 망설이기도 한다 Burge 2000: 314; O'Day 2002: 87–88; Minear 1977: 119; 몇몇 사람들은 마르다의 신앙 고백을 폄하한다.Moloney 1998: 328; 더 조심스럽게는 아래의 Lee 오데이2002가 머뭇거리는 이유는 39–40절에 따른 것으로, 여기서 마르다는 돌을 치우라는 예수의 명령에 맞서고 예수는 다음과 같이 그녀를 나무란다. "네가 믿으면 하나님의 영광을 볼 것이라고 하지 않았느냐?" 이 절들은 마리아를 폄하하는 것으로 볼 수도 있지만, 그런 방식으로 읽을 필요는 없다.그리고 오데이는 1995년의 저서에서 그러지 않았다 오히려, 이 절들은 긴장감을 더하고 계시적 사건의 중요성을 강화하고 있다. 예수의 언급은 "4, 15, 25–26절속에서 그가 앞서 했던 말씀을 혼합한 것이다." O'Day 1995: 691 이것은 서사의 구성을 이월한 것이다. 리1994: 205–6는 마르다의 신앙을 예수가 나사로를 살린 이후까지 불완전한 것으로 본다. 마르다와 마리아는 신앙을 향한 여정 가운데 있으며, 12:1–2에서 절정에 달하는 것이다. 그러므로 11:27이 불완전하고 미완성된 신앙을 나타내고 있음에도, 12장은 예수가 나사로를 살린 이후 마르다의 온전한 믿음을 보여주고 있다. 마르다와 마리아는 12:1–3, 7–8에서 헌신된 섬김으로 예수를 맞이하며, 자신들의 온전한 신앙을 증언하고 있다—그곳에는 살아 있는 나사로도 함께였다!

27절에 나타나는 마르다의 신앙 반응은 확실히 긍정적이다. 그녀의 첫 발언은 이 딜레마를 풀 수 있는 예수의 무한한 힘에 그녀가 열려있음을 보여준다21–22절: 주여, 만일 당신이 여기에 계셨더라면, 내 형제가 죽지 않았을 것입니다. 그렇지만 지금도 나는 당신이 하나님께 구하는 것은 무엇이든 당신에게 주실 것이라는 것을 압니다. 그러자 예수는 네 형제가 다시 살아날 것이다라고 말한다. 이것은 5:25–29에서 예수가 가르친 것을 확인하고 있다. 그녀는 지금 나사로가 살아날 것이라고는 예상하지 못하지만 마지막 때의 부활을 기대한 것이다. 예수는 그녀가 나중에 벌어질 일이라고 생각한 것을 지금으로 도전을 준다. 예수는 죽은 나사로, 즉 죽음의 힘도 넘어서는 자신의 통치를 선언한다: "나는 부활이고 생명이다. 나를 믿는 자는 죽을지라도 살 것이며 내 안에 살고 믿는 자는 결코 죽지 않을 것이다. 너희가 이것을 믿느냐?" 마르다는 대답한다. "예, 주님, 당신은 메시아이며 하나님의 아들이자 세상으로 오시는 분인 줄을 내가 믿습니다." 그녀의 예는 예수의 말씀을 확증한다: 그녀의 고백은 논리적 함축을 고백하고 있다.

마르다는 이 주제를 신앙에 대한 모자란 언급으로 전환시키는 것이 아니라, 오히려 요한복음이 기록된 목적20:31과 같이 예수를 메시아이며 하나님의 아들로 믿기에 예수가 나사로를 살릴 수 있다는 그녀의 신앙의 기반으로 삼고 있는 것이다. 만일 마르다의 고백이 부정적으로 이해되었다면, 저자가 20:31에서 이야기하는 요한복음의 목적은 불완전한 신앙, 가장 당혹스러운 모순어법을 표현했을 것이다! 메시아에 대한 유대교 바리새적 희망은 죽은 자의 부활을 포함하고 있다.단 12:2-3 [영생, 575쪽] 마르다의 고백은 마가복음 8:27-30 속의 베드로의 고백보다 강하다. 이것은 "메시아"이자 "살아계신 하나님의 아들"을 포함하고 있는 마태식의 고백16:16과 일맥상통한다. 마르다의 고백은 12:1-2에서 뒤따르고 있는 설명과 더불어 요한 공동체의 진정한 신앙에 대한 전형적인 예가 되고 있다. 에슬러Esler와 파이퍼Piper 120는 이 본문이 요한 공동체 속의 신자들에게 무엇을 의미하고 있는지 이해하고자 하며 다음과 같이 잘 표현하고 있다. "마르다의 고백은 분명 진정한 요한공동체 신자의 고백이며, 도전적이고 당혹스러운 상황 속에서 그녀가 보여준 행동은 그녀가 *Kyrie*, '주님' 이라고 부르는 이에 대한 순종을 묘사하고 있다." 콘웨이Conway는 이에 동의한다:

> 마르다가 하는 방식으로 대화를 맺고 있는 개인적인 등장인물의 고백은 요한복음 어디에서도 찾아 볼 수 없다. 나다나엘의 고백1:49, 베드로6:69, 그리고 도마20:28는 모두 예수가 질책을 가한 후에 따라오고 있으며, 심지어 앞선 맹인의 신앙고백9:38 조차도 예수의 정죄 이후에 따라오고 있다. 대조적으로, 마르다의 고백은 자신만의 방식으로 서게 된다. 이것이 일어나고 있는 다른 유일한 곳은 4:42이며, 여기서 사마리아 마을 사람들은 예수를 세상의 구세주로 이해하고 있음을 선언하고 있다.143

실제로 마르다의 긍정적인 신앙의 반응은 20:18에서 막달라 마리아가 했던 이후의 고백과 더불어 사마리아 여인과 그녀의 마을사람들의 고백과 같은 것이다. 이 모든 것이 완전히 긍정적이다. 또한 모든 것이 요한복음이 가지는 세 가지 주요 구조적 분할을 마무리하는 장들 속에서 발생하고 있다.1-4장, 5-11(12:8)장, 12-20장 예수의 정체성에 대한 기독론적 명료성은 여성들의 고백들에 의해 이루어지고 있다. 이런 구조적 패턴은 요한 공동체 속에서 여성들의 신앙의 중요성을 반영해 준다.[요한복음의 여인들, 607쪽] 마르다의 고백에 다른 의견을 제시하는 주석가들은 요한복음이 갖는 이런 기가 막힌 측면을 쉽게 인정하지 않는다.예수의 부활을 처음 목격한 마리아 막달레나의 역할이 있는 20장에 관한 언급들을 보라 마르다가 "내가 믿습니다.11:27 AT"라고 한 것은 공식적인 고백의 언어로서, 독자들로 하여금 같은 고백을 하도록 초청하고 있다. 이것은 요한복음의 목적에 부합하는 것이

다.20:31

"나는 부활이며 생명이다"라고 예수가 마르다에게 한 대답은 예수의 공생애 사역 가운데 최고의 나는~이다 선언으로서, 아주 중요한 것이다. 오데이는 이것이 지닌 이중적 역설을 지적하고 있다.1995: 688; Ridderbos: 396을 참조:

나를 믿고 죽은 자는 –〉 아직 살아 있다
살아있으면서 나를 믿는 자는 –〉 결코 죽지 않는다

예수가 약속한 부활이 의미하는 것은 죽음이 힘을 잃는다는 것이다; 영생은요 3:15-17, 36; 5:26 참조 지금, 그리고 앞으로 올 삶에서 실현된다. 새로운 생명은 이제 시작된다; 육체적으로 죽는 것은 예수와 하나님의 부활의 힘을 통해 영원히 확장되는 생명의 선물을 끝내지 못한다.[종말론, 574쪽][영생, 575쪽]

예수의 가르침은 하워드-브룩의 교차대구적 분석으로 다음과 같이 보여주고 있다.1994: 256:

A 마르다: 주님, 만일 당신이 여기에 계셨더라면 … 11:21-22
  B 마르다와 살리심22-24절
    C 예수: 나는 부활이며 생명이다.25-27절
  B' 마리아와 살리심28-31절
A' 마리아: 주님, 만일 당신이 여기에 계셨더라면 … 32절

11:28-37 예수와 마리아, 그리고 유대인들[w]

마르다는 선생님이 여기 계셔서 너를 부르신다고 말하면서 예수와 마리아의 만남을 시작하고 있다. 선생님혹은 랍비은 베다니 가족과 예수가 일찍이 관계가 있었다는 것을 보여준다. 마리아는 자신과 같이 애도하기 위해 앞서 그녀의 집으로 왔던 유대인들과 섞여 있었지만19절, 그녀가 비교할만한 고백을 하지 않는다는 것을 부정적으로 볼 필요는 없다. 유대인들은 예수를 만나기 위해 그녀를 따라간다.

마리아가 예수에게 응답하는 것이 빛나고 있다: 예수의 발치에 엎드려32절 AT 울며33a 다음과 같이 고백하고 있다. "주여, 만일 당신이 여기에 계셨더라면 내 형제가 죽지 않았

을 겁니다." 예수의 발 앞에 엎드린 것은 예수의 특별한 정체성을 알고 그녀의 헌신하는 마음을 드러낸 것이다. 마리아는 예수가 자신의 형제를 치유할 수 있었을 것이라고 믿는다. 그렇지만 그녀가 우는 것은 예수가 마르다에게 드러낸 나는~이다 선언을 놓치고 있었던 것을 보여준다. 12:1-3에서 그녀의 형제가 생명을 되찾은 후에야 그녀의 행동은 예수에 대한 신앙과 신뢰를 완성하고 있음을 보여준다.

마리아와 그녀와 함께 있던 유대인들이 우는 것을 보고 예수도 몹시 슬퍼한다. NRSV에서 "크게 상심하다RSV에서는 깊이 마음아파 하다"라고 번역된 헬라어 *embrimaomai*는 어떤 정도의 분노를 지칭한다. 대중 헬라어아이스킬로스의 작품처럼[1]에서는 이 단어가 분노의 "콧방귀"로 표현되는 불쾌함을 나타낸다. 시 7:117:12, Aquila Gr와 사 17:13Symmachus Gr은 이 단어를 "분개하다"는 의미로 쓰고 있다. 대격으로 사용하고 예수를 주어로 사용하여 막 1:43; 마 9:30, NRSV는 이것을 "단호하게 경고됨" 혹은 "명령됨"으로 번역하고 있다. 이 단어는 요 11:38에서 예수가 무덤으로 다가갈 때 다시 등장한다. '깊이 마음아파하다'는 적합하지 않다. 짜증이나 격분의 요소가 어느 정도 들어있다. 이 용어는 *tarasso*와 결합된다.NRSV, 크게 상심하다; RSV, 난처하다

무엇이 이런 아픔을 유발시켰는가? 분노와 난처함의 맥락에서 흘린 예수의 눈물에 대한 네 가지 설명은 아래와 같다.Talbert: 174-75:

1. 인간으로서, 예수는 그냥 슬퍼서 눈물을 흘린 것이다.
2. 예수는 인간의 죄나 믿음의 부족으로 슬퍼한다.
3. 예수는 그 상황, 특히 마리아와 유대인들의 통곡과 불신앙에 비추어 격정적인 감정을 경험한 것이다.가장 일반적인 설명
4. 요한은 예수를 절대 감정을 드러내지 않는 스토아적인 현자에 반대되는 사람으로 나타낸다.

리더보스402-5와 브라운1966: 435은 예수의 분노가 죽음을 통해서 사탄이 인간을 지배하는 것에 직면하여 발생했다고 주장한다.

사상의 전후를 고려하면, 직설적인 답변은 큰 소리로 통곡함klaio, 33절과 이 상황의 결과에 대한 자신의 신념 사이의 차이로 인해서 심령이 괴롭다는 것이다. 33절의 마지막에 가까이 있는 이 동사tarasso는 "괴롭다"NIV, RSV 또는 "고통스럽다"라는 번역이 가장 적

---

1) 그리스의 비극 시인, 역자 주

합하다. 그러고 나서 예수는 "그를 어디에 두었느냐?"라고 묻는다. 그들은 "주님, 와서 보십시오"라고 대답한다. 그러자 예수가 눈물을 흘리기 시작한다. 그렇지만 여기서 예수의 울음으로 사용된 동사는 마리아와 유대인들의 통곡에서 사용된 단어와는 다르다. 예수는 운다.*dakryo* 큰 소리로 통곡하는 것33절과 조용히 눈물 흘리는 것35은 다르다. 탈버트175는 예수의 눈물과 마리아와 조문객들의 통곡의 차이점을 설명한다: "예수의 눈물은 슬픔의 눈물이다; 통곡은 희망이 없는 낙담을 표시한다." 예수의 아픔과 괴로운 마음은 그들의 희망 없는 낙담에 대한 반응인 것이다.

리는 *embrimaomai* 동사로 두 번 33b, 38절 언급된 예수의 분노를 46-53절에 뒤따르는 거부와 연결시키면서, 설득력 있는 주장을 한다. 그 이유는 예수의 분노가 일차적으로는 눈물을 흘리고 통곡하는 맥락 속에서, 이차적으로는 무덤에 가까이 가면서 일어났기 때문이다. 리212는 예수의 분노를 눈물흘림, 나사로의 죽음으로 슬퍼함, 마리아의 오해 혹은 일반적인 유대인들의 불신앙과 연결시키는 것이 아니라, 나사로의 되살아남에 따라오게 될 구체적인 거부와 연결시키고 있다: 예수를 죽이고자 하는 음모를 강요하는 거부. 분노와 괴로운 마음은 예수의 수난과 죽음으로 이어진다. 예수가 임박한 죽음에 직면하고12:27 유다가 예수를 권세자들에게 넘길 때13:21, 31 예수의 영혼은 다시금 괴로움에 빠진다.*tarasso*

따라서 이 이야기 저편에 유대인들은 중성적인 용어로 묘사된다. 그들은 두 가지로 반응한다: "예수가 얼마나 그를 사랑했는지 보라!" 그리고 몇몇 사람들은 다음과 같이 말한다. "맹인의 눈을 뜨게 한 그가 이 남자를 죽음에서 막지는 못했단 말인가?" 양쪽 모두 맞다. 헬라어로 이 질문의 문법은 예라는 대답으로 기울어진다: 예수는 그의 죽음을 미리 막을 수 있었다. 그렇지만 예수의 영광을 드러내고자 하는 더 큰 목적이 드러나려는 순간이다.

11:38-44 예수가 나사로를 살리다

예수가 무덤에 갈 때, 서사자는 예수가 크게 상심했다고 반복한다.38절, *embrimaomai*, 33절에서처럼 왜일까? 분명 예수는 4, 15, 그리고 40절에 비추어 볼 때 이후에 일어날 일을 확신한다. 그것은 예수가 죽음을 위압하고 있기 때문인가? 아니면 이 에피소드의 감정과 통곡이-불신앙의 표현-예수 안에서 질책하는 마음을 초래하고 있기 때문인가? 버지2000: 318는 "예수는 죽음 그 자체와 죽음이 가져오는 파괴에 분노한다."라고 말한다. 이런 설명은 부분적으로는 맞지만, 앞선 예수의 확신에 찬 반응과는 조화를 이루지 못한다. 만일 리가 맞다면, 예수의 임박한 수난이 그런 감정을 불러일으킨다. 그가 무덤에 이를 때, 예수는 자신의 무덤을 보는 것이다! 이 서사는 예수의 임박한 수난을 상징하고 있다. 그렇지만 왜 예수는 이 부분에서 분노를 느끼는 것일까? 예수는 자신의 죽음에 대한 생각으로 분개의 코웃음을 가지고 신음하는 것일까? 아마도 이런 시각은 너무 날카로울 수 있지만, 만일 우리가 조금이라도 이런 시각을 허용한다면—이것은 부인하기는 어려울 것이다—요한이 말하고 있는 예수는 공관복음서의 예수처럼 자신의 죽음으로 인해 겟세마네 형태의 고통을 갖고 있지 않다고 더 이상 말 할 수는 없을 것이다. 여기서, 그리고 12:27과 13:21에서 예수는 자신의 죽음으로 인해 괴로워한다.

대답이 무엇이든, 예수는 책임을 떠안고 무덤의 돌을 옮기라고 명령한다. 마르다는 나사로가 무덤에 있은 지 벌써 4일이 지났으므로 악취가 난다며 예수를 막는다. 여기서 4일은 중요하다. 왜냐하면 사람들은 죽은 후 첫 3일 안에 언제라도 영혼이 몸속으로 다시 들어가 소생할 수 있다고 흔히 믿었기 때문이다. 예수는 충분히 오랫동안 기다렸으며 그리하여 소생할 수 있는 시간이 지나서 모든 사람들은 이제 곧 벌어질 일이 소생 이상의 것이라는 것을 알게 되기 때문이다. 그것은 죽음을 이기는 예수의 힘이 갖는 기적—실제로는 이적—인 것이다!

예수는 나사로의 죽음을 자신에게 알려준 사람들에게 했던 말을 반복함으로 마리아에게 응답한다: "네가 믿는다면 하나님의 영광을 볼 것이라고 하지 않았느냐?" 그러자 그들은 그 돌을 치우고 예수는 하늘을 보며 큰 소리로 기도한다: "아버지, 내 말을 들어주신 것을 감사드립니다. 나는 아버지께서 언제나 내 말을 들어주시는 줄 압니다. 그런데도 이렇게 말씀을 드리는 것은, 둘러선 무리에게, 아버지께서 나를 보내신 것을 믿게 하려는 것입니다."41b-42 예수의 기도는 그가 이제 명령하려는 것을 행할 아버지의 힘에 대한 신뢰의 부족도 아니며, 자신의 괴로운 마음을 잠잠하게 하도록 아버지로부터의 특별한 확증을 필요로 하는 것도 아니다. 오히려 관심의 축은 이들이 당신께서 나를 보내셨다는 것을 믿게 하기 위함이다. 이것은 예수에 대한 그들의 불신앙이 예수를 번민하게 한 것임을 보여주는 것이다.탈버트의 선택 3번 예수는 이 전체 장면에서 침묵하는 방관자가 되어버린 자신의 제자들이 그 때에 적합한 신앙을 결여하고 있다는 것을 안다. 아무도 예수가 그 문제를 해결할 것이라는 신념을 소리 내어 표현하지 않는다. 그 기도는 그의 아버지께서 하시는 일, 생명을 주시는 일을 예수가 하고 있다는 점에서 하나님과 예수의 동일성에 대한 공개적인 선언이다.5:25-26

그 일은 세 가지 말씀으로 일어난다. 예수는 큰 소리로 "나사로야, 나오라!"고 명한다.

죽은 사람이 나온다. 다시 살아나는 것이 진실인 것에 대한 의심을 막기 위해, 본문은 죽은 자라고 말하고 있다! 나사로는 밖으로 나와 그들이 자신을 장사지내는 것을 준비하고 있을 때 모습을 드러낸다: 무덤에서 걸어 나오는 순간까지 나사로의 손과 발은 천으로 묶여 있었고 그의 얼굴은 천으로 쌓여 있었다. 예수는 그를 풀어주고 가게 하라고 명령한다. 그게 전부다! 그것이 새 생명이다-그리고 문제가 곧 발생할 것이다.12:10-11!

이 이야기는 여러 가지 차원의 의미를 갖는다. 어떤 면에서 이 이야기는 믿기 힘든 기적, 가장 위대한 이적이다. 어떤 면에서는 예수의 뚜렷한 영광이 신앙을 이끌어 낸다. 다른 면에서, 이 이야기는 예수의 부활에 대한 예고이다. 또 다른 면에서, 이 이야기는 이 가장 위대한 이적과의 존재론적 조우를 이끌어 낸다: 너의 죄, 공포, 그리고 죽음의 힘을 감싸고 있는 수의를 걷어내라!

유대인들의 반응 11:45-46

11:45-46 많은 유대인들이 믿지만 몇몇 사람은 바리새인들에게 보고한다

이런 특별한 이적은 군중 가운데 분란을 초래했다. 많은 이들이 믿지만 몇몇은 이 사건을 바리새인들에게 보고한다. 바리새인들은 분명히 자신들의 행동을 결정하기 위한 특별한 회의를 소집할 산헤드린 70인및 의장으로서의 대제사장으로 구성된 공의회의 다른 회원들에게 보고한다. 의미심장하게도, 믿는 많은 이들은 나사로의 죽음을 애도하기 위해 온 유대인들이었다. 많은 유대인들은 예수를 반대하지 않는다. 우리는 요한복음에서 유대인들과의 논쟁이 모든 유대인들을 지칭하고 있다고 이해해서는 안 된다. 사랑하는 베다니의 가족과 모든 제자들, 그리고 예수조차 유대인들이다! [유대인들, 585쪽]

공회가 음모를 꾸밀 때 가야바의 역할 11:47-57ᵂ

이 절들을 하나의 단위로 묶는 이유는 47절과 57절이 제사장들과 바리새인들로 시작하기 때문이다. 스티베Stibbe 129는 이 단원을 45절에서 54절로 보았다. 이 구절은 57절까지 이어지는 단원의 양쪽 끝이 맞아 떨어지게 한다.

11:47-48 공회의 공포: 로마가 우리를 파괴시킬 것이다ᵂ

공회의 공포는 명백한 것이었다. 만일 그들이 예수가 이런 일을 계속하게 놔둔다면 로마인들은 나라와 백성들을 파괴할 것이다. 이전에도 요한복음에서 백성들은 예수를 왕으로 만들고자 했지만6:15 예수는 그것을 막기 위해 빠져나왔다. 예수는 대중성을 가진다. 예수가 나사로를 살림으로 인해 예수의 대중적 인기가 예수가 일으키는 기적을 통해 로마제국으로 하여금 염려하는 대중적 쿠데타를 막기 위해 개입할 것이라고 무자비한 제국의 유대속국의 통치자들은 염려하고 있다. 그렇지만 이 공포는 예수가 유대교 지도자들, 심지어 공의회-대제사장들주로 사두개인들과 바리새인들의 종잇장 같은 제휴-의 권위를 약화시킨다는 것에서 온다. 어떤 대중적 운동이라도 먼저는 그들의 권위를 위협하며, 이후에는 모든 종속국들을 잔혹한 무력으로 통치하고자 하는 로마의 의도에 이 나라가 취약하다는 것을 보여줄 것이다. 성전-연약한 유대교의 민족자결권과 종교적 정체성의 상징-이 위험에 처한 것이다. 이스라엘은 "로마와 유대교의 정치적 권력자들 사이에서 연약한 힘의 균형 속에 존재하고 있다."Moloney 1998: 334 예루살렘 권력자들은 공포에 떨고 있는 것이다!

이런 공포와 낙심의 분위기 속에서, 대제사장-주 하나님과 이스라엘의 언약적 관계를 상징하는 우두머리-은 해결책을 내어 놓는데, 요한의 신학의 중심을 역설적으로 표현하고 있는 계획을 제시하는 것이다.

11:49-50 가야바의 해결책

가야바는 로마의 통치 하에 있는 유대인들을 사실상 통치하는 엘리트로서, 단순히 대제사장뿐만이 아니라 성전 계급 속의 최고의 권력자로서 결정적인 역할을 맡는다. 로마 군대가 와서 나라를 파괴시킬 것이라는 가야바의 생각과 공포는 자신의 종교적 기능보다는 정치적 영향력을 더욱 보여주고 있다. 빌라도를 통한 로마의 강력한 탄압에 유대인들이 아무런 힘이 없음을 이해한다면 이런 "해결책"이 얼마나 전략적인지를 파악하는데 도움이 된다. 톰 대처Thatcher는 요한복음에서 정치적 측면을 캐낸다. 그의 시각은 팔레스타인을 우산으로 받치고 있는 로마의 지속적인 힘에 대해 예리하고도 통찰력이 있다.

가야바의 "해결책"은 "로마의 머리 셋 달린 개"에 초점을 맞춘다.Thatcher 2009: 11-17, 43-53 "세 개의 머리" 가운데 하나는 먼저 시저의 지역적 얼굴을 대변하는 빌라도와 함께 하는 시저로마이다: 로마인들이 올 것이다. 두 번째로, 십자가는 한 사람이 모든 사람들을 위해 죽는다는 조언 속에서 떠오른 것이다. 세 번째로, 유대교 권력자들, 즉 가야바와 함께 하는 제사장들과 바리새인들은 시저의 목소리이자 공범 노릇을 한다.14 "요한은 똑같은 서사의 검으로 이 모든 세 개의 머리를 벤다." 15 빌라도는 이 에피소드에서 언급되지 않았지만, 48절은 그가 어떤 대중적 봉기도 진압할 것이라는 것을 암시한다. 국가와 다른 이들을 위한 예수의 임박한 죽음은 또한 십자가를 예고하는 것이다. 제사장들-가야바를 강조하여−과 바리새인들은 종교적 권력자들이다. 궁극적으로 멸망하게 될 짐승에 맞선 인내12:31; 14:30; 계 13, 18는 제국과 신자들의 관계를 보는 요한복음의 시각을 정의하고 있다.

요한복음의 기독론은 예수를 모든 면에서 "시저와 그의 대리자들보다 우월하게" 나타낸다.Thatcher 2009: 14 요한복음은 빌라도를 공관복음서보다 미묘하게 예리하고 적대적으로 그리면서, 서사의 칼을 특히 이 가야바 부분과 재판 이야기 속에서 휘두르고 있다. 이런 시각은 독자들이 완전히 잘못 이해하게 할 수도 있는 것으로, 특히 요한복음을 정치적으로, 영적 복음으로, 혹은 복음적 글로만 이해할 경우 그렇다. 그렇지만 2−11장에서는 몇몇 사건들이 명백하게 정치적이다:

· 예수가 성전에서 권력자들과 직면한다.2:13−22
· 사람들이 예수를 왕으로 세우려 한다.6:14−15
· 예수는 자신을 체포하고/혹은 죽이려하는 적대적인 권력자들로부터 벗어난다.7:32, 45−52; 8:59; 10:39; 11:45−53

요한복음에 숨어있는 의미subtext는 파도처럼 일어나는 잇따른 대립을 예수가 지배하고 있다는 것이다. 예수는 빌라도 앞에서 조차 기세가 죽지 않으며, 그가 예수에 대해 수차례 묻는 곳에서도 다음과 같이 말한다. 하늘로부터 주어지지 않았다면 당신에게는 아무런 권세도 없었을 것이다.19:11

그 해의 대제사장, 가야바는 많은 사람들을 위해 한 명을 희생하는 원칙을 안다. 그것이 대제사장이 매년 하는 일이다: 속죄소hilasterion, 즉 언약궤 위에 피를 뿌림으로 주님께 희생 동물의 피를 바친다. 논리를 똑바로 펴면, 이 말썽을 일으키는 자를 희생제물/희생양으로 만들어서 나라가 멸망하지 않게 하는 게 어떤가? 정말로, 한 명이 사람들을 위해 죽는 것이 나라 전부가 멸망당하는 것보다 낫다. 가야바의 말은 핵심적인 공포의 단어, '멸망하다' apollymi를 포함하고 있으며, 이 나라에 적용되었다.

이 말에 들어있는 대체 요소는 순전히 정치적 안전에 대한 염려라는 동기가 있는 것으로, 널리 받아들여지고 있는 슬픈 정치적 격언을 말하고 있다: "개인의 희생으로 국가적 안전의 값을 지불하는 것은 결코 비싸지 않다." Dodd 1962: 138 공의회 속에 있는 모든 사람들 가운데에서, 가야바는 속죄신학을 알고 있는 것이다. 그것을 실행하는 것이 그의 일이다. 다음에 이어지는 절에서 그의 해결책은 이 해결책이 갖는 종교적 의미 속에서 예언이 되고 있다.

이 해결책 배후에 있는 논리적 근거는 르네 지라르Rene Girard가 설명112-24하는 전통적인 성서의 사례로서, 점점 고조되는 갈등이 어떻게 폭력으로 해소되고 있는지에 대한 것이다: 예상되는 재앙—이 사례에서는 식민지 이스라엘과 로마제국의 충돌—을 완화시키기 위해 대리적 희생, 희생양을 선택하는 것이다. 나라의 안보를 위험에 빠뜨리게 하는 대신, 우리를 공격하려고 위협하는 폭력에 굶주린 강력한 파괴기계를 만족시키기 위해 우리와 같은 사람 가운데 하나를 제거하라. 유대인 예수는 우리 가운데 하나이지만 또한 충분히 다른 사람이므로—우리의 통치방식을 향한 사람들의 충성을 뒤흔드는 기적수행자—그는 쉽게 그리고 논리적으로 소모할 수 있다. 그러므로 한 사람이 사람들을 위해 죽게 한다는 이런 나은 선택을 하라. 이것은 수세기에 걸쳐 세상의 정치 지도자들이 행해 온 뻔한 정치적 이론이다. 군대는 CIA 스파이와 적에 대한 비밀파괴공작을 통해 이런 절차를 정규 행동으로 수행한다. 그러므로 정치는 더 큰 폭력을 방지하기 위한 폭력의 사용을 정당화한다. 본질상 정치 수뇌부는 보통 우리와 나라의 생존을 확보할 책임을 짊어진 "비도덕적 사회"에 걸맞은 윤리를 추구한다.라인홀드 니버를 참조

그렇지만 이것이 예수의 방식인가? 아니면 예수는 폭력의 소용돌이를 폭로하고 거부하기 위해, 그리고 그런 폭력의 소용돌이를 마비시키기 위해 스스로를 어린양으로 드림으로써 이런 논리와 행동의 과정을 완전히 뒤엎고 있는가? 예수가 자발적으로 자신을 희생으로 드려 희생양을 만들어 내는 것에 종지부를 찍었을 때 분명히 드러나듯이, 모든 희생이 희생양의 형태인 것은 아니다. 자신의 죽음 속에서조차 예수와 하나님은 하나였으며, 예수의 죽음이 폭력적인 하나님을 증언하고 있다는 관념에 치명적인 타격을 가했다. 오히려, 예수의 죽음은 우리에게, 그리고 우리를 위한 하나님의 희생이다.

여기 가야바의 논리 속에서 일어난 것이 재판 서사 속에서 행동의 진행을 이루고 있다.18-19장 실제로, 가야바의 해결책은 역설적이게도 예언이다. 그것은 독자로 하여금 "예수가 나사로를 살리는 것이 자신의 사형선고를 촉진시킨다는 역설"에 직면하게 한다.O'Day 1995: 698 그리하여 권력자들은 "부활과 생명인 이의 현존 속에서 무력해 진다." 699 로마와 가야바의 정치적 충돌은 충격적이다. 그는 대제사장으로, 국가에 있어서는 하나님의 대표자이며 하나님께는 국가를 대표하고 있다. 지상에 있는 하나님의 총독, 예수는 가야바에게 있어서는 엄청나고 임박한 위험인 것이다.

요한복음을 AD 90년의 관점에서 읽는다면, 아주 뼈아픈 기억이 되살아난다. 20년 전에 속국은 멸망했다. 백성들은 파멸되고 흩어졌다. 황제가 된 로마군의 두 장군 타이투스와 베스파시안 하에서 로마인들은 쳐들어와 이 나라를 잔인하게 파괴했다. AD 71년

에 그들은 이스라엘 사람들을 포로로 잡아 정복당한 희생양으로 삼고 로마의 거리를 통해 행진을 벌였다. 희생양의 체계는 이 나라에게 불리하게 적용되었다. 사랑스러운 성전이 있는 예루살렘은 제국의 평화를 지키기 위한 로마의 희생양이 된다. 가야바의 해결책은 이중적인 기억을 떠올리게 하는 것이다: 예수가 십자가에 달릴 것이라는 예언과 이스라엘의 국가적 파괴라는 비극적 피의 역사.

11:51-52 가야바의 해결책, 예언

가야바의 해결책이 예언이라는 것은 역설 가운데 역설이다. 대제사장의 예언은 유대교 전통과 맞아 떨어지는데, 유대교 전통에서는 대제사장이 예언하는 것을 타당한 것으로 여긴다. 이것은 필로와 요세푸스에서 인용하는 여섯 번 속에 나타나고 있다.아울러 다음을 보라. Tosefta Sotah 13.5-6; Dodd 1962: 138-40, A. Schlatter를 인용함 역설은 심오하다: 하나님의 어린양은 희생되었지만 사실상 그는 백성들을 위해 스스로를 희생한다. 십자가에 들려 죽음으로, 하나님은 모든 사람들을 예수에게, 하나님께 이끌게 될 신성하고, 이타적인 사랑의 행위를 통해 영광을 받으신다.12:32

예수가 나사로를 살리는 이런 뒷이야기는 전략적인 역할을 한다. 이것은 예수의 수난, 죽음, 그리고 부활을 준비하고 있다. 한 사람이 나라를 위해hyper 죽는다는 것의 요지는 요한복음의 속죄 언어이다.3:14; 12:32-33 참조; "속죄의 희생," hilasmos는 요한일서 2:2와 4:10에서 두 차례 나타난다 그리하여 예수의 죽음은 자신을 위한 것이 아니라 다른 사람들을 위한 것이다.Moloney 1998: 335 증언자 요한은 예수를 "세상의 죄를 지고 가는 하나님의 어린양"으로 소개하고 있다! 1:29, 36 정치적이고가야바의 해결책 신학적인요한의 신학 것이 이 역설적인 방식에 혼합되어 있다.

서술자가 이 예언을 흩어진 하나님의 자녀들에게로 인상적으로 확대시키는 것은 요한의 신학에 들어맞는다. 서문의 교차대구적 중심1:12은 하나님의 자녀가 되는 것을 말하고 있다. 하나로 모인다는 문구11:52는 이 양우리에 속하지 않은 다른 양들10:15-16과 관련이 있으며 모두가 하나 되게 하소서라는 예수의 기도17:21, 23를 예견한다. 이것은 또한 상징적으로 6:13의 남은 12개의 빵을 모으는 것synago과 연관된다.Dennis: 194 흩어진 하나님의 자녀들 모두를 하나로 모으는 것은 흩어진 이스라엘을 포함할 뿐만 아니라 몇몇 유대교의 메시아적 기대 속에 강조되고 있는 이방의 "하나님-경외자들"과 다른 이방인들을 포함하는 것이다. AD 90년의 요한복음의 배경 속에서, "'종말론적 이스라엘'은 교회이며, 따라서 여기서 모임은 교회의 모임이다."Dennis: 194, J. Blank와 W. Meeks의 지지를 받는 Klaus Wenst을 인용함 여기서 이스라엘의 흩어진 양들을 회복하는 것이 예언되었다면, 함께 모으는 것은 이스라엘을 넘어서 모든 예수의 제자들을 포함하는 것으로 확대되어, 가야바가 해산시키고자 하는 제자들의 모임으로 확장시킨다. 선한 목자는 신실한 이스라엘의 회복과 "새로운 창조"인 유대와 이방인 신자들 모두를 한 우리로 불러 모으기 위해 양들을 위해 자신의 목숨을 내어 놓는다.

11:53 모두가 합의하다: 한 사람, 예수를 처형하다

공의회는 가야바의 해결책에 동의한다: 예수를 처형하라. 그 다음 그들은 산헤드린의 권위를 거스르는 정치적 항거나 봉기를 촉발시키지 않는 계획을 궁리해야만 한다. 그들은 팍스 로마나의 "평화"를 유지하는 계획을 추구해야만 한다. 이 평화는 예수가 제자들에게 약속한 그 평화와는 완전히 다른 것이다.14:27; 16:33; 20:19-23

11:54 예수가 광야 인근의 에브라임으로 철수하다

예수는 공의회가 그 결정을 당장 실행하지 못하게 하도록 몸을 숨긴다. 그는 예루살렘으로부터 약 12마일 북동쪽에 위치한 에브라임대하 13:19에 나오는 구약의 에브론을 참조라고 불리는 작은 마을에 간다. 이곳은 안전한 여정을 마련해 줄 수 있는, 잘 알려지지 않은 마을이다.Burge 2000: 322-33 예수의 제자들은 그와 함께 한다. 그들은 그곳에 머무른다. 다시 등장한 meno 나사로 사건과 이런 철수는 봉헌절10:22; 12월과 유월절3월말, 4월초 사이에서 일어나고 있다. 이제 얼마간의 시간이 흐른다.

11:55-57 유월절이 다가오고, 예수를 기다리다

시간은 계속 흐른다. 유월절은 가까이 오고 있다. 예수의 인기가 안전을 크게 위협하기에 몇몇 사람들은 예수가 나타날 것인가를 궁금해 하지만, 관습을 준수하는 유대인으로서 예수와 제자들은 참석할 것이다. 많은 사람들이 정결의식을 할 충분한 시간을 갖기 위해 유월절 이전에 예루살렘으로 올라가며, 하나님의 거룩한 백성인 그들은 정결하게 된 것을 축하할 준비가 되었다. 그들은 만일 예수가 온다면 무슨 일이 벌어질 것인지를 짐작하며, 성전 안에 서서 서로 말하였다. "당신들은 어떻게 생각합니까? 그가 명절을 지키러 오지 않겠습니까?"56절 이 질문의 모양새는 부정적인 대답을 예상하고 있는 것이다. 관습적인 지혜로는 예수가 너무 위험하므로 오지 않을 것이라고 결론을 내린다. 제사장들과 바리새인들은 사람들에게 예수를 지켜보고 감시하도록 했다. 첫 번째 장소에서 촉발되었듯이, 그들은 산헤드린의 계획을 실행하고자 한다. 많은 사람들의 감시 속에, 성전 권력자들은 예수가 나타나면 그를 찾아서 즉시 체포하기를 바라고 있다. 예수는 몸을 숨길 수 있었지만, 명절을 6일 앞두고 더 이상 물러나 있지 않는다.

마리아가 베다니에서 예수에게 기름을 붓다 12:1-8

12:1-2 배경

이 사건은 예수가 다시 마르다, 마리아, 나사로지금까지 예수는 그들의 집에 있는 중이다.[11:30]의 집에 나타난 11장에서 이어지고 있다. 마리아의 기름부음은 유월절이 되기 6일 전에 일어난다. 요한복음의 명절들은 유월절이 가까워 온다.2:13로 시작하여, 이름 없는 명절5:1, 두 번째 유월절6:4, 그리고 지금 다시 유월절이 가까워 오고 있는 것이다. 다른 주요 명절은 장막절7:1-10:21과 봉헌절10:22-42을 포함한다. 요 11장은 봉헌절과 유월절 사이에 있다. 예수는 극적으로 유월절을 바꿔놓는다. 예수의 예루살렘 사역은 수미상관을 이루고 있다:

이 성전을 허물라2:19

온 나라가 파괴되는11:50

예수와 가야바는 비슷한 말을 하지만 파장은 다르다. 예수는 가야바가 두려워하는 것을 알고 있으며, 예수의 이적들은 성전과 국가가 무너질 때도 멸망하지 않는 생명을 계시한다. 가야바는 관습적인 정치를 생각하고 있다; 예수는 신기독교정치학을 생각하고 행한다. 빌라도의 힘이라고 할지라도 하나님께 굴복되는 것이다. 이런 경쟁적인 관점을 가진 채, 유월절은 가까워 온다. 예수는 베다니에 있는 친구들의 집에 있다. 그들은 예수를 위해 저녁을 차린다. 마르다는 귀중한 손님, 예수를 섬기고 있다. 한번 죽었었던 나사로는 이제 생명을 회복하여 부활이자 생명인 예수와 더불어 명절을 쉰다.

12:3 마리아가 예수의 발에 기름을 붓다

마리아는 300 데나리온의 가치가 나가는 값비싼 향유를 예수의 발에 붓는다.5절 이 돈은 일용직 노동자의 일 년치 임금이다—우리 문화에서 그 가격을 따져보라! 마리아는 자신의 머리로 주님의 발을 씻긴다.3절 향수의 향이 방을 채운다. 마리아가 알든 모르든, 그녀는 예수의 임박한 장사를 예비하고 있는 것이다.7절 그녀가 예수에게 기름을 부은 것은 예수의 주되심을 인식하는 충절의 행위일 뿐만 아니라 다음에 이어질 사건들을 예비하는 예언적 행동이기도 하다. 하워드-브룩1997: 89은 마리아가 그녀가 하고 있던 것을 정확하게 알고 있었다고 본다:

> 그녀의 행동을 통해 마리아는 앞으로 펼쳐지게 될 것에 대한 분명한 이해, 나중에 같은 주간에 예수와 함께 식사를 하는 사람들이 완전히 잃어버린 그 의미를 드러내고 있다. 그녀는 나사로의 교훈을 배운 어떤 제자의 태도를 나타낸다: 죽음의 관점은 피할 수도, 부인할 수도 없지만 준비되어야 한다.

3절은 동기를 언급하고 있지 않다. 하워드-브룩이 옳을 수도 있지만 오직 7절에서만 이런 행위가 명백하게 예수의 죽음과 예수가 말하는 장사와 연결되고 있다.

12:4-6 유다의 반응, 서술자의 설명

유다는 이런 값비싼 헌신에 화가 난다. 그는 마리아를 비난하며 예수와 제자들에게 이것은 가난한 사람들을 위해서 사용했을 수도 있는 귀중한 돈을 낭비한 것이라고 불평한다. 공동기금에 관하여, 유다의 반응은 사건들을 악화시킨다. 유다의 동기가 무엇인가? 예수는 유다를 비난하지 않고 자신의 선교를 이어 나가는데, 이것은 역설적으로 유다가 예수를 예수의 대적자들에게 넘겨주는 것을 포함하고 있다.

12:7-8 예수의 반응[w]

예수는 유다의 비판으로부터 마리아를 보호하며 그녀의 헌신을 칭찬하면서, 그것을 이 순간에서는 "올바른" 행동으로 해석한다: 이 행동은 자신의 장사를 위한 기름부음인 것이다! 공관복음서와는 달리, 요한복음에서 여성들은 예수의 장사를 목격한 것이든 부활절 아침이든, 예수의 기름부음에 있어서 묘미를 더하지 않는다. 두 남자가 장사를 위해 예수에게 기름을 붓는다.19:38-40 이런 시각에서, 마리아의 행위는 요한복음에서 전략적이다: 수난주간의 시작에서, 이 사건은 끝을 예비하고 있다! 8절은 가난한 자들에 대한 예수의 무관심으로 이해해서는 안된다. 지금 적절하고 중요한 행동 대 가난한 사람들을 항상 도울 수 있는 기회와 명령이 대조되는 것이다.6:5; 13:29를 참조. 구약의 율법과 예언자들의 수난; 예를 들면 아모스 2:6-7

나사로가 살아난 결과 12:9-11

유대인들의 큰 무리가 예수가 죽은 자들 가운데서 살려낸 나사로와 예수를 보고자 몰려든다. 대제사장의 권위는 죽은 사람을 되살린 이런 이적-기적으로 인해 위협을 받고 있다. 그 이유는 더 많은 유대인들이 예수를 믿고 있기 때문이다. 11:53에서 선언된 계획은 지금 되풀이되며, 그것을 수행하는 자들은 여기서 제사장들로 좁혀진다. 그렇지만 12:10은 '또한'으로 끝이 난다. 이것이 뜻하는 것은 지금 눈에 보이는 주요 증인인 나사로를 죽이는 것 역시 그들의 전략적 음모에서 중요하다는 것이다. 끝을 맺는 절은 이 계획이 성공해야 할 이유와 필요성을 명시하는데-그리고 가능하다면 신속하게-그 이유는 나사로로 인해 많은 유대인들이 떠나고 있었으며 예수를 믿고 있었기 때문이다.12:11 예수는 유대인들과 로마와의 시소게임 중에 있는 불안한 안보를 위협하고 있다. 정치적으로는 시저의 대리인인 빌라도에게 책임을 져야하는 제사장들은 유대인의 굴복을 보장하는 것을 선택한다.

성서적 맥락에서의 본문

나사로 이야기의 유사성: 요한과 누가

누가복음은 나사로라는 이름을 가진 사람의 이야기를 포함하고 있다: "부자와 나사로."16:19-31 나사로라는 이름의 가난한 남자는 부자가 사는 집 문 앞에 누워 구걸을 하지만 부자는 그를 돕지 않는다. 그들이 모두 죽은 후에, 부자는 음부에서 고통을 받으면서, 고개를 들고 나사로가 아브라함의 옆에 있는 것을 멀리서 쳐다본다. 부자는 자비를 구하며 아브라함에게 나사로를 보내 "내 혀에 물 한 방울만 떨어뜨려 달라"고 요청한다. 그러자 아브라함은 그들이 사는 동안 나사로를 냉담하게 대한 것으로 인해 그 부자에게 심판을 선언한다. 고통 속에서 그 부자는 아브라함에게 자신의 다섯 형제들과 그들의 약혼자들에게 다르게 살라는 경고를 하기 위해 죽은 사람 가운데 누군가를 보내어 달라고 구한다. 아브라함은 "그들에게는 모세와 선지자들이 있다; 그들은 그들의 말을 들어야 한다."고 응수한다. 부자는 다음과 같이 말한다. "아닙니다, 아버지 아브라함이여. 그렇지만 만일 죽은 사람 가운데서 누군가가 그들에게 간다면 그들은 회개할 것입니다." 그러자 아브라함은 다음과 같이 말한다. "만일 그들이 모세와 선지자들의 말을 듣지 않는다면, 죽은 사람 가운데서 누가 살아났다고 해도 그들이 잘못을 깨닫지는 않을 것이다."

누가의 이야기는 모세5장, 아브라함8장, 그리고 "죽은 자 가운데서 살아난 어떤 이" 나사로, 11장: 예수, 20장를 역설함에 있어서 요한의 서사와 닮아 있다. 부활은 양쪽의 이야기 속에 중요한 부분이다. 레이몬드 브라운1966: 428-29은 요한의 이야기가 누가의 이야기를 이용하고 있다고 보지만, 다드Dodd 1963: 228-32는 요한의 이야기를 요한의 독특성으로 본다. 다수의 공감대와는 대조적으로, 던컬리Dunkerley 322-23, 326-27는 누가의 이야기는 요한의 이야기에서 발전된 것이라고 주장한다. 아마도, 예수의 예루살렘 사역에서 나온 요한의 언급과 더불어, 이들은 다른 지리적 전통으로부터 온 이야기들이다.Meier: 2.800801을 참조 요한복음에서 예수는 예수에 대한 믿음과 저항을 모두 불러일으키는, 사람을 살리는 힘이다.12:9-11 예수의 가르침과 이적들의 진리에 대한 증언이 되는 나사로의 부활에 이렇게 저항으로 자극을 받아, 제사장들은 나사로를 죽이고자 한다.12:11

복음서의 마리아와 마르다

마리아와 마르다는 누가에서도 등장하지만, 다르게 그려진다.나사로는 그들과 함께 언급되지 않는다 세 이름 모두 베다니 인근에 있는 납골당의 묘지명에서 발견되었다.Blomberg: 165 누가 10:38-42에서의 마리아와 마르다의 이야기는 구체적으로 그 사건을 베다니로 위치시키고 있지 않고 "어떤 마을"이라고 말하고 있다. 아마도 흔히 생각하는 것처럼 다르게는 아니더라도, 마리아와 마르다의 역할은 두 서사 속에서 다르게 나타난다. 그럼에도 이런 연결은 요한복음이 누가복음과 친밀하고 누가복음을 잘 알고 있었으며 누가를 활용했다-혹은 누가가 요한복음에 영향을 받았다.Matson: 153; Shellard: 78-79-는 주장을 강화하기에 충분히 중요한 것이다. 양쪽의 기술에서 그들의 집은 예수와 제자들을 위한 접대장소가 되었으며, 마리아와 마르다도 예수에게 깊이 헌신하고 있다. 떠돌이가 아니었음에도 이들은 더 큰 예수의 제자들 무리 속에 속해 있다. 그들은 "환대의 집"을 마련해주고 예수와 그의 떠돌이들을 충성심 있는 사랑으로 대하고 있었다. 요 11:1-5는 예수가 이 가족을 잘 알고 있었다는 것을 암시한다. 이것은 예수의 예루살렘 집으로서, 자신과 제자들을 대접하고 후원하는 곳이었다.Esler와 Piper

요한복음은 예수의 발에 기름을 부은 베다니 여인에게 이름을 붙인 유일한 복음서이다.막 14:3 참고 그녀는 눅 7:36-50에 나오는 죄 많은 여인과 동일시되지는 않는다. 오히려 그녀는 누가복음에서 예수가 그들의 집을 방문할 때 등장하고 있다.10:38-42 누가에서, 마리아가 예수의 발 앞에 앉아 있을 때 마리아는 음식을 준비한다. 누가와 요한에서 이들 자매들은 칭찬받을 만한 역할을 나타내고 있다. 그렇지만 요한은 마르다를 대단한 고백을 한 역할로, 마리아를 비싼 향유로 예수의 발에 부은 값비싼 헌신을 한 것으로 그리고 있다.요 12:3 NIV 마르다와 마리아는 요한의 두 번째로 중요한 구조적 부분을 절정에 이르게 하는, 요한복음에서 예시적인 역할을 하고 있다. 자매 가운데 누구도 저평가되지 않는다. 마르다는 음식을 준비하는 것으로 비난을 받지 않는다. 유대교 학자 데이빗 플류셔David Flusser는 우리 집에서의 저녁식사 대화중에서 예수가 그녀에게 "한 접시만"이 필요할 뿐이라고 말하고 있다고 했다. 그럼에도 그녀의 역할은 중요하다. 요한복음에서 이 두 여성은 기독론과 요한복음의 영성에 있어서 드라마를 펼쳐내는데 있어 결정적이다.[요한복음의 여인들, 607쪽]

한 명이 나라 혹은 백성을 위해 죽다

11:50, 51, 52의 ~를 위해hyper라는 문구18:14에서 반복되고 있음는 요한복음 다른 곳에서 유사한 표현으로 등장한다: 6:51b, 내가 세상의 생명을 위해[hyper] 줄 빵은 내 몸이다; 그리고 10:11, 15절에서 예수는 선한 목자는 양들을 위해[hyper] 자신의 목숨을 버린다고 말하고 있다.15:13 참조 이렇게 hyper를 사용하는 것은 대체와 대표의 좋은 보기이다. 이 본문과 다른 본문에 나오는 hyper의 의미에 대한 자세한 해석에 대해서는 Snyder Belousek을 볼 것, 281–84, 289, 527

십자가에서 예수가 죽은 것에 대한 요한복음의 시각은 주로 희생이 아니라 영광과 찬사로 이어지는 죽음이다.Appold; Dennis: 16–21; 등 그렇지만 앞서 내가 언급한 수많은 상위 본문들은 무시될 수 없다.Dennis: 20 마르다는 올바르게 요한복음 속에 나타난 예수의 죽음 속에 있는 세 가지 주제를 보고 있다: 1) 다른 이들을 위한 것; 2) 정화발을 씻김에서처럼; 3) 아버지께로 돌아가는 영광. 데니스20–21, 198–201는 요 11:50–52; 10:11, 15b; 6:51을 무시하기에는 너무 중요한 것으로 본다. 제4복음서의 강조는 더해져야 한다: 죄의 힘을 지고 가는 것은 "주시는 예수 속에 있는 하나님의 사랑의 힘"을 계시하고 있으며요 3:16, 이 예수는 죽음을 통해 "'이 세상의 거짓 통치자'가 종으로 삼는 힘"을 파괴한다.Coloe 2001: 199 하나님의 사랑, 예수의 사랑은 요한복음에서 구원의 힘이다.요 13:1; 17:26을 보라 양쪽 본문 속에서 예수의 죽음은 아들에 대한 아버지의 사랑, 그리고 믿는 모두를 위한 사랑17:23b, 26 및 세상을 위한3:16 사랑 속에 기초하고 있다. 사랑은 승리한다.

더 넓은 신약성서 저서 속에서 hyper는 다른 사람을 위한 예수의 죽음에 있어서 중요한 용어로 기능하고 있는데, 특히 바울 이전의 공식 "그리스도께서 우리의 죄를 위해 [hyper] 죽으셨다"에서 그렇다.고전 15:3 유사하게 예수는 "우리 하나님과 아버지의 뜻에 따라, 현재의 사악한 시대에서 우리를 구원하시고자 우리의 죄들을 위해 [hyper] 스스로를 주셨다." 갈 1:4; 벧전 2:24, "그가 십자가에서 자신의 몸으로 우리의 죄를 몸소 지셨다."를 참조 주의 만찬 제도에 대한 예수의 말씀—"많은 이들을 위해 [hyper] 뿌려지는 … 언약의 피"—가 가장 중요하다.막 14:24; 마 26:28; 눅 22:20, "새 언약" "너희를 위해[hyper] "를 참조 이 문구는 사 53:12, "그는 많은 사람의 죄를 대신 짊어졌고, 죄 지은 사람들을 살리려고 중재에 나선 것이다."를 반향한다. ~를 위하여hyper 속의 대체/대표는 구원자와 구원을 받는 이 사이의 참여적인 관계를 포함하고 있는 것으로, 수많은 신약의 속죄 본문들 속에 스며들어 있다.Snyder Belousek: 265-91, 331-61

가야바가 예수의 죽음을 예언하는 것에 숨은 의미는 막 10:45와 일치하고 있다: 예수는 "많은 사람들을 위한[anti] 몸값[lytron]으로 자신의 생명"을 준다. 마가는 유사하고도 독특한 의미를 가진 연관 전치사 anti를 사용하면서 대체와 대면face-to-face의 관계예를 들면 모방를 나타내고 있다. 제자도는 본질적으로 속죄와 연결되어 있다.Swartley 2006a: 110-12nn39-41 히브리서에서는 자신의 죽음으로 예수가 멜기세덱과 같은 서열을 따른 영원한 대제사장이 되며, 그리하여 모두를 위하여 한번으로 희생을 만족시키고 종결짓고 있다.2:17; 7:27; 10:10, 12

교회생활에서의 본문

나는 부활이고 생명이다w

이 주제 역시 TBC 논의가 될 수 있다. 그렇지만 그 서신서가 부활에 대한 온전한 장을 포함하고 있으므로고전 15, 이 주석은 근간의 BCBC 고린도전서를 따르고 있다. 초대교회 교부들과 동방 정교회에 있어서, 부활anastasis은 신학, 예배, 그리고 영성의 중심에 자리하고 있다. 장례 예배를 위한 부활 본문의 선택은 사역자들의 교본에서 쉽게 찾을 수 있다. 부활이라는 주제로 두 권의 책을 쓴 하버드 대학의 유대교 교수, 존 레벤슨Jon Levenson의 영향에 힘입어, 부활은 구약 연구들 속에서 재기를 맞았다.아울러 Greenspoon을 보라

시편 17편은 아나뱁티스트 기도책A. Boers 편집에서 부활절 이전 토요일 아침에 읽는 것이다. 시 17편은 희망적으로 끝을 맺는다. "나는 의로운 중에 주의 얼굴을 보리니 깰 때에 주의 형상으로 만족하리이다." 15절 구약과 신약뿐만 아니라 부활절을 위한 시편 선집들은, 아침과 저녁으로 하나님께서 악과 죽음을 이기신 것을 말하고 있다; 그들은 희망과 부활을 강조한다.A. Boers 등: 414-83 메노와 많은 아나뱁티스트 순교자들에게는, 요

11:25−26이 기본적이다. 이 절들은 권력자들 앞에서 순교자들의 증언에 영감을 주고 담대하게 하며 영생에 대한 희망을 보장한다.

마리아의 기름부음: 수난을 예비함[w]

이 단원에서 가야바와 마리아에 대한 요한복음의 성격묘사는 극단을 보이고 있다. 가야바는 예수의 적이며, 그는 이 막을 수 없는 인기를 얻고 있는 한 명이 죽어야 한다는 것을 필수적이고도 신중한 것으로 보는 정치적 상식을 갖고 있는 사람이다. 1941−42년 도로시 세이어스Dorothy Sayers의 소설, 『왕으로 태어난 남자The Man Born to Be King』는 가야바가 한 명의 값으로 유대 백성들을 구하는 것과 히틀러가 몇몇 아리안족을 살리는 값으로 유대인들을 몰살시킴에도 불구하고, 가야바를 계산적이고 냉정한 지도자로 그리고 있다−아마도 희생양의 역할이 뒤바뀐 히틀러의 암호일 것이다. 이 책이 유대인들에게 책임을 지우고 있다면, 세이어스는 마지막 장에서 우리 모두에게 책임을 지우고 있다: 우리가 예수를 십자가에 못박았다.바흐의 마태수난곡을 참조 유대교 랍비 숄렘 아시Sholem Asch의 1939년 소설, 나사렛 사람The Nazarene은 가야바를 정치적 필요성을 가지고 움직인 사람으로 더 너그럽게 묘사한다.Reinhartz 2009: 160−78 대조적으로, 마리아는 예수의 죽음과 연결되어 있으면서자신도 모르게? 예수의 장사를 위해 그의 발에 다정하고도 눈물 젖은 사랑의 기름부음을 통해 예수를 예비하고 있는 것이다.

예수를 향한 마리아의 사랑의 헌신은 우리 예수를 자유롭게 사랑하지 못하게 하는 모든 것을 버리도록 우리에게 영감을 주고 있다. 마리아는 우리에게 예수의 발 앞에 무릎을 꿇고 우리의 마음의 보물들, 심지어 우리의 지상의 소유물을 그곳에 두도록 부른다. 암브로시우스Ambrose와 어거스틴은 모두 가난한 자에게 베푸는 것을 예수의 발에 우리의 눈물이 기름을 붓는 것으로 생각한다.

예수의 발에 기름을 부으라. 건강하게 살면서 주님의 발자국을 따르라. 당신의 머리카락으로 예수의 발을 말리라. 남는 것이 있거든 가난한 자에게 주고 주님의 발을 닦으라; 머리카락은 몸에서 남는 것으로 볼 수 있기 때문이다. 당신에게 남는 것을 가지고 [당신이 원하는 대로] 하라: 머리카락은 당신이 필요로 하는 것보다는 많지만 주님의 발에는 필요한 것이다. 아마도 온 세상에 있는 주님의 발은 도움을 필요로 할 것이다. 만일 그의 회원이 아니라면 마지막에 예수는 누구를 대변할 것인가: 당신은 언제 당신의 가장 작은 것 가운데 하나를 나에게 주었었는가, 당신은 나에게 그것을 해주었는가? 당신은 남는 것들을 주었지만 당신이 자애로움은 내 발 앞에 있다.어거스틴, 요한복음강해 50.7

예수는 우리에게는 항상 그런 기회가 있다고 한다; 그는 갚을 수 없는 자들에게 주라고 우리를 격려한다.눅 14:12-14 가난한 자들에게 주는 것을 통해 예수의 발에 기름을 부을 때, 우리는 예수의 비유를 재연해 낸다.마 25:40 우리는 예수의 발에 값비싼 향유를 붓는다. 암브로시우스의 유사한 시각과 Swartley 1998: 29-34에 나타나는 다른 교부들의 시각을 보라

예수의 눈물, 마리아의 눈물, 그리고 우리의 눈물

예수의 눈물과 상한 심령은 예수의 인성Thompson 1988: 3 및 나사로의 죽음을 슬퍼하는 자들과 함께 하는 예수의 감정적 연대감을 증언하고 있다. 예수가 우는 것은 그의 상한 심령과 연관되어 있는 것이므로 단순히 동정이나 연민으로 이해될 수는 없다. 우리가 예수의 아픔과 상한 마음을 무엇이라고 설명하든, 서술자는 예수가 울었다고 말한다! 예수의 감정은 우리로 하여금 삶이 힘들 때 우리의 감정을 표현하도록 한다. 우리는 하나님에 대한 우리의 감정들을 쏟아 낸다.슬픔의 시편들을 참조. J. Waltner 2006 예수는 인간의 감정에 따라 움직이지 않는 스토아철학자가 아니다.

마리아가 예수의 발을 눈물로 씻기는 것은 자유로운 감정으로 예수를 위한 그녀의 풍성한 사랑을 표현하고 있다. 이 본문은 사과하지 않는다. 오히려 본문은 그녀를 칭찬하며 그녀를 모범적인 방식으로 응답한 사람으로 여긴다. 마르다, 마리아, 그리고 유대인들의 분노는 역시 감정을 보여주고 있다: "당신이 이곳에 있었더라면 내 형제가 죽지 않았을 겁니다." 이것은 상실에 직면한 인간의 경험이다. 우리는 역시 이렇게 물을 수 있다. "만일 이것이나 저것이 일어났더라면일어나지 않았더라면 혹은 내가 이것을 했더라면안했더라면, 이 상황은 지금 달라졌을까?" 이 본문은 우리에게 예수가 그런 질문들에도 불구하고 우리를 돌보신다고 가르치고 있다. "만일"이라는 질문은 신뢰와 희망을 낳는다.

예수와 마리아의 눈물은 신앙과 감정이 조화를 이룰 수 있음과, 믿는 자는 감정을 느낄 뿐만 아니라 자유롭게 감정을 표현할 수 있다는 것을 보여준다. 그들의 울음은 우리도 울 수 있는 자유를 주는 것이며, 삶을 고난하게 하는 억눌린 감정들을 정화시킨다.창 45:14-15를 보라 눈물은 치유한다. 만일 요한복음의 이 단원에서 설교하거나 배운다면, 마르다와 마리아의 역할을 간과해선 안 될 것이다.

예수의 공생애 사역 마지막 장면

사전검토

일광절약시간daylight saving time이란 무엇인가? 우리가 낮을 더 길거나 짧게 할 수 없기에 내 아버지는 이것을 이상한 개념으로 생각했다. 요 12장9:4; 11:9-10을 참조은 빛을 중요하게 여기는데, "나는 세상의 빛이다라"는 예수의 선언뿐만이 아니라 "빛이 있는 동안에 다니라"12:35, 그리고 "빛이 있는 동안에 빛을 믿어서 빛의 자녀가 되라"36절고 사람들을 초청한 것도 역시 중요한 것이다. 이것은 전형적인 일광절약시간으로, 구원의 전환인 것이다–그리하여 빛의 자녀가 된다.

요 12장은 이적들의 책으로 끝을 맺는다.1-12장 7개의 중요한 이적들은 사람들을 신앙, 실제로 구원에 이르게 한다. 이런 이적들과의 연관하여, 예수는 인자1:51, 생명의 물 4:14, 생명의 빵6:35, 세상의 빛8:12; 1:9에서 참 빛이 … 세상으로 온다, 선한 목자10:11, 14, 그리고 생명과 부활11:25과 자신을 동일시한다. 많은 이들이 예수를 믿고 따른다.4:41; 6:14; 7:31, 8:31; 10:42; 11:45 또한 많은 사람들이 유대인들을 두려워하여 자신들의 신앙을 숨긴다.7:13; 9:22; 20:19 다른 사람들은 예수를 미친 사람6:60, 심지어 마귀가 들렸다고7:20; 8:52; 10:20 거부한다. 그들은 예수를 갈릴리 출신7:41, 마귀 들린 사마리아인8:48, 죄인, 분명히 하나님으로부터 온 이가 아니라9:16고 경멸적으로 꼬리표를 붙인다. 이 구원자는

유대인들이 기대했던 메시아는 아니다.6:15; 12:34

요 1-11장에서 예수의 때는 아직 오지 않았다.2:4; 7:6; 7:30; 8:20 예수를 따르는 자들이 예수의 때, 그것이 수반하는 것들, 그리고 그것이 어떻게 펼쳐질지에 대해 기대할 때 긴장감이 만들어진다. 중대한 사건들이 예수의 때가 오고 있다는 것을 압박하고 있다: 예수는 자신이 부활이고 생명11:25이라고 선언한다; 예수는 나사로를 살린다; 제사장들과 바리새인들은 예수를 죽일 음모를 꾸민다.11:53; 마리아는 장사를 위해 예수에게 기름을 붓는다.12:3, 7; 유다는 화를 내며, 이것이 불길한 결과를 가져온다; 제사장들은 나사로도 죽일 음모를 꾸민다.12:10 이제 예수는 예루살렘으로 들어가고, 군중들은 그를 왕으로 선언한다.12:12-13; 바리새인들은 세상이 예수를 따라갔다고 한탄한다.12:19; 그리고 절정인 것은, 헬라인들이 예수를 보러 온다.12:20-21 이제 예수는 인자가 영광을 받을 때가 왔다고 선언한다.12:23

유월절 축제 5일 전에, 군중들은 예수가 예루살렘에 올 것이라는 소리를 듣는다. 그들은 기쁘고 희망적으로 호산나를 외침으로 예수를 이스라엘의 왕으로 선언한다! 그들은 종려나무 가지들을 흔들면서 예수를 로마의 통치로부터 자신들을 자유롭게 할 메시아로 맞아 들인다. 예수는 나귀에 올라타는데, 이것은 구약에서 나타난 왕의 전례이다.삼하 19:26; 왕상 1:33, 38, 44; 슥 9:9 그는 군마와 전차를 타고 오지 않기에 군사 지도자의 이미지를 피하고 있다.6:15를 참조 예수는 왕으로 선언된다. 이런 왕의 행진을 보며, 바리새인들은 자신들의 무력함을 깨닫고 격분해서 이렇게 말한다. 보시오, 온 세상이 그를 따라갔소!19절 그들은 확실하게 보복한다.18:3 "일단 폭력의 진행이 자리를 잡으면, 세상의 힘의 엔진들이 가속도가 붙어 작동한다."Howard-Brook 1997: 89

예수의 승리적인 입성은 그 뒤를 따른다: 헬라인들이 예수를 보러 온 것은 인자이자 위로부터 보냄을 받은 이스라엘의 왕이라는 예수의 정체성을 강조한다. 12장은 그리하여 관련된 세 개의 담론적 단원들로 끝이 난다: 서술자가 예수의 사역에 대한 사람들의 반응을 해석하면서 이스라엘의 성서를 인용12:36b-43하는 것이 사람들에게 믿으라고 호소하는 예수의 마지막 말씀 사이에 샌드위치처럼 끼워져 있다.34-36a와 44-50

개요

예수의 개선 입성, 12:12-19

헬라인들이 예수를 보러 오다, 12:20-22

예수가 대답한다: "때가 되었다," 12:23-26

예수의 때가 지닌 의미가 밝혀지다, 12:27-36a

요한이 예수의 사역에 대한 유대인들의 반응을 설명하다, 12:36b-43

주석적해설

예수의 개선입성 12:12-19w

배경은 더 이상 베다니가 아니라 이제 예루살렘이다. 그가 온다는 소문을 들은 거대한 무리가 열광적으로 예수를 맞으며, 예수는 예루살렘에 나귀를 타고 들어간다. 그들은 예수를 만나러 나온다.13절 군중들은 길에 종려나무 가지를 펼쳐 놓는데, 이것은 왕의 행진을 나타내는 것이다. 종려나무가지들은 과거에 역사적인 축하를 할 때 사용되었다: 솔로몬의 성전 봉헌식에서 생명과 비옥함을 상징하기 위해왕상 6:26, 32, 35; BC 164년의 성전 재봉헌마카베오기하 10:7; BC 141년 시몬 마카비 아래에서 정치적 독립을 축하하기 위해마카베오기상 13:51을 참조; 그리고 1차와 2차 봉기 동안 유대인 반란자들이 주조한 화폐에 종려나무가 나타남.AD 66-70과 132-35; F. Bruce: 259 이런 전통들은 국가를 회복시킬 왕에 대한 백성들의 기대를 이루고 있다; 그들은 예수가 예루살렘으로 들어가는 길을 예비한다.

그렇지만 자신의 왕의 본질을 선언하기 위해, 예수는 나귀onarion, 14절; polon 15절, 저급한 동물로 인용, 전투마 대신 나귀 한 마리를 선택한다. 이런 일에 구약의 전례가 없는 것은 아니다. 솔로몬은 자신의 왕위수여식에 왕의 나귀를 타고 예루살렘으로 들어온다.왕상 1:33, 44 인용된 스가랴 본문은 몇 가지를 함축한다: "즉위식, 승리축하, 혹은 출정식…예루살렘은 왕을 맞이하기 위해 부름을 받는다." Kinman: 241 예수의 입성수단은 자신의 비정치적 입장, 예수의 온화하고 겸손한 왕권이나마태의 강조점 혹은 전쟁, 전투를 나타낸다.사 21:7 참조 요한복음이 예수를 "타다"가 아니라 나귀 위에 앉은 것으로 나타낸 것은, 스가랴 9:9에서처럼, 전투 모티브에 맞서려는 것이다. 이것은 요한복ㅇ__ㅁ의 전체적인 그림과 부합한다: 자신의 목숨을 빼앗으려는 음모의 대단원을 맞이하면서 예루살렘에 들어갈 때도, 예수는 승리자이다. 그렇지만 이것은 예수가 곧 세상의 통치자를 몰아내기 때문에, 어떤 싸움도 일어나지 않았다는 뜻은 아니다. 예수는 싸움에서 이기지만 군사무기로 싸운 것은 아니다.18:36을 참조

"호산나! 주의 이름으로 오시는 이, 이스라엘의 왕에게 복이 있으라!"RSV라는 군중의

외침은 백성들의 희망과 기대를 표현하고 있다. 이런 선포는 시 118:25-26에서 온다. 이 본문은 축제의 나뭇가지들을 말하고 있다. 호산나는 "우리를 구하소서"라는 뜻으로, 로마의 압제로부터 구원받고자 하는 백성들의 열망을 담고 있다. 군중들은 "예수가 민족주의적 구원자의 역할을 받아들이라고" 호소한다.Talbert: 185 그들은 예수를 이스라엘의 왕으로 선언한다.1:49참조 아울러, 스가랴 9:9-10의 일부가 인용된다.

요한복음에서 약간 변형되고 첨가된 것은 의미가 있다: 1) 이스라엘의 왕은 시 118편 본문에 덧붙여진 것이다; 2) 두려워 말라는 "크게 기뻐하라"로 대체된다; 3) 나귀 위에 앉다가 "타다"를 대신한다. 생략된 것들도 역시 놀랍다: 4) "그는 개선적이고 승리적이다." - 군사적 정복인 듯한 이미지이지만 "겸손하고 …를 타다."가 따라온다; 그리고 5) "그는 열방에게 평화를 명할 것이다." 연관된 이미지가 추가됨

2)와 3)에서의 수정은 이 사건의 전체 해석에 영향을 끼친다: 2)는 빈번하게 "두려워 말라"로 시작하고 있는 구약의 전쟁신탁들에 맞게 조정된다. 이것은 그 사건을 로마에게서 자유로워지기를 바라는 이스라엘의 희망에 맞춰진다. 그렇지만 3)은 그 자유를 군사적 수단이 아니라 하나님의 법령으로 이미 획득한 예수의 승리에 다시 맞추고 있다. 앉는다는 것은 통치하는 것을 상징한다: 요한이 분명하게 선언하는 것처럼, 9:10에서 스가랴의 승리는 이미 이루어진다. 실제로 예수는 스스로를 폭력적인 전사나 군주가 아니라 겸손한 평화의 왕자로 나타내고 있다.Ridderbos: 423 결국, 존 콜린스John Collins 206가 지적한 대로, "슥 9:9는 정경이나 위경 속에서 메시아 예언으로 사용된 적이 결코 없다."는 것을 아는 것이 중요하다. 콜린스207가 슥 9:10에서 "이 왕은 분명히 군사적 승리로 우주적 평화를 가져올 것이다."4Q246 2.1-8에서처럼라고 말했지만, 요한은 그런 시각을 말하고 있는 스가랴의 본문을 인용하지 않는다. 요한이 예수의 메시아 초상을 위해 스가랴의 예언을 사용하는 것은 그의 비폭력적 기독교와 맞아 떨어진다. 그렇지만 요 12:16은, 예수의 제자들이 이것을 이후까지 이해하지 못했다는 것을 보여준다. 그 순간에 그들과 군중들은 예수를 스가랴 본문의 완성으로 생각하지 않고 있다.Coakley: 463 공관복음에서막 11:2; 마 21:2; 눅 19:30 예수는 나귀를 찾으러 두 명의 제자들을 보냄으로 이 사건을 시작하고 있다. 요한복음은 이것을 누락시킨다."아주 명백한 차이" Coakley: 477 이것은 예수가 왕이 되고자 하지 않는다는 것을 반영한 것일 수 있다.6:15 그렇지만 요한복음에서 예수는 이스라엘의 왕이라는 칭호를 받아들인다!12:13c; 1:49에서 나다나엘의 선언; 18:37; 19:19-22 참조

이 단원은 대립으로 다시 돌아오면서 끝을 맺는다. 이것은 군중들은 예수와 나사로를 보고자 하나 많은 유대인들이 예수를 믿기에 제사장들이 그들을 모두 제거할 계획을 세

우는 12:9-11의 끝과 일치시키는 역할을 한다. 17-18절에서 군중은 이 왕의 사건의 증인이 되고 있으면서 나사로를 되살린 특별한 이적을 수행했던 예수를 보려고 모여든다. 제사장들/나사로와 나사로/바리새인들이라는 이런 수미상관법은 11장과 함께 통합을 이루고 있으며, 11장과 12장 사이의 어떤 첨예한 분열의 개념도 거부하고 있다.

그러자 바리새인들은 다음과 같이 한탄한다. "보시다시피 당신들은 아무것도 할 수 있는 것이 없소. 보시오, 세상이 그를 따라갔소!" 이 사건은, 정확히 역설적으로 다음번에 일어난다!

헬라인들이 예수를 보러 오다 12:20-22

요 12:20에서, 몇몇 헬라인들*Hellenes*이 유월절 축제에 예배하러 예루살렘에 온다. 학자들은 이들 헬라인들이 누구를 나타내고 있는가에 대해서 논쟁을 벌인다. 그들은 디아스포라 출신의 헬라어를 말하는 유대인들인가? 사도행전 6:1과 9:29에서 헬라어를 말하거나 헬라의 풍습을 따르는 유대인들이라는 구체적인 용어*Hellenistes*가 나타나고 있으므로, 이것은 아닐 것이다. 그렇다면 요 12:20은 유대교로 개종한 이방인들인 개종자들을 의미하는가? 이방인들*ta ethne*, 복수형은 결코 요한복음에서 사용되지 않았으므로Robinson 1985: 60을 참조, 이 사람들은 아마도 외부 이방인들의 틀에서 유대교 명절에 참석하는 하나님-경외자 이방인들일 것이다.예배하러 예루살렘에 왔던 에티오피아 환관을 참조, 행 8:27-28 바울은 "하나님을 경외하는" 헬라인들을 말하고 있다.행 13:16, 26

여기서 "헬라인들은 … 예수를 보고자" 한다. 요한복음에서 본다는 것은 믿는 것, 빛으로 오는 것과 연결되어 있다.요 9장의 맹인을 참조 갑자기 세상이 예수에게로 오고, 바리새인들은 실망한다.12:19 "헬라인들은 예수를 위한 장이 끝남을 표시한다. 유대교에서 예수의 사역은 끝이 났고 예수는 이제 더 큰 세상에 속한다." Burge 2000: 343 이스라엘과 하나님의 언약은 더 이상 이스라엘만의 유일한 소유가 아니다. 헬라인들은 이제 예수를 보고자 한다.

헬라인들이 빌립에게 다가온다. 하워드-브룩1994: 278은 12:21-22에서 빌립과 안드레의 중요성을 강조하고 있다. 빌립은 모든 복음서에서 언급되고 있지만 여기서 그는 특정한 역할을 한다.6:5, 7; 행 8을 볼 것 여기에서처럼, 요한복음은 더 큰 이야기 속에서 그들의 특징이나 역할에 대한 어떤 특별한 것을 묘사할 때 외에는 좀처럼 구체적인 제자들을 강조하는 일이 없다. 갈릴리 벳새다에서 온 빌립1:44은 자신에게 더 쉽게 접근할 수 있도록 하는 헬라 이름을 갖고 있다. 안드레 역시 헬라 이름이 있다. 시몬 베드로의 형제 안드레는 항상 요한복음에서는 빌립과 연결되어 있다.1:44; 6:8 안드레는 시몬 베드로를 예수에게 데려오고, 이제 빌립은 유대인이 아닌 헬라인들을 예수에게로 데려오도록 사람들이 그에게 접근하고 있다. 빌립과 안드레가 요한복음에서 이런 역할을 한다는 것은 유대인 신자들과 이방인 신자들의 연합을 나타내고 있다−10:16에서의 한 무리.

예수는 헬라인들의 요구에 구체적으로 응답하지는 않지만, 그 상황에는 응답한다. 헬라인들이 오는 것은 예수에게 그 절정의 때가 동이 트고 있다는 것을 나타낸다. 그 이전에는, 나의 때가 아직 오지 않았다.2:4; 7:20; 8:20 그렇지만 이제 헬라인들이 오기에, 예수의 때가 왔다. 예수의 죽음−부활−영광을 통해, 모든 민족들이 예수에게 이끌리게 될 것이다.32절 그렇지만 그 헬라인들이 예수를 보았는지는 분명하지 않다. 카슨Carson 438의 주장은 이런 임무가 지연되는 역할을 한다:

> 이 시점에서 그들이 예수를 만났다고 해도 그 "때"가 차서 예수가 "땅으로부터 들려 올라갈" 32절 때 까지는 그들은 아직 예수를 "볼" 수 없었으며 그들이 아직 예수에게 속할 수 없었다는 의미가 있다. 요한복음이 유대인들과 이방인들을 아우르고 이젠 더 이상 지역적으로 시내 산의 기준들에 묶이지 않는 새로운 공동체를 한 데 모으는 것을 온전하게 실행해야 할 필요성이 바로 이것이다.

예수가 대답하다: "때가 왔다." 12:23–26ʷ

진실로 너희에게 이르노니라는 강한 문구로 시작하면서, 예수는 이 때가 의미하는 것을 설명한다.24절 예수의 죽음은 땅에 떨어져 풍성한 열매를 가지기 위해 죽는 밀알kokkos tou sitou과 같다. 막 4:1−20에 나오는 씨 뿌리는 자의 비유는 부분적인 병렬을 나타낸다: 하나님의 통치가 오는 방식은 말씀을 듣는 자들 속에서 땅에 떨어지고 싹이 나며 열매를 맺는 씨와 같다. 요한복음에서 예수는 다가 올 추수를 위해 죽을 수밖에 없는 사람곡식알이다. 이것이 예수의 영광이며, 열방과 민족들의 추수를 가능하게 한다.

예수의 죽음은 곧바로 제자도와 연결되는데, 25절은 다음과 같이 말하고 있기 때문이다. "자신의 목숨을 사랑하는 자들은 잃을 것이나 이 세상에서 자신의 목숨을 미워하는 자들은 영생에 이르도록 그 목숨을 보존하게 될 것이다." 이것은 복음을 위한 순교를 제시하는 것으로, 예수가 베드로에게 마지막 한 말을 예기한 것이다.21:18-19 우리는 요한계시록, 첫 3세기 동안의 그리스도인들, 아나뱁티스트들, 마린 루터 킹 주니어, 오스카로메로Oscar Romero 대주교, 그리고 그리스도인들이 박해를 받는 상황 속에 있던, 딜 알려진 다른 사람들을 생각할 수 있다.수년 동안의 중국, 이제는 나이지리아와 다른 나라들 우리가 그렇게 할 때, 우리는 터툴리안의 말이 이 본문의 중요성을 어떻게 예시하고 있는지를 또 한 기억하게 된다: "이 순교자들의 피는 교회의 씨앗이다." 26절은 기꺼이 자신을 섬기고 따르라는 예수의 부르심을 복음을 위해 자신의 목숨을 주는 것으로 연결시킨다. 이 절들 은 예수의 제자들을 향한 것이다; 그들은 따르는 자들을 아버지께서 영화롭게 하실 것이 라는 약속을 가지고, 값비싼 제자도로 부르고 있다. "세상의 기준들로 보아 완전하고 부 끄러운 패배로 나타나는 것들은 사실상 명예로운 대관식이 될 것이며, 그 대관식은 어둠 의 통치 한가운데에 있는 새로운 통치를 마련하는 것이다." Howard-Brook 1997: 89

예수의 때가 지닌 의미가 드러나다 12:27-36a[w]

12:27에서 우리는 인성을 지니고 현재의 때와 관련하여 비통함을 표현하는 예수를 만 난다. 주석가들은 요한이 어떻게 예수의 수난과 죽음을 나타내고 있는지에 대해 다양한 목소리를 낸다. 몇몇 사람은 예수의 죽음을 오직 영광에 이르는 서곡으로 여겨 그의 죽 음의 의미를 최소화한다. 예수는 요한복음의 시작에서부터 신성을 가졌으므로, 그의 고 난은 최소한의 것이다. 몇몇은 그것을 "보여주기show"로 여긴다.

대부분의 학자들은 그렇게 생각하지 않는다. 예수는 깊이 번민했다.11:33-35; 13:21 예 수의 고통은 축소될 수 없다. 12:27의 번민하다tarasso라는 강변화 동사는 "역겨움, 공포, 심려, 불안을 뜻한다."Carson: 440 예수의 고난은 보편적인 인간의 싸움에 참여하는 것이 다: 예수는 "자신이 제자들에게 싸우라고 촉구하고, 자신의 영혼/생명에 매달리라고 촉 구하는 바로 그 인간의 특성과 씨름하고 있다." Howard-Brook 1994: 281 예수의 고난과 죽 음을 최소화하는 것은 예수의 고난과 죽음 속에 완전하게 계시된, 예수의 영화와 아버 지와의 하나됨에 대한 요한복음의 압도적인 강조를 헤아리지 못하는 것이다.Thompson 1988: 87-105 요한복음이 마가에서 나오는 예수의 겟세마네의 고통을 "조롱"하고 있다는 루프레흐트Ruprecht의 폄하하는 견해106-7는 완전히 빗나간 것이다.

예수의 분투는 따르고자 하는 사람들에게 희망이 없기 때문이 아니다. "이 구절은 영 화의 주제28절와 때의 주제31절와 엮여 있으며, 우리가 어느 정도 죽음을 본받아야만 하 는 이를 따르도록 격려하고 있다. 그는 몸소 쉬운 길을 찾지 않았음이 확실하다." Carson: 440 27절에 나오는 번민은 예수가 하나님의 뜻을 받아들일 때 깊이 울리는 복종이 뒤따 르는 진정한 고뇌를 묘사한다.5:19-23; 6:37; 8:29, 38; 14:31; 히 5:7-10 참조 예수가 마지막에 죽기까지 아버지께 예라고 한 것은 그가 아버지에게 영광을 돌리기 위해 다른 사람들을 위해 자신의 전 생애를 어떻게 살았는가와 연관되어 있다. 요한은 예수의 수난을 '아버지여, 당신의 이름을 영화롭게 하소서'12:28로 소개한다. 이것은 예수의 고난과 죽음을 수반하는 것이다.

하늘에서 들려오는 아버지의 목소리는 죽음과 부활을 통해 오는 영광 속에서 뿐만 아니라 성육신과 예수의 사역 속에 이미 존재하고 있는 영광을 가리킨다. 요한복음 속에서 오직 이곳에서만 하늘에서 목소리가 내려온다. 공관복음에서는 하나님께서 예수의 침례와 변모에서 말씀하신다.막 1:11; 9:7; 마 3:17; 눅 9:35 참조 이런 독특한 요한복음의 특징은 예수의 고난과 죽음의 핵심적 의미를 더욱 강조하는 것이다. 이는 하늘이 말할 때이다.

군중들은 하나님의 말씀을 이해하지 못한 것 같다.12:29 몇몇은 소리를 목소리로 인식하지 못한다: "전형적으로, 세상은 예수 그리스도 안에서 일어나고 있는 것의 심각성을 거의 깨달을 수 없다. 그러므로 자연히 오해가 생긴다. 예수는 이 목소리가 듣는 이들을 위한 것이지 그[자신]를 위한 것이 아니라고 한다."Burge 2000: 345 이 잘못 이해된 목소리는 뒤따르는 예수의 말씀에 긴급함과 권위를 더해준다.

31-32절에서 예수는 20-30절의 의미를 밝힌다. 카슨442-45은 다섯 가지 핵심적인 점을 들고 있다. 첫째로, 심판은 시대의 종말 및 여기 그리고 지금 그리스도 사건 안에서 일어난다.3:17, 19-21; 5:22-30; 7:24; 8:16 십자가는 세상에 심판을 전한다. 두 번째로, 세상의 왕자나 통치자는 쫓겨난다. 십자가는 사탄의 패배이다. 예수가 즉위할 때, 사탄은 자리에서 물러난다.14:30; 16:11, 33 예수의 죽음은 우주적 싸움이다.Kovacs 세 번째로, 예수는 땅에서 십자가로 들려 올려 질 것이며 영광에 이르도록 찬양받을 것이다. 예수의 죽음은 자신의 영화에 있어 필수적인 길이다.사 52:13 참조 네 번째로, 예수는 모든 사람들을 자신에게 이끌 것이다.요 6:44; 5:19; 12:32; 엡 1:10 참조 예수는 인간을 연합한다. 마지막으로 그 때가 오는 것요 12:23, 27은 시대를 계시하는 축을 표시하고 있다. 역사의 의미는 요한복음 속에 있는 이런 전환점에 달려 있다. 마지막 때가 시작되었다; 이제 다가올 사건들은 종말론적이다.

빛인 예수는35-36절 숨겨진 어둠을 폭로한다. 빛이 어둠을 비출 때처럼 예수는 세상의 통치자들을 쫓아낸다. 이것은 요한복음이 말하는 우주적인 축출exorcism이다. 하워드-브룩1994: 283이 통치자archon를 사탄이나 마귀와 동일시하는 것을 경고하고 있지만, 이렇게 말하는 것이 꼭 동일시하는 것은 아니다.archon이 니고데모와 유대의 통치자를 가리키고 있는 3:1; 7:26, 48을 참조 이 세상의 통치자의 "얼굴"은 유대인들과 산헤드린으로서, 예수와 예수를 따르는 자들을 회당으로부터 축출시킨 자들이다.9:34 참조 그렇지만 요한복음에서는 예수에게 맞선 다양한 얼굴들이 그들을 넘어서는 권력과 연결되는 것으로 나타나는데, 특히 유다가 예수를 권력자들에게 넘겨주는 배후에는 사탄이 있다고 언급한다.6:70–74; 13:27 권력자들이라도 자신의 힘으로 행하는 것은 아니다. 예수와 맞서는 것에서, 그들과 사탄은 하나님의 높으신 손 안에 있다. 마치 "말썽꾼"을 희생시키는 가야바의 해결책에서와 같으며, 이것은 역설적으로 예언이 된다! 예수는 나중에 통치자 빌라도의 세속 권력과 위로부터의 힘을 대조한다.예를 들면 하나님의 힘; 19:11 하나님과 사탄은 이러한 지상의 드라마에 참여한다: 사탄은 왕자이며 머리, 혹은 세상 악의 최고 지배자이다; 예수 안에 있는 하나님은 악을 능가하는 승리자이시다.

권력의 기둥도 축소되어선 안 된다. 레슬리 뉴비긴Lesslie Newbigin 159은 이 세상의 *archon*31절은 사리사욕을 기반으로 움직이는 모든 세상의 거짓 목자들을 나타낸다고 잘 말하고 있다: "서기관들이 율법을 대표하고, 대제사장들과 사두개인들이 종교를 대표하며, 로마의 통치자들이 속세의 '현실정치realpolitik'를 대표하고, 유월절의 군중이 대중혁명의 열망을 대표하는 것은 [예수를] 저주하고 없애고자 하는 기이하고 독특한 결탁 속에 모두 결합되어 있다. 아울러 이런 행동으로 말미암아 그들은 그들의 운명을 기록할 것이다." 그렇지만 실제로 12:31에서 쫓겨 나온 것은 이런 거짓 목자들 이상의 것이다. 요한복음에서 세상과 불신앙은 손을 맞잡고 간다.[세상, 609쪽] 군주 하나님은 이 세상의 통치자archon를 지배한다. 하나님의 통치는 예수 안에 그리고 예수를 통해 이제 계시되고 있다.3:18–21 참고

이것은 "예수가 자기가 당할 죽음이 어떠한 것인지를 암시하려고 한 말이다"33절는 독자를 위한 해설노트이다. 군중은 그런 설명의 혜택을 누리지 못하며, 따라서 깨닫는데 어려움이 있다. 그들이 느끼는 혼란은 그들이 예수가 스스로에 대해 말하고 있는 것을 자신들의 메시아 기대와 나란히 놓으려고 하는 34절에서 명백히 나타난다. 이런 이유로, 인자가 들릴 것이다는 무슨 의미인가? 군중은 정치권력의 왕국을 세우기 위해 정치적으로 성공을 거두는 메시아를 찾고 있다.12:12–19 참조 그렇지만 예수는 자신이 "들릴 것"을 통해 오는 영광을 말하고 있다. 군중은 이해하지 못하고 이렇게 묻는다. "이 사람은 어떤 인자란 말인가?" [AT] 군중은 예수의 말씀에서 그들의 종교 전통이 갖는 메시아 기대와 화해할 수 없다.

유대교의 종말론적인 기대는 메시아의 통치기간에 대해서조차 무척 다양했다. 에스드라2서 7:28–30에서 메시아는 한 시기를 통치하고 나서 죽는 것으로 생각한다. 바룩2서 30:1에서 메시아는 하늘로 직접 데려감을 당한다. 에녹1서 49:2와 솔로몬의 시편 17:4

에서 메시아는 영원히 통치한다. 『아담과 하와의 삶』The Life of Adam and Eve, AD 1세기은 어떠한 메시아도 없는 이스라엘의 회복을 그리고 있다. 쿰란 공동체는 분명하게 두 명의 메시아를 기대했다.1QS 9:11; Damascus Document [CD], passim 그렇지만 요한 공동체는 메시아의 통치가 영원하며 세상에서 온 것이 아님을 알고 있다.18:36 RSV

예수는 직접적으로 군중의 질문에 대답하지 않았으며, 그들의 불완전한 신학적 논쟁에 참여하지도 않았다. 오히려 예수는 자신의 다가오는 죽음을 가리키며, 빛이 떠나가서 어둠이 그들을 집어 삼키기 전에 빛 속에서 선택하고 걸으라고 사람들을 부른다.12:35-36a 예수의 말씀은12:36a; 8:12; 12:46을 참조 서문에서 빛의 이미지를 반향한다. 빛을 믿는 자들은 … 빛의 자녀가 된다.1:12 참조 "율법에 대해 옥신각신하는 대신, 예수는 하나님의 자녀로서 계속 살기 위해 죽음 보다는 생명을 선택할 … 기본적인 선택을 제공한다." 신 30:19; Howard-Brook 1994: 284

요한이 예수의 사역에 대한 유대인들의 반응을 설명하다 12:36b-43

예수의 공생애 사역의 이 마지막 부분은 두 부분으로 이루어진다: 첫 번째로는, 왜 많은 유대인들이 예수를 받아들이지 않았는가에 대한 복음서 저자의 주석이며, 두 번째로, 예수의 총괄적인 복음에의 호소이다. 이 마지막 요약에는 분명한 청중이 나타나 있지 않다. 드라마로서의 요한복음에서는, 우리에게는 홀로 무대에 있는 예수에게만 초점을 맞추는 최후의 독백이 있다. 복음서 저자의 마지막 언급과 뒤따르는 예수의 요약은 서술자가 독자에게 직접적으로 말을 전할 수 있는 기회를 나타내는 것이다.

요한복음은 "왜 많은 백성들이 그를 받아들이지 않았는지"1:11를 "몸을 숨기고 있는" 예수로 표현한다!12:36b; 3:22; 6:15; 7:1; 8:59; 10:39-40 참조 복음서 저자는 왜 예수가 쫓기는 사람hunted man이며 왜 그의 백성, 특히 지도자들이 그를 받아들이지 않았는지를, 말하지 않는 예수를 통해 설명하고 있다: 예수가 그들 앞에서 그리 많은 이적들을 행했음에도 그들은 예수를 믿지 않았다.12:37 요한복음은 구약성서의 두 본문, 사 53:1과 6:10을 인용하며 독특하게 혼합하고 있다.Schuchard: 85 신약의 다른 곳에서는, 오직 바울만이 70인역에서 완전히 똑같이 로마서 10:16b에서 이사야 53:1a를 인용하고 있다.또한 9절 이사야 6:10또한 9절은 공관복음서에서 부분적으로 인용되며막 4:12; 마 13:13; 눅 8:10b 사도행전에서도 바울의 맺음말로 인용된다.28:26-27 그런 관념 역시 사 6:10의 일부를 인용하는 11:10과 더불어, 로마서 11장에 있는 바울의 주장에 스며들어 있다. 그렇지만 바울은 이런 거부를 하나님의 계획으로 보고 있다.Toews: 276을 참조 유대인의 감람나무에 이방인을 접붙이게 할 수 있는 문을 열고 하나님의 자비를 받게 하기 위해서이다.롬 11:31 초대 기독교의 설교는 널리 퍼져있는 유대인들이 예수의 이적들, 말씀, 그리고 자신에 관한 선언들을 믿지 않는 것을 설명하기 위해 사 6:9-10에 호소했다. 그렇지만 이 부분조차도, 우리는 많은 유대인들이, 심지어 권력자들까지도 그를 믿었다는 이야기를 듣는다!42절 그들 가운데 대부분은 명백히 비밀 신자들이었고, 예수를 장사하는데 협조하는 요셉과 니고데모로 의인화되고 있다.19:38-39

복음서저자는 불신을 가져오는 세 가지 주된 이유들을 보여준다. 먼저는 하나님께서 그들의 눈을 멀게 하고 그들의 마음을 완고하게 하셨다고 이사야가 예언했다. 두 번째는, 회당의 보복을 두려워 한 나머지 믿고자 하는 사람들도 예수를 메시아, 하나님의 아들로 고백할 수 없었다. 세 번째로, 그들은 하나님에게서 오는 영광보다는 인간의 영광을 더욱 사랑했다. 오직 이사야에 호소하는 첫 번째 이유만이 요한복음에서 새로운 것이다. 9:22에 나타나는 두 번째 이유는 왜 맹인의 부모가 예수가 그들의 아들을 치유했다고 증언하지 않았는가를 설명한다.16:2도 보라 세 번째 이유는 예수를 거부하는 것과 불신앙을 설명하기 위해 이 서사 속에서 더 자주 등장한다.5:41; 7:18; 8:50이 내포됨 이 12:12-50 단원의 교차대칭 구조에서는, 12:36b-43이 12:20-26과 나란히 놓인다. 두 가지 부분이 대조되고 있다: 유대교 종교지도자들은 보지 못하지만9:40-41, 이방인들은 예수를 보고 싶어 한다. "역설적으로, 이스라엘 전체가 '볼 수' 없었다면12:40, 이방인들은 예수를 '보러' 왔다."Keener: 2.884

요한복음은 보는 것을 강조하고 이사야 예언의 듣는 부분을 생략시킨다. 이런 인용은 이해에 관한 행들을 포함한다. 그들의 눈을 닫게 한다는 70인역의 문구를, 더욱 심각한 상태인 백성이 눈이 먼 것으로 대체시키는 것이다.9:39-41; Painter 1994: 448-49 참조 요 12:37은 예수의 말씀 보다는 예수의 이적들을 언급함으로 이 문단을 시작한다. 요한복음서 곳곳에 백성들은 예수의 이적들을 보고 있다.2:11; 6:2, 14; 9:39; 11:45 참조 다음의 절들12:44-50은 예수의 요약으로, 예수의 말씀에 더욱 초점을 맞춘다.Whitacre: 326 참조

앞선 장들에서 보는 것과 아는 것깨닫는 것은 핵심적인 강조들이다. 네 개의 서로 다른 헬라어 동사 보다가 요한복음에 나타나는데, 전부 78회 사용된다. 요한복음은 물론 듣는 것도 중요한 역할을 하지만Thompson 2001a: 104-9, 보는 것을 주요한 이해의 방식으로 여기며 마지막으로 정리하는 예수의 호소 속에서 분명히 계시하고 있다. "계시하다"를 강조하는 것은 요한복음의 저자가 처음 이사야를 인용하는 곳에서 나타난다: "주님의 팔이 누구에게 나타났는가?" 요한복음이 이것을 보는 것과 연결시키고 있는 이유는 두 번

째의 인용이 이사야서에서 이사야가 선지자로 부름을 받는 환상 속에 주님의 영광을 본 이후 일어나기 때문이다. 계시, 보는 것, 그리고 이해하는 것은 예수에게 올바로 응답하는 것을 측정하는 기준이다. 많은 사람들이 이 시험에서 떨어졌지만 일부는 통과한다.

두 번째와 세 번째 이유는 합쳐져 있다: 인간의 영광을 구하면 공개적으로 고백하고 우세한 사회종교적 질서를 위협하는 사람에 대한 믿음을 거부하게 된다. 오데이1995: 717가 지적한 대로, "정치적 권력을 두려워하고 특권'인간의 영광'과 안전회당에서 쫓겨남을 잃을 것을 염려하기 때문에, 몇몇 사람들은 예수 안에 계시된 하나님의 경험에 맞서는 길을 택한다."

41절은 이 단원의 경첩에 해당되는 절이다: 이사야가 이렇게 말한 것은, 그가 예수의 영광을 보았고 그가 예수를 말했기 때문이다. 여기서 이사야는 하나님의 영광에 대한 다른 신뢰할 만한 증인들과 함께 하고 있다: 모세5:44-47; 1:14, 16 참조; 아브라함8:54-56; 증언자 요한1:6-9, 14-15, 26-36; 3:27-30 믿는 자들은 또한 예수 안에 나타나는 하나님의 영광을 증언한다.2:11; 11:40 [증인, 605쪽] 요한은 하나님의 영광을 보는 환상 속에서, 이사야가 이제 예수 그리스도 안에 계시된 환상을 보았다고 선언한다. 앞서 사 53:1를 인용하는 절은 예수의 영광의 의미 속에 들어가는데, 그 이유는 여기에서 그 종이 "찬양을 받아 높이 들리게 될 것이다."라고 언급하고 있기 때문이다.52:13 이런 이미지는 아버지의 영광을 반영하는 예수의 영화에 대한 요한복음의 신학과 완벽하게 들어맞고 있다.Kenner: 2,885 참고 [육체와 영광, 579쪽]

예수의 마지막 호소 12:44-50

예수는 앞서 그가 했던 말을 요약한다. 예수는 자신의 공생애 사역에서 이 마지막 호소를 크게 외쳤다.44a 예수는 신적인 재가를 가지고 믿음으로의 마지막 부름을 소리친다: "누구든지 나는 믿는 자는 나를 믿는 것이 아니라 나를 보내신 이를 믿는 것이다. 그리고 나를 보는 자는 나를 보내신 이를 보는 것이다."44-45절 믿는 것은 예수의 말씀에 반응한다는 것을 수반하고 있다: 듣는 것과 보는 것은 서로 보완해 주며 예수가 그의 아버지를 드러내는 것에 긍정적으로 반응을 보이는 것이다.

다음으로 예수는 3:17-21; 8:12-17의 후렴구에서 세상의 빛이라는 자신의 선언과 이것이 지닌 영향으로 심판과 구원으로 이른다는 것을 되풀이한다. 48-49는 5:17, 19-30의 강조를 반복한다. 마지막 외침은 모든 이들이 듣기를 바라는 아버지의 열망을 토로하고 있다: "그의 계명이 영생이라는 것을 안다. 그러므로 내가 말하는 것은 아버지께서 내가 말씀하신 것처럼 말하는 것이다."50절 영생을 주시는 예수는 3장과 5장을 반향하고 있다. 예수의 말씀은 아버지의 말씀과 같은 권한을 받은 것이다. 예수는 아버지가 자신을 세상 속으로 보내셨다고 한다. 이것이 예수에 대한 소송의 최고점이다: 신성모독5:17-18; 10:30

이 말씀들은 예수의 마지막 부름이다; 결정의 때가 온다!

성서적 맥락에서의 본문

헬라인들이 예수를 보러 오다

각각의 복음서는 이방인들을 예수 그리스도의 복음을 받는 사람들에게 포함시키는 그들만의 독특한 방식이 있다. 핵심은 각 복음서들의 기독론과 예배의 관점에 본질이 된다. 요한복음에서 그 때는 헬라인들이 와서 "우리가 예수를 보고자 한다"고 말하는 이후에 온다. 마가복음에서는 예수가 배를 타고 제자들에게 질문을 던진 후에 이방인의 지역으로 여정을 떠나 그곳에서 사역을 한다.막 7:24-8:10 그제야 우리는 사람들을 먹인 두 사건을 이해하게 된다: 5천명을 먹이고 12 광주리가 남은 사건과 4천명을 먹이고 7광주리가 남은 사건8:14-21 이후에 벳새다에서 맹인을 치유한 예수의 이중적인 만짐이 따라온다.8:22-26 이 맥락에서-지리, 갈릴리 호수의 양쪽, 상징의 숫자들, 이중적 만짐-예수는 질문을 꺼낸다. "사람들이 나를 누구라고 하느냐?" 그런 후에 요한복음에는 예수의 임박한 고난, 죽음과 부활을 드러낸다. 이방인들이 예수의 사역에 포함될 때갈릴리 호수의 동쪽; 4천명의 사람들; 일곱 광주리, 12:20-23에서의 축으로서 요한의 서사와 유사하게 예수는 베드로의 메시아 고백을 유도한다.8:27-30 그들의 정치적 기독론들은 비슷하다: 이방인은 안 되고 메시아도 없다! 예수는 요한복음이 이방인들을 포함시키는 것으로 확대시키는 맥락 속에서만 메시아이다.Swartley 1981/99: 112-30을 참조

이 점에서 마태의 전략이 다른 것이 의미심장하다. 마태복음의 처음과 끝은 하나님의 구원 역사 속에 이방인들을 포함하는 것을 보여준다. 먼저, 외부인들-라합, 룻, 밧세바, 우리아의 아내와 같은-이 족보에 들어온다. 두 번째로, 동방에서 온 현자들이 예수를 보러 오며 경배한다.2:1-12 세 번째로, 마태복음의 결론에서 예수는 제자들을 복음을 전하기 위해 세상의 열방으로 보내어 침례를 주고 그가 명령한 모든 것들을 가르치게 한다. 네 번째로-요한과 마가가 가지고 있는 아주 유사한 전략-중요한 "전환"이 10장과 12장에서 일어난다. 10:5-6에서 예수는 자신이 보낸 제자들에게 다음과 같이 명령한다. "이

방인에게로 가지 말고 사마리아인들의 마을에도 들어가지 말며, 오히려 이스라엘의 잃어버린 양에게로 가라.” 유대인들이 복음을 거부했을 때, 마태는 두 개의 적절한 구약성서 본문을 인용하면서 이방인을 포함하는 것으로 전환되고 있음을 보여 준다.12:15-21: “그가 이방인들에게 정의를 선포할 것이다.”와 “그의 이름으로 이방인들이 희망을 가질 것이다.” 이런 중앙의 장들은 독자들에게 요나와 남방에서 온 여왕이 모범적인 대조들인 반면, 예수의 심판은 “귀가 먼” 유대인 청자들에 임하고 있음을 알리고 있다.12:38-42

마가복음에서 이방인 지역 속으로 가는 여정을 누가가 “크게 생략하고 있음”은—그리고 이어지는 두 번째 사람들을 먹임—아마도 자신의 두 번째 책, 사도행전까지 이방인들의 포함을 연기하고 있다는 것으로 설명되며, 이방인을 포함하는 것을 연기시키는 것과 연관되고 있다. 그렇지만 요한복음처럼 누가는 사마리아인들에 대한 적대감에 맞서고 있으며눅 9:51-56 특색있는 선한 사마리아인의 이야기 속에서 사마리아인들에 대한 도덕상의 연민을 격찬하고10:29-37, 치유된 한센병자 사마리아인이 감사를 표시하는 것을 칭찬하고 있다.17:11-19 게다가, 십자가 아래에서 이방인 백부장은 “진실로 이 사람은 의인이었다.”고 고백하며23:47 KJV 하나님을 찬양하고 19:37에서 예수를 찬양하는 자들의 합창에 참여한다. 누가가 분명히 이방인들을 포함시킨 것은 자신의 두 번째 책 사도행전을 위해 남겨두었는데, 사도행전은 하늘나라의 복음이 확장됨을 말하고 있다.행 1:8; 8-28장 사도행전의 많은 곳에서13:46-49 참고 바울은 “이방인들에게로 돌아가고 있다.” 예루살렘 회의에서 야고보는 이방인의 포함에 대해 구약 본문들을 인용한다.15:15-18 사울헬레니즘 세계에서는 바울로 알려진은 이방인들의 사도이다.9:15; 26:17-18 베드로가 고넬료에게 침례를 주는 것 역시 하나님께서 이방인들을 포함시키는 것을 증언한다.10장

바울의 말 전체는 이방인 선교를 핵심으로 한다. 바울은 스스로를 “이방인들의 사도”로 묘사한다.롬 11:13; 갈 2; 엡 3:17 참조 이방인들로 돌아가는 것은 마가복음을 제외하고 이런 사례들 하나하나가 구약성서로 뒷받침되고 있다. 초대교회는 구약을 이방인들을 포함시키는 하나님의 목적으로 읽는다.Swartley 1981/1999: 112-30; 2007: 213-37 예수의 주된 위임은 아마도 이스라엘을 회복시키는 것이지만마 15:24; 10:5-6; 롬 1:14-15 참조, 요한복음 4장에 나타난 예수의 여정은 분명히 이스라엘을 넘어선 것이다. 복음서들이 기독론을 드러내는 것과 그들이 각 복음서 서사의 구조 속으로 이방인들을 데려오는 미묘한 전략이 찬란하게 빛나고 있다. 마이클 버드Michael Bird는 메시아 기대에 대한 수많은 가닥들 속에 이스라엘의 회복도 이방인들을 포함하는 것을 내다보고 있다는 것을 올바르게 지적한다. 요 12장에서, 이스라엘에 대한 예수의 사역은 완성된다; 이스라엘의 “양우리”

밖에 있는 자들도 10:16 역시 예수에게 온다.Burge 2000: 352 헬라인들의 질문은 예수의 때가 왔다는 것을 표시한다; 예수는 세상에게 생명을 주기 위해 자신의 목숨을 버린다.1:29; 3:16; 6:51; 10:18; 12:32

영화롭게 되는 십자가[w]

슈나켄부르크는 요한복음에 나오는 예수의 영광에 대해 긴 여록을 쓴다.2.398-410 나는 그의 훌륭한 기여를 요약하는 바이다. 그는 "들려 올라간 것은 믿는 구경꾼을 위한 의미의 상징"이라는 요한의 이미지를 강조한다. 십자가를 받아들이고 복종한 예수의 태도는 희생에 다름 아니다. 우리가 로마인들과 유대인들 사이의 폭력적인 갈등이 예수를 희생하는 것으로 회피되었다는 것을 설명하기 위해 지라르의 이론을 사용할 수는 있지만 요한복음의 저자가 가야바의 정치적 격언을 예언으로 해석했다는 것을 참조; 11:49-52, 요한복음은 예수를 희생으로 묘사하지 않는다.이 주석의 서론부분의 온라인 부록 속에 있는 Verhey를 보라, 26쪽: 예수는 희생으로가 아니라 스스로를 내어주는 사랑으로 영화롭게 된 종으로 십자가에 간 것이다. 영광은 성서를 꿰고 있다. 영광이 중요하게 나타나고 있는 책은 출애굽기, 시편, 이사야, 에스겔, 요한복음, 고린도서신들, 그리고 계시록이다.[육체와 영광, 579쪽]

내가 들려 올라갈 때[w]

요 12:32의 이미지는 민수기 21:4-9에서 나왔는데, 이 본문에서 모세는 이스라엘 사람들을 물어 죽이는 뱀의 치명적인 독을 퇴치하기 위해 막대기에 뱀을 매달아 올린다. 요한은 3:14-21과 12:32에 나타나는 이 이미지를 사용하고 변형시킨다. 두 이야기들이 지닌 공통적인 특징은 "들려 올림"과 "죽음으로부터의 구원"으로, 이것은 요한복음에서 영생을 낳고 있다. 조지 브런크 3세[George Brunk III]의 사순절 명상은 뱀에서 구원으로 움직이는 이런 상징의 궤도로 우리를 안내한다. 더 이전의 이야기 속에서처럼 들려 올라간 뱀은 죽음으로부터의 구원의 수단이 되어, 이 새로운 이야기 속에서는 경멸과 수치의 상징인 십자가에 매달린 아들은 죽음으로부터의 구원의 수단이 된다. 뱀을 "올려다보고" 도움을 받은 사람들은 요한복음에서는 예수를 보고 그의 말씀과 이적들을 믿는다. 새로운 사건의 영향은 거대한 것이다: 세상의 통치자는 쫓겨나고, 예수는 모든 사람들을 구원과 영생을 위해 자신에게로 이끈다.12:31-32 RSV 참조

교회생활에서의 본문

이방인들이 문을 두드리고 있다[w]

요 12:20-23은 외부인들을 맞아들이도록 문을 열라고 교회에게 권고한다. 12:20-23과 12:24-26 사이의 연결은 예수가 이방인들을 맞아들이기 위해 자신의 목숨을 준다는 것을 보여준다. 예수는 스스로를 내어주며, 하나님께서 약속하신 영생을 아는 것이 이제는 그의 고난-죽음과 영화의 때-을 통해 완성될 것인데, 그것은 예수의 부활과 함께 승격이 된다. 예수의 결실있는 죽음은 첫 열매이다: 많은 제자들이 그 노선을 따를 것이다. 순교자들의 거울 속에서 이름이 등장하는 32명의 1세기 기독교 순교자들과 [van Braght: 67] 161쪽에 터튤리안의 "교회의 씨앗"이라는 인용을 볼 것 예수의 죽음은 다른 이들에게 생명을 준다. 믿음으로 예수를 따르는 자들은 영생을 얻는다.[영생, 513]

사람은 스스로를 우상으로 여겨 초점을 맞출 때 자신의 생명을 잃는다. 그 이유는 그런 자기중심성이 하나님의 주권을 거부하기 때문이다. 자신의 목숨을 미워하라는 가르침은 생명에 반反하는 언급이 아니라 오히려 "누구든지 내 제자가 되려거든 자기를 부인하고 십자가를 지고 나를 따르라"는 막 8:34와 유사한 명령이다. 인간으로서 우리는 우리의 생명을 구원할 수 없다. 우리는 우리를 위해 부어주시는 예수의 사랑을 통해 우리의 생명을 지속적으로 받으며 새롭게 되는 제자도로 초대를 받는다.Newbigin: 157을 참조 자기희생과 섬김은 이런 제자도의 삶을 표시한다. 어려운 길임에도 불구하고, 신실한 제자도는 아버지로부터의 영광으로 인도한다.

예수의 공생애 사역의 극적인 마감

우리는 12:36-50을 연극으로도 볼 수 있다. 예수는 12:36에서 퇴장한다; 서술자는 예수의 공생애 사역에 커튼을 내린다:

37-43절에서 요한복음의 저자, "극작가"는 스스로를 직접 관객들에게 드러내며 첫 번째 "막"이 끝나는 딜레마에 대해 언급한다: 왜 예수의 백성이 그를 거부하는가? 그가 말을 끝낸 후에, 그 역시 커튼 뒤로 사라지며 무대는 완전히 텅 비고 어두워진다. 그 후에 예수의 목소리가 들리는데44-50절, 양쪽 끝에서 어두워진 극장을 향하여 소리치며, 자신의 목소리로 관객 앞에서 자신의 역할을 한 극에 대한 마지막 언급을 하는 것이다. 예수가 말을 마칠 때, 관객은 다시 한 번 어둠 속

에 남겨지고, 그들의 귀에 예수가 주는 구원이 울리는 것이다.O'Day 1995: 718

청중들이 생각할 때에, 그들은 자신들의 마음에 새겨진 예수의 다른 언급들을 회상한다. "내가 땅에서 들려 올라갈 때에, 나는 모든 사람을 나에게로 끌어올 것이다."12:32 모든 사람은 나를 포함하여, 각각의 국적과 언어가 다른 사람들, 그리고 세대와 시대를 뛰어넘은 사람들을 포함하고 있는가? "크리소스톰은 예수가 우리를 이끄는 이유는 우리가 폭군에 묶여 있기 때문이라고 설명한다.Homily 57.3 … 아다나시우스는 십자가의 팔이 그리스도로 하여금 세상을 끌어안게 한다고 기록한다.On the Incarnation 25 에라스무스와 더불어 많은 이들은 모든 사람들은 '모든 인종과 계급들'을 의미한다고 이해한다.1525: 254" M. Edwards: 128 이것은 공관복음에서는 상응구절이 없는 우주적인 환상이지만, 믿지 않는 자들에도 불구하고 요한복음의 다른 곳에서는 나타난다.1:12, 16; 3:16; 5:24; 6:37, 47 이 초대는 모든 이들을 부르는 것이다. "제4복음서 저자는 이런 결정을 둘러싸고 있는 가능성은 허락하지 않고 있다; 믿는 것은 생명이고 예수를 거부하는 것은 심판을 초래하는 것이다." O'Day 1995: 718

예수의 공생애는 예수의 방향과 목표가 군중에서 자신의 제자들 무리와 그 앞에 있는 길로 전환되면서 요 12장에서 끝이 난다. 이 길은 빛과 어두움 사이의 지속되는 싸움을 통해 관통한다. 싸움과 긴장이 상승될 때, 사람들은 자신이 있어야 할 편을 선택해야만 한다.12:35-36a 요한복음 곳곳에서, 이런 선택은 빛과 어두움 사이에 있으며, 이제는 유월절이 다가옴에 따라 더욱 급박해 진다.

이 본문에 대한 아나뱁티스트의 호소

그들이 순교에 직면할 때, 아나뱁티스트들은 자주 이 단원 속에 있는 두 개의 절들을 위안으로 삼는다:

- 자신의 생명을 사랑하는 자는 잃을 것이요, 이 세상에서 자신의 생명을 미워하는 자는 영생에 이르도록 보존할 것이다.12:25
- 내가 말한 바로 이 말이, 마지막 날에 심판할 것이다.12:48b

첫 번째 절12:25은 왜 순교자가 기꺼이 생명을 버리려고 하는지에 대한 설명으로서, 혹은 순교를 겪는 것보다 그들에게 신앙을 버리라고 간청하는 사람을 꾸짖는 죄수의 마지막 선언으로서 순교자들의 거울433, 434, 439, 836, 856 속에서 5차례 인용되고 있다. 특히

1529년에 스와비아Swabia의 그무엔트Gmuend에서 6명의 형제와 함께 순교당한 14세 소년의 증언은 감동적이다. 이 소년은 탑에 갇혀졌었는데, "이곳에서 그는 거의 일 년 동안 혹독하게 감금되었고 수많은 폭행으로 고통을 당하면서도 언제나 요동하지 않은 채 있었다." 그렇지만 그들은 신앙을 버리라고 이 소년을 유혹하고자 했다. 칼로 순교를 당하는 날이 올 때, "관례대로 칼로 처형을 하려고 그랬던 것처럼, 원 모양이 … 그 자리에 그려졌다." 말을 탄 백작이 만약 그가 신앙을 버린다면 그에게 생존을 약속하고 개인적으로 안전하도록 돌보아 준다고 약속했다. 그 소년은 대답했다:

> 내가 내 목숨을 사랑하고요 12:25, 그리하여 내 하나님을 저버려서 십자가를 피해야 한다고요? 이것은 나로서는 분명히 해서는 안 될 일입니다; 재물은 우리 가운데 누구에게도 도움이 될 수 없지만, 나는 내 아버지의 나라 천국에서 더 나은 것을 기대합니다 … 아버지는 나를 선택하시고 모든 것들을 가장 최고의 상태로 명령하시며 평등하게 하시는 분입니다. 따라서 이런 간청은 그만 두십시오 … 때가 다가왔을 때, 우리는 우리로 하여금 이 세상에서 벗어나 즐거운 진치로 떠날 수 있도록 우리 마음 속 깊은 곳에서 그를 향해 외쳐야 합니다.434

두 번째 본문12:48은 순교자들의 거울의 영문번역판에서 7차례 인용된다.358, 383, 638, 658, 915, 970, 972 어떤 경우에 이 본문은 죽음에 직면한 순교자들을 위한 자기 확신의 기능을 하며, 다른 경우에서는 가족들이나 회중들에게 쓰인 편지들 속에 담긴 권고 혹은 그들을 죽이려고 하는 권력자들에게 복음을 떠올리게 하는 역할을 한다. 후자는 로렌스 반 더 라이엔Lauwerens van der Leyen이 1559년 7월 10일, 안트베르프Antwerp에서 "안트베르프의 법관들과 론세Ronse의 주임사제에게" 쓴 편지들 가운데 하나에서 나타나고 있다636: "주님의 말씀은 교회가 생기기 이전부터 계셔서 마지막 날에 사람들을 심판하실 것이다; 주님의 말씀은 모든 사람들을 심판하시리라. Jno. 12:48" 638 다른 순교자, 얀 딜만스Jan Thielemans의 편지는 요 12:46, 48, 그리고 50에서 모든 절을 합쳐 예수의 말씀과 "영원한 생명"의 "계명"에 의한 심판을 강조하고 있다.734 또 다른 것은 자신의 외동 딸에게 쓴 얀 보우터스Jan Wouterss, Dordrecht의 편지로서, "그리스도의 말씀은 항상 심판자이다; 따라서 아무도 나를 많이 생각하지 않도록 하라." 915 이 절들은 순교자들을 위한 지도이자 나침반으로, 그들을 약속된 하늘의 안식처로 인도하기 위한 것이다.

3부

대단원: 마지막 유월절, 고난, 그리고 부활

그는 사람들에게 멸시를 받고 버림을 받았다 …

그가 찔린 것은 우리의 허물 때문이다.

그는 억울한 재판을 받았다.

누가 그의 앞날을 걱정해 주겠는가?

내 백성의 죄로 인해 그는 사는 땅에서 내쳐졌다.

그는 폭력을 휘드르지도 않았고 거짓말을 하지 않았지만

사람들은 그에게 악한 사람과 함께 묻힐 무덤을 주었고,

죽어서 부자와 함께 들어가게 하였다

−이사야 53:3a, 5a, 8−9

요한복음 13장

예수가 작별을 고하다

사전검토

누구나 인생에서의 전환점을 떠올릴 수 있을 것이다. 그것은 거주지를 바꾸는 결정일 수도 있어서, 우리가 사는 지역에서 벗어나 지역을 넘어서게 되고 시간이 흐를수록 여러 곳에서 살게 되는 것이다. 가끔은 이런 변화들이 힘들다. 관계를 잃게 되는 것은 가장 큰 장애물 가운데 하나다. 요 13장에서 예수는 자신의 삶의 선교에 있어서 마지막 국면으로 접어 든다. 아무 것도 다시 똑같아 질 수 없다. 작별은 어렵고, 예수는 한 가지 중요한 것을 마주하고 있다: 자신의 제자들, 사랑하는 베다니 가족, 그리고 어머니와의 이별.

공관복음서에서, 예수의 종려주일 예루살렘 입성은 예수 사역의 마지막 주간을 시작하고 있다.막 11:1-12//마 21:11// 눅 19:28-40 마리아가요한복음이 그녀의 이름을 밝힌다 예수에게 기름을 붓는 것으로 고난이 시작된다.막 14:1-9..마 26:6-13 요한복음에서 양쪽의 사건들은 12장에서 이미 함께 일어나고 있다. 사람들은 13장을 흔히 요한복음의 후반부를 시작하는 것으로 본다. 많은 주석가들이예를 들면 Burge 2000 요한복음을 크게 두 부분으로 나눈다: 이적들의 책1-12장과 '영광' 의 책13-21 그렇지만 요한복음에서 고난은 12장에서 시작한다. 영광과 '영화롭게 하다' 가 12:23, 28²회에서 강조되고 있으며 2:11만큼이나 일찍 11:4에서 강조되고 있다면, 영광의 책을 시작하기 위해 13:1까지 기다려야 할 이유가 있는가? 1:14에서 요한의 영광은 요한복음 전체에 대한 서곡이 된다.

13장에서 후반부가 시작되는 것은 임의적이다. 미야자키는 나사로의 부활이 20장에서 예수의 부활을 예표하여 두 개의 부활 사건이 주제상의 양끝을 이루는 역할을 하고 있으므로 11장을 후반부의 시작으로 본다. 12장과 13장 사이의 구분은 세 가지 서사상의 전환에 기초하고 있다. 먼저, 예수는 이제 더 이상 군중이나 종교 지도자들에게 담화로 말하지 않는다; 이제 예수는 자신의 제자들에게 초점을 맞춘다. 두번째로 12장은 요한복음의 전반부에 기초하고 있는 믿음/믿지 않음이라는 패턴에 대한 강조를 요약하는 것으로 끝맺고 있다. 세 번째로, 13:1-2 속의 서론은 새로운 엄숙한 분위기로 읊조리고 있다. 독자들은 예수의 자기계시와 값비싼 제자도에 대한 가르침에 대한 새로운 광경 속으로 들어간다. 그리하여 컬페퍼1991:331는 여기서 "요한복음에서 가장 중요한 변모를 보며, 발을 씻김뿐만이 아니라 요한복음 후반부 전체를 소개하고 있다." Chennattu: 82 발을 씻김은 예수의 제자들을 위한 특별한 이적으로서Dunn 1970: 248, 요한복음에서 독특한 점이다.딤전 5:10 및 구약에서는 삼상 25:41 막 10:42-45와 병행되면서, 이것은 "자신의 백성을 대신하는 예수의 자발적인 죽음"249을 나타내고 있으며, 13:36-37에서 베드로가 직감적으로 알아챈 것처럼, 죽음에 이르는 제자도로 요한이 부르는 것이다.Segovia 1982:50 참조

13장으로 후반부를 시작하기 위한 결정을 내리는데 있어 또 한가지 중요한 요소는 13-17장의 연합이다. 오데이는 다음과 같이 말하고 있다.

> 함께 놓고 본다면, 13:31과 17:1은 고별설교 속에 있는 모든 시간의 언급들을 읽기 위한 뼈대를 마련한다. 이 뼈대는 13-17장의 모든 것들을 그 "때"의 완성 속에 분명히 위치시킨다. 영광의 "때"는 지금이며, 고별설교의 말 속에서 끝이 난다. 담화 속에 있는 현재와 미래에 대한 모든 개념은 그 때의 도래에 맞게 재구성한 것이다. 모든 시간의 부사, 특히 즉각적인 시간을 말하는 부사들은nun, arti, euthus; 예를 들면 13:31-33; 16:22, 31-32; 17:5, 13 그 때의 도래를 강조하고 있다.O'Day 1991: 158

공관복음서와는 달리, 요한복음은 주의 만찬이라는 제도를 요 13에서 나타나는 저녁식사의 한 부분으로 두지 않는다. 오히려 요한복음은-그리고 요한복음만이-예수가 제자들의 발을 씻기는 것을 서술하고 있다. 이런 독특한 요한복음의 사건 이후 유다가 자

신을 권력자들에게 넘겨줄 것이라는 예수의 예견이 뒤따르고 있다. 공관복음서와는 달리 요한복음은 예수, 베드로, 그리고 애제자 사이의 중요한 교류를 포함하고 있다. 요 13:31-38은 세 가지 핵심적인 강조를 가지고 있다:

· 지금은 인자가 영광을 받을 때이다
· 서로 사랑하는 것은 제자도의 표시이다
· 예수는 베드로의 부인을 예언한다

진정한 제자도의 표시로서 서로 사랑하라는 예수의 명령은 요한의 독특한 점이다. 이런 명령은 발을 씻김13:12-17이 갖는 종의 의미를 보충하며 주제상 13:23에 나오는 애제자의 등장과 연결되어 있다. 서로 섬기며 서로 사랑하는 것은 제자도와 교회론요한복음이 교회라는 단어를 사용하지는 않았지만에 대한 요한복음의 시각을 표시하는 것이다. 요한복음은 이런 신학을 극적인 보기로 상술하고 있다: 예수는 제자들의 발을 씻긴다. 그 후 예수는 새로운 계명을 준다: 서로 사랑하라.

13장에서 사랑하는 제자도를 말하고 있는 예수의 사랑13:1b, 6-10, 14-17, 34-35과 "예수가 사랑하는 자들이 그런 선물을 배반하고 거부함"13:2, 11, 18-19, 21-30, 36-38; O'Day 1995: 720 사이의 긴장이 커지고 있다. 13장의 주요 등장인물인 유다는 이런 사랑의 관계 밖으로 나가며, 베드로 역시 경계에서 머뭇거린다. 예수의 발씻김은 철저한 환대, 주인의 특권, 겸손한 섬김, 종의 역할을 통합한다. 주인이자 종이라는 예수의 역설적인 이중적 역할을 받아들이는 것은 그의 존재와 선교 속에서 나누는 것을 뜻한다. 예수 안에 있는 이런 나눔은 발을 씻김을 통해 "영생이라는 예수의 종말론적 선물을 신자들에게 공개하는 것"O'Day 1995:723이며 풍성한 삶과 기쁨이 완성될 것을 약속하고 있다.10:10; 15:11

개요

예수가 제자들의 발을 씻기다, 13:1-17
예수가 유다의 행동을 예견하다, 13:18-30
예수의 영화, 사랑의 계명, 그리고 베드로의 부인, 13:31-38

주석적 해설

예수가 제자들의 발을 씻기다 13:1-17

13:1 시간과 동기

이 시간은 요한복음에서 세 번째 유월절 절기 바로 앞이며, 공관복음에서의 유월절 절기 중의 식사와 구분되는 표시점이다. 공관복음과 이렇게 시간상의 차이가 나타나는 것은 요한이 가지고 있는 세 가지 독특한 특징들에 비추어 이해될 수 있다. 먼저, 식사와 예수의 가르침은 전체 고별담화를 위한 무대를 마련해 주고 있으며 그 담화를 강조한다. 예수와 "모든 것을 아는 서술자"와 대조해 보면, 제자들은 예수가 자신의 고별설교를 시작하려 한다는 것을 모른다. 예수는 아버지 하나님께서 모든 것을 자신의 손에 두셨다NJB는 것을 안다.3절 따라서 예수는 이 순간에 제자들의 발을 씻기로 결심한다—어떤 행동을 시작하는 것이 아니라, 사랑으로 다른 것과 구분되는 새로운 관계와 공동체를 시작하는 것이다.

두 번째로, 요 6장은 유대교 유월절 절기 바로 앞에 위치하여, 예수가 5천명을 먹인 것을 주의 만찬의 강조된 의미로 해석하고 있다. 예수는 생명의 빵이다.6:35, 48, 51 예수를 따르는 자들은 그의 살을 먹고 그의 피를 마신다. 요 6장 주석부분을 보라 [성찬, 529쪽]

요한복음이 저녁식사에서 주의 만찬 제도를 갖지 않는 세 번째 이유는 예수가 십자가에 달리는 것이 유월절 식사 이전에 일어났기 때문이다. 요한복음은 분명히 공관복음과는 다른 달력을 따르고 있다. 유월절은 니산Nisan 14일출 12:6에 지켜졌다. 요한복음에서 이 날은 어린양들이 오후에 죽임을 당한 이후에 시작된다. 유월절이 금요일 저녁에 시작되므로 예수는 죽임당한 하나님의 어린양이다.1:29, 36 따라서 예수는 유월절 축제 이전 오후 3시 경에 유월절 양이 죽임을 당할 때 죽는다. 요한복음에서의 목요일 저녁 식사는 유월절 축제에 앞서고 있으며 식탁교제*haburah*이다. 예수의 제자들이 유월절 축제 금요일 저녁에 참여했을 때, 그들은 어린양의 살을 먹는다!요 6장 요한복음에서 준비의 날은 유월절 준비19:14와 안식일 준비19:31, 42를 가리킨다. 연대상의 차이들에 대한 연구를 위해서는, 다음의 책에 있는 비교표를 보라. O'Day 1995: 704-5; Burge의 주장: 2000: 364-67; Culpepper 1998: 200-201 [요한복음과 공관복음의 연대기, 569쪽]

세 가지 강조점이 13장에 배어있다: 예수는 이 세상을 … 떠날 때와 아버지에게로 갈 때가 된 것을 알고 있다.13:1b RSV; 자신의 백성들을 위한 사랑은 마지막까지 계속된다.13:1c-d; 그리고 마귀는 유다의 비극적인 행동을 부추겼다. 예수의 "때가 왔다"는 말은 요한복음 후반부를 서사상으로 표시한 것으로, 12:23에서처럼 예수의 영광이 도래하는 때를 급박하게 선언한다.12:23, 27-28 예수에게 그 때는 높이 들린 영광과 이 세상에서 아버지께로 가는 것에서 죽음을 이겨내기 위해 온다.

두 번째 강조점은 제자들에 대한 예수의 뜨거운 사랑이다. 13:1그리고 34절 속에 나타난 예수의 사랑은 고별서사의 틀을 잡는다. 이것은 고별담화의 중간부분과15:9-17 끝부분 17:26에서 반복된다. 발을 씻기면서 예수는 제자들에 대한 자신의 완전하고 끝없는 사랑을 보여준다. 예수는 자신의 사랑 전부를 보여주었다.13:1 NIV 1984 제자들을 향한 예수의 사랑은 서로 서로를 사랑하게 했으며, 이것이 제자도의 표시이다.13:34-35

세 번째로 , 예수를 유다가 권력자들에게 넘기는 것은 13장의 큰 주제이다. 예수의 떠남을 비롯하여 이들 주제들은 예수의 고별연설을 강조한다. 제자들은 지금은 예수가 가는 곳—죽음—에 갈 수 없다.13:36-38 그들은 예수가 아버지에게로 되돌아가서 그의 궁극적인 영화 속에서 부활한 예수와 함께 갈 수도 없다.20:17

13:2-11 정결함으로서의 발을 씻김w

요 13:2는 발을 씻기는 것이 식사 도중에, 아마도 시작할 때 일어났다는 것을 보여준다. 새 ET들은 더 신뢰할 만한 MSS를 따르고 있다: *ginomai*, "동안에": 예전의 ET들은 덜 신뢰할 만한 MSS를 따른다: *genomai*, "후에"; Metzger 1994: 203 12절에서, 발을 씻긴 후에, 예수는 식탁에서 가르침을 계속한다. 그러므로 발을 씻김은 식사를 예비하는 것이다.13:23-26 아브라함이 세 명의 손님의 발을 씻김으로 맞이하는 이전의 서사 속에서처럼창 18:4; Coloe 2006: 74-76; Thomas 1991: 35-36; Hultgren: 541-42, 식사 전에 일어나는 발을 씻김샌들을 신고 흙길을 걸어 도착한 손님들에게은 환대를 나타낸다. 콜로에는 발을 씻기는 환대를 강조한다; 그것은 사람들을 집안으로 맞아들이는 것이다. 그녀는 요한복음의 기술 속에 있는 다섯 단계의 행동이 "그레꼬-로만의 연회/심포지움의 전통" 속에서 누군가를 맞아들이는 것임을 밝히고 있다. 이런 행동의 단계는 "발을 씻기는 것이 무엇인지- '내 아버지의 집' 14:2으로 들어오는 것을 환영하는 제스쳐-보여준다." 2004: 414 발을 씻기는 것은 손님들을 위한 주인의 환대를 표시하는 것이다. 주인은 발을 씻기는 수단을 제공할 수는 있어도 직접 발을 씻기지는 않는다. 고대 문화에서 좋은 손님들을 위해 이런 하찮은 일을 하거나삼상 25:41 혹은 만일 손님들의 지위가 낮으면, 자신들이 대야에 물을 담아 스스로 발을 씻었다.창 43:24; 삿 19:21

예수가 자신의 발을 씻기려 하는 것에 베드로가 강하게 거부하는 이유가 있었다: 그의 스승이자 주님은 자신의 발을 씻길 수 없다! 예수와 베드로 사이의 대화 속의 강렬함은 이해할 수 있을 만한 것이다. 베드로는 단호히 거부하고 있으며13:8, 헬라어 부정어 *ou me*로 표현되고 있다: "안됩니다! 절대로!" 예수의 반응은 단호하게 '나'와 베드로를 가리키는 '너'를 강조한다: 만일 내가 너를 씻기지 않으면 너는 나와 상관이 없다.Burge 2000: 369 비록 제자들이 예수가 영광에 이르기까지 완전히 이해하지는 못하지만7절; Segovia 1985: 87, 발을 씻기는 것과 이어지는 저녁식사에 참여함으로, 예수는 자신의 언약 관계를 엄숙한 제자도의 맹세로 다짐하고 있다.Chennattu

우리가 서로의 발을 씻기라는 예수의 계명을 반영한다면, 일반적으로 겸손과 몸을 낮춰 섬기는 것을 생각한다. 예수가 종의 겸손을 13:12-17에서 가르치고 있으므로, 종의 겸손은 분명히 한 가지 측면의 의미이다. 그렇지만 이 본문의 첫 번째 부분, 3-10절은 특히나 정결함에 대해 말하고 있다. 우리는 예수가 정결함을 강조한 것에 대한 이유 네 가지를 발견한다:

1. 13:10의 너희복수는 [이미] 깨끗해졌다라는 언급은 앞선 정결행위, 아마도 침례를 가리키는 것으로 보인다. 요한복음에서 예수의 초기 제자들은 이전에 증언자 요한의 침례운동에 참여했던 사람들이다. 그들은 분명히 침례를 받았다.1:35-39 비록 침례를 준 사람은 예수 자신이 아니라 예수의 제자들이었4:2지만, 복음서 저자 요한은 또한 예수가 침례를 주었다.3:22고 말한다. 발을 씻기는 것은 침례를 새롭게 하는 것이다.Coloe 2006: 81 이것은 13:10에 의미를 더한다: 이미 목욕한 사람은 온 몸이 깨끗하니, '발 밖에는' 씻을 필요가 없다. 목욕은 그들이 앞서 받은 침례를 가리킨다. 침례는 반복될 필요가 없다. '발 밖에는'이라는 구문은 시내사본을 포함하여 몇몇 사본들에서는 나타나지 않는데, 아마도 초기의 것으로 보이며Thomas 1987: 97-99 다음의 요점을 뚜렷하게 한다.

2. 10절은 '씻기다'라는 뜻을 지닌 두 개의 헬라어 단어를 사용하고 있다. 첫 번째 단어, *louo*는 여기서 목욕으로 번역되지만, 씻음을 의미하기도 한다. 목욕은 온 몸을 씻는 것이다. 두 번째 단어, *nipto*는 여기 8절과2회 다른 절에서5, 6, 12, 14 [2회] 발을 씻기는 의미로 사용된다. 따라서 이 서사는 온 몸을 씻는 것과 발만 씻는 것을 구별하는 것이다. 예수가 베드로에게또한 다른 제자들을 나타내고 있다: 복수형 너희, hymeis, 10절 씻을 필요가 없다 혹은 다시 목욕할 필요가 없다고 말할 때 이런 구분은 중요한 것이 된다. 그는 이미 씻었으며 이제는 발만을 씻으면 된다.

씻음을 통해서 깨끗하게 되는 것은 따라서 두 가지 종류다: 침례*louo*는 되풀이할 필요가 없다; 그리고 발을 씻음*nipto*가 표시하는 것은 되풀이 되어야 한다. 발을 씻음은 침례 이후의 죄를 씻는 것이다. 이것은 침례로 깨끗하게 하는 것을 새롭게 하는 것이다. 많은 초대교회 지도자들은 발을 씻음을 이런 식으로 말하고 있다―침례나 마지막 발씻음 이후 일어난 죄를 씻는 것. 몹수에스티아의 테도도르*Theodore of Mopsuestia*, 요한복음주석 6.26-30는 다음과 같이 발씻음을 말하고 있다: "이것은 죄의 면죄에 있어서의 침례가 아니라그들은 분명히 단 한번 침례를 받았다 또 다른 침례가 필요하다는 것도 아니다. 그 이유는 완전히 깨끗하게 된 것은 처음에 받았기 때문이다.침례가 이루어짐 너희가 잘 알고 있듯이 이제는 다시 범한 일들을[예를 들면 침례 이후의 죄를] 다루기 위해서는 오직 발만 씻으면 된다는 것이다." Thomas에서 1991:164

3. 요한1 서는 침례 이후의 죄에 대해 많이 신경을 쓰고 있다: "만일 누구든지 죄를 범한다면 우리에게는 아버지, 예수 그리스도라는 변호인이 있습니다." 요일 2:1 "우리가 우리의 죄를 자백하면, 하나님은 미더우시고 의로우셔서 우리의 죄를 용서해 주시고 모든 불으에서 우리를 깨끗하게 해주실 것입니다." 1:9 요한1 서가 사용하는 깨끗함은 요한복음에서 예수의 발씻김을 강조하는 것과 맞아 떨어진다.

4. 예수는 요 13:8의 끝에서 거부하는 베드로에게 다음과 같이 말한다. 내가 너를 [네 발을] 씻기지[*nipto*] 않는다면 너는 나와 아무런 상관이 [*meros*] 없다. 이 말의 뜻은 무엇인가? 분명히 이것이 담고 있는 의미 중 하나는 예수가 제자들의 모델로서 겸손한 종의 역할을 가지고 베드로가 자신을 받아들일 것을 기대한다는 것이다. 그렇지만 특히 베드로에게 있어서, 이것은 또한 베드로가 이 행동을 예수가 죄로부터 자신을 씻기는 것으로 받아들여야 한다는 것을 의미한다; 그렇지 않다면 예수가 곧 자신에게 닥칠 일을 안다고 고려해 볼 때 그는 더 이상 예수와 함께 거하지 않을 것이다.13:36-38 던1970: 250은 다음과 같이 언급한다. "발을 씻기는 것은 십자가가 완전하게 씻기는 것을 나타낸다. 베드로는 그 의미가 아니라 상징만을 보고 있으며, 불가능한 것―더욱 완전한 씻음―을 요구한다는 것을 모르고 있다." 4절에서 겉옷을 벗었다 혹은 옷을 벗었다.KJV라는 헬라어는 요한복음에서 "다른 사람을 위하여 죽음으로 자신의 목숨을 버리다."에서 사용된 동사를 쓰고 있다.10:11, 15, 17, 18; 13:37, 38; 15:13; 요일 3:16; Dunn 1970: 248; O'Day 1995: 722 참조 예수가 자신의 옷을 벗는 것*tithemi*은요 13:4 자신의 목숨을 버리는 것을 예표한다.R. Eslinger: 43 예수의 제자들은 나중에서야 이런 상징 행동을 이해하게 될 것이다.7b

베드로는 먼저 거부하다가 이윽고 발씻김을 받아들인다. 이것은 고난 속에서 발을 씻기는 사건을 표현하는 역할을 하는 유다와는 대조되는 것이다.13:2, 10b-11 베드로는 예수를 부인할 것이지만 용서받고 회복될 것이다. 예수는 유다의 발도 씻기면서 마지막까지 유다에 대한 사랑을 보여준다.1d 그렇지만 유다는 또 다른 힘에 사로잡혔다. 그의 곤경은 13:2에서 다음과 같이 직설적으로 묘사된다. "악마가 이미 시몬의 아들인 가룟 유다의 마음 속에 예수를 배반할 생각을 집어 넣었다."RSV, 그리고 10b-11절에서는 더욱 비통함이 더해진다. "너희가 다 깨끗한 것은 아니다."RSV

영어에서 "배반하다betray"라는 단어는 헬라어 *paradidomi*의 숨은 뜻이 있는 번역으로, 원래 헬라어 단어는 단순히 "넘겨주다"를 의미한다.Klassen 1996 마가의 고난이야기에서, 이 단어는 10회 등장한다: 유다가 예수를 제사장들에게 넘겨줌14:10, 11, 18, 21, 41, 42, 44, 제사장들이 예수를 빌라도에게 넘겨줌15:1, 10, 그리고 빌라도가 예수를 십자가형에 처하도록 넘겨줌.15:15 유다의 경우에서만 NRSV는 배반하다라는 번역을 사용한다. 이 동사는 누가복음 10:22에서 나타나는데, 여기서 예수는 아버지께서 모든 것을 자신에게 "넘겨주셨다."고 말한다: "내 아버지께서 모든 것을 내게 맡겨 주셨습니다. 아버지 밖에는 아들이 누구인지 아는 이가 없으며, 아들과 또 아들이 계시하여 주고자 하는 사람 밖에는 아버지가 누구인지 아는 이가 없습니다." 이것은 고전적인 요한의 말로 들린다! 또한 로마서 8:32에서 이 동사는 하나님께서 예수를 죽음에 이르도록 넘기심을 묘사하기 위해 사용된다: "아들을 아끼지 않으시고 우리 모두를 위하여 내주신 분이, 어찌 그 아들과 함께 모든 것을 우리에게 선물로 거져주지 않으시겠습니까?" 여기서 이 동사는 "그를 내주셨다."로 번역된다.

동사 자체로는 중립적이다. 바울은 이 동사를 다음과 같이 말할 때 사용하고 있다. "여러분이 모든 일에서 나를 기억하고, 또 내가 여러분에게 전해 준[*paradidomi*] 대로 전통을 지키고 있으므로 나는 여러분을 칭찬합니다." 고전 11:2 신약성서의 다른 많은 인용들이 배반자는 극단적인 번역이라는 것을 보여주지만, 대부분의 모든 영어번역이 배반자를 사용하고 있다. "배반하다"를 더욱 구체적으로 뜻하고 있는 헬라어 동사는 예를 들면 *exautomoleo* 신약에서 전혀 나타나지 않는다. 클라센은 *paradidomi*를 "배반하다"라고 번역하는 것은 유다를 욕보이는 것이라고 주장한다.

마 26:50에서 예수는 유다를 "친구"라고 말한다. 요한복음에서는 예수가 유다의 발을 씻기는 것과 최후의 만찬에서 그와 함께 빵을 적시는 것은 사랑과 우정을 보여준다. 이런 점들을 고려해 보면, 우리는 어떻게 유다의 행동을 악마와 연결시키는 요한복음의 강한 어조를 이해해야 하는가? 유다는 의도적이든 아니든 마귀의 그릇인가? 요한은 13:2에서 던지다라는 동사형태를 사용한다.*hallo*; 문자적으로는 그것을 그에게 쑤셔 넣었다 같은 동사 *ekhallo*의 다른 형태는 12:31에서 "이 세상의 왕자를 쫓아 냄"에서 예수가 사용한다.AT,

KJV 참조; 9:34, 35; 6:37에서 사용함을 참조 하이워드-브룩1994: 294은 다음과 같이 적고 있다. "우리가 이것을 마귀가 자신의 방식을 유다에게 강요했다는 의미로 이해해야 할지, 혹 은 유다가 어느정도 이런 폭력적인 진입에 열려있었는지에 대해서는 분명하지 않다." *Paradidomi*를 "넘겨주다."로 번역하는 것은 마귀/유다의 연합을 약화시키지 않는다.

요한복음은 유다의 행동이 마귀의 힘 아래 이루어졌다는 것에 대해 공관복음서들 보 다는 더 분명하지만6:70-71, 공관복음서들 역시 결과의 원인으로서 사탄이 유다 속에 들 어간 것을 증언하고 있다.눅 22:2 게다가 "그 사람은 차라리 태어나지 않았더라면 자기에 게 좋았을 것이다." 마 26:24c//막 14:21c는 에녹1 38:2-3을 반영하고 있다라는 언급은 유다의 동 기를 사악한 것으로 정죄하고 있다.마 26:15와 그 단락 우리는 공관복음서들이 유다를 조금 더 따뜻하게 다루었으면 하고 바랐을 수도 있다. 우리는 유다의 행동이 성서가 완성되기 위해서는 어쩔 수 없었다고 생각할 수도 있고마 26:24a; 요 13:18b, 시 41:9; 40:10 칠십인역을 인 용함 유다가 불운한 희생자라고 생각할 수도 있다. 그렇지만 요한복음의 서사들은 유다 가 결백하다고 보지 않는다.유다가 막강한 힘으로 예수의 대적자들을 "쳐서" 자유를 위한 하나님의 전 쟁에서 승리하도록 의도적으로 예수를 부추겼다는 시각을 사람들이 받아들인다해도 유다가 사탄이 들어 오는 것에 저항할 수 있었는가를 물을 때 유다에 대한 연민이 일어나기도 한다. 요한복 음의 언급은 아니라고 대답하는 것 같다. 주기도문과 야고보서 4:7, 그리고 그리스도인 의 갑옷을 입음엡 6:10-18의 도움을 얻으면, 나의 유일한 응답은 하나님께 부르짖는 것이 다: 악마의 힘이 오늘날 나와 예수의 제자들의 모임 속으로 들어오지 못하도록 나를-우 리를-보호하소서!

그렇다면 어떻게 "죄를 씻는 것"이 겸손하고 낮은 섬김과 연결이 될 수 있는가? 두 가 지 의미가 분리될 수 없다. 그 이유는 우리가 서로의 종으로서 살도록 힘을 부여받는 것 은 죄로부터의 자유함 속에 있기 때문이다. 이렇게 사는 것은 우리를 죄로부터 보호한다. 요일 5:18 발을 씻음이라는 정결을 통하여, 우리는 서로를 섬기고, 예수를 따르는 우리의 침례 서약을 새롭게 하고 완성하도록 힘을 부여 받는다.[성찬, 597쪽]

예수가 새로운 성전을 일으키는 것2:19; 7:38; 14:2을 강조하는 사람들은 발을 씻김을 예수의 죽음, 부활, 영화를 가능하게 하는, 새 생전 속으로 들어가기 위한 준비로 여긴 다.Kerr: 여러 곳; Coloe 2007: 123-66 그리하여 발을 씻기는 것은 예수의 "종말론적 환대의 행동"을 상징하고 있다. 예수는 아버지께서 준비하시는 그 집으로 들어오는 제자들을 환 영한다.Hultgren: 542 잔치의 주인으로서, 예수는 종들이 손님들의 발을 씻기는 가정의 관 습을 깬다. 예수는 주인으로서 몸소 그들의 발을 씻기는데, 이것은 내 아버지의 집2:6으로 그들을 맞이하는 강력한 상징이며, 나는 아버지 집에 너희를 위한 장소를 예비하러 간다.14:2를 예견하고 있다.

13:12-17 겸손한 섬김이 되는 발씻김

이 여섯 개의 절에서 예수는 발을 씻기는 것의 더 깊은 뜻를 가르친다. 13:7-10이 씻음을 강조하고 있으므로, 왜 예수는, 식탁을 둘러싼 제자들과 함께 이런 교훈적인 시간 속에서12절 겸손한 섬김을 강조하고 있는가? 두 가지 결과들이 사고의 흐름을 보여준다:

> 너희는 나를 스승이자 주님이라고 부른다 … 만일 내가 … 너희의 발을 씻겼다면, 너희도 서로의 발을 씻겨주어야 한다
> 진정으로[RSV] 진정으로 너희에게 말하노니, 종들이 주인보다 크지 않다. …
> 13:13-14, 16

> 너희의 주인이자 스승인 내가 너희의 발을 씻긴 것은 … 내가 본보기[*hypodeigma*]를 보인 것이다…
> 만일 너희가 이것을 안다면, 너희가 행한다면 복이 있으리라.13:14-15, 17

겸손한 섬김의 의미에 대한 본문상의 실마리는 종은 주인보다 크지 않다는 것이다. 이 언급은 발을 씻김을 예수의 죽음을 예비하는 것으로 삼는다. 만일 주인이 십자가에 직면한다면 종들도 그래야 한다-14-16장의 대부분은 세상 속에서, 그리고 세상에 의한 임박한 박해의 문제를 말하고 있다.마 10:16-30 참조 문맥 상으로, 이런 강조는 올바르게 환대와 정화에 연결되고 있다. 이런 몇몇 의미들은 신약성서에서 보기드물게 사용되는 사례*hypodeigma* 속에 엮여져 있다. 컬페퍼1991: 142-43가 보여준 것처럼, 이 용어는 유대교 문헌 속에서 죽음에 이르기까지 율법에 대한 지조를 가리키고자 반복되고 있다. 순교자들은 "숭고하고 거룩한 율법을 위해 기쁘게 훌륭한 죽음을 죽을 수 있는 법"에 대한 고귀한 사례들*hypodeigma*이다.마카베오기 하 6:28, 31; 마카베오기 하 4 17:22-23; 집회서 44:16 이런 가르침으로 예수의 본보기가 주는 깊은 의미와 더불어 예수의 발씻김은 고별담화로 넘어간다: 요 13:34 속에 나타난 예수의 사랑 명령.15:12-15, 20-21a; 21:15-19를 참조

제자들의 발을 씻기는 예수의 급진적인 환대는 정결과 겸손한 섬김을 포용한다. 이들은 예수의 본보기*hypodeigma* 속에 상호 연결되어 그의 죽음 속에서 절정에 달한다. 다른

사람의 발을 씻기는 것은 다른 사람을 위해 죽고자 하는, 가장 깊은 측면에서 다른 사람을 위한 사랑을 나타내고 있다. "그가 우리를 위해 자신의 생명을 버리셨음으로 우리가 사랑을 알게 되었습니다-그러므로 우리도 서로를 위하여 목숨을 버리는 것이 마땅합니다."요일 3:16 고별담화 전체는 예수가 아버지께로 돌아가는 것뿐만 아니라 예수의 죽음을 제자들에게 준비시킨다. 성전봉헌절을 "창립한" 마카비 엘르아살은 자신의 고별 담화에서 임박한 죽음을 *hypodeigma*로 언급하고 있다.마카베오기하 6:28, 31; Howard-Brook 1994: 299 예수는 이 명절의 중요성을 변형시킨다: 옆구리에서 나오는 물과 피로서7:37-39; 19:34 그의 죽음은 자신을 믿는 사람들을 이 세상의 왕자로부터 해방시킨다.6:37-40; 12:31 그는 성령의 선물을 통해 기쁨을 그들의 마음 속에 둔다.7:39; 20:22-23

죽음에 이르기까지 하는 급진적인 제자도의 신실함은, 요 13장의 일관성있는 중심을 마련하고 있다.Culpepper 1991 이런 행동은 마리아의 기름부음과 발을 씻김을 연결시키고 있는데, 그 이유는 양쪽 모두가 예수의 죽음을 예비하고 있기 때문이다.Weiss: 310-14 아쉽게도, 예수가 자신의 친구들에게 맡긴 위임은 제사장들이 나사로와 예수를 향한 폭력을 이끌어 낸다.12:9-11 예수는 누그러들지 않는다. 서로를 사랑하라는 명령을 하며, 그는 제자들을 친구들이라 부른다.15:13-15 예수의 발씻김은 그의 우정을 규정한다.Thompson 2003: 258, 264-72

이런 행동 속에서, 예수의 우정은 폭력에 맞선 "칼과 방패"가 된다. "발을 씻기는 것은 우정이 갖는 심오하고 그리스도가 중심이 되는 행위이며, 이 행위는 폭력, 지배와 압제의 순환에 대한 우리의 신앙의 응답인 것이다."Schertz: 5 우정은 발을 씻김이 갖는 구원론적이고 윤리적 의미를 포용하고 있다. 발을 씻김은 적들을 정복하는 제자들의 메시아적인 희망들을 무장해제한다. 발을 씻김은 우리를 "주님의 사랑으로 들어오도록" 문을 연다; "그 이유는 주님께서 하시는 이 모든 것은 그가 내가 이루었다는 것으로 돌아가기 때문이다."von Speyr: 35 이것을 하라는 예수의 명령을 귀담아 듣는다면, 평화를 이루라.

예수가 유다의 행동을 예견하다 13:18-30

이 단원은 세 가지 서로 연결된 주제들을 내포하고 있다: 잃어버린 자, 유다; 새로운 등장인물, 애제자의 갑작스런 등장, 그리고 그와 베드로와 예수와의 관계상의 역할; 그리고 첫번째 주제가 무색하게 된 식사.

13:18-20 유다의 이탈을 소개하며[w]

어떤 번역과 주석가들은 이 절들을 앞선 단원UBS 헬라어성서의 세 번째 판이 그러는 것처럼 속으로 포함시키지만, Nestle-Aland Greek 본문27판은 이것을 제대로 구분된 과도적인 단락으로 두고 있다. 시작되는 절, "나는 너희 모두에게 말하고 있는 것이 아니다"는 17절의 축복에서 한 명을 제외시키고 있으며 10b-11에 있는 엄숙한 발언들을 되돌아 보게 한다. 예수는 자신이 선택한 사람들을 알며 또한 성서를 이루기 위해 일어나야만 하는 일을 알고 있다.시 41:9: 나와 한 상에서 밥을 먹던 친구조차도 내게 발길질을 하려고 뒤꿈치를 들었습니다. 70인역시 40:10은 먹다에 *esthio*를 사용하지만, 이 본문을 인용하는 요한복음은 먹다에 *trogo*를 사용하며13:18, 예수의 살을 먹거나 씹으라는 앞선 예수의 초대를 영생을 얻는 것과 일치시키고 있다.6:58 예수는 무슨 일이 벌어질 것인지를 예언하고 있으며, 계시하는 나는~이다.13:19c로 자신의 예지를 입증하고 있다!

이런 슬픈 순간에서조차 이 서사는 예수를 믿음에 대한 서사상의 비유를 잃지 않는다. 누군가가 신앙을 버린다는 사실은 예수의 선교와 신뢰성에 대한 의심을 제기할 수 있지만, 예수가 이 사건을 성경을 이루고자 하는 것으로 내다보는 것은 이런 의심을 막고 있다.17:20에서의 예수의 기도를 볼 것 미래에 대한 예수의 예언적 지식은 제자들에게 예수가 계속하여 신실한 지도자이자 주님으로 계실 것이라고 안심시킨다. 20절은 먼저 진정으로 너희에게 말하노니와 두 번째로 예수와 함께 하는 제자들을 나를 보내신 이NIV와의 연합 속으로 연결시킴으로써, 예수와 연결된 머뭄의 중요성을 강조하고 있다. 비록 그 말씀이 힘든 것이라 해도 예수의 말씀을 받아들이는 것은, 그리고 제자로서 예수에게 의지하는 것은 예수의 선교가 한 명을 제외하고 그들에게 제자도를 가르치는 것에서 완성되었다는 것을 입증한다.

이런 잃어버린 한 명유다의 비극은 이 서사에 스며들어 있다.13:2, 11, 18-19, 26-31a 씻음, 섬김, 그리고 서로 사랑하라는 예수의 가르침은 그림자가 붙는다—깨끗하지 않은 자, **빵을 먹으면서도 내게 발꿈치를 드는 자.**18e 마귀가 유다를 붙잡은 것13:2은 발을 씻는 그의 경험에 구멍을 낸다. 유다의 의도예수를 대적하는 것인지, 아니면 예수가 메시아의 승리를 시작하도록 돕는 것인지가 이 시점에서 무엇인지는 불확실하지만 폭력을 꾀하는 계획과 유다가 서로 맞부딪히는 것을 막지는 않는다.

13:21-26a 식사와 공개: 어느 것인가?

예수가 이 말씀들을 하자마자 비수가 그의 마음을 관통한다. 예수는 마음 속 깊이 번민하고 불안하며 분노한다. 오데이1995: 730가 말한 것처럼, "이 배반 속에 있는 주요 등장인물들은 예수와 유다가 아니라 예수와 마귀이다." 예수가 말한 것은 "증언하여"NIV에는 사색이 되어와 "또 한 번의 진실로 진실로 너희에게 이르노니"[AT]로 강화된다. 그리고 폭탄선언이 떨어진다: "너희 중 하나가 나를 팔 것이다."

제자들은 말문이 막혀서 서로를 바라본다.NIV 그들은 예수가 누구를 말하는지 알 수가 없다. 이런 절망적인 순간에, 이런 참담한 말을 듣고서, 새로운 등장인물이 나타나는데 그가 바로 예수가 사랑한 제자NIV이다: 이 사람은 예수의 품kolpos, 23절에 기대어 있는데, 이것은 바로 1:18에서 예수와 하나님의 친밀함의 이미지이다. 사랑은 요한복음에서 핵심 관계들과 연결된다. 베드로가 일반적으로 제자들을 대변하였으므로, 그는 예수에게 예수가 말하는 이가 누구인지 물어보라고 그 애제자에게 고개짓을 한다. 늘 하던 식탁 자리배정에서 예수의 오른쪽에 몸을 눕혀 왼쪽으로 기대어 앉은, 그 사람헬라어이 예수에게 "주여, 누구입니까?"라고 묻는다.[애제자, 565쪽]

13:26b-30 유다로 밝혀지다

예수는 환대의 행위를 통하여 대답하는데, 이런 결정적인 순간을 앞선 발을 씻김과 연결시킨다: "내가 빵을 적셔서 주는 자가 그 사람[헬라어]이다." 그리고 그 빵을 적셔서 가룟 시몬의 아들, 유다에게 주었다.AT 그 조각을 받자마자 사탄이 그 사람헬라어에게 들어갔다.

유다가 그 빵을 먹었는지는 분명하지 않다. 이 상황을 관장하고 있는 예수는 그에게 그가 할 일을 어서 하라고 명한다. 유다는 예수의 명령에 따라 즉시 떠난다. 그 때는 밤이었으며30절, 앞선 서사를 따라가는 빛-어둠의 모티브를 상기시키고 있다. 오데이1995: 730는 사탄이 유다에게 들어간 것을 빙의possession라고 부르며, 예수가 "마귀의 세력과 싸우고 있으며 악은 예수의 때에 최고에 달하는 싸움에 이르기까지 남아있음"을 말하고 있다. 이 말은 사실이지만, 예수는 12:27-30의 그 싸움에 들어가서아마도 11:33-35이거나 혹은 8:31-59에서의 뜨거운 논쟁 속 이 세상의 통치자가 쫓겨날 것이다라고 선언했다.12:31 마태, 마가, 누가에서처럼 요한복음은 귀신축출을 말하고 있지는 않지만, 악과 마귀를 우주적인 규모로 다루며, 죽음과 부활을 통한 예수의 영화에 궁극적으로 초점을 맞춘다. 유대인들의 적대적 불신앙과 결탁된 유다의 역할은 예수의 선교의 대단원에 있어 필수적인 것으로 나타나고 있다! [유대인들, 585쪽]

28-29절은 "사탄이 들어감"과 "유다가 떠남" 사이에 끼어든다. 서술자는 독자에게 다른 제자들은 무슨 일이 일어나고 있는지 모르고 있다는 것을 알린다. 그들은, 원래 유다

가 무리의 재정을 관리했으므로, 다가오는 명절을 위한 음식을 사러 갔거나, 식사를 마감하면서 으레 베풀었던 자선행동으로, 가난한 자들에게 도움을 주러 갔다고 생각한다. 이것은 다른 제자들은 유다가 자신들보다 예수에게 덜 신실했다고 보지 않는다는 것을 보여준다. 공관복음서에서는, 제자들이 다가올 하나님 나라에서 상석에 앉는 것으로 다툴 때, 세베데의 두 아들들이 다른 열 명의 제자에게 적대감을 드러낸다.막 10:35–45; 마 20:20–28; 눅 22:24–27

식사는 그것을 둘러싼 사건들 때문에 그림자가 덮였다. 비록 언약의 관계를 맺는 것이 식사에서 보다는 발을 씻김에서 더 분명하게 나타나지만, 이 저녁식사는 신학적으로 제자들과 예수의 언약적 관계를 맺고 있다.Chennattu

그 사람이라는 헬라어를 문자적으로 번역하면 유다와 대조가 되는 대응인물로서 애제자의 역할을 강조하고 있다. 애제자는 예수와 무조건적인 사랑의 연합을 보여주고 있다. 유다는 제자들의 무리에서 변절하고 배제된 것을 나타낸다. 그렇지만 예수는 자신의 제자 가운데 한 명인 유다를 끝까지 사랑한다!13:1 그러나 마귀때문에 유다는 예수의 사랑으로 되돌아 오지 못한다.

예수의 영화, 사랑의 명령, 그리고 베드로의 부인 13:31–38

이 단원은 과도기적이다. 어떤 주석가들은 이 단락을 예수의 고별담화가 시작되는 것으로 14장과 연결시키기도 한다. 이런 주장에 대한 근거는 강력하다. 17장을 통한 새로운 국면들과 더불어 13:31–35의 주제들이 반복되고 수없이 많이 뒤엉켜지기 때문이다.

동시에, 13장의 이 마지막 단원은 발을 씻기는 식사와 예수의 가르침을 중요하게 결론짓는 역할을 한다. 31a절, "유다가 나간 뒤에 예수께서 말씀하셨다"는 직접적으로 30절, 유다의 퇴장에서 이어지고 있다. 게다가, 예수의 영화는 발을 씻기는 환대와 겸손한 섬김에 올바르게 기초하고 있다. 제자들과 예수의 마지막 식사는 고별담화의 작별을 예고하고 있다. 14장으로 새 단원을 시작한다는 것에서 또 고려할 점은 예수의 대화 상대들의 변화이다: 14:1에서는 예수가 제자들을 무리너희는 복수로 말하고 있다. 베드로를 제외하고 도마, 빌립, 그리고 다른 유다가 대화 상대자들이다.

13:31–32 예수의 영화

예수는 스스로를 이 감성적인 선언 속에서 인자라고 밝힌다. 요한복음에서 인자는 종말론적 선언과 연합되어 있는데5:27; 8:28; 12:23, 이것은 예수가 아버지에게서 왔다가 그에게로 되돌아간다는 것과 연결된다.1:51; 3:13-14; 6:62; 12:33-34; O'Day 1995: 732 영화롭게 하다는 다섯 차례 등장하는데, 예수를 아버지 하나님의 아들로서 연합하며, 또 아버지 하나님을 예수와 연합한다.12:23, 28 참고 "영화롭게 하다"에 대해 말하고 있는 12장은 예수가 십자가로 가는, 높이 들림을 강조한다. '즉시' 13:32의 끝은 예수가 자신의 선교를 완성함에 있어서 급박성과 완성을 표현한다. 요 13:31-32는 예수와 아버지의 연합과 그의 신성한 영광의 계시를 밝히고 있다.

13:33 36-37 예수가 떠남

하나님께서 예수를 영화롭게 하시고 예수가 하나님을 영화롭게 한다는 환희에서 전환하면서, 예수는 부드럽게 제자들을 어린 아이들이라고 말한다. 이렇게 말하는 것은 요한 1서에서 자주 등장하긴 하지만2:1, 12, 28; 3:7, 18; 4:4; 5:21; McDermond, 오직 이곳 요한복음에서만 사용된다.

예수는 제자들에게 분명하게 "나는 너희와 잠시 동안만 함께 있겠다"고 말한다. 예수는 공개적으로, 유대인들에게7:33-34; 8:21 앞서서 제자들에게 먼저 이것을 말했다는 것을 그들에게 상기시키고 있는데, 이것은 요한이 고별담화 속에서 유대인들을 사용하는 유일한 경우이다. 자신의 대적자들에게 앞서 말할 때에, 예수는 심판과 저주를 역설했다. 이제 예수는 자신의 떠남을 "하나님과, 예수와, 그리고 서로서로의 새로운 관계를 맺는 것으로 제자들에게" 설명한다.O'Day 1995: 732 또한 예수는 제자들이 그가 가는 곳으로 올 수 없다고 말한다; 그리고 나서 예수는 제자들의 정체를 그의 새로운 계명 속에 사는 자신의 아이들로 표시한다.

13:34-35 서로 사랑하라는 사랑의 계명

요한복음 전체에서 예수가 직접적으로 제자들에게 주는 중대하고 구체적인 계명이 이것이다: "서로 사랑하라. 내가 너희를 사랑한 것처럼, 너희도 서로 사랑하라."요 15장에 대해서 TBC의 "요한복음의 계명들" 속의 이런 계명들의 다양한 형태를 보라 이런 흔한 번역은 너무 약한 것이다. 그 이유는 예수는 그저 본받아야 할 과거의 모델이 아니기 때문이다: 이 계명은 또한 예수의 사랑을 현대의 것으로 만들어서, 신자들에게 그때와 지금 사랑하라고 힘을 부여해 준다. 좀 더 나은 번역은 이것이다: "내가 너희에게 한 사랑을 가지고 서로 사랑하라" AT 이것은 예수와 신자들 사이에서 지속되는 관계를 말해준다.Rosse: 70

너희가 서로를 사랑하면, 이것으로 모든 이들이 너희가 내 제자임을 알게 될 것이다.

이 선언은 "하나님과 예수가 함께 하는 공동체, 그리고 서로와 함께 하는 공동체의 가능성을 열어 놓지만, 따르기 쉬운 말씀은 아니다."O'Day 1995: 734 새 계명은 13장에 스며들어 있는 환대와 겸손한 섬김의 기초이자 자극제인 것이다. 여기서의 계명과 요한1서의 계명은 전형적인 요한의 윤리이며, 내부 지향적이고 세상에 대한 교회의 선교에 긍정적인 영향을 준다.모든 이들이…알 것이다: 13장의 TLC 요한1서 대부분은 경고와 함께 격려를 말하고 있다. 이 계명을 지키는 것은 실천하는 복종을 뜻한다: 곤경에 처한 고아들과 과부들을 기억하고 필요한 이들에게 주는 것.예를 들면, 약 1:27; 요일 3:17 그러면 하나님의 영은 분명히 신자들을 인도하시며 그들을 세상에서 보호하신다.McDermond: 86-87, 118-21

그렇지만, 이것은 제4복음서의 저자가 언급하는 유일한 계명은 아니다. 12장은 하나님께서 예수에게 주신 또 다른 계명을 예수가 선언하는 것으로 끝을 맺으며, 따라서 독특하게 그의 말씀과 행동을 통해 그의 계명을 이루기 위한 것이다. 그 계명은 영생이다.12:49-50; 17:3 참조 이 계명은 요한복음 전체에 펼쳐져 있다: 이것은 예수의 선교의 완성을 판가름한다. 예수의 제자들이 그의 사랑 계명을 실천할 때, 그들은 영생이라는 계명을 예수가 완성할 수 있도록 하는 것이다.

13:36-38 베드로의 약속, 예수의 예견

베드로는 어디서든 자신의 주님을 따르고자 하여 예수가 가는 곳을 묻는다. 그렇지만 예수는 다음과 같이 말함으로 베드로의 간곡한 부탁을 일단락시킨다. 너는 지금 내가 가는 곳으로 나를 따라갈 수 없다; 그렇지만 나중에는 따르게 될 것이다. 베드로는 확고부동하게 대답한다." 주님, 왜 제가 지금 당신을 따라갈 수 없습니까? 저는 당신을 위해 목숨을 버릴 것입니다." 베드로는 예수가 앞서 그의 미래를 예견하기 위해 사용한 이 동사 *tithemi*를 사용한다. 예수는 베드로가 들을 수 있도록 질문의 형식으로 베드로의 말을 되풀이한다: "진실로 그럴 것이냐?" AT 예수의 마지막 말씀은 "진실로, 진실로 너희에게 이르노니"AT라는 단호함을 가지고 다시 시작하고 있으며, 이후에 베드로가 닭이 울기 전에 "너는 나를 세 번 부인할 것"이라는 예수의 예견을 경험할 때 그 말을 떠올리게 된다. 베드로의 신앙 여정은 눈물의 골짜기를 거쳐, 예수가 죽음을 통해 그 길을 닦고 악한 자의 힘을 이겨낼 때 까지 힘든 길을 헤쳐나가고 있으며, 그로서는 따를 힘이 없다. 마귀는 부분적으로는 베드로를 이기고 있다.

유다, 베드로, 그리고 애제자의 약력은 이 서사 속에서 전형적으로 등장한다. 유다는 사랑의 무리 밖으로 나간다. 베드로는 끈덕지게 안에 머물지만 잠깐동안 밖으로 미끌어졌다가, 새로운 사랑의 계명의 선두에 서는 목자로서 다시금 안으로 들어오게 된다.21:15-19 전체에 걸쳐 애제자는 우리가 아직은 모르고 있는 사람이다. 사랑의 공동체의 핵심적인 기준에 걸맞는 본보기가 된다. 그의 위상과 권위는 어떤 공식적인 자리에도 없지만, 사랑의 카리스마 속에는 존재하고 있다. 그는 서사 속에 계속 남아있으면서, 요한복음의 전통에 대한 증인으로서, 그리고 신실한 제자로서, 일시적인 것이 아니라 영원히, 그리고 그를 아들로 사랑스럽게 돌보는 예수의 어머니를 돌보는 사랑의 상호관계에 대한 책임을 지고 있다.19:26-27 체나투Chennattu 83는 이런 제자도의 패러다임을 기억에 남도록 잘 요약하고 있다: "제자들과 이후 독자들에게는 … [그 자신의, *hoi idioi*, 13:1] 전적인 거부다, 13:30, 일시적인 부인베드로, 13:36-38, 그리고 온전한 신실함애제자, 13:23… 으로 표현되고 있는 언약의 관계에 반응하는 세 가지 방식이 제공되고 있다." [애제자, 565쪽][제자들과 제자도, 570쪽]

성서적 맥락에서의 본문

요한복음과 신약성서 속의 유다[w]

마가복음3:13-19, 마태복음10:1-4, 그리고 누가복음6:12-16; 행 1:13, 16 참조에서, 가룟 유다는 12 제자들 가운데 한 명으로 이름이 올라가 있다. 이들 복음서 속에서 그는 마지막에 이름이 거론되며, 마태와 마가AT에서는 "예수를 넘긴 자", 누가복음에서는 "넘겨주는 대리인이 된 자"AT 라는 해설이 붙어 있다. 다른 곳에서는 "배반하다"가 이 헬라어 동사를 번역하는데 사용되지 않았다는 사실에도 불구하고, 사실상 모든 번역들이 "배반하다"를 사용하고 있다. 요한복음은 유다를 가룟이 아니라 시몬 가룟의 아들로 밝히고 있다.13:2 만일 복음서들이 마가, 마태, 누가 그리고 요한복음의 연대기적 순서로 기록되었다면-흔히 받아들여지는 것처럼-유다는 누가를 제외하고 시간이 지날수록 더 많은 주목을 받고 있는 셈이 된다: 마가에서 169단어, 마태에서는 309단어, 누가와 사도행전에서는 233단어, 요한복음에서는 489단어.Klassen: 1996: 13 단어 갯수는 하나의 요소일 뿐이지만, 각 단락이 어떻게 유다의 역할을 나타내고 있는지가 더 중요하다.

유다가 예수를 넘겨주는 행동을 하지만 예수는 요한복음에서 자신의 사역을 완성하고 있으며, 요한복음은 유다의 행위를 성서를 완성하고 예수의 사역을 이루기 위해 필수적인 것으로 말하고 있다. 하워드-브룩1994: 293은 요한복음 13:1-3에서 예수는 마귀를 "포위하고" 있는데, 그 이유를 이렇게 말한다. "1절과 3절이 예수의 지식과 계획을 말하고 있다면 2절은 마귀의 행동을 말하고 있기 때문이다." 유사하게, 13:12-35에서 유다의 행위는 한쪽 면에서는 예수의 우정의 선물과, 다른 한쪽 면에서는 예수의 사랑계명을 이루는 양쪽의 끝으로 자리잡는다. 한 명을 잃음에도 불구하고 예수의 사역은 계속 진행된다.

요 12:6의 편집상의 언급을 제외하고는, 복음서들 가운데 어떤 것도 유다가 가진 어떤 특정한 부정적인 등장인물의 성격을 탓하고 있지 않으며, 유다의 동기에 대해서도 분명하게 말하고 있지 않다. 유다는 공동의 지갑을 관리하지만 요한복음에서 제자들은 유다가 속이고 있다는 의심을 하지 않는다.13:28-29 그들은 유다가 선행을 베풀러 떠났다고 생각한다. 아마도 유다는 자신의 행위가 그의 스승 메시아가 완성하게 될 메시아의 구원을 촉진시키게 될 것이라고 생각했을 수 있다. 이것이 실패로 끝나자 그는 뉘우친다.마 27:3-4 그렇지만 그는 자신의 목숨을 버린다.마 27:5; 행 1:16-20을 참조 세 공관복음서 모두 다음과 같은 예수의 언급을 담고 있다. "인자를 배신한 그 사람에게는 화가 있다!"마 26:24; 막 14:21; 눅 22:22 이렇게 화를 역설하는 단어는 요한복음에서는 나타나지 않는다. 마태복음26:24과 마가복음14:21에서 예수는 다음과 같은 언급을 지속하고 있다. "그 사람은 차라리 태어나지 않았더라면 자기에게 좋았을 것이다."

요 13장과 새 언약

요 13장은 예수가 제자들과 새로운 언약을 맺는 마 26:26-29; 막 14:22-25; 눅 22:17-20과 구조상의 병렬을 이룬다. 공관복음서에서 예수가 제자들과 맺은 언약은 최후의주의 만찬 사건인 식탁에서 이루어졌다. 예수는 제도의 단어를 말하면서 언약이라는 용어를 사용하는데, 이 용어는 누가와 바울이 주의 만찬을 인용하는데 사용한 것으로, "새 언약"으로 지정된다.Swartley 2006a: 177-88

요 13장 역시 언약을 맺는 병렬로서 이해되어야 하는가? 체나투의 대답은 분명히 그렇다이며, 그녀는 자신의 책 전체를 요 1:19-51로 시작하면서 언약관계로 제자도를 이해하는데 할애한다. 전체적으로 고별담화는 예수가 언약을 맺고 확정하는 것이며, 13장에서 식사와 새 계명으로 시작하고 있다. "너희가 이것을 알고 그대로 하면 복이 있다"는 요 13:17은 요한복음에서 우리가 공관복음서와 바울에 있는 제도에 대한 예수의 말에 이르게 되는 것 만큼이나 가깝다. 요한복음에서 예수가 언약을 맺는 것은 그의 언약계승자들을 위한 대제사장과 같은 기도로 마무리된다.

체나투가 옳지만, 새 언약의 의미에 관한 강조에 있어서 방대한 차이점들은 분명하다.

이 병행의 핵심은 요한복음에는 식사가 있으며 새로운 계명을 준다는 것으로, 이것이 바로 구약에서 언약을 맺을 때의 특징들창 26:26-30; 31:43-54; 출 24:5-11; 신 27:6-7이다. 실제로 출애굽기 19:1-24:8 전체는 하나님이 이스라엘과 언약을 맺는 것으로, 모세가 주는 율법, 십계명20:1-17과 언약규정출 20:22-23:19을 강조하고 있다. 만일 예수의 언약 의도를 하나님께서 이스라엘과 더불어 마련하신 언약을 새롭게 하는 것으로 간주한다면, 구약의 언약갱신 의식들은 적절한 것이다.예를 들면 수 24:1-18 체나투70-71는 이 여호수아 24장 본문을 요한의 언약 강조들을 이해하는 모델로 인용하고 있지만, 또한 요한의 새 계명에 있어서의 새로움도 강조하고 있다.96-98 하나님께서 시내산에서 이스라엘과의 언약관계를 시작하신 후에, 하나님께서는 언약관계를 위한 계명들을 주신다. 요 13:31-35는그리고 요한1서 대부분 구약 언약의 도덕적 조항들과 병행된다. 구약의 모세언약은 십계명뿐만 아니라 몇 가지 사랑의 계명들도 수반하고 있다: "너희는 마음을 다하고 뜻을 다하고 힘을 다하여 주 너희 하나님을 사랑하라" 신 6:5-7 "너희 이웃을 네 몸과 같이 사랑하라" 레 19:18b "이방인을 네 몸처럼 사랑하라" 19:34 예수는 공관복음서의 전체 율법을 이중적인 사랑의 명령으로 요약한다: "하나님을 사랑하고 이웃을 사랑하라"마 22:34-40//막 12:28-34//눅 10:25-28; 강해를 보라 마태와 누가 역시 원수를 사랑하라는 예수의 명령을 포함시키고 있다.마 5:44-45; 눅 6:27-36; Swartley, ed. 1992의 글을 보라

요한복음에 있는 예수의 새로운 사랑의 계명13:34은 "내가 너희를 사랑한 것같이 너희도 서로 사랑하라는 것이다." 더 큰 담론15:1-18; 17:20-23은 예수가 그들을 사랑하고 하나님이 예수를 사랑함 속에서 서로를 위한 공동체의 사랑에 기초를 둔다. 서로를 사랑하는 것은 신실한 제자도에 대한 새 공동체의 정체성 표시이다: 너희가 서로 사랑하면 이로써 모든 사람이 너희가 내 제자인줄 알 것이다.13:35

주의 만찬을 통하여 공관복음과 바울에서처럼 그 언약을 평범한 속죄의 모티브로 연결하는 대신, 요한복음은 새로운 사랑의 계명의 실천을 통해 언약과 새 정체성 사이의 연결을 마련한다. 요한이 종종 윤리에 엄격하지 않다고 간주되고 있지만, 요한1서가 분명하게 말하는 것처럼 이런 새로운 언약-서명 윤리는 하나님의 자녀가 되는 것을 사랑의 행동을 실천하는 것과 연결시킨다. 따라서 너희가 스스로 하나님의 자녀임을 보인다.마 5:44-48 참조 게다가, 하나님의 사랑은 아들과 아버지의 하나됨 속으로 제자들을 맞아들인다.요 17장

요한복음에서 발을 씻기는 것은 성찬, 이적, 법령 혹은 실천-누군가의 신학적인 전통이 선택하는 용어가 무엇이든-을 통해 이런 독특한 신학을 발효시킨다. 이것은 새로운

계명을 실천하는 것을 상징하고 있다. 그러므로 요 13장은 단단하게 연합되고 신학적으로 일관성있는 단원으로, 베드로, 애제자 그리고 유다가 새 언약 관계에 서로 다른 반응을 보이는 사례가 되고 있다. 예수를 아는 것은 인식론적으로 사랑과 사랑의 실천 속에 기초하고 있다. 요한복음에서 애제자는 그들이 모두 나타나는 이어지는 장면에서 베드로를 포함하여 다른 제자들을 이 새로운 앎으로 인도하고 있다.[애제자, 565쪽]

교회생활에서의 본문

서로 사랑하라

터튤리안은 자신의 변증론39.7에서 초기 기독교인들을 구분하는 표시로서 요 13:35를 역설하고 있다: "특별한 사랑을 실천하는 것은 어떤 이들의 눈으로 볼 때 우리를 표시하는 것이다! 그들은 다음과 같이 말한다. '보라, 이들이 어떻게 서로를 사랑하는지를 … 그리고 그들이 서로를 위해 죽기까지 하려는 지를.'" FC 10:99 똑같은 것이 16세기 아나뱁티스트들에게도 나타났는데, 그들은 재판을 받을 때 판사들 앞에서 자신들의 음식, 옷, 돈, 그리고 집을 나눈 것이 증명되었다. 그렇지만 많은 사람들을 순교자로 만든 이런 재판은 그들의 새로운 계명의 정체성에 있어 본질적인 것을 그들이 못하게 할 수는 없었다. 그들은 그리스도에 대한 순종 속에서 이런 사랑의 계명을 계속하여 실천했다.Hiett Umble: 103-11

아나뱁티스트의 자료들은 요 13:15와 35절에 대해 특별히 무게를 둔다. 메노의 저작들은 13:15를 두 번, 16절을 한 번, 그리고 13:35를 여섯 번 역설하고 있다. 순교자의 거울은 13:16을 한번, 13:17를 세 번, 그리고 13:36를 여섯 번 언급한다! 아나뱁티스트들이 서로 사랑하는 것을 역설하는 것은 그들이 믿고, 살고, 죽는 것에 대한 성서 본문상의 이유인 것이다. '이로써 모든 이들이 … 알리라'는 순교로 실천된다.

메노 시몬스는 예수의 겸손의 본보기를 "진정한 성령의 증언"으로 강조하기 위해 요 13:15를 마 11:29와 연결한다.Menno: 441 예수의 본보기는 메노의 미크론에게 보내는 편지 속에서 자세히 설명되고 있는데, 이곳에서 그는 그리스도인들이 어떻게 다른 그리스도인을 "고문하는 바퀴에 매달거나 화형대에 세울 수 있는지"에 대해 탄식하고 있다: "동정적이고 자애롭고 온화한 품성, 기질, 성령, 그리고 그리스도의 본보기─그리스도가 자신이 선택한 모든 자녀들에게 따르라고 명한─, 유순한 어린양에 비추어 보면 기이하고오 어울리지 않는 [행동]이다." 921 겔리우스 파버에게 답하며Reply to Gellius Faber에서,

메노는 "그리스도의 교회를 알리는" 여섯 개의 "이적들" 가운데 네 번째로 "꾸밈없는 형제애"를 인용한다.740, 743

배우자들, 자녀들, 그리고 회중들에게 쓴 마지막 편지들은 종종 요 13:35를 역설하고 있다. 그 사례 가운데 하나는 앤트워프 감옥에 있는 한스 시몬스Hans Symons이다.1567년 9월 13일 자신의 자녀들—빈센트, 칼리, 빌럼과 한스—과 아내인 타네겐에게 그는 다음과 같이 말한다. "그리스도가 '너희가 서로 사랑한다면 이로써 모든 사람이 너희가 내 제자인 줄을 알리라' 고 하셨으므로, 너희가 너희 삶의 모든 나날 동안 다른 사람들을 사랑하기를 기도한다. 요 13:35" MM 711 그의 회중들이 신실하고 거룩하게 남아있도록 여러번 호소한 후에, 그 편지의 마시막 부분에서 그는 다음과 같이 쓴다. "무엇보다, 여러분들의 목전에서 다른 무엇보다도 주님을 지키고 서로 열심히 사랑하십시오; 이로써 사람들은 여러분들이 지극히 높으신 이의 자녀인 줄을 알 것입니다. 사랑은 영원하며 결코 사라지지 않습니다. 요한복음 13:35; 고전 13:13, 8." MM 712

수감된 또 다른 이, 제이콥 챈들러Jacob the Chandler는 자신의 자녀들에게 비슷하게 말한다.MM 803 순교의 증언들 속에서, 편집자 반 프라트van Braght는 1600년 경에 신앙의 고백a Confession of Faith을 포함하고 있다. 19번째의 글은 "다른 모든 민족들로부터 구분될 수 있는 하나님의 교회의 여섯 가지 표시들"을 밝히고 있다.MM 393 여섯 번째 표시, "꾸밈없는 하나님의 사랑"은 그리스도의 진정한 제자들을 묘사한다. 성서로 가득한 긴 묘사는 서로 사랑하라는 요한복음과 요한일서의 본문들로 결론을 맺으며 요 13:34-35 전체를 인용하고 있다.MM 394

오늘날 우리의 회중들, 가정들, 그리고 더 큰 사회 속에서 우리의 행동 속에서 서로를 사랑하는 것은 어떻게 보이고 있는가? 사랑은 자발적으로나 제도적으로 서로 돕는 것을 실천하는 것을 통해 이루어 진다; 가난한 자들, 이방인들, 노숙자들, 과부들, 그리고 우리교회나 사회 가운데 있는 고아들을 돌보는 것; 정의의 문제를 말하는 것예를 들면 모든 이들이 혜택을 입는 의료혜택; 그리고 곤궁한 사람들의 말을 듣는 시간을 갖는 것. 버지2000, 383는 헨리 나우엔을 다른 사람들을 위해 사는 증언으로 이야기한다: "여기 … 복음으로 깊이 감명을 받은 한 사람이 있다. 복음은 그를 변화시켰고 그에게 섬김의 기쁨을 주었다. 예수가 그의 손을 씻어 주었으며 그는 다른 이들의 발을 씻기고 있었다." 우가 그것을 다른 이들과 나누기 전에, 먼저 우리는 하나님의 사랑, 예수의 사랑 안에서 몸을 씻어야 한다.381-82 우리는 씻고 깨끗하게 되어야 하며 그 후에 사랑할 자유가 주어진다. 우리 중 몇몇은 베드로처럼 저항하고 주도하고자 한다. 사랑은 요한복음 13장에서 통렬히 보여주듯이, 우리를 무장해제시키며 우리로 하여금 예수의 무한한 사랑을 반영하도록 한다. 요 13장은 유다를 예수가 사랑하는 제자 속에 포함시킨다!

오늘날 발을 씻기는 것을 실천하기[w]

발을 씻김에 구현된 실천이 지닌 의식상의 힘은 카통골Katongole과 라이스Rice가 쓴 만물을 화해시키며Reconciling All Things에서 나온 이야기에 잘 묘사되어 있다. 2004년 태국의 파타야에서 열린 세계복음화 로잔회의에서 흔치 않은 사건이 일어났다. 30개 쟁점 그룹들이 토론을 하고 마지막에는 보고를 하도록 되어있었다. 사회의 장벽과 양그과를 뛰어넘는 화해에 초점을 맞추었던 22 그룹이 발을 씻겼다:

> 보고할 시간이 다가왔을 때, 우리는 회의장 바닥에 대야와 수건을 갖춘 12명을 준비시켰다. 그 주간 동안 우리 그룹에 일어났던 일을 두 명이 이야기할 때 12명은 다른 사람의 발을 씻겼다: 가톨릭 신부, 동방정교회 사제, 그리고 복음주의 목사; 이스라엘과 팔레스타인 사람; 흑인, 백인, 아시안 미국인; 후투족Hutu과 투트시족Tutsi; 남성과 여성. 발표의 끝 무렵에서 기립박수가 정중한 침묵을 깼다… 우리는 우리 그룹의 회원들이 보여준 많은 분열과 갈등들을 바로잡는데 이르지 못했지만 … 발을 씻기는 행위 속에서 우리에게 통렬히 드러나고 우리가 확신한 것은 교회의 본질과 선교가 화해 속에 있다는 것이었다.110-112

세상에 대한 증인으로서 서로를 사랑하다

서로를 사랑하는 것에 대한 이런 독특한 요한의 강조점은 공관복음서와 바울 서신의 강조점과는 상당히 다르다. 세상을 향한 본질적인 증언에 걸맞지 않고 종종 종파적이라는 비판을 받아 왔다. 그렇지만 다양한 학자들은 종파적인 정체성이 어떻게 긍정적으로 다원화 세계 속에서의 삶에 기여를 하는지에 대해서 재평가했다. 데이빗 렌스버거David Rensberger, 로버트 건드리Robert H. Gundry 및 미로슬라브 볼프Miroslav Volf가 상호보완적인 관점으로 이 문제를 언급한다.Swartley 2006a: 289-96

렌스버거1988: 141-49는 대부분 사회적 위치 때문에 요한복음을 낳은 공동체가 오늘날 우리가 종파적이라고 부르는 것일 확률이 크다고 설득력있게 주장하고 있다. 이 공동체는 9:22, 34; 12:42; 16:2가 반영하고 있는 것처럼, 회당에서 축출–혹은 추방의 위협을 받고 있었다–되었다. 요한의 고등기록론은 "요한복음의 수취인이었던 그리스도인들의 공동적인 경험과 직접적으로 연관이 있다."119 아마도 "압제받는 사람들의 사회적이고 정치적인 분투와 관련이 없는" 것처럼 보일지라도118, 기독론과 공동체는 더 큰 종교 공동체와 세상의 사회정치적 권력에 대한 반체제적 증언을 가능하게 하고 있다:

> 무엇보다, 요한복음의 분파주의가 지닌 의미는, 그것이 분파적이기 때문에, 하나님의 사랑과 하나님의 말씀의 기초 위에서 이 세상에 도전을 하고 있는 것이다. 스스로를 사회의 근간으로, 사회를 한데 묶는 풀로 보는 종교는 쉽사리 사회의 그릇된 점들에 도전하는 것을 포기하지 않는다. 문화적 종교는 너무도 많이 자기의 일에만 신경을 쓰라는 당부를 받고 있다. 그 이유는 그 종교가 간섭받지 않는 사회의 틀을 유지함에 있어 잘 알려진 역할, 비즈니스를 가지고 있기 때문이다.1) 세상에서는 비즈니스가 없는 이 분파는 압제적인 세상의 질서들에 대해 근본적인 도전을 보여줄 수 있다. 정확히는 그 종교가 스스로를 세상과는 떨어진 것으로 보기 때문에, 완전히 사라지지 않는다면, 세상에 대한 그 종교의 위임은 약화된다. 따라서 이 종교는 세상에 맞서는 태도를 취할 수 있으며 세상이 가장 소중히 여기는 것을 비판할 수 있게 된다.142

그리하여 렌스버거는 요한의 기독교가 서로 사랑하는 윤리를 가지고 있으며, "세상의 창조자의 이름으로 부당함과 폭력을 비판하는" 신앙 공동체를 위한 패러다임으로 여긴다.143 아미쉬, 그리고 그보다 작게는 오늘날의 메노나이트와 형제교회가 이 패러다임을 보여준다. 그렇지만 이들 그룹들은 에베소 교회에 대한 요한계시록의 비판을 반드시 귀담아 들어야 한다. "너희는 첫사랑을 버렸느니라." 계 2:4

오데이1995: 734는 하나님의 사랑, 예수의 사랑을 증어하는 사람들의 본보기로 마틴 루터 킹 목사와 오스카 로메로 주교의 모델을 역설한다—그들이 의식적으로 자신들의 자유를 거부했거나 그들이 다른 사람들을 위해 자신들의 삶을 주기로 했기 때문이 아니라, 그들이 "온전히 예수의 사랑으로 살고자" 했기 때문이다. 새 계명은 우리로 하여금 똑같은 이유로 서로 사랑하라고 말한다: 그리스도인 형제와 자매로서 예수 안에서 하나님의 사랑으로 살며 그리하여 하나님을 영화롭게 하기 위해서이다. 이것은 예수의 사역의 열매이자 우리의 기초와 목표이다.

---

1) [역주] 저자는 자기 일에만 신경 쓰다.(mind its own business)란 표현을 언어유희를 통해 실제로 종교가 세상 속에서 비즈니스를 하고 있다는 의미로 바꾸어 말하고 있다.

예수의 고별담화와 기도

사전검토

떠남, 거함, 그리고 보혜사[W]

예수의 고별담화는 요 13:31에서 16:33까지 펼쳐진다. 17장의 예수의 기도는 초점이 두 개다. 17장은 신학적으로 담화를 완성시키지만 장르상으로 13:31–16:33과는 다르다. 제자들은 등장하지 않는다; 예수는 제자들을 위해 아버지께 기도한다.

예수의 고별설교는 유대교와 그레꼬-로만 문헌보다 앞서있다: 창 47:29–49:33에서 야곱의 고별설교; 신명기에서의 모세의 설교; 수 22–24장에서의 여호수아의 설교; Cicero, Divination 1.30.63[더 앞선 사례에 대해서는 다음을 보라. Talbert: 200–201; 행 20:17–38; 막 13장] 요 13–17장의 내용은 이 복음서의 선언을 독특하고도 잘 나타내 준다: 예수는 아버지를 계시하는 자이다.[1:18] 예수는 사랑하시는 이이다. 예수는 길이요 진리요 생명이다. 예수는 제자들을 위로하고 안내하고 힘을 북돋워줄 보혜사를 보낼 것이다. 예수가 떠남으로, 성령께서 신자들 속에 거하시게 된다.

성령은 그들 가운데 거하기 위해 오실 것이다. 그들도 예수 안에 머물거나 거하게 되며, 예수와 아버지와 더불어 사랑의 연합, 함께 거함을 즐긴다.[15–17장; 17:20:20–26] 내가 보기에 반복되는 주제들은 서로 넘어지는 11명으로 단단히 엮여져 있다.[연대기상으로가 아니다 여기서 나는 그들을 교차대구적인 방식으로 배열하고자 한다. 약속된 보혜사가 중심에 놓여 있고 보증과 평화가 겉봉투가 된다:

A 미래에 대한 확증
  B 떠남나는 갈 것이다과 위안너희를 혼자 두지 않을 것이다
    C 사랑하라는 명령
      D 내 계명들을 지키라
        E 가지가 포도나무에 있는 것처럼 내내 사랑 안에 거하라, 함께 거함
          F 보혜사/성령이 오실 것이라는 다섯 가지 약속
        E' 예수는 아버지를 알기 위한로 가는 길: 함께 영화롭게 됨
      D' 구하면 이루어질 것이다. 14:13-14; 15:7, 16; 16:23-24
    C' 세상의 미움을 받으리라는박해 경고
  B' 예수의 재림의 약속
A' 평화의 선물

이 주제들 대부분이 14장과 16장에서 반복되고 있으므로, 많은 주석가들은 마지막 편집자가 두 개의 자료들을 한데 엮은 것으로 보고 있다. 14:31c, '일어나라, 여기에서 떠나자'의 끝부분은 18-19장을 직접적으로 예고하는 것으로 나타난다. 학자들은 많은 설명들을 제시하고 있다. 그렇지만 우리는 이 설교를 정경의 서사적인 통일성으로 평가하되, 마지막 편집자가 한데 엮은 이질적인 자료들의 개념이나, 14:31이 하나의 설교를 끝내고 15-16장이 또 다른 설교라는 생각, 혹은 17장이 고별 기도로서 덧붙여져 있다는 생각을 버릴 것이다. 예수의 고별설교는 수많은 핵심 주제들과 수사적 발전들로 연합된 서사의 단원으로 가장 잘 이해될 수 있다.

아래의 표가 보여주듯 주제들이 겹쳐져 진행되어 나가고 있다:

13:31-35((36-38)	14:1-15:17	15:18-17:26
영화	세상	갈등과 시련
떠남(부재)	보혜사(존재)	연합과 서로 거함
사랑 계명	내 말을 따르고 내 사랑 안에 거하라	사랑과 연합; 세상이 믿는 내 영광을 보라

첫 번째 단에서는 아래로 움직이고, 두 번째 단에서는 위로 올라가며 세 번째 단에서

는 내려간다. 그러므로 세 번째 자리에 있는 주제는 14:1-15:17따르다, 거하다에서 먼저 온다. 새로운 차원의 권고가 서사상의 진행으로 나타난다. 이 표가 보여주듯, 13장과 17장은 주제상으로 14-16장과 연결되어 있다. 그렇지만 양쪽 모두가 어떤 측면에서는 뚜렷하다:

- 예수의 독특한 행동들: 예수는 요 13장에서 발을 씻기고 17장에서 계속된 기도를 한다.
- 핵심 등장인물: 요 14-16장은 순차적인 대화를 특징으로 한다: 예수와 도마, 빌립와 가룟이 아닌 유다; 베드로와 유다.13장에서 두드러짐; 그리고 예수와 아버지17장
- 그들의 독특한 시작13장, 발을 씻김과 끝17장, 예수의 기도

약속하신 성령이 갖는 다섯 가지의 의미가 가장 중요하다. 이 본문들은 다른 주제들 사이에 껴있는데, 특히 나중의 경우에서는 핍박이다.

예수의 고별 설교 속에 있는 신학적 강조점들ʷ

사람들은 요 13-17장을 예수의 언약맺음 의식으로 보고 있다. 예수의 행동, 가르침, 그리고 기도는 선택, 예수 안에 거함, 그리고 하나님의 계명들을 지키는 것과 같은 초기 복음서의 주제들을 함께 묶고 있다. 예수는 외치고 아버지께서 자신에게 가르치신 것을 행한다. 아버지와 아들의 연합은 예수와 "유대인들" 사이를 관통하는 점으로, 이제 아버지에게 하는 예수의 기도 속에 절정에 이르고 있다.

이 주제들과 더불어, 다양하지만 상호보완적인 관점을 향해 가는 두 가지 주요한 요한의 강조점들이 나타난다. 첫 번째의 주요 주제는 요한 공동체가 제국 속에서 직면하는 정치적 현실에 비추어, 예수가 예고하는 박해와 배교의 위협을 강조하고 있다. 따라서 예수와 가까이 연대해 있고, 서로 사랑하며 예수가 자신의 제자들을 버리지 않을 것이라는 것을 확신하는 것이 중요하다; 예수는 보혜사를 보낸다. 이런 맥락에서 '그는 나를 이길 권세가 없다'14:30는 예수의 선언은 그들의 안심을 보증하고 있다.16:33 참조, 내가 세상을 이기었노라RSV 14:30에서 그는 세상의 통치자이다.AT; 12:31를 보라 여기서 악한 자는 사탄이다.13:27에 이름이 나옴 이런 권세들은 요한복음의 정치학 속에 결탁한다.Cassidy: 40-41; Carter 2008 참조 신자들이 이런 악의 세력에 대항하여 승리하게 되는 이유는 예수가 그들을 제압하고 자신의 죽음으로 그들에게 승리를 거두기 때문이다. "일어서라, 가자" egeiresthe, agomen; 14:31 AT는 막 14:42와 정확히 병행을 이루고 있는데, 막 14:42는 예수

가 겟세마네의 고통을 마무리하고, 유다의 신호를 통해 예수를 체포하여 십자가에 못박을 정치적 권력인 로마 병사들과 대면하는 때이다. 이런 감탄사는 죽음으로 가는 "늦어진 퇴장delayed exit"이다. 14:30-31에 대한 해설을 보라 이것은 예수의 죽음을 예상함으로 서사상의 긴장을 만들어 내며 또한 이어지는 고별 가르침을 주고 있다.

예수의 고별 설교에 있어서 두 번째 주요 주제는 영성 형성spiritual formation이다. 이런 형성은 예수가 그들을 남겨 둔 후에 적대적인 세상에서 제자들이 사는 것을 준비시킨다. 그렇지만 이들은 예수의 부활 이후에 이것을 깨닫는다. 영성의 형성을 강하게 주장하는 브로디Brodie는 서사상의 통일성과 서로 관련된 강조점들의 발전을 본다. 428-29 제자들의 영적 형성은 세 가지 단계를 통해 움직인다: 씻음, 정결, 그리고 성화. 이런 패턴은 제자들을 세상과 통치자, 혹은 이 세상의 왕자-사탄-을 제압하며 승리하며 살도록 하기 위해 필요한 변화들을 도표화하고 있다. 이 부분에 대한 브로디의 주석을 위해서는 다음을 보라. Swartley: 2006a: 301-2

예수의 사랑; 길이요 진리요 생명

사전검토

　교회 주변부에 있는 사람들이 가장 잘 아는 성서 본문 두 가지는 시편 23편과 요 14:1-3이다. 이것은 내가 현재 양육하고 있는 젊은 그리스도인52세의 나이의 경우다. 그런 사람들은 이 본문을 알고 이 본문을 좋아할 수는 있겠지만 아마도 암송하지는 못할 것이다. 이 젊은이가 그런 것처럼, 양로원nursing home에 있는 사람들은 이 본문들을 금방 기억해 낸다; 그들을 방문할 때 나는 그들이 암송하도록 하고 있다. 시 23:6a, "진실로 선하심과 인자하심이 내 평생 나를 따를 것이다."는 불치병에 걸린 사람들에게 가장 고귀한 말씀이다. 이 본문은 요 14:1을 풍요롭게 한다. 시 23:6b, "나는 주님의 집에 영원히 거하리라" KJV는 요 14:2-3을 해석한다. 이 본문들은 예수 안의 하나님께서 우리를 위해 영원한 집을 예비하신다고 우리에게 보증하고 있다.

　예수의 고별설교는 13:31에서 시작한다. 이 부분은 예수의 영화, 그의 사랑 계명, 그리고 그의 임박한 떠남에 초점을 맞춘다. 이 부분은 예수가 14장에서 말하고 있는 것을 위한 무대를 마련한다. 요 14장은 미래를 내다 보는 예수의 눈으로 시작한다ㅡ그가 어디로 갈 것이며 제자들을 위해 그가 무엇을 할 것인지. 예수는 제자들을 위한 장소를 예비하러 가는데, 이 곳에는 많은 방이 딸려 있으며 그들이 안전하고 편안할 것이라고 약속한다. 그렇지만 그 장소와 공간에 가기 위해, 그들은 그 길을 알고 따를 필요가 있다! 장소와 길은 서로 관련되어 있으며, 둘 다 아버지와 아들이 서로 영화롭게 된다는 것 아래에서 이해되어야 한다. 제자들은 새로운 계명을 살아 낸다: "서로 사랑하라."

제자들은 현재에서 미래로 이끄는 지도를 이해할 수 없다. 빌립의 목소리를 통해, 그들은 현재에서 생각하며 이제 아버지를 보여 달라고 청한다.14:8 예수는 그가 공개적으로 앞서서 이야기했던 것을 제자들이 이해하도록 돕는다: 그의 말씀과 사역은 아버지를 증언한다. 예수는 또한 망연자실해 있는 제자들을 떠나면서, 그들에게 다음과 같이 약속한다. 너희는 내가 한 것 보다 더 큰 일을 할 것이다.AT 그다음 예수는 13:34를 새로운 측면으로 확대한다: "너희가 나를 사랑하면 내 계명들을 지킬 것이다."15, 21절 예수를 사랑하는 것은 그의 계명을 지키는 것에서 드러날 것인데, 이 계명에는 서로 사랑하라는 13:34의 새 계명도 포함된다. 사고의 흐름은 이렇다. 내 말과 일이 아버지와 나의 연합을 보여주고 아버지 안에 있다는 것을 보여주는 것처럼, 내 계명을 지키는 저희의 일과 사랑도 너희와 나의 연합과 내 안에 너희가 있음을 보여줄 것이다.AT 그 후에 예수는 제자들에게 그가 자신이 없을 때 그들에게 필요한 것을 보내달라고 아버지께 기도할 것이라고 말한다. 그가 바로 또 다른 보혜사Paraclete로서AT, 영원히 지식으로 그들을 인도하고 그들과 함께 하실 것이다. 이와는 반대로, 세상은 예수와 아버지를 알 수 없다. 그 이유는 그들 속에는 성령이 없기 때문이다.

다음 단락14:18-24은 유사한 주제들을 재활용하고 있다. 예수는 성령의 사역을 설명한다: 너희에게 모든 것을 가르치고, 내가 너희에게 말한 모든 것들을 기억하게 하실 것이다.26c. RSV 예수는 자신이 없는 동안 그들의 두려움을 몰아내고 제자들을 안전하게 하는 자신의 평화의 선물을 보내준다. 그의 마지막 말씀에는 긴급함이 묻어있다: 그의 떠남이 가까워진다; 세상의 통치자가 오고 있으니 일어나서, 함께 가자30-31 RSV

개요

예수가 처소를 예비하고 그 길을 보여주다, 14:1-11

예수와 아버지가 미래를 보증하다, 14:21-24

예수가 자신의 떠남을 염두에 두고 제자들을 위로하다, 14:25-31

주석적 해설

예수가 처소를 예비하고 그 길을 보여주다 14:1-11

13:1-3 예수가 처소를 예비하다[W]

1절은 세 개의 명령을 담고 있다: 마음에 근심하지 말라. 하나님을 믿고, 또 나를 믿어라. 믿다라는 동사*pisteuete*, 두 번 사용되는 두 경우 모두 직설법일 수 있다: 너희가 믿는다. 그렇지만 KJV에서처럼, 명령형이 따라오는 직설법이라기 보다는, 양쪽 모두가 명령형으로 의도된 듯 하다. 앞서 우리가 세 번에 걸쳐 보았던 "근심하다"11:33; 12:27; 13:21라는 동사는 예수가 죽음-나사로의 죽음과 자신의 죽음-에 직면할 때의 불안한 마음을 묘사하고 있다. 예수가 죽기까지 자기를 주는 사랑은 이런 죽음의 원수를 이기리라는 것을 약속한다. 이 경우에서, 예수가 제자들에게 자신이 떠날 것을 말하고 앞으로 힘든 일이 닥칠 것이라고 말할 때, 제자들 역시 근심하게 될 것임을 알고 있다. 그리하여 예수는 제자들의 마음이 근심, 두려움과 공포에 사로잡히지 말도록 그들에게 대담하게 명령하고 있다. 그러는 대신, "하나님을 믿고, 또한 나를 믿으라."AT 여기서 의도된 의미는 "너희가 하나님을 믿지 않느냐? 그렇다면 나 또한 믿으라"일 수 있다. 이것은 예수와 아버지가 하나로 연결되어 있으며 예수가 아버지를 계시하고 있는 14:6-11에 있는 예수의 강조와도 어울러진다.14:13, 20, 21c를 참조 11절에서 예수는 다시금 제자들에게 나를 믿으라고 말한다. 이런 11절의 단위는 믿으라는 예수의 부름으로 양끝을 장식하고 있다.요한복음의 특징

다음에 따라오는 두 절 속에서 두 가지 점이 관련되어 나타난다. 예수는 아버지의 집에 거할 곳*monai*, 저택, KJV; 방, RSV, NIV; 머물 곳, NRSV이 많다고 제자들에게 약속한다. 헬라어 *monai*는 15장에서 *meno*거하다라는 동사와 연관된다. 따라서 이 단어는 "함께 있다." 혹은 "함께 집에 머무르다."를 함축하고 있다. 예수와 제자들은 함께 머무를 것이다. 몇몇 학자들, 특히 다드Dodd는 이것을 예수의 부활과 보혜사의 오심 속에서 완성되는 것으로 본다.1953/1968: 395, 403-6 예수는 성령을 통해 그들과 함께 거하는데, "그리스도 안에" 라는 바울의 강조점과 비슷한 개념이다. 건드리1967:70는 요한복음과 요한일서에서의 *meno*의 맥락이 *monai*를 "하늘에 있는 저택이 아니라 그리스도 안에 있는 영적인 자리들"을 가리킨다는 것에 동의하고 있다. 건드리는 이런 현재의 측면을 주장하지만, 이것이 "내가 다시 와서 너희를 나에게로 데려갈 것이다"14:3b와 합쳐질 때 떠나 감의 의미를 버리지 않는다고 보고 있다. 예수는 그들을 위해 처소를 예비하러 간다고 말한

다.2b-3 예수는 현재와 미래를 말하고 있다. 예수의 부활과 보혜사가 오시는 것은 "예수의 재림을 예표한다.14:18, 23, 26; 16:16~22" 71

두 번째로, 이 맥락에서 처소라는 단어는 특별한 뉘앙스의 의미를 보여준다. 그 시대 유대교의 세상에서는 결혼할 때 신부가 신랑의 아버지의 집으로 들어오는 것이 관례였다. 여기 요한복음에서는, 우리가 영원히, 영속적으로 그렇게 한다. 우리는 우리가 어디에 있을지, 누구와 함께 있게 될 지 안다. 그리스도의 신부로서, 우리는 아버지의 집으로 신랑과 함께3:29를 떠올리게 한다 들어간다; 여기서는 하나님의 사랑의 자녀들을 위한 방이 있다.13:35 예수는 사랑의 신부인 우리를 위해 영원한 집에 수많은 공간이나 방을 마련해 주겠다고 약속한다. 우리는 아들이 나온 곳인 아버지의 품kolpos과 최후의 만찬에서 애제자가 기대었던 아들의 품인 신성한 공간에 들어간다. 죽음과 삶에서의 우리의 마지막 절11:25b-26a은 아버지와 사랑의 아들의 품 속으로 들어가는 것이다.

어떤 학자들은 집이 종말론적인 성전을 가리킨다고 주장한다.예를 들면, Bryan 이 이미지는 성전이나 거룩한 장소가 지닌 앞선 세 가지 사용을 상기시킨다.2:16; 4:20; 11:48 그렇지만 장소와 몸2:21은 쉽게 양립할 수 있는 것이 아니다. 예수는 그가 가는 장소, 제자들이 나중에 오게될 장소를 말하고 있다. 그렇자면 14:2는 어떻게 2:16과 연결되는가? 브라이언은 이들이 모두 내 아버지의 집과 연결되어 있으며, 두 개의 구분되는 사용이자 성전 이미지의 의미들이라고 주장한다: "요한복음의 독자들은 유대교 지도자들이 자신들의 '장소' 11:48를 두려워 하는 것이 그들이 생각하는 것 이상이라는 것을 알고 있었다. 그렇지만 유대교 지도자들과는 달리, 예수를 따르는 자들은 '마음에 근심할' 14:1 필요가 없다. 그 이유는 예수는 자신을 따르는 자들이 언젠가 머물게 될, 더 오래 지속되는 천상의 종말론적인 성전, '장소'를 준비하러 가기 때문이다." 195-96

이 성전의 이미지는 다른 것으로 인해 사라져 없어지지 않는다; 요한복음이 천상의 성소와 영화된 예수의 몸을 온전히 조화로운 것으로 보는 것은 전적으로 가능하다.197 맥카프리McCaffrey는 "부활하신 예수의 새 성전은 아버지의 천상의 성전으로 출입할 수 있게 한다."고 주장한다.21

요 14:2-3에서 우리는 거할 곳이 많은 드넓은 집이라는 단순한 이미지를 갖는다. 예루살렘 성전이나 천상의 성전을 우주적 구원의 종말론적 목적으로 말하고 있는 유대교 전통 속에서는 충분히 이해할 수 있는 것이다; 동시에 예루살렘과 천상의 성전을 말하고 있기도 하다.… 예루살렘 성전이든 천상의 성전이든, 이

집에는 많은 사람들이 머물 만한 곳이 충분하다. 75: "어떤 곳으로 가는 여정"에 대한 유

대교의 전통, 109를 참조

유대교 전통 속에서 이런 이미지는 이중적 언급을 하고 있을 수 있으므로, 제자들이 혼란스러워 하는 이유가 납득이 간다. 이 천상의 장소에 많은 방이 있다는 것은 제자들이 예수와 아버지와 가까이에서 장소와 공간을 갖게 될 것이라고 제자들에게 확신을 준다: 내가 다시 올 것이며 너희를 내가 있는 곳으로 데리고 와서 너희도 함께 있게 하리라.14:3b 출 15:18에서 이스라엘의 여정의 절정은 "주께서 영원히 다스리실 것이다."라는 선언 속에 암시되고 있으며, 이 선언은 계시록11:15d의 분명한 모티브이기도 하다.

14:4-11 예수가 그 길을 보여주다

요 14:4에서 예수는 이 이미지를 장소에서 길로 바꾼다. NRSV의 '그 곳으로'는 헬라어 본문에는 없지만, 길이 이스라엘의 신앙 전통에서 성전−장소로 이어지고 있으므로, 이 이미지에 이어지는 것을 적절하게 잡아 내고 있다. 주님께서 언약 백성을 인도하시는 그 길은 거룩한 성소로 이어진다.Swartley 1994: 32−33 신명기가 예수의 고별설교를 위한 언약의 모델 역할도 하고 있으므로Chennattu; Lacomara, 같은 문장 속의 길과 장소의 이미지는 적절한 것이다: "너희 주 하나님께서 … 밤에는 불기둥으로, 낮에는 구름기둥으로 너희가 진을 칠 장소[topos]를 찾아 주시기 위해 너희의 앞장을 서서 길을 가셨다." 신 1:32d−33; Hoard−Brook 1994: 314 참조 맥카프리는 수많은 구약 본문들 및 요 13:2c−3a 과 가다.proreuomai라는 단어와 목적지인 약속의 땅 혹은 성전과의 연결성을 보여준다.76−83 그는 예비하다hetoimazo와 처소topon; 97−103도 똑같은 연결성을 보여준다. 길이라는 이미지는 구약성서에서의 길derek을 반향하고 있는데출 23:20; 시 119:1, 3, 5, 27, 33; 사 40:3; 말 3:1; 잠 2:8, 20; 1QS8.14 참조, 이 이미지가 요한복음 속에서 사용되는 맥락이 된다.

길이라는 이미지는 제자들을 혼란스럽게 한다. "우리도 가서 그와 함께 죽자"11:6라는 암울한 발언 속에서 앞에 놓여 있는 것을 미리 알아챈 도마는 이제 예수에게 다음과 같이 말하고 있다. "주여, 우리는 당신이 어디로 가시는지 모릅니다. 어떻게 그 길을 알 수 있습니까?" 다소 좌절이 섞인 이 질문은 다음과 같은 예수의 잘 알려진 선언을 이끌어 낸다. "내가 길이요, 진리요, 생명이다. 나를 통하지 않고서는 아무도 아버지께로 갈 수 없다." 아들인 예수는 아버지께로 가는 길이다. 이것은 요한복음에서 새로운 것이 아니다; 이미 서문에서, 특히 예수가 하나님의 품 속에 있으며, 모든 이가 알도록 예수가 아버지

를 해석할 것이라는 선언 속에서 이미 암시되어 있다.5, 8, 10장 새로운 것은 아마도 강조의 시각이다. 요한복음에서 지금까지, 예수는 아버지를 계시하고 있다. 그렇지만 이제 예수는 아버지께로 가는 길이다. 예수는 또한 유대인들과의 언쟁 속의 쟁점, 진리이다. 이것은 빌라도에 의해, 빌라도의 재판에서 다시 등장한다.18:36-38 길이며 진리인 예수는 생명을 주는데, 이것은 3:14-17, 36; 5:1-29; 6:32-53; 11:25-26에서의 주제이다; 그리고 17:2-3에서 다시 나타난다. 예수는 자신의 공생애 사역을 다음과 같이 말하면서 마감한다. 그의[아버지의] 계명은 영생이라는 것을 나는 안다.12:50 예수를 아는 것은 아버지를 아는 것이다.14:7

황홀함을 맛보기 직전의 도마는 웅장한 쇼를 요청하고 있다: "주여, 우리에게 아버지를 보여 주시면 우리가 만족하겠습니다."16:29-30을 참조 그러자 예수는 왜 그가 세상으로 왔는지에 대해 제자들이 갈피를 못잡고 있는 것에 실망하면서 대담하게 말한다.말을 바꾸었음:

- 빌립아, 나를 보면 아버지를 본 것인데 아직도 나를 알지 못하느냐?9절
- 나는 아버지 안에 있고 아버지도 내 안에 있다. 네가 이것을 믿느냐?10a
- 나는 내 권한으로 말하는 것이 아니라 아버지의 말씀으로 말하는 것이다.10b
- 내가 하는 일은 내 안의 아버지께서 하시는 일이다.10c-11; Burer를 참조

그러므로 "내가 아버지 안에 있고 아버지가 내 안에 있다는 것을 믿으라; 그렇게 못하겠으면, 그 일들로 인해 나를 믿으라."11절 이렇게 주제를 반복하는 것은 제자들과, 이 말들이 나중에 그들에게 직접 전해지게 될 모든 이들을 위한 것이다. 이것은 아버지와 아들의 상호거함을 예견하고 있다.

아울러 이것은 예수의 말씀이 하나님으로부터 왔다는 점을 되풀이한다. 예수는 자신이 받는 것을 주는데, 이것이 요한복음에서 19차례 짚고 있는 점이다. 예수의 말씀과 일들은 그가 아버지로부터 먼저 듣고 받았기 때문에 가능한 것이다. 이것은 또한 그의 제자들을 위한 방식이기도 하다. 그들은 주기 위해서 예수에게서 받으며, 예수가 지금 말하고 있는 것을 말하고 행하는 것은 예수가 행한 것보다 더 큰 일이 될 것이다. 어떻게 이것이 가능하단 말인가?

예수와 아버지가 미래를 보증하다 14:12-24

14:12-14 더 큰 일들, 예수의 이름으로 구하라, 모든 것이 아버지를 영화롭게 하기 위한 것

12절에서 예수는 단호하게 "진실로, 진실로 너희에게 이르노니"AT라는 말로 새로운 주제를 소개한다. 이 용어는 요한복음에서 25회 사용된 것으로, 말하고 있는 것의 중요함을 강조하는 것이다. 이 경우에서, 제자들은 예수의 이름으로 더 큰 일을 할 것이다. 어떻게 우리는 예수의 사역에서 예수가 한 찬란한 일들에 비추어 그런 말을 이해할 것인가? 그것은 더 많은 일과 세계의 다양한 여러 장소라는 뜻으로, 다시 말해 양적인 의미로 더 크다는 말인가? 아니면 상상하기 어려운, 더 큰 일의 형태란 것인가? 결국, 예수는 죽은 나사로를 살렸다! 그보다 더 큰 일이 있을 수 있단 말인가? 오늘날 누가 그런 일을 할 수 있을까?

13절과 14절은 우리의 능력으로 우리가 아니라 예수가 그 일을 할 것이라는 것을 보여준다. 더 큰 일이라는 것은 제자들이 "예수의 때에 새로운 종말론적 시대에 속하여" 예수의 이름으로 하게 될 일을 뜻한다.O'Day 1995: 746 따라서 그들은 이런 일들로 이제 영화롭게 된 예수를 통해 하나님을 영화롭게 한다.14:13b; 1:14; 2:11; 5:44; 11:4; 17:4 참조 이 일들은 신성한 예수와 아버지에게 크게 영광을 돌리게 될 것이다. 이런 의미로, 전 세계에 있는 예수의 제자들은 이런 사랑과 권세의 일들을 하게 될 것이며, 더 큰 일은 양적이면서도 질적인 것이다.이중적 영광- 하나됨과 서로 사랑함 속에 있는 예수와 아버지!

14:15-17 사랑과 따름; 아버지께서 너희에게 다른 보혜사를 주실 것이다ʷ

앞서 예수는 아들을 위한 한 가지 계명12:50과 제자들을 위한 한 가지 새 계명을 말했다.서로 사랑하라; 이제 예수는 제자들이 따라야 할 계명들복수형을 말한다.15, 21절 이렇게 복수형을 사용하는 것은 예수가 말한 말씀들과 맞바꿀 수 있다.23-24절 예수의 계명들을 지키는 것은 예수의 가르침들을 따르는 것을 뜻한다.5:38; 8:31, 37, 51; 12:47-48 그렇지만 이 모든 것은 "너희가 나를 사랑한다면"이라는 조건으로 이루어져 있다. 예수의 계명을 지키는 것과 나와 서로를 사랑하는 것은 예수의 고별설교의 핵심이다. 두 가지 강조점들이 곧 22-24절에서 다시 등장한다. 이 강조점은 요한1서에서 반복된다.McDermond: 86-87, 273-74

이런 사랑과 순종의 맥락에서, 예수는 자신의 제자들에게 특별한 선물을 보내기로 약속한다: 진리의 영, 보혜사. 마지막 성서본문은 보혜사가 아니라 진리의 영을 사용했지만, 이것은 약속된 보혜사에 대한 다섯 설교14:16-17, 26; 15:26; 16:7-11, 12-15 가운데 첫 번째 것이다. 보혜사는 성령만을 지칭하며 한 번 사용되었으며14:26, 진리의 영으로 세 번 사용된다.14:17; 15:26; 16:12; DSS에서 알려진 구문, 1QS 3:18-19; 4:21 보혜사의 동사형 *parakaleo*명사형은 *paralkesis*은 신약에서 많이 등장한다. 특별한 명사형 *parakletos*남성형은 여기서 나타나며, 요일 2:1에서 예수를 지칭하는 것 외에는, 신약 다른 곳이나 70인역에서는 찾을 수 없다.Aquila와 Theodotion 헬라어판은 욥 16:20에서 사용하고 있다 그렇지만 보통의 명사와 동사형은 70인역에서 많이 등장하는데, 흔히 "위안"을 뜻하는 히브리어 단어 *naham*을 자주 사용하여 번역한다.시 23:4; 86:17; 욥 29:25; Howard-Brook 1994: 320

신약성서에서 동사 *parakaleo*는 능동형과 수동형으로 여러 가지 의미를 담고 있다: "안위, 위로, 격려, 상담, 충고, 훈계, 변호, 간청호소, 도움을 요청함." NRSV및 NAB, NIV 2011는 *parakletos*를 변호자로 번역한다.RSV, NIV: 상담자; KJV: 위안자; NASB, NKJV: 조력자 변호자는 문자적인 의미에 가깝다: "그 편에 선 사람." 변호자는 필요하거나 어려울 때 돕는 사람이다. 이런 변호자는 다양한 역할을 암시할 수 있다.자세한 내용은 16장을 볼 것 제자들을 옹호하든, 세상을 비난하거나 죄를 선고하든, 요한복음에서 변호자의 법적인 의미는 강하다.16:7-11 *Paracletos*가 진리의 영으로 세 차례 지칭되고 있기 때문에, 특히 진리가 재판을 받을 때는, 링컨2000이 지적한 것처럼 변호란 의미가 우세하다.

보혜사를 약속하는 이 본문 속에서 두 가지 독특한 강조점들이 나타난다. 먼저, 보혜사는 또 다른 보혜사이다. 이것은 그가 이제 보혜사로 그들과 함께 하며 예수의 일을 계속 하실 것을 의미한다.요일 2:1을 참조 예수의 일은 아버지의 일을 하는 것이므로, 이제 예수는 자신의 임박한 떠남을 앞두고 또 다른 보혜사를 보내도록 아버지께 간청한다. 보혜사가 갖는 대부분의 의미는 예수의 말씀과 사역을 역설하고 있다: "위안자, 조력자, 후원자, 변호인, 권고하다, 상담하다, 그리고 훈계하다."

여기서의 두 번째 중요한 강조점들은 17절의 마지막 줄이다: 너희는 그를 안다. 그가 너희와 함께 계시고 저희 안에 '계실 것'이기 때문이다; 마지막 부분, 계실 것은 미래시제이다. 따라서 첫번째 절은 7:39와 긴장관계에 있다: 이것은 예수를 믿은 사람들이 받게 될 성령을 가리켜서 하신 말씀이다. "예수께서 아직 영광을 받지 않으셨으므로, 성령이 아직 와 계시지 않았다." 해밀턴Hamilton은 하나님의 백성 사이에서 성령의 일이 갖는 종말론적인 시간표를 명확하게 하고 있다. 먼저, 그는 구약의 하나님의 영이 하시는 일과 신약, 특히 요 3:4-6; 4:23; 7:39; 14:17; 그리고 20:22와 성령의 역할을 연관시킨다. 즉, 하나님의 영은 성전에 거하고 있으며 구약에서 특별한 임무를 위해 개인에게 임하신다. 성령은 예수가 하나님 나라를 선포할 때 거듭남과 중생으로 경험될 수 있지만요 3장,

죽음과 부활을 통해 예수가 영광을 받은 후에 제자들 안에 거하신다. 따라서 이곳 14:17의 약속은 예수가 그들에게 숨을 내쉬며 "성령을 받으라"고 말씀하시는 20:22AT을 예시하고 있다. 이것은 내주함, 즉 제자들이 예수 안에 거하는 방식을 표시하고 있다.15:4-5 물리적인 성전 속에 거하는 대신, 성령은 이제 하나님의 임재와 죄의 용서를 중재하는 새로운 성전인 예수의 제자들 속에 거하신다.Hamilton: 116-22, 154-60; 16:5-33에 대한 TBC 이런 내주함은 14:20, 23과 15:4-5; 17:23을 보충한다.

14:16의 마지막 문구는 귀중한 것이다: 변호인 위안자는 너희와 영원히 함께 하실 것이다. 이 말들은 마 28:20, "기억하라, 내가 세상 끝까지 너희와 항상 함께 할 것이다."에서의 예수의 말씀과 유사하다. 예수 그리스도의 성령은 제자들과의 영원히 함께 하신다. 성령은 주 예수를 나타낸다. 예수가 없는 동안 성령께서 그의 임재가 된다.Parsenios: 82; Johnston: 86을 참조 예수와 성령의 이런 연결을 보는 것은 바울의 말을 더 밝은 빛 속에 두는 것이다: "이제 주님은 영이십니다. 주님의 영이 계신 곳에는 자유함이 있습니다. 우리는 모두 너울을 벗어 버리고, 주님의 영광을 바라봅니다. 이렇게 해서 우리는 주님과 같은 모습으로 변화하여 점점 더 큰 영광에 이르게 됩니다. 이것은 영이신 주께서 하시는 일입니다."고후 3:17-18

14:18-21 다시 진술된 확증과 약속w

이 절들은 제자들에 대한 예수의 확증의 마음을 되풀이한다. 14:1-3에서 긍정적으로 언급된 것은 이제 반대로 부정적으로 재확인되고 있다: "나는 너희를 고아로[desolate] 버려 두지 않을 것이다. 예수는 제자들을 버리지 않을 것이다. 그 후에 예수는 긍정적인 것을 약속한다: "나는 너희에게 간다."3b; 17:13 참조 그렇지만 이것은 또한 떠남을 내포한다. 따라서 14:19-20은 다음과 같이 설명한다. "조금 있으면 세상이 나를 보지 못할 것이다. 그러나 너희는 나를 보게 될 것이다." 그것은 내가 살아 있고 너희도 살아 있기 때문이다. 그날에 너희는 내가 아버지 안에 있고 너희가 내 안에 있고 또 내가 너희 안에 있음을 알게 될 것이다. 이것은 난제이다. "세상의 눈으로 너희는 나를 더 이상 보지 않게 될 것이지만, 신앙의 눈으로 너희는 나를 보게 될 것이다." 왜인가? 그 이유는 예수는 살았으며 너희 역시 살게 될 것이기 때문이다! 그날은 공관복음서와 요 14:1-2에서처럼, 예수의 파루시아재림가 아니라 예수의 부활을 가리키는 것으로 나타난다. 이런 상호 거함은 15장과 17장에서 되풀이된다; 이것은 예수의 부활을 상정하고 있다. 요 14:21은 14:15-17을 확장시키며, 15:9와 17:20-26을 내다보고 있다. 예수는 함축적인 요소들

로 내주함을 설명한다:

- 내가 살았으므로, 너희도 살 것이다.14:19c
- 너희는 내가 아버지 안에 있고 너희가 내 안에 있으며 내가 너희 안에 있다는 것을 알게 될 것이다.20절
- 만일 너희가 내 계명들복수형을 지킨다면, 너희는 나를 사랑하는 사람들이다.21a AT
- 너희는 내 아버지에게서 사랑을 받을 사람들이다.21b AT
- 나는 그들을 사랑할 것이며 그드에게 나를 드러낼 것이다.21c

14:23b가 2a의 집을 반향하면서 우리는 그들에게 가서 그들과 함께할 살 것이다라고 말하고 있으므로, 임박한 부활 이후의 모습과 미래의 재림 사이의 구분이 요한복음에서는 모호하다는 것이 분명하다.

14:22-24 예수가 스스로를 세상이 아니라 제자들에게 나타내다; 유다의 질문

가룟이 아닌 유다는 잘 듣고 있다. 우리와 세상 사이의 구분이 있는 이유는 무엇인가? "주님, 우리에게는 드러내시고 세상에는 드러내려 하지 않으시는 것은 무슨 까닭입니까?" 예수의 대답은 심오하여, 독자로 하여금 추론을 하도록 한다. 그의 대답은 앞서 말했던 것을 어렴풋이 암시한다. 나를 사랑하는 자들은 내 말을 지킬 것이며, 내 아버지는 그들을 사랑하시고 우리는 그들에게 와서 그들과 함께 거할 것이다. 사랑과 순종, 예수의 말씀을 지키는 것은 아는 것과 보는 것을 위한 수단이다! 아버지께서는 예수를 사랑하고 순종하는 자를 사랑하신다. 아들과 아버지는 함께 와서 그들과 함께 있을 집을 만들 것이다. 여기서 집에 해당하는 단어는 *monen*으로, 2a에서 똑같은 단어*mone*; 주격 복수형, *monai*의 대격 단수이다. NRSV는 이것을 거할 곳들로 번역하고 있다.RSV: 방들; KJV: 주택들 똑같은 거처에 함께 거하는 것은 예수의 제자들이 예수를 보게될 방법이다. 이것은 무엇을 뜻하는가? 문자적인가 아니면 비유적인 언어인가? 제자들은 혼란에 빠진다.

24절은 부정적인 상응을 밝힘에 있어서 이 수수께끼에 조금 더 빛을 비춰준다: 나를 사랑하지 않는 자는 내 말을 지키지 않는다. 그 후에 예수는 자신이 이전에 자주 했던 말들을 덧붙인다: 너희가 듣는 말은 내 것이 아니라 나를 보내신 아버지에게서 온 것이다. 다시금, 예수와 아버지가 제자들과 함께 거하는 이 집의 시간과 장소는 분명하게 묘사되

지 않는다. 종말론은 흐릿하다. 우리에게는 집의 청사진도, 장소도, 건물준공의 일정도 없다. 모든 것이 열려 있다. 그렇지만 선금down payment을 치렀다. 곧 올 것이다!

예수가 자신의 떠남을 고려하여 제자들을 위로하다 14:25-31

14:25-26 보혜사의 선물, 성령

25절은 과도기적이며, 예수가 했던 말들을 다시 언급한다. 예수는 내가 아직 너희와 있는 동안이란 말로 그들의 중요성을 강조한다. 떠남은 먼 미래가 아니라 임박해 있음을 암시한다.

26절에서 예수는 자신의 미래의 임재에 대한 선금을 약속한다. "아버지께서는 내 이름으로 … 보혜사, 성령을 보내실 것이다."AT 예수는 성령의 선물을 약속한다. 그렇지만 그들 속에 숨으로 성령을 뿜는, 부활이 되고서야 예수는 성령을 주신다.AT; 20:19-23을 보라 약속된 성령이 이미 오심이 온전한 유산의 선금인 바울서신과는 달리엡 1:14, 여기서 약속한 성령이 오심은 요 14:23b에서 예수가 말하고 있는 것을 가리킨다. 이것은 아버지와 아들이 어떻게 그들 가운데 거하실 것인지에 관한 것이다. 그들은 개인적으로 그리고 공동적으로 그들의 존재 속에서 집을 삼을 것이다. 그렇다, 그들은 예수가 떠난 이후 그리고 예수가 죽은 자 가운데서 살아나신 이후에 예수를 다시 보게 될 것이며, 예수는 그의 성령을 통하여 그들과 함께 할 것이다. 이 성령은 예수가 숨을 내쉬고 아버지께서 그들에게 보내신 것이다.

이것은 다섯 개의 보혜사 약속 가운데 두 번째 것이다. 여기서만 보혜사가 성령과 동일시된다. 성령의 일은 두 가지이다: 모든 것들을 가르치고 예수가 했던 말을 생각나게 함. Parakletos16절에서 언급한 것처럼에 대한 영어 번역들 가운데 어떤 것도 이 특정한 역할을 나타내고 있지 않지만, 대부분의 영어 번역들은 그 역할을 포함하는데까지 확대될 수 있다. 요한복음에서 보혜사의 의미를 알기 위해서는, 다섯 가지 본문 모두가 보혜사가 하실 것이라고 말하는 것을 들어야만 한다.

이 보혜사 본문의 두 번째 부분은 그 이헬라어로 ekeinos로 시작한다. 보혜사의 직책과 사역은 인격화된다. 보혜사란 단어는 남성형이다.그렇지만 헬라어로 성령[pneuma]은 중성이다; 히브리어로 성령은 여성형이다 이들 세 가지 언어들의 사용을 고려해 볼 때, 하나님과 같이 성령이 성별을 초월한다는 것을 깨닫게 되면, 어떤 성별로든 성령을 지칭하든 적절한 것이 된다. Paraclete남성형가 요한복음에서는 두드러지게 나타나므로, 이 주석에서는 성령을 받는 대명사로 그he를 사용할 것이다. 보혜사는 인격적으로 예수의 일을 지속한다.

보혜사를 보내주겠다는 예수의 약속으로, 그리고 성령-보혜사의 일을 제자들에게 소개하기 위하여, 예수는 "성령과 아버지 사이의 다리를 놓으며, 아울러 아버지께서 자신의 이름으로 그를 보내시기 때문에, 성령과 그 자신 사이에도 또한 다리를 놓으신다." von Speyer: 146 성령이 하실 일에 대한 예수의 가르침은 신자들로 하여금 성령이라 주장하는 현상들을 분별하도록 안내한다. 그들은 예수와 아버지에 대한 성령의 가르침과 부합하는가?

14:27 평화의 선물: 두려워말라

평화는 기다려온 메시아가 기대하던 것들을 성취하는 것이다. 그 메시아가 주는 평화는 전쟁이 따라오고 적들을 정복하는 평화였다. 그렇지만 이런 승리하는 입성요 12장 속의 예수는 왕위에 오르는 다른 길을 선택한다. 예수는 자신의 죽음을, 땅에 떨어져 죽고 더 많은 열매를 맺는 씨앗으로 이야기한다.12:24 예수는 특별한 메시아의 평화를 약속한다.

예수가 주는 메시아적 평화는 세상이 주는 평화가 아니다. 그것은 성령과 함께 오는 평화이며, 예수의 제자들이 세상에서 견뎌야 할 혼돈과 핍박 가운데 안팎으로 중심을 잡게 하는 평화이다. 예수의 평화는 세상의 권세와 통치에 대한 대안적인 힘이다. 요한복음에서 평화는 적대적인 세상의 한 가운데에서 그를 따르는 사람들에게 전해진 유산이다.14:27; 16:33 요한복음의 제자도 연구에서 세고비아는 예수가 말하는 평화의 이중적인 약속을 말하고 있다: "제자들의 평화는 예수와 성령을 통해 그들이 아버지에게로 접근할 수 있다는 것을 아는 것에서 오는 평화이다… 이 평화는 또한 거부와 노골적인 적대감, 그리고 심지어 죽을 가능성까지 포함하고 수반하는 평화이다. 따라서, 그것은 가능한 한 모든 측면에서 '이 세상의 것이 아닌' 평화인 것이다.1985:94

'내 평화'는 세상의 평화와 대조된다. 예수의 평화는 또한 두려움이 지배하는 근심과 대조된다.Minear 1984: 60 계시자이고, 삶을 주시는 분이며, 빛, 길, 그리고 진리로서 예수는 두려움을 쫓고 그의 임재를 확증하는 평화를 준다. 이런 점에서, 이 서사의 앞 부분에서처럼, 제자들은 완전히 예수의 가르침을 이해하지 못한다. 예수의 부활과 예수가 그들에게 성령으로 … 숨을 내쉴 때 까지20:22 AT 그들은 이 사실과 예수의 다른 많은 가르침들을 이해하지 못한다.2:17, 22; 12:16; 4:31-38 참조

평화와 사랑13:34-35; 15:12 모두 세상의 특성과는 대립되는 것이다. 사마리아를 통한 예수의 과감한 여정은 예수의 평화가 또한 적에게까지 확대되고 있다는 것을 보여준다.

세상의 갈등을 넘고 핍박을 초월한, 서로 사랑함과 평화는 예수를 따르는 자들의 표시가 되어 모든 사람이 예수의 제자들을 알아 볼 수 있게 하고, 그들을 예수 그리고 사랑과 평화의 새로운 공동체로 이끈다.

이윽고 예수는 14:1에서 자신의 계명을 반복한다. "너희는 마음에 근심하지 말라." 그렇지만 이제 그는 다음과 같이 덧붙인다. "두려워 하지도 말라." 여기서 예수는 원래 보혜사이다.요일 2:1 참조 예수는 자신이 떠난 후에 제자들이 세상에서 계속 머무는 동안, 근심하거나 두려워하지 말라고 자신의 제자들에게 위안을 주고 격려하며 권고한다. 또 다른 위안자가 예수가 시작했던 역할을 이어받을 것이다. 이 이중적 "위안-확신" 선언은 사 41:10을 반향하고 있다. "내가 너와 함께 있으니 두려워하지 말아라. 내가 너의 하나님이니 떨지 말아라. 내가 너를 강하게 하겠다. 내가 너를 도와주고 내 승리의 오른팔로 너를 붙들어 주겠다." 하나님의 언약 약속은 예수와 성령 안에서 계속된다.

예수가 주는 평화는 그의 고별 속에 반복되는 네 개의 주제가 문학상으로 엮여 있다: 1) 서로 사랑하라 2) 예수가 떠남 3) 약속한 성령을 줌 4) 제자들을 핍박할 적대적인 세상 속에서 살 수 있도록 제자들을 준비시킴. 평화의 선물은 아버지와 아들이 서로 안에 거하는 하나됨으로부터 나오는 것으로, 예수가 처음으로 자신을 위하여 기도하고17:1-8 아버지-아들이 서로 안에 거하는 토대 위에서 제자들을 위해 기도하며17:9-19 제자들의 증언을 통해 믿음에 이르게 될 사람들을 위해 기도하고 있는17:20-27 고별 기도를 분명하게 드러내는 방식이다. 요 20:19-23은 성령이 오신다는 예수의 약속을 이루며, 예수가 주는 평화와 성령의 선물 사이에 내재된 연결성을 보여주고 있다. 실제로, "예수가 주는 평화는 '하나님으로부터' 온 것으로, 이 세상의 정치학이 만들어 내는 수량화되고 연약한 평화와는 결코 같지 않은 선물이다." Monoley 1998: 401 예수가 주는 선물은 빛, 생명, 그리고 사랑이라는 하나님의 선물인 예수에 대한 요한의 앞선 강조들을 확대시킨다. 보혜사, 성령, 진리의 영이라는 약속된 선물은 예수를 따르는 이들을 변화시킬 것이다. 평화와 보혜사는 요한복음 속의 예수의 구원과 윤리학을 통합하고 있다.

14:28 떠남; 사랑; 아버지께로 감

이 절은 예수가 선언하는 떠남에 새로운 측면을 더하고 있다: "너희가 나를 사랑했다면 내가 아버지께로 가는 것을 기뻐했을 것이다. 아버지는 나보다 크시기 때문이다." 예수는 공감을 바라고 있다! 말을 바꾼다면 그는 이렇게 말하고 있는 것이다. "보라, 이 소식이 너희에게는 힘들겠지만, 너희가 정말 나를 사랑했다면[그들은 그러지 못했다는 것을 보여준다!] 나를 위해 기뻐했을 것이다. 나는 아버지께로 가며, 아버지는 나보다 크시다. 나는 안전할 것이며, 아버지에게서 받은 위임을 이룰 것이다." 슬퍼하는 대신, 너희는 내가 아버지께로 가는 것을 기뻐해야 한다. 아버지는 나보다 크시기 때문이다.14:28

16:22에 나오는 비슷한 언급은 제자들에게 기쁨을 약속하고 있다-제자들이 예수가 떠나는 것을 받아들이려고 노력하더라도 그들이 헤아리기는 불가능한 것이다. 그렇다, "아버지께로 예수가 가는 것은 슬픔이 아니라 기쁨으로 제자들을 이끌어야 한다. 예수가 떠나는 것이 그의 일을 이루고 그의 사역의 성공적인 완성을 표시하기 때문이다." Parsenios: 95, 그는 기쁨이 영웅들을 떠나보내며 하는 로마와 그리스의 위로의 연설들 속에 있는 비유라고 지적하고 있다 이것은 모두, 제자들에게 남겨져서, 그들을 번민하게 둔 채로 떠난다. 그런 상황 속에서 예수는 "시간이 되었다."고 말한다.13:30a AT 이 세상의 통치자가 오고 있다.30b

14:29-31 이제는 믿으라; 자, 가자ʷ

이 세 절 각각은 담화를 맺고 있다. 먼저, 예수는 그 일이 일어날 때 너희가 믿도록 자신이 떠나기 전에 이 모든 일들을 말하고 있다고 설명한다. 이것은 줄곧 예수의 목적이었다-제자들이 그를 믿게 하는 것! 이 목표는 전체 담화를 꿰고 있지만, 여기서 분명하게 결말은 마침내 계속되고 있는 것이다! 그 때는 성취를 눈 앞에 두고 있다. 두 번째로, 시간이 흘러가고 있으므로 예수는 그들에게 세상의 통치자가 오고 있으며, 그에게는 나를 이길 힘이 없다고 말한다. 예수가 제국의 얼굴로 나타나는 빌라도가 대표하는 이 세상의 통치자, 사탄과 충돌할 때가 가까이 왔다; 그렇지만 사탄은 마지막 싸움에서 이기지 못하고 정복당하게 될 것이므로 안심하라16:33c; 요일 5:4-5, 19참조

세 번째로, "이 세상이 내가 아버지를 사랑하는 것을 알게끔 모든 것이 아버지가 명하신대로 가고 있기에 안심하라." 이것은 예상치못한 우여곡절이다. 예수의 사역의 범위 내에 있는 제자들뿐만 아니라, 예수와 제자들에게 적대감을 드러낸 세상도 하나님의 사랑과 구원의 대상으로 남아 있다!요 3:16 예수가 십자가-영화 속에서 세상을 제압할 때, 그의 열망은 세상이 내가 아버지를 사랑하는 것을 알게 되는 것이다. 세상이 예수와 제자들을 미워할지라도 예수는 하나님이 세상을 사랑하시는 것을 알며 마음을 돌이켜 사랑과 온유함으로 예수를 믿고 예수와 하나님께 응답하기를 원하신다는 것을 안다. 이런 아버지에 대한 변함없는 사랑은 이제 예수가 아버지를 사랑한다는 것을 세상이 인식하라고 호소하고 있으며, 예수와 세상 사이의 극심한 대립으로 고난이야기를 구성하고 있다.

"일어나라, 여기에서 떠나자."14:31c 이전의 종결 모티브들의 맥락에서, 이 구절은 이 담화를 맺는 것으로 나타나는 듯하다. 그렇지만 그렇지 않다. 예수는 계속 말을 이어간다. 이 문제를 어떻게 풀어야 하나? 파스니어스Parsenios는 이 딜레마를 잘 다루고 있다: "만일 요한복음이 복음서들 가운데 가장 수수께끼같다면, 제4복음서에서 가장 불가사의한 항목들은 14장과 15장 사이를 나누는 기이한 서사상의 틈일 것이다. 예수는 자신이 최후의 만찬에서 떠날 것이라고 14:31에서 말하고 있지만, 15:1에서 그는 다른 곳으로 간 것으로 보이지 않으며 그냥 말을 계속 하고 있다." 49

학자들이 많은 이론들을 제시하고 있지만, 내가 보기에 파스니어스만의 이론만이 만족스럽다. 파스니어스는 이런 수수께끼를 풀 해결책이 그리스 비극에 나오는 "지연된 퇴장delayed exit"이라고 알려진 극상의 기법이라고 주장한다. 영웅은 임박한 자신의 마지막을 알고 있으며 퇴장선언을 듣는다. 그렇지만 그는 계속하여, 어떤 경우에는 길고 긴 자신의 고별이야기를 이어간다. 이것은 14:31의 퇴장 모티브가 죽음으로 가는 퇴장으로 봐야한다는 의미로, 2-13장에 있는 많은 서사상의 예비 표시들을 더하고 있다.참고 하자면, 그 때, 예수를 죽이고자 하는 적대자들, 마리아의 기름부음, 자신의 죽음과 떠남에 대한 예수의 가르침 그리스 비극과 다른 점은 예수는 자신의 퇴장을 선언하고 있지만, 파르시어스가 인용한 병행구절들 속에서는, 또 다른 사람이 영웅의 죽음으로 가는 퇴장을 선언한다는 것이다.50-75

그레꼬-로마의 비극작품과 문화적 관습에서 나오는 다른 두 가지 특징이 파스니어스의 논지를 뒷받침한다. 먼저, "지연된 퇴장"에는 남아 있는 사람들을 위로하기 위한 설교가 따라오는데, 예수는 자신의 이어지는 담화 속에서 분명 이 설교를 하고 있다. 약속된 보혜사는 예수의 이중적인 역할에 대한, 예수의 계승자여호수아가 모세의 계승자이듯가 될 것이다. 성령은 예수 자신이 그런 것처럼 위로하고 상담을 할 것이다.78-109 두 번째로, "만찬좌담회symposium meal-word"를 하는 문화상의 관습은 요한복음의 고별담화 속에 묘사된 것과 비슷하다. 이 좌담회는 식사와 더불어 시작되지만 곧 더 심화된 담화와 대화로 이어진다. 파스니어스가 묘사하는 좌담과 예수의 고별 설교 속에 나타나는 좌담 사이의 유사성은 중요하다. 파스니어스의 마지막 문단의 제목은 "그리고 육신이 말씀이 되었다"111-49로서, 이 담화의 원래의 목적과 내내 이어지는 목적을 기술하고 있다: "요한복음의 기록-특히 고별 담화-은 말씀을 지키는 것이 이루어지고 있는 기본적인 방식의 역할을 하고 있다. 결과적으로, 예수가 아버지께로 돌아간 후에도 그는 계속 말을 하고 있는 것이다…. 육신이 된 말씀은 이제 그 말씀 속에 현존해 있다."149

파스니어스의 기여에 힘입어, 14:31은 이제 더 이상 수수께끼가 아니다. 이것은 독자를 깨우치고 있다. 지연된 퇴장의 표시로서, 이것은 임박한 예수의 떠남과 죽음으로 그의 제자들을 준비시키고자 예수의 더 많은 말씀으로 무대를 마련하는 것이다. 전체 단락은 그리스 좌담회의 만찬대화logodeipnon에 꼭 맞는다. 어설픈 편집작업을 잘 보여주는 예가 아니라, 우리는 복음서 저자가 서사적 기술을 훌륭하게 사용하는 사례를 보고 있는 것이다.

성서적 맥락에서의 본문

"내 아버지 집"과 새 성전w

'내 아버지 집'에서의 '집'이라는 단어14:2a의 oikia; 다음에서도 사용됨. 4:53; 8:35; 11:31; 12:3는 2:16의 내 아버지 집oikos 2회; 다음에서도 사용됨. 2:17; 7:53; 11:20에서 사용된 것과는 다르다. 비록 요한복음이 11:20과 31절에 있는 다른 단어로 전환하면서 구별이 흐려지긴 했지만, oikos가 70인역에서는 예루살렘 성전을 지칭하는 더 흔한 용어이므로, 14:2에서 요한복음이 oikia를 사용하는 것은 천상의 성전을 의미하는 것으로 해석이 기울어져 있다.McCaffrey: 177-78 8:35에서 oikia는 하나님의 가족을 지칭한다; 8:35와 14:2-3은 제자도와 연관된다. 내 안에 거하라요 15장는 예수의 초대는 이런 성전의 이미지와 맞아 떨어진다. 부활하신 예수2:21-22와 제자들은 새 성전이다. 수많은 이미지들이 이 개념을 보충하고 있다:

- [은혜와] 진리의 새 성전요 1:14
- 하나님과 인간 사이에 만남의 장소가 되는 새 성전5:1
- 예배의 새 성전4:20-24
- 성령의 근원이 되는 새 성전7:37-39
- 새 성전의 축성10:36
- 새 성전의 목적11:47-53
- 새 성전의영광12:41
- 새 성전의 "이적"20:19-29; McCaffrey: 177-255

이 주제들을 꼼꼼히 분석한 후에 맥카프리는 자신의 연구를 아래와 같이 결론짓는다:

요 14:2–3에 대한 우리의 해석 속에 등장하는 새 성전의 관점은 분명히 제4복음서와 고별담화를 지배하고 있다. 요한복음이 부활한 예수의 마지막 항목을 새 성전의 "이적"으로 맺고 있는 것은 그리 놀랍지 않다.20:19-29 245

> 고난–부활로써 하나님과 [인간] 사이의 간격을 잇기 위한 예수의 지상사역의 목적은 하나님과 신자들이 하나가 되는 부활한 예수의 새 성전 속에서 효과를 갖는다. 252

요한복음의 새 성전 이미지는 아버지와 함께 하시는 이, 아들과 신자들의 연합 속에 있는 친밀함을 강조한다. 이것은 요한복음이 서로 안에 거하는 것을 강조하는데 기여하고 있다.

이 주제는 많은 구약과 신양성서와 연결된다. 시 84는 하나님의 성전의 아름다움에 대해 "만군의 주님"을 찬양한다.시 48; 15; 성전으로 오르는 시들, 120-134 참조 사랑받는 시 23편은 "내가 주님의 집에 영원토록 거하리라"로 끝이 난다.RSV 솔로몬의 성전이 몰락한 배후에는 시편예를 들면 74편과 예언서들예를 들면 렘 12-15장이 있다. 많은 신약성서 저작들이 예수와 그의 공동체를 새 성전으로 그리고 있다.마가복음; 요한복음; 바울; 엡 2:19–22; 벧전 2:4-6 요한계시록21:22은 이 이미지의 정점을 이룬다: 거룩한 도성에는 성전이 없다; 그 성전은 "전능하신 주 하나님과 어린양"이다.

교회생활에서의 본문

길이요, 진리요, 생명인 예수

예수는 요 10장의 거짓 목자들과 자신을 대비시키면서, 자신을 하나님 아버지께로 가는 길로 규정한다. 신자들은 대대에 걸쳐 이 진리를 알고 가치있게 여긴다.

동시에, 우리는 이 본문을 다른 종교들을 공격하는데 사용하지 않도록 조심해야만 한다. 오히려, 우리는 우리의 기독교적 경험 속에서 진리인 예수를 증언한다. 우리는 다른 종교가 가진 고귀한 윤리적 통찰들을 평가하며 그들의 신앙유대교, 무슬림, 힌두교 등 속에서 그들의 믿음을 확인한다. 이것은 우리의 신념들을 타협한다는 의미가 아니다. 오히려 그리스도인들이 예수를 길, 진리, 그리고 생명으로 증언하는 것은 정직한 종교간의 대화에 있어 필수적인 것이다.

다른 신앙을 가진 사람들이 우리 교회들을 방문할 때, 그들의 참석은 우리 기독교 신앙이 가진 독특성이 무엇인지를 우리가 잘 깨달을 수 있게 해 주며, 우리로 하여금 우리의 말과 실천이 의미하는 바를 더 분명히 알게 되는 기회를 가져다 준다. 초기 사도들은 다른 종교들과의 상호작용 속에서 그들의 믿음을 고백했다. 오늘날 우리의 다원화적 세상 속에서 우리는 같은 일을 할 기회를 얻는다. 다른 신자들의 종교적 관습들을 바울이 존중한 것은 그가 잘 알려진 헬라 철학자 아라투스Aratus를 인용하는 아레오바고Areopagus의 연설 속에 명백히 드러나고 있다. 바울이 그렇게 한 것은 그 말을 부정적으로 정죄하기 위해서가 아니라, 예수 그리스도의 복음을 선포하기 위한 열어 놓음을 제공하기 위해서이다.행 17:18-32 여기서 다루고 있는 민감한 주제들에 대해 더 알고자 한다면, 오데이O' Day를 보라.1995: 743-45

예수와 제자들이 서로 안에 거함: 거함과 사랑, 증오를 마주함

사전검토

몇 년 전, 아들과 나는 서로 몇 마일 떨어져서 과일을 수확하는, 비슷한 일에 참여한 적이 있었다. 아들과 손녀들은 풍성한 과일이 열린 나무에서 사과를 따서 140 쿼트약 140 리터, 역자 주나 되는 사과소스를 만들어 냈다. 나는 야생의 드넓은 땅에 있는 블랙베리를 주웠고 베리 열매들을 조금 찾았다. 내 아들은 아이오와Iowa 사과나무의 가지를 쳤다; 미시간 베리 땅내 소유가 아니다에 있는 죽어가는 늙은 줄기들은 자르지 않았다. 그래서 베리 수확은 변변치 않았다. 열매 수확의 성과는 한 나무에서 140 쿼트의 사과소스와 큰 땅 한 군데에서 나온 블랙베리잼 14컵이 전부였다! 우리 이야기는 주말을 방해하는 이메일로 이어졌다.

요 15장은 가지를 친 포도나무에 포도로 살고, 예수 안에 거하며, 서로 사랑하라는 예수의 새 계명을 따름을 통해 거듭난 관계들 배우는 새롭고도 아름다운 세상으로 우리를 맞이한다. 15장은 두 부분으로 나뉘는데, 첫 번째 부분15: 1-17은 예수를 진정한 포도나무이며 제자들을 가지라는 이미지 위에 세워져 있다. 두 번째는 15:18에서 시작하며, 세상의 증오에 직면하도록 제자들을 준비시킨다. 예수 안에 거하는 것과 예수와 서로를 사랑하는 것은 예수가 하나님을 계시하는 것과 하나님의 구원적이고 변화시키는 힘에 있어서 핵심적인 것이다. 이런 강조점들은 제자들이 예수의 떠남과 세상의 증오를 마주할 때 제자들을 강하게 한다.

포도나무와 가지라는 이미지는 요한이 서로 안에 거하는 것을 강조하는 것에 대한 강력한 비유이다. 이 이미지의 포도나무 부분에는 언약의 하나님께서 돌보시는 것을 강조하는 풍부한 구약의 배경이 있다. 이것은 고별 담화 속의 상서로운 장소에 다다른다: 언약이 식사와 발씻김 속에서 이루어진 후에, 예수가 죽음으로 향하는 퇴장이 지연되는 맥락 속에 이 두 개가 있는 것이다. 제자들과 예수의 결속, 예수와 연합할 필요, 제자도 속에서의 성장이 포함된 가지치기—이 모든 것이 예수의 고별 설교의 두 번째 부분에 있어 기초적인 것이다.

보혜사를 보내겠다는 예수의 약속이 세 번째 반복되는 것은 15장의 끝에 등장하며, 변호자로서의 성령의 역할을 강조한다. 이 보혜사는 증언하는 자 즉 예수를 증언하는 자이며, 곧 촉발되는 세상의 적대감을 맞이하게 될 것이다. 그렇지만 성령뿐만 아니라, 너희, 그 제자들이 예수를 위해 증언할 것이다.15:26-27 이 단원의 마지막 단락16:1-4은 회당의 박해를 말하고 있다. 복음서가 기록될 당시에 이 일은 분명 일어났다; 이것은 5-8장처럼, 예수와 유대인들의 갈등을 요한이 보여주는 데 기여하고 있다.

이 단락 속의 몇 가지 강조점들이 설교에 앞서, 그리고 다시금 등장한다. 이 강조점들은 예수의 사랑 속에 거하고 그 계명들을 지키며15:7-10, 특히 서로를 사랑하고12, 17, 열매를 맺고4-5, 16, 내 이름으로 아버지에게 구하며16 d, 세상에게 미움을 받는다는 것을 포함하고 있다. 이 마지막 부분은 성서의 근거를 마련하기 위해 시편 69:435:19 참조를 인용하는 것으로 끝을 맺는다. 예수가 보혜사를 세 번째로 약속하는 것은 예수의 고별 속에 주제상의 중심을 강화해 주고 있다. 예수는 가지를 치고 과실을 맺고 기쁨을 완성하며 예수의 친구들이라는 새로운 정체성을 필요로 하는, 포도나무와 가지에 대한 가르침을 통해 예수의 영적 성장 프로그램에 큰 걸음을 내딛을 수 있도록 제자들을 부르고 있다. 제자들을 위해, 그리고 예수를 믿고 따르게 될 모든 이들을 위해 예수가 자신의 목숨을 버림으로 이루어진 예수의 사랑의 증언을 제자들이 해나갈 때, 예수는 장래에 당면한 일, 고난이라는 위기와 성령의 부활 이후의 시대를 위해 제자들을 준비시킨다. 성령이 그들 안에 거하시는, 사랑의 우산 아래에서, 이 단어들은 예수와 아버지의 "서로 안에 거함"을 증언한다. 이런 가르침들은 제자들이 세상의 증오와 핍박을 직면할 때 그들을 강하게 할 것이다.

개요

예수 안에 거함, 참된 포도나무 – 가지를 치고 과실을 맺다, 15:1-11

예수의 계명, 15:12-17

세상의 증오에 직면함, 15:17-25

변호자 그리고 너희가 예수를 증언하다, 15:26-27

회당에서 축축됨에 맞닥뜨림, 16:1-4

주석적 해설W

요 15:1-25는 교차대구로 볼 수 있다.Ellis: 225-26; Howard Brook 1994: 329 여기서의 교차대구방식은 이 학자들과 유사하며, 수정되고 확장되었다:

A 진정한 포도나무, 예수; 가지, 제자들15:1-6

    B 내 계명을 지키라: 사랑과 과실을 맺음7-10

        C 너희 기쁨이 가득하도록11

    B' 계명을 지키라: 사랑, 친구들, 과실12-17

        C' 세상이 미워함26

A' 변호자를 약속함26

    B'' 제자들이 증언하다.27

        C'' 회당이 박해함16:1-4

이 교차대구는 전체 단원을 시각적으로 훑는데 유용하다. A와 A'는 예수의 주도권을 강조하고 B, B'는 제자들의 행동을, C'와 C''는 부정적인 반응을 강조한다. 기쁨11절과 보혜사/진리의 영26절은 15장의 특별한 긍정적인 강조점들이다.

참 포도나무, 예수 안에 거하다–가지를 치고 과실을 맺다 15:1-11

15:1-3 예수, 포도나무; 내 아버지, 농부

내가 참 포도나무요, 내 아버지는 농부이다. 예수는 자신을 또 다른 나는~이다 이미지로 나타내고 있다: 나는 참 포도나무다. 이것은 예수가 요한복음에서의 마지막 나는~이다 선언이다. 하나님의 언약백성은 구약에서의 포도나무 이미지와 빈번하게 동일시되고 있으므로TBC를 보라, 예수는 자신이 이 포도나무 이미지의 진정한 성취라고 선언하고 있다. 그는 신실하고 참된 이스라엘을 구현한다. 게다가, 하나님이 약속하신 새로워진 언약 백성의 종말론적 시대는 이루어지고 있다. 예수가 자신을 참 포도나무와 동일시하는 것은 오랫동안 기다려온 메시아의 도래를 선포하는 것이다.

참 포도나무로서, 예수는 제자들을 위한 생명의 근원이다. 신실한 제자들로서 요한 공동체의 이런 증언은 우리가 우리 삶을 위해, 영양분을 대기 위해 예수에 의지한다는 것을 의미한다. 이것은 서술 명사를 수식하는 유일한 나는 ~이다 선언이다: 참되고 농부인 아버지에 속한R. Brown 1970: 659를 참조 아버지-농부는 생명을 주시는 과정을 관리한다. "농부가 꾀하지 않는다면 포도나무에 생명이 없을 뿐더러 가지를 돌볼 일도 없다.2절 참조" Moloney 1998: 422

예수가 참 포도나무를 지칭한 것은 경쟁 포도나무가 있다는 것을 암시한다. 비슬리-머레이]Beasley-Murray는 불트만1971: 529-30에 동의하면서, 다음과 같이 말한다. "예수를 참 포도나무로 보는 것은 … 포도나무라고 주장하는 것들과 대조된다." 1999: 271 이스라엘은 종종 다른 포도나무라고 언급되고 있지만, 이것은 핵심을 흐리는 것이다: 예수는 참 이스라엘을 의인화하고 있다. 오데이1995: 757는 예수를 참 포도나무로 보는데, 그 이유는 그가 참빛1:9이자 하늘에서 온 참된 빵6:32인 것처럼, 아버지에게서 오기 때문이다. 참 포도나무로서, 예수는 참 이스라엘이다. 1절과 5절은 농부, 포도나무, 그리고 제자들 포도나무 가지들의 공동체를 함께 그리고 있다.

> 예수가 스스로를 포도나무라고 말한다면, 그의 말씀은 자신을 계시하는 것일 뿐만 아니라 [또한] 하나님, 예수, 그리고 신앙의 삶 속에 있는 공동체의 상호관계를 계시하는 것이기도 하다. 이 세 가지 요소 모두가-농부, 포도나무, 그리고 가지-과실의 맺는데 있어 필수적이다. 1절과 5절에 나오는 "나는~이다." 언급을 반복하는 것은 예수를 하나님과 공동체 사이의 중간위치로 두는 것이다.O'Day 1995: 757

이런 관계는 "서로 안에 거함"에 대한 요한복음의 독특한 강조점들을 예수를 참 포도나무로 이해하는데 있어 핵심이 되게 한다. 참이라는 단어는 가짜 포도나무를 암시한다. 그렇지만 더 중요한 것은, 이 단어가 생명에 참여하고 예수와 아버지의 존재 속에 참여하는 새 공동체를 가리킨다는 것이다.

2절은 요한복음의 두 가지 새로운 주제를 소개한다: 가지치기와 과실맺기. 내게 붙어 있으면서 열매를 맺지 못하는 가지는 그가 없애버린다. 열매를 맺는 모든 가지는 그가 열매를 더 많이 맺게 하려고 가지를 친다. 아버지가 가지를 친다. 이런 두 가지 문장은 헬라어로 된 두 개의 주된 동사와 연결되는데, 모두 같은 어원에서 나온다: "없애다"*airo* 와 "가지를 치다."*kathairo* 아버지는 과실이 없는 가지를 쳐내고 포도나무에 남은 가지들을 손질하여 더 많은 열매를 맺게 하신다. 예수는 또한 가지를 깎는 것을 밝힌다: 내가 너희에게 한 말3절 2절에 나오는 '가지치다'와 똑같은 어원은 3절에서 "깨끗하게 되다"*katharos*로 나타나는데, 발을 씻기는 씻기*katharos*과 "너희는 깨끗하지만[*katharos*] 너희 모두는 아니다"를 떠오르게 한다.13:10-11 이것은 예수의 발씻김과 가지치기에 대한 말씀을 상호보완적인 씻김의 관계로 두는 것이다. 요한복음에서 가지치기에 대한 말씀은 그들의 컨텍스트에서 자연스러운 것이 아니라 씻김이 있는 언어유희를 강조하기 위해 충분히 고려하여 선택된 것이다.R. Brown 1970: 660

이런 언어의 관계는 예수의 포도나무와 가지 이미지가 발씻김13장에 대한 예수의 극적인 행동과 이어지는 것임을 보여준다. 이런 서사상의 통일성은 하나의 통일된 담론을 말하고 있다. 만일 발씻김이 침례를 통한 원래의 씻음을 갱신하는 것이라면, 가지치기는 아버지께서 이루시는 비유의 씻음인 것이다. 예수와 아버지의 일은 하나다. 죄에서 깨끗해지고 죽은 나무를 잘라 내는 것은 유사한 행동이다. 후자에서, 이 행동은 포도나무에서 살아가는 나무가지가 더 많은 열매를 맺게 하기 위한 것이다. 발씻김과 열매맺음은 제자도를 예증한다.

가지치기는 포도나무에서 살기 위해 필요하다. 가지치기의 목적은 포도나무가 더 많고 좋은 과실을 맺게 한다. 가지치기는 "칼 아래에서 거하는 것"이다.Wink : 413 요한의 더 큰 서사 속에서, 열매를 맺는 것은 믿지 않는 이들이 예수를 따르도록 이끄는 증언하기가 될 수도 있다.4:35-38; 15:27; 20:30-31 아니면 성령의 열매갈 5:22-23, 포도나무에서 사는 열매를 맺는 것을 의미할 수도 있다Kenneson을 참조: "사랑, 기쁨, 평화, 인내, 친절, 선함, 신실, 온유와 절제." RSV 열매맺음에 대한 이런 이중적인 표현 속에서, 사랑은 그들의 정체성의 특징이다. 이런 열매맺기를 통해서 세상은 예수께로 이끌린다.

15:4-5 포도나무-가지의 연합w

예수와 아버지는 1-3절에서 함께 일한다; 4-5에서 예수와 신자들은 열매를 맺기 위한 공동성과 연결된다.Beasley-Murray 1999:271 참조 예수와 제자들의 관계는 이런 강력한 이미지 속에서 단순하고도 복잡하다.

> 내가 너희 안에 있는 것 같이 내 안에 머물러 있어라. 가지가 포도나무에 거하
> 지 않으면 스스로 열매를 맺지 못하는 것처럼, 너희도 내 안에 머물지 않으면 열
> 매를 맺지 못한다. 나는 포도나무요 너희는 가지다. 내 안에 머무는 자들과 그들
> 안에 내가 있으면 많은 열매를 맺는다. 나를 떠나서는 너희가 아무것도 할 수 없
> 다.15:4-5

가지가 살고 열매를 맺는 것이 포도나무에 달린 것처럼, 제자들도 살고 열매를 맺기 위
해서는, 특히 적대적인 세상 속에서는, 예수 안에 거해야 한다.14:17, 27; 15:17-24

앞서 언급한 것처럼, 요한은 첫 번째 제자들을 부를 때1:38-39, '머물다'로 번역됨와 사마
리아인들이 예수에게 자신들과 함께 거할 것을 청하여 예수가 이틀 동안 머물렀을 때4:40
에서, '머무르다' meno를 특별한 의도를 가지고 사용한다. 11:54c에서 예수는 멀리 떨어
진 마을로 가서 제자들과 함께 머문다.[emeinen, meno의 과거시제임] 시작부터 요한복
음은 15장에 나오는 이 핵심 가르침을 내다 본다. 요한이 meno를 사용하는 빈도수는40
회 다른 신약 저서들을 훨씬 웃돈다: 공관복음서에서는 12회, 요한서신에서는 27회; 다
른 신약의 책을 통틀어 39회.Burge 1987: 54 요한복음이 예수와 제자들을 위한 모델로 삼
는 관계는 함께 거하거나 머무는 것이다. 앞선 맥락에서 기이하게 사용된 15장의 meno
는 함께일뿐만 아니라 서로 안에 있다는 거함을 뜻하는, 진정한 의미를 찾는다. 이 이미
지는 예수와 제자들을 서로 떼어놓을 수 없이 연합한다. 만일 떼어 놓는다면, 제자들은
더 이상 제자들이 아닐 것이다. 그들은 더 이상 하늘의 질서예수가 나온 곳, 위로부터 속이 아
니라 지상의 질서아래로부터, 세상이 사는 곳 속에서 살게 될 것이다.

'머무르다'는 오늘날에는 흔한 단어가 아니다. 이 단어는 내가 보기에 오히려 시대에
뒤떨어진 감이 있다.오래된 찬양, "나와 함께 하소서"는 제외하고! 우리의 분주한 컴퓨터 문화 속
에서 우리는 '머무르다'는 것이 의미하는 바를 모른다. 우리는 짧은 시간 동안만 다른 사
람들과 함께 한다. 머무르는 우정은 얻기 어렵다. 만일 우정이 머무른다면, 위임과 양육
을 요구한다. 이것이 긴 담화 속에서 예수가 제자들을 이끄는 방향이다. 예수는 제자들
이 그와 함께하는 연합 속에서 살도록 가르친다.

요한복음의 문화에서, '머무르다'는 울림을 갖는다. 그렇지만 요한복음에서 문화를
넘어서는 의미의 다른 차원은 이 용어에 실려 있다. 그런 차원은 예수를 따르는 것, 그의

제자가 되는 것이 무엇을 의미하는지를 이해하는 것이 성장하는 것을 담고 있다. 어떤 점에서 그들 역시 거의 예수에게서 등을 돌렸다.6:66-69 다른 의미의 차원은 요한복음서에서 예수가 누군지를 펼치는 계시에서 나온다. 제자들은 예수를 만난 첫 나날들에서 인상적인 기독론적 선언들로 시작했다.1:37-51 그렇지만 그런 신앙고백들의 의미는, 그들이 예수의 말씀과 행동에 대한 공격에 직면했을 때, 종교지도자들이 예수를 반대할 때, 그들 백성의 힘있는 무리들, 즉 바리새인들과 유대 지도자들 몇몇이 예수를 죽이고자 할 때, 삶 속에서 구체화되어야 한다. 그들은 예수와 함께 거하고 머물 것인가? 이 모든 현실 세계 관계의 드라마는 "내가 너희 안에 거하는 것처럼 내 안에 거하라"요 15:4는 예수의 말씀 속에 의미를 쏟아 붓는다. 이것은 달콤하고 감상적인 관계가 아니다. 결국, 이것은 예수가 자신의 임박한 떠남, 실제로는 죽음을 준비하기 위해 전달하는 고별담화의 중심에 있다. 죽음으로 너희를 떠나려는 자 안에 거하라는 것은 무슨 뜻인가? 나를 떠나서는 너희가 아무것도 할 수 없다는 말은 무슨 말인가? 그렇지만 너희가 계속 내 안에 거한다면, 과실을 많이 맺을 것인가?

이것은 예수 안에 제자들이 거하고 제자들 안에 예수가 거한다는, 서로 안에 거함을 의미하는 것으로, 20:31에서 현재가정법으로 말하고 있으며그 부분의 언급을 볼 것 그리하여 계속 믿어 예수와 붙어 있는 것을 강조하는 것이다. 이것은 "십자가를 지라"마가복음 8:34을 차용함와 하나의 밀알이 땅에 떨어져 죽는요 12:24b 제자도를 강조하고 있다. 예수 안에 거하는 것은 양날을 가진 것이다: 그것은 제자로서 살아남기 위한 유일한 방법이지만, 값비싼 제자도이다. 예수 안에 거하는 것은 "죽음도 불사하는 제자들" 군단에 참여하는 것을 뜻한다.

15:6 예수 안에 거하지 않는 것이 갖는 부정적인 결과

열매를 맺지 않는 것은 치명적인 결과를 초래한다: 농부는 잘게 잘라서 불 속에 가지를 던져버린다. 이것은 가지로서는 비극적인 결말이지만 나무의 건강을 위해서는 필요하다; 죽은 가지는 아무짝에도 쓸모가 없다. 해석자들은 이 죽은 가지들을 이단, 배교, 혹은 가짜 메시아들과 동일시하지만, 예수와의 관계, 즉 예수 안에 거하는 것을 잘라내는 모든 것을 뜻한다. 고별담화에서 열매를 맺는 것은 예수와의 연합이 바로 이 점에 달려 있는, 사랑의 일들14:12, 15, 21, 23—그리고 이들이 예수를 증언한다위를 참조—을 기리킨다: "열매맺지 못하는 가지들은 … 사랑 안에 열매를 맺지 못하는 기독교 신앙 공동체 속에 있는 사람들이다. 이 절은 유대교 배교에 맞선 논쟁이 아니며 유다의 배신을 가리키는 것도 아니다. 그 핵심은 이미 예수와의 관계 속에 있는 사람들에 대한 것이다. '내 안에 있는 모든 가지'" O'Day 1995:757

열매없는 가지에 대한 그런 강한 파괴의 말은, 열매맺음을 신실함의 시험으로 생각한 다면 쉽다. 그렇지만 이것은 오해이다. 가지가 포도나무로 이어지듯, 예수와 연결된다면 삶은 가지를 통해 흘러갈 것이며 열매를 맺는다. 그 시험은 우리가 예수 안에 있는지 아 닌지가 아니다.Burge 2000: 418 이것을 할 때, 우리는 이런 비극적인 결말을 피할 수 있다.

15:7-11 거함이 주는 혜택-기쁨이 이루어지다

열매를 맺는 것은 예수를 사랑하는 것이며 서로를 사랑하는 것이다. 예수 안에 거하는 것은 그의 계명들을 지키는 것과 유사하다.7a-b 10절은 15:1-17이라는 큰 부분 속에서 11절과 더불어 축이 되는 절로서, 내 계명들을 지킴을 내 사랑 안에 거함의 조건과 확실 성으로 삼는 이 점을 반복하고 있다. 참 포도나무인 예수 안에 거하는 것과 그의 계명들 을 지키는 것이 가져다 주는 혜택은 네 가지이다:

- · 너희가 무엇을 구하든지 다 그대로 이루어질 것이다.7c
- · 내 아버지가 이것으로 영광을 받으실 것이다.8
- · 너희는 아버지와 예수의 관계의 공동성 속으로 들어온다.9-10
- · 너희 기쁨이 충만하고 이루어질 것이다.11

처음 두 개의 혜택은 요한복음에서 반복되는 주제들을 되풀이한다. 마지막 두 개는 새 로운 강조들을 소개하고 있다. 또한 8절에서, 제자들은 아버지에게 영광을 돌리는 것에 참여한다.

첫 번째 혜택은 위험해 보인다. 우리는 정말로 우리가 원하는 것은 무엇이든지 하나님 께서 우리에게 주시기를 바라는가? 내 계명들을 지키고 내 사랑 안에 거한다는 조건들이 예수의 약속을 제대로 이해하는데 꼭 필요한 것이다. 이런 조건들을 가지고, 신실한 제 자들이 되고자 하는 열망과 포도나무에 적합한 것만 받는 것이 우리가 구하는 것을 이끌 어 낸다. 우리는 포도나무에 열매맺는 삶을 막는 모든 것들로부터 자유로워지도록 구할 수 있다.

두 번째 주제는 예수가 17:20-26에서 구하는 것을 예고하고 있다. 신자들은 아버지 와 아들이 맺는 생명의 관계 속에 들어간다. 열매를 맺고 예수의 제자들이 됨으로, 아들 이 아버지를 영화롭게 한 것처럼 처음 따른 자들과 우리는 아버지를 영화롭게 한다. 아버지가 서로 아들을 영화롭게 한 것처럼, 순종하는 제자들도 영광을 받게 될 것이다; 신실한 증언은 복음을 위하여 자신의 목숨을 버리는 것을 뜻한다.15:13-14; 21:15-19 참조 [육체와 영광, 579쪽]

유사한 강조점을 가진 세 번째 주제는 서로 안에 거하는 것에 초점을 맞춘다. 사랑의 포용은 돌고 도는 것이다. 그것은 예수에 대한 아버지의 사랑으로 시작하여, 제자들에 대한 예수의 사랑으로 옮겨진 후에, 다시 예수의 사랑 안에 거하는 제자들과 아버지의 사랑 안에 거하는 예수에게로 돌아간다. 그렇지만 제자들과 예수 각각에게 있어, '내 계명들 혹은 아버지의 계명들을 지킴'은 사랑이 흘러가는 수단이자 표시이다. 다른 것 속에 각각이 함께 거하는 것은 순종과 영광의 관계를 암시한다. 성서 해석자들은 때때로 "해석학적 순환hermeneutical circle"을 말한다. 요한복음에서 우리는 아버지, 아들, 그리고 제자들을 껴안는 사랑과 순종의 존재론적궁극적 존재 순환과 만난다. 포도나무, 즉 예수에서 사는 것, 그리고 예수로부터 사는 것은 우리가 신성한 존재의 이런 순환으로 들어가는 것이다.

네 번째의 혜택은 기쁨이다. 기쁨! 증언자 요한이 신랑의 친구들가 되라는 예수의 부름을 이루면서 기쁨을 경험한 것처럼3:29, 이제 예수의 제자들도 사랑의 신성한 원 속으로 예수가 그들을 껴안음을 통해 충만한 기쁨을 경험하고 기쁨을 완성한다. 이 담화 곳곳에서 예수는 '너희'라는 복수형으로 제자들에게, 그리고 제자들을 말한다. 제자도에 대한 인격적인 위임으로, 우리는 사랑의 공동체가 되는데, 예수의 제자들을 표시하는 것은 서로를 사랑하는 것이기 때문이다. 이렇게 사랑함과 순종함은 공동체 안에 있는 기쁨이며, 신성한 기쁨을 반영하고 아버지, 아들, 성령의 상호관계를 반영한다. 삼위일체는 사랑의 공동체이다. "아버지와 아들의 하나됨은 사랑 속에 기초하고 있으며 다른 이들을 위해 주는 것 속에 표현된다." Koester 2008: 202

우리가 포도나무와 가지가 무엇과 같은지 시각화할 때, 가지들이 서로 서로 연결되어 다른 가지로부터 자라나는 것을 본다. 예수의 제자들처럼, 우리도 이런 가지의 공동체 속에 들어간다. 이 공동체 속에는 어떤 가지도 무시되지 않지만, 모든 것이 포도나무, 즉 예수 그리스도에 궁극적으로 달려있다. 동방정교회 신학에서 perichoresis라는 용어는 삼위일체의 위격들 가운데 "원을 그리며 춤을 추는 것"을 묘사한다. 세 위격 사이에서 서로 안에 거함을 반영하며, 삼위일체는 공동체의 이미지이다. 삼위일체 각 위격은 사랑, 목적, 그리고 존재 속에서 다른 두 위격을 포용한다. 이런 신성한 공존성은 이제 참 포도나무 예수 속에 그들이 거하고 서로 사랑하며 예수의 계명들을 지킬 때 제자들을 포용한다. 이것이 기쁨을 주는 것이다: 내 기쁨은 … 너희 안에 있어서 … 너희 기쁨이 완성되리라.

예수의 계명 15:12-17[W]

15:12-15 서로 사랑하라; 예수의 친구들[W]

10절과 12절 사이에서, 이 서사는 복수형 계명들에서 단수형 계명으로 바뀐다. 단수형 계명은 서로 사랑하라는 것으로, 예수가 제자들에게 13:34에서 주었던 새 계명, 그들의 정체성 표시이다.

그 후에 예수는 주목할 만한 새로운 언급을 한다: 너희가 내가 명한 것을 한다면 너희는 내 친구다. 나는 너희를 더 이상 내 종으로 부르지 않겠다 … 나는 너희를 친구라고 부른다. 정체성에 있어서 이런 돌파구는 사람이 친구를 위하여 목숨을 버리면 이보다 더 큰 사랑은 없다.15:13라는 서론 부분에 있다. 새 정체성-사랑이 아주 큰 나머지 친구를 위하여 죽는-을 위한 이런 기초는 발을 씻김으로 거슬러 간다. 발씻김과 우정은 서로 연결되어 있다.Schertiz 참조

15절에서 예수는 이런 새 정체성에 대한 이중의 인과관계 설명을 한다: 종은 주인이 하는 것을 알지 못하므로; … 내가 아버지에게서 들은 모든 것을 너희에게 알려주었으므로. 이런 설명의 배후에 있는 의미는 예수가 자신의 임박한 죽음을 제자들에게 드러내며, 이것은 서로 사랑하라는 새 계명의 논리적인 바깥작업이다.13절 오데이는 이미 이런 모티브를 예수의 발씻김 사례에서 본다. 그녀는 13:8을 다음과 같이 다시 말할 것을 제안한다. "내가 너희를 씻기지 않았다면, 너희는 내 친구가 아니다."2008a: 38 그녀는 우정이 "요한복음의 신학적 중심"이라고 말한다.Ringe의 지혜의 친구들의 요점 서로를 사랑하는 우정과 친구를 위해 죽는 것 사이의 연결을 볼 때, 제자도는 환히 드러난다. 이것이 십자가에서의 영광으로 이끈 예수의 사역을 반영하기 때문이다.

고대 그리스와 로마에서의 우정을 연구하며, 오데이는 이 절들 속에서 언급되고 있는 우정의 일반적인 두 가지 특징들을 짚어 낸다: "식사담화"에서의 대담한 설교로서, 이 식사담화는 친구들이 솔직하고 공공연하게 서로를 위해 죽고자 하는 마음을 가지고 상호작용하는 곳이다.Ford 1997: 168-72을 참조 그렇지만 두 번째로, 이것은 세속 자료에서 놀라운 것을 기대할 수도 있다. "심포지움Symposium에서 플라톤은 다음과 같이 기록한다. '다른 사람을 위해서 죽고자 하는 사람들만.' 아리스토텔레스는 다음과 같이 적는다. '그의 친구들과 나라의 이익이 덕이 있는 사람의 행동을 종종 이끌며, 필요한 경우 그는

그들을 위해 목숨을 버릴 것이라는 것 역시 사실이다."O' Day 2008a: 35; Brant 2011: 218-19, 228참조 이 맥락에서 조명해 보면, 예수가 제자들을 친구들이라고 지칭하는 것은 죽음까지 따르라는 예수의 부름을 굳건히 다진다.

예수의 가르침에서 주목할 만한 것은 이런 그레꼬-로만의 컨텍스트와의 수사적 유사성에 대한 것은 아니다. 오히려, 서로를 위해 그들의 목숨을 버리기 위해 예수가 제자들을 친구로 부르는 것은 국가나 황제에 대한 애국적인 충성에 기반한 것이 아니라, 모든 지상의 나라들을 심판하는 "위로부터 온 세상"을 보는 것을 기초로 한 대안인 것이다.이런 구분들이 분명하게 나타나는 요 18:36을 참조 우정을 예수의 신학적 중심으로 볼 때, 이런 구분은 중요하다. 요한복음의 우정은 복음과 사랑의 공동체를 위해서 순교로 이어지는 신실한 증언이다.Minear 1984를 참조 예수가 체포될 때18:10-12와 빌라도와 소통할 때18:33-19:11 이것은 분명해진다. 그렇지만 포드가 지적했듯이, 예수에게는 통치권이 없다. 고난 이야기 전체는 마리아가 왕권을 위해 기름을 붓는12:12-19 봉헌의식과 무덤에서 못박힌 메시아에게 기름을 붓는19:38-42 수미쌍관의 구조이다. 이 이야기 전체는 십자가의 눈을 통해서 왕의 영광을 나타내는 것이다. 주인이 친구을 위해-그들의 구원을 위해-죽는다. 헬라인들은 예수를 보고자 한다.12:20-23 그들은 우정 속에 참여할 것인가? 빌라도는 예수의 왕권을 이해할 수 없고 두려워한다.Ford 1997: 176-86

15:16-17 열매맺음을 위한 기독론적 기초w

예수가 우정을 강조하는 것은 16-17절을 이해하는데 핵심이 된다. 오데이는 아래와 같이 설명한다:

> 16절 역시 제자들에게 있어 예수의 친구가 된다는 것이 무엇을 의미하는지 이해하는데 중요하다…. 예수가 제자들을 선택했지, 제자들이 예수를 선택한 것이 아니다. 예수와의 우정은 공동체의 구성원에게 있어 감정적이거나 선택할 수 있는 것이 아니다. 오히려, 예수와의 우정은 예수가 시작한 우정의 행동에서 나온다-예수가 자신의 삶과 죽음에서 행한 사랑이 우정을 만들어 낸다. 제자들이 그 후에 한 것은 어떤 것이든 예수가 시작한 우정의 행위에 대한 응답이다. 예수가 그들을 친구들로 선택하였으므로, 예수는 제자들이 열매를 맺으라고 지목하고 있다. 2008b: 62

그레꼬-로만 저작들에서의 우정과 비교하면, 열매를 맺는 것은 우정과 연관이 되는 새로운 모티브이다. 요한복음에 있어 열매는 맺는 것은 예수 안에 거할 때만, 가치가 포도나무에 연결되어 있을 때만 가능하다. 다른 사람 속에 거함과 열매는 맺는 것은 우정에 대한 요한복음의 독특한 관점이다. 그들은 요한복음의 기독론-예수가 누구인가-과 예수의 사회학-사랑의 공동체 속에 깊이 파묻혀 있으며, 적대적인 세상 속에서 살 때 예수를 위해 고난을 받는다.아래를 보라

영원토록 남아 있을 열매를 맺는 기독론적인 기초를 강조하면서16c, 이 서사는 두 가지 기본적인 모티브를 되풀이한다: "너희가 내 이름으로 구하는 것은 무엇이든 아버지께서 주실 것[그리고] 나는 너희에게 서로 사랑하도록 이 계명들을 주는 것이다." 즉각적으로 구체화된 것은 '서로 사랑하라'는 한 가지 계명임에도, 계명들이란 단어는 예수가 그들에게 가르친 모든 것을 회고하여 가리키고 있다. 복수형 계명들이 '서로 사랑하라'는 한 가지 계명을 뒷받침하고 강조하며 북돋워주는 역할을 하는 것으로 나타난다. 이것은 서로를 위하여 자신의 목숨을 버려 예수의 친구가 된다는 것을 의미한다.

예수의 친구들에 대한 제자들의 이런 새 정체성그 안에 거함, 열매는 맺음, 서로 사랑함, 서로를 위해 죽기까지 함은 그들이 바깥 세상을 어떻게 이해하는지, 그리고 그들의 사회적 세계, 즉 그들이 바깥 세상을 어떻게 이해하는지, 그리고 그들이 바깥 세상과 어떻게 관련을 맺는지를 재창조하고 있다. 제자들이 이제는 예수의 친구이므로, 그들은 예수가 사랑하듯 서로 사랑해야 하며, 예수 안에서 생명을 주는 거함 속으로 들어간다. 이런 시각에서 요한복음의 영성은 제자도를 아우르고 있으며 신성한 우정으로 그것에 힘을 준다. 이런 초대는 신성한 것이며, 제자도를 가르치는 우리가 예수와의 친밀함 속으로 더 깊이 들어가도록 부르고 있다. 이 친밀함은 하나님과 예수의 관계 속에서 예수가 경험한 것이다. "주 예수여, 우리를 도우소서!"

세상의 미움에 직면하다 15:17-25

15:18-21 예수가 미움을 받은 것처럼 제자들이 미움을 받을 것이다

이 고별 설교에서 예수는 제자들이 살게 될 두 가지 세상의 본질을 명확하게 한다. 15:1-7에서 예수의 가르침은 위에서 온 세상 속에 살라고 제자들에게 말하고 있으며, 이것은 예수가 아버지에게서 받은 것을 제자들에게 중재하는 것이다. 이제 이 절에서는 "아래의 세상"이 제자들과 맞선다. 예수는 자신을 미워한 세상이 제자들도 미워할 것이라고 제자들에게 경고한다.18절 아래의 세상은 사랑하는 것이 아니라 미워한다.15:18-19

이 세상은 예수를 보낸 이를 모르지만, 제자들은 안다. 그 이유는 내가 너희를 세상에서 선택하여 너희는 이 세상에 속하지 않았기 때문이다.19절

좋은 주인보다 크지 않다는 발을 씻기는 가르침을 반향하며13:16a, 예수는 이제 그것을 제자들이 세상에서 받게 될 미움과 핍박에 적용한다. 그들의 주인이 핍박을 받으면20절 제자−친구들도 핍박을 받을 것이다.20c; Tan: 176−77을 참조 그렇지만 제자들이 위에 있는 세상과 부합하게 살고 그 세상으로부터 힘을 받기 때문에, 아래에 있는 미움의 세상은 더 이상 제자들을 지배하지 않는다. 예수는 세상에서 오는 또 다른 반응의 선택을 말하고 있다: 그들이 내 말을 지키면 너희의 말도 지키리라.20d 그렇지만 세상에서 오는 긍정적인 반응의 실가닥은 희망찬 기대를 위해 매듭짓기에는 너무도 짧다.

15:22−24 아버지에 대한 예수의 책임

21절이 이 세상의 미움이 내[예수] 이름 때문이라고 설명한다면, 그 다음에 오는 절들은 세상의 행위를 아버지에게 궁극적으로 책임이 있는 것으로 말하고 심판한다. 아버지에게서 예수가 오고 세상 속에서 증언하는 것은 세상을 죄로 인해 비난받도록 한다.22a, 24a−b 말과 일로 예수는 미움의 세상에게서 구원을 가져다 주고 세상이 그의 말과 일들을 거부하므로, 미움의 세상 속에 있는 사람들은 변명의 여지가 없다.22b 그들은 보고서도 나와 아버지를 미워한다.24c 23절과 24절에 있는 마지막 구문은 세상이 아버지에게 미워하는 반응을 보이는 것에 책임이 있음을 명시한다. 그 이유는 세상이 받아들이지 않는 자신의 말씀에서나 일에서나, 예수는 아버지에 대한 책임 속에 있기 때문이다.

15:25 세상의 미움이 성서를 성취하다

세상이 미워하는 것은 하나님께서 담당하지 않으신다는 것을 뜻하지도 않고 예수에 대한 적대감이 예수의 구원하시는 사역을 약화시킨다는 것도 아니다; 오히려 그것은 그런 사역에 있어 필수성을 보여준다. 사실 그것은 성서를 성취하고 있다.그들이 까닭없이 나를 미워했다: 요 15:25; 시 69:4; Tan: 177; Talbert: 216 참조 성서는 이 세상의 반응을 예언한다. 따라서 제자들은 미움과 핍박과 죽음과 맞닥뜨릴 때 견뎌내고 모든 것이 잘 되고 있다고 확신할 수 있다. 예수가 그들에게 준 평화14:27는 그들이 용기를 가질 수 있도록 한다. 그 이유는 예수가 이 적대적인 세상을 정복했기 때문이다.16:33 예수가 이 세상을 정복했기에, 제자들도 그들이 예수 안에 거할 때 세상을 정복할 수 있다.요일 5:4−5 참조

변호자와 너희가 예수를 증언하다 15:26-27

이 서사의 흐름 속에서, 보혜사에 대한 부분은 세상의 미움과 회당의 핍박에 대한 예수의 말씀 사이에 끼어있다. 변호자는 여기서 적절한 번역으로서, 신자들은 미움과 핍박 속에서 예수를 증언할 때 자신들을 도와줄 또 다른 것필적한 증언를 필요로 하기 때문이다. "세속적으로 사용할 때 *parakletos*는 법적인 함축의 의미를 갖고 있"Hamilton: 64으며, 여기서는 그 기능과 잘 어우러진다. 보혜사, 진리의 영은 그들과 함께, 그리고 그들을 통해서 증언할 것이다. 진리의 영은 진리가 재판을 받을 때의 힘이다. 이런 상황 속에서 예수의 목소리처럼, 보혜사는 그들의 주장을 대변할 것이다. 그런 의미에서 예수는 제자들이 역경과 적대감에 직면할 때 그들과 계속 함께 하게 된다. 예수를 증언하는 것은 예수가 성령을 보내실 것이기에 굳건해 진다.변호자가 올 때 14:26아울러 14:16에서 아버지는 성령을 보내실 것이다.4:39 성령은 증언자 요한처럼1:15; 3:27-30, "우물가의 여인처럼4:39, 아버지처럼5:32; 8:18, 예수의 일처럼5:36, 성서처럼5:38-9, 예수 자신처럼8:18, 그리고 군중들이 한 것처럼12:17"Hamilton: 85 예수를 증언할 것이다.

이 본문15:26-27은 요한공동체 속에서 보혜사의 역할을 이해하는데 있어 열쇠가 된다. 이 본문은 성령이 복음을 위해 핍박받는 자들의 설교와 증언를 인도하실 것이라는 점에서 마 10:19-20과 상응한다. 마태복음은 다음과 같이 말한다. "그들이 너를 넘길 때 어떻게 이야기하고 무엇을 말해야 할지 걱정하지 말라; 말하는 것은 너희가 아니라 너희를 통해 말하시는 너희 아버지의 영이기 때문이다." R. Brown 1970: 685, 699 마태에 대한 누가의 상응부분21:14-15은 성령을 언급하지 않는다; 예수는 그들에게 말할 지혜를 줄 것이다. 올리베Olivet의 담화에서는, 마가의 상응부분이 말에서나 연대기적 위치에 있어서나 더 가깝다: "그들이 너희를 재판에 회부하여 너희를 넘길 때, 너희가 무엇을 말해야 할지 미리 염려하지 말라; 그 당시에 너희에게 주어진 것을 말하라. 말하는 이는 너희가 아니라 성령이기 때문이다." 13:11 요한은 너희 속에서 말하는 것은 성령이라고 말하고 있지는 않지만, 아마도 그것을 암시하고 있을 것이다. 진리의 영과 너희제자들는 모두 예수를 증언할 것이다. 요한복음의 종교적 정황은 더 구체적으로 나타나는데Burge 1987: 29, 31, 세상이 미워하고 핍박하며 회당이 너희를 추방한다고 말하고 있기 때문이다.

회당에서의 축출을 맞이함 16:1-4

1절과 4절은 2절과 3절의 뼈대를 이룬다. 예수는 그가 왜 제자들에게 이 일들을 이야기하는지에 대해 설명하는데, 이것은 예수가 제자들에게 말했던 것을 뒤돌아 보는 것이다. 1절은 이유를 말한다: "너희가 넘어지지 않게 하려는 것." 이것은 세상의 미움을 받게 되는, 앞으로 다가 올 현실을 주로 말하고 있다. 그렇지만 4절은 왜 그가 이것에 대해 처음부터 말하지 않았는지에 대한 또 다른 이유로 맺고 있다: "내가 너희와 함께 있었기 때문이다." 아울러 이것은 왜 그가 처음부터 이 일들을 말하지 않았는지에 대해서도 언급한다. 린다스Lindars 1981: 64는 내가 너희에게 이 일들을 말했다.[tauta lelaleka hymin] AT는 "생각에 있어서의 변화를 표시하며 그 주제를 현재 상황으로 가져옴"을 나타내는 수사적 기술이라고 지적한다.14:25; 15:11; 16:25, 33 참조 16:2-3에서 예수는 다가 올 때에 대해 말한다.3절 "너희를 죽이는 사람들이 … 자신들이 하나님께 예배하고 있다고 생각할 때" 회당에서 나오는 것은 다가 오는 시험의 한 가지 양상이지만 예수를 따르는 자들을 죽이는 미움에 직면하는 것은 궁극적인 어둠의 때이다. 이것은 왜 예수가 2-3절을 1절과 4절과 함께 엮고 있는지에 대한 깊이 있는 설명이 된다.

16:2는 9:22와 더불어 가장 학문상의 주목을 많이 받고 있으며, 특히 요한복음의 기원에 대한 배경에 있어서 획기적인 사건인 루이스 마틴J. Louis Martyn의 1968년의 책에서 그러하다: 회당에서 공식적으로 파문된 것은 아니지만, 산발적으로 발생한 그리스도인들에 대한 유대인들의 핍박의 경험서론 부분의 "배경과 사건" 및 관련된 글 [유대인들, 585쪽]을 보라 마틴은 요한복음을 반드시 두 가지 측면에서 읽어야 한다고 주장한다: 그것은 예수의 시대와 요한 공동체의 시대로서, 그런 두 시대의 유대교들 사이에는 상당한 거리가 있다. "유대인들"로부터의 핍박은 후대 시대의 배경을 반영한다. 유사한 핍박의 경고는 공관복음에서도 등장한다.예를 들면 막 13:9; 마 10:17, 23; 눅 21:12-24 사도행전 역시 회당에서 바울이 경험한 핍박을 증언하고 있다. 요한복음의 상황이 정말로 독특한 것인가, 아니면 그것이 사도행전에 나오는 것과 유사한 지역적 앙갚음을 나타내고 있는 것인가?13:50-14:6, 19; 17:1-10; 21:10-14 참조?

게다가, 제4복음서는 유대교의 절기들과 제도들에 푹 빠져있다. 요한복음은 유대교로 숨쉰다. 예수는 이런 가치있는 유대교 문화를 교체하지 않는다. 대신, 예수는 이런 유대교의 전통들이 갖는 상징과 종교적 중요성을 통해 하나님의 구원을 이루기 위한 아버지의 목적을 계시한다. 회당에서의 축출은, 파문일 가능성은 별로 없지만, 그 당시에서 유대교-기독교의 관계 전체를 특징짓고 있지 않으며, 유대인들이라는 용어가 모든 유대인들을 지칭하거나 모든 유대 사람들을 지칭하는 것도 아니다. 이것은 마리아, 마르다, 예수가 사랑했던 베다니의 나사로 뿐만 아니라 막달라 마리아를 포함한 그의 유대인 제자들에 의해 분명히 나타나고 있다. 대부분의 사람들이 갈릴리 출신들이다. 예수 역시 유대

인이었다.[유대인들, 585쪽]

성서적 맥락에서의 본문

포도나무 이미지[w]

요 15장은 하나님이 심으신 포도나무인 이스라엘에 대한 많은 구약의 언급들 속에 거처를 마련하고 있다. 이사야 5:1-7은 사랑노래의 결혼 이미지 속에 자리하며 다음과 같이 말하고 있다. "내 사랑하는 이에게 그의 포도원에 관한 사랑의 노래를 하겠네: 내가 사랑하는 사람은 기름진 언덕에 있는 포도원을 가꾸고 있네…." 이 말은 이야기를 하고 있다.요한복음의 혼인 모티브; 그런 시각에서 요 15장 역시 혼인의 뉘앙스를 가지고 있다 호세아 10:1과 시 80:8-13도 이스라엘을 포도나무로 그린다. "포도원의 노래사5:1-7는 하나님의 백성에 대한 상징으로 '포도나무'라는 일련의 예를 주고 있으며….[유대의 실패] 정의와 공의 속에서 사는 것이 열매를 맺는 비유를 통해 표현된다: 심는 자 하나님은 포도를 기대했지만 유다는 들포도를 내었을 뿐이다."2, 4절, O'Day 1995: 757

사 5:7는 열매를 맺지 못한 유대에 대한 심판으로 날카롭다: "만군의 주님의 포도원은 이스라엘의 집이며 유대 백성은 그가 기쁘게 심으신 것이다; 그는 정의[mispat]를 기대했으나 피흘림[mispah]을 보았다; 의[sedaqah]를 기대했으나 울음[se'aqah]을 들었다." 이 언어유희는 이스라엘의 기억 속에 있는 심판을 불러온다.

수많은 구약 구절들호 10:1-2; 사 3:14-15; 5:1-7; 겔 15:1-5; 17:1-21; 19:10-14; 시 90:8-18이 이스라엘을 하나님의 포도나무나 포도원으로 묘사한다. 요세푸스Ant. 15.395는 헤롯이 지은 성전 속에 있는 성소 입구에 자리잡은 커다란 금빛 포도나무를 기록하고 있다. 포도나무는 또한 동전과 도자기로도 나타난다. 비슬리-머레이1999: 272는 심판을 이런 이미지와 연결시킨다: "역사속의 삶 속에서 이스라엘이 구약성서에 포도나무나 포도원으로 그려지는 모든 사례 속에서, 그 행동은 타락으로 인해, 때때로는 분명하게 열매를 맺기 못함으로 인해 하나님의 심판 아래 있다는 것은 중요하다." 예를 들면 5:1-7; 렘 2:21 이것이 수많은 구약 본문에서도 마찬가지이지만, 다른 곳의 사용들은 사 11:1; 27:2-6; 호 14:4-7에서처럼; 1QH 14.15; 16.6; 희년서 1:16-18; 에녹1 32:4-5 참조 포도나무와 혼인 이미지전 8:12가 함께 하는 하나님과 이스라엘 사이의 복있는 연합을 내다보고 있다. 요 15장에서의 참 포도나무인 예수는 2:7-10의 혼인잔치를 위한 예수의 좋은 포도주와 연결된다!

요한복음의 계명들ʷ

요15:10-15는 예수에게 준 아버지의 계명들10절과 그 계명12절, 및 예수가 제자들에게 한 명령들17절을 마지막으로 언급한 것이다. 계명들은 11차례 등장하는데, 단수형과 복수형으로 거의 똑같이 나뉘어진다. 다음과 같다.von Wahlde 1990: 11-20에서 차용됨:

계명들	
아버지가 예수에게 준 계명	예수가 제자들에게 준 계명
10:18, 그의 목숨을 버리고 다시 얻는 계명.	
12:49-50, 계명: 말하고 이야기할 것. 계명: 영생[을 줌].	
	13:34-35, 새 계명: 내가 너희를 사랑한 것 처럼 서로 사랑하라.
	14:15, 나를 사랑하면 내 계명들을 지킬 것이다
	14:21-24, 내 계명들을 지키는 자가 나를 사랑한다.
14:30-31, 나는 아버지께서 나에게 명령했던 것을 행하여,(이 세상의 통치자와 마주함을 가리키다.[그의 목숨을 버리다]) … 세상이 내가 아버지를 사랑하는 것을 알게 한다.	
	15:10, 너희가 내 계명들을 지킨다면 내 사랑 안에 거할 것이다.
15:10, 나는 아버지의 계명들을 지켰으며 그의 사랑 안에 거한다.	
	15:12, 이것이 나의 계명으로, 내가 너희를 사랑한 것처럼 너희가 서로 사랑하는 것이다.
	15:17, 나는 너희가 서로 사랑하게 하기 위해 이 계명을 준다. [AT]

일부 주석가들은 예수가 오직 한 가지 계명만을 준다고 말하지만13:34-35, 상황은 더 복잡하다. 이 명사는 복수형으로 6차례, 단수형으로는 4차례 등장한다. 14:15에서 계명들복수형은 예수 이름으로 더 큰 일들을 하고 아버지께 구하는 것을 가리킨다. 14:23에서

나를 사랑하고 내 말을 지키라는 14:21의 계명들로 구체화된다.단 9:4 c의 결합; 신명기 여러 곳; 수 22:5; 느 1:5 이들 네 개에 서로 사랑하라를 더하면 우리는 예수가 제자들에게 준 다섯 개의 계명들을 갖게 된다. 그들 중에서 하나를 빼면 이 본문을 어기는 것이다. 10:18에서의 계명은 14:30-31의 이중의 명령과 쉽게 조화를 이루지만 그것이 가진 구체적 강조점은 유지된다.

아버지가 예수에게 한 명령들도 역시 다양하다. 12:49-50에서 예수는 아버지의 두 계명들을 성취한다: 아버지께서 그에게 말씀하신 것과 영생을 주시는 것. 14:31의 동사는 역시 두 개의 행동을 내포하는 것으로 나타난다: 이 세상의 통치자와 대면하는 것30절과 내가 아버지를 사랑하는 것을 세상이 알게 하는 것31b이다. 세상의 생명을 위해6:51 자신의 목숨을 주는 예수의 순종은 세상의 불신앙과 폭력에 대응한다. 아미시가 2006년 니켈 마인스의 비극에서 10명의 아미시 소녀들을 총으로 쏘았던 찰스 로버트Charles Roberts에게 했던 용서를 생각하라. 그런 그리스도와 같은 사랑은 세상을 깜짝 놀라게 했다!

요한1서에서 계명이란 용어는 유사한 강조점을 가지고 18차례 등장한다. 거기에서는 한 가지 독특한 강조점이 있다: "우리가 그의 아들 예수 그리스도의 이름으로 믿어야 한다." 3:23 이것은 "서로 사랑하라"와 짝을 이룬다. "서로 사랑하라"는 의미는 실천적인 용어에 해당되며2:3-11, 계명이라는 용어가 6차례 나타난다.von Wahlde 1990: 54-55 예수의 계명들2:3b에 순종하고 "그의 말씀에 순종함"2:5a은 하나님의 사랑이 신자 속에서 완전함에 이른다는 것을 보여준다. 이것은 신자가 예수 안에 거한다는 것과 우리가 "[예수]가 걸었던 것처럼 걷는다."2:6는 것을 입증한다. 나중에 4:21-5:5에서, 계명들이라는 용어는4회 사용됨 형제와 자매를 사랑하는 것을 하나님을 사랑하는 증거로 삼는다. 우리가 하나님을 사랑하고 그의 계명들을 지키기에 우리가 하나님의 자녀 임을 아는 것이다. 요한1서 5:4-5는 하나님과 신자들의 이런 연대를 세상을 지배할 힘의 영역 속으로 확장시키는데, 요 15:9-12와 요 14:30-31을 같이 두고 읽는 것과 어느 정도 유사하다.

요 15:10과 11 사이의 관계는 가장 중요하다. 계명들을 지키는 것은 기쁨을 낳으며.. 기쁨을 완성하는 것이다! 기쁨명사는 chara와 동사는 chairo은 요한복음과 요한서신에서 25회 등장한다: 요한복음에서 18회, 요한서신에서 7회.

요한복음의 예수의 계명들은 공관복음서의 예수의 이중 계명과 관련된다: 하나님을 사랑하고 이웃을 사랑하는 것요 13에 관한 TBC에서 "요 13장과 [새] 언약"을 볼 것 요한복음의 사랑 명령들은 세상에 대한 신자들의 증언에 영향을 미친다. 미니어Minear 1984가 강조하듯, 요한복음은 순교자의 복음으로, 예수와 제자들이 서로를 위해 그들의 목숨을 버리도록 부름을 받았기 때문이다.

교회생활에서의 본문

계명들을 지킴

요 14와 15장에서, 내 계명들을 지킴은 예수를 사랑하는 것과 연결된다.14:15, 21-24;
15:9-12, 17 요한1서도 같은 것을 강조한다. 맥더몬드McDermond 86-87는 아나뱁티스트
저자들을 폭넓게 인용하면서 주요 TBC 부분을 이 주제에 할애하고 있다.

변호자 성령

성령을 말하고 있는 대부분의 찬가들은 성령을 힘, 평화와 안위의 근원으로 묘사하지
만 요 15:26에서는 강조점이 달라진다. 여기에서는 세상의 미움과 회당의 핍박에 직면
하면서 예수에 대한 신실한 증언을 말하고 있다. "꺼지지 않는 불꽃, 하나님의 불" Sing
the Story, #103의 마지막 줄이 이 본문에서 나타난 것처럼 성령의 일을 다소 담아낸다: "하
나님의 힘 안에 있는 저희의 권세는 / 슬픔, 고통과 죄를 정복한다. 마귀의 기술로부터 내
마음의 모든 문들을 지켜내라." 그렇지만 성서 본문은 더 첨예하게 법적으로, 정치적으
로 적대감과 재판에 직면하여 예수를 진실하게 증언하는 것에 초점을 맞춘다. 성령과 제
자들은 이 증언 속에 함께 한다.

우리가 성령이 우리를 변호하는 조언자라고 생각하는 경우는 거의 없다. 그렇지만 순
교자들의 이야기 속에서, 우리는 제자들이 권세자들 앞에서 예수를 증언한 것처럼, 성령
이 핍박받는 자들의 말을 돕고 있다는 것을 듣는다. 1550년에 리워르덴Leeuwaerden에 투
옥된 15세의 쟈크 도시Jacques Dosie의 증언을 묘사하면서, 브라트van Bright는 다음과 같
이 기록한다. "자신의 약속에 따라눅 21:14; 마 10:19; 막 13:11; 눅 12:11, 신실하신 하나님께
서는 그에게 그들이프리스랜드의 공작과 귀부인들 결코 저항하거나 꺼버릴 수 없는 입과 지혜
를 주셨다." MM 498 이 젊은이의 지식과 말에 감명을 받은 귀부인이 여러차례 그의 말
을 듣고자 그를 불렀다.499 권세자들은 고문 도구인 혀 나사를 사용해서 순교자의 담
대한 증언을 막으려 했다. 16세기 아나뱁티스트들은 곧잘 "회당에서 쫓겨남"과 동일시
된다.16:2 요더Yoder/호츠테틀러Hochstetler의 성서 목차200는 『순교자들의 거울』Martyrs
Mirror속에서 16:2를 13번 인용하여 나열하고 있다. 이런 측면의 보혜사 성령의 사역성령
의 힘으로 참되고 담대한 증언을 함은 우리의 설교와 찬송가 속에서 더욱 강조될 만하다.

포도나무에서의 생명: 사랑을 살아내다

포도나무에서의 생명Life on the Vine이라는 통찰력있는 책에서, 필 켄네슨Phil Kenneson은 성령의 열매 하나하나에 한 장을 할애한다. 그는 우리 문화 속에서 열매를 맺지 못하게 하는 방해물들을 밝히고 있다. 켄네슨은 사랑을 방해하는 것들을 사리사욕의 내세우는 것과 동일하게 본다: 시장 경제 속에서 이것은 모든 것에게 가격을 매기고 있으며 계약 관계들을 축소시킨다. 이런 사랑의 방해물들은 우리 나무의 열매를 먹어버리는 새들, 다람쥐들, 그리고 사슴과 같다.

켄네슨은 더 많은 것을 갈망하도록 만들어진 욕망과 근심, 그리고 두려움이 우리의 기쁨의 열매를 옥죄고 있다고 말한다. 그런 문화의 힘들은 열매 속으로 들어가 과실을 망쳐버리는 보이지 않는 작은 곤충들과 같다. 이렇게 팽배해 있는 문화의 힘들이 우리로 하여금 기쁨을 누리지 못하게 한다. 기쁨은 우리 시대에서 얻기는 힘들다. 우리의 나무에서 나온 열매를 누리려 할 때 늦서리 내려 꽃들을 얼리면, 기쁨은 다시금 우리의 삶 속에서 자취를 감춘다. 그리고 우리는 일상생활에 무감각해지고 기쁨을 포기한다. 그러면 성령이 우리의 마음을 새롭게 하고 녹이신다. 가장 힘든 순간에서 조차, 우리는 하나님의 사랑과 구원 속에서 기뻐한다.

켄네슨은 수많은 문화적 힘들이 평화의 열매를 맺지 못하게 한다: 삶을 사적이거나 공적인 영역으로 구분하기; 삶을 구획화하기공동체의 담화를 어렵게 만드는 직업주의와 전문성; 특수한 이익단체가 자행하는 목을 죄는 정치; 권리를 지키는 것예를 들면 의료행위 속의 의료사고 소송들; 그리고 갈등을 변화시키는 폭력을 인가하는 것. 이런 것들은 개인적이고 공동적인 차원에서 모두 평화를 가로막고 있다. 그런 세력들은 가지에서 열매를 떨어뜨리는 허리케인, 우박과 토네이도와 같다. 우리 문화 속에서 포도나무에 거하고 사랑, 기쁨과 평화의 열매를 맺는 것은 어렵고 위험하다. 우리는 포도나무에서 오는 영양분을 갈취하는, 우리 열매의 문화적 위협에 맞서기 위해 반체제적 권한, 기도, 성서를 묵상하고 심지어 금식을 필요로 한다.

평화의 열매를 맺기 위해, 우리의 화평은 예수 안에 혹은 바울의 말 속에 거함으로, "그리스도 안에"라는 정체성으로부터 영양분을 끌어내야만 한다. 예수를 포도나무로, 그를 따르는 자들을 가지로 표현한 요한의 비유는 두 가지 방식으로 서로 안에 거함을 강조한다: 예수에게서 생명을 끌어오고 예수 안에 거하는 것. 요한의 "지상 명령"은 20:19-23 속에서, 예수가 제자들과 하나되는 것은 예수가 성령을 제자들 속으로 내쉬는 것으로AT 이루어진다. 성령은 신성한 현존이 거하는 것이며 내주하는 것이다: 성령은 우리 안에, 우리는 예수 안에, 그리고 아들은 아버지 안에 있다.

거함에 대한 예수의 가르침은 교리적 신앙과 영적인 연합 사이의 관계의 문제를 야기한다. 버지는 다음과 같이 질문을 던진다. "제자도는 하나님과 예수에 관한 교리적 신앙에 대한 위임인가? 그것은 제자들을 세상에서 구분하는 '사랑'의 방식인가? 아니면 그것은 그런 변화들과 만나는 신비적이고 영적인 경험인가?" 2000: 423 버지는 다음과 같이 언급함으로 이 세 개의 질문에 모두 답하고 있다: "제자도는 사고의 방식교리, 삶의 방식윤리, 그리고 세상 속에서 어떤 것과도 비교될 수 없는 초자연적 경험이다." 423 가지가 포도나무로부터 영양을 받듯, 예수 안에 거하고 생명을 주는 그의 영양분을 받는 것은 깊이 있고 영적인 것이다. 버지는 이렇게 결론을 짓는다: "예수의 실재에 대한 내적인 어떤 경험의 측면이 없이, 초자연적 삶을 만들어 내는 영성이 없이는, 교리와 윤리가 가치를 상실한다." 423 베르너 파쿨Werner Packull과 아놀드 스나이더C. Arnold Snyder의 아나뱁티스트 연구2001, 편집자, 아울러 2012는 1세대 아나뱁티스트파의 지도자들의 제자도가 중세 가톨릭의 영적인 신비의 전통에서 이끌어 낸 영성에 깊이 뿌리박혀 있다고 결론을 내리고 있다.

이것이 우리 시대에 우리에게 필요한 것이다.

요한복음 16:5-33

보혜사의 사역, 예수가 떠남, 그리고 위로: 기쁨과 평화

사전검토

부모나 목사가 임박한 죽음을 맞이하여 이 세상을 떠나려 할 때, 아이들이나 교인들에게 하는 작별의 말은 힘든 것이다. 사랑의 감정과 이별의 말을 받아들이는 사람들을 돌보는 것은 혹독하며, 힘든 말이 따라 온다. 자신의 고별설교에서 예수는 제자들에게 많은 말을 하지만, 그 가운데 일부는 이해하기 어려운 것이다. 제자들에게 주는 이 마지막 말씀에서 예수는 목회적으로 제자들을 대화에 참여시키면서 그들의 슬픈 마음을 위로하고 있다. 첫 번째 부분에서 예수는 두 가지 모티브를 가지고 다가 올 일들을 그들에게 알린다: 보지 못함/다시 봄 그리고 잠시 동안이라는 수수께끼. 제자들은 당혹스럽다. 그들이 당혹해 하는 것을 알고 예수는 그들이 더듬어가며 이해할 수 있는 단계를 통해 그들의 생각과 감정을 인도한다.

인간의 감정은 제자들과 나누는 예수의 마지막 대화 속에서 수면 위로 떠오른다. 그들의 마음이 슬픈 것을 알고, 예수는 자신이 떠나는 것이 왜 중요한지를 설명하기 위해 새로운 이미지를 내어 놓는다. 예수는 여인이 해산의 고통을 겪지만, 아기가 태어날 때 기뻐한다고 말한다. 예수는 제자들이 곧 마주하게 될 위기를 자신의 남자 제자들에게 설명하기 위해 어머니의 이미지를 사용한다. 16:21의 고통과 기쁨이 예수 자신을 가리키는 것일 수 있다면, 22-23절에서 예수는 이 이미지들을 제자들을 위해 사용한다. 먼저 그들은 고통을, 이후에 기쁨을 경험하게 될 것이다.

예수는 자신이 제자들에게 비유의 표현figures of speech으로 말하고 있다는 것을 안다. 그렇지만 예수는 그 날에 아버지에게 분명히 말하게 될 것이라고 약속한다. 이제 제자들은 그들이 이해하는 것을 말한다: 그렇습니다! 이제 선생님께서는 드러내어 말씀하여 주십니다!29절 이윽고 그들은 당신, 예수께서 모든 것을 아신다고 말한다-그래서 아무도 당신께 여쭈어 볼 필요가 없습니다! 14장에 나오는 그들의 질문에 비추어 보면 이것은 이상하다. 그 후에 제자들은 중요한 고백을 한다: 우리는 당신께서 하나님에게서 왔다는 것을 믿습니다. 마침내! 그렇지만 이런 갑작스러운 전환은 역설을 이해하기 위한 것인가? 그들은 정말 이해한 것일까? 이것은 요한복음에서 제자들이 집단적으로 예수에게 말한 마지막 시간이다.

예수는 그들을 위해 마지막 말을 남긴다. 그는 제자들의 믿음을 단언하지만 그것에 질문을 던진다-이것이 역설적인 의도에 대한 실마리이다. 예수는 너희가 이제는 믿느냐?라고 말한다. 그 후에 예수는 그들이 흩어지게 될 것이며 자신에게는 함께 하시는 아버지 뿐, 혼자 남게 될 것이라고 예견한다. 제자들에게 하는 고별인사를 맺기 위하여, 그는 의도를 가지고 말했떤 모든 것을 풀이하여 내 안에서 너희가 평화를 누리도록 한다. 15:18-25의 주제로 되돌아가서, 그는 제자들에게 다가올 핍박을 떠올리게 한다. 그렇지만 용기를 내어라; "나는 세상을 이겼다!"

개요

보혜사의사역, 16:5-15
떠남과 그것이 가지는 파문에 대한 마지막 대화, 16:16-33

주석적 해설

보혜사의 사역 16:5-15

보혜사의 사역이 이 부분의 주된 초점임에도, 예수와 제자들에 대한 다른 측면이 지금 그리고 미래에, 또한 언급되고 있다. 많은 주석가들이 16:4b를 이 부분에 두고 있으며 그럴만한 좋은 근거들이 있다. 이것은 실제로 과도적인 것이다. 파세니어스는 4b에 대해 언급하면서 그레꼬-로만 세계 속의 "저녁식탁 담화"와의 유사점을 보고 있다. 그는 예수의 고별 설교 속에 있는 이런 중요한 말들을 강조한다:

16:4b에서의 예수의 가르침은, 전체 담화의 유일한 목적이 제자들이 더 이상 그를 볼 수 없을 때 그의 목소리를 들을 수 있게 하는 것이라고 본다… 플루타르크 Plutarch는 소크라테스의 저녁식사 대화는 원래 소크라테스와 함께 한 것이 아니라 이후 세대를 위한 것이라고 말한다면, 예수도 유사하게 최후의 만찬에서 했던 말이 그가 더 이상 있지 않을 때를 위한 것이라고 이야기 한다. 그들이 *logo-deipnon*[저녁식탁에서 했던 말씀] 속에 있는 것처럼, 이후 세대들도 예수가 떠난 이후 그 축제 속에서 나눌 수 있다. "나는 이 일들*tauta*을 처음부터 너희에게 이야기 하지 않았다. 그 이유는 내가 너희와 함께 있었기 때문이다. 그렇지만 이제 나는 나를 보내셨던 이에게로 갈 것이다." 실제로 이 말로써, 예수는 이미 자신의 말씀으로 부분적으로나마 대체된다. 육신을 입은 지상에서의 임재는 이미 그의 말씀들, *tauta* 속에서 존재하게 된다.142

예수의 제자들은 이 말씀들을 반드기 기억하고 지켜야 한다.146 '먹는 것'과 '듣는 것'은, 그때나 지금이나, 제자들을 위한 예수의 유산을 이루고 있다.

16:5-6 떠남: 질문을 하지 않음? 마음이 슬픔으로 가득차다

5절은 고별 담화의 통일성과 분열을 이해하는 노력에 있어 핵심적인 역할을 한다. 몇몇 학자들은 이 절들을 14:31, "일어나라, 함께 가자" 속의 맺음단위에 비추어서 "구성상의 문제"를 갖는 결론적인 증거로 본다. 제자들이 질문을 하는 14장과 예수가 질문을 하지 않는 제자들에게 말하고 있는 16장 사이에 나타나는 분명한 충돌은 15장과 16장을 구분된 담화라고 주장할 수도 있다.예를 들면 R. Brown의 차트병렬, 1970: 589-93 몇몇 학자들은 이 담론은 요한복음이 마지막 형태로 가는 발전 속에서 한 편집자에 의해 엉성하게 함께 묶였다고 생각한다.

그렇지만 이런 시각은 요한복음의 현재 형태 속에 있는 담화의 서사적 통일성을 이해하려는 누적된 통찰들을 놓치고 있다. 너희 중에 아무도 나에게 "어디로 가십니까?"라고 묻지 않는다는 예수의 말이 14장과 충돌하는 것처럼 보이고 다른 담화로 보일지라도, 그 말은 다르게 이해될 수 있다. 이 절들은 제자들을 예수가 말해 왔던 것을 감정적으로 붙잡으려 하는 것으로 그리고 있다. 제자들은 세상에서 미움을 받고 회당에서 핍박을 받는 것이 임박했다는 예수의 말을 듣고 충격에 빠져 있다. 게다가, 또 다른 보혜사와 자신의 부재에 대한 예수의 세 가지 예언은 그들에게 크나큰 타격을 주고 있다. 그들은 예수가 가는 곳을 묻지 않는다.*erotao*라는 동사는 현재형이다 따라서 그들이 더 질문하지 않는다는 예수의 말은 질책이나 꾸짖음이 아니라 그들의 내적인 여정에 대해 감정을 이입하여 동일시하는 것이다. 그들이 더 물을 말이 무엇이겠는가?

오데이1995: 770는 14장과 16장 사이의 차이를, 전자는 "보증과 위로"를 지향하는 것이며 후자는 미래에 더 집중하는 것으로 설명한다. 그렇다. 16장은 미래에 초점을 맞추고 있지만, 또한 현재의 보증과 위로도 말하고 있다. 그렇지만 오데이771는 더욱 설득력이 있는 슈나켄버그3.126의 설명에 동의하고 있다: 여기서 예수의 말씀은 "주로 수사적인 장치이다. 예수는 실제로 자신의 떠남에 대해서 제자들의 [묻지 않는] 질문과 관련이 있는 것이 아니라, 그들의 '슬픔의 상태'를 소개하는 방식으로 그들이 현재 말이 없음을 가리키는 것이다." 다드Dodd, 1953: 413는 그들의 슬픔을 미래에 대한 그들의 실망과 연결시킨다. 이 말이 옳을 수도 있지만, 말한 모든 것에서 오는 감정의 중압감은 이들 두 절들을 이해하는데 있어 중요한 요소이다. 7절에서 예수는 그들의 감정-그들의 "슬픈 마음"과 기쁨에 목회적으로 동일시하고 있다.15:21-22

16:7-11 세상에 대한 보혜사의 사역

7절은 과도기적이다. 예수는 그들의 슬픔을 마음에 품고 또 다른 위안자AT; 이 맥락에서 가장 좋은 번역가 있다는 희망으로 전환한다. 예수는 자신이 떠나가는 것이 모든 것을 잃은 것은 아니라는 것을 제자들이 보도록 도움을 준다. 내가 가는 것이 너희에게는 유익하다. 만일 내가 가지 않는다면 변호자[위안자comporter]가 너희에게 오지 않을 것이기 때문이다; 그렇지만 내가 가서 그를 너희에게 보낼 것이다. 위안자는 곤경 속에 있는 너희를 돌볼 것이다. "예수가 가야하는 당위성은 보혜사가 나타날 때 예수가 꼭 없어야 함을 말하는 것이 아니다. 그것은 성령이 반드시 기다리시는 예수의 예비적인 죽음과 영화를 지칭하는 것이다.7:39" Burge 1987: 133, 인용표시 부분이 원문임

8-11절은 세상과 관련하여 법적인 고소자로서 보혜사의 사역에 초점을 맞춘다. 예수를 미워하는 세상은 제자들도 미워할 것이다.15:18-19, 23 세상에 대해 성령의 고소하는 일은 세 가지 측면이 있으며, 각각의 측면은 동일한 헬라어 단어*peri*로 소개되는데, NRSV와 NIV2011도 ~에 대하여about로 번역한다.RSV는 ~에 관해〈concerning〉, NIV 1984는 ~과 관

련하여〈in regard to〉로 번역하고 있다 KJV는 이 단어를 번역에서 삭제했으며, 세 가지 대상-죄, 의, 심판-에 대해 책망하다reprove of를 사용한다. 이런 선택으로 KJV는 8절을 이끄는 동사, 책망하다.elencho, NRSV와 NIV 2011는 잘못을 입증하다〈prove wrong〉로 번역함, RSV는 납득시키다〈convince〉를 사용를 강조한다. 책망하다는 죄와 잘 어울리지만, 의와 심판과는 잘 연결되지 않는다. 이 동사의 병행적인 사용이 8:46, 예수가 묻고 있는 "너희 가운데 누가 나에게 죄가 있다고 단정하느냐?"에서 나타난다. 죄는 먼저 16:8에서 나오므로, 동사-목적어가 정확하게 맞아 떨어진다. 아마도 유죄선고convict NIV 1984 참조가 16:8-11에 나오는 세 가지 차원의 임무에 가장 적합한 번역일 것이다; 이 단어는 고소하는 변호자의 이미지와 들어 맞는다. 그렇지만 오데이1995: 772는 드러냄exposing을 주된 의미로 선호한다. 십자가 사건에서, 성령은 죄와 의와 심판을 계시하거나 드러낸다. 세상이 예수를 기소하고 십자가에 못박았으므로 보혜사가 세상의 과실을 폭로할 것이다.

죄, 의, 그리고 심판이 각각 같은 전치사, ~에 대하여peri로 소개되고 있는 것처럼, 세 개의 기소하는 용어 각각도 ~때문에hoti 절 속에서 따라온다. 세상의 죄는 예수를 믿는 것을 거부하는 것이다. 의나 공의에 대한 세상의 판결은 내가 아버지께로 가므로 너희는 더 이상 나를 보지 못할 것이다이다. 이 이중적인 설명은 수수께끼이다. 의로운 이 예수가 아버지께로 되돌아 가는 것이 예수의 정당성dikaiosyne의 또 다른 의미과 영광을 나타내는가? 예수가 약속한 "너희는 나를 [다시] 보게 될 것이다"14:19와는 달리, "더 이상 나를 보지 못하리라"는 구문은 그런 약속이 따라오지 않는다. 오히려, 예수는 16:16-19에서 세 차례 너희는 나를 [다시] 보게 될 것이다라고 말했지만, 자신의 떠남과 부재를 강조하고 있다.

세상에 대한 심판은 '세상의 통치자가 이미 몰락' 했으므로 분명한 것이다.12:31 AT; Hamilton: 86-89; O'Day 1995: 771-72 참조 TNIV 번역은 마지막 원인의 절, "이 세상의 왕자가 이제 선고를 받았으므로"를 완료시제의 지속적 의미로 담고 있다. 12:31에서 이미 일어난 것은 이제 유효하다; 십자가와 부활영광과 입증이 마귀를 패배시킨 것은 세상 통치자의 멸망할 운명을 드러낸다. 하나님의 어린양으로서 십자가 위에서 예수의 임박한 죽음은 세상에 대한 아버지의 사랑을 드러냄 속에 있는 그의 의나 정의를 표시하는 것이며, 모든 사람이 보도록 세상을 심판하는 이유를 드러내고 있다.골 2:15

그렇지만 세상은 16:7이 말하는 것처럼, 이 가운데 어떤 것을 선고하거나 입증할 것인가? 아니면 이것은 성령이 제자들이 세상에 대해 증인이 되도록 제자들에게 계시하시고 권한을 주시는 것으로 이해해야 하는가? 제자들의 증언은 세상에 영향을 주게 될 것이며, 사람들의 죄를 선고하여 그들을 새로운 사랑의 공동체에 들어가도록 이끌 것이다. 이것이 더욱 가능성이 있는 이야기이다. 만일 전자의 해석—세상이 선고를 경험한다—이 의도된 것이라면, 세상에 대한 영향은 종말론적 위기이며, 성령의 사역은 마지막 날에 온전히 드러나고 절정을 맺게 된다.

16:12-15 너희, 제자들 안에 있는 보혜사의 사역

이 절들은 앞선 강조들을 되풀이한다. 다른 말로 바꿈:

- 너희에게 할 말이 더 있지만 너희가 지금은 그것을 감당하지 못한다.
- 진리의 영이 오시면 그가 너희를 모든 진리로 이끌 것이다.
- 진리의 영은 자신의 말을 하시는 것이 아니라 그가 들었던 것을 말할 것이며 앞으로 오게 될 일들을 선포하실 것이다. 15:26의 증언함을 참조
- 성령은 나를 영광되게 하실 것이며 나의 것을 받아서 너희에게 선포하실 것이다.
- 계시의 사슬은 아버지로부터 예수에게, 예수에서 진리의 영에게, 진리의 영에서 제자들에게로 이어진다.

첫 번째 줄에 나오는 '감당하다' hastazo란 단어는 일반적으로 '무엇을 나르다' 10:31에서 예수에게 돌을 던짐; 12:6에서 유다가 맡아 가지고 있던 돈; 참고로 Howard-Brook 1994: 347를 의미한다. 그렇지만 여기서 이 단어는 정신적인 의미를 가진다. 예수는 제자들이 정서적으로 감당할 수 있는 것을 신경쓰고 있다. 13절의 '안내하다' hodegeo라는 단어는 '인도하다' ago와 '길' hodos의 합성어이다. 이 동사는 하나님의 인도하심을 청할 때—길을 인도하심시 25:4-12, [특히 9절에 주목할 것]; 27:11; 119:33 칠십인역LXX 에서 자주 나타난다. "당신의 진리 가운데 걸을 수 있도록 당신의 길을 가르치소서, 오 주님"시 86:11은 요한의 주제와 잘 맞는다. 예수는 "내가 길이요 진리요 생명이다."14:6라고 언급했으며, 이제는 성령이 예수의 사역을 이어나갈 것이다. 말씀과 성령을 통해 가르침과 인도를 하나님께 구하는 구약의 모티브는 지혜 전통에서 두드러지게 나타나며, 여기서는 진리의 영이 그 일을 이행하고 있다. Howard-Brook 1994: 347; O'Day 1995: 773

'선포하다' 라는 단어는13과 14절의 미지막 구문 특히 중요한데, 그 이유는 이 단어가 '발표하다' 혹은 '선언하다' anagello라는 뜻을 담고 있기 때문이다. 이 단어는 이런 의미로 4:25에서 사용되었으며 16:25c에서 다시금 등장한다. 이사야에서는 57회 등장한다; Howard-Brook 1994: 347-48 그렇지만 가장 중요한 것은 부활한 이로 예수를 선언하는 마리아

막달레나의 경우에서 유사한 단어같은 어원가 사용된 것이다.20:18 그리하여 성령은 예수의 선언적인 사역을 계속해 나간다. 성령이 세상과 관련해서는 기소자의 역할을 하지만, 예수의 제자들을 위해서 그가 하시는 역할은 훈육으로 인도하고 복음을 선포하는 것이다. 실제로 *Paraclete*라는 용어는 보는 시각에 따라 색이 달라진다는 의미를 담고 있어 문맥이 그 함축된 의미를 결정한다.

성령의 사역은 예수와 아버지를 일관되게 증언하는 것이다.15절 이런 "진리의 반지"는 요한계시록에서도 등장한다: "하나님을 경배하라! 예수의 증언은 예언의 영이기 때문이다."19:10c-d 다가 올 일을 선언하는 것이나 예언은 시간이 흐름에 따라 일어나는 사건을 앞서 말하는 것이 아니다. 오히려, 이들은 죽음을 통하여 그리고 죽음을 넘어선 예수의 승리를 증언하는 것을 의미한다−실제로 이것이 요한복음에서 예수의 영광이다. 하나님, 예수, 그리고 성령은 동일한 진리를 말하고 있고, 죄, 의를 드러내고 선고하며, 의로운 심판의 "다림줄"을 내린다.아모스 7:7-9 참고

떠남에 대한 마지막 대화와 그 파문 16:16-33

16:16-19 보지 못하다/다시 보다: 잠시 동안*Mikron*이라는 수수께끼

담화 속의 이 부분은 어느정도 희극상의 기분전환이다: 잠시 동안을 의미하는 *mikron*은 7차례 등장한다. 만일 무대 위에서 예수와 제자들이 보여줬다면, 이 장면은 웃음을 이끌어 냈을 것이다. 서술자는 솜씨있는 반복의 장인이다: 예수는 이 단어를 두 차례 사용하며 말한다.16절 그 후에 제자들 가운데 몇 사람이 예수가 말했던 것을 반복하며 그들 사이에서 그것을 가지고 토론을 하는데, 역시 *mikron*을 두 차례 사용하고 있다.17절 그러고 나서 서술자는 제자들이 그들의 난제를 예수에게 묻는 것으로 그려내는데, 이 때 정관사가 그 질문을 *micron* 수수께끼이 "잠시 동안," 18절로 구체화하고 있다. 예수는 제자들이 이것에 대해 자신에게 묻고 있다는 것을 알고 있으며, 그리하여 다시금 그것을 반복하되 이번에는 질문의 형식으로 던지고 있다: "너희는 왜 논의하고 있느냐 …?"19절 AT 예수는 그들을 위해 이 수수께끼를 풀어내는가? 그렇지 않다. 예수는 자신의 고별이 그들의 삶에 가져다 주게 될 또 다른 인상적이고 독특한 현실을 소개하고 있다.

이제 요한복음의 독자들은 제자들이 이해하지 못하는 것을 안다. 예수는 그들과 함께 잠시 동안 더 있을 것이다. 그렇게 되면 제자들은 예수를 잠시 동안 보지 못하게 될 것이다. 본문은 너희가 보게될 것이다에 두 단어를 사용한다: *opsesthe*16b, 17과 19b와 *theoreite*10, 16a, 19a 이 단어*theoreite*는현재 명령형 "너희가 더 이상 나를 보지 못하리라"와 함께

사용되었으며, *opsesthe*는 미래형 직설법 "조금 있으면 너희가 다시 나를 보게 될 것이다." AT와 연결된다. 여기서의 의미 상의 구분은 어렵다. 막 16:7 역시 부활 이후의 예수를 보는 것을 기술할 때 *opsesthe*를 사용한다. 요한복음에서 '그런 보는 것' 은 '다시' *palin* 및 '조금 있으면' 과 결부될 것이다. 이 언어유희는 제자들이 지금은 예수를 아버지의 성육신된 아들1:14로 볼 수 있지만, 그들이 예수의 죽음과 부활을 볼 때는 예수를 영광을 받은 자로 보게 될 것임을 나타내는 듯하다!

16:20-24 예수의 대답: 고통과 기쁨

예수는 자신의 대답을 인상적인 "진정으로, 진정으로"라는 언급14:12 이후에 처음 사용되고 있으며 16:23에서 반복되는데, 이 때는 제자들 무리에게 말하는 마지막 사용이다.[21:18을 참조, 베드로에게만 사용한다]으로 시작한다. 그의 말씀은 비애로 가득차 있으며, 이스라엘의 위대한 선지자들을 떠오르게 한다.Heschel: 221-23을 보라 예수가 떠나는 것은 제자들과 이 세상에 상반된 영향을 가져다 줄 것이다. 제자들은 슬퍼할 것이다; 세상은 기뻐할 것이다. "너희는 고통스러울 것이나 너희의 고통은 기쁨으로 바뀔 것이다."20절 그 후에 예수는 여성의 해산경험으로 설명하고 있다: 먼저는 큰 고통이 따르지만 이후에는 큰 기쁨이 찾아온다. 이런 이미지는 이스라엘이 야웨의 규율과 징벌의 고역을 겪다가사 26:17-19 나중에 회복의 기쁨과 기쁜 미래의 약속을 알 듯이66:7-8, 10; Howard-Brook 1994: 351 예언서 속에 등장하고 있다. 22절은 되풀이한다: "지금 너희는 슬퍼하고 있지만 내가 다시 너희를 볼 때에는 너희 마음이 기쁠 것이요, 그 기쁨을 너희에게서 빼앗을 사람이 없을 것이다." 24절의 마지막 줄, "너희의 기쁨이 넘칠 것이다"는 15:11의 예수의 가르침, "내가 너희에게 이러한 말을 한 것은 나의 기쁨이 너희 안에 있게 하고 또 너희의 기쁨이 넘치게 하려는 것이다"를 새롭게 한다.

고별담화 전체의 이중의 어조를 가지고서는, 적어도 제자들의 알 수 없는 반응에 대한 기술에게서는, 이런 낙관적인 강조를 놓치기 십상이다. 그렇다. 보혜사는 그들에게 예수가 없는 것에 대한 보상인 것이다. 제자들은 이것을 이해하지 못한다. 아마도 기쁨이라는 명사와 기뻐하다라는 동사를 삼중으로 반복하면 그들에게 전달될 지도 모른다. 예수가 곧 그들을 떠날 지라도, 그들에게는 미래가 있는 것이다.

해산의 이미지는 앞선 요한복음의 강조점들을 떠올리게 한다: 하나님께서 낳으신 자들은 하나님의 자녀들이다.1:12 예수는 니고데모에게 거듭남/위로부터 남으로써 니고데모가 하나님의 나라에 들어가게 될 것임을 약속한다.3:3-10 그리고 예수는 요한복음을 통해 생명을 약속한다. 조세핀 포드Josephine Ford는 요한복음에서의 해산과 양육의 이미지에 대해—그리고 구원자와 친구의 이미지에 대해—다음과 같이 언급하고 있다:

예수는 희생자나 희생양으로서가 아니라, 피를 흘리는 희생제물로도 아니며, 신을 달래기 위하거나 마귀를 잡기 위함도, 마귀에게 빚을 갚기 위함도 아니라 물과 피를 통하여 자식을 낳는 여성으로서 자신의 고난으로 들어간 것이다. 예수는 혼자서가 아니라, 아버지 속에서 그리고 자신을 영광스럽게 하시는 아버지, 및 또 다른 그리스도alter Christu이신 성령과의 완전한 상호성 속에서 이 일을 행한 것이다. 요 19:34에서 군인들은 그리스도의 옆구리를 찔렀으며 물과 피가 쏟아져 나왔다. 하나님의 부활하심rebirthing이 완성된 것이다. [198]

포드는 고별담화 속에 있는 예수의 말들을 어떻게 이해할 것인가에 관련된 수많은 주제들을 요한복음의 나머지 부분들예를 들면 19:34과 연결시킨다. 게다가 요 7:38-39에서 제자들은 예수가 영광을 받을 때까지 내주하시는 성령을 받지 못했다. 고통을 감내하는 *mikron*은 기쁨을 경험하는 *mikron*을 위해 필요한 것이다; 양쪽 모두 물과 피를 통해서 사랑의 공동체를 낳는 하나님의 죽음—부활인 것이다.요일 5:6-8참조; McDermond: 244

요한복음에서 나타나고 있는 또 다른 주제는 구하는 것과 받는 것이다.16:23-24b 어떤 주석가들은 이것이 예수의 이름으로 구하는 것을 허락하는 유일한 신약성서의 본문이라고 말한다: "요한복음이나 신약성서의 다른 곳 어디에서도 예수의 이름으로 받게 될 것이라 언급된 곳이 없다." R. Brown 1970: 723; Howard-Brook 1994: 352 그렇지만 요 15:16c는 동일한 많은 것을 말한다. 따라서 강조점은 두 개이다: "내 이름으로 무엇이든 [구하라]" 16:24a와 "만일 너희가 내 이름으로 아버지께 무엇을 구하면 그가 너희에게 주실 것이다."23b 주리라고 한 예수의 약속과 짝을 이뤄 예수에게 구하는 것14:14은 이제 이렇게 전환되었다: 너희는 이제 더 이상 나, '예수'에게 구하지 않을 것이며 '아버지'께 구하게 될 것이다. 예수는 아버지를 전송하는 인터넷 서비스업체이다. 이 본문은 "예수의 이름으로" 아버지께 기도하는 모델이다.엡 5:20; 골 3:17; 약 5:13-14 참조

대부분의 그리스도인들은 성서 속에서 이런 공식이 기술되어 있는지 확인하는데 애를 먹을 것이다. 요한복음은 예수 안에 있는 하나님과 하나님 안에 있는 예수의 상호 거주를 강조하므로, 하나님이나 예수가 기도에 언급될 수 있다고 생각할 것이다: 우리가 구하는 것은 천국을 향하여 하나님이나 아들에게 보내질 수 있다. 요한복음의 다른 본문들

14:13-14은, 14절이 아버지가 대상이라는 것을 암시하고 있는 내 이름으로를 첨가함에도, 예수에게 구하라고 말한다. 15:7에서 구하라는 명령은 누구에게 구할 것인지 자세히 명시하지 않는다. 이 곳 16:23-24에 있는 핵심은 요 14:6와의 조화 속에 있다: 예수는 아버지께로 가는 길이다! 아마도 차이점을 푸는 실마리는 '그날에'와 '구하라'에 해당하는 다른 동사16:23a의 *erotao* vs 16:23-24의 *aiteo*일 것이다. 오데이는 다음과 같이 말한다 "'그 날에' 예수의 사역 동안예를 들면 6:9; 11:8; 13:6, 25, 36과 특히 고별 담화14:5, 22; 16:17-18 동안에 있는 제자들과 예수의 관계를 표시해 주고 있는 혼란스럽고, 불안하며 어눌한 질문들이 그치게 될 것이다." O'Day 1995: 1780

혼란을 반영하고 있는 *erotao* 간구들16:23a은 그치게 될 것이지만, 예수의 이름으로 아버지께 담대하게 구하는 것*aiteo*, 23b-24는 규범이 될 것이다. 그 날, 즉 죽음과 부활을 통한 예수의 영광의 날에, 제자들이 던지는 "무슨 뜻입니까?"라는 질문들은*erotao* 그치게 될 것이다; 성령은 제자들이 아버지께 직접적으로 내 이름으로 구할 수 있게 하신다. 이 서사의 흐름 속에서, 구하라는 초대를 하며 예수는 기도 속에 있는 인도를 성령에게로 맡기고 있는 것이다.

16:25-28 예수의 대답: 내가 드러내서 아버지를 말할 것이다ʷ

구하는 방식에 있어서 전환이 있는 것처럼, 예수가 말하는 방식에도 전환이 있을 것이다: "나는 너희에게 이 일들을 비유로 말해 왔다. 나는 더 이상 너희에게 비유로 말하지 않고 드러내서 아버지를 말할 때가 올 것이다." 일부 주석가들은 비유의 말이 예수가 요한복음 곳곳에서 사용하는 방식을 말하고 있다고 본다. 그렇지만 이것이 말하고 있는 것은 더욱 제한적이다. 여기서 비유로 사용된 단어는 *paroimia*이다. 요한복음에서는 이 단어가 오직 이곳과16:25, 29 양우리, 목자, 양의 비유를 말하고 있는 10:6에서만 사용되고 있다. 신약성서 다른 곳에서의 유일한 사용은 베드로후서 2:22로서, 70인역의 지혜 문학에서 나타나는 것처럼예를 들면, 집회서 39:103 이 단어는 "격언"을 함축하고 있다.

거의 손에 닿을 듯한 이 때가 오는 것이 어떻게 그런 커다란 차이점을 만들어 낼 수 있는가? 예수는 자신이 비유가 아니라 드러내놓고 말할 것이라고 한다. 예수는 "너희는 나에게 아무 것도 구하지 않을 것이다"23절를 "그 날에 너희는 내 이름으로 구할 것이다. 내가 저희를 위해 아버지께 구하겠다는 것이 아니다"26절로 전환시킨다. 전환은 미미하지만 이것은 예수가 떠나는 것이 예수와 제자들이 어떻게 기도하는가에 있어서 차이를 가져오게 될 것임을 암시한다. 아마도 그 전환은 제자들로 하여금 곧 다가오게 되는 재앙과 같은 변화에 대비하게끔 정신이 번쩍 들도록 하기 위한 의도일 것이다. 17장에서 예수는 제자들을 위해 아버지에게 기도하며, 16장에서의 요점은 전략적이다. 이런 전환의 이유는 아버지와 제자들, 그리고 제자들과 아버지의 직접적인 관계이다: "아버지께서 너희를 사랑하셨으므로, 너희는 나를 사랑하고 내가 하나님께로부터 왔음을 믿는다." 다른 말로 하면, 너희는 그 시험을 통과했다: 왜냐하면 "너희가 나를 사랑하고 내가 아버지에게서 왔음을 믿기 때문이다. 이제 너희는 내 이름으로 아버지께 직접 가게 된다." 이곳 16:27에서의 사랑에 해당하는 단어는 "우정의 사랑" *phileo*이다. 이런 사랑은 예수가 15:15에서 맞이하는, 상호적인 우정의 관계를 말하고 있다.Howard-Brook 1994: 355 참조

고별담화에서 다섯 가지 무리가 구함을 강조하고 있다. 14:12-14; 15:5-8; 15:14-17; 16:20-24; 16:25-28 폴 미니어Paul Minear는 구하라는 예수의 명령 속에 있는 사상의 "여러 가지 파생들"을 밝히고 있다:

> 이 명령을 따르는 행위는 믿는 것, 예수와 같은, 혹은 예수 보다 더 큰 일을 행하는 것, 아버지를 영광스럽게 하는 것, 예수의 이름으로 그룹의 약속과 사역을 행하는 것, 그를 전적으로 의지하는 것, 열매를 맺는 것, 하나님을 알고 그런 지식을 전하는 것, 핍박, 그리고 순교로써 증언하는 것과 연관되어 있다. 1984: 89

그리고 나서 예수는 자신과 복음서 서술자가 여러 가지 방식으로 수차례 말해오고 있던 것을 알아듣도록 설명한다: "나는 아버지에게서 와서 세상 속으로 왔다; 다시, 나는 세상을 떠나 아버지에게로 간다."

16:29-32 제자들의 단언과 이에 맞서는 예수의 단언ᵂ

이제 제자들은 요한복음에서 그들의 마지막역설적인? 공동의 말을 하고 있다: "맞습니다. 지금 당신은 비유가 아니라 드러내 놓고 이야기 하고 있습니다! 지금 우리는 당신이 모든 것을 알며 당신에게 질문할 [*erotao*] 필요가 없음을 압니다; 이로써 우리는 당신이 하나님께로부터 왔다는 것을 믿습니다."29-30 그들이 어떻게 갑작스럽게 이 요점을 파악했는가? 문자적으로 받아들인다면, 그것은 갑자기 예수가 비유로 이야기하여 제자들이 지금까지 이해하고 있지 못했지만, 이야기 해 왔던 모든 것이 가지고 있는 깊고 참된 의미를 볼 수 있도록 예수가 허락했다는 것을 뜻한다. 일부 학자들은 여기서 재미있는 역설을 발견한다: 제자들은 자신들도 모르는 것을 말하는 것이다.

오데이1995: 782는 제자들의 "이해"가 예수의 떠남이 아니라, 오직 예수의 기원이 아버지에 있다는 것에만 반응한다고 지적한다. "제자들은 예수가 하나님의 계시를 완성하기 위한 예수의 죽음과 떠남이 필요하다는 것을 모르고 있기 때문에, 이 누락은 제자들의 담대한 고백의 불완전함을 강조하고 있다." 제자들이 "정점"에 달하여 그들이 앞으로 닥칠 일에 준비가 되었다고 생각하는가? 아니면 그들은 단순히 피곤함에 "지쳐서" 순수하게 만찬의 편안함에 만족하고 있는가? 이런 주고받음 속에 있는 제자들복수형의 갑작스러운 전환은 적어도 의아스럽다.

역설적인 것이 아니라면, 예수의 응답은 제자들의 불충분한 언급을 확인하는 것으로 보인다. 결정적으로 대화는 여기서 중단된다. 예수는 "너희가 이제는 믿느냐?"31b라는 요한복음의 모티브로 응답하지만, 제자들은 대답하지 않는다. 뒤따르는 예수의 말은 제자들이 더 들어야 할 필요가 있음을 보여준다. 제자들은 그들의 순전한? 단언이 진짜인 것처럼 들리기 이전에 더 배울 것이 많이 있다. 예수는 이렇게 말한다. "때가 벌써 왔다. 너희가 나를 혼자 버려 두고 제각기 자기 집으로 흩어져 갈 때가 올 것이다. 그런데 아버지께서 나와 함께 계시니 나는 혼자 있는 것이 아니다."32절 이에 상응하는 마가복음의 본문은 14:27로서, 여기서 예수는 제자들에게 직설적으로 말한다. "너희는 모두 나를 버릴 것이다." 그리고 스가랴 13:7을 인용한다. "목자를 쳐라. 그러면 양 떼가 흩어질 것이다. 나는 그 어린 것들을 칠 것이다." 이 말은 이 모든 세 개의 본문들스가랴, 마가, 요한 속에 나타난다. 요 10:12에서 삯꾼RSV hireling은 양 떼를 버리고 늑대가 와서 양을 흩어 놓는다. 요 10장에서 예수는 고결한 목자이며, 양을 지키지만 여기서 양들은 재판의 때에 그를 버릴 것이다.Howard-Brook 1994: 356

제자들은 예수가 부활할 때까지 다시 언급하지 않으며, 서술자는 그들이 어떻게 반응하는지에 대한 실마리를 제공하지 않는다. 한편, 예수는 아주 고귀한 선물을 내린다.

16:33 이별의 선물: 핍박에 직면한 평화

24절은 너희의 기쁨이 완전해질 것이다는 예수의 확증으로 끝이 난다. 여기서 예수가 제자들에게 한 말은 그리하여 내 안에서 너희가 평화를 누릴 것이라고 끝난다. 이 담화 곳곳에 있는 예수와 제자들 사이의 감정적인 뒤엉킴에 비추어 보면, 이것은 진정으로 기가막힌 마무리인 것이다! 기쁨와 평화의 주제들은 제자들과 예수의 대화 마지막 부분의 끝으로 볼 수 있다.Howard-Brook 1994: 357 예수가 약속한 평화는 감성적이거나 현실도피자의 경건함이 아니라 핍박에 직면한 평화이다.33c 15:18-25의 엄한 훈계를 개괄하면서, 예수는 다음과 같이 말한다 "세상은 너희를 핍박할 것이다. 그렇지만 이것은 나, 예수가 너희에게 주는 더욱 강한 사랑을 없애지는 못할 것이며 너희가 그것을 경험하도록 초대할 것이다." 바꾸어 표현됨

가장 중요한 것은, "용기를 내어라. 내가 세상을 이기었노라!"이다. 예수는 이 세상의 통치자와의 싸움을 끝낸다.12:31; 16:11; 19:30 예수가 세상의 통치자를 이기었으므로, 제자들은 핍박에 직면하더라도, 회당에서 쫓겨 나더라도, 그리고 어떤 역경에도 평화를 누릴 수 있다.롬 8:37-39 참조 동일한 요한복음의 신학은, 이기는 자의 장면이 교차로 나타나고, 이기다라는 단어가 16회 등장하고 있는3:21에서는 2회 사용됨 요한1서~요한3서 및 계시록을 통해 숨을 쉰다.Swartley 2006a: 337-38 어린양의 승리가 압도하고 있다. 제자들의 사역은 "그 승리를 얻는 것이 아니라, 승리가 그들을 둘러싼 세상에 드리웠다는 것을 알고 사는 것이다. 그들이 두려워하는 곳에서, 예수는 '용기' [요한복음에서 유일하게 사용된 단어]를 명령한다···. 이것은 예수가 십자가의 순간 전에 자신의 연약하고 혼란스러워 하며 발버둥치는 공동체에게 하는 마지막 말씀이다. 남아 있는 것은 예수와 아버지 사이의 직접적인 연합인 기도로서, 제자들과 우리가 들을 수 있는 특권인 것이다." How-ard-Brook 1994: 357

성서적 맥락에서의 본문

보혜사 혹은 성령 ʷ

보혜사, 진리의 영, 그리고 성령을 서로 혼합하는 것이 일반적이지만, 이 세 가지 용어들은 성서에서 다르게 펼쳐지고 있다. 나는 신약에 있는 유일한 보혜사 본문을 아래에 두었으며, 그 다음에 "진리의 영", 그 이후에 "성령"을 다룰 것이다.

보혜사 본문들

나는 아버지께 구할 것이며 그가 너희에게 너희와 영원히 함께 할 새로운 변호자, 보혜사를 주실 것이다. 이것은 진리의 영으로, 세상이 받을 수 없다. 왜냐하면 세상은 그를 보지도 알지도 못하기 때문이다. 그가 너희와 함께 거하기 때문에 너희는 그를 알며 그가 너희 속에 계실 것이다. 요 14:16-17

그렇지만 아버지께서 내 이름으로 보내실 변호자, 성령은 너희에게 모든 것을 가르

치실 것이고, 너희에게 내가 말했던 모든 것을 기억나게 하실 것이다. 14:26

　　내가 아버지에게서 너희에게 보내고 아버지에게서 오시는 진리의 영, 변호자가 오시면, 그가 나를 위해 증언하실 것이다. 너희가 나와 더불어 처음부터 함께 있었으므로 너희 역시 나를 증언할 것이다. 15:26-27

　　그럼에도 나는 진리를 말하노라: 내가 가는 것이 너희에게 유익인 이유는, 만일 내가 가지 않는다면 변호자가 너희에게 오지 않으실 것이다; 그렇지만 내가 간다면 나는 그를 너희에게 보낼 것이다. 그리고 그가 오면, 그는 죄와 의, 그리고 심판에 대해 세상의 잘못을 입증하실 것이다: 죄에 대하여서는, 그들이 나를 믿지 않기 때문이다; 의에 대해서는, 내가 아버지게로 가서 너희는 더 이상 나를 보지 못할 것이기 때문이다; 심판에 대해서는, 이 세상의 통치자가 선고를 받았기 때문이다. 16:7-11

　　나는 아직도 너희에게 말할 것이 많이 있지만 너희는 지금으로서는 감당하지 못한다. 진리의 영이 오시면 그가 너희를 모든 진리로 인도하실 것이다; 그는 자신의 말을 하는 것이 아니라 그가 들었던 것을 말씀하실 것이며 그는 너희에게 다가 올 일들을 말하실 것이다. 그는 나를 영광스럽게 하실 것인데, 그가 나의 것을 받아 너희에게 선언하실 것이기 때문이다. 아버지께서 가진 모든 것은 내 것이다. 이런 이유로 나는 그가 나의 것을 받아서 너희에게 선언하실 것이라고 말한다. 16:12-15

　　내 어린 아이들아, 내가 이것들을 쓰는 것은 너희가 죄를 짓지 않게 함이다. 그렇지만 누구든지 죄를 지으면, 우리는 아버지와 함께 하는 변호자, 의의 예수 그리스도가 있다; 그리고 그는 우리의 죄를 위한 기름부음받은 희생으로, 우리를 위한 것이 아니라 모든 세상의 죄를 위해서이다. 요일 2:1-2

　　보혜사라는 용어는, 16:12-15를 제외하고, 16:7-11까지 이어지는 이 구절 모두에 등장한다. 변호자가 이 본문 속 요일 2:2를 포함하여에서 더 자주 나타나는 번역이지만, 위안자, 안내자, 조력자, 그리고 가르치는 자가 있는 장면도 나타난다. 보혜사는 신자들의 삶 속에 거주하시는 예수의 현존이다. *parakletos*가 그리스 법정에서 변호자를 지칭하지만, 70인역에서는 *parakaleo*라는 동사와 관련되어 사용되는 히브리어 단어 *naham*을 위안자로 번역한다. Hamilton을 보라

　　제자들의 두려움과 의심에도 불구하고, 예수는 앞에 놓여 있는 어두운 나날들을 통해서 그들을 변호해 주고 지켜주고, 확신을 주며 위안을 주고 인도해 주실 성령을 약속한다. Howard-Brook 1994: 320-21 보혜사에 대한 프랭크Franck의 박사학위논문은 우리가 보

혜사의 사역을 한 가지 의미로만 좁혀서는 안 되고, 적어도 세 가지 주요 기능들을 인식해야만 한다고 주장한다: 법적인 측면신자들을 변호하고 세상의 꾸짖거나 세상의 죄를 고발하는 변호자; 고별의 안심과 위안이라는 주제들; 그리고 교훈의 기능: 보혜사가 너희에게 모든 것을 가르치실 것이며, 내가 너희에게 말했던 모든 것을 생각나게 하실 것이다.14:26; 그는 모든 진리로 너희를 이끄실 것인데16:13, 이것이 그의 가르침의 열매이다.

프랭크는 가르침의 역할에 특권을 부여한다.37-75 그는 증언witnessing이나 진술testifying을 가르침의 역할의 한 부분으로 간주한다.Franck: 57 보혜사가 예수에게서 받아 제자들에게 말할 때16:14b; Franck: 66-67, 73-74; 7:39c-d에서 예수의 영광 속에 성령이 오심을 참조, 그는 예수를 영광스럽게 한다.16:14 프랭크의 논문은 이런 가르침의 역할이 애제자가 요한복음을 기록하게 하는 성령의 영감 속에서 받아 구현되었다고 주장한다.79-98 그러므로 보혜사는 요한복음이 읽혀지고 가르쳐지고 설교되는 언제, 어느 곳에서나 계속해서 교회를 가르치고 있는 것이다. 보혜사는 계속하여 예수를 증언하고 있다.

진리의 영

요한복음은 진리의 영을 대부분 보혜사를 지칭하는데 사용한다. 이것은 요한복음의 더 큰 강조점, "재판받는 진리"와 들어 맞는다.Lincoln 2000 진리는 거짓을 드러내고 예수의 대제사장의 기도의 중심에 있다.17:15-19 기도의 이런 중요한 부분에 대한 예수의 관심은 신자들을 세상에게서 보호하는 것임 진리로, 그리고 진리 안에 그들이 성화되는 것이다.거룩하게 됨 예수와 빌라도 사이의 궁극적인 충돌은 왕권과 진리와 관련된 문제들을 넘어선 것이다.18:33-38 의미있게 예수는 이렇게 주장한다: "나는 … 진리이다."14:6

진리는 성서에서 넓은 범위의 뜻을 가진다. 그것은 요한1 서에서의 주장에 있어 결정적으로 중요하다.McDermond: 62 엡 4:15는 사랑 안의 진리AT, 문자적으로라는 주목할 만한 구문으로, 이 구문은 기독교 공동체 속에 있는 관계와 담화의 본질을 규정하고 있다. 4:20-21에서는, 세상의 죄를 경고한 후에, 바울은 신자들을 그리스도, 즉 진리의 체현으로 부르고 있다: "그것은 여러분이 그리스도를 배웠던 방식이 아닙니다! 진리가 예수 안에 있듯이, 여러분들은 분명히 그에 대해 들었으며 예수 안에서 가르침을 받았습니다."

구약에서 진리는 의와 짝을 이루는, 관계 속의 신뢰이다. 이스라엘의 몰락은 진리 안에서 걷지 못하는 것이었고, 하나님에 대한 언약의 의무에 있어서의 신뢰를 지키지 못한 것이었다. 내가 아끼는 시 86:11는 백성을 위한 율법의 길을 포용하고 있다: "오, 주님,

당신의 길을 가르쳐서 당신의 진리 안에서 걷게 하소서. 당신의 이름을 경외하도록 한마음을 주소서.” 진리 속에서 걷는 것은 구약 윤리의 중심적인 모티브이다. 그것은 공동체의 삶과 하나님에 대한 신실한 관계를 위해 기초적인 것이다. 진리가 날조되면 언약의 사랑은 거짓이 된다. 공동체는 무너지고 종교는 웃음거리가 된다. 보혜사의 역할은 신자들을 진리로 이끄는 것이다. 서로를 사랑하는 것과 더불어13:34-35, 진리는 신자들의 정체성을 표시하는 것이다.

성령

이 본문14:26에서는 단 한 번만 언급되었지만, 신약성서 다른 곳에서 보혜사로 사용되는 가장 흔한 용어는 성령이다. 그러나 해밀턴과 다른 학자들이 지적한 것처럼, 3:3-10; 4:23-24; 6:53; 7:37-39에서, 그리고 최고조로는 예수가 숨을 내쉬어 성령을 제자들에게 내리는 요 20:22-23의 결정적인 통찰과 더불어, 이 용어는 요한복음의 서사 중심에 놓여 있다. 이것이 요한복음의 성령강림이다. 이것은 죄를 용서하고 세상 속에서 예수의 사역을 나타내는 제자들의 권위에 대한 기초를 이룬다. 성령 역시 요한 1서의 핵심적인 모티브이다. 성령께서 공동적으로, 그리고 개인적으로 공동체 안에 거하신다는 것을 알게 되는 시험은 신자들이 진정으로 말과 행동으로 서로를 사랑하는가, 그리고 신자들이 예수의 명령을 지키는가이다.3:16-24

구약성서에서 주의 영은 특별한 임무를 위해 사람들에게 내려왔다.모세, 여호수아, 사사들, 사울, 다윗, 그리고 분명히 선지자들의 부르심 속에서; 해밀턴을 볼 것 사 63:10-11는 성령을 의인화 사면서 이스라엘이 “그의 성령을 거역하고 슬프게 했다.”고 말한다. 몇 줄 이후에, 이 선지자는 다음과 같이 질문한다. “그들 속에 그의 성령을 두신 이가 누구인가?” 공관복음서에서, 성령은 예수의 사역을 재가하고 권한을 주기위한 침례에서눅 4:16-21, 그리고 마귀들과 맞서는 곳에서 예수에게 내려왔다. 하나님의 성령으로눅 11:20에는 하나님의 손가락으로 예수는 사탄을 쫓아내고 사탄의 구속에서 사람들을 자유케 한다.막 3:21-29; 마 12:22-23 누가에서의 예수의 모든 사역은, 아울러 사도행전에서는 더욱 빈번하게, 성령에 의해 이끌린다. 이 약속된 성령의 내주하심이 유효한 것은 성령강림과 함께라는 해밀턴의 시각에 나는 동의하고 있다. 그런 현실과 더불어, 성령강림 이후 사람들이 특별히 주어진 임무와 사역을 위해 성령으로 채워지고, 사로 잡히며 권능을 받는 때와 사례들이 있다.예를 들면 행 8:29에서 에티오피아 내시와 빌립이 만남 바울 서신에서 성령은 우리의 구원의 도장이다. 엡 1:13 우리는 “성령을 근심하게”엡 4:30 하거나 “성령의 불을 끄는”살전 5:19 일을 해서는 안 된다.

가장 중요한 것은, 사랑스러운 아바인 하나님께 우리가 외치는 것은 성령을 통해서라는 것이다.갈 4:6; 롬 8:15 성령은 우리가 말할 수 없는 탄식을 아버지께 표현한다.롬 8:26 성령은 우리가 예수의 계명들을 지키고 서로 사랑할 때 우리가 하나님의 자녀임을 확증한다.요일 3:23-24 성령은 주기도문 속에서 우리를 인도하며 신자들에게 주시는 하나님의 가장 좋은 선물이다.눅 11:1-13 신자들이 마귀에 대적할 때 하나님의 갑옷을 입으라는 부르심을 맺으면서, 우리는 "항상 모든 기도와 간구로 성령 안에서 기도"해야 한다.엡 6:18

고린도 교인들은 방언이라는 성령의 은사들로 인해 자신들 사이에서 분란이 생기게 되었다. 바울이 그 문제를 해결하는 가르침은 방언은 성령의 은사라는 것을 부인하는 것이 아니라 성령으로 온 것인지 거룩하지 못한 영들에게서 온 것인지를 판단하는 기준을 세우라는 것이었다.고전 12, 14 사랑은 한 가지 결정적인 요소이다.13장 몸 전체를 세우는 것은 또 다른 것이다.14장 성서 속에서 이런 성령의 활동의 파노라마는 성령의 열매를 포함하고 있다.갈 5:22-23 NIV 1984와 RSV: "사랑, 기쁨, 평화, 인내, 친절, 선함, 신실, 온유, 절제." 우리 생활 속에서 이렇게 분명히 나타나는 것으로, 우리는 우리 속에 내주하시는 성령과 더불어 우리가 하나님의자녀라는 것을 확신하게 된다. 우리는 사랑의 삼위일체와 서로 안에 거함 속에 참여하는 것이다.요 15, 17장

성령은 마태복음의 지상대명령과 침례의 선언28:18-20 및 사랑이 듬뿍 담긴 축도 속에도 이름이 나온다. "주 예수 그리스도의 은혜, 하나님의 사랑, 그리고 성령의 사귐이 여러분에게 있기를" 고후 13:13

예수가 주는 평화의 선물

예수의 고별담화 속에서 핵심이 되는 주제들은, 보혜사와 평화를 포함하여, 요한의 사역 위임 속에 다시 등장한다. 탈버트254, 괄호 안의 문구는 수정된 것는 요 14장과 16장, 그리고 20:19-23에 있는 주목할 만한 연결점을 보여주고 있다:

나는 너희에게로 되돌아 가고 있다.14:18, 16:22	예수가 그들에게 갔다.20:19
나는 평화를 너희에게 잠겨 준다.14:27 [16:33]	평화가 너희에게 있으라20:21
너희 마음이 기쁠 것이다.16:23	제자들이 기뻐했다.20:20d
당신이 나를 보낸 것처럼	아버지께서 나를 보내신 것처럼
나는 그들을 보냅니다.17:18	나도 너희를 보낸다.20:21

내가 가면 성령을 너희에게 보낼 것이다.16:7b   성령을 받으라20:22

　　[14:16, 26; 15:26]

　　예수가 요 14:27과 16:33에서 약속한 평화는 공동적이며 개인적인 것으로, 외부의 증오와 핍박에 처할 때의 내적인 평온함이다. 요한복음에 나타나는 갈등의 더 큰 기풍 속에 서우주적, 종교적, 그리고 정치적, 평화는 다른 권세에 맞서는 대안적인 힘이다.Swartley 2006a: 313-14

　　부활 이후에 예수가 성령을 내쉬며 제자들을 맞이하는 것과 요 20:19-23에 나오는 선교의 위임을 제자들에게 주는 것을 연결하는 것이 중요하다. 요 4장, 14장, 그리고 16장은 요한복음의 평화와 선교가 문화, 인종, 종교의 범주를 넘어선다는 것을 보여준다. 추수할 들판의 곡식4:38은 원수지간인 사마리아인들을 포함한다. 4:46-54에 나오는 속편은 로마 관리의 훌륭한 신앙을 그리고 있다. 예수는 그의 아들을 치유한다. 그 결과, 이 사람과 그의 가족 전체가 신자들이 된다. 양쪽 모두의 사례에서, 인종, 종교, 그리고 국가적인 적대감은 이 세상의 구원자, 예수의 힘으로 힘을 잃고 변화된다.

　　에베소서에서 예수는 "우리의 평화"2:14로서, 민족들 간의 증오의 벽을 허문다. 예수의 평화는 그들을 연합하게 한다.Yoder Neufeld 2002: 215-33 다른 많은 신약의 본문들 역시 증오, 세상, 죄, 그리고 죽음에 대한 예수의 승리를 말하고 있다. 눅 10:18에서 예수는 갈릴리 마을에서 70명이 평화의 복음을 선포할 때 사탄이 하늘에서 떨어지는 것을 본다.10:5-6 요일 5:4, 18-10와 계시록은 예수가 악에 승리한 것을 강조하며, 신자들이 제의적 고조 속에서 어린양의 승리를 위해 전능하신 하나님을 찬양하고 예배하고 있다."Service of Worship," Swartley 2007: 239-62 많은 신약 본문들이롬 8:31-39; 고전 15:54-57; 엡 2:11-15 예수가 권세들에 승리했다고 선포한다.Swartley 2006a: 50-52; 악에서 사회적이고 개인적인 구원을 한다는 면에서 예수의 사역이 권세들을 이겼다는 점에 대해서는, 다음을 보라. 2006b: 24-40; 2006c: 96-112; 2009: 89-103

교회생활에서의 본문

교회생활 속의 성령

　　1977년 격주로 열리는 회의에서 메노나이트 교회는 교회의 삶 속의 성령이라는 제목의 간단한 공식 문서를 채용했다. 여기서 언급한 것에는 요한복음에서 예수의 고별담화를 가리키는 한 줄짜리 글도 있다: "성령이 그리스도를 해석한다.요 14:16; 15:26; 16:13ff."
섹션 3B 그렇지만 예수의 제자들을 인도하고 그들이 핍박을 받을 때 권능을 주는 성령의
역할은 침묵된다.

그렇지만, 이 언급에서는 교회에서 성령의 역할에 대한 몇 가지 선하고 유용한 점들을
아래와 같이 간략하고 수정된 형태로 나열하고 있다.3B:

- 성령은 모든 그리스도인들 속에 내주하신다. 그리스도에 속하는 것은 성령을 갖
는 것이다.롬 8:9
- 성령은 시작부터 끝까지, 영적인 선물들을 포함하여 그리스도인들이 경험하는
모든 범위를 견고하게 묶는다.고전 12-14
- 성령은 인간 그리스도와 그리스도의 사역에 밀접하게 관련되어 있다.[여기서 보
혜사 언급들이 인용된다]
- 성령은 교회가 그리스도의 진정한 몸이 되도록 주어져서, 그의 삶을 나누고, 그
성격을 신실하게 드러내며 모든 선한 일 속에서 열매가 있도록 하신다.롬 8:29; 갈
5:16-26
- 성령은 그리스도를 증언하는 임무를 위해 교회가 힘을 내도록 교회에게 주어진
다.행 1:8 [요한복음의 보혜사 역시 그렇다]
- 하나님의 백성들의 삶 속에서 복음을 해석하고 복음에 생기를 부여하는 것이 성
령의 사역이다.

메노나이트의 관점에서 본 신앙고백의 3항에서Mennonite Church 1995: 17-20, 보혜사 본
문들은 이따끔씩 언급되고 있다.예를 들면 16:8-10; 14:26; 및 16:13, 진리의 영이 등장하는 곳 3항
은 이렇게 언급하면서 끝이 난다. "성령은 … 고통 속에 있는 우리를 위로하신다." 이것
은 위로자와 변호자라는 보혜사의 역할에 해당하는 것이다. 현대의 신학에서 성령의 역
할은 더욱 강하게 강조되고 있다.예를 들면 Moltmann 1997; Bruner가 잘 분석한 오순절파의 기여
들 아나뱁티스트 역사가와 신학자들은 너무도 자주 성령의 역할, 특히 보혜사의 역할을
대수롭지 않게 여기고 있다. 두 개의 글이-Vision2012 이라는 책에 있는 쉬링턴Shillington
31-39와 슈나이더Snyder 64-73의 글-이런 결함을 교정해 주고 있다. 양쪽의 글 모두 성령
과 교회의 삶이라는 제목이 붙은 이 비전의 책 속에 있는 다른 글들과 더불어 중요한 것
이다.

평화를 설교하고 가르침

평화에 대한 세 가지 중요한 본문은 요 14:27; 16:33; 20:19-23, 26이다. 사마리아를 거친 예수의 여정은 화평의 사건이다. 평화는 신약과 구약성서 모두를 꿰고 있는데, 구약에서는 shalom*salom*이 250차례, 신약에서는 *eirene*가 100차례 나타난다.Swartley 20061: 28n2 신약에서 넓은 범위의 평화에 대한 강조가 적어도 21개의 주제와 관련이 있다.Swartley: 2006, 2007에 목차화 되어 있다 이들은 2년 단위의 평화에 대한 설교와 가르침을 인도한다. 여기에서는 요한복음과 직접적으로 연관이 있는 세 개가 있다:

- 요한이 이곳에서는 수수께끼로 나타내고는 있지만-성찬 일요일-주의 만찬 본문들2006: 177-88; 요 6장에 대해서는 184n16을 볼 것
- 내가 너희에게 주는 평화는 … 세상이 주는 것이 아니다.요 14:27 RSV; 다음을 참조. 16:33; 18:36 이것을 예수의 선물인 성령의 내주하심과 연결하라2006: 284-89, 296-302 예수가 주는 세 가지 선물, 사랑, 평화와 보혜사는 "예수가 없는 동안 요한 공동체의 신앙의 기반이 된다." Neville: 182-83
- "평화와 선교" 요 4; 20:19-23; 다음을 참조. Swartley 2006a: 304-16; 2007: 227-28 이런 가르침과 설교가 예배와 연결된다고 생각할 수도 있다.Swartley 2007: 229-37; 265-66참조

요한복음17장

예수가 아버지께 기도하다

사전검토

초대교회 지도자인 이그나티우스가 순교를 앞둔 죄수의 몸으로 로마로 끌려갔을 때, 그는 자신이 주교로 있었던 소아시아에 있는 사랑하는 교회들에게 편지를 썼다. 이 편지 속에서 그가 염려하던 것은 자신이 가치있는, 진정한 순교자로 남는 것이다. 그렇지만 그런 희망은 그의 리더십 하에 있는 교회들이 통일성을 갖는다는 한 가지 핵심적인 관심과 연관된다. 그는 그들이 예수 그리스도에게 충실하게 자신들의 신앙과 행동으로 연합되기를 기도하고 간구하고 열망한다. 자신이 주교로 있는 교회들이 연합될 때만, 그는 진정으로 순교자가 될 수 있을 것이다.Swartley 1973

체포되기 전 아들 예수가 자신의 마음을 아버지께 쏟아 붇고 있을 때, 그는 자신의 제자들 위해 탄원한다. 그런 기도에 대한 구약의 몇몇 전례들은 모세의 이별의 말과 이스라엘을 축복하는 것신 33 그리고 족장 모세와 노아이다.희년서 1:19-21; 10:3-6; O' Day 1995: 787n562; 에스라 9; 느헤미야 9; 다니엘 9 참조 예수의 기도는 자신을 위한 기도로 시작하여 백성을 위한 기도로 이어진다. 희생제사를 할 때 아론의 지시 역시 마찬가지다.레 16:11-16

수많은 학자들이 이것을 자기축성self-consecration의 기도로 본다; 예수는 스스로 죽음, 영광, 그리고 희생을 위해 준비한다. 다른 이들은 그것을 아버지와 예수의 연합을 인증하는 것으로 보며 그런 연합 속으로 제자들을 초청하는 것이라고 생각한다. 세 개의 측면이 모두 있는 것이다.Burge 2000: 460-61 참고 이 기도는 영광과 서로 영화롭게 하는 어조를 갖는다.[육체와 영광, 579쪽]

예수는 아버지와 함께 거하는 자신의 영광된 상태에 이미 있는 양, 그의 아버지의 현존 속으로 들어간다. 도드가 잘 지적한 것처럼, "그 기도는 어느 정도는 아버지에게 가는 아들의 승천이다." 1953: 419 예수가 말씀이 육신이 된 사역 속에서 자신을 낮출 때, 이것은 서사상의 보완이 되고 있는 것이다. 발을 씻김이 친구들인 제자들과 예수의 친밀함을 절정에 이르게 하는 것처럼15:15, 이 기도도 아버지와 예수의 친밀함을 절정에 올려 놓고 있다. 15장에서 서로 안에 거함, 즉 내가 너희 안에 거하는 것처럼 내 안에 거하라4절는 이 기도가 자신을 따르는 자들을 사랑하는 예수의 세 문구를 통해 진행되듯이 점점 고조되고 있는 것이다. 이것은 예수가 아버지와 함께 있는 것처럼, 제자들이 하나가 되어-현재에서나 미래에서나-자신 안에서 연합되게 해달라는 예수의 간구 속에 절정을 이루고 있다.17:21-23

이 전체 기도는 예수와 하나님의 영화로 숨쉰다. 이 기도 속에서 반복되면서 진행되는 아버지라는 단어의 사용6차례은 놀랍다: 아버지1절, 5절에서도 반복됨, 거룩하신 아버지11절, 반복되는 아버지21, 24 그리고 의로우신 아버지25절 다른 보충적인 표현들은 당신의 아들과 그 아들1절, 이후에 17장에서 나를이 반복됨, 당신의 이름6, 11, 12, 26 그리고 당신의 말씀6, 14, 17 나를 보내심8, 18절[및 그들을 보냄], 21, 23, 25이나 나에게 주심이나 나에게 주셨다.2[2회], 4, 6[2회], 그리고 7, 8, 9, 11, 12, 22, 24[2회], 예수가 제자들에게로 확장하는 주다.2, 8, 22가 반복되어 사용되는 것은 이 기도의 관계상의 깊이를 보여준다. 다른 말씀이나 문구11, 22를 보라가 아버지와 아들 혹은 제자들과 예수의 친밀함을 묘사하기 위해 여러 차례 등장하고 있다. 보내심과 주심은 목적지향적이다: "그들이 하나되게 하기 위하여."11, 21, 22절

예수는 신자들을 악에서 지켜달라는 것과 예수가 아버지와 하나인 것처럼 모든 이가 예수 안에서 하나가 되게 해달라고 하나님께 기도한다. 오늘날 신자들은 이 기도로 정죄를 받는다. 우리는 수많은 서로 다른 그룹들로 나뉘어졌기 때문이다. 이 기도는 우리로 하여금 회개할 것과 모든 신자들이 하나됨으로 들어가며 아버지-아들의 공동적인 사랑의 관계 속으로 들어가게 해달라는 예수의 열망을 새로이 붙잡게 한다.

"예수는 사람들의 공동체가 되는 것으로 하나님을 계시한다; 그는 인간들이 서로 하나되도록 하고자 죽는다."Rosse: 44 이 하나됨은 바로 예수와의 연합, 아버지와의 연합이다. 예수의 마지막 뜻과 증언은 예수 그리스도 안에 서 그들이 연합하여 살도록 신자들에게

힘을 주는 것이다.

개요

예수가 자신을 위해 아버지께 기도하다, 17:1-8
예수가 제자들을 위해 거룩하신 아버지께 기도하다, 17:9-19
예수가 믿음에 이르게 될 모든 이들을 위해 아버지께 기도하다, 17:20-24
예수가 자신이 온 목적과 영향을 요약하다, 17:25-26

주석적 해설

이 기도는 요한복음과 예수의 고별 속에 앞서 다루었던 주제들을 이어간다:

요 17장에서 주제들을 되풀이함	17:1-8	17:9-10	17:20-26
영화롭게 됨	1, 4, 5	10	22, 24
하나님께서 보내신 예수	3, 8	18	21, 23, 25
예수가 하나님의 뜻을 완성하다	4, 6, 8	12	26
아버지께 말하다	5	11	21
하나님께서 예수에게 신자들을 주심	6	9, 10	24
세상	5, 6	9,11,14,15,16,18	21, 23, 25
신자들이 신앙을 지키다	6, 7, 8		25
신자들의 연합		11	21, 22, 23
하나님께서 신자들을 보호하심		11, 12, 15	
신자들이 하나님께 속함	6	9, 10	
아버지와 아들의 연합		11	21, 22, 23

예수가 자신을 위해 아버지게 기도하다 17:1-8

17:1a 기도의 배경: 하늘을 우러러 봄; 그 때가 오다

장소의 변화가 13-16장과 17장 사이에 암시되어 있다. 예수는 더 이상 그들이 유월절 음식을 먹었던 곳에서 제자들과 함께 있지 않고, 외부에, 아마도 감람산에 있는 듯 하다.

예수가 혼자 있을 수 있지만 제자들도 있다16:33; 18:1 참조: "이 기도는 정확히는 제자들 앞에서 크게 말하고 있어서 제자들이 이 연합을 공유할 수 있게 된다.21-23 청중이 있으므로, 이 기도는 중재이면서도 계시인 것이다.R. Brown 1970: 748

예수는 눈을 들어 하늘을 보며 아버지께 기도한다. 그가 먼저 말한 "아버지여, 때가 왔습니다"는 이 기도를 신학적인 시간의 자리에 위치시키고 있다. 그 때는 2:4에서 계속 이어져 예상되고 있었다. 이제 그 때가 온다. 아들을 보내는 아버지의 목적은 성취되어야 한다. 예수는 이제 곧 일어나고자 하는 사건들을 완전히 알면서 기도하는 것이다.

17:1b-5 기도의 분위기: 나를 아는 자들을 위한 공동의 영화—영생 w

이 단원에서 영광스럽게 하다는 교차대구적인 수미상관을 이루고 있다.Howard-Brook 1994: 359:

A 아버지여, 아들을 영광스럽게 하소서1절

    B 육체를 능가하는 힘, 생명을 주다.2절

        C 이것이 영생이다.3절

    B' 세상에[=육신], 완성된 일[=생명을 주다] 4절

A' 아버지여, 저를 영광스럽게 하소서5절

예수는 하나님을 아버지라고 부른다.예수가 제자들에게 이렇게 기도하라고 가르치는 주기도문을 참조. 마 6:9 [아버지와 아들, 577쪽] "그 때가 왔습니다."1절는 예수의 죽음과 아들이 영화가 가까이 왔음을 알린다. 이 선언은 먼저 12:23에서 나타나는데, 여기서 헬라인들이 예수를 보러 온다. 12장에서 마리아가 예수에게 기름을 붓는 것 역시, 나사로의 죽음과 부활이 예수의 죽음과 부활을 예시하는 것처럼, 십자가의 때를 예견하는 것이다.

당신의 아들을 영광스럽게 하소서2절는 아버지에 대한 예수의 간구를 시작하고 있다. 예수가 구하는 영광은 개인적인 유익을 위한 것이 아니라 아버지를 다시 반영하는 영광이다: "아들이 당신을 영광스럽게 하기 위하여."5:44; 12:43 참조 아버지의 영광은 아들을 포용하며, 아들은 아버지에게 영광을 되돌려 드린다. 예수의 간구는 영광이 하나님께 속해 있다는 것을 안다: 그 영광은 하나님에게서 오며, 예수는 그것을 하나님께로 되돌린다. 영광은 "이미 하나님 속에 있다…. 만일 하나님께서 누군가에게 영광을 부여하신다면, 하나님께서 그 사람이 그의 명예나 권세나 신성한 광채 속에 참여하는 것을 허락하시는 것이다." Talbert: 224-25 아들에게 신성한 영광을 부여함으로1:14, 아버지는 아들에게

도 영생을 허락할 권세를 주시는 것이다.3:14-21, 31-36; 5:21-26 이런 삶은 하나님의 자녀가 되는 권세로서, 믿는 자에게 주어진다.1:12 AT 생명을 주시는 것은 하나님의 특권이다. 요한복음에서, 아버지는 영생을 아들에게 위임한다.Moloney 1998: 461 참조

이런 영생이라는 선물은 신자들이 하나님을 알 수 있게 한다.3절 직접적인 기도의 언급 속에서, 예수가 간구하는 것은 그들이 당신, 유일하신 진정한 하나님과 당신께서 보내신 예수 그리스도를 알도록 하는 것이다. 몰로니1998: 461는 요한복음에서 이 주제를 이렇게 요약한다: "하나님의 지식은 보냄을 받은 이의 말씀과 행동을 계시함을 통해 온다."1:14, 16-18; 3:14-15, 16-17, 21-36a; 4:13-14; 5:24-25; 6:35, 51; &:37-38; 8:12; 9:5; 10:27-29; 11:42; 13:18-20; 14:6-7 참조 지식에 대한 이런 강조는 특별한 지식이 죽음을 통한 예수의 영화와는 별개로 구원을 이룬다는 초기의 영지주의 주장에 맞서는 것이다.[영지주의, 582] 구원하는 것은 지식이 아니라 하나님께서 보내신 이, 예수 그리스도이다. "유일하신 참 하나님을 언급하는 것은 선교의 용어이며, … 제자들과 예수를 그들의 선교 임무를 위해 따로 구별하는 것이다." Witherington 1995: 269

3절은 20:31에 나오는 요한복음의 목적을 말하는 부분과 잘 어울린다: 아들을 믿는 것은 하나님에 대한 진정한 지식으로 가는 길이다. 왜냐하면 그 길이 아버지 하나님을 계시하는 하나님의 독생자이기 때문이다.1:18에 대한 언급을 볼 것 하나님의 지식은 구약성서를 지배하고 있는 모티브이다: 구약의 서사, 시편, 그리고 예언서들본문의 인용을 위해서는 Howard-Brook 1994: 360-61을 볼 것 17:4에서 예수는 기도로 아버지에게 말을 맺고 있다. 당신께서 내게 하라고 주신 사역을 이룸으로 이 세상에서 당신을 영광스럽게 했습니다. 예수는 이렇게 말한다. 이제 저는 당신께서 저를 보내시며 하라고 하신 일을 이루었습니다.AT "이루다"라는 단어는 중요하다.Howard-Brook의 교차대구를 보라 왜냐하면 이 단어가 23절에서, 그리고 십자가에서의 예수의 마지막 말, "다 이루었다"19:30b에서 다시 등장하기 때문이다.

"나를 영화롭게 하소서"17:5에서는 이 첫 번째 단원을 맺고 있다. 아들이 허락하는 영생은 서로에게 주는, 아버지와 아들이 함께 부여하는 영광과 연결된다.2, 4, 5절 예수는 아버지께 이전처럼 간청하지만1절, 임재presence라는 단어에는 두 가지 새로운 시각이 있다.NRSV에서는 5절에서 이 단어를 두 번 사용함 첫 번째로, 예수는 아버지 앞에서 자신을 영광되게 해달라고 아버지께 기도한다: 예수는 아버지와 함께 있는 것을 갈망한다. 두 번째로, 예수는 아버지에게 모든 것이 시작된 곳과 시작된 때를 상기시킨다. 예수는 세상이 존재하기 전부터 당신의 앞에서 내가 함께 누리던 그 영광으로 아버지와 다시 연합하기

를 염원한다! 이것은 태초에 말씀이 하나님과 함께 하고 있던 1:1을 되돌아보게 한다. 서문에서 신성한 말씀이 아래로 내려 온 것처럼, 아들의 영광은 이 기도 속에서 위로 올라간다. 성육신된 아들의 일이 이루어졌기 때문이다.

요약하면, 아들은 아버지께 그들의 공동적인 영화를 이루게 해달라고 간구하는데, 이것이 요한복음서의 주요 주제이다. 보혜사라는 용어처럼, 영광은 여러가지 뉘앙스를 갖는다.12장을 위한 TBC를 볼 것 [육체와 영광, 579쪽] 17장은 '영광이 내려오다' 를 십자가를 통해, 그리고 하나님께서 신실한 나머지 죽기까지 한 예수를 인정하심으로 임박한 영광이 올라가는 것과 연결하고 있다.빌 2:5–11 참조

17:6–8 회상: 예수가 "세상에서 나에게 주신 자들"을 위해 한 것

이제 예수는 자신의 사역이 해 오던 일을 반복한다: 계시하고, 당신의 이름이 당신이 내게 주신 자들에게 알려지게 하는 것. 이름은 어떤 사람의 본성과 성격을 드러낸다. 출 3:13–15는 하나님의 특별한 이름을 드러내는데YHWH, 예수가 하나님의 이름을 제자들에게 계시함 속에 내재된 것이다. 예수는 하나님의 성품을 계시한다. 이것이 없이는 제자들이 사역을 하기 위해 보냄을 받을 수 없다.Newbigin: 228 예수는 하나님의 이름을 특정한 이들에게 알린다: 그들은 하나님께서 자신에게 주신 이들이다.229 이들이 세상에서[으로부터] 나에게 주신 이들이다. 예수는 '당신께서 내게 주신 이들이 당신의 말씀을 지킨다' 고 말하는데6c, 아주 굉장한 찬사이다.

7–8절에 있는 긴 문장은 예수가 행한 것에 대해 세 가지를 말하며 영성을 형성하고 있는 제자들의 현재 상태를 묘사하고 있다: 그들은 내가 말한 말이 당신이 내게 주신 말씀인 것을 압니다. 그들은 그 말씀을 받았으며 이제는 내가 당신에게서 왔다는 진리 속에서 알고 있습니다. 그리고 그들은 당신께서 나를 보내셨다는 것을 믿습니다.예를 들면 사역이 이루어졌다는 것! 예수는 아버지께서 예수에게 요청하고 의도한 모든 것을 이루었다.

예수가 제자들을 위해 거룩한 아버지에게 기도한다 17:9–19

이 부분의 개요가 예수가 누구에게 기도했는지, 그리고 무엇을, 혹은 왜 기도했는지를 밝히는데 도움이 된다.Talbert 234–35에서 차용됨:

누구에게 혹은 무엇을	왜
17:9–11a 예수의 현재 제자들	예수가 아버지께로 가서 그들이

		홀로 남게 되므로
11b-13	하나님께서 그들을 지키시고 그들이 연합과 충성 속에 하나되도록	예수가 자신의 공생애 사역 동안에 이것을 행하나 이제는 곧 떠날 것이므로
14-16	하나님께서 제자들을 악한 이로부터 지키실 것을	그들이 세상의 것이 아니라 세상이 그들을 미워함. 그들은 보호가 필요하다.
17-19	하나님께서 그들을 거룩하게 하시도록	그들이 세상 속에서 하나님의 섬김을 위해 구별되도록.

17:9-10 그들이 그들의 정체성이 예수의 것으로 알도록

예수는 세상을 위해 기도하는 것이 아니라 오히려 하나님께서 그에게 주신 이들을 위해 기도하고 있다.9절 몇몇 주석가들은 이것을 예수가 세상에 관심이 없는 것으로 보고 요한이 그렇게 예수를 나타내고 있다고 평가한다. 건드리R. H. Gundry는 긍정적으로 세상으로부터의 이런 분리를 복음주의자들이 세상과 이루어 낸 쉬운 휴전에 맞서서 논박하기 위한 신학적 기초로 본다.2002; 이 책의 제목을 볼 것! 다른 이들은 이 의견에 동의하지 않으며 다르게 해석하고 있다. 볼프Volf 2008: 39-45는 건드리의 주장에 반박하며 "세상"을 예수를 통해 알려지는 하나님의 사랑과 구원을 위한 영역으로 나타낸다. 예수는 요한복음이 지닌 이런 더 큰 환상의 시각을 잃지 않고 있다.

예수의 사역은 완성에 다가가고 있어서, 신자들이 그가 없는 적대적인 세상 속에서 준비를 갖춰 살도록 기도하고 있다. 예수는 제자들의 신실함을 통해서 세상이 사랑의 공동체 속으로 들어오도록 기도한다. 뉴비긴229은 하나님의 "목적은 세상이 구원을 받아야 한다는 것3:17이지만, [예수]는 직접적으로 세상을 위해서 기도하지는 않는다. 그 이유는 아버지의 선물인 그 공동체를 통해서만 이 목적을 수행하고 있기 때문이다."라고 열정적으로 언급한다.

아버지, 아들, 그리고 신자들이 하나이므로, 21c절은 아버지, 아들과 신자들이 서로 안에 거함으로 인해 세상이 예수에게 오게 해달라고 구한다. 이 맥락에서, 9a절은 세상을 차단하는 것이 아니라 제자들에 대한 예수의 초점을 첨예하게 하는 방식이며 그리하여 세상이 그들을 통해 예수에게로 이끌릴 것이라는 점이 분명하다. 이런 현재시재의 동사들은 그때에서나 지금이나, 독자들을 제자들의 무리 속으로 이끌고 있다. 뉴비긴은 이

대명사들이 인격적인 것에서 중성적인 것으로 변했으며, 이 기도가 범위에 있어서 우주적인 것이라는 점을 강조하고 있다고 지적한다.

17:11–16 제자들을 세상에게서 보호하라[w]

11절은 세상과 아버지 사이에 있는 예수를 그리고 있다. 그의 가르침들, 이적들, 그리고 그의 제자들 영성형성이 이제 이루어졌다. 그렇지만, 예수가 고난과 죽음을 통하여 걷는 것처럼, 제자들은 가장 중요한 교훈을 배우는데, 그것은 예수의 비보복적인 사랑의 방식인 것이다.

예수는 제자들이 이 세상 속에서 계속 있어야 한다는 것을 안다. 그리하여 그는 그의 거룩한 아버지에게 당신이 내게 주신 자들을 당신의 이름으로 보호해 달라고 외친다—그런 목적은 이것이다: 우리가 하나인 것처럼 그들도 하나가 되도록. 이것이 신약성서에서 거룩한 아버지가 등장하는 유일한 부분이다. 이것은 세상에서 제자들을 보호하려는 예수의 염려는 제자들의 비전과 하나님의 거룩하심을 붙잡는데 달려 있다고 주장한다. 구약에서, 하나님은 빈번하게 "이스라엘의 거룩하신 분"으로 나타난다.시 71:22; 78:41; 89:18 참조; 그리고 이사야에서 31회; J. Waltner: 754; 특히 그의 글 "거룩함, 거룩": 753–33를 볼 것 하나님과의 만남은 하나님의 거룩함을 깨닫는 것이다.사 6:3; 또한 시 96:9; 99:3, 5, 9; 111:9b 나중에 예수는 제자들이 진리 안에서 영화[거룩하게]되기를 기도한다.15–17, 19

제자들을 보호해 달라고 아버지께 예수가 간구하는 것은 아버지그리고 독자들로 하여금 예수가 지상에 있는 동안 이것이 예수의 일이라는 것을 떠올리게 함으로써 더욱 담대하게 강조되고 있다. 친로마적인 세리와 몇몇 열심당 부류들로로마인들을 죽이는 일에 전력을 다하던을 포함하고 있던 첫 번째 제자들의 무리가 지닌 정치적인 구성을 고려해 보면, 우리는 예수의 일이 단순하지 않다는 것을 상상할 수 있다. 예수는 자신이 제자들에게 가르치던 길고 어려운 교훈들을 알고 있다. 그렇지만 예수가 체포되고, 베드로의 칼은 대제사장의 종의 귀를 자를 정도로 번득였다.요 18:9–11; 눅 22:47–53 참조

이제, 예수는 아버지께 이렇게 기도한다. 이런 연약한 제자들을 세상으로부터 보호하는 것은 당신의 일입니다. 예수는 이 임무를 그의 아버지에게 넘기고 있으며, 아버지가 그렇게 하실 것이라고 확신한다. 예수는 유다의 변절을 알고 있으며12c, 이것은 하나님에게서 소외된 인간들 가운데 있는 아버지의 구원하시는 사랑을 예수가 드러냄에 있어서 불가피하게 예정된 것이다. 십자가를 통해 구원으로 가는 비보복적인 길은 인간의, 심지어 제자들 사이에서도 있는 악과 폭력을 드러낸다.

모든 주석가들이 지옥의 자식이 유다를 가리킨다는 것이라는 것에 동의하지는 않는다. 12절 RSV 잃어버릴 것으로 예정된 이가 누구인가? 위더링턴 1995: 270과 탈버트 1998: 467는 이것이 유다를 분명히 언급하는 것이라고 한다. 오데이도 같다고 본다. 1995: 270 그렇지만 몰로니 1998: 467는 동의하지 않는다: "신약성서 가운데 유일하게 다른 곳에서 나타나는 의미가 이런 표현에 부여되어야 한다: 사탄, 살후 2:3, 809" 몰로니는 사탄이 멸망으로 예정된 변절의 아들이라고 주장한다. 13:2가 보여주듯이, 사탄은 유다에게로 들어온다.

또 다른 시각도 고려해 보아야 한다: 하워드-브룩 1994: 365은 하나님이 아니라 사탄이 유다를 예수에게 주었으므로, 예수는 하나님께서 자신에게 주신 모든 이들을 지켰다고 언급하면서 한몫한다. "그 사람은 사실상 아버지께서 예수에게 주신 것이 아니라 마귀, 즉 거짓과 살인의 아비인 마귀가 준 것임을 예수는 분명히 밝힌다. 8:44" 클라센 Klassen은 이 시각을 지지하면서, 이 헬라어는 목적의 소유격이라기 보다는 기원의 소유격예를 들면 멸망이 예정된 아들 혹은 형용사적인 소유격멸망하는 아들으로 번역되어야 한다고 언급한다. 나아가, "지옥의 자식은 종말론적인 인물을 가리키는데, 이 인물은 인간과 하나님 사이의 관계에 있어서 결정적인 변화를 가져다 주게 된다…. 유다는 일반적인 배신자라기 보다는 마귀의 상징이다…. 그는 사람이 아니라, 하나님과 계시자인 예수 그리스도를 대적하는 마귀 그 자체로 그리고 있다." Klassen 1996: 153; 152도 참조

17:12이 예외이긴 하지만, 이 시각은 자신의 양떼가 결코 멸망하지 않는 10:28 선하고 참된 목자라는 예수의 주장 10:28; 10:10 참조과 맞아 떨어진다. 몰로니, 클라센, 하워드-부룩의 이런 예리한 개념은 하나님의 보호하시는 힘에 대한 이런 어려운 예외를 납득할 수 있게 한다. 그렇지만 이것은 욥이 보여주고 있는 고통스러운 질문을 야기한다: 왜 하나님께서는 일시적이라고 할지라도 사탄에게 약간의 힘을 부여하셨는가? 이런 신정론의 문제는 전능자에 맞서 몇몇 천사들이 반역했다는 설명 외에는 답이 없다. 유다서 6; 벧후 2:4; 에녹1 6-16; 55:3-4; 64; 69; 100:4; 창 6:1-4에서 발전됨 그리고 사탄, 마귀, 악마, 권세들, "짐승"으로 알려진 그들은 이런 반역에 맞서는 싸움이 시작되고 끝나는 성서 속의 하나님께서 구원하시는 드라마라는 결과에 계속해서 저항하고 있다. Swartley 2006a; 107n35, 222-45, 특히 230, 341n55

예수는요 17:13 자신이 아직 세상에 있을 때 그들이 기쁨을 누릴 수 있게 해달라는 이런 기도에 대한 이유를 말한다. 13절과 23절에 완성하다로 번역된 단어들은 똑같지 않다. 13절의 단어는 완성pleroo의 완료시제를 가리킨다. 예수는 제자들의 기쁨이 세상에서 자신

들이 보호를 받으며 사랑 안에서 연합됨에 달려 있음을 안다. 세상이 억누를 때는 기쁨을 갖지 못한다. 그렇지만 세상에서 보호를 받게 되면, 연합과 기쁨이 충만해 진다.

이런 간구의 진수는, "내가 세상에 속하지 않은 것처럼 그들도 세상에 속하지 않았으므로 세상이 그들을 미워한다"는 14절과 16절 속의 암시가 따라온다.14절, 16절에서 부분적으로 반복됨 이것은 15:18-25에서의 예수의 가르침을 요약해 주는데, 위/아래의 대조를 반복하면서 표현되는 요한복음의 주된 강조점이다.Meeks 1972 17장에서 세상이 자주 등장하는 것은 예수가 제자들에게 주로 관심을 쏟고 있다는 것을 드러내고 있다.

그렇지만 15절은, 14절과 16절 속의 반복 사이에 끼워져 있으면서, 예수의 관심에 있어서 새로운 측면을 더해준다. 먼저, 예수는 제자들을 보호해 달라는 자신의 간구가 세상에서 그들을 데려가 달라는 것이 아니라 [오히려, 두 번째로] 악한 이로부터 그들을 보호해 달라고 간구함을 분명히 말하고 있다. 세상의 시험들 배후에 있는 시험하는 자는 이제 이름이 드러난다. 그것은 사악한 자이며, 다른 곳에서는 마귀 혹은 사탄이라 불리고 있다.13:2, 27

17:17-19 아버지여 진리 속에서 신자들을 거룩하게 하소서

이 세 절 부분은 진리 안에서 그들을 거룩하게 하소서17절로 시작하여 그들이 진리 안에서 거룩할 수 있도록19절으로 끝난다. 헬라어 *hagiazo*는 "내가 거룩하게 하다, 신성하게 하다" 혹은 "성별하다"를 뜻한다. 비록 제자들은 세상 속에 있지만, 그들은 자신들의 정체성에서나, 신앙, 윤리, 그릭 사역에 있어서 세상에서 구별되어야 한다.AT 요한복음 다른 곳에서의 사용을 보면, *hagiazo*는 역시 구별되다를 뜻하며10:36 at 그곳에서 예수는 자신을 말하고 있다. 이것이 하나님을 거룩한 아버지라고 부르는 예수의 간구에 잘 맞는 마무리이다.11절

아버지와 예수의 관계는 아버지가 제자들을 세상에서 보호해 달라는 예수의 앞선 간구의 기초가 된다. 보호와 거룩함으로 성별하는 것은 서로 밀접하다. 제자들이 자신들의 성별, 성화, 거룩하게 됨을 몸으로 살아 낼 때만, 그들은 사악한 자의 권세의 영역인 세상과 맞설 수 있게 되는 것이다.15b 우리도 마찬가지다.

이 단원에서의 또 다른 핵심 용어는 '진리 안에'로서, 양끝에 놓인 강조점들의 한 부분이다. 첫 번째로 사용될 때는, "당신의 말씀은 진리입니다"라는 선언 속에 나타난다. 이것은 예수가 아버지께서 허락하신 말씀들만을 말한다는 예수의 반복되는 선언을 지칭하고 있다! 아버지의 말씀은 진리이며, 예수는 이것을 나타낸다. 요한1서가 말하는 것처럼,

거짓과 진리의 왜곡은 빛, 사랑, 그리고 진리의 공동체로 들어가는 마귀의 문이다. 요한1서 속에서 윤리와 신앙의 교차적인 부분이 말하는 것처럼, 이것은 "분리주의자들"이 갖는 오류의 기초였다. 이들은 윤리와 신앙을 이유로 하여 요한공동체에 남겨진 자들이다; Talbert: 7 참조; McDermond: 28-31 여러 곳

예수가 자신을 거룩하게 하는 것19절은 제자들이 거룩하게 되도록 힘을 실어준다: 그들을 위하여 내가 나를 거룩하게 하는 것은 그들도 진리로 거룩해지게 하려는 것입니다. 헬라어로 그들을 위하여는 *hyper*~위하여이며, 예수의 거룩함은 자신의 제자들을 위해 희생되는 것을 암시한다. 그렇지만 예수는 희생으로 죽은 것이 아니다. "왜냐하면 예수는 단순히 자신의 죽음과 자신을 따로 떼어 두는 것으로 말하지 않고, 그 때의 사건들 속에서 그가 하나님을 계시하는 것을 기쁘게 이룬다고 말하고 있기 때문이다." O'Day 1995: 794 예수는 스스로를 거룩하게 하여 제자들이 자신의 거룩한 선물을 받을 수 있도록 한다. Burge 2000: 467 인간의 거룩함은 선물로서의 예수의 거룩함을 통해 중재되는 하나님의 거룩함에 달려 있는 것이다. 거룩함은 Gabe und Aufgabe 즉, 선물이자 직무인 것이다. 성서는 하나님의 백성이 구약과 신약에서 하나님이 거룩한 것처럼 거룩할 것을 요구한다. 레 19:2; 벧전 1:15 제자들의 거룩함은 예수가 제자들을 보내기 위한 전제조건인 것이다. 요 10:36; 17:17-18; 20:21참조

18절은 아버지, 아들, 그리고 제자들이 성별과 거룩함 속에서 세 방향의 관계를 위한 보충적인 근거를 마련해 준다. 18절은 보냄을 받는 것과 보내는 것을 말한다: 아버지가 세상으로 아들을 보냈던 것처럼, 아들도 제자들을 세상으로 보냈다. 여기서 쓰인 종사들은 과거 시제로서*aorist*, 17절의 명령법과 19절의 현재 시제를 뒷받침하는 완료된 행위를 표시하고 있다. 이 말은 아버지께 향하고 있다; 요 20:19-23에서 예수는 이 말을 보내는 명령으로 제자들을 향해 가리키고 있다.

예수가 믿음을 가지게 될 모든 이를 위해 아버지께 기도하다 17:20-24

예수는 제자들도 언젠가 이 세상으로부터 떠나게 될 것을 안다. 그리하여 그들을 위해 기도한 후에, 예수는 그들의 말을 통해 신자가 될 사람들을 위해 기도한다. 20-24절에서 예수는 자신의 미래의 제자들이 갖는 네 가지 특징의 정체성을 위해 기도하고 있다:

1. 그들이 서로 사랑함을 통해서 보이게 되는 연합을 위해; 아버지와 아들 사이의 연합을 모델로 하여, 예수와 그들의 관계로부터 커져가는 사랑.

2. 내주하는 영적인 친밀함을 위해. 성령께서 이렇게 서로 안에 거하는 것이 가능하게 하신다. Burge 2000: 468 탈버트는 신자들에게 주어진 영광이 이런 영적인 친밀

감을 가능하게 할 것이라고 언급한다.237

3. 세상에서 그들이 있으면서 그들이 할 증언을 위해.

4. 그들이 예수와 아버지의 신성한 영광을 보고 그 속에서 나누도록.

17:20-23 그들도 완전히 하나가 되게 하소서

예수는 연합을 위해 열정적으로 기도한다. 이 기도 전체가 이런 간구를 향해 내딛고 있으며 이 간구를 발전시킨다. 20절은 예수가 지금 기도하는 사람들을 규정한다; 제자들이 증언하는 말이 세대를 넘어서 모든 세대에 전세계로 퍼짐에 따라, 예수의 현재 제자들뿐만 아니라 앞으로 믿게 될 모든 사람들. 예수는 제자들의 말을 통해 믿게 될 사람들을 위해 기도하여, 제자들과 요한복음의 독자들, 시대를 통한 하나님의 백성, 그리고 오늘날 우리와의 간격을 메우고 있는 것이다!

17절과 19절이 거룩함을 강조하는 것처럼, 21절과 23절도 연합을 강조한다―22절이 18절과 유사한 역사적과거완료 낭송을 담은 채로, 모든 이가 하나가 되도록. 실제로 "성육신한 아들과 아버지의 연합은 신자와 다른 그리스도인들 사이의 연합뿐만이 아니라, [그 당시] 신자와 하나님의 연합의 기초인 것이다." Smalley 1978: 212

20-21절과 22-23절 사이에서 구조적 병행이 나타난다.R. Brown 1970: 769; Mardaga: 150 참조:

그들이 모두 하나되기 위하여 [*hina*] [17:21a]

당신, 아버지께서 내 안에 있고 내가 당신 안에 있는 것처럼[*kathos*] [21b]

그들이 우리 안에 [하나가] 되기 위하여 [*hina*][21c]

세상이 당신께서 나를 보내셨다는 것을 믿게 하기 위하여[*hina*][21d]

그들이 하나되기 위하여[*hina*] [22b]

우리가 하나인 것처럼, 내가 그들안에 있고 당신께서 내 안에 있는 것 [22c-23]

그들이 완전히 하나가 되게 하기 위하여[*hina*] [23b]

세상이 당신께서 나를 보내셨다는 것을 알게 하도록[*hina*] [23c]

각각의 문단은 한 개의 ~인 것처럼 절과 세 개의 목적*hina*절을 가지고 있다. 첫 번째 목적절은 신자들의 연합을 간구하는 것이고, 세 번째 목적절은 그것이 세상에 가져다 줄 영향을 표현하고 있다. 따라서 예수의 기도는 세상이 예수를 알게 되도록 교회를 위해, 교회의 연합을 위하고, 그리고 세상을 위한 것이다. 그렇다면 예수는 세상을 위해 기도하고 있는 것이 아니란 말인가9절 RSV? 대답은 예이면서 아니오이다. 예수는 교회의 연합이라는 대리인을 통해 세상의 구원을 위해 기도한다. 이것은 우리 시대의 분열된 교회에게 주어진, 정신을 차리게 만드는 진리인 것이다.17장을 위한 TLC를 볼 것

이 절들 속에서 예수의 기도는 교회의 연합을 위한 선교의 비전과 세계교회의 열정이라는 역사적 두 개의 축을 받치는 기초로서, 세계교회주의ecumenism의 기원 속에 분명히 나타난다. 청년성경공부, 선교적 열정, 그리고 나뉘어진 기독교의 몸체를 모으는 것은 영적으로, 그리고 조직적으로 그리스도 안에서 하나가 되기 위한 19세기와 20세기의 도전을 이루었다. 오늘날에도 똑같은 고난이 새로 나타난 분립과 분열을 초래하는 문제들에 직면하며 계속 이어지고 있다.[에큐메니컬 관계, 511쪽]

17:24 그들 모두를 불러 내 영광을 보고 내 사랑을 알게 하소서 w

22-23절의 기가 막힌 "연합/하나됨"이라는 주제는 24절에서 예수의 기도의 초점으로 계속되고 있으며, 지금 현재시제로 설정되어 있다. 예수는 열정적으로 제자들이 서로 하나되고 자신과의 연합 및 아버지와의 연합을 소망한다. 24절은 또한 당신이 내게 주신 이들이라는 모티브를 상기시킨다.24b, 24d에서 반복된다 첫 번째의 간구는 아버지께서 그에게 주신 이들을 위한 자리를 가리키며, 두 번째 간구는 세상의 기초가 놓이기 전에 아버지께서 아들에게 주셨던 영광을 그들이 보는 것을 구체적으로 명시하고 있다.

예수의 소망은 두 가지이다: 제자들이 내가 있는 곳에 있게 하는 것과 그들이 내 영광을 보는 것이다.RSV: 내 영광을 보다, theoreo를 사색하는 뉘앙스를 표현하고 있다 앞선 서사의 특징, 사건, 그리고 대화 및 서사의 단서는1:14, 39; 2:11; 등 예수의 절정의 소망과 간구를 내다본다: 예수와 제자들이 함께 거할 수 있게 되도록2:19, 21; 14:2-제자들이 예수와 아버지의 영광을 알고 보게 되도록. 여기서 이런 현실은 종말론적 기대로 전환된다. 그 일이 일어나게 되지만 먼저 그들은 "어둠의 골짜기"를 통해 걷게 될 것이다. 예수는 죽을 것이고 제자들은 흩어지게 될 것이다. 부활의 기적은 그 열망을 성취를 향한 진행으로 되돌릴 것이다. 제자들은 그들의 재판을 거치게 될 것이다. 결국 그들은 예수의 임재를 나누고 그의 영광을 보기 위해 그와 함께 하게 될 것이다. 예수가 주는20:19-23 성령을 받을 때, 제자들은 예수의 임재를 알게 되고 그의 영광을 미리 맛볼 것이다. 아버지와 아들이 공유하는 영광을 아는 것은 예수가 기도하는 연합의 열매이다. 거룩하게 되고 보내지기 위해 잘

리는 가지들은, 참 포도나무의 열매를 맺는다. 영광과 연합, 거룩함과 사역은 모두 동시에 고동친다. 각각은 나머지 것에 있어 아주 중대하다.[육체와 영광, 579쪽]

예수가 자신이 오는 목적과 영향을 요약하다 17:25-26

다시금 예수는 아버지를 말하는데, 이번에는 형용사 '의로운'을 사용하고 있다. 이런 성화-거룩의 주제가 주는 반향과 더불어, 예수는 이 기도의 세 가지 모티브를 반복하고 있다: 1) 예수는 아버지의 이름을 제자들에게 알린다; 2) 아버지-아들이 공유하는 사랑은 제자들 속에 있다; 3) 이 사랑과 예수 자신은 그들 속에 있어 그들은 연합된다. 이런 사랑의 연대는 "그 자체로 끝이 아니다. 왜냐하면 서로 하나됨 속에서 하나님의 사랑을 살아냄으로, 신실한 자들은 더 넓은 세상이 하나님의 사랑을 알도록 부르기 때문이다." Koester 2008: 202

예수가 제자들에게 알린 '이름'은6절을 보라 영원하신 하나님의 "나는~이다"이다.von Wahlde 2010: 2.724-26 예수는 하나님을 자신의 제자들에게 온전하게 드러냈다. 그들은 믿었다. 그리고 예수는 하나님의 이름을 세상에 계속 알릴 것이다.

성서적 맥락에서의 본문

예수와 기도

예수의 영성에 있어 기본이 되는 기도는 그가 하나님을 의지하고 있음을 반영한다. 이 기도의 관계는 요한복음에서 지속되고 있다. 예수는 아버지가 자신에게 말하라고 주신 것을 말한다. 예수의 사역은 아버지에게 달려 있다. 우리가 공관복음서에서 읽을 때처럼 눅 22:39-46 요한은 겟세마네에서 기도하는 예수를 하나님 앞에서 몸부림치는 것으로 그리지 않는다. 그렇지만 요 17장에서 예수는 자신을 위해, 그리고 제자들을 위해 기도한다. 요 11:41과 12:27-28에서 예수가 아버지에게 기도하는 것은 17장의 확대된 고별기도를 내다보고 있으며, 서로 영광스럽게 됨을 강조하고 있다. 이런 기도는 예수가 임박한 죽음에 직면할 때 예수의 인간적인 몸부림을 그린다.히 5:7을 보라 요한복음에서 예수가 죽음과 씨름하는 것은 예수가 영광스럽게 되는 때로 이어지는 신성한 사랑과 상호작용을 한다: 예수는 십자가를 지고 십자가에서 죽는다. 그의 아버지는 예수가 십자가에 들려 올려질 때 예수를 영광스럽게 하며 그를 부활시킴으로 예수를 입증한다.[육체와 영광, 579쪽]

고별에서 예수는 제자들더러 자신에게 구하라고 초대한다.14:13-14; 15:7참조 15:16과 16:23b-24에서 예수는 제자들에게 아버지에게 내 이름으로 무엇이든 구하라고 한다. 그러므로 제자들의 기도는 그들의 연합을 위한 예수의 기도와 맞물려 있다. 그들이 기도 하는 것은 예수와의 연합과 아버지와의 사랑의 관계를 표시하는 서로 안에 거함을 표시 한다. 그들의 기도에서 미래의 신자들도 예수를 통해 중재되는, 이런 신성한 내주함 속 으로 편입된다:

> 예수를 믿는 것은 … 그리스도와 하나님 사이에 존재하고 있는 하나됨과 사랑의
> 관계 속으로 편입이 됨을 뜻한다−즉 그것은 예수의 기도의 실체를 경험하는 것
> 이다: "그들도 우리 안에 있게 하소서." 21절 그리고 그런 관계는 예수 안에 있는
> 신자들이 그리스도와 하나님 사이의 독특한 기도의 경험의 일부이며, 그리하여
> 그들이 예수의 이름으로 기도할 때 예수의 중재하는 기도 속에 따라오며 그들 스
> 스로 그것을 나누는 것이다. Lincoln 2001: 171

하나님께 예수의 이름으로 기도하는 것은 예수 그리스도와 하나님과 우리가 하나됨 속에 참여하는 것이다. 그것은 우리의 정체성을 표현하는 거룩한 특권으로, 우리가 누구 이며 우리가 누구의 것인지를 확신시키고 있다.

예수는 다른 복음서 속에서도 기도하는 사람으로 그려진다. 그는 혼자서 기도하는 시 간을 위해 은거한다.예를 들면 막 1:35 몇몇 공관복음서 본문들은 기도들을 포함하고 있는 데, 특히 눅 10:21-22막 11:25-27에 있는 요한의 벼락Johannine Thunderbolt이 그러하다. 십 자가에 직면하여 예수는 이렇게 기도한다. "나의 하나님, 나의 하나님, 왜 저를 버리십니 까?" 마 27:46b; 막 15:34 이것은 시 22편을 반향하는데, 죽어가는 의로운 이의 한탄을 담고 있지만 끝에 가서는 정당함과 찬양에 따르게 된다.22-31절

누가복음은 예수를 기도의 사람으로 강조한다. 9개의 본문3:21-22; 5:16; 6:12-13; 9:18- 20, 28-29; 11:1a; 11:1b-13; 22:31-32, 39-46은 구체적으로 예수가 기도했다고 말한다. 십자 가에서 했던 예수의 세 가지 말씀 가운데 두 개가 기도다. 첫 번째, "아버지여, 저들을 용 서하소서. 저들은 자신들이 무엇을 하고 있는지 모릅니다."23:34는 누가복음에 있어 독 특하며 순교 가운데에서 하나님께 신실함을 지켰던 사람의 원형이다.행 7:60b에서 나오는 스 데반의 기도를 보라 십자가에서 했던 다른 기도는, "아버지여, 내 영혼을 아버지의 손에 맡깁 니다."눅 23:46는 시 31:5를 반향하고 있다.극심한 곤경 가운데서 기도와 찬양의 시 누가복음에서

예수는 과부와 부당한 재판관에 대한 비유에서 꾸준히 기도하는 것의 중요성에 대해 그의 독자들에게 가르침을 주고 있다.18:1-8

요한복음에서, 십자가에서 한 예수의 마지막 말은, "다 이루었다"는 것이다. 이것은 아버지와 자신의 관계를 절정에 이르게 하는 기도일 수 있다. 예수의 죽음을 통한 아버지와 아들이 함께 영화롭게 되는 것을 이야기하는 것은 이제 결승점에 다다랐다.2:19, 21-22, 3:14에서 예상됨 복음서들을 넘어서, 성서는 기도로 가득하다.Swartley 2006d: 10-11

사악한 자에게서 보호를 받음

이 주제는 "요한복음과 신약성서의 유다서Judas in John and the NT"에 나타나는 요 13장에 대한 TBC 부분에서 논의되고 있다. 여기 17장에서 예수는 제자들이 악한 자에게서 보호를 받기를 기도하고 있으며, 이 문제에 더욱 날카롭게 집중한다. 만일 요한1서에서 분리주의자들의 발전이 예수가 기도하고 있는 것이라면McDermond: 여러 곳, 이 문제는 믿는 것과 윤리적 실천 사이의 관계를 중심으로 돌아간다. 예수가 인간의 몸을 입고 와서 살았고, 죽었고 다시 부활한 메시아이자 하나님의 영광스러운 아들임을 믿는 것은, 사악한 자가 먹이로 삼는 바로 그 믿음이다. 메시아됨을 이루기 위해 폭력을 사용하는 것요 6:15; 18:10, 36 역시 사탄의 방식이다.베드로가 예수를 부인하고 칼을 사용한 것을 유념할 것 요한복음에서, 사악한 자가 공동체로 침입하는 것은 유다를 통해서만이 아니라 다양한 형태를 갖는다.

분리주의자들이 제기한 문제에 더하여, 사악한 이가 제자들을 속이는 또 다른 "첫 부분들"의 일람표가 요한일서2:15-17 속에 나타난다:

세상이나 세상에 있는 것들을 사랑하지 말라. 아버지의 사랑은 세상을 사랑하는 사람들 속에 있지 않다; 세상에 있는 모든 것들은-육신의 욕망과 눈의 욕망과 부유함을 자랑하는 것-아버지에게서 온 것이 아니라 세상에서 온 것이다. 세상과 세상의 욕망은 지나가고 있지만 하나님의 뜻을 행하는 사람들은 영원히 살리라.

이 본문의 양 쪽에서, 예수의 제자들은 이단에 직면한다: 어떤 이는 죄를 계속 짓는 것이 가능하지만 하나님의 자녀라고 주장한다.1:6, 8 다른 "적그리스도" 2:18; 4:3는 예수가 완전한 인간이 되어 육체의 고난을 받았다는 것을 부인한다. 이 다섯 가지 표현들은인용

부호 속의 세 가지 유혹하는 것과 분열하는 것이 어떻게 보호를 피하고 예수가 기도한 연합을 방해하는 사악한 이의 계략인지를 보여준다. 이 본문들에 대한 맥더몬드의 주석을 보라.

사악한 이에게서 보호해달라는 기도는 주기도문에서 나타난다: "우리를 사악한 이에게서 구하시고"마 6:13; "악에서 구하시고"로 번역한 RSV보다는 나은 번역이다 예수는 자신이 시험을 받을 때 마귀를 이겨냈다.마 4:1-11; 눅 4:1-13 유혹은 모든 신자들에게 공통된 것이지만 고전 10:13 하나님은 악에서 피하고 보호하시고 구원하실 길을 마련하실 수 있다. 따라서 성서는 보호를 위해, 적에게서 구원을 위해, 그리고 고난의 때에 도움을 위해 하나님께 부르짖음으로 가득하다. 시편 91편은 그런 본문이다.1-6, 14절을 보라

시편은 주님을 신뢰하는 자들을 하나님께서 보호하시고 도우신다는 선언들로 가득하다.예를 들면 시 3; 56; 57; 118; 5-14; 125:1-2 요 10장에 나타나는 참 목자, 양을 보호하는 목자인 예수에 비추어 보면, 시편 23편 역시 이 범주에 들어간다.특히 4절 적들은 하나님의 백성의 안전을 파괴하는 자들이다. 이들은 주로 정치적인 원수들이었다면, 이 모티브는 일반화되어, 하나님께 울부짖는 기도가 인간의 유혹, 위험, 그리고 악한 이에게서 나오는 모든 종류의 재앙들과 연결된다. 불평하는 시편들에 대한 연구에서, 음본Mbon은 그 적들이 보통은 밝혀지지 않는다고 지적한다; 그들은 원래의 역사적 상황을 뛰어넘어 흔히 망령되거나 사악한 자들을 가리킨다.9 그러므로 그 시편들은 쉽사리 고통, 사악함, 그리고 도움을 필요로 하는 다양한 상황에 적용될 수 있는 하나님의 백성들의 기도를 표현한다. 이들은 대대로 예수의 제자들에게 있어 진실로 울린다.

유사한 방식으로, 하나님께서는 여호수아에게 약속하신다. "강하고 용기를 내라; 두려워하거나 실망하지 말라. 주 너의 하나님께서 네가 가는 곳마다 함께 하시기 때문이다." 수 1:9 이렇게 하나님을 신뢰하라고 외치는 것은 사탄이 우리를 파괴하려는 상황에 적용할 수 있다. 이사야를 통한 하나님의 놀라운 약속, "두려워 말라, 내가 너와 함께 있다. 두려워 말라, 내가 너의 하나님이다; 내가 너를 강하게 할 것이다, 너를 도울 것이다, 내 승리의 오른 손으로 너를 붙들 것이다." 41:10는 우리에게 힘과 악에 대한 안전을 준다. 이것은 두려움이나 유혹이 찾아 올 때 인용할 수 있는 놀라운 본문이다.

마귀에 대항하여 "하나님의 전신갑주를 입으라"는 바울의 말은 가장 적절하다.엡 6:11-20 이 싸움은 "혈과 육에 대한 것이 아니라, 통치자와 권세자들과 이 어두움의 우주적인 권세들과, 하늘에 있는 악한 영들에 맞서는 것이다." 그러므로 우리는 하나님의 갑옷을 입는다.Yoder Neufeld 2002: 290-316을 보라:

- 진리의 띠
- 정의/의의 가슴막이
- 평화의 복음을 선언할 신
- 신앙의 방패
- 구원의 헬멧
- 성령의 검, 하나님의 말씀

악한 이에게서 보호를 받는 다른 관점은 악을 악으로 갚지 말라는 예수, 바울, 베드로의 명령 속에 나타난다.Swartley 2006: 213-15; 2007: 49-53

가장 중요하게는, 예수는 우리가 악한 이에게서 보호되도록 기도한다.요 17:15 이것을 우리 마음 속에 가장 중요한 것으로 지키는 것은, 악한 이가 어떤 전술을 사용하려 하든 간에 악한 이가 열고자 하는 문을 닫아 버리는 것이다. "포도나무에 거하는 것"은 그처럼 중요하다—매일의 씨름 속에서 거하는meno 것이 의미하는 것을 묵상하는 것.요 15장 예수와의 관계를 자라게 하는 요한의 비유들이 갖는 풍부한 레퍼토리 역시 보호한다. 연합에 대한 예수의 기도는 사악한 이에게서 보호해 달라는 그의 기도에 따라 오는 것이다. 우리가 예수의 사랑과 우리 안에, 그리고 우리 가운데 "서로 안에 거함"에 우리의 문을 열 때, 우리는 유혹과 악에 저항함에 있어 강해질 것이다.

예수 그리스도 안에서 교회가 하나됨

수많은 신약성서 본문들이 연합을 강조하는데, 특히 에베소서 4:3-6이 그렇다: "평화의 띠로 묶어서 성령의 연합을 지켜 나가는데 모든 노력을 기울이십시오. 여러분들이 부르심을 받았을 때에 한 희망으로 부르심을 받은 것처럼, 몸도 하나요, 성령도 하나요 주님도 하나요, 믿음도 하나요 침례도 하나요 하나님도 한분이십니다. 그분은 만유의 아버지이시며 만유 위에 계시고 만유를 통해서 일하시고 만유 안에 계십니다." 이것은 예수 그리스도가 유대인들과 이방인들을 구분하는 분할선을 무너뜨린다는 바울의 선언을 따르고 있다.2:11-22 그리스도 안에서 그들은 하나가 된다. 2:13-18에서 "양쪽[그룹]이 … 하나가" 되고 "평화"라는 용어들은 각각 4차례 등장한다. 예수가 연합하므로, 교회는 연합을 말한다.Yoder Neufeld 2002: 110-24, 133-36, 172-75, 190-92

중요한 것은, 3:3에서 신자들이 연합을 만들어 내는 것이 아니라 연합을 지켜나가도록 부르심을 받았다는 것이다. 예수의 제자들이 연합을 만들어 내야 한다는 생각은 그리스도의 선물과 교회가 무엇인지에 대한 본질을 빼앗는 것이다. 마샬C. Marshall은 다음과 같이 언급한다.

> 3절에서 바울이 독자들에게 평화의 띠로 묶어서 성령의 연합을 만들라고 하지 않고 그 연합을 지켜 나가라terein고 말한 것은 아주 중요하다. 교회의 연합은 구성원들이 흔치않게 서로에게 잘 대해줌으로 만들어 내는 어떤 것이 아니다. 그것은 이미 존재하는 것이다. 그것은 하나님의 성령에 의해 영향을 받은 객관적인 실재이다. 교회의 극심한 다양성과 빈번하게 쪼개지는 역사에도 불구하고, "주님이 한 분"4:5이며 "우리 모두에게 한 분 하나님과 아버지"가 계신 것4:6처럼, 오직 "한 몸"과 "한 성령"4:4이 있다는 것은 진리이다. "하나"라는 단어는 3개의 절 속에서 적어도 8차례 이상 나타난다. 교회가 하나되는 것은 하나님이 한 분이신 것과 그리스도가 주되신 것처럼, 하나하나가 기독교 정통성에 있어 근본적인 것이다.

마샬은 교회의 연합을 지켜 나가기 위해 필요로 하는 네 가지 덕목들을 밝히고 있다: 겸손, 온유, 인내, 그리고 사랑으로 아량을 베푸는 것이다. 이들이 없이는 역사가 기록하듯 교회는 분열되기 십상이다. 제대로 된 반응은 애통함이다.

고린도교회는 분열로 인해 어려움을 겪었다.고전 1:10-19 바울의 응답은 복음의 핵심이 되는 "그리스도가 못박히심"을 강조하는 것이다. 이것은 다른 복음으로 고린도 신자들을 갈라지게 만들었던 사기꾼들에 답했다.고후 11:13; 갈 1; 2:4 참조 바울이 복음을 화해로 요약하는 것은 종파적 영향에 대응하는 것이며 신자들을 그리스도 안에서 하나되도록 부르는 것일 뿐만 아니라 그리스도 안에 있는 하나님의 사역의 결과가 되는 화해의 대사들이 되도록 부르는 것이다.고후 5:17-21 성령의 선물에 대한 고린도교회의 불화 속에서, 바울은 사랑이 승리한다는 더 훌륭한 길을 가리킨다. 사랑은 몸에 대한 선물의 가치를 평가한다.고전 12-14장, 13장이 결정적이다

교회생활에서의 본문

4세기에 이미 알렉산드리아의 시릴은 이 기도에서 예수를 "대제사장"으로 지칭했지만, 16세기 이래, 요 17장은 예수의 "대제사장적 기도"로 알려져 왔다.O'Day 1995:

세상을 위한 하나님의 소망이 무엇인가?[w]

"나는 세상을 위해 기도하고 있는 것이 아니다"RSV라는 요 17:9b의 예수의 언급은 하나님과 세상의 관계에 대한 우리의 생각에 혼란을 가져다 주는 듯하다. 많은 학자들이 그 의미를 논의했다.17장의 주석적 해설 부분과 Swartley 2006: 289-95를 볼 것 이 문제를 풀기 위해서는 이 TLC부분에서 더 기본적인 질문이 제기되어야 한다: 세상을 위한 하나님의 소망은 무엇인가? 만일 17:9a을 21d까지 연결한다면, 예수는 세상에 열정적이라는 것이 분명하다. 연합에 대한 예수의 반복되는 간구는 나를 보내셨다는 것을 세상이 알도록 하기 위한 것21d으로, 다시 말해, 세상이 당신께서 나를 보내신 것과 당신이 나를 사랑하신 것처럼 그들을 사랑하셨다는 것을 알게 하기 위함이다.23c 예수가 아버지에게 신자들의 연합을 간구할 때는 세상을 염두에 두고 있는 것이다. 그 이유는 분열이 세상에 대한 그리스도인의 증언을 해치기 때문이다.

교회의 연합은 선교에 있어서 중요하다. 연합이 없으면 세상은 교회를 신용하지 않는다. 세상에 대한 예수의 관심은 제자들이 어떻게 교회를 이끄는가에 달려있으므로, 예수는 세상을 위한 직접적인 기도를 괄호 속에 묶으면서 세상에 있으되 세상에 속하지 않은 제자들에 초점을 맞춘다. 요한복음에서 세상은 하나님을 대적하지만, 하나님은 세상을 사랑하셔서 믿는 모든 이를 구원하기 위해 독생자를 주신다.

주기도문은 아버지 하나님에게 "악한 자에게서 우리를 구해줄 것을" 요청하며 하나님의 이름이 "신성하게 될 것을" 혹은 "거룩히 되도록" 기도한다. 유대교 신앙은 이것을 하나님에 대한 신실한 소명으로 여겼다 이런 강조는 신자들의 교회와 경건주의자들, 그리고 지난 세기의 성결운동들 속에 있는 비국교도 신앙을 인가하고 있다: 우리는 세상 속에 있어야 하지만 세상에 속해서는 안 된다.요 17:11, 14 KJV; 요한1서 참조; McDermond: 52-53, 74-75, 134-36

요 17:24는 분명하게 세상을 세상의 기초가 놓이기 전부터 하나님께서 예수에게 가졌던 사랑과 연결한다. 찬양과 감사는 "만물을 [그리스도] 안에서 연합하도록] 이끄시고, 하나님의 "때가 차서" 이 목적을 드러내시는 전능하신 하나님에게 드려져야 한다!엡 1:10 RSV; 갈 4:4-6 계시록에 있는 7개의 찬양들은 인간의 폭력, 자연재난, 그리고 권세들의 괴팍함을 하나님께서 이기신다는 것을 축하하고 있으며, 하나님께 대한 이런 찬양, 감사, 그리고 기쁨을 강조한다. 이런 찬양들은 7개의 예배 장면들을 절정에 이르게 한다.Swartley 2007: 241-62 이것 역시 요한복음의 신학이자 성서의 유산이다.

오늘날의 연합에 대한 예수의 비전 ^w

교회사는 실망스럽다. 이미 요한공동체 속에서도 분열이 진행되었다.요일 2:18-27, 4:1-2 이 분열은 초대 교회에서도 지속되었다.몬타니스트, 아리안주의, 그리고 이단으로 여겨진 다른 무리들을 생각해 보라 종교개혁은 불신으로 여겨지는 "분리"를 증가시켰다. 맥더몬드가 다룬 내용이 보여 주듯, 아나뱁티스트들 역시 한 목소리를 내지 않았다.160-64, 요일 2:18-27에 대한 TLC, "분파와 교리적 진리"를 볼 것

다음과 같은 어려운 질문들이 발생한다: 분파와 종파주의가 오늘날의 세상 속에서 교회의 삶을 정의할 때, 교회 연합의 본질은 무엇인가? 우리 시대에 우리를 위한 예수의 기도를 깨닫기 위한 어떤 소망이 있는가? 만일 우리 각각이 우리의 삶의 경험들을 반영한다면, 우리 대부분은 우리가 그리스도 안에서 "모든 이가 하나"라고 느끼는 경험이나 특별한 사건을 밝힐 수 있을 것이다.

나는 중동과 몇몇 유럽의 도시에서 9주 동안 네 명의 가족과 37명의 학생그룹을 이끌었던 것을 기억한다. 1975년에 로마에 있는 성베드로 광장에서 전 세계에서 온 백만 명이 넘는 사람들이 모였을 때-다채로운 인종들이 참석했다-가장 재미있는 순간이 찾아왔다. 우리는 교황 바오로 6세가 다섯 개의 언어로 인산인해를 이룬 사람들에게 부활절 평화의 인사를 하는 것을 들었다. 우리는 이 기도가 시각적으로 이루어지는 것을 경험했는데, 하나님 나라가 오는 것을 미리 맛보는 순간이었다.

내 지역적인 환경에서 보면, 성령의 연합과 힘은 퀘이커, 오순절, 루터교, 메노나이트, 그리고 교단이 없는 은사주의 배경을 가진 회원들로 이루어진 작은 교회 그룹에서 분명히 나타난다. 교회가 하나되는 것에 대한 이런 작은 묘사들은, 그들이 하나되게 하소서라는 예수의 기도가 지닌 거시적이고 미시적인 측면으로 볼 수 있다. 사람들이 다양하고 풍성한 종교 전통들을 나누고 함께 기도할 때 마음이 섞이고 부유해진다.

교회의 연합의 본질을 규정하기 위한 노력은, 공식적인 신조나 조직적인 구조들 보다는 영적이고 *koinonia* 교제fellowship 혹은 선교의 질들을 가치매김한다. 연합은 세상에게 매력적이고 마음을 끄는 증언을 준다; 분열은 그 반대이다. 분열의 뿌리는 영적인 것이다. 바벨탑은 사람들이 하나님의 사랑하시고 구원하시는 은혜를 거부하도록 유도하는 일을 하는 나라들과 권세들을 예시한다: 그것은 아버지와 아들의 연합 속에 참여하는 것이다.Talbert: 236

그러면 어떻게 기독교 공동체 속의 연합은 복음적으로 기능할 것인가?

> 그것은 부분적으로, 그런 공동체가 됨으로써 기능하게 된다. 사랑의 공동체는
> 그 자체로 요한복음의 한 부분이다…. 요한공동체는 단순히 교리나 신조를 가지
> 고서가 아니라, 모든 분파의 그룹들이 그렇듯, 예수의 메시아됨의 메시지가 실현
> 되는, 대안적인 사회, 반체제를 가지고 세상과 마주한다. 그것은 세상에서 사람
> 들을 이끌어 내어 메시아의 공동체로 들어오도록 했으며, 말로써가 아니라 그런
> 공동체가 됨으로 그렇게 했다. Rensberger: 147, 150

우리는 연합을 위한 예수의 기도를 일반적인 부르심, 사랑, 기쁨, 거룩함과 선교라는
의미에서 이룬다. 이들은 함께 신앙의 몸, 이 기도로 가득한 사람들을 표시한다. 뉴비긴
은 예수가 자기 희생으로 입증한228, 231-32 부르심, 선교, 그리고 사랑을 강조하며, 부르
심의 중요성을 역설한다228: "이 공동체는 구성원들이 내린 결정때문에 존재하는 것이
아니다. 이 공동체는 구성원들의 신앙, 통찰력, 혹은 도덕적 탁월성으로 이루어진 것도
아니다. 이 공동체가 존재하는 이유는 하나님께서 그 구성원들을 자신의 행위로 세상에
서 부르셨고 그들을 예수에게 주셨기 때문이다. 이들은 하나님께서 "세상의 기초를 놓기
전부터 선택한 사람들이다.엡1:4"
연합을 위한 예수의 기도는 신자들이 삼위일체의 공동체 속에 참여할 때 이루어진다:

> 아버지와 아들을 연합시키며 그들의 존재를 연합으로 이루는 동일한 사랑이 신
> 자들 또한 그들 가운데서 그리고 삼위일체의 삶 속에 그들을 끌어들인다. [따라
> 서] 공동체 속에서 살아내는 이 공동의 사랑은 인간에게 스스로를 열어 놓는 신
> 성한 아가페의 계시가 된다…. 질문 속에 있는 [그] 연합은 본질상 초월적인 실재
> 가 되는데, 그것이 신성한 연합 속에서 공유하고 있기 때문이다. Rosse: 84

이것은 또한 세상이 믿게 하려는 하나님의 목적을 이룬다.
종파의 경계를 뛰어넘는 기독교의 교제를 추구하려는 현재의 노력은 포꼴라레 운동
Focolare Movement, 브리지포크Bridgefolk, 성령쇄신운동the charismatic renewal, 그리고 교회
들이 보여주고 있다. 포꼴라레와 브리지포크는 로마 가톨릭과 다른 신앙의 전통들을 가
진 사람들이 함께 모여 서로를 보완한다. 로마 가톨릭 교회를 기초로 하는 포꼴라레는

50여년 전에 모든 신자들을 위한 키아라*Chiara*의 "사랑의 침례"에서 생겨났다. 이 운동은 범위상으로는 국제적이며, 많은 풀뿌리 사람들을 포함하고 있고, 종파들의 범주를 포용하고 있다. 브리지포크, 메노나이트, 그리고 가톨릭은 서로를 아는 법을 배워가면서, 공통점을 찾고 있으며 풍부한 친교를 누리고 있다. 뽀콜라레는 사랑하고 기뻐하는 친교를 특권으로 부여하고 있으며, 후자는 신앙의 전통들 사이의 이해와 신앙의 전통들의 교차점을 찾고 있다.

에큐메니칼 운동[W]

레슬리 뉴비긴은 20세기 초반에 존 모트*John R. Mott*처럼, 에큐메니컬 운동에서 주된 활동가로 활동해 왔다. 이들 모두는 선교의 열정에 사로잡혔으며 선교를 이질적인 그룹들을 한데 모으는 열쇠로 보았다−선교 현장에서 더욱 자주 일어나는 현실이다. 존 요더 *John H. Yoder* 1958: 4-7는 에큐메니컬 운동의 세 가지 뿌리를 밝히고 있다: 선교가 결합된 부흥사역; 세계1차대전으로 인해 부분적으로 일어난 평화운동; 그리고 세 번째로, 명백하게 미국의 종파적 상황. 요더는 에큐메니칼 운동이 초기에는 보수적이고 후기에는 조금 더 진보적인 경향임을 언급한다.7-14 그는 다음과 같이 올바르게 지적하고 있다. "모든 신자들의 연합은 성서의 명령이다."16 그리고 "기독교의 연합은 창조되어야 하는 것이 아니라 따라야 하는 것이다." 21 요더는 시대가 지나는 동안 분열이 교회를 괴롭혀왔음을 우리에게 상기시킨다.19-27 그는 아나뱁티스트들은 더 큰 교회에서 구분된 것이 아니라 쫓겨났다고 주장한다.28-35 [에큐메니칼 관계. 574쪽]

연합을 추구함에 있어서 한 가지 중요한 요소는, 지역 교회는 스스로 유기체가 아니며 어떤 하나의 교파도 예수 그리스도의 교회의 온전한 구현이 아님을 알아야 하는 것이다. 예를 들어, 미국과 캐나다의 그리스도인들은 자신들이 세계의 다른 곳에 있는 그리스도인들과 관계할 때, 더욱 온전히 완전해 진다. 국가적인 균열을 뛰어넘어 헌법상, 그리고 공식적인 교리 속에 있는 교회의 몸은 로마 가톨릭과 동방정교회 교회들이지만, 이들의 국가적 "개성들"은 실천에 있어서 다양성을 보여준다. 영국성공회도 포함될 수 있지만, 최근에 도덕적 실천에 있어서의 발전들은 그들의 세계적 연합을 위협하고 있다.[에큐메니칼 관계. 574쪽]

교회의 몸이 국가적으로 균열되는 것은 특히 역사와 전쟁 속에서 분명하다. 그리스도인들은, 심지어 같은 교파에 있음에도, 다른 그리스도인들을 죽이기까지 했다. 이것은 슬프고 비극적인 일이다. 전쟁에 참여하는 것은 우리가 얼마나 진지하게 예수의 기도를 받아들이고 있는지를 보여주는 리트머스 시험지와 같다. 요 17장 그리스도인들이 그리스도인들에 맞서서 전쟁을 일으키는 것은 연합을 위한 예수의 기도를 조롱하는 것이다.

교회가 급증하여 많은 교파들로 나뉘는 것은 전세계적 기독교 선교를 일으키는데 해를 끼치고 있다. 2006년에 중국을 방문한 기억을 돌아보면서, 존 랩John A. Lapp은 이렇게 기록하고 있다.

> 중국 교회의 자기 규정은 나를 후기종파적post-denominational으로 만들었다. 50년 전에 허버트 버터필드Herbert Butterfield는 종파들을 유럽의 지배의 사치품이라 불렀다. 다른 지역의 교회와 같이 중국의 교회도 쓰디 쓴 갈등, 핍박을 통해, 그리고 교회의 분열이 하나님의 운동을 약화시키고 있으며 … "그들이 모두 하나되게 하소서"요 17:21라는 예수의 기도를 어기는 것이라는 고통을 통해 배웠다.58

예수는 우리를 위해서 우리가 하나되게, 온전히 하나가 되게 해달라고 기도하며, 아버지께서 우리를 거룩하게 하심 속에, 그리고 거룩하게 하심으로 하나님의 말씀이 진리라는 것을 안다.21, 23, 17절 바울이 에베소서에서 말하고 있듯, "사랑 안에서 진리를 말함"4:16과 더불어 연합3:1-6은 모순어법이 아니라 교회의 진정성을 말하고 있는 증거이다. 그리스도가 이렇게 마음이 담긴 기도 속에서 기도했듯이 만일 우리가 온전히 하나가 된다면, 우리는 분열을 발생시키는 영을 버리게 될 것이다. 어떤 메노나이트 교회 지도자는 다음과 같이 말했다. "분열은 아마도 모든 죄악 중에서 가장 큰 죄일 것이다. 왜냐하면 분열은 예수의 마음과 뜻에 반역하는 것이며 하나님의 영광을 파괴하는 것이기 때문이다…. 연합이 보존되는 곳에는, 하나님의 영광이 세상을 끌어당기게 되는 불빛으로 타오른다." North Central Conference Bulletin에서 Fred Kanagy

요한복음 18-19장

예수가 넘겨져 십자가에 못박히다

사전검토

이 단원은 요한복음의 수난이야기이지만, 앞서 이 이야기를 위한 많은 예견들이 있었다. 요 6장은 예수의 살과 피를 먹고 마시는 것을 언급한다. 종교지도자들은 예수를 죽이려고 한다. 마리아는 예수의 장례를 위해 그에게 기름을 붓는다.12:8 예수의 고별은요 13-17장 그가 곧 떠나게 될 것을 제자들에게 알리고 준비시킨다. 예수의 수난은 그 때를 성취하는데, 이 때는 2:4 이후 이 이야기에 삽입되는 타임캡슐과 같다. 예수의 영광은 십자가에서의 죽음에서 절정에 이른다.

예수의 수난과 죽음에 대한 요한의 언급은 예수의 영화의 때이며, 그 점에 있어서 요한복음의 서사상의 목적지이자 절정이다.O' Day 1995: 799 참조 예수는 "아버지여, 때가 되었습니다: 아들을 영화롭게 하셔서 아들이 당신을 영화롭게 하게 하소서"라고 말함으로써 자신의 기도를 시작한다.17:1

개요

이 서사는 세 개의 주된 단원으로 나뉘고 있다:

예수의 체포, 유대인들의 재판, 베드로의 부인, 18:1-27

빌라도 앞에 선 예수의 재판, 18:28-19:16a

예수의 십자가 처형 및 장사, 19:16b-42

교차대구적인 분석은 빌라도 앞에서의 예수의 재판을 강조하고 있다:

A 동산에서 예수가 배반당하고 잡힘18:1-12

    B 유대인들 앞에서 예수가 간략한 재판을 받음18:13-27

        C 빌라도 앞에서 예수가 재판을 받음18:28-19:16a

    B' 빌라도가 예수를 유대인에게 넘겨준 이후에 예수가 십자가에서

        처형됨19:16b-37

A' 동산에 예수가 장사됨19:38-42

베드로와 빌라도

그렇지만 이 개요와 교차대구법은 예수의 체포에서 베드로의 부인이 하는 역할과 그 해의 유대교 대제사장들 앞에서의 재판이 하는 역할을 보여주지 않는다.18:15-18, 25-27 이것이 중요한 이유는 그것이 13:36-38에서 예시되었고 21:15-19에서 절정에 이르렀기 때문이다.

하부 줄거리subplot 이상으로, 베드로의 역할은 신학적이고 정치적인 의미를 가진 주요 모티브가 된다.

빌라도 앞에서 예수가 재판을 받는 장면, 더 큰 본문상의 단원은, 신학적이고 정치적인 의미로 가득하다. 예수는 줄곧 통제권을 쥐고 있다. 그는 지배한다. 그는 행위의 수동적인 주체나 고통당하는 희생이 아니다. 오히려 예수는 자신을 심문하는 자들을 재판에 회부한다.O'Day 1995: 799 참조 체포를 당했을 때, 예수는 스스로를 동산에서 드러낸다. 예수가 유대인들 앞에서 나타날 때 그는 진정한 심판자이다. 빌라도 앞에서, 진정한 재판관이 되는 사람은 빌라도가 아니라 다시금 예수다. 예수는 스스로 십자가를 진다 … 그는 해골의 장소라고 불리는 곳에 갔다.19:17 예수는 선언한다. "다 이루었다." 그리고 예수는 고개를 떨구고 숨을 거두었다.19:30

극적인 역설

요한복음의 문체를 따르면서, 재판 이야기는 역설과 이중적인 어구로 가득한데, 특히

빌라도 앞에서 예수의 재판이 그렇다. 여기서 예수의 영화의 때에 대한 교차대구적 초점에서 분명해 진다. 포드J. M. Ford는 요한의 극적인 역설과 그리스 문학의 극적인 역설을 비교하고 있다:

요한의 역설의 희생자들은 폭군 빌라도와 믿지 않는 유대 사람들이다.[유대인들, 585쪽] 수난 이야기에서 역설과 오해를 사용하는 요한의 기법은 절정에 달한다. 청중들은 예수가 죽음에서 살아났다는 것을 안다; 그들은 70년에 예루살렘의 비극적 멸망과 위법행위로 인해 추방을 당한 빌라도의 불명예를 알고 있을 수 있다. 이런 극적인 역설의 의미와 군주의 진정한 신성화를 이해한 사람들은 예수의 친구들이다.1995: 115

요한복음 18:1-27

예수의 체포, 유대인들의 재판, 그리고 베드로의 부인

사전검토

1970년대 후반에 벨몬트 메노나이트 교회가 막 시작하려 할 때, 복면을 쓰고 러시아 옷을 입은 공산주의자 군인 두 명이 교회로 들어와서 청중들의 시선을 사로잡았다. 그들은 모든 사람들이 성서를 버리지 않는다면 체포당하고 투옥될 것이라고 으름장을 놓았다. 두 명의 건장한 성도가 이것에 거부하며 몸싸움을 벌이면서도 자신들의 주장을 굽히지 않아 마침내 그 군인들이 겁을 집어 먹게 만들었다. 이 신자들은 이것이 실제 상황이라고 생각한 나머지, 이런 너무도 극적인 촌극을 기획했던 사람들과 화해하는데는 몇 주가 걸렸다. 그들은 성서를 보호했다. 예수가 체포에 직면했을 때 예수는 누구, 혹은 무엇을 지킨 것인가?

예수는 밀려드는 군인들을 만나기 위해 겟세마네 동산에 들어가서 나오며, 너희가 누구를 찾느냐?라는 항의섞인 질문으로 그들을 맞는다. 그들은 나사렛 예수라고 대답한다. 예수는 "내가 그이다"세 차례, 5, 6, 8절라는 선언으로 응답한다. 이 대답은 심문하는 로마 군인들에게 너무도 충격을 준 나머지 그들이 땅에 쓰러지고 말았으며, 예수의 말씀이 지닌 힘이 그들을 제압했다.

요한복음의 뚜렷한 목적이 계속된다. 예수는 군사들 무리에게 그의 제자들을 보내달라고 구하며, 실제로는 이렇게 말한다. "나를 잡아가고 내 제자들을 풀어 주시오." 그렇지만 베드로는 죽기까지 예수를 따르기로 결심하여13:37 싸움을 걸고 칼을 들어 대제사장의 종인 말고의 오른쪽 귀를 베어 버린다. 예수는 모든 이들이 기억하는 비저항적인 선언으로 베드로를 꾸짖는다: "칼을 칼집에 다시 넣어라."11절 그러자 군인들이 예수를 붙들어 결박해서 가야바의 장인 안나스에게 데려간다. 이것은 11:49-52를 이루기 시작한 것으로, 여기에서 대제사장 가야바는 예수가 민족을 위해서 죽게 될 것이라고 예언한다.

이윽고 카메라는 베드로에게로 전환되는데, 베드로는 대제사장에게 알려진 다른 제자와 대조된다.18:15-16 그는 베드로를 대제사장의 뜰에 데려간다. 그렇지만 가는 도중에 베드로는 자신이 예수를 안다는 것을 부인한다. 그것으로 부족한 듯, 두 번째 장면이 따라온다. 베드로는 종들과 관리들이 함께 서 있는 곳에서 불을 쬐고 있을 때, 두 번째로 예수를 부인한다. 베드로는 공개적으로 예수와 자신의 관계를 의절한다. 앞서 예수에 대한 충성을 두 번이나 맹세한 수제자로서6:68-69; 13:37:37, 베드로는 다른 제자들을 대표하고 있다.

독자가 예수를 모른다는 베드로의 첫 번째 부인을 본 후에, 카메라는 이전의 대제사장이자 영향력있는 안나스 앞에선 재판으로 돌아간다. 안나스는 예수에게 그의 제자들과 그의 가르침에 대해 묻는다.19절 베드로가 말고에 맞서서 칼을 빼어 그의 귀를 베었으므로—나중에 다른 종이 그 사건을 제법 공격적인 것으로 기억할 때26절—대제사장은 관여할 권리가 있으며 그의 질문들은 아마도 예수, 제자들, 그리고 그의 가르침이 혁명적인 의도가 있었는지를 가늠하고자 한다. 예수의 대답은 세상에 공개되어 가르치고 있다는 것을 강조한다. 많은 이들이 내 가르침을 들었다고 예수는 말한다. "내게 묻지 말고 그들에게 물으라."

관리 중 하나가 예수의 얼굴을 친다. 예수의 반응은 자신이 거짓말했다고도, 진실을 말했다고도 하지 않은 채 잠잠하다. 안나스는 충분히 이 사건을 파악하여 예수를 결박하여 대제사장 가야바에게 보낸다. 공관복음서가 산헤드린 공의회 앞에서 예수의 재판을 묘사하는 것에 비추어 보면, 요한복음에서 예수의 "재판"은 두루뭉수리이다: 기소도 없고 변호도 없다. 왜 재판에 대한 내용이 거의 없는 채로, 이들 종교적 인물들 앞에서 이런 광경이 벌어지는 것인가? 유대교의 재판은 빌라도 앞에서 하는 재판으로 가기 위한 디딤판 노릇을 주로 하는 것이다.

이 단원은 베드로의 두 번째, 그리고 세 번째 부인으로 마무리된다. 그 일이 있자마자 닭이 운다; 예수의 예언13:38이 성취된다. 18:12 이후에, 이 서사는 예수의 "재판"과 베드로의 부인 사이의 교환으로 구성된다.

개요

예수가 유다와 베드로와 함께, 자신의 체포를 이룬다, 18:1-11
예수와 베드로가 재판에 간다, 18:12-17

교차대구법으로, 이것은 아래와 같이 나타낼 수 있다:

A 예수가 안나스 앞에 나타나며 가야바의 예언을 이룬다.18:12-14
　　B 베드로가 예수를 부인한다.18:15-18
A' 예수가 안나스 앞에서 "재판을 받는다." 18:19-24
　　B' 베드로가 예수를 두 번째와 세 번째로 부인한다.18:25-27

주석적 해설

예수가 유다와 베드로와 함께 자신의 체포를 이룬다 18:1-11

예수가 체포당하는 배경은 동산에 있는 기드론 골짜기 건너편으로, 요한복음에서는 이름을 밝히지 않는다. 예수는 제자들과 자주 이곳에서 만났다.2b 공관복음서는 이 동산이 겟세마네로 알려져 있다고 하며, 예수는 이곳에서 자신의 임박한 죽음에 대해 고뇌했다. "겟세마네 동산"이라는 실제 문구는 헬라어 본문에서는 어디에도 등장하지 않지만, NASB는 마 26:36과 눅 22:39 앞에서 꺾쇠괄호로 처리된 제목으로 이 문구가 있다. 요한복음에서 그런 고뇌는 12:27-29에서 나타난다. 공관복음에 나오는 겟세마네에서 예수의 몸부림은 요한의 이야기와는 맞지 않는다. 왜냐하면 예수의 죽음의 때는 그의 첫 번째 이적2:1-11에서 계속 시작되는 요한의 서사를 강조하기 때문이다. 십자가를 받아들이는 결정은 이미 3:14에 명백히 드러난다.

예수는 앞서 유다를 보내어 이렇게 말한다. "네가 하려는 일을 빨리 하라."13:27d 예수는 지금 유다를 볼 터이며 실망하지 않는다. 예수는 유다를 만나기 위해 앞으로 나가는데, 유다는 제사장들과 바리새인들이 보낸 경비들과 군인의 파견된 무리들과 함께 동행하고 있다.18:3 "파견대" 혹은 "집단"*speira*은 로마 군인들의 "무리"를 가리키는데, 600

명 혹은 아마도 200명 정도되는 소단위일 것이다. 로마 군인들과 유대인 경비들은 이제 산헤드린11:47, 57 의 제사장들과 바리새인들이 결탁하여 하려는 일을 수행하고 있다. 그것은 바로 예수를 체포하는 것으로, 그의 놀라운 이적들, 말씀들, 그리고 일들이 종교지도자들로 하여금 로마인들이 와서 우리의 성소와 민족을 파괴할 것이라는 공포에 떨게 했다.11:48b 그들은 목적을 이루기 위해서 빌라도와 협력할 준비가 되어 있다. 정치적 원수들이 예수 운동의 인기를 저지시키기 위해 공모하는 것이다!눅 23:12 참조 이런 상당한 규모의 무리가 불빛과 횃불, 그리고 무기를 들고 밤에 찾아온다.요 18:3b 이 장면은 예수가 말하는 "나는 세상의 빛이다"에 대한 가짜 초상이다. 그렇지만 예수라는 아들-빛, '세상의 빛'은 이런 횃불의 어둠을 무색하게 한다.

15:13을 반향하며, 예수는 자신을 잡으러 오는 사람들을 기꺼이 만나려 걸어 온다. 그가 친구들을 위해 자신의 목숨을 버릴 시간이 왔기 때문이다. 그가 앞서 말했듯이, "아무도 내게서 내 목숨을 빼앗아 가지 못한다. 나는 스스로 내 목숨을 버린다. 나는 목숨을 버릴 권세도 있고 다시 얻을 권세도 있다."10:18 이제 일어날 일을 모두 알고 있는 예수는 이 상황을 떠맡으며 이렇게 묻는다. "누구를 찾고 있는가?"18:4, 7 그들의 대답, "나사렛 예수를 찾소"는 호기심을 유발한다. 왜냐하면 *Nazoraion*이라는 단어는 한 가지 이상의 의미를 갖고 있기 때문이다.18:5, 7 군인들의 입에서, 이것은 갈릴리의 도시를 지칭하고 있다. 이 서사를 읽는 신자들에게는, 이것이 나실인의 서약삿기 13:5을 지키며 살려는 예수의 헌신이나 예수가 사 11:1에 나오는 이새의 줄기의 메시아 환상을 이루는 것을 제시할 수도 있다.R. Brown 1970: 800-10; Howard-Brook 1994: 375-76 참조 다시금, 예수는 어둠 속의 빛처럼 비추고 있다.

그들의 심문에 대한 예수의 대답은 까무러칠 만한 것이다: "내가 그다," 혹은 조금 더 나은 표현으로 한다면, 나는 ~이다.[*ego eimi*]!5, 6, 8절 [나는 ~이다, 584쪽] 체포하러 온 무리는 땅에 쓰러진다."모든 무릎이 꿇어야 한다." 빌 2:10 참조 서사자는 예수가 말한 것을 반복함으로 그 점을 강조하고 있다: "나는 ~이다."6, 8절와 예수를 넘겨 준 유다가 그들과 함께 있다는 것을 안다! 체포조는 아연실색하고 무력해져서 예수는 다시 묻는다. "너희는 누구를 찾느냐?" 다시금 그들은 같은 대답을 한다. "나사렛 예수입니다." 그러자 예수는 다시 대답한다. '내가 그 사람'이라고 말했다. 동일한 기가막힌 '나는~이다' 선언이다. 유다는 그것을 다시 듣는다. 이중적 반향과 함께, 유다가 쓴 헤드폰에서는 *ego eimi*가 울려퍼지고 있다! 나는 유다의 마음이 녹아 내리는 것을 상상한다. 요한복음에서 우리는 유다의 이야기를 더 이상 들을 수 없다.

예수는 군인들에게 부탁을 구하는데, 실제로는 이렇게 말한다. "나를 잡아가라. 너희가 찾는 것은 나다. 하지만 이 사람들은 놓아 달라." 예수는 제자들의 안전을 구한다. 요한복음은 그 이유를 설명한다: 당신이 내게 주신 이들 가운데 하나라도 잃어 버리지 않았습니다라는 성서를 이루기 위해서이다. 이것 때문에 독자들은 난제에 봉착한다: 한편으로 유다는 예수를 믿은 사람이었고2:12 예수의 곁에 머물기로 한 사람이었다.6:71b; 12:4 그렇지만, 다른 한편으로 이 본문은 유다가 하나님이 예수에게 준 사람 가운데 하나가 아니라, 사탄이 부추겨 제자들의 무리로 "침입했다."는 시각을 반영한다.6:71c; 13:2

이 순간에 자신의 스승을 보호하려는 베드로의 결정은 폭력으로 불타오른다. 그는 칼을 빼어 대제사장의 종 말고를 친다. 다행히도 베드로의 어설픈 조준으로 한 쪽 귀만 베었는데, 이 사건은 예수의 명언을 야기한다. "네 칼을 다시 칼집으로 넣어라." 이 교훈적인 순간에, 예수는 베드로만을 꾸짖는 것이 아니라 그가 제자들에게 가르쳐 온 것을 선언하고 있다. 그 이유는 12:24에 있다. 하나님의 목적이 드러나고 완성되도록 하기 위해 예수는 기꺼이 죽음을 견디고자 한다. 예수는 아버지의 구원의 목적을 단언한다: "아버지께서 내게 주신 잔을 내가 마시지 않겠느냐?" 예수의 복음이 가진 진정한 본질이 드러난다. 구원, 영생, 그리고 예수와 아버지의 유대가 십자가를 통해 온다. 예수는 폭력을 버린다. 하워드-브룩은 이렇게 말하고 있다:

사탄의 대표자는 군인들, 경비들, 그리고 무기를 모았지만 하나님의 대표자는 그저 하나님의 이름의 권세로 잡는 사람이다. 이것은 신약성서에서 가장 강한 비폭력적 저항의 모델 가운데 하나이며 세상의 권세에 직면한 자들에게 있어 가장 어려운 도전임을 보여준다. 우리는 진정으로 하나님의 이름이 무기와 군사력보다 강하다고 믿는가? 예수는 그렇게 믿는다. 1994: 377

예수는 폭력에 직면함에 있어 주권적이다. 그는 폭력 앞에서 굴하지 않고, 오히려 폭력을 일삼는 권세를 이긴다. 예수의 통치권은 겐치Gench의 책 18-19장의 제목과 같이, 수난이야기 전체에 퍼져있다: "삶과 죽음 가운데의 군주Sovereign in Life and Death"117-27

예수와 베드로가 재판에 회부되다 18:12-27

18:12-14 [A] 예수가 안나스 앞에 나타나서 가야바의 예언을 이루다

이들 첫 번째의 A-B 하위단락들은 예수의 "재판"과 베드로의 첫 번째 부인의 첫 무대로 구성된다.15-18절. 이하 구성요소들은 짝을 이루는 하위단원들의 두 번째 묶음인 A'-B'에서 유사하게 나타난다.19-27절 짝을 이룬 하위단락들 각각의 묶음은 요한복음이 독자에게 서로와 관련하여 보여주고자 했던 것을 포함하고 있다. 재판은 베드로의 부인을 위한 무대가 된다. 그런 이유로, 베드로의 부인은 뚜렷하게 두드러진다. 이들은 요한복음의 신학과 서사의 목적이 지닌 중요한 측면을 전달하며, 요한복음의 마지막 장면 속에서 베드로가 각광을 받으며 등장하는 20장과 21장에서 완성된다. 요한복음에 나오는 유대인의 재판은 공관복음서 속의 재판과 비교해 보면 두루뭉수리다. 요한복음의 재판은 빌라도 앞에서 예수의 재판이나 빌라도의 예수 재판에 비하면 무색해 진다!

마가복음에서14:53-65, 대제사장 앞에서 예수가 조사를 받는 것은 이름이 밝혀지지 않은 대제사장과의 대화 속에서 기독론적 노출로 가득하다: 이 대제사장은 전체 공회로 모이는 제사장들, 장로들, 서기관들을 대변하고 있다. 요한복음에서는 대제사장들이 언급되고 있으며, 이들은 하나가 아니라 두 명이다. 안나스는 명예 대제사장으로, 현재 대제사장인 가야바의 장인이다. 그렇지만 안나스는 종교 사건들에 대하여 상당한 힘을 발휘하고 있다. 여기서 서술자는 안나스를 그의 권위와 가야바와의 관계를 설명하며, 가야바가 자신도 모르게 이 상황을 예언하는 11:48-52를 떠올리기 위해서만 등장시킨다: 로마가 우리의 거룩한 곳과 민족을 파괴하지 못하게 하기 위해서 말썽꾼을 제거해야 한다. 서술자는 이 언급이 가지고 있는 예언의 날카로움을 다시금 독자들에게 들려주고 싶어 한다: "백성들을 위하여 한 사람이 죽는 것이 낫다."18:14b 그것이 전부다. 재판의 첫 번째 무대가 끝이 났다.

18:15-18 [B] 베드로가 예수를 부인하다

이 속편은 더욱 많은 것을 보여주고 있다. 먼저, 베드로의 지도력을 능가하는 또 다른 제자애제자?가 있다. 그는 대제사장을 알고 대제사장도 그를 안다. 그는 대제사장 안나스의 뜰로 예수와 함께 간다.18:13, 19-24 이런 두드러진 세부사항은 특유한 것으로, 다른 복음서에서는 찾아 볼 수 없다. 이 제자는 제사장에 소속되어 있는가?[애제자, 565쪽]

다음 절은 베드로가 바깥에 서 있고, 다른 제자가 문지기 하녀에게 말하고 베드로를 불러 나온다! 그렇지만 베드로가 그 문을 지날 때, 그녀는 베드로의 정체를 확인하는데, 부정적인 대답이 나오도록 짜여져 있다.헬라어 me로 시작된 질문: "당신도 이 사람의 제자들 중 하나는 아닐 겁니다. 그렇죠?" 베드로는 반색하며 대답한다. "나는 아닙니다." 예수와 연관된 다른 제자가 옆에 있음에도 베드로는 담대하게 나는 아니라고 한다. 이윽고 베드로는 피워 놓은 숯불을 둘러싸고 불을 쬐고 있는 종의 무리들과 경비들 무리에 섞인다. 그렇다. 베드로는 그들과 함께 서 있는 것이다! 숯불이라는 단어는 *anthrakia*[18]

절이다; 이 단어는 나중에 부활장면에서 베드로가 서 있을 때 다시 등장할 것이다.21:9- 이런 고통스러운 기억을 치유하기 위해!

18:19-24 [A'] 예수가 안나스 앞에서 "재판을 받다"

이 서사는 재판으로 다시 돌아간다. 명예 대제사장인 안나스가 예수를 심문하나 별 소득을 거두지는 못한다. 그는 예수에게 제자들과 예수의 가르침에 대해 묻는다.19절 예수는 특별히 안나스에게 할 말이 없어 그에게 자신의 가르침은 항상 공개적이었다는 점을 상기시킨다.아마도 가야바가 옆에 서 있었을 것이다: 나는 세상에 드러내 놓고 말했다. 나는 항상 모든 유대인들이 모이는 회당과 성전에서 가르쳤다. "나는 숨겨서 말한 것이 없다. 왜 내게 묻느냐? 나에게 말을 들은 사람들에게 물으라. 그들은 내가 말한 것을 안다."

이런 순응적이지 않은 태도는 경비를 자극하였고, 그들 중 하나가 예수의 얼굴을 때리면서 이렇게 말한다. "이것이 네가 대제사장에게 대답하는 태도냐?" 예수의 반응은 어느 부분에서는 사과를 담고 있고 어느 부분에서는 방어적이다. 첫 번째 부분은 그렇게 말하는 것이 잘못된 것이라는 문을 열어 두는 것이지만, 두 번째 부분은 잘못이 되는 그 문이 도전으로 닫힌다는 점을 강력히 시사한다: "내가 그릇된 말을 했다면 잘못된 점을 대라. 그러나 올바르게 말했다면 왜 나를 때리느냐?" 이런 기이한 공방이 재판에서 벌어지자, 안나스는 심문을 끝내고 예수를 가야바에게로 넘긴다. 가야바는 이 재판 전체에서 활약이 없다. 앞서 가야바는 예수의 사형선고를 쓰는 11:48-52에서 "활약을 했다." 여기서 가야바가 유일하게 활약을 한 부분은 서사자가 베드로가 다음에 이어지는 슬픈 만남을 강조할 때, 예수와 펼쳐지는 드라마를 붙잡아 두는 것이다.

요한복음에서 누가 진정으로 대제사장인지에 대해 어떤 혼란이 둘러싸고 있다. 콜로에Coloe와 커Kerr 는 저자가 유대교의 대제사장 체계를 비판하기 위해 이런 혼란을 사용했으며, 예수야 말로 자신의 백성을 위해 재판과 죽음을 통해 탄원하는 진정한 대제사장을 암시하고 있다고 주장한다.Coloe 2001: 203-5; Kerr: 317 이런 해석을 뒷받침하는 것은 세 개의 서사상의 강조들에게서 나온다. 먼저, 동산에서 즉시 이렇게 잡힐 것을 내다본 예수의 기도는 대제사장적인 중재이다. 두 번째로, 대제사장이라는 용어는 이 간단한 서사에 걸쳐 총 8차례 나타난다.13, 15[2회], 16, 19, 22, 24, 26 세 번째로, 18:5, 6, 그리고 8절에 나타나는 삼중적인 나는~이다 선언은 예수가 자신의 나는~이다 정체성을 드러내는 앞선 언급들과 연결될 수 있다. 셔브룬Shirbroun 332-33은 하나님께서 17:6, 11-12, 26에서 자신의 이름을 예수에게 주셨으며, 구약의 대제사장들은 "야웨에게 거룩"이라는 하나님의 이름을 판 반지를 끼고 있다고 주장한다. 따라서 커Kerr는 요한이 예수를 진정한 대제사장으로 나타내고 있다고 주장한다. 이 주장이 추측으로 보일 수는 있지만, 요한복음은 유대교가 지니고 있든 다른 권위구조를 약화시키고 이루고 있다.예를 들면 성전, 안식일, 절기들 그러므로 제사장직에 대한 비판은 이런 면과 맞아 떨어진다.

아니면 대제사장의 정체성에 대한 혼란은 단순히 역사적 상황을 반영한 것인가? 어떤 학자들은 이것을 다른 곳에 나오는 역사적 세부사항들에 요한이 주목하고 있다는 것을 예시하고 있는 역사적인 세부사항으로 본다. 같이 두고 보면, 이것은 역사적 신뢰성의 전조인 것이다.Dodd 1953: 444–53; Bauckham 2006 여러 곳[186–87]; Anderson 2011: 195–219 [206] 우리는 마태, 마가, 그리고 누가를 넘어서 역사적인 빛을 비추고 있는 예수의 사역이 "예루살렘에 기초한 역사"라고 알고 있는가? 이에 대한 대답은 더 폭넓은 복음서의 증거와 요세푸스의 기여에 호소해야 한다.Ant. 18.2.1; 18.4.3; 그리고 이 주석의 서론에 있는 "역사와 신학"을 보라

18:25–27 [B´] 베드로가 두 번째와 세 번째로 예수를 부인하다

18:25–27에서 이 서사는 다시 베드로에게로 전환된다. 그는 불을 쬐고 있다. 불빛이 비추자 그는 확실히 경비나 목격자들이 예수와 함께 있었던 제자들 중 하나로 보인다. 그래서 그들은 베드로에게 묻는다. 먼저 경비병이 이렇게 질문한다. "당신도 역시 그의 제자들 중 하나는 아니지요?" 헬라어 구문론은 "아니오"라는 대답을 함축하고 있다. 베드로를 위해–아마 그들은 베드로가 함께 있는 것을 좋아했을 것이다–그들은 베드로의 곤경을 면하게 해주려고 한다. 그리고 베드로는 그렇게 한다: 그는 부인하면서 이렇게 말한다. "나는 아닙니다." 그렇지만 궁금증은 그치지 않는다. 이제는 대제사장의 종들 가운데 하나, 베드로가 귀를 자른 사람의 친척이 묻기를 "당신이 그와 함께 있는 것을 내가 보지 않았소?" 이것은 목격자의 증언이며, 사건과 장소가 구체적이다! 심문하는 자는 "그렇소"라는 대답을 기대하고 있다. 그렇지만 베드로는 이미 두 번이나 "아니다."라고 했으므로, 예수를 다시 부인하는 것이 더 쉬울 터이다. 베드로는 칼을 드는 혁명가로 여겨지고 싶지 않아서 세 번째로, 닭이 우는 순간에 예수와의 관계를 부인한다.27절 5절에서 유다의 행위가 있은 후에 유다의 반응에 대해 아무 것도 듣지 못한 것처럼, 베드로의 반응이 우리에게 말해 주는 것은 없다. 베드로의 "만회redemption"는 부활 이후까지 기다려야만 한다.

다른 복음서들은 우리에게 더 말을 해 주고 있으나 요한복음은 그렇지 않다. 유다와

베드로가 예수에 맞선 그들의 역할을 수행하고 있는 것으로 그려지는 것으로 충분하다. 예수는 홀로 죽음에 이르는 골짜기를 걸어간다; 그는 자신의 십자가를 진다.19:17 그럼에도 불구하고, 그는 주권을 가진 채 재난을 지배한다. 이 끔찍한 엉망의 상황이야 말로 경외감이 가득한 영광과 찬미로 이어지기 때문이다. 십자가에 직면하여, 진리인 예수는 해방시키며 폭력을 심판한다. 죽어가는 이가 폭력이 무엇인지를 폭로하고 있으며, 빛, 생명 그리고 사랑이 어둠, 죽음과 멸망을 이기는 새 역사, 새 창조, 그리고 새 세상을 열고 있다. 예수는 길이요 진리요 생명이다!

빌라도 앞에서 예수가 재판을 받다

사전검토

그 일은 힘든 일을 마치고 늦은 저녁 산책을 하는 동안, 남서부 쪽에 있는 한 마을에서 일어났다. 아마도 그는 패스트푸드 주차장에서 얼쩡거려 수상한 사람으로 보였을 것이다. 그가 긴 모텔의 마지막 모퉁이를 돌았을 때, 세 개의 수색불빛이 얼굴을 비추고 세 명의 경찰이 그를 둘러쌌다. 두 명은 앞에, 한 명은 뒤에 있었다. 손을 들라는 명령과 함께 그의 몸을 샅샅이 뒤졌다. 그의 코에서 콧물이 흐르기 시작했을 때, 그는 손수건을 집으려고 손을 뻗었으나 명령과 총부리가 그를 저지했다. 그의 지갑과 개인 물품들이 호텔방에 있었다―그러므로 그의 신원을 확인할 수 없었다. 그가 왜 시내에 있었는지를 철저하게 심문한 뒤, 경찰들은 그의 거짓없는 대답에 코웃음쳤다. 그는 "나에게는 작은 십자가 하나만 있을 뿐이오"라고 했다. 그들은 그것을 보자고 했다. 그는 여름캠프에서 아들이 자신을 위해 만들어 준 작은 나무 십자가를 집으려고 외투 주머니에 손을 뻗었다. 이 십자가는 작은데다가 쇠로 된 것이 아니어서 경찰들은 앞선 수색에서 발견하지 못했다. 경찰은 단순한 작은 십자가를 보고서 총을 내리고 사과했다. 그날 성경강의를 했다는 그의 말을 믿은 것이다. 빌라도 역시 십자가를 눈 앞에서 마주했으며, 2세기 복음서들을 믿는다고 하면, 십자가 및 의인이 십자가에서 죽음을 목격하고 그의 마음이 바뀌었다.

요한복음은 다른 어떤 복음서들 보다 빌라도 앞에서의 예수의 재판에 대해서-혹은 예수 앞에서의 빌라도의 재판-더 길고 더 신학적으로 예리하게 언급하고 있다. 18:28-19:16a의 교차대구적 구조는 빌라도가 예수를 만나는 자신의 본부 안쪽과 예수를 기소한 자들을 만나는 바깥쪽 사이에서 빌라도가 우유부단하게 왔다갔다 하고 있다고 널리 알려져 있다. 빌라도가 빈틈없이 계산적이든지, 아니면 동정적이거나 연민적이라고 판단되든지 간에, 그가 한 무대에서 다른 무대로 전환되고 있음은 자신의 곤경을 극적으로 보여준다. 빌라도와 요한복음의 독자는 예수에 대해서 어떤 입장이든 취해야 한다: 예수의 이적들과 사역들 속에 있는 그의 자기 선언들과 신성한 권위에 대해서 예인지 아니오인지.

재판이야기는 역설로 가득하다. 예수에게 왕관이 씌워지고 옷이 입혀지고 십자가로 가는 길에서 왕으로 선언이 되며, 영광과 찬미 속에서 "높이 올려지게" 된다면, 유대인들과 빌라도는 예수의 영광과 역설적으로 대조되는 이중적이고, 하향곡선을 그리게 되어 이 이야기는 그들 스스로가 유죄라는 점을 보여주고 있다.Duke: 127 참조 이 재판은 요한복음에 만연된 재판모티브를 절정에 이르게 한다. 또한 이 재판은 재판관과 왕이라는 예수의 주제를 최고조에 이르게 하며, 결론적으로 "예수가 어디에서 왔는가?"라는 요한복음의 대단히 중요한 질문에 대답을 하고 있다. 그 질문에 대한 대답은 우주적인 결과이다.

18:28-19:16에 나오는 빌라도 앞에서 예수가 재판을 받는 요한의 단락은 예술적인 독특성에 있어 탁월하다. 일곱 개의 장면에서 바깥에서 자신의 법정 안으로 빌라도가 교차적으로 움직이고 있을 뿐만 아니라, 구조와 주제의 흐름은 완성도에 영향을 미친다. 다음 부분인 19:19-22의 첫 번째 문단도 재판이야기의 일부이다. 그것은 유대인들과 빌라도의 만남에 대해 역설적인 결론이며 다음에 이어지는 예수의 십자가형의 이야기에 경첩이 되기 때문이다.

개요ᵂ

A 고소: 빌라도와 유대인들바깥쪽, 18:28-32

   B 증언: 왕됨에 대한 빌라도와 예수안쪽, 18:33-38a

      C 평결: 빌라도가 예수의 무죄를 선언하다.바깥쪽, 18:38b-40

         D 채찍질하고 왕을 조롱함안쪽, 19:1-3

C' 평결: 빌라도가 예수의 무죄를 선언하다.바깥쪽, 19:4-8

B' 증언: 권위에 대해 빌라도와 예수안쪽, 19:9-12

A' 선고: 빌라도와 유대인들, 그리고 예수바깥쪽, 19:13-16a

주석적 해설

고소: 빌라도와 유대인들바깥쪽, 18:28-32

이 단원은 관리들이 유대교 법정에서 로마 법정, 빌라도의 본부로 예수를 옮기는 것으로 시작한다. 예수를 넘기는 것은 이른 아침이다. 28절에서의 그들은 12절과 22절RSV에서는 올바르게 복수형이다; NRSV의 단수형표기는 정확하지 않은 것이다에 나오는 관리들을 가리킴에 틀림이 없다. 이 유대인 관리들은통칭 *hyperetai*; 눅 1:2의 종들 참조 제사장들의 명령 아래 있다.7:32, 45의 성전경비병 참조 그들은 유월절 전에 정결의식을 더럽히지 않으려고 빌라도의 본부에 들어가지 않을 것이다. 역설적으로, 그들이 정결의식을 지키는 동안, 그들은 이 유대 나사렛 사람을 기소하기 위해 이방인 통치자의 협조를 구한다! 브라운Brown은 이 역설에 대해 이렇게 언급한다:

> 빌라도와 유대인들이 대치하는 첫 부분은 미묘한 역설로 묘사된다. 예수의 죽음을 냉소적으로 결정한 것은, 모든 민족이 멸망당하는 것 보다는 한 사람이 죽는 것이 더 이익이었으므로, 유대교 권력자들은 정결의식을 꼼꼼하게 준수한다. 그들은 적을 멸망시키기 위해 서슴지 않고 이방인을 이용한다. 그렇지만 그들은 이방인들의 집에 발을 들이지 않는다. 명백하게 또 다른 역설의 요소가 있을 수 있다: 그들은 정결의식이 유월절 양을 먹는 것을 금하게 될 것을 두려워 하지만, 그들도 모르게 하나님의 어린양인 그를 죽음에 던져 놓고 있으며 따라서 그들은 진정한 유월절을 가능하게 하고 있는 것이다. R. Brown 1970: 866

이들 바리새인들과 제사장들의 관리들은 이방인의 속박에서 벗어난 것을 기념하는 유월절을 축하하기 위해 자신들의 정결함을 꼼꼼하고 종교적으로 지킨다. 그렇지만 지금 이들은 이 이방 검사관의 기분을 거스르지 않기 위해 자신들의 백성 가운데 하나를 희생양으로 삼고 있는 것이다.요셉을 이집트에 팔아 넘긴 요셉 형제들을 반향하고 있음

예수는 이제 빌라도의 손에 있다. 눅 23과 여기 요한복음의 서사에서는 빌라도가 예수

의 무죄를 선언하여 빌라도를 호의적으로 그리는 것으로 나타나지만, 그런 것은 빌라도의 통치와 성격을 전체적으로 평가한 것이 아니다.429쪽에 나오는 필로의 분석을 볼 것 이 요한복음의 서사에서, 빌라도의 역할은 자신의 이익을 위하여 예수와 유대인들을 먼저 싸움을 붙이고 그 후에는 유대인들이 가이사를 대적하게 만들어서 이중의 재난을 만들어 내는 약삭빠른 정치인인 것이다. 유대인들과의 대화에서는 빌라도가 적대감을 나타내지만, 예수에 대해서는 호기심을 보이며 좋게 생각하거나 무관심하게 나타나고 있다. 그럼에도 불구하고 빌라도는 "세상의 권세"를 나타내고 있으며 예수를 죽음에 이르게 하는 유대교 권력자들이 빌라도를 종용하고 있다.11:47-52

빌라도가 처음 한 질문인, "이 사람을 무슨 일로 고소하는 거요?"18:29에 대해, 유대인들은 얼버무리고 결론을 말하지 못한다. 재판 곳곳에서 예수에 대한 혐의는 점점 혼란스러워진다. 예수에 맞선 그들의 고소가 뒤죽박죽이므로, 예수는 빌라도 앞에서 공정한 재판을 받지 못하게 될 것이라는 점이 분명해진다.

이 관리들은 예수의 혐의를 묻는 빌라도에게 모호한 대답을 한다: "이 사람이 범죄자가 아니었다면 당신에게 넘기지 않았을 것입니다." 빌라도의 약삭빠른 반응은 이 책임을 그들에게 지우는 것으로, 이렇게 말하고 있다. "그를 데려 가서 당신들의 법대로 재판하시오." 그러자 유대인들은서술자는 지금 고소하는 이들을 이렇게 부른다 이렇게 대답한다. "우리에게는 어떤 사람을 죽일 권한이 없습니다."[아마도 로마법일 것이다] 정확히 말하자면 이는 사실이 아니다. 그들의 법에 따르면 죄를 지은 자에게 돌을 던져 죽일 수 있었기 때문이다.요 8:5에서 그들은 그렇게 하기를 원했다.8:59; 10:31-31; 11:8; 그리고 R. Brown 1996: 337 참조 서술자는 유대인들의 수상쩍은 말을 받아 들이고 있다. 예수의 사역이 이루어지려면 땅에서 들려야 하기 때문이며3:14; 12:32, 이것은 예수가 겪어야 할 죽음의 종류를 명시하고 있는 것이다. 십자가가 정치적으로는 공개적 수치이기도 하지만, 예수가 모든 사람들을 자신에게 이끌게 되는 그가 영광을 받는 방법이기도 하다. 예수의 예언과 가야바의 예언은 사건들의 진행을 결정한다. 예수는 이 재판에 있어 재판관이며, 유대인들과 빌라도는 예수의 권위 아래 있는 것이다.

증언: 빌라도와 왕위의 예수안쪽 18:33-38a

마가와 함께, 요한복음은 왕위를 이 재판 이야기의 중심에 둔다. 예수는 11차례 왕이라 불린다.18:33, 37[2회], 39; 19:3, 12, 14, 15, 19, 21[2차례] 요한복음에서 "예수가 왕이라고 주장한다."는 혐의가눅 23:2 참조 언급되고 있지만 않지만, 빌라도가 곧바로 물었던 것이 이것이다. 빌라도는 메시아라고 주장하는 자들을 다루었고 유대인들의 기질 속에서 무엇이 끓고 있는지를 안다: 그들의 왕 아래 살 자유를 누리는 것. 빌라도의 질문은 그 고소를 정치적 내란으로 보는 것이다.

빌라도의 질문에 예수가 한 대답, "당신은 이것을 당신의 생각으로 묻는 것입니까, 아니면 다른 이들이 당신에게 말해준 것입니까?"18:34는 명백하게 사태를 역전시킨다. 이렇게 화제를 전환시키는 것은 미묘하게 빌라도를 재판에 세운다. 빌라도는 예수에 대해 자신이 믿을 것과 증언할 것을 선택해야만 한다. 빌라도의 대답, "나는 유대인이 아니지 않느냐?"18:35는 스스로를 법정에 서는 것으로 그린다. 그는 스스로를 유대인들과 단절시키지만, 이 서사 속에서 그는 스스로 유대인들의 바람대로 더욱 더 가까이 연합하고 있다.[유대인들, 585쪽] 빌라도는 자신만의 정치적 목표가 있다: 자신들의 언약적 정체성을 가진 유대인들의 권리를 박탈하는 것이다.19:15d 빌라도는 예수에 대해 중립적 입장을 취할 수 없다. 그는 점차적으로 진리를 계시하는 이에 맞서는 자들에 스스로 동조하고 있으며, 이 과정 속에서 그는 유대인들을 가이사에 종속시킨다. 그는 능숙하게 재판을 조종하지만, 결국에는 역시 진리인 예수에 의해 심판을 받는다.

빌라도가 종교의 정치와 국가의 정치를 구분하고자 해도, 재판은 우주적인 종교의 결과를 갖는다. 나라과 왕권이라는 예수의 용어18:36 RSV는 빌라도의 이해를 대체시킨다: 내 나라는 이 세상에 속한 것이 아니다. 내 나라가 이 세상에 속한 것이었으면, 나를 따르는 이들이 싸워서 나를 유대인들에게 넘기지 못하게 했을 것이다. 그렇지만 "내 나라는 이곳에 속한 것이 아니다." 빌라도는 이 세상에 속하지 않은 권세와 왕권과 대면한다. 예수는 싸우는 것을 비난함으로 이 점을 구체화한다. 여기서 사용된 단어agonizomai는 운동경기의 이미지에서 나왔으며 경쟁의 뜻을 가진다.고전 9:25; 골 4:12; Howard-Brook 1994: 400에서처럼 딤후 4:7a에서, 같은 용어가 사용되었지만 군사적 이미지, 싸움으로 번역된다: "나는 선한 싸움을 싸웠다." 운동경기의 용어로는 "나는 경기에서 잘 겨루었다." 예수의 종들은 hyperetes 이런 세상의 경주를 하지 않는다.

예수는 진리에 관하여 자신의 통치를 정의하며18:37-38, 이 중요한 요한복음의 주제에 재판과 십자가처형을 고정시킨다. 고통스러운 역설은 은혜와 진리로 가득한 이1:14, 은혜와 진리를 주는 이1:17, 길이요 진리요 생명인 이14:6, 바로 이 사람이 진리가 아닌 것에 의해 재판을 받게 될 것이며, 그들의 말은 역설적으로 맞지만 자신들이 말하는 진리를 알지 못하는 자들에 의해 선고를 받는다는 것이다. 진리는 올바르게 심판하며 여기서 예수의 목적을 언급하는 부분과-이것을 위해 내가 태어났으며 이것을 위해 세상에 왔다. 바로 진리를 증언하는 것이다.19:37−앞선 예수의 말들을 일치시킨다: 나는 심판을 위해 세상에 왔으며 나를 보지 못하는 이들은 보게, 나를 보는 이들은 보지 못하게 하려는 것이다.9:39

평결: 빌라도가 예수가 무죄라고 선언하다바깥 18:38b−40ʷ

"진리가 무엇이냐?"는 빌라도의 질문의 바로 이어진다. 빌라도는 본부에서 나와 유대인들에게로 와서 평결을 내린다. 이것은 빌라도가 예수의 무죄를 선언하는 세 번째 가운데 첫 번째이다: "나는 그에게서 아무런 죄도 찾을 수 없소."18:38; 19:4, 6 그렇지만 예수가 무죄라도 유대인들이 자신들의 계획을 포기하게 할 수 없다. 무고한 사람의 석방을 요청하자 유대인들은 진리를 거부하고 대신 바라바를 풀어 줄 것을 요구한다.

빌라도에게 예수 대신 바라바를 풀어달라는 유대인의 요구 속에는 이중적인 역설이 나타난다. 먼저, 바라바라는 이름은 문자적으로 번역하면 "아버지의 아들"을 뜻한다. 따라서 유대인들은 예수가 요한복음에서 스스로를 드러내는 방식아버지의 아들, 6:40 참조과 맞아 떨어지는 바로 그 이름을 가진 사람을 풀어주라고 요구하는 것이다. 그렇지만 아버지의 진정한 아들 대신에, 유대인들은 강도lestes, 18:40를 선택한다. 1세기 팔레스타인에서, "강도"는 흔한 강도가 아니었다; 요세푸스는 이 lestes라는 단어를 정치적 반역자들을 말하기 위해 사용한다! 예수는 정치적 반역에 대해서는 무죄를 선고받지만, 그의 자유는 로마에 맞서 반역을 일으켜 붙잡혀 있던 사람의 석방과 교환된다!

빌라도가 반역에 진정한 위협이 되는 바라바를 계속 붙잡고 있는 상황을 이용하고 있는 것을 보면, 그가 예수나 그의 무죄에 대해 그리 큰 관심이 없었다고 볼 수도 있다. 빌라도는 해가 되지 않는 예수를 석방할 것을 제안한다. 그는 이것이 유대인들을 격분시킬 것이라는 점을 알고 있었지만 자신의 배역에 맞게 행동한다. 다른 자료에서 빌라도를 묘사하는 것을 보면, 특히 요세푸스에서는예를 들면 Ant. 18.3.1−2; 18.4.1−2; 유대전쟁 2.9.4, 빌라도는 유대인들의 인구를 계산하고 있었으며 그것에 적대적이었다. "Ad Gaium 38.302에서 필로는 빌라도의 강도, 살인 그리고 비인간성을 말하고 있다."R. Brown 1970: 847 이것은 눅 13:1과 맞아 떨어진다. "바로 그때에 몇몇 사람들이 빌라도가 갈릴리 사람들의 피와 그들의 희생제물과 섞었다고 예수에게 전했다."NIV 1984

유대인들도 빌라도도 모두 진리에 속하지 않았다.18:37

왕을 채찍질하고 희롱함안쪽 19:1−3

일곱 개의 장면으로 구성된 재판이 갖는 교차대구적 구조의 중심은 요한복음의 역설의 전형적인 사례이다. 터슬리Tersley는 대관식, 임명식, 그리고 예수를 유대인의 왕으로 선언하는 것이 조롱과 역설로 예수의 정체를 증언한다고 본다: "빌라도는 예수를 영광스럽게 하는 불가피한 과정을 시작한다." Howard-Brook 1994: 403 이 문단은 "나는 그에게서 아무런 죄도 찾을 수 없다"18:38라는 빌라도의 첫 번째 선언과 두 번째, 세 번째의 무죄 선언19:4, 6 사이에 삽입되어 있다. 요한복음에서 예수를 조롱하는 것은 재판 이야기에서 주제상의 중심으로 묶여 있다.19:1-3; 공관복음에서 이 조롱은 재판과 십자가형을 통해서 계속된다.

빌라도는 가시가 달린 채찍mastix 으로 예수를 채찍질하는데, 이것은 처형을 위해 기소당한 이를 약화시키기 위해 로마 관리들이 흔히 사용하는 고문행위이다. 출 5:14에서 바로 왕과 신 24:2-3에서 이스라엘의 사사가 유사한 행위를 한 것을 참조 그 후에 로마 군사들은 예수를 왕처럼 보이게 만들어 조롱하기 위해 그에게 옷을 입히는데, 이것은 18:39에서 빌라도가 예수를 왕으로 선언한 것을 따른 것이다. 그들은 계속 예수에게 다가와 "유대인의 왕 만세"라고 말하면서 예수의 얼굴을 때린다.18:22에서는 성전 경비병들도 예수의 얼굴을 때린다 이렇게 얼굴을 때리는 것은 십자가형의 폭력성을 "준비하는 것"이다.

왕이라고 조롱당하는 이 사람은 진정한 왕이며, 왕실의 보라색 옷을 입고 왕관을 썼다. 황제들은 월계관을 썼는데, 이것도 왕관stephanos이라 불렀다. 네이레이Neyrey는 이렇게 지적한다.

> 그 왕관은 "아칸서스"로 만들어 졌는데, 이것은 넓은 톱니모양의 잎을 가진 엉겅퀴 모양의 식물이다. "왕관"은 그 잎들을 수직으로 머리에 둘러 놓고 묶어 쉽게 만들 수 있었다. 그러면 머리에서 빛이 나오는 효과를 흉내낼 수 있다. 이것은 동전 속에 나오는 신들과 군주들을 그리기 위해 사용된 이미지이다. 이런 모양의 왕관이 주는 요점은 조롱과 불명예이지 고문이 아니다. 다시 말하자면, 고통이 아니라 수치인 것이다.302-3

네이레이가 고난이야기 곳곳에서 예수가 수치를 당하는 것을 강조하지만히 12:2, "수치에도 아랑곳하지 않고[KJV: 무시하고]"를 참조, 가시 때문에 받는 고통이 있음도 무시할 수는 없다. 예수는 로마와 유대인들이 만들고자 하는 구경거리에 맞춘 왕관을 쓴다. 요한복음에서 수치를 주려고 하고 예수에게 굴욕감을 맛보게 하는 것은 영화의 서곡으로, 아들 안에서 아버지가 완전히 계시되는 것이다. 공관복음의 보도와는 대조적으로, 예수가 입은 왕의 옷이 벗겨지는 것이 아니라 재판 내내 왕의 의복을 분명히 입고 있는데, 이것은 역설적으로 왕으로서 영광에 이르는 예수의 여정을 강조하는 것이다.

평결: 빌라도가 예수의 무죄를 선언하다.바깥쪽 19:4-8ᵂ

예수에 대한 빌라도의 두 번째와 세 번째 무죄 선언은 짧게 연속적으로 일어난다. 빌라도가 먼저 자신은 "예수에게서 아무런 죄도 찾을 수 없다"18:38b고 말할 때는, 앞서 얘기한 것처럼 그가 유월절에 당신들을 위해 한 명을 석방시켜주는 당신들의 관습을 가리키고 있는 것이다.막 15:6과 마 27:15에서는 이것이 빌라도의 관습이다 그렇지만 이제 유대인들은 왜 예수가 죽어야만 하는지19:7에 대한 이유로 자신들의 법을 가리키고 있다.우리에게는 법이 있다 ··· 그 이유는 분명히 언급되지는 않았지만, 예수가 하나님의 아들이라는 주장인 것으로 보이는데, 이것은 유대인들이 신성모독이라고 여기는 것이었다.5:18에 대한 언급을 볼 것; 10:31-38; Truex: 195-200 빌라도는 이 관습을 끌어들이고 있으며, 유대인들은 자신들의 법−빌라도와 유대인들 모두 서로 다른 안건들을 이루기 위해 사용하는 도구−에 호소한다. 이것은 정의와 공정한 재판으로 이어지는 진리에 기초한 법과 대조를 이루고 있다.

빌라도와 유대인들 사이의 긴장은 이 장면에서 시작된다. 요한복음은 계속해서 예수가 장악하고 있는 것으로 그린다: 예수가 가시관을 쓰고 자색 옷을 입고 나왔다.19:5 따라서 재판과 조롱의 한 가운데에서 예수는 역설적으로 통치하고 있지만, 빌라도와 유대인들은 서로를 향한 적대감으로 인해 예수가 누구냐는 진리를 보지 못하고 있는 것이다.

Ecce homo/이 사람을 보라!KJV, RSV는 유명한 표현으로, 빌라도는 예수를 연민이 많고 해를 끼치지 않는 사람으로 나타낸다. 빌라도는 예수를 조롱하면서 또한 군중을 조롱한다. 이것은 빌라도와 유대인들 사이의 긴장을 증폭시킬 뿐만아니라 자신들의 정치에서 예수를 제거하려는 유대인들의 해결을 심화시킨다.

요한복음이 보는 것과 믿는 것을 강조함에도, 보는 것은 항상 믿는 것으로 이어지는 않는다. 예수는 가시관을 쓰고 자색 옷을 입고 나온다.19:5 제사장들과 경비병들이 예수를 보았을 때왕처럼 왕관을 쓰고 옷을 입음; 19:6, 그들은 예수를 십자가에 못박으라고 소리친다. 보는 것은 선택을 필요로 한다. 유대인들이 반복적으로 한 선택은5:16; 6:41-42; 7:1, 30, 32, 44; 8:59; 10:31; 11:47-53 그들이 예수를 왕으로 거부함에서 절정에 이른다. 그들의 선택은 기소하는 것이다.

예수를 십자가형에 처하라는 요구는 빌라도를 자극했으며, 그래서 그는 그들이 감당할 수 없는 반응으로 조롱한다: "너희가 그를 데려 가서 십자가에 못박아라."19:6 NIV 이것은 예수의 무죄에 대한 빌라도의 세 번째 선언으로 이어진다: "나는 그에게서 아무런 죄도 찾을 수 없다."6d 그렇지만 유대인들 역시 격분하여, 예수의 죄를 입증할 증거들을 강화시키면서 이렇게 말한다. "하나님의 아들이라고 주장했으므로 그는 죽어야 합니다."7c

이것은 정치적인 것에서 종교적인 기소로 전환되는 것처럼 보이지만, 그렇지 않다. 적어도 다섯 명의 가이사들이 1세기에 자신들의 신성한 지위를 주장했으며, 스스로를 "하나님의 아들"이라 불렀다.Swartley 2006a: 85 예수의 때침묵으로 그 칭호를 받아들인 아우구스투스와 요한복음의 때자신의 신성한 지위를 담대하게 외친 도미티안의 황제들 모두 그 칭호–유대인들이 혐오했다–를 주장했으므로, 이것은 유대인들이 빌라도가 이 사건의 범죄적 심각성을 이해하도록 의도한 것이다.

그러자 당연하게도, 빌라도는 더욱 두려워한다.8절 자신의 손에 있는 자가 황제를 위협하는 이라는 말인가? 아니면 이것은 그레꼬–로만 세계에 알려져 있는 역할인 신성한 기적수행자란 말인가? 그리하여 다음 단원에서 예수에게 묻는 그의 질문은 일변한다. 구약성서의 메시아적 기대들이 "하나님의 아들"이라는 호칭을 포함하고 있으므로예를 들면 사 9:6; 시 2:7 참조, 유대인들에게 있어 이 상황은 몹시 괴로운 것이다. 그러므로 그들이 예수를 거부한 것은 진리인 예수와 하나님의 아들인 예수를 거부한 것이다.

증언: 빌라도와 권위있는 예수안쪽 19:9–12

빌라도는 예수에게 더 묻기 위해 자신의 본부로 돌아옴으로써 이 말들에 대해 두려움을 가지고 응답한다. 이제 빌라도가 묻는다. "너는 어디서 왔느냐?" 이 사람의 "범죄적" 정체성에 대한 자신의 두려움에서 나온 것이다. 서사적 줄거리에서, 이 질문은 요한복음의 중심적 주제를 절정에 이르게 한다: "나는 위에서 왔다."8:23; Meeks 1972 빌라도 앞에서 예수의 갑작스러운 침묵은 독자로 하여금 다시 한번 재판에서 예수의 역할을 상기시킨다. 빌라도와 유대인들이 소유권을 두고 서로 밀고 당기기를 할 때 이들 사이에서 권력은 왔다갔다 함에도, 예수는 겁을 내지 않고 이 상황을 주도하고 있다.

빌라도는 자신이 예수를 풀어줄 수도, 십자가형에 처할 수도 있다고 생각하지만10절, 오데이는 예수가 이전에 했던 말은 그렇지 않다는 것을 지적하고 있다.1995: 821 10:18에서 예수는 이렇게 말한다. "아무도 내게서 [내 목숨을] 앗아갈 수 없지만, 나는 스스로 목숨을 버린다. 나는 목숨을 버릴 권세도 있고 그것을 다시 찾을 권세도 있다." 예수는 생명과 죽음을 능가하는 힘을 갖고 있다.5:26; 11장 19:11에서 예수가 빌라도에게 응답한 것은 놀라운 것이다: 위에서 당신에게 주지 않았더라면 당신에게는 아무런 권한이 없었을 것이다; 그러므로 나를 당신에게 넘긴 이의 죄는 더 크다. 사실상 빌라도의 정치적 힘은 자신 속에 있는 것이 아니다: 그것은 다른 이, 위로부터 그에게 주어진 것이다. 예수는 하나님께서 심지어 빌라도의 권세의 근원이라고 선언한다. 예수는 이미 자신이 위에서 왔다고 말했다. 예수와 빌라도는 위에서 온 권세를 두고 경합한다. 그렇지만 예수는 이것을 알고 이것을 이해한다: 빌라도는 그렇지 않다. 위에서 온 예수의 권세는 예수의 권위이자 권세만을 가리키는 것이 아니다. 그 권세는 또한 가이사의 권세에 도전하는데, 예수와 가이사에게 부여된 하늘의 호칭 속에 드러난다. 위에서 온다는 것은 이중의 의미이다.

요한복음이 예수를 머리 셋 달린 로마의 짐승과 싸우는 것으로 나타내고 있다는 대처Thatcher의 논문은 적절하다.2009: 14-15 왜냐하면 이 절들에서 빌라도는 패배하고 있기 때문이다: "예수는 지금 빌라도의 주인이 가진 힘을 능가하는 군주를 대표하여 말하고 있기 때문이다. 이 에피소드는 … 그리스도와 가이사 사이의 관계에 대한 요한의 이론을 명확히 하고 있다."78 빌라도는 하나님의 주권 아래 있으며, 예수는 이것을 나타낸다. 이 절이 하나님께서 제국의 권세를 주셨다는 것을 강조하는 것으로 읽힐 수도 있지만—그리하여 그리스도인들의 복종을 강조하는 것으로 읽힐 수도 있지만롬 13:1-7에서처럼—이 서사는 다른 화음을 울리고 있다. 이 서사는 제국과 빌라도를 신성한 심판 하에 둔다. 이것은 그 죄를 예수를 빌라도에게 넘긴 자에게 전환시키는 것이 아니다. 이것은 양쪽 편 모두 신성한 심판 하에서 죄가 있음을 선언한다.80

더 큰 죄를 지은 이는 구체적으로 가야바11:48-51; 18:24, 28나 유대교 지도자들이며, 집단적으로 지칭하고 있다. 아마도 후자를 의미한 것 같으므로, 예수는 여기서 유대교 권력자들을 심판한다. 유다 역시 포함된다. 그 이유는 그가 유대교 권력자들 편에 섰기 때문이다. 이 드라마 속에서 유대인들은 하나님의 통치를 계시하는 이를 거부한다. 빌라도 역시 자신이 재판한 이 사람의 처형을 묵인하였기에 죄가 있다. 그는 희생양—예수—의 수단으로 "평화와 질서"를 지키고자 하는 믿지 않는 유대인들과 결탁한다.

19:12c에 나오는 유대인들의 정치적인 발언들, "스스로를 왕이라 하는 사람은 황제를 거역하는 것입니다"는 18:37에 예수가 했던 말, 진리에 속한 이들은 내 목소리를 듣는다와 긴장관계에 있다. 저자는 이 발언들을 교차대구에 상응하도록 배치하고 있으며, 그 역설의 날카로움을 강조하고 있는 것이다. 그 역설이란 재판을 받는 이는 모든 사람들을 재판하고 심판하는 사람이라는 것이다. 자신들의 목적을 이루기 위해서 로마에 의존하

면서, 유대인들은 그들의 법을 배신하고 있다. 이들은 이렇게 외친다. 당신이 이 사람을 석방한다면, 황제의 친구가 아닙니다. 스스로를 가리켜 왕이라 하는 사람은 황제를 거역하는 것입니다; 그들은 빌라도에게 압력을 행사하고 있다. 빌라도는 같은 방식으로 답변하면서, 유대인들에게 그들의 언약의 하나님과 절연하라고 강요한다. 그들은 빠르게 고뇌와 배교의 밑바닥으로 곤두박질한다. 유대인들의 이중성이 폭로된다: 그들은 스스로 로마와 결탁하며, 왕이신 주 하나님과 절연한다. 그들은 주 하나님의 왕되심만을 숭배해야 할 그들의 언약적 맹세에 가치를 두기 보다는 그들의 나라와 법을 지키는 것에 훨씬 더 큰 가치를 두고 있다.

선고: 빌라도와 유대인들과 예수바깥쪽 19:13-16a

무고함을 선언함과 대조적으로, 빌라도는 이제 올바른 재판을 집행하기에는 힘이 없는 자처럼 행동한다. 유대인들은 지금 만일 예수를 십자가형에 처하라는 그들의 요구에 빌라도가 순순히 응하지 않으면 그를 황제에 대적하여 스스로를 왕이라고 주장한다고 기소하려 한다. 이제 빌라도의 힘은 정의를 가져오기에는 벌거벗고 측은하며 무력할 뿐이다. 이제 빌라도는 무자비한 집행자로서 자신의 진짜 본성을 보여준다. 그는 재판*bema* 장면을 통해13절 유대인들에게 그들의 언약의 하나님과 절연하라고 강요한다.

이 헬라어 단어는 모호하다. 빌라도가 스스로 재판관의 자리*bema*에 있는지, 혹은 예수를 그 자리에 앉게 했는지는 분명하지 않다. 요한복음이 아주 상징적이고 역설적인 문체를 가진 것에 비추어 본다면, 이 헬라어 동사 *kathizo*가 갖고 있는 모호성은 아마 의도된 것일 수 있다. 이 동사는 때때로 타동사로다른 이를 앉게 하다, 그리고 어떤 경우에는 자동사로자신이 앉다 쓰인다. 브라운은 로마의 통치자가 심판자의 자리에 죄수를 앉히는 일은 희박하다고 주장한다.1970: 880-81

그렇지만 저자는 왜 이런 세부적인 것들을 포함하기 위해 애를 쓰는 것인가? 14절은 빌라도가 유대인들에게 예수를 보여주며 이렇게 말하는 것으로 끝을 맺는다. "보라, 너희 왕이다!"KJV, RSV 이 때는 유월절 양의 살육이 시작되는 바로 그 때정오이다. 이 타동사의 의미는 빌라도가 경멸적으로 예수를 그 자리에 앉힐 때 요한의 역설이 지닌 또 다른 보기를 보여주는 것일 수도 있다. 또한 이것은 왜 이 본문이 빌라도가 재판관으로서 그 "의자"에서 말하는 것에 침묵하는지를 설명한다. 예수는 자색 옷을 입고 이 때에 *bema*에 앉는데, 이것은 요한복음이 냉소적으로 빌라도를 그리고 있으면서 요한복음만의 독특한 신학을 보여주는 것이다: 왕-심판자는 사람들의 죄를 위해 죽임을 당할 것이다. 이것은 역시 요한이 예수를 극적으로연극적으로 나타내는 것과 잘 맞아 떨어진다.Brant 어느 쪽이든, 재판관의 자리를 말하는 것과 그 동사의 모호성은 이 재판에서 지속되는 문제를 상기시키고 있는 것이다: 재판을 받고 있는 것은 진정으로 누구인가? 누가 진정한 재판관이자 왕인가?

돌을 박은 자리라는 장소의 이름은 히브리 단어 *Gabbatha*를 번역한 것이 아니라 단순히 동일한 장소를 가리키는 다른 이름이다. *Gabbatha*를 둘러싼 많은 해석들이 제기되었지만, 이 단어는 높이 솟아 오른 곳, 산마루 혹은 불쑥 솟아 있는 곳을 가리킬 가능성이 크다.R. Brown 1970: 882 이것은 다시금 예수의 영화를 말하고 있으며, 예수가 자신의 영광 속에서 모든 이들이 볼 수 있도록 올라서게 될 것이라는 것을 확증한다. 그런 올라섬이 시작되었다.

유월절은 준비하기 위한 그 날의 정오라는 시간을 구체적으로 나타낸 것은 중요하다. 왜냐하면 어린양들을 죽이기 위한 준비가 시작되는 때이기 때문이다. 증언자 요한이 예수를 가리켜, "보라 세상 죄를 지고 가는 하나님의 어린양이다."1:29와 요한이 다시 예수를 하나님의 어린양이라고 부르는 1:36 요한복음의 시작부분을 떠올리게 만들고 있으므로, 이 타이밍은 아주 중요하다. 이 어린양이 스스로를 드리는 목적은 스스로를 세상의 "죄"와 "생명"을 위해 드림으로 하나님과의 관계를 회복시키기 위한 것이다.6:51; Snyder Belousek: 188-91 참조 이 때에 빌라도 역시, 아마도 지금은 스스로를 *bema*위에 앉으며, 예수를 유대인들에게 보여준다: "너희들의 왕이 여기있다!"19:14

예수를 죽이라는 유대인들의 반복된 요구를 따르며, 빌라도는 예수에게 하는 질문을 유대인들에게 하는 것으로 전환시킨다: "나더러 너희의 왕을 십자가형에 처하란 것인가?"19:15 로마와 유대 사람들 사이의 긴장은 이런 역설적이고 직접적인 대립으로 명백해 진다: 빌라도는 유대인들에게 선택하라고 강요한다. 그들의 왕 예수를 유대인들은 어떻게 할 것인가?

빌라도는 희생제사를 위해 어린 양들을 죽이기 시작하는 정오쯤에 다시 한번 책임을 떠넘기며 유대인들에게 이렇게 말한다. "너희들의 왕이 여기 있다!"14절 이 말을 듣자 마자 그들은 "그를 없애시오! 그를 없애시오! 십자가에 못박으시오!"라고 외친다. 그러자 빌라도는 기다렸다는 듯 한입 문다: "나더러 너희의 왕을 십자가형에 처하란 것인가?" 제사장들은 그들의 거룩한 언약에 대한 충성을 버리며 이렇게 말한다. "우리에게 황제 말고는 왕이 없소이다."19:15 이 말에서 그들은 스스로를 배교자로 기소하고 있다. 제사장들—모든 무리들 중에서—이 황제에 대한 충성을 고백하며 하나님의 백성으로서 그들의 언약적 충성을 거부하고 있는 것이다. 약삭빠른 빌라도는 예수를 유대인들에게 십자가형에 처하도록 넘겨준다.16a 하워드-브룩이 말한 것처럼, 이렇게 넘겨주는 것으로 *paradidomi*, "빌라도가 십자가 처형에 협조했다; 그는 실제로 '가이사의 친구'인 것이다. 그렇지만 그는 예수를 다시 제사장들에게 넘겨줌으로써 그렇게 한다. 빌라도는 제국의 힘[유대인들이 언약을 배신하는 대가로 얻는!]을 그들과 공유함으로 그들의 방식에서 벗어난다. 이 장면은 예수가 다시 '그의 백성들'의 손에 들어가는 것으로 끝이 난다. 그의 백성들은 결코 예수를 받아들이지 않았다." 412

빌라도는 이 드라마 전체를 조종하여 유대 지도자들을 견딜 수 없는 상황에 빠뜨렸으며, 유대인들은 자신들을 언약의 관계로 부르신 하나님, "너는 나 외에는 다른 신을 갖지 말라" 출 20:3고 질투로 선언된 명령을 내리시는 하나님 보다는 가이사에게 충성을 맹세한다. 탈버트는 이것을 잘 말해주고 있다:

> 그들의 말은 역설과 함께 떨어진다. "당신만이 우리의 왕이 되소서"11번째 축도, 18개의 축도들 혹은 "영원에서 영원까지 당신은 하나님이십니다; 당신 외에는 우리에게 왕, 구원자 혹은 구속자, 자유하게 하는 자, 구조자, 공급자가 없으며, 고난과 어려움에 처할 때마다 불쌍하게 여기는 자가 없습니다; 우리에게는 당신 외에는 왕이 없습니다."유월절 하가다의 한 부분으로서, 제사장들이 위대한 할렐을 끝맺으면서 부르는 찬양이라고 하는 대신에, 유대교의 제사 지도자들은 이렇게 고백하고 있다. "우리에게는 가이사 외에는 왕이 없습니다." 241

다른 질문, 고소, 혹은 조롱이 더 이상 없다. 빌라도는 간단히 예수를 십자가에 못박으라고 넘겨 준다. 빌라도와 유대인들은 그들이 원하는 것을 손에 넣는다. 빌라도는 자신의 도시에서 감시를 하여 소란의 위협에서 벗어난다. 유대인들은 그들이 원하는 선고를 확보했다. 그렇지만 그 대가는 양쪽에게 있어 값비싼 것이다. 빌라도는 자신과 그의 권위가 유대인들 사이에서 희롱당하고 조종되도록 내버려 두었다. 유대인들은 자신들이 하나님이 선택한 민족과 나라임을 확인해 주는 한 가지 특징을 폐기했다. 그렇지만 빌라도와 유대인들에게 있어서 껍데기뿐인 승리인 것은 곧 예수의 영광이다.[유대인들, 585쪽]

이 서사 곳곳에서 예수는 통치한다. 그는 진정한 왕이자 진정한 심판자로 등장한다. 빌라도와 유대인들은 예수의 날카로운 심판의 희생자들이다.

예수가 십자가에 못박히고 장사되다

사전검토

고난의 금요일Good Friday 행렬에서 십자가를 지고 가 본적이 있는가? 여러 나라의 교회 전통들이 그 도시에서 그런 행렬을 실행하고 있다. 어떤 이는 예수를 더욱 잘 식별되도록 그 행렬에서 모두를 위해 십자가를 지고 간다. 요한복음에서 예수는 해골의 장소라는 십자가 처형의 자리까지 자신의 십자가를 지고 간다.

예수의 십자가 처형에 대한 요한복음의 보도는 빌라도와 유대교 제사장들 사이의 정치적 위치를 두고 벌이는 마지막 싸움으로 빛나고 있다. 빌라도가 이긴다. 빌라도가 십자가에 새긴 문구, "나사렛 예수: 유대인의 왕"은 세 가지 언어로 되어 있으며 유대인들 사이에서 동요를 일으킨다. 제사장들이 다시 한 번 빌라도와 계약을 맺은 것으로 충분하다. 이 문구는 그들이 행한 것이 무엇인지 그들의 목전에서 대담하게 선언하고 있다: 그들의 왕을 못박아 죽였다. 빌라도가 예수를 유대인들에게 십자가에서 못박아 죽이도록 넘겼다는 것을 상기하라. 16a! [유대인들, 585쪽] 빌라도가 제사장들의 요청에 대한 응답으로 말한 것은 역설적이게도 기록된 진리를 봉하고 있다: "나는 쓸 것을 썼다." 그 후에 이 서사는 이스라엘의 성서에 기록된 것을 이루는 사건들을 펼쳐낸다. 실제로 일어나는 모든 것은 예언하는 성서와 연결된다.

요한복음 역시 예수의 인성을 보여주며 마태, 마가, 혹은 누가에서 발견할 수 없는, 예수가 마지막으로 남긴 세 가지의 기억할 만한 말들을 우리에게 전해주고 있다. 어머니와 애제자에 대한 예수의 부드러운 사랑은 십자가에서 그가 한 첫 번째 말로서 무대의 중앙을 차지한다. 그의 마지막 말, "다 이루었다"는 그의 사역에서 있었던 일들, 이적들, 그리고 말씀들을 완성하는 것이다. 군인들이 예수의 옆구리를 찔렀을 때 피와 물이 흘러 나왔으며, 목격자의 증언은 요한복음의 전승을 전달하는 자들을 신임할 수 있게 한다.35절

구약성서의 인용들은 이 서사와 많이 섞여 있어서 서사자는 유대인들의 성서에 관하여 그들의 눈 앞에 있는 것이다. 제사장들이 실행하기로 했던 예수의 죽음은, 이 서사 속에 주어진 각각의 사건이 완성된 예언이라는데 이르기까지, 이제 차례대로 성서 하나 하나가 가진 예언적 의미를 해제시킨다. 달력상으로, 특별히 중요한 안식일을 준비하는 날 19:14, 31, 42은 성취 모티브를 증명하고 있다. 예수에게 행한 일과 그것이 일어난 때는 성서와 부합하고 있다!

예수의 장사는 예수를 잊지 않은 자—그리고 아마도 예수를 버리지 않은 자—로서 니고데모가 재등장할 계기가 된다.3장을 볼 것 그의 장사는 또한 다른 제자, 숨겨진 이, 아리마대 요셉을 소개한다.19:38-39 이 장사는 독자를 애태우게 한다. 왜냐하면 이 두 사람의 구원에 대한 문제를 열어 둔 채로 있기 때문이다. 니고데모는 위에서 났는가? 그의 신앙의 헌신은 이제 드러나는가? 아니면 니고데모는 위로부터 나는 미스테리를 이해하지 못한 것을 속죄하기 위해 이런 고귀한 행동을 했던 것인가? 유사하게, 요셉의 지위도 수수께끼로 남는다. 이들은, 이제 정치적 열광이 꺼져서, 예수가 세상에 가져다 준 빛 속으로 들어가는 예수의 더 큰 제자의 무리의 일부인가?

개요

예수가 십자가에 못박히다, 19:16b-25a
십자가에서 한 예수의 말들, 19:25b-30
십자가에 있는 예수의 몸, 19:31-37
예수의 장사, 19:38-42

주석적 해설

예수가 십자가에 못박히다 19:16b-25a

19:16b-18 십자가의 장면

여기 17절에서는 요한복음에서 처음으로 십자가란 단어가 등장한다. 지금까지는 이 사건을 예언하는데 다른 비유나 은유가 사용되었다: 들리다.3:14; 8:28; 12:32; 나는 스스로 그것[내 목숨]을 버린다.10:18; 6:51; 12:24 참조; 그리고 나의 때. 모든 것이 이 순간과 이 사건을 가리킨다: 예수가 십자가에서 죽음, 그의 영광.

다른 신약의 복음서들처럼, 요한복음은 이 역사적 사건이 해골의 장소에서 일어났다고 말한다. 마태와 마가는 이곳이 "골고다"라고도 불린다고 언급하지만, 요한복음만 이곳의 이름이 히브리어라는 것을 지적한다. 이 이름이 붙은 이유는 아마도 십자가처형이 일어났던 언덕이 해골모양으로 생겼거나, 아니면 독수리들이 아직 십자가에 있는 시체들을 포식한 후 이곳 예루살렘의 북서쪽 언덕에 많은 해골들이 남아 흩어져 있기 때문일 것이다. 요한복음에서 독특한 점을 하나 더 짚자면, 예수와 함께 십자가형을 받은 두 명마가와 누가에도 있음이 양편에 한 명씩으로 묘사되어 있다는 것이다.*enteuthen*을 두 번 사용하여 표현됨. 18절 단어들을 이렇게 선택한 것은 예수가 그들 가운데에 있었다는 점을 분명히 하고 있으며, 이것은 예수가 하나님과의 화해 뿐만 아니라 서로 서로를 위한, 죄인들의 화해를 암시하고 있는 것이다. 하워드-브룩2994: 417은 이 이미지를 구약에의 두 천사들 사이에 있는 자비의 장소와 연결시키며출 25:22, 따라서 하나님의 성육신인 예수의 역할을 강조하는 것이다. 이곳은 속죄, 정결, 그리고 용서를 위해 대제사장이 주 하나님의 임재 속으로 일년에 한 번 백성들의 죄를 가지고 들어가는 곳이다.

19:19-22 "칭호"를 둘러싼 논쟁

십자가 꼭대기에 못으로 박혀 있는 판자에는, 빌라도가 공관복음에서 우리가 찾아 볼 수 있는 것보다 더 완전한 칭호를 새긴다: 나사렛 예수, 유대인의 왕. 게다가, 그는 이 문구를 히브리어, 라틴어, 그리고 헬라어로 쓰는데, 이것은 이 문구가 우주적으로 호소하고 있음을 상징한다. 역설적으로, 이 문구는 전 세계를 위한 진리를 선언한다. 이 세 개의 언어는 유대교 성서히브리어, 광활한 로마제국라틴어, 그리고 그 당시 상업과 문화의 언어이다.헬라어 빌라도가 의도한 것이 무엇이든, 이 칭호는 빌라도를 혼란스럽게 하고 겁먹게 한 예수의 왕됨의 진리를 증언한다.18:37-38 이 단어들은 예수의 초기의 예언을 상기

시킨다: "내가 땅에서 들려질 때, 모든 이들을 나에게로 이끌 것이다."12:32 이런 세 가지 언어의 고백은 모든 이들을 못박힌 예수에게로 이끈다.

유대인들 다수가 이 문구를 읽었다. 빌라도의 정오 계략은 유대인들을 압도하였고, 그리하여 제사장들의 간청을 촉발시켰다.21절: "유대인의 왕"이라 쓰지 말고 "자칭 유대인의 왕"이라 쓰시오. 빌라도는 대답한다. "나는 쓸 것을 썼다." 빌라도가 새긴 글은 비꼬는 것일 수도, 아닐 수도 있지만14-15절 참조, 요한복음 저자가 능숙하게 역설을 사용한 점은 분명하다: "요한복음은 빌라도의 혀를 빌려 진정한 고백을 한다." Culpepper 1998: 231

빌라도의 세 가지 언어로 쓴 칭호titlos은 이런 악랄한 행위에 그의 소유권을 각인시킨다. 쾨스터는 이렇게 지적한다.

> 로마의 관점에서, 이 현수막은 유대교의 메시아주의를 사형죄로 밝히고 있으며 로마의 지배에 위협이 되는 대중들은 용서되지 않을 것이라는 점을 상기시키고 있다. 유대교의 관점에서, 이 현수막은 유대인의 국가적 정서를 모욕하는 풍자이다; 그러므로 그들은 "자칭 유대인들의 왕"19:21으로 고쳐 달라고 요구했으며, 그에 대한 책임은 고스란히 예수 자신의 몫이 되도록 했다.2003: 227/1995: 203

이 현수막은 로마와 유대 민족이 예수의 십자가형 속에서 공유되고 있다는 사실을 증언한다.행 4:27에서 분명히 언급되고 있다 그들은 예수를 십자가에 못박았다.19:18 그들은 우리를 포함한다; 우리는 이방인이거나 유대인이다. 우리가 이 행동을 따르는 것은 죄이며, 우리의 회개가 있으면 우리의 구원이 된다.

19:23-25a 군인들이 예수의 옷을 처분하다ʷ

네 명의 군인들이 예수의 옷을 취하여 네 부분으로 나누어 하나씩 가진다. 그러므로 그들은 위에서 온 이 왕을 죽이는데 참여함으로 스스로 죄를 덮어 쓴다. 그렇지만 한 조각, 예수의 튜닉chiton, 무릎까지 내려오는 긴 옷, 역자 주에서 멈춘다. 그들은 이 옷이 솔기가 없고, 위에서부터 아래에 이르기까지 통으로 짠 것임을 알고서는, 옷을 네 조각으로 찢어 망치고 싶지 않았다. 그래서 그들은 제비를 뽑아 성서 구절을 성취하고 있다: "그들이 내 옷을 나누었으며 제비를 뽑아 가졌습니다."시 22:18; 21:19 LXX 고난이야기에서 이 부분은 요한에게 있어 중요하다. 컬페퍼1998: 231가 언급한 것처럼, 공관복음의 보도 속에서는 그 옷들과 튜닉이 나뉜 것이 6~12 단어로 되어 있지만 요한복음은 이것에 67개의 단어를 사용한다. 요한복음에서의 요점은 이것이 성서를 성취한 것이라는 것이다. 그렇지만 이것은 또한 상징적인 의미도 담고 있다: 그 옷은 이음새가 없고 위에서 아래까지 통으로 짠 것이다.23e 이 상징적인 의미는 예수가 믿는 자와 믿게 될 모든 자들의 연합을 기도했다는 점을 상기시킨다. 예수의 이음새 없는 튜닉은 은유적으로 모든 신자들을 "한 몸, 한 공동체로 이끌고 있다. 하나님께서 짜신 것, 하나님께서 통짜로 짜신, 위로부터 온 것이다. 오직 하나의 포도나무, 하나의 그물, 하나의 무리, 한 목자, 외아들, 그리고 위로부터 온 이음새 없이 통짜로 짠 튜닉만 있을 뿐이다." Culpepper 1998: 232

이 중요한 단원은 침울한 언급으로 끝이 난다: 군인들은 이런 일을 했다. 이 간략한 평서문은 시편의 마지막에 있는 셀라와 같은 역할을 하면서, 이 에피소드를 강화시킨다: "이것을 잊지 말라, 무슨 일이 일어났는지를 알라." 그 의미는 계속 되고 있다.

십자가에서 예수의 마지막 말 19:25b-30

19:25b-27 어머니께, 제자에게

네 복음서 모두 예수가 십자가에서 죽을 때 예수를 본 여성들을 언급하고 있다. 누가만 그들의 이름을 밝히지 않지만, "갈릴리에서부터 예수를 따랐던 … 예수를 아는 모든 이"를 말한다.23:49 공관복음서는 그들이 "멀리서" 지켜 본다고 말하지만마 27:55, 요한은19:25 십자가 가까이에 서 있었다고 말한다. 요한복음에서 애제자 역시 가까이에 있었으며, 예수의 어머니 곁에 섰다. 요한복음은 3명 혹은 4명의 여인들의 이름을 밝힌다: 예수의 어머니, 어머니의 누이, 글로바의 아내 마리아, 그리고 막달라 마리아. 글로바의 아내 마리아가 예수의 어머니의 누이인지 또 다른 여인인지는 분명하지 않다. 마태와 마가는 먼저 막달라 마리아의 이름을 밝히고 나서 야고보와 요셉의 어머니 마리아를, 그리고 세베데의 아들들의 어머니를 이야기한다.마 27:56; 막 15:40에 나오는 살로메 요한복음만이 예수의 어머니를 언급하지만, 그녀는 마태와 마가에 나오는 "야고보와 요셉의 어머니 마리아"와 같을 것이다. 그 이유는 야고보와 요셉은 다른 곳에서 예수의 형제라고 나타나기 때문이다.막 6:3; 마 13:55 이름이 밝혀진 사람들 외에도, "다른 여인들"이 마가15:41와 마태 27:55에서 등장하고 있다. 요한복음에서 십자가 가까이에 있던 여인들의 이름과 위치를 밝히는 것은 예수의 어머니와 애제자를 언급하기 위한 서곡이다.

예수가 어머니와 애제자에게 말한 것은 십자가에서 예수가 한 첫 번째 말로서, 요한에게 있어 독특하고 중요한 것으로, 요한복음이 가진 여러 가지 절정들 가운데 하나이다. 이 말들은 예수가 십자가에서 고통을 받을 때 예수의 사랑하는 마음을 정확히 표현한다.

그는 자기 중심적이 아니라 다른 사람에 초점을 맞춘다. 이런 이중의 교환 속에서 예수는 자신의 어머니와 애제자를 사랑과 돌봄의 관계 속에 연결시킨다.

요 2:1-12에서 언급한 것처럼, 예수의 어머니는 예수의 지상의 사역의 양끝 부분인 그곳와 여기에서만 등장하고 있다. 양쪽의 경우 모두 이름을 밝히지 않고 있으며, 예수는 그녀를 여인이라고 부른다. 이것은 예수가 그녀를 비하하거나 그녀에게 무례하기 때문이 아니다. 애제자 역시 이름이 밝혀지지 않으며, 예수나 요한복음의 저자나 요한의 공동체가 이들 가운데 어떤 이의 중요성도 비하하기 때문이 아니란 것은 확실하다. 사실은 그 반대다. 예수의 어머니와 애제자는 그들 스스로보다 더 큰 중요성과 상징적인 역할을 가진 채 이 서사 속에 등장하고 있다. 그들의 이름을 밝히는 것은 그들을 자세히 다루는 것이며 그들의 중요성을 제한하는 것이다. 요한은 그 이상의 것을 꾀하고 있다.

저명한 로마 가톨릭 학자, 레이몬드 브라운Raymond Brown은 이렇게 말하고 있다. "예수의 어머니가 애제자의 어머니가 되는 것은 메시아의 시대에 시온의 여인이 백성들을 낳고 하와가 자녀들을 낳는 구약의 주제들을 상기시킨다. 이 이미지는 예수를 모범으로 삼는 자녀들을 낳는 교회 속으로, 그리고 그 자녀들을 어머니와 묶이도록 하는 사랑의 보살핌의 관계 속으로 흐른다."1970: 926 브라운은 그런 상징주의를 억누르고 싶어 하지는 않지만 이런 시각을 뒷받침할 증거가 되는 부분들은 충분히 있다고 생각한다. 브라운은 주님의 어머니 마리아를 교회의 어머니라고 본다. 애제자가 예수의 어머니를 보살피는 것은 참된 신자의 유형으로 그의 역할을 승격시키는 것이다.

브라운은 올바른 방향으로 우리를 가리키고 있다. 한편으로, 우리는 이런 상징주의를 기독교 교회의 어떤 구체적인 분야와 연결시킬 필요는 없다. 다른 한편으로, 역사성과 상징주의는 대안이 아니다. 예수의 어머니와 애제자는 모두 역사상의 인물이지만, 요한복음의 서사 속에서 그들의 역할은 역시 상징적이기도 하다.[애제자, 565쪽] 예수의 어머니가 예수의 지상사역의 양끝을 이루고 있으며 애제자가 거의 항상 베드로와 관련되고 있는 것은-지식, 사랑, 그리고 헌신에 있어 비교적 베드로보다 낮게-효과적이다. 요한복음은 우리를 역사 보다 큰, 그리고 우리 자신 보다 큰 신비 속으로 우리를 초대하고 있으며, 아직 요한복음에서 "교회"라고 불리지 못한 예수의 제자들의 박동을 상징하고 있는 공동의 인물들 속으로 우리를 초대하고 있다. 교회를 이루기 전에 그들은 어머니가 가나의 혼인을 시작한 것을 알 필요가 있다. 예수는 그 연합을 구현하고 완료한다. 그리고 애제자는 처음의 신자들에게서 다음 세대들로 이 사랑과 기쁨의 연대를 전달한다. 우리는 요한복음에 나타난 애제자의 역할을 알아야 한다.[애제자, 565쪽]

우리는 예수의 마음이 담고 있는, 어머니와 애제자를 위한 그의 깊은 사랑을 표현하고 있는 이 말들을 들어야 한다: 자신의 어머니에게는 "여인이여, 여기 당신의 아들이 있습니다"; 애제자에게는, "여기 너희 어머니가 있다." 그의 말은 그들의 미래를 이루는 사랑의 공동적인 연대를 만들어 낸다: "그 때부터 애제자가 그녀를 자신의 집으로 모셨다." 예수에게서 나오는 이런 고귀하고 힘을 주는 사랑과 돌봄은 아직 탄생하지 않은 교회의 생명을 상징한다. 요한 공동체의 시각에서 보면, 이런 돌봄과 사랑은 예수의 진정한 제자들을 표시하는데, 이들은 포도나무의 가지처럼 예수 안에 거한다: 예수의 어머니는 그녀의 아들을 영접한다; 애제자는 예수의 어머니를 맞아 들인다. 양쪽을 위한 예수의 크나큰 사랑은 서로를 위한 그들의 사랑을 굳건히 하고 있다.

19:28-29 "내가 목마르다"

십자가에서 하는 이 두 번째 말은 예수의 인성을 증언하고 있으며, 하나님에 대한 인간의 갈망을 일깨우고 있다.시 63:1; 사 55:1 예수는 십자가에서 조차 하나님의 임재를 바라고 있다. 요한복음은 이 말을 성서의 성취로 드러내고 있는데, 아마도 시 69:21b일 것이다. "목마른 내게 그들은 식초를 마시라고 주었습니다." 시 22:15 참조 성서의 다양한 요소들이 성취된다: 의로운 자 예수는 목이 마르며, 히솝 가지에 신 포도주식초를 적셔 예수의 입에 댄다. 히솝 가지에 포도주를 가득 머금은 해면은 이스라엘 사람들이 문지방에 히솝으로 피를 뿌린 출애굽의 유월절 전통을 반향하고 있다.출 12:22 이런 시각에서 예수의 죽음은 희생적인 구원-해방 사건이다.요 6:51-58을 참조 예수의 피는 예수가 자신의 목숨을 주는 것과 이스라엘 사람들을 살린 문지방의 피를 연결하고 있다.

예수의 말은 그가 모든 것이 이제 이루어졌다는 것을 알았다는 맥락 속에 구체적으로 놓인다.요 19:28a 그의 말은 물이 생명을 준다는 요한의 서사 속에서 비유적인 의미를 갖는다.4:13-15; 7:37-39 음식과 마실 것이 모두 요한복음에서는 상징적이며, 위에서 온 것과 인간의 갈증을 채워주는 것을 가리킨다. "요한에서만 예수는 실제로 그 신 포도주를 마시며, 그렇게 함으로 그는 상징적으로 그가 죽을 때 고난의 잔을 마시는 것이다." Culpepper 1998: 235 예수의 목마름은 그의 고난 속에서 자신을 지탱하는 마지막 한 모금을 예수가 기꺼이 마신다는 것을 표현하고 있다. 십자가의 그 포도주는 혼인잔치의 포도주와 더불어 양끝을 이루고 있는 것인가?

19:30 "다 이루었다" ʷ

이제 예수는 그의 세 번째이자 마지막 말을 한다. "다 이루었다." 그러고 나서 예수는 머리를 떨구고 숨spirit을 거두었다. 라틴어로 표현하자면, *Counsummatum est!* 예수의 말과 사역은 이루어졌다. 이적 하나 하나는 이제 그가 자신의 영광을 위해 십자가에 들린 다는 예수의 완전한 선물의 예언으로 볼 수 있다. 그는 "세상 죄를 지고 가는" 죽임당하는 어린 양이다.1:29, 36 그는 세상을 위한 빵으로 자신의 생명을 주는 왕6:15이다.6:45-48 12:31-33에 나오는 예수의 선언은 이루어졌다: "지금은 이 세상의 심판할 때이다; 지금은 이 세상의 통치자가 쫓겨나게 될 것이다. 내가 땅에서 들려 올릴 때는, 모든 사람들을 내게로 이끌리라." 그는 자신이 죽어야 할 죽음의 종류를 나타내기 위해 이 말을 했다. 요한복음 12장에서 다음의 절들은 예수를 믿을 것인지 믿지 않을 것인지에 대한 선택, 빛 가운데 걸을 것인지 어둠 속에 계속 있을 것인지의 선택을 모든 사람들 앞에 둔다.

모든 비유, 이적, 그리고 예수의 행동은 예수가 못박히고, 세상을 살리기 위해 자신의 마지막 숨을 쉬는 이 사건 속에서 절정을 맞는다. 그가 주어서 우리는 받을 수 있다; 그가 죽어서 우리는 우리의 옛 자아에 대해 죽고 영생을 얻을 수 있다. 만일 신앙적으로 따른다면, 우리는 우리의 것을 버리고 세상에 대해 죽을 것이며, 종교적이고 정치적인 권세들에 맞서 싸우게 될 것이다. 또한, 현재의 고난에도 불구하고, 우리는 새 생명이라는 선물이 우리를 위한 하나님의 부활의 힘으로 가는 문을 열고 다른 이들을 위해 생명을 준다는 것을 알게 될 것이다.

십자가에서 예수의 몸 19:31-37

19:31a-정해진 시간: 안식일을 준비하는 날

십자가에서 예수가 죽는 시간이 중요하다. 유월절은 니산력 14일에 지켜진다.출 12:6; 레 23:5 예수의 죽음은 유월절에 앞선다.19:14 예수는 오후에, 그리고 니산력 13일, 유월절을 준비하는 날에 유월절의 양으로 죽임을 당한다.요 1:29; 고전 5:7 참조 분명히 유월절과 안식일은 그 해에는 같은 날이다. "6시"정오, 요 19:14는 신실한 자들이 유월절의 양을 죽이기 시작하는 때다. 예수의 죽음을 유월절 식사 앞에 둠으로써, 요한은 공관복음서와 갈린다. 최후의 만찬은 유월절의 식사이지만, 요한복음에서는 예수가 유월절 식사 이전에 죽음을 당한다. 서로 다른 보도들에 대한 해결책은 복잡하지만, 대부분의 학자들이 요한복음의 연대기를 이 점에서 더 역사적인 것으로 보고 있다.[요한복음과 공관복음의 연대기, 569쪽]

19:31d-33 뼈가 꺾이지 않다

여기에 할당된 본문의 양으로 판단하자면, 다음에 예수에게 일어난 일은 요한복음에 있어서 중요하다: 그것은 성서를 이루는 것이다. 유대인들은 죽음을 재촉하기 위해 십자가형을 당한 죄수들의 다리를 꺾어서 안식일이 시작되기 전에 시체들을 처리할 수 있도록 십자가에서 내릴 수 있도록 요청한다. 군인들이 예수에게 나가갔을 때, 그들은 예수가 이미 죽은 것을 보고는 그의 다리를 꺾지 않는다. 유월절 양들의 뼈가 꺾이지 않는 것처럼 출 12:10, 46; 수 9:12; 시 34:19-20 참조 예수의 다리도 꺾이지 않는다. 요 19:33 이런 성서의 세부 사항에서조차, 예수는 사람들의 죄를 위한 죽임당한 흠없는 유월절 양이다.

19:34 옆구리가 찔리다: 피와 물ʷ

군인들 중 하나가 창으로 그의[예수의] 옆구리를 찌른 이유는 설명되지 않는다. 탈버트는 그 군인이 "틀림없이 예수가 확실히 죽었는지를 확인하기 위해 심장을 겨냥했을 것"이라고 주장한다.245 그럴 수도 있지만, 요한복음의 요점은 다른 곳, 즉 피와 물이 예수의 옆구리에서 쏟아져 나오는 것의 중요성에 있다. 피는 예수의 인성을 증언하고 있다. 그리스 신화예를 들면 Iliad 5.340-41에서는 오직 피−물이 창으로 상처를 입은 여신에게서 흘러나오기 때문이다.Talbert: 245 그렇지만 여기서는 그것이 피와 물 이며, 어떤 이들은 성만찬과 침례의 상징으로 본다. 더욱 그럴 듯하게는, 피를 따로 말하는 이유는 예수의 완전한 인성, 특히 그의 죽음의 고난을 부인하는 영지주의적 시각에 맞서기 위한 것이다.

요일 5:6에서도 유사한 문제에 처해있다: "이는 물과 피로 오시는 이, 예수 그리스도이며, 그는 물만이 아니라 물과 피를 가진 사람이다." 맥더몬드64, 244-46는 요한의 신자들에게서 탈퇴한 자들이 피를 부인했다고 언급한다. 그들의 영지주의적 부인은 침례와 씻음의 물은 인정하지만 그 피는 거부했다.McDermond: 308-9 예수의 침례는 물과 피, 고난의 잔에 의한 것이다. 물, 피, 그리고 성령은 하나님의 아들이나 세상을 정복한 이, 그리고 생명을 주시는 자인 예수의 독특한 정체성을 증언한다.요일 5:5-12

요 19:34는 분명 7:37-39과 관련되어 있다. 이 본문은 예수가 생명수를 약속하고 그 물이 그의예수의 혹은 신자의 가슴에서 흘러나오게 될 것이라고 제자들에게 단언하는 곳이다. 그렇지만 그런 일은 성령이 아직 주어지지 않았으므로, 그리고 예수가 아직 영광을 입지 않았으므로 그 때에는 일어나지 않는다. 예수의 옆구리에서 나오는 물은 부활 이후의 성령의 선물을 예시한다. 요한복음의 순서는 의도적이다: 죽음을 의미하는 피가 먼저 온다. 생명을 의미하는 물은 두 번째이다. 양쪽 모두 세상에 생명을 주기 위한 예수의 선물을 증언하고 있으며6:51, 양쪽 모두 피와 물이 생명을 주는 자에게서 흘러 나온다는 출생의 이미지를 상기시키고 있는 것이다.Howard-Brook [1994: 428-29]은 창 2:21-22 LXX에 대한 비유라고 주장한다 두 본문 모두 헬라어 단어 *pleura*를 사용한다.창세기: "갈비뼈"; 요한복음: "옆구리" 이 두 가지는 또한 성만찬피과 침례물, 아마도 요 13장의 발씻김을 가리킬 것이다를 상징하고 있다. 죄는 씻긴다; 신자들은 정결하게 된다.

19:35 목격자의 증언

우리가 34절을 어떻게 생각하든, 예수의 피와 물은 요한복음에 책임이 있는 목격자, 즉 이 요한복음의 전통의 저자와/혹은 전달자를의 증언을 촉발시킨다. 이 절은 21:24와 더불어 요한복음을 애제자와 연결시킨다. 요한복음은 목격자의 진실성을 주장한다. 두 개의 절 모두에서 요한은 목격자의 증언이 진실됨을 강조한다. 보캄은 이 제자가 요한복음의 예루살렘에서 두드러지는 예수의 사역의 목격자였던 이름없는 예루살렘 제자2007라고 제시한다. 다른 시각에 대해서는 다음의 글들을 보라 [저자, 560][애제자, 505]

19:36-37 성서가 이루어지다

예수의 죽음은 성서의 성취로 나타나며, 핵심적인 인용들이나 암시들은 아래와 같다:
· 요 19:24, 시 22:18을 인용21:19 LXX
· 요 19:28, 시 69:2169:22 MT 혹은 63:163:2 MT을 인용
· 요 19:36, 시 34:20을 인용출 12:10, 46; 민 9:12 참조
· 요 19:37, 스가랴 12:10을 인용

대처는 요한이 성서의 성취를 예수의 십자가형이나 죽음에 대한 일관적이고 강한 서사에 덧붙이는 방식에 실망감을 표시한다.2009: 101-3 그렇지만 이런 예언적인 언급들은, 예수의 사역에 있었던 대부분의 사건들과 담화들을 유대교의 명절 달력에 위치시키고 있는 것처럼, 요한복음의 전체적인 목적에 있어서 아주 중요하다. 요한복음은 이 전체적인 표현을 성서의 성취로 보고 나서야 읽을 수 있고 온전히 이해할 수 있다. 그러고 나서야 빌라도의 선언 속에 나타나는 역설을 깨달을 수 있는 것이다: "나는 쓸 것을 썼다." 만일 이것이 유대인 독자들의 성서적 심금을 울리는 것이 아니라면 무엇이란 말인가?

요한복음은 무슨 일이 일어났으며 왜 이 수난 사건에서 왜 성서가 성취되는가에 대한 목격자들의 증언을 다지기 위해 두 가지 성서본문을 인용한다: 이 일들이 일어난 것은 성서

를 이루기 위함으로, "그의 뼈가 하나도 꺾이지 않을 것이다." 그리고 다시금, … "그들은 자신들이 찌른 자를 보게 될 것이다." 꺾이지 않은 뼈를 반복하는 것은 성서적 중요성을 부각시킨다. 예수를 찌른 것은 또 다른 성서본문을 이끌어 내는데슥 12:10, 이 본문은 이렇게 이어진다. "그들은 외아들을 잃고 슬퍼하는 것 같이 슬피 울며, 맏아들을 잃고 슬퍼하듯이 슬퍼할 것이다." 아이에 해당하는 히브리어는 *yahid*이며, 창 22:2, 12네 "외아들"에서 이삭을 가리킬 때 사용되었다. 그러므로 그 인용의 맥락은 희생적인 주제이다. 그들이 바라보는 십자가 위에 있는 자, 창에 찔린 이는 진정으로 세상의 죄를 위해 자신의 목숨을 주었다: "하나님께서 창에 찔린 자 속에서 드러나고 계시며, 이런 하나님의 계시는 흐르는 물 속에서, 쏟아지는 침례의 피 속에서, 그리고 절대자의 임재를 경험하는 에배 공동체가 경험하는 성만찬 속에서 계속 되고 있다." Moloney 1998: 506 목격자의 증언–이 요한복음–은 예수의 임재를 중재하고 있다.

예수의 장사 19:38-42

네 복음서 모두 예수의 시신을 취하여 장사한 아리마대 요셉을 언급한다. 누가는 그가 산헤드린 공의회의 회원이며, "선하고 의로운 자로서, … 그들의 계획과 행동에 찬성하지 않은 자이며, … 그는 하나님의 나라를 기대하며 기다리고 있었다."고 말한다.23:50-51 마태는 그가 "역시 예수의 제자"라고 말한다.27:57 요한은 그가 예수의 숨겨진 제자라고 말한다! 용기가 그의 결단 속에서 빛나고 있다. 빌라도는 그에게 예수의 시체를 거두도록 허락한다.

요한에서만, 또 다른 용기 있는 인물이 앞으로 나선다: 그는 니고데모로서, 우리가 3장과 7장에서 만난 사람이다. 그는 아낌없는 향료, 몰약에 침향을 섞은 것을 약 백 [로마] 파운드litra, 약 오늘날의 기준으로 하면 75파운드나 되도록 가져온다.19:39; Culpepper 1998: 238 오늘날의 가치로는 만2천불이 된다. 니고데모가 숨겨진 제자인지는 우리에게 말하고 있지 않으나, 요셉과 협력한 것을 통해 보면 그렇게 추측할 수 있다. 이런 행동으로 니고데모는 에수에 대한 자신의 사랑을 표현한다. 요한복음에서 이것은 또한 니고데모에게는 회복의 장면이 될 수도 있는데, 21장에 나타나는 베드로의 갱생과 유사하다. 앞서 "숨겨진 신자"가 이제는 공개된 신자인 것인가?

두 명이 유대인의 장례 풍습에 따라 고운 베로 예수의 시신을 감싼다. 그리고나서 그들은 예수가 십자가에 달린 곳에 있는 동산에서 한번도 사용된 적이 없는 새 무덤 속에 예수를 장사한다.41절 가까이에 예수를 장사하는 이유는 이렇게 설명되고 있다: 그 날은 유대인의 준비일이다. 역설이 발생한다. 안식일을 어긴다고 기소된 이가 지금은 안식일을 준비하기 위하여 급하게 장사되는 것이다! 예수는 자신의 생명과 죽음에 있어서 안식일의 주인이다.

성서적 맥락에서의 본문

영광을 받음[w]

영광의 때가 되는 예수의 고난은 요한복음에 있어 특유한 것이다. 요한복음에서 영광이라는 단어가 갖는 일부 형태의 숫자만으로도, 공관복음과 비교하자면, 그 중요성을 드러내고 있다. 영광doxa이라는 명사는 마태에서 8회, 마가에서 3회, 누가에서 13회, 그리고 요한복음에서 18회 나타난다. 복음서에서 '영광스럽게 하다' doxazo라는 동사는 23회 등장한다. 나머지 신약성서에서는 총 39회에 걸쳐 나타나고 있다.그렇지만 요한 1서, 요한 2서, 요한 3서에서는 등장하지 않는다! [육체와 영광, 579쪽]횟수의 출처는 J. B. Smith: 92

요한복음은 예수의 고난을 영광의 때로 해석한다. 영광은 예수 안에 있는 하나님의 계시와 연결된다. 영광은 아버지, 아들, 성령, 그리고 예수를 믿는 자들 사이에서 공유된다. 아비지는 아들을 영화롭게 한다.8:54; 하나님은 아들 속에서 영광을 받는다.13:32; 아들을 영광스럽게 하시는 하나님은 아들이 아버지를 영광스럽게 하도록 하신다.17:1; 예수는 신자들에게 자신이 아버지에게서 받은 영광을 준다.17:22

요한복음에서만 인자가 땅에서 들린다. 요한복음만이 20장에서 예수의 부활을 묘사할 때 '되살아나다' risen는 표현을 사용하지 않는다. 공관복음서에서 이 동사egeiro의 형태는 예수의 부활을 알리기 위해 사용된다.마 28:6; 막 16:6; 눅 24:6 이 동사는 약속되었고 기억되는, 예수의 부활을 묘사하기 위해 2:22와 21:14에서 나타난다. 또한 예수는 요 5:29에서 부활을 이야기하며 부활을 11:25에서 자신의 정체성으로 이야기한다: 나는 부활이며 생명이다. '살리다' raise up와 '영원히 살다' 라는 표현들은 6:35-58에서 신자들에게 주는 약속으로 등장한다.

예수의 영광은 종의 고난과 영광에 대한 이사야의 묘사를 반향한다: "보라, 나의 종이 지혜롭게 행동할 것이다; 그는 되살아나고 높이 들려 높이 찬양받을 것이다." 52:13 NIV 여기서 "들리다"는 부활의 "일어남"과 "찬양받음" 사이로 가는 길에 있는 중요한 연결지점이다-고난받는 종과 고난을 통한 예수가 실현한 연결점.

예수는 십자가에서 자신의 영광 속에서 하나님을 드러낸다. 고난 속에서 예수의 자기

희생은 아버지에 대한 자신의 사랑과 그의 백성에 대한 사랑 모두를 드러낸다.요 1:11 그렇지만 아버지께서 내게 명령하신 것처럼 나도 그렇게 하여 세상이 내가 아버지를 사랑함을 알게 하려는 것이다.14:31서문의 TBC, "영광의 드라마"; 아울러 요 12장에 대한 TBC, "영화로서의 십자가"를 볼 것 [육체와 영광, 579쪽].

요한복음의 고난 보도

요한복음 가운데 대략 90%가 공관복음서와 병행되지 않는다. 10%의 병행부분 가운데 대부분은 고난 이야기 속에 나타난다. 고난 이야기는 공관복음 속에 있는 서사와 기본적으로 유사함을 갖는, 요한복음 속에서 가장 길게 이어지는 서사이기도 하다.예수의 체포, 베드로의 부인, 유다의 역할, 재판, 십자가형, 그리고 장사 다른 병행구절들은 예수가 성전을 정화함요 2:13-22; 예수가 군중을 먹이고, 바다 위를 걷는 것이 뒤따름6:1-21; 마리아가 예수에게 기름을 부음12:1-8; 그리고 예수가 제자들과 함께 마지막 식사를 함.13:1-30 유사성이 있긴 하지만, 또한 상이한 부분들도 많다. 성전정화는 요한복음에서 예수 사역의 시작부분에 위치하는데, 마태와 마가의 보도와 유사하다.누가의 보도는 굉장히 짧다 고난에 대한 병행구절 속에서 조차, 요한은 중요한 세부사항에서 차이를 두고 있으며 여러 가지 독특한 특징들을 갖고 있다:

1. 유다는 로마군인의 무리를 데려오고, 예수는 자신의 체포를 향해 나아간다.

2. 유다가 한 입맞춤이 없다; 예수는 스스로를 *ego eimi*나는~이다라며 밝히고 군인들을 놀라게 한다.

3. 유대인들의 재판은 밤에 일어나지 않는다. 예수가 유월절 이전에 십자가형을 당했으므로, 재판은 이른 아침에 일어난다. 예수는 이전의 대제사장인 안나스에게 끌려오고, 그는 예수를 묶어 자신의 사위이자 그 해의 대제사장이었던 가야바에게 보낸다. 이 재판 대부분은 빌라도와의 대화이다.

4. 이름이 밝혀지지 않은 다른 제자가 이 보도 속에 출현하는데, 대제사장은 그를 알고 있으며, 베드로가 밖에 있으면서 예수를 모른다고 하는 동안에 들어온다.

5. 예수는 재판에서 조롱을 당하지만 십자가에서는 조롱당하지 않는다.

6. 빌라도와 예수는 왕위, 나라, 그리고 진리에 대한 긴 대화를 이어간다.

7. 빌라도혹은 예수는 *bema*심판의 자리위에 앉는다. 빌라도는 예수를 "보라, 유대인의 왕이다"라고 선언한다.19:14, 19 KJV 참조

8. 예수는 자기 십자가를 지고 간다. 공관복음에서는 "구레네 사람 시몬"이 십자가

를 지고 간다.마 27:32; 막 15:21; 눅 23:26

9. 빌라도는 유대인에 맞서 자신의 권력을 행사하며, 유대인들에게 그들의 정체성의 기본적인 고백을 버리도록 강요한다.

10. 애제자는 십자가에서 예수와 함께 있다!

11. 십자가에서 예수가 한 세 가지 "말"은 공관복음에서는 찾아 볼 수 없다.

12. 십자가에서 예수의 몸을 둘러싼 세부적인 이야기들다리가 꺾이지 않음; 피와 물이 예수의 찔린 옆구리에서 쏟아져 나옴

13. 성취된 성서가 확장되어 인용됨마 26:31, 54, 56; 27:9, 46에서처럼; 마가와 누가에는 몇 가지 인용이 있다 요한은 독특한 인용이나 암시들이 더 많다.예를 들면 19:36, 37

14. 예수를 장사할 때 요셉을 돕는 니고데모의 등장.

다른 방향에서 이렇게 비교해 보면, 공관복음서는 요한복음에서 나타나지 않는 몇 개의 독특한 특징들을 가지고 있다. 컬페퍼1998: 228는 8가지를 열거하는데, 나는 그것을 수정하고 10개로 확대시켰다:

1. 마태와 마가에서는 더 긴 유대인들의 재판 내용을 담고 있다. 제사장들이 예수에게 혐의를 씌우는 것은 다음과 같은 예수의 말 때문이다. "내가 성전을 허물고 … 사흘만에 다시 세우리라." 이 말이 있은 후 예수가 "그리스도이자 하나님의 아들" 혹은 "축복을 받은 이the Blessed One" 막 14:61냐는 제사장들의 질문이 뒤따른다.마 26:63 RSV 예수는 이렇게 대답한다. "너희는 인자가 하나님의 권능의 오른손에 앉아 있는 것을 볼 것이다." 표현은 차이가 있다 예수의 죄가 밝혀진다: 신성모독마태와 마가; 누가에서는 암시됨

2. 겟세마네의 장면에서 예수의 몸부림과 고뇌를 더 확장시킨다.

3. 십자가에서 예수가 조롱당한다.

4. 예수가 버려짐으로 외치다.시 22:1을 인용한 것일 수 있다

5. 참회하는 도둑눅 23:39–43에서만

6. 십자가 처형에서의 어둠, 그렇지만 요한은 빛과 어두움의 상징을 사용한다.

7. 시간을 셈요 19:14에서의 제6시는 제외하고, RSV

8. 성전 휘장이 찢김특히 막 15:38에서 중요함

9. 지진마 27:51에서만

10. 무덤이 열림마 27:52–53; 그렇지만 예수는 요 11장에서 나사로의 무덤을 연다.

마가, 마태, 그리고 누가 역시 서로서로 상당히 갈리고 있다. 누가복음에서 가장 결정적인 것은 십자가에서의 예수의 기도, "아버지여, 저들을 용서하소서. 저들은 자신들이 무엇을 하는지 모릅니다." 23:34와 백부장이 예수가 죽었을 때 한 말이다: "진실로 이 사람은 의인이었다." 23:47 AT 공관복음에서 다른 많은 차이점들이 인용될 수 있다. 각각의 복음서 저자는 예수에 대한 구전 전승들이 갖는 독특한 줄기들을 증언하고 있다. 각각의 복음서는 그 복음서 만의 독특한 신학과 목적이 있다. 각각의 복음서는 전체에 기여한다; 덜 중요한 것은 없다.

4복음서 간의 고난 사건들의 공통된 개요에 덧붙여, 요한복음에 나오는 예수의 말이나 예수를 고소한 이들의 말 가운데 일부도 공관복음서에서 하나 혹은 그 이상 나타난다. 아래와 같다:

1. 예수의 무력적인 형태 명령이 체포하려는 관리에 맞서 칼을 빼어 든 자신의 제자 가운데 한 명에게 내려진다. 요한복음만이 베드로라고 이름을 밝힌다: 네 칼을 다시 칼 집에 넣어라요 18:11; 마 26:52을 참조 뒤따라 오는 예수의 말은 두 보도 사이에서 다르게 나타나는데, 요한은 아버지께서 내게 주신 잔을 마시기 위해 세상으로 온 예수의 신성한 목적을 강조하고 있다; 마태에서는, 예수가 "칼을 잡는 자는 칼로 망할 것이다."라고 선언하는데, 예수의 제자들이 그 칼을 품어선 안된다고 생각하고 있다. 예수는 자신을 방어하기 위해서 12군단의 천사들을 부를 권세가 있었으나 그렇지 않았다; 마태는 이것을 역시 예수가 "성서"를 성취한 것으로 본다

2. 네 복음서 모두에서 빌라도가 예수에게 질문을 한다. "네가 유대인의 왕이냐?" 요 18:33; 마 27:11; 막 15:2; 눅 23:3 공관복음서에서, 예수는 "당신이 그렇게 말하였소"라는 여러가지 의미를 가진 대답을 한다. 요 18:33-38에서, 예수의 대답은 요한복음에서 독특한 것 더 완전하며 빌라도와의 확장된 대화로 이어진다: 당신은 이것을 당신 스스로 물은 것이오, 아니면 다른 사람이 당신에게 나에 대해 말해 준 것이오? 다음에 오는 대화가 흥미롭다: 빌라도는 푸념한다. "내가 유대인이냐? 네 백성이 … 너를 나에게 넘겼다." RSV; 그리고 예수는 이렇게 대답한다. "내 왕위는 이 세상에 속한 것이 아니다." RSV 이것은 빌라도를 진리와 대면하게 한다.

3. 예수를 바라바와 맞바꾼 것요 18:39-40; 마 27:15-18; 막 15:6-11

4. 군인들이 예수에게 자색마태복음에서는 진홍색, 누가복음에서는 우아한 옷을 입히고 머리에 가시 왕관을 씌우며 예수를 조롱한다. 사람들은 이렇게 말한다. "유대인의 왕 만세!" 요 19:2-3; 마 27:29; 막 15:17-19; 눅 23:11 누가는 가시왕관을 언급하지 않는

다.

5. 빌라도가 예수를 십자가에 못박히도록 넘겨 준다.요 19:16; 마 27:26c; 막 15:15d; 눅 23:25c

6. 십자가의 자리: 해골이라 부르는 곳 혹은 골고다.누가에는 ~이라 부르는 곳이 없다

7. 십자가 위에 빌라도가 쓴 글귀. "이 사람은[마태는 "예수"를 덧붙인다] 유대인의 왕이다." 마 27:37; 눅 23:38 마가에서는 그냥 "유대인의 왕"15:26이며, 요한은 나사렛 예수를 추가한다.

8. 예수가 못박힐 때 보고 있는 여인들19:25; 마 27:55-56; 막 15:40-41; 눅 23:49

9. 산헤드린 공회의 회원인 아리마대 요셉이 와서 예수의 시신을 취하여 장사하다. 요 19:38-42, 니고데모가 돕다; 마 27:57-61; 막 15:42-47; 눅 23:50-56

네 복음서에 공통적으로 나타나는 이 사건들과 말들은 예수의 죽음이 갖는 정치적 측면을 증명하고 있으며 또한 제자도 속의 놀라움을 보여준다. 요한복음의 애제자를 제외하고서, 모든 사람들이 십자가 처형의 장면에서 도망친다. 이와는 대조적으로, 여성들은 십자가 처형을 본다.요한복음은 그들을 십자가 가까이에 두고 있다; 공관복음서에서는 그들이 "거리를 두고" 있는 것으로 나온다 공회의 회원이자, 요한이 "숨겨진 제자"라고 기술하는 자가 예수를 장사지낸다. 제자도는 전혀 예상밖의 사람들에게서 나온다!

요한의 고난 이야기가 지닌 요소들은 다른 신약의 저술들에 스며들어 있으며, 요한계시록에서 특히 "죽임당한 어린양"으로 나온다. 여기에서 어린양은 28회 등장하는데, 어린양은 희생의 요소들과 더불어Swartley 2006: 333-34 순교 전통 속에 뿌리박혀 있다.Johns 2003 바울은 예수를 "희생된 우리의 유월절 양"이라고 말한다.고전 5:7

교회생활에서의 본문

요한복음에서 예수의 죽음이 갖는 의미ʷ

신약성서 저자 하나 하나는 예수의 죽음의 의미를 독특하게 강조하고 있다. 요한복음의 공헌은 더 큰 신약의 증언을 보완하고 있다. 요점을 말하자면, 요한복음이 사용하는 하나님의 어린양 이미지가 희생적인 색채를 띠고 있긴 하지만, 요한복음은 "칭의"바울나 "희생"히브리서을 말하지 않는다.

요한복음에서 예수의 죽음은 아버지-아들 연합의 열매로 명확히 나타나고 있다. 이

연합에서 아들 예수는 아버지의 일을 하며, 아버지의 말씀을 하고 아버지의 계명들을 지킨다. 이런 관계의 열매는 예수가 세상에 생명을 주기 위해 자신의 육신[목숨]을 주는 것으로 이어지며6:51, 영생을 예수를 믿어 아들과 아버지를 영접하는 모든 이에게로 확대시키고 있고, 신자들에게 죽음과 마귀에 대한 승리를 약속하고 있다. 예수의 죽음은 어둠을 이기는 빛, 죽음을 이기는 생명, 그리고 미움을 이기는 사랑을 의미한다. 예수의 죽음은 불가분하게 영광과 쌍벽을 이루고 있으며 아버지와 아들이 함께 받는 영광이다. 예수는 세상을 사랑하는 아버지의 뜻과 목적을 드러내며, 구원을 추구한다. 반대로, 그 구원을 믿고 받아들이지 않는 것은 어둠 속에서 계속 걷는 것과 같은 심판이다.

예수의 죽음에 대한 요한의 강조를 보완하는 성서본문은 히브리서 2:9-11, 13b-15, 17; 빌립보서 2:5-11; 그리고 에베소서 5:1-2이다.

예수의 정치학[w]

요한복음의 고난이야기 보다 예수의 정치학을 더 잘 드러내는 신약본문은 없다. 요한복음이 그리는 예수는 정치에 무관심한 것이 아니라 새로운 정치neopolitical를 한다. 그것은 제자들, 유대인들, 그리고로마를 대표하고 있는 빌라도의 정치적 범주들을 뛰어넘는 정치학이다. 정원에서 말고에 맞서 칼을 빼어든 베드로에 대한 예수의 반응은요 18:10 자신의 비폭력적인 평화의 입장을 선언하고 있다: 네 칼을 다시 칼집에 넣어라. 아버지께서 주신 잔을 내가 마시지 않겠느냐?18:11 예수가 왕이라고 주장한다는 유대인들의 혐의를 이해하는데 힘들어 하는 빌라도는 "내 나라는 이 세상에서 오는 것이 아니다"라고 18: 36에서 예수가 한 말을 깨닫지 못한다.

아쉽게도, 빌라도 앞에서의 재판장면인 요 18:28-19:16은 고난의 금요일을 위한 성구읽기 속에서만 나열된다. 성구집을 역사적으로 따르지 않는 신자들의 교회 전통에서는, 이 본문이 그리 자주 읽히지 않을 수 있다. 말씀을 들을 때 영향력이 있는 것은, 그 말씀을 이런 배경 속에서만 듣게 되어 그것을 설교에 그다지 사용될 것 같지 않은 본문으로 만드는 것이다. 그 결과는 교회가 이런 중요한 성서를 듣고 설교하는데 있어 냉대를 받고 있는 것이다. 설교자들은 이런 본문들을 자신들의 설교 메뉴에 통합시키기 위한 창조적인 방법들을 발견해야 한다.

특히 이 본문은, 빌라도가 직면한 어려운 딜레마로 인해서, 인물평character sketch으로 나타내기 위한 탁월한 선택이다. 우리는 오직 빌라도가 진정으로 예수에 대해 생각한 것이 무엇인지를 궁금해 할 뿐이다. 이 본문은 우리로 하여금 다음에 따라오는 결정적인 질문들과 직면하게 한다: 예수가 누구인가? 예수가 하나님에 대해 계시하고 있는 것이 무엇인가? 이것은 하나님과 우리의 관계에 어떻게 영향을 미치는가? 빌라도의 입장이 되면, 우리는 불편하지만 우리의 이중성이 갖는 중요한 질문들에 마주할 수 있다.

요한복음 20장

부활한 예수가 선교와 새로운 공동체를 시작하다

사전검토

소하디웨코Soehadiweko Djojodihardjo, 1918-1988의 지도 아래 있는 자바 메노나이트 교회에서는 죽음에서 부활한 사람의 이야기가 전해진다. 많은 사람들의 사랑을 받는 것으로 알려진 팍 조조Pak Djojo는 세 개로 나뉘어진 자바 기독교 뮤리아 회중들을 연합했다. 이 이야기가 1970년대와 80년대에 메노나이트 모임에서 회자되었을 때, 다음과 같은 질문이 제기되었다: 이것은 진정한 부활이었는가 아니면 소생이었는가? 이 논쟁은 팽팽했으며, 때때로 다른 사람의 신앙의 정도에 의문을 품는 일이 생기기도 했다. 역사를 통해 기독교 치유자들이 그런 이야기들을 보도해 왔다. 그런 모든 이야기들은 되살리는 raisings 기적들이지만, 예수만이 죽지 않는 새 몸으로 부활한다. 대대로 기적적으로 살아 돌아온 모든 사람들은 나중에는 죽는다. 예수만이 예외인 것이다; 다른 이들은 마지막 날에 새 몸으로 부활할 때까지 기다려야만 한다!

막달라 마리아는 부활한 예수를 증언하는 핵심 인물이다. 그녀의 이야기는 요한복음에서 독특하다. 그녀는 어둠 속에서, 슬퍼하며 자신을 구원하고 자신의 삶을 바꾼 이에 대한 사랑으로 말미암아 홀로 무덤에 간다. 그녀가 베드로와 애제자에게 돌이 무덤에서 굴려졌다고 이야기할 때, 이 두 사람은 무덤으로 달려간다. 애제자가 먼저 도착한다; 두

요한복음 19:16b-42 • 예수가 십자가에 못박히고 장사되다 · 505

사람의 반응은 개성을 반영하고 있다. 마리아가 무덤에서 우물쭈물하고 있을 때 천사들이 깊은 슬픔에 잠긴 그녀를 맞이한다. 그 후에 극적으로 알아보는 장면이 따라 온다.

요 20장에서 주요 등장인물은 막달라 마리아, 베드로, 애제자 그리고 "나의 주이시며 나의 하나님이십니다!"라는 절정의 고백을 한 도마이다. '내가 주님을 보았다'는 마리아의 증언에서, 이런 고백들은 요한복음이 독자들이 믿고 선포하기를 원하는 기독론을 말하고 있다.

성령강림과 지상대명령을 말하는 요한복음의 방식은 누가24:47-49; 행 1:8; 행 2와 마태28:16-20의 방식과 비교해 보면 독특한 관점을 보여준다. 예수는 제자들에게 성령으로 숨을 내어 뿜는다. 제자들은 유대인들을 무서워하여 문을 잠그고 한데 모여있었다.20:19-23 예수는 먼저 평화의 축복을 두 차례에 걸쳐 베푼다: 너희에게 평화가 있으라19d, 21b-아울러 이 축복을 아버지께서 자신을 보내신 것처럼 그들을 보내는 것과 연결시킨다.21c 이런 성령강림과 같은 위임은 제자들에게 어떤 죄라도 용서할 권위를 부여한다.23절 그들이 용서하는 것은 용서를 받고, 그들이 그대로 두는 것은 그래도 있다.마18:18; 베드로에게 말하는 16:16-19를 참조 요한복음에서 이런 권위와 임무는 모든 제자들에게 주어진다. 도마는 그 자리에 없어서 한 주 후에 특별한 "확신"을 필요로 한다. 제자들이 도마에게 예수가 나타남을 전할 때, 그들은 막달라 마리아의 고백을 되풀이 한다: "우리가 주님을 보았다."25b

20장은 요한복음의 분명한 목적에 대한 언급으로 끝을 맺는다.31절 고조된 드라마를 가진 20장은 요한복음에 있는 예수의 이적들과 말이 지닌 신비를 풀고 예수의 비유적인 가르침이 만들어내는 긴장을 이완시킨다. 제자들은 예수가 드러내 놓고 하는 말을 이해하기 시작할 뿐만 아니라16:29-33, 예수의 놀라운 행동 속에 있는 의미들을 보기 시작한다. 13:34에서 주어지는 "새로운 계명"은 이제 동이 트는 새로운 현실과 일치된다: 예수는 죽은 자 가운데서 부활했다! 그는 살아 있다! 그는 살아 있다! 예수의 일들, 이적들, 그리고 선교가 진행 중이다!

개요

열린 무덤의 충격, 20:1-10

막달라 마리아가 예수를 만남, 20:11-18

예수가 나타나 제자들에게 성령을 내뿜다, 20:19-23

도마가 진정한 믿음에 이르다, 20:24-29

결론: 최고조와 목적, 20:30-31

주석적 해설

요 20:1-18은 서사적인 샌드위치다: 이 구절들이 마리아로 시작하여 끝이 난다는 점에서 막달라 마리아는 베드로와 애제자 사이에 끼어있다.Hooker: 140 11-18은 예수와 그녀가 만나는 이야기를 들려준다.

열린 무덤의 충격 20:1-10

20:1-2 막달라 마리아와 그녀의 반응

요한복음만이 우리에게 아직 어두울 때 막달라 마리아가 홀로 무덤에 간다고 이야기한다. 그녀는 왜 간 것일까? 그녀는 예수에게 기름을 부을 향유를 가져가지 않는다.니고데모가 충분한 양의 향유를 마련한다 그녀는 자신의 가장 좋은 친구에 대한 깊은 사랑에 이끌렸다는 것이 가장 그럴 듯하다. 누가복음에서만8:2 우리는 예수가 일곱 마귀로부터 그녀를 자유롭게 해 주었다는 것을 알게 된다. 그녀는 살 만한 가치가 있는 유일한 삶을 예수에서 발견했다. 막달라는 아마도 갈릴리 바다 옆에 있는 막달라 마을에서 왔다는 것을 알려주는 것 같다. 오늘날 이곳은 부겐빌리아 꽃이 널리 핀 아름다운 곳이다.

요한복음에서, 막달라 마리아는 예수의 십자가 옆에 서 있던 여인들 가운데 가장 먼저 소개된다.19:25 19장에서는 가장 마지막에 이름이 나오지만, 요 20장에서 그녀는 가장 먼저 홀로 무대에 등장한다. 그녀는 무덤이 열려 있다는 것을 가장 먼저 발견하고는, 거대한 돌이 굴려진 것을 보고 깜짝 놀란다. "무덤의 문은 무거우며 바퀴모양으로 되어 있고 높이는 4-6 피트에 이른다. 이 문은 좁은 골에 놓여 있었으며 무덤 양쪽 편에 있는 낮은 벽 옆에 똑바로 세워져 있었다." Burge 2000: 536 그녀는 누군가가 예수의 시체를 가져 갔다고 생각한다.

막달라 마리아는 분명히 하나님의 부활의 힘으로 예수가 무덤에서 나왔다는 생각은 하지 못한다. 누구인들 그런 생각을 했을까? 그런 나머지 그녀는 말문이 막힌다. 그녀는 다른 제자들을 이끄는 두 명의 제자, 베드로와 애제자에게 달려가 이 상황을 알린다. 그녀는 그들에게 이렇게 말한다. 그들이 주님을 무덤에서 데려가서 우리는 "그들이 그를 어디에 두었는지 모릅니다." 복수형인 우리를 이해하기는 어렵지만, 아마도 요한복음이 말하고 있지 않은 또 다른 여인이 막달라 마리아보다 조금 늦게 무덤에 갔음을 이야기하는 것 같다. 공관복음서에서는 해가 막 떠오르던 동틀 무렵에 몇 사람의 여인들이 함께 그 무덤에 방문하는 것을 말하고 있다.막 16:1-2; 마 28:1; 눅 24:1-마가는 세 여인의 이름을 밝히고 마태는 두 명, 그리고 누가가 이야기하는 "그들"은 갈릴리에서부터 예수와 함께 왔던 여인들을 가리킨다. 23:55 아직 어두울 때 막달라 마리아가 무덤으로 간다는 요한복음의 서사적 세부내용들은 밤에 예수를 찾아 간 니고데모를 반향하고 있다. 어떤 경우에도 어둠은 그녀가 뒤이어 예수와 만남을 비추고 있는 빛과 대조된다.

막달라 마리아는 베다니의 마리아요 11-12; 막 14:3-9 참조가 아니며, 죄많은 여인이나눅 7:36-50, 그리고 간음 현장에서 잡힌 여인요 8:2-11도 분명히 아니다. 요한복음에서 막달라 마리아는 애제자 다음 가는 인물, 예수의 마음을 가장 잘 아는 인물, 그리고 예수가 자신을 따르는 이들 가운데서 특별한 자리를 수여한 인물로 등장한다.[요한복음의 여인들, 607쪽]

20:3-10 베드로와 애제자의 반응

잠에서 깨어 난 두 제자-베드로와 애제자-가 무덤으로 달려간다. 예상대로 애제자가 먼저 도착하고 베드로가 두 번째로 무덤에 도착했다.13:23 참조 애제자는 이 사건을 조정하는 듯 베드로가 먼저 무덤에 들어가도록 한다.[애제자, 565쪽] 베드로가 들어가서 모든 것을 보게 된다. 몸을 감쌌던 베가 있었고, 예수의 머리를 쌌던 천은 베와 함께 놓인 것이 아니라 따로 한 곳에 둘둘 말아져 있었다.나사로를 묶어 둔 것을 반향함. 11:44 베드로는 분명히 자신이 본 것의 의미를 깨닫지 못한다. 허리를 굽혀 안을 들여다 보며 베드로가 본 것을 이미 보았던 애제자가 들어간다. 그의 성격상으로, 그는 보고 믿었다. 그는 부활한 예수를 보지 않고 예수의 부활을 믿은 첫 사람이며, 이로써 "보지 않고 믿은 이들은 복되도다"라는 축복의 본보기가 된다.29b; Lindars 1972: 602

서술자가 그 다음에 언급하는, "그들이 아직 예수가 죽은 자들 가운데서 반드시 살아나야 한다는 성서의 말씀을 이해하지 못했다"는 이와 모순되는 것같지만 꼭 그렇지만은 않다. 이것은 베드로에게 적용될 수도 있겠지만, 또한 애제자의 신앙이 갖는 예외적인 본성을 강조한다. 이윽고 두 사람은 예루살렘에 머물고 있던 그들의 집으로 간다.눅 24:12d 애제자는 베드로가 모르는 것을 안다.

막달라 마리아가 예수와 만나다 20:11-18

20:11-13 두 천사가 서성거리며 우는 마리아를 맞다

마리아는 무덤 옆에서 서성대며 울고 몸을 굽혀 안을 본다. 이러는 동안, 그녀는 흰 옷을 입은 두 천사가 예수가 누워있던 곳에 앉아 있어 있는 것을 보는데, 한 명은 머리곁에, 다른 한 명은 발치에 있다.12절 천사들은 마리아에게 말하여 묻기를, "여자여 왜 우느냐?" 마리아는 이렇게 대답한다. "그들이 내 주님을 가져 갔습니다. 저는 그들이 어디에 주님을 두었는지 모릅니다." 아마도 그녀는 부활을 생각하지 못했던 것 같다.11:25에서만 예수가 부활을 자신과 연결시키지만, 3:14; 8:28; 12:34에 나오는 들림은 십자가와 찬미를 모두 의미하고 있으며 부활을 암시한다

20:14-15 마리아와 "동산지기"

이제 마리아는 갑작스럽게 어떤 남자를 보고 그를 동산지기-그녀의 문제를 해결해 줄지도 모르는 사람-라고 생각한다. 그는 실제로 그렇게 할 수 있지만 그녀가 생각한 대로는 아니었다. 마리아가 몰라본 이 남자, 예수는 그녀에게 이렇게 묻는다. "여인이여, 왜 우느냐? 누구를 찾고 있느냐?" 마리아는 그녀에게 말한다. "선생님, 당신이 그를 옮겼다면 어디에 그를 두었는지 말해주세요. 그러면 내가 그를 모셔가겠습니다." 마리아는 자신이 예수의 시신을 옮길 수 있을 것이라고 생각한 것일까? 다행히도, 그녀는 시험대에 오르지 않는다! 대신, 또 다른 시험이 그녀를 맞았으며, 그녀는 그 시험에 통과한다.

20:16-18 마리아가 예수를 알아보다: 뒤돌아서 알리기까지[W]

동산지기 예수는 마리아의 영혼을 깨우는 말을 전한다: "마리아야." 자신의 이름을 듣고 돌아서서, 마리아는 그에게 "랍오니!"라고 말한다."나의 선생님"이라는 뜻의 아람어 그녀는 예수를 붙잡으려 하나 예수가 막는다.17절 그 이유는, 내가 아직 아버지께로 올라가지 않았다고 예수는 말한다. 예수는 이미 들려서 십자가를 통해 영광을 받았는데도, 왜 예수는 이렇게 말했을까? 아마도 마리아에게 있어서는 그것이 "위에서"라는 실재를 확정짓는 것이기 때문이다. 예수를 붙잡는 대신, 그녀는 내 형제들에게 …, "내 아버지이자 너희의 아버지, 내 하나님이자 너희의 하나님께 내가 올라간다."고 전해야 한다.

예수는 마리아를 "아래에서"의 영역에 버려 두지 않는다. 후커는 위로 올라감은 아래에서 오는 생각을 위에서 오는 생각으로 전환하는 것이라 말한다. 그녀가 다른 제자들에게 말해야만 하는 것은 하나님 아버지, 곧 내 아버지이자 너희 아버지와 예수의 특별한 관계 속에 있는 예수를 그녀와 연합시키는 것이다. 그녀의 말은 제자들을 이런 위의 실재

와 중재시킨다: 아버지께로 올라 감. 그들은 이 새로운 실재 속으로 들어올라는 손짓을 받고 있지만, 승천하고 다시 나타나는 예수와 만날 필요가 있다.

우리는 어떻게 17절에 나오는 예수의 금지를 이해해야만 하는가? 아마도 그것은 "나에게 매달리지 말라."NRSV, NIV, "나를 잡지 말라"RSV, 혹은 "나에게 달라붙지 말라"NASB를 의미할 수 있다. 가능성이 조금 낮은 것으로는, "나를 만지지 말라."KJV 핵심은 아버지께로 올라감에 있다. 버지2000: 556는 예수가 부활 이전처럼 일반적인 인간의 몸으로 있게 될 것이라고 마리아가 생각하지 않도록 하기 위함이라고 설명한다. 슈나이더는 "내가 아직 아버지께로 올라가지 않았다"라는 17절의 이유은 수사적인 질문으로 보아야 한다고 한다.헬라어에서는 가능한 일이다: "내가 아직[혹은 여전히] 올라가지 않았느냐 …?" 이에 대한 대답은 다음과 같다. "아닙니다. 당신은 실제로 올라가서 영광을 받으셨습니다." 슈나이더는 이렇게 말한다. "이것은 이 구절을 더 잘 이해하도록 한다. 그 이유는 예수가 아버지께로 승천하는 것은, 즉 그의 영광은 예수의 육체 혹은 지상의 몸이 아니라 교회의 공동체 속에서 마리아가 예수를 만나게 될 것이라는 바로 그 이유가 되기 때문이다." 2003: 220 그렇지만 이런 설명은 예수가 도마에게 손의 못자국과 옆구리의 상처를 만져보라고 할 때 무용지물이 되고 만다. 이것은 부활한 몸에 그런 신체적인 상처들을 여전히 남아있음을 보여준다.

이 서사의 장면 속에서 마리아의 움직임은 세 가지 분사헬라어가 연속되고 있음을 살펴봄으로 더 완전히 이해될 수 있다: '울며'11절, 분사; 13절, 동사, '뒤돌아서며'14절, 동사; 16절, 분사, '선언함' 혹은 '선포함.'18절; 슈나이더 2003: 216-20 울면서 그녀는 무덤 속을 들여다보며 눈물을 통해서 예수를 보지 못했거나 예수의 부재가 의미할 수도 있는 새로운 영적인 지평을 볼 수 없었다. 그렇지만 그녀는 두 천사를 보았으며, 그들이 그녀에게 한 질문은 새로운 영적인 돌파구로 가고 있음을 귀띔해 주었을 수도 있다. 마리아는 "심란한 상태였으며 희망없는 슬픔으로 가득차 있다."217 두 번째 무대에서는, "전환", 뒤돌아섬이 두 번 반복된다. 첫 번째 사용에서는, 14절의 정동사finite verb와 함께, 그녀가 뒤돌아선다.eis ta opiso 이것은 "뒤에 놓인 것들을 향하여"를 뜻한다. 그녀는 예수를 보고 알아보지 못한다. 그녀는 예수를 찾으려 두리번 거리지만 예수를 모르는 상태이며, 여전히 뒤쪽으로 돌아서고 있다. 그렇지만 16절에 나오는 분사로, 마리아는 예수를 알아보기 위해 뒤돌아 선다. 그 다음의 마지막 무대에서, 마리아는 "부활의 사도"이다.221 그녀는 제자들에게 좋은 소식을 선언하거나 선포하고 있다.18절 여기서 사용된 분사는 중요하다. 본문상의 차이를 고려해 보면, 아마도 *angellousa*나 *apangellousa*일 것이다.[본문상의 차이점, 602쪽] 후자인 부정형 동사는 요일 1:2-3에서 두 차례 사용되는데 5절*anangello-men*에서 유사한 단어가 있으며, 선포하다.proclaim라고 올바르게 번역되어 있다.요일 1:2-3 RSV, TNIV; NRSV에서는 declare, 그렇지만 NRSV에서는 5절에서 proclaim 요 21:18a에 나오는 NRSV의 '선언하다' announced는 RSV와 TNIV의 단조로운 '말하다' told보다는 더 낫다. 번역자들은 마리아의 역할이 갖는 온전한 중요성을 제대로 다 담아내려고 하지 않는다. 여기서 마리아는 목격자의 역할을 다 하고 있으며, 그녀가 "만지고" "보고" "들은 것"을 선포한다.요일 1:1-3는 이 세 가지 영어의 동사들을 포함하고 있다 그녀는 최초의 부활 사도이며 예수가 부활했다는 좋은 소식을 선언한다! [요한복음의 여인들, 607쪽]

예수가 나타나서 제자들에게 성령으로 숨을 내어 뿜다 20:19-23

20:19 문을 잠그지만 예수가 나타나 말하기를 "너희에게 평화가 있으라"

우리는 예수가 마리아에게 나타난 것에서 제자들에게 나타난 것으로 전환되는 것이 매끄러울 것이라고 기대할 것이다. 마리아는 이미 그들에게 내가 주님을 보았다고 선언했다. 그렇다면 왜 제자들은 담대함을 가지고 예수가 살아 있다고, 예수가 죽음을 이겼다고 선포하지 않았는가? 대신, 그들은 유대인들이 자신들에게 무엇인가 행할까 두려워하여 밤에 문을 걸어 잠갔다. 예수의 죽음을 기획한 이들이 이제는 예수의 제자들을 뒤쫓을 수 있기 때문이다.11:16; 12:10; 베드로가 위기를 모면하기 위해 부인함을 참조

그들의 숨는 전략은 갑작스럽게 좌절되었다. 문이 잠겨져 있음에도 예수는 그들 한가운데에서 나타난다. 예수는 제자들의 두려움에 너희에게 평화가 있으라는 말로 대응하는데, 14:27과 16:33을 반향한다. 부활한 예수가 하는 이 평화의 인사는 26절에서 반복되는데, 창세기 1장을 떠올리게 하는 요한복음의 서문으로 되돌아 간다. 하나님의 평화로운 창조에 대한 이 암시는 이제 로고스가 육신이 됨 속에서 나타나는데, 그의 이적들, 말, 그리고 그의 일은 재판과 죽음 속의 비폭력에서 절정을 이룬다.Neville: 201-2 참조

20:20 예수가 자신의 손과 옆구리를 보여주다

예수는 평화의 말을 전하고 나서 자신의 손과 옆구리를 보여준다. "예수가 그들 가운데에서 어떤 형체로 나타났는지는 우리가 잘 헤아릴 수 없다." Burge 2000: 558 그렇지만 예수의 형체가 그들 앞에서 자신의 몸을 가진 채로 나타났다는 것은 의심할 수 없다. 제자들은 주님을 보았을 때 기뻐했다. "찔린 몸을 보여주는 것은 … 사과의 흔적을 갖는 것은 아니"기 때문에Moloney 1998: 534, 설득력있는 충격이 명확히 고조되고 있다. 더욱 놀

라운 것은 "문을 걸어 잠갔음에도 예수가 나타난 것은 인간의 상황이 부과하는 제한을 넘어서는 예수의 승리를 표시하는 것이다."530-31 이 세 가지 요소들을 고려할 때−인간의 말, 예수가 몸을 입고 나타남, 그리고 문을 잠갔음에도 예수가 나타남−제자들은 당혹감에 빠졌을 것이다. 그렇지만 그들은 의심하거나 당황함을 표현하지 않는다. 오히려 그들은 기뻐했으며, 이리하여 15:11; 16:20-22³차례; Oyer를 볼 것, 24절에 나오는 예수의 약속과 17:13에서 제자들을 위한 예수의 기도를 이루고 있다. 산통은 끝났다; 새로운 생명이 새로운 희망으로 그들을 가득 채운다.

20:21 예수가 제자들을 위임하다

예수는 너희에게 평화가 있으라는 자신의 평화의 인사를 반복한다. 이것은 놀라운 "안녕hello"이며, 그 상황을 고려했을 때, 예수가 그들에게 전달하는 실재로서, 그렇게 그들도 다른 이들에게 그 실재를 전달할 수 있는 것이다. 이 평화는 악에 대한 메시아의 승리를 예상한 구약의 메시아적 기대를 성취하고 있다. 그것은 종말론적 승리이며, 요한복음에서는 십자가에서 한 예수의 승리의 말 속, "다 이루었다"19:30에서 그 절정을 찾을 수 있다. 이런 평화의 말이 있은 후에, 예수는 제자들을 위임한다: "아버지께서 나를 보내신 것과 같이, 나도 너희를 보낸다."20:21; 3:16 참조 이것은 요한복음의 지상대명령이다.마 28:18-20 참조

예수는 자신의 평화 인사와 제자들을 위임하는 것을 연결시킨다. 앞선 두 개의 요한복음 단원요 4장과 14-16장은 문화적이고 인종적인 경계를 뛰어넘는 평화와 선교를 보여준다. 4:35-38에 나오는 추수할 밭은 사마리아인들을 포함한다. 그 후에는 예수에게 자신의 아들을 고쳐달라는 로마 관리의 훌륭한 믿음을 그리고 있다.4:46-54 그 남자와 가족들은 신자가 된다. 인종적, 종교적, 그리고 국가적인 증오는 세상의 구원자4:42인 예수에 의해 해체되고 변화되는데, 로마 황제들이 세상의 구원자라는 주장과 맞선다. 20:21c의 보냄은 온 세상의 지평에 이르고 있으며, 정치적인 함축들을 담고 있다.

세상의 권세가 신자들을 핍박할 것이다.15:20; 16:33; 17:14-15; 18-19; 21:18-19 요한복음은 제자들을 보내는 것을 평화를 수여하는 것과 연결킨다.16:33 신자들은 예수와 아버지의 임재를 세상 속으로 가져온다. 이 평화의 선교에서, 비록 세상이 하나님께서 보내신 성육신한 이를 영접하지 않았지만1:11; 5:40-44; 15:18-21, 서로에 대한 사랑13:35과 세상에 대한 하나님의 사랑3:16이 신자들을 알리게 될 것이다. 예수의 위임으로 권능을 받아, 이 새로이 형성된 보냄을 받은 제자들의 공동체는 미워하고 핍박하는 세상이 필요로 하는

구원, 평화, 그리고 화해를 구현한다. 부활한 그리스도의 변화시키는 힘을 통한 화평이 선교이다.

20:22 예수가 성령을 내쉬다[w]

상심했지만 이제 기쁨을 찾은 제자들에게 주는 예수의 성령이라는 선물은 평화의 사역이 시작될 수 있도록 한다. 제자들이 성령을 받는 방식은 독특하며, 행 2장에서 묘사하는 성령강림과는 아주 다르다. 우리에게 두 가지 다른 성령강림 보도가 있는 이유를 설명하는 학자들의 노력으로 수많은 의견들이 나왔다. 버지2000: 559는 이 보도들을 조화시키기 위한 세 가지 시도들을 인용하고 있다: 요한복음에서 성령이라는 선물은 1) 상징, 2) 부분적인 기름부음, 3) 진정한 기름부음. 그는 마지막 의견을 제시하며 이렇게 말하고 있다. "그들이 성령강림에서 다른 방식으로 다시금 권능을 받게 된다는 것은 앞서 그들에게 채워진 가능성을 없애지는 않는다."561

요한복음에서 예수 자신은 제자들이 받도록 성령을 내뿜는다: 문자적으로는, 숨을 내쉬며 그들에게 말하기를 "성령을 받으라."at 헬라어로 관사가 빠져 있기에, 두 가지 함축 가운데 하나일 수 있다. 무관사로 구성된 것은, 하나님이 무관사로 나타나는 요 1:1c에서처럼, 때때로 본질의 특성을 강조하기 위해 쓰인다. 혹은 관사가 없는 것은 더 일반적이고, 불특정적인 의미를 지칭할 수도 있다.예를 들면, 여호와의 증인들은 요 1:1c이 "말씀이 하나님 이었다.the Word was a god"를 말하고 있다고 주장하지만, 그리스도인들은 더 넓게 "특성"의 의미, "바로 그 하나님very God"이라고 지칭한다—그리하여 막 15:39에서는 "아들"로 사용된다. 요 20:22에서 정관사가 없는 것은 성령의 독특한 특성을 강조하는 효과를 갖는다. 대부분의 영어 번역들은 이 단어를 '그들에게 숨을 불었다' breathed on them로 번역하고, 마지막 두 단어는 등장하지 않는다. 헬라어 단어 *empysao*에 있는 접두사 *em*이 숨을 불었다는 뜻이라는 일반적인 견해를 우리가 받아들인다면BDAG, RSV, NRSV, 그들*autois*은 '말하다'의 간접목적어이다. 그렇지만 그들autois은 *empysao*의 여격목적어로서, 이중적 역할을 할 수도 있다. 그러나 만일 LXX 창 2:7이 이런 호흡의 원형이라면창세기 서곡의 반향을 상기할 것, '~에게 숨을 불어 넣다' breath into는 것은 앞서 제시한 것처럼 적합한 번역이 될 것이다.

요한복음에서 이 사건은 부활의 날 사건이다. 예수가 그들에게 숨을 불어 넣은 것은 태어남의 이미지창 2:7이며 요 3장6:63 참조에 나오는 새로운 탄생과 요한복음의영원한 생명을 상기시킨다. 성령이라는 선물은 또한 고별설교에서 예수의 다섯 가지 약속을 완성한다. 예수는 자신이 떠난 후에 그들과 함께 있게 될 보혜사를 보낼 것이라고 약속했다. 이제 성령은 예수가 갑작스럽게 그 방을 떠난 후 그들과 함께 남는다.

예수가 말한 것과 행한 것은 고별담화 속에 있는 예수의 말과 병행을 이룬다.Talbert: 263:

당신이 나를 보낸 것처럼, … 나도 그들을 보냅니다.17:18	아버지께서 나를 보내신 것처럼, 나도 너희를 보낸다.20:21
내가 간다면, 나는 [성령을] 너희에게 보낼 것이다.16:7b	성령을 받으라20:22

침례에서 예수에게 성령이 내린 것1:31-34은 예수가 사역을 행하고 하나님의 말씀을 말하도록 예수에게 권능이 부여된 것이다. 동일한 성령이 이제는 제자들에게 권능을 부여하고 그들을 아버지와 아들과 연합시키며 아버지께 간구한 예수의 기도를 완성할 것이다. "아버지여, 당신이 내 안에 있고 내가 당신 안에 있는 것처럼, 그들도 우리 안에 있어서 세상이 당신이 나를 보내셨다는 것을 믿게 하소서."17:21 그러므로 제자들은 아버지와 아들의 상호관계 속에 참여하며, 제자들에게 불어넣어진 성령, 예수의 사역을 그들이 행할 수 있도록 그들에게 권능을 부여하는 성령에 힘입게 되는 것이다.

제자들은 예수의 성령의 생명과 힘을 받는데, 그 성령께서 이제는 그들 각각 속에 신성함을 구현하며 그들을 예수의 제자로서 서로 사랑하도록 만든다. '성령을 받으라' 는 말은 강력한 것으로, 그들이 예수와 하나님을 영접한 것처럼 서로를 받아들여야 하기 때문이다. 성령은 이제 그들 하나 하나 속에 구현된다. 이런 공동성과 상호관계는 예수를 따르는 자들의 새 공동체의 기초가 된다.

이 본문은 요 7:37-39를 떠올리게 한다. 이제는 성령이 주어지고, 예수와 신자들에게서 생명수가 흘러 나온다.47:1-12에 나오는 에스겔의 환상을 반향한다 생명수를 주는 예수의 사역요 4:10, 14과 제자들이 그 사역을 수행할 것을 예수가 내다본 것은 이제 결실에 이르렀다. 따라서 아버지께서 예수를 보낸 것처럼, 그들은 보냄을 받는다.Oyer: 349-53

20:23 예수가 제자들에게 죄를 용서할 권한을 주다w

예수가 제자들에게 죄를 용서하거나 그대로 둘 권한을 부여하는 것을 읽는 것은 깜짝 놀랄 일이다. 요한복음에서, 예수는 어디에서도 죄를 용서한다고 말하지 않는다.예를 들면 막 2:5-10에서는 예수가 죄를 용서한다! 요한복음에서 명백하게 자신의 죄를 용서받는 사람은 없다—사마리아 여인이나 간음현장에서 잡혀온 여자들조차! 1:29세상 죄를 지고 가는 하나님의 어린양나 8:11나도 너를 정죄하지 않는다에서 용서의 개념을 추론할 수도 있겠지만, 그런 용서는 언급되지 않는다. 죄의 용서는 예수가 제자들에게 준 권한 속에서 결정적인 요소이기 때문에, 요한복음은 결코 분명하게 용서를 언급하지 않았음에도, 20c에 나오는 보냄의 병행구문이 제시하듯, 우리는 예수가 요한복음에서 줄곧 백성들을 위해 이 일을 행해 왔다고 생각할 수 있다. 아마 그럴 것이다. 이것은 왜 유대인들이 막 2:7-10에서처럼, 예수가 하나님이 가진 특권을 주장한다고 생각했는지 설명할 수 있다. 그렇지만 5:18에 나오는 유대인들의 이런 기소 이유가10:30-31 참조 요한복음에서는 나타나지 않는다.

예수가 자신의 사역에서 죄를 용서할 필요가 없었더라도, 제자들은 자신들의 사역에서 그렇게 한다. 예수의 제자들은 성령이 그들 속에 구현되듯이 죄를 용서할 이런 신성한 특권을 받는다. 이런 권한은 요한복음의 위임과 선포에 내재하는 것이지, 지위나 개인의 카리스마에 있는 것이 아니다. 오도노반O' Donovan은 이것을 잘 설명한다: "이것은 사도들이 독단적으로 죄를 용서하고 그대로 둘 권한을 갖는다는 것을 암시하는 것이 아니라, 모든 이들을 회개와 용서로 초대하는 요한복음의 설교와 부합하는 것이다." 176 이 권한은 서로 사랑하라는 예수의 명령과 그 공동체 속에서 성령이 임재하시는 것에 달려 있다.O' Day 1995: 847-48참조

"죄를 그대로 두는 것"은 혼란스러울 수도 있지만, "보혜사의 사역은 이 세상의 선과 악을 '까발리는' 것이다.16:7-11 참조"Moloney 1998: 536 게다가, 요한복음에 나오는 죄는 "기독론적으로, 예를 들면 예수에 대한 개인적인 반응으로 정의된다." Oyer: 309 이것은 죄를 그대로 두는 것을 명백한 행위로 만들고, 용서와 죄를 그대로 두는 것을 기독교 공동체를 규정하는 더 분명한 기능으로 만든다. 오이어Oyer가 krateo, NRSV의 그대로 둠 retain을 "압도하다," "통제하다," 혹은 "극복하다."로 번역해야 한다는 주장은 23절의 그대로 둠 "성가신 문제"319에서 "죄와/혹은 악의 권세를 통제함으로… 생명을 부여하는 것"으로 전환시킨다.330

오이어가 더 발전시키지는 않았지만, 이것은 강력한 패러다임을 제시하고 있다: 용서는 과거의, 교정될 수 없는, 혹은 배상될 수 없는 죄에 적용되지만, "극복할 힘"krateo 은 여전히 앞으로 다가올 죄들에 적용된다. 여기는 배상이나 보상이 여전히 가능하거나 구약의 용어와 관련됨, 아니면 계속되는 피해나 습관적인 죄가 있는 곳이다. 이것은 용서와 krateo가 더 이상 반대되는 것이 아님을 보여준다.Oyer가 인식하듯이: 331 이들은 본질상 상

호보완적이다. 이들은 용서와 악을 이기는 것이 이중적인 달성을 하고 있음을 강조한다. 십자가에서 예수의 승리는 이제 신앙의 공동체에 넘치도록 부여되고 있다.

교회사에 비추어 보면, 죄를 용서하고 "그대로 두는" 이런 권세는 너무도 쉽게 권력을 기반으로 하는 계급적인 관계로 보게 된다. 신앙의 공동체 속에서, 만일 용서와 죄를 극복krateo하는 것이 개인과 공동체에게 성령이 권능을 부여하심을 통해 진정으로 화해적이고 새롭게 하는 것이라면, 진리와 사랑은 본질적인 것이다.

만일 이 구절이그리고 특히 22절의, 그가 숨을 내뿜고 성령을 받아라 버지가 주장하는 것처럼 2000: 559 "요한복음 전체의 최고점"이 아니라면, 그럼에도 불구하고 이 구절은 성령의 최고 우선권에 대한 요한복음의 선언이다. 도마가 한 최고의 기독론적 고백에 대한 성령의 반응인 것이다.

도마가 진정한 믿음에 이르다 20:24-29

20:24-25 도마가 더 많은 증거없이는 믿지 않으려 하다

요한복음은 11:16에서처럼, 여기에서 도마를 쌍둥이Didymus라 불리는 자라고 소개한다. 도마는 한 주 전에 있었던 중요한 사건을 보지 못했다. 이 이야기가 후대의 저자에게서 나온 것이 아니라면von Wahlde의 "제 3판," 한 주 앞선 이 사건은 "제 2판"에서 나왔다; 2010: 2.870-72, 그 경우에 이 aporia난제는 도마가 성령을 들이마시지 않았다는 것을 의미하는 것은 아니다. 이런 시각은 그럴 듯하지만 추측하는 것이다. 연속된 서사의 사건들을 읽음에 따라, 다른 제자들은 도마에게 막달라 마리아가 자신들에게 했던 이야기를 전한다: "우리가 주님을 보았다." 도마는 이렇게 대답한다. "내가 그의 손의 못자국을 보지 않고는, 그리고 내 손가락을 그 못자국에 넣어 보고 그의 옆구리에 넣어보지 않고서는 믿지 않을 것이다."

도마는 그 증인들—다른 제자들과 막달라 마리아를 포함—을 기꺼이 믿으려 하지 않는 것이다. 그는 부활한 예수와 따로 만날 필요가 있었는데, 충격적인 금요일의 십자가 사건 이전에 자신이 알던 예수와는 다르게 예수를 이해할 수 없었다. 요한복음 초반부에, 마리아와 마르다가 예수에게 와서 병든 나사로를 고쳐달라고 간구한 것에 대한 반응으로, 유대인들이 예수를 죽이려고 한 것을 알았음에도, 도마는 유대로 되돌아 가자는 예수의 결정을 지지한 최초의 인물이었다. 예수가 결국 '나사로가 자고 있다는 완곡한 표현이며 실제로는 그가 이미 죽었다'고 말할 때, 도마는 이렇게 말한다. "우리도 함께 가서 그와 함께 죽자."11:16 그의 반응은 예수를 따르는 것을 단념한다는 것을 표현한다. 그렇지만 더 긍정적으로는, 이것은 이 서사 이야기를 두 가지 방식으로 진행시킨다. 이것은 예수의 가장 위대한 이적–죽은 나사로를 살림–으로 이어지며, 예수가 들려 영광을 받는 것으로 이어진다. 그의 반응은 그때와 지금에서 현실적이다: 그는 눈에 보이고 만질 수 있는 증거를 원하고 있는 것이다.

20:26 문이 잠겼으나 예수가 나타나다: "너희에게 평화가 있으라"

예수가 갑작스럽게 나타나는 이런 으스스한 사건은 한 주 후에 반복되는데RSV, 8일 후에, 이 때는 제자들이 모여 있고 도마도 그들과 함께 있다. 10명의 제자들에게는 데쟈부이겠지만 도마에게는 아니었다. 문은 잠겨있었지만 예수는 별안간 나타나서 그들 가운데에 선다. 다시 예수는 너희에게 평화가 있으라고 말한다.

20:27-28 도마가 진정한 신자가 되다

예수는 도마와 만날 때, 한 주 전에 도마가 언급한 그대로 직접 도마에게 말한다: "네 손가락을 여기에 넣고 내 손을 보라. 손을 뻗어서 내 옆구리에 넣어라." 예수는 계속 이야기한다: "의심하지 말고 믿어라." 해석자들 사이에서는 도마에 대한 최소 세 가지 초상이 나타나고 있다. 첫 번째는 일반적인 것으로, "의심많은 도마"라는 별칭이 붙어 있다. 두 번째는 이 의심을 도마의 완고한 의지와 연결시켜서 그를 물리적이고 신체적인 증거를 요구하는 "고집센" 사람으로 특징짓는 것이다. 세 번째는 믿음에 이르게 해달라는 그의 요구로 인해 도마를 순전하고 진실된 사람으로 여기는 것이다.

이 세 가지 가운데 어떤 것도 완전히 빗나간 것은 아니다. 두 번째 견해는 몰로니가 발전시켰으며, 특히 29절에 비추어 보면 장점이 있다. 25절에 나타나는 도마의 강한 발언은 이런 시각을 뒷받침할 수 있다. 예수가 도마에게 한 명령은 예리하며, 25절에 나타나는 도마의 강한 말에 맞장구를 치고 있는 것이다: "네 손가락을 여기에 넣어 보라"[문자적으로는 "던지라," *ballo*]··· [네 손을] "내 옆구리에 넣어 보라."27절 이것은 도마의 완고함을 꾸짖음을 내포할 수 있다. 더 나아간 예수의 명령은 아마도 더 날카로운 것이다: "믿음없는 자가 되지 말고 믿는 자가 되라."27c, Moloney 1998: 539n27 아니면 이렇게 번역될 수 있다. "못 믿지 말고 믿으라."Do not be faithless, but believing, RSV 이 본문에는 "의심"에 해당하는 헬라어 단어는 나타나지 않는데, 그 사실은 첫 번째 해석에 의문을 제기한다.

27c에 있는 헬라어는 *apistos*, '믿지 않음' 이다; 이 단어는 *aporeo*의심을 갖다, *diakri-*

*no*확신하지 않다, *diaporeo*당혹스러워 하다, 혹은 *distazo*흔들리다 혹은 의심으로 머뭇거리다가 아니다. 예수는 도마의 믿음이 부족한 것 혹은 더디게 믿는 것과 대면하고 있다. 요한복음의 전체적인 의도에서 보면, 이 본문은 증인이나 증언을 믿음을 끌어내기 위한 결정적인 수단으로 강조하고 있다. 그리고 이 이야기가 요한복음의 목적 언급으로 이어지는 이유가 아마도 이것일 것이다. 이 이야기는 그 증언들을 믿기 위한 고투를 말하고 있지만, 또한 범죄하기 쉬운 연약함을 지체없이 극복한다. 즉시 도마는 요한복음에서 최고로 기독론적이고 고백적인 보석을 쏟아 내며 이렇게 선언한다. "나의 주님이며 내 하나님이십니다!"28절 만일 도마가 가진 문제가 완고한 것이었다면,Moloney 그의 어두움은 갑자기 빛이 된다. 이제 그는 기꺼이 예수를 따르고자 하며, 자신이 따르는 이가 누구인지를 안다.

이 본문에 대한 세 번째 이해는, 추구하는 인간이 어떻게 반응하는가에 대한 전형으로 도마를 보는 것이다. 오데이는 자신의 주석에서 이런 입장에 선다.1995: 849-50; Johns 와 Miller 참조 도마는 증거를 구하고 있으며, 14:5에서 그가 한 것처럼 순전히 예수와 그의 가르침을 알고자 한다. 14:5는 예수가 제자들을 위한 장소를 예비하러 가는 것을 이야기 한다: 도마는 예수에게 이렇게 말한다. "주님, 우리는 당신이 어디로 가는지 모릅니다. 어떻게 우리가 그 길을 알 수 있습니까?" 예수는 도마에게 유명한 말을 남긴다: "나는 길이요, 진리요, 생명이다. 나를 통하지 않고서는 아버지께로 올 사람이 없다. 너희가 나를 안다면 내 아버지도 알 것이다. 지금부터 너희는 그를 알고 그를 보았다." 그리고 나서 예수는 "주님, 우리에게 아버지를 보여주소서. 그러면 우리는 만족하겠습니다."14:8라는 빌립의 질문에 대답한다: "누구든지 나를 본 자는 아버지를 본 것이다."14:9c 오데이는 이렇게 말한다. "도마를 이런 믿음의 고백으로 이끈 것은 예수를 만지는 것이 아니라 스스로를 자애롭게 주는 예수인 것이다." 오데이는 도마의 이런 담대한 요청으로 예수가 도마에게 면박을 주는 것이며, 자신을 만지라는 예수의 명령은 다소 냉소적인 것이라는 주석가들을 반박한다. 오데이는 이렇게 묻는다. "예수가 면박을 주는 등장인물에게 왜 요한복음에서 이런 가장 강력한 고백이 주어졌겠는가?" 1995: 850 그녀는 27절을 "1:16의 진리에 대한 또 다른 설명: 우리는 모두 그의 충만함으로부터 은혜 위에 은혜를 받았다."로 제대로 보고 있다.850

도마에 대한 견해 가운데 어떤 것을 선택하더라도, 우리는 예수에 대한 도마의 반응이 "제4복음서의 가장 기독론적인 선언"임을 인정해야만 한다.R. Brown 1970: 1047 월데von Wahlde가 말했듯이, "우리는 여기서 신약 성서 전체에서 가장 분명하고도 강력한 예수의 신성의 고백을 발견하게 된다: 나의 주님이며 나의 하나님!"2010: 2.871 이것은 요한복음이 1:1에서 먼저 이야기했던 것의 다른 한쪽 끝을 보충하고 있다: 말씀이 하나님이었다. 브라운 역시 이 고백이 가지고 있는 정치적 영향과 구약의 뿌리를 제대로 보고 있다. 자신의 통치 시기에 요한복음이 기록된 도미티안 황제는 *Dominus et Deus noster*라는 칭호를 주장했다. 라틴어로 "우리 주님이며 하나님" 주님*kyrios*은 70인역에 있는 신성한 이름에 대한 표준적인 번역이다. "도마는 70인역에서 하나님으로 사용된 두 가지 칭호를 결합시킨다: '주님' 히브리어 YHWH으로 사용됨과 '하나님' *Elohim*으로 사용됨, 그리고 이들을 예수에게 적용시킨다." von Wahlde 2010: 2.868

도마의 고백이 갖는 힘은 이 선언의 포괄적인 특성에 있다. 왜냐하면 이 고백은 믿음, 순종, 세계관, 그리고 관계를 아우르고 있기 때문이다. 이 고백은 도마의 주님이 자신과 함께 하실 것을 사도적 증언으로 예시하고 있다. 시리아와 인도에 있는 마르 도마 교회 the Mar Thoma Church는 이것을 잘 알고 있는데, 그들이 도마를 창립 사도로 여기고 있기 때문이다. 도마가 한 최고의 신앙 선언은 진정한 믿음과 제자도의 기초이다. 요한복음에서 도마의 특별한 역할은 도마가 애제자라는 찰스워스의 논문1995의 핵심이지만, 이 시각은 널리 받아들여지지는 않는다.[애제자, 565쪽]

예수는 도마가 있는 곳에서 그를 만난다. 이것은 믿음을 좇는 우리를 격려하고 있다. 예수는, 우리의 조건에 맞추어, 자신을 드러내며 성육신한 하나님을 계시한다.

20:29 예수가 진정한 믿음을 인정하다

도마의 고백은 이 극적인 서사 속에서 예수의 마지막 말을 위한 여지를 준다. 예수는 그에게 이렇게 말한다. "너는 보았기 때문에 믿느냐? 보지 않고 믿는 자들은 복이 있다." 예수의 선언의 첫 번째 줄은 질문이거나RSV, NRSV 아니면 선언일 것이다.NIV: 네가 보았기 때문에 믿는 것이다 더 큰 질문은 이것이 다소 꾸짖는 것인가 하는 것이다. 많은 부분이 그것을 읽는 사람이 규정하는 것에 달려 있다! 어떤 경우에서도 예수는 그 고백의 타당성과 의의를 약화시키지 않는다. 오히려, 도마와의 만남은 "보지 않고서도 일어나는 믿음을 칭찬함으로 증언의 시대를 넘어서는 시대를 준비시킨다." von Wahlde 2010: 2.870 이 복음서를 듣고 읽는 자들은 그 증언의 토대 위에서 믿음으로 오라는 부름을 받고 있다. 이 본문은 사도 이후의 선교 증언이다.

어떤 이들은 이 본문을-2:23-25; 4:48; 6:26-27; 20:25, 27과 함께-요한복음에서 이적들이 부정적으로 보인다는 것을 주장하기 위해 사용한다. 그렇지만 존스와 밀러는 1994 설득력있게 이런 시각에 맞선다. 예수가 도마를 꾸짖은 것은 도마가 목격 증거를 요구했기 때문이 아니라 도마가 예수를 본 사람들이 목격한 증거를 믿지 못했기 때문이다.[신앙/불신앙, 562쪽] [이적과 일들, 597쪽] 게다가, 2세기의 도마복음은 예수의 육체성과 죽음을 부인했던 영지주의자들에 의해 많은 부분 사용되었으므로Pagels 1989: 2003, 요한복음에서 이런 절정의 이야기는 영지주의에 맞선 논쟁으로 의도된 것이다. 이런 시각에서, 이 이야기는 손의 신체적 상처와 옆구리의 흉터를, 요한1서에서처럼McDermond 참조, 도마의 신앙은 십자가에 달린 그리스도와 연결되었다는 것을 주장하기 위해 사용한다.

29절은 31절에서의 최고점을 예고한다. 이 이야기는 예수의 부활의 증거로 끝나지 않는다; 이 이야기는 거기에서, 예수에게 "나의 주님이며 나의 하나님!"이라고 우리도 말할 수 있게 하는 성령 안의 새로운 삶으로 시작한다! 실제로, 도마는 성령이 선행적인 은혜를 행하신다는 첫 번째로 기록된 사례일 것으로, 요 1:16을 반향한다! 요 20:29는 모든 시대의 신자들을 위로한다; 이 구절은 "연대기적으로 2등 그리스도인은 없다는 것을 의미한다."R. Brown 1984: 109 이것은 축복이다: "믿지 않고 믿는 자들은 복되도다." 예수의 말은 사도들이 예수를 보았던 것처럼 예수를 볼 수 없었던, 두 번째이자 그 이후의 신자들에게로 이어진다.Minear 1983 이런 면에서 이것은 20장을 21장과 연결시키고 있으며, 미래 세대를 위한 패러다임으로 이바지하는 사도적 신앙의 모델을 제공하고 있다─그리하여 그들은 예수 그리스도 안의 구원하는 신앙에 이르며 지금 이 세상과 다가 올 시대에서 영생을 받게 된다.3:16; 12:25; 17:2-3 참조

결론: 정점과 목적 20:30-31

이적들은 믿음을 뒷받침하며, 예수의 이름 속의 생명에 이르게 된다. 이 목적의 언급속에 있는 자그마한 본문상의 차이점-s가 있느냐 없느냐-이 많은 논란을 발생시켰다. 사본의 증거는 '믿다' believe라는 단어에 사용된 현재시제pisteuete와 과거aorist 시제pisteusete로 나뉜다. 만일 현재 시제가 원래의 것이면-여기에 대한 유력한 증거가 있다-요한복음의 목적은 신자들을 계속해서 믿도록 돕는 것이며, 외부의 압박에 직면한 신자들의 신앙을 강하고 심화시키는 것이다. 만일 과거시제가 선호된다면많은 ET들이 may believe 를 선택하며 헬라어의 모호성을 반영하고 있다, 이 본문은 요한복음의 선교적인 자세와 목적을 강조한다. 유력한 사본들은 현재 시제이지만pisteuete, 더 폭넓고 많은 사본의 숫자가몇몇은 초기 과거시제pisteusete를 뒷받침한다.[본문상의 차이점, 602쪽] 이런 이해가 초대 교회속에서 넓은 지리적 범위로부터 온 사본의 뒷받침을 받고 있으므로, 대부분의 초대교회

가 요한복음을 복음을 전도하기 위해 사용했음이 분명하지만, 또한 양육과 영성계발을 위해 사용했음도 확실하다.

요한복음에서 '보냄'이라는 언어를 많이 사용하는 것은 요한복음이 목적에 있어서 복음적이라는 강력한 내적인 증거가 된다. 50가지 이상의 *apostello*보내다가 요한복음에 나타난다. 20:19-23에 관한 논문에서, 오이어는 요한복음의 보내다*apostello*와 *pempo*에 대한 두 가지 헬라어 단어의 사용을 도표화한다.446; Swartley 2006a: 322-23 참조 예수를 보내는 아버지의 사랑은 하나님의 목적을 드러낸다: 눈멂과 믿지않음에서 세상을 구하는 것. 요 9:41에서는 죄 예수가 제자들을 보내는 것은 보냄을 받은 이로서 자신의 사역을 확장하는 것이다. "보냄을 받음"은 선교에서 힘을 부여하는 근육으로, 아버지와 아들의 앞선 행위에 기초하고 있다. 믿는 요한공동체가 핍박으로 고통을 받음을 고려해 볼 때, 신자들로 하여금 계속하여 믿게 하게 만드는 요한복음의 역할은 분명히 보이고 있다.

성서적 맥락에서의 본문

요한복음과 신약성서의 평화와 선교: 요 20:19-23과 요 4:1-42

요한의 복음 속에서

이 본문들은 선교로 강력히 부르고 있다: "아버지께서 나를 보내신 것처럼, 나도 너희를 보낸다."20:21c 예수가 "너희에게 평화가 있으라"21b고 한 것은 이런 위임에 대한 서두를 떼는 것이다. 앞서서 예수는 두려워하는 제자들에게 갑자기 나타날 때 그들에게 인사하며 같은 말을 한다.19d 예수의 선교를 담당하는 것은 그의 평화적 인사의 우산 아래 서는 것이다.

20:21과 4:38 사이의 언어적 연결들은 중요하다. 사마리아 여인을 만난 후에, 예수는 그의 소명의 음식을 말한다: 제자들에게 "밭이 추수를 위해 무르익었음을 보라"고 한다.4:35d 예수는 이렇게 말한다. "나는 너희가 수고하지 않은 것을 거두도록 너희를 보냈다."38a

요 4장에 대한 설명들은 사마리아에서의 가르침 속에서 예수가 한 것이 선교 뿐만 아니라 화평을 이루게 했음이 갖는 중요성임을 무시하고 있다. 제자들과 그 여인은 이 서사 속에서 교체된다. 제자들이 빵을 사러 떠났을 때 예수는 이 여인과 만나 이야기한다. 제자들이 돌아왔을 때, 이 여인은 자신의 물항아리를 들고 그 도시로 돌아간다. 그리고 나서 예수는 제자들에게 선교에 대한 작은 담화를 드러낸다. 화평과 선교는 기실 요 4장의 핵심 강조들이자, 20장서 예수가 보내는 위임에 대한 전조이며, 너희에게 평화가 있으라와 연결되고 있다. 요 3:16과 20:31에 비추어 보면, 어떤 사람들의 주장처럼, 우리는 요한복음이 자신에게만 몰입하는, 오직 공동체 내부의 안녕에만 관심을 기울이는 공동체임을 나타내고 있다고 말할 수 없다.

예수가 요 20장에서 위임을 위한 평화의 인사에 참여한다는 것은 요 4장에 비추어 보면 중요한 것이다. 이 본문들은 모두 문화적이고 인종적인 경계를 뛰어 넘는 요한복음의 평화 선교를 그리고 있다. 무르익은 밭들4:38은 사마리아인들과 로마 관리, 그리고 그의 아들을 포함하고 있다. 세상의 구세주로서, 예수는 인종적, 종교적, 그리고 국가적 적대감들을 "죽인다."엡 2:16b 요 20:21c에서 보냄은 그 지평에 이르는 전 세계를 아우르는 것이다.

요 14장과 16장에서 예수는 그의 평화의 말을 고별담화 속의 성령과 연결시킨다는 것에 우리는 주목한다. 또한 우리는 20:19-22에 나오는 이런 모티브들과 병행을 이루는 것들에 주목한다.Talbert: 254 예수가 주는 평화의 선물은, 확실히 부활 이후에 최초로 이 결정적인 제자들과의 만남 속에서 예수의 파송명령과 필수적으로 연결된다.

성령은변호자, 위안자, 권능자 이 부활 이후의 본문 속에서 핵심적인 등장인물이다. 20:22에서 예수는 파송임무를 위해 제자들에게 권능을 부여하기 위해 그들에게 성령을 내뿜는다. 숨쉬다라는 용어emphysao는 신약 가운데에서 오직 이곳에서만 나타난다. 그것은 주 하나님께서 흙으로 빚은 몸 속에 숨을 불어 넣어 인간을 "생령"으로 만들었다는 창 2:7의 70인역을 상기시킨다. 창 2:7과 요 20:22에서, 하나님/예수의 숨은 생명의 근원이며, 평화shalom과 eirene와 선교는 이제 성령이라는 예수의 선물, "새로운 창조" 속에서 나타나고 있다.고후 5:17 참조!

마태복음 28:19-20이 전세계적인 선교에 있어서 교회에게 권한을 부여하기 위해 가장 많이 인용되고 있지만, 요 20:21-23은 분명히 예수의 선교를 제자들의 선교의 기반으로 삼는다. 존 스토트John Stott는 이 본문이 우리에게 예수의 선교를 모델로 삼고 있다는 점에서, 이것을 "가장 도외시되었지만" "위임의 중대한 형태"로 본다: "교회의 선교에 대한 우리의 이해는 아들에 대한 우리의 이해에서 추론된다."23

예수의 선교가 어떤 방식에서는 확실히 독특하지만, 그의 선교는 교회의 선교의 기초이다. 예수가 구원을 사마리아인들에게 가져오고 그것을 받아들이는 모든 이들에게 생명을 준 것처럼, 오늘날 우리의 선교도 동일하다. 이런 "평화-숨"의 말로 제자들에게 부여된 권한은 제자들로 하여금 사람들을 죄의 구속으로부터 풀어주고, 사람들에게 자유

를 주며 풍성하게 할 수 있도록 해 준다.10:10b

예수의 평화, 성령–숨, 그리고 파송위임은 제자들로 하여금 아버지의 사랑과 세상을 위한 구원을 구현할 수 있도록 한다. 비록 세상이 하나님께서 보내신 이들을 받아들이지는 않지만1:11; 5:40–44; 15:18–21, 성령에 이끌리는 이런 독특한 평화–선교의 전달자들은 그들이 서로 사랑함으로, 그리고 세상에 대한 하나님의 사랑을 성육신하는 그들의 사랑으로 세상에 알려지게 된다.13:35 이 성령의 힘으로, 예수의 파송은 메시아이자 세상의 구원자인 예수의 변화시키는 힘을 통한 화평이다.

신약성서의 폭넓은 증언

선교–위임의 규범이 갖는 이런 특징은 어느 정도까지인가? 이 선교위임은 진정으로 평화인사의 우산 아래 서 있는 것인가? 눅 10장은 70명의 평화의 인사가 하나님의 나라의 복음을 처음 시작하고 확장한다는 점에서 이에 대한 유창한 증언을 하고 있다. 70명은 "이 집에 평화가 있기를 빕니다."10:5라는 인사로 그들의 복음선교를 떠난다. 그 결과로 마귀는 힘을 잃는다; 예수는 제자들이 예수의 선교를 확장할 때 사탄이 하늘에서 떨어지는 것을 본다.10:17–18

서방으로 복음을 가져다 준 뛰어난 복음전도자 바울도 동일한 것을 단언하고 있다.행 26:17–18 바울은 다른 곳에서 보듯예를 들면 롬 15:33; Swartley 2006: 208–16, "평화의 하나님"이라는 독특한 칭호를 사용한다. 그의 복음의 중심에 있는 것은 예수 그리스도를 통한 구원, 죄의 용서, 화평, 그리고 화해이다.Swartley 2006a: 191–205; Yoder Neufeld의 논문, "그는 우리의 평화이기에," 2003: 215–33을 볼 것

마태복음 5:9에 나오는 예수의 기억할 만한 축복 속에서, 예수는 "화평케하는 자는 복이 있다," 그리고 5:43–48에서 "네 원수를 사랑하라"고 외친다. 평화와 화평은 하나님의 자녀들이 갖는 정체성 표시이다.Swartley 2006: 56–58 마태의 지상대명령에서, 예수는 제자들에게 "모든 민족으로 제자들 삼고 아버지와 아들과 성령의 이름으로 그들에게 침례를 주며 내가 너희에게 명한 모든 것들을 가르쳐 지키게 하라"는 권한을 부여한다.28:19–20 마가는 경쟁을 버리고9:33–37; 10:35–41 서로에게 평화롭게 사는 법을 배우라9:50d; 10:42–45고 제자들을 부른다. 야고보서, 베드로전서, 그리고 히브리서에서, 평화는 복음의 주요 특징이다.Swartley 2006a: 254–75

부활

요 20장이 부활이라는 용어를 사용하지는 않지만, 서사자는 자신의 독특한 문체로 미묘하게, 그리고 그 실재를 점차적으로 드러냄으로 부활을 이 서사의 핵심으로 삼고 있다. 한 편으로는 무덤이 비었다.2-11절 그후에 막달라 마리아는 예수가 아니라 그 무덤에 앉아 있는 두 천사들을 만난다. 다른 한 편으로, 부활한 예수는 세 차례 나타난다: 막달라 마리아에게, 같은 날 저녁에 모여 있던 제자들에게, 그리고 한 주 후에 도마를 포함한 제자들에게. 부활한 예수는 제자들에게 세 번 인사를 건넨다: "너희에게 평화가 있으라."19, 21, 26절 그는 또한 제자들에게 사도적 선교를 위임하며 그들에게 성령을 내리고, 그들에게 죄를 용서하거나 그대로 둘 권한을 준다. 막달라 마리아, 제자들, 그리고 도마는 눈으로 볼 수 있는 부활 이후의 예수를 만난다.

다른 세 복음서들 각각은 예수의 부활로 절정을 맞는다: 막 16:1-8; 마 28:1-2-; 눅 24:1-52. 각각의 보도는 앞서 언급된 것보다 더 길다. 세부적인 내용은 다르다. 각각의 보도는 독특한 강조점을 가지면서 매혹적이다. 마가복음은 갈릴리에서 예수와 제자들이 만날 것을 기대하면서 서사를 맺으며, 위임을 선교와/혹은 재림을 포함시킨다. 두려움이 가득한 여인들은 무덤에서 달려나와 예수가 자신들에게 말하라고 한 것을 누구에게도 말하지 않는다.그들의 행동과 요한복음을 끝맺는 이런 방식이 갖는 암시들은 다양한 해석들을 이끌어내고 있다! 마태는 기독교의 선포를 막기 위해 무덤을 지키는 군인들이 있다고 한다; 나중에 예수는 구체적인 선교훈련들과 더불어 전세계에 복음의 외적인 선포를 재가하기 위해 산에서 제자들에게 나타난다.

누가복음만 베드로가 혼자서 무덤으로 가서 엠마오로 가는 길을 전하는데, 여기는 눈에 보이는/보이지 않는 예수가 두 명의 여행객과 합류하여 빵을 떼는 것 속에서 자신의 정체성을 드러내는 때이다. 누가에서, 예수는 메시아-실제로는 자신-에 대해 성서가 예언하는 것을 예수가 그들에게 설명한다. 예수는 성령이 오실 것을 약속하며 제자들을 예루살렘에 남겨 두는데마가와 마태와는 달리, "큰 기쁨으로, 그리고 그들이 계속해서 [모든 장소들 가운데!] 성전에서 하나님을 축복하고 있었다." 이런 경험에서 제자들은 신의 현현과 마주한다: 마가에서는 무덤에서 젊은 남자가 좋은 소식을 전한다; 마태에서는 무덤에서 천사가 좋은 소식을 선포한다; 누가에서는 두 남자가 동일한 말을 전한다; 그리고 요한복음에서는 두 천사가 울고 있는 막달라 마리아에게 인사를 건넨다.

무엇보다도, 부활한 예수에 대한 이 네 가지 증언들의 다양한 세부적인 내용들은 좋은 소식을 지속적으로 선언하는 것이다-이 좋은 소식은 지속되고 있는 복음선교를 위해 제자들을 준비시키고 갖추기 위한 문을 열고 있다. 소망, 믿음, 그리고 성령마가를 제외하고는 모든 복음서에 있다 이런 서사들을 강조한다. 부활이 예수의 지상사역 이야기를 절정에 이르게 하지만, 또한 부활은 예수의 첫 번째 제자들의 지속되는 사역을 위한 문을 열어 놓는다. 그것은 2천년동안 계속되어 온 것을 시작한다: 바로 지상의 모든 민족들에게 예수 그리스도를 통한 하나님의 구원의 좋은 소식을 선포하는 것이다.

예수의 부활은 아래와 같은 본문들 속에 있는 신약의 증언의 중심에 있다:

- 사도행전과 권세자들 앞에서 그들이 증언 속에 있는 베드로와 바울의 설교들 2:32; 3:15; 4:10; 5:30; 13:30–38; 24:20–21
- 베드로전서 1:3: "그[하나님과 우리 주 예수 그리스도의 아버지]는 그의 큰 자비로 우리를 거듭나게 하시고 예수 그리스도를 죽은 사람 가운데서 다시 살리심으로 산 소망을 주셨다."
- 고린도전서 15장: 그리스도의 죽음과 부활의 복음.
- 예수 그리스도의 부활과 우리의 부활된 삶이 병행됨골 3:1–4
- 로마서 6:1–11의 침례 권고골 2:13 참조
- 정사와 권세에 대한 그리스도의 승리가 신약성서에서 많이 선언됨예를 들면, 골 2:10, 15; 엡 1:19–32; 롬 8:35–39; Swartley 2006a: 229, "규범적" 칼럼과 230–45를 보라
- 요한계시록에 있는 성자와 순교자들의 승리의 박동예를 들면, 5:6–10; Swartley 2006a: 332–55

구약성서에는 몇 가지 전조가 있다: 욥 19:25–27; 시 16:11; 17:15; 에스겔 37; 다니엘 12:1–311장에 대한 TBC 도입부를 볼 것; 유대교적 시각에서는, Levenson 2006

교회생활에서의 본문

소망, 기쁨, 믿음, 평화, 그리고 권세

요한복음 20장은 절망에서 희망 속의 당황으로 움직여 간다. 마리아는 슬프게 무덤으로 걷다가 무덤이 빈 것을 보자 당황하게 된다: 예수의 시신은 없어졌지만 그 몸을 둘러싼 것은 여전히 그곳에 있다. 그녀는 예수가 스스로 나타나서 그녀의 이름을 부를 때까지는 슬픔에 잠겨 있다. 그녀가 죽었다고 생각한 예수는 살아 있다! 그렇지만 이제 그는 아버지에게로 올라감을 이야기한다. 막달라 마리아는 예수의 명령을 따라, 제자들예수의 형제들에게 기쁜 소식을 전하기 위해 달려간다: "내가 주님을 보았다!" 소망과 기쁨으로 가득찬 나머지, 그녀는 예수의 부활이 그가 정말 메시아이자 주님이라는 것을 의미하고

있음을 안다.

베드로와 애제자는 그와 유사하게 절망에서 당혹감으로, 그리고 소망과 기쁨으로 바뀐다. 20장에서 베드로가 침묵으로 반응하는 동안, 애제자는 제일 먼저 보고 믿는다. 예수가 갑자기 그들 가운데 나타나서 모인 제자들에게 너희에게 평화가 있으라고 인사를 건넸을 때, 그들의 분위기는 공포에서 불길한 예감으로 바뀐다: 대체 무슨 일이 일어나는 거야? 그들의 감정은 분명 혼합되었지만 서술자는 우리에게 그것에 대해 별로 이야기하지 않는다. 대신, 예수는 위임을 한다. 자신의 평화의 인사를 두 번째로 제자들에게 확대시키며, 예수는 아버지께서 자신을 보내신 것처럼 그들을 보낸다. 그는 제자들이 선교를 할 수 있도록 인도하고 힘을 불어넣기 위해 성령을 그들에게 내쉰다. 그들은 소망, 임무, 그리고 권한을 향해 나아간다.

제자들이 윗방에 함께 모여있을 때 예수가 눈에 보이게 그들 앞에 나타난 것은 그들이 신앙과 기쁨을 향하여 돌파할 수 있도록 만든다. 사실성Realism은 아버지가 예수를 세상에 보내어 하게 한 임무를 계속하기 위한 예수의 위임을 낳는다. 그 후에 성령이라는 예수의 선물은 그들과 함께 하는 예수의 임재를 지속시킨다. 예수는 모든 사람들에게 기쁜 소식을 나타내기 위한 그들의 선교를 위해 그들을 인도하고 힘을 부여할 것이다. 제자들은 평화, 기쁨, 신앙, 그리고 소망이라는 좋은 소식의 전달자가 된다. 이 복음에 대한 사람들의 반응은 그들의 죄가 용서되거나 그대로 있게 되거나를 결정하게 된다.

이 부활의 드라마 속에 나오는 마지막 등장인물로서, 도마는 좌절과 의심에서 신앙에 이르는 여정을 갖는다. 도마는 부활절 아침에 막달라 마리아와 다른 모인 제자들을 변화시킨 좋은 소식이 어떤 현상이 아니라는 단단한 증거를 원한다. 오늘날 사람들이 열광하는 예수의 '수의' 참조 도마가 부활한 예수가 한 주 후에 모인 제자들에게 나타나는 것을 볼 때, 그리고 상처입은 손과 옆구리를 볼 때, 그는 깜짝 놀라 신앙에 이른다. 도마는 예수를 만질 필요가 없었다. 그는 그저 나의 주님이며 나의 하나님!이라고 외칠 뿐이다. 도마는 우리의 근대, 그리고 포스트모던 세계에서 우리 가운데 많은 이들이 필요로 하는 것을 말한다. 우리는 도마가 공개적으로 표현하는 의심에 머문다. 예수가 꿈, 환상, 혹은 돌보는 친구로 예측할 수 없는 방식으로 우리와 만날 때, 우리의 의심은 우리가 기독교 신앙의 중심을 새로이 우리가 붙잡을 때 해소된다. 기독교 신앙의 중심이란 예수가 주님이고, 하나님께서 우리 가운데 계시며 우리의 신앙이 나의 주님, 나의 하나님!이라는 경배로 이어지는 것이다.

부활: 기독교 윤리를 위한 초점의 렌즈

이 주제는 요 20장의 주석 속에서 "벗어난" 것처럼 보일 수도 있다. 그 이유는 요한은 공관복음에 스며들어 있는 도덕적인 모티브, "하나님의 나라"에 대해서는 거의 말하고 있지 않기 때문이다. 존 하워드 요더의 책 예수의 정치학은 신약성서의 윤리, 특별히 복음서에 있는 예수의 가르침1994: 3을 기독교 윤리로부터 구분한 틈을 가로지르는 줄을 던진다. 이 책은 그가 가로지르는 그 틈을 평가하는 자리는 아니다.Swartley 2006a: 133–40; 2007: 116–25 그렇지만 요한복음이 빈번하게 그런 노력들을 간과하고 있으므로, 올리버 오도노반Oliver O'Donovan이 그의 책 부활과 도덕적 질서에서 제시하는 것처럼, 그 부활 보도는 관련이 있는 것이다. 요더가 십자가에 대한 복음서들의 핵심적인 가르침들에 대부분 초점을 맞춘다면, 오도노반은 그 부활을 예수의 가르침, 삶, 그리고 죽음을 기독교 윤리와 연결시키는 연결점으로 규명한다. 성령 역시도 예수와 윤리 사이를 접속시키는 것을 돕는다.

요한복음은 예수의 선교가 갖는 이런 모든 측면이 서로 연결되어 있음에 상당히 기여한다: 예수의 삶과 가르침, 그의 죽음, 그의 부활, 그리고 그가 성령을 주는 것–이 모든 것이 하나의 서사석 흐름 속에 들어 맞는다. 그렇지만 교회력은 누가를 따른다: 부활절이 지나고 7주 후에 성령강림절이 온다. 요한은 예수의 부활을 너희에게 평화가 있으라는 덮개 아래에 있는 부활절 일요일에 예수가 성령을 내리는 것에 합류시킨다. 요 20장과 21장 사이의 연합은, "네가 나를 사랑하느냐?"고 베드로에게 예수가 물었던 질문과 더불어, 사랑은 윤리적 성찰과 도덕적 행위에 있어거 근본적이라는 것을 표시한다. 요한복음에서 agape자기희생적인 사랑는, "정의의 전쟁"을 포함하여 누구든지 나와 우리에게 좋은 것이면 무엇이든지 승인을 내리는 포괄적인 사랑이 아니다. 그런 이유로, 헤이스Hays는 사랑을 도덕적 결정을 위한 이미지로 여기는 것을 거부한다.1996: 200–203 그렇지만 사랑이 예수와 애제자가 요한복음에서 예시하는 모델로 이해될 때–요 12:24–26; 13:1–17, 31–35; 15:12–17, 그리고 요한1서의 많은 부분, 특히 3:11–24McDermond 2011: 273–74에서 정의된 것처럼–사랑은 기독교 윤리학을 위한 신뢰할 만한 지침이 될 것이다.

평화와 자기희생적인 사랑만이 요한복음의 부활 서사에서 특징이 되는 것은 아니다. 깊은 기독론적 고백 역시 이 서사를 장식하고 있다. 이것은 우리가 기독교 윤리를 고려하는 렌즈에 있어서 굉장히 중요하다. 예수를 하나님의 도덕적 특징의 이미지로 보는 것은 예수와 기독교 윤리를 연결하는데 있어 아주 중요하다. 그러므로 창조주 하나님에게 호소하는 윤리와 하나님의 통치에 대한 예수의 도덕적 시각에 호소하는 것은 나뉘지 않는다. 후자는 전자의 보증 아래에서 무효화되거나 거부될 수 없으며, 이런 움직임은 요더가 비판하는 것이다. 오도노반20-21은 마찬가지로 로마 가톨릭 내부의 "신앙의 윤리"를 옹호하는 자들과 "자율적인 도덕"을 선의를 가진 사람들을 위한 안내규범으로 여기는 사람들 사이의 논쟁 속에 있는 이런 움직임을 비판하고 있다. 오도노반22-250은 자유를 보장하는 자와 예수의 발걸음 속에서 우리가 따르도록 이끄는 자라는 중요한 위치에 성령을 둔다. 성령이 예수를 증언하기 때문이다.요한복음 곳곳에 나타남

헤이스의 세 가지 핵심 이미지, 공동체, 십자가, 그리고 새 창조는 도덕적 견해들 가운데 판결을 내릴 기준을 제공한다. 이런 점들과 앞선 세 가지—평화, 사랑, 그리고 성령—는 예수의 부활에 모두 의존하고 있다. 그들 속에서 우리는 오늘날 신약성서에서 기독교 윤리학으로 이르는 길을 기록할 기초를 갖는다. 요한복음 29장에서, 성령을 받는 것은 새로운 공동체를 형성하고 정의한다. 십자가의 흔적을 가진 부활한 예수는 도마를 믿음으로 이끈다. 새로운 창조는 하나님의 창세기 창조를 회복하고O'Donovan 새 창조를 전하며, 예수의 사랑과 애제자의 사랑의 모델 속에 자리를 잡는다.[애제자, 565쪽] 성령의 사역은 제자들에게 한 예수의 고별담화 속에 윤리적, 도덕적인 용어로 풍부하게 묘사된다.16:8-17

수많은 신약성서의 본문들은 기독교 윤리학을 예수의 부활과 성령에 맞춘다. 골로새서 3:1-4는 그리스도인의 삶을 예수의 부활에 안착시킨다. 죄의 행실들은 "벗어 버리고," 사랑과 평화로 옷을 입어야 한다.14-15, 17절 골로새서는 명백하게 부활을 예수와 도덕적 삶 사이의 다리라고 밝힌다. 다른 본문들은 부활을 새로운 삶, 새로운 창조에 있어 가장 중요한 것으로 삼는다.벧전 1:3을 보라; 디도서 3:4-7 참조

많은 구절들이 부활을 새로운 삶과 연결시킨다.롬 6:1-14; 빌 3:10-14; 엡 1:17-23; 2:4-10 성령은 신자들에게 이런 새로운 도덕적 시각을 살도록 힘을 준다.롬 8:1-17; 엡 1:12-14 아나뱁티스트는 이런 연결들을 생각했다. 영적인 부활이라는 책에서, 메노는 "첫 번째 부활"을 "예수 그리스도를 옷 입는 진정으로 새로워진 본성과 기질"의 열매를 맺는 거듭남으로 여긴다.58 거듭남New Birth, 89-102에 관한 글에서 그는 이 주제를 이어간다: "침례에서 그들은 주님의 죽음으로 그들의 죄를 장사지내고 주님과 함께 새로운 삶으로 부활한다…. 그들은 그리스도를 입으며 그들의 모든 행실 속에서 그의 성령, 본성, 그리고 권세를 드러낸다." 93 라이드만Riedemann도 비슷한 말을 한다: "새로운 창조 속에 참여하는 것은 구체적인 구조와 소명에 개입하는 것을 포함한다." Riedemann, Finger 2004: 528에

서 인용됨 닐 블로우Neal Blough가 인용한 마르펙Marpeck의 인용구1994는 부활, 성령, 그리고 거듭남을 예수 그리스도를 반영하는 도덕적인 삶을 만들어 내는 하나의 전체를 이루는 모든 부분으로 여긴다.

요 20장은 부활과 십자가의 흔적을 예수가 성령을 보내는 것과 연결한다. 이 모든 것은 그리스도의 평화의 선물과, 예수가 서로 사랑하는 것을 신실한 제자도를 나타내는 표시로 삼는 맥락 속에서 일어난다. 이것은 그리스도인의 도덕적 삶을 십자가와 부활에 안착시킨다. 그러므로 복음은 선교에 권능을 부여한다!

위르겐 몰트만은 자신의 첫 번째와 마지막 주요 출간서, 『희망의 신학』1967과 『생명의 근원: 성령과 생명의 신학』1997에서 자신의 신학적 여정을 적고 있다. 그의 가장 최근작, 『희망의 윤리학』2012 4부와 5부에서는 요 20:19-22에 있는 그 문제들을 언급하고 있다. 1967년의 듀크대학교 강연에서, 그는 부활을 역사적으로 일어났던 객관적인 사건으로 믿었는지, 아니면 부활을 신앙을 기반으로 한 주관적인 믿음으로 보았는지-신학이라는 학문에 있어서 유명한 양 극단의 견해-에 대해 질문을 받았다.van Harvey 등을 참조 수년이 지난 후에 나는 여전히 그에게 꾸준히 질문하는 자들에 대한 그의 변함없는 대답을 들을 수 있다: "나는 부활을 믿습니다. 그것은 예수 그리스도가 부활했다는 것이며 우리 신앙의 기초입니다." 내 말로 옮김 몰트만은 한 쪽이나 다른 쪽으로 움직이지 않을 것이다. 그와 나에게 있어, 예수의 십자가와 부활은 기독교 신학과 윤리학의 기초이다. 요한복음은 예수의 부활을 성령이라는 선물과 결합시키고 있으며, 그 성령의 내주와 권능죄를 용서하고 그대로 둘 권세은 전 세계 모든 시대에 신자들과 예수를 중재하고 있다.

유진 피터슨Eugene Peterson의 2010년도 책, 『부활의 실천』Practice Resurrection은 성령을 통해 우리 속에서 일하시는 그리스도의 부활의 힘을 통해 영적인 성숙으로 우리를 부른다. 예수는 우리에게 생명을 주기 위해 죽었다. 그의 부활한 생명 속에서 우리는 우리의 생명을 발견한다. 대중적인 영성의 처방들은 충분하지 않으며, 오히려 영적인 성장에 방해가 될 수 있다. 피터슨의 "대화"가 에베소서에 기초한 것이지만, 우리가 해야하는 것과 우리가 어떻게 해야 하는가에 대한 그의 진단은 부활의 윤리학에서 흘러 나온다. 웬델 베리Wendell Berry를 인용하면서, 그는 이렇게 말한다. "우리는 우리가 시작하지 않고 우리가 예상할 수 없는 것을 실천함으로 우리의 삶을 산다." 부활과 성령이 우리를 가능하게 한다.

요한복음 21장

새 지평과 운명

사전검토

"이런, 그 설교자가 훌륭한 설교로 맺으려 했다면 마지막 5분을 하지 말았어야 합니다!" 요한복음은 왜 20:30-31에 나오는 목적진술로 끝을 맺지 않았을까? 우리에게 무엇이 더 필요한가? 만일 이 주석이 1980년대에 등장했더라면, 요한복음에 대해서 그렇게만 이야기 했을 수 있다. 게일 오데이Gail O'Day가 1995년에 New Interpreter's Bible에서 요한복음에 대한 훌륭한 주석을 썼을 때, 호스킨스Hoskyns, 550를 제외하고, 그녀는 주요 주석가들이 21장은 후대의 첨가라는 것에 동의했다고 말한다. O'Day 1995: 854 결국, 20:28-29는 분명 클라이맥스이며, 20:30-31은 요한이 말하고자 하는 모든 것에 대한 확실한 요약이 아니던가? 설교가 이미 만족스러운 결말에 도달했는데 왜 더 길어져야 하는가?

1983년에 폴 미니어Paul Minear는 이렇게 썼다. "현대 신약학자들의 배심원단은 요한복음의 연구 속에 있는 한 가지 문제에 만장일치로 동의를 이루어냈다: 21장은 원래 복음서에서 필수적인 부분이 아니라 편집자가 아마도 따로 창작한 것 같다."[85] 요한복음 연구에서 서사분석을 사용하면서, 오데이는 이런 합의에 의문을 잘 제기하고 있다. 1990년대 초반 이래, 요 21장은 요한복음에서 필수적인 부분이라고 단언하는 쪽으로 전환되었다. 이 서사를 통틀어 발전된 주요 주제들은 21장으로 이어진다. 가장 중요한, 베드로와 애제자는 추가된 두 개 장면에서 그려지고 있는데, 여기서 그들의 관계가 확정되고 명확해진다. 21장은 앞선 생각처럼 불필요한 첨가부분이 아니다. 오히려, 21장은 "현재 서 있는 것처럼 요한복음의 서사 속에서 의미있고도 일관성있는 것이다." Segovia 1991: 67

21장은 두 개의 주요 부분으로 구성되어 있다: 1-14절은 디베랴갈릴리 바다에서 고기잡이에 실패하지만 고기잡이에 대해 많이 알고 있는 해변가의 낯선 이가 도움을 주어 맛있는 고기와 빵으로 아침식사를 하는 이야기를 다룬다. 두 번째 부분, 15-23절은 숯불을 피워 놓은 해변가에 자리잡고 있으며, 예수의 제자로서의 생명을 구원하기 위해 베르도와 문답을 하는 예수를 마지막으로 묘사하고 있다. 이 대화는 속이 뒤틀리면서 영혼을 구원하는 것이다. 이 조명 아래, 베드로가 먼저는 자신이 으뜸이라고 생각했지만13:36-38 실제로는 예수가 그를 가장 필요로 했을 때 낙제를 한18:15-18, 25-27 충성도 시험이 있다.

만일 우리가 하나님의 자애하심과 예수의 용서하는 사랑의 이야기를 필요로 한다면, 21장에서 그것을 찾게 된다. 21장이 없다면, 베드로는 어둠 속에 남아 있게 되며 애제자는 어둠의 인물로 남아 있게 될 것이다. 그렇지만 21장으로, 태양은 지평선 위로 밝게 빛을 발하며, 도마의 고백에서 암시되고 요한복음의 목적20:28, 31에서 진술된 제자와 선교의 임무에서 이 두 명의 주요 등장인물들을 비추는 것이다.

요 21장에서 두 가지 주요 부분들은 요한복음 전체의 기원을 말하고 있는 두 구절24-25절로 보완된다. 요한복음이 수 차례 했던 것을 마지막 시간에 한 번 행한다: 진리의 지식을 증거를 기반으로 하는 허가와 연결시키는 것이다. 이 마지막 절들은 요한복음의 서사가 필수적으로 선택적이라는 것을 인정할 때, 저자가 예수의 말과 행동을 증언하는 진실성을 증명한다.

개요

시간, 지역, 그리고 이 이야기의 등장인물들, 21:1-3

고기를 많이 잡는 신비스러운 기적, 21:4-14

예수가 시몬 베드로를 회복시키고 위임하다, 21:15-19

예수와 애제자, 21:20-23

애제자의 증언, 선택, 21:24-25

주석적 해설

요 21:1-14는 다음의 교차대구적 구조에 적합하다:

A 도입: 예수가 스스로를 제자들에게 나타나다.1절

　B 제자들이 모여서 고기를 잡으로 가기로 하다.2-3a

　　C 고기잡이 실패: 낯선 이예수가 "오른 쪽으로 그물을 던지라"고

　　　하다.3b-6

　　　　D 애제자가 낯선 이를 알아보다: 주님이시다.7절

　　　C' 고기잡이 성공: 제자들이 풍성히 잡아 예수를 알아보다.8-12절

　　B' 제자들이 모여 빵과 물고기로 된 성만찬의 식사를 하다.13절

A' 반복: 예수가 어떻게 제자들에게 나타났는지14절

시간, 지역, 그리고 이 이야기의 등장인물들 21:1-3

시작하는 단어, 이 일들이 있은 후에 … *meta tauta*는 21장을 20장 및 요한복음 전체와 연결한다. 초기 학자들은 *meta tauta*를 후대 편집자의 연결사로 여겼다. 브라운1970: 1067 조차 이것을 폄하하며 "관계없는 일들을 덧붙이기 위해 편리하게 사용된 전형적인 연결사"라고 기술하고 있다. 그리고 나서 그는 이 용어가 또한 마가복음에 더 긴 추가부분을 시작하기 위해 사용되었다고 본다. 그렇지만 *meta tauta*는 요한복음 다른 곳에서도4:22; 5:1; 6:1; 7:1 장소 상의 전환이 있는 곳에서7:1은 갈릴리 여행의 더 넓은 범위이다 등장한다. 서사적 문체의 증거만으로도, 이 구문은 후대의 첨가라기 보다는 21장의 원본성을 더 주장한다.

"나타나다"*phaneroo*라는 동사는 시작되는 구절 이후에 바로 등장하며1a, 1b에서 반복됨, 다시 14절에서 이 단원의 수미쌍관inclusio으로 등장한다. 이 동사는 요한복음 앞부분에서 6차례 등장한다.1:31; 2:11, 가나에서 예수의 첫 번째 이적과 연결되어; 3:21; 7:4; 9:3; 17:6 브라운은 이것을 말하고 있지만, 이것이 마가의 후기 첨가16:12, 14 외에는 부활 이후의 등장을 묘사하기 위해 신약성서 다른 곳에서도 사용되지 않고 있다고 덧붙인다. 이것은 요 21장이 마가의 추가에 영향을 끼쳤다고 주장할 수도 있다! 몰로니1998: 548도 이 동사가 공관복음서에서는 드물게 사용된다고 언급한다. 이 동사는 오직 막 3:22; 16:12, 14에서만 나타난다.

이런 주장들은 실제로 20장과 1-20장의 내부적 관계에 대한 논거를 강화시킨다.

*phaneroo*는 계시에 대한 요한의 주제적 강조와 잘 맞아 떨어진다. 이 동사의 형태는 요한1서에서 9차례 등장하며, 요한복음과 요한서신 속에서 총 18차례 사용되고 있다.McDermond 2011에서 요한일서 1:1-4에 대한 언급을 볼 것 나는 요 21장에 대한 몰로니의 회의주의와 입장을 같이 하지는 않는다. 21장을 요한복음의 필수적인 부분으로 여기는 추이를 알고 있음에도, 몰로니는 이렇게 말하고 있다. "예수20:29를 보라와 서술자30-31절 모두 마지막 말을 남기는 인상을 주는 20:31을 지나온 독자는 다시금 예수가 스스로 나타났다는 21:1의 간결한 요약진술 때문에 놀라게 된다. 보지 않고도 믿는 이들을 축복한 후에20:29, 더 나타나야 할 필요가 있단 말인가?" 1998a: 185

이미 1994년에 하워드-브룩은 21장과 요한복음 나머지 사이의 서사적 통일성을 인식했다. 그는 이름이 나온 세 명의 제자, 숯불, 그리고 그 이상의 것을 포함한 12가지 주제적 연결성을 밝힌다.446 요 21:1-19가 요한복음의 나머지 부분들과 상당히 일관되고 있음에도, 요한복음의 주요 저자는 지금으로서는 죽었다.

장소상의 갑작스러운 전환, 디베랴 바다. "갈릴리 바다."를 다르게 가리키는 용어로 6:1에서도 사용됨는 아마도 마태복음에서 예수가 부활 이후에 갈릴리에서 나타난 것이 후대의 편집자에 영향을 주었다는 것을 제시할 수도 있다. 그렇지만 마태는 갈릴리에서 예수가 출현한 유일한 복음서이므로마가도 16:7에서 그것을 예고한다 요한복음의 후대 편집자는 더 큰 복음서 전승을 따라가고 있다고 주장하기는 어렵다. 게다가 요 21장의 내용은, 20장의 모든 것이 실제로 그런 것처럼, 요한복음에 있어 독특한 것이다. 더욱 신중한 입장은 이 문제에 대한 판단과 21장과 요한복음의 나머지 부분 사이의 서사적 연속성을 설명하는 것을 보류하는 것이다.

요 21장은 요한복음에서 베드로와 애제자의 역할의 대단원을 보여준다. 21장이 없으면 베드로는 자신의 주님을 부인하며 이전의 대제사장의 뜰에 남아 있다.18:16-27 베드로는 20장에서 아무 말도 말하지 않는다; 그는 오직 무덤을 들여다 볼 뿐이다. 제자들이 두 번씩 모일 때도 그는 말하지 않는다. 이전의 합의에도 불구하고, 21장과 요한복음의 구조적 연속성에 대한 증거는 후대 편집자의 첨가의 "표시들"보다도 더 강력하다.Von Wahlde는 계속해서 21장을 세 번째 저자가 가져온 독립적인 자료로 본다: 2010: 2,888, 884n1 참조

2절은 모인 일곱 명의 제자들을 드러낸다: 시몬 베드로, 쌍둥이라 불리는 도마, 갈릴리 가나의 나다나엘, 세베데의 아들들, 그리고 다른 두 제자. 이런 목록은 몇 가지 결정적인 특징들을 보여준다. 먼저 세 명의 이름만이 밝혀진다: 시몬 베드로서사자가 이름 두 개를 모두 사용한다; 쌍둥이 디두모라고 불린 도마11:16; 20:24에서도로서, 20장에서 그의 역할은 그를

핵심 제자로 만든다; 그리고 예수가 그 안에 기만이 없는 참 이스라엘 사람이라고 선언하고 그에게 이것들 보다 더 큰 일을 보게 될 것이라 말한 나다나엘.1:47a AT 이 서사에서 나다나엘은 지금에만 재등장한다. 요한복음의 시작에서 예수의 정체성을 하나님의 아들이자 이스라엘의 왕이라고 한 그의 고백은 그를 핵심 제자로 표시했다. 20:28에서 도마의 고백과 1:49에서 나다나엘의 고백은 요한복음에서 예수의 정체성에 대한 양쪽끝으로 기능한다. 여기서 나다나엘은 갈릴리 가나에서부터 따라왔다고 언급되는데, 이곳은 예수가 혼인잔치-포도주 이적을 일으켰던 곳이다. 이름이 밝혀진 이들 세 명의 제자들 각각은 예수에 대한 중요한 고백을 한다. 제자들을 대표하여, 베드로는 예수를 6:69에서 하나님의 거룩한 이라고 고백했다. 게다가, 각각은 "예수와의 관계에 대한 그들의 의심을 드러냈다: 베드로는 부인했고 도마는 신체상의 증거를 요구했으며 나다나엘은 '선한 것'이 나사렛에서 나온다는 것에 의문을 품었다." Howard-Brook 1994: 467-68

이름이 없는 네 명의 제자들이 7절에서 애제자와의 관계 속에서 어떻게 이해되어야 할지는 분명하지 않다. 이름이 없는 세베대의 두 아들은 요한복음 이곳에서 처음으로 등장한다. 세베대의 두 아들을 언급하는 것은 독자들에게 요한을 7절에 나오는 애제자와 동일시하여 이 서사 속에서 그의 정체의 신비를 푸는 것인가? 그럴 수도 있지만 아닐 것이다. 공관복음서의 유명한 "야고보와 요한"은 제4복음서에서는 이름이 밝혀지지 않는다. 공관복음서의 보도에서는 그들이 아주 중요한 본보기로 부정적인 윤리적 역할을 맡는다.막 10:35-37; 눅 9:54 참조 눅 9:54에서 사마리아인들에 대한 그들의 태도는 요 4장에 나오는 예수의 태도와 첨예하게 대립하고 있다.

7절의 애제자는 아마도 다른 두 명의 제자들 가운데 하나일 것이다. 그 이유는 애제자가 18:15-16과 20:2, 3, 4, 8에 나오는 다른 제자로 밝혀지고 있기 때문이다. 20:2에서 다른 제자는 분명히 13:23에서 예수가 사랑했던 그 제자, 바로 애제자로 밝혀진다.[애제자, 565쪽] 그게 아니라면 안드레와 빌립이 다른 두 제자일 수 있다: R. Brown 1970: 1068 참조 그 증거는 애제자와 세베대의 아들 요한의 연결고리를 끊는 것으로 기울고 있다. 애제자의 정체성에 대한 신비는 이 서사 속에서, 심지어 그를 요한복음의 목격 저자위임자로 밝히는 것으로 보이는 21:24에서도 계속된다.

요한복음1:19-44은 한번도 그들이 어부였었다고 말하지 않지만, 일곱 명의 제자들은 예수를 따르기 시작하기 전에 그들 가운데 일부가 하고 있던 것을 하기로 결정한다. 7이란 숫자는 아마도 완전성을 의미하는 듯 하다.[요한복음의 숫자, 596쪽] 이 숫자는 "이 무리가 예수의 제자들 전체 공동체를 대표하는 것으로 보이려는 의도를 가진 것이라고 주장할 수도 있다." Lincoln 2005: 510 하워드-브룩1994: 161은 사도와 요한공동체들을 대표하는 일곱 명의 제자들의 "회의"에 담긴 의미를 본다.

시몬 베드로가 "나는 물고기를 잡으러 간다"고 말할 때, 그들은 배를 타고 물로 나아가서 고기잡이를 시작한다. 갈릴리 바다에서는 일반적으로 밤이 가장 고기잡이에 좋을 때였음에도, 그들은 밤새 고기잡이를 했지만 아무 소득도 없었다.3b 밤의 고기잡이가 흔한 일이었으므로, 제자들이 고기잡이를 실패한 것은 요한복음 다른 곳에서처럼 밤이라는 상징과 연결된 것일 수도, 그렇지 않을 수도 있다.3:2; 9:4; 11:10; 13:30; 19:39; D. M. Smith 1999: 392 참조 요한복음의 어두움 모티브가1:4, 7-9; 8:12; 9:5; 12:35-36 불신앙을 가리키는 것이기에, 아마도 밤의 고기잡이는 여기에 적용되지 않을 것이다.

제자들이 다시 고기잡이로 돌아간 것은 20:19-23에서 그들의 새로운 소명과 어떻게 일치되고 있는가? 예수가 제자들에게 성령으로 숨을 내쉰 후에 그들은 왜 고기를 잡으러 가며, 예수의 사역을 수행하도록 그들에게 권능을 주는가? 그들은 하나님의 사역을 하며, 죄를 용서하거나 그대로 두도록 보냄을 받지 않았던가? 그렇지만 이 서사의 겉표면 아래에는 고기잡이 보다 많은 것이 일어나고 있다. 고기잡이, 베드로가 그물을 끌거나 던짐, 그리고 153이라는 숫자는 아마도 모두 상징일 것이다. 게다가, 바닷가에서의 아침식사는 더 깊은 의미, 아마도 성만찬을 가리키는 듯 하다. 브로디Brodie 582, 576, 585 참조는 이 아침식사가 일상적으로 육신을 입은 신성과 맞아 떨어진다고 말한다. "일상적인 삶"은 "성령으로 향하는" 것이다. 그 결과로, 고기를 잡으러 가는 것은 놀랍지 않다.

유사하게, 리차드 헤이스2008a: 5-12는 요한복음의 물질성materiality이 요한의 상징세계의 한 특징이라고 요한복음의 성격을 논하고 있다. 이런 고기잡이 여행의 의미는 부활 이후의 보는 것으로 이어진다.

많은 고개를 잡는 것이 지닌 신비한 기적 21:4-14

21:4-6 알아보는 장면의 첫 번째 요소

동이 틀 때는 모든 것이 희미하게 보인다. 예수는 바다에서 고기를 잡지 못한 채 애쓰고 당황한 제자들을 부른다. 독자들은 해변가에 있는 이 사람이 예수라는 것을 알지만 제자들은 그를 알아보지 못한다. 제자들에게 외친 예수의 질문은 18:17에서 여인이 베드로에게 한 질문과 유사하게 표현된다. 부정적인 대답이 나오도록 예수는 이렇게 묻는다. "얘들아, 고기를 하나도 못잡았구나, 그렇지?" 대답은, "못잡았습니다"이다. 그러자 예수는 그들에게 이렇게 지시한다. "그물을 배 오른편으로 던지면 고기를 낚을 것이다."

제자들이 그대로 하자 그물이 고기로 가득찼다- 그들이 배로 끌지 못할 만큼 많이! 이 근육질의 남자들에게 조차 너무 무거웠던 것이다! 이 우스꽝스러운 장면은 극적으로 포도나무 예수 안에 거하는 가지들에게 필요한 예수의 말을 설명한다: "나를 떠나서는 너희가 아무 것도 할 수 없다."요 15:5

예수가 제자들을 아이들이라고 부르는 것은 전형적으로 요한복음의 것이다. 21:5에서 이 헬라어는 *paidia*이다. 1:12에서는 *tekna*아이들이며 13:33에서는 *teknia*어린 아이들이다. *Paidia*와 *tekna*/*teknia* 사이의 변화는 요한에게 있어서 전형적인 것이다.요한1서 2:1, 12, 14, 18, 28; O'Day 1995: 857; McDermond 2011: 171, 302-4 이 용어는 애정을 담고 있으며 이방인의 정체에 대한 제자들의 첫 번째 실마리일 수 있다. 고기를 많이 잡는 것은 20장에 나오는 알아보는 장면 속에서처럼 알아보는 것을 촉진시킨다.

21:7-8 인식과 계시

20:28의 시각에서, 도마가 예수를 제일 먼저 알아봤다고 생각할 수 있다. 그렇지만 요한복음 서사의 등장인물 구성을 따라가 보면, 예수를 제일 먼저 알아본 사람은 애제자로서, 그는 예수의 마음에 담겼으며 베드로에게 "주님이다!"라고 말한 사람이다. 요 13:23을 반향하면서, 애제자는 예수의 말을 이해하도록 베드로에게 조언을 준다. 베드로는 늘 애제자에 의지하고 있다.18:15-16; 20:38 참조 [애제자, 565쪽]

시몬 베드로가 애제자의 폭로에 보인 반응은 즉각적이다. 그는 주님을 만나기 위해 곧바로 옷-최소한의 옷-을 차려 입고 바다로 뛰어든다. 시몬, 오, 시몬은 충동적이고 악의가 없다! 베드로가 예수를 만나기 위해 바닷가로 힘겹게 걷는 동안, 다른 제자들은 보트를 바닷가로 가져와서 약 백야드나 되는 큰 고기가 가득한 그물을 끌어 온다.200 큐빗

21:9-13 숯불을 둘러싼 아침식사

배경.21:9 제자들이 바닷가에서 본 것은 그들을 놀라게 한다: 숯불 위에 있는 고기와 빵이다. 예수는 그들을 위한 아침식사를 준비해 둔 것이다! 기가 막힌다! 그렇지만 베드로는 무엇을 생각하고 있는가? 숯불, 숯불, 숯불-그의 생각을 아마 꼼짝달싹하지 못한 채로 이전의 숯불과 그곳에서 일어났던 일을 계속 되새기고 있다.18:18, 25 예수가 베드로를 위해 이렇게 차려두었을까? 이어지는 대화에 비추어 보면, 아마도 그렇다.15-19절 숯불에 해당하는 단어는*anthrakia*이며, 이 단어에서 *"anthracite"*무연탄이라는 단어가 나왔다 요한복음에서 오직 두 번만 나타나며18:18; 21:9 신약성서 다른 곳에서는 등장하지 않는다. 베

드로가 숯불을 바라 볼 때, 그 따뜻함을 느끼며 예수가 그들을 아침식사로 부르는 것을 듣고, 그의 고통스러운 기억들을 치유하는 것이 시작된다. 리처드 헤이스의 베드로에 대한 감동적인 설교, "불옆에 서서Standing by the Fire" 2008b를 보라.

고기를 가져오라—153마리.21:10-11 W 예수는 제자들에게 그들이 잡은 고기 중 일부를 가져오라 명한다. 베드로는 휘청대며 물로 들어가서 그물을 물가로 끌고 나온다. 만일 다른 제자들이 물에 떠 있는 동안 배에 올라 그물을 물가로 가져오는 것에 어려움을 겪었다면, 베드로는 어떻게 혼자서 이 그물을 물가로 끌고 오는가? 여기서 상징적인 함축을 간과해선 안될 것이다. 베드로는 그물을 물가로 끌어오는 것을 주도하는 역할을 맡는다. 내가 땅에서 들릴 때 모든 사람들을 나에게로 이끌리라라는 12:32에서 사용되었으므로, *elkyo*라는 동사는 중요하다. 너희가 잡은 고기 몇 마리를 가져오라10절는 예수의 명령에 대한 베드로의 반응은 그의 주도적 역할을 나타낸다.21:15-19 초대 교회 미술에서 그 그물과 커다란 많은 고기들은 한 신앙 속에 있는 예수의 제자들의 공동체를 상징하고 있다.

153이라는 숫자는 상징적인가? 어떤 이들은 아니라고 한다; 그 숫자는 단순히 어떤 이가—아마도 베드로가—물고기를 세는데 걸린 시간을 의미한다. 초대교회 교부들은 다양한 설명을 제시했는데, 제롬Jerome의 설명이 가장 그럴듯하다. 이 본문이 반향하고 있는 에스겔 47:9-12에 대한 주석에서, 그는 라틴어 글귀 *Halieutica*를 인용하는데, 이것은 학식있는 시인 오피아누스 킬릭스Oppianus Cilix가 "물고기 153종류가 있다."라고 말한 것이다. 아쉽게도 오피아누스의 현대판은 이 글귀를 포함하고 있지 않다.Neyrey 2006: 337-38 그렇지만 이런 해석은 이 많은 양의 고기잡이의 의미를 뒷받침한다: 그것은 "제일가는 어부" 베드로와 함께 모든 민족들을 향한 신자들의 선교를 상징하는 것이다.337, 334

교회사를 통틀어 많은 다른 의견들이 제기되어 왔다.R. Brown 1970: 1074-76 그렇지만 가장 설득력있는 것은 리처드 보캄의 견해로, 게마트리아알파벳 문자가 수의 값을 가진다와 결합된 보기 힘든 수학적 특징의 결합을 활용하고 있다. 보캄은 20:31의 요한복음의 목적 진술 속에 있는 핵심 단어인 '믿다', '그리스도', '생명'이 갖는 게마트리아 값인 153에 주목한다. 더 나아가서, 이적들은 17로서, 153이라는 희귀한 삼각형의 숫자이다. 그렇지만 보캄은 요한복음의 독자들이 그물에 물고기들이 많이 잡힌 것이 복음이 풍성하게 수확을 거둘 것이라는 것을 이해하기 위해 153이라는 수학적 설명을 알 필요는 없다고 말한다. "물고기를 기적적으로 잡은 것은 … 상징적으로 교회의 선교가 예수에 대한 신앙

과 하나님의 자녀가 되는 새로운 삶으로 사람들을 데려온다는 것을 묘사한다." 2007: 281

"와서 아침을 먹어라, … 그리고 보라."21:12-13 12절은 제자들이 이제는 바닷가에 있는 이 낯선 이가 누구인지 알고 있음을 보여주며, 그리하여 제자들 가운데 누구도 감히 그가 누구인지 묻는 이가 없었다. 그들은 예수가 지금 보여준 기적을 통해 그를 알게 되는데, 이것은 예수의 앞선 이적들을 떠오르게 한다. 예수가 오천명을 먹인 것과 가장 유사하게, 이것은 성만찬의 의미를 가진 이적을 보완한다: 예수가 빵을 가져다 그들에게 주었고 물고기도 그렇게 했다.요 6장 양쪽의 사건들6장, 21장은 물질적 요소들 속에서, 그리고 물질적 요소들을 통해 신성을 드러낸다. 이 장면에서는 물고기의 거대한 숫자가 눈길을 끌지만, 그 후에는 빵을 먹는 것이 우선순위를 가진다. 빵과 물고기의 순서와 내용이 6장의 양식과 일치한다. 거기에서는 성만찬의 빵이 12광주리가 남았고, 이제는 물고기 153 마리가 남았다.2광주리 대신–양쪽 모두 풍성함을 상징한다. 예수는 모든 이들을 이끌며12:32, 많은 이들이 온다.

21:14 등장의 타이밍

이것이 예수가 죽은 자들 가운데 부활한 이후 제자들에게 세 번째로 나타난 것이라는 명백한 본문의 표기는 독자들을 이후에 따라 오는 것을 위해 준비를 시킨다. 세 번째라는 횟수가 중요하다. 그것을 기다려 보자!

예수가 시몬 베드로를 회복시키고 위임하다 21:15-19

21:15-17 삼중적인 갱신ᵂ

이 장면은 요한복음에서 가장 가슴 아픈 장면 가운데 하나이다. 여전히 숯불 옆에 서 있는 채로18:18 참조, 베드로의 고통은 더욱 심해진다. 예수가 자신에게 다가올 때, 베드로는 아마 자신이 부인한 것에 대한 질책을 기대했을 것이다. 그 대신 예수는 베드로에게 그의 사랑–충성에 대해 묻는다. 시몬 베드로는 이것을 아마도 자신의 실패에 대해 책망하는 예수의 재치 넘치는 방식으로 생각했을 수 있다. 그렇지만 "네가 나를 사랑하느냐?"라는 대화는 예수의 제자들 사이에서 지도적 역할을 가정하는 명령이 뒤에 따라 붙고 있으며, 어떤 책망의 의미가 약속의 가능성으로 대체되고 있다. 이 문답의 절차는 뚜렷한 변경과 언어유희를 담고 있다. 단어의 차이는 사랑하다에 해당하는 두 개의 동사보다 더욱 확장된다. 예수는 베드로를 요한의 아들, 시몬이라고 매번 언급한다. 시몬이 한 각각의 대답은 마지막 대답을 제외하고는, "예, 주님"으로 시작한다.

예수의 질문	시몬의 대답	예수의 위임
네가 나를 사랑(*agapao*)하느냐?	내가 사랑(*phileo*)하는 것을 당신이 압니다.(*oida*)	내 양(*arnion*)을 먹이라 (*bosko*)
네가 나를 사랑(*agapao*)하느냐?	내가 사랑(*phileo*)하는 것을 당신이 압니다.(*oida*)	내 양(*probation*)을 돌보라 (*poimaino*)
네가 나를 사랑(*phileo*)하느냐?	내가 사랑(*phileo*)하는 것을 당신이 압니다.(*ginosko*)	내 [어린] 양(*probation* [일부 사본에서는 *poimaino*])

헬라어 신약성서에서, 사랑하다는 *agapao*나 *phileo* 가운데 하나의 형태로 나타난다. *Agafe* 사랑은 자기희생적이고, 다른 사람을 위해 자신의 목숨을 버리고자 함 속에서 궁극적으로 표현되는데, 베드로는 예수를 위해 그렇게 하겠다고 약속했었다.13:37 *Phileo* 사랑은 우정을 나누는 사랑이다—이것은 서로 함께하는 것을 즐거워 하는 친구들에게 기대되는 것이다.15:14에서 예수가 제자들을 더 이상 종들로 부르지 않고 친구라고 부르는 것 베드로에게 질문을 던질 때, 예수는 처음 두 번은 *agape*를 사용하며 베드로는 *phileo*로 대답한다. 이것은 베드로가 서약할 수 있는 최고의 것인가? 베드로의 미지근한 반응과 일치시키기 위해, 예수는 세 번째로 "네가 나를 사랑하느냐?"라고 물을 때는 *phileo*로 바꾼다.

예수의 첫 번째 질문은 이것 이상의 것을 포함한다. 이들은 다른 제자들을 가리키거나 다른 제자들이 사랑하는 것 이상으로 베드로가 예수를 사랑하거나, 아니면 베드로가 다른 제자들을 사랑하는 것 이상으로 예수를 사랑하는 것 아니면 그의 물고기그의 고기잡이 직업을 나타냄을 가리킨다. 어떤 것을 의미했는지 아는 것을 불가능하다. 아마도 서사자는 독자로 하여금 이런 질문과 만나도록 의도했을 것이다: 예수에 대한 나의 사랑과 충성심과 맞서고 그것을 약화시키는 "이들"은 무엇인가?

해석자들이 사랑에 해당하는 이 단어들의 차이에 대해 일치점을 보이지 못한다는 것이 중요하다. 많은 이들은 우리가 여기서 가진 것이 단순히 문체적인 다양성이라고 말한다. 대다수의 시각을 대변하는 오데이는 이렇게 말한다. "이 동사들은 요한복음 곳곳에서 동의어로 사용되는데, 의미상의 차이는 없다. 양쪽 동사 모두 '예수가 사랑했던 제자'를 말하기 위해 사용되고 있다." 13:23의 *agapao*와 20:2에서의 *phileo* 두 동사 모두 예수에 대한 하나님의 사랑에서 사용된다.10:17; 5:20; 제자들에 대한 하나님의 사랑14:23; 16:27; 그리고 예수에 대한 제자들의 사랑14:23; 16:27 오데이1995: 860는 이렇게 결론을 내린다. "그러므로 여기서 그 동사들의 사용으로 의미상의 단계적 차이가 있다는 근거는 없다." NIV 1984가 한 것처럼; NIV 2011, TNIV와 NRSV는 그렇지 않다 요한복음은 단순히 "동의어의 버릇"을 가졌을 뿐이다. 탈버트의 비슷한 견해는 두 단어 사이의 더 넓은 교환을 말하고 있다. 그것은 그의 문체에 따른 것이다.261; 또한 Culpepper 1998: 245–49; Witherington 1995: 356; Lincoln 2005: 516; Ringe: 65 참조 차이점에서 "더 깊은 의미를 찾고자"하는 것과 "이 단어들 사이에서의 연결은 가장 주의깊게 보아야만 한다." Burge 2000: 587–88

그렇지만 하워드–브룩은 이 차이점에서 의미를 보고 있다. 버지에 맞서서, 그는 차이점들의 의미를 건너뛰는 해석은 가장 주의 깊게 보아야만 한다고 말한다! 그는 의미 상의 단계를 뛰어 넘는 것은 상식적이지 않다고 생각한다. 사랑에 해당하는 단어 뿐만 아니라, 여기서 시몬이라 부르며 예수가 베드로에게 임명하는, 계속 증가하는 목회적 책임에서도 마찬가지다. 또한 그는 '알다'에 해당하는 단어에 대한 선택에서 베드로가 변화를 주고 있음을 본다. 처음 두 번의 반응에서 베드로는 *oida*를 사용하지만, 마지막에는 *ginosko*를 사용한다. 베드로의 마지막 반응에서 그는 두 단어 모두를 사용한다: 주님, 당신은 모든 것을 아십니다.[*oida*]; 당신은 내가 당신을 사랑하는 것[*phileo*]을 압니다.[*ginosko*] 두 개의 헬라어 단어들은 관계적으로 아는 것을 내포할 수도 있지만, *oida*는 또한 이해라는 측면을 가지고 있다. 세 번째 대화에서 *ginosko*로 변화를 주는 것은 아마도 예수가 *agape*에서 *phileo*로 변화를 주는 것에 맞춰서 베드로도 자신의 응답을 누그러뜨리고 있는 것으로 볼 수도 있다.

하워드–브룩1994: 477은 이렇게 말한다. 같은 의미를 이렇게 다른 용어로 환원시키는 것은 "그 본문이 얼마나 신중하게 공을 들여 만들어져왔는가를 생각해 보면 굉장히 믿기 힘들다. 이렇게 굉장히 양식화된 대화에서 저자가 그저 다양성을 위해서 혼합된 단어의 사용을 왜 발전시키고 있단 말인가? 요한복음의 제자도의 신학 속에 있는 사랑과 지식의 중심성을 놓고 볼 때, 중요한 이유도 없이 단어 사용에 있어 그런 변화가 왜 생기는가?" 하워드–브룩은 예수가 자기희생적인 사랑을 요구할 때 베드로는 오직 친구 사이의 사랑으로만 서약할 수 있었다고 설명한다. 세 번째 대화에서 예수가 수용하지만, 그럼에도 불구하고 베드로에게 제자들 무리의 돌봄을 부과하고 있다: "만일 베드로가 예수와 그의 관계에 관한 그 질문을 이해하지 못했다면, 아마도 그는 예수의 양과 자신의 관계를 통해 그 질문을 이해할 수 있을 것이다." 478

하워드-브룩도 어린양/양 언어유희에 대해 언급한다. 증언자 요한이 어린양에 해당하는 말로 다른 헬라어 단어인 *amnos*를 사용하고 있다는 사실에도 불구하고, 하워드-브룩은 예수를 "하나님의 어린양"과 어린양들*arnion*을 연관시킨다. 어린양들은 복음을 위해 죽을 사람들을 암시하며, 시몬은 이들을 뒷받침하도록 부름을 받는다. 양은 시몬이 신앙으로 양육할 사람들을 나타내는 것일 수 있다. 예수의 두 번째 위임에 있는 *poimaino*양을 돌보다는 이런 양육과 목회적 돌봄의 요소를 가리킨다.

여기서 우리가 가진 것은 실제로 사중적인 언어유희이다.483쪽에 있는 표를 참조: 1) 자기를 내어주는 사랑*agapao* vs 친구사이의 사랑*phileo*; 2) 돌보다*poimaino* vs 먹이다*bosko*; 3) 어린양*arnion* vs 양*probation*; 그리고 4) 이해를 동반하여 알다*oida* vs 알다*ginosko* 이런 언어유희가 두 사람이 단단히 공들여 만든 대화 속에서 일어나고 있다는 점을 생각해 보면, 요한복음의 저자가 그 차이 속의 의미를 의도하고 있다는 것이 분명해 보인다. 쉐퍼드Shepherd 777-92는 요 13-17장에 있는 *agapao/agape* 단어군동사와 명사의 우위를 지적하면서 이런 시각을 확증한다. 13:5-10과 13:36-38에서 베드로와 예수의 대화는 13:34-35를 표현하고 있는데, 여기에서 *agapao*는 세 차례, 그리고 명사는 한 번 등장한다. 15:9-12에 나오는 *agapao/agape* 단어들에 집중하는 것은 13:34-35를 반향한다. 18:11에서 예수가 베드로를 꾸짖는 것은 자신의 목숨을 버리는 *agape* 사랑을 베드로가 포용하지 못함을 나타낸다.

베드로와 관련되면서 희생적인 *agape* 사랑으로 표시된 이 본문들은 21:15-19에 대한 서사적 대화의 맥락을 제공하고 있는데, 예수가 장차 베드로가 하게 될 *agape*의 자기희생을 예언하는 것으로 끝을 맺는다. 베드로의 *agape* 사랑을 시험하고 그에게 양을 돌보고 먹일 임무를 부여하면서, 예수는 자신의 앞선 언급, 나는 양을 위해 내 목숨을 버린다.10:15, 18를 상기시킨다. 미래의 역할 속에서 베드로는 그의 *phileo* 사랑이 지금은 약속하지 못하는 것을 하게 될 것이다—이것은 13:37에서 베드로가 했던 약속에 비추어 보면 역설이 된다.

브로디Brodie 591는 "네가-나를-사랑하느냐라는 상황은 의미없는 차이들을 위한 시간이 아니다."라는 다른 시각에서 고려해야 한다는 것에 동의한다. 어린양/양의 차이에 대한 브로디의 개념은 흡인력이 있다:

> "내 어린양들을 먹이라…. 내 양을 치라…. 내 어린 양을 먹이라"의 순서는[의심의 여지가 있는 본문상의 차이점*probatia*에 기초하여] 삶에서 세 가지 주요한 무

대-사람들이 어리고어린양들 먹는 것을 필요로 할 때; 그리고 사람들이 나이가 들었지만 여전히 어떤 방식으로든 아이들작은 양과 같으며 다시금 먹는 것을 필요로 할 때- 있는 사람들을 건사하는 것에 부합한다. 이런 의미는 즉시 따라 오는 본문이 세 가지 기본적인 나이를 암시하고 있다는 사실을 뒷받침한다. "너희가 어렸을 때 …" 591

요한복음의 본문 다른 곳에서, *agape*와 *phileo*에 해당하는 단어를 달리한 것은 양쪽의 형태를 갖는 사랑이 제자도를 반영하고 있다는 것을 반영한다. 그렇지만 오데이나 탈버트가 인용하는 차이들 가운데 어떤 것도 20:15-17에서처럼 대화 속에 나타나지 않는다. 13:23과 20:2 사이의 동사의 차이는 당혹스럽다. 서술자는 왜 20:2에서 *phileo* 사랑을 사용하지만, 21:7과 20을 포함하여 애제자를 언급한 다른 모든 곳에서는 *agape* 사랑을 사용하는 것인가?

11:3에서 마리아와 마르다는 예수에게 메세지를 보낸다: "주님, 보십시오, 당신이 사랑[*phileo*]하는 자가 아픕니다."AT 그 후에 5절에서 서사자는 이렇게 보도한다. 예수가 마르다와 그녀의 자매와 나사로를 사랑했다.[*agapao*] 베다니의 여인들은 예수와 나사로와의 연대성을 묘사하기 위해 친구의 사랑을 선택하지만, 서술자는 조금 더 나아가서, 자기를 내어 주는 사랑을 선택한다. 양쪽의 사랑은 여기서 진실된 것이며 또한 아들에 대한 아버지의 사랑, 제자들에 대한 아버지와 아들의 사랑, 그리고 예수에 대한 제자들의 사랑이다. 15:13-16에서는 친구를 위해 자신의 목숨을 내어 놓게 하는 것보다 더 큰 사랑은 없는데, 이것은 친구의 사랑과 자기를 내어주는 사랑이 반대의 것이 아니라는 것을 보여준다: 예수가 베드로에게 한 질문이 예시하는 것처럼, 사람은 다른 사람에게 반응한다. 세 번째의 문답이 완료된 이후에서조차, 시몬이 일관되게 친구의 사랑을 반복함에도, 시몬에 대한 예수의 사랑은 *agape* 사랑이다. 요한의 아들, 시몬에게 한 예수의 세 번째 질문은 앞선 베드로의 약함과 부인함에 비추어 베드로의 현실감을 드러내는 효과를 갖는다. 따라서 베드로는 상처를 입는다: 세 번째로 한 언급으로, 베드로는 닭울음 소리를 듣는다! 세 번째 단계에서, 예수는 친구의 수준의 사랑에서 베드로와 만난다. 그럼에도 예수의 *agape* 사랑은 예수의 양떼를 치는 베드로의 미래의 역할 속에서 베드로를 지탱시킬 것이다.

21:18-19 베드로의 미래에 대한 예언

18절에 나오는 베드로의 미래에 대한 예수의 예언은 13:38에 대한 비유로 기능하고 있다. 이 본문은 예수가 베드로의 부인을 예언한 곳이다. 이것은 요한복음에서 예수가 하는 마지막 진정으로, 진정으로 [*Amen, amen*] 진술이다. 이런 독특한 언급은 요한복음에서 25회 등장한다. 이 언급은 예수의 권위를, 이 경우에서는 그의 예언적 말을 함축하고 있다. 경솔하면서 부인하지만, 베드로는 구제를 받을 수 있다. 그는 어린 양들을 돌보고 양떼를 먹일 것이다. 그렇지만 이런 지도적인 사역의 역할은 대가없이는 존재할 수 없다. 분명히 말하자면, 예수는 또 다른 종지기bell-ringer 단어, "띠를 띠다"*zonnyo*를 사용하는데, 이것은 베드로의 발을 씻기기 위해 허리를 굽히기 전에 예수가 스스로 띠를 묶던 KJV, 관련된 형태를 번역한 그 밤을 상기시킨다.

베드로가 젊고 힘이 있을 때 옷을 입고 스스로 띠를 띨 자유와 다른 이들이 베드로의 노년에 그를 묶게 될 것을 대조시키는 것은 이 예언의 중요한 표면적 의미이다. 그렇지만 예수가 자신의 발을 씻기는 역할 속에서 띠로 나타낸 것은 또한 베드로가 미래에 할 것과 앞으로 될 일이기도 하다. 예수의 발씻김이 그의 죽음 이전에 했던 마지막 종의 행동인 것처럼, 베드로 역시, 다른 이들에 의해 묶여서 복음의 신실한 증인으로서 네가 가고 싶지 않은 곳으로 끌려가게 되는데*martyria*; 19:35; 21:24 참조, 그의 스승이자 선생이 했던 것처럼 죽음을 맞게 되는 것이다. 미니어1984: 158-59는 "사랑=먹임=따름"이라고 말하는데, 이것은 결국 베드로의 순교를 정의하고 있다. 베드로의 양치기 역할은 양을 위해 자신의 목숨을 버리는 숭고한 목자를 따르는 본보기가 될 것이다.10:11, 17-18

19절에서 서사자는 간과할 수 없는 점을 설명하고 있다: "그는 베드로가 어떤 죽음으로 하나님께 영광을 돌리게 될 것인지를 보여주기 위해 이것을 말하고 있다."12:33에 나오는 예수의 죽음에 대한 유사한 언급을 참조 "팔을 벌리다"라는 구절은 고대의 십자가형을 암시하고 있다. "오리겐유세비우스, Hist. eccl.3.1과 베드로행전은 베드로가 거꾸로 십자가에 달렸다고 주장한다."Talbert: 262 이런 예언과 나를 따르라는 예수의 마지막 말과 함께, 베드로의 미래는 정해진다. 그는 그의 주님이 명령한 것을 하게 될 것이다—실제로, 베드로가 앞서 서약한 것이기도 하다: 전 당신을 위해서 제 목숨을 버릴 것입니다.13:37c

예수와 애제자 21:20-23

21:20-21 서사상의 다리

이 두 절들은 베드로에게서 애제자로 가는 움직임을 위한 서사상의 다리 역할을 한다. 요한복음은 베드로로 끝나지 않는다. 13:23-26 이래로, 그는 예수에 대한 지식을 위해 애제자를 쳐다보았다. 그 이후로부터 줄곧, 요한복음은 애제자에게서 베드로의 독립성을 강조한다. 미래에 대한 그의 위임을 듣고서, 베드로는 반사적으로 애제자에게로 화제를 돌려 예수에게 묻는다. "주님, 그는 어떻게 되겠습니까?"

21:22-23 애제자의 미래

그러고 나서 예수는 애제자에 관한 결정적인 말을 하고 그렇게 하면서 베드로를 부르는 것을 반복한다: "나를 따르라." 예수 당시와 요한복음이 기록될 당시 사이에 예수의 제자들 사이에서 분명히 어떤 소문이 돌았는데, 애제자는 죽지 않을 것이지만 예수가 재림할 때까지 살아 있을 것이라고 예수가 말했다는 것이었다: 그 공동체 속에서 퍼진 소문은 이 제자가 죽지 않으리라는 것이다.23a 이제 서사자는 중요한 통고를 말하면서 이 소문을 바로잡는다: 그렇지만 예수는 그에게 그가 죽지 않으리라고 말한 것이 아니라, "만일 내가 올 때까지 그가 남아 있는 것이 내 뜻이라고 한다면, 그것이 너와 무슨 상관이냐?"라고 말한 것이다. 본질적으로 예수가 말한 것은 이것이다. "왜 그에 대해 관심을 갖느냐? 만일 네가 죽은 후에 그가 살아 있는 것이 내 뜻이라면, 그것이 내가 돌아올 때까지라 해도, 그것이 너와 무슨 상관이냐? 나를 따르라."AT

이런 수정이 갖는 중요성은 두 가지이다. 첫째로, 이것은 마지막 만찬 이후 베드로가 의존한 애제자로부터 베드로를 떼어 내는 것이다. 앞치마 줄을 끊으며, 예수는 베드로에게 이렇게 말한다. "이제부터 너는 너 혼자이다.AT 네 임무는 특별하다"; 애제자는 자신만의 미래가 있다. 베드로는 예수와의 직접적인 사랑의 관계로 들어섰으며 조만간 예수의 예언을 충분히 살아 낼 것이다. 두 번째로, 이런 소문으로 인해 애제제가 죽었을 때 그 공동체 속에 있는 초기 신자들 사이에서 아마도 낙심하는 이들이 있었을 것이다. 그 소문에는 애제자가 예수가 재림할 때까지 살아 있을 것이라 했으므로 그들은 애제자의 죽음을 예상하지 못했다. 따라서 이런 수정이 신자들을 안심시켰을 것이다: 애제자의 죽음은 예수가 말했던 것이 틀렸음을 입증하지는 않는다.

게다가, 애제자에게로 관심을 기울이는 것은 요한복음의 기원과 생성에 대한 중요한 정보에게로 이 서사의 문을 연다.

애제자의 증언과 선택 21: 24-25

예수 외에 네 개의 개인적인 언급들세 개는 단수, 하나는 복수형이 이 절들에 나타난다.Carter 2006: 180-81: "이 일들을 증언하고 그 일들을 기록한 사람이 바로 그 제자이며, 우리는 그의 증언이 참되다는 것을 안다. 그렇지만 예수가 행했던 다른 많은 일들도 있다; 그 일들 하나하나를 모두 기록하려 한다면, 이 세상이라할지라도 기록된 책들을 모두 담아낼 수 없을 것이다."강조가 첨가됨

그 제자, 우리, 그의, 내가 라는 용어는 누구를 가리키는가? 그 제자는 아마도 예수가 사랑했던예를 들면 21:7 이름이 밝혀지지 않은 그 제자를 가리킬 것이며, 요한복음의 다양한 장면과 역할들 속에서 6~7차례 언급되었다.[애제자, 565쪽] 그 사람의 정체는 요한복음에서 미스테리로 가려져 있다. 전통적인 저자, 사도 요한은 한번도 요한복음에서 그렇게 언급된 적이 없다. 유일하게 요한으로 언급된19회 사람이 증언자 요한이다.1, 3 및 그 외의 장에서 처럼 요한복음의 목격자와 저자로서, 애제자는 요한복음에서 서술된 예수의 사역에 대한 목격자의 기준에 부합해야만 한다. 요한복음이 예루살렘 지향적이므로, 갈릴리 사람 세베데의 아들은 해당자격이 거의 없다. 애제자는 아마도 분명히 예루살렘에서 살았을 것이다. 한 가지 그럴 듯한 해결책은 애제자를 나사로로 보는 것인데, 나사로는 이 부분에서 점수를 따고 있기 때문이다. 왜 초기 신자들이 이미 죽음에서 부활한 나사로가 예수의 재림까지 계속 살아 있을 것이라고 생각했는지는 쉽게 이해된다. 위더링튼 Witherington 2006, 샌더스J. N. Sanders와 마스틴Mastin, 필슨Filson, 스티베Stibbe– 이들 모두가 나사로라는 해결책을 지지한다. 그렇지만 대부분의 학자들은 그렇지 않다. 애제자의 정체는 눈에 보이는 것보다 훨씬 더 복잡하다.[애제자, 565쪽]

관습적인 해석에 따른다면, 24b에 나오는 우리는 예수의 말과 행동이적들에 대한 애제자의 증언을 소중하게 여기는 요한 공동체 내의 신자들을 가리킨다. 이것은 애제자의 증언을 굳건히 하면서 예수에 대한 그들의 증언과 기억을 통해 요한복음에 이바지했던 요한공동체 내의 특별한 그룹을 가리키는 것일 수 있다. 그들은 애제자의 증언을 진실된 것으로 확증한다.19:34 참조 애제자의 증언이 이미 기록된 형태로 되어 있다면, 24b절은 아마도 편집자의 삽입일 수 있다. 그렇지만, 유사한 우리 문구가 1:14, "우리가 그의 영광을 보았다" 그리고 3:11, "우리는 우리가 아는 것을 말한다"에서 나타난다. 24b절의 우리가 초기 본문으로 들어간 후대의 삽입인지는 분명하지 않다.요한1서 1:1–4에 나타나는 "우리"도 참조

보캄2006: 370–72은 우리we 인증이 후대의 삽입이라는 지배적인 시각에 반대하고 있다.1993년의 논문에서는 그가 이 시각을 지지했으며, 2007: 73–92에 수정된 3장 "이상적인 저자로서의 애제자"는 그의 입장변화를 표명하고 있다: 91n24 그는 24b에 나오는 우리가 "군주의 우리royal we국왕이 자신을 가리킬 때 복수형 우리를 사용함, 역자 주"와 유사하게 "권위있는 증언의 우리"라고 주

장한다. 그것은 다름 아닌 화자나 기록자를 가리키는 것이다. 그러므로 24b에서 우리는 요한복음을 기록한혹은 요한복음의 기록을 지휘한 애제자를 의미한다. 보캄은 요한1서 1:1-5; 4:11-16; 요한3서 9-12; 요한복음 1:14-16; 3:10-13특히 11절; 21:24[2007: 272-81]에 나오는 "우리"의 사용을 역설한다.

복음서 연구에 있어서 전환을 환영하고 있음에도, 인증하는 공동체의 어떤 의미가 요한1서 본문도 포함하여, 보캄이 검토한 모든 본문들 속에 나타날 수도 있다.[McDermond: 275-76] 애제자가 21:24-25가 기록된 당시20-23절까지 이미 죽었을 가능성은 이런 시각을 뒷받침한다. 20-23절이 아마도 애제자보다 더 후기의 시대를 반영하는 것으로 보이므로, 24-25절은 아마도 역시 그 이후를 반영할 것이다. 요한복음이 애제자가 하는 "권위있는 증언"을 입증하기 위해 우리를 사용했음에도[Bauckham 2007: 271-72], 이것은 요한복음의 생성에 도움을 준 "학파"나 "무리"가 확증하는 증언임을 배제하지 않는다. 컬페퍼가 보캄을 비판한 것은 유익하다. 그는 21:24에 나오는 증언을 공식적인 "문학적 직인 혹은 진실의 확증으로 보며, 그 속에서 요한학파를 대신하여 말하고 있는 편집자는 그 공동체의 복음의 참됨을 단언하고 있다." [2009: 363] 그렇지만 "문학적 직인" *sphragis* 이라는 기술적 용어는 24절에서 나타나지 않으며, 이것이 컬페퍼의 비판을 약화시킨다. 만일 저자/편집자가 그것을 의도했다면, 왜 그는 *sphragis*라는 용어를 사용하지 않았을까? 그러므로 보캄의 설득력있는 주장은 계속 눈길을 끈다.

컬페퍼는 25절의 1인칭 '나는' 을 이로써 목격 저자인 애제자의 신뢰성을 증언하는 마지막 편집자를 가리키는 것으로 본다. 20:30-31이 그들의 목적-예수를 메시아, 하나님의 아들로 계속하여 믿도록 이끌어 내고 뒷받침하는 것-에 부합하게 예수가 행했던 이적들에 관해 말하고 있다는 점에서 이 결말은 요 20:30-31과는 다르다. 그 저자애제자 혹은 후기 편집자가 공관복음서 가운데 하나 혹은 하나 이상을 알고 있었는지는 확실하지 않다. 어떤 경우에라도, 이 언급은 예수의 삶과 가르침들에 대한 더 넓은 증언을 분명히 지지하고 있다. "세상이라 해도 기록된 책들을 담아 낼 수 없을 것이다"는 브라운 [1970: 1130]에서 자세히 다루고 있듯이, 내가가 고대 저술들을 끝내는데 사용된 것처럼, 과장되고 습관적인 말미의 서명end-signature를 반영하고 있다.[Neyrey 2006: 343도 참조]

랍비 요하난 벤 자카이[Johanan ben Zakkai, 대략 AD 80년]가 쓴 랍비 평론인 *Seperim*의 결말16.8은 이 요한복음의 과장법을 넓은 시야로 보고 있다: "만일 모든 천국이 종이장이며 모든 나무가 글을 쓰는 펜이라면, 그리고 모든 바닷물이 잉크라면, 내 선생님들로부터 받은 그 지혜를 모두 다 기록하기에도 충분치 않을 것이다; 파리 한 마리가 바다에 몸을 적셔 작은 한 방울을 나르는 것처럼, 나도 현자들의 지혜를 받을 뿐이다." R. Brown 1970: 1130; Neyrey 2006: 343

저자가 증언하는 자를 찬양하는 것이 목적인Neyrey 2006: 343 요 21:25와 같은 그런 결말은 우리로 하여금 위대한 찬양시stanza를 상기시킨다:

> 바다를 먹물로 채우고 하늘을 두루마리로 삼을 수 있다면;
>
> 지상에 있는 모든 식물이 펜이고 모든 이들이 서기라면;
>
> 위에 계신 하나님의 사랑을 쓰는 것은 바다를 마르게 하겠네;
>
> 하늘에서 넓게 편다 한들 두루마리가 모든 것을 담을 수는 없으리라.
>
> – F. M. Lehman, 대략 1917년, Sing the Journey, #44

하나님의 헤아릴 수 없고, 실패하지 않으며 끝없는 사랑에 대한 이런 이미지는 빛, 생명, 그리고 사랑의 복음서를 걸맞게 마무리하고 있다.

성서적 맥락에서의 본문

베드로

베드로는 신약성서에서 풍성한 등장인물이다. 요한복음은 우리에게 독특한 통찰력을 준다. 예수와 베드로의 여정은 1:42에서 시작된다.여기서 그의 이름이 바뀐다 이 여정은 6:68-69와 13:37-38에서 무르익고, 교회의 목회적 지도자로 예수가 그를 마지막으로 위임하는 곳에서 절정에 이른다.21:15-19 그렇지만 예수가 고난을 받는 동안, 베드로는 흔들리고 실패를 겪는다. 시몬 베드로에게 예수가 한 마지막 말은 "나를 따르라"이다.21:22 이런 마지막 구원의 문답식 위임에서, 예수는 베드로를 베드로가 아니라 요한의 아들 시몬이라고 부른다. 예수는 베드로의 이름을 바꾸기 이전으로 돌아가 그들의 첫 만남으로 베드로를 데려가고 있다. 두 번째로 숯불 옆에 서서, 베드로는 예수와 그의 전 여정을 통해 자신의 경력을 다시 경험한다.그가 요한의 아들 시몬일 때 베드로는 자신이 예수를 부인한 것18:17, 25, 27, 그가 무덤으로 달려간 것20:2-10, 예수가 제자들에게 나타난 것20-21장, 그리고 그가 끌었던 큰 물고기떼를 기억한다.21:11 이제 그는 다시금 숯불 옆에 선다–이번에는 예수가 준비한 아침을 먹기 위해서다: 빵과 물고기로 된 아침식사!

신약성서 다른 복음서들은 베드로의 역할을 다르게 나타낸다. 마가는 첫 네 명의 제자를 부를 때 시몬의 이름을 제일 먼저 거론한다.1:16-17: "나를 따르라. 내가 너희를 사람 낚는 어부로 삼겠다." 예수와 네 제자들은 예수의 공생애 사역 첫날에 시몬의 집에서 식사를 한다. 예수는 열병을 앓던 시몬의 장모를 치유한다. 1:36에서 시몬은 혼자 떨어져 기도하고 있는 예수를 찾는 일을 주도한다. 2:1에서 예수가 돌아온 "집"은 아마도 시몬 베드로의 집일 것이다.3:19 참조

예수가 산 위에서 열 두 명을 자신의 핵심 제자들로 삼았을 때, 시몬이 제일 먼저 언급되며, 예수가 거기서 그의 이름을 베드로로 바꾼다.3:13-19 그 다음에 이어지는 결정적인 것은, 베드로가 예수를 가이사랴 빌립보로 가는 길에서 메시아로 고백한다는 것이다. 그렇지만 어떤 메시아인가? 예수가인자 자신의 죽어야 하는 필수성dei과 종교지도자들로부터 거부되어야 함을 이야기 할 때, 베드로는 예수를 꾸짖는다. 그러자 예수는 베드로를 꾸짖으면서 이렇게 말한다. "사탄아, 내 뒤로 물러서라." 예수는 베드로가 기대했던 메시아, 군사력으로 지상에서 왕국을 세우는 통치자가 되지 않을 것이다.8:27-33; 요 18:376 참조 베드로는 변화산에서 예수와 함께 있는 최측근 세 명 가운데 가장 먼저 이름이 거론된다.9:2-8 세 제자들 가운데, 베드로만이 말한다: "이 끝내주는 경험을 보존하기 위해 여기에서 장막 세 개를 지읍시다!"AT 서사자는 우리에게 이렇게 말한다. "그들이 두려워한 나머지 그는 뭐라고 해야 할지 몰랐다." 9:6 그러자 하나님이 그들의 관심을 예수에게로 다시 집중시킨다: "이 사람은 내 아들, 내 사랑하는 자이다; 그의 말을 들으라!" 여기서 이름이 언급되지는 않았지만, 베드로는 분명히 나중에 예수가 값비싼 제자도를 가르칠 때 마가복음 9-10장예를 들면 10:28에서 나타난다. 네 제자가 성전의 운명에 대해 물을 때 베드로는 다시금 제일 먼저 이름이 나온다.13:3-4

마가의 재판 이야기에서는, 베드로의 역할이 요한복음에서 하는 역할과 비슷하다: 그는 죽기까지 예수와 함께 하겠다고 맹세하지만막 14:29-31, 예수를 세 번 부인한다. 마가는 예수가 그 밤 내내 힘써서 기도할 때 예수와 함께 하는 대신 다른 제자들과 함께 베드로가 잠이 든 것으로 겟세마네 장면을 기록한다.14:32-42 그가 부인한 후에 다음으로 베드로를 언급한 곳은 16:7로서, 여기서 그는 부활한 예수가 그들 보다 앞서 갈릴리로 간다는 소식을 받는 사람으로 이름이 언급된다. 마가, 마태, 혹은 누가에서는 베드로와 함께 지도력을 행사하는 것으로 나타나는 "애제자"는 등장하지 않는다.

마태가 베드로를 보여주는 것은 세 가지 주목할 만한 차이점들을 제외하고는 마가와 유사하다. 먼저, 14:28-31에서 베드로가 예수처럼 물 위를 걸으려고 하다 가라앉자 예수가 베드로를 구한다—예수와 같이 되려는 베드로의 의도를 보여주는 중요한 장면이다.

두 번째로, 마태는 베드로를 그가 했던 위대한 고백에서 더 긍정적으로 묘사한다. "당신은 메시아이며 살아 계신 하나님의 아들입니다." 16:16 예수는 그 고백을 확증하면서, 이것은 "하늘에 계신 내 아버지"께서 그에게 계시하신 것이라고 말한다. 그리고 나서 예수는 교회가 세워지는 기초가 되는 돌로서 그의 특별한 역할을 베드로에게 위임한다petra, Petros, "돌"이라는 이름과 연결지음 예수는 베드로에게 "그 나라의 열쇠들"을 주며 이렇게 약속한다. "네가단수 이 땅에서 묶는 것은 천국에서 묶일 것이며, 네가단수 이 땅에서 푸는 것은 천국에서도 풀릴 것이다." 16:17-19; 18:18, 너희라는 복수형; 이 중요한 본문에 대한 주해에 대해서는 다음을 보라. Gardner: 246-49; Swartley 1994: 118-22 그렇지만 베드로가 자신의 임박한 고난을 하는 예수의 선언에 대항하자, 예수가 그를 질책하는 것은 마가에서보다 훨씬 더 강하다. 예수는 이렇게 말한다. "사탄아, 내 뒤로 물러서라! 너는 나에게 있어 장애물이다." 16:23

세 번째로, "성전세를 걷는 자들"이 왜 그의 선생이 성전세를 내지 않는지 물을 때, 지목된 이는 베드로이다. 재미있는 시나리오가 따라오지만, 이 이야기 속의 기독론적 전환은 왕인 예수가 세금에서 그의 제자들을 "아들들" 혹은 "자녀들" 면제해 준다는 숨은 이유subtext이다.17:24-27

재판 이야기에서마 26:33-35, 69-75, 베드로가 충성을 맹세하고 나중에 부인한 것은 마가에서와 유사하게 나타나고 있다. 마가에서처럼, 마태는 요한복음에서는 없는 겟세마네 장면을 포함하고 있다. 부활 서사에서, 베드로는 선발되지 않는다. 대신, 그는 예수가 "내 형제들"이라고 부르는 다른 제자들과 섞여 있다.28:10 다른 제자들과 함께, 베드로는 산 위에서 지상대명령을 받는다.28:16-20

누가의 서사는 고기잡이 기적이 베드로의 회심과 부르심을 일으키고 있다5:1-11는 점에서 다르다. 네이레이2006: 333-34 는 누가복음 5:1-10과 요한복음 21:4-8의 핵심 내용을 병렬구문으로 둔다. 이 유사점은 두드러진다. 누가복음 9:20-22에서 예수는 베드로의 훌륭한 신앙고백 이후 그가 가진 메시아의 민족주의적 시각 때문에 베드로를 질책하지 않는다. 이 고백을 한 지역은 구체화되지 않는다. 변화산에서, 누가9:32는 "베드로가 그의 동료들이 … 잠을 이기지 못했다."고 하지만 그들은 깨어서 영광을 입은 예수를 본다. 그런 후에 베드로는 "세 개의 초막"을 요청한다. 누가의 재판 이야기는 왜 베드로의 부인이 그의 제자됨의 끝이 아닌지를 명쾌히 말한다: 예수는 그에게 이렇게 말한다. "시몬아, 시몬아, 들으라! 사탄이 너희 모두를 밀처럼 체질하려고 요구하였으나 내가 너희의 신앙이 넘어지지 않도록 기도했다; 네가 다시 돌아 온 후에, 너는 네 형제들을 굳건히 하라." 22:31-32 그러자 베드로는 예수와 죽도록 함께 하겠다고 서약을 하지만 예수는 그것과는 다른 예언을 한다. 누가가 다른 세 복음서와 가장 뚜렷하게 차이가 나는 것은, 예수가 부활했다는 소식을 여인들로부터 들은 후에 베드로 혼자서 무덤으로 뛰어갔다는 것이다.24:12가 어떤 고대 MSS에서는 빠져있다 예수가 베드로에게 나타난 것은 바울도 증언하고 있다.고전 15:5

베드로전서와 후서는 전통적으로 베드로를 저자로 본다. 주목할만 한 것은 베드로후서에서 베드로를 거룩한 산, 변화산에서 예수의 목격자로 선언하는 진술이다: "그[예수 그리스도]는 '이는 내 사랑하는 아들이며, 내가 그를 기뻐한다' 라는 목소리가 위엄있는 영광으로 그에게 전달될 때 아버지 하나님에게서 명예와 영광을 받았다. 우리가 그 거룩한 산에서 그와 함께 있을 때에 우리는 하늘에서 온 이 목소리를 들었다." 1:17-18

사랑w

베드로에게 한 예수의 질문과 베드로의 대답은13-21장에 있는 요한의 풍성한 사랑에 대한 강조에서 절정을 이룬다. 요한복음에 있는 사랑이라는 단어동사 *agapao*와 명사 *agape*를 포함의 분배는 두드러진다: 1-12장에서는 8차례 등장하며, 13-21장에서는 36차례 등장하는데, 재판 서사 속에서는 이들 가운데 오직 한 번만 등장하고 있다.19:26 동사*phileo*는 13회 나타나지만 그 분배는 다르다: 1-12장에서는 4차례, 예수의 고별담화15:19; 16:27[2회]에서는 3차례, 그리고 20-21장에서는 6차례 나타난다.20:2; 21:15, 16, 17[3회] 모두 합쳐서, 사랑동사/명사는 요한복음에서 57회 등장한다. 이것은 1-12장에서 많이 나타나는 생명과 비교된다: 명사*zoe*는 32차례12장 이후에서는 4차례만, 14:6; 17:2, 3; 20-:31; 그리고 동사*zao*는 16차례12장 이후에는 겨우 2번, 14:19[2회] 요한복음은 생명과 사랑의 복음서로서, 생명동사/명사은 44회, 그리고 사랑은 57회동사/명사 나타난다.[사랑의 윤리, 594쪽]

다양한 형태를 가지고, 사랑은 NRSV 성서 본문에서 800회 이상 나타난다. 이들 가운데 많은 부분이 자주 반복되는 한결같은 사랑이 설명하듯시편 136편처럼 하나님의 사랑을 묘사하고 있다. 사랑명사/동사은 요한복음과 요한서신들에서 모두 109회 나타난다.McDermond: 274-75에 나타나는 "서로 사랑하라"에 대한 참조를 볼 것 [사랑의 윤리, 594쪽] 사랑을 이렇게 확장시켜 사용하는 것은 NRSV에서 사용하는 사랑이라는 단어의 총합의 10퍼센트가 넘게 이루어진다. 헬라어 *eros*는 성적인 사랑을 가리키는 것으로, 신약성서에서는 나타나지 않는다. 사랑에 해당하는 주요 히브리어 구약의 단어 *ahab*은 신약성서의 *agape* 단어군동사와 명사 보다 훨씬 더 폭넓은 범위의 의미를 가지지만, 대부분 하나님의 변함없는 사랑을 묘사하는데 사용되는데, 70인역은 *agapao*의 형태들로 번역하고 있다.Hatch & Redpath: 1.5-7 첫 번째이자 가장 중요한 구약의 사랑 계명은 쉐마로서, "들으라, 오 이스라엘아: 주님은 우리 하나님, 한 분이신 주님이다. 너희는 네 마음을 다하고, 네 영혼을 다하고, 네 힘을 다하여 주 너의 하나님을 사랑하라" 신 6:4-5, 신실한 이들은 하루 세 번 암송했다 두 번째로, 백성들도 그들의 이웃을 사랑해야 한다: 동료 이스라엘 사람들과 외국인들.레 19:18

율법학자가 어떤 계명이 가장 중요한지 시험을 했을 때, 예수는 이들 두 계명을 인용하면서 이들 계명이 "율법과 선지자들" 전체에 이른다고 말한다.마 22:40 마가12:28-34와 누가10:25-37는 동일한 대화를 더 길게 다룬다: 마가복음에서 서기관은 예수에게 동의하지만 누가에 나오는 율법학자는 그의 이웃을 밝힘에 있어서 빠져나갈 구멍을 찾는다. 그러므로 예수는 선한 사마리아인의 이야기로 대답을 한다. 이 이야기 속에서 그 계명은 예수의 세 번째 사랑 계명, "너희 원수를 사랑하라"와 연결된다.마 5:44-48; 눅 6:27, 35; 레 19:33-34 참조

요한복음에서 되풀이 되는 예수의 명령, "서로 사랑하라"는 신실한 제자도의 표시가 된다.13:34-35 이것이 예수의 네 번째 사랑계명이다. 요한복음은 도움이 필요할 때 그들을 도움으로 동료 신자들에게 사랑을 보이지 않으면서 하나님을 사랑한다고 말할 수 없다고 말한다.요일 3:16-18; 4:7-12, 16

예수가 "첫 번째 같은"이라고 말한 두 번째 계명은 신약성서에서 세 가지 서로 다른 배경 속에서 나타나고 있다: 바울서신에서 두 번, 야고보서에서 한 번. 바울은 이렇게 인용한다. "너희는 너희의 이웃을 너희 몸처럼 사랑하라."갈 5:14 이것은 그리스도 예수 안에서 신자들이 갖는 자유를 위한 안내지침이다. 신자들과 악, 그리고 신자들과 하나님이 명령하시고 악을 제어해야 할 정부의 권세들과의 관계를 논함에 있어서, 바울은 이 계명을, 특히 세금을 걷는 자들과의 관계 속에서 인용하고 있다-아마도 납세자의 반란이 초래하고 있는 것.롬 13:9, 12:18-13:10 가운데 야고보서2:8는 부자와 가난한 자가 집회에서 어떻게 환영받고 대우를 받아야 하는지에 대한 격차를 다룰 때 예수의 두 번째 사랑계명을 인용하고 있다. 부자들에게 편파적인 것은 예수의 사랑 계명을 위반하는 것이다. 이 계명이 신약성서 속에 놓여지고 있는 실천적인 문제들의 범위는 두드러지며 오늘날 설교, 가르침, 그리고 상담에 있어서 우리에게 교훈을 주고 있다.

사랑에 대한 다른 신약성서의 "핵심 본문들"은 아래와 같다:

· 로마서 5:8: "우리가 아직 죄인으로 있을 때 그리스도께서 우리를 위해 죽으심으

로써 하나님께서 우리를 위한 자신의 사랑을 증명하십니다."

· 고린도후서 5:14-15: "그리스도의 사랑이 우리를 휘어잡습니다. 한 사람이 모두를 위해 죽었으므로 모든 이들이 죽었다는 것을 우리는 확신하기 때문입니다. 그가 모든 이를 위해 죽은 것은 그들이 더 이상 그들을 위해서 사는 것이 아니라 그들을 위해 죽고 그들을 위해 부활한 이를 위해 살게 하기 위함입니다." 여기에 화해로 부르는 바울의 기억할 만한 부름을 위한 맥락이 있다.5:16-21

· 갈라디아서 5:22-23: 사랑은 성령의 열매의 아홉 가지 나타남 중에서 첫 번째이다.

· 고린도전서 8:1: "우상에게 바쳐진 음식에 대해서는, '우리 모두에게 지식이 있다'는 것을 우리가 압니다. 지식은 사람을 교만하고 하지만 사랑은 덕을 세웁니다." 이것은 본질적으로 사랑 계명의 또 다른 맥락적 사용이다.

· 고린도전서 13장: 이 장 전체가 "위대한 사랑의 장"으로 잘 알려져 있다.

· 요한복음 3:16: 이 구절을 마음으로 인용할 수 있어야 한다.

· 요한복음 13:34-35와 21:15-17:위를 보라 후자는 요한복음에서의 절정 역할을 한다.

· 요한일서 4:7-16은 사랑이신 하나님과 우리가 서로를 사랑하는 것에 대한 경이로운 반영을 나타내고 있다.

· 에베소서 5:1-2: "그리하여 사랑하는 자녀같이 하나님을 닮은 자가 되십시오. 그리스도가 우리를 사랑하여서 우리를 위해 자신을 주어 하나님께 드리는 향기로운 제사와 희생이 된 것처럼 사랑 안에서 사십시오."

유명한 용법으로 우리는 "사랑이 세상을 움직이게 한다."는 말을 듣지만, 이것은 성서에 나오는 깊은 사랑의 의미를 놓치고 있다: 사랑은 하나님을 우리에게로 이끌며 우리를 하나님께로 이끈다.

교회생활에서의 본문

사랑, 사역을 위한 기초ʷ

사랑은 베드로가 부인한 것 때문에 그를 하찮게 만들지 않는다. 오히려, 예수는 하나님의 은혜로움을 확대시켜 그에게 두 번째의 기회를 준다. 그는 베드로를 더욱 친근하게, "요한의 아들 시몬아"라고 부르면서, 예수가 그에게 준 이름인 베드로 보다 그의 성 family name으로 다시 돌아간다. 숯불과 그리 멀지 않은 곳에 서 있으면서, 베드로를 붙들고 있는 모든 기억을 가진 채로, 예수는 그를 도덕적인 구분을 가진 새로운 관계로 초대하고 있다: 요한의 아들, 시몬아, 너는 이들 보다 나를 더 사랑[agapao]하느냐? 베드로는 그의 위임이 시험을 받을 때 이제 자신의 의지가 얼마나 약한지를 알고 있다. 앞서 그는 단호하게 "저는 당신을 위해 내 목숨을 버릴 것입니다"13:37라고 말했다. 이제 그는 자신의 연약함, 막상 일이 닥쳤을 때 그가 아무 것도 할 수 없음을 안다. 그래서 그는 예수에게 이렇게 대답한다. "내가 당신에게 친구의 사랑을 가지고 있음을 당신은 아십니다."AT 그러자 예수는 앞서 했던 자신의 질문을 되풀이 하며, 마지막 문구를 뺐으며, 시몬 베드로는 전과 같이 대답한다. 세 번째 차례에서, 예수는 그의 용어로 시몬과 만난다: 친구의 사랑. 그럼에도, 예수는 그에게 명령한다: "나를 따르라."

모든 경우에 있어서, 예수는 시몬 베드로를 그의 제자들의 사역을 이끌도록 부른다. 예수와 시몬의 만남은 베드로가 약속한 제자됨의 회복일 뿐만 아니라, 하나님의 은혜와 사랑의 새로워진 비전이기도 하다. 그것은 베드로로 하여금 자신이 누구인지, 자신이 무엇을 할 지를 보게 만든다. 예수는 베드로의 제자됨이 장차 자신의 뜻대로, 그의 타고난 성품대로, 혹은 그의 고귀한 서약을 기반으로 진행되지 않을 것이라고 예언한다. 베드로의 실패를 예언하면서, 예수는 이제는 베드로의 미래 제자도를 예언한다.

사랑과 사역은 본질적으로 동반자이다. 사랑은 사역의 기초이기 때문이다. 요한복음에서 이것은 베드로의 리더십을 승인하고 있는 사도의 'Amt' 직책, 마태에서처럼이 아니라, 사랑의 'charism' 힘을 부여하는 은사인 것이다.Fragerud를 참조 요한복음에서 우리는 애제자와 베드로 사이의 경쟁관계를 보는 것이 아니라Kragerud는 이것을 암시하고 있으며 Ruprecht는 이것을 요한복음에 대한 자신의 해석에 있어 기초로 둔다, 오히려 각자가 자신의 소명을 가지며 서로 보완하는 역할을 본다.

보캄2006: 87은 베드로의 제자됨의 방식이 섬김과 희생으로 이어진다면, 애제자의 수용력이 요한복음의 목격자이자 저자로서 자신의 역할을 채우고 있다고 언급한다. 베드로의 위임은 그가 사랑이 요구하는 희생을 배우게 될 것임을 의미한다. 이 서사 속에서 사랑의 모델이 되는 애제자는, 자신의 사람됨 속에서 자신에 대한 예수의 사랑이 으뜸가는 것을 증언하고 있으며, 간접적으로는 모든 세상을 위한 하나님의 사랑을 증언하고 있다.[애제자, 565쪽] 시몬 베드로는 예수의 삼중적인 질문—네가 나를 사랑하느냐?—에 예라고 대답함으로 사역에서 그가 준비가 되어있음을 증명한다. 그의 미래에 대한 예수의 예언은 그것을 굳건히 한다. 사랑이 갖는 두 가지 방식, 즉 베드로의 사랑과 애제자의 사랑이 우리의 사역을 위한 모델이 되게 하자!

요한복음의 개요

서문: 요한복음의 서곡   1:1-18

A 선재한 말씀, 창조의 대리자   1:1-5

  B 요한: 빛을 증언하는 이   1:6-8

    C 참빛   1:9-11

      D 로고스를 영접하는 자들에게 주는 하나님의 선물   1:12-13

    C' 말씀이 육신이 되다, 영광 속에서 빛나다   1:14

  B' 말씀이 육신이 되심을 증언함   1:15-17

    증언자 요한   1:15

    충만함: 은혜 위에 은혜   1:16-17

A' 성육신한 말씀, 하나님을 계시하다   1:18

1부 영접과 거부: 첫 번째 유월절

새 창조의 한 주   1:19-2:12

예수와 관련된 요한의 역할첫째 날   1:19-28

요한이 예수의 정체와 일을 증언함둘째 날   1:29-34

요한의 제자들이 예수를 따르다, 하나님의 어린양셋째 날   1:35-42

예수가 제자를 더 찾다.넷째 날   1:43-51

예수가 가나에서 물을 포도주로 만들다   2:1-12

옛 것에서 새 것으로: 성전, 태어남, 침례: 갈등에 놓인 공동체들   2:13-4:3

예수가 성전을 정화하다   2:13-22

예수가 자신을 인간의 반응에 의지하지 않다   2:23−25

니고데모와 예수의 만남   3:1−12

예수가 대화의 의미를 확대시키다   3:13−21

증언자 요한이 서사에 재등장하다: 요한의 침례와 예수의 침례   3:22−4:3

예수의 평화 선교: 세상의 구원자   4:4−54

예수와 사마리아 여인   4:4−26

삼위일체의 선교   4:27−42

지리적 이동: 갈릴리에 있는 가나로 돌아오다   4:43−45

예수가 로마 관리의 아들을 치유하다   4:46−54

2부 거부와 영접: 두 번째 유월절

예수가 하나님의 일을 행하다; "재판"이 시작되다   5:1−47

예수가 안식일에 치유하다   5:1−15

그들이 기소를 결정하다   5:16−18

예수가 재판에 회부되다   5:19−47

예수는 생명의 빵이다   6:1−71

예수가 5천명을 먹이다   6:1−13

백성들이 응답하다   6:14−15

예수가 물 위를 걷다, 나는~이다 자기 계시   6:16−21

예수가 그 이적의 의미를 밝히다: "나는 생명의 방이다."   6:22−40

유대인들이 웅성대며 예수의 주장에 도전하다; 더 많은 자기 계시   6:41−59

예수가 제자들을 시험하다; 몇몇은 떠나고 12명은 충성을 고백하다   6:60−71

예수: 생명수, 장막절에서   7:1−52

예수의 딜레마: 축제에 갈 것인가 말 것인가   7:1−10

예루살렘의 상황   7:11−13

장막절이 한창일 때 예수의 설교와 반응들   7:14−36

장막절의 마지막 날의 예수의 설교와 반응들   7:37–52

재판장의 진리: 예수, 바리새인들, 그리고 유대인들   7:53–8:50

[예수와 간음하다 잡힌 여인]   7:53–8:11

예수와 바리새인들 사이의 대립이 고조되다   8:12–30

예수와 "유대인들" 사이의 갈등이 심화되다   8:31–59

눈멈과 봄: 예수는 누구인가?   9:1–41

A 예수와 제자들이 맹인이 된 이유를 두고 토론하다: 9:1–5
  "누가 죄를 지었나"

  B 예수가 맹인을 치유하다   9:6–7

    C 이웃들과 바리새인들이 맹인에게 묻다   9:8–17

      D 유대인들이 맹인의 부모를 심문하다   9:18–23

    C "그들"이 두 번째로 맹인을 다그치다: 예수는 "죄인인가?"   9:24–34

  B' 예수가 맹인을 기독론적 시각으로 인도하다   9:35–39

A' 예수와 맹인된 바리새인들: "너희 죄가 남아 있다."   9:40–41

목자: 참 목자와 거짓 목자   10:1–42

예수의 설교 비유: 문, 목자, 그리고 낯선이들   10:1–6

예수: 문과 목자   10:7–10

예수: 선한 목자   10:11–18

양떼는 많으나 한 무리, 한 목자, 한 아버지   10:16–18

유대인들의 반응   10:19–21

담론의 때와 장소: 봉헌절   10:22–23

유대인들의 핵심 질문: 예수의 대답   10:24–30

물리적이고 언어적 논쟁 속의 유대인들과 예수   10:31–39

예수가 물러나다: 다시 요한의 증언을 들으라   10:40–42

예수의 절정의 이적: 나사로의 죽음, 살림, 그리고 그 이후   11:1–12:11

나사로의 죽음, 문제   11:1–16

예수의 기적, 대답   11:17-44

유대인들의 반응   11:45-46

공회의 음모전략에서 가야바의 역할   11:47-57

마리아가 베다니에서 예수에게 기름을 부음   12:1-8

나사로의 부활의 결과   12:9-11

예수의 공생애 사역의 마지막 장면   **12:12-50**

예수의 개선   12:12-19

헬라인들이 예수를 보러 오다   12:20-22

예수의 응답: "때가 왔다."   12:23-26

요한이 예수의 사역에 대한 유대인들의 반응을 설명하다   12:36b-43

예수의 부가적인 마지막 호소   12:44-50

3부 대단원: 마지막 유월절, 고난, 그리고 부활

예수가 고별을 시작하다   **13:1-38**

예수가 제자들의 발을 씻기다   13:1-17

예수가 유다의 행동을 예고하다   13:18-30

예수의 영광, 사랑 계명, 그리고 베드로의 부인   13:31-38

예수의 사랑; 길, 진리, 그리고 생명   **14:1-31**

예수가 장소를 예비하고 길을 보이다   14:1-11

예수와 아버지가 미래를 보증하다   14:12-24

예수가 자신의 떠남을 두고 제자들을 위로하다   14:25-31

예수와 제자들이 서로 안에 거함: 거함, 사랑, 미움에 직면함   **15:1-16:4**

예수 안에 거하다, 참 포도나무-가지치고 과실을 맺다   15:1-11

예수의 계명   15:12-17

세상의 미움에 직면하다   15:17-25

변호자와 너희가 예수를 증언하다   15:26-27

회당에서의 축출에 직면함   16:1-4

보혜사의 사역, 예수가 떠남과 위로: 기쁨과 평화   16:5-33

보혜사의 사역   16:5-15

떠남과 영향에 대한 마지막 대화   16:16-33

예수가 아버지께 기도하다   17:1-26

예수가 자신을 위해 아버지께 기도하다   17:1-8

예수가 제자들을 위해 거룩하신 아버지께 기도하다   17:9-19

예수가 아버지께 믿음에 이르게 될 모든 이를 위해 기도하다   17:25-26

예수가 자신이 온 목적과 영향을 요약하다   17:25-26

예수의 체포, 유대인의 재판, 베드로의 부인   18:1-27

유다와 베드로와 함께 한 예수가 자신의 체포를 감당하다   18:1-11

예수와 베드로가 재판에 회부되다. A-B 패턴을 수정함   18:12-27

A 예수가 안나스 앞에 나타나다, 가야바의 예언을 이룸   18:12-14

    B 베드로가 예수를 부인하다   18:15-18

A' 예수가 안나스 앞에서 "재판받다."   18:19-24

    B' 베드로가 두 번째와 세 번째로 예수를 부인하다   18:25-27

빌라도 앞에 선 예수의 재판 교차대구법   18:28-19:16a

A 기소: 빌라도와 유대인들 바깥쪽   18:28-32

    B 증언: 왕위에 대한 빌라도와 예수 안쪽   18:33-38a

      C 평결: 빌라도가 예수의 무죄를 선언하다. 바깥쪽   18:38b-40

        D 채찍질하고 왕을 조롱하다. 안쪽   19:1-3

      C' 평결: 빌라도가 예수의 무죄를 선언하다. 바깥쪽   19:4-8

    B' 증언: 권위에 대한 빌라도와 예수 안쪽   19:9-12

A' 선고: 빌라도와 유대인들과 예수 바깥쪽   19:13-16a

예수의 십자가형과 장사   19:16b-42

예수가 십자가형에 처해지다   19:16b−25a

십자가에서 예수의 말   19:25b−30

십자가에서 예수의 몸   19:31−37

예수의 장사   19:38−42

부활한 예수가 선교와 새 공동체를 시작하다   20:1−31

열린 무덤의 충격   20:1−10

막달라 마리아가 예수의 만남   20:11−18

예수가 나타나 제자들에게 숨으로 성령을 내쉬다   20:19−23

도마가 진정한 믿음에 이르다   20:24−29

결론: 정점과 목적   20:30−31

새 지평과 운명   21:1−25

이 이야기의 시간, 장소, 그리고 등장인물들   21:1−3

많은 물고기를 잡은 신비한 기적   21:4−14

예수가 시몬 베드로를 회복시키고 위임하다   21:15−19

예수와 애제자   21:20−23

애제자의 증언과 선택   21:24−25

에세이

저자 장로 요한에베소서과 사도 요한이 요한복음의 "저자들"이라 여겨져 왔다. 그렇지만 이들 중 하나가 19:35와 21:24에서 목격자 증언을 하는 예수가 사랑한 제자인가? 요한복음의 저자에 대한 외적인 증거를 제공하는 고대의 자료들을 분류하면서, 보캄Bauck-am은 로마의 승리자에게 보내는 AD 190년대에 기록된 폴리크라테스의 편지The Letter of Polycrates로 시작한다: "무엇보다, 요한도, 주님의 품에 기댄 사람이었으며 제사장이었고, 제사장의 명패*to petalon pephorekos*를 입고 있으며, 순교자martys이면서 교사로서, … 에베소에서 눈을 감았다." Bauckham 2007: 37, 유세비우스, Hist. eccl. 5.24.3을 인용함; 요세푸스 Ant. 3.7.6 참조

폴리크라테스가 요한이 입고 있는 이런 제사장의 명패*petalon*을 언급하고 있다는 것이 매혹적이다.w1 보캄2007: 42이 언급한 것처럼, 이것은 이마에 금으로 된 띠에 새겨진 야웨의 4자음YHWH이 있는 대제사장의 터번이다. 폴리크라테스는 대제사장, 순교자, 그리고 교사로 알려진 이 요한을 요한복음의 애제자와 분명히 동일시한다.w2

AD 2세기나 4세기 무렵의 무라토리 단편the Muratorian Canon은 요한에 대해 이렇게 말하고 있다:

제4복음서는 제자들 가운데 한 명이었던 요한이 쓴 것이다. 자신을 격려하고 있었던 동료 제자들과 주교들에게 그는 이렇게 말한다. "오늘부터 사흘 동안 나와 함께 금식을 합시다. 그리고 우리들 각각에게 무엇이 계시되든지, 서로에게 이야기 합시다." 그날 밤에 그것은 사도들 중 한 명인 안드레에게 계시되었으며, 모든 이들이 요한이 자신의 이름으로 쓴 것임을 확인했다…

그렇다면, 요한이 그리 지속적으로 그의 편지들 속에서조차 자신에 대해 "우리 눈으로 보고 우리 귀로 들으며 우리 손으로 다루었던 것, 우리가 이것을 당신에

게 편지로 씁니다."라고 말하면서 짚고 있는 것이 왜 주목할 만한 것인가? 그러므로 그는 스스로를 목격자와 들은 사람일 뿐만 아니라 주님의 모든 기적들을 순서대로 기록한 사람임을 고백한다. Baukham 2007: 59

이런 고대의 증언 속에 있는 몇 가지 점들은 주목할 만하다. 요한은 사도가 아니라 제자들 가운데 하나로 밝혀진다. 이 요한은 "주님의 모든 기적들을 … 목격한 사람이자 들은 사람"으로 드러난다. 이름이 밝혀지지 않은 다른 제자와 더불어 요한복음에서 제일 먼저 언급되는 안드레를 포함하여1:40, 다른 이들은 요한이 기록하도록 용기를 북돋워준다. 또한, 이 고대 저자는 요한복음을 "순서대로" 기록했다고 묘사하는데, 이것은 그들이 침례 요한이 잡힌 후에 일어났던 일을 대부분 기록했으므로, 요한복음의 내용을 공관복음의 보도들을 보완하는 것으로 밝히고 있는 유세비우스에 나오는 파피아의 증언 속에서도 지적되는 부분이다. 요한복음은 더 앞선 사건들을 기록하고 있으며 예수의 사역을 더 긴 기간으로 나타낸다.Hist. eccl. 3.33.5-8 타티안Tatian의 2세기 통관복음서Diatessaron, 아마 원래는 헬라어로 기록되었으나 시리아어와 시리아어를 번역한 다른 언어들만 남아있다는 복음서들을 조화시키려는 최초의 시도였으며, 나중에 교회는 이것을 거부했다. 통관복음서는 예수의 첫 번째 기적으로 가나의 포도주 기적-공관복음서 기적들 가운데 어떤 것보다도 이전에-을 열거하고 있으며, "요한복음에서 발견되는 순서를 가진 마가와 마태복음서의 순서가 없는 것"과 대조된다. 그렇지만 원래 히브리어 마태복음은-그것이 무엇이든-순서대로 있어 왔을 수 있다. 타티안은 항상 공관복음보다는 요한복음의 순서를 선택하지는 않았지만 연대기적 순서에 있어서는 요한복음의 순서를 따랐다.아마도 연속적인 절기들과 더 긴 기간으로 표시되는 순서 속에 있는 사건들을 인용하는 것을 가리키는 것 같다 Bauckham 2006: 227-29

이 주석의 서론부분에서 인용되고 있는 파피아의 인용은 두 명의 요한 때문에 혼란을 준다: 첫 번째 요한은 아마도 사도 요한이며여기서 그는 사도라고 불리지는 않는다, 두 번째 요한은 "장로 요한"이다. 보캄은 이 본문에서 두 명의 요한을 구분하기 위한 다른 고대 자료들을 사용한다. 여기서 주목할 만한 것은 파피아가 "진리"를 듣고자 하는 것과 "살아 있고 생존한 목소리"를 듣고자 하는 것이다. 적합한 자료를 가지고 진행한 그의 정확한 연구에서, 보캄은 사도 요한이 아니라 장로 요한이 요한복음에서 보도된 예수의 말과 행동을 눈으로 목격한 애제자였다는, 몇몇 요한 신학자들이 가졌던 초기의 시각을 부활시켰다. 보캄은 헹겔Hengel이 그의 신중한 연구에서 장로 요한을 저자라고 밝혔다고 말하지만, 편집자들이 마지막 요한복음의 서사를 구성할 때 손을 댔을 수 있다는 것을 인정한다. 게다가, 헹겔은 익명의 애제자에 대한 요한복음의 수수께끼같은 언급이 의도적일 수 있다고 주장한다: 사도 요한이나 장로 요한에 대한 힌트를 주기 위한 것이다.Hengel 1989: 127–32; Bauckham 2007: 34 폴르크라테스와 이레니우스가 분명히 장로 요한이 저자라고 지적하고 있으므로, 보캄은 이렇게 인정하는 것을 유감스럽게 여긴다.

보캄은 이런 확인 속에서 6개의 장점들을 밝히고 있는데, 가장 주목을 받는 "초대 교회에서 가장 위대한 교사들 가운데 한 명의 이름," 목격자인 애제자가 역사적 지식에서 사라지지 않았음.다른 다섯 가지의 장점들에 대해서는 w3을 볼 것

이레니우스는 빈번하게 장로 요한을 "주님의 제자, 요한"19차례 혹은 "요한"34차례이라고 지칭하지만, "사도"라고 지칭한 것은 겨우 2번이며, 이레니우스는 그런 사례 속에서 사도성에 의지하고 있다. 왜냐하면 그는 요한복음의 권위에 도전하고 있는 영지주의에 맞서서 싸우고 있기 때문이다.Bauckham 2006: 452–69 이와는 대조적으로, 이레니우스와 다른 이들은 규칙적으로 바울을 사도라고 지칭한다. 일반적으로, 그리고 거의 일관되게, 이레니우스는 이 저자를 "주님의 제자"라고 지칭하는데, 21:24에 나오는 목격자를 그 사람으로 연결시키고 있다. "이것은 요한을 어떤 그룹 속에 두기 보다는 그를 독특하게 구분하려는 의도이다. 역사적으로는 예수의 사역 기간에, 그리고 신학적으로는 요한복음에서, 이것은 요한과 예수의 특별한 친밀성을 전달해 준다." 2006: 459 요한복음이 예수의 사역을 대부분 예루살렘에서 있었던 것으로 나타내고 있으므로, 목격자 사도는 아마도 예루살렘 인근에 거주하던 사람인 듯하다. 저자에 대한 내적인 증거에 대해서는 뒷부분의 글을 보라 [애제자, 565쪽].w4

신앙/불신앙 신앙 혹은 불신앙은 '위에서' 와 '아래에서' 와 함께, 요한복음에 있는 이원성 가운데 하나이다. 신앙 혹은 불신앙은 하나님의 계시인 예수에 대한 인간의 응답을 묘사한다. 위로부터는 계시자의 기원을 묘사하며, 아래로부터는 계시자를 영접하지 않은 사람들의 기원을 묘사하고 있다. 믿는 것과 아는 것은 요한복음에서는 서로 관련되어 있다."순종과 지식," 7장에 대한 TLC; 믿는 것은 아는 것의 형태이다. 요한복음에서 아는 것은 구약에서처럼, 하나님과의 언약관계, 신의 계시를 받아들임, 계명을 행함, 서로 사랑함, 그리고 정의, 자비, 그리고 호의를 베푸는 것을 포함한다.미가 6:8 그것은 창조, 언약, 성령 속에서 하나님을 아는 것이다.

믿는 것pisteuo은 요한복음에서 100회 등장한다.J. B. Smith: 98; Schnelle 2009: 717 *Pis-*

*teuo*는 1:7, 12, 50; 2:11, 22, 23, 24; 3:12[2회], 15, 16 등에서 나타난다. 요한복음 1-12 장은 응답의 양식을 보이고 있다. 믿다와 믿지 않다는 항상 나타나지 않지만 응답은 항상 나타나고 있 다:

> 믿음신앙: 2:12; 4:39-42, 50-53; 6:66-69; 8:30, 31; 11:45; 12:42
> 믿지 않음불신앙: 5:38-47; 6:52; 7:32-35, 45-49, 52; 8:48-59; 10:19-20;
> 11:55-57; 20:27c 참조

유사한 구조적 양식이 요한복음 6:30-40; 8:25-35; 10:24-28a에서도 나타나는데, 이것은 유대인들을 믿지 않음에 넘기는 것으로 나타나고 있으며, 12:37-40에 있는 이사 야 인용들로 인해 확정되고 있다. von Wahlde 1984 그렇지만 그 문제는 그리 간단하지 않 다. 요한복음 6, 8, 10장에서는 유대인들의 처음 믿음이 '거부'와 '믿지 않음'으로 바뀌 지만, 11:45에서는 많은 이들이 믿고 몇 사람만이 그 기적을 바리새인들에게 고한다. 또 한 12:42-43은 "숨은 신자들"을 지칭함으로 그 계획에 이의를 제기하고 있다. 19:38-40에 나오는 요셉과 니고데모를 참조 많은 이들이 믿고 많은 이들이 믿지 않는다고 말하는 것이 더 정확하다. 이사야 본문은 믿지 않은 이들에게 적용되는 것이다.

이적들과 일들은 요한복음에서 증언으로서 전략적인 역할을 한다. 증언자 요한, 모세, 그리 고 아버지와 함께 그들은 사람들이 믿도록 설득하려는 의도를 지닌 증언을 나타내기 위한 요한의 법적인 구성 속에서 기능을 한다-예수 시대, 요한복음의 시대, 그리고 독자의 시 대에서. 존스와 밀러는 요한복음 연구에서 이적들을 부정적으로 볼 것인가 긍정적으로 볼 것인가, 혹은 양쪽 모두로 볼 것인가에 대해 논란이 일고 있는 문제들을 다룬다. 자료 이론들은 이적들이 원래 긍정적인 기능을 하고 있다고-이적들이 믿음으로 이어진다-여 김으로 그 본문 속에서 갈등을 겪는 표시들을 풀고자 하지만, 최종 저자혹은 편집자는 이 적들을 부정적으로 여긴다.[w1] 존스와 밀러는 이적들이 "문제 구절들"의 얽혀 있는 표시 속에서도 긍정적으로 기능한다고 설득력 있게 주장하고 있다: 요 2:23-25그들의 주석 속 에서 3:21까지 확장함; 4:48; 6:25-31; 20:24-29. 그들의 주의 깊은 주석적 설명들은 만족 스럽다. 첫 번째 경우에서, 그 문제는 이적들 자체가 아니라, 진실되지만 충분하지는 않 은 "숨은 믿음"이다. 4:48에서 믿기 위해 "이적들과 놀라운 일들"이 필요하다고 언급하 는 것은 거부가 아니라 이적들이 믿음에서 긍정적인 역할을 하고 있음을 엄숙히 선언하 는 것이다. 모세의 이적들과 놀라운 일들을 참조: 존스와 밀러는 여기서 훌륭한 비교를 하고 있다 그러므로 예수는 여기서와 6:30에서 믿음을 생성시키고자 이적들을 행한다. 도마에게는 이적 그 자체가 필요했던 것은 아니지만 증거가 필요했다. 도마는 증거를 구해서가 아니라[다른 제자들은 한 주 앞서 예수의 상처를 보았다!], 다른 이들이 한 증언을 믿지 못함으로 질책을 받는다—이것은 요한복음을 읽는 모든 이에게 결정적인 문제이다. 독자들은 요한복음이 가진 다수의 증언들이 보여주고 있는 기초 위에서 믿게 될 것인가? 존스와 밀러가 지적한 것처럼, 요한복음 어디에도 불신앙은 이적들이 없거나 충분하지 않아서라고 설명되는 부분이 없으며, 불신앙은 다른 이유에서 기인한다.[12:38-43에 대한 언급을 볼 것] 20:31이 분명히 말하는 것처럼, 이적들은 믿음을 이끌어 내기 위한 것이다.[이적들, 529쪽]

하나님께서 세상에 보내신 말씀을 믿는 것은 하나님의 자녀가 되는 권세를 얻는 것이다.1:12 예수를 믿는 것은 구원과 생명으로 이어진다; 믿지 않는 것은 사람들을 어둠에 둔다.3:15-19 이 두 개의 주제들은 예수의 공생애 사역을 맺는 예수의 예언적인 구전 속에 집중된다: 아직 얼마 동안은 빛이 너희 가운데 있을 것이다. "빛이 있는 동안에 다녀라. 어둠이 너희를 이기지 못하게 하여라. 어둠 속을 다니는 사람은, 자기가 어디로 가는지를 모른다. 너희는 빛이 있는 동안에 그 빛을 믿어서, 빛의 자녀가 되어라."12:35-36 하나님의 자녀1:12는 여기서 빛의 자녀이다. "하나님은 빛이시고, 그 안에는 어둠이 전혀 없다." 1 1 5b 이중적인 가리킴 속에서, 신자들은 새로운 신분과 새로운 도덕적 정체성을 받게 된다: 하나님의 빛 가운데 걷는 하나님의 자녀.

믿음 혹은 믿지 않음은 해석에 있어 요한복음의 세심함 가운데 하나이다.Motyer 1997: 57-62 요한복음의 목적20:31은 믿음을 일깨우고 자라게 하는 것이다. 온전한 믿음은 제자도로 이어지며, 따라서 이 서사를 강조하고 있는60-61 영원한 생명과 서로 연결된다. 슈나켄부르그1.571-72는 신앙의 단계가 기독론적 고백들 속에 반영된 그 서사 속에서 분명하게 나타나도록 신앙의 시험을 강조하고 있다. 아마 그럴 수 있지만, 믿는 것과 제자도는 요한복음에서 쌍을 이룬다; 기독론적 고백과 제자도를 믿는 것은 전체가 하나이다.[제자도, 509쪽]

요한은 "예수를 믿다."를 헬라어 전치사 *eis*로 표현하는데, 이 단어는 문자적으로 ~속으로into를 의미한다. 이 단어는 "방향이 있는 움직임"을 가리킨다. 그러므로 예수를 믿는 것은 그 사람의 삶이 예수의 방향으로 움직이는 것으로 이어져, 더욱 더 가까이 예수에게로 향하는 것이다. 믿는 것을 거부하는 것은 그 반대로 이어진다: 예수로부터 점점 더 멀어지는 것이다. 따라서 요한복음에 나오는 유대인들의 비극적인 믿지않음은 그들의 마음이… 완고해진 것으로 설명되고 있다.12:39-40 여기서 이사야 6:10를 인용하는데, 믿지 않는 것에 대한 신약성서의 증거본문이 된다.막 4:11-12; 마 13:14-15; 눅 8:10; 행 28:24-27; 롬 11:7-11, 20 유대인들의 믿지 않음은 요한복음에서만 특별한 것은 아니다.유대인들이 바울을 회당에서 쫓아내는 사도행전의 수많은 에피소드들을 참조, 예를 들면 17:1-10; 또한 살전 2:14-16 참조 요한복음에서 특이한 것은 유대인들을 높은 데시벨을 사용하여 지칭하는 것이다.[유대인들, 585쪽]

애제자 애제자는 요한복음의 목격자이다.19:35; 21:24 전통적인 시각은 그를 요한복음의 저자로 보고 있다—사도 요한이거나 아니면 장로 요한일 수 있는데, 그는 에베소에 살았으며 사도 요한의 목격 증언을 사용했다. 이런 시각이 갖는 문제점들은 애제자를 다른 예루살렘에 기반을 둔 증인들로 보려는 시도로 이어진다는 것이다. 몇몇 학자들은 애제자가 사랑을 구현하는 요한복음의 서사 속에 있는 이상적인 인물이라고 주장한다.w1 애제자의 역사적 정체성을 찾는 것은 흥미로운 일이지만, 결과물은 얻기 힘들다. 예수[혹은 그]가 사랑한 제자라는 용어는 5번 등장한다: 13:23; 19:26; 20:2; 21:7, 20. 다른/또다른 [allos] 제자는 6번 등장한다: 15:15, 16; 20:2, 3, 4, 8. 1:35-40에 나오는 이름 없는 제자는 같은 인물일 수도, 아닐 수도 있다 다른 제자를 예수가 사랑했던 제자로 보는 것은 20:8과 더불어 20:2-4에서 분명하다.

예수가 사랑한 [이]는 다른 곳에서 한 번 사용된다: 11:3, 5에서 나사로를 가리킴. 일부 학자들은 요 11:1-5, 35-36을 근거로 하여 애제자가 나사로라고 주장한다. 이런 견해를 갖는 이들은 플로이드 필슨Floyd Filson 1963: 22-25, 스티베72, 위더링튼2006 등이 있다. 샌더스J. N. Sanders와 마스틴B. A. Mastin 1968: 29-32는 애제자를 나사로이며, 그의 회고록들이 저자인 요한 마가의 손에 들어갔다고 본다. 요한과 요한 마가는 종종 고대에서 혼동된다.29-52; 더 자세한 정보는 다음을 보라. Kysar 1976: 97n33 11:3절과 5절 및 최후의 만찬에서 예수가 사랑했던 제자가 갑작스럽게 등장하여 예수의 곁에 앉은 것은 나사로를 강력한 요한복음의 저자 후보로 만들었다.

만일 역사적 인물의 이름을 밝힘으로 애제자의 정체성의 수수께끼를 풀고자 한다면, 그 선택은 헹겔1989과 보캄2006: 290-508: 2007이 언급한 요한복음의 내적 증거와 외적 증거 사이에 있다.[저자, 560쪽] 외적인 증거는 에베소서의 장로 요한을 가리킨다; 내적인 증거는 12:10의 언급에도 불구하고 나사로를 가리킨다. 요한복음이 예루살렘에서의 예수의 사역으로 가득함을 놓고 볼 때, 양쪽의 경우에서 그 목격자19:35; 21:24는 예루살렘 사도이다. 아마도 애제자의 "익명성은 의도적이다—역사적 인물의 정체성을 숨기고자 한 것이 아니라 애제자를 이상적인 제자로 나타내고자 함이다." Kugler: 485-86; Kugler의 책 서평 속에서 Evans [1990: 267-68]이 단언하고 있다 그렇지만 에반스Evans는 애제자의 그런 서사적 역할이 가공의 것이 아니라Kugler, 그의 정체성이 본문 속에 의도적으로 모호하게 숨겨진 역사적인 인물이라고 제대로 보고 있다. 많은 저자들이 언급한 것처럼, 스스로를 애제자라고 밝혔다면 교만하다고 인식되었을 것이다. 마지막 편집자는, 그의 이름이 무엇이든, 애제자의 증언을 증명해 주고 있다.

이것은 세심하게 만들어진 서사이며, 신실한 제자도와 예수를 믿음을 이끌어 내기 위한 것이다. 분명히 저자는 독자들로 하여금 애제자의 이름을 밝히는 것 이상의 것들을 기대할 것이다! 그 이상의 것이란 애제자를 이상적인 신자 혹은 예수의 제자와 동일시하는 것이다. 요한복음은 사도 요한이 저자라는 아무런 실마리를 제공하지 않고 있다—그는 요한복음에서 이름조차 언급되지 않는다. 열두 명6:67-71은 요한복음에서 이름이 드러나지 않지만 공관복음에서는 이름이 밝혀진다.막 3:16-19과 단락을 참조 [제자들과 제자도, 570쪽] 복음서의 제목들은 2세기나 3세기에 덧붙여진 것이다. 공관복음서에서막 10:35-37; 눅 9:52-55, 요한의 열심과 행동을 본보기로 삼기에는 훨씬 못 미친다. 제4복음서의 애제자는 예수가 들려올라감12:32뿐만 아니라 사랑과 거함으로 정의되는 예수와의 관계로 독자들을 이끄는 역할을 한다. 사랑은 믿고 안다. 13:23에서 계속해서, 베드로는 애제자와 예수의 친밀함에 의지한다. 예수가 예수를 향한 베드로의 사랑을 안정시킨 후에야 21:15-19 베드로는 애제자로부터 떨어져 나와 자신의 소명을 따를 수 있게 된다.

애제자가 우리를 하나님의 독생자, 예수의 마음, 그리고 하나님께로 이끄는 것처럼, 요한복음의 유대인들은 예수를 믿지도 않고 예수를 모르는 자들로서 정반대로 나타난다.[유대인들, 585쪽] 그것은 독자의 선택이다! 내가 닮고자 하는 것은 어떤 모델인가?

마지막 부분에서, 애제자는 "자신의 사생활을 간직하는데, 이 사생활은 가장 탐구심이 많은 주석가라 할지라도 존중해야 마땅할 것이다." Michaels: 24

교차대구법 교차대구법에서 첫 번째와 마지막 줄은 유사한 단어나 주제로 관련이 되어 있으며, 두 번째와 마지막 이전의 줄 역시 그렇게 이루어지는데, 그 단원의 주요 강조점을 강조하는 중심을 향해 지속되고 있다. 요한복음을 교차대구법의 형식으로 구조화하려는 노력은, 전체적으로나 구체적인 부분에 있어서나, 풍부하다. 피터 엘리스Peter Ellis는 요한복음 전체를 거시적 교차대구법macrochiasm으로 본다. 그런 후에 그는 그 각각의 교차대구법으로 단원을 이끌면서 요한복음의 각 단원을 설명하고 있다. 그렇지만,

학자들은 빈번하게 그런 교차대구적 구조들을 다르게 보고 있다. 가장 설득력있는 시각은 "절기들"을 지향하는 호메어 미야자키Homare Miyazaki의 요한복음의 교차대구적인 구조이다. 그는 브롬버그Blomberg가 발전시킨, 그와 같은 교차대구법들을 밝히는 기준을 수용한다.11-15 18-19장에 대한 그의 교차대구법과 이 주석과 온라인부록 곳곳에 있는 미야자키의 다른 교차대구법을 보라.

서문과 처음 네 개의 장들은 교차대구적인 분석을 가장 많이 받고 있다. 서문에 대한 컬페퍼의 교차대구법1980-81: 2-6; 1998: 116이 설득력이 있는 이유는 말을 절약하고 회화적 표현을 극대화시키고 있기 때문이다:

서문의 교차대구적 구조

1-2	18 말씀이 하나님과 함께 있다
3	17 말씀을 통해 온 것
4-5	16 말씀으로부터 받은 것
6-8	15 요한이 말씀을 선언하다
9-10	14 말씀이 세상으로 오다
11	13 말씀과 그의 백성
12a	12c 말씀이 받아들여지다
	12b 그를 영접한 사람들에게 주는 말씀의 선물

그렇지만 이런 교차대구적 분석에 대해 두 가지 점에서 질문할 수 있다. 먼저, "말씀이 하나님과 함께 있다"는 18절을 강조하는 것인가? 아들이여기서는 말씀이 아니다 아버지의 품kolpos에 있다는 점에서는 그렇지만, 이 분명한 강조는 그의 성육신된 삶으로 아들이 아버지를 드러내는 것에 해당된다.14절 12절은 하나님의 자녀가 되는 것을 강조하면서, 이 교차대구법의 중심과 잘 맞아 떨어지고 있다.요 1:47; 8:31-59 참조

더 많은 사례를 보려면 교차대구법에 관한 온라인의 글들을 활용하라. 더 완전한 정의와 사례들을 보려면, 다음을 참고하라D. Miller: 224-26

기독론과 기독론 칭호들 요한복음에서 예수를 가리키는 칭호들은 풍부하여, 모두 약 20개 정도가 된다:

- 말씀1:1, 14

- 독생자혹은 하나님의 아들, 혹은 하나님의 유일무이한 아들 1:18; 3:16, 18; 다른 번역본을 참조

- 하나님의 아들1:34, 49에서 뉘앙스의 차이가 있다; 그 중에서도 11:4, 27; 20:31

- 아들3:16, 36; 5:19-27; 8:28; 묵시적 요소를 가진 다른 많은 것들도 있다

- 랍비 혹은 선생1:38, 49; 3:2, 26; 4:31; 6:25; 8:4

- 하나님으로부터 온 선생3:2; 11:27-28

- 랍오니20:16

- 메시아 혹은 그리스도1:41; 4:25, 29; 11:27; 20:31

- 선지자4:19; 9:17

- 구원자4:42; 요일 4:14 참조

- 오실 이12:13

- 하나님의 어린양1:29, 36

- 하나님의 거룩한 이6:69

- 목자10장

- 하나님이 보내신 자3:16-17, 34; 5:30; 7:16-18; 특히 10:36; 또한 다른 본문들

- 나는~이다, 단복용법7회과 서술부와 함께대략 9개의 수식어 [나는~이다, 584쪽]

- 이스라엘의 왕1:49; 6:15; 12:13 참조

- 유대인의 왕19:19, 빌라도가 말함

- 보혜사14:16 NJB

- 주님11:3, 21, 32; 20:25; 21:7; 6:68 참조

- 나의 주님이자 나의 하나님20:28; 1:1, 18 참조

  - 자료: Beasley-Murray 1999: lxxxi; Carson: 96; Mealand

헹겔2008:271이 이 목록에 더한 것: 기름부음 받은 이, 선택된 자, 독생자.

이 칭호들 가운데 다수는 이미 요한복음 1장에 등장하고 있다. 요한복음 9장에서는 주님이 절정의 역할을 하는 또 다른 장면이 등장한다.38절 다니엘 7:13-14에 비추어 보면, 주님은 인자 속에 함축되어 있다. 레이놀즈는 다드의 "실현된 종말론"에 맞서, 요한복음의 인자는 일관되게 묵시적이라고 주장한다.[종말론, 574쪽] 이 칭호들의 신학적인 의미를 설명하는 것은 이 글의 범위를 벗어난다. 슈넬Schnell의 신약성서신학은 이 호칭들의 논의에 있어 좋은 자료이다.2009: 688-94 그는 단독용법와 서술적 사용 속의 나는~이다

는 요한복음의 독특한 기독론적 특징이라고 잘 말하고 있다.

이 주석에 있는 수많은 논의들1장; 5장; 10장; 17장은 하나님, 아버지와 예수의 하나됨의 의미를 말하고 있다. 온전한 기독론은 요한복음이 펼치고 있는 것처럼 발전되는 것이 아니다.마가복음과는 대조적으로 그 이유는 1:1과 1:18이 이미 예수의 신성한 정체를 밝히고 있기 때문이다: 하나님과 함께 하는 이. 4:26에서 먼저 나타나는 단독용법 나는~이다는 같은 것을 증언하고 있다.출 3:13-15를 보라w1

요한복음과 공관복음서의 연대기 세 가지 핵심적인 차이들이 이 논의에 집중되고 있다. 먼저, 공관복음서는 예수의 사역을 1년 주기로 나타내지만, 요한복음은 예수의 사역을 3년의 명절 주기로 구조를 잡는다. 공관복음서에서, 예수의 공생애 사역은 주로 갈릴리에서 이루어지는데, 마태, 마가, 그리고 누가의 고난 이전 주기 속에서 남쪽으로 내려가는 한 번의 여행을 다룬다.공관복음의 구조에 대한 더 확장된 연구를 위해서는 Swartley 1994를 볼 것 예수는 막 11:1; 마 21:1; 눅 19:28에서 예루살렘에 도착한다.

두 번째 주된 차이점은 요한복음과 공관복음서가 어떻게, 그리고 왜 예수가 죽는 날을 다르게 이야기하는가 하는 점이다.컬페퍼의 비교도표를 보라, 1998: 200-201 많은 학자들이 이 차이를 해결하거나 설명하려는 시도를 한다. 이 문제는 초대교회 저자들이 언급한 것이며 부활절 논란과도 얽혀 있었다. 190년경에 쿼토데치만Quartodeciman, 닛산 14일에 부활절을 지키던 사람들, 역자 주을 둘러싼 부활절 논란이 있는 동안에 로마의 빅토르Victor of Rome에게 쓴 폴리크라테스의 서신은 닛산 14일을 효모를 넣는 날로 여긴다; 그리하여 유월절은 닛산 15일 전날에 시작된다. 폴리크라테스의 서신은 다른 아시아의 교회 지도자들 가운데 그가 요한의 연대기에 맞게 유월절을 지켰음을 보여준다. 예수는 유월절을 준비하는 날에 십자가형을 당했다-효모를 넣는 날이다. 유월절은 그날 저녁에 기념되었다.Bauckham 2007: 39-41

몇 개의 대안적인 해석들이 있다. 먼저, 어떤 이들은 공관복음서가 역사적으로 맞다고 주장한다. 그러므로 요한복음이 금요일 저녁에 유월절 식사를 위치시키는 것은 신학적인 동기가 있다는 것이다. 두 번째로, 다른 이들은 요한복음이 맞다고 주장한다. 예수는 유월절 저녁 식사를 위한 유월절의 어린양으로 죽었다. 공관복음서는 최후의 만찬을 유월절 식사로 만들려는 신학적 동기가 있는 것이다. 세 번째로, 아마 요한복음과 공관복음서가 모두 맞지만 다른 달력을 따르고 있다는 의견이 있다. 쿰란은 닛산 14일 저녁과 닛산 15일 낮을 주류 유대교와는 다른 달력의 날로 두기 때문이다. 이 달력은 쿰란의 에

세네파로 알려지고 지켜졌다.Annie Jaubert 1965; 1990 참조 네 번째로, 요한복음의 식사 역시 유월절 식사였는데, 요한복음과 공관복음서가 그 식사와 함께 유다의 배신을 말하고 있기 때문이다. 그들은 양쪽의 사례에 모두 "기대고" 있으며, 유월절의 법이 요구하는 대로 식사 이후에 예루살렘 구역에서겟세마네 머무른다. 그들 역시 유월절이 요구하는 것처럼Burge 2000: 365–66, 두 전승을 조화시키며 식사 이후에 자선을 베풀었다.요 13:29 이런 해결책은 마샬.H. Marshall의 연구 속에서 부분적으로 나타나고 있다: "우리는 예수가 공식적인 유대교의 날보다 앞서 유월절 식사를 가졌으며, 그가 그렇게 할 수 있었던 것은 유대인들 사이에서 달력의 차이로 인한 것이라는 결론을 내린다." 1980: 74 ʷ1

확실히 요한은 목요일 저녁식사를 특별한 식사로 여겼지만, 유월절 식사는 예수가 죽임당한 어린양으로서 죽은 이후인 금요일에 적절히 일어났던 것이다. 예수의 죽음은 유월절 식사를 준비하는 날에 있었고, 따라서 닛산 14일을 효모가 없는 빵을 넣는 날로 삼는 아시아 달력을 따랐으며, 닛산 15일이 시작되는 저녁에 유월절 식사를 준비한다.Bauckahm 2007: 40–41; O'Day 1995: 704–5; Kysar 1976: 5 ʷ2

마지막으로, 세 번째의 중대한 차이가 예수가 성전을 "정화"할 때와 관련이 있다. 그 이유는 그가 이것을 두 번 행했다는 것은 생각할 수 없기 때문이다. 이 문제는 2장의 언급 속에 논의된다.

제자들과 제자도 제자들은 요한복음에서 81회 나타난다.마태에서는 74회, 마가에서는 45회, 누가에서는 38회 제자라는 단어는 요한서신에서는 나타나지 않는다! 요한복음에서 이름이 밝혀진 제자들은 안드레, 시몬 베드로, 빌립, 나다나엘, 도마, 유다.가룟 유다가 아님; 14:22, 그리고 시몬 가룟의 아들 유다.6:71이다. 요한복음에서 독특한 것은 애제자가 두드러진 역할로 나타난다는 것이다. 세베데의 아들들은 언급되지만21:2 이름이 밝혀지지는 않는다. 요한은 항상 증언자 요한이다.공관복음서에서는 침례 요한이라고 불리지만 요한복음에서는 아니다 신약성서 다른 곳에서 밝혀지는 7명의 제자들막 3:16–17; 마 10:2–4; 눅 6:12–16; 또한 행 1:13 참조은 요한복음에서는 이름이 없다: 두 명의 야고보, 마태, 다대오, 열심당 시몬, 바돌로매. 어떤 주석가들은 바돌로매와 나다나엘이 같은 제자라고 주장한다. 요한복음은 1:67, 70, 71; 20:24에서 12명을 말하고 있다.

요한은 제자들의 숫자를 달리 한다.6:60, 66, 그리고 21:2와 더불어 1:35–51 참조 처음부터 '나를 따르'고 부름을 받는 제자는 빌립뿐이다.1:43; 베드로의 경우에는 21:19를 보라; 다른 이들은 증언자 요한이 예수에게 "양도"했으며 예수를 둘러싸고 모인 제자들이 된다. 1:19-2:12에 대한 TBC에 있는 "모이는 제자들"을 볼 것 이들 가운데 일부는 친구들을 통해 예수에게 소개되고 있다. 1:35-51에 대한 언급을 볼 것 나다나엘1:45-51; 21:2과 "애제자"는 공관복음서에서는 등장하지 않는다. 주석가들은 일반적으로 제자도를 요한복음의 주된 주제라고는 보지 않지만, 체나트Chennattu가 쓴 언약적 관계로서의 요한의 제자도Johannine Discipleship as a Covenant Relationship는 훌륭한 예외가 된다. 세고비아1985와 힐머Hillmer 1996가 쓴 논문은 신약성서 전체 속의 제자도를 말하는 책이다. 이들의 연구는 유용하지만, 세고비아는 13:31-35와 21장을 나중에 첨가된 부분으로 여겨 이 연구를 배제하고 있다. 힐머는 요한복음에서의 제자도의 중요성을 인식한다. 제자도는 예수와의 관계 및 예수 안에 거함을 포함하는 것이다. 제자도는 예수를 따르는 것과 예수의 계명들, 특히 서로 사랑하라는 계명을 지키는 것을 의미한다. 예수를 믿고 고백하는 것은 제자도와 행동을 아우르는 것이다: 제자도는 기독론과 교류한다. 8493, 96

체나투는 제자도가 요한의 전체 서사에 스며들어 있다고 올바르게 보고 있다. 요 1:35-51에서는,

> 제자들은 예수를 따르는 과정을 전수받는다. [2-4장에서] 예수가 하나님의 임재를 드러낼 때 다양한 제자도의 모델이 제자들에게 주어진다. 5-10장에서, … 제자들과 그 이야기의 등장인물들은 예수의 말과 일 속에 있는 하나님의 계시를 부여받으며 예수를 위할 것인지 아니면 예수와 맞설 것인지의 선택에 직면하게 된다. 11-12장은 결정의 절박성을 고조시키며 예수의 때를 위한 무대를 마련한다. 71

예수의 고별설교에 대한 그녀의 개요는 제자도라는 주제를 진척시키며82, 특히 애제자에 초점을 맞추고 있다. 100-201 그녀는 요 17장을 "제자들의 언약적 공동체를 봉헌하는 기도"라고 이름 붙인다. 130 또한 그녀는 "요 20-21장에 있는 언약-제자도 모티브"를 밝히고 있으며, 요 20:1-18의 요구, 20:19-31의 권능부여, 그리고 그녀가 제자도에 추가하고 있는 21장에 있는 새 언약의 공동체를 설립하는 것을 강조한다. 140-79 w1 체나투의 공헌은 특히 신앙을 가진 신자들의 교회 공동체에 도움이 되고 있다.

이 주석은 다양한 자리에서 제자도를 부각시킨다. 1:35-51; 13:31-35; 그리고 21장 예수가 제자들을 가르치는 것은 두드러지게 나타난다. 4:27-38; 6:1-21, 60-71 7:2-3에서 예수의 형제들은 예수에게 네 제자들도 네가 하고 있는 일들을 볼 수 있도록 유대로 가라고 말

한다. 예수의 고별은 제자들에게 말한다. 부활한 이후, 예수는 20:19-29에서 제자들에게 두 차례 나타나며 21장에서는 세 번째로, 요한복음이 말하는 지상대명령을 제자들에게 주며 도마의 고백을 이끌어낸다. 요한복음 전체는 진정한 제자도를 가르치고 있으며, 애제자를 모델로 삼고 있다.

요한복음 속의 드라마 브랜트Brant는 요한복음의 수많은 특징들이 연극작품으로 써졌다는 것을 말해주고 있다고 주장한다. 그런 특징들은 특히 담화들 속에서 두드러진다. 그런 특징 가운데 하나는 요한이 사용하는 지시적deictic 언어이다. 그러므로 브란트는 요한복음이 오다와 가다와 같이 가리키는 단어들뿐만 아니라, 저것ekeinos과 이것houtos과 같이 지시하는 단어를 빈번하게 사용하고 있다고 주장한다. 또한 요한복음은 반복되는 강조대명사들intensives를 가지고 있다: 나ego, 우리hemeis, 그리고 너sy[단수], hymeis[복수] 이것은 가장 무대에 익숙한 유형의 언어인 것이다. 지시적 언어는 청자나 독자를 등장인물의 주관성으로 초대한다. 그것은 시간, 공간, 그리고 양식을 강조한다.

브랜트가 논의하는 12개의 "대사–행동speech–action" 중에서, 가장 매혹적인 것은 "논쟁flyting"으로서, 이것은 그리스의 비극작품과 요한복음에 있는 담론의 특징이다. 논쟁은 대적자들이 결투를 벌이는 언쟁의 형태이며, 상대방의 지위와 추론을 이기는 것이다. 요한복음 5, 6, 8, 그리고 10장에 있는 담론은 예수와 "유대인들" 사이의 논쟁으로 이루어진다. 이런 담론들은 강도를 더하고 있다. 더 나아가서, 그녀는 그리스 비극작품에서는 언어적인 논쟁–격전을 벌이는 승자가 빈번하게 그 싸움에서 지는 것으로 결론이 나는 것을 엿보고 있는데, 그 이유는 대적자가 치명적인 폭력을 행사하고 있기 때문이다– 이것이 바로 요한복음에서 일어나는 일이다.[w] 극적인 역할들은 허구적이므로, 브란트는 요한복음을 연극으로 보면 우리가 요한복음을 반유대적으로 보지 않게 된다고 주장한다. 그렇지만 극장 상연은 역효과가 날 수도 있다.

이원론이 아닌 이원성 요한복음 그리고 요한서신들에 관한 문헌은 이원론을 그 특유한 특징들 가운데 하나로 보고 있으며, 빛과 어둠, 죽음과 생명, 믿음과 믿지 않음, 그리고 가장 근본적인 것으로, 위에서 대 아래에서의 대립 속에 분명히 나타나고 있다. 그렇지만 이런 대립들은 정말로 이원론적이거나 이원성duality이라는 용어는 이런 요한의 강조점들을 묘사하고 있는 것인가? 통찰력이 있는 그들의 논문Bauckham and Mosser: 2008에서 바톤Stephen Barton과 볼프Miroslav Volf는 엄밀히 말해, 요한복음은 이원론적이지 않다고 주장한다. 이원성이 요한복음을 더 정확하게 묘사하는 말이다.

요한복음의 이원성들은 요한공동체를 그들을 둘러싼 것들과 완전히 대립구도로 두지 않는다. 볼프는 요한복음은 신자들을 어떤 특별한 형태의 종파주의로 부르고 있다고 주장한다. 이들 신자들은 오직 부정적으로나 긍정적으로만 암호화된 반응을 보고 있는 것이 아니라, 용서하고 악을 행하는 이들을 위해서도 기꺼이 죽을 수 있음을 보이면서 용기있게 악을 밝힌다.[w1]

요한복음의 "이원론들""위와 아래, 참과 거짓, 사랑과 미움, 선과 악, 생명과 죽음, 빛과 어두움, 그리스도와 마귀"을 논의하면서, 컬페퍼는 이렇게 말하고 있다. "이원론이 아니라, 기독론이 요한복음의 기록들 각각의 실제적인 중심이다." 1996: 23, 24 요한복음의 이원성들 역시 교회적이고, 도덕적이며 정치적 측면을 갖고 있다.Swartley 2006: 280-89 로고스는 세상의 빛이다. 어둠은 과거에도, 현재에도, 앞으로도 빛을 잡거나 지배할 수 없다. 이런 주제는 또한 요한계시록에서도 빛나고 있다. "그 도시는 빛을 배출 해와 달이 필요가 없습니다; 하나님의 영광이 빛이며, 그 등불은 어린양이기 때문입니다. 열방들이 그 빛으로 걸을 것이며 지상이 왕들이 그들의 영광을 그곳으로 가져올 것입니다." 21:23-24

에큐메니컬 관계 요더John H. Yoder 1958: 7-14는 에큐메니컬 운동을 지지하면서 보수적이며 더 진보적인 경향들을 밝히고 있다. 그는 이렇게 말한다. "모든 신자들의 연합은 성서의 명령이다."16 그리고 "그리스도인의 연합은 만들어지는 것이 아니라 복종해야 하는 것이다." 21 그는 신약성서 교회 속에 분열이 이미 나타났다는 것을 서신서들이 확실히 밝히고 있다고 우리에게 알려준다. 실제로, 이것은 세월이 흐르는 동안 교회를 괴롭혀왔다.19-27 [w1]

교회일치를 위한 노력에 있어서 그리스도인들이 직면한 도전은 몇 십 년 전보다 오늘날 훨씬 크다. 그 이유는 교파들이 마이클 루트Michael Root가 "유동적 정체성fluid identities"이라 부르는 것을 분열시키고 있기 때문이다.10-11 동성애 문제에 관한 주류 개신교 교파들 속의 양극화는 하나의 예증이다. 교회일치주의자 월터 캐스퍼Walter Kasper 추기경2005은 교회가 연합을 향한 노력을 갱신할 것을 촉구한다. 요 17장에서 예수가 준 같은 이유에서다:

교회일치주의Ecumenism는 그 자체로 목적이 아니라 모든 세상으로 가서 모든 민족에게 복음을 전하기 위한 교회의 근본적인 선교에 속한 것이다.마 28:19 그러므로 교회일치운동은 예수가 죽기 전날 아버지께 했던 기도이자, 그의 마지막 뜻과 증언으로서 우리가 존중해야만 하는 그 기도에 응답하는 것이다: "그들이 우리 안에 있음으로 세상이 믿게 하소서" 요 17:21 w2

궁극적으로는 오직 성령의 교회일치주의만이 현재의 위기를 극복할 수 있을 것이다. "모두가 하나 되게 하소서" 요 17:21라는 예수의 마지막 말은 명령이나 지시가 아니라 기도이다. 교회일치주의는 둘이나 셋이-교회가 둘이나 셋일 때보다 더 많이-예수의 이름으로 기도 속에서 하나될 때, 그들이 들리게 될 것이라는 약속을 가진다는 확실성 속에서 이 기도에 참여하는 것을 의미한다.마 18:20

스나이더 비로우섹Snyder Belousek 604은 다음과 같이 호소하면서 "그리스도가 우리의 평화"라는 자신의 논문을 열정적으로 끝맺고 있다:

하나님의 구원의 복음과 그리스도 안에 있는 평화에 대해 세상에 증언을 하는 교회는 반드시 복음적이면서도 교회일치적이어야 한다; 실제로, 우리는 복음주의적이기 위해 교회일치적이어야 한다. 그리스도와 십자가의 메시지를 통해 우리는 못 박힌 그리스도의 복음을 위해 교회 안에서 서로 화평하도록 부름을 받는다. 그리스도와 십자가의 힘을 통해 우리는 지켜보는 세상 앞에서 그리스도인들 사이의 분열의 벽을 성령의 선물로 인해 허물 수 있게 된다. 그러므로 모든 열방의 민족이-국적, 인종, 성별, 그리고 계급으로 오랜 기간 나뉜-예수 그리스도의 화평케 하는 십자가를 통해 하나님과 화해하는 현실의 살아 있는, 구현된 표시를 보게 된다.

종말론 만일 요한에 대한 연구 속의 어떤 주제가 흐르는 모래 위에 있다면, 그것이 이것일 것이다. 강조의 연속은 한 편으로 다드의 "실현된 종말론"에서 출발하여 다른 한 편으로는 "종말론적"으로 가고 있다. 처음 등장하는 기독론적 칭호인 인자는 현재 시제로 하늘이 열린다고 말한다.1:51 이 두 스펙트럼의 양끝 사이에, 대부분의 학자들은 영생의 현재와 미래적 측면을 본다.5:25-29에 대한 언급을 볼 것 톰슨Thompson 2008a: 238-39은 5:25 현재와 5:28-29미래의 더 넓은 맥락에서 현재와 미래의 실현이 가진 신학적인 의미를 논의한다. 그녀는 요 11장에 나오는 이 두 가지 양상을 예수의 가르침과 행동으로 밝히고 있다. "요 11장은 생명을 주시는 하나님의 성품을 증언하고 있으며 하나님과 함께하는 미래에 대한 예상을 보여 준다."244 [영생, 575쪽]

자신의 주석 서론부분에서, 바레트C. K. Barrett는 종말론을 요한복음의 8가지 주요 주제 가운데 하나로 삼는다. 그는 현재와 미래의 요소들을 모두 인식하고 있다.양쪽의 측면을 나타내고 있는 Kysar의 차트를 참조. 197, 87 요한복음에 나오는 실현된 종말론과 미래의 종말론에 비추어, 나는 요한복음의 종말론에 대한 또 다른 용어를 제시하고자 한다: 신자의 종말론. 요한복음에서 예수 속으로eis 믿는 것은 영생으로 이어지며, 여기 그리고 지금 경험되며 미래로 흘러간다. 요 5:29c는 정반대를 말하고 있다: … 악을 행한 이들은 저주의 부활로.

신자의 종말론은 현재와 미래를 결합시키며, 생명을 주는 예수 속에서, 웹스터Webster의 용어를 사용하면 신자가 "섭취하는 예수ingesting Jesus" 속에서, 신자 속에서 일하시는 성령 속에서, 그리고/혹은 평화와 선교의 연합 속에서, 예수를 항상 그 중심에 두고 있다. 요한은 포도나무인 예수에 대해 가지인 신자들의 연대를 강하게 강조하고 있고15:1-7, 그리하여 세상의 미움을 경험하며15:18-25-15장 안에 모두-예수가 아버지와 하나인 것처럼 예수와 연합한다.17장 이런 강조들은 실현하는 종말론이라 불리는 것을 가리키고 있는데, 아마도 신자의 종말론보다 더 나은 용어일 수 있으며, 현재에 경험하고 미래에 성취되는 것이다.요일 2:17에 대한 McDermond를 보라 엘리아스Elias의 미래를 기억하라 Remember the Future에서처럼, 그는 요한일서를 바울의 종말론과 연결시킨다.

영생w1 명사, 동사, 그리고 혼합된 형태의 생명은 요한복음에서 54회 등장하는데, 1-12장에서 가장 많이 나타나며 3-6장에 집중되어 있다. 영생은 17회 등장하는데, 잘 알려진 구절은 다음과 같다: 3:15, 16, 36; 17:2, 3나머지 12회는 4:14, 36; 5:24, 39; 6:27, 40, 47, 54, 68; 10:28; 12:25, 50에서 나타난다 영생은 무한한 시간이라기보다는 생명의 질을 나타낸다. 영생은 현재이자 미래이다.McDermond: 153 참조 생명이라는 예수의 선물은 요 1-12장에서 주로 강조된다. 영생이라는 용어는 공관복음서에서 드물게 사용된다. 마 19:16, 29; 25:46; 막 10:17, 30; 눅 10:25; 18:18, 30 공관복음서는 빈번하게 "하나님 나라/천국"을 말하고 있는데, 이 용어는 요한이 3:3, 5에서 사용한다.나라는 18:36에서 2차례 등장한다; 바울이 사용하는 하나님의 의/정의를 참조

네 가지 관점들이 요한복음의 영생을 이해하는데 도움을 준다: 1) 영생 혹은 다가 올

시대의 삶에 대한 구약의 예상; 2) 팍스 로마나를 자랑하는 "영원한 도시로마와 결부되어 있는 로마의 영생약속과의 상호텍스트적인 연결성; 3) 요한복음의 영생과 요한복음이 갖는 로마제국과 기독론과의 관계; 4) 육체의 부활을 포함하여, 인간 경험의 물질적, 사회적, 그리고 정치적 특면들과 영생의 관계.

1. 구약의 예상. 몇몇 후기 구약 본문들과 다른 유대교 자료들은 영생을 말하고 있다. 단 12:2, 13 이것은 단 6:26; 7:13-14, 27의 "영원한 나라"와 상호텍스트적으로 관련되고 있다 마카베오기 하 7:9는 일곱 명의 아들이 한 명씩 고문과 순교를 겪고 있는 본문으로, 그들과 그들의 어머니는 그들의 순교가 하나님께서 신실한 자들을 부활시키는 것으로 입증될 것이라는 확신을 표현한다. 에스라4서7:2-44; 11-13장; 14:35와 바룩2서26-30장; 49-52장; 72-73장는 "새로운 세상이 수립된" 이후 지상에 4백년의 통치에스라4서가 따라오는 많은 고난들이 있는 두 시대를 그리고 있다.Carter 2008: 220 이 본문들은 솔로몬의 시편특히 17장 및 에녹1서 37-71장과 더불어, "로마의 통치 하에 있는 현재 시대 속의 물질적인 삶을 노골적이고도 깊이 대조하고, 극복하며 변형시키는" 하나님의 주권 하에 다가 올 시대를 예상한다.220

2. 요한복음의 영생을 로마제국의 영생약속과 연결. 로마는 스스로를 "영원한 도시"라고 선언했으며 제국은 스스로를 팍스 로마나로 명명했다. 주전 13~주후 14년, 시저 아우구스투스의 통치 기간에 "황금시대"의 개념이 등장했다. 카터는 이렇게 기록한다. "아우구스투스의 황금시대는 분명 미래의 그림의 떡 비전이 아니었다: 그것은 이미 이곳에 있었다. 이것은 '실현된 종말론'이었다."2008: 205 로마의 엘리트이자 *sebastoi*성직자 가문가 번창했음에도, 로마 인구 대다수가 압제 하에 살고 있었으며, 빈번하게 식품의 부족에 시달렸다. 그들은 엘리트의 혜택을 위해 "노예로 살았다."Carter 2008: 205-208; Swartley 2006a: 35-40; Wengst 1987: 7-51 "황금시대"의 비전은 아우구스투스의 계승자들을 통해 지속되었다. 클라우디우스AD 41-54 치하에서 에베소 시민들은 "황제가 '모든 인류를 자신의 보호 하에 두었다'는 확신을 얻었다. 도미티안은 영원한 도미티안의 황금시대로 단장하고 강화시켰다."Carter 2008: 207

요한복음이 기록되고 얼마 되지 않아 북아시아에 있는 본투스-비티니아의 통치자 플리니Pliny는 지방 사람들이 황제의 *Salus*번영와 *Aeternitas*영원한 존재를 청원하며 호소했다는 것을 보여주었다.Pliny the Younger, EP. 10.59, 83 황제는 로마는 영원히 존재하는 곳이라고 백성들을 안심시켰다.Carter 2008: 207-8

3. 요한복음의 영생과 제국 및 기독론과의 관계. 영생에 대한 요한의 독특한 사용은

한 편으로는 로마의 약속과 관련이 되고 있으며, 다른 한 편으로는 요한복음의 많은 기독론적 칭호들과 관련된다. 예수를 위한 칭호들 가운데 많은 것들은, 그의 신성한 정체를 나타내는 칭호들을 포함하여, 또한 1세기 동안 로마의 황제들이 주장했던 것들이었다.Carter 2008: 176-203; Swartley 2006a: 77-90 영생을 빈번하게 사용한 것은 로마제국의 주장을 전복시키는 요한복음의 방식인가? 아니면 요한복음은 신자들을 제국으로부터 거리를 두게 하고, 신자들의 주님이자 구원자에 대한 신실함 속에서 자신들의 공동체적 생활을 영위하도록 그들에게 힘을 부여하는 방편으로 황제들이 주장했던 칭호들로 예수를 나타내었는가? 카터는 후자에 의지 하지만2008: 226-27, 양쪽 모두를 분명 염두에 두고 있다. 카터가 인식하는 것이자 웹스터의 예수를 섭취하기가 제시하는 것은, 예수의 나는 ~이다 주장의 이미지가 육적인 필요와 실재들과 연결되고 있다는 것이다.

4. 육신의 부활을 포함하여, 인간 경험의 물질적, 사회적, 정치적 측면들과 영생의 관계. 나는~이다 선언을 주격 술어로 검토해 보자 [나는 ~이다, 584쪽] 이들 가운데 대부분은 삶을 유지시키는 기초와 연결된다: 영생으로 이어지는 생명수와 음식요 4장; 생명의 빵요 6장, 양을 먹이고 돌보는 목자요 10장, 부활요 11장, 그리고 과실을 맺는 가지요 15장 가나에서의 예수의 첫 번째 이적은 새 시대의 축제를 예견하는 구약성서를 성취한다.사 25:1-9; Carter 2008: Webster 참조 로마제국의 황금시대는 풍부한 음식과 마실 것을 약속했다. 웹스터는 요한복음의 8번의 식사 사건을 밝히고 있는데, 이들 가운데 몇몇은 이적들이라고 표현된다. 요한복음 6장에서 군중을 먹이는 것은 자신이 생명의 빵이라고 하는 예수의 주장으로 이어진다. 이것은 내가 마지막 날에 그들을 일으키리라와 연결되고 있다.6:39, 40, 44, 54; 1:24-27 참조 살기 위해 자신의 살을 먹으라는 예수의 명령은 충격적일 수 있지만, 삶의 모든 영역-개인적, 공동적, 육체적, 물질적, 그리고 정치적-에서 예수를 섭취하기를 상징적으로 말하고 있는 것이다. 이것은 1:29, 36에 나오는 하나님의 어린양인 예수의 서론 및 나중에 유월절 식사9:14와 일관되고 있다. 신자들은 예수를 먹고 살기 위해 그의 피를 마신다-풍부하고도 영원히 [성찬식, 529쪽][나는~이다, 584쪽]

아버지와 아들 아람어 아바 아버지를 배경으로 하는 주기도문마 6:6-9; 눅 11:2-4 및 요한복음에서 예수가 사용하는 아버지는 본질적인 관계의 질을 말하는 친밀함을 강조하는 것이다. 요한복음에서, 하나님은 아버지로 118회 불리고 있다.마가복음에서는 4회, 마태에서는 42회, 누가복음에서는 29회 아버지는 다른 복음서에서보다 더 빈번하게 요한복음에서 나타난다. 마태복음에서는 산상수훈 속에서 아버지가 집중적으로 나타나고 있다. 공관복음서에서, 예수가 하나님을 아버지로 부르는 것은 드문 일이다. 그는 주기도문에서만 6:9//눅 11:2, 마태복음 11:25-27//누가복음 10:21-22에서 환희에 차서 아버지에게 외치는 와중에서, 그리고 십자가에서 용서의 말을 하면서눅 23:34, 일부 MSS에서는 없음 하나님을 아버지라 부른다.

요 17장에 있는 11가지의 사례들 외에는, 예수가 하나님을 직접적으로 아버지라고 부르는 것이 드물지만, 그런 사례들은 중요하게 자리매김 되어 있다: 나사로를 살림11:41, 십자가에서 그의 영광을 맞이함12:27-28, 2차례; 20:17에서 도마의 절정의 고백을 참조 예수가 요한복음에서 아버지에 대하여 말할 때, 아버지는 생명의 기원이자 원천이며, 권위가 있고 그의 자녀들을 사랑하시는 분이다.Thompson 2001a: 58 이것은 구약에서 하나님의 성품을 아버지로 이야기하는 것과 유사하다.Swartley 1990: 13-14 요한복음에서 아버지로서의 하나님은 아들 예수를 친밀한 사랑의 관계 속에서 완전하게 한다. 아들은 하나님의 뜻을 행하며, 모든 만물 속에서 하나님께 복종하면서도 아버지의 정체성과 권위를 공유한다. 아버지의 일을 행하고 아버지와 자신의 정체성을 하나로 만든다는 예수의 주장은 유대인들의 반발로 이어진다.5:16-27; 8:15-20, 37-47; 10:17-18, 28-30 [유대인들, 585쪽]

요 17장에서 아들 예수와 아버지 하나님의 친밀한 관계는 가슴뭉클하다.17:21-23 이 주제에 대한 로세Rosse의 해설은 풍부하다:

예수가 영원히 아버지께로 돌아간 말씀이므로, 예수를 아는 것은 아들과 아버지 사이에 존재하는 관계를 발견하는 것이다; 그것은 사람들의 연합으로서 하나님을 발견하는 것이다…. "이런 가르침 속에서, 그리고 그의 이런 삶 속에서 예수는 하나님만을 계시한다; 예수는 하나님의 계시인 것이다." [불어로 된 L. Cilia를 인용함] …

예수가 하나님께로부터 왔다는 것과 그가 하나님께서 보내신 이라는 깨달음은 그의 기원의 문제에 대한 대답을 포함하고 있다. 예수의 신성한 기원을 인식하는 것은 그를 아버지께로 연합시키고 그를 아들로 정의하는 유대를 붙잡는 것을 뜻한다 …. 예수의 신성한 정체성은 교제communion의 삶, 그를 아들로 만드는 관계를 드러낸다.14-15; Rosse를 더 읽으려면 1-2장을 보라

아버지 하나님은 복음서 밖의 문헌 속에서는 병행되는 것이 없지는 않다. 줄리어스 시

저는 자신의 생애 후반부에 아버지라는 칭호를 주장한다.*parens patriae* 및 *pater patriae*; 아우구스투스는 주전 2년에 그 칭호를 획득했다.D'Angelo; Swartley 2006a: 81–83. 마태복음에서 요한복음에 있는 야단스러운 아버지의 언어는 분명하고 타당한 이유로 페미니스트 학자들을 곤란하게 한다.예를 들면 Reinhartz 1999의 논문들을 볼 것 그렇지만 마태와는 달리 요한복음은 내 아버지보다는 아버지를 더 많이 사용한다−후자는 주로 14−15장에 나온다.17장은 직접적으로 아버지라고 부른다 앤더슨1999, 리1999: 180−81, 그리고 톰슨의 논문들.1999: 26−29 요한복음의 아버지는 두 가지 주된 주제와 결합되어 있다는 것을 강조한다: 보냄과 친밀함, 사랑의 그리고 사랑 속에 함께 함. 톰슨20−26, 29−30은 생명을 주는 자라는 주제를요 5:26 이런 함께 함의 근본적인 기초라고 올바르게 밝힌다: 아버지와 아들의 "생명을 주시는 일"30은 하나다. 그것은 신자들에게 생명을 주며 "모든 세상을 위한" 생명이다.1999년도 책에 있는 Ringe와 Young의 논문들 "요약과 반응": 189−202를 볼 것

절기 이스라엘의 주요 절기들이 요한복음의 전체적 구조를 이룬다. 요한복음은 예수를 이들 절기들과 성전을 대체하는 것으로 나타내고 있는가Suderman, 아니면 요한복음은 요한의 독자들을 위해 이들 명절과 신학적인 의미가 갖는 중요성을 부각시키고 있는가? 이런 관점에서, 요한복음은 이스라엘의 주요 신앙전통들을 구조로 삼는 공관복음과 유사하다.Swartley: 1994 요한의 명절 구조는 메시아 예수에 비추어 명절의 신학적 중요성을 "변화시킨다." 유대인 신자들은 각각의 명절들에서 예수의 담론 속에 있는 새로운 의미들과 함께 그 명절을 기념한다. 명절이 기념되는 성전의 몰락 이후에 기록된 요한복음은 "유대인 그리스도인들로서 그의 공동체의 신앙"을 독려하기 위해 이 명절들을 재해석한다.Yee: 27 이Yee는 랍비 요하난 벤 자카이의 지도 아래 회당 예배에 적합한 명절들에 새로운 의미를 부여하려는 바리새인들의 비슷한 노력들을 언급한다.

육체와 영광 육체*sarx*는 다섯 가지 다른 구절로 요한복음에서 13차례 등장하는데, 각각의 구절은 이 용어의 뉘앙스에 영향을 미치는 다른 맥락 속에 포함되어 있다: 서문1:14, 니고데모와의 대화3:6, 생명의 빵 담론6:51−56, 63, 봉헌절 담론8:15, 그리고 예수의 대제사장적 기도17:2 육체는 1:14와 17:1−4에서만 영광과 관련하여 등장한다. 3:6과 6:63에서 육체는 영과 대조된다. 모든 사용 속에서 육체는 인간을 지칭한다.그래서 NRSV는 이 단어를 8:15에서 인간으로 번역한다

육체가 담는 의미의 영역 속에 있는 다른 생리적 용어들은 피*haima*, 몸*soma*, 배*koilia*,

7:38 KJV, 가슴*koplos* 혹은 *stethos*, 인간*anthropos*, 예수의 목마름*dipsao*, 피와 물*haima*와 *hydor*, 못자국*ho typos ton helon*, 그리고 상처 입은 옆구리*he pleura*를 포함한다. 이들은 예수의 인성을 나타내고 있으며, 예수의 고향1:45; 7:41-42, 부모1:45; 2:1-12; 6:42; 19:25-27, 형제들2:12; 7:2-10, 친구들11:1-3을 언급한다. 이적들의 물질성은 예수의 성육신을 입증한다.Lee 2002: 30

영광과 영광되게 하다 동사형과 명사형 모두 요한복음에서 자주 반복되고 있다. 결정적인 사용은 예수가 육신을 입음1:14, 예수의 들림12:28-32, 그리고 자신의 죽음과 부활, 떠남17장을 내다 본 예수의 기도와 연결된다. 영광은 요한복음의 서사적 구조에 엮여져 있다.w 육신과 영광은 극단적인 양끝이 아니다. 육신은 사라지게 되며 일시적이다.Schnackenburg: 1.267 예수는 영광으로 가는 전제조건이자 길인 육신을 입는다. 예수의 육신의 실재는 육신이기 때문에 모자라지 않는다; 오히려 그것은 예수의 영광과 찬미를 극대화 시킨다.케제만과는 반대로, Thompson 1988/1993 영광과 영광스럽게 하다는 요한복음의 기독론으로 들어가는 렌즈이다. 말씀-로고스와 영광의 관계에 대해서는 에반스 1993a를 보라.

레이먼드 브라운1966: 503은 영광을 권세를 행사함에 있어 하나님의 장엄함이 시각적으로 발현되는 것으로 본다. 신약성서에 나타나는 영광의 등장횟수는 아래와 같다.

공관복음서	요한복음	요한1-3서	요한계시록	요한서신 전체	신약성서 전체
23	18	0	17	35	165 (상당수가 바울서신)

그렇지만 브라운이 요한복음에서 18회 나타난다고 하는 것은 영광스럽게 하다glorify, 영광스럽게 되다glorified, 영광스럽게 하다glorifies와 같은 동사형들을 포함하지 않은 것으로, 이들을 모두 포함하면 23회가 된다! 제4복음서는 예수의 가르침들과 이적들 속에서 예수의 삶을 하나님의 영광의 계시로 묘사하고 있다. 몰로니는 이렇게 적고 있다: "예수의 삶, 가르침, 그리고 이적들은 하나님의 *doxa*[영광]의 계시가 되어 왔다···. 아버지께서 아들에게 내려 주신 사랑인 *doxa*는···, 예수가 신자들에게 주는 *doxa* 속에서 인간의 역사 속에 임재하고 있다." 1998: 474 w2

요한복음에서 유대인들과 예수의 논쟁 가운데 핵심이 되는 것이 영광이다: 누구의 영광을 구하는가5:41, 44; 7:18; 8:50, 54 우리는 이것을 유대인들의 역설적인 반박인 하나님께 영광을 돌려라!9:24에서, 그리고 예수의 영광에 대한 서사자의 예언적 해석에서12:41-43 이것을 본다. 몇 가지 이적들이 하나님의 영광을 드러낸다.2:11의 첫 번째 이적과 11:4, 40에 있는 마지막 이적! 서로를 영광스럽게 하는 아들과 아버지의 공동성은 요한복음에 있어 핵심이 되는 것이다.1:14; 12:28; 17:1, 5, 22, 24

영광이라는 주제는 요한복음에서 독특한 것이 아니다. 영광은 시편과 이사야에 스며들어 있다.Lincoln 2000: 48, 50: "영광, 하나님의 장엄함으로 발하는 빛의 현상은 주님의 거룩함의 발현이다." 시 19:1; 29:1-2; 사 6:3 J. Waltner: 754 그것은 출애굽기와 에스겔에서도 두드러진다. 하나님이 바로와 "싸우심"은 그의 영광을 드러내고자 함이다.출 14:4, 17-18; 16:7, 10 모세에게 준 율법이라는 하나님의 선물은 영광 속에서 가려진다.출 24:16-17; 33:18-23 이사야는 6장과 40-55장에서 다시금 하나님의 영광을 증언하고 있다.Lincoln 2000: 48 에스겔에서 하나님의 영광은 그의 예언적 부르심을 무대에 올리고 있다.1:27-28; 3:12 그것은 또한 움직이는데, 주님의 집을 떠나10:18-22 에스겔을 갈대아의 망명자들 속으로 옮기고 있다.11:22-25 마지막으로, 그것은 그와 망명자들을 집으로 데려 온다.39:13b, 21; 43:2-5; 44:4 다니엘에서 하나님의 영광은 "인자와 같은 이"에게 내려지는 통치와 왕권의 한 부분이다.7:13 RSV 톰슨은 요한복음의 영광에 대한 그녀의 훌륭한 논의 속에서 이런 구약의 본문들 가운데 일부를 가리킨다.2001a: 121-25 영광은 또한 바울에서도 두드러진 모티브이기도 하다.갈 1:5; 고후 3:10-18; 롬 3:23, 인간의 죄에 대한 그의 앞선 담론의 요약

몇몇 TBC 부분이 영광을 다루고 있다: 서문에서 "성서의 영광의 드라마"; 요 12장에서 "영광을 입은/찬미로서의 십자가"는 십자가와 영광을 연결시키는 요한복음을 강조한다.13:31-38에 대한 언급을 볼 것; 아울러 19:16b-42의 "glorification" 다른 BCBC 책들 속에 있는 영광에 대한 글들을 보려면, 얀젠Janzen의 출애굽기: 447-48을 보라. 그는 다른 구약의 유사한 모티브들과 함께 이런 신성한 현현을 논하고 있다: 이름, 얼굴/임재, 손/팔; 프리센Friesen의 이사야: 443-44; 그리고 린트Lind의 에스겔: 378-79. 이 글들은 서로를 보완하며, 영광에 대한 작은 구약신학을 나타낸다. *New Interpreter's Dictionary of the Bible* Nashville: Abingdon, 2006-9에서 영광에 대한 글이 없다는 것이 의아스럽다.

영지주의 19세기 중반에 바우어F. C. Bauer는 요한복음이 2세기 중반에 기록되었으며 신학에 있어서, 그리고 초기 기독교의 영향에 있어서 공관복음서로부터 커다란 변화를 나타내고 있다고 생각했다. 그는 요한복음이 영지주의적 진리의 복음과 동시대였다고 보았다. 그러나 이들 두 복음서 사이에 있는 차이점들은 유사점들 보다 훨씬 더 두드려진다. 유사점들은 로고스와 진리의 계시자인 예수에 대한 찬양이다. 그렇지만 차이점들은 날카롭다. 진리의 복음에서는 특별한 비밀번호가 있는 비밀스러운 지식이 사람을 이 세상의 악한 물질hyle로부터 해방시킨다. 이 세상은 *pleroma*충만이 모든 것을 채우듯 아버지로부터 발산된 많은 것을 통해서 생성되었다. 30개가 발산된 이후, 지혜*Sophia*는 침묵Silence과 싸우며, *Sophia*가 일곱 가지 힘을 만들어 낸 이후에, 그 가운데 으뜸은 얄다보스Jaldaboth 즉 우주와 인간을 세 부분-영, 혼, 육-으로 창조한 열등한 구약의 신이다. 육은 악한 물질로서 계시자는 육으로부터 구원을 하며, 빛의 "불꽃"을 되찾는다. 말씀이 육신이 되었다는 요한복음과 얼마나 대조되고 대비되는가! 요한복음이 "순수한 가현적 영지주의"로 이루어져 있다는 케제만의 시각에도 불구하고, 후기 영지주의 복음서들은 요한복음과 비교하여 볼 때 숨이 막힌다.

주후 약 125년경으로 추정되는 P⁵²의 발견은 학자들로 하여금 요한복음이 그 초기의 책MS보다 분명 앞선 것이라는 결론을 내게 했다. 1946년에 이집트에서 발견된 Nag Hammadi는 여러 가지 영지주의적 문서들과 함께 또 다른 큰 변화를 초래했다. 힐Hill은 영지주의가 몇 가지 신비성을 가지고 요한복음을 자신들의 이익을 위해 사용하였기 때문에, 2세기와 3세기 기독교 정통신앙이 요한복음을 배격했다고 주장한다.w1

그렇지만 명성있는 두 명의 학자들, 즉 브루스 메츠거Bruce Metzger 1987와 로버트 그랜트Robert Grant 1942년에 쓴 자신의 논문의 입장을 1963년에 바꿨는 이그나티우스대략 AD 110년가 요한복음을 반향하며 그 신학을 반영한다고 주장한다.Metzger 1987: 46-48 이그나티우스의 편지를 자세히 분석하면 메츠거의 시각을 확증하게 되는데, 그 이유는 이그나티우스의 "모방" 본문이 예수의 고난영지주의적이라고 보긴 힘들다, 서로 사랑함, 그리고 신실한 제자도를 역설하고 있기 때문이다. 이런 특징들은 그가 주교로 있던 교회들의 연합과 연결된다. 이그타니우스가 진정한 제자이며 교회가 연합될 때만요 17장 참조, 그는 진정한 순교자로 죽을 수 있는 것이다. 이것이 전통적인 요한복음의 신학이다: 고난, 사랑, 제자도, 연합, 그리고 참 증인/순교.Swartley 1973: 99-103 w2

BCBC에서 영지주의에 대한 다른 글들을 보려면 다음을 참조. Martin: 289-90; Yoder Nuefeld 2002: 346-47; Yeatts: 454; 그리고 McDermond: 308-9.

"나는~이다." 요한이 독특하게 '나는~이다' *ego eimi*를 사용하는 것은 독립형NRSV: 내가 그이다와 서술적 형용사적 명사 형태로 나타난다. 비유적인 '나는~이다' 형용사구들은 다음과 같다. '는 생명의 빵이다.6:35, 51; 세상의 빛이다.8:12, 8:5; 문이다.10:7-9; 선한 목자다.10:11, 14; 부활이며 생명이다.11:25; 길이요 진리요 생명이다.14:6; 참 포도나무다.15:1, 5 서술적 주격은 일곱 개이지만, 오데이1995: 602; Burge 2000: 199 참조는 여기에 두 개를 더 추가한다.전통적인 일곱 개를 상술함:

- 나는 하늘에서 온 살아 있는 빵이다.6:51
- 나는 선한 목자. 나는 내 양을 알고 내 양은 나를 안다.10:14

암시되어 있는 "나는 생명수다" 역시 계수되었다.4:14; 6:35c; 7:38-39 14:6의 생명이라는 주장은 11:25와 겹치지만, 진리는 구분된 주장이다. 따라서 이것은 오데이가 6:51과 10:14를 포함시키는 것과는 별개로 9개가 된다. 양쪽 모두 11개를 계수하고 있다! 요한의 나는~이다 선언들은 빛, 생명, 영광, 계시에 대한 서문의 강조와 맞물려 있다.

요한복음은 독립구문 나는~이다에 대한 7개의 본문배경과 9개의 구분된 등장이 나타난다.4:26; 6:20; 8:24, 28, 58; 13:19; 18:5, 6, 8 말을 듣고 있는 다섯 명의 다른 사람들에 따라 맥락은 다양하다.AT:

- 4:26 너에게 말하고 있는 이가 바로 나다.I AM사마리아여인에게
- 6:20 너에게 말하는 이가 바로 나다.I AM바다에서 제자들에게
- 8:24 너희가 나를I AM믿지 않는다면 너희 죄 가운데 죽을 것이다.바리새인들에게
- 8:28 인자가 들릴 때, 너희는 나를I AM 깨닫게 되리라바리새인들에게
- 8:58 진실로 너희에게 이르노니, 아브라함이 있기 전에 내가 있었다.I AM유대인들에게
- 13:19 내가 이것을 너희에게 지금 말하는 것은 너희가 나를 I AM 믿게 하려 함이다. 제자들에게
- 18:5, 7, 8 체포하는 군인들과 경비병들에게세 번: 나다.I AM

예수의 '나는~이다' 정체성은 예수를 주님으로 밝히면서 틀림없이 출 3:13-15를 가리키고 있다.YHWH, 4개의 자음: "나는 나다." 이것은 주님이 하나님의 백성을 송사함과 더불어 요한복음의 "재판에 회부된 진리"에 대한 강조 속에 분명히 나타난다.Lincoln 2000: 40*43, 46-48 이것은 서문에서 말씀이 하나님과 동일시됨을 굳건히 하고 있다.

이것은 일신론을 위협하는 것이 아니라 오히려 일신론을 강화시킨다. 하나님의 정체

성이 예수의 정체성이다. 하나님이 하시는 일이 예수가 하는 일이다.Bauckham 1998a; Hurtado 2003, 2005; Swartley 2007: 227-37 예수의 나는~이다 선언은 이스라엘의 일신론을 단언하고 있다. 하너Harner의 나는~이다 연구는 이사야 40-55에 나타난 이사야의 나는~이다와의 연속성을 보여주며43:10에서처럼, 히브리어 *ani hu*, 하나님의 주권과 구원의 목적을 강조한다.Harner 1970, 1988 볼Ball의 논문 완전판은 다른 배경의 사용도 역시 고려하고 있다.그레꼬-로만, 영지주의, 그리고 만디아교 예수는 사 40-55에 나오는 두 번째 출애굽의 나는~이다 선언을 확장시키고 있다. 또한 그는 그런 주장들을 변화시키는데, 그 이유는 계시자이자 하나님의 예배를 받는 예수가 물질적인 성전으로 돌아가는 것을 퇴색시키고 있기 때문이다.Kierspel

볼의 요한복음에 관한 문학적이고 신학적인 분석은 요 8:59; 18:5, 6, 8에 나타나는 독립적인 나는~이다에 대한 사람들의 반응에 주목하고 있다. "그것은 예수의 서사적 청중들로서는 기이한 반응을 촉발시킨다." 58 요한복음 4장에서, 예수는 사마리아 여인이 자신의 정체성을 이제 막 깨닫는 것을 돕기 위해 이렇게 자기정체성을 드러낸다: 유대인, 선생님sir, 그리고 예언자.Ball: 62 참조 요한복음 4장에 대한 이 주석의 언급들은 오데이가 예수는 계시를 중재할 뿐만 아니라 나는~이다로서 자신을 지칭함 속에 있는 하나님의 계시임을 지적하고 있음에 주목한다. 이런 관점에서 독립형의 사용은 요한의 서문에서 말씀의 기독론적 주장을 진행시킨다. 요 6:21에 나오는 예수의 나는~이다 자기 계시는 뒤따라오는 생명의 빵 서사를 유발한다. 유사하게, 요 11장에서 예수의 나는 부활이며 생명이다는 예수가 나사로를 살리는 것을 예비한다. 요한복음에 있는 다른 이적들이 그런 것처럼, 요한복음은 이 장면을 그것이 단순히 극적인 기적인 것이 아니라 기독론적으로 의미 있는 이적임을 보여주는 방식으로 다룬다. 따라서 예수는 11:25b-26에서 제자들에게 이중적인 약속을 하고 있는 것이다.Ball: 103 참조

나는 세상의 빛이다라는 예수의 선언과 눈먼 사람을 치유하는 것8:12-9:41을 잇는 연결점은 유사한 중요성을 가진다. 그러므로 예수가 자신의 목숨을양을 위해 버릴 권세와 다시 찾을 권세를 말하고 있는 10:17-18과 함께, "나는 선한[참된, 본받을 만한] 목자다."10:11, 14라는 예수의 선언도 그렇다. 그 후에 예수는 나사로를 살리며11장, 구조적인 보석에 해당하는 자신의 부활을 예시하고 있다. 비슷하게, "나는 포도나무요 너희는 가지다"는 제자들에게 하는 예수의 고별의 중심이다.13:61-16:33

독립형과 서술적 형용사적 명사로 나타난 예수의 나는~이다 선언들은 요한복음의 기독론에 있어 핵심이 되는 것이다.

유대인들 요한복음의 유대인들[hoi Ioudaioi]이라는 용어가 갖는 의미는 수수께끼다. 이 문제들은 복잡하고 문헌들은 광대하여, 이 난제를 풀기 위한 여러 가지 제안들이 있다. 유대인들에 대한 예수의 독설, 특히 8:44에서, 그리스도인들이 유대인들에게 행한 비극적인 박해에 기여하고 있다. 이런 박해는 이미 처음 몇 세기와 후대에도 이미 일어났다. 콜럼버스가 아메리카 대륙을 "발견했던" 해에1492, 스페인은 가톨릭으로 개종하지 않은 무슬림들과 유대인들을 추방시켰다. 마틴 루터의 1543년 유대인들과 그들의 거짓말에 대해서On the Jews and Their Lies라는 소책자는 유대인들에 대한 저주의 말들을 포함하고 있다.요 8장의 TLC를 보라

"마틴 루터와 유대인들Martin Luther and the Jews"이라는 논문에서, 힐러브랜드Hiller-brand는 예수 그리스도는 유대인으로 태어났다는 자신의 1523년 초 소책자에서 루터가 다른 호흡으로 유대인들의 개종을 바라고 유대인들에 대한 호의를 조언한다고 지적한다. 헬러브랜드는 루터와 홀로코스트the Shoah 사이의 직접적인 연관성을 제기하는 것에 반대하고 있다. 그는 19세기 오스트리아를 반유대주의를 위한 모판이자138 유대인 거주지역ghetto의 발전을 위한 모판으로 보면서, 반유대주의의 발전을 아주 복잡한 것으로 본다. 그 세기 사이에 있었던 해석과 그 영향력이 무엇이든, 독일의 루터교는 "나치의 인종적 이상론의 도전에 맞설 준비가 되어 있지 않았다." 143 요한복음을 반유대주의를 뒷받침하기 위해 사용하는 것은 죄악이다; 그것은 빛, 생명, 그리고 사랑이라는 요한복음의 주요 주제들과 모순된다. 그런 사용은 요한복음의 열린 초대와는 정반대로 요한복음을 배타적으로 만든다. 그것은 요한복음의 보편성을 깎아내리는 것이다.Kysar 1976: 111-18을 참조

이 주제는 복잡하고도 민감하다.Bieringer 등: 3-37; Ashton 참조 여기서 나는 그것을 네 부분으로 요약하고자 한다: 1 본문 분석에서 나는 예수와 유대인들 사이의 논쟁을 검토할 것이다. 2 지시 대상을 찾고자 한다: 유대인들은 누구를 언급하는 것이며 왜인가? 3 서사분석으로 나는 요한복음의 그 용어의 의미를 규정하고자 한다: 그것은 다른 등장인물들과 요한의 서사적상징적 세계에 있는 주제들과의 관계 속에서 어떤 역할을 하는가? 이 용어는 요한서신에서는 나타나지 않는다. 그 이유는 그 공동체는 명백히 더 이상 회당과 중요한 관계 속에 있지 않기 때문이다.McDermond: 143-49 4 나는 해석적이고 신학적인 문제들을 좇을 것이다: 요한복음의 신학은 반유대적인가? 그것은 반유대주의인가?

1. **본문분석.** 유대인들hoi Ioudaioi이라는 용어는 요한복음에서 70차례 등장한다.NRSV;

3:25, *hoi Ioudaioi*를 다르게 읽는 것이 가능하다면 71차례 이 용어는 마태복음에서는 5차례만 등장하고Lieu 2008: 171 참조, 마가복음에서는 6차례, 그리고 누가복음에서는 5차례 등장한다. 공관복음서의 병행구절에 있는 중복된 사용들을 제외하면, "유대인의 왕"을 포함하여막 15:26에서처럼 공관복음에서는 겨우 4차례만 나타나게 된다. 이런 사용들은 대부분 유대인들을 지칭하는 이방인들의 입에서 나온 것으로, 다른 정경 외의 문헌들에서도 마찬가지이다.예를 들면 Philo; Cook: 262-64 참조 요한복음에 적용하면, 이 용어는 요한복음이 이방인의 관점에서 기록되었다는 것을 의미하지만, 쿡Cook이 인식한 것처럼 그런 추론은 너무 안이하다. 요한복음은 유대교에 기초하고 있다. 사도행전만이 이 용어를 더 자주 사용한다.82차례, 단수형과 복수형으로 신약성서에서는 총 19차례 나타난다.로마서에서 11회, 고린도전서에서 8회 예수의 대화상대자들을 지칭하는 다른 용어들은 바리새인들, 통치자들, 제사장들, 그리고 예루살렘 사람들이다.공관복음서에서 나타나는 서기관들과 사두개인들은 요한복음에서는 등장하지 않는다! 그렇지만 요한복음의 "서사가 적대성을 향해 가면서, 또한 *hoi Ioudaioi*를 사용하는 쪽으로 움직인다."Lieu 2008: 171 이 용어는 단수형으로는 2회만 나타나고 있다.사마리아 여인의 반응에서 4:9, 빌라도의 반응에서 18:35 이 용어는 이 서사 속에서 고르게 분배되지 않고 있다. 이 용어는 1:19-21:11에서는 46차례 나타난다. 서문에서는 나타나지 않으며 예수의 고별설교에서는 겨우 한 번만 나타난다.예수는 자신이 유대인들에게 말한 것을 제자들에게 상기시킨다. 13:33 고난이야기에서 이 용어는 23회 나타나지만, 부활 이야기에서는 한 번만 나타난다.유대인들을 무서워하여, 20:19

서술자는 거의 7번 사용한다. 이 7개의 예외들은 4:9사마리아 여인; 11:88:59에서 서술자가 앞서 이야기한 것을 제자들이 반복하는 곳; 10:31; 18:35빌라도; 그리고 예수가 4차례 사용한다.4:22; 13:33; 18:20, 36; Lieu: 174 예수가 사용한 이 4개 가운데, 두 개만이 직접적인 담론에서 나타나며 그 가운데 하나는 긍정적인 내포를 가진다. 1/3 이상은 적대적이지 않다. 그러므로 요한복음에 있는 "유대인들"에 대한 모든 언급들이 적대적인 것은 아니다.예를 들면 11:31 사마리아 여인, 아마도 로마 관리, 12:20에서 예수를 보러 온 헬라인들, 그리고 18-19장에 있는 빌라도와 로마 군인들을 제외하고, 예수와 제자들을 포함하여 요한복음의 다른 모든 등장인물들은 유대인들이며, 그들 가운데 다수가 긍정적으로 등장한다. 스미스2008: 8는 유대인들이 등장하는 신약성서 본문들을 밝힌다. 유대인들이라는 용어는 가톨릭 서신들, 심지어 요한서신들에서조차!, 목회서신, 히브리서, 에베소서, 빌립보서, 데살로니가후서, 그리고 빌레몬서에서 존재하지 않는다. 데살로니가전서 2:14-16은 요한복음의 38차례 적대적인 사용에 근접하고 있다.

유대인들은 증언자 요한의 정체를 묻고자 예루살렘에서 온 대사장들과 레위인들을 보낸 자들로 요한복음에서 처음 등장한다.1:19 그렇지만 곧이어 1:24는 그들이 바리새인들로부터 온 이들이라고 말한다. 성전정화 사건에서2:12–22, "성전 권력자들 혹은 지도자들은 *Ioudaioi*로 알려진다.2:18, 20" Carter 2006: 68–69 예수와 성전 권력자들 사이의 이런 충돌은 예수의 편에 선 이들과 예수를 반대하는 이들 사이의 계속되는 구분을 위한 무대를 마련해 준다. 요한복음은 성전 정화 사건을 요한복음의 시작부분에 위치시키는데, 아마도 이 서사 속의 믿음과 믿지 않음의 구분을 일찌감치 드러내기 위함인 듯하다. 요한복음이 진행될수록, 구분선이 점점 명확해진다. 주로 유대인들—그들이 누구이든—은 예루살렘에 있지만, 6:41, 52에서 그들은 갈릴리에 있다.1:19 참조 [w1]

절기들이 서사의 뼈대를 갖추고 있는 5–8장에서, 유대인들은 주된 대화상대자들이지만 유일하지는 않다. 그들은 예수에 대해 급격하게 적대적이 된다. 예수의 상대자들 속의 중대한 변화는 다음과 같이 나타난다:

- 요 5장은 유대인들이란 용어를 줄곧 사용한다.
- 요 6장은 군중22절에서 유대인들41절로 전환한다.
- 요 7장에서 유대인들은 군중11–24절, 백성 가운데 일부25절, 바리새인들32절. 31절에서 믿은 군중 가운데 많은 이들이 알려주고 있다 군중 가운데 몇몇과 군중 가운데 있는 다른 이들의 갈등40–44절, 그리고 제사장들과 바리새인들에게 보고한 성전경비병들44–49절과 서로 바꾸어 쓸 수 있는 말로 나타난다.
- 요 8장[7:53–8:11, 바리새인들]은 바리새인들8:12–21, 유대인들22–30절, 그를 믿었던 유대인들31–47절, 그리고 유대인들48–59절을 포함하고 있다.
- 요 9장의 서사는 바리새인들9:13–17과 유대인들18–23 사이에서 중요한 교환성을 갖는다. 이 용어가 사용될 때, 그들은 바리새인들두 번째로 눈먼 남자를 심문한 것으로 추정되는과 유대인들24–34절, 그리고 바리새인들 가운데 일부40절가 혼합된 것으로 나타난다. 유대인들과 바리새인들은 원칙적으로 서로 바꿔 사용될 수 있는 것이다. 렌스버거Rensberger가 언급한 대로42 바리새인들은 주요 대적자의 역할을 하며, 유대인들과 융합된 것으로 나타나고 있다. 오데이도 같은 것을 내포하고 있다: "권세자들은 … 이 장면에서 바리새인들/'유대인들'이라는 이중적 정체성을 가지며, 이 이야기를 말함에 있어 부드러움의 수준을 강조한다." 1995: 658
- 요 11장에서 몇몇 유대인들은 마르다와 마리아를 위로해 주며 적대적이지 않다.19. 31. 45 적대자들은 제사장들, 바리새인들, 그리고 공회산헤드린. 46–47이다. 여기서 유

대인들이라는 용어는 유대인들을 넓게 지칭하고 있다—요한복음에 나타나는 대부분의 등장인물이 유대인이다.^{아래를 보라 w2}

2. **지시대상.** 예수에 적대적인 유대인들과 특정 무리들을 반복적으로 지칭하는 것은 지시대상의 문제를 야기한다. 유대인들은 누구를 가리키고 있는가? 제시된 해결책은 다양하다:

   a. 유대사람들^{소수의 견해이지만 확실하게 주장하고 있다}

   b. 종교^{성전} 권력자들^{널리 지지되는 견해}

   c. 성전을 지배했고 정통신조를 가진 그룹으로, 바빌론에서 돌아온 엘리트 귀환자들의 후손들. 그리하여 이들은 귀환자들과 바빌론에 가지 않았던 조상의 후손들 사이에 있었던 유대교 내부의 분열을 나타내고 있다. 사마리아인들과 그리스도 신자들을 포함하여 다양한 무리들은 스스로를 "이스라엘 사람들"이라고 규정한다. 그들 역시 유대인이지만 요한복음에서 대립을 보여주고 있는 유대인들은 아니다. 요한복음은 넓은 의미에서 메시아—신자들과 유대인들을 둘러싼 "갈림길"을 보여주지 않는다.^{Boyarin 2002: 222-38}

   d. 예수를 믿는 이들을 박해하고 그들을 회당에서 축출한 이들.

   e. 예수에게 신성모독이라는 혐의를 씌운 이들^{Truex}

이 해결책들을 위한 다양한 논의들은 길고도 복잡하다. 온라인 부록을 볼 것. ^{w3}

만일 신성모독이라는 예수의 혐의가 몇몇 예수를 믿는 이들을 회당에서 쫓아내기 위한 구실이었다면^{9:22; 12:42; 16:2}, 원칙적으로 요한복음은 공관복음서와 부합한다. 막 2:7과 14:62에서 예수의 대적자들은 분명히 예수를 신성모독으로 기소하기 때문이다. 이것은 마가, 마태^{9:3; 26:65}, 그리고 누가^{5:21}의 시각이 예수를 죽음으로 이끈 것에 대해 요한복음의 상징적인 세계관과 상당히 다른가 하는 문제를 다시 제기한다. 마가가 회당에서의 축출을 언급하지 않음에도, 두 가지 특징들은 어느 정도 비슷하다: 이미 3:6에서 바리새인들과 헤롯의 사람들은 예수를 죽이려고 공모를 한다. 그 이후부터 예수는 나사렛에 있는 자신의 고향을 제외하고는, 회당에 결코 들어가지 않는다. 자신의 고향에서도 그는 믿지 않음과 직면한다^{6:1-6} 두 번째로, 묵시적 담화 속에서, 예수는 그를 따르는 자들이 "회당에서 매를 맞을 것"이라고 예언한다.^{13:9}

누가는 바울이 자신의 마지막 변호를 위하여 로마에 있는 유대교 지도자들을 불러 모으는 것을 보여주고 있다.행 28:17 누가는 예수와 성전의 관계눅 24:53와 회당 지도자들과의 관계에 있어 마가와 요한과는 다르다. 성전에 대한맞서는? 예수의 말은 마가, 마태, 그리고 요한복음에서는 아주 중요하다. 그들은 예수의 십자가 처형으로 이어진다. 그렇지만 누가복음은 22:66-70에서 예수가 메시아이며 하나님의 아들이라고 주장하여-요한보다 더 강하게-22:71에서 신성모독의 혐의가 암시되어 있다. 요한은 성전 정화를 먼저 놓고서는, 그것을 이 서사를 보는 렌즈로 활용한다. 유대인들은 어떤 쪽으로 이해하지만 예수는 다른 것을 의미한다. 이것은 오해와 이중적 의미를 그려내는 요한의 서사적 기법을 설명한다. 요한복음의 하나님과 동등함이라는 혐의는 마가와 마태에서 "죄를 용서함"에 상응하지만, 요한복음에 나오는 다른 두 개의 신성모독 혐의는 공관복음서와는 다르다. 유대인들에 대한 적의요 5-8장는 공관복음에서 상응하는 부분이 없다.

공관복음과 요한복음 사이의 유사성들은 요한복음을 부정적으로 그리는 것이 예수에 기초한 것인가 하는 문제를 야기하는데, 예수와 종교 지도자들과의 갈등은 네 복음서 모두에서 나타나기 때문이다.특히 23장에 나오는 바리새인들에 대한 마태의 고민은 마태복음의 시기와 예수의 시기에 있는 갈등을 반영하고 있다

특별히, 7:53-8:11이 요한복음에 원래 없었다는 것을 고려해 보면, 서기관들과 사두개인들이라는 용어는 요한복음 어디에도 등장하지 않는다. 서기관들은 율법 교사들이었다. 모세의 율법을 제대로 이해하는 것이 요한복음에서 예수와 유대인들 사이의 갈등에 있는 핵심이므로 [율법, 526쪽], 아마도 유대인들은 율법의 해석자들 노릇을 하는 서기관들의 역할을 주로 지칭할 것이다. 공관복음에서 예수에 부여된 최초의 신성모독 혐의에서, 서기관들은 가장 앞장서서 고소한 자들이다.막 2:6; 마 9:3; 눅 5:21 예수는 하나님의 특권인 것만을 행한다: 그는 죄를 용서한다.요한복음에서는 행하지 않는 것이다! "서기관들"은 예수를 대적하고 다른 무리들과 공모하여 예수를 죽이려 한다-요한복음에서 유대인들이 그러는 것처럼. 공관복음서의 "사두개인들"과 요한복음의 상응부분은 11:47-53에 있는 공회일 것이다.

3. 이 서사의 의미에서 나온 해결법들등장인물이나 주제에 있어 이 서사가 지닌 관계적 특징들 그들의 서사상의 역할에 기초한 유대인들의 정체성을 찾음에 있어, 다양한 제안들이 등장한다. 네 가지 고려해야 할 점이 이 논의를 이루고 있다:

　　a. 믿지 않음은 유대인들을 특징짓고 있는 주요 특징이다. 이것과 관련하여, 유대인들은 요한복음이 세상을 부정적으로 사용하고 있는 것에 대한 암호일 수 있다. 어느 정

도는 이 용어들이 서로 바꿔서 사용될 수 있다.

b. 율법, 성전, 그리고 정결함의 문제는 예수와 유대인들 사이의 논란을 표시한다.

c. 유대인들이 예수와 대립하는 대부분의 사례들은 미묘하게 역설적이다.

d. 요한의 극적인 문학 특징들은 연극작품 대본임을 시사하고 있다. 유대인들의 극적인 역할은 실제의 삶이 아니다. 그러므로 독자들은 유대인들을 혹평해서는 안되며 그들을 악마화해서도 안 된다.

온라인에서는 이런 논쟁들을 더 제대로 보여주고 있다.[w4]

더 나은 해결책들을 추구하는 것은 계속되어, 오데이는 이것을 찾고 있다.[1995: 507] "지시 대상referent"과 "서사적 의미"라는 용어에 대한 다양한 설명들을 고려해 볼 때, 하코라Hakola는 요한복음이 의도적으로 유대인들의 정체성을 모호하게 만들고 있다고 주장한다. 이 주장이 사실이라면, 예수의 운명을 결정하기 위해 공회를 소집한 이들은 제사장들과 바리새인들이며[11:47], 이런 콤보는 18:3에서 예수를 체포할 권한을 부여하고 있다. 그렇지만 모든 "권세자들"이 포함된 것은 아닌데, 그 이유는 많은 이들, 심지어 권세자들 가운데 다수가 예수를 믿었기 때문이다![12:42] 어떤 확정적인 결론이 나타난다고는 볼 수 없다. 왈데von Wahlde 2010: 1.63–68, 91–93는 요한복음이 순차적으로 편집되었다고 제시하면서 hoi Ioudaioi에 다른 의미들을 부여해서 이 문제를 푼다. 그렇지만 그가 제시한 편집들은 가설에 불과한 것이므로 해결책으로서는 만족스럽지 않다.[w5]

4. 해석학적이고 신학적 문제들. 어떤 해결책을 지지하든, 해석학적이고 신학적인 영향들이 중요하다. 하코라는 그런 지칭의 목적은 요한공동체의 신자들을 유대교로부터 "거리를 두게" 하려는 것이라고 본다: "그리스도인들은 비유대교의 정체성을 수용하고 있었다." 226 그러므로 권위 있는 유대인들과 다른 유대인들 사이의 구분은 분명하지 않다.컬페퍼 1983: 126 참조 레인하르츠Reinhartz 2001b와 컬페퍼에 동의하면서, 하코라는 이 본문 속에 있는 hoi Ioudaioi의 구분을 흐리게 하는 것은 저자가 예수를 거부한 이들에게 고정관념을 부여할 때 유대인들의 정체성을 "일반화"하는 것으로 이어진다고 주장한다. 이것은 "이 논쟁의 격렬함과 적대감을 새로운 단계로 … 상승시키는" 226 결과를 낳게 했는데, 이것이 유대인들로부터 그리스도인들을 소외되도록 한다.

이것이 맞는다면, 요한복음에서는 그리스도인들도, 교회도 없다. 신자들은 유대교의 일부로 남아있다. 그러므로 회당에서 축출되는 위협만이 말이 된다.9:22 요한복음의 서사 속에 나오는 모든 이들은, 명시된다면 모를까 모두 유대인들이다. 요한복음은 1세기의 유대교들과의 불연속성 보다는 연속성을 더욱 증언하고 있다.w6

유대교로부터 요한공동체의 거리를 두는 대신, 요한복음에 있는 유대인들을 이렇게 일반화시키고 모호하게 사용하는 다른 기능이 고려될 수 있다. 유대인들의 정체성을 둘러싼 흐릿함이 역시 유대인이었던 애제자의 익명성을 보완하고 있다. 요한복음의 서사는 독자로 하여금 예수−메시아를 믿는 것과 사랑의 관계에서 유대인들의 연속체continuum에 대해 스스로를 규정하도록 부르고 있다: 유대인들, 유다, 바리새인들, 니고데모, 베다니 가족, 베드로, 나다나엘, 막달라 마리아, 도마에서부터 애제자에 이르기까지. 애제자는 사랑으로 예수와 마음으로 이어져 있다.13:23 애제자가 역사적으로 누구였든지보캄은 가능성 있는 대답을 제시한다: 2006, 2007, 2008 [애제자, 565쪽], 이 서사 속에서 알 수 없는 그의 정체성은, 유대인들의 정체성과 같이, 독자로 하여금 그의 정체성이 갖는 특징적인 우수성−사랑−을 본받도록 부르고 있다. 이것은 우리의 환경 속에 있는 누구든, "다른 이들"을 향한 우리의 태도를 부드럽게 만든다. 이것이 그리스도인들이 유대인들을 박해하는 피비린내 나는 역사에 대한 속죄를 하고자 할 때 그리스도인들이 갖는 최고의 소망인 것이다.

지라르의 이론에서Swartley, ed. 2000, 율법이나 다른 종교적 명령으로 억제되지 않는다면, 유대인들은, 다른 무리들 그 이상도, 이하도 아니라 폭력과 희생양 만들기로 소용돌이치고 모방되는 보편적인 문화적 욕구와 들어맞는다. 이런 접근에서, 요한복음은 인간의 폭력과 그 폭력에서 구원하는 수단을 드러내는데, 그것은 곧 서로 사랑하며 사랑의 순환 속으로 적을 맞아들이는 것이다.사마리아 사람이든 다른 이들이든 자신을 죽이고자 하는 적대적인 위협에 직면하여, 예수는 첨예하게 자신의 적들에게 책망을 가하지만 이것은 구약의 예언자들과 쿰란의 계약자들의 책망보다 심한 것은 아니다.Evans 1993b: 3-8 몇몇 사람은−심지어는 많은 이들이− 변하지만 다른 이들은 그렇지 않다. 독자들은 그들이 닮고자 하는 등장인물의 정체성을 선택해야만 한다: 유대인들처럼 미워하는 유대인인지, 혹은 애제자처럼 사랑하는 유대인이든지.

베드로의 회복은, 요한복음 최고의 절정, "네가 나를 사랑하느냐?"는 예수의 질문에 달려 있다. 만일 그렇다면, "나를 따르라." 사랑우정의 사랑과 자기희생적인 사랑은 오늘날의 세상에서 유대인들과 그리스도인들 사이를 연결하는 가장 훌륭한 다리이다. 적대감은 끝났다.엡 2:11-22 우리가 이런 요한복음의 관점을, 도덕적인 규범으로 여기지 않고, 구약성서의 전쟁 본문과 함께 묶어 생각할 때, 이것은 우리가 반드시 가야할 해석학적 길이다. 다음을 볼 것. Swartley 1983: 229–34, 해석학적 학습의 22가지 요점들 가운데 특히 5, 9, 15, 16, 17 요한복음이 그리는 유대인들은 다른 신약성서의 본문들, 특히 유대인들과 이방인들이 그리스도 안에서 하나가 되고 이스라엘과 하나님의 언약이 구속력이 있는 로마서에서 바울이 다루는 부분과 함께 정경간의 대화 속에 있어야 한다. 이방인들은 접붙여진다. 몇몇 사람은 요한복음과 바울이 대체론자교회가 이스라엘을 대체한다고 주장한다라고 주장한다. 어떤 이들은 그런 논쟁이 유대교 내부의 것이므로 요한복음은 대체론자가 아니라고 주장한다. 어떤 경우에서든, 오늘날 그리스도인들은 요한복음에 있는 유대인들과 예수 모두의 적대적인 언어를 비난해야 한다. 또한 종교개혁과 아나뱁티스트 저자들 사이의 적대적인 언어를 참조 대신, 우리는 애제자를 본받으려 애써야 한다.

역동적인 등가라는 번역의 원칙을 사용하여, CEV와 NLT는 매력적인 번역을 보여주고 있다. 4:9와 18:35를 제외한 모든 경우에서 사마리아 여인과 빌라도가 말하는 본문, *hoi Ioudaioi*는 사람들이라고 일관되게 번역된다. 회당에서 축출되는 본문은 완화된다. 유대교 지도자들이라는 용어는 적절한 곳에서 유지된다. LB는 모든 경우에 유대인들에게 해당되는 말로 유대교 지도자들을 사용한다. CEV와 NLT 번역은 보편적인 희생양 체계를 무장해제 시키고 요한복음이 유대인들에게 영향을 끼쳤던 잔혹한 역사를 멈추게 할 것을 고려하는 것이 마땅하다고 본다.

하코라의 결론은 다른 학자들과 유사하게, 설득력이 있다: "오늘날의 세상에서 유대인들과 유대교와의 관계에서 그리스도인들의 정체성을 세우기 위한 토대로 요한이 유대인 다움과 유대인들을 말하는 것을 우리는 취해선 안 된다고 믿는다." 242 그렇지만 하나의 경고는 있다: 사마리아 여인에게 한 예수의 말은 유대인들로부터의 구원이 온다는 것이다. 4:22

요한복음의 율법 이 주제에 대한 언급들은 굉장히 다양하다. 볼프다른 학자들 가운데는 율법이 요한복음의 요소가 아니라고 주장한다: 요한 공동체는 사랑의 명령이 이끄는 공동체이다. 2008: 45–46 그렇지만 링컨은 법적인 소송은 요 5–12장과 18–19장에서 핵심적인 것이라고 주장한다. 예수는 너희 율법8:17; 10:34을 여러 차례에 걸쳐 말한다. 7:50–52에서 니고데모는 공평하게 의견을 들어보라는 율법을 역설한다. Lincoln 2000: 54–56 예수는 자신의 말에 대한 핵심 증언으로 율법을 준 모세를 역설한다. 5:45–47 "요한복음의 윤리학"에서 언급한 것처럼서론 38쪽을 보라, 캐나갈리쥐Kanagaraj와 와트van der Watt는 요한복음이 율법, 특히 십계명을 단언하고 있다고 주장한다. 율법에 대한 팬카로Pancaro의

590쪽의 논문은 모든 노력을 다 하고 있다.

요 7장에 나오는 율법의 논의를 결론지으며, 팬카로는 이렇게 말한다. "7:19에서 예수는 유대인들이 예수를 죽이려고 했으므로 율법을 행하지 않는다고 유대인들을 기소한다; 요 7:51에서는 유대인들이 예수에게 선고한 판결유죄선고이 어떻게 율법을 거스르는지에 대해 더 설명한다.156" 유대인들이 율법을 이해할 때, 예수는 그것을 거부한다. 그렇지만 "그리스도의 인성에 대한 신앙"이 그 그림에 들어서자마자, "율법이 예수에 우호적으로 증언한다; 예수는 더 이상 율법을 어기는 자가 아니라 율법을 완성하는 자로 나타난다.요 7:21-23 참조" 156 요 7장에 관하여, 팬카로는 다음과 같이 강조하며 결론을 맺는다. "요한복음은 유대인들의 율법을 예수를 믿는 자들만 만날 수 있는 예수의 심판을 위한 조건들로 삼음으로써, 그리고 율법이 요구하듯이 예수에 대한 신앙을 나타냄으로써, 7:51에서 이것을 가져오고 있다!" 156; 이 인용의 후반부는 전반부 인용의 맥락 속에서만 이해될 수 있다; 이것은 7:51이 명백히 말하고 있는 것을 넘어선다 이것은 요 5장에서 왜, 그리고 어떻게 예수가 자신의 증인인 모세에게 호소하는지를 설명하고 있다: 너희를 고소한 사람은 모세이다.45b RSV 이것에 이어 예수의 강력한 고소가 따라온다: 만일 너희가 그가 쓴 것을 믿지 않는다면 어떻게 내 말을 믿을 수 있겠느냐?47절 RSV 율법에 대한 팬캐로의 요 7장 해석은 1:17을 이해하는 렌즈를 마련해 주고 있다. 율법은 모세를 통해 주어졌다; 은혜와 진리는 예수 그리스도를 통해 왔다.RSV

팬캐로를 요약하면서, 로더Loader 434는 다음과 같이 말한다. "요한복음은 모세와 예수, 율법과 복음과의 대립을 보여주지 않는다."; "율법은 그리스도가 보여준 더 높은 실재 속으로 흡수된다." Pancaro: 262 로더434-47는 요한복음 연구를 시작하기에 앞서 이 주제에 대해 수많은 학자들의 시각Kotila, Martyn, Neyrey, Luz, Freyne, Thorbald, Scott, Pryor, Deine을 요약하고 있다.Loader 447-91 이 풍성한 연구 속에서 두 가지 핵심이 특히 중요하다. 먼저, 요한복음의 언어예를 들면 하나님의 선물과 생명수는 율법에 사용된 언어를 연상시킨다. 유대교가 율법을 요구한다면 요한복음은 예수를 요구한다. 두 번째로, 요한은 유대교의 정신율법과 절기들로 흠뻑 젖어 있고 요한복음은 "그와 같은 것을 공격할 필요가 없다." 488 그렇지만 그것은 "예수가 열어젖힌 성령의 영역에 비해 열등하며 성령의 영역을 예비하는 것이다." 499 예수의 사랑 계명13:31-35은 유대교의 율법에 호소하는 것이 아니라, 그것을 넘어서 더 높은 윤리적 영역에 호소하는 것이다. 율법에 대한 긍정적인 시각에서조차, 요한복음의 기독론은 율법을 변형시키며, 따라서 본질적으로 율법을 대체하고 있다.488-91 컬페퍼2001: 81는 여기에 동의하며, 요한복음이 철저히 유대적이며 또한

"예리하게 반유대적"이라고 말한다. 그는 요한복음의 신학을 대체론자로 본다.예를 들면, 요한복음이 구약의 율법, 절기들, 그리고 제도들을 능가하거나 대체하고 있다

예수는 실제로 율법을 변형시키고 있지만, 대체는 너무 강한 어조이다. 왜냐하면 이 담론의 대화들은 그 시대의 관습들을 반영하는 유대교 내부의 논쟁이기 때문이다. 요한복음을 "교체" 혹은 "대체론자"로 해석하는 것은 지난 세기들을 통해 슬픈반유대적 결과들의 역사 속에서 요한복음을 잘못 사용하는 것에 동의하는 것이다.

빛과 어둠 이런 이원성이 요한복음 곳곳에 스며들어 있다. 이 대조는 1:4-5; 3:19-21; 8:12-59에서 나타나며 9장에서는 눈이 멈/봄 비유로 이 주제를 계속 이어간다. 예수 공생애의 마지막 말은 어둠 속이 아니라 빛 가운데 걸으라는 것이다.12:34-36, 46 AT 이 이미지 역시 요한1서에 나타난다.McDermond: 30-33, 48-51 빛과 어둠은 요한의 가장 첨예한 이원성 가운데 하나를 이룬다. 그것은 위로부터와 아래로부터의 이원성과 관련이 있다. 요한복음에서 빛의 자녀12:36는 모세의 제자들9:28이라고 스스로 주장하는 꼬리표와 반대되는 용어로서, 두 개 모두 빛의 공동체가 어둠 속에서 자신도 모르게 살고 있는 지배적인 사회적 그룹들을 관통하고 있는 사회적 상황 속에 있다.Petersen: 58, 80-109

시편, 예언서들, 그리고 쿰란 본문들도 이런 이원성을 포함하고 있다. 사해사본 속의 "빛의 아들들과 어둠의 아들들"의 이원성은1QS 1.9-10에서처럼 특히 요한복음에 있어 결정적으로 상응하는 부분들이며 1세기 유대교들의 논쟁적인 다양성을 증언하고 있다. 로마서 13:11-14를 논의하면서 토우스Toews는 유용한 주석작업을 한다.327-32 그리스도 예수 안에서 태동하는 새로운 시대는 빛 속에서 걷고13:13 참조 "빛의 갑옷"을 입으라13:12는 부름을 위한 도덕적 근육을 마련해주고 있다. 첨예한 도덕적 이원성은 에베소서 5:8-10에서도 나타난다.Yoder Neufeld 2002: 230-38, 345-46 참조: "요한복음에서, 빛과 어두움은 공동적으로 배타적인 용어로 기능하는데, 그럼에도 이것은 서로 관통하는 것이다. 따라서 요 1장에서 '빛'은 … ['말씀'] '어둠'으로 들어오는데, 어둠은 빛을 흡수할 수도, 이겨낼 수도 없는 것이다… 요한복음과 에베소서에서 어둠에서부터 빛으로 움직이는 사람들의 전환점은 '믿음'이다.예를 들면, 1:12-13; 엡 2:8" 246

요한복음의 사랑의 윤리 제4복음서와 서신서들 속에서 새로운 것은, 아버지께서 예수를 사랑하고 예수가 아버지를 사랑한 것처럼 서로 사랑하라고 예수가 준 으뜸의 계명이다. "사랑"이라는 논문에서요 21장의 TBC, 통계적인 분석은 *apap*-라는 어간을 갖는

단어들은 요한복음서와 서신서들 속에서 96차례 나타나며, *phileo*라는 동사는 요한복음에서 13차례 나타난다. 함께 놓고 보면, 요한복음과 요한1서-3서에서 사랑명사/동사에 해당하는 헬라어 단어들은 총 109차례 나타나는데, 성서 전체(NRSV를 통틀어 나타나는 사랑 가운데 10퍼센트 이상-그렇지만 이 본문은 오직 2.5퍼센트-을 나타내고 있다. 그러나 구약성서는 이중의 계명을 포함하여 하나님의 변치 않는 사랑과 사랑의 다른 사용들의 묘사로 가득하다.

"요한복음의 윤리학"에서 말하고 있는 것처럼(서문, 38쪽을 볼 것), 몇몇 학자들은 요한복음을 분파적이고, 공동체 내부를 지향한다고 정죄하고 있다. 요한복음은 실행할 수 있는 어떤 사랑의 윤리도 제공하지 못한다는 그들의 정죄는(예를 들면 Schrage; Meeks 1996 참조) 요한복음을 정당하게 평가하지 못한 것이다. 요한복음이 다른 복음서 보다 훨씬 더 많이 사랑을 언급하고 있으므로, 요한복음에 있는 사랑에 대해 그렇게 폄하하는 경향은 부당한 것이다. 게다가 그것은 요한복음에 대한 부정적인 도덕적 편견의 증거이기도 하다. 다음과 같은 케제만의 일축은 유감스럽다: "요한복음에게 있어 그리스도인의 사랑의 대상은 오직 말씀 아래 있는 공동체에게만 속한 것이거나 말씀에 속하도록 선택된 것, 즉 예수의 형제들에게만 속한 것이다."65 이런 일축은 "윤리"-그렇게 불리려면-는 반드시 직접적으로 세상의 문제를 말해야 한다는 가정을 반영하는 것이다.(예를 들면, 정치학, 경제학, 문화) 요한복음의 새로운 공동체는, 독특한 사랑의 윤리로 특징지어지며, 세상과 관련되고 있다는 개념은 고려하지 않고 있다. 아쉽게도 케제만의 약한 교회론은 요한복음의 풍부한 윤리적 메시지를 이해하지-진가를 알아보기는커녕-못하게 하고 있다.

두 개의 논문이 교정할 수 있는 길을 연다. 첫 번째 컬페퍼의 논문 "포괄주의와 배타주의"(2002)은 요한복음이 분파적이고 배타적일 뿐이라는 잘못된 개념을 바로잡는다. 그런 요소들이 나타나기는 하지만, 사회적이고 신학적인 포괄주의의 강력한 줄기가 요한복음에 스며들어 있다.(예를 들면 여성의 두드러진 역할, 사마리아 여인[4장]; 그리고 세상을 위한 하나님의 사랑[3:16]으로, 이 우리에 속하지 않은 … 다른 양들을 포함하고 있다; 10:16 RSV: "요한복음의 배타성은 세상을 위한 하나님의 사랑의 신비 속에 있는 예수의 계시적이고 구원의 사역을 마련하는 포괄성으로 인해 균형이 잡힌다." 105

무디 스미스(D. Moody Smith)는 직접적으로 요한복음의 사랑 윤리가 가진 본질의 문제를 언급한다. 스미스는 제시된 분파적 내집단을 넘어서는데 까지 이르는 사랑 윤리에 대한 논박(2002: 110)을 검토하며 다른 시각을 제시한다: "요한복음은 … 자신의 메시지에서 서로 사랑하라-너희의 이웃뿐만이 아니라 너희의 원수까지-는 하나의 윤리적 계명을 증류하고 있다.13:34 그렇지만 서로 사랑하라는 계명은 큼지막하며, 무한한 확장을 가능하게 하여 모든 인간을 포함하는 데까지 이르게 된다…. 공관복음서에서 원수를 사랑하라는 예수의 명령마 5:44은 상충되지 않는다." 111

쉬넬Schnelle의 신학적 해석2009: 726-34은 요한복음의 윤리를 유사하게 나타내고 있으며, 특히 예수의 사랑 계명은 발을 씻기는 그의 행동과 결부되어 있다는 것을 언급한다: 그들은 다 함께 "제자들이 해야 하는 사랑의 섬김에 대한 규범의 내용"을 마련하고 있다.734 렌스버거의 기여는 이런 사랑의 윤리를 비판의 능력을 갖고 세상의 증오와 무관심을 변화시키는, 가치 있는 분파주의의 형태로 상술하여, 세상을 위한 값비싼 하나님의 사랑을 세상에 증언하며 십자가에 있는 아들 속에서 나타내고 있다. 선교와 평화에 대한 강한 강조와 결부된 요한복음의 사랑윤리는 세상의 방식을 아버지와 아들의 방식으로 변화시키는 가장 좋은 소망으로, 이 아버지와 아들은 자기를 내어줌 속에서 세상의 생명을 위해 이전에 스스로를 주었고 주고 있다!

다음을 보라. "요한복음의 윤리학"서론, 38쪽; 13:31-35에 대한 언급; "서로 사랑하라" 13장에 대한 TLC; "요한복음의 계명들" 15:1-16:4에 대한 TBC; "포도나무에 달린 생명" 15:1-16:4에 대한 TLC; "사랑" 21장에 대한 TBC; "사랑과 사역" 21장에 대한 TLC w1

요한복음의 숫자

요한복음은 숫자를 선호한다. 멘켄Menken의 연구는 이 점을 과장하고 있지만, 7이 의도를 가지고 사용되었음은 분명하다.전통적으로, 독립적 형태로 된 7개의 나는~이다 본문들과 서술형태로 된 7개의 나는~이다 본문들 요 1:19-2:11은 7일의 구조 속에서 예수의 초기 사역을 드러낸다. 보캄2006: 387은 예수 사역의 첫 번째 단계에서 7개의 증언을 본다.[증언과 증언하다, 605] 요한복음에는 부활 이후에 7명의 제자가 나타난다.21:2 7은 또한 계시록에서도 자주 나타난다: 일곱 교회들2-3장, 일곱 봉인들, 일곱 나팔, 진노의 일곱 대접.

3이라는 숫자는 요한복음에서 중요한가? 가나의 혼인잔치는 셋째 날에 열린다.2:1- 짐작건대 넷째 날에 보도된 것이 있은 후 셋째 날일 것이다.1:43-51 예수가 말하는, 이 성전을 헐라. 내가 사흘 동안에 일으키리라는 그의 부활된 몸을 나타낸다.2:19, 21-22 베다니 가족은 세 명의 형제가 있다.11-12장 베드로는 예수를 세 번 부인하며18장, 그가 양을 치는 목자로 회복된 것은 다음의 3중적인 질문과 함께이다: "네가 나를 사랑하느냐?"21장 우리는 요한복음의 하나님의 충만함을 삼위일체의 형태로 포함할 수 있다: 아버지, 아들, 그리고 성령.

요한복음의 서사 속에서 3과 7이 상징적인 의미를 가지는 것으로 나타난다. 두 숫자 모두 완성과 완전함을 상징한다. 이 숫자들은 7일의 창조창 1:1-2:3를 반향하고, 사라의 수태를 선언하는 아브라함에게 온 세 명의 천사와 같은 방문자를 반향하면서, 아브라함의 가족이 열방의 축복이 될 것이라는 약속의 성취를 가능하게 한다. 요한복음 21장에서 잡힌 153마리의 물고기가 의미가 있다는 보캄의 [2007] 견해에 대해서는 그 장의 언급을 보라.

성찬 학자들은 요 6:51-58이 성만찬eucharistic과/혹은 성례sacramental인가로 나뉜다. 나는 성만찬이라고 본다. 만일 성찬이 가지가 포도나무에 달려있고 서로 사랑함으로 표시되는 것처럼 우리의 도덕적 삶을 그리스도와의 연합 속에서 포용하는 것으로 이해된다면 성찬이기도 하다. 다음을 보라. "요한복음 6장은 성만찬인가 성찬인가?"6장에 대한 TBC; "오늘날의 발씻김" 13장에 대한 TLC; "요 18:10-11; 아나뱁티즘 속의 18:36과 19:34" 19장에 대한 TLC

여기에서 내 입장은 "예수의 살을 먹다."6장에 대한 TLC에서 나타난 메노 시몬스와 더불어 세 명의 아나뱁니스트 지도자들Hubmaier, Marpeck, 그리고 Philips의 공헌에 대한 렘펠 Rempel 225-226의 세 가지 요약에 동의한다. 아나뱁티스트 신학은 주의 만찬을 지킴에 있어서 "신앙, 화해, 공동체, 그리고 선교"를 강조한다. 신자의 교회 신학은 교회의 신앙과 도덕적인 삶을 포함하는 성례전의 의미를 넓힌다. 클라센Klaassen이 보여준 것처럼, 아나뱁티즘에서는 그리스도를 따르는 이들은 삶의 모든 부분이 신성하다고 본다. 그 자체로 신성한 것은 없지만 안식일, 침례, 그리고 주의 만찬은 신실한 제자도의 공동체 속에서 순종적으로 실천될 때 성스러운 것이다.2001: 11-29 신자의 교회는 로마 가톨릭이 하는 것처럼 주의 만찬을 기념하지는 않는다. 로마 가톨릭은 신부의 선언이 빵과 포도주가 예수의 몸육?과 피로 변하는데 영향을 미친다.화체설 신자의 교회 구성원들은 성찬식을 기념하긴 하지만 그것을 기념 이상의 것으로 여긴다. 성찬식은 "교회 속에 있는 부활한 예수의 임재를 나타낸다.re-present" 메노나이트 교회 1995: 12 성찬식은 *koinonia*를 기념하고 이루며고전 10:16, 그리스도의 피와 몸에 "참여"한다.RSV

이적들과 일들 요한복음은 일곱 개의 이적들을 포함하고 있다: 물을 포도주로 바꿈 2:1-11; 관리의 아들을 치유함4:46-54; 병약한 사람을 고침5:1-18; 5천명을 먹임6:1-15; 물 위를 걸음6:16-21; 눈먼 이를 고침9장; 그리고 나사로를 살림11:1-44 이적들이라는 용어는 요한복음에서 17번 나타난다. 이적들은 요한복음을 해석함에 있어 일곱 가지의 감성sen-

sitivities 가운데 하나이다.Motyer 1997: 62; 나머지 6가지의 감성을 논의하는 2008: 36-73을 참조 왜
일까? 이적들의 책1-12장 마지막 부분이 제시하듯12:36c-41, 이적들 때문에 자동적으로
신앙에 이르기 때문인가, 아니면 이적들은 믿지 않는 이들을 나쁘게 여기기 위해 필요한
것인가? 다음 절은 이렇게 말한다. 그럼에도 많은 이들이, 심지어 권세자들 가운데 다수
가 그를 믿었다.42a 이적들이 요한복음에서 긍정적인지 혹은 부정적인지를 두고 주석가
들은 씨름한다.이적들을 부정적으로 여기는 막 8:11-13 참조 요한복음의 어떤 절들은 이적들이
제자도로 이끄는 진정한 신앙을 생성하지 않는다고 제시한다: 2:23-25; 6:26; 11:47;
12:37. 불트만207은 요한복음의 이적들을 부정적으로 본다. 브라운R. Brown은 "이적들-
믿음"을 구원으로 가는 예비적 발걸음으로만 본다.1966: 528 그렇지만 이것은 요한복음
의 목적 진술20:30-31에 거스르는 것이다.

요한복음은 이적들과 일들이 사람들을 신앙으로 이끌어야 한다고 의도하고 있다. 톰
슨1991: 93-94이 말하는 것처럼, "이적은 예수의 인간됨을 통해, 세상에서 하나님의 일이
발현되는 것이다." 예수의 이적들은 사람들을-모타이어는 구체적으로 유대인들이라고
말함-메시아와 하나님의 아들로 예수를 신앙하도록 의도되어 있다. 그렇지만 사람들은
이적들을 보고 믿지 않는 것이 가능하다. 왜 이적들은 어떤 이들을 신앙으로 이끌지만 다
른 이들은 그렇게 하지 않는가? 이적들 속에서 하나님의 자기 현현을 "생명을 주는 것으
로 보고 그런 생명을 중재하는 예수에게 반응할 때," 신앙이 생긴다.Thompson 1991: 96 다
른 한편으로, 사람들이 신앙으로 반응하지 않을 때, 예수의 이적들과 일들은 믿지 않는
이들을 비난한다: 내가 다른 누구도 하지 못한 일을 그들 가운데서 하지 않았더라면, 그
들에게는 죄가 없었을 것이다.15:24; 또한 14:10-11을 보라; 출 34:10 참조 예수의 이적들과 일
들은 예수의 정체성을 증언한다. 그것들은 아버지가 아들과 함께 하심의 증거가 되어 사
람들을 신앙으로 이끈다.요 5:20, 36; 또한 7:3을 보라; 9:3; 15:24 그 일들은 아들의 권위를 아
버지가 증언하는 것이다. 20:30-31에서 이적들은 증언이다; 그들은 기독론적 반응을 유
도한다.

존스와 밀러528-33는 요한복음에서 이적들에 대해 부정적인 시각을 강화시켜주기 위
해 사용된 요한복음의 네 개의 구절들을 검토한다: 2:23-3:2; 4:48; 6:26-27; 20:25,
29. 존스와 밀러는 이 본문들이 실제로 이적들을 긍정적으로 본다는 시각을 뒷받침한다
는 것을 설득력있게 보여준다. 전체적으로, 이적들은 믿음을 유도한다; 이적들은 긍정적
이 역할을 한다. 2:23-3:2에서 예수의 이적들을 보았을 때 많은 이들이 믿었지만23절, 예
수는 그들을 의지하지 않았다. 그 이유는 모든 사람들을 알고 있어서 다른 사람의 증언

이 필요하지 않았기 때문이다.24-25

예수는 이적들에 기초한 신앙을 거부하며, "이적 신앙"으로 믿는 이들을 신뢰하지 않았다는 것을 암시하는가? 이 부분 역시 니고데모를 소개하는데, 그는 예수에게 와서 예수는 하나님께로부터 온 선생이며 하나님께서 함께 하시지 않았다면 이런 이적을 행할 수 있는 사람은 아무도 없다는 것을 단언한다.3:2 아마도 숨겨진 신자인 듯한19:38-39 니고데모가 예수에게 온 것은 하나님께서 권능을 부여한 이적 때문이지만3:2c, 그는 성령을 이해하지 못한다; 그는 예수를 공개적으로 고백하지 못한다.

두 번째 관련 본문에서, 예수는 자신의 아들을 치유해 달라는 관리의 요청에 응답하며 이렇게 말한다. 네가 이적들과 기이한 일들을 보지 않았더라면 믿지 않았을 것이다.4:48 이것은 "이적 신앙"을 질타하는 암시일 수 있다: 예수는 사람들이 이적들을 보지 않고는 믿을 수 없다고 말하는 것이다. 그렇지만 존스와 밀러526-57는 요한복음 5장에서 바로에 맞서 하나님의 이적들을 행했던 모세는 긍정적으로 묘사되고 있다고 지적한다.요 5:31-47 모세의 질문, "그들이 저를 믿지 않고 저의 말을 듣지 않고 '주께서 너에게 나타나지 않으셨다'고 말하면 어찌합니까?"출 4:1에 대한 하나님의 응답은 이적들을 주는 것이었다. 이적들은 이스라엘과 바로를 향해 하나님께서 모세를 인증하는 것이다. 유사하게, 예수의 이적들은 아버지께서 자신 안에서 일하신다고 백성에게 증언한다.5:17 자신의 정체성을 드러내면서, 이런 주장은 유대인들의 혐의로 이어진다: 예수는 스스로를 하나님과 동등하게 만들고 있다.5:18 존스와 밀러531는 예수의 응답을 바꾸어 말한다: 너희가 이적들과 기이한 일들을 보지 않으면 분명 믿지 않을 것이므로, 너희가 믿도록 나는 너희에게 이적들과 기이한 일들을 보여줄 것이라는 것을 너희는 알아야 한다. 이적들은 믿음을 유도한다: 이적들은 긍정적인 역할을 한다.

세 번째 본문, 6:26-27은 예수가 5천명을 먹인 후에 온다. 몇몇 사람들은 그 후에 예수를 찾으며, 예수는 이렇게 응답한다. "너희가 나를 찾고 있는 이유는 이적을 보았기 때문이 아니라 너희가 빵을 먹고 배불렀기 때문이다. 사라질 음식을 위해서 일하지 말고 영생에 이르게 하는 양식을 위해 일하여라." 여기서 예수는 이적들을 경시하는 것이 아니라 그저 또 다른 끼니를 찾기 보다는 자신의 진정한 정체성을 계시하는 이적을 보고 깨달으라고 그들에게 도전하는 것이다. 예수는 계속해서 그들에게 또 다른 이적을 준다—그의 살의 이적6:51 예수의 신학에서 이적들은 긍정적이다.

요 20:25는 네 번째 본문으로, 여기서 도마는 이렇게 말한다. "내가 보지 않았다면, … 믿지 않았을 것이다." 예수는 나중에 이렇게 답한다. "네 손가락을 여기에 넣고 내 손을 보라. 네 손을 뻗어서 내 옆구리에 넣어보라.20:27 보지 않고 믿는 이들은 복되도다.20:29 도마는 믿는다!"20:28 예수가 질책한 것은 도마가 증거를 원했기 때문이 아니라 어떤 형태의 증거를 요구했기 때문이다. 그는 예수를 보고 증언했던 자들의 증거를 받아들이는 대신 자신의 눈이 원하는 증거를 요구한다. 예수는 이렇게 말한다. 간접적인 증거, 즉 다른 이들의 신실한 증언으로 만족하는 이들은 복되도다.29절 AT 존스와 밀러는 이것이 요한공동체의 신자들의 상황이었다고 언급한다. 신실한 증언은 그들에게 예수의 정체성에 대한 증언을 전해 준다. 도마의 고백에 뒤따르는 결론은 요한복음의 목적 진술이다: 이들[이적들]이 기록된 것은 너희로 하여금 예수가 메시아, 하나님의 아들임을 믿게 하려 함이며, 믿음을 통해서 너희가 그의 이름으로 생명을 얻도록 하기 위함이다.20:31 요한1서는 이렇게 시작한다. "우리가 듣고, 보고, 자세히 살펴보고 우리가 손으로 만져본 것을 우리는 너희에게 전한다." 1:1-5 AT 이곳에서도 신실한 증언이 예수의 증언을 전한다. 톰슨1991: 92은 이렇게 잘 말하고 있다. "이적들이 알리고 있는 것은, 구체적으로 아들과 아버지의 연합이다."

또 다른 접근은 카터2006: 96-98는 이적들이 어떻게 기능하는지에 대한 네 가지 시각을 언급하는 것처럼, 요한복음의 이적들에 대한 다소 다양한 강조점들을 아는 것이다. 그렇지만 이것은 도움이 되기보다는 혼란스럽게 하는 것이 더 많다. 왜냐하면 이적들은 다른 사례 속에서 다른 사람들에게 다르게 기능한다는 인상을 남기기 때문이다. 이적들이 기능함에 있어서 다소 모호성을 보이고 있긴 하지만 존스와 밀러의 처리방식은 이 문제를 해결한다. 요한복음의 이적의 기능은, 요 9:39에서 묘사되는 것처럼, 감춰지기도 하고 드러나기도 한다는 점에서 모호하다: 눈먼 이가 보며 보는 이들이 눈이 먼다. 이적들은 신성한 임재를 보여줄 수 있지만 이적들을 보는 사람들의 성향이 반응을 결정한다.Schneiders 2003: 67; 막 4:12와 공관복음의 비유들을 참조

이것은 이적들이 가진 긍정적인 의도를 없애지 않으며, 요 20:31에서 분명히 언급된다. 슈넬은 이적들 속에 있는 "선재하고 찬미받는 이"의 성육신과 예수의 마지막 영광의 "때"가 그의 진정한 인성을 증언하기 위해 혼합되어 있다고 강조한다.2005: 82-83 예수의 죽음과 부활은 이적들과 일들과 함께 계속되고 있다.2006: 22

소피아와 로고스 요한복음 어디에서도 *Sophia*잠언 8장과 집회서 1:1-10, 24:1-22 에서처럼 인격화된 지혜를 언급하지 않지만, 마태복음은23:34; 11:29; 12:42; 13:34 참조 뚜렷하게 예수를 *Sophia*와 연결시킨다. 누가 역시 예수가 임박한 심판을 묘사하기 위해 "하나님의 지

혜"11:49를 인용할 때 그렇게 하고 있다.Swartley 1994: 180-83 공관복음서는 예수의 비유를 내포하는데, 이것은 *Sophia* 전통과 맞아 떨어지는 장르이다. 공관복음서에서 예수는 지혜 교사로 그려진다.Borg: 97-124 그렇지만 요한복음에는 비유가 없고 분명한 *Sophia* 언급이 없다.

서문의 온라인 자료 속에서 볼 수 있듯이, 많은 주석가들이 쉽사리 말씀/로고스와 지혜/소피아 전통을 혼합한다. 에반스1993: 112n1는 애쉬튼Ashton과 페인터Painter를 인용하는데, 이들은 요한복음이 말씀예수을 지혜의 성육신으로 나타내고 있다고 주장한다. 에반스는 필로가 지혜 전통과 요한복음 사이의 중요한 연결고리라고 본다. 카터가 보여주듯이2006: 137. 표, 상응하는 부분들은 실로 인상적이다. 카터는 요한복음의 주요 주제들을 "예수/지혜" 주제들과 더불어 능숙하게 요약한다.137-39 요한복음이 *Sophia*를 사용하지 않는 이유와 더불어 *Sophia*가 요한복음에서 중요하다는 시각을 뒷받침하는 학자들의 더 확장된 시각을 보라.w1

이 문제에 대해서 소설의 시각으로, 제인 히스Jane Heath는 어떤 이들은 "그가 선하다." 라고 말하고 있었다.AT라는 요 7:12b에 집중하면서 지혜 전통과 요한복음의 관계를 평가한다.w2 히스는 몇몇 본문 속에서 요한이 사용한 선함agathos이 갖는 기독론적 의미가 간과되고 있음을 파헤친다: 나다나엘의 질문1:46, 좋은[kalos] 포도주2:10, 그리고 선한 목자 예수.10장 그녀는 지혜가 "[하나님]의 선함의 이미지"로 묘사되고 있는 지혜 상응구절지혜서 7:26-27를 인용한다—모든 것을 할 수 있으며 "모든 세대를 통하여 거룩한 사람들의 마음속에 들어가서 그들을 하나님의 벗이 되게 하고 이웃이 되게 한다."바꾸어 말함 그녀는 요한복음이 예수를 그리는 것에서 이렇게 지혜에 대한 유사성을 본다. 그렇지만 그녀는 결정적인 차이점들도 언급한다: 요한복음에서 "예수는 더욱 인간적이고, 더욱 구체적이며, 지혜와는 달리 그의 '선함'이 제대로 전해지지 않아 죽음에 이르게 된다. 요한은 완전히 *eikon*[형상]이라는 용어를 피하고 있다; 예수는 요한복음에서 하나님의 선함의 형상이나 유사성이 아니라 오히려 그는 '선하다'"535. 이것은 요한이 사용하는 다른 선함에도 새로운 기독론적인 빛을 비춘다 w3

요한이 지혜의 복음서로 이해되려는 의도가 있었는지, 혹은 없었는지에 대해서는 의문이 남아있다. Nestle-Aland의 Novum Testamentum Graece27th ed., Appendix IV에서 밝히고 있는 것처럼, 요한복음의 18가지 분명한 구약성서 자료들의 인용을 고려하라: 시편에서 8개지혜 시편에서는 인용된 것이 없음, 이사야에서는 6개, 출애굽기에서 2개, 스가랴에서 1개 혹은 2개—지혜 문학에서는 하나도 인용된 것이 없다!Clark-Soles: 222를 보라 요한복음에서는 "주님을 경외함"지혜를 구하기 위한 필요조건이라는 지혜문학의 비유가 없다.

본문상의 차이점 신약성서에서 "본문상의 차이"는 본문이 헬라어 사본들에 따라 다르게 읽힐 수 있음을 의미한다. 요한복음은 주목할 만한 본문상의 차이점들을 갖는다:

요한복음 1:18. 사본 증거는 하나님*theos*에 굳건히 달려있다: P[66, 75] ℵ N B C* D L W* 33 850 (sa) bo (Or) Cyr-Alex가 뒷받침. 아들*huios*에 대한 초기 사본 증거는 미미하다: A C Θ Ψ Υ W ƒ[1,13] · (sa) sy[pal, c, h] arm Eus Cl Ir Tert과 대대수 후기 사본, 덜 신뢰가 가는 비잔틴 사본들. 더 이상 존재하지 않는 원본은 아마도 신성한 이름nomina sacra에 대한 일반적인 필경 관례에 따라 그 단어를 축약했을 것이다. 이런 형태로 되어 있는 두 가지 이해는 매우 흡사하다. 외적인 증거가 *theos*를 뒷받침한다면, 내적인 증거도 더 어려운 이해에서처럼 *theos*를 지칭하지만, 그것은 3:16, 18, 그리고 요한1서 4:9에서처럼 예수를 아들*huios*로 지칭하기 위한 요한복음의 특징이다. 수사학적으로는 아들이 더 매끄럽다.

이런 다양성에 대한 메츠거의 논의도 정관사 *ho*를 포함하느냐 없애느냐의 문제를 고려하고 있다. 그는 생략된 것이 원본이라고 본다. 이 정관사는 *huios*가 *thoes*를 대체할 때 첨가되었다. 앞에서 나타난 위원회의 의견에 덧붙인 것이 알렌 윅그렌Allen Wikgren의 반대의견으로, 원본을 *thoes*로 읽어야 한다는 것이 의심스럽다는 입장이다.Metzger 1994: 169-70

요한복음 5:2. RSV 번역, 베데스다.Bethzatha는 시내사본Codex Sinaiticus, 소사본 33the minuscule manuscript 33, 구 라틴 사본들, 그리고 예루살렘을 알았던 유세비우스에 의해 뒷받침되고 있다. 일부 다른 이해, Bethsaida과 Bethesda성스러운 자비의 집는 중요한 본문상의 뒷받침을 받고 있지만 Belzetha는 본문상의 지지가 약하다. 사본적 지지를 받지는 못하지만 관련된 철자, Bethseta는 "양의 집"을 뜻하므로 제시되어 왔다.Burge 2000: 173

요한복음 7:37d. P66과 다른 MSS는 나에게*pros eme*를 생략한다; P75와 B는 그것을 포함한다.

요한복음 7:53-8:11. 요한복음에서 이 부분은 20세기에 이르기까지 동방 사본들에서는 나타나지 않는다. 이 부분은 일부 서방 사본들에 앞서 나타난다: 일부 구 라틴 사본과 베자 사본Codex Bezae, 15세기 유사한 이야기가 히브리 복음서에 나타나며Eusebius, Hist. eccl. .29.17, 이 간음사건에 대한 더 분명한 서사는 3세기 시리아의 사도계율Didascalia Apostolorum 2.24.6에 있다. 이 보도는 터튤리안이나 키프리안이 언급하고 있지는 않지만 둘 다 3세기, 서방 교부들인 암브로시우스와 어거스틴4-5세기가 인용하고 있다. 동방에서 그것을 가장 최초로 언급한 사람은 에우티미우스 지가베누스Euthymius Zigabenus 12세기; Metzger 1994: 188이다.

그 본문이 어디에 속하는 지는 불분명한데, 그 이유는 사본들이 다양한 자리에 그것을 위치시키고 있기 때문이다: 요 7:36 이후MSS 225, 7:44 이후몇몇 그레고리안 MSS, 이후 21:25소사본들 몇 개, 혹은 8장에 있는 몇 가지 다른 장소들이다. 다른 사본들은 그것을 누가복음 21:38(𝔓13)이나 누가복음의 마지막에 두고 있어서MS 1333, 그 사건을 성전 속에 위치시키는 것이다. 누가복음 21:38 이후에 위치시키면, 그것은 감람산에서 성전에 이르는 예수의 여정 속에서 일어나게 된다. 그곳에서 예수는 가르친다. 이 이야기는 마침내 현재 있는 곳, 요한복음 8장에 "자리를 잡았다." 이 본문에 대한 앞선 언급들을 볼 것; 더 완전한 논의를 위해서는 다음을 보라. Metzger 1994: 187-89

요한복음 9:38. 일부 신뢰할 만한 사본들(P75 ℵ W)에서 38절이 빠져있지만, 초기 신뢰할 만한 사본들을 포함한 대부분의 사본들은 38절을 포함한다. 고유한 증거는 나눠져 있다. 짧으면서 더 어려운 이해는 38절을 생략하는 것을 선호한다. 필경사들은 정통적인 신앙으로 이해하는 것을 따름으로 더 오류가 나올 가능성이 높으므로, 추가된 것이라기보다는 필경사들이 생략한 것으로 설명하는 것이 더 어려운 일이다. 따라서 그것이 어떻게 생략되었는지 보는 것 보다는 어떻게 추가되었는지 보는 것이 더 쉽다. 그렇지만, 저자의 특징적인 강조점을 나타내는 이해가 더 원본에 가깝다. 제4복음서 저자는 예수의 신적인 지위를 쉽게 고백하므로, 그는 예배에 알맞은 것을 고려했을 것이다. 그럼에도 불구하고, 이것은 요한복음에서 예수를 예배하는proskyneō 인간이 나오는 유일한 경우이다. 장단점을 고려한 후에, 메츠거는 이렇게 말한다. "더 긴 본문을 선호하는 외적인 입증을 압도적으로 우세하게 보는 시각에서 보면, 우연한 것이 아니라면 생략은 편집된 것으로 보아야 하며, 37절과 39절에 있는 예수의 가르침을 통합시키기 위해 만들어진 것이다."르1994: 195

요한복음 18:5, 7. Nazoraion이 가장 강력한 본문상의 지지를 받는다. 이 단어는 아마도 나사렛 장소를 가리키는 듯하다.마 2:23; 26:71를 보라 다른 시각으로는, 브라운1970: 810을 보라. 히브리어 어원 nzr는 메시아적 남은 이들이나 이세의 어원을 가리킬 수 있다 그렇지만 이 본문은 개인적인 신원에 대한 것이다. 십자가에 쓴 빌라도의 글귀는 이 점을 확증하고 있다. 그 글귀는 이렇게 시작한다. 나사렛 예수.19:19

요한복음 18:5. 나는~그 사람이다 이전에 혹은 이후에 Iesous가 추가되었다는 본문상의 차이들은, 적어도 만일 그것이 앞서 위치하고 있다면만일 앞에 있다면, *Iesous*는 그가 말했다와 어우러며 그가 누구인지를 명시하고 있다; 만일 *Iesous*가 뒤에 온다면, 나는~이다와 함께 서술적 명사가 될 것이다 충분한 지지를 받고 있지만, 그것을 생략하는 이해들도P[60] D 등 강력한 본문상의 뒷받침을 받는다. Nestle-Alant Greek 본문27th ed., 1993은 *Iesous*를 생략하지만, NRSV와 NIV는 포함하고 있다: 예수가 말했다.NIV; 예수가 대답했다.NRSV

요한복음 19:35b. 이것은 번역상의 문제이다. 헬라어로 '알다'에 앞서는 '그'NRSV는 그 사람*ekeinos*이며, 아마도 18:15b에 있는 그 제자와 21:20과 24에서 알려진 그 제자를 가리키는 것 같다. 그러므로 예수에 대한 요한공동체의 전통 속에 있는 목격 전수자를 지칭하고 있는 것이다.

요한복음 20:18. 본문상의 상이점들을 고려해 보면, 원본은 *angel-lousa*이거나 *apangellousa*일 것이다. 세 번째 이해인 *anangellousa*는 고려해야 할 충분한 지지를 받지는 못한다. *anagellousa*에 대한 증거는 P66 ℵ* A B 078. 0250 *pc*이며, *apang-ellousa*에 대한 증거는 P66c ℵ[2] D L Θ f[1,13]과 주요 사본으로, 강한 지지를 받지는 못한다. Nestle-Aland 본문은 *angellousa*를 더 설득력 있는 이해로 간주하므로 '알리다'announce가 더 좋은 번역이 될 것이다. 그렇지만 대다수의 사본들은 대대로 *apangel-lousa*로 본다. 이것은 종교개혁 이전에 교회가 마리아에게 깊은 존경을 표시했다는 것을 증언하며, 마리아의 역할을 사도적인 선포자로 강조하고 있다.

요한복음 20:31. 믿다라는 동사의 시제가 현재형이냐 과거형aorist이냐 하는 것이 문제가 된다. 모든 본문 형태가 *pisteusete*aorist를 본문상으로 지지한다: ℵ[2] A C D L W Ψ f[1,16] 33 565 700 등 Syr[s,p,h,pal] *pisteuete*현재형를 지지하는 것은 P66vid ℵ* B Θ 892. 후자는 강한 초기의 사본 증언을 포함하고 있지만 전자는 널리 지지를 받고 있으며, 몇몇은 f 군, 33, 565와 시리아 수정본들Syriac rescensions 속에서 특히 강한 지지를 받는다. 20:31에 대한 언급은 다른 뉘앙스를 초래하는 것을 설명한다. 그 증거는 "무승부"에 가깝기 때문에, 나는 양쪽의 의미들이 모두 그 본문을 사용함에 있어서 교회가 강조하는 부분이 되리라고 본다.

불확실한 문제들[w1]을 볼 것

증인과 증언하다 요한복음은 서사적 줄거리의 중심에 이사야의 소송 모티브rib을 지닌 거대한 법정-증언 장면으로 이해되고 있다.Lincoln 2000 이사야 43:10-13은 이렇게 선언한다.

> 주께서 말씀하신다. 너희는 나의 증인이며 내가 택한 내 종으로, 이렇게 하는 것
> 은 너희가 나를 알고 믿게 하려는 것이고 오직 나만이 하나님임을 깨달아 알게
> 하기 위함이다. 나보다 먼저 지음을 받은 신이 있을 수 없고 나 이후에도 있을 수
> 없다. 나는 주이며 나 말고는 어떤 구원자도 없다. 너희 가운데 어떤 이방신도 없
> 을 때 내가 선언했고 구원했으며 선포했다. 주님이 말씀하신다. 너희는 내 증인
> 이다. 나는 하나님이며 그 이후로 내가 그이다. 내 손에서 빠져나갈 자는 없다.
> 내가 하는 일을 누가 막을 수 있겠는가?강조가 첨가됨

증인과 나는 [그] 이다.*ego eimi*가 서로 엮여져 있다. 이사야 40-55는 요한복음의 예수
를 위한 예언적 요람이다.

동사 '증언하다' *martyreo*는 요한복음에서 33회 등장한다; 명사*martyria*는 14회 등장한
다. 이것은 신약성서 사용의 1/3이 넘는 수치다.동사는 79회, 명사는 37회 영어 번역들은 증
인 혹은 증언하다를 요한복음에 나오는 동사에 해당하는 역동적인 상응으로 사용하고
있다. 우리는 또한 "증인" 혹은 "순교자"를 의미할 수 있는 *martys*와 구분하기 위해 요
한을 증언자 요한으로 지칭하고 있다. 명사 *martys*"증인" 혹은 "순교자"는 요한계시록에서
5차례, 사도행전에서 13차례 나타나지만 요한복음에서는 어디에도 나타나지 않는다. 증
인은 순교자가 될 수 있다; 요한계시록에서 저자는 규칙적으로 증인이 순교자의 사례가
될 것으로 내다본다.Yeatts: 128-31, 137, 469, 458-61

서문에서 요한은 증인/증언자로 등장하며, 요한복음 1:37-50에서 예수의 첫 번째 제
자는 예수의 정체를 증인/증언한다. 5장에서 예수가 스스로를 하나님과 동등한 위치에
둔다는 혐의로 기소되었을 때, 예수는 그의 말과 일에서 그의 신성을 입증하는 수많은
증인들을 인용함으로 스스로를 변호한다. 보캄2008a: 123은 요한복음에서 예수의 사역에
있어서 첫 번째 "재판" 단계 속에서 일곱 명의 증인을 밝히고 있다.ᵂ 이들은 "침례[증언
자] 요한1:7. 등, 예수 자신3:11 등, 사마리아 여인4:39, 아버지 하나님5:32, 예수의 일들이나
이적들5:36, 성서5:39, 그리고 예수가 나사로를 살린 것을 증언하는 무리들12:17이다." 두
번째 단계에 있는 두 명의 증인은 애제자를 포함한 제자들, 그리고 보혜사로서, 이 서사
의 시간적인 관점에서 보면 이들이 장차 증언하게 된다.

애제자 덕분에, 요한복음 자체가 예수를 계속 증언하고 있으며, 여러 증인들을 활용

하고 있다. 요한복음에 있는 기독론적 고백들도 예수의 신성한 정체성을 입증한다. 부활 이전에는 7개의 고백이 등장하며 그 이후에는 2개가 등장한다. 이 고백들은 안드레, 빌립, 그리고 나다나엘1:41-50로 시작한다. 그 고백들은 사마리아 여인과 그 마을 주민들 4:29, 42, 12명의 제자의 고백을 대표하는 베드로의 고백6:69, 눈먼 이의 증언9:17, 30-33, 35-38과 마르다.11:27에서도 계속된다. 오케스트라의 연주가 최고조에 이르는, 부활 이후의 고백들은 막달라 마리아20:18와 도마20:28의 고백이다.[기독론, 567쪽] 이 고백들은 하나님께서 보내인 이,예수의 정체성에 대한 요한복음의 증언에 있어서 중요하다. 기록된 복음서에 나오는 애제자의 선물에 대한 보캄의 증언은 적절하다:

> 애제자가 기록한 증언은 그들 모두를 아우르며 그들을 계속 증언할 수 있도록 하게 한다. 확실히, 요한복음은 7개의 증언을 해석하고 있다: 요한복음에서 침례 요한이 말하는 것은 의심의 여지없이 애제자가 그 당시에 그가 말한 것을 들은 것을 그저 보도한 것이 아니다. 그렇지만 애제자가 기록한 증언은, 만일 동시에 일곱 증언들을 어떤 의미에서 보도하는 것이라면, 그 증언들을 해석만 할 수 있을 뿐이다. 그렇지 않다면 그 재판의 두 가지 국면을 일시적으로 계승하는 것은 즉시 붕괴하게 되며 일곱 증언들은 애제자의 증언이 표현하는 형태가 되는 것에 지나지 않는다. 이런 방식으로 요한복음이 증언들을 신중하게 배열하는 것은, 만일 그의 증언이 스스로와 모순되지 않고 스스로를 반박하는 것이 아니라면, 애제자혹은 저자가 행사하는 것으로 이해하는 것은 창의력의 정도에 어떤 제한을 두는 것이다. Bauckham 2008a: 124

일곱 개의 고난 이전의 증언들은 예수의 정체성을 드러내고 있다; 요 20장에서 부활 이후 세 번의 등장은 21장의 네 번째 등장과 더불어 그런 정체성을 확증하며, 요한복음의 시작을 상기시키고 있다. 따라서 그들은 요한복음의 기독론에서의 절정을 나타내고 있으며, 20:31에 있는 요한복음의 목적 진술을 잘 예비하고 있다. 예수의 이적들20:30-31 역시 증언이다. 애제자는 요한복음의 서사 속에서 증인 그 이상metawitness으로서, 다른 모든 증인들의 신뢰성을 인증하고 예수를 증언하고 예수의 증언이 되는 이 전체 이야기를 나타내고 있다.[애제자, 565쪽]

요한복음의 여인들 여인들은 요한복음 2:11-11; 4:4-42; 11:1-44; 12:1-8; 19:25-27; 그리고 20:1-18에서 중요한 역할을 한다. 공관복음서에서 여인들은 주로 "보여 지지만 들리지는 않는," 드웨이Deway 1997가 비판적으로 평가한 현상이다. 그렇지만 요한복음에서 여인들은 목소리를 낸다. 그들은 인간을 위한 하나님의 계시가 되는 예수를 요한복음이 드라마로 펼치는 가운데 핵심적인 고백들을 목소리로 내고 있다. 브라운은 여인들의 중요성을 안다.1975: 688-99; 1979: 183-98 보캄의 독특한 기여는2002 요한복음에서 이름이 나오는 여인들과 공관복음, 그리고 다른 초기의 비정경적 복음서들 속에서 이름이 밝혀진 여인들을 분석한다.

두 개의 확장된 기여들이 충분히 고려할 만한 가치가 있다. 콘웨이Conway는 요한복음에 나오는 10명의 등장인물에 대한 주의 깊은 연구에 착수한다: 다섯 명의 여인들과 다섯 명의 남자. 이들 10명의 등장인물들은 예수의 어머니, 니고데모, 사마리아 여인, 눈먼 남자, 마르다와 베다니의 마리아, 빌라도, 시몬 베드로, 애제자, 그리고 막달라 마리아이다. 콘웨이는 이 여인들이 서사상의 역할과 중요성에 있어서 남자들과 동등하다는 것을 증명하려 한 요한복음 속의 여인들에 대한 초기 연구의 대부분을 제대로 비평하고 있다. 콘웨이는 이렇게 말한다. "성별 분석은 단순히 여인들에 대한 연구와 같지 않다." 오히려 "성별이라는 용어는 다른 것들 가운데, '남성'과 '여성'의 범주에 대한 상대적인 측면을 나타내는 것이다." 48 콘웨이는 "등장인물들의 등장 속에서, 그리고 그 사이에서 생성된 의미의 네트워크"를 강조한다.126n170

콘웨이는 마르다의 고백을 가장 주목할 만한 것으로 여긴다:

> 요한복음의 다른 곳 어디에서도 개별적인 등장인물의 고백이 마르다가 하는 방식의 대화로 마무리되지 않는다. 나다나엘의 고백1:49, 베드로의 고백6:69, 도마의 고백20:28에는 예수의 질책 같은 것이 따라 오며, 앞선 맹인9:38의 신앙고백은 예수의 심판이 따른다. 그와 반대로, 마르다의 고백은 스스로 선다. 이것이 나타나고 있는 다른 유일한 곳은 4:42로서, 사마리아 마을 사람들이 예수를 "세상의 구원자"로 선언하는 곳이다. 143

마르다의 고백은 사마리아 여인의 마을사람들의 고백을 확장시킨다. 이들 고백은 나중에 20:18에 나오는 막달라 마리아의 고백, 내가 주님을 보았다와 결합된다. 각각의 고백은 요한복음을 세 가지로 주요 구조적 구분을 하고 있는 장들을 맺음 속에서 나타난다. 1-4장; 5:1-12:8 [마리아가 예수에게 기름을 붓는 것은 마르다의 고백을 보충한다]; 그리고 12:9-20:31 이런 여인들의 고백들은 예수의 기독론적 정체성에 있어 결정적인 것이다. 예수에 대한 헌신으로, 베다니의 마리아가 예수에게 기름을 붓는 것은 20:1-18에서 막달라 마리아의 역할과 더불어 세 번째 구분을 끝맺고 있다. 이런 구조적 패턴은 아마도 요한공동체 신자들 가운데 리더십에 있어서 여인들이 출중했음을 반영하고 있는 같다.

콘웨이가 예수의 어머니를 나타내고 그녀의 윤곽을 그려낸 것은 탁월하며, 사라미아 여인에 대한 그녀의 묘사 역시 그러하다. 콘웨이는 이렇게 결론짓는다: "예수의 어머니가 아버지 하나님과 함께 일하는 자인 것처럼, 사마리아 여인도 예수에게 '없어서는 안 될 동역자'이다.[125] 모든 열 명의 등장인물 가운데 그녀를 다루는 것은 성격묘사의 모방적이고 기능적인 측면에 있어 풍족한 향연이다. 그렇지만 수수께끼는 그녀의 간략한 결론 속에서[201-5] 그녀는 무엇 때문에 그녀의 공헌을 요한복음의 핵심되는 강조점들—특히 기독론와 서사의 구조로서, 그녀는 앞서 하크만Baruch Hochman의 책에서 이것을 단언했었다.Conway: 55-57; Hochman: 41-42—에 더욱 분명하고 완전하게 연관시키지 않았는가 하는 것이다. 그녀는 앞서 언급한 것처럼, 요한복음의 구조와의 관련 속에서 여인들의 긍정적인 역할에 대해 더 이야기 했었어야 했다.

콘웨이는 다섯 여인들 모두위를 볼 것 "예수의 자기계시, 그리고 예수의 때가 오는 것과 밀접하게 연결된 사람들처럼 비할 데 없이 긍정적인 방식으로 나타나고 있다."고 결론을 내린다.[203] 이들 다섯 여인들과는 대조적으로—여성이라는 정체성은 우연이 아니다—남성들은 더욱 부정적으로 묘사된다. 오직 두 명, 눈먼 이와 애제자만이 긍정적으로 나타난다. 콘웨이는 여성과 남성 등장인물들이 의도적으로 비교되어 발전되고 있음을 고려한다: "사마리아 여인과 함께 니고데모, 유다와 함께 베다니의 마리아, 애제자와 함께 막달라 마리아, 그리고 아마도 베드로와 함께 마르다." [203] 그녀의 분석에서 21장을 포함했더라면, 마르다와 대조되는 일은 없겠지만, 베드로는 더욱 긍정적으로 묘사될 수 있었다.

베르니Beirne의 연구도 새로운 땅을 개척한다. 요한복음에서 여인들과 남자들은 "동등한 제자도"로 다루어진다. 그렇지만 베르니는 성별에 적용할 때, 동등함의 의미에 대한 자신의 연구에서 그 용어를 한정한다. 요한복음에서 그녀는 등장인물의 여섯 가지 "성별의 짝" 사례를 본다.비슷한 누가복음의 짝짓기 특징을 참조 여섯 쌍 각각은 요한복음의 목적 진술20:31과의 관계 속에서 평가될 때, 병행으로 묘사되거나 예수와 만나는 신앙을 대조하는 것으로 그려진다. 그런 대조들은 니고데모3:1-12와 사마리아 여인4:4-42; 그리고 베다니의 마리아와 유다.12:1-8이다. 병행들은 예수의 어머니2:1-11와 공직 관리4:46-54; 날때부터 소경된 남자9:1-41와 마르다.11:1-44; 예수의 어머니와 애제자19:25-27; 그리고 막달라 마리아20:11-18와 도마20:24-29이다.w1

무엇보다 중요한 것은, 절정에 이르는 요한복음의 세 가지 구조적 구분 각각을 가져오는 등장인물로서 여인들이 핵심적인 역할을 한다는 것이다: 1-4장; 5:1-12:8; 그리고 12:9-20:31 예수의 사역을 끝맺는 예수의 어머니는, 예수의 사역을 지휘하는 아버지가 아니라면, 다른 서사상의 인물들과 쉽게 비교되지 않는다. 마가복음과 더불어, 요한복음에서의 여인들의 갖는 역할이 특출하기에Swartley 1997, 초기 기독교에서 지도적 역할을 하는 여인들의 역할은 계속 연구할 가치가 있다. 요한복음에서, 여인들은 모범사례로서 듣고, 보고, 믿고, 고백하고, 증언하며, 심지어 선포하기막달라 마리아까지 한다.w2

세상 카터2006: 91는 세상이라는 용어에 대한 긍정적이고 부정적인 함축을 모두 보고 있다. 세상kosmos은 신약성서에서 총 185회 등장한다; 그 가운데 절반 이상이 요한의 문헌 속에서 나타난다.요한복음에서 78회, 요한1서에서 23회, 요한2서에서 1회, 그리고 요한계시록에서 3회 아나뱁티스트 전통이 세상을 부정적인 어조로 사용하는 경향이 있지만, 신약성서에서의 사용은 더 복잡하고도 미묘한 뉘앙스를 갖는다. 요 1-12장에서, 세상은 거의 2:1 비율로 인간 행동의 영역을 긍정적으로 기술하는 말이다. 예수의 사역은 일반적으로 받아들여지며, 요한복음의 목적은 세상에 대한, 모든 인류에 대한, 심지어는 유대인들에 대한 하나님의 성육신적인 사랑과 소통하는 것이다. 요 13:19에서는 대략 4:1로 부정적인 사용이 나타난다.거의 요한1서에서와 같은 부정적인 비율이다 양쪽 모두 한편으로는 예수와 제자들 사이의 고조된 갈등을, 다른 한편으로는 제자들과 예수를 거부한 이들 사이의 고조된 갈등을 묘사한다.McDermond: 52:53, 74-75, 134-36

세상은 요한복음에서 다른 의미들로 사용되지만, 이 책의 초안에 대한 반응으로 하워드-브룩은 세상은 세상을 의미한다고 말한다: 그것은 다르게 보는 관점이라는 것이다. 그렇지만, 다른 함축들은 이 본문에서 나타나고 있다. 먼저, 중성적인 사용은 하나님께서 말씀아들의 대리자를 통해 창조한 우주를 지칭한다.1:1-5, 8 17:24d에서 세상의 기초가 놓이기 이전이라는 문구는 세상을 이런 의미에서 사용한다. 두 번째로, 세상은 요한복음 3:16에서처럼 우주에 사는 사람들을 지칭할 수 있다. 하나님은 모든 이들을 사랑하시며, 그렇기에 하나님은 세상의 구원을 위하여 스스로를 주는 아들을 보내신다—바울이 로마서 8장에서 말한 것처럼 하나님의 사랑이 우주의 구원으로 확장되고 있으므로, 첫 번째와 두 번째는 실제로 하나라고 주장할 수도 있다. 세 번째로, 세상은 종교 지도자들의 적대감을 가리킨다: 제사장들, 바리새인들, 그리고 유대인들. 적대적인 유대교 권력자들은 예수를 십자가형에 처하기 위해 빌라도에게 넘겨준다. 이런 적대감은 세상의 통치자archon이 넣어 준 것으로, 예수는 그의 영광과 세상에 대한 승리16:33 속에서 그들을 내쫓고12:31 RSV 비난한다.16:11

네 번째 사용은 두 번째와 세 번째를 결합시키며예를 들면 세상의 사람들, 예수를 믿는 이들과 대조되고 있다. 17:9-19에서 두드러지는 이런 사용은 믿지 않음과 적대감의 영역을 형성하는 세상의 사람들을 지칭하고 있지만, 13절은 첫 번째 사용을 반영하는 것으로 보인다—예수가 이 세상에서 인간으로 있는 것. 고별담화에서, 세상은 예수와 제자들을 미워하는 자를 가리킨다.15:18-25 세상은 성령에 의해 그릇된 것으로 심판받는다.15:18-25 예수는 내가 세상을 이기었다.16:33라고 선언한다; 그는 무력적인 메시아로 자신의 사역을 우회시키려는 사탄의 유혹에 저항한다.6:15; 11:45-48; 12:12-15; 18:11, 36 대신, 예수는 제자들에게 평화를 말하며14:27; 16:33; 20:19-26, 그들에게 성령으로 숨을 내쉰다.20:22 AT

세상이 예수와 신자들을 미워하지만15:18-25, 요한공동체의 신자들은 심지어 요한1서 2:15에서 조차, 세상믿지 않는 이들을 미워하라는 가르침을 받지 않는다. 믹스Meeks 1993: 58-61는 요한공동체의 신자들이 세상을 미워하는지 사랑하는지에 대해 우유부단한 태도를 취하고 있다. 렌스버거138-52는 요한복음의 "분파주의"를 요한복음의 강력한 선교의 강조와 잘 연결시키고 있다.

신약시대의
팔레스틴지도

+ 도시의 위치가 부정확

Bibliography

Abbreviations: *CBQ*   Catholic Biblical Quarterly
         JBL   Journal of Biblical Literature
         SBL   Society of Biblical Literature

Alexander, Denis, and Robert S. White

2006   *Science, Faith, and Ethics: Grid or Gridlock? A Christian Approach to Controversial Topics in Science*. Peabody, MA: Hendrickson.

Alexis-Baker, Andy

2012   "Violence, Nonviolence and the Temple Incident in John 2:13- 15." *Biblical Interpretation* 20, nos. 1–2: 73–96.

Anderson, Paul N.

1996   *The Christology of the Fourth Gospel: Its Unity and Disunity in the Light of John 6*. WUNT, 2nd Series 78. Tübingin: J. C. B. Mohr.

1999   "The Having-Sent-Me Father: Aspects of Agency, Encounter, and Irony in the Johannine Father-Son Relationship." In *God the Father in the Gospel of John*, edited by Adele Reinhartz, 33-58.

Atlanta: SBL.

2007   *The Fourth Gospel and the Quest for Jesus: Modern Foundations Reconsidered*. New York: T&T Clark.

2011   *The Riddles of the Fourth Gospel*. Minneapolis: Fortress.

Anderson, Paul N., Felix Just, and Tom Thatcher, eds.

2008   *Jesus, John, and History.* Vol. 1: *Critical Appraisals of Critical View*s. Atlanta: SBL.

2009   *Jesus, John, and History.* Vol. 2: *Aspects of Historicity in the Fourth Gospel.* Atlanta: SBL.

Appold, Mark L.

1976   *The Oneness Motif in the Fourth Gospel*. Tübingen: J. C. B. Mohr.

Arterbury, Andrew F.

2010   "Breaking the Betrothal Bonds: Hospitality in John 4." *CBQ* 72: 63–83.

Ashton, John

1985   "The Identity and Function of the 'Ioudaioi' in the Fourth Gospel." *Novum Testamentum* 27:40–75.

2007   *Understanding the Fourth Gospel*. Second edition. Oxford: University Press.

Ball, David Mark

1996   *"I AM" in John's Gospel: Literary Function, Background and Theological Implications*. Journal for the Study of the New Testament: Supplement Series 124. Sheffield Academic.

Bamford, Christopher, trans. and ed.

2000   *The Voice of the Eagle: The Heart of Celtic Christianity; John Scotus Eriugena's Homily on the Prologue to the Gospel of St. John. Great Barrington*, MA: Lindisfarne Books.

Barclay, William

1975   *The Gospel of John*. Vol. 2. *Daily Study Bible Series*. Rev. ed. Philadelphia: Westminster.

Barrett, C. K.

1972   "The Dialectical Theology of St. John." In *New Testament Essays,* 49–69. London: SPCK.

1978   *The Gospel According to St. John. London*: 2nd ed. London, SPCK. 1st ed., Philadelphia: Westminster, 1955.

Barth, Karl

1960   *The Doctrine of Creation.* Vol. III/2 of *Church Dogmatics.* Edinburgh: T&T Clark.

Barton, Stephen C.

2008   "Johannine Dualism and Contemporary Pluralism." In *The Gospel of John and Christian Theology,* edited by Richard Bauckham and Carl Mosser, 3–18. Grand Rapids: Eerdmans.

Bauckham, Richard

1998a   *God Crucified: Monotheism and Christology in the New Testament.* Grand Rapids: Eerdmans.

1998b   *The Gospels for All Christians.* Grand Rapids: Eerdmans.

2002   "The Women in John." In *Gospel Women: Studies of the Named Women in the Gospels,* 257–302. Grand Rapids: Eerdmans.

2006   *Jesus and the Eyewitnesses: The Gospels as Eyewitness Testimony.* Grand Rapids: Eerdmans.

2007   *The Testimony of the Beloved Disciple: Narrative, History, and Theology in the Gospel of John.* Grand Rapids: Eerdmans. The chapter "The 153 Fish and the Unity of the Fourth Gospel" (271–84) appears also in Neotestamentica 36 (2002): 77–88.

2008a   "The Fourth Gospel as the Testimony of the Beloved Disciple." In Bauckham and Mosser, *The Gospel of John and Christian Theology.* Grand Rapids: Eerdmans, 120–39.

2008b   "Historical Characteristics of the Gospel of John." *New Testament Studies* 53:17–36.

Bauckham, Richard, and Carl Mosser, eds.

2008   *The Gospel of John and Christian Theology.* Grand Rapids: Eerdmans.

Beasley–Murray, George R.

1991   *Gospel of Life: Theology in the Fourth Gospel. Peabody,* MA: Hendrickson.

1999   *John. Word Biblical Commentary* 36. 2nd ed. Nashville, TN: Thomas Nelson Publishers.

Beirne, Margaret M.

2004   *Women and Men in the Fourth Gospel.* New York: T&T Clark. Bieringer, Reimund, Didier Pollefeyt, and Frederique Vandecasteele- Vanneuville

2001   *Anti-Judaism and the Fourth Gospel.* Louisville: Westminster John Knox.

Bird, Michael F.

2007   *Jesus and the Origins of the Gentile Mission. Library of New Testament Studies* 331. New York: T&T Clark.

Bligh, John

1962   "Jesus in Samaria." *Heythrop Journal* 3:329–46.

Blomberg, Craig L.

2001   *The Historical Reliability of the Gospel of John.* Leicester: Inter-Varsity.

Blough, Neal

1994   "The Holy Spirit and Discipleship in Pilgram Marpeck's Theology." 133–45 in Essays in *Anabaptist Theology*, TR 5, edited by H. Wayne Pipkin, 133-45. Elkhart, IN: IMS.

Blue, Debbie

2010   "Living by the Word" [on John 2:1-11] *Christian Century* 127, no. 1 (Jan. 12): 18.

Boccaccini, Gabriele

2002   *Roots of Rabbinic Judaism: An Intellectual History, from Ezekiel to Daniel.* Grand Rapids: Eerdmans.

Boccaccini, Gabriele, ed.

2007   *Enoch and the Messiah Son of Man: Revisiting the Book of Parables.* Grand Rapids: Eerdmans.

Boers, Arthur, et al.

2010   *Take Our Moments and Our Days: An Anbaptist Prayer Book. Vol. 2: Christian Seasons: Advent through Pentecost.* Elkhart, IN: IMS; Scottdale, PA: Herald Press.

Boers, Hendrikus

1988   Neither on This Mountain nor in *Jerusalem. SBL Monograph Series* 35. Atlanta: Scholars Press.

Borchert, Gerald L.

1966   *John 1–11. New American Commentary* 25A. N.p.: Broadman & Holman.

Borg, Marcus J.

1987   *Jesus: A New Vision; Spirit, Culture, and the Life of Discipleship.* San Francisco: Harper & Row.

Borgen, Peder

1965   *Bread from Heaven: An Exegetical Study of the Concept of Manna in the Gospel of John and the Writings of Philo.* Novum Testamentum Supplements 10. Leiden: E. J. Brill.

1983   *Logos Was the True Light, and Other Essays on the Gospel of John.* Trondheim, Norway: Tapir.

Botha, J. Eugene

1991   *Jesus and the Samaritan Woman: A Speech Act Reading of John 4:1-42.* Leiden: E. J. Brill.

Boyarin, Daniel

1999   *Dying for God: Martyrdom and the Making of Christianity and Judaism.* Stanford, CA: Stanford University Press.

2001   "The Gospel of the Memra: Jewish Binitarianism and the Prologue to John." *Harvard Theological Review* 94:243–84.

2002   "The Ioudaioi in John and the Prehistory of Judaism." In *Pauline Conversations in Context: Essays in Honor of Calvin J. Roetzel*, edited by J.C. Anderson, et al., 216-39. Sheffield: Sheffield Academic Press.

2007   "Judaism as a Free Church: Footnotes to John Howard Yoder's The Jewish-Christian Schism Revisited." *Cross Currents* 56.4:6–21.

Braght, Thieleman J. van

1950   *Martyrs Mirror* [MM] Translated by Joseph F. Sohm from the

1660   *Dutch ed. and published at Elkhart*, IN, in 1886. Reprinted, Scottdale, PA: Herald Press.

Brant, Jo-Ann A.

2004   *Dialogue and Drama: Elements of Greek Tragedy in the Fourth Gospel.* Peabody, MA: Hendrickson.

Bredin, Mark R.

2003   "John's Account of Jesus' Demonstration in the Temple: Violent or Nonviolent?" *Biblical Theology Bulletin* 33, no. 2:44–50.

Brodie, Thomas L.

1993   *The Gospel According to John: A Literary and Theological Commentary.* Oxford: University Press.

Brown, Jeannine K.

2010   "Creation's Renewal in the Gospel of John." *CBQ* 72:275–90.

Brown, Raymond E.

1966   *The Gospel According to John.* Vol. 1. Anchor Bible 29. Garden City, NY: Doubleday.

1970   *The Gospel According to John.* Vol. 2. Anchor Bible 29A. Garden City, NY: Doubleday.

1975   "Roles of Women in the Fourth Gospel." In *The Community of the Beloved Disciple*, 183–98. Ramsey, NJ: Paulist Press. Published earlier in Theological Studies 36 (1975): 688–99, with attention to the topic already in his 1966 commentary, 183–98.

1979   *The Community of the Beloved Disciple.* Ramsey, NJ: Paulist Press.

1984   *The Churches the Apostles Left Behind.* Ramsey, NJ: Paulist Press.

1998   *A Retreat with John the Evangelist: That You May Have Life.* Cincinnati: St. Anthony Messenger

Press.

2003   *An Introduction to the Gospel of John.* Edited and revised by Francis J. Moloney. New York: Doubleday. Brown first published this in 1998, just before his death.

Bruce, F. F.

1983   *The Gospel of John: Introduction, Exposition, and Notes.* Grand Rapids: Eerdmans.

Bruce, Patricia

2005   "John 5:1-18. The Healing at the Pool: Some Narrative, Socio- Historical and Ethical Issues." Neotestamentica 39:39–56.

Bruner, Dale Frederick

1970   *A Theology of the Holy Spirit: The Pentecostal Experience and the New Testament Witness.* Grand Rapids: Eerdmans.

Bryan, Steven M.

2005   "The Eschatological Temple in John 14." *Bulletin for Biblical Research* 15, no. 2:187–98.

Bultmann, Rudolf

1971   *The Gospel of John: A Commentary.* Translated by G. R. Beasley- Murray, R. W. N. Hoare, and J. K. Riches. Philadelphia: Westminster.

Burer, Michael H.

2012   *Divine Sabbath Work.* Bulletin for Biblical Research Supp. 5. Winona Lake, IN: Eisenbrauns.

Burge, Gary M.

1987   *The Anointed Community: The Holy Spirit in the Johannine Tradition.* Grand Rapids: Eerdmans.

2000   *John. The NIV Application Commentary.* Grand Rapids: Zondervan.

2009   "Revisiting the Johannine Water Motif: Jesus, Ritual Purification and the Pool of Siloam in John 9." Paper presented at the 2009 Meeting of the *SBL.*

Burroughs, Presian R.

2006   "Stop Grumbling and Start Eating: Gospel Meal Meets Scriptural Spice in the Bread of Life Discourse." *Horizons in Biblical Theology* 28:73–94.

Busse, Ulrich

1991   "Open Questions on John 10." In *The Shepherd Discourse of John 10 and Its Content: Studies,* edited by Johannes Beutler and Robert T. Fortna, 6–17. Society for New Testament Studies Monograph Series 67. Cambridge: Cambridge University Press.

Cahill, P. Joseph

1982   "Narrative Art in John IV." *Religious Studies Bulletin* 2 (April): 41–48.

Card, Michael

1995   *The Parable of Joy: Reflections on the Wisdom of the Book of John.* Nashville: Nelson.

Carmichael, Calum M.

1980   "Marriage and the Samaritan Woman." *New Testament Studies* 26:332–46.

Carson, D. A.

1991   *The Gospel According to John.* Grand Rapids: Eerdmans.

Carter, Warren

2006   *John: Storyteller, Interpreter, Evangelist.* Peabody, MA: Hendrickson.

2008   *John and Empire: Initial Explorations.* New York: T&T Clark.

Cassidy, Richard J.

1992   *John's Gospel in New Perspective: Christology and the Realities of Roman Power.* Maryknoll, NY: Orbis Books.

Charlesworth, James H., ed.

1983   *The Old Testament Pseudepigrapha.* Vol. 1. Garden City, NY: Doubleday.

1995   *The Beloved Disciple: Whose Witness Validates the Gospel of John?* Valley Forge, PA: Trinity Press

International.

Chennattu, Rekha M.

2006   *Johannine Discipleship as a Covenant Relationship*. Peabody, MA: Hendrickson.

Clark—Soles, Jaime

2003   *Scripture Cannot Be Broken: The Social Function of the Use of Scripture in the Fourth Gospel.* Boston: Brill Academic Publ.

Coakley, J. F.

1995   "Jesus' Messianic Entry into Jerusalem (John 12:12-19 Par.)" *New Testament Studies* 46:461–82.

Coats, George W.

1968   *Rebellion in the Wilderness: The Murmuring Motif in the Wilderness Tradition of the Old Testament.* Nashville: Abingdon.

Collins, Adela Yarbro

1982   "New Testament Perspectives: The Gospel of John." *Journal for the Study of the Old Testament* 22:47–53.

Collins, John J.

1995   *The Scepter and the Star: The Messiahs of the Dead Sea Scrolls and Other Ancient Literature.* New York: Doubleday.

Collins, Matthew S.

1995   "The Question of Doxa: A Socioliterary Reading of the Wedding at Cana." *Biblical Theology Bulletin* 25:100–9.

Collins, Raymond F.

1990   *These Things Have Been Written: Studies on the Fourth Gospel. Louvain Theological and Pastoral Monographs* 2. Grand Rapids: Eerdmans.

Coloe, Mary L.

2001   *God Dwells with Us: Temple Symbolism in the Fourth Gospel. Collegeville*, MN: Liturgical Press.

2004   "Welcome into the Household of God: The Foot Washing in John 13." *Catholic Biblical Quarterly* 66:400–15.

2006   "Sources in the Shadows: John 13 and the Johannine Community." In *New Currents Through John: A Global Perspective*, edited by Francisco Lozanda Jr. and Tom Thatcher, 69–82. Atlanta: SBL.

2007   *Dwelling in the Household of God: Johannine Ecclesiology and Spirituality.* Collegeville, MN: Liturgical Press.

Conway, Colleen M.

1999   *Men and Women in the Fourth Gospel: Gender and Johannine Characterization.* SBL Dissertation Series 167. Atlanta: SBL.

Cook, Michael

1987   "The Gospel of John and the Jews." *Review and Expositor* 84:259–71.

Cullmann, Oscar

1953   *Early Christian Worship.* Studies in Biblical Theology 10. Chicago: Alec R. Allenson.

1976   *The Johannine Circle.* Translated by John Bowden. Philadelphia: Westminster.

Culpepper, R. Alan

1983   *The Anatomy of the Fourth Gospel.* Minneapolis: Fortress.

1991   "The Johannine Hypodeigma: A Reading of John 13." *Semeia* 53:133–52.

1996   "The Gospel of John as a Document of Faith in a Pluralistic Culture." In *Readers and Readings of the Fourth Gospel*, vol. 1 of *What Is John?* edited by Fernando Segovia, 107–27. Atlanta: Scholars Press.

1998   *The Gospel and the Letters of John.* Interpreting Biblical Texts. Nashville: Abingdon.

2000   *Introduction to The Johannine Literature*, by Barnabas Lindars, Ruth B. Edwards, and John M.

Court, 9–39. Sheffield: Sheffield Academic Press.

2001   "Anti-Judaism in the Fourth Gospel as a Theological Problem for Christian Interpreters." In *Anti-Judaism and the Fourth Gospel*, edited by R. Bieringer, D. Pollefeyt, and F. Vandecasteele-Vanneuville, 61–82. Louisville: Westminster John Knox.

2002   "Inclusivism and Exclusivism in the Fourth Gospel." In *Word, Theology, and Community in John*, edited by John Painter, R. Alan Culpepper, and Fernando F. Segovia, 85–108. St. Louis: Chalice.

2009   "John 21:24-25: The Johannine Sphragis." In *John, Jesus, and History*, edited by Paul N. Anderson, Felix Just, and Tom Thatcher, 2:349–65. Early Christianity and Its Literature 2. Atlanta: SBL.

Culpepper, R. Alan, and C. Clifton Black, eds.

1996   *Exploring the Gospel of John: In Honor of D. Moody Smith*. Louisville: Westminster John Knox. Essays on many aspects of the Gospel.

Culpepper, R. Alan, and Fernando F. Segovia, eds.

1991   *The Fourth Gospel from a Literary Perspective.* Semeia [Journal] 53. Atlanta: SBL.

D' Angelo, Mary Rose

1992   "ABBA and 'Father': Imperial Theology and the Jesus Traditions." *JBL* 111:611–30.

Daise, Michael A.

2007   *Feasts in John: Jewish Festivals and Jesus' "Hour" in the Fourth Gospel.* Wissenschaftliche Monographien zum Alten und Neuen Testament 2.229. Tübingen: Mohr Siebeck.

Daube, David

1973   *The New Testament and Rabbinic Judaism.* New York: Arno.

Day, Janeth Norfleete

2002   *The Woman at The Well: Interpretation of John 4:1-42 in Retrospect and Prospect.* Leiden: E. J. Brill.

De Boer, Esther A.

2004   *The Gospel of Mary: Beyond a Gnostic and Biblical Mary Magdalene.* New York: T&T Clark. de Wit, Hans and Louis Jonker, Marleen Kool, and Daniel Schipani, eds.

2004   *Through the Eyes of Another: Intercultural Reading of the Bible.* Elkhart, IN: IMS; Amsterdam: Vrije Universiteit.

Dennis, John

2006   *Jesus' Death and the Gathering of True Israel: The Johannine Appropriation of Restoration Theology in the Light of John 11.47-52* Wissenschaftliche Monographien zum Alten und Neuen Testament 2/217. Tübingen: Mohr Siebeck.

Dewey, Joanna

1997   "Women in the Synoptic Gospels: Seen but Not Heard?" *Biblical Theology Bulletin* 27 (1997): 53–60.

Dodd, C. H.

1952   *According to the Scriptures: The Substructure of New Testament Theology.* London: Nisbet & Co., Ltd.

1953   *The Interpretation of the Fourth Gospel. Reprinted, 1968.* Cambridge: Cambridge University Press.

1957   "The Prologue to the Fourth Gospel and Christian Worship." In *Studies in the Fourth Gospel,* edited by F. L. Cross, 9–22. London: A. R. Mowbray.

1962   "The Prophecy of Caiaphas (John xi 47-53)" In *Neotestamentica et patristica: Eine Freundesgabe,* Herrn Professor Dr. Oscar Cullmann zu seinem 60. Geburtstag überreicht, edited by Bo Reicke and Willy Rordorf, 134–43. Leiden: E. J. Brill.

1963   *Historical Tradition in the Fourth Gospel.* Cambridge: Cambridge University Press.

Donahue, John

1992   "Who Is My Enemy? The Parable of the Good Samaritan and the Love of Enemies." In *Love of Enemy and Nonretaliation in the New Testament*, edited by Willard M. Swartley, 137–56. Louisville: Westminster John Knox.

Draper, J. A.
1997   "Temple, Tabernacle and Mystical Experience in John." *Neotestamentica* 31:263-88.

Duke, Paul D.
1985   *Irony in the Fourth Gospel*. Atlanta: John Knox.

Dumm, Demetrius R.
2001   *A Mystical Portrait of Jesus: New Perspectives on John's Gospel*. Collegeville, MN: Liturgical Press.

Dunkerley, R.
1959   "Short Studies." *New Testament Studies* 5:321–27.

Dunn, James D. G.
1970   "The Washing of the Disciples' Feet in John 13:1-20." *Zeitschrift für die neutestamentliche Wissenschaft und die Kunde der älteren Kirche* 61:247–52.
1971   "John VI—A Eucharistic Discourse?" *New Testament Studies* 17:328–38.
1991   "Let John Be John: A Gospel for Its Time." In *The Gospel and the Gospels*, edited by Peter Stuhlmacher, 293–322. Grand Rapids: Eerdmans.
2005   *A New Perspective on Jesus: What the Quest for the Historical Jesus Missed*. Grand Rapids: Baker Academic.

Dyck, Cornelius J.
1984   "Hermeneutics and Discipleship." In *Essays on Biblical Interpretation: Anabaptist-Mennonite Perspectives*, edited by Willard M. Swartley 29–44. Text Reader Series 1. Elkhart, IN: Institute of Mennonite Studies.
1995   *Spiritual Life in Anabaptism*. Translator and editor. Waterloo, ON/ Scottdale, PA: Herald Press.

Dyck, Cornelius J., William E. Keeney, and Alvin J. Beachy, trans. and eds.
1992   *The Writings of Dirk Philips, 1504–1568*. Classics of the Radical Reformation 6. Scottdale, PA: Herald Press.

Dyrness, William
1979   *Themes in Old Testament Theology*. Downers Grove, IL: InterVarsity.

Edwards, Mark
2004   *John. Blackwell Bible Commentaries*. Malden, MA: Blackwell.

Edwards, Ruth B.
1997   "Reading the Bible 4: The Gospel According to John." *Expository Times* 108, no. 4:101–5.
2003   *Discovering John*. London: SPCK.

Eichrodt, Walther
1984   "In the Beginning: A Contribution to the Interpretation of the First Word of the Bible." In *Creation in the Old Testament*, edited by Bernhard W. Anderson, 65–73. Issues in *Religion and Theology* 6. Philadelphia: Fortress. Reprint of essay in *Israel's Prophetic Heritage: Essays in Honor of James Muilenburg*, edited by Bernhard W. Anderson and Walter J. Harrelson, 1–10. New York: Harper & Brothers, 1962.

Elias, Jacob W.
2006   *Remember the Future: The Pastoral Theology of Paul the Apostle*. Scottdale, PA: Herald Press.

Ellis, Peter F.
1984   *The Genius of John: A Composition-Critical Commentary on the Fourth Gospel*. Collegeville, MN: Liturgical Press.

Ellul, Jacques
1985   *The Humiliation of the Word*. Translated by Joyce Main Hanks. Grand Rapids, Eerdmans.

Elowsky, Joel C., ed.

2004 *John 1–10. Ancient Christian Commentary on Scripture: New Testament 4A*. General Editor, Thomas C. Oden. Downers Grove, IL: InterVarsity.

Erdmann, Martin

1988 "Mission in John's Gospel and Letters." In *Mission in the New Testament: An Evangelical Approach*, edited by William F. Larkin Jr. and Joel F. Carpenter, 207–26. Maryknoll, NY: Orbis Books.

Esler, Philip R., and Ronald Piper

2006 *Lazarus, Mary and Martha: Social-Scientific Approaches to the Gospel of John*. Minneapolis: Fortress.

Eslinger, Lyle

1987 "The Wooing of the Woman at the Well: Jesus, the Reader and Reader-Response Criticism." *Literature and Theology* 1:167–83.

Eslinger, Richard

2008 "Blessed If You Do Them." In *Preaching John's Gospel: The World It Imagines*, edited by David Fleer and Dave Bland, 43–47. St. Louis: Chalice.

Eusebius

1962 *Eusebius' Ecclesiastical History*. Grand Rapids: Baker.

Evans, Craig A.

1990 Review of J. Kügler, *Der Jünger, den Jesus Liebte*. Biblica 71:266–69.

1993a *Word and Glory: On the Exegetical and Theological Background of John's Prologue*. Journal for the Study of the New Testament: Supplement Series 89. Sheffield Academic Press.

1993b "Faith and Polemic: The New Testament and First-Century Judaism." In *Anti-Semitism and Early Christianity: Issues of Polemic and Faith*, edited by Craig A. Evans and Donald A. Hagner, 1–20. Minneapolis: Fortress.

2006 *Fabricating Jesus: How Modern Scholars Distort the Gospels*. Downers Grove, IL: InterVarsity.

Fee, Gordon

1978 "Once More—John 7:37-39." *Expository Times* 88, no. 4:116–18.

Ferguson, Everett

2001 "Catechesis and Initiation." In *The Origins of Christendom in the West*, edited by Alan Kreider, 229–68. New York: T&T Clark.

Ferguson, John

1970 *The Politics of Love: The New Testament and Nonviolent Revolution*. Cambridge: James Clarke; Nyack, NY: Fellowship Publications; Greenwood, SC: Attic Press.

Filson, Floyd V.

1963 *Saint John*. Laymans Bible Commentary. London: SCM.

Finger, Thomas N.

2004 *A Contemporary Anabaptist Theology: Biblical, Historical, Constructive*. Downers Grove, IL: InterVarsity.

Fleer, David, and Dave Bland, eds.

2008 *Preaching John's Gospel: The World It Imagines*. St. Louis: Chalice. Ford, J. Massyngbaerde

1995 "Jesus as Sovereign in the Passion According to John." *Biblical Theology Bulletin* 25:110–17.

1997 *Redeemer—Friend and Mother: Salvation in Antiquity and in the Gospel of John*. Minneapolis: Augsburg Fortress.

Fortna, Robert T.

1970 *The Gospel of Signs: A Reconstruction of the Narrative Source Underlying the Fourth Gospel*. Cambridge: Cambridge University Press.

Franck, Eskil

1985   *Revelation Taught: The Paraclete in the Gospel of John.* Coniectanea Biblica: New Testament Series 14. Lund, Sweden: CWK Gleerup.

Freed, E. D.

1965   *Old Testament Quotations in the Gospel of John. Novum Testamentum Supplements* 11. Leiden: E. J. Brill.

1979   "Egō eimi in John 1:20 and 4:25 [26]." *Catholic Biblical Quarterly* 41:288–91.

Freyne, Seán

1988   *Galilee, Jesus, and the Gospels: Literary Approaches and Historical Investigations.* Philadelphia: Fortress.

Frick, Peter

2007   "Johannine Soteriology and Aristotelian Philosophy: A Hermeneutical Suggestion on Reading John 3:16 and 1 John 4:9." *Biblica* 88, no. 3:415–21.

Friesen, Ivan D.

2009   *Isaiah. Believers Church Bible Commentary.* Scottdale, PA: Herald Press.

Furnish, Victor Paul

2010   *The Love Command in the New Testament.* Rev. ed. Nashville: Abingdon.

García Martínez, Florentino

1996   *The Dead Sea Scrolls Translated.* 2nd ed. Grand Rapids: Eerdmans.

Gardner, Richard B.

1991   *Matthew. Believers Church Bible Commentary.* Scottdale, PA: Herald Press.

Geddert, Timothy J.

2001   *Mark. Believers Church Bible Commentary.* Scottdale, PA: Herald Press.

Gench, Frances Taylor

2007   *Encounters with Jesus.* Louisville: Westminster John Knox.

Giblin, Charles H.

1983   "The Miraculous Crossing of the Sea [John 6:16-21]." *New Testament Studies* 29:96–103.

Gibson, Shimon

2005   "The Pool of Bethesda in Jerusalem and Jewish Purification Practices of the Second Temple Period." *Proche-orient chrétien* 55:270–93.

2009   *The Final Days of Jesus: The Archaeological Evidence.* New York: HarperOne.

Gingerich, Owen

2006   *God's Universe.* Cambridge, MA: Belknap Press of Harvard University Press.

Girard, René

1986   *The Scapegoat.* Translated by Yvonne Freccero. Baltimore, MD: The John Hopkins University Press.

Grant, Robert M.

1942   "The Fourth Gospel and the Church." *Harvard Theological Review* 35:95–116.

1963   "Scripture and Tradition in St Ignatius of Antioch." *CBQ* 25:322–35.

Greenspoon, Leonard

1981   "The Origin of the Idea of the Resurrection." In *Traditions in Transformation: Turning Points in Biblical Faith,* edited by Baruch Halpern and Jon D. Levenson, 247–321. Winona Lake, IN: Eisenbrauns.

Griffith, Terry

2008   "'The Jews Who Had Believed in Him' (John 8:31) and the Motif of Apostasy in the Gospel of John." In *The Gospel of John and Christian Theology,* edited by Richard Bauckham and Carl Mosser, 182–92. Grand Rapids: Eerdmans.

Guenther, Allen

1998   *Hosea and Amos. Believers Church Bible Commentary.* Scottdale, PA: Herald Press.

Gundry, Robert H.

1967   "In My Father's House Are Many Monai." *Zeitschrift für die neutestamentliche Wissenschaft und die Kunde der älteren Kirche* 58:68–72.

2002   *Jesus the Word According to John the Sectarian: A Paleofundamentalist Manifesto for Contemporary Evangelicalism, Especially Its Elites, in North America.* Grand Rapids: Eerdmans.

Gundry–Volf, Judith

1995   "Spirit, Mercy, and the Other." *Theology Today* 51:508–23. Haitch, Russell

2007   *From Exorcism to Ecstasy: Eight Views of Baptism.* Louisville: Westminster John Knox.

Hakola, Raimo

2005   *Identity Matters: John, the Jews and Jewishness.* Novum Testamentum Supplements 118. Boston: E. J. Brill.

Hamilton, James M., Jr.

2006   *God's Indwelling Presence: The Holy Spirit in the Old and New Testaments.* Nashville: B&H Publishing.

Hanson, Anthony Tyrell

1991   *The Prophetic Gospel: A Study of John and the Old Testament.* Edinburgh: T&T Clark.

Harner, Philip B.

1970   *The "I Am" of the Fourth Gospel: A Study in Johannine Usage and Thought.* Facet Books; Biblical Series 26. Philadelphia: Fortress.

1988   *Grace and Law in Second Isaiah: "I Am the Lord."* Ancient Near Eastern Texts and Studies 2. Lewiston, NY: Edwin Mellen.

Harris, Elizabeth

1994   *Prologue and Gospel: The Theology of the Fourth Evangelist.* Sheffield: Sheffield Academic Press.

Hatch, Edwin, and Henry A. Redpath

1867   *A Concordance to the Septuagint and Other Greek Versions of the Old Testament* (Including the Apocryphal Books) Reprint, Grand Rapids: Baker Book House, 1963.

Hays, Richard B.

1996   *The Moral Vision of the New Testament.* San Francisco: Harper.

2003   "Reading Scripture in Light of the Resurrection." In T*he Art of Reading Scripture*, edited by Ellen F. Davis and Richard B. Hays, 216–38. Grand Rapids: Eerdmans.

2008a   "The Materiality of John's Symbolic World." In P*reaching John's Gospel: The World It Imagines*, edited by David Fleer and Dave Bland, 5–12. St. Louis: Chalice.

2008b   "Standing by the Fire." In *Preaching John's Gospel: The World It Imagines*, edited by David Fleer and Dave Bland, 13–16. St. Louis: Chalice.

Heath, Jane

2010   "Some Were Saying, 'He Is Good.'" (John 7:12b): "'Good' Christology in John's Gospel?" *New Testament Studies* 56:513–35.

Hengel, Martin

1989   *The Johannine Question.* Translated by John Bowden. Philadelphia: Trinity Press International.

2008   "The Prologue of the Gospel of John as the Gateway to Christological Truth." In *The Gospel of John and Christian Theology*, edited by Richard Bauckham and Carl Mosser, 265–94. Grand Rapids: Eerdmans.

Heschel, Abraham J.

1962   *The Prophets.* New York: Harper & Row.

Hiett Umble, Jeni

1998   "Mutual Aid Among Augsburg Anabaptists, 1526–1528." In *Building Communities of Compassion*, edited by Donald B. Kraybill and Willard M. Swartley, 103–18. Scottdale, PA: Herald Press.

Hill, Charles E.

2004   *The Johannine Corpus in the Early Church.* Oxford: University Press.

Hillerbrand, Hans J.

1990   "Martin Luther and the Jews." In *Jews and Christians: Exploring the Past, Present, and Future*, edited by James H. Charlesworth, 127– 50. New York: Crossroad.

Hillmer, Melvin R.

1996   "'They Believed in Him': Discipleship in the Johannine Tradition." In *Patterns of Discipleship in the New Testament*, edited by Richard N. Longenecker, 77–97. Grand Rapids: Eerdmans.

Hochman, Baruch

1985   *Character in Literature.* Ithaca, NY: Cornell University Press.

Hooker, Morna

2008   "Seeing and Believing: John 20:1-18." In *The World It Imagines,* edited by David Fleer and Dave Bland, 139–43. St. Louis: Chalice.

Horst, Irvin B.

1972   *The Radical Brethren: Anabaptism and the English Reformation to 1558.* Supplementary Theses. Bibliotheca humanistica & reformatorica 2. Nieuwkoop: De Graaf.

Hoskins, Paul M.

2006   *Jesus as the Fulfillment of the Temple in the Gospel of John. Paternoster Biblical Monographs.* Waynesboro, GA: Paternoster.

Hoskyns, E. C.

1947   *The Fourth Gospel.* Edited by Francis Noel Davey. London: Faber & Faber.

Howard–Brook, Wes

1994   *Becoming Children of God: John's Gospel and Radical Discipleship.* Maryknoll, NY: Orbis Books.

1997   *John's Gospel and the Renewal of the Church.* Maryknoll, NY: Orbis Books.

Hultgren, Arland J.

1982   "The Johannine Footwashing (13:1-11) as Symbol of Eschatological Hospitality." *New Testament Studies* 28:539–46.

Hurtado, Larry W.

2003   *Lord Jesus Christ: Devotion to Jesus in Earliest Christianity.* Grand Rapids: Eerdmans.

2005   *How on Earth Did Jesus Become a God? Historical Questions about Earliest Devotion to Jesus.* Grand Rapids: Eerdmans.

Hylen, Susan E.

2009   *Imperfect Believers: Ambiguous Characters in the Gospel of John.* Louisville: Westminster John Knox. Hymnal: A Worship Book [HWB]

1992   *Prepared by Churches in the Believers Church Tradition.* Elgin, IL: Brethren Press.

Ito, Hisayosu

2000   "Johannine Irony Demonstrated in John 9." Parts 1–2. *Neotestamentica* 34, no. 2:361–87.

Jacob, Edmund

1958   *Theology of the Old Testament.* New York/Evanston: Harper & Row.

Janzen, Waldemar

2000   *Exodus. Believers Church Bible Commentary.* Scottdale, PA: Herald Press.

Jaubert, Annie

1965   *The Date of the Last Supper.* Staten Island, NY: Alba House. 1990 "The Calendar of Qumran and the Passion Narrative in John." In *John and the Dead Sea Scrolls*, edited by James H. Charlesworth, 62–75. New York: Crossroad. Enlarged ed. of John and Qumran. London: Geoffrey Chapman,

1972.

Jeremias, Joachim

1969   *Jerusalem in the Time of Jesus*. Philadelphia: Fortress.

Johns, Loren L.

2003   *The Lamb Christology of the Book of Revelation: An Investigation into Its Origins and Rhetorical Force*. Wissenschaftliche Monographien zum Alten und Neuen Testament 2/167. Tübingen: Mohr.

Johns, Loren, and Douglas Miller

1994   "The Signs as Witnesses in the Fourth Gospel: Re-examining the Evidence." *CBQ* 56:519–35.

Johnson, Luke Timothy

1996   *The Real Jesus: The Misguided Quest for the Historical Jesus and the Truth of the Traditional Gospels*. San Francisco: Harper.

1999   *Living Jesus: Learning the Heart of the Gospel*. San Francisco: HarperCollins.

Johnston, George

1970   *The Spirit-Paraclete in the Gospel of John*. Cambridge: University Press.

Kanagaraj, Jey J.

2005   *The Gospel of John: A Commentary; With Elements of Comparison to Indian Religious Thoughts and Cultural Practices*. Secunderabad, India: OM Books.

Karris, Robert J.

1990   *Jesus and the Marginalized in John's Gospel*. Zacchaeus Studies. Wilmington, DE: Liturgical Press/ M. Glazier.

Käsemann, Ernst

1968   *The Testament of Jesus: A Study of the Gospel of John in Light of John 17*. London: SCM.

Kasper, Walter (Cardinal)

2005   "Ecumenical Situation—Ecumenical Problems—Ecumenical Perspectives." Section 2 in http:// www.lehighchurches.org/ doc/campbell/2005_Campbell_Lecture_1.pdf. See also his Sacrament of Unity: The Eucharist and the Church. New York: Herder & Herder, 2004.

Katongole,   Emmanuel, and Chris Rice

2008   *Reconciling All Things: A Christian Vision for Justice, Peace, and Healing*. Downers Grove, IL: InterVarsity.

Keener, Craig S.

2003   *The Gospel of John*. 2 vols. Peabody, MA: Hendrickson.

Kelly, Anthony J., and Francis J. Moloney

2003   *Experiencing God in the Gospel of John*. New York: Paulist Press.

Kenneson, Philip D.

1999   *Life on the Vine: Cultivating the Fruit of the Spirit in Christian Community*. Downers Grove, IL: InterVarsity.

Kerr, Alan R.

2002   *The Temple of Jesus' Body: The Temple Theme in the Gospel of John. Journal for the Study of the New Testament*: Supplement Series 220. Sheffield Academic Press.

Kierspel, Lars

2008   "'Dematerializing Religion: Reading John 2–4 as a Chiasm." *Biblica* 89:526–54.

Kilpatrick, G. D.

1960   "The Punctuation of John vii 37-38." *Journal of Theological Studies* 11:340–42.

Kinman, Brent

2005   "Jesus' Royal Entry in Jerusalem." *Bulletin for Biblical Research* 15:223–60.

Klaassen, Walter

2001   *Anabaptism: Neither Catholic nor Protestant.* 3rd ed. Kitchener, ON: Pandora Press; Scottdale, PA: Herald Press.

Klassen, William

1984   "Anabaptist Hermeneutics: The Letter and the Spirit." In *Essays on Biblical Interpretation: Anabaptist-Mennonite Perspectives*, edited by Willard M. Swartley, 77–90. *Text Reader Series* 1. Elkhart, IN: Institute of Mennonite Studies.

1996   *Judas: Betrayer or Friend of Jesus.* Minneapolis: Fortress.

Klassen, William, and Walter Klaassen, trans. and ed.

1978   *The Writings of Pilgram Marpeck.* Kitchener, ON; Scottdale, PA: Herald Press.

Klink, Edward W., III

2007   *The Sheep of the Fold: The Audience and Origin of the Gospel of John.* Society for New Testament Studies Monograph Series 141. Cambridge: Cambridge University Press.

Koester, Craig R.

1990   "The Savior of the World (John 4:42)" *JBL* 109:665–80.

2003   *Symbolism in the Fourth Gospel: Meaning, Mystery, Community.* 2nd ed. Minneapolis: Fortress. 1st ed., 1995.

2008   *The Word of Life: A Theology of John's Gospel.* Grand Rapids: Eerdmans.

Köstenberger, Andreas J.

1995   "The Challenge of a Systematized Biblical Theology of Mission: Missiological Insights from the Gospel of John." *Missiology: An International Review* 23:449.

1998   *The Missions of Jesus and His Disciples According to the Fourth Gospel: With Implications for the Fourth Gospel's Purpose and the Mission of the Contemporary Church.* Grand Rapids: Eerdmans.

2005   "The Destruction of the Second Temple and the Composition of the Fourth Gospel." *Trinity Journal* 26, no. 2:205–42.

2009   *A Theology of John's Gospel and Letters.* Grand Rapids: Zondervan.

Kovacs, Judith L.

1995   "'Now Shall the Ruler of This World Be Driven Out': Jesus' Death as Cosmic Battle in John 12:20-36." *JBL* 114:227–47.

Kragerud, Alv

1959   *Der Lieblingsjünger im Johannesevangelium.* Hamburg: Osloer Universitätsverlag.

Kraybill, Donald B.

2003   *The Upside-Down Kingdom.* 25th anniversary ed. Scottdale, PA: Herald Press.

Kreider, Alan

2006   *The Change of Conversion and the Origin of Christendom.* Eugene: OR: Wipf & Stock. Reprint of the original, Harrisburg, PA: Trinity Press International, 1999.

Kügler, Joachim

1988   *Der Jünger, den Jesus liebte.* Stuttgarter biblische Beiträge 16. Stuttgart: Katholisches Bibelwerk.

Kysar, Robert

1976   *John, the Maverick Gospel.* Atlanta: John Knox.

2005   *Voyages with John: Charting the Fourth Gospel.* Waco: Baylor University Press.

Lacomara, Alfred

1974   "Deuteronomy and the Farewell Discourse (Jn 13:31–16:33)" *CBQ* 36:65–84.

Lapp, John A.

2009   "Remember Who You Are: Four Trajectories of My Life." In *Continuing the Journey: The Geography of Our Faith; Mennonite Stories Integrating Faith and Life and the World of Thought*, edited by Nancy V. Lee, 50–71. Telford, PA: Cascadia Publishing House.

Larsson, Tord

2008   "Glory or Persecution: The God of the Gospel of John in the History of Interpretation." In *The Gospel of John and Christian Theology*, edited by Richard Bauckham and Carl Mosser, 82–88. Grand Rapids: Eerdmans.

Lee, Dorothy Ann

1993   "The Story of the Woman at the Well: A Symbolic Reading (John 4:1-42)" *Australian Biblical Review* 41:35–48.

1994   *The Symbolic Narratives of the Fourth Gospel: The Interplay of Form and Meaning. Journal of the Study of the New Testamemt Supplements* 95. Sheffield Academic Press.

1999   "The Symbol of Divine Fatherhood." 177–88 in *God the Father in the Gospel of John*, edited by Adele Reinhartz. Atlanta: SBL.

2002   *Flesh and Glory: Symbol, Gender, and Theology in the Gospel of John.* New York: Crossroad.

2010   "The Gospel of John and the Five Senses." *JBL* 129:115–27.

Léon-Dufour, Xavier

1981   "Towards a Symbolic Reading of the Fourth Gospel." *New Testament Studies* 27:439–56.

Levenson, Jon D.

2006   *Resurrection and the Restoration of Israel: The Ultimate Victory of the God of Life.* New Haven: Yale University Press.

Lieu, Judith

2008   "Anti-Judaism, the Jews, and the Worlds of the Fourth Gospel." In *The Gospel of John and Christian Theology*, edited by Richard Bauckham and Carl Mosser, 168–82. Grand Rapids: Eerdmans.

Lincoln, Andrew T.

2000   *Truth on Trial: The Lawsuit Motif in the Fourth Gospel.* Peabody, MA: Hendrickson.

2005   *The Gospel According to Saint John. Black's New Testament Commentaries.* Peabody, MA: Hendrickson.

Lind, Millard C.

1996   *Ezekiel. Believers Church Bible Commentary.* Scottdale, PA: Herald Press.

Lindars, Barnabas

1957   "The Fourth Gospel as an Act of Contemplation." In *Studies in the Fourth Gospel,* edited by Frank L. Cross, 23–35. London: A. R. Mowbray.

1972   *The Gospel of John. New Century Bible Commentary.* Grand Rapids: Eerdmans.

1981   "The Persecution of Christians in John 15:18–16:4a." In *Suffering and Martyrdom in the New Testament*, edited by William Horbury and Brian McNeil, 48–69. Cambridge: Cambridge University Press.

Loader, William

1997   *Jesus' Attitude Towards the Law: A Study of the Gospels.* Tübingen: Mohr Siebeck. Reprint, Grand Rapids: Eerdmans, 2002.

Lowe, Malcolm

1976   "Who Were the Judaioi?" *Novum Testamentum 18:101–30.* Lozanda, Francisco Jr., and Tom Thatcher, eds.

2006   *New Currents Through John: A Global Perspective.* Atlanta: SBL.

Maccini, R.

1995   *Her Testimony Is True: Women as Witnesses According to John. Journal for the Study of the New Testament*: Supplement Series 125. Sheffield: Sheffield Academic Press.

Macgregor, George H. C.

1954   *The New Testament Basis of Pacifism.* Nyack, NY: Fellowship of Reconciliation.

1962   "The Eucharist in the Fourth Gospel." *New Testament Studies* 9:111–19.

Malatesta, Edward

1978   *Interiority and Covenant.* Rome: Biblical Institute Press.

Manns, F.

1983   *Le symbole eau-espirit dans le Judaïsme ancien. SBFA 19.* Jerusalem: Franciscan Printing Press.

Mardaga, Hellen

2005   "Reflection on the Meaning of John 17:21 for Ecumenical Dialogue." *Ecumenical Trends: 148–52.*

Marpeck, Pilgram. *See* Klassen and Klaassen.

Marsh, John

1968   *The Gospel of Saint John.* Harmondsworth, UK: Penguin.

Marshall, Chris

2013   "'Making Every Effort': Peacemaking and Ecclesiology in Ephesians 4:1-6." In S*truggles for Shalom*, edited by Laura Brenneman and Brad Schantz. Eugene: OR: Wipf & Stock. Forthcoming.

Marshall, I. Howard

1980   *Last Supper and Lord's Supper.* Grand Rapids: Eerdmans.

Martens, Elmer A.

1986   *Jeremiah. Believers Church Bible Commentary.* Scottdale, PA: Herald Press.

Martin, Ernest D.

1993   *Colossians, Philemon. Believers Church Bible Commentary.* Scottdale, PA: Herald Press.

Martyn, J. Louis

1978   *The Gospel of John in Christian History: Essays for Interpreters.* Ramsey, NJ: Paulist Press. Esp. ch. 3, "Glimpses into the History of the Johannine Community," © 1979.

2003   *History and Theology in the Fourth Gospel.* 3rd ed. Louisville: Westminster John Knox. Cf. earlier editions: 1st 1968 and 2nd 1979, Nashville: Abingdon.

Mast, Gerald J.

2008   "Jesus' Flesh and the Faithful Church in the Theological Rhetoric of Menno Simons." In *The Work of Jesus Christ in Anabaptist Perspective: Essays in Honor of J. Denny Weaver,* edited by Alain Epp Weaver and Gerald J. Mast, 173–90. Telford, PA: Cascadia Publishing House; Scottdale, PA: Herald Press.

Matand Bulembat, Jean–Bosco

2007   "Head Waiter and Bridegroom of the Wedding at Cana: Structure and Meaning of John 2:1-12." *Journal for the Study of the New Testament* 30:55–73.

Matera, Frank J.

1988   "'On Behalf of Others,' 'Cleansing,' and 'Return': Johannine Images for Jesus' Death." *Louvain Studies* 13:161–88.

Matson, Mark A.

2001   *In Dialogue with Another Gospel? The Influence of the Fourth Gospel on the Passion Narrative of the Gospel of Luke.* SBL Dissertation Series 178. Atlanta: SBL.

Matsunaga, Kikuo

1981   "Is John's Gospel Anti-Sacramental? A New Solution in the Light of the Evangelist's Milieu." *New Testament Studies* 27:516–24.

Mbon, Friday

1982   "Deliverance in the Complaint Psalms: Religious Claim or Religious Experience." *Studies in Biblical Theology* 12:3–15.

McCaffrey, James

1988   *The House with Many Rooms: The Temple Theme of Jn. 14,2-3.* Analecta biblica 114. Rome: Pontifical Biblical Institute.

McDermond, J. E.

2011   *1, 2, 3 John. Believers Church Bible Commentary.* Scottdale, PA: Herald Press.

McGrath, James F.

1998   "A Rebellious Son? Hugo Odeberg and the Interpretation of John 5.18." *New Testament Studies* 44:470–73.

2001   *John's Apologetic Christology: Legitimation and Development in Johannine Christology.* Society for New Testament Studies Monograph Series 111. Cambridge: Cambridge University Press.

McKelvey, Robert J.

1969   *The New Temple: The Church in the New Testament.* London: Oxford University Press.

McWhirter, Jocelyn

2004   *The Bridegroom Messiah and the People of God: Marriage in the Fourth Gospel.* Society for New Testament Studies Monograph Series 138. Cambridge: Cambridge University Press.

Mealand, David L.

1978   "The Christology of the Fourth Gospel." *Scottish Journal of Theology* 31:449–67.

Meeks, Wayne A.

1967   *The Prophet-King: Moses Traditions and the Johannine Christology.* Novum Testamentum Supplements 14. Leiden: E. J. Brill.

1972   "The Man from Heaven in Johannine Sectarianism." *JBL* 91:44–72.

1975   "'Am I a Jew?' Johannine Christianity and Judaism." In *Christianity, Judaism and Other Greco-Roman Cults: Studies for Morton Smith at Sixty,* edited by Jacob Neusner, Part 1:163–86.

Leiden: E. J. Brill.

1990   "Equal to God." In T*he Conversation Continues: Studies in Paul and John: In Honor of J. Louis Martyn,* edited by Robert T. Fortna and Beverly R. Gaventa, 309–21. Nashville: Abingdon.

1993   *The Origins of Christian Morality: The First Two Centuries.* New Haven: Yale University Press.

1996   "The Ethics of the Fourth Evangelist." In *Exploring the Gospel of John: In Honor of D. Moody Smith,* edited by R. Alan Culpepper and C. Clifton Black, 317–26. Louisville: Westminster John Knox.

Meier, John P.

1994   *Mentor, Message, and Miracles.* Vol. 2 of A Marginal Jew: Rethinking the Historical Jesus. New York: Doubleday.

2001   *Companions and Competitors.* Vol. 3 of A Marginal Jew: Rethinking the Historical Jesus. New York: Doubleday.

Menno Simons

1956   *The Complete Writings of Menno Simons.* Translated by Leonard Verduin. Edited by J. C. Wenger. Scottdale, PA: Herald Press.

Mennonite Church

1977   The Holy Spirit in the Life of the Church: A Summary Statement Adopted by Mennonite General Assembly, June 18–24, 1977, Estes Park, Colorado. http://www.gameo.org/encyclopedia/ contents/ H6583.html.

1995   *Confession of Faith in a Mennonite Perspective.* Published by arrangement with the General Board of the General Conference Mennonite Church and the Mennonite Church General Board. Scottdale, PA: Herald Press. http://www.mcusa-archives.org/ library/resolutions/1995/index.html.

Metzger, Bruce M.

1987   *The Canon of the New Testament: Its Origin, Development, and Significance.* Oxford: Oxford University Press.

1992   *The Text of the New Testament: Its Transmission, Corruption, and Restoration.* 3rd ed. Oxford: Oxford University Press.

1994   *A Textual Commentary on the Greek New Testament. On behalf of and in cooperation with* the Editorial Committee of the United Bible Societies' Greek New Testament. 2nd ed. Stuttgart: Deutsche Bibelgesellschaft. Cf. 1st ed., New York: United Bible Societies, 1971.

Meyer, Paul W.

1996   "'The Father': The Presentation of God in the Fourth Gospel." In *Exploring the Gospel of John: In Honor of D. Moody Smith*, edited by R. Alan Culpepper and C. Clifton Black, 255–73. Louisville: Westminster John Knox.

Michaels, J. Ramsey

2010   *The Gospel of John. New International Commentary on the New Testament*. Grand Rapids: Eerdmans.

Miller, Douglas B.

2010   *Ecclesiastes. Believers Church Bible Commentary*. Scottdale, PA: Herald Press.

Miller, Ed L.

1989   *Salvation History in the Prologue of John: The Significance of John* 1:3-4. Leiden: E. J. Brill.

Minear, Paul S.

1960   *Images of the Church in the New Testament*. Philadelphia: Westminster.

1977   "The Beloved Disciple in the Gospel of John." *Novum Testamentum* 19:105–23.

1983   "The Original Function of John 21." *JBL* 102:85–98.

1984   *John, the Martyr's Gospel*. New York: Pilgrim.

Miranda, José Porfirio

1977   *Being and the Messiah: The Message of John*. Translated by John Eagleson. Maryknoll, NY: Orbis Books.

Miyazaki, Homare

2004   "A Chiastic Reading of the Passover Narratives in the Fourth Gospel." *MA thesis*. Elkhart, IN: Associated Mennonite Biblical Seminary.

Moberly, Robert W. L.

2003   "How Can We Know the Truth? A Study of John 7:14-18." In *The Art of Reading Scripture*, edited by Ellen F. Davis and Richard B. Hays, 239–57. Grand Rapids: Eerdmans.

Moessner, Donald P.

1989   *Lord of the Banquet: The Literary and Theological Significance of the Lukan Travel Narrative*. Minneapolis: Fortress.

Moloney, Francis J.

1976   "The Johannine Son of Man." *Biblical Theology Bulletin* 6:177–89. This summarizes his 1975 dissertation with the same title, published in the series Bibliotheca di scienze religiose 14. Rome: Libreria Ateneo Salesiano, 1976. Reprint of the 2nd ed., Eugene, OR: Wipf & Stock, 2007.

1998   *The Gospel of John*. Sacra pagina 4. Collegeville, MN: Liturgical Press.

2005   "The Gospel of John as Scripture." *CBQ* 67:454–68.

Moltmann, Jürgen

1967   *Theology of Hope: On the Ground and the Implications of a Christian Eschatology*. New York: Harper & Row.

1997   *The Source of Life: The Holy Spirit and the Theology of Life*. Minneapolis: Fortress.

2012   *Ethics of Hope*. Trans. Margaret Kohl. Minneapolis, MN: Fortress Press.

Moore, Stephen D.

1994   *Poststructuralism and the New Testament: Derrida and Foucault at the Foot of the Cross*. Minneapolis: Fortress.

Mor, Menachem

1989   "The Persian, Hellenistic, and Hasmonean Period." In *The Samaritans*, edited by Alan D. Crown, 1–18. Tübingen: Mohr Siebeck.

Morris, Leon

1995   *The Gospel According to John. New International Commentary on the New Testament*. Rev. ed. Grand Rapids: Eerdmans.

Motyer, Stephen

1997   *Your Father the Devil? A New Approach to John and "the Jews."* Carlisle, UK: Paternoster.

2001   "The Fourth Gospel and the Salvation of Israel: An Appeal for a New Start." In *Anti-Judaism and the Fourth Gospel*, edited by R. Bieringer, D. Pollefeyt, and F. Vandecasteele-Vanneuville, 83–100. Louisville: Westminster John Knox.

2008   "Bridging the Gap: How Might the Fourth Gospel Help Us Cope with the Legacy of Christianity's Exclusive Claim over Against Judaism." In *The Gospel of John and Christian Theology*, edited by Richard Bauckham and Carl Mosser, 143–67. Grand Rapids: Eerdmans.

Mowery, Robert L.

2002   "Son of God in Roman Imperial Titles and Matthew." *Biblica* 83:100–110.

Need, Stephen W.

2003   "Re-Reading the Prologue: Incarnation and Creation in John 1.1- 18." *Theology* 106, issue 834 (Nov.–Dec.): 397–404.

Nes, Solrunn

2001   *The Uncreated Light: An Iconographical Study of the Transfiguration in the Eastern Church.* Fairfax, VA: Eastern Christian Publications. Reprint, Grand Rapids: Eerdmans: 2007.

Nestle–Aland

1993   *Greek-English New Testament*. Stuttgart: Deutsche Bibelgesellschaft.

Neville, David J.

2013   *A Peaceable Hope: Contesting Violent Eschatology in New Testament Narratives*. Grand Rapids: Baker Academic.

Newbigin, Lesslie

1982   *The Light Has Come: An Exposition of the Fourth Gospel*. Grand Rapids: Eerdmans.

Neyrey, Jerome

1994   "What's Wrong with This Picture? John 4, Cultural Stereotypes of Women, and Public and Private Space." *Biblical Theology Bulletin* 24:77–91.

2006   *The Gospel of John. New Cambridge Bible Commentary*. New York: Cambridge University Press.

Nickelsburg, George W. E.

1992   "Son of Man." *Anchor Bible Dictionary*, edited by D. N. Freedman, 6:137–50. New York: Doubleday.

Nielsen, Jesper Tang

2011   "The Narrative Structures of Glory and Glorification in the Fourth Gospel." *New Testament Studies* 56 (2011): 343–66.

O'Day, Gail R.

1986a   "Narrative Mode and Theological Claim: A Study in the Fourth Gospel." *JBL* 105:657–68.

1986b   *Revelation in the Fourth Gospel: Narrative Mode and Theological Claim*. Philadelphia: Fortress.

1991   "'I Have Overcome the World' (John 16:33): Narrative Time in John 13–17." *Semeia* 53:153–66.

1995   *The Gospel of John. New Interpreter's Bible. Nashville: Abingdon.*

1998   "John." In *The Women's Bible Commentary*, edited by Carol A. Newsom and Sharon H. Ringe, 381–93. Rev. ed. Louisville: Westminster John Knox.

2002   *The Word Disclosed: Preaching the Gospel of John*. Rev. and Expanded Edition. St. Louis: Chalice.

2008a   "Jesus as Friend: Courage for the Present." A section in "Friendship as the Theological Center of the Gospel of John," in *Preaching John's Gospel: The World It Imagines,* edited by David Fleer and Dave Bland, 33–42. St. Louis: Chalice.

2008b   "The Paraclete as Friend: Hope for the Future." In *Preaching John's Gospel: The World It Imagines*, edited by David Fleer and Dave Bland, 61–72. St. Louis: Chalice.

O'Day, Gail R., and Susan E. Hylen

2006   *John. Westminster Bible Companion*. Louisville: Westminster John Knox.

O'Donovan, Oliver

1986   *Resurrection and Moral Order: An Outline for Evangelical Ethics*. Grand Rapids: Eerdmans.

Okure, Teresa

1988   *The Johannine Approach to Mission: A Contextual Study of John* 4:1-42 Wissenschaftliche Monographien zum Alten und Neuen Testament 2/31. Tübingen: Mohr Siebeck.

Ollenburger, Ben

1984   "The Hermeneutics of Obedience." In *Essays on Biblical Interpretation: Anabaptist-Mennonite Perspectives*, edited by Willard M. Swartley, 45–61. Text Reader Series 1. Elkhart, IN: Institute of Mennonite Studies.

2013   "Creation and Violence." In *Struggles for Shalom*, edited by Laura Brenneman and Brad Schantz. Eugene: OR: Wipf & Stock. Forthcoming.

O'Neill, James C.

2003   "Son of Man, Stone of Blood (John 1:51)" *Novum Testamentum* 45:374–81.

Oyer, Linda

1997   "Interpreting the New in Light of the Old: A Comparative Study of the Post-Resurrection Commissioning Stories in Matthew and John." ThD diss., Faculté de Théologie et de Sciences Religieuses, Institut Catholique de Paris.

Packull, Werner O.

1977   *Mysticism and the Early South German-Austrian Movement 1525–1531*. Studies in Anabaptist and Mennonite History 19. Scottdale, PA and Kitchener, ON: Herald Press.

Pagels, Elaine H.

1989   *The Johannine Gospel in Gnostic Exegesis: Heracleon's Commentary on John*. SBL Monograph Series 17. Atlanta: Scholars Press.

2003   *Beyond Belief: The Secret Gospel of Thomas*. New York: Vintage Books.

Painter, John

1986   "John 9 and the Interpretation of the Fourth Gospel." *Journal for the Study of the New Testament* 28:31–61.

1994   "The Quotations of Scripture and Unbelief in John 12:36b-43. In *The Gospels and the Scriptures of Israel*, edited by Craig A. Evans and W. Richard Stegner, 429–58. Journal for the Study of the New Testament: Supplement Series 104. Sheffield: Sheffield Academic.

Pamment, Margaret

1985   "The Son of Man in the Fourth Gospel." *Journal of Theological Studies* 36:56–66.

Pancaro, Severino A.

1975   *The Law in the Fourth Gospel: The Torah and the Gospel, Moses and Jesus, Judaism and Christianity According to John*. Leiden: E. J. Brill.

Parsenios, George L.

2005   *Departure and Consolation: The Johannine Farewell Discourse in Light of Greco-Roman Literature*. Boston: E. J. Brill.

Pazdan, Margaret

1987   "Nicodemus and the Samaritan Woman: Contrasting Models of Discipleship." *Biblical Theology Bulletin* 17:145–48.

1991   *The Son of Man: A Metaphor for Jesus in the Fourth Gospel*. Collegeville, MN: Liturgical Press.

Pelikan, Jaroslav

1997   *The Illustrated Jesus Through the Centuries*. New Haven: Yale University Press.

Petersen, Norman R.

1993   *The Gospel of Light and the Sociology of Light: Language and Characterization in the Fourth Gospel*. Valley Forge, PA: Trinity Press International.

Peterson, Eugene H.

2010   *Practice Resurrection: A Conversation on Growing Up in Christ*. Grand Rapids: Eerdmans. Reviewed by M. Craig Barnes in Christian Century 127, no. 9 (May 4, 2010): 44–45.

Pfeiffer, Cara

2012   "Healing and the Holy Spirit: A Component of the 'Already, but Not Yet,' Kingdom." Vision: *A Journal for Theology and Church* 13.1 (Spring issue on The Holy Spirit and the Christian Life, edited by Karl Koop): 48–55.

Philips, Dirk. See Dyck, Cornelius J., William E. Keeney, and Alvin J. Beachy.

Pilch, John J.

2000   *Healing in the New Testament: Insights from Medical and Mediterranean Anthropology*. Minneapolis: Fortress.

Pipkin, Wayne, and John H. Yoder, trans. and eds.

1989   *Balthasar Hubmaier: Theologian of Anabaptism. Classics of the Radical Reformation* 5. Scottdale, PA: Herald Press.

Poettcker, Henry

1984   "Menno Simons' Encounter with the Bible." In *Essays on Biblical Interpretation: Anabaptist-Mennonite Perspectives*, edited by Willard M. Swartley, 62–76. Text Reader Series 1. Elkhart, IN: Institute of Mennonite Studies.

Porteous, Norman

1962   "The Theology of the Old Testament." In *Peake's Commentary on the Bible*, edited by Matthew Black and H. H. Rowley, 151–59. London: Thomas Nelson & Sons.

Reich, Ronny, and Eli Shukron

2005   "The Siloam Pool from the Second Temple Period in Jerusalem." *Qadmoniot* [Heb.] 38, no. 130: 91–96 (ET by G. Rivkin)

Reinhartz, Adele

1998   "The Johannine Community and its Jewish Neighbors" A Reappraisal." In *Literary and Social Readings of the Fourth Gospel,* "What Is John?" edited by Fernando Segovia, Vol. 2, 111-38. Atlanta: Scholars Press.

2001a *Befriending the Beloved Disciple: A Jewish Reading of the Gospel of John*. New York/London: Continuum.

2001b "'Jews' and Jews in the Fourth Gospel." In *Anti-Judaism and the Fourth Gospel*, edited by Bieringer, et al., 213-27.

2003   "Women in the Johannine Community: An Exercise in Historical Imagination." In *A Feminist Companion to John,* edited by Amy-Jill Levine with Marianne Blickenstaff, 2:14-33. Sheffield: Sheffield Academic.

2009   "'Rewritten Gospel': The Case of Caiaphas the High Priest." *New Testament Studies* 55:166–78.

Reinhartz, Adele, ed.

1999   *God the Father in the Gospel of John*. Semeia [Journal] 85. Atlanta: SBL.

Rempel, John D.

1993   *The Lord's Supper in Anabaptism: A Study of the Christology of Balthasar Hubmaier, Pilgram Marpeck, and Dirk Philips*. Studies in Anabaptist and Mennonite History 33. Scottdale, PA: Herald Press.

Rensberger, David

1984 "The Politics of John: The Trial of Jesus in the Fourth Gospel." *JBL* 103: 395-411.

1988 *Johannine Faith and Liberating Community*. Philadelphia: Westminster.

Reynolds, Benjamin E.

2008 *The Apocalyptic Son of Man in the Gospel of John*. WUNT 249. Tübingen: Mohr Siebeck.

Ridderbos, Herman

1997 *The Gospel of John: A Theological Commentary*. Translated by John Vriend. Grand Rapids: Eerdmans.

Ringe, Sharon H.

1999 *Wisdom's Friends: Community and Christology in the Fourth Gospel*. Louisville: Westminster John Knox.

Robinson, John A. T.

1976 *Redating the New Testament*. Philadelphia: Westminster.

1985 *The Priority of John*. Edited by J. F. Coakley. Oak Park, IL: Meyer- Stone.

Root, Michael

2009 "In Tough Straights: Can the Ecumenical Logjam Be Broken?" *Christian Century* 126, no. 26 (Dec. 29): 10–11.

Rossé, Gérard

2009 *Community of Believers: A New Look at the Johannine Writings*. Translated by Matthew J. O'Connell. New York: New City Press. New ed. of The Spirituality of Communion: A New Approach to the Johannine Writings. 1998.

Ruprecht, Louis A., Jr.

2008 *This Tragic Gospel: How John Corrupted the Heart of Christianity.* San Francisco: John Wiley.

Sanders, Ed P.

1985 *Jesus and Judaism*. Philadelphia: Fortress.

Sanders, Joseph N. [, and B. A. Mastin]

1968 *Commentary on the Gospel According to St. John*. Edited and completed by B. A. Mastin. Harper's New Testament Commentaries. New York: Harper & Row.

Sanford, John A.

1993 *Mystical Christianity: A Psychological Commentary on the Gospel of John*. New York: Crossroad.

Sattler, Michael. *See* Yoder, John H.

Schertz, Mary

2010 "Why Footwashing?: Biblical Teaching and Liturgical Practices." Bridgefolk speech.

Schnackenburg, Rudolf

1980–82 *The Gospel According to St. John*. ET, 3 vols. New York: Seabury.

Schneiders, Sandra M.

1999 *The Revelatory Text: Interpreting the New Testament as Sacred Scripture*. 2nd ed. Collegeville, MN: Liturgical Press. 1st ed., HarperSanFrancisco, 1991.

2002 "To See or Not to See: John 9 as a Synthesis of the Theology and Spirituality of Discipleship." In *Word, Theology, and Community in John*, edited by John Painter, R. Alan Culpepper, and Fernando F. Segovia, 189–209. St. Louis: Chalice.

2003 *Written That You Might Believe: Encountering Jesus in the Fourth Gospel*. Rev. and expanded ed. New York: Crossroad.

Schnelle, Udo

2005 *The Anti-Docetism of the Gospel of John: An Investigation of the Place of the Fourth Gospel in the Johannine School*. Translated by Linda M. Maloney. Minneapolis: Fortress.

2006 "Kreuz und Auferstehung im Johannesevangelium." Paper at Society for *New Testament Studies*, July 25–29, University of Aberdeen, 1–22.

2009   *The Theology of the New Testament.* Translated by Eugene M. Boring. Grand Rapids: Baker Academic.

Schoneveld, Jacobus

1990   "Torah in the Flesh: A New Reading of the Prologue of the Gospel of John as a Contribution to a Christology Without Anti-Judaism." In *The New Testament and Christian-Jewish Dialogue: Studies in Honor of David Flusser,* edited by Malcom F. Lowe, 77–93. Immanuel 24/25. Jerusalem: Ecumenical Theological Research Fraternity in Israel.

Schoon, Simon

2001   "Escape Routes as Dead Ends: On Hatred Towards Jews and the New Testament, Especially in the Gospel of John." In *Anti-Judaism and the Fourth Gospel,* edited by R. Bieringer, D. Pollefeyt, and F. Vandecasteele-Vanneuville, 144–58. Louisville: Westminster John Knox.

Schottroff, Luise

1998   "The Samaritan Woman and the Notion of Sexuality in the Fourth Gospel." In *Literary and Social Readings of the Fourth Gospel*, vol. 2 of What Is John? edited by Fernando Segovia, 157–81. Atlanta: Scholars Press.

Schrage, Wolfgang

1988   *The Ethics of the New Testament.* Translated by David E. Green. Philadelphia: Fortress.

Schuchard, Bruce G.

1992   *Scripture Within Scripture: The Interrelationship of Form and Function in the Explicit Old Testament Citations in the Gospel of John.* SBL Dissertation Series 133. Atlanta: Scholars Press.

Schweitzer, Albert

1964   *The Quest of the Historical Jesus.* Translated by W. Montgomery. New York: Macmillan. Original, 1906.

Scobie, Charles H. H.

1982   "Johannine Geography." *Studies in Religion / Sciences Religieuses* 11:77–84.

Segovia, Fernando F.

1981   "The Love and Hatred of Jesus and Johannine Sectarianism." *Catholic Biblical Quarterly* 43:258–72.

1982   *Love Relationships in the Johannine Tradition: Agapē/Agapan in 1 John and the Fourth Gospel.* SBL Dissertation Series 58. Chico, CA: Scholars Press.

1985   "'Peace I Leave with You; My Peace I Give to You': Discipleship in the Fourth Gospel." In *Discipleship in the New Testament,* edited by Fernando F. Segovia, 76–102. Philadelphia: Fortress.

1991   "The Final Farewell of Jesus: A Reading of John 20:30–21:25." *Semeia* 53:167–90.

Shanks, Hershel

2005   "The Siloam Man: Where Jesus Cured the Blind Man." *Biblical Archaeology Review* 31, no. 5:16–23.

Sheeley, Steven M.

1995   "Lift Up Your Eyes: John 4:4-42." *Review and Expositor* 92:81–87.

Shellard, Barbara

1995   "The Relationship of Luke and John: A Fresh Look at an Old Problem." *Journal of Theological Studies* 46:71–98.

Shenk, Sara Wenger

2003   *Anabaptist Ways of Knowing: A Conversation About Tradition-Based Critical Education.* Telford, PA: Cascadia; Scottdale, PA: Herald Press.

2007   "Formation Beyond Education: Interview." *Leader* (Summer): 13–15.

Shepherd, David

2010   "'Do You Love Me?' A Narrative-Critical Reappraisal of -γαπάω and φιλέω in John 21:15-17." *JBL*

129:777–92.

Shillington, V. George

2012   "The Spirit-Paraclete as Jesus' Alter Ego in the Fourth Gospel (John 14–16)" *Vision: A Journal for Theology and Church* 13.1 (Spring issue on The Holy Spirit and the Christian Life, edited by Karl Koop): 31–39.

Shirbroun, G. Franklin

1985   *The Giving of the Name of God to Jesus in John 17:11, 12.* PhD Thesis: Princeton Theological Seminary. Sing the Journey

2005   *Hymnal: A Worship Book—Supplement* 1. Scottdale, PA: Mennonite Publishing Network. Sing the Story

2007   *Hymnal: A Worship Book—Supplement* 2. Scottdale, PA: Mennonite Publishing Network.

Smalley, Stephen S.

1998   *John: Evangelist and Interpreter.* 2nd ed. Downers Grove, IL: InterVarsity.

Smith, D. Moody, Jr.

1995   *The Theology of the Gospel of John.* Cambridge: Cambridge University Press.

1999   *John. Abingdon New Testament Commentaries.* Nashville: Abingdon.

2001   "Johannine Studies Since Bultmann." *Word and World* 21:342–51.

2002   "Ethics and the Interpretation of the Fourth Gospel." In *Word, Theology, and Community in John,* edited by John Painter, R. Alan Culpepper, and Fernando F. Segovia, 109–22. St. Louis: Chalice.

2003   "The Contribution of J. Louis Martyn to the Understanding of the Gospel of John." In *Martyn's History and Theology in the Fourth Gospel,* 1–23. 3rd ed. Louisville: Westminster John Knox.

2005   "Future Direction of Johannine Studies." In *Life in Abundance: Studies of John's Gospel in Tribute to Raymond E. Brown,* 52–62. Collegeville, Minn.: Liturgical Press.

2008   *The Fourth Gospel in Four Dimensions: Judaism and Jesus, the Gospels and Scripture.* Columbia: University of South Carolina Press. Smith, Jacob Brubaker

1955   *Greek-English Concordance to the New Testament.* Scottdale, PA: Herald Press.

Snyder, C. Arnold, ed.

2001   *Sources of South German/Austrian Anabaptism.* Translated by W. Klaassen, F. Friesen and W. Packull. Kitchener, ON: Pandora Press.

Snyder, C. Arnold

2012   "Bread, Not Stone: Refocusing an Anabaptist Vision." *Vision: A Journal for Theology and Church* 13.1 (Spring issue on The Holy Spirit and the Christian Life, edited by Karl Koop): 64–73.

Snyder Belousek, Darrin W.

2012   Atonement, Peace, and Justice: The Message of the Cross and the Mission of the Church. Grand Rapids: Eerdmans.

Staley, Jeffrey Lloyd

1991   "Stumbling in the Dark, Reaching the Light: Reading Character in John 5 and 9." *Semeia* 53:55–80.

Stassen, Glen H., and David P. Gushee

2003   *Kingdom Ethics: Following Jesus in Contemporary Context.* Downers Grove, IL: InterVarsity. 「하나님의 통치와 예수 따름의 윤리」

Stibbe, Mark W. G.

1992   *John as Storyteller: Narrative Criticism and the Fourth Gospel.* Cambridge: Cambridge University Press.

Stott, John R. W.

1975   *Christian Mission in the Modern World.* Downers Grove, IL: InterVarsity.

Suderman, Robert J.

1994   *The Replacement Pattern in the Fourth Gospel: A Persecuted Community Confronts Its Past.*

Dissertation Series. Bogotá: Pontificia Universidad Javeriana.

Suggit, John

1993   *The Sign of Life: Studies in the Fourth Gospel and the Liturgy of the Church.* Pietermaritzburg: Cluster Publications.

Swartley, Willard M.

1973   "The Imitatio Christi in the Ignatian Letters." *Vigiliae Christianae* 27:81–103.

1981   *Mark: The Way for All Nations.* Scottdale, PA: Herald Press. Reprinted, Eugene, OR: Wipf & Stock, 1999.

1983   *Slavery, Sabbath, War, and Women: Case Issues in Biblical Interpretation.* Scottdale, PA: Herald Press.

1990   "God as Father: Patriarchy or Paternity." *Daughters of Sarah 16* (November–December): 12–15.

1994   *Israel's Scripture Traditions and the Synoptic Gospels: Story Shaping Story.* Peabody, MA: Hendrickson.

1997   "The Role of Women in Mark's Gospel." *Biblical Theology Bulletin* 27:16–22.

1998   "Mutual Aid Based in Jesus and Early Christianity." In *Building Communities of Compassion,* edited by Donald B. Kraybill and Willard M. Swartley, 21–39. Scottdale, PA: Herald Press.

2006a   *Covenant of Peace: The Missing Peace in New Testament Theology and Ethics.* Grand Rapids: Eerdmans.

2006b   "Biblical Faith Confronts Evil Spiritual Realities," 24–40; "Reflections on Deliverance Ministry;" 108–13; "Appendix 2: Prayer for Protection," 177; "Bibliography for Deliverance Ministries," 183–200. In *Even the Demons are Subject: Continuing Jesus' Ministry of Deliverance,* edited by Loren L. Johns and James R. Krabill. Institute of Mennonite Studies and Herald Press.

2006c   "Jesus Christ: Victor over Evil," 96–112, and "Resistance and Nonresistance: When and How?" 129–42. In *Transforming the Powers: Peace, Justice, and the Domination System,* edited by Ray Gingerich and Ted Grimsrud. Minneapolis: Fortress Press.

2006d   "Jesus and Believers at Prayer." *Vision: A Journal for Theology and Church* 7.2 (Fall issue edited by Mary Schertz): 10–21.

2007   *Send Forth Your Light: A Vision for Peace, Mission, and Worship.* Scottdale, PA: Herald Press. 『당신의 빛을 비추소서』

2009   "Jesus Triumphs Over Evil." In *Jesus Matters,* edited by James Krabill and David W. Shenk, 89–102. Scottdale, PA: Herald Press.

2012a   *Health, Healing and the Church's Mission: Biblical Perspectives and Moral Priorities.* Downers Grove, IL: InterVarsity.

2012b   *Review of The Gospel and Letters of John,* by Urban von Wahlde [Eerdmans Critical Commentary. Grand Rapids: Eerdmans, 2010], in *Ashland Theological Journal* 44:108–110.

2013   *Living Gift: John's Jesus in Meditation and Poetry, Art and Song.* Nappanee, IN: Evangel Press.

Swartley, Willard M., ed.

1992   *The Love of Enemy and Nonretaliation in the New Testament.* Louisville: Westminster John Knox.

2000   *Violence Renounced: René Girard, Biblical Studies, and Peacemaking.* Telford, PA: Pandora Press; Scottdale, PA: Herald Press.

Talbert, Charles H.

1992   *Reading John: A Literary and Theological Commentary on the Fourth Gospel and the Johannine Epistles.* New York: Crossroad.

Tan, Yak-hwee

2006   "The Johannine Community: Caught in Two Worlds." In *New Currents Through John: A Global Perspective,* edited by Francisco Lozanda Jr. and Tom Thatcher, 167–79. Atlanta: SBL.

Temple, William

1939   *Readings in St. John's Gospel: First Series*, Chapters I–XII. London: Macmillan.

1940   *Readings in St. John's Gospel: Second Series*, Chapters XIII–XXI. London: Macmillan.

Thatcher, Tom

2006   "The New Current Through John: The Old 'New Look' and the New Critical Orthodoxy." In *New Currents Through John: A Global Perspective*, edited by Francisco Lozanda Jr., and Tom Thatcher, 1–26. Atlanta: SBL.

2009   *Greater than Caesar*. Minneapolis: Fortress Press.

Thomas, John Christopher

1987   "A Note on the Text of John 13:10." *Novum Testamentum* 29:46–52.

1991   *Footwashing in John 13 and the Johannine Community. Journal for the Study of the New Testament*: Supplement Series 61. Sheffield: JSOT Press.

Thompson, Marianne Meye

1988   T*he Humanity of Jesus in the Fourth Gospel*. Philadelphia: Fortress. Reprinted as The Incarnate Word: Perspectives on Jesus in the Fourth Gospel. Peabody, MA: Hendrickson: 1993.

1991   "Signs and Faith in the Fourth Gospel." *Bulletin for Biblical Research* 1:89–108.

1999   "The Living Father." In *God the Father in the Gospel of John*, edited by Adele Reinhartz, 19–32. Atlanta: SBL.

2000   *The Promise of the Father: Jesus and God in the New Testament*. Louisville: Westminster John Knox.

2001a   *The God of the Gospel of John*. Grand Rapids: Eerdmans. 2001b "What Is the Gospel of John?" Word and World 21:333–42.

2003   "'His Own Received Him Not': Jesus Washes the Feet of His Disciples." In *The Art of Reading Scripture*, edited by Ellen F. Davis and Richard B. Hays, 258–73. Grand Rapids: Eerdmans.

2008a   "The Raising of Lazarus in John 11: A Theological Reading." In *The Gospel of John and Christian Theology,* edited by Richard Bauckham and Carl Mosser, 233–44. Grand Rapids: Eerdmans.

2008b   "Word of God, Messiah of Israel, Savior of the World: Learning the Identity of Jesus from the Gospel of John." In *Seeking the Identity of Jesus: A Pilgrimage*, edited by Beverly Roberts Gaventa and Richard B. Hays, 166–79. Grand Rapids: Eerdmans.

Toews, John E.

2004   *Romans. Believers Church Bible Commentary*. Scottdale, PA: Herald Press.

Trudinger, Paul

1992   "Of Women, Weddings, Wells, Waterpots and Wine! Reflections on Johannine Themes (John 2:1-11 and 4:1-42)" St. Mark's Review 151 (Spring): 10–16.

Truex, Jerry Duane

2002   "The Problem of Blasphemy: The Fourth Gospel and Early Jewish Understandings." PhD diss., Durham University (UK) Valentine, Simon Ross

1996   "The Johannine Prologue—A Microcosm of the Gospel." *Evangelical Quarterly* 68, no. 4 (Oct.): 291–304.

Van der Watt, Jan Gabriel

2006   "Ethics and Ethos in the Gospel of John." *Zeitschrift für die neutestamentliche Wissenschaft und die Kunde der älteren Kirche* 97:147– 76.

Volf, Miroslav

1996   *Exclusion and Embrace: A Theological Explanation of Identity, Otherness, and Reconciliation*. Nashville: Abingdon.

2008   "Johannine Dualism and Contemporary Pluralism." In *The Gospel of John and Christian Theology,* edited by Richard Bauckham and Carl Mosser, 19–50. Grand Rapids: Eerdmans.

Von Speyr, Adrienne

1987   *The Farewell Discourses: Meditations on John 13–17.* Translated by E. A. Nelson. San Francisco: Ignatius Press.

Von Wahlde, Urban C.

1984   "Literary Structure and Theological Argument in Three Discourses with the Jews in the Fourth Gospel." *JBL* 103:575–84.

1990   *The Johannine Commandments: 1 John and the Struggle for the Johannine Tradition.* New York: Paulist Press.

2009   "The Pool of Siloam: The Importance of the New Discoveries for Our Understanding of Ritual Immersion in Late Second Temple Judaism and the Gospel of John." In *Jesus, John, and History,* Vol. 2: Aspects of Historicity in the Fourth Gospel. Anderson, Just, and Thatcher, eds., 155–74 Atlanta: SBL.

2010   *John.* 3 vols. Eerdmans Critical Commentaries. Grand Rapids: Eerdmans.

Wallace, Daniel B.

1990   "John 5:2 and the Date of the Fourth Gospel." *Biblica* 71, no. 2:177–205.

Waltner, Erland

1999   *1–2 Peter. Believers Church Bible Commentary.* Scottdale, PA: Herald Press.

Waltner, James H.

2006   *Psalms. Believers Church Bible Commentary.* Scottdale, PA: Herald Press.

Webber, Robert E.

1986   *Celebrating Our Faith: Evangelism Through Worship.* San Francisco: Harper & Row.

Webster, Jane S.

2003   *Ingesting Jesus: Eating and Drinking in the Gospel of John.* Atlanta: SBL. Weiss, Herold

1979   "Footwashing in the Johannine Community." *Novum Testamentum* 21:298–325.

Wengst, Klaus

1987   *Pax Romana and the Peace of Jesus Christ.* Translated by John Bowden. Philadelphia: Fortress Press.

Wenham, David

1998   "A Historical View of John's Gospel." *Themelios* 23, no. 2:5–20. Whitacre, Rodney A.

1999   *John. The IVP New Testament Commentary Series.* Downers Grove, IL: InterVarsity.

Williams, Rowan

2002   *Writing in the Dust: After September 11.* Grand Rapids: Eerdmans.

Wilson, Jeffrey

1981   "The Integrity of John 3:22-36." *Journal for the Study of the New Testament* 10:34–41.

Wink, Walter

1994   "Abiding, Even Under the Knife." *Christian Century* 111, no. 13 (Apr. 20): 413.

Witherington, Ben, III

1995   *John's Wisdom: A Commentary on the Fourth Gospel.* Louisville: Westminster John Knox.

2006   "The Last Man Standing." *Biblical Archaeological Review,* March/ April, 24, 76.

Wright, Nicholas Thomas

1996   *Jesus and the Victory of God.* Minneapolis: Fortress.

Yeatts, John R.

2003   *Revelation. Believers Church Bible Commentary.* Scottdale, PA: Herald Press.

Yee, Gale

1989   *Jewish Feasts and the Gospel of John.* Wilmington, DE: M. Glazier.

Yoder, Eldon T., and Monroe D. Hochstetler

1969   *Biblical References in Anabaptist Writings.* Aylmer, ON; Lagrange, IN: Pathway Publishers.

Yoder, John Howard

1958   *The Ecumenical Movement and the Faithful Church*. Focal Pamphlet No. 3. Scottdale, PA: Mennonite Publishing House.

1984   "The Hermeneutics of the Anabaptists." In *Essays on Biblical Interpretation: Anabaptist-Mennonite Perspectives*, edited by Willard M. Swartley, 11–28. Text Reader Series 1. Elkhart, IN: Institute of Mennonite Studies.

1994   *Politics of Jesus*. 2nd ed. Grand Rapids: Eerdmans. 1st ed., 1972. 『예수의 정치학』

Yoder, John H., trans. and ed.

1973   *The Legacy of Michael Sattler*. Classics of the Radical Reformation 1. Scottdale, PA: Herald Press.

Yoder Neufeld, Thomas R.

2002   *Ephesians. Believers Church Bible Commentary*. Scottdale, PA: Herald Press.

2003   "'For He Is Our Peace': Ephesians 2:11-22." In *Beautiful Upon the Mountains*, edited by Mary H. Schertz and Ivan Friesen, 215–33. Elkhart, IN: Institute of Mennonite Studies; Scottdale, PA: Herald Press.

Yokota, Paul

2004   "Jesus the Messiah of Israel: A Study of Matthew's Narrative Christology with Reference to His Messianic Interpretation of Scripture." PhD diss., St. Andrews University (UK)

York, Tripp

2008   *The Purple Crown: The Politics of Martyrdom*. Scottdale, PA: Herald Press.

Zehr, Paul

2010   *1 and 2 Timothy, Titus. Believers Church Bible Commentary*. Scottdale, PA: Herald Press.

Zorrilla, Hugo

1985   "The Feast of Liberation of the Oppressed: A Rereading of John 7:1–10:21." *Mission Focus* 13, no. 2 (June): 21–24.

Online sources:

    For Tabernacles Feast

        http://www.hebrew4christians.com/Holidays/Fall_Holidays/Sukkot/sukkot.html.

Selected Resources

Basic Orientation to John

Augsburger, *Myron. Discovering John*. Carmel, NJ: Guideposts Associates, 1986. This marvelous picturesque book is a delight to see and read. It initiates one into the world and text of John's Gospel. Each commentary section ends with   "What This Scripture Means to Me," by Dorothy Shellenberger.

Barclay, William. *The Gospel of John*. Rev. ed. Philadelphia: Westminster, 1975. This is a long-standing favorite for scholarly information with a pastoral touch.

Kysar, Robert. *John's Story of Jesus*. Philadelphia: Fortress, 1984. A wonderful guide to John's Gospel as story. Written for laity and pastors, yet tuned to scholarly awareness.

Matson, Mark A. *John*. Interpretation Bible Studies. Louisville: Westminster John Knox, 2002. A useful overall introduction, with scholarly underpinning; easy read.

Smith, Dennis E., and Michael E. Williams. *John*. Vol. 10 of *The Storyteller's Companion to the Bible*. Nashville: Abingdon. Giving brief description of the background for each text and often imagining a contemporary scene, this book prepares one to tell John as story, in a meaningful manner.

Studies in More Depth

Anderson, Paul N. 2011. *The Riddles of the Fourth Gospel*. Minneapolis: Fortress. This compact, 296-page volume introduces current issues defining Johannine scholarship. It masterfully guides one through the Gospel's mind-stretching riddles.

Bauckham, Richard. 2007. *The Testimony of the Beloved Disciple: Narrative*, History, and Theology in the Gospel of John. Grand Rapids: Eerdmans. This book boldly cuts new ground in understanding the role and identity of the beloved disciple. A must for those trying to understand the Gospel's historical origins based in the testimony of an eyewitness (19:35; 21:24) and the beloved disciple's ideal role in the Gospel narrative

Bauckham, Richard, and Carl Mosser, eds. 2008. *The Gospel of John and Christian Theology*. Grand Rapids: Eerdmans. What a treasure of extraordinary articles written for scholarly pursuit of understanding John! The book blends exegesis and theological interpretation, and it deals with some difficult hermeneutical issues.

Brant, Jo-Ann A. 2011. *John*. Paideia: Commentaries on the New Testament. Grand Rapids: Baker Academic. Informed by Greco-Roman rhetoric and sources, Brant's commentary excels in pedagogical clarity and attractive layout. It often presents concise information in sidebars: archaeology, maps, definitions of terms. Each unit is located within the larger Gospel. It is a commentary of choice, complementing this volume.

Brodie, Thomas L. 1993. *The Gospel According to John: A Literary and Theological Commentary*. Oxford: Oxford University Press. With distinctive perspectives, Brodie appeals to mind and heart. The commentary is wisely critical and spiritually refreshing.

Brown, Raymond E. 1966–70. *The Gospel According to John*. 2 vols. Anchor Bible 29–29A. Garden City, NY: Doubleday. This magnum opus is a major contribution of enduring value.

Bruner, Frederick Dale. 2011. *The Gospel of John: A Commentary.* Grand Rapids: Eerdmans. Though appearing too late for my work, it promises strength in its historical interpretation of John, fresh biblical insights, theological depth, and appealing pastoral appropriation.

Burge, Gary M. 2000. *John.* NIV Application Commentary. Grand Rapids: Zondervan. Burge's 618-page outstanding commentary has a format similar to the BCBC series. Its alternative to the TBC and TLC sections is "Bridging Contexts" and "Contemporary Significance." The footnotes contain helpful information.

Carter, Warren. 2006. *John: Storyteller, Interpreter, Evangelist.* Peabody, MA: Hendrickson. The three sections of the book are packed with rich insights. With many numbered or bulleted lists and diagrams, it illumines John's distinctive literary features and theology.

———. 2008. John and Empire: Initial Explorations. New York: T&T Clark. This is a must for understanding John within the political realities of the late first century.

Cassidy, Richard J. 1992. *John's Gospel in New Perspective: Christology and the Realities of Roman Power.* Maryknoll, NY: Orbis Books. Cassidy has turned new ground in understanding the political dimensions of John's Gospel. The book's value continues.

Chennattu, Rekha M. 2006. *Johannine Discipleship as a Covenant Relationship.* Peabody, MA: Hendrickson. This valuable contribution understands John through the dual lens of covenant and discipleship. The Roman Catholic author, based in India, offers many insights appropriate for the believers church.

Coloe, Mary L. 2001. *God Dwells with Us: Temple Symbolism in the Fourth Gospel.* Collegeville, MN: Liturgical Press. Coloe shows how foundational temple and dwelling emphases are in John, especially important for John 2–4 and 14–15.

Culpepper, R. Alan. 1983. *The Anatomy of the Fourth Gospel: A Study in Literary Design.* Minneapolis: Fortress. This classic volume excels for introducing readers to John's distinctive literary features.

———. 1998. *The Gospel and the Letters of John.* Interpreting Biblical Texts. Nashville: Abingdon. A master scholar of John's Gospel, Culpepper packs this accessible commentary with rich insights.

Fleer, David, and Dave Bland, eds. 2008. *Preaching John's Gospel: The World It Imagines. St. Louis: Chalice.* This is a valuable resource for anyone who preaches on John's Gospel. The numerous essays consist mostly of short, remarkably insightful sermons.

Howard-Brook, Wes. 1994. *Becoming Children of God: John's Gospel and Radical Discipleship.* Maryknoll, NY: Orbis Books. This probing study of John illumines multiple features of the text, often using chiastic structure. It enables readers to hear John's call to radical discipleship.

Koester, Craig. 2008. *The Word of Life: A Theology of John's Gospel.* Grand Rapids: Eerdmans. Koester engages John's Gospel by treating key topics that emerge from studying John, notably God, Jesus, the Spirit, and "Discipleship in Community and World," among others.

Kysar, Robert. 1976. *John, the Maverick Gospel.* Atlanta: John Knox. This compact, accessible volume presents key topics/issues that mark the distinctiveness of John's Gospel.

———. 2005. *Voyages with John: Charting the Fourth Gospel.* Waco: Baylor University Press. This book helps us understand Johannine scholarship over the last four decades.

Lincoln, Andrew T. 2000. *Truth on Trial: The Lawsuit Motif in the Fourth Gospel.* Peabody, MA: Hendrickson. A decade before this groundbreaking volume, a layperson suggested to me that John appears to be written as a trial narrative! Lincoln's in-depth analysis shows that this is the case. It provides a rich, distinctive angle into the Gospel.

Moloney, Francis J. 1998. *The Gospel of John.* Sacra pagina 4. Collegeville, MN: Liturgical Press. This volume draws upon and offers in integrated form the best insights of his three previous volumes, the last of which appeared also in 1998.

Newbigin, Lesslie. 1982. *The Light Has Come: An Exposition of the Fourth Gospel.* Grand Rapids:

Eerdmans. A distinctive contribution in mission and ecumenicity perspectives.

Neyrey, Jerome. 2006. *The Gospel of John.* New Cambridge Bible Commentary. New York: Cambridge University Press. Valuable information from a social-science perspective.

O'Day, Gail R. 1995. *The Gospel of John. New Interpreter's Bible.* Nashville: Abingdon. O'Day is consistent in wise interpretation, and the "Reflection" sections of the series offer valued insights for pastors Rensberger, David. 1988. Johannine Faith and Liberating Community. Philadelphia: Westminster. This landmark study in John's Gospel focuses on selected topics that are of enduring significance in interpreting John. It works well for small-group study.

Schneiders, Sandra M. 2003. *Written That You Might Believe: Encountering Jesus in the Fourth Gospel.* Rev. and expanded ed. New York: Crossroad. In her usual and sometimes provocative style, Schneider unpacks the text in fresh ways. She regards her exegesis and interpretation as an endeavor in spirituality.

Sloyan, Gerald. 2006. *What Are They Saying About John?* New York: Paulist Press. This is a brief introduction to scholarly views on the main issues of the Gospel.

Smalley, Stephen S. 1998. *John: Evangelist and Interpreter.* 2nd ed. Downers Grove, IL: InterVarsity. With typical British terseness and clarity of insight, Smalley contributes a well-balanced interpretation of John's Gospel.

Smith, D. Moody, Jr. 1995. *The Theology of the Gospel of John.* Cambridge: Cambridge University Press. A good summative analysis of the leading theological themes of the Gospel.

---. 1999. *John.* Abingdon New Testament Commentaries. Nashville: Abingdon. Smith does not disappoint readers. Both scholars and pastors will find this commentary useful.

Talbert, Charles H. 1992. *Reading John: A Literary and Theological Commentary on the Fourth Gospel and the Johannine Epistles.* New York: Crossroad. Talbert has a unique gift of packing much into an accessible-length commentary. Rich insights.

Webster, Jane S. 2003. *Eating and Drinking in the Gospel of John.* Atlanta: SBL. With commentary on eight meals in John, Webster's angle into John's Gospel is insightful and rewarding.

자료색인

구약

창세기

1 ..... 41, 55, 56, 61, 72, 77, 265,
512
1:1 55
1:1-5 64
1:1–2:3 ....56, 597
1:1–2:4 .... 27, 82
1:2 62
1:3 58
1:3-4 .... .76, 254, 255
1:26-27 68
1:31 56
2:1-3 97
2:7 .... 265, 288, 513, 522
2:10-14 234
2:21-22 496
6:1-4 446
15:17 254
17:9-14 225
18:1 58
18:4 356
19:24 58
22 69
22:2 497
22:8 88
22:12 497
24 .... 139, 159
24:10-27 145
26:26-30 370
28:12 96
28:16-19 96
29 .... 139, 159
29:1-20 145
29:4-12 145
29:7 142
31:43-54 370
32:28 93
43:24 356
45:14-15 332
47:29–49:33 375
48:22 145

49:24 283

출애굽기

74, 88, 286, 302, 347, 582, 602
2:15-22 145
3:13-15 .. 56, 58, 194, 256, 443,
570, 584,
3:14 .... 150, 296
3:14-15 149
4:1 600
5:14 480
6:2-3 56
6:3 256
12 .... 88, 114
12:1-3 88
12:6 .... 355, 494
12:10 .... 494, 496
12:22 493
12:46 .... 88, 495, 496
13–15 194
13:21 254
14:4 .... 74, 582
14:17-18 582
15:18 383
15:24 209
16 208
16:2 .... .209
16:4 .... 191, 197
16:6-12 74
16:7 .... .582
16:7-9 .... .209
16:10 582
16:12 209
16:15 197
17:1-7 .... .191
17:3 .... .209
17:5-6 58
17:6 .... .237
19:1–24:8 .... .370
19:18 254
20:1-17 370
20:3 .... 172, 486
20:5 .... .263

20:22–23:19 370
23:16 219
23:20 383
24 .... 56, 139
24:5-11 370
24:15-18 74
24:16-17 582
25:22 489
29 139
29:7 142
29:42-43 74
32:28 93
33:17-23 .... 57, 74
33:18 88
33:18-23 582
33:20 71
33:23 71
34 56
34:6 .... 69, 71
34:10 601
40:34-38 .... 67, 74

레위기

.... 107
1 116
3 116
16:11-16 438
17:10-14 201
17:11 206
19:2 448
19:14 179
19:18 .... .370, 551
19:33-34 551
19:34 330
23:5 494
23:33-43 219
23:36 219
23:39-40 .... 219, 227
23:40 .... 219, 230
23:42 219

민수기

9:12 496

14:2 209
14:18 263
14:27-32 209
14:35 209
14:35-36 209
15:30-36 209
17:5 209
20:11 230
21:4-9 347
27:16-18 286
27:17 286
29:35 219

신명기
.... 375, 383, 414
1:32-33 383
5:6 172
5:9 263
5:12-15 171
6:4 .... 74, 172, 296
6:4-5 551
6:5-7 370
7:7-9 125
8:3 .... 151, 197, 209
8:16 191
9:8 191
16:13-15 219
16:14 219
16:14-15 230
16:20 256
17:6-7 240
18 35
18:15 .... 41, 150, 192, 209
18:15-19 .... 86, 170
18:18 .... 149, 150
18:19 41
23:1-8 142
24:1-4 146
27:6-7 370
30:19 342
32:39 58
33 438

여호수아
1:9 454
22:5 414
22–24 375

24:1-18 370

사사기
11:12 98
13:5 468
19:21 356

룻기
.... 142

사무엘상
25:41 .... .353, 356

사무엘하
5:2 287
5:8 180
7:7 287
7:13-14 172
7:14 .... 132, 231
19:26 334
24:7 287

열왕기상
1:33 334
1:38 334
1:44 334
2:5 66
2:33 66
4:25 95
6:29 298
6:32 298
6:35 298
8:4-11 68
8:10-11 67
10:6 256
17:18 98
22:17 .... .283, 287

열왕기하
....147
3:13 99
4:42-44 192
5 157
5:10-14 265
9:7 66
9:26 66
17:29-31 147

역대상
16:24 254
17:13-14 172

역대하
13:19 324
35:21 98

에스라
.... 57, 142
4:1-3 142
9 .... .438
9:2 142
9:11 142

느헤미야
.... 142
1:5 414
6:1-14 142
9 .... .438
9:13 256

욥
16:20 386
19:25-27 525
28:28 233
29:15 179
29:25 386

시편
.... 56, 74, 297, 300, 332, 347,
442,582, 595, 602
2:7 .... 41, 482
3 .... .454
7:11 316
8 .... 61, 75
8:4-5 .... .78
15 .... .395
16:11 525
17 .... 132, 330
17:4 341
17:15 .... .330, 525
18:24 208
19:1 586
19:1-6 61
22 452

22:1	500	78:18	191	118	305
22:15	493	78:23	197	118:5-14	454
22:18	.490, 496	78:24	184	118:20-21	285
23	283, 300, 379, 395, 454	78:41	.191, 445	118:25-26	335
23:2	192	78:52-53	283	119	56, 118
23:4	386	78:56	191	119:1	383
23:6	379	78:71–72	287	119:3	383
24	.75	80:1	283	119:5	383
25:4-12	423	80:8-13	412	119:27	.383
25:9	423	82	297	119:33	383, 423
27:1	254	82:1	297	119:36-37	233
27:2	202	82:5	298	119:42-43	256
27:11	423	82:8	297	119:89	56
28:9	300	84	395	119:105	254
29	.75	85:10	69	119:139	118
29:1-2	582	86:11	234, 256, 423, 432	119:141	118
31:5	452	86:17	386	119:142	256
33:6	56	89:3-4	231	119:151	256
34:19-20	494	89:5-14	61	119:160	256
34:20	496	89:14	69, 256	120–134	220, 395
35:19	398	89:18	445	125:1-2	454
36:9	254	89:19-37	231	136	124, 551
40:6-8	149	89:26	172	136:1-9	61
40:10	363	90:8-18	412	147	61
41:3-12	263	91:1-6	454	148:1-10	61
41:9	360, 363	91:14	454	148:13	75
43:3	254, 256	95:6-7	300		
43:23	167	95:7	294	**잠언**	
45	145	95:9	191	1:7	233, 234
46:4	230	96	.75	1:29	234
48	395	96:3	254	2:5	234
50:7-23	149	96:9	445	2:8	383
51:16-17	149	99:3	445	2:20	383
56	454	99:5	445	3:7-8	.234
57	454	99:9	445	6:23	254
57:5	75	104	61	8	.601
57:11	75	104:2	254	9:10	233
63:1	493, 496	104:30	89	15:33	233
66:10	191	104:31	75	30:5	256
69:4	398, 409	105:1-5	61		
69:9	116, 120	105:39	.254	**전도서**	
69:21	.494, 496	106:14	.191	1:12	145
71:22	445	107:25-32	194	3:1-4	.145
72	.75	107:30	.194	8:12	412
74	395	108:4-5	75		
77:11-20	194	111:9	445	**예언서**	
78:14	254	111:10	.234		425, 442, 595

이사야

...... 74, 302, 343, 454, 564, 582
2:1-4 132
2:5 254
2:5-8 134
2:18-20 134
3:14-15 412
4:9 256
5:1-7 .... .412
5:7 66
6 .... .582
6:1-8 .... .57, 74
6:3 .... 57, 445, 582
6:6 296
6:9-10 .... 41, 74,343
6:10 .... 342, 565
7:3 93
7:9 .... .235
8:3 93
9:2 254
9:6 482
9:8 56
10:17 254
11:1 .... 231, 412, 46289
11:9 74
11:10 231
12:3 230
14:14 173
17:13 316
21:7 335
25:1-9 578
25:6-10 105
26:11 118
26:17-19 425
27:2-6 412
32:15 89
35:5-6 171
40–55 142,
    252, 256, 582, 585, 606
40:3-5 .... .41
40:5 .... 51, 74
40:17 60
40:3 383
40:9-11 287
40:10-11 283
40:55 174

41:10 .... .391, 454
41:14 208
41:20 208
42:8 .... 75, 296
42:12 75
43-46 296
43:1 303
43:9 256
43:10 .... 81, 585
43:10-13 607
43:13 163
43:14-15 208
44 298
44:3 .... 220, 230
44:28–45:1 287
45:11 208
47:4 208
48:1 256
48:17 208
48:20-21 209
48:21 230
49:7 208
52:13–53:12 .... .117, 180
52:13 .... 340, 344, 498
53 .... 88, 106
53:1 .... 41, 342, 344
53:3 351
53:4-12 88
53:5 351
53:7 .... 88, 167
53:7-12 88
53:8-9 351
53:12 .... 88, 330
54:5-6 134
54:13 .... .199, 210
55:1 .... 158, 228, 493
55:10-11 56
56:1-8 142
56:6-7 132
56:7 115
56:9-12 283
58:11 .... .220, 230
59:2 277
59:14 256
60:1 .... 75, 254
60:19 75
62:4-5 134

63:10-11 433
63:11 286
63:16 172
64:8 172
64:8-11 264

예레미야

1:4 56
2:2-3 134
2:13 158
2:21 412
4:2 256
5:1 256
7:11 115
10:21 .... .283, 287
12–15 395
13:16 311
17:13 240
23–26 60
23:1-2 283
23:1-3 287
23:1-4 .... 179, 283
25:32-38 283
31:3 209
31:8 180
31:12 105
31:31-34 .... 41, 199
31:33 210
33:10-11 145

에스겔 42, 347, 582

1–3 74
1:3 56
1:4 254
1:27-28 582
1:28 273
3:12 582
10:18-22 582
11:22-23 67
11:22-25 582
15:1-5 412
16:1-14 134
17:1-21 412
19:10-14 412
23 134
34 .... 42, 280, 283, 293,
    300, 301

34:2-8	287	10:1-2	412	14:7-8	220
34:4	179	11:1	66	14:8	158, 230
34:9-16	287	14:4-7	412	14:21	115, 116, 119
34:15-16	179	14:8	99		
34:23	179	**요엘**		**말라기**	
34:23-24	287	2:28	230	3:1	118, 383
34:24	293	3:18	105, 220	4:5	86
34:25-26	287				
34:26	89	**아모스**		**신약**	
36:26-27	89	2:6-7	326		470, 499
37	42, 525	3:1	56		
37:14	89	7:7-9	424	**복음서**	
39:13	582	9:13-14	105	72, 86, 90, 149, 328, 491	
39:21	582				
40–48	132	**요나**		**공관복음**	
43:2-5	582		142	86, 100, 151, 291, 302, 370,	
44:4	582			402, 414, 452, 468, 494, 501,	
47	220	**미가**		502, 508, 527	
47:1-8	158	3:10	66		
47:1-12	230, 515	4:1-7	132	**마태복음**	
47:9-12	537	4:4	95	21, 27, 37, 89, 134, 194, 300,	
다니엘		5:2	231, 287	345, 410, 472, 488, 489, 501	
	42	6:1-8	149	1:1-16	345
6:26	577	6:8	563	1:21	278, 286
7:13	582	7:15	209	2:6	287, 300
7:13-14	68, 175, 272			2:1-12	345
	569, 577	**나훔**		2:23	604
7:27	577		142	3	69
8:1	273			3:3	86
9	438	**하박국**		3:11	63
9:4	414	2:12	66	3:15	89
12:1-3	524	2:14	74	3:17	340
12:2	133, 577			4	220
12:2-3	314	**스가랴**		4:1-11	454
12:13	577		602	4:4	151
		2:10	67	4:11	97
호세아		3:10	95	4:12-17	115
1–3	134	6:15	132	4:16	254
1:1	56	7:9	256	4:18-22	104
1:4-6	93	9:9	41, 306, 334, 336	4:23-25	179
2:14	134	9:9-10	336	5:8	96
2:14-21	105	11	283	5:9	523
2:16	134	11:9	202	5:14	254
2:19	134	12:10	117, 287, 497	5:16	254
2:19-21	134	13:7	429	5:17	89
4:2	66	13:7-9	287	5:43-48	523
6:4-6	134	14	220		

5:44	596	15:21-31	157	26:65	589
5:44-45	370	15:24	.300, 346	26:69-75	549
5:44-48	.370, 551	15:28	98	26:71	604
6:6-9	. 580	16:16	314, 549	27:3-5	369
6:9	441, 579	16:16-19	506	27:9	500
6:13	454	16:17-19	549	27:11	501
6:23	254	16:22-23	549	27:15	481
8:5-13	153, 157	16:23	529	27:15-18	501
8:29	99	17:4	67	27:26	502
9:3	589, 590	17:15	291	27:29	501
9:15	134	17:17-21	.157	27:32	549
9:15-16	128	17:24-27	.529	27:37	502
9:27-31	276	18	277	27:46	.452, 500
9:30	316	18:12-14	300	27:51	500
9:35	179	18:15-20	21	27:52-53	500
9:36	300	18:18	.506, 549	27:55	. 498
10:1-4	179, 368	18:20	575	27:55-56	501
10:2-4	104, 571	19:16	576	27:56	491
10:5	157	19:29	576	27:57	497
10:5-6	346	20:20-28	365	27:57-61	502
10:5-8	179	20:29-34	276	28:1	508
10:6	300	21:1	570	28:1-20	524
10:16	300	21:1-11	352	28:6	498
10:16-30	361	21:2	336	28:10	549
10:17	411	21:12-13	115	28:16-20	506, 549
10:19	415	21:14	180	28:18-20	434, 512
10:19-20	410	23:34-35	66	28:19	574
10:23	.411	22:34-40	370	28:19-20	. 157, 523, 523
11:2-5	179	22:40	551	28:20	387
11:12	193	23	590		
11:14	86	23:34	601	**마가복음**	
11:25-27	452, 579	25:32	300		27, 38, 55, 90, 153, 395,
11:29	.371, 601	25:40	332		489, 524, 532, 547, 548, 549,
12:15-21	346	25:46	.133, 576		570
12:22-32	433	26:6-13	352	1:3	86, 97
12:38-42	346	26:15	360	1:4	63
12:42	601	26:24	.360, 369	1:4-8	63
13:13	342	26:26-29	.369	1:11	90, 340
13:14-15	566	26:28	330	1:13	97
13:34	601	26:31	500	1:14-15	115
13:55	491	26:33-35	549	1:16-17	.548
14:1-12	127	26:36	467	1:16-20	104
14:14	300	26:50	359	1:21-34	179
14:22-33	193	26:52-54	501	1:24	99, 208
14:28-31	549	26:54	500	1:29-31	103
15	161	26:56	500	1:35	452
15:21-28	161	26:63	500	1:36	.548

1:43	316	8:29	207	15:2	501
1:44	265	8:31	124, 264	15:6	481
2:1	548	8:33	208	15:6-11	501
2:1-12	171	8:34	348, 403	15:15	502
2:1–3:6	239	9–10	548	15:17	501
2:5-10	514	9:2-8	548	15:17-19	501
2:6	589, 590	9:6	548	15:21	499
2:7	589	9:7	340	15:26	502, 587
2:7-10	270, 515	9:33-37	523	15:34	452
2:19-20	128, 134	10:17	5786	15:38	500
2:22	38, 106	10:28	548	15:40	491
2:23–3:6	171	10:29-30	133	15:40-41	502
3:6	589	10:30	576	15:41	491
3:13-19	179, 368, 548	10:32-34	264	15:42-47	502
3:16-17	104, 571	10:35-37	534, 567	16:1-2	508
3:16-19	567	10:35-41	523	16:1-8	524
3:17	155	10:35-45	365	16:5-7	524
3:19	548	10:42-45	353, 523	16:6	498
3:21-29	433	10:45	70, 330	16:7	425, 521, 530 541
3:22-27	224	11:1	570	16:8	524
4–10	223	11:1-12	352	16:12	532
4:1-20	338	11:2	336	16:14	532
4:10-12	223, 273	11:15-17	115		
4:11-12	207, 566	12:18-23	146	**누가복음**	
4:12	342, 601	12:18-27	119		27, 35-37, 94, 155,
4:22	532	12:28-34	370, 551	185, 489, 570-571, 578, 587,609
5:7	99	13	335	1–2	55, 104, 132
6:1-6	589	13:3-4	548	1:2	476
6:3	491	13:9	411, 589	1:17	86
6:4	152	13:11	410, 415,	1:44	129
6:13	179	13:34	301	1:79	254
6:14	63, 179	14:1-9	352	2	161
6:14-29	127	14:3	328	2:41-51	205
6:32-34	196	14:3-9	508	2:46	131
6:47-52	193	14:21	360, 369	2:49	118, 132, 69
7	161	14:22-25	369	3:4	86
7:24-30	161	14:24	330	4	220
7:24–8:10	345	14:27	287, 429	4:16-21	115
8:11-12	154	14:29-31	548	3:21-22	452
8:11-13	102, 659	14:29-42	548	4:1-13	454
8:14-26	345	14:32-42	548	4:4	151
8:18-21	192	14:42	378	4:16-21	115, 433
8:22-26	263, 276, 345	14:53-65	470	4:18-19	171, 179, 263
8:23	264	14:58	117	4:23	152
8:27-30	314, 345	14:58-64	297	4:25-30	132
8:27-33	548	14:61	500	4:34	208
8:27–10:52	233	14:62	589	5:1-10	549

5:1-11 .... 104, 549	11:1 452	23:12 468
5:16 452	11:2 579	23:25 502
5:21 .... 589, 590	11:1-13 .... .434, 452	23:26 499
5:34-35 .... 128, 134	11:2-4 578	23:34 .... 132, 452, 501, 579
6:12-13 452	11:20 433	23:38 502
6:12-16 .... .104, 368, 571	11:49 601	23:39-43 501
6:27 550	11:49-51 66	23:46 .... .132, 452
6:27-36 370	12:11 415	23:47 .... .346, 501
6:35 550	12:39 301	23:49 .... .491, 502
7:1-10 153	13:1 480	23:50-56 .... 497, 502
7:18-22 .... .179	14:12-14 332	23:55 508
7:26 86	15 277	24:1 508
7:36-50 .... .328, 508	15:4-7 301	24:1-52 524
7:38 .... 237, 240	16:19-31 327	24:4-10 524
8:2 507	17:11-19 .... 155, 156, 346	24:6 498
8:10 .... 342, 566	18:1-8 453	24:12 .... .508, 550
8:16-17 254	18:18 576	24:13-35 .... 119, 524
8:28 99	18:30 576	24:44-45 177
9:1-2 179	18:35-43 274	24:47-49 506
9:7-9 127	19:10 301	24:53 .... .589, 603
9:10 .... 190, 566	19:28 570	
9:18-20 452	19:28-40 352	**사도행전**
9:20 207	19:30 336	.... 346, 368, 587, 606
9:20-22 549	19:37 346	1:8 .... 147, 346, 436, 505
9:28-29 452	19:45-46 115	1:13 .... 104, 368, 571
9:32 549	21:12-24 411	1:16 368
9:33 67	21:14 415	1:16-20 .... 368, 369
9:35 340	21:14-15 410	2 .... 506, 513
9:51-55 .... 155, 156	21:38 604	2:32 525
9:51-56 .... .155, 346	22:2 360	2:32-39 276
9:51–18:14 346	22:15-20 .... .210-212, 370	3:15 525
9:51–19:44 156	22:17-20 369	4:10 525
9:52-55 567	22:20 .... .330, 370	4:12 137
9:54 534	22:22 369	4:27 490
10 523	22:24-27 365	5:30 525
10:1-9 179	22:31-32 .... 452, 550	6:1 337
10:5 589	22:39 467	6:5 152
10:5-6 435	22:39-46 .... .451	7:60 452
10:17-18 523	22:43 97	8 .... 289, 337
10:18 435	22:47-53 445	8–28 346
10:21-22 .... 452, 579	22:57 98	8:4-24 147
10:22 359	22:66-70 590	8:14-15 152
10:25 .... .133, 156, 576	22:71 590	8:27-28 337
10:25-28 370	23 476	8:29 433
10:25-37 .... 124, 156, 552	23:2 476	9:15 346
10:29-37 .... 155, 346	23:3 501	9:29 337
10:38-42 328	23:11 501	10 .... 161, 346

10–11	326	
10:38	179	
13	289	
13:16	337	
13:19	411	
13:26	337	
13:30-38	525	
13:46-49	346	
13:50–14:6	411	
15:15-18	346	
15:20	201	
15:29	201	
17:1-10	.411, 566	
17:18-32	396	
19:1-7	127	
19:18	170	
20:17	301	
20:17-38	375	
20:28-29	301	
21:10-14	411	
22:3	222	
24:20-21	525	
26:17-18	346, 524	
26:18-19	255	
28:17	589	
28:24-27	566	
28:26-27	342	

바울서신
... .133, 155, 185, 203, 255-256,
277, 370, 389, 502, 551

로마서 106, 587

1:14-15	346
1:18	256
1:18-20	65
1:25	256
2:7-8	.133
3:23	278, 582
4:17	60
5:8	551
5:18	107
6:1-11	525
6:1-14	276, 528
8	.610
8:1-17	528
8:9	436

8:15	434
8:21-26	279
8:26	434
8:29	487
8:29-30	198
8:31-39	435
8:32	359
8:35-39	526
8:37-39	430
9–11	65, 258
9:1	256
10:16	342
11	342
11:7-11	566
11:13	346
11:20	565
11:31	343
11:36	.73
12:18–13:10	.552
13:1-7	482
13:9	551
13:11-14	126, 595
13:12	255
14:8	137
15:33	523

고린도전서 ...... .330, 587

1:10-19	456
1:18–2:16	234
3:16-17	133
5:7	88, 495, 502
6:19	133
8:1	552
8:6	.73
9:25	478
10:4	237
10:13	454
10:16	598
11:2	359
11:23-26	210-212 , 330
11:25-26	204
12–14	.434, 436, 456
13	456, 552
13:8	372
13:13	372
15	329, 330, 525
15:3	137, 329

15:5	550
15:54-57	435

고린도후서 347

3:7-13	75
3:8	75
3:10-18	582
3:17-18	.255, 387
3:18	75
4:4-6	.255
5:14-15	552
5:16-21	552
5:17	72, 522
5:17-21	456
6:6	257
11:2	134
11:10	256
11:13	456
12:6	256
13:8	256
13:13	434

갈라디아서

1	.456
1:4	137, 330
1:5	582
2	.346
2:4	456
2:5	256
2:14	256
3:1	256
3:13	137
4:4-6	.457
4:6	434
5:14	552
5:16-26	436
5:22-23	401, 434, 553
6:8	133

에베소서 587

1:4	214, 459
1:10	340, 457
1:12	75
1:12-14	529
1:13	433
1:14	75, 389
1:17-23	528

1:19-32 525	2:15 .... 422, 525	5:7 451
2 161	3:1-4 .... 525, 528	5:7-10 339
2:4-10 528	3:14-15 529	7:27 330
2:8 595	3:17 .... 426, 528	9:23–10:10 117
2:11-15 435	4:12 478	10:10 330
2:11-22 592		10:12 330
2:14 435	**데살로니가전서**	11:3 60
2:16 522	2:13 234	12:2 480
2:19-22 .... 133, 395	2:14-16 .... 566, 587	13:20-21 301
3:1-7 346	4:13-14 311	
3:1-13 105	5:5 255	**일반서신** 587
3:20-21 75	5:19 433	
4:3-6 455		**야고보서** 523
4:9-10 213	**데살로니가후서**	1:27 367
4:15 .... 257, 432	 587	2:8 551
4:20-21 432	2:3 446	4:7 360
4:21 256	2:8-9 446	5:13-14 426
4:24 50		5:19-20 295
4:25 257	**목회서신**	
4:30 433	.... 181, 257, 587	**베드로전서** 523, 550
5:1-2 .... 504, 553		1:3 .... 137, 525, 528
5:3-14 .... 126, 255	**디모데전서**	1:3-9 276
5:8 255	1:17 181	1:15 448
5:8-10 595	5:10 353	1:22 276
5:14-15 255	6:13-16 181	2:4-6 395
5:20 426	6:15 181	2:24 .... 107, 330
5:25-27 134	6:16 255	2:25 300
6:10-18 360		
6:11-20 454	**디모데후서**	**베드로후서**
6:18 434	1:10 .... 137, 181	1:4 50
	4:7 478	1:17-18 550
빌립보서 587		2:4 446
2:5-6 172	**디도서**	2:22 427
2:5-11 .... 125, 443, 503	1:2 133	
2:6 173	1:3 181	**요한서신**
2:6-11 124	3:4-7 528	.... 35-36, 256, 402, 414,
2:9-11 181	3:5-6 127	446, 532, 549, 569, 572
2:10 468	3:7 133	
3:10-14 528		**요한일서**
4:8 257	**빌레몬서** 587	.... 35, 41, 66, 256, 277, 358,
		367, 370, 385, 433, 447, 457,
골로새서	**히브리서** 502, 523, 587	532, 574, 593, 609
1:12 255	1:2-3 73	1:1 92
1:12-13 255	1:10-12 73	1:1-4 .... 532, 545
1:15-17 73	2:9-11 503	1:1-5 545
2:10 525	2:13-15 503	1:2-3 509
2:13 525	2:17 .... 330, 503	1:5 563

1:5-7 126	4:7-16 .... 238, 552	5:6 502
1:6 454	4:9 603	5:6-10 525
1:7 255	4:10 .... 88, 323	5:9 88
1:7-10 277	4:11-16 546	5:11-13 75
1:8 453	4:14 569	5:12 181
1:9 358	4:16 551	7:9-12 75
2:1 .35, 277, 358, 386, 391, 535	5:2 66	7:17 .... 88, 301
2:1-2 .... .431	5:4 435	11:15 383
2:2 .... 88, 323, 431	5:4-5 .... 392, 392, 409	13 321
2:9-11 126	5:5-12 495	17:14 88
2:12 .... 35, 366, 535	5:6-8 .... .426	18 321
2:14 535	5:18 .... 277, 360	19:1-2 75
2:15 609	5:18-19 435	19:6-7 75
2:15-17 453	5:19 .... 392, 430	19:10 36
2:17 575	5:21 .... 35, 366	19:13 36
2:18 .... 36, 453, 535		21:2 134
2:18-27 458	요한이서 35, 256, 610	21:6 .... 36, 234
2:18-29 36	1 .... 32, 35	21:22 .... 36, 395
2:19 295	4 35	21:23-24 576
2:19-20 295	7 36	22 36
2:22 36	13 .... .35	22:1-2 158
2:27 41		22:5 255
2:28 .... 366, 536	요한삼서 35, 256	22:17 .... 36, 158, 234
2:28-29 35	1 32	
3:1-2 .... 35, 66	4 35	구약 외경
3:4 .... 277, 278	9-12 546	에스드라 2서
3:6 277		7:28-30 341
3:7 .... 35, 366	유다서	
3:9 .... 136, 277	6 .... .446	마카베오서 상
3:9-10 35	21 133	1–4 292
3:10 .... 66, 248		13:41–42 292
3:11-24 528	요한계시록	13:51 335
3:14-18 46	...... 36, 303, 338, 347, 430, 453,	
3:16 .... 362, 358	457, 503, 606, 611	마카베오서 하
3:16-18 551	1 36	6:28 362
3:17 367	1:1 36	6:31 362
3:18 .... 35, 366	1:4 36	7:9 577
3:18-24 295	1:9 36	10:7 335
3:23 414	1:10 36	
3:23-24 434	1:13 36	마카베오서 4
4–5 277	1:16 295	17:22-23 362
4:1-2 .... .458	1:17 273	
4:1-6 36	2–3 597	집회서
4:3 .... 36, 453	2:4 374	1:1-10 601
4:4 .... 35, 366	3:14 73	24:1-3 57
4:7 35	3:21 430	24:1-22 601
4:7-12 551	4:11 181	39:1-3 427

44:16 361
50:25-26 143

토빗서
3:3-4 .... .263

(솔로몬의)지혜서
2:12-22 180
7:26-27 602
9:1-2 57
16:20 209
16:26 209
18:3 254
18:4 254

구약 위서
바룩 2서
26–30 577
29:8 192
30:1 341
49–52 577
72–73 577

에녹 1서 42
6–16 446
32:4-5 412
37–71 577
38:2-3 360
49:2 341
49:4 272
55:3-4 446
61:9 272
64 446
69 446
69:27 272
90:6-8 268
100:4 440

에스라 4서 577
7:2-44 577
11–13 577
14:35 577

희년서
1:16-18 412
1:19-21 438
10:3-6 438

Life of Adam and Eve
.... 342

솔로몬의 시편 577
17 .... 132, 577
17:4 341

Sibylline Oracles
frg. 3:46–49 192

쿰란(DSS) 570, 571, 592
CD 341
1QH 16.6 412
14.15 412
16.20 412
1QS 1.9-10 595
1.9–11 126
1.16–24 126
3:18–19 386
4:21 .... 386+
8.14 .... 87, 383
9.10-11 91
9.11 342
4Q175 5–8 .... .192
4Q246 2.1-8 .... .336

랍비서 96
b. Makkot 23b 171
b. Qidd. 70a 143
Eccl. Rab. 1.8 220
1.9 .... .192
18 Benedictions 486
Gen. Rab. 1:1 57
70.1 230
m. 'Abot 1:5 143
m. Šabb. 14:3 267
7:2 .... .266
m. Sukkah 4:9-10 220
5:1-4 220
5:2-3 241
5:3 220
m. Yoma 8.6 267
Soperim 16.8 546
Targum Neofiti 1 59
targums 59
y. Sukkah 5:1 230

Yoḥanan ben Zakkai
.... 543, 580

요세푸스
Antiquities
3.7.6 562
9.14.3 147
15.395 412
18.2.1 472
18.3.1-2 479
18.4.1-2 .... 142, 479
18.4.3 472

Jewish War
2.9.4 479
2.12.1 219

PHILO 59-60, 195, 601

Embassy to Gaius
38.302 479

EARLY CHURCH
.... 42, 87, 116, 158, 338

Ambrose 105, 602

Athanasius
Incarnation 25 348

Augustine
.... 63, 67, 91, 106, 108, 137,
182, 222, 602
Homilies 29 233
15.19 159
Tract. on Gospel of John
50.7 331-32

Barnabas, Epistle of
7 106

Chrysostom
Homilies 57.3 350

Clement of Alexandria
.... 37, 302

Cyprian 602
To Donatus, Ep. 1
3–4 134

Cyril of Alexandria 106-07

디다케 Didache
9.2 204

Didascalia Apostolorum
2.24.6 602

Eusebius
.... 106
Ecclesiastical History
2.24 38
3.1 543
3.29.17 602
3.33.5-8 562
5.24.3 561
6.14.6 37

Gregory of Nazianzus
.... 159

Hippolytus
.... 32

Ignatius
.... 438
To the Smyrnaeans
7.1 201
To the Trallians
8.1 211

Irenaeus 562

Jerome
Commentary on Ezekiel   537

John Chrysostom 257

Justin
1 Apology
66 201

Martyrdom of Polycarp
9.2 .... 181·
19.2 302

Melito of Sardis 106

Muratorian Canon 561

Nestorians 173

Nicene Creed 59-60

NT Apocrypha/
Pseudepigrapha
Acts of Peter 37–38
.... 543
Gospel of Nicodemus
.... 129
Gospel of the Hebrews
.... 602
Gospel of Truth 582

Origen 106, 543
Homilies on Genesis
10.5 159

Papias
.... 37, 562

Polycrates of Ephesus
.... 32, 561-62, 571

Romanus Melodus 106

Shepherd of Hermas 302

Tatian
Diatessaron 562

Tertullian
.... 602
Apology 39.7 371
50 .... 182, 348
Theodore of Mopsuestia
Commentary on Gospel of John
6.26-30 357

OTHER SOURCES
Aeschylus 316

Archimedes 157

Aristotle
Nicomachean Ethics
9.8 408

Cicero
Divination 1.30.63 375

Gnostics
.... 60, 562, 582-83
Gospel of Truth 582
Mandeans 139, 584
Nag Hammadi Codices
.... 582

Greco–Roman Authors
.... 394, 584

Homer
Iliad 5.340–41 495

Oppianus Cilix
Halieutica 537

Plato 173
Symposium
179B 407
208D 407

Pliny the Younger
Epistles
10.59 578
10.83 578

Plutarch 419

Socrates 419

Stoicism 59